BALTISCHE LÄNDER

Claudia Marenbach

Text und Recherche: Claudia Marenbach
Lektorat: Brigitte Seitzer
Redaktion und Layout: Sven Talaron
Fotos:siehe Fotonachweis unten
Cover: Karl Serwotka
Titelfotos: oben: Rīga (Fremdenverkehrsbüro Baltikum)
    unten: am kurischen Haff (Andreas Marenbach)
Karten: Susanne Handtmann, Astrid Wölfel

Die in diesem Reisebuch enthaltenen Informationen wurden von der Autorin nach bestem Wissen erstellt und von ihr und dem Verlag mit größtmöglicher Sorgfalt überprüft. Dennoch sind, wie wir im Sinne des Produkthaftungsrechts betonen müssen, inhaltliche Fehler nicht mit letzter Gewissheit auszuschließen. Daher erfolgen die Angaben ohne jegliche Verpflichtung oder Garantie der Autorin bzw. des Verlags. Beide übernehmen keinerlei Verantwortung bzw. Haftung für mögliche Unstimmigkeiten. Wir bitten um Verständnis und sind jederzeit für Anregungen und Verbesserungsvorschläge dankbar.

ISBN 3-89953-113-2

© Copyright Michael Müller Verlag GmbH, Erlangen 1994, 1997, 2003. Alle Rechte vorbehalten. Alle Angaben ohne Gewähr. Printed in Germany.

Aktuelle Infos online unter www.michael-mueller-verlag.de

3. vollständig überarbeitete und aktualisierte Ausgabe 2003

Baltische Länder –
Allgemeines

Litauen

Lettland

Estland

INHALT

Litauen (Lietuvos Respublika) ... 74

Aukštaitija ... 98

Žemaitija ... 195

Kartenverzeichnis

Zeichenerklärung für die Karten und Pläne

≡≡≡	mehrspurige Straße	▲	Berggipfel	**i**	Information
──	Asphaltstraße	⚊	Kirche/Kapelle	**P**	Parkplatz
──	Piste	⚊	Kloster	**☏**	Post
------	Wanderweg	∴	Ruine	**BUS**	Bushaltestelle
▬▬	Bahnlinie	⌐	Tor	✚	Krankenhaus
░	Strand	✗	Windmühle	**M**	Museum
▓	Gewässer	Δ	Campingplatz	★	Sehenswürdigkeit
▒	Grünanlage	⌇	Leuchtturm	**B**	Botschaft
		⛱	Badestrand	⚓	Hafen
		⌒	Höhle	✈	Flughafen/ -platz

Vorwort

Jahrelang abgeschottet durch den eisernen Vorhang bietet das Baltikum gänzlich neue Reiseziele – alle drei Republiken hoffen stark auf die Entwicklung des Tourismus, und längst haben sich die Hauptstädte zu modernen Metropolen gewandelt.

Außerhalb dieser Zentren steckt der Tourismus jedoch noch in den Kinderschuhen. Hier und da müssen Abstriche gemacht werden, und auf die eine oder andere Überraschung sollte man gefaßt sein. Doch macht das gerade den Reiz und die Exotik der baltischen Staaten aus.

Obwohl sich die Situation in den baltischen Staaten im Laufe der letzten Jahre sehr stabilisiert hat, sind Veränderungen immer noch an der Tagesordnung. Das trifft insbesondere auf das Telefonsystem, das zur Zeit umgestaltet wird, sowie auf die ständigen Neuerungen in der Hotel- und Kneipenszene zu.

Sollte bei Ihrer Reise ins Baltikum die eine oder andere Information inzwischen überholt sein, so bitte ich um Verständnis und freue mich, wenn Sie es mich wissen lassen.

Viel Spaß und gute Reise,

Claudia Marenbach

Für die zahlreichen Informationen, nützlichen Tipps und die große Hilfsbereitschaft herzlichen Dank an:

Andreas Marenbach, Ulrike Bernitt, Ina Schubert, Anna Bell, Anda Schilde von der Baltischen Tourismuszentrale in Münster, Lembit und Õie Michelson, Sco von "Vilnius in your pocket", Gisela Marenbach, Janavičiaus Iskevičiaus, Nijolė Vitenaitė, Vilius Vašaikis, Helita Jegorowa, Inita Berga, Rasma Fischer, Katrin Tambur, Guido Leibur, Jaan Kaeval, Hilmar Uus, Laivi Kihnu, sämtliche Tourismusbüros im Baltikum, die Botschaften der Republiken Litauen, Lettland, Estland und last but not least Georgios Fountoulakis.

Was haben Sie entdeckt?

Haben Sie einen wunderschönen Strand entdeckt, einen einsamen Wanderweg, einen Campingplatz, der Ihnen besonders gut gefiel?

Wenn Sie Ergänzungen, Verbesserungen oder Tipps haben, schreiben Sie bitte an:

Claudia Marenbach
Stichwort: "Baltische Länder"
c/o Michael Müller Verlag
Gerberei 19
91054 Erlangen
E-Mail: claudia.marenbach@michael-mueller-verlag.de

Soweit das Auge reicht ...

Litauen, Lettland, Estland

Für viele Reisende ist das Baltikum noch ein weißer Fleck auf der touristischen Landkarte. Zu Unrecht, denn mit seiner in weiten Teilen noch unberührten Natur, seinen mittelalterlichen Handelsstädten und seinen zahlreichen Schlössern, Ordensburgen und Gutsherrenhäusern bietet es die unterschiedlichsten Anreize für Entdeckungstouren. Freunde von Kunst und Kultur werden ebenso auf ihre Kosten kommen wie Badeurlauber oder naturverbundene Wanderer und Radfahrer.

... für Landschafts- und Naturliebhaber

Zahlreiche Nationalparks laden zu ausgedehnten Trips in die (fast) unverfälschte Natur ein. In den weiten Dünen der Kurischen Nehrung in Litauen – eine schmale Landzunge, umgeben vom Meer und vom kurischen Haff– fühlt man sich an die Sahara erinnert. Nicht weit davon liegt der Žemaitija-Nationalpark, dessen Landschaft von glasklaren Seen und traditionellen Dörfern geprägt ist. Dichte Urwälder bedecken den Süden Litauens, während der Aukštaitija-Nationalpark im Osten aus unzähligen zusammenhängenden Seen besteht. Auch die mittelalterliche Stadt Trakai ist von einer malerischen Seenplatte umgeben.

Ein Muss für jeden Lettlandreisenden ist der einzigartige Gauja-Nationalpark: tief eingeschnittene Flusstäler, schroffe Sandsteinfelsen, geheimnisvolle Grotten, verfallene Burgen – viele mystische Sagen und Legenden erzählt man sich

... Blick auf den Nemunas (Memel)

dort heute noch. Wilde nordische Natur erlebt man in den dichten Wäldern des Naturschutzgebiets von Slītere auf der Nordspitze Kurlands.

An den Finnischen Meerbusen grenzt der Lahemaa-Nationalpark in Estland, in dessen Wäldern und Mooren u. a. Elche, Braunbären und Nerze leben. Wanderern seien der Nationalpark bei Võro im Süden des Landes sowie die Gegenden um Helme, Põlva und Otepää besonders empfohlen. Moor- und Sumpflandschaften findet man vor allem bei Aegviidu im Kreis Harjumaa und im Nationalpark Sooma bei Viljandi. Vogelkundler werden sich die Schutzgebiete bei Matsalu und die Insel Vilsandi auf keinen Fall entgehen lassen wollen, und auf Estlands zahlreichen Inseln können Ruhesuchende Abgeschiedenheit und Natur pur genießen.

... für Aktivurlauber

Mit seinen überwiegend flachen Landschaften ist das Baltikum für Radfahrer geradezu ideal. Stellvertretend sei hier die Strecke von Klaipéda nach Nida über die einzigartige Kurische Nehrung genannt. Auf der Seenplatte des Aukštaitija-Nationalparks im Osten Litauens lassen sich unvergessliche Rudertouren arrangieren. Wunderbar kombiniert werden können Rad- und Rudertouren beispielsweise im Gauja-Nationalpark. Auch eine Floßfahrt auf der Daugava ist sehr lohnenswert.

Wer sich eher dem Wintersport verschrieben hat, findet im estischen Wintersportzentrum Otepää mit seinen Pisten, Loipen und Eisbahnen beste Rahmenbedingungen vor. Wer mehr auf Geschwindigkeit und Nervenkitzel steht, kann sich bei Sigulda die Bobbahn hinunterstürzen oder in Valmiera den Sprung von der Schanze wagen (beides Lettland).

Strand am Peipsijärv

… für Badeurlauber

Die Badesaison beschränkt sich im Baltikum zwar auf die Sommermonate, doch erreicht das Thermometer im Juli durchaus manchmal Werte von bis zu 30 °C. Strandfans kommen an der baltischen Küste voll auf ihre Kosten, hat sie doch unzählige herrliche Sandstrände aufzuweisen. Sehr beliebt und daher im Sommer oftmals überlaufen sind die Badeorte Palanga (Litauen), Jūrmala (Lettland) und Pärnu (Estland). Dementsprechend lebhaft fällt auch das dortige Nachtleben aus. Wer es etwas beschaulicher mag, dem seien die Strände bei Nida (Litauen), Liepāja, Ventspils (beide Lettland) und Haapsalu (Estland) empfohlen. Absolut einsame Strandromantik versprechen die kleinen Dörfer entlang der Rīgaer Bucht, die estnische Küste oberhalb von Pärnu, die Halbinsel Norarootsi und vor allem die unberührten estnischen Inseln. Süßwasserfans sollten sich zum Peipsi-See (Estland) aufmachen, der aufgrund seiner Größe den Eindruck vermittelt, man stünde am Meeresufer.

…für Familien mit Kindern

Abwechslung vom Strandurlaub versprechen die zahlreichen Burgen und Schlösser des Baltikums, die für Kinder eine spannendes Erlebnis sind. Aber auch eine Fahrt mit dem Tragflügelboot auf dem Nemunas kann zum Erlebnis werden, genau wie ein Besuch in den Freilichtmuseen bei Kaunas (Litauen), Rīga (Lettland) oder Tallinn (Estland), wo man gemeinsam mit den Kindern eine Reise in die ländliche Vergangenheit unternehmen kann. In Rīga bietet sich darüber hinaus ein Zirkusbesuch an, und im nahe gelegenen Meža-Park sorgen ein Zoo und ein Vergnügungspark für erlebnisreiche Stunden.

Schwarzhäupterhaus mit Rolandsstatue auf dem Rathausplatz in Rīga

Im Osten Lettlands führt eine Schmalspurbahn von Alūksne nach Gulbene, und in Sigulda kann man eine Gondel besteigen, um nach Turaida zu gelangen. Wer statt im Meer lieber im Pool planscht, dem sei das Keila Health Center unweit von Tallinn empfohlen, wo es zwei große Becken mit Rutschen gibt. In der Hauptstadt Estlands kann sich der Nachwuchs auf zwei weitere Attraktionen freuen: den Zoo und einen alten Eisbrecher, der am Passagierhafen besichtigt werden kann. Außerdem vermittelt das Gesundheitsmuseum in Tallinn auf kindgerechte Weise Lehrhaftes und Unterhaltsames über den menschlichen Körper.

Eltern werden sich auch Gedanken über den finanziellen Rahmen bei der Unterbringung machen. Die meisten Hotels bieten Kinderermäßigung an. In den Unterkünften der Kleinstädte sind oftmals Drei- und Vierbettzimmer erhältlich. Eine tolle Alternative für Familien mit Kindern bieten die Übernachtungsmöglichkeiten auf Bauernhöfen, die im Baltikum zahlreich vertreten sind. Auf entsprechende Angebote wird in den einzelnen Kapiteln jeweils gesondert hingewiesen.

… für Kunst- und Kulturliebhaber

Die drei Hauptstädte der baltischen Länder haben Museen, Galerien, Theater und Konzerte zu bieten, eben alles, was eine europäische Metropole auszeichnet. Eine Besonderheit des Baltikums sind die traditionellen Sängerfeste, die alle fünf Jahre stattfinden. Darüber hinaus laden im gesamten Baltikum zahlreiche historische Gebäude und Baudenkmäler zur Besichtigung ein: mittelalterliche Handwerkshäuser, halbverfallene Burgen, prachtvolle Schlösser. Das eindrucksvollste ist wohl das lettische Barockschloss Rundale bei Bauska, einst Sitz des Herzogs von Kurland. Vom selben Architekten stammt der imposante Barockpalast in Jelgava (ebenfalls Lettland). Ein weiteres Beispiel meisterhafter

Barockarchitektur ist das Schloss Kadriorg bei Tallinn (Estland), das Peter I. für Katharina erbauen ließ. Unter den vielen Kirchen von Vilnius sind die Peter- und Paulkirche sowie die St.-Annenkirche hervorzuheben, und das Gutshaus von Palmse im Nationalpark von Lahemaa sei stellvertretend für die zahlreichen architektonisch interessanten Landgüter genannt.

So manche baltische Stadt erlebte im Mittelalter eine Blütezeit, wie man an den recht gut erhaltenen Altstädten unschwer feststellen kann. Neben den drei Hauptstädten Vilnius, Rīga und Tallinn ist der Besuch von Trakai, der historischen Hauptstadt Litauens mit ihrer majestätischen Wasserburg, ein Muss. Weitere Orte mit sehenswerter mittelalterlicher Altstadt sind Kaunas, Klaipėda (beide Litauen), Kuldīga (Lettland) und Tartu (Estland).

Überall im Baltikum findet man darüber hinaus alte Ordensfesten. Hervorzuheben sind die wiederaufgebaute Burg von Ventspils sowie die Burganlagen von Sigulda (beide Lettland), Kuressaare und Narva (beide Estland). Ebenfalls sehenswert sind die Ordensruinen von Cēsis (Lettland), Rakvere und Viljandi (beide Estland).

Liebhaber des Jugendstils können in der lettische Hauptstadt Rīga einige Häuserfassaden aus jener Zeit bewundern; einige wenige sind auch im lettischen Liepāja zu finden.

Wer sich für die deutsche Besatzungsgeschichte interessiert, dem sei ein Besuch der Gedenkstätten in Salaspils bei Rīga und im Panerai-Wald bei Vilnius (Litauen) anzuraten. Aufschluss über die Sowjetära geben die KGB-Museen in Vilnius und Rīga. Die Geschichte der Unabhängigkeit wird in den Fernsehtürmen der Hauptstädte nachgezeichnet.

... für Leute, die das Ungewöhnliche lieben

Ein Erlebnis der besonderen Art vermittelt der Berg der Kreuze bei Šiauliai (Litauen): nichts als Kreuze, Heiligenbilder und Rosenkränze, so weit das Auge reicht.

Wussten Sie übrigens, dass Frank Zappa in Vilnius ein überdimensionales Denkmal gesetzt wurde? Und wer hätte schon gedacht, dass der Mittelpunkt Europas nur 25 km von der litauischen Hauptstadt entfernt ist? Genau an dieser Stelle wurde 1991 der Europapark gegründet: Unter freiem Himmel sind einige imposante Skulpturen ausgestellt, darunter auch Werke von Oppenheim und LeWitt. Bei Kretinga unweit der litauischen Küste kann der Garten von Orvydas besichtigt werden. Während der Sowjetära war dieser Garten mit seinen vielen christlichen Symbolen ein Ort des passiven Widerstands gegen die Fremdherrschaft.

Ein außergewöhnliches Erlebnis verspricht ein Besuch der strahlend weißen Sandsteinhöhle bei Kuldiga (Lettland). Bei Kerzenschein wird man durch ein enges Höhlensystem geführt und erhält auf Wunsch Hinweise auf sein weiteres Liebesschicksal.

Das russisch-orthodoxe Kloster bei Kurremäe (Estland) ist ein Ort der Ruhe und Abgeschiedenheit. Reisende werden von den Nonnen freundlich aufgenommen und bewirtet.

Und wer einen Blick auf den letzten Lenin im Baltikum werfen mag, kann das im estnischen Narva tun: In einer abgelegenen Ecke des Schlossparks steht er – übergroß und unnahbar.

Das Baltikum bietet idyllische Strände

Anreise

Routenplanung

Die Möglichkeiten, das Baltikum zu erkunden, sind so vielfältig wie das Gebiet selbst. Sehr reizvoll ist es, die drei Staaten durch einen aktiven Abenteuerurlaub kennen zu lernen. Zahlreiche Seen, Flüsse und Inseln laden zum Rafting und Rudern ein, Wälder, Wiesen und Strände zu ausgedehnten Wanderungen, Fahrradtouren oder Ausritten. Vorbei geht es an malerischen Dörfern, die vom Leben der Landbevölkerung erzählen.

Eine andere spannende Möglichkeit, das Baltikum zu bereisen, ist es, auf den Spuren der Hanse und Kreuzritter zu wandeln. Anhand majestätischer Gutshöfe, prächtiger Kaufmannsstädte und alter Ordensburgen lässt sich Geschichte hautnah nacherleben.

Um einen möglichst umfassenden Einblick in Kultur, Leben und Natur der drei baltischen Staaten zu gewinnen, bietet es sich an, Punkte beider Varianten miteinander zu verbinden.

Um die Routenplanung zu erleichtern, werden vor dem jeweiligen Reiseteil die Höhepunkte der drei Republiken aufgelistet, die es dann nur noch zu kombinieren gilt.

Mit dem Flugzeug

Eine ganze Reihe von Fluglinien bieten Direktflüge ins Baltikum an. Darüber hinaus gibt es auch noch Charterflüge, wie z. B. nach Palanga. Informationen darüber erhalten Sie bei den Reiseveranstaltern oder direkt bei den Airlines. Eine einfache Möglichkeit Flüge zu buchen oder sich zumindest einen aktuellen Preisüberblick zu verschaffen, bietet das Internet. Die Adresse www.airlinetickets.de ist bei Flügen ins Baltikum sehr hilfreich. Die folgenden Flugpreise sollen nur Anhaltspunkte bieten. Die Preise zwischen den einzelnen Fluggesellschaften liegen in der Regel nicht weit auseinander. Mit den großen Airlines kann man von zahlreichen deutschen, österreichischen, oder schweizerischen Flughäfen ins Baltikum gelangen. Es lohnt sich auf alle Fälle jeweils nach aktuellen Angeboten zu fragen! Auch Schüler und Studenten sollten sich nach Ermäßigungen erkundigen (teilweise bis zu 25 %). Günstigere Tarife gibt es häufig, wenn man mindestens eine Woche im Voraus bucht und die Reisedauer ein Wochenende enthält. Hinzu kommen Sicherheitsgebühren und Flughafensteuer.

Fluggesellschaften

• *Lufthansa* Vilnius, ab Frankfurt, täglich ab 410 €.
Rīga, ab Frankfurt, täglich ab 480 €; Tallinn ab Frankfurt, 4-mal wöchentlich 760 €.
Nach Frankfurt gibt es preiswerte Anschlussflüge zu einem Mehrpreis von etwa 50 € von Hannover, Bremen, Kiel, Münster/Osnabrück, Leipzig/Halle, Dresden, Köln/Bonn, Düsseldorf, Nürnberg, Stuttgart, Friedrichshafen und München. Online-Buchung www.lufthansa.com.
• *Estonian Air* Tallinn, ab Frankfurt/Hamburg, 4-mal wöchentlich ca. 480 €. Online-Buchung unter www.estonian-air.ee.
• *Air Baltic* Rīga, ab Frankfurt u. a. deutschen Städten, täglich ab 480 €. Der Flugplan von Air Baltic ist sehr gut mit der SAS abgestimmt. Auf diese Weise auch Verbindung mit Genf und Zürich via Kopenhagen. Neuerdings fliegt Air Baltic auch non-stop von Hamburg nach Rīga. Online-Buchung www.airbaltic.com.
• *LAL (Lithuanian Airlines)* Vilnius, ab Frankfurt a. M., täglich ab 410 €.

Vilnius, ab Berlin-Tegel, täglich ab 370 €; Palanga ab Frankfurt und Berlin zweimal wöchentlich. Online-Buchung unter www.lal.lt.
• *SAS* Die Flüge gehen alle über Kopenhagen. Vilnius, ab Frankfurt ab 560 €.
Rīga, ab Frankfurt ab 480 €.
Tallinn, ab Frankfurt ab 710 €. Online- Buchung über www.sas.dk.
• *Austrian Airlines* Vilnius, ab Wien und verschiedenen deutschen Städten, 4-mal wöchentlich ab 410 €.
Rīga, ab Wien und verschiedenen deutschen Städten, 4-mal wöchentlich ab 480 €. Tallinn ab Wien, täglich, 730 €. Online-Buchung unter www.aua.com.
• *LOT (via Warschau)* Vilnius, ab Berlin, 5-mal wöchentlich ab 510 €; Rīga, ab Frankfurt, 3-mal wöchentlich ab 480 €; Tallinn, ab Frankfurt, 3-mal wöchentlich ab 710 €. Online-Buchung unter www.lot.com.
• *Air Lithunia* Im Sommer bestehen Verbindungen nach Palanga und Kaunas ab Hamburg und Köln/Bonn.

Adressen von Fluggesellschaften

Air Baltic, vertreten durch Avia-Reps, Hessenring, 64646 Mörfeld-Walldorf, ✆ 06105-26040, www.airbaltic.com.
Austrian Airlines, Fontanastr. 1, Postfach 50, A-1107 Wien, ✆ 05 1789, www.ava.com.
Estonian Air, vertreten durch Avia-Reps, Hessenring 32, 64546 Mörfeld-Walldorf, ✆ 06105-206070, www.estonian-air.ee.
Air Lithunia, Steylerstr. 21, Köln, ✆ +49 0221963720, www.airlithuania.lt und www.randburg.com/li/airlith_ge.html.

LAL, vertreten durch Aviareps, Landsbergerstr. 155, 80687 München, ✆ 089-55253341, www.lal.lt.
LOT, Hotline für Deutschland 01803000336; Zürich, Hirschgrabenstr. 84, ✆ 01-258 3281; Wien, Rotenturmstr. 5–9/1, ✆ 01-96007550, außerdem www.lot.com.
Lufthansa, Hotline 0180-3803803, www.lufthansa.com.
SAS, 60528 Frankfurt, Saonestr. 3, ✆ 069-69510, www.scandinavian.net.

Vertretungen der Fluggesellschaften im Baltikum

• *Tallinn* **Estonian Air**, Lennujaama tee 13, ✆ 6401101, ov@estonian-air.ee. Geöffnet Mo–Fr von 9–17.30 Uhr.

LOT, Lembitu 14, ✆ 6466051, loteesti@hot.ee. Geöffnet Mo–Fr von 9–17 Uhr.

Lufthansa, Pätu 10, ✆ 6388940. Geöffnet Mo–Fr von 10–18 Uhr, Sa/So von 10–14 Uhr.

SAS, Rõvala pst. 2, ✆ 6663030. Geöffnet Mo–Fr von 9–16.30 Uhr.

• *Riga* **Air Baltic**, Kaļķu 15, ✆ 7207777, ✉ 7224284. Geöffnet Mo–Fr von 9–17 Uhr.

Austrian Airlines, Kaļķu 8, ✆ 7216309/7220047, ✉ 7820285. Geöffnet Mo–Fr von 9–18 Uhr.

Lufthansa, Barona 7/9, ✆ 7285614, Mo–Fr 10–18 Uhr, Sa 10–14 Uhr; am Flughafen ✆ 7507711, ✉ 750 7713. Geöffnet Mo–Fr 9-18 Uhr, Sa 6–14 Uhr und So 10–16 Uhr.

SAS, Kaļķu 15, ✆ 7207777, ✉ 7224282. Geöffnet Mo–Fr von 9–18 Uhr; am Flughafen, ✆ 7207055, ✉ 7207505, geöffnet Mo–Fr von 9–17 Uhr und am Wochenende von 11-17 Uhr.

• *Vilnius* **Air Lithuania**, SvitRīgailos 26/40–18, ✆ 231322, ✉ 231566, avia@iti.lt. Geöffnet Mo–Fr von 8.30–17.30 Uhr.

Austrian Air, Litvrimex Travel Service, Basanavičiaus 11, ✆ 226 063.

Estonian Air, im Flughafen, 2. Etage. ✆ 739022, ✉ 739016, vilnius@estonian-air.ee. Geöffnet Mo–Fr von 9–18 Uhr.

LAL, A. Gustaičio 4, ✆ 306017, ✉ 266828 und Ukmergès 12, ✆ 752585, ✉ 724852, info@lal.lt. Geöffnet Mo–Fr von 8–18 Uhr und Sa von 9–16 Uhr.

Lot, im Hotel Skrydis, Raum 104, Rodūnės kelias 2, ✆ 739020, lotvno@lot.com. Geöffnet Mo–Fr von 9–13 und 13–16 Uhr.

Lufthansa, im Flughafen, ✆ 262222/636049, ✉ 262445, ticketing@litcargus.lts. Geöffnet von 9–17 Uhr.

SAS, im Flughafen, 1. Etage. ✆ 395500. Geöffnet Mo–Fr von 9–17 Uhr, Sa und So von 10–14 Uhr.

Mit dem Auto

Ob aus Deutschland, Österreich oder der Schweiz – alle Landwege ins Baltikum führen durch Polen. Für Süddeutsche, Österreicher und Schweizer bietet es sich an, zunächst durch die Tschechische und die Slowakische Republik zu fahren.

Die Einreise nach Polen sowie in die Tschechische und die Slowakische Republik ist für deutsche, österreichische und schweizer Staatsbürger visafrei. Hilfreich sind auch folgende Webpages, die bei der Routenplanung helfen: www.routenplanung.web.de, www.easytour.dr-staedtler.de.

Anfahrtsrouten bis Warschau

Von Berlin: Über die E 30 nach Frankfurt/Oder fahren bis zur deutsch/polnischen Grenze. Die E 30 führt über Posen nach Warschau. **Tipp**: In der Regel ist mit weniger Wartezeit am Übergang im Stadtzentrum zu rechnen.

Von Frankfurt/Main: Über Gießen auf die E 40 fahren und auf dieser bis Wrozlaw (Breslau) bleiben. Diese Strecke führt über Eisenach, Chemnitz und Dresden. Grenzübergang nach Polen bei Görlitz/Boleslawiec. In Wrozlaw auf die E 67 wechseln, die über Lodz nach Warschau führt.

Von Nürnberg: Hier bietet es sich an, die E 50 bis Prag zu nehmen. Dort auf die E 97 wechseln, die geradewegs nach Warschau führt.

Von München: Die E 52 bis Salzburg fahren und dort auf die E 60 wechseln, dann immer geradeaus bis Wien. Am Wiener Ring in Richtung Bratislava (Pressburg) abfahren und dann die E 75 bis zur slowakisch-polnischen Grenze

Stop-over Warschau – der Altstädter Marktplatz

bei Trstená-Jablonka nehmen. Die E 77 führt weiter über Kraków (Krakau) und Lodz nach Warschau.

Von Zürich: Die E 60 über St. Gallen und Innsbruck bis nach Salzburg fahren und dann weiter s. o.

Von Warschau aus weiter

Von Warschau die Schnellstraße 18 Richtung Bialystok nehmen und dort links auf die 19 wechseln, die über Augustów nach Suvalki führt. Von Suvalki geht eine kleine Straße über Sejny und Ogrodniki zur Grenze ab.

▸ **Grenzübergänge zwischen Polen und Litauen:** Es gibt zwei Übergänge zwischen Polen und Litauen, *Szypliszki/Kalvarija* und *Ogrodniki/Lazdijai*. Beide liegen sie in der Nähe von Suvalki. Szypliszki ist in Suvalki bereits ausgeschildert; Ogrodniki ist über die Dorfstraße via Sejny zu erreichen. Die Wartezeiten bei der Ausreise aus Polen sind unterschiedlich. Es kann 20 Minuten dauern, es kann sich aber auch 2–3 Stunden lang hinziehen. Ähnliches trifft bei der Ausreise aus Litauen zu. Es kann binnen einer Stunde gehen, kann aber auch 4–5 Stunden und länger dauern. Ebenfalls lassen sich keine präzisen Angaben darüber machen, an welchem der beiden Grenzposten die Abfertigung schneller geht, da sich das Verkehrsaufkommen dort täglich ändert.

Sehr oft sieht man bei der Ausreise aus Polen eine Reihe von Pkws, die nach Litauen eingeführt werden sollen und dementsprechend verzollt werden müssen. An dieser Schlange kann man vorbeifahren. In der Regel kann man auch auf beiden Seiten die wartenden Lkws überholen. Am besten stets die Grenzbeamten fragen, wo man hinfahren soll.

▶ **Über Weißrussland**: Eine weitere Möglichkeit über den Landweg das Baltikum zu erreichen, ist über Weißrussland, wovon allerdings eher abzuraten ist. Auch hier ist mit Wartezeiten zu rechnen. Darüber hinaus wird ein Transitvisum verlangt, das vor Antritt der Reise bei der weißrussischen Botschaft beantragt werden muss (s. S. 51). Mit ausgiebigen Kontrollen und dem Ausfüllen russischsprachiger Zollerklärungen ist zu rechnen.

Die Einreise nach Litauen über das *Kaliningrader Gebiet* bietet sich nicht an, da für die russische Enklave keine Transitvisa vergeben werden, sondern nur reguläre Einreisevisa, die an eine Hotelbuchung oder eine amtlich beglaubigte Einladung gebunden sind.

Wichtige Transit-Informationen

● *Polen* Ambulanz, ✆ 998; Polizeinotruf, ✆ 997; **Pannenhilfe,** ✆ 981 und ✆ 8259734.

● *Tschechische Republik* **Ambulanz,** ✆ 155; Polizeinotruf, ✆ 158; **Pannenhilfe,** ✆ 02- 1230.

● *Slowakische Republik* **Ambulanz,** ✆ 155; Polizeinotruf, ✆ 158; **Pannenhilfe,** ✆ 0123 oder 123.

● *Weißrussland* **Ambulanz,** ✆ 03; **Polizeinotruf,** ✆ 02; Pannenhilfe, 81049-1802343536.

● *Schweden* **Ambulanz/Polizei,** ✆ 112; **Pannenhilfe,** ✆ 0209-12912.

● *Finnland* **Ambulanz/Polizei,** ✆ 112; Pannenhilfe, 09–77476400.

▶ **Tanken**: Bleifreies Benzin und Diesel sind an allen polnischen, tschechischen und slowakischen Zapfsäulen erhältlich. Auch in Weißrussland und im Kaliningrader Gebiet ist die Versorgung mit bleifreiem Benzin an den Hauptverkehrsstraßen gewährleistet.

▶ **Verkehrsbestimmungen**: Innerhalb geschlossener Ortschaften beträgt die Höchstgeschwindigkeit in Polen, der Tschechischen und der Slowakischen Republik sowie in Weißrussland 60 km/h. Außerhalb von Ortschaften dürfen in Polen, der Tschechischen und der Slowakischen Republik 90 km/h gefahren werden, auf den Autobahnen 110 km/h. Motorräder müssen in Polen außerhalb Ortschaften stets mit Abblendlicht fahren und dürfen in der Tschechischen und der Slowakischen Republik nirgends schneller als 70 km/h fahren. Dasselbe gilt für Pkws mit Anhänger. Radarkontrollen sind an der Tagesordnung.

In Weißrussland gelten dieselben Bestimmungen wie für das Kaliningrader Gebiet. Innerhalb geschlossener Ortschaften gelten 60 km/h als Tempolimit und außerhalb 90 km/h. Fahrzeuge mit über 3,5 t Gesamtgewicht fahren 70 km/h. Wer weniger als zwei Jahre den Führerschein besitzt, unterliegt automatisch einer Geschwindigkeitsbegrenzung von 70 km/h.

Absolutes Alkoholverbot herrscht auf den Straßen der Tschechischen und Slowakischen Republik sowie Weißrusslands. In Polen sind 0,2 Promille gestattet.

Die grüne Versicherungskarte ist in Polen und der Slowakei gültig, und ihre Mitnahme wird empfohlen. In der Tschechischen Republik ist sie obligatorisch. In Weißrussland besitzt die grüne Versicherungskarte keine Gültigkeit. Es empfiehlt sich grundsätzlich der Abschluss einer Vollkaskoversicherung.

Tipps für die Durchreise

Es sind doch einige Kilometer, die überwunden werden müssen, um auf dem Landweg ins Baltikum zu gelangen. Wem die Strecke zu lang wird, dem sei unterwegs eine Zwischenübernachtung anzuraten.

Für Bus- und Bahnreisende kann eine Übernachtung in Suvalki, je nachdem wann Sie dort eintreffen, unausweichlich sein. Hier die wichtigsten Informationen für Warschau und Suvalki sowie für Helsinki und Stockholm.

Warschau

- *Vorwahl* +48 (0) 22
- *Information* Im Zentralbahnhof und in großen Hotels; im Orbis-Büro, ul. Anapol 3, dort auch Verkauf von Zugfahrkarten; Informacja Turystyczna, Plac Zamkowy, Mo–Fr von 10–18 Uhr, Sa von 10–14, So von 11–15 Uhr geöffnet, ℘ 6351881. Stadtpläne gibt es im Hauptbahnhof und im Buchhandel. Informativ ist auch die folgende Internetsite www.goeasteurope.about.com. Die offizielle Internetseite Polens www.polandtour.org ist leider wenig hilfreich.
- *Übernachten* Im Zentralbahnhof befindet sich eine Hotelzimmervermittlung, die jedoch eher die Hotels der gehobeneren Klasse vermittelt. Online kann über folgende Adressen gebucht werden: www.hotele.net, www.hotelsinpoland.com, www.hotelspoland.com.

Sheraton Warsaw, ul. B. Prusa 2. Luxuriöses 5-Sterne Hotel der Sheraton Kette im Herzen Warschaus. EZ zwischen 180–310 €, DZ zwischen 200–330 €. ℘ 6576100, ℘ 6576200, res201warsaw@sheraton.com www.sheraton.com.pl.

Grand, ul. Krucza 28, komfortables Hotel der Orbis-Kette in zentraler Lage. EZ 120 €, DZ 150 €. ℘ 5832100, ℘ 6219724, wagrand@orbis.pl, www.orbis.pl.

Ibis Hotel – Warszawa Centrum, al. Solidarnosci 165. Angenehmes Mittelklassehotel, mit durchschnittlich ausgestatteten Zimmern. EZ 60–80 €, DZ 55–80 €. ℘ 5203000, ℘ 5203030, H2894@accor-hotels.com.

Old Town Apartments, ul. Kozia 3/5–42. Zu vermieten sind stilvolle Apartments inmitten der Altstadt, Preis 80–150 €. ℘ 8267863, ℘ 8260929, booking@warsawshotel.com,

www.warsawShotel.com. Old Town.

Jugendherberge, ul. Smolna 30. Beliebte Billigunterkunft in zentraler Lage, daher oft ausgebucht. Zimmer sind groß und sauber. Leider macht das Hostel schon um 23 Uhr zu. Vorausbuchung ist anzuraten. ÜB ab 14 €. ℘ 8278952, ℘ 8278952.

Jugendherberge, ul. Karolkowa 53 a. Liegt etwas außerhalb, zu erreichen mit Tram 24 vom Zentralbahnhof aus, aussteigen am Kaufhaus Wola, ℘ 6328829.

Syrenka, ul. Karolkowa 53 a. Kleine Jugendherberge mit sauberen Zimmern, nettem, kleinem Café und Traveller-Atmosphäre. ÜB ab 22 €. ℘ 6328829 und 6329744, ℘ 6329746, hostellingpol@ptsm.com.pl, www.ptsm.com.pl/ssmnr6/Index.htm

- *Essen* Um den Hauptplatz in Warschaus schön restaurierter Altstadt befinden sich eine Reihe guter Restaurants und Sommercafés.
- *Verschiedenes* **Geldwechsel** – in den Bahnhöfen, den Hotels und in den zahlreichen Wechselstuben, die über die Stadt verstreut liegen, möglich.

Post, ul. Swietokrzyska 31/33. Geöffnet rund um die Uhr, Fax- und Telefonservice.

Internetzugang: Cyberland, ul. Walbrzyska 11. Mit 70 Computern macht das größte Internetcafé Polens seinem Namen alle Ehre.

Casablanca ul. Krakowskie Przedmiescie 4/6. Nette Atmosphäre.

Cyber Net, ul. Zeromskiego 72.

Amerikanisches medizinisches Zentrum, ul. Pileckiego 63. ℘ 5456161, ℘ 5456155, amc-liv@mediamed.pl. In Notfällen 0602 24 30 24 wählen.

Autoreparatur: Pannenhilfe: ℘ 0800–121212.

Suvalki

Der Bahnhof liegt etwas außerhalb in der ul. Kolejowa. Am kleinen Park vor dem Bahnhof fahren die Busse zum Zentrum ab. In der Regel hat man sofort Anschluss. Zum Hotel die Linien 1 und 12 nehmen. Die Aussteigehaltestelle ist nach dem Hotel benannt. Vom Busbahnhof in der ul. Brzostowskiego aus ist das Zentrum bequem zu Fuß zu erreichen.

- *Vorwahl* 87
- *Übernachten* **Hańcza**, ul. Wojska Polskiego. Hässliches Hochhaus, jedoch mit bewachtem Parkplatz, am See gelegen und frisch renoviert. Zimmer in verschiedenen Kategorien, alle mit Bad, ÜF ab 35 €. ℡ 566 66 33.

- *Essen* Dem Hotel ist ein gutes Restaurants angeschlossen.
- *Verschiedenes* **Geldwechsel** – ul. Kościuszki 49, ul. Utarta 4 und ul. Sejnenka 13. Ferner gibt es eine Reihe kleiner Wechselstuben und Geldautomaten.

Helsinki

- *Vorwahl* 90
- *Information* Pohjoisesplanadi 19, 00100 Helsinki, ℡ 1693757/1693839. Während der Saison Mo–Fr von 9–18 Uhr und Sa von 10–16 Uhr geöffnet; Eteläesplanadi 4, 00130 Helsinki, ℡ 41769300, geöffnet Mo–Fr von 9–17 Uhr. Verständigung problemlos auf Englisch möglich. Siehe auch www. hel.fi und www.finland-tourism.com.
- *Übernachten* Sogar Jugendherbergen sind in Finnland verhältnismäßig teuer. Am günstigsten sind wohl die beiden **Campingplätze** der Stadt (im Touristenbüro nachfragen). **Hotel Buchungen** im Westflügel des Bahnhofs. ℡ 22881400, ℡ 22881499, hotel@helsinki expert.fi, www.helsinkiexpert.fi. Buchungen per Telefon und online sind kostenlos.
Arthur, Vuorikatu 19. Attraktives Mittelklassehotel mit gemütlichen Zimmern und einer Atmosphäre zum Wohlfühlen. EZ 80 €, DZ 100 €. ℡ 173441, ℡ 626880, reception@ hotelarthur.fi, www.hotelarthur.fi.
Ava, Karstulantie 6. Freundliches, für finnische Verhältnisse preiswertes Gästehaus. EZ 45–50 €, DZ 55–60 €. ℡ 774751, ℡ 730090. varaukset@hotelli-ava.fi, www. hotelli-ava.fi.
Best Western Seaside, Ruoholadenranta 3. Komfortables Mittelklassehotel mit geräumigen Zimmern und sehr bemühtem Service. EZ ab 80 €, DZ ab 100 €. ℡ 69360, ℡ 6932123, seaside@seasidehotel.fi, www.seasidehotel.fi.
Hotel Kämp, Pohjoisesplanadi 29. Edles Luxushotel mit schönen, großen Zimmern und Superservice. DZ zwischen 320–350 €. ℡ 576111, ℡ 5761122, hotelkamp@luxurycol-lection.com, www.hotelkamp.fi.
Lönnrot, Lönnrotinkatu 16. Gemütliches Hostel mit vielen Kneipen und Bars im Umfeld. EZ ab 40 €, DZ 55 €, DRZ 70 €.

℡ 6932590, ℡ 6932482, hostel@saunalahti.fi, www. mirhan.fi.
Paalupaikka, Vilhonkatu 6b. Angenehmes, aber einfaches Hotel unweit vom Bahnhof mit freundlichen Mitarbeitern. EZ 42 €, DZ 50 €, DRZ 75 €. ℡ 630260, ℡ 630335, hostel.paalupaikka@kolumbus.fi, www.matkailu. com/paalupaikka.
Private Hotel (Bed & Brekfast), Temppeli-katu 4b/11, ℡ 499990, ab 65 €. Sehr begehrt, vorher reservieren!
Stadion, Pohjoinen Stadiontie 3b. Einfache Jugendherberge. ÜB ab 18 €. ℡ 4778480, ℡ 47784811, stadion@hostel.inet.fi, www. stadionhostel.com. Ermäßigung gibt es mit dem internationalen Jugendherbergsausweis.
- *Hafen* Die Schiffe von und nach Tallinn, legen am Länsi Terminal ab. Bus 15 pendelt halbstündig zwischen Hafen und Busbahnhof hin und her. Die Fähren nach Deutschland legen am Hansa Terminal ab, der per Bus schwer zu erreichen ist. Die Schiffe der Silja und Viking Line nach Schweden starten vom Olympia-Terminal und vom Kataja-nokka-Terminal.
- *Verschiedenes* **Banken**, Aleksanterinkatu 19, 30, 46a, Bulevardi 10 etc. Darüber hinaus sind zahlreiche Geldautomaten über die Stadt verteilt.
Post, Mannerheiminauko 1a. Beim Eintreten nicht vergessen, Wartenummer zu ziehen, weil man sonst Ewigkeiten umsonst hier verweilt.
Internetzugang, in den meisten Restaurants, Cafés, Museen und Bibliotheken besteht Zugang zur Cyberworld, allerdings mit Zeitlimit, wenn große Nachfrage besteht.
Glorias, Pieni Roobertinkatu 12. Gemütliches, kleines Café mit einer Handvoll Computern.

Stockholm

- *Vorwahl* + 46 (0) 8
- *Information* Sverigehuset, Kungsträdgården, Hamagatan 27, 10393 Stockholm, ℡ 7892400, ℡ 7892450; www.stockholmtown.se.
- *Übernachten* **Hotelbuchung** – befindet sich im Hauptbahnhof, ℡ 7892425.

Anno 1647, Mariagraend 3. Edles Hotel mit komfortablen, großzügigen Zimmern. DZ ab 140 €. ℡ 44421680, www.swedenhotels.se.
City Backpacker Upplandsgatan 2a. Freundliches Hostel mit internationalem Publikum. ÜB ab 17 €. ℡ 206920.

Mit dem Zug oder dem Bus

Knotenpunkt Berlin-Lichtenberg

Da man per Bus und Bahn am günstigsten von Berlin aus ins Baltikum und nach Warschau gelangt, sei hier auf einige Möglichkeiten hingewiesen, um preiswert nach Berlin zu gelangen.

▸ **Bahn:** Allen, die unter 26 Jahre sind, sei das *Twen-Ticket* empfohlen, mit denen über 4000 Zielorte in Europa angesteuert werden können. Mit dem Twen-Ticket (1 Monat national gültig) gibt es 20 % Ermäßigung auf alle nationalen Verbindungen. Ein Abkommen für Ermäßigungen gibt es mit den baltischen Bahngesellschaften nicht, wohl aber mit der polnischen.

Mit dem neuen Tarifsystem empfiehlt es sich, online zu buchen. Um Geld zu sparen, sollte die Reise auf alle Fälle frühzeitig gebucht werden. Mit der Bahncard gibt es zusätzlich 25 % Ermäßigung auf alle Tickets.

Erwähnenswert ist der Rail Plus Pass, den es für einen Aufpreis von 15 € mit der Bahncard gibt. Der Rail Plus Pass garantiert in vielen europäischen Ländern (darunter Tschechien, Polen, Lettland, Litauen und Dänemark) ebenfalls 25 % Ermäßigung (in Schweden nur für Personen unter 26 Jahren).

Der Tarifdschungel der Bahn ist abrufbar unter www.bahn.de.

▸ **Bus:** Als preiswerte Alternative zur Bahn bietet sich aus einigen Städten auch die Anreise mit dem Bus an. Studenten und Jugendliche unter 26 Jahren erhalten meist 50 % Ermäßigung.

● *Nähere Informationen* **BerLinienBus**, Mannheimer Str. 33/34, 10713 Berlin, ℡ 030-8619331, info@berlinlinienbus.de, www.berlinlinienbus.de.

● *Preise* Hamburg – Berlin, täglich, einfach ca. 22 €; Hannover – Berlin, täglich, einfach ca. 31 €; Düsseldorf – Berlin, täglich, einfach ca. 67 €; Frankfurt – Berlin, täglich, einfach ca. 58 €; München – Berlin, täglich, einfach ca. 67 €.

▸ **Flugzeug:** Von vielen deutschen Städten aus werden Billigflüge, z.T. schon für 25 €, nach Berlin angeboten. Infos und Online-Buchung bei www.geizkragen.de

▸ **Mitfahrzentralen:** Eine sehr preisgünstige Variante, aus allen Teilen Deutschlands sowie aus der Schweiz und aus Österreich nach Berlin zu kommen, ist die Anreise über die Mitfahrzentrale. Fast jede größere Stadt verfügt über eine oder mehrere solcher Vermittlungsstellen. Mit etwas Glück findet man unter www.mitfahrzentrale.de eine preisgünstige Mitfahrgelegenheit ins Baltikum. Die Mitfahrzentralen sind außerdem bundesweit unter der Telefonnummer 19440 mit der jeweiligen Städtevorwahl zu erreichen (siehe auch gelbe Seiten). *Preisbeispiele*: München – Berlin 61 €; Frankfurt – Berlin 60 €; Berlin – Kaunas 90 €.

Per Bahn ab Berlin

Täglich fährt ein durchgehender Zug von Berlin-Lichtenberg nach Rīga mit Anschlusszug nach Tallinn. Etwa 33 Stunden ist er unterwegs. Dieser Zug fährt nicht durch Weißrussland. Der "St. Petersburg-Express" fährt ebenfalls ab Berlin-Lichtenberg nach Vilnius und St. Petersburg, mit Kurswagen nach Rīga. Für diesen Zug ist jedoch ein GUS Visum erforderlich.

Auch die andern durchgehenden Züge von Berlin über Warschau und Vilnius nach Rīga fahren ein Stück durch Weißrussland, für das ein Transitvisum vonnöten ist (siehe Einreisebestimmungen, S. 31). Um das weißrussische Transitvisum zu umgehen, muss man nach Warschau fahren und auf der Weiterreise im polnisch-litauischen Granzbahnhof Šeštokai umsteigen.

Rückfahrtickets können in Deutschland gleich mitgekauft werden, nicht aber die obligatorische Liegewagenkarte für die Rückfahrt. Diese ist in den jeweiligen Bahnhofshallen für internationalen Zugverkehr erhältlich oder über die Reisebüros im Baltikum, die Zugtickets verkaufen.

Bahnsparen

Eine Alternative zur Direktverbindung ist es, in Berlin ein Ticket bis Warschau zu kaufen und alle weiteren Fahrkarten erst in Polen. Auf diese Weise ist es auch möglich, das weißrussische Transitvisum zu umgehen. Eine einfache Fahrkarte für Warschau gibt es ab 51 € (je nach Zug mit Preisschwankungen plus Zuschlägen rechnen). Mit den Twen-Tickets zahlen Jugendliche unter 26 20 %.

Interrail: Ein Interrail-Ticket lohnt sich nicht. Auch wenn man über Skandinavien ein- und ausreisen sollte, rentiert sich das Interrail-Ticket nicht. Im Baltikum hat es darüber hinaus auch keine Gültigkeit. Da das Bahnfahren im Baltikum so preiswert ist, ist es von vornherein am günstigsten, wenn die Tickets vor Ort gekauft werden.

Euro Domino: Dieses Ticket gibt es sowohl für Erwachsene als auch für Jugendliche bis einschließlich 25 Jahre. Innerhalb eines Monats kann an 3 oder 8 Tagen beliebig viel gefahren werden. Lohnenswert ist Euro Domino für die Anreise über Schweden. Eine entsprechende Fahrkarte kostet bei 3 Tagen für Erwachsene 155 €, für Jugendliche 125 €. Darüber hinaus gibt es 50 % Ermäßigung bei der Viking- und Silja-Line, die beide in Stockholm ablegen und Kurs auf Helsinki nehmen. Innerhalb des eigenen Landes gibt es mit Euro Domino auf Bahnfahrkarten 25 % Preisnachlass.

ScanRailFlexible: Für eine Anreise per Bahn via Skandinavien kann sich auch der ScanRail Flexible Pass lohnen. An fünf frei wählbaren Tagen kann innerhalb von zwei Monaten in Skandinavien gereist werden. Erwachsene zahlen für diesen Pass 200 €, Jugendliche 150 € und Senioren 177 €.

Rückfahrt von Warschau: Wer schon vorher weiß, dass die Rückreise per Bahn über Polen gehen soll, und die 26 noch nicht überschritten hat, dem sei anzuraten, sich bereits in Berlin das Rückticket zu kaufen. (Internationale Twen- Tickets sind zwei Monate gültig) Es gibt diese ermäßigten Fahrkarten zwar auch im Wasteel-Büro im Bahnhof (PKP) Warschau Centralnaja neben dem Informationszentrum (oder: ul. Chmielna 98, ☏ 620 2149, Mo–Fr 9–19, Sa 9–19), doch ist dort mit Wartezeiten zu rechnen, und es ist auch nicht rund um die Uhr geöffnet. Von offizieller Seite wird angeraten, internationale Tickets mindestens 24 Stunden im Voraus zu kaufen, was außerhalb der Hauptsaison in der Regel jedoch nicht nötig zu sein scheint. In der Hauptreisezeit kann es sich als angenehmer erweisen, den Fahrkartenkauf im Orbis-Büro zu tätigen (s. Übernachten auf dem Transit Warschau). Sollte das Wasteel-Büro geschlossen haben, besteht für Inhaber eines internationalen Studentenausweises noch die Möglichkeit, bis zur Grenze zum halben Preis zu fahren. Internationale Fahrkarten und die obligatorischen Platzkarten, die in der Regel noch am Reisetag selbst erhältlich sind, gibt es im ersten Stock der Bahnhofshalle. Dort befindet sich auch die internationale Zugauskunft. Internationale Züge halten auch in Warschau-Zachodni. Zum Fahrkartenkauf im Bahnhof sollte man etwas Zeit einplanen, da sich vor den Schaltern oft Schlangen bilden. Wer auf keine Ermäßigung mehr hoffen kann, dem sei angeraten, das Rückfahrticket in Polen zu kaufen, da Fahrkarten von Warschau aus nach Wien, Berlin und in andere deutsche Städte weniger kosten als in Deutschland und Österreich.

Verbindungen von und nach Warschau

▶ **Per Bahn:** Es bestehen Direktverbindungen zwischen Warschau und München, Köln, Aachen, Hamburg, Hannover, Frankfurt/a.M. via Prag, Nürnberg und Stuttgart, sowie nach Dresden, Leipzig und Wien. Für Wiener ist vielleicht die Variante interessant, per Bus oder Bahn nach Bratislava oder Prag zu fahren, um dort ein günstigeres Ticket Richtung Warschau zu erstehen. Hierbei muss man allerdings bei Český/Těšin umsteigen. Von Warschau fährt täglich ein Zug nach Vilnius, der nicht über Weißrussland geht! Allerdings muss man in Šeštokai umsteigen (20 Minuten Aufenthalt). Der Zug geht über Kaunus (an 18 Uhr) und erreicht Vilnius um 20 Uhr. Alle anderen Züge von Warschau nach Vilnius gehen durch Weißrussland und erfordern ein Transitvisum.

▶ **Per Bus:** Von vielen deutschen Städten gibt es Direktbusse in die polnische Hauptstadt. Die Preise für eine einfache Fahrt liegen alle um die 52 €. Für Jugendliche und Studenten unter 26 Jahren gibt es 50 % Ermäßigung. Weitere Informationen s. Anreise Berlin, S. 16/17.

Bahnverbindung Warschau – Suvalki (Grenze)

Falls jemand die Direktverbindung Warschau-Vilnius verpasst haben sollte, sei hier noch auf die Verbindungen nach Suvalki, der letzten größeren Stadt vor der polnisch-litauischen Grenze hingewiesen. Diese Variante ist vielleicht anstrengender, dafür aber billiger als die oben genannte.

In beide Richtungen verkehren täglich vier Züge, im Sommer unter Umständen auch mehr. Studenten erhalten bei Vorlage eines internationalen Studentenausweises bis zu 50 % Ermäßigung. Für Tickets erster Klasse ist ein geringer Aufpreis zu zahlen, was tagsüber für diesen Zug anzuraten ist, da er meistens sehr voll ist. Inlandfahrkarten gibt es in der Bahnhofshalle. Am Ende der Halle in Richtung der Gleise befindet sich die innerpolnische Bahnauskunft. Die Fahrtdauer beträgt etwa fünf Stunden.

Falls in Warschau keine Zeit mehr zum Fahrkartenkauf bleiben sollte, kann auch im Zug nachgelöst werden. Ermäßigungen fallen hierbei weg.

Die Rückreise von Suvalki nach Warschau ist am günstigsten frühmorgens oder nachts. Abzuraten ist vom Abendzug. Er erreicht die polnische Hauptstadt gegen Mitternacht, und der nächste Zug nach Berlin geht erst in den frühen Morgenstunden. Dasselbe gilt für Busse, die gegen Abend nach Warschau fahren.

Von Suvalki aus weiter

▶ **Mit dem Bus:** Je nachdem, wann man in Suvalki eintrifft, kann die Reise nach Litauen erst am nächsten Tag mit Bus oder Bahn fortgesetzt werden (s. auch Übernachtung auf dem Transit). Der erste Bus nach Litauen fährt in der Regel gegen 8 Uhr, der letzte (nach Vilnius) gegen 18 Uhr.

Es bestehen Verbindungen nach *Vilnius, Lazdijai, Kaunas* und *Druskininkai*. Am Busbahnhof gibt es keine Gepäckaufbewahrung.

Busse sind von evtl. Warteschlangen an den Grenzübergängen ausgenommen.

▶ **Mit dem Zug**: Es gibt täglich mehrere Verbindungen zwischen Suvalki und Šeštokai (16 km hinter der Grenze). Die Fahrt dauert ungefähr zwei Stunden. Von hier besteht Anschluss nach Vilnius und Kaunas.

Direkte Busverbindungen

▶ **Ab Deutschland**: Eine sicherlich preiswerte, wenngleich auch etwas anstrengende Variante ist es, mit einem direkten Bus von Deutschland ins Baltikum zu reisen. Jugendliche und Studenten erhalten meist 15 % Ermäßigung.

• *Nähere Informationen* in allen **DER-** und **Romminger-Reisebüros** sowie bei **BerLinienbus**, Mannheimer Str. 33/34, 10713 Berlin, ✆ 030-86096110 oder 0800–6666999, www.berlinlinienbus.de.
Deutsche Touring Gesellschaft, Am Römerhof 17, 60486 Frankfurt/Main, ✆ 069 7903–0 und 01805 250254, www.deutsche-touring.com.
Die Firma **Ecolines** verkehrt mehrmals wöchentlich von zahlreichen deutschen Städten nach Rīga, Kaunas, Vilnius, Pärnu und Tallinn.

Frankfurt nach Tallinn, 105 €, Dauer 34 Std.; Berlin nach Tallinn, 87 €, Dauer 27 Std.; Frankfurt nach Rīga, 87 €, Dauer 31Std.; Berlin nach Rīga, 75 €, Dauer, 22 Std.; Frankfurt nach Vilnius, 77 €, Dauer 26 Std.; Berlin nach Vilnius, 67 €, Dauer 19 Std., www.ecolines.lv.
Die Firma **Autokraft** fährt dienstags von Kiel, Hamburg und Berlin aus nach Rīga, Pärnu und Tallinn, ✆ 0431-6662222.

▶ **Ab Warschau**: Es gibt mehrere Busse täglich nach Vilnius sowie eine Verbindung am Tag mit Rīga. Die Fahrtdauer beträgt 11 bzw. 16 Stunden. Abfahrt ist vor dem Bahnhof Zachodni, vom Hauptbahnhof mit Bus 127 zu erreichen. Informationen zu den Bussen im Hauptbahnhof sind neben der Auskunft für innerpolnische Züge erhältlich. Tickets gibt es an folgenden Stellen:
Comfort Lines, ul. Chmielna 98/14, ✆ 6546387, ✆ 6546388, www.comfort.com.pl. Geöffnet Mo–Fr von 9–17.
Eurolines, ul. Wandy 16. ✆ 6729060, ✆ 6729070, www.eurolines.com. Geöffnet Mo–Fr von 9–20 und Sa von 10–14 Uhr.

Mit dem Schiff

Den Anreisemöglichkeiten über die Ostsee sind keine Grenzen gesetzt. Es bestehen reguläre Verbindungen zwischen Deutschland und Litauen, Deutschland und Lettland, Deutschland und Estland, Schweden und Estland sowie zwischen Finnland und Estland. Die Anreise ins Baltikum über die Ostsee ist wunderschön und erholsam. Sehr reizvoll ist es, einen Besuch im Baltikum mit Zwischenstopps in Skandinavien zu verbinden.

Die Fahrt mit dem Schiff ohne die Mitnahme eines Pkws ist durchaus erschwinglich und vor allem angenehmer als die Anreise über Polen. Interessante Häfen sind Kiel, Stockholm, Mukran, Tallinn, Klaipeėda, Rostock und Helsinki. Schiffsfahrkarten gibt es in allen DER-Reisebüros, oder bei den Linien selbst. Bei den angegebenen Preisen handelt es sich um die jeweils günstigsten Tarife in der Hauptsaison. Sie sind lediglich als Orientierung gedacht, denn es gibt zahlreiche Sonderbedingungen und Kombinationsmöglichkeiten, die die Preise verändern.

Kiel – Klaipeda

Abgelegt wird 6-mal wöchentlich vom Schwedenkai. Die Fahrtdauer beträgt 25 Stunden. Es gibt verschiedene Preiskategorien. Eine einfache Fahrt im Pullmannsitz kostet 65 €. Die oberste Grenze liegt bei 889 €. Für die Mitnahme eines Autos ist mit 100 € und aufwärts zu rechnen. Für ein Fahrrad werden 6 € veranschlagt. Hinzu kommen 6 € Hafengebühren pro Person.

• *Information* **Lisco Baltic Service GmbH,** ✆ 0431-2097642, passage@lisco-baltic-service.de, www.lisco-baltic-service.de; **Scandalines,** ✆ 0381-4973724, ✆ 0381-4973725, ferry@scandlines-baltikum.de, www.shipping.lt/en/index.html und www.scandlines-touristik.de.

Mukran (Insel Rügen) – Klaipeda

Jeden zweiten Tag fährt ein Schiff von Neu-Mukran nach Klaipeda und zurück. Hierbei handelt es sich um eine umgebaute Güterfähre. Eine einfache Überfahrt kostet 110 €, für einen normalgroßen Pkw werden 100 € veranschlagt, das Fahrrad kostet 5 €. Hinzu kommen 6 € Hafengebühren. Es sei darauf hingewiesen, dass bei Engpässen Fernfahrer Priorität haben.

• *Information* **Deutsche Seereederei Touristik GmbH**, Am Seehafen 1, 18147 Rostock, ✆ 0381-4584672/73, ✆ 0381-4678.

Lübeck – Riga

Zweimal die Woche fährt Latlines von Lübeck nach Riga. Die Überfahrt dauert 26 Std. Eine einfache Fahr kostet zwischen 110–220 €, für einen PKW werden 100 € veranschlagt und für ein Fahrrad 10 €.

• *Information* **Latlines,** ✆ 0451 3900148, ✆ 0381–5435308, info@latlines.de, www.latlines.de.

Rostock – Liepaja

Als weitere Anreisemöglichkeit, um per Schiff ins Baltikum zu kommen, ist die Fähre von Rostock nach Liepaja zu nennen, die zweimal wöchentlich fährt. Die Überfahrt dauert 26 Std. Ein Ticket kostet 85 € im Pullmann Sitz, das Auto 110 €.

• *Informationen* bei **Scandalines Euroseabridge**, Seehafen 1, 18147 Rostock-Überseehafen, ✆ 0381-6731246, info@scandlines.de, www.scandlines.lt.

Rostock – Tallinn – Helsinki

Die **Finnjet** pendelt zwischen Rostock und Helsinki hin und her und macht nachts kurz in Tallinn fest. Der Abgangshafen wurde von Travemünde nach Rostock verlegt. Die Überfahrt nach Tallinn dauert 23 Std. Zwischen Rostock Hauptbahnhof und Schiffsterminal besteht an den Abfahrtstagen (Mittwoch, Freitag, Sonntag) eine Busverbindung. Es gibt verschiedene Tarife, vom vollen Saisonpreis über den Spar-Preis bis hin zum Super-Spar-Preis, der auch für Pkws gilt. Eine einfache Fahrt im Schlafsessel kostet in der Hauptsaison 77 €, einen Kabinenplatz gibt es ab 170 €. Die Mitnahme eines Pkws kostet in der Hauptsaison 130 €, Fahrräder 6 €.

• *Information/Buchung* **Finnjet-Silja Line GmbH**, Zeißstr. 6, 23560 Lübeck, ✆ 0451-5899–0, ✆ 0451-5899243, booking.germany@silja.com, www.siljaline.de

Von Rostock über Hanko nach Tallinn

Seit Mai 2001 verkehrt die Superfast Ferries Maritim SA. täglich zwischen Rostock und Hanko. Von Hanko sind es nur 120 km nach Helsinki, von wo aus es ca. 20 Verbindungen täglich nach Tallinn gibt. Die Überfahrt nach Hanko dauert 11 Stunden. Ein Platz in der 4-Bett-Kabine kostet 140 €, ein PKW 100 €, die Mitnahme von Fahrrädern ist kostenlos.

• *Information* **Mare Baltikum Reisen**, Eichenstr. 27, 20259 Hamburg, ✆ 040 494 111, www.superfast.com.

Baltische Länder – Allgemeines

Und los geht's!

Von Travemünde nach Helsinki

Täglich gibt es eine Verbindung nach Helsinki. Die Fahrtdauer beträgt etwa 36 Std. Abfahrt vom Skandinavienkai. Eine einfache Überfahrt kostet 195 € in der 4-Bett-Kabine, das Auto kostet 89 €.

● *Information* Einsiedelstrasse 45, 23554 Lübeck, P.O.Box 102222, ℡ 0451-400 050, ✆ 0451-401905, info@finnlines.de info@finnlines.de, www.finnlines.fi/cargoservices.

Helsinki – Tallinn

Eine sehr gute Verbindung besteht zwischen Tallinn und Helsinki. Ob **Linda Line Express**, **Nordic Jet Line** oder **Silja-Line** – alle pendeln sie täglich zwischen der estnischen und der finnischen Hauptstadt hin und her. Eine einfache Überfahrt kostet in der Hauptsaison 17 €, für die Mitnahme eines Pkws werden 33 € veranschlagt, Fahrräder kosten 3 €. Die Fahrtdauer beträgt je nach Fähre zwischen 1,5 und 4 Stunden.

● *Information/Buchung* **Finnjet-Silja Line GmbH**, Zeißstr. 6, 23560 Lübeck, ℡ 0451-5899–0, ✆ 0451-5899243. www.lindaline.fi oder www.frs.de

● *Schnellboote* Weniger als 2 Stunden brauchen diese Boote, um Helsinki und Tallinn miteinander zu verbinden. Information und Buchung im Hafen von Tallinn bei **Viking Line** oder **Tallinnk**.

Schweden – Tallinn

Sehr reizvoll ist es auch, über Schweden ins Baltikum zu gelangen. Das ist zwar nicht der direkte Weg, aber dafür wird man eine wunderschöne Seereise entlang der schwedischen Schären erleben. Durch das Abkommen der großen Fährgesellschaften Silja und Viking sind zahlreiche Kombinationsmöglichkeiten und Durchgangstickets auf dem Markt. *Informationen* Tallink bei J.A. Reinecke GmbH, ℡ 04532-6517, www.tallink.ee; oder bei Viking Skandinavienkai, 2470 Lübeck-Travemünde, ℡ 04502-409799, ✆ 04502-3649.

Mit dem Fahrrad

Es gibt viele Wege, um mit dem Fahrrad in Baltikum zu kommen. Man kann sich in seinem Heimatort direkt auf seinen Drahtesel schwingen und gen Baltikum aufbrechen oder aber ihn auch nur zum nächsten Flughafen, Hafen, Bus- oder Bahnstopp transportieren.

Für Radfahrer gibt es derzeit nur den Grenzübergang Ogrodniki/Lazdijai. Dort kann man aber zumindest fröhlich an der Warteschlage der Autos vorbeiradeln. Die Einreise mit dem Fahrrad über Russland und Weißrussland ist zwar möglich, aber an das Prozedere der Visabeschaffung gebunden (s. u.).

Am bequemsten transportiert man sein Rad auf den Fähren, von denen einige nicht einmal Zusatzkosten verlangen. Ansonsten sind für den Transport nicht mehr als 8 € zu veranschlagen. Die Mitnahmemöglichkeiten mit der Bahn sind unterschiedlich. Informationen können bei der Radfahrerhotline der Deutschen Bahn eingeholt werden (www.bahn.de/pv/home/virtual-railways/pv2_links.shtml). Im "St-Petersburg-Express" (Berlin-Vilnus-St-Petersburg) kann das Fahrrad offiziell nur in Einzelteile zerlegt mitgenommen werden, obwohl Leser berichten, dass dies in der Realität nicht der Fall sei. Zu bedenken ist auch, dass wenn auf die Lithunian Railway Company umgestiegen wird, mit Problemen zu rechnen ist, da sie keine speziellen Angebote für den Fahrradtransport hat. Ob im Einzelfall ein Fahrrad in den internationalen Linienbussen mitgenommen werden kann, hängt von den jeweiligen Busgesellschaften ab. Der Kanon der meisten Leserzuschriften ist jedoch, dass der Transport in Bus & Bahn problemlos sei.

Mit dem eigenen Boot

Viele Städte des Baltikums, wie z. B. Klaipėda, Rīga, Tallinn, Haapsalu, Pärnu, sowie Liepāja, Jūrmala und auch die estnischen Inseln Hiiumaa und Saaremaa können mit Privatbooten angesteuert werden. In allen genannten Orten gibt es mehr oder weniger moderne Yachthäfen.

Vor Einlaufen Funkkontakt mit der Hafenleitung aufnehmen (siehe dazu auch Informationen in den jeweiligen Reiseteilen). Nationalitäten- und Heimathafennachweis sowie Besitzerurkunde müssen mitgeführt werden.

▶ **Seekarten**: See- und Länderkarten sind beim Jāṇa sēta Verlag und Buchhandel sowie bei OU "Gotta" (Estland) erhältlich.

• *Adresse* Jāṇa sēta, Elizabetes 83/85, Rīga, ☎ 00371 7217371 ; OU "Gotta", Paernu mnt 91, Tallinn, ☎ 00372 674 8257, gotta@stalz.ee, www.gotta.ee.
Zu nennen ist auch das Hafenhandbuch *Ostsee* erschienen im DSV Verlag (Neuauflage 2000); dann das Heft "Lativan Yacht Harbours", das beim Lettischen Hydrographischen Institut bei Herrn Mezulis ☎ 00371-7062164, 🖷 00371-7062161 bestellt werden kann. Informationen zum Yachthafen *Andrejosta* in Rīga bei Hafenmeister Herr Arnis Berzins. ☎ 7323221, 🖷 7 323225.
Seekarten für Estland sowie die Hefte *MiniLoots* und *By Pleasure Boats to Estonia* sind erhältlich bei Frau Helle Hallika, hhallika@online.ee. Weitere Informationen zu Yachthäfen in Estland kann man unter www.artun.ee/sadamad finden.

Einreiseformalitäten

Einreise/Ausreise

Staatsangehörige der Bundesrepublik Deutschland, Österreichs, der Schweiz und Lichtensteins können sich in den drei baltischen Republiken 90 Tage ohne Visum aufhalten. Sie benötigen nur lediglich einen gültigen Reisepass. Nur mit dem Personalausweis ist die Einreise allerdings nicht möglich!

Der Reisepass muss in Litauen und Estland noch mindestens drei Monate nach der geplanten Ausreise gültig sein und in Lettland zwei. Der Kinderausweis (mit Lichtbild) wird in allen drei Republiken anerkannt. Nicht ausreichend ist jedoch ein bloßer Eintrag im Pass der Eltern. Alleinreisende Elternteile müssen eine schriftliche beglaubigte Erklärung des anderen Elternteils mitführen, die eine Erlaubnis der Baltikumreise des Kindes beinhaltet.

Für Litauen gilt außerdem, dass als Geldmittel 100 Litas pro Tag bei mehr als drei Tagen Aufenthalt sowie 300 Litas (cash) pro Tag bei Kurzreisen vorzuweisen sind (Ausnahme eine Einladung mit Zusage der Kostenübernahme). Auch an der estländischen Grenze können ausreichende finanzielle Mittel sowie das Vorhandensein einer gültigen Reisenkrankenversicherung überprüft werden.

▶ **Transitvisum für Weißrussland**: Wer mit dem Zug oder Auto über Weißrussland nach Litauen einreist, braucht ein weißrussisches Transitvisum (Aufenthaltsdauer max. 48 Stunden). Seit Beginn des Jahres 1993 unterhält Weißrussland eigene Vertretungen. Das weißrussische Transitvisum ist nicht an der Grenze erhältlich. Die Visabearbeitung beim Konsulat dauert ca. eine Woche und kostet 26 € (bei längerem Aufenthalt 43 €).

Da auch für Weißrussland eine Einladung benötigt wird, ist es oft notwendig das Visa über ein spezialisiertes Reisebüro zu beschaffen. Dann belaufen sich die Kosten (zweimalige Durchreise) auf ca. 72 €.

Unterlagen: Benötigt werden eine Einladung (oder übers Reisebüro), ein gültiger Reisepass, ein ausgefüllter Visumantrag und ein Überweisungsnachweis von 26 € zur Begleichung der Visakosten.
Adresse: Vostok Reisen, Weibergsweg 2, 10119 Berlin, ☎ 030-48493713, mail@vostok.de.

Bankverbindung: Dresdner Bank, BLZ 12080000, Konto-Nr. 4094881001. Empfänger – Botschaft Belarus.

Einreise über das Kaliningrader Gebiet

Wer über die russische Enklave ins Baltikum einreisen und später die Rückreise auf dem gleichen Weg antreten will, muss im Besitz eines russischen Zwei- bzw. Mehrfachvisum sein, da ein einfaches Visum mit dem Ausreisestempel verfällt. Bei einem evtl. Abstecher von Estland nach Russland ist zu bedenken, dass die russische Botschaft in Tallin Deutschen nur dann ein Visa ausstellt, wenn sie in Estland wohnhaft sind. Ein russisches Visum muss also unbedingt im Heimatland besorgt werden.

Freie Fahrt

Unterwegs im Baltikum

Mit dem Auto

Um in die entlegensten Ecken des Baltikums zu kommen, ist ein eigenes Fahrzeug von großem Nutzen. Das Auto sollte vor der Reise auf jeden Fall noch einmal gründlich durchgecheckt werden, da sich das Beschaffen von Ersatzteilen als schwieriges Unterfangen herausstellen kann, je nachdem, wo man sich gerade befindet.

Der fast in jeder Stadt vertretene Autoservice, der auf den Hauptstraßen mit dem internationalen Zeichen für Pannenhilfe ausgeschildert ist, kann nicht immer weiterhelfen. In den Großstädten gibt es Niederlassungen westlicher Autofirmen, bei denen Ersatzteilen erhältlich sind. Eine hilfreiche Adresse sind bei einer Panne auch die Tankstellen der großen Ölkonzerne. Sie verfügen zwar nicht immer über eine Werkstatt, können aber dann weitervermitteln.

Ein gut sortierter Werkzeugkasten mit Wagenheber und Abschleppseil sowie Reservekanister sollten sowieso nicht fehlen.

▶ **Straßen**: Die großen Städte des Baltikums sind über gebührenfreie Schnellstraßen, die sich in recht gutem Zustand befinden, miteinander verbunden. Die längste dieser Straßen ist die Via Baltica, die von Minsk über Vilnius und Rīga nach Tallinn führt. Weitere Informationen über die Via Baltica findet man unter www.respons.pp.fi/Viabaltica.

Zu den Kleinstädten führen in der Regel schmale, asphaltierte Straßen. Vorsicht Schlaglöcher! Bislang sind sie dem Verkehr noch gewachsen, da das Verkehrsaufkommen im Baltikum lange noch nicht so hoch ist wie in Westeuropa. Auch das Fahren und Parken ist hier noch nicht so chaotisch und anstrengend wie in den westlichen Städten. In einigen Orten sind Parkuhren aufgestellt worden.

Die Verbindungen zwischen den kleinen Dörfern sind teilweise sehr schlecht. Oftmals werden die Straßen plötzlich zu unasphaltierten Schotterpisten. Wer ein empfindliches Fahrzeug besitzt, sollte daher die auf der Landkarte schmal eingezeichneten Wege meiden. Das Gleiche gilt auch für Radfahrer.

▶ **Verkehrsrisiken**: Was die Sicherheit auf den Schnellstraßen anbelangt, herrschen im Baltikum andere Vorschriften als in Deutschland, der Schweiz und Österreich. Fahrradfahrer benutzen diese Straßen genauso wie Pferdefuhrwerke oder Fußgänger, obwohl das offiziell nicht gestattet ist. Insbesondere bei der Fahrt durch Ortschaften ist erhöhte Aufmerksamkeit geboten. Auch ein Rollskifahrer ist auf der Autobahn gesichtet worden und das sogar als Geisterfahrer!

Mit Vorsicht zu genießen sind auch die zahlreichen *unbeschrankten Bahnübergänge*, die mit einem weißen Blinklicht ausgestattet sind. Im Falle eines heranfahrendes Zuges sollte sich die Farbe des Blinklichtes ändern und gleichzeitig ein schriller Warnton erklingen. Es passiert jedoch häufig, dass auf Grund irgendwelcher Defekte Warnsignale völlig ausbleiben, oder aber dass die Signale auf einen sich nähernden Zug hinweisen, auf den man dann vergeblich wartet. Auf jeden Fall immer langsam an einen solchen Übergang heranfahren und vorsichtshalber lieber selber schauen.

In allen drei Republiken besteht übrigens Anschnallpflicht, in Estland darüber hinaus absolutes Alkoholverbot. In Litauen liegt die Grenze bei 0,4 und in Lettland bei 0,5 Promille. Die Einhaltung dieser Grenzwerte ist empfehlenswert. In Estland besteht darüber hinaus die Pflicht, Tag und Nacht mit Abblendlicht zu fahren.

Was das *Tempo* anbelangt, so ist es ratsam, sich an die Geschwindigkeitsbeschränkungen zu halten, da häufig Verkehrskontrollen durchgeführt werden. Außerdem sind die Wege außerhalb der Schnellstraßen oftmals sehr schmal und so sehr an die Landschaft "angepasst", dass sie zu einer regelrechten Berg- und Talfahrt werden können. Kleinen Straßenflitzern kann es dabei leicht passieren, dass sie bei hoher Geschwindigkeit anfangen zu springen. Innerhalb geschlossener Ortschaften beträgt die Höchstgeschwindigkeit in Estland und Lettland 50 km/h, in Litauen 60 km/h. Außerhalb von Ortschaften überall 90 und auf den Autobahnen 110 km/h. Wer seinen Führerschein noch keine zwei Jahre hat, darf nicht schneller als 70 km/h fahren.

Beim *Überholen* aufpassen: Hügel und Kuppen machen die Wege oft unübersichtlich. Ansonsten sind die asphaltierten Verbindungsstraßen, von gelegentlichen Schlaglöchern abgesehen, ganz okay. Es gibt mittlerweile in allen drei Republiken Karten, bei denen zwischen Asphalt- und Schotterstraße unterschieden wird (siehe auch Kartenmaterial, S. 39f.).

In Acht nehmen sollte man sich vor schwer beladenen Last- und Erntewagen, da diese häufig Teile ihrer Ladung verlieren. Die baltischen Straßen sind nachts übrigens unbeleuchtet.

Baltische Länder – Allgemeines

▶ **Benzin:** Das Tankstellennetz des Baltikums ist entlang der asphaltierten Straßen sehr dicht. Dabei ist zwischen großen, modernen Tankstellen der westlichen Konzerne und kleinen Tankstellen, die oftmals nur aus vier Zapfsäulen bestehen, zu unterscheiden. Bei diesen Tankstellen ist zu beachten, dass die benötigte Treibstoffmenge vor dem Zapfen erst an dem kleinen Tankhäuschen bestellt und bezahlt werden muss.

Im gesamten Baltikum ist überall *bleifreies Benzin* erhältlich.

> Super-Bleifrei ist mit 95E, Superplus-Bleifrei mit 98E gekennzeichnet. Verbleiter Kraftstoff und Diesel (DK) ist überall erhältlich.

Für westliche Besucher ist das Benzin im Baltikum preiswert. Ein Liter kostet fast die Hälfte weniger als in Deutschland. Die kleinen Tankstellen sind in der Regel etwas günstiger als die neuen. Diese verfügen aber meist über gut sortierte Läden, in denen Autozubehör, z. T. auch Ersatzteile, Öl und ein breit gefächertes Angebot an westlichen Konsumgütern zu finden sind. Meistens sind sie rund um die Uhr geöffnet.

Für 1-PSler verboten

▶ **Unfälle:** Bei einem Unfall muss in Litauen und Lettland auf jeden Fall die Polizei benachrichtigt werden, auch in Estland ist es empfehlenswert. Folgende Notrufnummern gelten:
In Estland: Notruf 112, Pannenhilfe 3726969100 oder 8188.
In Lettland: Polizei 02, Ambulanz 03, Feuerwehr 03, Pannenhilfe 8000000.
In Litauen: Polizei 02, Ambulanz 03, Feuerwehr 03, Pannenhilfe 188.

▶ **Mietwagen**: Viele bekannte Firmen bieten in den größeren Städten des Baltikums Mietwagen-Service (westliche Modelle) an. Die Leihgebühr ist oftmals höher als im Westen. Näheres siehe unter Vilnius, Rīga und Tallinn.

Trampen

Ständig sieht man, vornehmlich auf den Dörfern, Leute jeden Alters am Straßenrand stehen, in der Absicht, ein Auto anzuhalten. In der Regel ist das auch kein Problem. Sehr häufig ist zu beobachten, dass Tramper, wenn sie zu mehreren an der Fahrbahn stehen, den vorbeikommenden Autos mit den Fingern die Anzahl derjenigen anzeigen, die mitgenommen werden möchten.

Alleinreisende Frauen sollten aus den bekannten Gründen vom Trampen lieber Abstand nehmen. Es wird übrigens als Selbstverständlichkeit angesehen, dass Tramper sich gegenüber dem Fahrer mit einem kleinen Geldbetrag erkenntlich zeigen! In Vilnius gibt es übrigens einen Hitchhiker-Club. Mitglieder finden auf diese Weise freies Wohnen und freies Reisen. Mehr Infos unter www.autostop.lt.

Mit der Bahn

Das baltische Eisenbahnnetz ist lange nicht so dicht wie das der Busse, auch wenn zwischen den großen baltischen Städten reger Schienenverkehr besteht. Die Bahnwaggons sind recht einfach ausgestattet. Sie kosten weniger als die Busse, brauchen aber auch Ewigkeiten, um ans Ziel zu kommen. Die 300 km weite Fahrt von Klaipėda nach Rīga dauert an die sechs Stunden. Dabei tuckert die Bahn einige Zeit an der litauisch/lettischen Grenze entlang, fährt mal ein Stück durch Lettland und wieder ein Stück durch Litauen. Bei jeder Grenzüberschreitung wird kontrolliert.

Fahrten mit dem Zug ins Kaliningrader Gebiet und nach Weißrussland sind nur mit *gültigem Visum* möglich.

Im Kaliningrader Gebiet richtet sich die Abfahrt der Züge übrigens nach der Moskauer Zeit, d. h. Ortszeit plus eine Stunde.

Gegen einen geringen Aufpreis kann man zu seinem Zugticket eine Platzkarte hinzukaufen, was auf jeden Fall zu empfehlen ist, will man nicht die ganze Fahrt in dichtem Gedränge auf einer Holzbank verbringen. In den Platzkartenwaggons steht auch stets ein Samowar mit heißem Wasser. Für Nachtfahrten ist ein Schlafwagen anzuraten.

Zur Orientierung: Eine 300 km weite Bahnfahrt kostet um die 8–10 €. Der Schlafwagen- oder Platzkartenzuschlag liegt bei 2–5 €. Siehe auch Fahrkarten.

▶ **Verbindung zwischen den baltischen Hauptstädten**: Von Vilnius fahren täglich 3 Züge nach Rīga und umgekehrt. Die Fahrtzeit beträgt etwa sieben Stunden. Einen Zug zwischen Tallinn und Vilnius gibt es nicht. Die tägliche Direktverbindung zwischen Tallinn und Rīga dauert ebenfalls etwa sieben Stunden. Darüber hinaus bestehen zahlreiche Busverbindungen.

▶ **Fahrkarten**: Bahntickets gibt es in den Bahnhöfen und seit neuestem auch in einigen Reisebüros. Ab 50 km und weiter sind Zugfahrscheine bis zu sieben Tage im Voraus erhältlich.

Tipp: Im Vilniuser Bahnhof gibt es eine Wasteels-Vertretung. Jugendliche bis einschl. 25 Jahre, können dort verbilligte Fahrkarten erstehen. Es gibt auch einige Reisebüros, die Jugendtarife anbieten, s. u. Reisebüros.

Mit dem Bus

Das Hauptverkehrsmittel im Baltikum ist der Bus. Dementsprechend dicht ist auch das Busnetz ausgebaut. Mehrmals am Tag werden die Hauptstädte und größeren Orte aus allen Winkeln der Republiken angesteuert. Auch zu jedem noch so kleinen Dorf besteht in der Regel mindestens einmal täglich eine Verbindung. Für 100 km werden zwischen 4 und 7 € veranschlagt, siehe auch Fahrkarten.

▸ **Fahrkarten:** Fahrscheine gibt es entweder im Bus beim Fahrer oder dem "Konduktor", einer extra für den Kartenverkauf eingestellten Person, oder aber am Schalter im Busbahnhof. Immer mehr wird auch in diesem Sektor mit Computern gearbeitet. Grundsätzlich ist eine Sitzplatzreservierung beim Fahrscheinkauf empfehlenswert, da die Busse oftmals sehr voll sind. Für Gepäckstücke wird manchmal ein Aufpreis verlangt. Bustickets für längere Strecken (ab 50 km) können bis zu einer Woche vorher gekauft werden. Die *Fahrpläne* sind jeweils in den Schalterhallen oder an den einzelnen Bussteigen ausgehängt

▸ **Stadtverkehr-Fahrscheine:** Jede Stadt hat ihre eigenen Bestimmungen und Tarife. Fahrkarten für Busse, Trams und Trolleybusse gibt es am Kiosk oder beim Fahrer. Beim Betreten eines öffentlichen Verkehrsmittels muss immer ein Fahrschein entwertet werden. Die Entwertungslocher befinden sich meistens im Wagen. Tickets zur Benutzung der *Elektrischka* gibt es im jeweiligen Bahnhof, sie müssen vor Antritt der Fahrt entwertet werden.

Mit dem Taxi

Insbesondere, wenn man mit mehreren unterwegs ist und eine ganz bestimmte Strecke vor Augen hat, auf der des Öfteren Rast gemacht werden soll, lohnt sich eine Fahrt mit dem Taxi. Im Vergleich zu westlichen Taxis sind die des Baltikums wesentlich preisgünstiger. Seriöse Taxis besitzen alle einen Taxameter. 1 km kostet zwischen 0,20 und 0,30 €.

Mit dem Fahrrad

Eine der schönsten Möglichkeiten das Baltikum zu erkunden ist per Velo. Das Baltikum ist überwiegend flach oder leicht hügelig und hat viele Flüsse, an denen es sich herrlich entlangradeln lässt. Darüber hinaus liegen die Hotels der jeweiligen Kreisstädte nie allzu weit auseinander. Allerdings sollte man darauf achten, nicht die allerschmalsten Wege der Karte zu nehmen, da diese oftmals nur noch aus Schotter bestehen. Alternativ sollte man eine Fahrradreifenbreite von mindestens 32 mm wählen. Die Hauptverbindungen im Baltikum sind *Schnellstraßen*. Viele dieser Schnellstraßen sind vergleichbar mit den Landstraßen des Westens. Sie sind nicht sehr breit, asphaltiert und noch relativ wenig befahren. Auch wenn man im baltischen Straßenbild auf Radfahrer noch eher selten trifft, sind sie doch recht häufig am rechten Rand der Schnellstraßen zu sehen. Dies ist offiziell verboten. Nur in der Umgebung von Rīga sind die Schnellstraßen auch offiziell für Radfahrer freigegeben.

Der Verkehr ist nur in Großstädten und deren Umland sehr dicht. Die Ruhe auf den schmalen Landstraßen kann aber trügerisch sein: Rasende LKWs und Pkws nehmen meist wenig Rücksicht! Dennoch kann gesagt werden, dass das Radfahren im Baltikum immer beliebter wird und dass auch der Tourismus beginnt, sich auf Fahrradwanderer einzustellen. Wer gerne eine organisierte Fahrradtour antreten möchte oder einfach mehr zum Fahrradfahren im Baltikum wissen möchte, dem seien die Fahrradclubs in Valmiera und Klaipėda (Adresse s. u.) sowie die Reisebüros Eurika Tours, Puodziu 20–1a, Klaipėda, ✆ 253375, 218578, 🖂 310920, eurika@voras.lt und Delta, Laisvės alaja 85–4, Kaunas, ✆ 205896, 🖂 229471, delta@kaunas.omnitel.net empfohlen. In Estland gibt es eine Reihe von Fahrradclubs, die im jeweiligen Reiseteil zu finden sind und an die man sich im Notfall wenden kann. Die Dachorganisation ist in der Regati 1, in Tallinn zu finden. ✆ 398679, 398680, ejl@ejl.sport.ee.

Beim Fahrradinformationszentrum in Klaipėda kann man auch ausgearbeitete Touren kaufen, um sich alleine auf den Weg zu machen. Darüber hinaus stehen etwa 4 beschriebene Fahrradrouten im Netz. Auch beim Fahrradclub in Valmiera sind ausgearbeitete Touren erhältlich. Handlich ist vor allem das von ihm herausgebrachte Heftchen *Velo-Hanza/Travel guide for bikers*. Hilfreich ist auch das auf Deutsch erschienene Buch *Velo Via Baltica* – Baltikum per Fahrrad, erhältlich über die baltische Fremdenverkehrszentrale in Münster, siehe dazu auch www.home.t-online.de/home/veloviabaltica.

Für Lettland ist die Markierung 5 verschiedener längerer Fahrradrouten geplant. In Estland gibt es bereits markierte Fahrradwege, die landesweit sichtbar sind. Auch die Städte richten sich mehr und mehr auf Fahrradverkehr ein. In Vilnius gibt es beispielsweise in der gesamten Innenstadt Fahrradspuren.

Tipp: Falls eine mehrtägige Tour durch ländliche Gebiete geplant ist, darauf achten, dass genug Geld umgetauscht wird, da es auf den Dörfern weder Banken noch Wechselstuben gibt.

Wer des Radelns einmal müde sein sollte, kann immer noch ein Stück mit der Bahn fahren. Die Mitnahme der Räder im Gang oder im Einstiegsraum ist gestattet, kann aber vom Schaffner bei Überfüllung untersagt werden. Manchmal besteht auch die Möglichkeit, das Rad mit in den Bus zu nehmen. Ein Trinkgeld für den Fahrer kann da sicherlich sehr nützlich sein. Zum halben Fahrpreis kann man sein Fahrrad auf dem Tragflügelboot "Raketa" mitnehmen, das zwischen Kaunas und Nida pendelt. Die Fahrräder werden an der Schiffsreling festgezurrt, deshalb sollte man Spanngummis parat haben. Auch auf den Fähren zu den estnischen Inseln kann das Fahrrad problemlos mitgenommen werden.

Auf jeden Fall dabei haben sollte man Flickzeug, Ersatzschlauch und -teile sowie das nötige Werkzeug. In den Haupt- und Großstädten gibt es mittlerweile mehrere Fahrradfachgeschäfte und -werkstätten, in denen man auch

Ersatzteile bekommen kann; in abgeschiedeneren Gegenden kann eine Fahrradreparatur ohne die nötigen Utensilien jedoch schnell zu einem kreativen Abenteuer werden.

Weitere Informationen: Fahrradinformationszentrum und Fahrradclub – DVirlNFO, Taikos pr. 42–3, LT-5802 Klaipėda, ✆ 6310870, zvejone@klaipeda.omnitel.net, www.omnitel.net/zvejone/dvirinfo.html (englisch); Fahrradclub Lettland, ✆ 81764, ✆ 07177, Mob. 9237225, ezi@ezi.com, www.ezi.lv; Allgemeiner Deutscher Fahrrad Club, www.adfc.de

Fahrradverleih: In zahlreichen Städten und Ortschaften können Fahrräder auch geliehen werden. Sie kosten pro Tag ca. 10 € und in der Regel müssen 100 € Kaution hinterlegt werden.

Mit dem Schiff

Obwohl es im Baltikum so viel Wasser gibt, ist diese Art der Fortbewegung momentan eher selten, was nicht zuletzt an finanziellen Engpässen liegt. Schiffsverbindungen gibt es in Litauen zwischen Kaunas und Neringa über den Nemunas, in Lettland von Rīga nach Jūrmala (sehr unregelmäßig) sowie in Estland zu seinen Ostsee-Inseln und auf dem Peipsi-See.

▶ **Mit dem eigenen Boot**: Viele baltische Küstenorte können mit dem eigenen Boot angelaufen werden. Angelegestellen sind in Klaipėda, Liepāja, Jūrmala, Rīga, Pärnu, Haapsalu, Tallinn sowie auf Saaremaa und Hiiumaa zu finden. Insbesondere Estland verfügt für baltische Verhältnisse über recht gut ausgestattete Yachthäfen, teilweise mit Cafés oder Restaurants.

In Jūrmala und Haapsalu können Boote auch für längere Zeit gechartert werden, je nach Wunsch mit oder ohne Crew. Das Angebot ist jedoch begrenzt (s. auch Segeln/Segelcharter S.67).

Wichtig ist, dass vor dem Einlaufen mit dem jeweiligen Hafen Funkkontakt aufgenommen wird.

Mit dem Flugzeug

Reger Flugverkehr innerhalb der einzelnen baltischen Staaten besteht nicht. Zwischen *Tallinn* und *Hiiumaa* und Tallinn und Saaremaa besteht im Sommer Verbindung. Ferner gibt es Flüge zwischen Pärnu und Saaremaa via Ruhnu und Pärnu und Kihnu. In Lettland besteht eine Verbindung zwischen Rīga und *Liepāja* und in Litauen zwischen *Vilnius* und *Palanga*. Regelmäßiger Flugverkehr ist zwischen den drei baltischen Hauptstädten und zwischen Tallinn und Palanga eingerichtet. Sommer- und Winterfahrplan unterscheiden sich erheblich voneinander. Am besten in einem der Reisebüros im Baltikum oder bei den entsprechenden Informationsstellen in Deutschland nachfragen.

Wandern und Kanufahren

Die unzähligen Wasserläufe und Seen, die dichten Wälder und die unberührten Küstengebiete des Baltikums laden zu ausgedehnten Wanderungen und Bootstouren ein. Ausreichend Proviant mitnehmen, Zelt einpacken und ab in die Wildnis. Mückenschutz nicht vergessen (Tipps für Fuß- und Flusswanderungen in den jeweiligen Reiseteilen).

Ferienhaus an idealem Ort

Übernachten

Die baltischen Staaten setzen sehr stark auf den Wirtschaftszweig Tourismus, und gerade in den Hauptstädten wird das Hotelnetz dichter. In den Kleinstädten dagegen ist die Zukunft vieler, meist noch staatlicher Hotels aufgrund der finanziellen Lage ungewiss.

Die hier angegebenen Übernachtungsmöglichkeiten sind nach Preisen geordnet.

Hotels

▶ **Exklusiv-Hotels**: Tallinn, Rīga, Vilnius und die anderen großen Städte verfügen über eine Vielzahl an eleganten Hotels westlichen Standards, die natürlich ihren Preis haben. In diesen Hotels ist meist das Frühstück im Preis inbegriffen. In der Regel haben sie einen hauseigenen Parkplatz, Sauna, Konferenzräume und Internetanschluss zu bieten. Darüber hinaus gehören ein oder mehrere Restaurants, Cafés und Bars zum Standard. In manchen Hotels ist auch eine Touristeninformation und eine Reinigung vorhanden. Für ein DZ muss mit mindestens 120 € und aufwärts gerechnet werden.

▶ **Mittelklassehotels**: Diese klaffende Lücke im Hotelnetz des Baltikums scheint sich mehr und mehr zu schließen. In vielen Städten gibt es mittlerweile hübsche, meist kleine Häuser oder Pensionen, die ansprechende Zimmer zu angemessenen Preisen, DZ um die 50 bis 60 €, anbieten. Auch hier ist meistens das Frühstück inklusive.

▶ **Einfache Hotels**: In der Regel gibt es in jeder Kreisstadt, wenn nicht gerade wegen Renovierung geschlossen, ein Hotel. Die Qualität dieser Hotels ist unterschiedlich. Die Zimmer sind meist wenig ansprechend möbliert, aber relativ sauber. Viele Hotels haben verschiedene Zimmerkategorien, von "einfach" bis "lux". Die billigsten Zimmer sind meist nur mit Waschbecken ausgestattet, manchmal sind auch WC und Dusche vorhanden. Die Kategorie "lux" zeichnet sich dadurch aus, dass ein bis zwei Zimmer angeboten werden, die über Bad, TV und Kühlschrank verfügen (was nicht heißen muss, dass diese auch funktionieren). Die Übernachtungspreise dieser Hotels sind je nach Lage unterschiedlich. In der Regel liegen sie zwischen 20 und 40 €. Im Reiseteil sind oft Preise für ÜB und DZ angegeben. Mit ÜB ist der Preis für die billigste Übernachtungsmöglichkeit gemeint in der jeweiligen Unterkunft. Darüber hinaus rechnen viele Bauernhöfe und Privatquartiere pro Person ab. Im Reiseteil sind auch, wenn vorhanden, Preise für Dreierzimmer (DRZ) und Viererzimmer (VRZ) angegeben.

Ferienheime

Typisch für die Republiken der ehemaligen Sowjetunion sind die zahlreichen Ferienheime. Zu Zeiten der UdSSR war es üblich, dass die verschiedensten Betriebe und Berufsverbände Erholungshäuser für ihre Mitarbeiter und Mitglieder unterhielten. Der jeweilige Standard eines solchen Ferienheims, auch *Turistbasa* genannt, hängt mit dem Träger zusammen, was ganz besonders an dem ehemaligen Ferienhaus der sowjetischen Politprominenz in Jūrmala deutlich wird. In der Regel sind die Touristenbasen eher einfach ausgestattet (manche sind auch ein wenig schmuddelig), da sie wirklich nur zum Übernachten gedacht waren. Den Tag verbrachte man in den Wäldern und am Strand. Viele dieser Herbergen sind im Laufe der Jahre privatisiert worden.

In den touristischen Hochburgen sind die Ferienheime oftmals riesige Betonklötze, eingestellt auf die Unterbringung von Massen. Sie bieten in der Regel Vollpension an oder verfügen zumindest über eine Art Kantine. Die kleineren und gemütlicheren Erholungsheime sind meist mit einer Küche zur Selbstversorgung ausgestattet. Die Mehrzahl der Ferienheime ist sehr preisgünstig. Vielerorts kostet eine Übernachtung etwa zwischen 9–14 €.

Camping

Unter Camping versteht man in Estland, Lettland und Litauen Plätze mit kleinen Holzhütten, in denen man für eine niedrige Gebühr (ca. 8–20 € für zwei Personen, je nach Standard) übernachten kann. Es gibt Campingplätze, denen Cafés, Bars, Bibliotheken und Saunen angeschlossen sind, aber auch solche, die mit lediglich zwei oder drei Wasserpumpen und ein bis zwei Toiletten, die für den gesamten Platz reichen müssen, und mit einer offenen Feuerstelle im Freien ausgestattet sind. Die meisten Campingplätze liegen sehr schön, entweder direkt am Strand, mitten im Wald oder unmittelbar am Seeufer. Sie haben meist nur während der Sommermonate geöffnet.

▶ **Wildcampen**: Eine weitere Form der Übernachtung ist das Wildcampen, das außerhalb der Städte, Nationalparks und Naturschutzgebiete überall gestattet ist. Es gibt genügend idyllische Stellen, die förmlich zum Campen einladen.

Camping im Baltikum

Damit diese Ecken auch idyllisch bleiben, sollte man beim Feuermachen sehr vorsichtig sein, da akute Waldbrandgefahr besteht.

Häufig kann man am Straßenrand blaue Schilder mit einer Tanne sehen. Diese Schilder zeigen Parkplätze an, die sich zur Übernachtung im Auto eignen.

Privatquartiere

Eine gute Gelegenheit, einen Einblick in das Leben einer baltischen oder russischen Familie zu bekommen, bieten private Unterkünfte. Immer mehr Einwohner des Baltikums bieten ihre eigenen vier Wände zur Unterbringung von Touristen an. Zur Verfügung stehen EZ oder DZ. Küche und Bad werden mit den Vermietern gemeinsam benutzt. In der Regel ist ein Frühstück im Preis inbegriffen. Während das Frühstück in den Hotels oft recht kläglich ausfällt, wird man bei einer Familie meist königlich bewirtet. Es sei darauf hingewiesen, dass zum Frühstück auch mit Bratkartoffeln, Suppe und Fisch zu rechnen ist. Die Übernachtungskosten sind auch hier unterschiedlich und liegen zwischen 8 und 30 € pro Person.

Bauernhöfe

Über das gesamte Baltikum verstreut gibt es eine Vielzahl von romantischen alten Bauernhöfen, auf denen übernachtet werden kann. Die meisten von ihnen sind sehr schön, aber etwas abseits, in winzigen Dörfern gelegen, die nur auf sehr detaillierten Karten zu finden sind. Es ist lohnenswert, für eine Übernachtung auf dem Bauernhof die jeweiligen Informationsstellen in Anspruch zu nehmen, bzw. sich an die jeweiligen Adressen für Agrartourismus zu wenden.

In der Regel ist im Preis das Frühstück mit inbegriffen. Weitere Mahlzeiten sind meist erhältlich, wenn sie vorher bestellt werden.

Litauen: Ferien auf dem Lande, www.travel.lt/country_system/welcome.ht, www.atostogos. lt/lit/english; **Lettland**: Ferien auf dem Lande, www.celotajs.lv; Ökotourismus in Lettland, www.ezi.lv; **Estland**: Ferien auf dem Lande, www.maaturism.ee; estnischer Ökotourismus www.ecotourism.ee/eng.html

Jugendherbergen/Hostels

In allen drei baltischen Republiken hat der Aufbau von Jugendherbergen und Hostels begonnen. Von der Ausstattung und vom Preis unterscheiden sie sich nicht sehr von den Ferienheimen. Ein internationaler Jugendherbergsausweis ist nicht notwendig, doch gibt es in den meisten Jugendherbergen für Inhaber eines solchen Papiers einen Preisnachlass (nicht in den Hostels). In Lettland gibt es viele Hostels, die in ehemaligen Gutshöfen und Herrenhäusern zu finden sind. Übernachtung je nach Standard zwischen 10 und 15 €

▶ **Rollstuhlgerechte Unterkünfte**: Behindertenfreundliche Hotels beschränken sich mehr oder weniger auf die großen Städte und Tourismushochburgen. Die folgende Liste erhebt keinen Anspruch auf Vollständigkeit. Es gibt auch eine Reihe von Privatquartieren und Bauernhöfen, die auf Rollstuhlfahrer eingestellt sind. Nähere Details können in den jeweiligen Touristeninformationen erfragt werden.

Vilnius: Centrum, Balatonas; **Kaunas**: Babilonas, Zaliakalnio Viešbutis; **Rīga**: Hotel de Rome, Reval Hotel Latvija; **Jūrmala**: Lielupe; **Tallinn**: Grand Hotel Tallinn: Park Consul Schlössle, Radisson SAS, Reval Hotel Olümpia, Scandic Hotel Palace, St. Petersbourg, Metropol, Mihkli, Reval Express Hotell, Reval Hotel Central, Reval Park Hotel, Viru, Hermes, Stroomi, Susi, Tähetorni, Valge Villa, Wam Maria; **Pärnu**: Best Western Hotel Pärnu, Scandic Hotel Ranna, Strand, Estonia, Tervis, Viiking, Villa Johanna; Rakvere, Wesenbergh; **Tartu**: Draakon, Pallas, Uppsala Maja; **Hiiumaa**, Lõokese; Liilia, **Otepää**, Hotel Pühajärve, Võru, Tamula.

▶ **Übernachtungsmöglichkeiten für Allergiker**: Insbesondere in Estland, aber auch in Lettland und Litauen gibt es eine Reihe von Ökobauernhöfen die allergikerfreundlich ausgestattete Zimmer und ebensolche Bettwäsche anbieten. Darüber hinaus ist Kost aus biologisch-dynamischem Anbau erhältlich. Informationen dazu in den Touristenbüros der Hauptstädte oder bei den Anlaufstellen für Agrar- und Ökotourismus. Siehe auch o./Bauernhöfe.

Was haben Sie entdeckt?

Schreiben Sie uns: Haben Sie einen wunderschönen Strand entdeckt, einen einsamen Wanderweg, einen Campingplatz, der Ihnen besonders gut gefiel?

Wenn Sie Ergänzungen, Verbesserungen oder neue Tipps haben, schreiben Sie mir bitte:

Claudia Marenbach
Stichwort "Baltische Länder"
c/o Michael Müller Verlag GmbH
Gerberei 19
91054 Erlangen
E-Mail: claudia.marenbach@michael-mueller-verlag.de

Pub in Pärnu

Essen und Trinken

Speis und Trank in den baltischen Staaten sind sehr preiswert, wenn man nicht gerade in den Nobelrestaurants der neuen Luxushotels essen geht.

Der Preis für ein reichliches Mittagessen in einem durchschnittlichen Restaurant liegt in der Regel nicht höher als 5–7 €. Mit den Getränkepreisen verhält es sich ähnlich günstig, solange man bei einheimischen Produkten bleibt. Kommt aber erst einmal ausländisches Bier oder Schnaps ins Spiel, dann wird es teuer, teilweise zahlt man dann sogar mehr als zu Hause.

Essen

Spezialitäten: Typisch für Litauen sind *cepelinai*, gekochte und mit Fleisch gefüllte Kartoffelklöße. Beliebt zum Kaffee, Nachtisch oder zu Festlichkeiten ist ein Stück *šakotis*, ein aus 99 Eiern bestehender Baumkuchen. Auch *kugelis*, eine Art Kartoffelpudding, wird gerne gegessen.

Die Letten lieben *saldskāba maize* (dunkles Roggenbrot) mit *biezpiens* (ein fester Frischkäse) und *medus* (Honig). Ein beliebtes Getränk ist Kefir. In den Küchen der Einheimischen wird viel mit Getreide gekocht, wie *griķi* (Buchweizen), *grūbas* (Gerste) und *auzas* (Hafer), das in den Küchen der Restaurants allerdings selten zu finden ist.

In Estland gehören *mulgi*, Sauerkraut mit Grütze, zu den Lieblingsspeisen. Im Baltikum sollte man auf keinen Fall versäumen, Fisch zu essen, am besten geräuchert. Den Genuss von russischen *piroggen*, mit Speck, Schinken und Zwiebeln gefüllte Hefebällchen, wissen Esten wie Letten gleichsam zu schätzen.

In Lettland und Litauen gibt es oft die aus Russland stammende *chalodni borschtsch*, eine kalte Suppe aus roten Rüben mit Eieinlage und einem Klecks saurer Sahne, die im Sommer sehr erfrischend ist. Sehr gerne werden auch *bliny* angeboten, eine Art Pfannkuchen, serviert mit saurer Sahne oder aber gefüllt mit Quark oder Fleisch.

Frühstück: Wer ein westliches Frühstück erwartet, wird enttäuscht werden. Die Einheimischen verzehren in der Früh meist nicht mehr als eine kleine Scheibe Brot, dazu einen Becher Tee oder Kaffee. Ihre erste richtige Mahlzeit nehmen sie in der Kantine am Arbeitsplatz ein.

Dementsprechend schwierig ist es in vielen Orten, Cafés zu finden, in denen man ausgiebig frühstücken kann. Am besten eignen sich dazu die Konditoreien, wo es neben den verschiedenen Kuchen und Torten auch diverse Brötchen gibt, oftmals mit Fleisch gefüllt, und in denen Kaffee und Tee ausgeschenkt wird. Zum Frühstücken bieten sich auch die Milchbars an, die Salate, gezuckerte Quarkspeisen und Milchshakes servieren.

Das Frühstück in den Hotels, sofern es welches gibt, fällt unterschiedlich aus, besteht aber im Durchschnitt aus einigen Scheiben Brot, etwas Wurst und Käse und einem Omelett oder Rührei, selten gibt es Marmelade oder Honig. Getrunken wird dazu Kaffee oder Tee. In den Edelhotels wartet in der Regel ein Frühstücksbuffett

Wer privat wohnt, dem wird am frühen Morgen reichlich aufgetischt, wie beispielsweise Fisch, Pilze und Käsebrote, begleitet von der ständigen Aufforderung, auch wenn man bereits völlig satt ist, doch noch eine Kleinigkeit nachzuenehmen.

Vegetarische Gerichte: In den drei Hauptstädten ist es nicht schwer, etwas Vegetarisches zu bekommen, da die meisten Restaurants zumindest ein vegetarisches Gericht auf der Speisekarte haben. In den kleineren Orten ist dies oft noch nicht so, doch die Gastwirte sind meist flexibel und stellen auf Wunsch einen Teller mit Kartoffeln, Salat und Brot zusammen. Alternativ dazu gibt es auch noch *bliny* (s.o.). Zu empfehlen und sehr erfrischend ist die o. g. *Rote-Rüben-Suppe*, die im Sommer in Lettland und Litauen weit verbreitet ist.

Süßigkeiten: Wenn es an einer Sache im Baltikum nicht mangelt, dann an Süßigkeiten. Auch in den kleineren Städten gibt es ein vielfältiges Angebot an guten, aber oftmals sehr süßen Torten, Kuchenteilchen und Keksen. Darüber hinaus wird im Baltikum, ganz gleich ob im Sommer oder Winter, sehr viel Eis gelutscht. Reichlich ist das Angebot an Bonbons und Konfekt. Überall erhältlich sind auch die bekannten Süßigkeiten aus dem Westen.

Restaurants

In den großen Städten ist es mit Sicherheit kein Problem, auch die verwöhntesten Gourmets zufrieden zu stellen. Exklusive Restaurants warten mit nationaler und europäischer Küche sowie mit englisch- oder deutschsprachigen Speisekarten auf. Die Portionen sind meist reichlich und sehr hübsch angerichtet und garniert. Darüber hinaus gibt es eine Reihe von Lokalitäten, die exklusive Kreationen aus aller Herren Länder anbieten.

In den Restaurants der kleineren Städte ist die Auswahl an Gerichten oft kleiner, doch sind sie qualitativ ebenfalls zufriedenstellend. Auf der Karte stehen meist eine Kohlsupppe oder kalte Rote-Rüben-Suppe, Kartoffeln, diverse Salate und ein Tagesgericht. Nicht selten wird auch Fisch angeboten.

Natürlich hat jedes der drei baltischen Länder seine eigenen Spezialitäten, doch in der Regel kommen ähnliche Dinge auf den Tisch. Gerne gegessen werden die heimischen Pilzarten, Kohl, Beeren, Rüben, Sauerkraut und sehr viel Fleisch, aber auch Fisch. Insbesondere an der Küste ist hervorragender Räucherfisch erhältlich. Alle Speisen sind reichlich mit saurer Sahne verfeinert.

Ein Menü besteht aus Vorspeise, Suppe, ein bis zwei Hauptgängen und einem Nachtisch.

Vorspeise: Im Sommer werden als erster Gang frische Tomaten- oder Gurkensalate serviert. Im Winter sind verschiedene Krautsalate üblich. In den besseren Restaurants sind mittlerweile auch große Salatteller erhältlich. In den Kleinstädten bestehen Salate meist nur aus einer Tomate oder einem winzigen Stück Gurke.

Süßkram, Cola & Cie im "Büdchen" á la Litauen

Suppe: In der Regel hat man die Auswahl zwischen *Borschtsch*, einer Suppe aus Kohl und Fleisch, *Soljanka*, einer Art Gulaschsuppe, Pilzsuppe und Rote-Rüben-Suppe.

Hauptgang: Er besteht aus Fleisch bzw. Fisch, Beilagen in Form von Kartoffeln, Pommes frites oder Reis und etwas Gemüse.

Dessert: Als Nachspeise werden Kuchen, Eis, Pudding oder Kompott serviert.

Bars

Es gibt verschiedene Arten von Bars. In einigen werden belegte Brote, Salate oder kleine Fleischbällchen angeboten. Andere dagegen verfügen über reichhaltige Speisekarten. Der Unterschied zwischen diesen Bars und Restaurants ist sehr schwer festzumachen. Selbst Einheimische können ihn nicht so genau benennen. Das Alkoholsortiment hängt vom Eigentümer ab. In den größeren Städten sind viele dieser Bars sehr originell und einfallsreich ausgestattet, sodass eine Kneipentour im Baltikum besonders spannend ist und viel Spaß macht.

Cafés/Bistros

Neben den herkömmlichen Cafés, in denen man Kaffee und Kuchen bekommen kann, gibt es Selbstbedienungscafés, die auch Snacks anbieten. In manchen Cafés kann man wie in einem Restaurant speisen. Der Unterschied zu den Restaurants ist auch hier schwer festzustellen. Für die baltische Cafészene der größeren Orte gilt, dass sie sehr fantasie- und reizvoll ist.

Selbstbedienungskantine

Dieser Zweig der Gastronomie ist noch in fast jedem Dorf zu finden. Es sind Großküchen mit einfach eingerichteten Speisesälen, die um die Mittagszeit von den Berufstätigen aufgesucht werden. Diese Kantinen sind staatlich und sehr billig. Der litauische Name dafür ist *valgykla*, der lettische *ēdnīca* und der estnische *söökla*. Um die Preise niedrig zu halten, werden nicht immer Produkte bester Qualität verwendet. Man hat die Wahl zwischen Suppe, Kartoffeln, zwei Fleischgerichten, kleinen Salaten, Milch oder Kefir, Brot und Kuchenteilchen. Gut sind in der Regel die kalten Rübensuppen.

Imbissbuden/Fastfood

Last but not least seien noch die zahlreichen Imbissbuden und Schnellrestaurants erwähnt. Sie bieten meist Hamburger, Hähnchen und Hot Dogs an. In den größeren Städten gibt es eine Reihe von Pizza-Buden und Filialen bekannter Fastfood-Ketten. Großer Beliebtheit erfreuen sich auch die kleinen, preiswerten Grillbars, gelegentlich auch mit indischen Kreationen. Oftmals bieten auch die Tankstellen, die rund um die Uhr geöffnet sind, Fastfood-Gerichte an.

Selbstversorgung

Lebensmittelgeschäfte: Supermärkte mit Selbstbedienung und einem breiten Angebot an westlichen Nahrungsmitteln sind in jedem Ort zu finden. Ein reichhaltiges Sortiment an Lebensmitteln gibt es auch an den modernen Tankstellen. Die Preise für westliche Waren sind unterschiedlich, mal liegen sie höher, mal etwas niedriger als gewohnt. Einheimische Produkte sind dagegen sehr billig. Für den Großteil der Bevölkerung jedoch ist das Besorgen von Lebensmitteln immer noch eine teure Angelegenheit. Warteschlangen vor den Geschäften gehören übrigens endgültig der Vergangenheit an.

Märkte: Hier kommen Obst- und Gemüseliebhaber voll auf ihre Kosten. Auf den bunten Märkten der größeren Städte gibt es im Sommer nichts, was es nicht gibt. Die Marktstände biegen sich unter den Bergen von Himbeeren, Heidelbeeren, Erdbeeren, Kirschen und frischem Gemüse. Hinzu kommen köstliche Pfirsiche und Aprikosen sowie zuckersüße Melonen und Bananen. Zu den meisten Märkten gehören auch große Markthallen, in denen Fleisch- und Wurstwaren, Milchprodukte, Brot und Kuchen verkauft werden.

In den Kleinstädten richtet sich das Angebot auf den Märkten nach der Jahreszeit. So gibt es auch hier im Sommer frisch gepflücktes Beerenobst, Tomaten, Möhren usw., doch im Winter herrscht gähnende Leere. Viel mehr als Weißkohl, Äpfel, saure Gurken, Rote Beete und Sauerkraut gibt es dann nicht zu kaufen.

Trinken

Alkoholische Getränke: An oberster Stelle steht das Bier, das auch schon am frühen Morgen konsumiert wird. Preiswert und gut sind die einheimischen Biere, die im Jointventure mit skandinavischen Firmen gebraut werden. Darüber hinaus ist eine breite Palette westlicher Biermarken erhältlich, die um einiges teurer sind.

Die Dorfbewohner des Baltikums decken ihren Bedarf an Bier einmal in der Woche, nämlich dann, wenn der Bierwagen kommt. Zu erkennen ist er an einer dicht gedrängten Männerschar mit großen Gurkengläsern in der Hand, die randvoll gefüllt werden sollen.

In Rīga ist der *Rīga-Balsam*, ein starker Kräuterschnaps, Spezialität und "Medizin" in einem, und in Estland sollten Sie unbedingt mal einen *Tallinn-Kaffee* probieren. Er besteht aus Kaffee mit Sahnehaube und einem kräftigen Schuss "Vana-Tallinn-Liköör", zeigt allerdings sofort seine Wirkung.

"Harte Sachen": Großer Beliebtheit erfreut sich nach wie vor der Wodka, der sowohl von Esten, Letten und Litauern als auch von Russen gerne konsumiert wird. Auch wenn der Wodka eher als "Männersache" angesehen wird, trinken ihn auch immer mehr Frauen.

Seit dem Übergang zur Marktwirtschaft haben viele Bars und Kneipen eröffnet, die westliche Spirituosen verkaufen. Das Wort "Schnaps" scheint international bekannt zu sein.

Wodka ohne Worte

Eine weit verbreitete Art der Wodkabestellung ist folgende Geste: Man legt den Daumen der linken Hand auf den Fingernagel des Mittelfingers und schnippt diesen an den Hals, begleitet von einem breiten Grinsen.

Zurückzuführen ist diese Geste angeblich auf einen trinkfreudigen Diener von Zar Peter I. Da Peter ihm wohl gesonnen war, soll er seinem Bediensteten einen von ihm unterschriebenen Zettel zugesteckt haben, der ihn überall zu freiem Alkoholkonsum berechtigte. Nach kurzer Zeit war dieser Schrieb jedoch verloren gegangen. Daraufhin soll der Zar seinem Diener die "Blankovollmacht" zum freien Trinken auf den Hals tätowiert haben, sodass dieser seitdem nur auf diese Stelle verweisen musste und nach Herzenslust bechern konnte.

Alkoholfreie Getränke: Gerne getrunken werden Säfte und Limonaden, die jedoch meist so süß sind, dass sie eher Durst erzeugen als löschen. Überall gibt es Mineralwasser und Softdrinks aus dem Westen, sogar in "Light-Ausführung". Das einheimische Mineralwasser ist oft sehr natriumhaltig und schmeckt dementsprechend salzig, wird aber besser, je weiter man nach Norden kommt. Morgens und zwischendurch trinkt die Mehrheit der Bevölkerung Tee oder Kaffee. Wer den Tee oder Kaffee ungesüßt trinkt, sollte das bei der Bestellung ausdrücklich sagen. Beliebt sind ebenfalls Milch, Kefir und Kwass. Kwass ist eine Art Brottrunk. Eisgekühlt ist er im Sommer angenehm erfrischend.

Wissenswertes von A bis Z

Aktivurlaub

Das Baltikum ist ein Paradies für alle diejenigen, die einen aktiven Urlaub lieben. Den Möglichkeiten sind keine Grenzen gesetzt: Flusswanderungen in den Nationalparks, eine Floßfahrt auf der Daugava, Bootstouren zu den estnischen Inseln, Wanderungen durch malerische Täler, Reittouren entlang glitzernder Seen, einsamer Strände oder durch tiefe Wälder, Segeln in den Buchten des Baltikums, Abfahrtslauf, Skilanglauf, Bobfahren und nicht zu guter Letzt ausgedehnte Fahrradtouren.

Nähere Informationen bei der jeweiligen Touristeninformation oder in Deutschland bei der baltischen Fremdenverkehrszentrale, www.baltic-info.de /aktivurlaub/ekoturisms2002.htm.

Ärztliche Versorgung

Die medizinische Versorgung ist in den Großstädten mit Einschränkungen akzeptabel, liegt aber im Durchschnitt unter deutschem Standard. Zwischen Deutschland und den baltischen Staaten besteht kein Sozialversicherungsabkommen, was bedeutet, dass die Krankenkassen in Deutschland für Aufwendungen im Baltikum nicht zahlen. Eine Reisekrankenversicherung ist also auf jeden Fall empfehlenswert. Diese übernimmt die Kosten für eine ärztlichen Behandlung und kommt für Heimtransporte und im Unglücksfall für eine Überführung auf. Reisekrankenversicherungen können im Reisebüro abgeschlossen werden. Das Auswärtige Amt legt darüber hinaus die Mitgliedschaft in einem Rettungsflugverein nahe.

Für Estland und Lettland wird für die Zeit von April bis Oktober eine FSME-Zeckenimpfung empfohlen.

Medikamente

Es gibt zwar in den Hauptstädten gut bestückte Apotheken westlichen Standards, und in Rīga gar eine homöopathische Apotheke, doch auf den Dörfern und in den Kleinstädten sind viele Medikamente schwierig oder gar nicht zu bekommen. Daher zu Hause reichlich mit den benötigten Mitteln eindecken. Dies gilt v. a. für Mückenschutzmittel, denn die gleiche Spezies wie in Skandinavien, kann man in den Sommermonaten auch im baltischen Raum reichlich antreffen.

Notruf

Die Unfallhilfe ist in Litauen und Lettland unter der Rufnummer **03** zu erreichen, die Feuerwehr unter **01** und die Polizei unter **02**. Von Mobiltelefonen aus gibt es auch noch die allgemeine Notrufnummer **188**. In **Estland** sind die Notrufnummern umgestellt worden. Es gilt: Feuerwehr **112**, Polizei **110**, Ambulanz **112**.

Autopapiere/Schutzbriefe/Versicherung

Anerkannt wird der EU-Führerschein. Es ist jedoch ratsam, außerdem einen internationalen Führerschein mitzuführen, der nur in Verbindung mit der eigentlichen Fahrerlaubnis Gültigkeit besitzt. Nicht fehlen darf außerdem der Fahrzeugschein. Insbesondere an der estnischen Grenze wird nach der eingestanzten Fahrzeugnummer gesucht, um Autodieben das Leben schwer zu machen.

Ganz wichtig für die Durchreise durch Tschechien und für Lettland und Estland ist die obligatorische *grüne Versicherungskarte*, die in Litauen keine Gültigkeit besitzt. Offiziell muss an den litauischen Grenzen eine Grenzversicherung abgeschlossen werden, was in der Praxis, so war es jedenfalls während der Recherche, nicht der Fall zu sein scheint. Ebenfalls wurde nicht nach einer speziellen Bescheinigung der heimischen Versicherung gefragt. Am Fahrzeug sollte immer das Nationalitäten-Kennzeichen kleben.

Für die Dauer der Baltikumsreise ist dringendst der Abschluss einer *Vollkaskoversicherung*, wie der ADAC sie anbietet, anzuraten. Sie zahlen bei Diebstahl und Unfällen (auf Grund der schlechten finanziellen Lage wird man bei einem unverschuldeten Unfall kaum mit Schadenersatz vom Verursacher rechnen können).

Zu empfehlen ist zusätzlich ein *Auslandsschutzbrief* mit Europadeckung, der die Kosten für evtl. Rücktransport, Mietwagen, anfallende Übernachtungen, Unfall- und Pannenhilfe sowie evtl. für das Abschleppen übernimmt. Ein breit gefächertes Angebot an Leistungen bietet neben oben genannten Organisationen auch der alternativ orientierte VCD (Verkehrsclub Deutschland) an. Darüber hinaus informiert er über kombinierte Fahrrad- und Busreisen.

Information Nähere Infos dazu gibt es in der Zeitung **fairkehr** oder beim **VCD**, Eifelstr. 2, 53119 Bonn, ✆ 0228-985850, 📠 858510. Infos auch beim **ADAC** telefonisch rund um die Uhr unter 0180- 51011 (0,12 €/Min.) oder www.adac.de.

Baltische Organisationen im Ausland und Kulturvereine

• *In Deutschland* **Baltische Gesellschaft in Deutschland**, Memelweg 5, 53119 Bonn, ☎/✆ 0228-667652, www.deutschbalten.de.

Estnische Volksgemeinschaft, Sperberstr. 9, 46399 Bocholt, ☎ 02871-488509.

Lettische Volksgemeinschaft, Salzmannstr. 152, 48159 Münster, ☎ 0251-213097.

Litauische Volksgemeinschaft, Schloss Rennhof, 68623 Lampertheim-Hüttenfeld, ☎ 06256-322.

Pro Baltica Forum, Brodschrangen 4, 20457 Hamburg, ☎ 040/37655260, ✆ 37655303, www.probaltica.org.

• *In den baltischen Staaten* **Goethe-Institut Tallinn**, Suurtüki 48, 10133 Tallinn, ☎ 6276960.

Goethe-Institut Rīga, Torna 1, ☎ 7508194, ✆ 7323999.

Litauisch-Deutscher Kulturverband in Klaipėda, ☎ 216243.

Goethe-Institut Vilnius, Tilto 3–6, 2001 Vilnius, ☎ 2314433.

Lettland Institut, Latvijas instituts, Smilšu 1/3, Rīga, LV 1050, www.latinst.lv, ☎ 7503636.

Bernstein

... vor langer langer Zeit, als der Meeresgott und seine Tochter Jūratė noch unter den Wellen der Ostsee lebten, ging tagtäglich ein wunderschöner junger Fischer namens Kastytis seiner Arbeit nach. Wie das Schicksal es so wollte, verliebte sich Jūratė unsterblich in den Jüngling und lockte ihn in ihr prächtiges Unterwasserschloss, wo die beiden alsbald Hochzeit hielten. In ihrem Glück haben die Liebenden es jedoch versäumt, Perkūnas, den mächtigen Göttervater, um Erlaubnis zu fragen. Dieser fühlte sich übergangen und war so erzürnt, dass er einen mächtigen Donner schickte, der das kostbare Bernsteinzimmer der Prinzessin zerstörte, sodass es in Tausende und Abertausende von Splittern und Scherben zersprang.

Seither ist das Meer damit beschäftigt, sich von den Resten des zertrümmerten Bernsteinzimmers reinzuwaschen, sodass auch heute noch seine Wellen immer wieder Stücke des baltischen Goldes an die Strände spülen.

So erklärte sich einst die Bevölkerung die Herkunft dieser Steine, die stets an den Stränden gefunden wurden. Entstanden ist der Bernstein bereits vor 50–65 Mio. Jahren im erdgeschichtlichen Alter des *Tertiärs*. Ein echtes Gestein ist er nicht, sondern ein erstarrtes, fossiles Harz der Nadelbäume, die zur damaligen Zeit im Ostseeraum wuchsen. Chemisch gesehen ist der Bernstein ein brennbarer Polyester, der leicht entzündbar ist. Sehr oft beinhalten die Harze Insekten- oder Pflanzeneinschlüsse. Besonders reich an Bernstein ist die sog. *Blaue Erde* im ehemaligen Ostpreußen.

Bereits im Neolithikum begannen die Menschen, den Bernstein zu Schmuck zu verarbeiten. Bis hin ins alte Griechenland, Byzanz und Ägypten war das baltische Gold begehrt. Als im 13. Jh. die Kreuzritter den baltischen Raum eroberten, sicherten sie sich sogleich das Monopol auf den Bernstein. Anfänglich wurde er mit Netzen gefischt, später schickte man Taucher ins Wasser, heute wird er teilweise im Tagebau (im Kaliningrader Gebiet) gefördert.

Botschaften und Vertretungen

> Informationen zu Visa für Russland und Weißrussland siehe S. 21.

Botschaften/Vertretungen der baltischen Staaten

• *Botschaften der Republik Litauen*
In Deutschland: Katharinenstr. 9, 10711 Berlin, ☎ 030-8906810, www.botschaft.lt. info@botschaft-litauen.de
In Österreich: Löwengasse 47, 1030 Wien, ☎ 01-7185467, ✆ 7185469, chancery@mail.austria.eu.net.
In der Schweiz: Konsulat der Republik Litauen, Avenue du Bouchet 18, 1209 Genf, ☎ 022-7345101, mission.lithuania@ties.itu.int.
• *Botschaften der Republik Lettland*
In Deutschland: Reinerzstr. 40–41, 14193 Berlin, ☎ 030-82600222, www.botschaft-lettland.de, embassy.german@mfa.gov.lv.

In Österreich: Stefan-Esders-Platz 4, 1190 Wien, ☎ 01-4033112, ✆ 40331 1227. Auch für die Schweiz zuständig. letbot@netway.at (Botschaft), consulswien@hotmail.com (Konsularisches).
• *Botschaften der Republik Estland*
In Deutschland: Hildebrandstr. 5, 10785 Berlin-Tiergarten, ☎ 030-25460600, www.estemb.de; Embassy.Berlin@mfa.ee.
In Österreich: Wohllebenstr. 9/13, 1040 Wien, ☎ 01-5037761, ✆ 5037761/20. Auch für die **Schweiz** zuständig. saatkond@estwien.at

Botschaften der Republik Belarus

In Deutschland: Am Treptower Park 32, 12435 Berlin, ☎ 030-5363590. *Konsularabteilung*: ☎ 030–53635933/34. ✆ 030-536359/24. Außenstelle Bonn, Fritz-Schäffer-Straße 20, D-53113 Bonn, ☎ 0228-2011310, ✆ 0228-2011319. *Konsularabteilung:* ☎ 0228-2011331, ✆ 0228-20113 39.

In Österreich: Hüttelbergstraße 6, A-1140 Wien, ☎ 01-4199630. *Konsularabteilung:* ☎ 01-419963021, ✆ 01-419963030.
In der Schweiz: Quartierweg 6, CH-3074 Muri/Bern, ☎ 031-9527631, ✆ 031- 9527914.
In Litauen: Midaugo 13, Vilnius, ☎ 00370-2-251666.

Vertretungen in den baltischen Staaten

Die Botschaft hilft bei Verlust von Reisedokumenten und -finanzen und anderen Schwierigkeiten. Rückfahrkarte und Geld für Wegzehrung wird in solchem Falle von der Botschaft ausgelegt, ist aber innerhalb einer Woche zurückzuzahlen. Blitzüberweisungen von zu Hause dauern z. T. etwas länger als in Westeuropa, sind aber möglich. Beim Aufsuchen der Botschaft nicht von der langen Schlange der dort wartenden Menschen abschrecken lassen: Sie warten auf Visaerteilung. Die Botschaften öffnen Mo–Fr zwischen 9 und 10 Uhr und schließen zwischen 11 und 12 Uhr.

• *In Litauen* **Botschaft der BRD in Vilnius**: Sierakausko g. 24, LT-2600 Vilnius, ☎ 650272/263627, ✆ 231812.
Botschaft der Republik Österreich Gaono 6, LT-2001 Vilnius, ☎ 220121, ✆ 791363.
Schweizer wenden sich an die jeweiligen Vertretungen in Rīga.
• *In Lettland* **Botschaft der BRD in Rīga**: Raina Bulv. 13, Rīga LV 1050, ☎ 7229096/7229764, ✆ 7820223.
Botschaft der Schweiz in Rīga: Elizabetes 2, ☎ 7323188/7830110, ✆ 7830310.

Botschaft der Republik Österreich: Besteja Bulvaris 14, LV-1050 Rīga, ☎ 7216125. ✆ 7216126.
• *In Estland* **Botschaft der BRD in Tallinn**: Toom-kuninga 11, EE-15048 Tallinn, ☎ 6275300.
Botschaft der Republik Österreich Vambola. 6, 5. Stock, EE-10114 Tallinn, ☎ 278740, ✆ 314365.
Konsulat der Schweizerischen Eidgenossenschaft, Roosikrantsi 11, EE-10119 Tallinn, ☎ 278900, ✆ 278910.

Einkaufen/Souvernirs

In den baltischen Großstädten gibt es längst alles zu kaufen, was es im Westen auch gibt. Schön sind die zahlreichen Souvenirläden oder Galerien, in denen man Keramik, Leder- und Korbwaren, gestrickte Handschuhe und Mützen oder folkloristische Decken erstehen kann. Beliebte Souvenirs sind auch kunstvoll angefertigte Schmuckstücke aus Silber und Bernstein. In vielen der Galerien werden abstrakte Bilder und Landschaftsgemälde zeitgenössischer Künstler zum Verkauf angeboten.

Bilderverkauf in der Tallinner Altstadt

So manches Schnäppchen kann man insbesondere in den drei Hauptstädten beim Kauf von CDs und Büchern, die z. T. in deutscher und englischer Sprache erhältlich sind, machen. Beim Kauf von Antiquitäten ist darauf zu achten, dass der Händler auf einem vom Kultusministerium vorgedruckten Zertifikat den Kauf der jeweiligen Ware bestätigt. Ohne diese Bescheinigung kann es bei der Ausreise zu Schwierigkeiten kommen und zur Beschlagnahmung des guten alten Stückes führen (s. auch S. 73). Ein nach wie vor sehr günstiges Mitbringsel ist Wodka.

In Lettland besteht die Möglichkeit, steuerfrei einzukaufen. Die Waren müssen aus designierten Läden stammen (Listen liegen in den meisten Hotels aus). Beim Kauf wird vom Geschäft eine Art Cheque ausgestellt, gegen dessen Vorlage bei der Ausreise die Mehrwertsteuer zurückerstattet wird (die Waren müssen bei der Ausreise originalverpackt sein, der Warenkauf darf nicht länger drei Monate zurückliegen).

Elektrizität

220 Volt Wechselstrom. Meist passt der in Deutschland gebräuchliche Zweipol-Stecker in die Steckdosen des Baltikums. Vor allem in ländlichen Gebieten kann er sich jedoch als zu dick erweisen, sodass ein Adapter für Osteuropa im Reisegepäck sein sollte.

Entfernungen

Warschau-Vilnius	438 km	Vilnius-Klaipėda	309 km
Warschau-Rīga	650 km	Vilnius-Rīga	290 km
Vilnius-Kaunas	104 km	Vilnius-Tallinn	593 km
Rīga-Liepāja	226 km	Tallinn-Pärnu	125 km
Rīga-Daugavpils	251 km	Tallinn-Tartu	185 km
Rīga-Tallinn	303 km	Tallinn-Narva	214 km

Etagen

Im Baltikum wird beim Zählen der Stockwerke stets das Erdgeschoss mitgezählt. Wenn also ein Hotelzimmer in der vierten Etage liegt, so ist damit die dritte gemeint.

Fahrpläne

Sämtliche Bus-, Schiffs-, Flug- und Bahnfahrpläne sind je nach Jahreszeit und Witterungsverhältnissen Änderungen unterworfen. Deswegen können die hier angegebenen Zeiten nur als Richtlinie verstanden werden. Im Internet sind sämtliche Abfahrtsdaten abrufbar. Sie können auch bei einer der zahlreichen Touristeninformationen erfragen werden.

Fahrradfahren   (s. Unterwegs und Anreise, S. 30 und S. 36)

Feiertage

Litauen: 1. Januar: Neujahr
16. Februar: Wiederherstellung des litauischen Staates (1918)
11. März: Wiederherstellung der Staatlichkeit von Litauen
April: Ostern
1. Maisonntag: Muttertag
23./24. Juni, Sommersonnenwende
6. Juli: Krönungstag des Mindaugas
1. November: Allerheiligen
25./26. Dezember: Weihnachten
Lettland: 1. Januar: Neujahr
April: Ostern
1. Mai: Tag der Arbeit
2. Sonntag im Mai: Muttertag
23. Juni: Ligo, längster Tag, Sommersonnenwende

24. Juni: Johannistag
18. November: Unabhängigkeitstag von 1918
25./26. Dezember: Weihnachten
31. Dezember: Silvester
Estland: 1. Januar: Neujahr
24. Februar: Tag der estnischen Unabhängigkeit (1918)
April: Ostern
1. Mai: Maifeiertag
Mai/Juni: Pfingsten
23. Juni: Siegestag
24. Juni: Johannistag/Sommersonnenwende
20. August: Tag der Wiederherstellung der Unabhängigkeit
25./26. Dezember: Weihnachten

Finanzen

▶ **Kreditkarten:** Sie werden in den meisten besseren Hotels, Restaurants und Läden akzeptiert. Mietwagen, Flug- und Schiffsfahrkarten können ebenfalls bargeldlos bezahlt werden. Am weitesten verbreitet sind *Visa, Mastercard* und

Eurocard, auf die in den Banken auch Bargeld erhältlich ist. In den Städten findet man auch zahlreiche Geldautomaten. Euroschecks werden seltener akzeptiert.

▶ **Travellerschecks:** Bei den meisten Banken ist das Einlösen von Reiseschecks möglich. In den kleinen Städten kann dies aufgrund mangelnder Routine unter Umständen etwas länger dauern. Die veranschlagten Gebühren liegen im Rahmen. Am günstigsten zurecht kommt man mit den Travellerschecks von *Thomas Cook* und *American Express.*

▶ **Geldwechsel:** Ist auch in Klein- und Kleinststädten möglich. Gewechselt wird in den unzähligen Wechselstuben oder in den Banken.

Schwarztausch ist illegal und weder lohnens- noch empfehlenswert, da der Kurs auf der Straße nicht günstiger ist. Zudem schadet es der Wirtschaft, und es ist sehr viel Falschgeld im Umlauf.

Währungen

Litauen: Am 25. Juni 1993 wurde die bis dahin gültige Übergangswährung, die Talonas (mit Tieren verzierte Banknoten) durch den Litas (Lit) zu je 100 Centai abgelöst. Der Litas ist das offizielle Zahlungsmittel in Litauen. In vielen Hotels und Tankstellen werden trotzdem auch US-Dollar und Euro genommen. Günstiger ist es jedenfalls, wenn in der Landeswährung gezahlt wird. 1 Litas entspricht etwa 0,28 €. Seit Februar 2002 ist der Litas an den Euro gebunden.

Lettland: Im April 1993 wurde der lettische Rubel durch den Lat (Ls) zu je 100 Santīmi ersetzt, der nun offizielles Zahlungsmittel ist. Mit Einführung des Euro ist der offizielle Wechselkurs auf 1 € = 0,559 ls festgelegt worden.

Estland: Im Sommer 1992 ist die estnische Krone (EEK) eingeführt worden. Die estnische Krone war bis lang strikt an die DM gekoppelt und hat sich bis jetzt als sehr stabil erwiesen. Offizieller Wechselkurs ist seit Einführung des Euro 1 € = 15.56 EEK.

Fotografieren

Außer Militär- und Grenzanlagen darf im Baltikum alles fotografiert werden. Fingerspitzengefühl ist beim Fotografieren der Bevölkerung gefragt. Vorheriges Fragen gebietet die Höflichkeit. Insbesondere alte Menschen aus den ländlichen Gegenden reagieren Kameras gegenüber sehr misstrauisch. Auf dem Land, wo mit einfachsten Mitteln die Felder bestellt werden, ist es den Einheimischen oftmals unangenehm, wenn man sie dabei ablichtet.

Der Kauf von Filmen ist auch in den Kleinstädten mittlerweile kein Problem mehr. Erhältlich sind sie in den zahlreichen Fotoläden, in denen man sie auch entwickeln lassen kann, sowie in guten Hotels. Das Filmmaterial ist auch kaum teurer als im Westen. Wer allerdings Dias bevorzugt, sollte sich sicherheitshalber bereits zu Hause mit Filmmaterial eindecken. Wer eine Digitalkamera hat und eine zusätzliche Karte kaufen möchte, wird horrende Preise vorfinden. Ebenfalls ist mit Schwierigkeiten zu rechnen, eine Möglichkeit aufzutun, die Digitalfotos auf CD zu brennen.

Rast unter Bäumen

Gastfreundschaft

Die Bewohner der baltischen Staaten gelten als überaus gastfreundliche Menschen. Die Tische sind stets mit dem Besten, was ihnen zur Verfügung steht, beladen, obwohl die meisten von ihnen jedes Geldstück mehrmals umdrehen müssen. Als sehr gastfreundlich sind auch die im Baltikum ansässigen Russen bekannt.

Oft werden dem Gast Geschenke gemacht. Womit man den Menschen, die man getroffen hat, selbst einen großen Gefallen tun kann, ist mit einer Brieffreundschaft oder einer Gegeneinladung in den Westen. Um die positive Haltung der Bevölkerung des Baltikums gegenüber Touristen nicht zu verspielen, sollte man es vermeiden, in ihrer Gegenwart allzu großzügig mit Geld umzugehen, da dies für die teilweise sehr sparsam lebenden Menschen unangenehm ist.

Genealogie

Wer auf der Suche nach verschollenen Verwandten oder Vorfahren sein sollte, dem helfen folgende Stellen weiter:

Estland: www.genealogie.ee

Lettland: State History Archive, Slokas 16, Rīga, ✆ 7613118.

Litauen: Lithunian Central State Archive, Kareivių 21, Vilnius, ✆ 765209.

Gepäck

Mittlerweile ist im Baltikum fast alles zu bekommen, dennoch sollten gewisse Dinge, je nach Bedürfnissen, nicht im Reisegepäck fehlen:

- Adapter für Osteuropa
- Autowerkzeugkasten
- Fahrradwerkzeug und -flickzeug
- Diafilme
- Insektenschutzmittel, das besonders in Estland und an den Seenplatten absolut notwendig ist
- Taschenlampe, da ab und zu mal der Strom ausfallen könnte
- Tauchsieder, kann besonders für Leute,

die im Winter reisen, von großem Nutzen sein. Einheimische reisen immer mit Tauchsieder.
- Trockenmilch, ist außerhalb der Großstädte schwierig zu bekommen und praktisch für Selbstversorger
- Reiseapotheke
- Toilettenpapier, ist in den billigen Hotels oft nur spärlich vorhanden

Grenzposten

Internationale Grenzübergänge sind auf den Karten mit einem schwarzen Dreieck eingezeichnet. Ein weißes Dreieck bedeutet, dass nur Inhaber eines baltischen Passes diese Grenze passieren können. Internationaler Grenzverkehr fließt durch folgende Ortschaften:

Litauen/Lettland: Grenzposten befinden sich in Šventoji bei Palanga/Richtung Nīca (A-13/A-11); bei Skodas/Priekule (Straße 169/P-114); bei Mažeikiai/Richtung Saldus (Strasse 163/P-105); bei Joniškis/Eleja Richtung Jelgava (A-12/A-8); bei Saločiai in der Nähe von Pasvalys/Bauska (A-10/A-7); bei Obeliai in der Nähe von Rokiškis/Subate (Straße 122/P-73 und P-70); Zarasai/Daugavpils (A-6/A-13).

Litauen/Polen: bei Salaperaugis (A-5) und Lazdijai (Straße 135, empfehlenswerter).

Litauen/Weißrussland: südlich von Druskininkai (A-4); südlich von Šalčininkai (Straße 104); bei Medininkai (A-3); und bei Lavoriškėes (Straße 103).

Litauen/Kaliningrader Gebiet: Kybartai (A-7); Kudirkos Naumestis (Straße 138); Panemunė (A-12); südlich von Nida auf der Nehrung (Straße 167).

Lettland/Litauen: s. o.

Lettland/Estland: Grenzübergänge befinden sich in Anaži/Ikla bei Häädemeeste, (A-1/A-4); Unguriņi; bei Rējiena/Lilli; bei Karksi-Nuia (P-19/Straße 54); Valga/Valka (A-3/A-3 und A-5); nördlich von Alūksne/südlich von Võru (A-2/A-7).

Lettland/Russland: Vilaka in der Nähe von Balvi (P-35); bei Kārsava (A-13); Trehova in der Nähe von Ludza.

Lettland/Weißrussland: Pledrūja in der Nähe von Kārsava.

Estland/Lettland: s. o.

Estland/Russland: Tülike bei Vasteliina (A-7). Matsuri, in der Nähe von Põlva (Straße 63), Narva (A-1)

Haustiere

Um Tiere mit ins Baltikum zu nehmen, muss an den Grenzen zum Baltikum ein amtstierärztliches Gesundheitszeugnis vorgelegt werden, das auch für Polen erforderlich ist. Bei der Durchreise durch Schweden ist zu beachten, dass Tiere dort einer viermonatigen Quarantäne unterworfen sind. Darüber hinaus ist zu bedenken, dass es insbesondere in den Hauptstädten schwierig ist, eine Bleibe zu finden, wo Vierbeiner akzeptiert werden.

Baltische Länder – Allgemeines

Information

Informationsstellen über das Baltikum gibt es in Deutschland mittlerweile reichlich:

● *Adresse* **Baltisches Informations- und Touristenbüro** – Fremdenverkehrszentrale für Estland, Litauen und Lettland, Salzmannstr. 152, 48159 Münster, ✆ 0251– 2150742, www.gobaltic.de.

Informationszentrum Baltische Staaten e.V., Helgolandstr. 8, 28217 Bremen, ✆ 0421- 391571.

Wer sich für die Kultur des Baltikums interessiert, für den ist das *Pro Baltica Forum* interessant. In ganz Deutschland informiert dieser Verein mit Veranstaltungen zu kulturellen, wirtschaftlichen und wissenschaftlichen Themen über das Baltikum. Termine sind dem Pro Baltica Kalender zu entnehmen, der in der Verlagsbuchhandlung Mare Balticum (s. Literatur) erhältlich ist. Das Pro Baltica Forum ist keine Anlaufstelle für touristische Fragen.
Adresse **Pro Baltica Forum e.V.**, Brodschrangen 4, 20457, ✆ 040-37655260, ✉ 040-37655– 333, info@probaltica.org, www.probaltica.org.

Informationen zur aktuellen Situation im Baltikum sind der Zeitung *Info Balt* zu entnehmen, erhältlich beim Informationszentrum Baltische Staaten e.V.

▶ **Informationsstellen im Baltikum**: Die Zahl der Informationsbüros im Baltikum hat sich um einiges vervielfacht. In der Regel ist in jeder Kreisstadt eine Touristeninformation zu finden, selbst wenn es sich dabei nur um eine Anlaufstelle im Rathaus handelt. Näheres finden Sie im jeweiligen Reiseteil. Die Mitarbeiter sprechen meist Englisch, manchmal sogar Deutsch. In den Inforeemationsstellen sind Prospekte, Broschüren und Tipps zur jeweiligen Umgebung erhältlich. Außerdem vermitteln die meisten Büros preiswerte Unterkünfte auf Bauernhöfen und in Familien.

▶ **Karten, Pläne und Stadtzeitungen**: Stadtpläne und weiteres Kartenmaterial sind in den Informationsstellen, Buchläden, Kiosken oder in den besseren Hotels erhältlich. Vor Ort sind Land- und Straßenkarten erheblich günstiger als zu Hause. Insbesondere in Lettland ist die Fülle des Kartenmaterials herausragend: Hier ist von fast jeder Kleinstadt ein Plan erhältlich. Eine nützliche Adresse ist der Kartenladen Jāņa sēta in der Elizabetes iela 2 in Rīga. Wenn neugedruckte Prospekte herausgebracht werden, erscheinen diese in der Regel mehrsprachig.
In Vilnius, Kaunas, Klaipėda, Rīga, Tallinn und Tartu kommt alle zwei Wochen das englischsprachige Heft "City Paper" heraus, das die wichtigsten Fakten des jeweiligen Landes sowie einige praktische Informationen enthält und auf aktuelle Veranstaltungen hinweist. Alle 2 Monate erscheinen die Stadtführer der "in-your-pocket"-Reihe, die eine Menge an praktischen und aktuellen Infos beinhalten (siehe auch S. 61 Medien).

▶ **Internet**: Viele der baltischen Städte haben eine englischsprachige Web-Page, auf der die wichtigsten Informationen über Stadt und Umgebung abgerufen werden können. Auch sind die meisten der besseren Hotels im Internet zu finden. Darüber hinaus gibt es zahlreiche Sites zu Fahrplänen, Nationalparks, den estnischen Inseln etc.

Internetzugang

In den baltischen Großstädten gibt es zahlreiche Internetcafés. In den kleineren Orten bieten in der Regel die Bibliotheken oder manchmal auch das Kulturhaus einen Internetservice an. Während der öffentliche Online-Service in Estland und Lettland fast flächendeckend ist, weist er in Litauen teilweise noch Lücken auf. Die Bibliotheken des Baltikums sind unter www.acadlib.lv zu finden.

Kinder

Sowohl Fluglinien als auch Schifffahrtsgesellschaften bieten ermäßigte Tarife für Kinder an. Solange sie noch keinen eigenen Sitzplatz benötigen, muss für sie auch keine Fahrkarte gelöst werden. Auch für größere Kinder, meist bis zu zwölf Jahren, gibt es Ermäßigungen, teilweise bis zu 50 Prozent. Genaue Informationen erhält man bei den jeweiligen Gesellschaften und im Reisebüro. Im Baltikum gewähren auch eine Reihe von Hotels Preisnachlässe für Kinder.

Kleidung

Obwohl die Sommer schön warm sind, können auch kühle Tage vorkommen. Deshalb sollten auch einige wärmere Stücke im Gepäck sein sowie ein guter Regenschutz. Wer sich im klirrenden Frost des Winters auf den Weg ins Baltikum macht, was durchaus seine Reize hat, für den sind gefütterte Schuhe, ein dicker Mantel, Handschuhe, Schal und eine warme Mütze ein Muss, da die Temperaturen leicht unter -10° C und tiefer sinken können. Auch im Frühling und Herbst sind wärmere Sachen angebracht, man kann aber auf die allerdicksten Kleidungsstücke verzichten.

In Kirchen, insbesondere in den katholischen und orthodoxen, sollte man darauf achten, dass Schulter und Knie ausreichend bedeckt sind.

In Restaurants, Cafés und Bars gibt es prinzipiell keine vorgeschriebene Garderobe. Kurze Hosen, insbesondere bei Frauen, werden in Gaststätten jedoch nicht gerne gesehen, und dies kann dann gelegentlich zu Problemen führen. Für viele Menschen ist ein Dinner außerhalb der eigenen vier Wände ein großes Ereignis, wozu die besten Kleider getragen werden.

Links

• *Allgemein* **Aktivurlaub**: www.baltic-info. de/aktivurlaub/ekoturisms2002.htm, www.kayak.unitree.lv/default.htm

Baltischer Chat unter www.chat.lt

Baltisches Informations- und Tourismusbüro (Offizielle Fremdenverkehrszentrale für Estland, Lettland und Litauen in Deutschland), www.gobaltic.de

Weitere Tourismustipps für das Baltikum unter www.baltic-info.de, www.osteuropa.ch, www.travelbaltics.com

Fahrradinformationen unter www.adfc.de (Allgemeiner deutscher Fahrradclub), www.cycle24.de, www.radwelt-online.de

Fahrradinformation zum Baltikum unter www.home.t-online.de/home/veloviabaltica/frameset.htm

Infos für Fahrradfahrer und Camper im Baltikum: www1.omnitel.net/zvejone/dvirinfo/news.htm

Informationen zum Ostseetourismus: www.balticsea.com

Informationen zur politischen und kulturellen Situation im Baltikum unter www.baltictimes.com, www.balticsworldwide.com (Schwerpunkt Tourismus)

Reiseberichte: www.travel-library.com/europe/latvia/index.html
Urlaubsberichte von Campern für Camper unter www.weihermueller.de/lettland/capl.htm
Routenplanung unter routenplanung.web.de, www.easytour.dr-staedtler.de
Sprachhilfe online unter www.cusd.claremont.edu/tkroll/EastEur/index.html
Wetterbericht für das Baltikum unter www.alle-wetter.de/euro35.html
• *Litauen* Allgemeine Infos zu litauischen Städten: www.ktl.mii.lt/homepage/liet1–1.html
Ferien auf dem Land: www.travel.lt/country_system/welcome.htm, www.atostogos.lt/lit/english
Informationen zu litauischen Hotels unter www.hotels.lt/, www.litus.lt, www.on.lt, www.LithuanianHotels.com
Litauischer Jugendherbergsverband: www.filaretai.8m.com
Offizielle litauische Tourismusseite unter www.travel.lt
Weitere hilfreiche Infos unter www.litauen-info.de, www.tourism.lt, www.ewis.de/ltreise.html, www.travel-lithuania.com, www.gerai.de, www.ratgeber-litauen.de
Verzeichnis litauischer Museen: www.muziejai.mch.mii.lt/turinys.fr.htm
• *Lettland* Ferien auf dem Lande: www.celotajs.lv
Hotel- und Restaurantverzeichnis: www.lvra.apollo.lv
Ministerium für Umweltschutz und Regionalentwicklung: www.varam.gov.lv
Informationen zur lettischen Kultur: www.latinst.lv

Ökotourismus in Lettland: www.ezi.lv
Offizielle Tourismusseite des lettischen Staates: www.latviatourism.lv
Weitere allgemeine touristische Informationen: www.latinst.lv, www.all.lv, www.Rīga800.lv, www.maintour.com/latvia/tourism.htm, www.nexteurope.com/tourism, www.latnet.lv, www.openlatvia.lv, www.eunet.lv, www.inyourpocket.com, www.vernet.lv, www.ratgeber-lettland.de, www.budgettravel.com/latvia.htm (große Linksammlung)
Verzeichnis lettischer Burgen und Schlösser: www.castles.lv
Verzeichnis lettischer Reisbüros: www.alta.apollo.lv
• *Estland* Estnisches Jugendzentrum und Jugendherbergswerk: www.entk.ee
Estnischer Ökotourismus: www.ecotourism.ee/eng.html
Ferien auf dem Lande: www.maaturism.ee
Informationen zu den estnischen Inseln: www.saared.ee
Offizielle Tourismusinformation des estnischen Staates: www.tourism.ee (sehr gute Site, die alles beinhaltet was ein Tourist in Estland wissen muss).
Weitere allgemeine Infos zu Estland siehe auch: www.ratgeber.estland.de, www.excite.com/travel/countries/estonia und www.wtgonline.com/data/est/est.asp.
Wissenswertes zur Insel Saaremaa: www.saaremaa.ee
Wissenswertes zur Insel Hiiumaa: www.hiiumaa.ee

Literatur und Karten

• *Geschichte/Landeskunde* Angermann, Norbert: Deutschland – Livland – Russland. Beziehung der drei Staaten untereinander zwischen dem 15. und 17. Jh. Norddeutsches Kulturwerk, 1988.
Boockmann, Hartmut: *Der Deutsche Orden*. Beiträge zur Geschichte des Deutschen Ordens, Beck 1989.
Butenschön, Marianna: *Estland, Lettland und Litauen. Das Baltikum auf dem langen Weg in die Freiheit*, Piper 1992.
Hasselblatt, Cornelius: Minderheitenpolitik in Estland. Rechtsentwicklung und Rechtswirklichkeit 1918–1995, Bibliotheca Baltica 1996.
Urdze, Andrejs (Hrsg.): *Das Ende des Sowjetkolonialismus. Der baltische Weg*. Über die jüngste Geschichte der baltischen Staaten, Rowohlt 1991.

Schmidt, Alexander: *Geschichte des Baltikums. Von den alten Göttern bis zur Gegenwart*. Darstellung der wichtigsten historischen und kulturellen Hintergründe der Baltenrepubliken, Piper 1999.
Meissner, Boris: *Die baltischen Nationen. Estland, Lettland, Litauen*. Darstellung der baltischen Nationen in Geschichte und Gegenwart, Standardwerk. Markus Verlag Köln.
Mühlen, Peter von zu: Baltische Geschichte in Geschichten. Denkwürdiges und Merkwürdiges aus acht Jahrhunderten. Wissenschaft und Politik, Köln 1994.
Rauch, Georg: *Geschichte der baltischen Staaten*. Standardwerk zur Entstehung und zum Untergang der baltischen Republiken, dtv 1990.

Prunskienė, Kazimiera: *Leben für Litauen. Auf dem Weg in die Unabhängigkeit.* Darstellung der jüngsten litauischen Geschichte aus der Sicht der ehemaligen litauischen Ministerpräsidentin, Ullstein 1992.

Die baltischen Staaten Estland, Lettland, Litauen. Information der Bundeszentrale für politische Bildung, Berliner Freiheit 7, 53111 Bonn. Geschichtlicher Überblick und knappe Darstellung der momentanen Situation, kostenlos.

● *Romane und Erzählungen* **Becker, Rolf:** *Tamara.* Autobiographische Erzählung, die jüdisches Leben u. a. in Rīga schildert, Ammann 1994.

Kross, Jaan: *Das Leben des Balthasar Rüssow.* Roman, Hanser 1995.

Mankell, Henning: *Die Hunde von Rīga.* Spannender Krimi mit Kurt Wallander, dtv München 2000.

● *Sprachführer* **Bernado, Christophe**, *Lettisch Wort für Wort*, Kauderwelsch Reihe, Bielefeld 1999.

Granta, K./Pampe, E.: *Vacu-latveisu vardnica. Deutsch-lettisches Wörterbuch.* Avots (Lettland) 1990,

Kilgas, Katrin: *Bitte schön!* Deutsch-estnisches Gesprächsbuch, Jõgeva (Estland) 1991.

Pischel, Susanne: *Lietuviskai – pradedantiesiems.* Litauisch für Anfänger, alma littera (Litauen) 1995.

Veenker, Wolfgang: *Estnisches Minimalwörterverzeichnis*, Mare Balticum 1992.

● *Landkarten* Landkarten und Stadtpläne kauft man am besten und günstigsten vor Ort. Sie sind erhältlich in den jeweiligen Touristeninformationen, Reisebüros oder Buchläden.

Baltic States, Straßenatlas der baltischen Staaten 1:500.000, mit Innenstadtplänen der baltischen Kreisstädte (nicht detailliert) und Nummerierung der Haupt- und Schnellstraßen. Verlag Jāņa sēta, Rīga 2000/2001.

Baltische Staaten, große Reisekarte 1:850.000 mit Ortsregister, Innenstadtplänen der Hauptstädte sowie Bezeichnung der ehemals deutschen Städte in der jeweiligen Landessprache und auf Deutsch, teilweise etwas ungenau, Ravenstein.

Das nördliche Ostpreußen/ Kaliningrader Gebiet, Verlag Rautenberg. Neue Karte mit deutschen und russischen Bezeichnungen, 1:230.000.

Estnische Straßen- und Touristenkarte (Eesti teede-ja turismi kaart), sehr genau und ausführlich, aber etwas unhandlich, 1:350.000. In estnischen Buchläden günstiger zu bekommen als hier, empfehlenswert.

Estland, Lettland, Litauen, drei einzelne, ziemlich detaillierte Straßenkarten, mit Nummerierung der Hauptwege und Kennzeichnung der Sandpisten und asphaltierten Straßen. Estland und Lettland 1:750.000, Litauen 1:600.000, Legende u. a. auch deutschsprachig, Verlag Jāna sēta, Rīga.

Litauische Straßenkarte, neue, sehr detaillierte, dreiteilige Straßenkarte aus Litauen, mit Kennzeichnung der Schotterpisten und asphaltierten Wege, 1:400.00.

Osteuropa-Karte, große Straßenkarte der baltischen Staaten 1:200.000, mit Teilen Russlands, Weißrusslands sowie der Ukraine, Polens und der Slowakei, freytag und berndt.

Euro-Regionalkarten, 1:300 000 (RV-Verlag) Estland/Lettland/Litauen.

Regio Eesti Teeds, 1:150.000. Detaillierter Straßenatlas von Estland, in dem auch die kleineren Dörfer eingezeichnet sind.

Touristenkarte Kaliningrader Gebiet, Darstellung der wichtigsten Wege mit Straßennummerierung und Sehenswürdigkeiten, nicht sehr detailliert, 1:400.000. Erhältlich im Kaliningrader Gebiet, Verlag Argument 1992.

Regionalkarten, es gibt von jedem Kreis detaillierte Regionalkarten, in denen auch die kleinsten Dörfer eingezeichnet sind. Sie erscheinen im litauischen Verlag *Briedis* und sind im Buchhandel und in den Touristeninformationen erhältlich. Nützlich, wenn man auf Bauernhöfen übernachten will, da die Dörfer, in denen sie sich befinden winzig und auf den herkömmlichen Landkarten nicht eingezeichnet sind.

Stadtpläne: Von jeder der baltischen Kreisstädte gibt es mittlerweile einen Stadtplan. Viele dieser Pläne beinhalten auf der Rückseite eine Regionalkarte. Verlag Jāņa sēta, Rīga.

Eine große Auswahl an Literatur über das Baltikum und über das ehemalige Ostpreußen (Gesamtverzeichnisse anfordern) sind über folgende Adressen zu beziehen:

Mare Balticum, Versandbuchhandlung, Huhnsgasse 39–41, 50676 Köln.
Kubon & Sagner, Buchexport-Import, Hessstr. 39/41, 80798 München, ✆ 089- 542180; www.kubon-sagner.de.

Märchen und Legenden

In allen drei Staaten haben seit eh und je Mythen und Legenden eine wichtige Rolle gespielt. Oftmals hingen sie eng mit der heidnischen Götterwelt zusammen, hatten aber auch stets einen starken Bezug zur Natur. Fast jeder See, jeder Fluss und jeder Berg hat seine eigene Geschichte. Doch die baltischen Märchen und Legenden sind anders als beispielsweise die der Gebrüder Grimm, bei denen dem Adel stets eine viel wichtigere Rolle zufällt als in den baltischen Märchen. Der Grund dafür ist wohl darin zu finden, dass es wegen der jahrhundertelangen Fremdherrschaft niemals estnische und lettische Könige oder Prinzessinnen gegeben hat. Diese Art von Herrschaftsstrukturen waren nur in Litauen zu finden. Viele in den baltischen Märchen vorkommenden Könige sind z. B. Herrscher über das Meer, den Wald oder den Nebelberg. Sehr oft stehen Bauern, Tiere oder aber die Natur selbst im Mittelpunkt einer Erzählung. Typisch für die baltischen Märchen sind auch Wesen aus der Geister- und Fabelwelt wie Zauberer und weise Greise mit silbernen Bärten, nicht zu vergessen aber auch die Sonne, der Mond und die Sterne. Die Thematik ist auch hier stets der Sieg des Guten über das Böse. Die negativen Kräfte werden meist von Hexen, Ungeheuern, Drachen oder dem Teufel verkörpert, wobei zu bemerken ist, dass der baltische Teufel selten als absolut böse dargestellt wird. In vielen Märchen ist er einfach nur der Pechvogel, der Unvollkommene, was ihn menschlich macht und deshalb bei den Menschen beliebt.

Shopping in Vilnius

Medien

Radio/Fernsehen: Mit Beginn von Gorbatschows Perestroika wurden auch die Medien zunehmend liberaler und können seit der Unabhängigkeit als frei bezeichnet werden. In Funk und Fernsehen der baltischen Staaten werden die Programme in der jeweiligen Landessprache, sowie auf russisch gesendet. Mit Hilfe von Kabel und Satellitenschüssel flimmern auch einige deutsche und englische Privatsender über den Bildschirm.

Einer der besten Popmusiksender in Litauen ist *M1 Plius* 106,2 FM. Popmusik und Techno spielt *Radiocentras* in Litauen auf FM 101,5. Das Pendant hierzu in Lettland ist *Mix FM* auf 102,7, für den Pop und Rockbereich *Radio SWH* auf 105,2 FM. Der lettische Sender *Radio Amadeus* auf 89,2 FM spielt Klassik und Jazz. In Estland spielt *KDGE* auf 94,5 FM alternativen Rock, *Raadio 2* auf 101,6 Pop/Techno und das *Klassikaraadio* ist auf 106,6 FM zu finden. *Estanian radion* sendet sein Programm in verschiedenen Sprachen auf 103,5 FM aus, auch Deutsche Welle und BBC sind hier zu empfangen.

▶ **Presse:** Es gibt eine Reihe von Zeitungen, die über die baltischen Staaten informieren. Allerdings sind die meisten englischsprachig. Sie sind erhältlich an den Kiosken, Informationsstellen und in den besseren Hotels der größeren Städte.

Baltische Rundschau: Einzige deutschsprachige Zeitung des Baltikums. Sie erscheint monatlich. Online www.brundschau.lt.

The Baltic Times: Sie ist aus dem Baltic Independent und dem Baltic Observer entstanden und ist die größte englischsprachige Zeitung im Baltikum. Sie erscheint einmal wöchentlich.

The Baltic Reviews: Vierteljährlich erscheinende, englischsprachige Zeitungen mit Schwerpunkt Wirtschaft, enthalten aber auch allgemeine Informationen über die baltischen Staaten.

City Papers: Englischsprachiges Touristenmagazin über Neuigkeiten und Veranstaltungen aus allen drei baltischen Staaten. **The Baltics Worldwide** ist die Onlinezeitung des City Papers. Mischung aus Nachrichtenagentur und Tourismusführer über Tallinn, Rīga und Vilnius, www.balticsworldwide.com.

Newsletter des Swiss Baltic Chamber of Commerce: Informiert über Aktuelles in Politik, Wirtschaft und Gesellschaft, www.online.ee/swisschamber.

Tallinn This Week; Tartu This Week und **Rīga This Week:** Hierbei handelt es sich um die offiziellen Stadtzeitungen, die sowohl Touristinformationen als auch die jeweiligen Veranstaltungskalender beinhalten. Sie erscheinen alle 2–6 Monate und sind kostenlos. Ähnliche Heftchen gibt es auch von Pärnu, Haapsalu und Kuressaare.

"In Your Pocket"-Hefte: Witzig aufgemachte, englischsprachige Stadtzeitschriften, die ausführlich über alles berichten, was einen Touristen in der jeweiligen Stadt interessiert. Diese Heftchen gibt es von Vilnius, Kaunas, Klaipėda/Palanga/Nida, Rīga/Jurmala, Tallinn/Tartu, Pärnu. Sie erscheinen alle zwei Monate. Weitere Städte gibt es online unter www.inyourpocket.com. Es gibt auch ein Helsinki-Heft, was bei einem Ausflug nach Finnland nützlich ist.

Die Zeitungskioske präsentieren sich vielseitig. Es liegen Tageszeitungen, Frauenmagazine, Sportzeitschriften, Wissenschaftspresse u. v. m. aus. Auch aktuelle Ausgaben deutschsprachiger Zeitungen sind, vor allem in den großen Städten des Baltikums, regelmäßig erhältlich. Meistens gibt es sie in den feineren Hotels, an einigen Kiosken sowie an den Flughäfen. Angeboten wird alles, von der seriösen Tageszeitung über Politmagazine bis hin zur Boulevardblättern und Pornoheften.

Öffnungszeiten

Banken: Die Öffnungszeiten der Banken variieren. Sie öffnen werktags zwischen 9 und 10 Uhr und schließen zwischen 16 und 18 Uhr. In Litauen arbeiten einige Banken auch samstags, dann aber nur vormittags. Die zahlreichen Wechselstuben sind meistens von morgens bis abends geöffnet und das an sieben Tagen der Woche.

Bars und Cafés: Öffnungszeiten sind sehr unterschiedlich, hängt vom Besitzer ab. Im Allgemeinen kann man sagen, dass die meisten Kneipen gegen 11 oder 12 Uhr öffnen und zwischen 23 und 24 Uhr schließen. Offiziell liegt die Sperrstunde bei 23 Uhr, doch viele Gastwirte verfügen über Sonderlizenzen, sodass sie ihre Läden bis 2 oder 3

Uhr aufhalten können. Die Cafés beginnen in der Regel zwischen 10 und 11 Uhr morgens und schließen gegen 22 Uhr.

Geschäfte: Ein festes Ladenschlussgesetz gibt es im Baltikum nicht. Die meisten Läden machen gegen 9 Uhr oder 10 Uhr auf und haben je nachdem bis 18, 19, oft auch bis 20 Uhr (vor allem die großen Warenhäuser) geöffnet. Auch die Mittagspause ist nicht einheitlich geregelt, einige Geschäfte schließen über Mittag oder für 1–2 Stunden am frühen Nachmittag, andere haben durchgehend geöffnet. Samstags haben die Geschäfte meist bis 15 Uhr auf. In den großen Städten findet man auch Supermärkte, die 24 Stunden geöffnet haben und das an allen Tagen der Woche.

In vielen Geschäften wird nicht der Sonntag als Ruhetag genutzt, sondern der Montag (hauptsächlich Buchhandel). Eine einheitliche Regelung gibt es nicht.

Hotels: Die Eingangstüren der einfachen Hotels sind meist ab 22 Uhr verschlossen, die Rezeption ist allerdings rund um die Uhr besetzt.

Museen: Allgemein öffnen sie zwischen 11 und 12 Uhr morgens und haben bis 17, 18 oder auch 19 Uhr geöffnet. Die meisten Museen haben montags ihren Ruhetag, manchmal zusätzlich auch noch den Dienstag.

Poliklinik: In vielen Kleinstädten wird an den Wochenenden sowie nach 18 Uhr nicht mehr behandelt. In schwerwiegenden Fällen die Nummer 03 anrufen, die rund um die Uhr erreichbar ist.

Post: Auch hier sind die Öffnungszeiten variabel. Die Postämter öffnen zwischen 8 und 9 Uhr morgens und schließen je nach Stadt zwischen 16 und 19 Uhr. In manchen Orten ist die Post auch am Wochenende geöffnet (z. B. Vilnius), in anderen wiederum nur am Samstagvormittag. Dasselbe gilt für Feiertage.

Restaurants: Meistens öffnen sie gegen Mittag und arbeiten bis 22 oder 23 Uhr, die Küchen werden allerdings schon jeweils eine halbe Stunde bis Stunde vorher dichtgemacht. Zahlreiche Restaurants verfügen über Sonderlizenzen und haben länger geöffnet. Viele Lokale arbeiten sieben Tage die Woche, manche nehmen sich einmal wöchentlich einen Ruhetag.

Telegrafenämter: Auch hier sind die Öffnungszeiten unterschiedlich, in einigen Städten sind die Telegrafenämter rund um die Uhr geöffnet, in anderen schließen sie zwischen 20 und 22 Uhr.

Touristenbüros: Im Allgemeinen arbeiten sie montags bis freitags von 9–17 Uhr. In vielen größeren Städten sind sie auch samstags von 10–14 Uhr geöffnet, in Vilnius, Rīga und Tallinn sogar auch sonntags (im Sommer).

Orden

Livländischer Orden: Er wurde 1202 von Bischof Albert von Rīga gegründet. Zweck dieser Gründung war, die heidnische Bevölkerung auf dem Gebiet Lettlands und Estlands zu missionieren und zu unterwerfen. Zwar ging der Livländische Orden, auch *Schwertbrüder*-Orden genannt, 1237 nach einer verlorenen Schlacht gegen die Letten, Semgaler und ein vereintes Litauerheer im Deutschen Orden auf, doch konnte er sich innerhalb dieses Ordens über längere Zeit eine Sonderstellung erhalten.

Deutscher Orden: Der Deutsche Orden war zunächst in Preußen und Litauen tätig. Die Ritter des Deutschen Ordens folgten einem Aufruf des Papstes, nach den verlorenen Kreuzzügen in Palästina schließlich im Nordosten Europas neues Terrain für die Kirche zu gewinnen. Der Deutsche Orden eroberte zunächst die Gebiete Preußen und Ostpreußen und machte sich von dort zu seinen sog. "Litauenreisen" auf, um auch Litauen zu erobern und zu christianisieren. Die Litauer setzten sich vehement zur Wehr, was sie schließlich in die Arme der Polen trieb. Nachdem die Schwertbrüder im Deutschen Orden aufgegangen waren, eroberte dieser Livland, Estland und Kurland.

Post

Wie lange Briefe vom Baltikum ins westliche Ausland im Allgemeinen nun wirklich brauchen, ist schwer zu sagen. In der Regel liegen sie per Luftpost nach drei bis fünf Tagen in den Briefkästen. Es kann aber auch vorkommen, dass sie länger brauchen. Briefe aus dem Westen ins Baltikum scheinen eigentümlicherweise länger zu laufen als umgekehrt und sind 6–7 Tage unterwegs,

▸ **Porto:** Das Porto ist niedrig. Ein Brief nach Westeuropa kostet per Luftpost 0,48 €, eine Postkarte 0,28 €.

▸ **Postlagernde Sendungen:** Man kann sich auch Briefe und Karten postlagernd ins Baltikum schicken lassen. Zu adressieren sind diese Sendungen an das jeweilige Hauptpostamt mit dem Vermerk *post restante*. Die Briefe werden etwa drei Monate aufbewahrt und gehen dann zurück zum Absender.

Preise

Sieht man von Luxushotels, Leihwagen und einigen Westprodukten ab, liegen die Preise deutlich unter westlichem Niveau. Mancherorts gibt es auch Studentenermäßigung. Da die Preise im Baltikum noch nicht hundertprozentig stabil sind und von alljährlichen Preisanhebungen ausgegangen werden kann, sind alle im Buch angegebenen Preise von vornherein höher angesetzt, als sie bei den Recherchen wirklich waren, und nur als Orientierungshilfe anzusehen. Angaben über Hotelpreise finden Sie in den jeweiligen Ortskapiteln, Bus- und Bahnpreise in den Kapiteln "Anreise" und "Unterwegs". Der klassische Preisvergleich läuft über McDonald's Big Mac. Dieser kostet in Lettland knapp 1,90 €, in Litauen 1,70 € und in Estland 1,60 €. Für alle die nicht bei McDonalds ein und aus gehen, das selbe Gericht kostet in Deutschland 2,60 €. Wegen des geplanten EU-Beitritts der baltischen Länder ist mit Preissteigerungen zu rechnen.

Galerien: Der Eintritt ist meistens frei, da die Exponate schließlich verkauft werden sollen. Falls Eintritt verlangt wird, liegt er in der Regel bei 1–2 €.

Kirchen: Der Eintritt ist frei, doch Spenden werden gern genommen, vor allen Dingen jetzt, wo viele Kirchen ihre weltlichen Funktionen abgelegt haben und zu ihren geistlichen Aufgaben zurückgekehrt sind.

Kneipen: In den drei Hauptstädten gibt es eine Reihe von Lokalen, in denen Live-Bands auftreten, weshalb Eintrittsgelder verlangt werden. Diese liegen im Durchschnitt zwischen 2 und 5 €.

Museen und Schlösser: Unterschiedliche Preise, im Allgemeinen liegt der Eintritt höchstens bei 2–4 €, meistens niedriger.

Theater und Konzerte: Karten für staatliche Häuser sind meist ab 5 € zu haben. Die Eintrittspreise für private Veranstaltungen und Großkonzerte liegen etwas höher.

Kino: Eintrittskarten kosten etwa 3 €.

Rauchen

Während der Sowjet-Ära galt in den meisten Restaurants, Cafés und Bars striktes Rauchverbot. In Kaunas wurde sogar die gesamte Einkaufsstraße (Laisvés g.) zur rauchfreien Zone erklärt, was zum Ende des Jahres 2000 vom damaligen Bürgermeister aufgehoben wurde. Zum Leidwesen der einen und zur Freude der anderen ist das Rauchen in den meisten Restaurants und Cafés gestattet, obwohl es immer noch einige wenige Gaststätten gibt, in denen nur im Foyer geraucht werden darf. Was Bars, Kneipen und Diskos anbelangt gibt es keine Beschränkungen.

Reinigung

Wer einen längeren Aufenthalt im Baltikum plant, sollte eine große Tube Waschmittel im Gepäck haben, da die Zahl der Waschsalons noch sehr gering ist. In den Hauptstädten gibt es vereinzelte Waschsalons zum Selberwaschen und Reinigungen mit 24–48-Stunden-Service.

Reisebüros

Innerhalb der letzten Jahre haben, insbesondere in den Hauptstädten, zahlreiche Reisebüros eröffnet, die fast an jeder Ecke zu finden sind, deshalb hier nur eine kleine Auswahl:

Litauen

Lithunian Holidays, T. Sevcenkos g. 15/14, 2001 Vilnius, ℡ 313721; www.travel.lt/holidays. **Studenten- und Jugendreisebüro,** Basanavičiaus 30, Vilnius. Ausstellung von Bahn-, Bus-, Flugtickets zu günstigen Preisen, ℡ 221373, 🖂 262131, info@jaunimas.lt, www.lsyt.lt.
BalticRoads, Sausio 13-osios St. 2, 2050 Vilnius, ℡ 65 92 11, www.balticroads.lt. Reisen

im Baltikum,. Tickets, Unterkünfte, Touren in den Nationalparks etc.
Gedimino Tours, J. Basanavicius t. 16/5–21, 2009 Vilnius, ℡ 224738, www.tdd.lt/ged. turas. Spezialisiert auf Sporttourismus, ebenfalls Ausflüge in die Umgebung von Vilnius.

Lettland

Lauku Ceļotās, Kuģu 11, Rīga. Vermittlung von Privatquartieren auf dem Land und auf Bauernhöfen, www.celotajs.lv.
Latvia Tours, Kaļķu 8, Rīga. Angeboten werden Ausflüge in die Umgebung und Spaziergänge durch Rīga, Programm wechselt täglich, ℡ 7085001, 🖂 7820020.
Kolumbs Junior, Raiņa 23, Rīga. Touren durch das gesamte Baltikum in Angebot.

Spezielle Preise für Jugendliche. ℡ 7212020, 🖂 7224030, kolumbs@kolumbs.lv, www.kolumbs.lv (lettisch).
Reisebüro für Jugendliche und Stundenten, Lāčplēša 29, Rīga. Hier werden alle Serviceleistungen angeboten. Darüber hinaus besondere Angebote für Leute unter 26. ℡ 7284818, 🖂 7283064, sjcbsjbc.lv, www.sjbc.lv.

Estland

Raeturist, Narva mut. 13a, 10151 Tallinn, ℡ 372 6688400, www.raeturist.ee. Reisen im Baltikum, Unterkünfte, Tickets.
Baltic Tours, Pikk 31, Tallinn, ℡ 372 6300460; www.bt.ee Verkauf von Flug-, Bahn- und

Schiffstickets.
Estonian Holidays, Lai 5, 10133 Tallinn, ℡ 372 6412501, www.holidays.ee. Touren durch das gesamte Baltikum sowie Verkauf von Bahn-, Schiffs- und Flugtickets.

Reiseveranstalter

K & K Reichard, Op'n Idenkamp 34, 22397 Hamburg, ℡ 040-6793667; www.eastlink.de.
Mare Baltikum Reisen, Eichenstr. 27, 20259 Hamburg, ℡ 040-4905977, www.mare-baltikum-reisen.de.
naTOURaReisen, Nussanger 6, 37079 Goettingen, www.innatoura-polen.de. NaTOURa bietet vor allem Radreisen nach Polen und in die baltischen Staaten an.

Greif-Reisen, Universitätsstr. 2, 58455 Witten, ℡ 02302-24044, www.greifreisen.de. Spezialisiert auf Westlitauen und das Kaliningrader Gebiet. Hier gibt's auch Reisen mit einem Sonderzug nach Kaliningrad.
Rautenberg Reisen, Blinke 8, 26789 Leer, ℡ 0491-929703, www.rautenberg-druck.de. Reisen nach Westlitauen (ehemaliges Memelland) sowie ins Kaliningrader Gebiet.

Segelboote in Jūrmala

Lernidee, Dudenstr. 78, 10965 Berlin, ℡ 030-7860000, ℡ 030-7865596, www.lernidee-reisen.de. Reisen ins Baltikum und in die GUS-Staaten.
Nehrung Reisen, Am Martinshof 21, 79263 Siemonswald, www.nehrung-reisen.de. Vor allem Reisen im Raum der Kurischen Nehrung. Der Reiseveranstalter hat auch ein Büro in Nida.

ORS Ost-Reise-Service GmbH, Am alten Friedhof 2, 33647 Bielefeld, ℡ 0521- 417 3333, www.ostreisen.de Hauptsächlich interessant für Reisen nach Westlitauen und ins Kaliningrader Gebiet, aber auch Reisen in alle baltischen Länder im Angebot.
Schnieder Reisen GmbH, Harkortstr. 121, 22765 Hamburg, ℡ 040/3802060, ℡ 040-388965, www.schnieder-reisen.de. Organisierte Reisen ins Baltikum.

Reiten

Pferde sieht man im Baltikum viele, meistens jedoch Kaltblüter, die für die Feldarbeit gebraucht werden. Es besteht jedoch in einigen Orten die Möglichkeit, ausgedehnte Geländeritte zu unternehmen oder Reitstunden zu nehmen.

Reitmöglichkeiten bestehen z. B. in:
Litauen – Riešé, bei Anykščiai, Nida, bei Palanga, im Žemaitija-Nationalpark
Lettland – Sigulda, Ligatne, Burtnieki und bei Kandava
Estland – bei Pärnu, bei Viljandi, im Lahemaa-Nationalpark, auf Saaremaa, auf Hiiumaa, bei Haapsalu, auf Abruka und bei Otapää

Sängerfest

Die Balten singen gerne, und jeder der drei Staaten bringt das alle vier bzw. fünf Jahre in Form eines gigantischen Liederfestivals zum Ausdruck. Tausende von Stimmen erklingen an diesen Tagen über die Sängerfestwiesen. In Lettland findet das nächste große Ereignis im Sommer 2007 statt, in Litauen im Sommer 2003 und Estland im Sommer 2005. Genaue Termine in den jeweiligen Touristeninformationen nachfragen oder beim Baltischen Informations- und Tourismusbüro, www.gobaltic.de. Wer zu diesem Zeitpunkt in den baltischen Staaten verweilen sollte, sollte sich diese Festivals auf keinen Fall entgehen lassen. Estland hat am 12. Mai 2001 mit Dave Benton und Tanel Padar mit dem Song "Everybody" den Grand Prix Eurovision gewonnen. Der Grand Prix 2002 ging dank des Titels "I wanna" von Marie N. an Lettland. Dementsprechend findet Wettbewerb 2003 in Lettland statt.

Segeln/Segelcharter

(s. auch Anreise S. 30)

Estland Infos unter www.tourism.ee Rubrik *What to do Sailing/Yachting* und unter www.ArtUN.ee/sadamad/

Lettland Yachtcharter in Lettland unter www.vide.lv/ladialnaval.

Litauen Yachtcharter ist bei folgenden Clubs möglich:

Klaipėda – Yacht-Club "Budys", Žvejų 12, 255094, ✆ 234110.

Neringa – Neringa Yacht-Club, ✆/✆ 7151101.

Kaunas – Kaunas Žalgiris Yacht Club Gimbutienės 35, ✆ 769691, ✆ 769330.

Šiauliai – Yacht-Club, Poilsio 14, ✆ 392703, ✆ 392638.

Plateliai – im Žemaitija Nationalpark, ✆ 49131

Trakai – Yacht-Club Vilnius und Trakai, Infos über die Touristeninformation.

Sicherheit

Die Horrorgeschichten, die von den Republiken der ehemaligen Sowjetunion erzählt werden, treffen sicher nicht auf die baltischen Staaten zu. Dennoch kann sich das Beachten bestimmter Verhaltensregeln als nützlich erweisen: Auf jeden Fall sollte man vermeiden, allzu offensichtlich seine überlegene Kaufkraft zu demonstrieren. Abgesehen davon, dass das gegenüber der Mehrheit der Bevölkerung, die jedes Geldstück zweimal umdrehen muss, recht taktlos ist, kann das auch Neid erzeugen, von dem schlecht zu sagen ist, welche Ausmaße er annehmen kann (insbesondere, wenn Alkohol mit im Spiel ist).

Frauen: In den einheimischen Bars und Kneipen sind überwiegend Männer anzutreffen. Die wenigen Frauen, die man dort sieht, sind meist in männlicher Begleitung. Aus diesem Grund sollten Frauen nicht unbedingt nachts alleine durch die Kneipen ziehen und auch nicht unbedingt im Dunkeln durch die Straßen laufen (im Sommer ist es eh bis in die Nacht hinein hell), da auch stets viele Betrunkene unterwegs sind.

Autos und Fahrräder: Was die Sicherheit von Autos anbelangt, gibt es die wildesten Gerüchte. Die Zahl der Autodiebstähle ist deutlich zurückgegangen, doch sollte man sich die Gegend, in der man sein Vehikel abstellt, auf jeden Fall genauer ansehen. Die Hotelparkplätze gelten eigentlich als sicher, sind aber nicht immer bewacht. Autoradios sollte man ausbauen, und wie überall sollte man vermeiden, "attraktive" Gegenstände im Fahrzeug liegen zu lassen. Falls vorhanden, ist es anzuraten, das Auto auf einem bewachten Parkplatz abzustellen. Evtl. das Auto mit Alarmanlage oder Wegfahrsperre ausstatten. Kleine Fahrzeuge westlicher Marken sind eher uninteressant, da es dergleichen eine Menge im Baltikum gibt. Auf der Liste stehen Luxuskarossen. Die meisten teuren Autos, die durchs Baltikum fahren, sehen sehr sauber und gepflegt aus. Als gewisser Sicherheitsfaktor gilt, dass je dreckiger und ungepflegter ein Auto ausschaut, es umso unattraktiver für Diebe ist. Fahrräder sollte man stets an einen festen Gegenstand anketten und nachts mit ins Haus nehmen.

Das Auswärtige Amt weist darauf hin, dass bei der Ankunft im Hafen Klaipéda/Litauen besondere Vorsicht geboten sei. Es soll wiederholt vorgekommen sein, dass Autos bei der Ankunft verfolgt und dann im geeigneten Moment entwendet wurden.

Sprache und Verständigung

Im Zuge der politischen Umgestaltung ist in jeder der drei Baltenrepubliken die eigene Sprache wieder zur Staatssprache erhoben worden. Alle drei Sprachen sind relativ schwierig zu erlernen. Von daher werden schon die kleinsten Bemühungen, in der jeweiligen Landessprache zu reden, mit großem Wohlwollen beantwortet.

In letzter Zeit haben insbesondere die jungen Litauer, Letten und Esten mit Eifer begonnen, Englisch oder Deutsch zu lernen, sodass eine Verständigung in diesen Sprachen, insbesondere in Estland, mittlerweile bedingt bis gut möglich ist.

In den großen Städten des Baltikums werden deutsch- und englischsprachige Exkursionen angeboten. Kommt es in den kleineren Orten einmal zu Verständigungsproblemen, wird meistens so lange herumtelefoniert, bis jemand mit Deutsch- oder Englischkenntnissen ausfindig gemacht worden ist.

Da während der sowjetischen Zeit Russisch die allgemeine Amtssprache war und auch viele Russen im Baltikum wohnen, ist auch eine Verständigung in dieser Sprache möglich. Es erfordert allerdings ein wenig Fingerspitzengefühl, da das Russische von den Baltenvölkern als "Besatzersprache" angesehen wird und sie aus diesem Grund etwas empfindlich auf diese Sprache reagieren. Es sollte daher vermieden werden, sofort auf russisch loszulegen. Besser ist es, sein Gegenüber vorher zu fragen, ob es vielleicht möglich sei, eine Unterhaltung auf russisch zu führen. Eine andere Variante wäre, zu Beginn eines Gesprächs in der jeweiligen Landessprache zu erklären, dass man diese nicht beherrsche und daraufhin eine Verständigung auf Englisch oder Deutsch vorschlage. Ist der Gesprächspartner weder des Deutschen noch des Englischen mächtig, wird er in der Regel das Russische anbieten.

Finnischsprachige Reisende werden in Estland kaum Verständigungsprobleme haben, und auf den estnischen Inseln kommt man vielerorts mit Schwedisch durch. In der Gegend um Vilnius ist auch Polnisch weit verbreitet.

Strände und Baden

Lange Zeit war der größte Teil der baltischen Küste für Zivilisten gesperrt, weil sowjetische Truppen dort ihre Wachtürme aufgestellt hatten, um die Grenzen zu sichern. Aus dem Grunde entwickeln sich erst jetzt lebhafte Promenaden mit Cafés, Souvenirshops, Snack-Bars etc. Die Strände sind meist kilometerlang und menschenleer, der Sand oft fein wie Puderzucker. An kaum einem Strand fehlen die Dünen, denen sich Pinien- oder Kiefernwälder anschließen. Ausgesprochen schöne Strände befinden sich an der Kurischen Nehrung, im estnischen Nationalpark und auf den estnischen Inseln, sowie in und um Pärnu, in Palanga, Liepāja, Jūrmala und nördlich von Rīga, die sich alle hervorragend zum Sonnenbaden, Strandwandern und Baden eignen. Man bedenke dabei aber stets, dass die Ostsee in bestimmten Küstenabschnitten

Baltische Länder – Allgemeines

Dünenlandschaft bei Nida

stark verschmutzt ist. Seit 1991 sind in den baltischen Staaten zahlreiche neue Kläranlagen gebaut worden, sodass sich die Wasserqualität erheblich verbessert hat. Dennoch eindringlich gewarnt sei vor einem Bad an der estnischen Nordküste auf der Höhe der Städte Narva, Sillamäe, Kohtla-Järve, Kunda und Maardu. Ebenfalls abzuraten ist von dem an sich schönen Strand des lettischen Ventspils. Auch dort ist die Natur durch eine Petroleumraffinerie stark angegriffen.

Wunderbar zum Baden eignet sich der Peipussee. Er ist so groß, dass man von einem Ufer nicht das andere erblicken kann und das Gefühl hat, aufs offene Meer zu schauen. Auch die Gewässer der letgallischen Seenplatte eignen sich gut zum Schwimmen. Was das Baden in den Seen des litauischen Aukštaitija-Nationalparks anbelangt, ist zu bedenken, dass in nicht allzu weiter Ferne ein AKW Typ Tschernobyl (s. auch unter Umwelt) am Netz hängt. Es heißt zwar, dass der Atommeiler zu weit vom Park entfernt sei, um Auswirkungen auf dessen Territorium zu haben, doch es gibt auch Stimmen, die von einer Erwärmung der Seen auf Grund des AKWs sprechen. Auf alle Fälle zu meiden ist der strahlende Drukšiai-See an der litauisch-weißrussischen Grenze in der Nähe des AKWs.

Straßennummerierungen

Es gibt verschiedene Karten bezüglich der Straßen im Baltikum und verschiedene Nummerierungen. In den Anreisebeschreibungen sind hier die Bezeichnungen gewählt worden, die in den baltischen Staaten üblich sind und die vom lettischen *Jāņa sēta*-Verlag verwendet werden. Sämtliche Ausgaben dieses Verlages sind in den Touristenbüros sowie im Buchhandel im Baltikum erhältlich.

Telefonieren

Das Telefonsystem im Baltikum ist teilweise noch etwas unübersichtlich, was daran liegt, dass das analoge System durch das digitale ersetzt wird. Dies gilt insbesondere für Lettland. Hier ändern sich auch die Telefonnummern ständig, sodass nicht auszuschließen ist, dass die eine oder andere hier angegebene Nummer mittlerweile schon wieder überholt ist. Der Einfachheit halber ist es anzuraten, sämtliche Gespräche von einem digitalen Telefon, z. B. Kartentelefon, aus zu führen.

Da die Unterschiede im Baltikum bezüglich des Telefonierens erheblich sind, wird jedes Land hier einzeln aufgeführt. Bei einer Verbindung zwischen zwei baltischen Staaten fällt in der Regel die erste Ziffer der Städtevorwahl weg.

Telefonauskunft in Lettland ✆ 116 (national), 115 (international), in Estland 81182, in Litauen 09.

Estland

Das Telefonsystem ist an das westliche angepasst worden. Für alle, die das alte System gewohnt sind: Man muss keine 8 mehr wählen und das Präfix 2 ist durch die "westliche" 0 ersetzt worden.
Landesvorwahl: 372
Orts- und Ferngespräche: möglich vom Münzfernsprecher oder Kartentelefon. Einfach Teilnehmernummer wählen. Bei Ferngesprächen 0 vorwählen.
Auslandsgespräche: 00 + Landesvorwahl + Ortsvorwahl ohne 0, dann Teilnehmernummer.

Mobiltelefon: Das Funknetz ist flächendeckend ausgebaut. Lokale Netzbetreiber sind einmal die Dualbandanbieter ES EMT (Vorwahl 050) und RADIOLINJA (Vorwahl 056) sowie Q GSM (Vorwahl 055). Roaming Abkommen bestehen. Jede Mobiltelefonnummer, beginnt mit 0. Wenn man vom Ausland ein Handy anruft, einfach die 0 weglassen.
Internet: Internetcafés finden sich mittlerweile in allen größeren Städten, auch in Bibliotheken ist die Internetbenutzung möglich. Kostenlos wird dieser Service im Flughafen von Tallinn angeboten.

Lettland

Hier ist das Telefonieren momentan noch etwas komplizierter. Die neuen digitalen Nummern sind siebenstellig, die analogen sechsstellig. Um von einem analogen Telefon einen digitalen Anschluss zu erreichen, wähle man erst die 1, warte auf den Wählton und wähle dann die siebenstellige Digitalnummer. Um ein Mobiltelefon zu erreichen, wird wie gehabt die 1 gewählt und nach Ertönen des Signaltons die 9 plus die Teilnehmernummer. Um eine analoge Nummer von einem digitalen Telefon aus anzurufen, erst eine 2 wählen und dann die sechsstellige Teilnehmernummer. Um andere digitale Anschlüsse und Mobiltelefone zu erreichen, muss nur die siebenstellige digitale Nummer gewählt werden, bzw. die 9 und dann die Handynummer. Sollte man beim Anrufen einer sechsstelligen Nummer

eine Tonbandansage hören, dann bedeutet das, dass der angerufene Anschluss nun in das digitale System eingegliedert worden ist und die vorliegende Telefonnummer um eine 1, nach der man auf den Wählton wartet und dann um eine 7 zu ergänzen ist. Die englischsprachige Express-Hotline ist unter ✆ 079 zu erreichen
Landesvorwahl: 371
Ortsgespräche: sind vom digitalen Kartentelefon und vom analogen Münzfernsprecher möglich. Letztere sind an ihrer blauen Farbe zu erkennen und funktionieren mit Jetons, die in der Post und an Kiosken erhältlich sind.
Ferngespräche innerhalb Lettlands: kommen von analogen Apparaten nur schwierig zustande. Zuerst die 8 wählen, Wählton abwarten und Städtevorwahl sowie Teilneh-

mernummer wählen. Von einem digitalen Telefon aus fällt die 2 der Vorwahl weg.

Auslandsgespräche: Von digitalen Apparaten ist es in sekundenschnelle möglich, das westliche Ausland zu erreichen. Man wähle 00, die Landesvorwahl usw. Von einem analogen Apparat aus wähle man die 8 und warte auf den Signalton. Dann folgen Landes- und Städtevorwahl sowie Teilnehmernummer.

Mobiltelefon: Das Funknetz ist flächendeckend ausgebaut. Lokal Netzbetreiber sind Baltcom (GSM 900) und Lativan Mobile (Dualband).

Litauen

Auch in Litauen wird das Telefonsystem umgestellt. Es ist nicht ganz so unübersichtlich wie in Lettland.

Landesvorwahl: 370

Ortsgespräche: Hierbei ist nur die Teilnehmernummer zu wählen.

Ferngespräche: Bei Ferngesprächen innerhalb Litauens zunächst die 8 wählen, auf Signalton warten und dann die restliche Nummer eingeben.

Auslandsgespräche: Bei diesen Telefonaten erst die 8 wählen, Wählton abwarten, danach die 10 und schließlich Landes- und Städtevorwahl sowie die Teilnehmernummer eintippen

Mobiltelefon: Das Funknetz ist flächendeckend ausgebaut. Lokal Netzbetreiber sind Omnitel und Bite GSM. Roaming Abkommen bestehen.

Telefonzelle in Kaunas

Vermittlung eines Ferngespräches: Um sich ein Gespräch auf dem Fernmeldeamt vermitteln zu lassen, muss man zunächst am Schalter die Nummer des Teilnehmers nennen, in Minuten die gewünschte Sprechzeit angeben, im Voraus bezahlen und warten, bis die Stadt, in die man anrufen will, sowie die Nummer der Telefonzelle, in die das Gespräch geleitet wird, aufgerufen wird. Kommt die Verbindung nicht zustande, wird auch das ausgerufen und das Geld zurückgezahlt. Die Aufrufe erfolgen meist in der jeweiligen Landessprache und auf russisch.

Telefonkarten: Sie sind bei der Post und am Kiosk erhältlich. Telefonkarten gibt es umgerechnet für etwa 2,50 € und 4,50 €. Die estnischen Telefonkarten lassen sich nur zur Hälfte in den Automaten schieben. In Lettland und Litauen gibt es zwei verschiedene Kartentelefonen: rechteckige für Magnetstreifenkarten und runde Telefone für Mikrochipkarten.

Telefonpreise: Ein Ortsgepräch kostet im Baltikum pro Minute etwa 0,07 €, ein Ferngespräch innerhalb des Baltikums 0,6 € und nach Westeuropa 1,70 €. Die preisgünstigste Zeit zum Telefonieren ist an Werktagen zwischen 18 und 7 Uhr, an Wochenenden und Feiertagen.

Landesvorwahlen

Vorwahl Estland: ☎ 372
Vorwahl Lettland: ☎ 371
Vorwahl Litauen: ☎ 370

Vorwahl Deutschland: ☎ 49
Vorwahl Österreich: ☎ 43
Vorwahl Schweiz: ☎ 41

Bei Anrufen ins westliche Ausland fällt die Null der Städtevorwahl weg.

Bei der Direktwahl aus dem westlichen Ausland nach Lettland und Litauen fällt die erste Ziffer der Städtevorwahl, meistens eine 2, weg.

Vorwahl nach Litauen:
00–370 + Städtevorwahl + Teilnehmernummer

Vorwahl nach Lettland:
00–371 + Städtevorwahl + 2 + sechsstellige Teilnehmernummer. Ist diese siebenstellig, fällt die Städtevorwahl weg.

Vorwahl nach Estland:
00–372 + Städtevorwahl + Teilnehmernummer. Die verschiedenen Vorwahlen für Tallinn, Tartu und demnächst auch für andere Städte beachten.

Trinkgeld

Bislang waren Trinkgelder nicht üblich, und in der Provinz stößt man damit sogar noch auf Unverständnis und bekommt oft seinen gezahlten "Tipp" als Wechselgeld zurück.

Das Zahlen von Trinkgeldern ist auch jetzt noch nicht obligatorisch, wird aber in den Hauptstädten mittlerweile oft erwartet. Als Anerkennung für Extra-Leistungen und Aufmerksamkeiten ist ein Trinkgeld etwa in Höhe von 5 Prozent der Gesamtsumme reichlich.

Trinkwasser

In manchen Gegenden ist das Wasser so stark gechlort, dass sogar der Kaffee danach schmeckt. Die Bevölkerung trinkt es nur abgekocht, da beim Kochen das Chlor entweicht.

Toiletten

Die Benutzung der Toiletten in Bars und Hotels wird meist gewährt, auch wenn man kein Gast ist. In allen touristisch angehauchten Etablissements sind die Toiletten sauber und mit ausreichend Toilettenpapier bestückt. Hygienischen Ansprüchen nicht gerecht werden allerdings die öffentlichen Toiletten, insbesondere an Zug- und Busstationen.

Umgangsformen

Die Bevölkerung des Baltikums erweckt einen überaus gastfreundlichen und herzlichen Eindruck. Im Dienstleistungsbereich sind jedoch noch gelegentlich die Spuren des vergangenen Systems zu finden, die sich in einem teilweise sehr strengen Umgangston äußern. Auffällig ist auch, dass viele der Edelherbergen, -restaurants und -boutiquen eine sehr versnobte Art und Weise an den Tag legen. Wie dem auch sei – sollte man selbst so eine Erfahrung machen, so bedenke man, dass diese Leute auf keinen Fall die Gesamtbevölkerung des Baltikums wiederspiegeln.

Zeit

Im Baltikum gilt die osteuropäische Zeit, d. h. MEZ + 1 Stunde (UTC +2). Der Start von internationalen Flügen und die Abfahrt von international verkehrenden Schiffen, Bussen und Zügen richtet sich nach der jeweiligen Ortszeit. Vorsicht ist bei Ausflügen ins Kaliningrader Gebiet und nach St. Petersburg geboten, da sich dort der Flug-, Schienen- und Busverkehr nach der Moskauer Zeit (MEZ + 3 Stunden) richtet. Von März bis September werden die Uhren auf Sommerzeit umgestellt.

Zoll

Die zollrechtlichen Bestimmungen lehnen sich weitgehend an die vieler europäischer Staaten an, d. h. 200 Zigaretten, 1 l Spirituosen, 1 l Wein oder Likör sowie Arzneimittel zum persönlichen Gebrauch dürfen unverzollt ein- und ausgeführt werden. Auch herkömmliche Souvenirs und Artikel zum persönlichen Gebrauch sind zollfrei. In Estland müssen Artikel, die einen Wert von 5000 EEK überschreiten, versteuert werden. In Litauen sollte die Einfuhr von Devisen nicht 10 000 Litas überschreiten. Litauen ist außerdem Mitgliedstaat des Washingtoner Artenschutzabkommens, d. h. keine Wildtiere und -pflanzen oder aus ihnen gewonnen Produkte mitnehmen. Antiquitäten und Kunstgegenstände, die aus der Zeit vor 1946 stammen, unterliegen Beschränkungen. In Estland dürfen Antiquitäten vor 1700 oder solche, die zum nationalen Kulturerbe gehören, nicht ausgeführt werden. Weitere Informationen hierzu sind erhältlich bei folgenden Stellen:

Litauen: Šnipiškių 3, Vilnius, ✆ 724005.
Lettland: Pils 22, Rīga, ✆ 221647.
Estland: Lokke 5, 15175 Tallinn, ✆ 6967722; www.customs.ee.

Stichproben werden verschärft an der litauisch-polnischen Grenze von Seiten Polens durchgeführt, da diese die Hauptschmuggelroute für Zigaretten und Alkohol darstellt.

Was haben Sie entdeckt?

Schreiben Sie uns: Haben Sie einen wunderschönen Strand entdeckt, einen einsamen Wanderweg, einen Campingplatz, der Ihnen besonders gut gefiel?

Wenn Sie Ergänzungen, Verbesserungen oder neue Tipps haben, schreiben Sie mir bitte:

Claudia Marenbach
Stichwort "Baltische Länder"
c/o Michael Müller Verlag GmbH
Gerberei 19
91054 Erlangen
E-Mail: claudia.mahrenbach@michael-mueller-verlag.de

Aussicht von Ledkalnis (Aukštaitija-Nationalpark)

Litauen   (Lietuvos Respublika)

Geographie

Mit einer Fläche von 65.200 qkm ist Litauen das größte der drei baltischen Länder. Im Westen grenzt es ans Kaliningrader Gebiet und an Polen. Im Osten wird das Land von Weißrussland und im Norden von Lettland begrenzt. Litauen gehört damit zum westlichen Teil der osteuropäischen Ebene.

Seine geographische Struktur verdankt Litauen der letzten Eiszeit, die Moränenhügel und zahlreiche Seen hinterlassen hat. Unweit von Vilnius befinden sich die litauisch-weißrussischen Höhen. Die höchste Erhebung dort und gleichzeitig die höchste Litauens ist der 294 m hohe *Juozapinė*. Weitere Höhenzüge sind im Westen und Nordosten des Landes zu finden. Charakteristisch für das litauische Landschaftsbild sind auch die weiten Ebenen, vornehmlich in Mittel- und Südwestlitauen, die von unzähligen Flüssen und Seen durchzogen werden. Die litauischen Tiefebenen waren früher sehr sumpfig, sind aber vielerorts aufgrund der Torfgewinnung trockengelegt worden. Das größte Sumpfgebiet Litauens ist das *Marschland von Čepkeliai*, das sich an der Grenze zu Weißrussland südlich von Varėna befindet und unter Naturschutz steht. Etwa 3000 Seen, die 1,5 % des litauischen Territoriums ausmachen, kann das Land sein Eigen nennen. Die meisten der Seen sind in der Hochebene des *Aukštaitija-Nationalparks* zu finden und werden von den Litauern auch romantisch als die "Blauen Augen" der Natur bezeichnet. Litauens größtes Gewässer ist der *Drūkšiai-See* (4.500 ha), der Tiefste ist der *Tauragnas-See* (60,5 m), beide im Nordosten des Landes zu finden.

An die 700 Flüsse durchziehen die südliche Baltenrepublik. Ihr längster Strom ist der *Nemunas*, von den Deutschen *Memel* genannt, der sich malerisch seinen Weg durch Litauen bahnt. 937 km schlängelt sich der Fluss von seiner Quelle in Weißrussland bis hin zum Kurischen Haff, in das er mit zwei Armen mündet und es fast zu einem Süßwassersee werden lässt. Außer dem Nemunas sind noch sieben weitere Flüsse länger als 200 km: *Neris, Venta, Šesupe, Šventoji, Minija, Merkys* und *Nevežis*.

Neben den Seen und Flüssen prägen auch gewaltige Wälder die Landschaft Litauens. 28 % des Landes sind mit Wald bedeckt. Die tiefsten sind um Druskininkai, entlang der Grenze zu Weißrussland und bei Vilnius zu finden.

Ein Juwel Litauens ist zweifelsohne die sich von Süden nach Norden erstreckende *Kurische Nehrung*, eine 0,4 bis 3,8 km breite Landzunge, die das Kurische Haff von der Ostsee abtrennt. Darüber hinaus kann Litauen über 99 km Ostseeküste sein eigenen nennen. Das Meer vor den Toren Litauens ist flach und ruhig, die Gezeiten fehlen beinahe völlig. Bekannt und berühmt war die Küste Litauens wegen ihres Bernsteinreichtums schon in der Antike.

Litauen wird im Allgemeinen als osteuropäischer Staat bezeichnet. Tatsächlich befindet sich aber in der Nähe von Vilnius der geographische Mittelpunkt Europas.

Der Boden Litauens verbirgt keine großen Reichtümer unter seiner Oberfläche. Die einzigen Bodenschätze, die abgebaut werden können, sind Ton, Dolomit, Sand, Kalk, Torf, Gips und an der Küste Bernstein.

In den litauischen Kurorten sprudeln Mineralquellen. Einige Kurorte sind für ihr reiches Vorkommen an Heilschlamm berühmt.

Klima

Das litauische Klima ist gemäßigt. Die Unbeständigkeit des Wetters ist zurückzuführen auf den Übergang von westeuropäischem zu asiatischem Klima. Insbesondere im Sommer kommt es oft zu Schauern, die jedoch meistens nicht lange anhalten. Die warme Jahreszeit in Litauen ist nicht übermäßig heiß. Die Durchschnittstemperatur liegt im Sommer bei etwa 18–20° C, wobei im wärmsten Monat Juli die Temperaturen jedoch durchaus die 30°-Marke erreichen können. Die Winter sind oft sonnig, aber recht kalt. Die Temperaturen sinken im Durchschnitt auf -5° C, können bei strengem Frost durchaus auch schon mal auf -20° C fallen. Der jährliche Niederschlag liegt bei etwa 650–700 mm.

Flora und Fauna

Seit Urzeiten war das litauische Territorium von undurchdringlichen Wäldern bedeckt, die stets guten Schutz vor Feinden boten. Auch den Partisanen im Kampf gegen die Sowjets gewährten sie Deckung. Heute ist lediglich noch etwas mehr als ein Viertel des litauischen Territoriums bewaldet, dennoch ist die litauische Pflanzenwelt reich und vielfältig. Die größten Waldflächen sind im Süden des Landes in der Umgebung von Druskininkai, Varėna und Eišiškės zu finden. Der berühmteste Wald ist der historische *Rudninkai-Forst*, in dem im

Litauen
Karte siehe Umschlaginnenklappe hinten

AKW in Ignalina

Mittelalter der litauische und polnische Hochadel zu jagen pflegte. Die litauischen Wälder, alle sehr beeren- und pilzreich, bestehen überwiegend aus Nadelbäumen, aber auch Linden, Birken, Erlen, Ahorn und Eschen kommen vor, nicht zu vergessen die Eichen, die "heiligen" Bäume. Eine der ältesten Eichen Europas steht in Stelmužė und trägt mittlerweile an die 1500 Jahresringe.

Auch die litauische *Tierwelt* ist mannigfaltig. In den Wäldern leben Rehe, Hirsche, Damwild, Hermeline, Rothirsche, Iltisse, Füchse und Hasen, um nur einige der Waldbewohner zu nennen. Seit einiger Zeit streifen auch wieder Elche durch die litauischen Wälder, die durch übertriebene Jagd fast ausgestorben waren. Dasselbe gilt für Marder, Fischotter und Wildschweine. In die litauische Tierwelt haben sich auch ausgesetzte Nerze aus Kanada und Eichhörnchen aus Sibirien integriert. Vereinzelt kann man sogar auf Wölfe treffen. Viele der litauischen Landstraßen führen als Sand- oder Schotterpiste mitten durch die Wälder. Gerade in der Abenddämmerung ist dann damit zu rechnen, dass Waldtiere die "Fahrbahn" kreuzen.

An Vögeln sind in Litauen an die 290 Arten registriert, doch nur knapp zwei Drittel brüten auch hier. In den Wäldern sind die Laute der Nachtigall und des Kuckucks zu hören sowie die der Waldschnepfen und Holzhäher. An den Seen und Sümpfen leben Kraniche, Schwäne und Störche. Letztere sind auf unzähligen Häuserdächern und Strommasten zu sehen. Ein wahres Vogelparadies ist das *Žuvintas-Reservat* in der Provinz Suvalkija.

Umwelt/Umweltschutz

Obwohl Litauen noch Natur pur zu bieten hat, sind im Laufe der letzten Jahrzehnte der Natur große Schäden zugefügt worden, da dem Umweltschutz in der Sowjetunion nur eine untergeordnete Rolle zukam. Wie Lettland und Est-

land sieht sich Litauen dem Problem der Wasserverschmutzung gegenübergestellt: Die Abwässer aus Industrie, Städten und Gemeinden gelangten lange
Zeit ungeklärt in die Flüsse. Der malerische Nemunas beispielsweise, der zwischen seinen üppig bewachsenen Ufern einem Urwaldstrom gleicht, sieht nur
deshalb so aus, weil er stark verschmutzt ist. Das Hauptrisiko für die Umwelt
stellt jedoch der morbide Brüter von Ignalina im Nordosten des Landes dar.
Vier Reaktoren vom Typ Tschernobyl sind am Netz. Der Boden um das AKW
ist verseucht. Vom Baden im nahe gelegenen Drukšiai-See, dem größten See
Litauens, kann nur abgeraten werden. Pläne zum Anschluss weiterer Reaktoren lösten 1988 eine Großdemonstration aus und führten zur Bildung von
Umweltschutzorganisationen.

Doch Litauen hat auch viele unbelastete Winkel zu bieten, wie z. B. die zum
Nationalpark erklärte Kurische Nehrung (nicht aber das Kurische Haff), die
Seenplatte um Trakai oder aber die Umgebung von Palanga, um nur einige zu
nennen. Als unbelastet gelten auch die Naturreservate Litauens, wie z. B. das
Vogelparadies *Žuvintas* oder das Marschlandgebiet *Čepkeliai*, die jedoch nur
bedingt für Besucher zugänglich sind. Bekannt für seine besonders saubere
Luft ist der Dzūkija-Nationalpark mit seinen dichten Wäldern bei Druskininkai.

Geschichte

Die ersten Siedler im baltischen Raum

Bis etwa 10.000 Jahre vor unserer Zeitrechnung war das Baltikum von einer
festen Eisdecke und Gletschern bedeckt. Als diese allmählich zu schmelzen
begannen, wanderten Rentierjäger aus dem Westen und Süden in den baltischen Raum ein, aus der zwei unterschiedliche Kulturen hervorgingen: die
Swidry- und die *Magdalénien-Kultur*. Nicht selten kam es vor, dass die Lagerstätten und Siedlungen dieser beiden Kulturen dicht beieinander lagen und sie
voneinander lernten. Sie waren überwiegend Sammler, gingen aber auch zur
Jagd und trieben Fischfang. Mit dem milderen Klima der Mittelsteinzeit wurden die Menschen zunehmend sesshaft. Ab etwa 4000 v. Chr. hielten die Finno-Ugrier Einzug ins Baltikum.

Die Ankunft der Indoeuropäer

Im Zeitraum von etwa 4400 bis 3000 v. Chr. zogen indoeuropäische Hirtenno-
maden aus Gebieten nördlich des Schwarzen Meeres Richtung Westen. Sie gehörten der *Kurgan-Kultur* an und kamen in drei Schüben nach Mitteleuropa.
Aus der zweiten Einwanderungswelle ging im mitteleuropäischen Raum die
Kugelamphoren-Kultur hervor, die sowohl baltische als auch germanische Völker umfasste.

Die Kugelamphoren-Kultur zeichnete sich durch ähnliche Merkmale wie die
Kurgan-Kultur aus: Ihre Träger züchteten Vieh und wohnten in kleinen
Behausungen. Während dieser Zeit entstanden die ersten Hügelwehrburgen.
Die Menschen begannen sich zunehmend für den Bernstein zu interessieren,
den sie zu Schmuck und Sonnensymbolen verarbeiteten.

Litauen
Karte siehe Umschlaginnenklappe hinten

Mit Beginn des 3. Jt. v. Chr. entwickelte sich die Kugelamphoren-Kultur weiter zur *Schnurkeramik-Kultur*, die ihren Namen von schnurartigen Verzierungen erhielt, mit denen die Tongefäße jener Epoche dekoriert waren. Typisch für ihre Träger war auch der Gebrauch von Streitäxten.

Im Westen des heutigen Litauen bildete sich die *Haffküsten-Kultur* heraus, die eng mit der vorausgegangenen *Narva-Kultur* in Verbindung steht. Ihre Merkmale ähneln denen der späten Kugelamphoren- und frühen Schnurkeramik-Kultur.

Mit dem Heimischwerden der indoeuropäischen Stämme Mitte des 3. Jt. v. Chr. setzte sich schließlich die Lebensweise der Indoeuropäer durch. Durch die Vermischung der beiden Kulturen entwickelte sich in dem Gebiet zwischen Slaven und Germanen eine indoeuropäische und ethnisch eigenständige Volksgruppe – die *Balten*.

Tacitus berichtet von den Bewohnern des baltischen Raumes als Menschen, die schon im ersten Jahrtausend v. Chr. Ackerbau trieben, Bernstein sammelten und äußerlich den Germanen glichen.

Zwischen 1500 und 1100 begann allmählich auch der Bernsteinhandel, der ungefähr 100 n. Chr. seinen Höhepunkt erreichte. Diese Zeit wurde als das *Goldene Zeitalter* bezeichnet. Bis nach Rom, Griechenland, Sizilien und Kleinasien hinein reichten die Handelsbeziehungen.

Die Entstehung des litauischen Staates

In den *Quedlinburger Annalen* von 1009 wurde der Name Litauen erstmalig schriftlich erwähnt. Zu dieser Zeit etwa begannen sich die litauischen Stämme zu verschiedenen Fürstentümern zusammenzuschließen. Allerdings standen sie stets in kriegerischer Fehde zueinander. Im 13. Jh. versuchten die deutschen Kreuzritter, die Litauer zu missionieren und zu unterwerfen. Von Preußen aus unternahmen die Kreuzritter des Deutschen Ordens ihre sog. "Litauenreisen", und von Rīga aus versuchten die Schwertbrüder "ihre Mission", um die heidnischen Litauer zu christianisieren. Den einfallenden Rittern hatten die Litauer nur hölzerne Burgen entgegenzusetzen, und oftmals zogen sie es vor, lieber in ihren Burgen zu verbrennen, als den Kreuzrittern in die Hände zu fallen. Da die einzelnen litauischen Stämme und Fürstentümer sich untereinander meist feindlich gesonnen waren, hatten die Ritter zunächst ein leichtes Spiel, litauisches Territorium zu erobern. 1236 begann Fürst *Mindaugas*, die einzelnen litauischen Fürstentümer zu einen. Noch im selben Jahr stellte er ein großes Heer zusammen und bereitete mit Hilfe der Letten dem Orden bei *Saule*, unweit von Šiauliai, eine empfindliche Niederlage. Obwohl es für die Ritter nun schwieriger war, ihre Eroberungsfeldzüge gegen Litauen fortzuführen, gelang es ihnen in der ersten Hälfte des 13. Jh. dennoch, Westlitauen zu erobern.

Um sich effektiver gegen die Überfälle der Ordensheere zu schützen, versuchten die Litauer, sich an andere Mächte anzulehnen. So verbündeten sie sich beispielsweise mit *Alexander Newski* und halfen ihm, im Winter 1242 die deutschen Kreuzritter auf dem Eis des Peipsi-Sees (Peipsijärv) zu schlagen. Ebenfalls waren es litauische Einheiten, die dem Bischof von Rīga und seinen

Bürgern in ihren ständigen Machtkämpfen gegen den Deutschen Orden zur Seite standen.

1251 bekannte sich Mindaugas schließlich zum christlichen Glauben, um den Rittern ein für allemal den Anlass zu nehmen, aus "Missionsgründen" in Litauen einzufallen. Zwei Jahre später erkannte der Papst Mindaugas als den König von Litauen an. Obwohl Litauen mit Mindaugas Taufe nun offiziell ein katholisches Land war, blieb der Großteil der Bevölkerung vorerst heidnisch. Besonders die westlitauischen Žemaiten wollten von einer Christianisierung nicht viel wissen, womit sie dem Orden den gewünschten Vorwand lieferten, erneut litauisches Gebiet zu besetzen. Als die Eroberungsfeldzüge der Kreuzritter trotz der Taufe Mindaugas nicht ausblieben, legte dieser 1261 den christlichen Glauben wieder ab.

Im Jahre 1263 war die Formierung des litauischen Staates abgeschlossen, der seine Gründung sicher nicht zuletzt auch der Tatsache zu verdanken hatte, dass seine Nachbarn stark mit sich selbst beschäftigt waren: Die Russen hatten gegen die Mongolen zu kämpfen, und die Polen waren geschwächt durch die Kriege mit dem Deutschen Orden.

An der Spitze des jungen litauischen Staates stand Mindaugas, übrigens der einzige König, den Litauen je hatte.

Das Großfürstentum Litauen

Großfürst *Gediminas*, der Litauen von 1316–1341 regierte und der Legende nach als der Gründer der Stadt Vilnius gilt, hatte das litauische Territorium um einige Gebiete erweitert. Ihm taten es seine Söhne *Kęstutis* und *Algirdas* nach, die sich nach dem Ableben ihres Vaters von 1345–1377 die Macht in Litauen teilten. Nach dem Tod Algirdas' folgte ein Streit um die Macht im Staat. 1381 sah es so aus, als habe Kęstutis diesen Kampf für sich entscheiden können, doch ein Jahr später ließ Algirdas Sohn *Jogaila* ihn ermorden, um selber an die Spitze des litauischen Staates zu treten. Gleichzeitig versuchte jedoch auch *Vytautas*, der Sohn des Kęstutis, das Erbe seines Vaters anzutreten und an die Macht zu gelangen. Als entscheidend für die weitere Zukunft Litauens sollte sich der 1385 abgeschlossene Vertrag mit Polen erweisen. Durch dieses Abkommen wurde Jogaila der Ehemann der polnischen Königin *Jadviga* und somit König von Polen. Gleichzeitig musste er sich allerdings dazu verpflichten, seine Landsleute taufen zu lassen und Litauen an Polen anzugliedern. Doch Jogaila machte die Rechnung ohne sein Volk und seinen Vetter Vytautas. Die Litauer blieben trotz der Taufe Heiden, und insbesondere die als halsstarrig geltenden Žemaiten wehrten sich gegen anlaufende Polnisierungen. Die Angliederung Litauens an Polen wusste Vytautas erfolgreich zu verhindern, was ihm seine Landsleute bis auf den heutigen Tag mit tiefer Verehrung danken. Die Vettern Vytautas und Jogaila einigten sich schließlich darauf, dass Litauen und Polen lediglich eine Personalunion eingingen, mit Zusicherung der litauischen Souveränität und Unabhängigkeit. So wurde Vytautas Großfürst von Litauen und machte sein Land zu einem der mächtigsten und größten Staaten Europas, der teilweise bis hinunter zur Schwarzmeerküste reichte. Doch auch während Vytautas' Regentschaft fielen die Kreuzritter mehrmals in

Litauen ein. Ruhiger wurde die Lage erst im Jahre 1410 nach der *Schlacht von Tannenberg,* wo ein polnisch-litauisches Heer dem Orden eine gravierende Niederlage bescherte.

1422 wurde im *Friedensvertrag von Melnosee* endgültig die Grenze zwischen dem Ordensland und Litauen festgelegt, wobei der westliche Teil Litauens in der Hand der Ritter verblieb. Später entwickelte sich aus den Gebieten des Ordens das Herzogtum Preußen.

In den von Vytautas geschaffenen Grenzen konnte sich Litauen nicht lange behaupten. Nach Vytautas, der kinderlos verstarb, wurde Jogailas Sohn *Kazimir* litauischer Großfürst, der von 1440–1492 die Macht im Staat hatte. Er übersah die Erstarkung Moskaus und die damit aufsteigende Gefahr im Osten. Kazimir, der ebenfalls König von Polen wurde, hatte nicht die Macht in der polnisch-litauischen Union, wie sein Vater sie einst gehabt hatte. Er war darauf angewiesen, den Adel in seine Politik miteinzubeziehen und musste ihm sogar das Zugeständnis machen, die Leibeigenschaft einzuführen. Während der Regentschaft seines Sohnes *Alexander*, der von 1492–1506 an der Spitze der Union stand, griff das inzwischen erstarkte Moskau schließlich an. Unvorbereitet auf diesen Überfall erlitt Litauen eine große Niederlage und musste hohe Gebietsverluste hinnehmen.

Als Anfang des 16. Jh. die Gedanken der Reformation verbreitet wurden, hatten sie auch in Litauen auf die Entwicklung von Kultur und Sprache zunächst großen Einfluss. Von der Überzeugung ausgehend, dass jeder das Recht habe, die Heilige Schrift in seiner Muttersprache zu lesen, veranlasste der preußische Fürst Albrecht die Übersetzung der Bibel ins Litauische. Gleichzeitig wurde an der Königsberger Universität ein litauisches Seminar ins Leben gerufen, womit das Litauische als Kultursprache anerkannt wurde.

Die Gründung der polnisch-litauischen Adelsrepublik

Politisch war das 16. Jh. für Litauen auf Grund des weiterhin erstarkenden Moskaus sehr unruhig. Um weiterer Gefahr aus dem Weg zu gehen, ging Litauen im Jahre 1569 unter Großfürst *Sigismund August* (1548–1572) mit dem *Vertrag von Lublin* eine Realunion mit Polen ein (*Rzeczpospolita*). Die polnisch-litauische Realunion war allerdings ein durchaus künstliches Gebilde. Mit der Rzeczpospolita gab es in Polen und Litauen zwar eine einheitliche Währung und einen gemeinsamen Reichstag, den *Sejm*, doch gleiche Interessen gab es wenige, von einer inneren Einheit ganz zu schweigen. Im Zuge der Entstehung der Realunion wurden dem litauischen Adel die gleichen Rechte eingeräumt wie dem polnischen. Allerdings konkurrierten die Adeligen untereinander und standen sich eher feindlich gegenüber. Auch die Bevölkerung war mit der Realunion nicht einverstanden. Wie schon so oft in der litauischen Geschichte waren es die Žemaiten, die am vehementesten ihren Unmut über den Lubliner Vertrag zum Ausdruck brachten. Die Aufstände der Westlitauer wurden zwar niedergeschlagen, schwelten im Untergrund aber weiter. Durch das Abkommen von Lublin verlor der litauische Großfürst einen Großteil seiner Macht, da er nun dem Sejm, der sich aus Adligen beider Nationalitäten zusammensetzte, verantwortlich war.

Im Jahre 1579 führten die Jesuiten, und das relativ problemlos, eine Gegenreformation durch, da bedingt durch die Reformatoren die Rechte des Adels zu schwinden begannen. Im selben Jahr eröffneten sie in Vilnius eine Universität. Mit dem Erfolg der Jesuiten erfuhr Litauen eine langsam einsetzende Polnisierung. Dennoch erhielten sich beide Staaten trotz Realunion etwa 200 Jahre lang eine gewisse Souveränität. Erst als die litauischen Adligen sich immer mehr als litauischstämmige Polen betrachteten, verschwand langsam aber sicher der Einfluss Litauens aus der Rzeczpospolita.

Während der litauisch-polnischen Union wurde der Doppelstaat häufig von Kriegen heimgesucht. Der Adel bekämpfte sich noch immer gegenseitig, und an das Schicksal der einfachen Bevölkerung dachte niemand. Als 1700 der Zweite Nordische Krieg ausbrach, der zu großen Teilen auf litauischem Territorium ausgetragen wurde, erfuhr die Bevölkerung bitteres Leid, das durch die anschließende Pest noch verschlimmert wurde.

Fahnenträger

Die erste Teilung Polens 1772 zwischen Preußen, Russland und Österreich bedeutete gleichzeitig auch den Zerfall der mittlerweile äußerst morbiden Adelsrepublik. Im Zuge der dritten Teilung Polens von 1795 wurde Westlitauen von Preußen besetzt, während der übrige Teil Litauens an Russland fiel. Neues Leid brachte *Napoleon* auf seinem Russlandfeldzug im Jahre 1812 über Litauen, als seine Truppen das Land völlig verheerten und ausplünderten. Die folgende Zeit unter russischer Herrschaft verlief weitgehend friedlich, ist aber von Aufständen seitens der litauischen Bevölkerung gekennzeichnet.

Litauen als russische Provinz

Dem nun zu Russland gehörenden Teil Litauens eröffneten sich zahlreiche neue Handelsmöglichkeiten, sodass diejenigen, die im Besitz von Land und Gütern waren, innerhalb kurzer Zeit viel Geld verdienen konnten. Doch für die einfachen Landarbeiter sah es wirtschaftlich schlecht aus. Nach Aufhebung der Leibeigenschaft waren diese völlig verarmt. So ist es auch nicht verwunderlich, dass sie sich den Aufständen anschlossen, die Litauen zu jener

Zeit durchzogen. Eingeleitet wurden diese jedoch von litauischen Adligen, die die polnisch-litauische Adelsrepublik wiederherstellen wollten.

Nach der Revolte von 1830/31 wurde die Universität von Vilnius geschlossen. Der Aufstand von 1863 kann als das "nationale Erwachen" der Litauer bezeichnet werden. Verstärkte Russifizierung und Repressionen, wie z. B. das Verbot litauischer Schulen und des litauischen Buchdrucks in lateinischer Schrift, konnten dem nicht Einhalt gebieten. So sind auch die Erhebungen der Litauer in der zweiten Hälfte des 19. Jh. von nationalem Charakter.

Wie in anderen Staaten begann auch in Litauen im 19. Jh. die Industrialisierung. 1862 wurde die Eisenbahnlinie St. Petersburg-Vilnius-Warschau in Betrieb genommen, was die industrielle Entwicklung begünstigte. Es entstanden Betriebe und Fabriken, in denen überwiegend landwirtschaftliche Produkte, aber auch Metall und Leder verarbeitet wurden.

Binnen kurzer Zeit hatte sich auch in Litauen eine verarmte Arbeiterschicht gebildet, die offen war für sozialrevolutionäre Ideen. 1896 gründete sich die Litauische Sozialdemokratische Partei. Es ist von daher nicht verwunderlich, dass die Gedanken der russischen Revolution von 1905/07 in Litauen auf fruchtbaren Boden fielen. Während die Revolution in Russland tobte, wurde in Litauen vielerorts gestreikt. Doch ging es den Streikenden dabei nicht nur um soziale und materielle Besserung, sondern um mehr Freiheit bis hin zur Loslösung vom Zarenimperium. 1904 erfuhr die nationale Wiedergeburt der Litauer durch die Wiederzulassung des litauischen Schrifttums mit lateinischen Buchstaben einen neuen Aufschwung. Die aufkommenden Streiks in den Jahren von 1905 bis 1907 wurden von Russland mit aller Härte niedergeschlagen, doch vermochten sie nicht, die aufständischen Litauer wieder zu beruhigen. Im Gegenteil, die Repressalien erwirkten nur noch größeren Widerstand.

Der Erste Weltkrieg und die Unabhängigkeit

Als 1915 deutsche Truppen in Litauen einmarschierten, wurde die nationale Befreiungsbewegung zunächst wieder eingedämmt. Litauische Zeitungen und Organisationen mussten erneut in den Untergrund gehen. Etwa drei Jahre lang war Litauen ein Schauplatz des Ersten Weltkrieges. Den bürgerlichen Kreisen Litauens blieb nicht verborgen, dass sich in Russland sozialrevolutionäre Veränderungen anbahnten, was natürlich nicht ihren Interessen entsprach. So suchten sie Schutz bei den deutschen Besatzern. 1917 wurde ihnen gestattet, einen Nationalen Rat, die *Taryba*, zu gründen. Vorsitzender des Rates war *Antanas Smetona*. Dieser schloss mit dem Deutschen Reich ein Abkommen, in dem Deutsche und Litauer erklärten, sich auf ewig miteinander zu verbünden. Am 16. Februar 1918 rief der Rat ein unabhängiges Litauen aus. Das Deutsche Reich erklärte, dass es einen solchen Staat nicht anerkennen werde. Aus Angst vor den bolschewistischen Bewegungen in Russland und im eigenen Land boten die amtierenden Politiker einem deutschen Prinzen den litauischen Thron an. Doch *Prinz Urach von Württemberg*, der Mindaugas II. hätte werden sollen und schon eifrig Litauisch lernte, sollte den litauischen Thron nicht mehr besteigen: Im Deutschen Reich kam es im November 1918 zur Revolution. Gleichzeitig griff die russische Oktoberrevolution auf Litauen über, während litauische Bolschewisten die Arbeiter zum revolutionären Kampf aufriefen. Ihr Ziel war es, eine Sowjetmacht im Sinne einer großen Föderation zu errichten.

Ende 1918 bildete sich eine provisorische Arbeiter- und Bauernregierung unter *V. Kapsukas*. Kurz darauf entbrannte ein heftiger Bürgerkrieg zwischen den nationalen litauischen Kreisen auf der einen und den Kommunisten, gestützt durch die Rote Armee, auf der anderen Seite. Beteiligt waren auch polnische Truppen, die Ansprüche auf das Vilniuser Gebiet geltend machten. Um den Vorstoß der Roten Armee aufzuhalten, unterstützten die USA die bürgerliche Regierung Litauens mit Waffen. Auch Deutschland wurde zu militärischer Hilfe gegen die Bolschewisten aufgerufen. Bis 1920 hatte Litauen um seine Unabhängigkeit zu kämpfen.

Am 12. Juli 1920 erkannte Lenin die Souveränität Litauens an und verpflichtete sich, "auf ewige Zeiten" auf jegliche Gebietsansprüche auf litauischem Territorium zu verzichten und ebenfalls "auf ewige Zeiten" die Unabhängigkeit Litauens zu respektieren. Westlitauen, das einstige Memelland, wurde unter französische Verwaltung gestellt.

Im Oktober 1920 marschierten polnische Truppen in das Vilniuser Gebiet ein, womit Kaunas vorübergehend zur Hauptstadt Litauens wurde.

1923 wurde das Memelland von litauischen Freischärlern besetzt. In dem im Mai 1924 durch den Völkerbund ratifizierten *Memelstatut* wurde diesem Gebiet ein Autonomiestatus unter litauischer Oberhoheit zugesagt.

Bis Ende 1926 war Litauen eine parlamentarische Demokratie. Im Dezember 1926 kam es zu einem Militärputsch. Staatspräsident wurde *A. Smetona*. Eine neue Verfassung räumte dem Amt des Staatspräsidenten viel Macht ein.

Der Hitler-Stalin-Pakt und der Zweite Weltkrieg

Am 23. August 1939 wurde das Ende des jungen litauischen Staates eingeläutet. Dem Nichtangriffspakt zwischen der Sowjetunion und Nazi-Deutschland wurde ein *geheimes Zusatzprotokoll* hinzugefügt. In jenem Protokoll teilten die Diktatoren Hitler und Stalin Osteuropa, im Falle "territorial-politischer Umgestaltung", untereinander auf. Litauen wurde dabei erst der deutschen, nach dem deutsch-sowjetischen Grenz- und Freundschaftsvertrag vom 28. September 1939 dann aber der sowjetischen Interessensphäre zugeschlagen. Im gleichen Jahr noch musste Litauen das Memelland per Ultimatum an Hitler abtreten, der es "Heim ins Reich" führte. Am 10. Oktober 1939 wurde Litauen zu einem Beistandspakt mit der UdSSR gezwungen, der nichts anderes beinhaltete, als der Roten Armee auf "legitime" Art den Einmarsch in Litauen zu gewährleisten, wobei Litauen den Sowjettruppen Stützpunkte auf ihrem Territorium einräumen musste. Zwar verpflichtete sich die UdSSR in diesem Abkommen dazu, die Souveränität Litauens anzuerkennen und sich nicht in seine inneren Angelegenheiten zu mischen, doch sollte sich das schon sehr bald als leere Versprechung herausstellen. 1940 warf Stalin sämtliche Verträge und Zugeständnisse über Bord und waltete, wie ihm beliebte. Er setzte eine sowjetfreundliche Regierung ein, die er durch Scheinwahlen legitimieren ließ. Große Teile der litauischen Intelligenz wurde nach Sibirien deportiert oder

Litauen
Karte siehe Umschlaginnenklappe hinten

exekutiert. Am 23. Juli 1940 "bat" Litauen schließlich darum, der UdSSR "beitreten zu dürfen".

Im Sommer 1941 marschierte die deutsche Wehrmacht in Litauen ein. Zunächst wurden die Deutschen von den Litauern als Befreier begrüßt. Doch die anfänglichen Hoffnungen sollten sich bald als Illusion erweisen, da dem Deutschen Reich in keinster Weise an der Existenz eines souveränen Litauens gelegen war. Vilnius, auch das Jerusalem des Ostens genannt, verlor durch die Massenexekutionen den größten Teil seiner jüdischen Bevölkerung. Insgesamt wurden an die 200.000 Juden in Litauen ermordet. Im Sommer 1944 wurde Litauen von der Roten Armee zurückerobert. Die Herrschaft Stalins war wiederhergestellt.

Litauen als sowjetische Unionsrepublik

1944 durchzog eine neue Welle von Massendeportationen das Land. Unter den Opfern waren sowohl Unternehmer und Intellektuelle, als auch Handwerker und Landwirte, Theologen und sonstige Kirchenanhänger. Urteile wurden oftmals ohne Gerichtsverhandlung ausgesprochen. Etwa 250.000 Menschen fanden auf diese Weise den Tod.

Bis etwa 1952 leistete ein Teil der Bevölkerung bewaffneten Widerstand gegen die Sowjetherrschaft, in dem nochmals einige Tausend Menschen ums Leben kamen. Etwa 100.000 Menschen flohen ins Ausland. Insgesamt verlor Litauen in den Jahren von 1940 bis 1956 ca. 700.000 seiner Einwohner. Auch die Wirtschaft des Landes war nach dem Weltkrieg völlig am Boden. Litauen war trotz Industrialisierung ein Agrarland geblieben. Deshalb machte der nun *Litauischen SSR* die Zwangskollektivierung der Landwirtschaft besonders zu schaffen. Was die Industrie betraf, so wurde auch in Litauen gezielt eine einseitige, auf den Markt der Gesamtsowjetunion ausgerichtete Produktion gefördert. Eine übermäßige Ansiedlung von Russen im Sinne Moskaus vermochte der damalige Führer der litauischen KP, *A. Sniečkus*, dessen Gefühle für Litauen doch stärker waren als die zur UdSSR, zu verhindern. Deshalb ist die Nationalitätenfrage in Litauen, wo die Litauer mit 80 % Bevölkerungsanteil zweifelsohne die Mehrheit stellen, nicht so heikel wie in Lettland und Estland.

Obwohl es durchweg politische Gruppen gab, die das sowjetische System ablehnten und dagegen arbeiteten, war während der Periode der großen Stagnation von 1964 bis 1985 auch in Litauen eine bleierne Lethargie zu spüren. Erst mit der neuen Politik Gorbatschows begann die litauische Bevölkerung wieder, gegen das unliebsame Regime aufzustehen und erneut um die Freiheit zu kämpfen.

Friedliche Revolution

Viel zur neuen nationalen Wiedergeburt der Litauer hat die Umweltproblematik beigetragen. Immerhin ist in Litauen ein Reaktor Typ Tschernobyl am Netz. Am 16. Dezember 1986 gründete sich in Litauen der Umweltklub *Santarve*, aus der sich eine Umweltbewegung herausbildete.

Im August 1987, am Jahrestag der Unterzeichnung des Hitler-Stalin-Paktes, kam es in Vilnius, im Gegensatz zu Tallinn und Rīga, nur zu einer kleineren

Demonstration. Weit mehr Menschen marschierten am 16. Februar 1988, dem 70. Jahrestag der litauischen Unabhängigkeit, durch die Straßen von Vilnius. Einen Monat später wurden weitere Umweltorganisationen ins Leben gerufen, um gegen den Ausbau des AKWs in Ignalina zu protestieren. Der Ausbau wurde damit tatsächlich verhindert, was den Menschen das Gefühl gab, etwas gegen das Sowjetregime ausrichten zu können. Am 3. Juni 1988 bildete sich die *Sajūdis*, eine Vereinigung zur Umgestaltung Litauens. Bereits drei Wochen später initiierte die Sajūdis-Bewegung eine Massenkundgebung mit 70.000 Teilnehmern. Im Juli des gleichen Jahres trat die aktive Freiheitsliga Litauens, die LLL, die seit 1978 im Untergrund arbeitete, mit ihren Forderungen an die Öffentlichkeit. Am 23. August protestierten in Litauen, ebenso wie in den beiden anderen Baltenrepubliken, Massen von Menschen gegen die Gültigkeit des Hitler-Stalin-Paktes. Fünf Tage später fand in Vilnius eine zweite Demonstration anlässlich des Zweiten Geheimen Zusatzprotokolls statt, indem es um das Schicksal Litauens ging. Diesmal kam es zu Auseinandersetzungen mit der Miliz.

Am 22./23. Oktober schlossen sich auch in Litauen alle Reformparteien zur *Lietuvos Persitvarkymo Sajūdis*, der litauischen Volksfront, zusammen. Schon einen Monat später tauchten alte Staatssymbole und die gelb-grün-rote Landesflagge wieder auf. Als Gegenbewegung zur Volksfront gründete sich noch im gleichen Jahr die *Interfront*, die sich aus reformfeindlichen Kräften zusammensetzte.

1989 konnte der 16. Februar erstmalig seit Bestehen der Litauischen SSR als Nationalfeiertag gefeiert werden. An diesem Tag ließ die Sajūdis offiziell verlauten, dass Litauen die Absicht habe, seine Unabhängigkeit wiederherzustellen, es aber auf friedliche Art und Weise zu erreichen gedenke. Als am 26. März 1989 der Volksdeputiertenkongress der UdSSR neu gewählt wurde, erhielten die Kandidaten der Volksfront die absolute Mehrheit. Im April gründete sich die litauische Unabhängigkeitspartei. Vier Wochen später vereinbarten die baltischen Volksfronten ein Abkommen zur Zusammenarbeit und erinnerten an das Recht der Baltischen Republiken auf Selbstbestimmung. Am 18. Mai beschloss der Oberste Sowjet Litauens eine Verfassungsänderung, die den litauischen Gesetzen Vorrang vor den sowjetischen gewährleisten sollte. Gleichzeitig wurde Litauisch wieder Amtssprache. Am 14. Juni demonstrierten in Litauen zahlreiche Menschen, um den zahlreichen Opfern der von Stalin nach Sibirien Deportierten zu gedenken. Anfang Juli wurde das Sajūdis-Mitglied *K. Prunskienė* zur stellvertretenden Ministerratsvorsitzenden der Litauischen Unionsrepublik gewählt.

Am 23. August bildeten die Menschen aus allen drei baltischen Republiken eine Menschenkette, die von Tallinn bis nach Vilnius reichte. Über 1,5 Mio. Menschen nahmen daran teil, um erneut auf die Ungültigkeit des Hitler-Stalin-Paktes hinzuweisen.

Im Herbst, am 24. November wurde in Litauen ein Gesetz verabschiedet, in dem man den im Land lebenden ethnischen Minderheiten die Garantie auf freie Entfaltung ihrer Kultur, Tradition und Sprache zusicherte. Anfang Dezember wurde dann die Monopolstellung der kommunistischen Partei gestrichen und ein Mehrparteiensystem zugelassen. Der Volksdeputiertenkongress

Litauen Karte siehe Umschlaginnenklappe hinten

Demonstration in Vilnius im November 1992

der UdSSR annullierte schließlich das Abkommen zwischen Hitler und Stalin, doch der Austritt aus der Sowjetunion wurde den baltischen Staaten nicht gestattet. Im Februar 1990 erfuhr die Wirtschaft Litauens einen entscheidenden Wandel, da ab diesem Zeitpunkt die Produktionsmittel wieder in den Händen einzelner Unternehmen liegen durften. Noch im gleichen Monat wurden die Wahlen zum Obersten Sowjet Litauens abgehalten, aus der die Volksfront ganz klar als Sieger hervorging.

Anfang März verabschiedete der neue Oberste Sowjet dann auch gleich den Beschluss zur Wiederherstellung der Unabhängigkeit. Ebenfalls ersetzte er die Verfassung der UdSSR durch ein provisorisches Grundgesetz. Vorsitzender des Obersten Rates wurde *V. Landsbergis*, Ministerpräsidentin *K. Prunskienė*. Zwei Tage später wurde ein Gesetz zur Befreiung der litauischen Männer vom Wehrdienst in der Roten Armee verabschiedet. Am 15. März erklärte Moskau alle neuen Gesetze Litauens für null und nichtig. Die eigentliche Reaktion kam etwa einen Monat später in Form einer Wirtschaftsblockade. Ungeachtet dessen verabschiedete Sajūdis ein Programm zur Wiederherstellung der Unabhängigkeit Litauens. Das Angebot zur Ausarbeitung eines neuen Unionsvertrages lehnten alle drei Baltenrepubliken ab. Im Oktober stellte Litauen schließlich auch eigene Grenzposten auf. Am 10. Oktober 1991 weigerte sich der litauische Rat, wieder die Verfassung der UdSSR anzuerkennen und kam somit dieser ultimativ gestellten Forderung Moskaus nicht nach.

Am 11. Januar 1991 besetzten sowjetische Sondereinheiten das Pressehaus in Vilnius. Zwei Tage später stürmten Sowjettruppen das Rundfunkgebäude und den Fernsehturm. 14 Menschen kamen dabei ums Leben, Hunderte wurden verletzt. Um das Parlamentsgebäude zu schützen, stellte die Bevölkerung Barrikaden auf. Jelzin rief seine in Litauen lebenden Landsleute der Roten Armee auf, nicht an Gewaltaktionen gegenüber demokratisch gewählten Organen teilzunehmen. Am 16. Januar beschloss der Oberste Rat Litauens, das Volk über die Unabhängigkeit des Landes entscheiden zu lassen.

Das Ergebnis war eindeutig: Etwa 90 % hatten sich für die Souveränität Litauens ausgesprochen. Als erstes erkannte Island den litauischen Volksentscheid an. Gorbatschow wollte die Baltenrepubliken dennoch nicht aus der Sowjetunion entlassen. Ein neuer Unionsvertrag wurde erarbeitet, in dem den einzelnen Sowjetrepubliken mehr Eigenständigkeit zugestanden werden sollte als vorher. Doch die demokratisch gewählten Vertreter Litauens verweigerten die Teilnahme.

Im August 1991 nutzte Litauen den Putsch in Moskau, um sich endgültig von der UdSSR zu verabschieden und seine Unabhängigkeit wiederherzustellen. Am 8. September erkannte schließlich auch Gorbatschow offiziell die Existenz eines freien Litauen an und entließ den Staat aus der Union.

Die Republik Litauen

Bis zu den Wahlen im November 1992 stand *V. Landsbergis*, Vertreter der Reformbewegung Sajūdis, an der Spitze Litauens. Aus den 1993 stattgefundenen Wahlen ging *A. Brazauskas*, Mitglied der Demokratischen Arbeiterpartei, die sich während der Unabhängigkeitsbewegung von der KPdSU abspaltete, als neuer litauischer Präsident hervor. Am 31. August des gleichen Jahres zogen die letzten ehemaligen Sowjeteinheiten aus Litauen ab. Im Januar 1994 ging Litauen als zweites Land eine Partnerschaft zur Friedenssicherung mit der NATO ein. Ebenfalls wird die Vollmitgliedschaft in der EU angestrebt. Am 12. Juni 1995 wurde von Ministerpräsident *A. Šleževičius* ein Assoziierungsabkommen mit der EU unterzeichnet.

Im Februar 1996 wurde der Ministerpräsident wegen eines Finanzskandals durch ein Misstrauensvotum gestürzt und durch *Mindaugas Stankevičius* ersetzt. Beide sind Mitglieder der demokratischen Arbeiterpartei. Bei den Parlamentswahlen im Oktober 1996 erlitt die regierende demokratische Arbeiterpartei eine empfindliche Niederlage. Von den 141 zu vergebenden Sitzen erhielt sie 12. Als klare Siegerin ging die Konservative Partei/Vaterlandsunion mit 70 Sitzen hervor. Am 25. November wurde Landsbergis mit absoluter Mehrheit (104:141) zum Parlamentsvorsitzenden gewählt. Wegen politischer Differenzen entzog die links vom Zentrum stehende Koalitionspartei im Juli 2001 der Regierungspartei unter Roland Paksas das Vertrauen. Sie ging ein Bündnis mit der demokratischen Arbeiterpartei ein, was den Ex-Kommunisten Brazauskas erneut an die Spitze Litauens brachte. In seiner Antrittsrede verspricht Brazauskas den pro EU- und Natokurs fortzuführen, sowie einen Schwerpunkt auf den sozialen Ausgleich zu legen.

Aus den Präsidentschaftswahlen vom 05.01.2003 ging im 2. Wahlgang überraschenderweise Rolandas Paksas hervor. Paksas hatte in den Jahren 1999 und 2000 zweimal für kurze Zeit das Amt des Regierungschefs inne. Zuvor amtierte er als Bürgermeister von Vilnius. Die Liberaldemokratische Partei, der Paksas angehört, gründete er nach mehreren Parteiwechseln im vergangenen Jahr. Außenpolitisch will Paksas die Westintegration Litauens fortführen.

Priorität der litauischen Außenpolitik in Übereinstimmung mit der Opposition ist der Beitritt des Landes zur EU und zur NATO. Ebenfalls wird Wert auf

Litauen Karte siehe Umschlaginnenklappe hinten

den Ausbau freundschaftlicher Beziehungen zu den Nachbarstaaten gelegt. Beim Europäischen Rat in Helsinki wurde im Dezember 1999 die Aufnahme von Beitrittsverhandlungen mit Litauen beschlossen, welche am 15. Februar 2000 begannen. Das Ziel Litauens ist es, am 1. Januar 2004 alle Kriterien zum EU-Beitritt zu erfüllen. Eine aussichtsreiche Perspektive für die angestrebte NATO-Mitgliedschaft lieferte der NATO-Gipfel von 1999. Litauen bemüht sich derweilen um Modernisierungen im sicherheitspolitischen Bereich, um eine Voraussetzung für den NATO-Beitritt zu schaffen.

Menschenrechte: Die Europäische Menschenrechtskonvention mit dem 4., 7. und 11. Zusatzprotokoll hat Litauen 1995 unterzeichnet (mit Vorbehalt zu Art. 5, Abs. 3). Im Jahre 1997 wurden die Genfer Flüchtlingskonvention von 1951 und das Protokoll über die Rechtsstellung von Flüchtlingen von 1967 ratifiziert. Die Todesstrafe wurde 1998 abgeschafft und 1999 unterzeichnete Litauen auch das 6. Protokoll der Europäischen Konvention zum Schutze der Menschenrechte. Das litauische Parlament hat einen Menschenrechtsausschuss, der eng mit dem Europarat in Straßburg zusammenarbeitet.
Mitgliedschaften in internationalen Organisationen: UNO (17.09.1991), OSZE (10.09.1991), Europarat (11.05.1993), assoziierter Partner der WEU (11.04.1994), Assoziierungsvertrag mit EU (seit 01.02.1998 in Kraft), WTO (08.12.2000).

Staatsaufbau: Seit August 1991 ist Litauen eine international anerkannte Republik. Am 6. November 1992 trat eine neue Verfassung in Kraft, die das provisorische Grundgesetz vom 11. März 1990 ablöste und dem deutschen Grundgesetz vergleichbar ist. Das Parlament, der *Seimas*, ist das oberste Staatsorgan und besteht aus 141 Abgeordneten. Staatsoberhaupt ist der Präsident. Er wird direkt vom Volk gewählt und amtiert fünf Jahre. Er bestimmt den außenpolitischen Kurs, darf das Parlament auflösen und Neuwahlen ausschreiben. Um die Gunst der Wähler rivalisieren derzeit elf Parteien.
Verwaltungstechnisch besteht Litauen aus 44 Landkreisen, 92 Städten und 22 stadtähnlichen Siedlungen und Gemeinden.

Wirtschaft

Nach der Unabhängigkeit macht sich auch in Litauen bemerkbar, dass seine Ökonomie lange Zeit nicht auf die Bedürfnisse des Landes ausgerichtet war, sondern auf den Bedarf der gesamten Sowjetunion.

Diese von Moskau gezielt betriebene Wirtschaftspolitik sollte die einzelnen Unionsrepubliken voneinander abhängig machen. Nach dem Zerfall der UdSSR war es für die litauische Industrie recht schwierig, ihre Produkte abzusetzen. Trotz einiger Industrieanlagen, wie beispielsweise der Erdölraffinerie in Mažeikiai, des Chemiefaserwerks in Kedainiai oder einiger Fabriken der Lebensmittel-, Textil-, Möbel-, Fahrradproduktion, überwiegt in Litauen die Landwirtschaft, in der 20 % der Erwerbstätigen beschäftigt sind. Mit 8 % nimmt sie einen vergleichsweise hohen Anteil am Bruttoinlandsprodukt ein. Die Industrie stellt 23 % des Bruttoinlandsprodukts, während Transport, Dienstleistungen und Handel 40 % ausmachen. Die Hauptexportgüter Litauens sind Textilien, Mineralprodukte und Chemikalien. Die aktivsten Inves-

Noch steckt das Gemüse im Boden

toren im Land sind der Reihenfolge nach Schweden, die USA, Finnland, Dänemark und Deutschland. Die Mehrheit der ehemals staatlichen Betriebe ist mittlerweile privatisiert worden. Weitere Privatisierungen sind für den Bank- und Energiebereich anvisiert.

Nach anhaltender Konjunktur musste sie litauische Wirtschaft 1999 eine empfindliche Rezession hinnehmen. Erstmals seit 1994 sank das reale Bruttoinlandsprodukt um 4 %. Die Gründe für die Krise waren in der Reduzierung russischer Absatzmärkte, nur langsam voranschreitenden Modernisierungsmaßnahmen im Energiesektor und einer expansiven Fiskalpolitik zu suchen. Konsequenz der Wirtschaftskrise war eine drastische Haushaltskürzung mit Ausnahme des Verteidigungssektors. Trotz aller Turbulenzen blieb der Litas im Verhältnis 1 : 4 an den Dollar gebunden.

Ein wichtiger Bestandteil der litauischen Wirtschaft war bislang, wenn auch umstritten, das Atomkraftwerk bei Ignalina. Trotzdem entschied die Regierung im Jahre 1999 den ersten Reaktorblock vom Netz zu nehmen. Die Entscheidung über das Schließungsdatum des zweiten Blocks soll im Jahr 2004 fallen. Ebenfalls verpflichtete sich die Regierung, dass kein weiterer Austausch von Brennelementkanälen mehr erfolgen soll.

Wie auch in der Außenpolitik ist die Priorität der litauischen Wirtschaft, die Aufnahmekriterien für den angestrebten EU-Beitritt zu erreichen. 1997 wurde ein Freihandelsabkommen mit der EFTA unterzeichnet. Mit den beiden anderen baltischen Staaten bildet Litauen eine Freihandelszone. Das Assoziierungsabkommen mit der EU trat 1998 in Kraft. Auf dem EU-Gipfel in Kopenhagen im Dezember 2002 wurde bestätigt, dass Litauen die Kriterien eines zukünftigen EU-Mitglieds erfülle.

Trotz aller Fortschritte und Ziele sind für große Teile der Bevölkerung die Lebenshaltungskosten immer noch unter großer Anstrengung zu bestreiten. Das monatliche Durchschnittsgehalt liegt bei ca. 300 €, das monatliche Existenzminimum bei etwa 120 €. Ein Lehrergehalt beispielsweise reicht nicht aus, um eine vierköpfige Familie zu ernähren. Insbesondere aber trifft es Arbeitslose (um die 10 %) und alte Menschen. Wer keine Familie hat, lebt in großer Not. Bettler gehören mittlerweile wie überall zum Straßenbild.

Wie in den anderen Baltenrepubliken sind es auch in Litauen überwiegend junge Leute, denen es am leichtesten fällt, sich auf das neue Wirtschaftssystem einzustellen. Immer mehr Firmen, Geschäfte und Läden, Kneipen und Cafés sowie Galerien und Videotheken schießen wie Pilze aus dem Boden. Meist sind die Betreiber zwischen zwanzig und dreißig Jahre alt. Mit ein bisschen Glück und Eigeninitiative kann man in Litauen momentan schnell Geld machen.

Bevölkerungsstruktur

Litauen kann in vier ethnische Regionen, nämlich in *Dzūkija*, *Aukštaitija*, *Žemaitija* und *Suvalkija* unterteilt werden. Ihre Bewohner unterscheiden sich in ihrem Dialekt und ihren Volksbräuchen.

In Litauen leben etwa 3,73 Mio. Menschen, wovon 3 Mio. Litauer sind und somit im eigenen Land auch die Mehrheit bilden. Erst 1969 näherte sich Litauen, das während des Zweiten Weltkriegs und der Stalinzeit fast ein Viertel seiner gesamten Einwohnerzahl verlor, wieder den Bevölkerungszahlen der Vorkriegszeit. Das Verhältnis zwischen Männern und Frauen ist unausgeglichen, 53 % der Bevölkerung ist weiblich, 47 % männlich.

Die zweitgrößte in Litauen lebende Volksgruppe stellen die Russen mit etwa 10 % dar. Wie auch immer haben litauische Kommunisten es geschafft, einen allzu starken Zustrom von Russen während der Sowjet-Ära zu verhindern, sodass sich Litauen nicht vor die Probleme der "Überfremdung" gestellt sieht wie Estland und Lettland.

Als etwas schwierig erweist sich für Litauen dagegen der Umgang mit seinen polnischen Mitbürgern, die 7 % der Gesamtbevölkerung ausmachen und vornehmlich die Gegend um Vilnius bewohnen. Nachdem Litauen 1920 endlich die Anerkennung seiner Unabhängigkeit durch Russland erreicht hatte, war man nicht gewillt, eine neue Union mit Polen einzugehen, worauf polnisches Militär das Vilniuser Gebiet besetzt hatte. Nach der Unabhängigkeitserklärung wurden in Polen Stimmen laut, die Ansprüche auf diese Region geltend machten mit der Begründung, dass wichtige nationale Wurzeln der Polen in Vilnius und Umgebung zu finden seien. Inzwischen haben beide Völker eine gemeinsame Erklärung unterzeichnet und einen Grundlagenvertrag ausgehandelt. Eine weitere nationale Gruppe bilden die *Weißrussen* mit 1,7 %.

Die zahlreichen *Juden*, die früher in Litauen lebten und Vilnius den Beinamen "Jerusalem des Ostens" gaben, haben den Holocaust des Zweiten Weltkriegs nicht überlebt. Viele der verbliebenen Juden sind nach Israel ausgewandert, sodass heute nur noch sehr wenige Einwohner jüdischen Glaubens im Land leben. Der größte Teil der deutschen Bevölkerung, die vornehmlich in Westlitauen, dem ehemaligen nördlichen Ostpreußen, wohnhaft war, wurde von Hitler umgesiedelt. Die Anzahl der dort ansässigen Deutschen bzw. Deutschstämmigen ist gering.

Einen winzigen Bevölkerungsanteil tragen die *Sinti* und *Roma*, die sich im 15. Jh. in Litauen niederließen, sowie die *Tataren* und *Karäer*. Diese beiden Volksgruppen gelangten durch *Vytautas den Großen* ins Land. Die etwa 5000 Tataren leben in der Nähe von Vilnius und die noch verbliebenen 290 Karäer in Trakai. Wegen ihres Mutes und ihrer Tapferkeit machte Vytautas die turksprachigen Karäer, obwohl er sie als Kriegsgefangene mitbrachte, zu seiner persönlichen Leibgarde. Bis zum heutigen Tag war es ihnen möglich, ihre eigene kulturelle Identität zu erhalten. Erstaunlicherweise ließen die Nazis die Karäer, die wahrscheinlich semitischer Abstammung sind, unbehelligt.

Ein Artikel des Grundgesetzes garantiert jeder in Litauen lebenden ethnischen Gruppe das Recht auf die Pflege ihrer Kultur und Sprache sowie die Unterhaltung eigener Schulen. Bedingung ist jedoch das Erlernen der litauischen Sprache.

Religion und Kirche

Die alten Litauer opferten den Wundern der Natur, dem Wetter und ihren Ahnen. Den Bäumen wurde eine bestimmte Symbolik zugeschrieben, und die Eichen galten als heilig. In der litauischen Götterwelt herrschte und waltete eine ganze Götterdynastie. Der mächtigste unter ihnen war *Perkūnas*, der Gott des Donners. *Velinas* war als Schutzherr der Gnome, Hexen und Zwerge bekannt. Für eine fette Jagdbeute wurde dem Gott *Žvorūnė* geopfert, und im Wald regierte die Gottheit *Medeina*. Viele Hügel wurden als Opferberge auserkoren. Am Fuße eines solchen Berges flackerte stets ein heiliges Feuer, das von einer Jungfrau, die meist ihr ganzes Leben den Göttern geweiht hatte, bewacht wurde.

Birutė von Palanga

Die wohl bekannteste Hüterin eines solchen Feuers war die schöne Birutė von Palanga, deren Schönheit Gediminas Sohn *Kęstutis* so den Kopf verdrehte, dass er sie ungeachtet des huldvollen Feuers und gänzlich gegen ihren Willen raubte und nach Trakai brachte. Währenddessen waren am Fuße des Opferberges unglücklicherweise die Flammen erloschen: sicher kein gutes Omen für die Liebe der beiden, glaubt man der Legende.

Ende des 12. Jh. versuchten die Kreuzritter, die heidnischen Litauer zu missionieren, wogegen diese sich vehement zu widersetzen versuchten. Einige Adlige bekannten sich damals zeitweise zum griechisch-orthodoxen Glauben. Als sich Mindaugas 1251 aus eher taktischen Gründen taufen ließ, um den Orden ein für allemal aus seinem Land herauszuhalten, war Litauen offiziell ein vom Papst anerkanntes, katholisches Land. Doch die Bevölkerung hing weiterhin ihren heidnischen Riten und Bräuchen nach. Als die Überfälle der Kreuzritter nicht nachließen, legte Mindaugas zehn Jahre später den christlichen Glauben wieder ab. Dennoch entstanden zu dieser Zeit die ersten Kirchen und Klöster in Litauen. Mit der litauisch-polnischen Personalunion und der Erhebung des litauischen Großfürsten Jogaila zum König von Polen wurde Litauen erneut zu einem katholischen Land, doch hielt das die Bevölkerung auch diesmal nicht davon ab, weiterhin Perkūnas als ihren Göttervater zu verehren. Mit der Reformation in der ersten Hälfte des 16. Jh. hielten auch in Litauen die Gedanken Luthers und Calvins Einzug und fanden zunächst großen Anklang. Allerdings setzte im späten 17. Jh. unter den Jesuiten eine erfolgreich geführte Gegenreformation ein, sodass das Land bis zum heutigen Tag überwiegend katholisch geblieben ist.

Als Litauen im 18. Jh. zu einem Teil des russischen Zarenimperiums wurde, versuchten die neuen Machthaber, der Bevölkerung die russisch-orthodoxe Richtung des Christentums nahe zu bringen. 1799 wurde der russisch-orthodoxe Glaube zur offiziellen Glaubensrichtung Litauens erklärt, katholische Klöster und Kirchen wurden geschlossen. Erst 1915, während der litauischen Unabhängigkeitsbestrebungen, erlangte die katholische Kirche ihren alten Status zurück. 1926 unterstellte sie sich dem Papst. Während der sowjetischen Zeit wurden erneut zahlreiche Gotteshäuser und Klöster geschlossen oder zweckentfremdet. Eine Besserung der Beziehung zwischen Staat und Kirche war erst in den achtziger Jahren dieses Jahrhunderts mit dem Aufkommen der Sajūdis-Bewegung zu verzeichnen. Die meisten Kirchen sind mittlerweile wieder in der Hand der Gläubigen und erfreuen sich großer Beliebtheit.

Dem römisch-katholischen Glauben gehören auch die im Land lebenden Polen und Weißrussen an. Ferner gibt es protestantische Richtungen, vornehmlich in Westlitauen, dem Norden des ehemaligen Ostpreußens. Auch die wenigen noch dort lebenden Deutschen sind evangelisch-lutherisch. Der russische Bevölkerungsanteil gehört größtenteils der russisch-orthodoxen Richtung an.

Den Holocaust des Zweiten Weltkriegs haben die wenigsten der litauischen Juden überlebt, weshalb heute nur noch wenige Menschen jüdischen Glaubens in Litauen leben.

Aus dem Judentum ging auch die Religion der *Karäer* hervor. Der karäische Glaube geht auf eine im 8. Jh. entstandene jüdische Sekte zurück. Sie glauben an das alte Testament, verwerfen aber den Talmud. Durch Vytautas den Großen gelangten auch Tataren nach Litauen. Diese ebenfalls sehr kleine Volksgruppe ist moslemischen Glaubens.

Bildungssystem und Sprache

Im späten 14. Jh. wurden im Großfürstentum Litauen die ersten Schulen eröffnet. Träger waren die Kirchen. Fortschritte für die Bildung brachte die Reformation des 16. Jh. mit sich. Um die Gegenreformation erfolgreich durchzuführen, gründeten die Jesuiten 1570 eine höhere Schule in Vilnius, die neun Jahre später zur Universität erhoben wurde. 1832 wurde sie von den Russen, den neuen Machthabern im Land, geschlossen. Erst im Jahre 1919 öffnete die Vilniuser Alma Mater durch die mittlerweile polnischen Herrscher erneut ihre Pforten. 1922 wurde die Universität Kaunas ins Leben gerufen. Gleichzeitig wurde eine Reihe jüdischer Schulen eingerichtet. Während der Unabhängigkeit Litauens wurde auch den nationalen Minderheiten das Betreiben eigener Schulen zugestanden. Mit der Eingliederung Litauens in die Sowjetunion wurden jüdische und deutsche Schulen geschlossen und das Schulsystem dem sowjetischen System angeglichen. Im Jahre 1990 wurde der Bildungsapparat Litauens erneuert und umgestaltet.

Es besteht eine allgemeine neunjährige Schulpflicht. Wer studieren will, muss drei Jahre länger die Schulbank drücken. Den verschiedenen Nationalitäten steht es frei, eigene Schulen zu unterhalten, doch sind sie dazu verpflichtet, zumindest Kenntnisse der litauischen Sprache zu vermitteln. Es gibt 27 litauisch-russische Schulen, 5 litauisch-polnische, 17 polnisch-russische, eine weißrussische und eine jüdische Schule. Universitäten gibt es heute in Vilnius, Kaunas, Šiauliai und Klaipėda.

Die litauische Sprache gehört zum baltischen Zweig der indoeuropäischen Sprachfamilie, dem auch das Lettische angehört. In der Struktur und Grammatik des Litauischen hat sich viel Ursprüngliches bewahrt, was das Erlernen der Sprache zu einem schwierigen Unterfangen macht. Eine Verwandtschaft weist das Litauische interessanterweise mit dem Sanskrit auf. Geschrieben wird mit lateinischen Buchstaben unter Verwendung einer Reihe von Sonderzeichen.

Kunst und Kultur

Der Kultur wird in Litauen ein hoher Stellenwert zugeschrieben. Nicht umsonst sieht man fast in jeder Stadt Denkmäler zu Ehren litauischer Dichter, Musiker etc. Innerhalb der litauischen Politik stellt die Kultur ein wichtiges Mittel dar, internationale Kontakte zu knüpfen und zu pflegen. Obwohl es immer wieder zu finanziellen Engpässen kommt, ist es beachtlich, auf welchem Niveau sich die Kulturinstitutionen des Landes bewegen. Mit Deutschland wurde 1993 ein Kulturabkommen unterzeichnet. Im April 1998 eröffnete in Vilnius ein Goethe Institut (neu: Goethe Institut-Inter-Nations "GIIN"). Ebenfalls befindet sich in Vilnius eine Zweigstelle der Eurofakultät, die 1993/94 ihre Arbeit aufgenommen hat und dazu beitragen soll, das baltische Hochschulwesen zu modernisieren.

Musik

Die Volksmusik war seit jeher ein wichtiger Bestandteil der litauischen Kultur und begleitete das Leben der Litauer von der Wiege bis zum Grab. Gesungen wurde zu Hochzeiten, Beerdigungen und anderen feierlichen Anlässen, besungen wurden Götter und Helden. Ebenfalls wurden sämtliche Naturereignisse in den Liedern behandelt. Die folkloristische Musik wurde jedoch lange nicht als Kunst angesehen und deshalb auch nicht professionell betrieben. Als professionell galten im 14. Jh. die Kirchenmusik und anschließend die Werke großer Meister aus den jeweiligen Epochen wie Barock, Renaissance, Romantik und Klassik, die von litauischen Musikern, die zumeist im Ausland studiert hatten und von diesen Stilrichtungen stark beeinflusst waren, nachgespielt wurden. Von einer eigenständigen, typisch litauischen Musik kann erst ab der Zeit der nationalen Wiedergeburt Litauens gesprochen werden, die in der zweiten Hälfte des 19. Jh. ihren Lauf nahm. Zu dieser Zeit entstanden litauische Stücke, die sich nationalen Themen widmeten und sich mit der litauischen

Litauen
Karte siehe Umschlaginnenklappe hinten

Mythologie und volkstümlichen Kultur befassten. Man begann, die litauische Folklore als eigenständige Richtung und schließlich als eigenständige litauische Musik anzusehen. Die Rückbesinnung auf die eigene Volksmusik spiegelte gleichzeitig das Besinnen des litauischen Volkes auf die eigene Geschichte und das Verlangen nach Unabhängigkeit wieder. Dabei sei erwähnt, dass sich die Lieder innerhalb Litauens je nach Gegend erheblich voneinander unterscheiden. So sind die Lieder der südlitauischen Dzūkija beispielsweise viel komplizierter und reichhaltiger als die freien und oftmals improvisierten Stücke der Žemaitija.

Bemerkenswert aus der Zeit des nationalen Wiedererwachens sind die Komponisten *Č. Sasnauskas* und *J. Naujalis*. Als besondere Größe wird auch *M. Petrauskas* angesehen. Aus seiner Feder stammt die erste litauische Oper "Birutė", die 1906 in Vilnius Premiere hatte. Nicht zu vergessen ist auch der Komponist *M. K. Čiurlionis*, der sich ebenfalls als Maler einen Namen machte.

Mit der gewonnenen Unabhängigkeit und den ausgefochtenen Befreiungskriegen (bis 1920) begann ein neuer Abschnitt für die litauische Musik. Es entstanden eine Reihe von Musikhäusern, und man widmete sich nicht mehr ausschließlich nationalen Themen, sodass die Musik vielschichtiger und reichhaltiger wurde. 1924 fand in Litauen zum ersten Mal ein Sängerfestival statt. Mit dem Zweiten Weltkrieg und der Eingliederung Litauens in die Sowjetunion wurde die freie musikalische Entwicklung erheblich beeinträchtigt.

Doch in der jüngsten litauischen Geschichte, im Kampf um die Wiederherstellung der Unabhängigkeit, erwachte auch die Musik erneut. Mittlerweile finden wieder alljährlich eine Reihe von Sängerfesten statt. Das bekannteste ist wohl das internationale Sing- und Liederfestival im Vilniuser Vingis-Park, das alle fünf Jahre ausgetragen wird.

Neben der litauischen Folklore, die gerade eine Renaissance erlebt, erfreuen sich auch Blues und Jazz großer Popularität. In Vilnius finden außerdem regelmäßig Großkonzerte mit internationalen Rockgrößen statt.

Bildende Kunst

Vor der Christianisierung Litauens stand die Volkskunst an erster Stelle. Besonders herauszuheben sind dabei die farbenfrohen, litauischen Trachten, in die kunstvolle Muster hineingewebt wurden. Beliebt waren außerdem Schnitzereien und Bernsteinschmuck.

Mit der Missionierung Litauens hielt auch die *sakrale Kunst* ihren Einzug in Form von Freskenmalereien und Heiligenskulpturen. Am Wegesrand wurden gelegentlich holzgeschnitzte Kruzifixe aufgestellt. Da die Litauer im tiefsten Herzen aber lange ihre heidnischen Göttern verehrten, verzichteten sie in der Regel auf tiefreligiöse Inhalte. Die von Litauern geschaffenen Abbildungen der christlichen Heiligen sahen der litauischen Landbevölkerung verblüffend ähnlich.

Im 16. und 17. Jh. stand das *Kunsthandwerk* in Litauen in seiner vollen Blüte; es entstanden vor allem Keramik- und Schmiedearbeiten. Relativ spät begann die Entwicklung der professionellen Malerei und Bildhauerei. Im 18. Jh. wurden an der Vilniuser Universität Lehrstühle für Architektur und Bildende Künste eingerichtet, die in enger Verbindung zu der Kunstakademie in St. Pe-

Chair/Pool Skulptur von Oppenheim im Europa Park

tersburg standen. In Bildern aus der Zeit des Nationalen Wiedererwachens sind eine Reihe nationaler Elemente zu finden. Wichtig zur Weiterentwicklung waren auch die regelmäßigen litauischen Kunstausstellungen, die 1907 begannen.

Im 19. Jh. waren in der *Malerei* erste Tendenzen einer nationalen Wiedergeburt Litauens zu erkennen. Romantische Darstellungen der litauischen Landschaft sind in den Bildern von *K. Jelskis* und und *J. Damelis* zu finden. Als faszinierendster Künstler dieser Zeit wird *M. K. Čiurlionis* angesehen. Seine Arbeit basierte auf der litauischen Volkskunst, die er häufig in Übereinstimmung mit seiner Musik und unter dem Einfluss symbolistischer Ideen und Gedanken der Neo-Romantik komponierte.

Nach der Unabhängigkeit bildeten sich avantgardistische Künstlerzirkel und zahlreiche unabhängige Künstlergruppen, die sich überwiegend am Postimpressionismus, am Expressionismus und vereinzelt auch am Kubismus orientierten. Im Zweiten Weltkrieg emigrierten viele der bildenden Künstler Litauens in die USA, um so den Deportationen nach Sibirien zu entgehen. Die im Land verbliebenen Künstler unterstanden wie all die anderen künstlerischen und kulturellen Ressorts strenger ideologischer Kontrolle. Etwas einfacher wurde es für Maler und Bildhauer in der Ära Chruschtschows, in der die Volkskunst wieder zugelassen wurde. Um die bildliche Verherrlichung der sozialistischen Errungenschaften und die Zensur zu vermeiden, lag während der sowjetischen Zeit der Schwerpunkt mehr auf der Porträt- und Landschaftsmalerei.

Die heutige Malerei in Litauen wirkt sehr lebendig und lehnt sich thematisch stark an die Folklore an. Die Farbgebung ist meist farbenfroh, wobei viel mit kräftigen Farben gearbeitet wird. Besonders in Vilnius haben in den letzten Jahren zahlreiche Galerien, die moderne Bilder und Skulpturen ausstellen, eröffnet.

Literatur

Das erste Buch, das in litauischer Sprache erschien, war der *Catechismusa Prasty Szadei*, eine Übersetzung des Katechismus von Luther durch *M. Mažvydas*, das 1547 in Königsberg herauskam. Bis ins 17. Jh. hinein waren die litauischsprachigen Bücher rein geistlich. Erst dann wurden sie weltlicher, was auch mit der allmählichen Säkularisierung der Ordenswelt zusammenhing.

Als Begründer der litauischen Literatur gilt der Dichter *Kristijonas Donelaitis* (1714–1780). Sein bekanntestes Werk sind "Die Jahreszeiten" ("Metai"), ein in

Hexametern verfasstes Gedicht, in dem er die schwierige Situation der Landbevölkerung beschreibt. Dieses umfangreiche Gedicht ist bereits in mehrere Sprachen übersetzt worden. Anfang des 19. Jh. wurde die litauische Literatur durch weitere realistische Werke bereichert, in denen es um das litauische Volk und um das Schicksal der Landarbeiter ging. Zu erwähnen sind *D. Poška* und *A. Strazdas*, wobei letzterer gleichzeitig auch ein Volkssänger war. Zu dieser Zeit wurden viele Volksgutsammlungen, historische Schriften und belletristische Bücher veröffentlicht. In der zweiten Hälfte des 19. Jh. erschien das bekannte Poem von *A. Baranauskas* (1835–1902) "Der Hain von Anykščiai" (Anykščių šilelis), das auf romantisierende Weise von der Schönheit der litauischen Natur erzählt.

Donelaitis

Etwa seit dem späten 19. Jh. stand die litauische Literatur ganz unter dem Zeichen der nationalen Wiedergeburt. Ein erwähnenswerter Schriftsteller dieser Epoche ist *Maironis* (1862–1932), der in seinem Werk "Die Stimmen des Frühlings" ("Pavasario balsai") von der Unterdrückung durch das Zarensystem schreibt, begleitet von einem glühenden Patriotismus und nostalgischer Romantik. Insbesondere dieses Werk Maironis' gilt als Grundstein für die moderne litauische Literatur.

Neben den Dichtungen der Romantik kristallisierte sich auch ein realistischer Stil heraus, in denen der Alltag und die Situation der einfachen Bevölkerung das Thema war. Als eine der bedeutendsten Vertreterinnen des kritischen Realismus (wobei nicht zu vergessen ist, dass es ihren Vertretern auch um die nationale Wiedergeburt Litauens ging) wird die Schriftstellerin *Žemaitė* (1845–1921), selbst aus ärmlichen Verhältnissen stammend, angesehen.

Ein schwerer Schlag gegen die Weiterentwicklung der litauischen Literatur war das Verbot des Buchdrucks in lateinischen Lettern, als Antwort auf den

Bootsidylle (tA)

▲▲ Skulptur an der Stanislaus-Kathedrale in Vilnius,
Litauen (AM)

▲▲ Schwarzhäupterhaus Tallinn, Estland (AM)

▲ Seenlandschaft in Estland (LM)

Estinnen in Volkstrachten (CM) ▲▲
Floßfahrt auf der Gauja (FBV)   ▲

▲▲ Der ideale Rastplatz (FBV)
▲ Am Rand der "Sahara des Nordens" – Dünenlandschaft bei Nida (CM)

Aufstand von 1863 (bis 1904). Mit dem Beginn der Industrialisierung und der sozialen Umschichtung der Bevölkerung wurde auch die Situation der Arbeiter immer mehr zum Thema der Schriftsteller. Einer davon war *J. Biliūnas* (1879–1907), der in enger Verbindung zu den litauischen Sozialdemokraten stand.

Während der Unabhängigkeitsperiode verlief die Entwicklung der litauischen Literatur ähnlich wie in den beiden anderen baltischen Staaten. Man war frei für neue Themen und offen für die Einflüsse von Symbolismus, Expressionismus und Futurismus. Mit der Besetzung Litauens durch sowjetische Truppen im Jahre 1939 erfuhr die litauische Literatur einen tiefen Einschnitt. Viele namhafte Schriftsteller flüchteten ins Ausland oder wurden nach Sibirien deportiert.

Seit der wiederhergestellten Unabhängigkeit sind viele Neuerscheinungen veröffentlicht worden, in denen es u. a. auch um die Aufarbeitung der Vergangenheit geht.

Theater

Schon die folkloristischen Riten der alten Litauer, die sich seit eh und je großer Beliebtheit erfreuten, enthielten Elemente des Schauspiels.

Im 18. Jh. eröffnete in Litauen ein Schultheater. Die dort aufgeführten Stücke stammten allerdings nicht von litauischen Dramatikern. Gespielt wurde, was gerade modern war. Auch Theatergruppen aus England und Italien traten auf. Die darstellende Kunst wurde vom Adel sehr geschätzt, weswegen er sie unterstützte und förderte. Ein festes polnisches Theater gab es in Vilnius schon seit 1785.

Auch für die Entwicklung des Schauspiels stellte das Verbot der litauischen Schriftsprache mit lateinischen Buchstaben einen Rückschlag dar. In der Zeit luden Intellektuelle zu "litauischen Abenden" ein, an denen in Privatwohnungen und -häusern heimliche Aufführungen stattfanden. In diesen Treffen ist ein wichtiger Motor der nationalen Wiedergeburt Litauens und der Anfang der Eigenständigkeit des litauischen Theaters zu sehen.

Die erste litauische Komödie, *"Amerika im Heizbad"* von *A. Keturakis*, wurde 1899 in Palanga aufgeführt, das damals noch zu Kurland gehörte. Mit Wiederzulassung der litauischen Sprache erfuhr das litauische Theater einen Aufschwung, und während der Unabhängigkeitsperiode bildeten sich zahlreiche Theatergruppen. Die Eingliederung Litauens in die UdSSR bedeutete eine massive Eindämmung der kreativen Entfaltung des litauischen Theaters, die erst in der Tauwetterperiode Chruschtschows etwas gelockert wurde. Eine verehrte Persönlichkeit in der Theaterwelt war *J. Miltinis*, der lange Zeit das Schauspielhaus in Panevėžys leitete.

Nach der Wiederherstellung der Unabhängigkeit ist auch das Theater wieder frei und vielschichtig. Klassische und moderne Dramen sowie litauische und ausländische Stücke stehen auf dem Programm. Interessant sind die experimentellen Aufführungen von vornehmlich jungen Schauspieltruppen. Seit geraumer Zeit kann man in Vilnius und Kaunas während der warmen Jahreszeit gelegentlich auch Straßentheater bewundern.

Litauen
Karte siehe Umschlaginnenklappe hinten

Grün so weit das Auge reicht – Landschaft in der Aukštaitija

Aukštaitija

Litauen ist in vier ethnographische Gebiete unterteilt: Aukštaitja, Žemaitija, Dzūkija und Suvalkija. Das größte davon ist die Aukštaitija. Sie umfasst Zentral- und Ostlitauen, grenzt im Norden an Lettland und im Süden an die Dzūkija. Von der westlich gelegenen Žemaitija ist sie in etwa durch den Fluss Dubysa getrennt, und von der im Südwesten gelegenen Suvalkija durch den Nemunas (Memel).

Die Bewohner der vier Gebiete unterscheiden sich in Mentalität, Traditionen und Sprache. Die Literatursprache Litauens hat sich überwiegend aus dem Dialekt der Aukštaitija entwickelt.

Sehenswertes in der Aukštaitija

Vilnius, Hauptstadt von Litauen, große, guterhaltene Altstadt, unzählige Kirchen und Klöster, viele Museen.

Aukštaitija-Nationalpark, ältester Park dieser Art in Litauen, wunderschöne Seenplatte, grüne Hügellandschaft, dichte Wälder und traditionelle Dörfer.

Stelmuzė, im Nordosten nahe der Grenze zu Lettland gelegen, altes Dorf mit einer uralten Eiche.

Rumšiškės, interessantes ethnographisches Freilichtmuseum in der Nähe von Kaunas.

Kiškis, verträumte Kleinstadt im Nordosten des Landes mit gut erhaltenem Schloss.

Biržai, nördlich von Panavėžys gelegene Kleinstadt mit altem Schloss, Park und schönem See.

Hain von Anykščiai, herrliche Waldlandschaft bei der Literatenstadt Anykščiai. Auf einer Lichtung liegt der legendäre Puntukas-Findling.

Berg der Kreuze, ein gigantisches Meer von Kreuzen und Madonnen unweit von Šiauliai, berühmte Pilgerstätte.

Medininkai, Ruinen einer der mächtigsten Burgen des Baltikums.

Kernavė, mittelalterliche und legendenumwobene Schüttburgen.

Mittelpunkt Europas und Skulpturenpark, ca. 25 km von Vilnius beim Dorf Bernotai gelegen.

Kaunas, zweitgrößte Stadt Litauens, gut erhaltene Altstadt, viele Museen, in der Nähe eine malerische Klosteranlage.

Raudondvaris, Schlossruine am hohen Ufer des Nemunas.

Litauen
Karte siehe Umschlaginnenklappe hinten

Vilnius (Wilna)

(ca. 577.600 Einwohner)

Da, wo die Vilnia in die Neris fließt und sieben Hügel eine malerische Talsenke formen, liegt Vilnius, die Hauptstadt Litauens. Sie ist nicht nur das politische, sondern auch das wirtschaftliche und kulturelle Zentrum des Landes. Dies hängt u. a. mit der über 400 Jahre alten Universität zusammen, die sich prachtvoll aus dem Häusermeer der gut erhaltenen Vilniuser Altstadt erhebt.

Durch die anhaltende Landflucht befindet sich die Landeshauptstadt in einem ungebrochenen Wachstum, sodass heute fast jeder siebte Litauer hier lebt. Die Auswirkungen davon sind besonders in den Wohn- und Randgebieten deutlich zu spüren: Moderne Architektur in Form von Plattenbauten decken den weiterhin steigenden Wohnbedarf.

Die Bevölkerung von Vilnius besteht zu etwa 60 % aus Litauern, die übrigen 40 % stellen Polen, Russen und Weißrussen. Die Stadt war schon immer ein Zentrum verschiedenster Nationalitäten und Minderheiten. Besonders hoch war vor dem Holocaust des Zweiten Weltkriegs der Anteil der jüdischen Bevölkerung, sodass Vilnius auch als das "Jerusalem Osteuropas" bezeichnet wurde.

Der Kern des heutigen Vilnius setzt sich zusammen aus der malerisch restaurierten Altstadt und dem neuen Zentrum. Beide Stadtteile gehen harmonisch ineinander über. Gemütliche Restaurants und interessante Kneipen gibt es in Vilnius mittlerweile en masse, und die vielen kleinen Läden und Galerien laden zum Bummeln ein. Darüber hinaus gibt es eine Fülle von Museen, die über die Landes- und Stadtgeschichte sowie über Architektur, Kunst u. v. m. informieren, nicht zu vergessen die über 50 Kirchen, die alle ihre eigene Geschichte zu erzählen haben. Wer die litauische Hauptstadt richtig kennen lernen will, sollte mindestens drei Tage dafür einplanen.

Geschichte

Glaubt man der Legende, so geht die Gründung der Stadt Vilnius auf ein "traumatisches" Erlebnis des *Großfürsten Gediminas* im Jahre 1323 zurück:

Eines Abends, als Gediminas und seine Gefolgsleute müde von der Jagd aus den Wäldern zurückkehrten, beschlossen sie, ihr Schlaflager am Ufer der Vilnia aufzuschlagen. In der Nacht träumte Gediminas von einem mächtigen Wolf, der auf einem Hügel über der Vilnia stand und jaulte. Er heulte so stark wie zwölf ausgewachsene Wölfe zusammen. Am nächsten Tag besuchte Gediminas einen Traumdeuter, der ihm erzählte, dass der Wolf als Symbol für Macht und Ruhm stünde. So beschloss der Fürst, an diesem Ort eine Stadt zu gründen und eine starke Festung zu bauen. Namensgeber für die Stadt wurde der verheißungsvolle Wolf, litauisch *vilkas*.

Ob sich das nun alles wirklich so zugetragen hat, sei dahingestellt, doch ist Vilnius tatsächlich 1323 erstmals schriftlich erwähnt worden, und zwar in den Briefen des Gediminas, in denen er versuchte, Händler und Kaufleute aus ganz Europa nach Vilnius zu locken. Besiedelt war der Vilniuser Raum jedoch schon zu Urzeiten.

Der ständig anhaltende Kampf mit den Ordensbrüdern hatte Litauen immer enger an die Seite seiner polnischen Nachbarn rücken lassen. Im Jahre 1386 bekannte sich der heidnische *Jogaila* zum Christentum und vereinigte als *König Wladislaw* Polen und Litauen zu einer Personalunion. 1387 erhielt die junge Stadt das Magdeburger Recht und verwaltete sich überwiegend selbst. Die Macht teilten sich die Adligen, Bischöfe und Bürger. Trotz der Taufe der Litauer fielen die deutschen Kreuzritter immer wieder in litauisches Territorium ein. In Vilnius scheiterten sie jedoch an der mächtigen Stadtmauer, welche die Stadt umgab.

Nach der erfolgreichen Schlacht bei Tannenberg 1410, in der der Deutsche Orden eine empfindliche Niederlage erlitt, entwickelte sich Vilnius zu einer der größten Städte Europas und erlebte besonders im 16. Jh. einen starken Aufschwung. Die Voraussetzungen dafür waren günstig: Die Hügel um die Stadt boten Schutz, und über die Flüsse hatte man Zugang zur Ostsee und zum Schwarzen Meer. Viele der architektonischen Denkmäler von Vilnius stammen aus dieser Zeit. Im Jahre 1579 riefen die Jesuiten die *Alma Mater Vilnensis* ins Leben, eine der ältesten Universitäten Europas.

Viel Not brachte der Zweite Nordische Krieg (1700–1721) über die Stadt. Vilnius wurde mehrmals verwüstet und geplündert, und viele Menschen fielen den folgenden Epidemien zum Opfer. Im Zuge der dritten Teilung Polens, mit dem Litauen seit dem Vertrag von Lublin aus dem Jahre 1569 eine Realunion bildete, fiel Litauen und somit auch Vilnius 1795 an Russland. Bis zum Durchzug der Truppen Napoleons erlebte die Stadt einige Jahre der Ruhe. Besonders der Rückzug der Franzosen aus Russland brachte Vilnius große Verwüstungen. Durch die wachsende Unzufriedenheit über die wirtschaftliche Lage kam es in Vilnius im 19. Jh. zu einer Reihe von Aufständen gegen die russische Herrschaft. Die Aufstände wurden jedoch stets niedergeschlagen und mit Repressalien beantwortet.

Mitte des 19. Jh. zeichnete sich eine Bewegung zur nationalen Wiedergeburt der Litauer ab, die bald die Unabhängigkeit Litauens forderte. Nach Beendi-

Blick auf Vilnius

gung des Ersten Weltkriegs rief *Antanas Smetona* im Februar 1918, gestützt vom *Litauischen Rat* (einer Vereinigung von Intellektuellen und Bürgerlichen, die für die Unabhängigkeit Litauens eintraten), die unabhängige Republik Litauen aus. Vilnius genoss wieder den Status, Hauptstadt eines souveränen Staates zu sein, was allerdings nicht von Dauer sein sollte: 1921 wurde das Gebiet um Vilnius von Polen besetzt, und Kaunas wurde vorrübergehend litauische Hauptstadt. Erst 1939, im Rahmen des russisch-deutschen Nichtangriffspaktes mit dem berüchtigten Geheimen Zusatzprotokoll, wurde Vilnius wieder litauisch. Doch im gleichen Zug verlor das Land damit auch seine Unabhängigkeit.

Als 1941 die deutsche Wehrmacht in Vilnius einmarschierte, wurde ein Drittel seiner Bevölkerung, zumeist Juden, ausgelöscht. Das "Jerusalem des Ostens" gehört damit der Vergangenheit an. 1944 befreite die Rote Armee Litauen von den Nazis, doch dem Terror war damit noch kein Ende gesetzt. Es folgte eine Reihe von Massendeportationen und zuletzt die Eingliederung Litauens in die Sowjetunion, womit Vilnius zur Hauptstadt der Litauischen SSR wurde. Auch hier folgten nach anfänglichen Partisanenkämpfen viele Jahre der Stagnation und des Stillstandes.

Erst 1985, mit der Wahl Gorbatschows zum Generalsekretär der KPdSU und seiner Politik für mehr Offenheit und Umgestaltung, kam wieder Leben auf die politische Bühne. 1988 bildete sich die Reformbewegung *Sajūdis*, die mehr und mehr den Weg zu einem unabhängigen Litauen einschlug, sehr zum Unwillen Moskaus. Zur Eskalation kam es im Januar 1991, als Einheiten der Roten Armee noch einmal versuchten, das Ruder herumzureißen und den Fernsehturm von Vilnius besetzten, um ihre dahinschwindende Macht zu retten. Dabei kamen 14 Zivilisten ums Leben. Doch der Stein, der einmal ins Rollen geraten war, konnte auch dadurch nicht mehr aufgehalten werden. Im Gegenteil – dieser Vorfall hatte das Verlangen nach Unabhängigkeit nur bestärkt. Als im August 1991 in Moskau geputscht wurde, nutzte Litauen die Gelegenheit und erklärte sich für unabhängig, womit Vilnius wieder zur Hauptstadt eines souveränen Staates wurde.

Infos

- *Postleitzahl* LT2000
- *Vorwahl* (2) 2
- *Information* Vilniaus 22, ☎ 629660 und Pilies 42, ☎/✆ 626470, turizm.info@vilnius.lt. In beiden Filialen sind ausreichend Informationen über Vilnius und Litauen erhältlich sowie der aktuelle Veranstaltungskalender. Vermittlung von Unterkünften möglich. Die meisten Mitarbeiter sprechen englisch, manche auch deutsch. Geöffnet werktags von 9–18 Uhr, am Wochenende von 10–16 Uhr.

Kelvita Touristeninformation, Geležinkelio 16. Dieser kleine Informationsstand befindet sich im Bahnhof. Stadtinformation, Autovermietung und Zimmervermittlung. Geöffnet Mo–Fr von 8–18 Uhr, Sa von 9–14 Uhr, Sonntag geschlossen, ☎/✆ 310229.

"Vilnius In Your Pocket" Touristeninformation, Rodūnios kelias 2, befindet sich in der Ankunftshalle im Flughafen. Hier sind alle notwendigen Informationen über die litauische Hauptstadt erhältlich, ebenfalls können Unterkünfte und Mietwagen vermittelt werden. Geöffnet Mo–Fr von 9–17 Uhr, Sa von 9–15 Uhr, ☎ 395455.

Verbindungen

- *Pkw* Vilnius ist über die A-1 mit Kaunas und Klaipėda verbunden, nach Panevėžys führt die A-2. Über die 101 ist Vilnius mit Utena verbunden, nach Druskininkai führt die A- 4.
- *Flugzeug* Der Flughafen liegt etwa 5 km südlich von Vilnius, näheres siehe Anreise. Fluginformationen unter ☎ 630201.
- *Bus* Jede Bezirkshauptstadt und fast jedes Dorf ist von Vilnius aus zu erreichen. Der Busbahnhof befindet sich in der Sodų 22. Informationen zum innerlitauischen Busverkehr sind unter www.toks.lt abrufbar. Infos sind alle auf litauisch. Auf der Homepage den 2. roten Punkt anklicken, um alle Abfahrtszeiten von Vilnius abzurufen. Unter *išv.* stehen die Abfahrtszeiten, direkt darunter unter *atv.* die Ankunftszeiten am Bestimmungsort. Von Vilnius starten außerdem eine Reihe von Eurolines-Bussen in zahlreiche europäische Städte, wie z. B. Rīga, Tallinn, Suvalki, Warschau, Danzig, Posen, Berlin, Köln, Stuttgart, München, Erfurt etc. Es gibt verschiedene Busunternehmen. Fahrpläne sind unter www.eurolines.lt einsehbar, derzeit jedoch nur auf litauisch. Nähere Informationen dazu unter Anreise. Tickets, am besten im Voraus kaufen, sind erhältlich bei **Eurolines Baltic International** in der rechten Halle des Busbahnhofes, ☎ 262977, info@eurolines.lt; in der Jogailos 4 (unweit des Gedimino pr.), ☎ 690000; bei der Firma **Toks**, Žvalgų 9, ☎/✆ 763317, toks@post.5ci.lt und **Varita Busse**, Ukmergės 12a, ☎ 730219/731173, varita@takas.lt. Weitere Informationen siehe Anreise S. 27.
- *Bahn* Zugverbindungen mit allen litauischen Bahnhöfen, sowie nach Kaliningrad, Rīga, Moskau, St. Petersburg, Minsk und Warschau. Der Bahnhof befindet sich in der Geležinkelio 16. Innerlitauische Reservierungen unter ☎ 626947, international unter ☎ 693722. Fahrpläne abrufbar unter www.litrail.lt.
- *Öffentliche Verkehrsmittel* Vilnius verfügt über ein gut ausgebautes Netz. Omnibusse, Minibusse und Trolleys fahren von 5–23 Uhr in alle Winkel der Stadt. Hier einige Anhaltspunkte: Flughafen – Bahnhof, **Bus 1**; Flughafen – Gedimino pr. (neues Zentrum, am Rande der Altstadt gelegen), **Bus 2**; durch den Gedimino pr. fahren **Trolley 2, 3, 4** und **12**; Haupthaltestelle in der Innenstadt ist der Kathedralplatz. Tickets gibt's am Kiosk. Eine einfache Fahrt kostet 0,25 € bzw. 0,30 €, wenn beim Fahrer bezahlt wird.

Minibus: Minibusse fahren die gleichen Routen ab wie Busse und Trolleys, man kann jedoch auf offener Strasse zusteigen. Gehalten wird auf Wunsch. Eine Fahrt kostet 0,55 €.

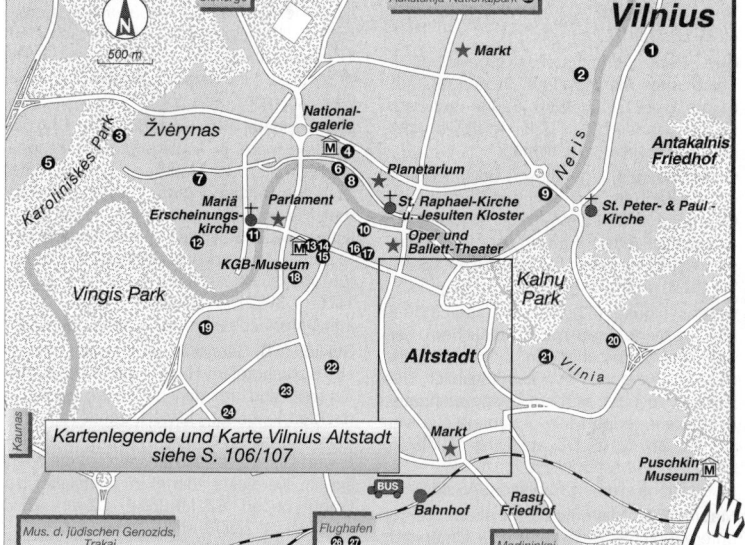

Kartenlegende und Karte Vilnius Altstadt siehe S. 106/107

Taxi: Unmengen von Taxis warten oftmals lange auf Kundschaft, denn Taxifahren ist teuer geworden. Darauf achten, dass der Taxameter eingestellt wird. Eine Fahrt vom Bahnhof zum Kathedralplatz kostet etwa 5 €.

Taxistände: Vienuolio 1, in der Nähe vom Hotel Neringa; Ukmergės 12, am Bahnhof; am Kathedralplatz.

Taxiruf: Es gibt zahlreiche private Taxiunternehmen in der Stadt. Preise variieren. **Autovela**, ✆ 250505, 0,20 € /km; **Fiakras**, ✆ 705705/06, 0,20 €/km; **Kabrioletas**, ✆ 232332/332233, 0,20 € /km; **Martono taksi**, ✆ 733030/400004, 0,27 €/km.

Taxis kommen im Allgemeinen innerhalb von 5 Min.

● *Städtetouren* **Astrida**, Gedimino 31, ✆ 222790/ 614459, ✆ 223506, astrida@post.omnitel.net. Touren auf Englisch möglich, geöffnet von 8.30- 17.30 Uhr, Fr von 8.30–16.30 Uhr.

In Via, Čiurlionio 7/1–1, ✆ 310049, ✆ 310937, invia@post.5ci.lt. Angeboten werden englischsprachige Touren, geöffnet von Mo–Fr von 9–17 Uhr.

Vilnius City Tour, ✆ 611800/54064, ✆/✆ 615558, regis2@aiva.lt, www.vilniuscitytour.com, geöffnet Mo–Fr von 9–16.30 Uhr. Jeden Morgen beginnt um 10 Uhr ein zweistündiger Stadtspaziergang. Treffpunkt Platz vor der St. Stanislaus-Kathedrale.

West Express, Stulginskio 5, ✆ 222500, ✆ 619436, office@westexpress.lt, www.westexpress.lt.

Kelrodis, Touren durch Vilnius und Trakai, ✆ 652069, 231324.

Touren durch das jüdische Vilnius – Kontaktpersonen Roza Bieliauskienė, ✆ 617917, Regina Kopelewitsch, ✆ 05456 und Rochl Kostanian, ✆ 624590.

Übernachten (siehe Karten oben und S. 106/107)

Das Hotelnetz ist in Vilnius sehr engmaschig und vielseitig geworden. Ob es eine edle Luxusherberge im restaurierten Altstadthaus sein soll, ein gemütliches Mittelklassehotel oder eine einfache und billige Unterkunft – Vilnius hat in jeder Preisklasse etwas zu bieten.

● *Gehobene Preisklasse* **Artis (44)**, Liejyklos 11/23. Elegantes Hotel mit einem Hauch von Kunst inmitten der Altstadt. EZ ab 88 €, DZ ab

130 €. ✆ 660366, ✆ 660377, artis@centrum.lt

Centrum (23), Vytenio 9/25. Elegantes Hotel mit allem Komfort, Teil eines modernen

Geschäftskomplexes. EZ ab 90 €, DZ ab 140 €, ✆ 683300, 📧 232760, hotel@centrum.lt, www.centrum.lt.

City Park (39), Stuokos-Gučevičiaus 3. Charmantes kleines Hotel in der Altstadt. EZ ab 100 €, DZ ab 135 €. Sauna und Parkplatz vorhanden. ✆ 223515, 📧 617745, citypark@ is.lt, www.is.lt/citypark.

Grotthuss (89), Ligonines 7. Edles Hotel in der Altstadt geführt von der Baronin von Grotthuss. Große Zimmer mit historischem Ambiente, jeder Raum hat Internetanschluss. EZ ab 140 €, DZ ab 155 €. ✆ 660322, 📧 660323, grotthuss@takas.lt .

Grybas House (88), Aušros Vartų 3a. Kleiner Familienbetrieb mit freundlichem Service und ansprechenden Zimmern, Parkplatz vorhanden. Im Gewölbekeller des Hauses befindet sich ein ausgezeichnetes Restaurant, jeden Mittwochabend live Musik. EZ ab 120 €, DZ ab 110 €. ✆ 619695, 📧 222014, grybashouse@taide.lt. reservations.vilnius@RadissonSAS.com

Mabre (53), Maironio 13. In altem Kloster untergebrachte kleine und edle Unterkunft mit romantischem Innenhof. EZ ab 85 €, DZ ab 120 €. ✆ 222087, 📧 222240, mabre@is.lt, www.is.lt/mabre.

Narutis (48), Pilies 24. Schickes Hotel im Herzen der Altstadt. Zugang zu den Zimmern über imposanten Glasfahrstuhl. Dem Hotel angeschlossen ist ein gemütliches Kellerrestaurant. EZ ab 85 €, DZ ab 105 €. ✆ 222894, 📧 622882, narutis@post.5ci.lt, www.narutis.lt.

Naujasis Vilnius (8), Ukmėrges 14. Liegt auf der anderen Seite der Neris und gehört zur Best Western Kette. Sauna, Pool und Parkplatz vorhanden. Einfache Zimmer mit schöner Sicht auf die City. EZ ab 90 €, DZ ab 105 €. ✆ 739595, 📧 739500, hotelnv@is.lt, www.nvhotel.cjb.net.

Radisson SAS Astorija (84), Didžioji 35/2. Luxushotel, schon von weitem an prächtiger Fassade zu erkennen. Räume im klassischen Dekor, erstklassiger Service. EZ ab 200 €, DZ ab 225 €. ✆ 220110, 📧 221762.

Šarūnas (9), Raitininkų 4. Gebaut vom litauischen Basketballstar Šarūnas Marčiolonis. Geräumige moderne Zimmer, Sauna, Restaurant und Parkplatz. Gelegentlich prominentes Publikum. EZ ab 100 €, DZ ab 110 €. ✆ 723888, 📧 722325, info@hotelsarunas.lt, www.hotelsarunas.lt.

Scandic Hotel Neringa, Gedimino 23. Unter schwedischem Management stehendes Hotel, am zentralen Boulevard der Neustadt gelegen. Komfortabel ausgestattete Zimmer, Parkplatz und Sauna vorhanden. EZ ab 130 €, DZ ab 180 €. ✆ 610516, 📧 614160, neringa@scandic-hotels.com, www.scandic-hotels.com.

Shakespeare (42), Bernadinų 8/8. Originelles Luxushotel in Toplage. Ob Shakespeare, Maironis oder Goethe – jedes Zimmer ist einem anderen großen Dichter gewidmet. Viel Holz, Bücher und Bilder der jeweiligen großen Gelehrten vermitteln eine ehrfürchtige Atmosphäre, aber auch das Gefühl von "zu Hause " sein. EZ ab 95 €, DZ ab 145 €. ✆ 314521, 📧 314522, info@shakespeare.lt, www.shakespeare.lt.

Stikliai (61), Gaono 7. Gemütliches exklusives Luxushotel im Herzen der Altstadt. Alle Zimmer sind um den hübschen glasüberdachten Innenhof platziert. Jeder Raum ist individuell ausgestattet. Der Name Stikli bedeutet Glasbläser und erinnert an die Menschen, die dieses Viertel im Mittelalter bewohnt haben. EZ ab 150 €, DZ ab 165 €, ✆ 627971, 📧 223870, stiklai@mail.iti.lt, www.stikliaihotel.lt.

● *Mittlere Preisklasse* **Adelita (26)**, Rodūnės kelias 2. Hierbei handelt es sich um den modernisierten Teil des Flughafenhotels. EZ ab 35 €, DZ ab 45 €. ✆ 262133, 📧 233865.

Algis Guest House (77), Stiklių 4. Vier stilvoll ausgestattete Studios in altem Stadthaus aus dem 19. Jh. im Herzen der Altstadt. Preis pro Studio ab 50 €. ✆ 608534, 📧 265939, algis_rent@yahoo.com, www.geocities.com/algishouse.

Balatonas (7), Latvių 38, im Stadtteil Žvėrynas gelegen. Imposantes strahlend weißes Gebäude inmitten bunter Holzhäuser. Zimmer eher einfach. EZ ab 70 €, DZ ab 85 €. ✆ 722250, 📧 722134, info@balatonas.lt, www.balatonas.lt

Centro Kubas (75), Stiklių 3. Das Hotel Ambiente hat nichts mit Kuba zu tun, sondern ist durch und durch litauisch. Antikes Mobiliar, Museumsstücke und eine Windmühlenattrappe verleihen diesem Altstadthotel eine besondere Note. EZ ab 90 €, DZ ab 100 €. ✆ 660860, 📧 660863, hotel@ centrokubas.lt, www.centrokubas.lt.

Draugystė (19), Čiurlionio 84. Betonklotz, am Rande des Vingis Parks gelegen. Ausgestattet mit Pool, Sauna, Restaurant und Parkplatz. EZ ab 50 €, DZ ab 60 €. ✆ 743400, 📧 263101, hotel.draugyste@post.omnitel.net, www.tdd.lt/draugyste.

Elektra (28), Žvejų 14a. Freundliches Hotel auf der andern Seite der Neris. Vom ersten Stock schöner Blick auf die Altstadt. EZ ab 70 €, DZ ab 80 €. ☎ 636748, 📠 723779, hotel.elektra@entra.lpc.lt, www.elektra.lpc.lt.

Gintaras (98), Sodų 14. Hotel liegt direkt am Bahnhof. Auch wenn einige wenige Zimmer mittlerweile sehr hübsch modernisiert worden sind und auch die Rezeption sehr edel wirkt, so ist doch hinter den Kulissen verstaubter Sowjetcharme zu erwarten. Einfache Zimmer mit Bad und TV. EZ ab 25 €, DZ ab 35 €. ☎ 634496, 📠 263789.

Latako Gästehaus (58), Latako 1/2–30. Kleine, nette Unterkunft in toller Altstadtlage, allerdings etwas schwierig zu finden. Guter Anhaltspunkt ist die Touristeninformation, die sich in unmittelbarer Nähe befindet. Vorher anrufen, damit Vermieter hinunter zur Tür kommt. EZ ab 50 €, DZ 60 €. ☎ 616364.

Lietuva (6), Ukmergės 20. Ehemaliges Intouristhotel, ist bis 2003 wegen Renovierung geschlossen, lietuva@aiva.lt, www.aiva.lt/Lietuva. Busverbindung s. JNN Hostel.

Mikotel (99), Pylimo 63, in der Nähe vom Bahnhof. Pastellfarbene Ausstattung, freundliche Leitung, Kochgelegenheit. EZ ab 50 €, DZ ab 70 €. ☎ 609626, 📠 609627, mikotel@takas.lt.

● *Preiswerte Unterkünfte* **Altstadt-Hostel (97)**, Aušros Vartų 20–10. Direkt am Tor der Morgenröte gelegen, durch das man in die Altstadt gelangt. Ideale Herberge, um Traveller aus aller Welt zu treffen. ÜB ab 9 €. ☎ 625357, 📠 685967, oldtownhostel@delfi.lt, www.balticbackpackers.com.

Elektros Tinklų Statybos Švežių Namai (96), Šv. Stepono 11, am Rande der Altstadt gelegen. Simple Unterkunft mit Schulheimcharakter, Toiletten und Bad auf dem Gang. ÜB ab 8 €. ☎ 260254, 📠 329079.

Filaretai (20), Filaretų 17. Freundliche Jugendherberge im Distrikt Užupis. Ausgestattet mit Kochgelegenheit, Schließfächern, Waschmaschine, Frühstücksraum und Satelliten-TV. ÜB ab 8 €. Bei längerem Aufenthalt Preisnachlass. ☎ 254627, 📠 220149, filaretai@post.omnitel.net, vom Bahnhof mit Bus 34 erreichbar (7 Haltestellen).

Hostel der Kunstakademie (56), Latako 2. Studentenwohnheim inmitten der Altstadt, allerdings nur während der Sommermonate

geöffnet. Bad auf dem Gang, Kochgelegenheit. ÜB ab 9 €. ☎ 220102, 📠 619966.

Jeruzalė (25), Kalvarijų 209. Hotel befindet sich ca. 4 km vom Zentrum entfernt. Einfaches Hotel mit einfachen Zimmern. EZ ab 25 €, DZ ab 40 €. ☎ 714040, 📠 762627, jeruzale@takas.lt, www.jeruzale.n3.net.

JNN Hostel (4), Ukmergės 25. Saubere Zimmer mit Bad, im Stadtteil Šnipiškės gelegen. EZ ab 25 €, DZ ab 35 €, DRZ ab 40 €. ☎/📠 722270, centras@lvjc.elnet.lt. Vom Bahnhof Bus Nr. 5 nehmen bis Žaliasis tiltas (Žaliasis Brücke), dort in Bus Nr. 8 oder 9 umsteigen und bis zur Haltestelle Šnipiškės mitfahren. Vom Flughafen Bus Nr. 2 nehmen bis Šnipiškės.

Litinterp Gästehaus (43), Bernardinų 7. Tolle Unterkunft in Toplage. Untergebracht in altem Stadthaus, Zimmer ausgestattet mit hellem Kiefernmobiliar, freundliche und hilfsbereite Leitung. EZ ab 25 €, DZ ab 35 €. ☎ 223850, 📠 223559, vilnius@litinterp.lt, www.litinterp.lt.

Milžinų Paunksmė (24), Kedrų 6. Einfache Unterkunft, einige Zimmer mit renoviertem Bad. Zur Altstadt etwa 20 Minuten Fußmarsch. Hotel ist vom Bahnhof mit Bus 15 erreichbar, aussteigen bei Haltestelle Kaunas. DZ ab 40 €. ☎ 339887, 📠 263929.

Pušis (3), Blindžių 17, ehemaliges Landschulheim gelegen im Stadtteil Žvėrynas. Hell möblierte Räumlichkeiten mit und ohne Bad, freundlich. EZ 20 €, DZ 35 €. ☎ 683999, 📠 721305, pusis@pusishotel.lt, www.pusishotel.lt.

Skrydis (27), Rodūnės kelias 2. Großes, direkt am Flughafen gelegenes Hotel, verschiedene Preisklassen. Liegt neben dem Adelita, sehr einfach. EZ ab 15 €, DZ ab 35 €. ☎ 262223, 📠 262135.

Tvirtovė (12), Kęstučio 37/7. Hübsche Apartments gelegen im Stadtteil Žvėrynas, nette Betreiberin. Haus sieht von außen nicht all zu einladend aus, doch davon nicht abschrecken lassen. Vom Busbahnhof Bus 7 nehmen. Pro Apartment 40 €. ☎ 731517, 📠 733891, info@tirtove.lt, www.tirtove.lt.

Vilniaus Jaunnujų Turistų Centras (21), Polocko 7. Günstige Herberge im Stadtteil Užupis, unweit der Altstadt. Buntgemischtes Publikum, nette Atmosphäre, sauber. ÜB ab 8 €.☎ 613576, 📠 627742.

Litauen
Karte siehe Umschlaginnenklappe hinten

Essen/Trinken

① Sankt Peterburga
② Ritos Smuklė
⑤ Paukšžiu Takas
⑩ Slėptuvė
⑪ Auksinis Feniksas
⑯ Dolce Vita
⑰ Ponių Laimė
⑱ Geležinis vilkas
㉒ Fortas
㉙ Čili
㉙ Neringa
㉚ Mc Donalds
㉛ Armadilo
㉜ Colosseum
㉞ Literatų Svetainė
㉟ Da Antonio
㊲ Sue's Indian Raja
㊲ Sue Kai Thai
㊳ Prie Parlamento
㊺ Juodasis Riteris
㊺ Svikarta
㊻ Tobira
㊼ Būsi Trečias
(51) Hazienda
(54) Trys Draugai
(59) Balti drambliai
(61) Stikliai
(62) Lokys
(63) Stikliai Aludė
(66) B2
(70) Bočiu
(71) Kaukazo Belaisvė
(72) La Provence
(72) Žemaičių Smuklė
(73) Finjan
(74) Markos ir Ko
(76) Amatininkų Užeiga
(78) Pieno Baras
(80) The Twins O'Brian
(82) Freskos
(83) Fenikso Perlas
(86) Degantis Rėsys
(88) Grybas
(90) Ida Basar
(93) Europa
(94) 1901 Užeiga
(98) Gintaras
(101) Po Saule

Übernachten

③ Pušis
④ JNN Hostel
⑥ Lietuva
⑦ Balatonas
⑧ Naujasis Vilnius
⑨ Šarūnas
⑫ Tvirtovė
⑲ Draugystė
⑳ Filaretai
㉑ Vilniaus Jaunnujų Turistų Centras
㉓ Centrum
㉔ Milžinų Paunksmė
㉕ Jeruzalė
㉖ Adelita
㉗ Skrydis
㉘ Elektra
㉙ Neringa
㊴ City Park
㊷ Shakespeare
㊸ Litinterp Gästehaus
㊹ Artis
㊽ Narutis
(53) Mabre
(56) Hostel der Kunstakademie
(58) Latako Gästehaus
(61) Stikliai
(75) Centro Kubas
(77) Algis Guest House
(84) Radisson SAS Astorija
(88) Grybas House
(89) Grotthuss
(96) Elektros Tinklų Statybos Švežiu Namai
(97) Altstadt-Hostel
(98) Gintaras
(99) Mikotel

Cafés

⑬ Namai Presto
⑰ Ponių Sainė
㉝ Greita
㊱ Kavinė
㊵ Polies Pasažo Kavinė
㊶ 1828 Pilies Menė
(52) Alumata
(57) Prie Universiteto
(64) Café de Paris
(68) Skonis ir Krapas
(69) Presto
(79) Park Kavinė
(91) Arka
(92) Skanaus
(95) Kavinė F
(100) Kavos ir Arbato Maldis

Nachtleben

⑬ Metaxa
⑭ Betmenas
⑮ Liveja
㊳ Ministerija
㊾ Stikliai
㊿ Gerio viskio baras
(55) B 52
(57) The Pub
(60) Senasis Rūsys
(67) Užupio Kavinė
(70) Indigo B
(78) Pas Laumė
(81) Brodvejas Pubas
(85) Amerika
(87) BIX

Vilnius Altstadt

Karte Vilnius siehe S. 103

200 m

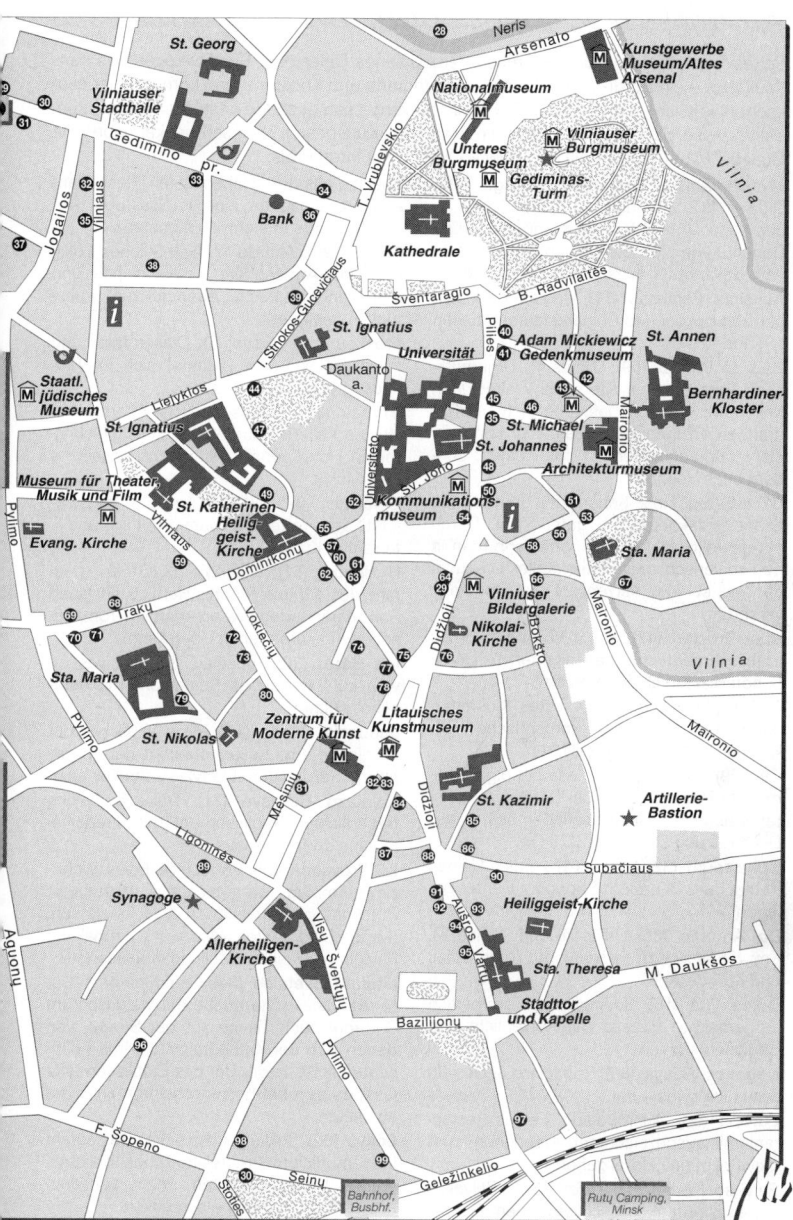

108   Litauen

Sei es fernöstliches Curry, ein edles französisches Diner oder Köstlichkeiten aus dem Kaukasus – ein Bummel durch Vilnius' Restaurant- und Kneipenszene kommt einer exotischen, kulinarischen Reise gleich. Nicht zu vergessen auch die köstlichen Landesspezialitäten, serviert im mittelalterlichen Ambiente. Kurz gesagt: Feinschmecker haben die Qual der Wahl. Und es gilt auch hier – Qualität hat ihren Preis.

● *Restaurants* **Amatininkų Užeiga (76)**, Didžioji 19/2. Gemütliches, dunkel gehaltenes Lokal. Auf den Tisch kommen deftige Gerichte wie z. B. Schweineohren mit Bohnen. Bekannt für extra große *cepelinai*.

Auksinis Feniksas (11), Gedimino 64. Farbenfroh dekoriertes Chinarestaurant, Essen gut aber teuer.

Balti drambliai (59), Vilnius 41. Urgemütliches Restaurant in altem, mittelalterlichen Keller. Im Sommer lässt es sich herrlich draußen im Innenhof sitzen. Hier kommen nicht nur Vegetarier auf ihre Kosten, sondern auch Veganer.

B2 (66), Bočsto 2. Schummrig gemütliches Szenelokal/-kneipe mit guter Pizza. Durch ein gewolltes Loch im Boden kann man in den malerisch gestalteten Keller schauen, der mit seinem Kerzenlicht viel Romantik versprüht.

Būsi Trečias (47), Totriu 18. Angenehmes Etablissement mit hauseigener Brauerei. Schon mal Kirschbier probiert?

Bočiu (70), Šv. Ignoto 4. Altes Klostergebäude, unter der Decke romantische Freskenmalereien, Wildspezialitäten.

Čili (29), 7-mal gibt es diese peppig aufgemachte Pizzeria in Vilnius. Die am zentralsten gelegenen Filialen befinden sich in der Didžioji 5 und Gedimino 23.

Colosseum (32), Vilniaus 17a. Edles kleines Restaurant, in neuem Shopping Center gelegen.

Da Antonio (35), Pilies 20 und Vilnius 23. Empfehlenswerte Pizzerias mit roten Sofas und Karodecken.

Dolce Vita (16), Gedimino 31. Sommerlich aufgemachte Pizzeria mit Kerzenlicht und Regisseurstühlen.

Degantis Rėsys (86), Subačiaus 3. Gemütliches Kellerrestaurant

Europa (93), Aušros vartų. Feines Restaurant mit ausgezeichneten Kreationen, zum gleichnamigen Hotel gehörend.

Fenikso Perlas (83), Didžioji 33/2. Stilvolles Kellerrestaurant mit chinesischen Gerichten. Service etwas langsam.

Finjan (73), Vokiečių 18. Serviert werden Speisen aus dem Nahen Osten. Restaurant erinnert etwas an eine Imbissstube. Am Wochenende manchmal Bauchtanz.

Fortas (22), Algirdo 17. Gemütliches Lokal mit Pub-Atmosphäre, italienische und amerikanische Küche. Auch gut zum Frühstücken geeignet.

Freskos (82), Didžioji 31. Dieses feine und stilvolle Restaurant befindet sich im Rathaus, großzügige Salatbar.

Grybas (88), Didžioji vartų 3a. Charmantes kleines Kellerrestaurant, das zum gleichnamigen Hotel gehört. Mittwochs klassische Live-Musik.

Geležinis vilkas (18), Lukiškių 3. Im Sowjetstil dekoriertes Restaurant mit Bar und litauischer Küche.

Hazienda (51), Maironio 13. Steakrestaurant des Motels Mabre. Herrlich an lauen Sommerabenden, wenn man im romantischen Klostergarten speisen kann.

Ida Basar (90), Subačiaus 3. Exklusives, etwas kühl wirkendes Restaurant mit deutscher Küche.

Juodasis Riteris (45), Pilies 16. Gewidmet ist dieses edle Kellerrestaurant den Kreuzrittern, Service könnte etwas schneller sein.

Kaukazo Belaisvė (71), Trakų 7. Kleines freundliches Etablissement mit Spezialitäten aus dem Kaukasus.

La Provence (72), Vokiecų 24. Edles, wohnzimmermäßig aufgemachtes Restaurant mit erlesenen Kreationen à la Frankreich, die ihr Geld kosten. Wie wär's einmal mit Ravioli mit Haselnussfüllung in Käsesoße?

Literatų Svetainė (34), Gedimino pr. 1. Gute skandinavische Küche mit viel Fisch, im Sommer auch Tische auf der Straße, von denen sich der Kathedralplatz prima beobachten lässt. In der Bar des Etablissements lässt es sich bei Kerzenscheinromantik gut aushalten.

Lokys (62), Stiklių 8. Litauisches Restaurant in gemütlichem, mittelalterlichen Kellergewölbe, Wildspezialitäten. Nicht vor dem ausgestopften Bären erschrecken.

Markos ir Ko (74), Antokolskio 11. Kleines, dunkel gehaltenes Etablissement mit viel

Atmosphäre, Service ein bisschen langsam.

Neringa (29), Gedimino pr. 23. Gehört zum Scandic Hotel Neringa. Restaurant ist frisch restauriert und repräsentiert prachtvolle Sowjeteleganz.

1901 Užeiga (94), Aušros Vartų 11. Stilvoll dekoriertes Lokal mit schönem Innenhof und gutem Frühstück.

Paukščių Takas (5), Sausio 13-osios 10, befindet sich im Fernsehturm. Eintritt nur zu jeder vollen Stunde. Essen eher mittelmäßig, sodass es sich mehr wegen der weiten Aussicht lohnt, dorthin zu gehen. Mo geschlossen. Zu erreichen vom Zentrum mit Trolley 11 und vom Bahnhof mit Trolley 16.

Ponių Laimė (17), Gedimino pr. 31. Übersetzt "Damenglück", das u. a. mit ausgezeichneten Fischgerichten aufwartet. Gehört zum Restaurant Stikliai.

Po Saule (101), Labdarių 8. Angenehme Gaststätte mit erstklassiger französischer Speisekarte, viel Betrieb.

Prie Parlamento (38), Gedimino 46. Attraktives Etablissement mit Restaurant, Café und Bar (Ministerija, s. u.). Gutes Essen, nette Stimmung und viele Events am Abend machen das Prie Parlamento zu einer der besten Adressen der Stadt. Auch gut zum Frühstücken.

Ritos Smuklė (2), Žirmūnų 68. Befindet sich im Stadtteil Žirmūnai auf der andern Seite der Neris. Rustikales Bauernlokal mit deftiger litauischer Kost. Kellner tragen traditionelle Kleidung, am Abend oft Folkloremusik.

Sankt Peterburga (1), Antakalnio 39. Auch wenn dieses Restaurant sich etwas außerhalb vom Zentrum befindet, sind seine hervorragenden russischen Gerichte auf alle Fälle einen Besuch wert.

Sléptuvė (10), Goštauto 8. Rustikales amerikanisches Lokal mit Tex-Mex Gerichten und Pizza. Gelegentlich Live-Musik

Stikliai (61), Gaono 5. Gilt als eines der besten Restaurants Litauens. Glasüberdachter Innenhof in dem erstklassige französische Kreationen serviert werden.

Stikliai Aludė (63), Gaono 7. Rustikales, aber elegantes litauisches Restaurant mit antikem Folk-Dekor und zuvorkommendem Service.

Sue's Indian Raja (37), Jogailos 11/2. Ausgezeichnetes indisches Restaurant mit freundlichem Service.

Sue Ka Thai (37), Jogailos 11/2. Stilvolles Thairestaurant. Befindet sich im gleichen Gebäude wie das Sue's Indian Raja.

Svikarta (45), Pilies 16. Gemütliches Wirtshaus in altem Kellergewölbe, internationale Küche.

The Twins O'Brian (80), Vokiečių 8. Irischer Pub mit großzügig bestückter Bar, guter Küche, gelegentlich Live-Musik.

Tobira (46), Šv. Mykolo 4. Köstliche Sushi. Am Abend Karaokeprogramm.

Trys Draugai (54), Pilies 25a. Uriges Kellerrestaurant mit mittelalterlichem Ambiente. Serviert werden feurige Spezialitäten aus Ungarn.

Žemaičių Smuklė (72), Vokiečių 24. Der erste Eindruck dieses Restaurant ist etwas langweilig. Doch gelangt man in seinen Keller findet man eine angenehme Atmosphäre vor, in der sich bei gutem Essen das hausgenießen, sehr starke (!) Bier genießen lässt.

● *Preiswert essen* **Armadilo (31)**, Gedimino pr. 24. Freundlich ausgestattete Milchbar. Gutes Frühstück, ab 9 Uhr geöffnet.

Gintaras (98), Sodų 14. Langsame, mufflige Bedienung, aber preiswertes Essen. Multikulturelles Publikum aus der gesamten ehemaligen Sowjetunion.

McDonalds (30), Gedimino pr. 15 und Seinų 3.

Pieno Baras (78), Didžioji 21. Verkauf von Milchprodukten und Backwaren, mit einigen Tischen im Laden und auf der Straße.

● *Cafés* Außer Getränken bietet fast jedes Café Salate und belegte Brote an. In vielen der Cafés gibt es auch eine reichhaltige Auswahl an warmen Speisen.

1828 Pilies Menė (41), Pilies 8. Schlichtes Café mit schöner moderner Beleuchtung. Gut geeignet für einen Kaffee zwischendurch und um das Leben auf der Pilies g. zu beobachten.

Alumata (52), Universiteto 4. Kleines Café mit malerischem Innenhof und studentischem Publikum.

Arka (91), Aušros Vartų 7. Beliebter Treff junger Künstler. Innen modern und gemütlich, die Wände hängen voller Bilder und Zeichnungen. Im schönen Innenhof kann man im Sommer herrlich sitzen.

Café de Paris (64), Didžioji 1. Wie der Name vermuten lässt – französisches Etablissement mit viel Flair.

Greita (33), Gedimino/Totorių. Von hier aus lässt sich bei einer großen Auswahl an Torten prima das Treiben auf dem Gedimino pr. beobachten.

Kavinė (36), am Anfang des Gedimino pr. gegenüber der Kathedrale gelegen. Freundliches Café aus Holz und Plexiglas. Die grünen Holzbänke vermitteln das Gefühl eines Gartenhauses. Abends Karaoke.

Kavinė F (95), Aušros Vartų 5. Lädt zum Frühstück und leckeren Kuchen mit Blick auf das Tor der Morgenröte ein.

Kavos ir Arbato Maldis (100), Teatro 9b. Wunderbares Café mit ansprechend angerichteten Speisen und Galeriebetrieb.

Namai Presto (13), Gedimino 32a. Angenehmes Kaffee- und Teehaus in kleinem gemütlichen Eckgebäude. Es besteht die Qual der Wahl zwischen zig Tee- und Kaffeesorten, ebenfalls attraktives Frühstücks-, Lunch- und Dinnerbuffett. Ab 7 Uhr geöffnet.

Park Kavinė (79), Prančiskonų/Trakų. Einfaches weiß-grün-gestreift tapeziertes Café, freundliche Leute.

Pilies Pasažo Kavinė (40), Pilies 6. Dieses überaus charmante Gewölbecafé liegt etwas zurückversetzt und ist deshalb leicht zu übersehen. Alte Fresken, Naturstein und bunte Glasfenster sorgen für viel Flair.

Ponių Sainė (17), Gedimino 31. Kleine Konditorei mit ein paar Tischen. Im Angebot kunstvolle Tortenkreationen.

Presto (69), Trakų 2. Ab 7 Uhr sind die Pforten dieses winzigen Cafés geöffnet. Gut zum frühstücken geeignet, rauchfrei.

Prie Universiteto (57), Dominikų 9. Stilvolles Café mit prächtigen Glasfenstern, studentisches Publikum.

Skanaus (92), Aušros Vartų 9. Kleines, preiswertes Eckcafé mit großen Fenstern, geöffnet von 9–19 Uhr.

Skonis ir Krapas (68), Trakų 8. Urgemütliches Café mit Deckenfresken und antikem Mobiliar. Große Auswahl an Kuchen, schöner Innenhof.

• *Bars/Kneipen/Diskos* **Amerika (85)**, Šv. Kazimiero 3. Dekor der Bar wird seinem Namen gerecht, nette Stimmung. Im Sommer lässt es sich im schönen Innenhof prima aushalten. Gelegentlich Live-Musik.

Betmenas (14), Gedimino 32. Gut besuchte Disko die ganz Batman gewidmet ist. Man

gibt sich cool. Es kann vorkommen, dass gestrippt wird, was zu jeder Disko dazuzugehören scheint.

BIX (87), Etmonų 6. Avantgardistische, beeindruckende Szenekneipe mit extravagantem Interieur und ebensolchem Essen.

Brodvejas Pubas (81), Mesinių 4. Kneipe, Disko, und Galeriebetrieb in einem. Viel Live-Musik, sonntags Klassik, überwiegend junges Klientel.

Gerio viskio baras (50), Pilies 34. Modern gestylte, etwas ungemütlich wirkende Whisky-Bar.

Indigo Bar (70), Trakų 3. Rustikaler Pub mit attraktiver Speisekarte, Kneipe und Disko in einem, oft spielen Live-Bands. Bei den Hauptstädtern sehr beliebt.

Liveja (15), Gedimino 30. Etwas finster wirkende Kneipe mit grünen Wänden und MTV.

Metaxa (13), Gedimino pr. 32a. Farbenfroh dekorierte Kneipe mit warmen Speisen im Angebot. Mit Griechenland hat diese Bar jedoch nichts gemeinsam.

Ministerija (38), Gedimino pr. 46. Café, Restaurant, Nachtbar sowie Disko mit Musik der 60er, 70er, 80er und 90er, mit Absicht technofrei, gehört zum Prie Parlamento.

Pas Laumė (78), Didžioji 21. Kellerbar, überwiegend junge Leute, ✆ 614035.

Senasis Rūsys (60), Šv. Ignoto 16/10. Populäre Kneipe mit Disko (Mi–So) und überwiegend studentischem Publikum. Gelegentlich fallen auch hier die Hüllen.

The Pub (57), Dominikonų 9. Nette Kneipe mit guter Küche und beträchtlicher Auswahl an Bieren.

Stikliai (67), Stiklių 7. Ähnlich wie im gleichnamigen Restaurant ist in dieser Bar alles edel und vom Feinsten.

Užupio Kavinė (67), Užupio 2. Künstlercafé und Veranstaltungsort der "freien Republik Užupio" unweit der Altstadt am anderen Ufer der Vilnia gelegen (s. auch S.127).

Adressen

• *Geldwechsel* Gedimino pr. 6, 12 und 15; Verkiū 37; außerdem unzählige Wechselstuben und Cash-Automaten, an denen mit Eurocard bzw. Kreditkarte Bargeld erhältlich ist. Geldautomaten befinden sich auch am Flughafen.

• *Kulturelle Einrichtungen* **Goethe Institut**, Tilto 3–6, ✆ 314433, ✆ 314432, www.goethe.

vilnius@taide.lt, www.goethe.de/ne/vil.
Österreichische/Schweizer Bücherei, Trakų 10.

• *Med. Hilfe* **Baltisch-Amerikanische Klinik**, Antakalnio 124. Gehört zur Vilniuser Uniklinik und genießt sehr guten Ruf, 24-Stunden-Service, ✆ 342020/767942, bak@takas.lt; **Zahnklinik**, Tilto 1/2.

Verkauf unter freiem Himmel – Altstadtgasse in Vilnius

● *Mietwagen* Es gibt mittlerweile eine Reihe von Mietwagenfirmen in Vilnius. Die Preise liegen in etwa bei 40 € pro Tag. Die meisten Autofirmen bieten darüber hinaus für einen Aufpreis von etwa 20 € einen Chauffeur-Service an. Öffnungszeiten unter der Woche von 8–18 Uhr, am Wochenende in der Regel von 10–16 Uhr. Hier eine kleine Auswahl: **Litinterp**, Bernardių 7–2. ✆ 223850, ✉ 223559, vilnius@litinterp.lt, sonntags geschlossen.

Aunela, Vytenio 6–110, ✆/✉ 330318, aunela@takas.lt, sonntags geschlossen.

Avis, am Flughafen, ✆/✉ 262229 und Darius ir Gireno 22, ✆ 306820, ✉ 306921, avis@avis.lt, www.avis.lt. Stadtfiliale am Wochenende geschlossen.

Baltijos Autolizingas, Rodunios kelias (am Flughafen) 2, ✆ 395636, ✉ 395635.

Hertz, am Flughafen, ✆/✉ 260394, airport@hertz.lt, www.hertz.lt.

● *Parken* **Bewachter Parkplatz**: Befindet sich hinter der Kathedrale, auf der andern Seite der Vilnia. In und um die Altstadt herum sind eine Reihe von Parkautomaten aufgestellt wurden. Parkgebühren werden in der Regel Mo–Sa von 8–20 Uhr verlangt. Eine Stunde kostet um die 0,55 €. Der Automat schluckt 1,2 und 5 Lt Münzen und gibt kein Wechselgeld heraus.

● *Kommunikation* **Hauptpostamt**, Gedimino pr. 7. **Filiale**, Vilniaus 33.

Haupttelegrafenamt, Vilniaus 33/2, ✆ 619950, rund um die Uhr geöffnet.

Handys, SIM Karten gibt es bei **Bitė**, Žemaitės 15 und Gedimino 39; **Omnitel**, Ševčenkos 25 und Gedimino 12; **Tele 2**, Sporto 7a.

Internetzugang, **Banga**, Vokiečių 26. Schnelle Verbindung, Bibliotheksatmosphäre, geöffnet von 10–22 Uhr, vilnius@sonex.lt; **Collegium**, Pilies 22. Gemütliches Café mit 12 PCs, geöffnet von 8–24 Uhr; **Interneto Kavinė**, Gedimino 4. 7 Maschinen stehen zur Verfügung, geöffnet von 8–20 Uhr; **Klubas Baze**, Gedimino 50/2. Hier kann man rund um die Uhr für wenig Geld an einem der 50 PCs surfen, am Wochenende mit Untermalung vom hauseigenen DJ. Nach einer virtuellen Reise sorgt ein kleines preiswertes Café für das leibliche Wohl; **VOO2**, Ašmenos 8. Gesurft werden kann an 12 Maschinen in entspannter, freundlicher Atmosphäre, geöffnet von 10–24 Uhr.

● *Tankstellen* Vilnius ist zugepflastert mit Westtankstellen.

● *Waschsalons* **Joglė**, Vilnius 25. Guter und schneller Service, Wäsche kann auf Wunsch abgeholt und ausgeliefert werden, geöffnet unter der Woche von 10–19 Uhr, Sa von 10-17 Uhr, So geschlossen.

Litauen
Karte siehe Umschlaginnenklappe hinten

Einkaufen

● *Antiquitäten* **Senasis Kuparas**, Dominikonų 14. Antiquitäten, Bernstein, Glaswaren, Ikonen, Briefmarken etc. Darüber hinaus Hilfestellung bei Besorgung der notwendigen Papiere für die Ausfuhr.

● *Bücher/Zeitungen* **Akademinė Knyga**, Universiteto 4. Gutsortierte Buchhandlung in der deutsch- und englischsprachige Literatur erhältlich ist; **Antiquariat**, Pilies 22. Alte litauische und russische Bücher; **Internationale Presse**, Gedimino 21. Hier ist außerdem eine große Auswahl an Landkarten erhältlich.

● *Fotoshops* Alle genannten Läden verkaufen Fotoutensilien und entwickeln: **Fotogama**, Pilies 42; **Fotoservisas**, Pilies 32/15; **FujiFilm**, Gedimino 38/2; **Konica**, Gedimino 32; **Runa**, Vokiečių 15.

● *Musik* **Audis**, Gedimino pr. 50. Große Auswahl an Kassetten und CDs.

● *Souvenirs* **Amber**, Aušros Vartų 9. Großes Bernstein-Sortiment; **Antikvariatas**, Stiklių 14. Kunsthandwerk, Münzen, Schmuck, Ikonen, Bernstein, Postkarten, manchmal auch Bücher; **Jūva**, Aušros Vartų 21. Bernsteingalerie und Verkauf; **Mielos Dovanėlė**, Aušros Vartų 13. Man hat die Qual der Wahl zwischen einer Unmenge an Bernstein; **Lietuvški suvenyrai**, Aušros Vartų 11. Verkauft werden hübsche Artikel aus Bernstein, Leinen, Keramik, Glas, Metall und Holz; **Linas**, Stiklių 3. gute Adresse, um Leinenwaren zu kaufen; **Skiautinių Galerija**, Latako 1. Hier gibt's folkloristische Kleidungsstücke, handgefertigte Puppen und Quilts. Wer in die Kunst des Quiltnähens eingeweiht werden möchte, ist hier genau richtig.

● *Galerien* Kleine Galerien schießen wie Pilze aus dem Boden. Ob es sich um moderne, avantgardistische Kunst oder Kunsthandwerk handelt – die Ausstellungen sind alle ansprechend aufgemacht und lohnenswert anzusehen. Die meisten Exponate können auch käuflich erworben werden.

Akademijos Galerija, Pilies 44/2. Zu sehen sind zeitgenössische Grafiken und moderne Fotografie.

Arka, Aušros Vartų 7. Wechselnde Ausstellungen populärer, litauischer Maler und Bildhauer der Gegenwart, Di–Fr 11–19 Uhr und Sa-So von 12–16 Uhr geöffnet.

Bernsteingalerie, Šv. Mykolo 8. Interessante Bernstein-Ausstellung mit Erklärungen zur Geschichte des baltischen Goldes, täglich von 10–19 Uhr geöffnet.

Dailė Centrinis Salonas, Vokiečių 2. Befindet sich im Zentrum für moderne Kunst. Zu sehen sind Keramik und Lederwaren sowie Bilder und Skulpturen litauischer Künstler, geöffnet Di–Fr 10–14 und 15–19 Uhr, Sa von 10–16 Uhr.

Fotografijos Galerija, Didžioji 19. Wechselnde Ausstellungen aus allen Bereichen der Fotografie, geöffnet Mi–So von 12–18 Uhr.

Galerija, Bokšto 4/2. Ausstellung von Werken russischer Künstler der Gegenwart, geöffnet Mo–Sa von 11–18 Uhr.

Medalių Galerija, Šv. Jono 11. Ausstellung von Medaillen und kleinen Skulpturen, geöffnet Di–Fr von 11–18 Uhr, Sa bis 17 Uhr.

Vartai, Vilniaus 39. Wechselnde Ausstellungen moderner litauischer Künstler, mittwochs mit Kammermusik, geöffnet Di–Sa von 12–19 Uhr.

Taikomosios Dailės Galerija, Pamėnkalnio 1/13. Ausgestellt sind Keramik- und Töpferwaren, Bernstein und Exponate Vilniuser Künstler.

Užupio Galerija, Užupio 3–1. Galeriebetrieb war zum Zeitpunkt der Recherche noch in Vorbereitung. Zu sehen sein werden hauptsächlich Metallskulpturen von *Vytautas Matulionis* und andern Bildhauern der Republik Užupio (s. auch S.127).

Znad Willi, Isganytojo 2/4. Avantgardistische Ausstellung moderner polnischer Künstler mit Cafébetrieb.

● *Märkte* Es gibt drei feste Märkte in Vilnius. **Halė**, Pylimo 58/1. Markthalle in der Nähe vom Bahnhof mit Gemüse, Obst, Milchprodukten, Fleisch und Blumen, geöffnet Di–So vormittags.

Gariūnai, es gibt nichts, was es nicht gibt. Alle Völker der ehemaligen UdSSR scheinen hier ihre Waren feilzubieten, von exotischen Früchten über Bärenfellmützen bis hin zu Kognak und Waschpulver ist alles zu haben. Der Markt liegt etwas außerhalb von Vilnius an der Straße nach Kaunas. Vom Busbahnhof fährt ein Mikro-Bus mit der Aufschrift *Gariūnai* dorthin. Der Markt findet Di–So jeweils am Vormittag statt.

Kalvarijų, Kalvarijų 71. Gartenbesitzer, Kleinbauern und kaukasische Händler verkaufen hier, was sie erwirtschaftet haben. Das Angebot reicht von Obst und Gemüse über getrocknete Pilze und Dörrobst bis hin zu Fleisch und Fisch, geöffnet Di–So.

Kulturelle Veranstaltungen

Über das kulturelle Programm der Stadt informiert die Internetseite von Vilnius, www.vilnius.lt. Sehr nützlich ist auch das englischsprachige Heft *Vilnius In Your Pocket*. Es erscheint sechsmal im Jahr und ist für knapp 1,10 € am Kiosk, im Buchhandel, im Touristeninformationsbüro und in einigen Hotels erhältlich.

• *Klassik* **Kleiner Barocksaal**, Daukanto a. 1; **Musikakademie**, Gedimino pr. 42, ☎ 610144; **Opern- und Ballett-Theater**, Vienuolio 1. Nicht nur Opern-, sondern auch Ballettaufführungen und Konzerte klassischer Musik finden hier statt. Das moderne Opernhaus stammt aus den 70ern, ☎ 620636, ✆ 623503, info@opera, www.opera.lt; **Philharmonie**, Aušros Vartų 5, ☎ 627165, ✆ 622859, info@filharmonija.lt, www.filharmonija.lt; **Šv. Jono-Kirche**, Šv. Jono. Jeden zweiten Sonntag im Monat singt um 15 Uhr der akademische Chor; **Vilniuser Kongresshalle**, Vilniaus 6/14. Konzerte klassischer Musik; **Stadthalle**, Didžioji 31. Veranstaltungsort für moderne und experimentelle Musik, modernes Tanztheater, aber auch Klassik, ☎ 618179; **Club der Lehrer**, Vilniaus 39. Programm bewegt sich zwischen Tradition und Moderne, ☎ 222949; **St. Christophor Orchester Club**, Šv. Ignoto 6. Klassische Inszenierungen und Kammermusik, ☎ 633114/608251, christophor@post.5ci.lt, www.stchor.lt.

• *Vorverkauf* Konzertkarten für klassische Konzerte gibt es im Büro der Philharmonie, Aušros Vartų 5, ☎ 627165 oder am Veranstaltungsort selber. Karten kann man auch über das Hotel Lietuva bekommen.

• *Theater* Karten im Vorverkauf an den jeweiligen Veranstaltungsorten erhältlich.
Nationales Drama Theater (Akademinis dramos teatras), Gedimino pr. 4. Aufführungen renommierter und experimenteller Stücke, ☎ 629771, ✆ 620051, info@teatras.lt, www.teatras.lt.
Jugendtheater (Jaunimo teatras), Arklių 5. Auf dem Programm stehen Stücke litauischer und ausländischer Dramatiker sowie Märchenspiele, ☎ 616126, ✆ 635558.
Kleines Theater (Vilniaus mašasis teatras), Gedimino pr. 4. Haben gelegentlich auch englischsprachige Inszenierungen im Repertoire, ☎/✆ 629771.
Puppentheater (Lėlės teatras), Arklių 5. Aufführungen von Märchenspielen am Wochenende um 12 und 15 Uhr, ☎/✆ 628678.
Russisches Theater, Basanavičiaus 13, ☎ 620552, ✆ 616800.

Theater der Universität (Kiemo teatras), Universiteto 3, ☎ 614096.

• *Kino* Das aktuelle Kinoprogramm kann auch unter www.cinema.lt abgerufen werden. Überwiegend werden Filme in Originalfassung mit Untertiteln gezeigt, Eintritt etwa 3 €. **Centras Skalvija**, Goštauto 2; **Lietuva**, Pylimo 17, im Keller befindet sich das Kino **Salė 88**; **Vilniaus**, Gedimino pr. 5a; **Ozo kino salė**, Ozo 4, www.ozo.cinema.lt; **Tvanas**, Mykolaičio-Putino 5, www.kinotvanas. cinema.lt; **Vingis**, Savanarių pr. 7. Supermoderner Kinokomplex mit vibrierenden Sitzen gegen Aufpreis, www.multiplex.lt.

• *Veranstaltungen* Das ganze Jahr über starten in Vilnius zahlreiche Festivals und Veranstaltungen. Das aktuelle Programm ist unter www.vilnius.lt abfragbar. Alljährlich finden folgende Veranstaltungen statt:
Ende Februar: *Shrovetide* – Verabschiedung des Winters mit Maskenumzügen auf dem Gedimino pr. und Feuerwerk. Höhepunkt ist die Verbrennung des Wintergeists Morė.
März: *Kaziukas Markt* – zu Ehren des hl. Kazimirs, dem Schutzpatron von Vilnius findet alljährlich am ersten Wochenende in der Altstadt ein großer Kunsthandwerksmarkt statt.
Mai: Am letzten Wochenende des Wonnemonats steigt in der Altstadt das Folklorefestival *Skamba Skamba kankliai*. Folkloregruppen aus aller Welt ziehen singend und tanzend durch die Straßen der Altstadt.
Juni: Wie überall im Baltikum wird auch in Vilnius die Mittsommernacht ausgiebig gefeiert. Das Zentrum dieser Feierlichkeiten ist das Neris Ufer zwischen der Baltasis tiltas (Weiße Brücke) und Žaliasis tiltas (Grüne Brücke). Hier wird am Lagerfeuer gepicknickt, gesungen, getanzt und aus Grashalmen die Zukunft gelesen.
6. Juli: Anlässlich der Krönung des litauischen Königs Mindaugas finden auf dem Gedimino pr. und auf den Plätzen der Altstadt zahlreiche Festlichkeiten statt.
September: Bierfest *3 Tage und 3 Nächte*. 3 Tage non stop finden Konzerte, Spiele und Picknicks mit viel, viel Bier statt. Veranstaltungsort ist der Vingis Park.

Museen

Adam Mickiewicz-Gedenkmuseum, Bernadinų 11. Kleines Museum im Wohnhaus des polnisch-litauischen Dichters. Träger des Museums ist die Universität, geöffnet Mo, Mi-Sa, 11–18 Uhr.

Architekturmuseum, Volano 1. Keine überwältigenden Exponate, befindet sich in der St.-Michaels-Kirche, Mi–Mo von 11–18 Uhr geöffnet.

Artillerie Bastion, Bokšto 20/18. Die aus dem 17. Jh. stammende Bastion ist seit 1987 fertig restauriert. Zu sehen sind Waffen, Kanonen, Rüstungen etc., geöffnet Mi–So von 10–17 Uhr.

Ausstellung im Fernsehturm, Sausio 13-osis 10. Dokumentation über die Massendeportationen litauischer Bürger durch Stalin, den Kampf um die Unabhängigkeit und die Ereignisse am Fernsehturm im Januar 1991. Täglich von 10–21 Uhr geöffnet. Erreichbar vom Zentrum mit Trolley 11 und vom Bahnhof mit Trolley 16.

Čiurlonio-Museum, Savičiaus 11. Zu sehen ist das Wohnhaus des berühmten litauischen Malers und Musikers, geöffnet Mo–Fr von 10–16 Uhr.

Eisenbahnmuseum, Mindaugo 15. Kleines Museum, in dem über die litauische Eisenbahngeschichte aufgeklärt wird, geöffnet Di–Sa von 9–17 Uhr.

KGB-Museum, Gedimino pr. 40. Befindet sich im Keller des einstigen KGB. Unzählige Menschen wurden hier stundenlang verhört, bevor sie nach Sibirien deportiert wurden. Ehemalige Opfer führen durch die nachdenklich stimmende Ausstellung, geöffnet Di–So von 10–16 Uhr.

Kunstgewerbe-Museum und altes Arsenal, Arsenalo 3a. Zu sehen sind Möbel, Keramik, Porzellan vom 14.–19. Jh. Unter den Exponaten befinden sich auch Stücke aus Deutschland, geöffnet Di–So von 11–18 Uhr.

Museum des jüdischen Genozids, Agrastų 17, im Südwesten von Vilnius. Museum befindet sich im Paneriai-Wald des gleichnamigen Stadtteils, wo 100.000 Menschen von den Nazis exekutiert wurden, geöffnet Mi–Mo von 11–18 Uhr.

Museum für Theater, Musik und Film, Vilniaus 41. Die erst kürzlich eröffnete Ausstellung führt durch Litauens Theater-, Musik- und Filmgeschichte. Oft wechselnde Retrospektiven, Di–Fr von 12–18 Uhr, Sa von 11–16 Uhr.

Kunstmuseum Studentų 8. Ausstellung litauischer Volkskunst, geöffnet Di–So von 12–18 Uhr.

Nationalmuseum, Arsenalo 1. Zu sehen ist ein Querschnitt durch die Geschichte Litauens von der Steinzeit bis zum Jahre 1940, geöffnet Mi–So von 10–17 Uhr.

Planetarium, Ukmergės 12a, geöffnet Mo–Sa von 10–18 Uhr.

Puschkinmuseum, Subačiaus 124. Im Museumsgebäude lebte einst der Sohn des Dichters. Ein Zimmer des über 100 Jahre alten Hauses gibt Einblick in Puschkins Leidenschaften und seine Bibliothek mit seltenen Exemplaren, Mi–So von 11–17 Uhr.

Radvilai-Palast, Vilniaus 22. Das Museum befindet sich im ehemaligen Domizil der Familie Radvila. Die Ausstellung umfasst u. a. 165 Familienporträts der Fürstenfamilie, geöffnet Di–So von 12–18 Uhr.

Staatliches jüdisches Museum, Pamėnkalnio 12 und Pylimo 4. Dokumentation des Holocaust, dem 94 % der in Litauen lebenden Juden zum Opfer fielen sowie Einblicke in das Leben der *Litvaks*, geöffnet Sa–Do von 10–17 Uhr, Fr bis 16 Uhr.

Unteres Burgmuseum, Katedros a. 3. Hier befand sich über 300 Jahre der Hauptsitz der litauischen Fürsten, geöffnet Mi–So von 10–17 Uhr.

Vilniuser Burgmuseum, Pilies kalnas (Schlossberg). Kleine Ausstellung zur Burggeschichte, Di–So von 11–19 Uhr geöffnet. Einmal zum Burgberg hinaufgekraxelt, sollte man es sich nicht nehmen lassen, auch noch die 74 Stufen des Gediminas-Turmes zu erklimmen, um dann den schönen Ausblick auf Vilnius zu genießen.

Vilniuser Bildergalerie, Didžioji 4. Ausstellungsgegenstand ist moderne Kunst, geöffnet Di–So von 10–17 Uhr.

Wissenschaftsmuseum, Šv. Jono 12. Museum zur Geschichte der Wissenschaft in Vilnius, befindet sich in der Universitätskirche Šv. Jono, geöffnet Mo–Fr von 9–15 Uhr.

Zentrum für moderne Kunst, Vokiečių 2. Wechselnde Ausstellungen zeitgenössischer Kunst, im Innenhof sind Skulpturen zu bewundern, geöffnet Di–So von 11–19 Uhr.

Der Eintritt zu allen Museen liegt selten über 0,55–1,10 €. Mittwochs ist der Eintritt zu den meisten Museen frei.

Kathedralplatz mit der St.-Stanislaus-Kathedrale

Sehenswertes

Ein Spaziergang durch das historische Vilnius

Als Ausgangspunkt für eine Runde durch die Altstadt eignet sich der Kathedralplatz (Katedros aikštė), gelegen am Rande der Altstadt im Herzen von Vilnius. Am Ende des Platzes führt ein kleiner Fußweg zum Burghügel mit dem Gediminas-Turm hinauf.

Der Burgberg

Hier oben über den Dächern von Vilnius befinden sich die *Obere Burg*, das *Burgmuseum* und der *Gediminas-Turm*. Lange vor der Errichtung der Burg muss der Gediminas-Berg eine heidnische Kult- und Pilgerstätte gewesen sein. Vor noch gar nicht langer Zeit haben Archäologen entdeckt, dass sich hoch oben auf dem Hügel sogar ein heidnisches *Planetarium* befunden haben soll. Die ältesten Funde, die hier gemacht wurden, lassen sich auf den Beginn des 1. Jt. v. Chr. datieren.

Im 14. Jh. entstand die heutige Burg, die allerdings schon vor der Stadtgründung des Gediminas existiert haben soll. Sie bestand ursprünglich aus drei Türmen, dem Hauptgebäude und einem Tor. Als Material verwendete man Steine und Ziegel. Von den drei Türmen ist heute nur noch der achteckige, rekonstruierte *Gediminas-Turm* zu sehen.

1419 fiel die Festung einer Feuersbrunst zum Opfer, wurde aber von Vytautas dem Großen wieder aufgebaut. Als die Festung Mitte des 15. Jh. ihre strategische Bedeutung einbüßte, verfiel sie allmählich. Mittlerweile rekonstruiert, gilt sie heute als Wahrzeichen des litauischen Staates und seiner Unabhängigkeit, was mit der hier ständig wehenden Nationalflagge symbolisiert wird.

Untere Burg: Neben der Oberen Burg gab es im alten Vilnius auch noch die Untere Burg. Sie befand sich am Fuße des Gediminas-Berges. Beide Burgen waren von dicken Schutzmauern umgeben, die während der Kriege im 17. Jh., ebenso wie die Festungen selbst, stark beschädigt wurden. So ist von der Unteren Burg, der eigentlichen Residenz der litauischen Großfürsten, heute so gut wie gar nichts mehr zu sehen. Auf dem Territorium der Unteren Burg erhebt sich heute majestätisch die Kathedrale von Vilnius.

An der Stanislaus-Kathedrale

Zeitweise gab es in Vilnius sogar noch eine dritte Burg, die sog. *Schiefe Burg*. Das hölzerne Bauwerk wurde jedoch bereits 1390 von den Kreuzrittern zerstört.

Hält man sich beim Abstieg des Burghügels in Richtung Neris, so gelangt man zum *Alten Arsenal* und zum *Museum für angewandte Kunst*. Geht man von diesem Museum aus weiter um den Burghügel herum, so passiert man das *Neue Arsenal* und das *Museum für Ethnographie und Geschichte* und kommt durch den Park wieder zum Kathedralplatz.

Kathedrale St. Stanislaus: Im Bereich der unteren Burg, am Rande der Altstadt, erhebt sich hoheitsvoll die Kathedrale von Vilnius. Darüber, was vor dem Bau der Kathedrale hier gestanden haben soll, gehen die Meinungen auseinander. Die einen wissen zu berichten, dass bereits in grauer Vorzeit an jener Stelle ein Tempel zu Ehren des mächtigen Donnergottes Perkūnas gestanden haben soll. Andere wiederum schreiben, dass Mindaugas, nachdem er sich aus taktischen Überlegungen hatte taufen lassen, hier auf Wunsch des Papstes eine Kirche hat errichten lassen, die dann, nachdem er sich nach geraumer Zeit wieder vom Christentum lossagte, zu einem heidnischen Tempel wurde. Der Bau der Kathedrale fiel jedenfalls mit der Taufe des Jogailas 1387 zusammen, womit Litauen erneut offiziell zu einem römisch-katholischen Land wurde.

Da die Kathedrale wegen Beschädigungen durch Kriege und Brände mehrmals erneuert werden musste, spiegelt sie heute eine Fülle von Baustilen der verschiedenen Epochen wieder. Ihr heutiges klassizistisches Äußeres erhielt sie bei der Restaurierung von 1777 nach den Plänen des Architekten *Stuoka-Gucevičiaus*. Das Hauptportal, das von sechs gewaltigen dorischen Säulen getragen wird, und die Säulen, welche die Seiten des monumentalen Baus zieren, weisen eindeutig auf diesen Stil hin. Im Inneren jedoch sind auch Reste von Renaissance und Barock zu finden. Dass der Sakralbau von seinem allerfrühesten Ursprung her einmal gotisch war, wird wohl nur den Augen geübter Kunsthistoriker auffallen. Als Schmuckstück des Doms kann die im frühen Barock errichtete *St. Kazimir-Kapelle* bezeichnet werden.

1956 wurde in dem Dom eine Gemäldegalerie eingerichtet, und in den alten Gemäuern gab man Konzerte, sehr zum Leidwesen der Gläubigen. Doch es hätte schlimmer kommen können, hätte Stalin in der großen Hallenkirche doch am liebsten eine Lagerstätte für Traktoren gesehen. 1988 wurde der Dom der katholischen Gemeinde von Vilnius zurückgegeben. Im gleichen Jahr sind auch die Reliquien des heiligen Kasimir, die zeitweise in der Peter-und-Paul-Kirche lagerten, zurückgeführt worden.

Glockenturm: Neben der Kathedrale erhebt sich der 52 m hohe Glockenturm. Auch hier sind Merkmale verschiedener Epochen zu finden. Das untere Stück ist der Rest eines alten Schutzturms, der zur Stadtbefestigung gehörte. Mittlerweile erfüllt er wieder seine eigentliche Funktion, und auf einigen Radiosendern wird das Glockenläuten täglich um 12 Uhr übertragen.

Die Altstadt

Malerisch am Fuße des Burghügels gelegen, erhebt sich die Altstadt von Vilnius, eine der größten in Osteuropa. Die vielen Kirchen, die alten Häuser, die eindrucksvolle Universität und die engen Gassen machen sie zu einem riesigen Freilichtmuseum. Vilnius war einst ein Zentrum zahlreicher Orden, weshalb die Stadt heute mehr als 50 Kirchen aufweist. Viele Namen der schmalen, verwinkelten Straßen erzählen davon, dass in der Stadt zahllose Mönche der verschiedensten Orden gelebt haben. Auch die zahlreichen, noch erhaltenen Klöster legen von dieser Zeit Zeugnis ab. Es ist ganz gleich, wohin man schaut, eine Kirche oder wenigstens eine Turmspitze wird immer den Blick kreuzen.

Als Ausgangspunkt für einen Rundgang durch die Altstadt eignet sich der Kathedralplatz am besten. Hält man sich an seinem hinteren Ende rechts, so gelangt man in die B. Radvilaitės g. Nach einem kurzen Stück geht rechts die Maironio g. ab. Hier erhebt sich nach einigen wenigen Metern linker Hand die St. Annen-Kirche.

St. Annen-Kirche (Šv. Onos): Die Kirche, entstanden im 15. Jh., ist ein Beispiel litauischer Backsteingotik und gilt als ein Baudenkmal "europäischen Ranges". Ihr jetziges Äußeres erhielt sie nach dem Brand von 1564.

... als Napoleon auf seinem großen Russlandfeldzug durch Vilnius kam, soll er dermaßen entzückt gewesen sein von der Schönheit dieser Kirche, dass er den Wunsch äußerte, sie auf seiner Handfläche tragend nach Frankreich zu bringen.

Litauen
Karte siehe Umschlaginnenklappe hinten

Filigran – St.-Annen-Kirche

Wer vor der St. Annen-Kirche steht, wird kaum Schwierigkeiten haben, den Wunsch Napoleons nachzuvollziehen, denn das kleine Gotteshaus ist in der Tat ein ästhetisches Meisterwerk. Die Fassaden, besonders die westliche, sind so gekonnt verziert, und der Übergang zwischen den verschiedenen Türmen, Spitzbogenbändern, Skulpturen und anderen Konstruktionen ist so fließend herausgearbeitet, dass sämtliche Formen und Figuren eine absolute Harmonie, eine höchst beeindruckende Gesamtkomposition darstellen. Über 30 verschiedene Ziegelarten wurden beim Bau der Kirche verwendet. Das ursprüngliche Interieur der Kirche wurde 1812 bei einem Großbrand zerstört, sodass ihre heutige Ausstattung eher schlicht ist.

Öffnungszeiten Zu besichtigen ist die St. Annen-Kirche Mo–Fr von 10–15 und von 18–19 Uhr, am Wochenende von 9–11.30 Uhr.

Bernhardiner-Kirche: Auch dieses Gotteshaus in der Nähe der St. Annen-Kirche ist ein Meisterwerk der gotischen Baukunst und zählt darüber hinaus zu den größten Bauwerken diesen Stils in Litauen. Erstmalig wurde die Kirche um das Jahr 1500 geweiht, fiel aber kurz darauf in sich zusammen. 1519 erstrahlte sie schließlich in neuer Pracht und erfüllte zeitweise auch Verteidigungszwecke. Am sehenswertesten ist wohl der in der südöstlichen Ecke stehende gotische Glockenturm. Er ist verziert mit zahlreichen kleinen Nischen, Reliefs und Figuren. Bemerkenswert ist die gekonnte Komposition, die aus der Ausgewogenheit von Vertikalen und Horizontalen besteht. Die Deckengestaltung setzt sich aus Kreuzrippen- und aus sternförmigen Kristallgewölben zusammen.

Lange Zeit befand sich das Gotteshaus in einem katastrophalen Zustand. Ein großer Teil der prächtigen Deckenfresken ist mittlerweile restauriert worden, doch die Bauarbeiten sind noch lange nicht abgeschlossen.

Nördlich der Bernhardiner-Kirche zum Ufer der Vilnia hin reihte sich einst das dazugehörige *Kloster* an, das ebenfalls im gotischen Stil erbaut wurde. Von dem Kloster ist nur der nördliche Teil erhalten geblieben. Da das Bernhardiner-Kloster auch mit der St. Annen-Kirche verbunden ist, werden beide in Verbindung mit der Bernhardiner-Kirche auch als *gotisches Ensemble* bezeichnet.

Geht man die Maironio g. weiter, so erblickt man auf der linken Seite die orthodoxe *Kirche der heiligen Maria*. Biegt man kurz nach der St. Annen-Kirche in die Volano g. ein, so gelangt man zur Kirche St.-Michael.

St. Michael (Šv. Mykolo): Das im Stil der Renaissance errichtete Gotteshaus entstand in den Jahren 1594–1625. Auftraggeber war der damalige Kanzler des Großfürstentums Litauen, *Leonas Sapieha*. Sapieha stellte allerdings die Bedingung, dass die Kirche fortan seiner Familie als ewige Ruhestätte dienen möge. Das sich südlich der Kirche anschließende Bernhardinerkloster entstand ebenfalls auf Betreiben Sapiehas. Bei dem Großbrand von 1655 wurde das Interieur der Kirche zerstört. Sapiehas Bedingung wurde übrigens Genüge getan: In den Katakomben der Michaels-Kirche ruht auch heute noch die Familie Sapieha. Ihre sterblichen Überreste sind mumifiziert und auf Wunsch zu besichtigen.

Die Michaels-Kirche beherbergt außerdem das *Museum für Architektur*.

Um zu den nächsten sehenswerten Bauwerken zu kommen, nimmt man am besten die Bernadinų g., die unweit der Michaels-Kirche beginnt und mit einem kleinen Tor an der Ecke mit der Pilies g. endet. In der Bernadinų g. achte man auf das Haus Nr. 11, in dem sich das Gedenkmuseum für den großen litauisch-polnischen Dichter *Adam Mickiewicz* befindet.

Pilies gatvė: Die Pilies g. (Burgstraße) ist die Hauptstraße der nördlichen Altstadt. An ihrem Namen wird ihre ursprüngliche Funktion deutlich, nämlich eine Verbindung zwischen Burg und Rathausplatz, dem einstigen Zentrum der Altstadt, herzustellen. Sie ist gesäumt von einer Reihe schöner alter Wohnhäuser, vornehmlich aus dem 16., 17. und 18. Jh. sowie von Cafés und Geschäften. Am Straßenrand stehen oft Straßenhändler, die Ikonen, Bernstein und litauisches Kunsthandwerk anbieten. Lohnenswert ist es, hie und da einen Blick in die Hinterhöfe zu werfen. Viele von ihnen sind liebevoll restauriert und die Häuserfassaden mit bunten Blumen geschmückt.

Die nächste architektonische Attraktion, die auf dem Weg liegt, ist die Vilniuser Universität, eine der ältesten Osteuropas. Der schönste Eingang zum Universitätsgelände ist wohl der in der Šv. Jono g., einer Seitenstraße der Pilies g.

Universität und Šv. Jono-Kirche

Wer zum ersten Mal die Universität von Vilnius besucht, kann sich in dem Labyrinth der vielen idyllischen Innenhöfe leicht verirren. 1570 wurde sie als höhere Bildungseinrichtung von den Jesuiten ins Leben gerufen und neun Jahre später zur Universität umgewandelt. Während des Aufbaus der *Alma Mater Vilnensis* wurde das ganze umliegende Viertel aufgekauft. Die ältesten Gebäude stammen aus dem 16. Jh., doch wurde über Jahre hinweg gebaut, sodass die Universität sämtliche Baustile der Altstadt wiederspiegelt, wobei jedoch die Renaissance dominierend ist. Ursprünglich gab es, ganz nach italienischer Bauweise, offene Loggien mit Bogengängen, doch sind diese mittlerweile auf Grund des Klimas zu Fluren geworden. Zur Universität gehört auch die Johannes-Kirche. Der *Große Hof*, aus dem sich der Sakralbau und der dazugehörige Glockenturm in voller Pracht erheben, ist gerahmt von malerischen Arkadengängen und gilt als der schönste Hof der gesamten Universitätsanlage. Auf direktem Weg ist er von der Šv. Jono g. aus zugänglich.

Johannes-Kirche (Šv. Jono): Ursprünglich war die 1387 auf Erlass des *Großfürsten Jogailas* erbaute Johannes-Kirche einmal ein gotisches Bauwerk.

Als sie 1571 in den Besitz der Jesuiten überging, wurde die Kirche jedoch stark verändert, wobei sie viele Stilelemente der Renaissance erhielt. Während eines Großbrandes im 18. Jh. sind große Teile der Kirche zerstört worden, worauf sie vom Baumeister *J. K. Glaubicas*, diesmal im Stil des Barocks, restauriert wurde. Beeindruckend ist allein schon ihre prachtvolle Barockfassade. Von gotischen Elementen ist hier höchstens noch an den Fenstern etwas zu erkennen. Auch der Innenraum ist überaus reichhaltig ausgestattet, dekoriert mit zahlreichen Büsten, Skulpturen und Malereien. Unter den Gemälden befinden sich eine Reihe von Porträts bekannter Persönlichkeiten, deren Namen mit der Universität in Verbindung stehen, darunter auch *Adam Mickiewicz*. Darüber hinaus verfügt die Kirche über sieben Seitenkapellen. Am beeindruckendsten ist allerdings ihr Hauptaltar: Er setzt sich aus elf kleinen, im Halbkreis angeordneten Altären zusammen. Die Kirche beherbergt außerdem das *Museum für Wissenschaft*. Messen werden erst seit 1991 wieder gefeiert.

Glockenturm: Neben der Kirche erhebt sich der Glockenturm, der mit 68 m Höhe alle anderen Türme in Vilnius überragt. Gebaut wurde er von 1600–1610, sein barockes Äußeres erhielt er jedoch erst im 18. Jh.

Observatorium: Das Tor gegenüber der Johannes-Kirche führt zu einem weiteren hübschen Hof, in dem sich das ehemalige Observatorium befindet. Die Fassade, entstanden Ende des 18. Jh., ist klassizistisch gestaltet und mit den zwölf Tierkreiszeichen versehen.

Im Großen Hof befindet sich links von der Johannes-Kirche das Tor zum nächsten Hof, von dem aus man Zugang zum nächsten hat und von da aus zum übernächsten ... – und nach einer Weile hat man schnell die Orientierung verloren. Es lohnt sich übrigens auch, nicht nur durch die Höfe der Hochschule zu schlendern, sondern auch einmal einen Blick in die schmalen Flure und Gänge im Inneren zu werfen. An einigen der Decken sind teilweise noch Freskenmalereien zu sehen, wie auch in der Buchhandlung, die sich in einer Hofecke unweit des Haupteinganges befindet. Hier sieht man auch häufig Studenten, die im Schatten der Bäume sitzen und arbeiten.

Universitätsbibliothek: Auf direktem Wege ist die gewaltige Bibliothek vom *Daukanto-Platz* aus erreichbar. 4,5 Mio. Bücher umfasst die Sammlung, die schon im 16. Jh. als eine der besten und umfangreichsten Bibliotheken Osteuropas bekannt war.

Daukanto aikštė: Der dreieckige Platz liegt an der Universiteto gatvė schräg gegenüber der Universität. Dominierend ist der zweistöckige *Bischofspalast* aus dem 18. Jh. Auch er erhielt von *Stuoka Gucevičiaus* ein klassizistisches Äußeres. Heute ist der Bau als *Palast der Künstler* bekannt. Gelegentlich werden hier Ausstellungen und Konzerte veranstaltet.

Am westlichen Ende des Platzes erhebt sich die im 17. und 18. Jh. errichtete *Bonifrater-Kirche*. Sie wird auch die *Kleine Barockhalle* genannt und dient als Konzertsaal für klassische Musik.

Wer über die wichtigsten Kirchen von Vilnius hinaus noch weitere Sakralbauten betrachten möchte, gehe vom Daukanto-Platz ein Stück die L. Stuokos-Gucevičiaus g. entlang, die nach wenigen Metern zur Liejyklos g. wird, und

Barocke Pausbacke

biegt dann in die Šv. Ignoto g. ein. Zur Linken erhebt sich die *Kirche des heiligen Ignatius* mit dem *Jesuiten-Noviziat*, die rechte Seite ist gesäumt von der Ostfassade des *Bernhardinerklosters*, hinter dem sich die Katharinen-Kirche befindet. Sie entstand um die Jahrhundertwende des 17. auf das 18. Jh. und trägt Züge des Spätbarocks. Der Eingang zur Katharinen-Kirche befindet sich in der Vilniaus g.

Von der Katharinen-Kirche ist es nicht weit zur Reformierten Evangelischen Kirche. Sie befindet sich in der Pylimo g., unweit der Ecke Klaipėdos g., die von der Vilniaus g. schräg gegenüber der Katharinen-Kirche abgeht.

Reformierte Evangelische Kirche (Evangelikų Reformatių bažnyčia): Die zwischen 1830–1835 von den Protestanten erbaute Kirche ist ein Beispiel des späten Klassizismus. 1953 wurde die Kirche geschlossen und als Ausstellungs- und Kinosaal genutzt. Seit 1990 erfüllt sie wieder ihren ursprünglichen Zweck. In der Kirche stößt man noch auf die in Reihen angeordneten Kinosessel, die hier die traditionellen Holzbänke ersetzen.

Zurück auf der Šv. Ignoto g. erhebt sich am Ende der Straße an der Ecke zur Dominikanų g. die Heiliggeist-Kirche und das Dominikanerkloster.

Heiliggeist-Kirche: Diese Kirche zählt zu den ältesten von Vilnius. Erstmalig erwähnt wurde das Gotteshaus 1387. Im Laufe der Geschichte wurde die Kirche mehrfach umgebaut. In ihrer gegenwärtigen Erscheinung ist der Stil des Rokokos maßgebend. Zeitweise war der Kirche ein *Dominikanerkloster* angeschlossen, das heute für wissenschaftliche Zwecke genutzt wird. Der gesamte Innenraum ist überaus reichhaltig ausgestattet. Beachtung verdient die kunstvoll angelegte Komposition aus sechzehn Altären und einer Kanzel, entstanden zwischen 1753 und 1760. Das Dach der Kirche wird von dicken, korinthischen Säulen getragen. Zahlreiche Skulpturen, Plastiken und Statuen, die in den verschiedensten Gesten und Posen angeordnet sind, vermitteln den Eindruck fließender Bewegungen. Die Kirche gehört der polnischen Gemeinde von Vilnius.

Nicht weit von der Kirche befindet sich die Kneipe *The Pub*, die nach der Besichtigung so vieler Baudenkmäler und Kirchen vielleicht gerade wie gerufen kommt, um bei einem starken Kaffee oder einem kühlen Bier wieder zu neuen Kräften zu kommen. Von hier lohnt sich ein Abstecher in die malerische Stiklų g., eine sehr gelungen restaurierte Gasse, in der früher einmal die Glaser gewohnt haben (übersetzt heißt sie Glaserstraße). Hier befindet sich auch das *Restaurant Stikliai*, das zu den besten der Stadt zählt.

Die Stiklų g. mündet auf die Didžioji g., der Verlängerung der Pilies g. Rechts in die Didžioji g. hineingehend, steht man nach wenigen Metern vor einem gewaltigen klassizistischen Gebäude, dem einstigen Rathaus.

Rathaus: Im Mittelalter war hier einst das Herz von Vilnius zu finden. Vor dem Rathaus fand der Markt statt, hier wurde über die Belange der Stadt entschieden (bis zu den Flammen von 1748/49), und hier wurden auch die Urteile an den Gefangenen und Geächteten vollstreckt. Zwischen 1785 und 1799 wurde das Rathaus von *Stuoka Gucevičiaus*, einem Liebhaber der klassizistischen Architektur, der ebenfalls der Kathedrale ihr heutiges Äußeres verlieh, in diesem Stil umgebaut. 1845 wurde in dem alten Rathaus ein Theater eingerichtet, und seit 1940 beherbergt es das Kunstmuseum. Unmittelbar hinter dem monumentalen, klassizistischen Bau liegt das moderne Gebäude des *Ausstellungspalastes*, in dem stets wechselnde Expositionen moderner Werke aus der Bildenden Kunst zu sehen sind.

Die Didžioji g. führt links am Kunstmuseum vorbei, bis sie schließlich zur Aušros Vartų g. wird. Zu Beginn dieser Straße, schräg gegenüber vom Kunstmuseum, erhebt sich die Kirche des heiligen Kazimir.

St. Kazimir-Kirche (Šv. Kazimiero): 1604 von den Jesuiten gebaut, ist sie die älteste Barock-Kirche von Vilnius.

Die Geschichte des heiligen Kazimir

Der heilige Kazimir (1458–1484), dem die Kirche geweiht ist, war ein Enkel des Jogailas. Ursprünglich sollte er König von Ungarn werden, doch hielt man ihn dort für untauglich und entschied sich anstelle seiner für seinen Bruder. Da sowohl der litauische als auch der polnische Thron bereits vergeben waren, ging Kazimir leer aus. Enttäuscht wandte er sich dem geistlichen Leben zu: In aller Öffentlichkeit warb er für die Kirche, predigte, fastete und betete. In Rom wusste man sein Tun zu würdigen, sodass der Papst den 1484 sehr jung verstorbenen Kazimir selig sprach, bis er 1602 in den Stand der Heiligen aufgenommen wurde.

Zwei Jahre nach der Heiligsprechung Kazimirs begannen die Jesuiten, zu Ehren des litauischen Nationalheiligen, eine Kirche zu errichten. Der Grundriss des Baus entspricht dem eines römischen Kreuzes und besteht aus drei Schiffen. Obwohl die Kirche von gotischen Pfeilern gehalten wird, sind doch überwiegend Elemente des Barock in ihr zu finden. Über der Kirchendecke eröffnet sich eine wuchtige Kuppel.

Die Geschichte der Kirche ist sehr bewegt: Sie wurde durch Feuersbrünste beschädigt und durch die verschiedensten Machthaber, die in Vilnius herrschten, verwüstet oder zweckentfremdet. Napoleon beispielsweise muss hier mit seinen Soldaten dermaßen gewütet haben, dass die Kirche nach seinem Abzug restaurierungsbedürftig war. 1864 ging sie nach dem litauischen Aufstand gegen den Zaren in den Besitz Russlands über, das aus der Kirche des heiligen Kazimir ein russisch-orthodoxes Gotteshaus machte. Viel wurde dem Bau hinzugefügt, viel verändert, teilweise wurden ihre Türme gar mit Zwiebeldächern versehen. Als die Kirche 1924 wieder katholisch wurde, versuchte man sogleich, sie wieder in ihren alten Zustand zurückzuverset-

Aušros vartai – Tor der Morgenröte

zen. Als die deutsche Wehrmacht in Vilnius einmarschierte, machten die Deutschen die Kazimir-Kirche zu einem protestantischen Gotteshaus. Der Höhepunkt aber war ihre Verwandlung in ein *Museum für Atheismus* im Jahre 1965. Seit 1992 ist die Kirche wieder im Besitz der Katholiken.

Weiter die Aušros Vartų g. hinaufgehend, gelangt man zum *Stadttor*. Zu ihrem Ende hin wird die Straße schmaler und krummer, und an ihren Ecken und Winkeln befinden sich gemütliche Cafés, Läden und Galerien, die zum Kaffeetrinken und zum Bummeln einladen. Auf dem Weg dorthin liegt, etwas zurückversetzt, die russisch-orthodoxe Heiliggeist-Kirche.

Heiliggeist-Kirche (Šv. Dvasios Cerkvė): Sie ist die wichtigste Kirche der russisch-orthodoxen Gemeinde von Vilnius. Die Kirche entstand Mitte des 18. Jh. und ist reichlich mit Reliefs und Ikonenbildern verziert. Der Baustil der Kirche ist dem Rokoko zuzuordnen, ein für russisch-orthodoxe Sakralbauten untypischer Stil. Doch die Architektur von Vilnius war stark vom Katholizismus und seinen Bauten beeinflusst. So hat der Baumeister *Glaubicas*, selbst Katholik, bei der Gestaltung des Innenraums verspielte Muschel- und Wellenformen einfließen lassen, die den Eindruck einer harmonischen Gesamtskulptur erwecken. In der Krypta der Kirche befinden sich die sterblichen Überreste der Heiligen *Antonius*, *Ivan* und *Euchstachius*, die 1347 wegen ihres Glaubens hingerichtet wurden.

Stadttor und Kapelle (Aušros vartai): 1503 wurde auf Beschluss des Großfürsten Alexander mit dem Bau einer Stadtmauer begonnen. Das einzige der ursprünglich neun Stadttore, das alle Stürme der Zeit überstanden hat, ist das

Aušros vartai, das *Tor der Morgenröte*. Es liegt an der Straße, die nach Medininkai führt. Zu besichtigen sind die Kapelle und die Galerie, die das Innere des Tores birgt. Das dort befindliche, von einem vergoldeten Silberrahmen umgebene *Bildnis der heiligen Mutter Gottes* ist von der Straße aus zu sehen. Seitdem der sogenannten *Weißen Madonna* im 17. Jh. von den Karmeliter-Mönchen Wunderkräfte zugeschrieben wurden, pilgern Tag für Tag viele Gläubige zum Aušros vartai, um der Heiligen Jungfrau zu huldigen.

Unter dem Tor bieten alte Frauen und Männer Rosenkränze und Ikonenbildchen feil. Über einen Kreuzgang ist die Kapelle mit der Kirche der heiligen Theresa verbunden.

Kirche der heiligen Theresa: Gebaut wurde sie zwischen 1635 und 1650. Das Innere der Kirche ist großzügig mit Gemälden, Reliefs und Skulpturen ausgestattet. Seinem Stil nach weist das Gotteshaus sowohl Elemente der Renaissance als auch des Barocks auf, wobei letztere z. T. schon stark zum Rokoko tendieren. Beachtenswert sind auch die Deckenfresken, die Szenen aus dem Leben der heiligen Theresa darstellen.

Und noch mehr Gotteshäuser ...

Wer jetzt immer noch nicht genug an alten Bauten gesehen hat und noch laufen kann, trete durch das Tor der Morgenröte, gehe rechts die Bazilijonų g. hinunter und biege dort rechts in die Visų Šventujų g. ein. Auf der linken Straßenseite erheben sich das ehemalige *Karmeliterkloster* und kurz dahinter die *Allerheiligen-Kirche*. Läuft man von der Allerheiligen-Kirche links in die Šv. Stepono g. und dann rechts in die Pylimo g., gelangt man zur Synagoge in der Pylimo g. 39.

Synagoge: Von den ehemals 96 Vilniuser Synagogen ist diese die einzige, die von den einstigen *Jerusalem des Ostens* geblieben ist. Gebaut wurde sie im Jahre 1894. Im Viertel westlich der Synagoge, ungefähr in der Gegend zwischen der Trakų g. und der Vokiečių g., befand sich während der deutschen Okkupation das Vilniuser Ghetto (mehr zum jüdischen Vilnius s. S.126).

Die Pylimo g. erstreckt sich am Westrand der Altstadt und verbindet den Bahnhof mit dem Gedimino pr., der Hauptgeschäftsstraße des modernen Vilnius (kurz vor dem Gedimino pr. wird sie zur Jogailos g.). Von der Synagoge auf dem Weg in die Neustadt liegt die Kirche der heiligen Maria mit dem Franziskanerkloster. Um diese Bauten zu erreichen, muss man von der Pylimo g. in die Lydos g. einbiegen, die dritte Straße rechts nach der Synagoge.

Kirche der heiligen Maria und Franziskanerkloster: Im Jahre 1387 begannen die Franziskaner mit dem Bau der Kirche. Drei Jahre später wurde das Gotteshaus von Rittern des Deutschen Ordens zerstört, kurze Zeit später aber wieder aufgebaut. Vom Ursprung her ist die Kirche gotisch, doch durch Umbauten sind auch Züge des Barocks erkennbar. Dies ist auch beim Kloster der Fall. 1773 wurde die Kirche zur Basilika umgebaut. Ihr schöner Innenhof ist eine Oase der Ruhe.

Um zurück ins Zentrum der Altstadt zu gelangen, empfiehlt es sich, die Lydos g. geradeaus durchzugehen, bis sie auf die Šv. Mikalojaus g. trifft. An dieser Ecke steht die älteste Kirche Litauens, die St. Nikolas-Kirche.

St. Nikolas-Kirche (Šv. Mikalojaus): Erbaut wurde die gotische Kirche von deutschen Kaufleuten im Jahre 1320 (also noch vor der Christianisierung Litauens), die den Sakralbau größtenteils als Lagerhalle nutzten. Von allen noch existierenden Kirchen Litauens ist diese die Älteste.

Die Šv. Mikalojaus g. endet auf der Vilniaus g. Geht man diese rechts hinunter, gelangt man zurück auf die Didžioji g. und zum alten Rathaus. In die andere Richtung führt sie zur Dominikonų g. und schließlich weiter zum Gedimino pr.

St. Peter-und-Paul-Kirche (Šv. Petro ir Pavilo): Dieses sehenswerte Gotteshaus in der Antakalnio g. 1 liegt etwas außerhalb des Zentrums und ist von dort aus über die Arsenalo g., die zuerst zur T. Kosciuškos g. und schließlich zur Antakalnio g. wird, zu erreichen.

Vor der Christianisierung Litauens soll an dieser Stelle ein alter heidnischer Tempel zu Ehren der Liebesgöttin *Milde* gestanden haben. Im Jahre 1668 beschloss der litauische Fürst und Hauptmann *M. K. Pacas*, hier eine Kirche zu errichten. Sein Grabstein mit der Inschrift "Hic iacet pecator" (Hier liegt ein Sünder), eingearbeitet in das Eingangsportal der Kirche, erinnert an ihn. Für den Bau der Außenwände war der Krakauer *J. Zaoras* verantwortlich, während mit der Innengestaltung die Italiener *P. Perti* und *D. M. Galli* beauftragt worden waren.

Von außen ist das als Meisterwerk des Barocks geltende Bauwerk eher schlicht. Sein Interieur jedoch bezaubert durch eine überwältigende Schönheit. Stuckarbeiten in Form von Reliefs, Rosetten und Skulpturen in Gestalt von Putten und Fabelwesen mit flatternden und fließenden Gewändern zieren den Innenraum. Wenn man längere Zeit den Blick über die unendlich geschwungenen Formen und Figuren gleiten lässt, die fließend ineinander übergehen, kann man leicht in ihren Bann gezogen werden, der einen in die Welt der Engel, Märchen- und Fabelwesen versinken lässt. Da die Kirche ganz in Weiß gehalten ist, wirkt die Fülle der Verzierungen (an die 2000 Skulpturen) nicht erdrückend, sondern fast transparent und vermittelt den Eindruck, als sei das Kircheninnere aus feinstem Porzellan.

Die Neustadt

Ihre Hauptader ist der Gedimino prospektas, der sich, vom Kathedralplatz ausgehend, immer geradeaus und am Parlament vorbei bis zum Ufer des Flusses Neris erstreckt. An ihm liegen zahlreiche Cafés, Restaurants, Kneipen, das Postamt, mehrere Banken, Kinos, einige Hotels, Kaufhäuser und Läden. Viele Kioske und kleine Verkaufsbuden reihen sich aneinander, die bunt gemischt alles verkaufen: Seife, Waschpulver, Bananen, Kaffee, Busfahrkarten, Radieschen, Kuchen, Schokolade – all das kann man an ein und derselben Bude erstehen. Dazwischen sitzen oftmals alte Frauen, die Blumen, Pilze, Beerenobst oder Sonnenblumenkerne anbieten.

Während der Sowjetzeit war der Gediminos pr. nach Lenin benannt. Die obligatorische Leninstatue erhob sich auf dem ehemaligen Lenin-Platz, dem heutigen *Lukiškių aikštė*. Der Lukiškių-Platz liegt an der rechten Seite des Gediminos pr., etwa zwei Blöcke vom Parlament entfernt. Am Nordende des Platzes erheben sich die *Jakob- und Philipp-Kirche* und ein *Dominikanerkloster*, beide

Litauen
Karte siehe Umschlaginnenklappe hinten

Bauten aus dem 17. Jh. Spaziert man den Gediminos pr. weiter geradeaus, so erreicht man das Regierungsviertel. Unmittelbar am Ufer der Neris liegt das moderne Parlamentsgebäude. Noch lange nach dem Abzug der sowjetischen Sondereinheiten, die im Januar 1991 ein letztes Mal versuchten, ihre dahinschwindende Macht zurückzuerobern, wurde das Parlamentsgebäude durch Barrikaden geschützt.

Direkt hinter dem Regierungsviertel führt eine Brücke über den Fluss, an deren Ende sich die russisch-orthodoxe Kirche *Mariä Erscheinung* erhebt. Sie gehört schon zu dem hübschen Wohnort *Žverynas* bestehend aus bunten, romantisch anmutenden Holzhäusern und vielen hohen Bäumen.

Über Žverynas kann man in den Stadtteil *Šnipiškės* gelangen, indem man einfach die Vytauto g. in nördliche Richtung hochläuft und dann rechts in die Upės g. einbiegt. Linker Hand trifft man dann bald auf die Hotels Lietuva und Turistas. Nicht weit davon geht eine kleine Fußgängerzone ab, in der sich u. a. auch ein großes Kaufhaus befindet. Dem Ende der Fußgängerzone schließen sich zu guter Letzt noch zwei sakrale Bauten an, die *St.-Raphaels-Kirche* mit dem *Jesuitenkloster*. Überquert man die Neris-Brücke, so gelangt man, entweder über die Vilniaus g. oder über die Vienuolio g. am modernen *Opernhaus* entlang, wieder zurück auf den Gediminos pr.

Das jüdische Vilnius

Das kulturelle Erbe der in Litauen lebenden Juden reicht zurück bis ins 13. Jh. Von 1316–1941 genossen die sog. *Litvaks* einen hohen Grad an Toleranz, der beinahe an Autonomie grenzte. In diesem Milieu konnte die jüdische Kultur nicht nur überleben, sondern sich auch weiter entwickeln. Über ganz Litauen verstreut gab es jüdische Gemeinden (Stetl) unter denen sich Vilnius im Laufe der Jahre zu einem bedeutenden religiösen und kulturellen Zentrum des osteuropäischen Judentums entfaltete.

Napoleon war, als er durch Vilnius kam, überrascht und gleichermaßen schockiert über die kulturelle Blüte, in der sich das litauische Judentum befand: Es gab über 100 Synagogen, jüdische Schulen, Theater, Verlage, das jiddische Institut für Höhere Studien etc. Napoleon bezeichnete Vilnius als das *Jerusalem des Nordens.*

Als die wohl größte Persönlichkeit die aus dem jüdischen Vilnius hervorgegangen ist, kann Rabbi Elijah ben Solomon Zalman, bekannt als der *Gaon von Vilna* (1720–1797) bezeichnet werden. Gaon Vilna war nicht nur ein hervorragender Kenner der Torah und des Talmuds, sondern setzte sich auch kritisch mit den alten Schriften auseinander. Er korrigierte und erläuterte zahlreiche Passagen, sodass heutzutage kaum ein Text der Torah existiert, der nicht die Korrekturnoten Gaon Vilnas trägt. Der Gelehrte gilt als einer der bedeutendsten geistigen und intellektuellen Kulturträger des internationalen Judentums.

Doch Vilnius hat noch weitere kulturelle Größen hervorgebracht, darunter *Mendele Moykher Sforim, Eliezer Ben Yahuda, Avrom Mapu, Zalman Shazar, Jascha Heifetz, Marc Chagall* u. a. Zwischen den beiden Weltkriegen avancierte Vilnius mit seinen etwa 80.000 jüdischen Einwohnern zu einem Mittelpunkt moderner jiddischer Kultur.

Während des Holocausts wurden 94 % der jüdischen Bevölkerung ermordet, womit das Jerusalem Litauens ausgelöscht wurde. Die heute existierende Gemeinde in Vilnius umfasst gerade mal 5000 Mitglieder, die darum bemüht sind, ihr reiches kulturelles Erbe zu wahren.

Wer mehr zur Geschichte der Litvaks wissen möchte, wende sich an folgende Adressen:

Jüdische Gemeinde Litauens, Pylimo 4, ☎ 613030, 📠 227915, office@litjews.org, www.litjews.org.
Staatliches jüdisches Museum Vilna Gaon, Pylimo 4 (2. Stockwerk).
Synagoge, Pylimo 36.
Jiddisches Institut der Universität Vilnius,

info@yiddishvilnius.com, www.yiddishvilnius.com.
● *Stadttouren durch' s jüdische Vilnius* , s. S. 103.
● *Literatur* **Jerusalem of Lithuania**, vierteljährig erscheinende Zeitschrift auf Englisch, Litauisch, Russisch und Jiddisch.

Künstlerrepublik Užupio

Užupis Viertel

Interessant ist ein Spaziergang durch das malerische Künstlerviertel Užupis, was sich am Rande der Altstadt am andern Ufer der Vilnia befindet. Hier leben Maler, Bildhauer, Schriftsteller etc. Užupis wird in der Stadtchronik erstmalig im 15. Jh. erwähnt und ist das erste Wohnviertel, das außerhalb der Altstadt entstanden ist. Enge Gassen, verfallene Häuser und viel Flair haben Užupis den Namen *Montmartre von Vilnius* eingebracht. Bekannt ist das Künstlerviertel auch außerhalb von Vilnius wegen der "abtrünnigen Republik Užupio."

Bei der Republik handelt es sich um eine Künstlervereinigung, darunter überwiegend Bildhauer. Regierungssitz, Parlament und Universität des Freistaates

Litauen
Karte siehe Umschlaginnenklappe hinten

befinden sich im Užupio Kavinė. Geht man die Užupio Strasse am Café geradeaus weiter, trifft man auf das Staatsymbol des Freistaates – eine ca. 4 m hohe Säule, geziert von einem gigantischen weißen Ei. Eigentlich ist ein großer Engel als Höhepunkt dieses Denkmals geplant, doch ist dieser noch nicht fertig gestellt. So wurde provisorisch dieses Mega-Ei installiert in der Hoffnung, dass diesem eines Tages der gewünschte Engel entschlüpfen möge.

Der *Dalai Lama*, der im Jahre 2001 Litauen besuchte, stattete auch der Republik Užupis einen Besuch ab, wo ihm prompt die Ehrenbürgerschaft verliehen wurde.

Frank-Zappa-Denkmal

Sollte ein Fremder in Vilnius drei Dinge nennen, die ihm zu der Stadt einfallen, würde er vielleicht die Kathedrale nennen oder das Tor der Morgenröte, aber sicherlich nicht Frank Zappa. Doch tatsächlich erinnert eine über 4 m

Frank Zappa

hohe Skulptur an den legendären Rockstar. *Saulius Paukstys*, Vorsitzender des Frank-Zappa-Fanclubs in Litauen, sah sich durch den Tod Frank Zappas inspiriert, seinem Idol ein Denkmal zu setzen. Sind doch in ganz Litauen Skulpturen von Kulturgrößen zu sehen, warum also nicht auch von Frank Zappa? Als Standort sah er den Platz vor der Vilniuser Kunstakademie vor. Für Paukstys war es darüber hinaus ein Test – ein Test, um zu sehen, wie es mit der Demokratisierung Litauens wirklich bestellt war. Nachdem er Unterschriften von Künstlern, Schriftstellern und jüngeren Parlamentsmitgliedern gesammelt hatte, unterbreitete er dem Seimas seine Idee: Die Behörden gaben grünes Licht, solange die Kostenübernahme nicht bei ihnen liegen sollte. Aufgrund von Protesten einiger Lehrkräfte der Kunstakademie

musste der Standort gewechselt werden. Ende 1995 wurde die Figur, geschaffen durch den Bildhauer *Konstantinas Bogdanas*, schließlich aufgestellt – eine 4 m hohe Stahlsäule, deren Ende eine Steinbüste von Frank Zappa ziert. Zu sehen ist dieses Denkmal in der Kalinausko g. 1.

Parks und Grünanlagen

Berg der drei Kreuze (Trijų kryžių kalnas): Verheißungsvoll baut sich der Kreuzberg hinter dem Stadtzentrum auf. Der Legende nach sollen sieben Mönche an dieser Stelle ermordet worden sein. Vier von ihnen habe man an Kreuze genagelt in die Vilnia geworfen, die anderen drei an jenem Berg gekreuzigt. Ihnen zum Gedenken hatte man dann im 17. Jh. auf dem Berg drei große, weiße Kreuze aufgestellt.

Am Fuß des Hügels beginnt der *Kalnų-Park*. In dem welligen, üppig bewachsenen Garten finden im Sommer oft Folklore- und Rock-Konzerte statt. Einen Steinwurf vom Kalnų-Park entfernt, am anderen Ufer der Vilnia nahe der St. Annen-Kirche, befindet sich der *Sereikiškių-Park*, der älteste Park von Vilnius. Ursprünglich gehörte er zu den Besitztümern der Bernhardinermönche. Heute ist er wegen seiner Spiel- und Sportplätze vor allem bei Kindern und Jugendlichen sehr beliebt.

Vingis-Park: Im westlichen Stadtzentrum, sehr schön in einer Biegung der Neris gelegen, befindet sich Vilnius' populärster Park. Aus der Innenstadt kommend ist er über die Čiurlionio g. erreichbar.

Schon im 16. Jh. war er sehr beliebt. Angeblich soll sich Zar Alexander gerade beim Tanz im Vingis-Park amüsiert haben, als ihm ein Kurier die Nachricht vom Vorstoß der napoleonischen Truppen überbrachte. Den Mittelpunkt des Parks bildet die Estrada, eine riesige Bühne. Zahlreichen kulturellen Veranstaltungen dient der Park alljährlich als Kulisse. Ein besonderer Höhepunkt stellt das alle fünf Jahre stattfindende Sängerfest dar. Der *Botanische Garten* der Universität ist ebenfalls hier zu finden.

Valakampai: Dieser duftende Wald liegt im Norden von Vilnius, am rechten Ufer der Neris. Seine Strände laden zwar nicht unbedingt zum Baden ein, aber zum Badminton- und Volleyballspielen oder einfach nur zum Spazieren gehen ist er sehr beliebt.

Anfahrt/Verbindung Zu erreichen ist der Park mit Trolley 14 (bis Endstation).

Friedhöfe

Antakalnis-Friedhof: nordöstlich vom Zentrum in der Karių kapų 1 gelegen. Viele Soldaten des Ersten Weltkrieges, darunter Litauer, Polen, Russen und Deutsche, liegen hier begraben. Auch die Gräber der vierzehn Opfer, die im Januar 1991 am Fernsehturm den Sowjettruppen zum Opfer fielen, sind hier zu finden.

Rasų-Friedhof: befindet sich südlich der Altstadt in der Rasų 32. Idyllisch fügen sich Gräber und Mausoleen in die leicht hügelige Landschaft des seit 1801 bestehenden Rasų-Friedhofes. Viele litauische Kulturträger aus der Zeit des Nationalen Erwachens sind hier zur letzten Ruhe gebettet. Die Prominentesten unter ihnen sind wohl der Maler und Komponist *M. Čiurlionis* und der Publizist *J. Basanavičiaus*.

Umgebung von Vilnius

Trakai
(ca. 8000 Einwohner)

Nur 25 km von Vilnius entfernt und geographisch eigentlich schon zur Dzūkija gehörend liegt Trakai, die mittelalterliche Hauptstadt Litauens. Umgeben von einer malerischen Seenplatte und dicht bewaldeten Hügeln, ist Trakai mit seiner Burganlage ein *Muss* für alle Litauenreisende. 1991 ist Trakai und die den Ort umgebende Seenplatte zum historischen Nationalpark erklärt worden.

Der größte See des Nationalparks ist der *Galvė-See*, aus dem sich majestätisch die restaurierte Inselburg erhebt. Am Ufer des Sees sind die Ruinen der sog. *Halbinselburg* zu sehen. Die Mauern der Burg und die Geschichte Trakais bezeugen, dass das Großfürstentum Litauen einst zu den mächtigsten Staaten Europas gehörte.

Das Städtchen selbst besteht überwiegend aus kleinen Holzhäusern. Bemerkenswert sind die Domizile der dort lebenden *Karäer* (s. u.). Alle ihre Häuser weisen zur Straße hin drei kleine Fenster auf. Heute leben noch knapp 400 Angehörige dieser Volksgruppe in Trakai.

Auch zur Erholung ist der Ort ideal, was besonders die Hauptstädter zu schätzen wissen. Das Wasser ist klar und sauber, Tret- und Ruderboote können ausgeliehen werden, und die Wege am Ufer entlang laden zum Wandern ein. Die Kulisse Trakais ist ein beliebtes Sujet vieler Maler, die oft im Schatten eines knorrigen, alten Baumes sitzen und sich von der Romantik des Ortes inspirieren lassen. Trakai ist übrigens die Partnerstadt von Rheine in Nordrhein-Westfalen.

Der Legende nach ließ *Gedimino* die Stadt Trakai im Jahre 1321 erbauen. Den Entschluss dazu soll er während der Jagd in den umliegenden Wäldern gefasst haben, als ihn die Landschaft so begeisterte, dass er in ihrer Mitte eine Stadt sehen wollte. Später schenkte Gedimino die Stadt seinem Sohn *Kęstutis*, der zwischen 1362 und 1382 eine Burg auf der Halbinsel erbaute. Nach der Ermordung Kęstutis' im Jahre 1382 durch seinen Neffen *Jogaila* residierte zeitweise der Großfürst *Skirgaila* in Trakai, bis *Vytautas der Große*, Sohn des Kęstutis, im Bündnis mit dem Deutschen Orden Skirgaila 1390 aus der Burg vertreiben konnte und das Erbe seines Vaters antrat. In einem Racheakt setzte Skirgaila ganz Trakai in Flammen. Erst 1392 war Vytautas' Macht gefestigt.

Ende des 14. Jh. ließ der Großfürst auf einer Insel im sagenumwobenen Galvė-See eine neue Burg errichten. Die neue Festung war größer und stärker. 1409 ergänzte Vytautas die Anlage nach seiner nunmehr dritten Taufe um eine Kirche.

Unter Vytautas, der nicht umsonst den Beinamen "der Große" trägt, konnte Litauen immense Gebietszuwächse verzeichnen. Von einem seiner Feldzüge hatte Vytautas eine beachtliche Anzahl an *Karäern* als Kriegsgefangene mitgebracht, eine turksprachige Volksgruppe mosaischen Glaubens. Sie dienten dem Fürsten als Leibgarde, waren wohl angesehen und erhielten sogar Handelsprivilegien. Selbst Religionsfreiheit und eigene Gotteshäuser wurden ihnen gewährt, was im von Religionskriegen erschütterten Mittelalter sicherlich

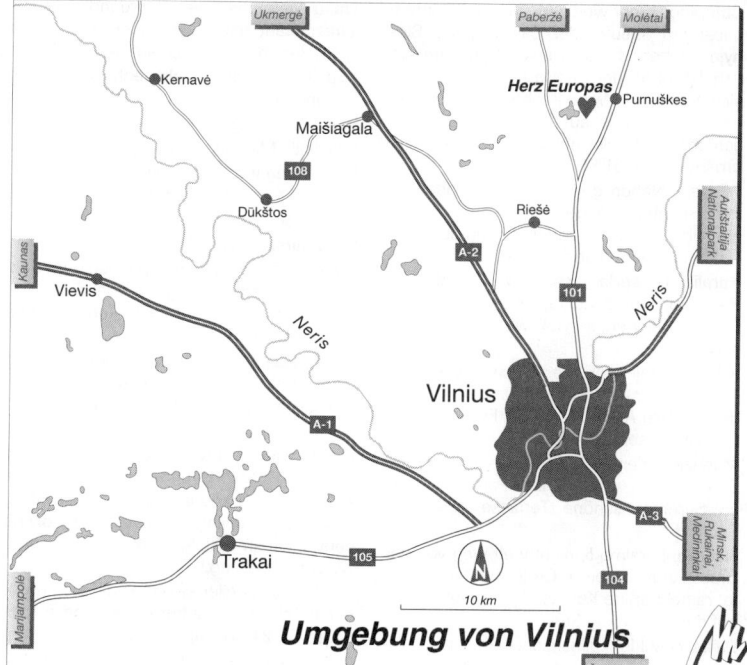

Umgebung von Vilnius

beachtlich war. Bis auf den heutigen Tag leben Angehörige dieses Volkes in Trakai. Mit dem Tod Vytautas' 1430 verlor die Festung an Bedeutung.

Einen kurzzeitigen Aufschwung erfuhr Trakai noch einmal unter dem Fürsten *Kazimir* aus dem Haus Jogaila Mitte des 15. Jh. 1655 wurde die Burg von russischen Truppen geschleift, bis sie schließlich nach und nach verfiel.

- *Postleitzahl* LT1050
- *Vorwahl* (2)38
- *Information* **Touristeninformation**, Vytauto 69. Reichlich Informationen über Trakai und ganz Litauen erhältlich, **Zimmervermittlung**. ☎/📠 51934, TrakaiTIC@is.lt, www.trakai.lt. Geöffnet von 9–12.30 Uhr und 13–18 Uhr, Sa von 10–15 Uhr.

Informationsbüro des historischen Nationalparks Trakai, Karaimų 5, ☎ 55 776, 📠 51 528. Geöffnet von 8–12 und von 12.45–17 Uhr, Fr von 8–12 und von 12.45–15.45 Uhr. Neben Informationsmaterial gibt es hier auch Angellizenzen und Campingerlaubnis.

- *Anfahrt/Verbindungen* **Pkw** – von Vilnius aus die Straße 105 bis zum Abzweig Trakai nehmen.

Bus – Von Vilnius fährt mindestens ein Bus stündlich, während der Saison auch öfter.

Busbahnhof, Vytauto 33.

Bahn – von Vilnius mit der Elektrischka aus zu erreichen. Bahnhof an der Straße nach Vilnius.

- *Übernachten* **Trakų**, Ežero 7. Kleines, hübsches Hotel mit Seeblick, Sauna und Sonnenterrasse. DZ ab 60 €. ☎/📠 55505, hotel.traku@takas.lt.

Galvė, Karaimų 41. Einfache, aber saubere Zimmer ohne WC, kühler Service, direkt am Ufer des Galvė-Sees, ÜB ca. 9 €. ☎ 51345.

Trakų Sporto Bazės, Karaimų 73. Sehr einfache Herberge, die sicher schon einmal bessere Tage gesehen hat. EZ ab 20 €, DZ ab 35 €. ☎ 55501, 📠 55387

Liepsnelė, Žemaites 2. Jugendherberge mit tollem See- und Burgblick, Zimmer äußerst einfach, aber sauber. ÜB ab 7 €. ☎ 522221.

Camping: Nicht weit von Trakai liegt unmittelbar am Seeufer der Campingplatz **Slėnyje**. Er befindet sich etwa 4 km nördlich von Trakai an der Straße nach Vievis. Vorsicht, es gibt 2 Wege nach Vievis. Den ersten nehmen und auf das Schild "Slėnyje" achten. ÜB in Holzhütten möglich, ab 8 € pro Person. ✆ 51387, ✆ 640910.

● *Essen* Neben den Restaurants laden an den Seeufern einige nette Sommercafés ein. Über die Stadt verteilt helfen auch Imbissbuden gegen den Hunger.

Karališkas sodas, Karaimų 57. Einfaches Restaurant mit schöner Terrasse direkt am Seeufer gelegen, serviert werden litauische Kreationen.

Kibinė, Karaimų 65. Gemütliches, von Karäern betriebenes Restaurant, in dem ihre Nationalspeise *Kibinai*, eine mit Fleisch gefüllte Pastete, serviert wird.

Markizas, Karaimų 25 a. Restaurant- und Cafébetrieb mit herrlichem Panoramablick, im Sommer schöne Terrasse direkt am Seeufer.

Nandrė, Karaimų 5, nicht weit weg von der Brücke zur Inselburg. Große Restauranthalle, mittelmäßige Küche, aber schöner Blick auf den Totoriškių- See.

Pilies Smuklė, kulinarischer Genuss in einmaliger Lage direkt im Burghof. Mittelalterliche Musik und historische Spiele machen die Zeitreise perfekt. Lokal macht allerdings schon um 19 Uhr zu.

Prie Pilies, Karaimų 53, edles Restaurant mit Terrasse und fantastischer Sicht auf die Inselburg, ausgezeichnete Küche.

Trakų Viešbutis, Ežero 7. Freundliches Hotelrestaurant mit guter Küche, herrlich ist es im Sommer im Freien auf der Veranda.

● *Verschiedenes* **Geldwechsel**, Vytauto 37/1 und 55.

Post, Vytauto 22.

Poliklinik, Mindaugo 17.

Internetzugang: **Tautrodas**, Vytauto 19, 2. Etage. Kaffee gibt's gratis.

Fotoläden, Vytauto 19 und 78.

Souvenirs, Karaimų 43.

Markt, befindet sich direkt neben dem Busbahnhof. Geöffnet täglich von 6–19 Uhr.

Kulturzentrum, Vytauto 69. Konzerte und Performances, ✆ 55299.

● *Veranstaltungen* **Mai**: Stadtfest und mittelalterliches Festival in der Inselburg

Juli: Opern und Ballettfestival in der Inselburg.

Die genauen Veranstaltungstermine sind variabel. Mehr Infos unter www.trakai.lt.

● *Tauchen* **Laguna**, Slenio 1. ✆ 50220, 25244, www.diving.lt/laguna; **My diving centre**, Karaimu 92, ✆ 55191, www.scubadiving.lt.

Boote, Leihstellen am Galvė-See, unweit der Brücke zur Inselburg, Tret- und Ruderboote ca. 2 € die Stunde. Nicht selten werden Segeltörns angeboten, ab 15 € pro Stunde, je nach Verhandlungsgeschick variierend.

● *Reiten* **Perkuno Žirgai**, Užutrakio 12a, ✆ 55769 und bei **Lakštas**, im nah gelegenen Dorf Varnikai ✆ 59043;

Sehenswertes

Natürlich ist die Inselburg der litauischen Fürsten die Sehenswürdigkeit Nummer Eins in Trakai, wenn nicht sogar in ganz Litauen. Ursprünglich soll die Inselburg auf drei kleinen Inseln des Galvė-Sees erbaut worden sein, die im Laufe der Zeit zu einer zusammengewachsen sind. Die Festung ist ein Beispiel litauischer Backsteingotik und besteht aus Vor- und Hauptburg, die durch eine Zugbrücke miteinander verbunden sind. Sehr nostalgisch wirkt der Innenhof der Anlage.

Heute beherbergen die Festungsmauern ein historisches Museum, das nicht nur Auskunft über die Geschichte Trakais gibt, sondern auch über die Geschichte Litauens. Das höchste Bauwerk der Festung ist der *Bergfried*. Aus den Fenstern der alten Fürstenresidenz hat man einen atemberaubenden Blick auf die glasklaren Seen und kleinen Inseln der Umgebung. Wissenschaftlichen Untersuchungen zufolge soll sich der Wasserspiegel im Laufe der Zeit um 1,6 m gesenkt haben. Glaubt man einer Legende, ist das auf den unstillbaren Durst der Pferde Vytautas' zurückzuführen.

Inselburg Trakai – litauisches Wahrzeichen

Von der Halbinselburg sind leider nur noch klägliche Mauerreste und die Ruine eines Turms zu sehen.

Öffnungszeiten Die Burg ist täglich von 10–18 Uhr geöffnet.

Ethnographisches Museum der Karäer, Karaimų g. 22: In dem kleinen Museum werden Kleidungsstücke, Werkzeuge und Gebrauchsgegenstände aus der Geschichte und dem täglichen Leben der Karäer gezeigt. Nicht weit vom Museum befindet sich die *Kinesa*, das Gotteshaus der Karäer, die jedoch nur von außen begutachtet werden kann.

Warum Vytautas der Grosse niemals König von Litauen wurde

Falsche Bescheidenheit war sicher nicht die Ursache dafür, dass Vytautas niemals zum gekrönten Herrscher Litauens wurde, sondern vielmehr eine Aneinanderreihung unglücklicher Zufälle oder infamer Intrigen: Vytautas war schon sehr betagt, als er mit seinem Cousin Jogaila, dem König von Polen, übereinkam, dass er, Vytautas der Große, zum König von Litauen gekrönt werden sollte. Alles schien so gut wie perfekt. Die Krone war längst in Österreich bestellt, und die Gäste waren zu den Feierlichkeiten geladen. Leider tauchte der Kurier mit der Krone niemals auf. Polnische Bojaren, denen die zunehmende litauische Souveränität ein Dorn im Auge war, sollen den Konvoi überfallen und die Krone eingeschmolzen haben. Vytautas gab sich jedoch nicht geschlagen und bestellte eine neue Krone. Leider stürzte der mittlerweile 80jährige vor Ankunft des ersehnten Stückes vom Pferd und verletzte sich so stark, dass er nicht wieder zu Kräften kam und schließlich verschied. Es wird allerdings auch gemunkelt, dass ihm seine Feinde Gift unter sein Essen gemischt hätten.

▶ **Vievis:** Der kleine Ort liegt etwa 30 km von Vilnius entfernt an der A-1 nach Kaunas. Das Dorf ist eigentlich nicht weiter interessant, erwähnenswert ist aber die Tatsache, dass man hier über die zermalmten Überreste unzähliger Stalinbüsten und -denkmäler fährt. Dass es in Vievis so viele "Stalins" gab, lag daran, dass man einst eine ganze Eisenbahnladung von Stalindenkmälern und -skulpturen für eine Reihe von litauischen Städten bestellt hatte. Geliefert wurden sie nach Vievis, wo sie nie abgeholt wurden. Nach geraumer Zeit stellte sich schließlich die Frage der Entsorgung. Als dann eines Tages die A-1 gebaut wurde, die auch an Vievis vorbeiführt, hat man kurzerhand sämtliche Stalinbüsten zermahlen und "zu Straße verarbeitet".

▶ **Elektrėnai:** Etwa 10 km westlich von Vievis liegt eine der jüngsten Städte Litauens, die in den Sechzigern dieses Jahrhunderts für die Mitarbeiter eines großangelegten Elektrizitätswerkes aus dem Boden gestampft wurde. Hohe Mengen von Schwefeldioxyd werden in die Luft gepustet, die man besser nicht einatmen sollte.

▶ **Kernavė:** Der archäologisch interessante Ort liegt ca. 40 km nordwestlich von Vilnius. Erstmalig erwähnt wird Kernavė 1279 in der Livländischen Reimchronik als Stammesland des Fürsten *Traidenis*, der hier von 1270–1282 herrschte. Der Ort gilt somit als die erste Hauptstadt Litauens. Archäologische Forschungen haben ergeben, dass das Gebiet um Kernavė schon in den ersten Jahrhunderten nach Christus besiedelt war, später dann aber verlassen wurde. Einer Legende nach sollen Kernavė, Trakai und Vilnius durch unterirdische Gänge miteinander verbunden gewesen sein, wobei der Zugang zu den Gängen in Kernavė mit einem eisernen, in Trakai mit einem silbernen und in Vilnius mit einem goldenen Tor zu verschließen war.
Im 12.–13. Jh. entstand hier eine mächtige Burganlage, die zu den wichtigsten dieser Art im mittelalterlichen Litauen gehörte. Heute erzählen nur noch die zahlreichen Schüttburgen (künstliche, aus Verteidigungszwecken aufgeschüttete Hügel) davon. Vom größten dieser Berge, dem *Thron des Mindaugas*, eröffnet sich ein schöner Ausblick auf die Neris und zwei weitere Schüttburgen: auf den etwas abgeflachten *Opferberg* und auf den spitz zulaufenden Berg des Oberpriesters, auf litauisch *Lizdeikas*. Alten Erzählungen nach soll sich der Lizdeika von Vilnius hierher zurückgezogen haben und bis zu seinem Lebensende zusammen mit den heiligen Jungfrauen, auf lit. *Vaidilutės*, den heidnischen Göttern gehuldigt und das ewige Feuer gehütet haben. Als die Schönste der Jungfrauen galt *Pajauta*, nach der das zwischen den Hügeln liegende Tal benannt wurde. In diesem Tal haben Archäologen vor noch gar nicht allzu langer Zeit Funde aus dem Mesolithikum gemacht.
Nahe der Schüttburgen ist ein kleines *Museum* eingerichtet, in dem Funde aus der Steinzeit besichtigt werden können.

● *Veranstaltungen* "Lebendige Archäologietage" – zweimal haben sie schon stattgefunden und sind für die Zukunft als regelmäßiges Ereignis geplant. An diesen Tagen soll auf eher lebendige Weise die litauische Geschichte des frühen Mittelalters nähergebracht werden. Besucher haben die Gelegenheit zu töpfern, Münzen zu prägen oder einfach nur zu frühmittelalterlicher Musik zu tanzen und sich an uralten litauischen Speisen zu laben. Das ganze Spektakel ist begleitet von einem bunten Markt und authentisch gekleideten Händlern. Lohnenswert ist vor der imposanten Kulisse Kernavės auch das Mittsommernachtfest am 23. Juni. Näheres bei der Touristeninformation in Vilnius

● *Anfahrt/Verbindungen* **Pkw** – Ein kurzes Stück die A-2 Richtung Ukmergė bis Maišiagala nehmen, dort links ab und immer geradeaus bis zum Ort Dūkštos fahren. Dort dann rechts in die Landstraße, die nach Kernavė führt, einbiegen.
Bus – Verbindungen von Vilnius aus, jedoch nicht allzu oft.

▶ **Dūkštos**: Das kleine Dorf liegt am Ufer des schnellen Baches Dūkšta. Im Ort selber steht eine hübsche neugotische Kapelle, die der heiligen Anna geweiht ist. In der Nähe des Dorfes befindet sich ein sehenswertes Naturdenkmal: Fährt man an der Kreuzung in Dūkštos 3 km die Straße Richtung Sudervė entlang und biegt dann links ab, kann man ihrer Majestät, der *Königin der Eichen*, seine Aufwartung machen. Der *König der Eichen* hat leider vor geraumer Zeit einen Sturm nicht überlebt.

▶ **Riešė**: Dieses kleine Dorf mit seinen zahlreichen Neubauten liegt etwa 15 km nördlich von Vilnius. Riešė ist wegen seines Gestütes interessant. Wer einmal einige Runden auf dem Pferderücken drehen will, kann das hier tun. Zum Gestüt gehört auch ein großes, aber einfach ausgestattetes Holzhaus mit zwei Saunen und Kamin. Da es nur über wenige Betten verfügt, ist bei Übernachtung Voranmeldung anzuraten (zum Reiten nicht unbedingt erforderlich). Im Sommer geht es mit den Pferden raus ins Gelände. Im Winter werden Fahrten mit dem Pferdeschlitten angeboten. Eine Reitstunde kostet um die 8 €, ein einstündiger Ausritt (nur für geübte Reiter) um die 10 €.

● *Adresse* **Žemoji Riešė**, Žirgų 12, (Vilnius raj.), ✆ 504275, ✆ 652901.
● *Anfahrt/Verbindungen* **Pkw** – etwa 7 km die A-2 Richtung Ukmergė nehmen und kurz nach dem Ort Bukiškis rechts abfahren. Rechts vom Dorf Bendoriai geht eine Straße nach Riešė ab. Befindet man sich auf der Straße Richtung Utena, ist Riešė zweimal ausgeschildert. Die zweite Ausfahrt nehmen, dann geradeaus fahren, an der Kirche vorbei, bis nach Zemoji Riešė. Dort rechts halten.
Bus – Die Verbindungen mit Vilnius sind ziemlich selten, höchstens 3-mal täglich.

▶ **Das "Herz Europas"**: Dort, wo der 25°19' Längengrad und der 54°54' Breitengrad aufeinander treffen, liegt der geographische Mittelpunkt Europas. Er befindet sich, Berechnungen des nationalen französischen Geographie-Institutes zufolge, wahrhaftig in Litauen, nämlich etwa 25 km nördlich von Vilnius. Das klingt zunächst sicherlich ein wenig unglaubwürdig, da Litauen im Allgemeinen zu Osteuropa gezählt wird. Doch wenn man überlegt, dass Europa nicht in Polen und auch nicht in Moskau aufhört, sondern ganz bis an den Ural reicht, kann man den Berechnungen der Geographen wohl Glauben schenken.

Ein Erlebnis besonderer Art ist ein Spaziergang durch den Skulpturenpark im geographischen Zentrum Europas. Der sog. Europa-Park wurde 1991 auf Initiative des litauischen Bildhauers *Gintaras Karosas* ins Leben gerufen. Er ist 55 Hektar groß und umfasst eine wunderbare Hügellandschaft mit saftigen Wiesen und dunklen Wäldern.

Das Ziel des Open-Air Museum ist es, dem geographischen Zentrums Europas eine künstlerische Bedeutung zu verleihen. Dass dieses Vorhaben gelungen ist, bezeugen die über 70 Arbeiten von Künstlern aus aller Welt, mit denen der Park aufwarten kann. Unter den originellen Exponaten sind auch Werke von Magdalena Abakanowicz, Sol LeWitt and Dennis Oppenheim zu sehen. Mit den wechselnden Jahreszeiten und der damit wechselnden Kulisse nehmen die Kunstwerke, wie z. B. der überdimensionaler *Chair/Pool* von Oppenheim oder die imposante Komposition *Cloud Hands* von Jon Barlow Hudson, die den Eindruck fliegender Steine vermittelt, jeweils eine andere Ausstrahlung an, sodass der Park immer wieder neu zu entdecken ist.

Nach einem ausgiebigen Streifzug durch das Gelände sorgt das Parkcafé für Erfrischung und Stärkung. Neben dem Café befindet sich ein Museumsshop, in dem Informationen über den Park erhältlich sind.

● *Eintritt* ca. 3 €. Europos-Centras, Joneikiškiū k., 4013 Vilnius, ✆/✉ 652368/502242, hq@europosparkas.lt, www.europosparkas.lt.

● *Anfahrt* Pkw – vom Zentrum die Vilniaus g. Richtung Utėna nehmen. Nach der Brücke wird diese zur Kalvarijų g. Die immer geradeaus fahren bis zum Santariškės Kreis. Dort rechts Richtung Žalieji Ežerai (grüner See) abfahren und den Schildern folgen.

Bus – vom Zentrum aus Trolley 10 nehmen, der die Kalvarijų runterfährt bis zur Haltestelle Žaliasis tiltas, in die 4 umsteigen bis Žalgirio. Dort auf Minibusse mit der Aufschrift Europos Parkas warten, die direkt zum Parkeingang fahren. Alternativ kann man auch den Bus 36 bis zur Endstation nehmen, allerdings müssen dabei die letzten 2.5 km zu Fuß bewältigt werden, immer den Schildern nach.

▸ **Das wahre Zentrum Europas** jedoch befindet sich 17 km vom Europa-Park entfernt, führt im Angesicht des attraktiven Skulpturenparks ein Schattendasein und ist gar nicht mal so leicht zu finden.

● *Anfahrt* Die Straße nach Utena bis Bernotai nehmen. Dort dem Schild zum **Zentrum Europas** folgen, links halten und etwa 300 m ein weiteres Feldweg entlangfahren. Nach dem Passieren einer kleinen Brücke geht es nur noch zu Fuß weiter. Auf den links liegenden Hügel steigen. Dort steht ein rotes Kreuz, das allerdings immer noch

nicht das wahre Herz Europas markiert. Wenn Sie den Hügel auf der andern Seite wieder hinunterlaufen, dort rechts in einen schmalen Feldweg einbiegen, eine weitere Holzbrücke überqueren haben und auf den nächsten Hügel zugehen, müssten Sie jetzt vor einem Haufen Steine stehen, dem Zentrum Europas.

▸ **Medininkai**: 32 km südöstlich von Vilnius liegt an der Grenze zu Weißrussland das kleine Dorf Medininkai. Hier befand sich eine der größten Burganlagen des Baltikums. Z. Zt. der "Litauenreisen" des Deutsche Ordens kam dieser steinernen Festung eine wichtige Bedeutung zu, da sie nicht wie die herkömmlichen Holzburgen einfach niedergebrannt werden konnte. In den Chroniken des Deutschen Ordens wird die Burg erstmalig 1402 erwähnt. Ursprünglich muss die fast rechteckige Festung eine Fläche von zwei Hektar umfasst haben. Zu der mächtigen Anlage gehörten auch vier bis zu 30 m hohe Türme, wovon allerdings nur noch einer erhalten ist.

Sowohl Vertreter des litauischen als auch des polnischen Hochadels sollen in dieser Burg residiert haben. Als die militärischen Auseinandersetzungen mit den Schwertbrüdern ein Ende hatten, verlor die Burg an Bedeutung. Im Krieg mit Russland 1655 wurde sie teilweise zerstört und nicht wieder aufgebaut. Im Zweiten Weltkrieg errichteten die Deutschen auf dem Burggelände ein Lager und rissen einige Mauern ab, um eine bessere Zufahrt zum Innenhof zu haben. Ein Teil der Burg wird mittlerweile restauriert, doch fehlt es auch hier an finanziellen Mitteln. Traurige Berühmtheit erlangte Medininkai durch das Massaker an sieben Zöllnern im Juli 1991.

Nicht weit von Medininkai, knapp 2 km südwestlich, befindet sich der *Juozapinė*, der mit seinen 294 m die höchste Erhebung Litauens ist. Neben dem Hügel erinnert ein Denkmal an Mindaugas, den Gründer des litauischen Staates und den ersten und einzigen König des Landes.

Litauen
Karte siehe Umschlaginnenklappe hinten

• *Anfahrt/Verbindungen* **Pkw** – Die A-3 Richtung Minsk fast bis zur Grenze zu Weißrussland entlangfahren. Etwa 2 km davor geht rechts eine kleine Straße nach Medininkai ab.

Bus – Die Verbindung zwischen Vilnius und Medininkai ist ziemlich schlecht. Eine Alternative wäre, bis zum Abzweig nach Medininkai den Bus nach Minsk zu nehmen und von da aus zu Fuß zu gehen.

▸ **Šalčininkai:** Im tiefsten Südosten Litauens, ca. 46 km von Vilnius entfernt und nahe der Grenze zu Weißrussland liegt das Bezirkszentrum Šalčininkai. Der Ort wurde erstmalig im Zusammenhang mit dem Deutschen Orden im Jahre 1311 erwähnt, als hier drei Burgen niedergebrannt wurden. Šalčininkai ist heute das kulturelle Zentrum der in Litauen lebenden Polen.

Kaunas

(ca. 413.100 Einwohner)

Kaunas, am Zusammenfluss von Nemunas und Neris gelegen, ist die zweitgrößte Stadt Litauens und das wichtigste Industriezentrum des Landes. Mit fast 90 % Litauern ist Kaunas die "litauischste" Stadt.

Kaunas ist jedoch nicht nur für die Industrie bedeutend, sondern auch für Kultur und Bildung. Mit fünf Hochschulen, mehreren Schauspielhäusern, darunter auch Musik- und Puppentheater, und einer Reihe von Museen kann die Stadt aufwarten. Bekannt und berühmt ist ihr philharmonischer Chor. Um seinen Klängen lauschen zu können, ist ein wenig Glück erforderlich, da er stets auf Tournee ist. Ganz besonders stolz sind die Kaunaser übrigens auf ihr Basketball-Team, das zu Zeiten der UdSSR oftmals die sowjetischen Meisterschaften gewonnen hat.

Geschichte

Archäologischen Untersuchungen zufolge soll es hier bereits im 4.–5. Jh. v. Chr. eine Siedlung gegeben haben, doch zum ersten Mal urkundlich erwähnt wird Kaunas erst 1361 im Zusammenhang mit den "Litauenreisen" der deutschen Kreuzritter. 1408 erhielt die Stadt das Magdeburger Recht. Immer wieder wurde Kaunas von den Glaubenskriegern belagert, bis diese 1410 in der Schlacht bei Tannenberg eine empfindliche Niederlage erlitten. Unmittelbar danach erfuhr Kaunas, wo seit 1408 das Magdeburger Stadtrecht galt, einen wirtschaftlichen Aufschwung. Der Handel mit Russland und Polen florierte, und man versuchte, ausländische Handwerker und Händler in die Stadt zu locken. Von 1441 bis 1532 unterhielt die Hanse ein Handelskontor in Kaunas. Dank der günstigen Lage entwickelte sich Kaunas im 15. und 16. Jh. zu einer blühenden Handelsstadt. Es entstanden Gilden und Manufakturen. Sogar die Münzprägeanstalt des litauischen Großfürstentums hatte ab 1665 ihren Standort in Kaunas.

Mit den Kriegen gegen Schweden und Russland im 17. und 18. Jh. begann der wirtschaftliche Niedergang der Stadt. Häuser standen in Flammen, Plünderungen waren an der Tagesordnung, und die Einwohnerzahl sank rapide. Auch Napoleon hat Kaunas auf der Durchreise seiner "Grande Armee" während seines Marschs nach Moskau nicht verschont.

Eine allmähliche Besserung zeichnete sich erst Ende des 19. Jh. ab. Mittlerweile unter russischer Herrschaft stehend, wurde Kaunas zum russischen *Kowno*

Blick auf Kaunas vom Aleksoto-Hügel aus

und zur Hauptstadt des gleichnamigen Regierungsbezirks. Die Stadt erholte sich, die Einwohnerzahl stieg, und auch die Wirtschaft wurde langsam wieder angekurbelt.

Als 1920 polnische Truppen das Gebiet um Vilnius besetzten, wurde Kaunas vorübergehend litauische Hauptstadt. Während dieser Zeit entstanden eine Vielzahl von prächtigen Verwaltungsgebäuden sowie Museen und Schauspielhäuser.

Im Zweiten Weltkrieg wurde Kaunas von der deutschen Wehrmacht besetzt. Am nördlichen Stadtrand richtete sie in einem alten Fort aus der Zarenzeit unter der Bezeichnung "Betrieb Nr. 1005-B" ein KZ ein, in dem fast 80.000 Menschen, hauptsächlich Juden, ermordet wurden. Nach Beendigung des Zweiten Weltkrieges wurde Kaunas zwar wieder Verwaltungszentrum, aber nicht Hauptstadt. Seine Bedeutung hat Kaunas dennoch nicht eingebüßt.

Information/Verbindungen/Stadtverkehr

- *Postleitzahl* LT3000
- *Vorwahl* (2)7
- *Information* Mickevičiaus 36/40. Informationen über Kaunas und Umgebung auf Englisch und deutsch erhältlich. Ebenfalls sind hier Zimmer und Stadttouren buchbar. Geöffnet Mo–Fr von 9–18 Uhr, Sa von 6–15 Uhr. ✆ 323436, ✉ 423678, www.kaunas.lt, turizmas@takas.lt.
- *Verbindungen* **Flug** – Verbindungen mit Vilnius, Palanga und Hamburg (über Palanga) u. a. Der Flughafen, einst vom sowjetischen Militär genutzt, befindet sich

in Karmėlava, an der Straße nach Jonava. Bus-Shuttle zwischen Zentrum und Flughafen. Information unter ✆ 5414090.

Pkw – Kaunas liegt an der A-1 Vilnius-Klaipėda. Ebenfalls beginnen in Kaunas die A-5 nach Marijampolė und die A-6 nach Daugavpils. Um aus Kaunas rauszukommen, zusehen, dass man auf die Vytauto g. gelangt, dort sind die großen Städte ausgeschildert.

Bus – Anschluss an jede größere Stadt Litauens. Ausgezeichnete Verbindung mit Vilnius. Direktbusse nach Rīga, Tallinn und Kaliningrad sowie nach Suvalki, Warschau und Deutschland, allerdings nicht täglich. Busbahnhof befindet sich in der Vytauto g. 24. Information unter ℡ 409060.

Kautra Busse, Juozapavičiaus 84. Busunternehmen, das ganz Litauen abfährt. ℡ 34 90 67.

Bahn – Züge nach Vilnius, Alytus, Panevėžys und Šiauliai sowie nach Rīga, Tallinn, Warschau, Kaliningrad, Moskau und St. Petersburg. Täglich mehrmals Verbindung mit der Grenzstadt Šeštokai. Bahnhof liegt am Ende der Vytauto g., aus der Innenstadt kommend noch ein Stückchen hinter dem Busbahnhof. Bahninfos unter ℡ 292955 und www.litrail.lt.

Schiff – im Sommer einmal täglich Verbindung über den Nemunas mit Nida. Die Raketas (Tragflächenboote) schaffen die landschaftlich reizvolle Strecke in 4 Stunden. Unterwegs wird angelegt in Jurbarkas und Rusnė. Winterfahrplan richtet sich nach Nachfrage. Anlegestelle in der Raudondvario plentas 107. Information unter ℡ 231348. Siehe auch Jurbarkas und Nida.

● *Stadtverkehr*   Parallel zur Laisvės al. (Fußgängerzone) verlaufen die Donelaičio g. und Kestučio g., sodass Busse und Trolleybusse jeweils im Kreis um die Laisvės al. fahren. Zum Bahnhof und Busterminal fahren die Trolleys 1, 3, 5 und 7.

Taxi: Taxistände am Zug- und Busbahnhof, in der Jonavos g. und in der A. Mackevičiaus g., man kann sie aber auch überall anhalten. Pro km mit etwa 0,30–0,45 € rechnen.

Taxiruf, ℡ 234444 oder 237777.

Übernachten (siehe *K*arte *S.* 142/143)

● *Gehobenere Preisklasse* **Babilonas (4)**, Raseinių 25. Angenehmes Hotel unweit der Altstadt. Großzügige Zimmer, teilweise mit Kamin, Privatparkplatz. EZ ab 55 €, DZ ab 75 €. ℡ 202545, 📠 209156, babilonas@ hotel.lt, www.babilonas.lt.

Daniela (63), Mickevičiaus 28. Edle Unterkunft mit farbenfrohem Dekor und sehr bemühtem Service. EZ ab 95 €, DZ ab 120 €, Suite 190 €. ℡ 321505, 📠 321632, daniela@ kaunas.omnitel.net, www.danielahotel.lt.

Kaunas (32), Laisvės 79. Hübsches Hotel in Top-Lage. Komfortable Zimmer, teilweise mit Panoramablick auf Kaunas. EZ ab 80 €, DZ ab 105 €. ℡ 323110/337118, 📠 323301, hoTel.kaunas@takas.lt, www.kaunashotel.lt.

Kunigaikščių Menė (22), Daukšos 28. Neues attraktives Hotel gelegen im historischen Kaunas. Große helle Räume mit Minibar und Satellitenfernsehen. Zum Hotel gehört ein malerisches Kellerrestaurant mit mittelalterlichem Ambiente. EZ ab 55 €, DZ ab 75 €. ℡ 320800, 📠 320872, mene@takas.lt, www.dokeda.lt/kmene.

Minotel (64), Kuzmos 8. Stilvolles Hotel in der Nähe vom alten Rathausplatz. Geräumige Zimmer mit Minibar und Satellitenfernsehen, dekoriert mit Bildern litauischer Maler. Zuvorkommender Service. EZ ab 90 €, DZ ab 110 €. ℡ 203759/229981, 📠 220355.

Nakties Magija (83), Skroblų 3. Kleines schickes Hotel in der Nähe vom Ažuolynas Park (Eichenpark) gelegen. Raum-Dekor etwas verspielt, Service sehr um das Wohl der Gäste bemüht. EZ ab 65 €, DZ 80 €. ℡ 797923, 📠 795832, nmagija@takas.lt, www.1.omnitel.net/nmagija.

Perkūno Namai (84), Perkūno 61. Komfortables edles Hotel nur ein Katzensprung vom Zentrum entfernt. Zimmer sind geschmackvoll und geräumig. Erstklassiges Restaurant angeschlossen, von dem aus sich ein eindrucksvoller Blick auf einen alten Eichenwald eröffnet. EZ ab 85 €, DZ ab 100 €, Suite ab 135 €. ℡ 320230, 📠 323678, hotel@ perkuno-namai.lt www.perkuno-namai.lt.

Sandija ir Ko (74), Jonavos 45. Kleines, exklusives Motel etwas außerhalb des Zentrums, unweit der Schnellstraße Vilnius-Kaupėda gelegen. EZ ab 80 €, DZ ab 100 €. Sehr gutes Restaurant und bewachter Parkplatz angeschlossen. ℡ 332487/254903, 📠 363392, hotel@sandija.lt, www.sandija.lt.

Santakos Viešbutis (47), Gruodžio 21. Luxuriöses 4-Sterne-Hotel mit viel Atmosphäre in renoviertem Backsteinbau, das mit gemütlich komfortablen Zimmern, ausgezeichnetem Restaurant, Sauna und Pool aufwarten kann. EZ ab 120 €, DZ 130–190 €. ℡ 302702, 📠 302700, office@santaka.lt, www.santaka.lt.

Takioji Neris (10), Donelaičio 27. Renovierter Betonbau mit Zimmern von einfach bis Superlux in zentraler Lage mit Sauna und Pool, freundlicher Service. EZ ab 60 €, DZ ab 80 €, Suite ab 130 €. ℡ 204224, 📠 205289, takneris@takas.lt, www.travel.lt/neris.

Zaliakalnio Viešbutis (3), Savanorių 66. Angenehmes Hotel in umgebautem Industriegebäude. Zimmer bestechen durch schlichte Eleganz, teilweise tolle Aussicht auf die Stadt. DZ ab 75 €. ℡ 321412/207750, 📠 733769, reception@greenhillhotel.lt, www.greenhillhotel.lt.

• *Mittlere Preisklasse* **Alanta (75)**, Alantos 33, etwas außerhalb vom Zentrum gelegen. Jedes Zimmer ist unterschiedlich ausgestattet, gemeinsam sind allen die großen Betten, die Mini-Bar und das Satellitenfernsehen. Garage vorhanden. EZ ab 45 €, DZ ab 60 €. ✆ 731142, 🖅 733871, hotel@alanta.lt www.alanta.lt.

Lietuva (15), S. Daukanto 21. Altes Hotel mit über die Jahre verstaubtem Charme in Top-Lage und verhältnismäßig günstig. Kürzlich hat der Besitzer gewechselt, sodass mit Modernisierungen gerechnet werden kann. Verschiedene Kategorien. EZ ab 30 €, DZ ab 35 €. ✆ 205992/227185, 🖅 206269.

Namų Viešbutis (76), Gaiziunų 80. Kleines gemütliches Hotel in neuem Wohnhaus, etwas außerhalb vom Zentrum. Zimmer zum Wohlfühlen, teilweise mit Schlafgalerien, DZ 45 €. Sehr freundlicher und persönlicher Service. Hotel ist von der Laisvės al. mit Trolley 2 erreichbar, aussteigen Akių klinika, Transfer kann auch von Besitzern arrangiert werden. ✆ 337444, 🖅 337445, namu@hotel.lt, www.home.hotel.lt.

• *Preiswerte Unterkünfte* **Baltija (69)**, Vytauto pr. 71. Zimmer sind schmuddelig, aber billig. ÜB ab 14 €. ✆ 222906.

Lytagra (81), Ateities pl. 50. Bescheidene Unterkunft mit Café, preiswert. Erreichbar mit den Bussen 14 und 30. ÜB ab 16 €. ✆ 737827/373352, 🖅 771677.

Monela (40), Laisvės 35. Einfaches Hotel mitten im neuen Zentrum. Zimmer alle mit Bad und im Sowjetstil. EZ ab 20 €, DZ ab 30 €. ✆ 221791, 🖅 224480.

Pieno centras (73), Kaunakiemo 1. Einfaches Hotel unweit vom Bahnhof gelegen. Zimmer sauber, aber ohne Bad. EZ ca. 12 €, DZ ca. 18 €.

Pušynas (85), Gintaro St. Einfache Herberge auf Nemunas Halbinsel gelegen. EZ ab 15 €, DZ ab 25 €. ✆ 250305, 🖅 263875. Angeschlossen sind ein Café und eine Sauna.

Sportas (1), Aušros 42a. Hotel liegt nicht unmittelbar im Stadtzentrum, ist aber problemlos mit den Bussen 10 und 21 zu erreichen. Aussteigen bei der Station Ligoninė, ein kurzes Stück in Fahrtrichtung geradeaus und dann links in die Aušros g. einbiegen. Einfach ausgestattete Zimmer, von spartanisch bis freundlich. Häufig von Sport- und Jugendgruppen besucht. ÜB ca. 10 €. ✆ 796932, 🖅 323940.

Vytauto Didžiojo Universiteto 1-asis (77), Taikos pr. 119. Einfache Unterkunft im Studentenwohnheim, nur während der Semesterferien geöffnet. ÜB ca. 10 €. ✆ 353964.

• *Privatquartiere* **Alegreta (36)**, Laisvės 46, im 3. Stockwerk. Hier können ÜF-Quartiere oder Apartments, alle im Zentrum gelegen, gebucht werden. ✆ 227448, 🖅 227448, alegreta@takas.lt.

B & B Litinterp (21), Kumelių 15–4. Etabliertes Bed & Breakfast Unternehmen, alle Unterkünfte befinden sich im Zentrum. EZ ab 21 €, DZ ab 38 €, DRZ ab 50 €. ✆ 228718, 🖅 425120, litinterp@kaunas. omniTel.net, www.litinterp.lt.

Weitere B&B Optionen mit ähnlichen Preisen wie bei Litinterp bei: **Edita Melkunienė (53)**, Vilniaus 12–1, ✆ 320925, 🖅 320925; **Eleonora Svarcienė (78)**, Savanorių 226, ✆ 771522; **Vladas Razanskas (11)**, A. Mickevičiaus 39–214, ✆ 201058.

• *Apartments* **Mairionio 13 (51)**, wer während seines Kaunas-Aufenthalts eine funktionale Ferienwohnung sucht, ist hier an der richtigen Adresse. Für 2 Personen ca. 30 € pro Tag. ✆ 208601/25272, 🖅 298170, em_salonas@hotmail.com.

Aujama (79), Lukšio 34, etwa 3 km vom Zentrum entfernt. 7 schicke Apartments mit Küche, Wohnzimmer, Bad und Schlafzimmer zu vermieten, pro Tag zwischen 30–60 €. ✆ 315599, 🖅 311208, www.aujama.lt.

Marina Karpenko (49), J. Gruodžio 17. Apartments mit Frühstück zu vermieten. Studio ca. 30 €, Apartment mit 2 Zimmern ca. 38 €. ✆/🖅 208349.

Essen (siehe Karte S. 142/143)

Das kulinarische Angebot in Kaunas kann sich sehen lassen. Es reicht von Pizza bis hin zu exklusiven Kreationen in stilvollem Ambiente. Darüber hinaus laden zahlreiche gemütliche Cafés und Bars zu einem ausgedehnten Kneipenbummel ein.

• *Restaurants* **Aiax (9)**, Savanorių 3. Gut besuchtes Restaurant mit feurigen Leckereien aus Ungarn.

Arbatine (13), Laisvės 100. Liebevoll gestaltetes Lokal mit delikaten veganen Kreationen, rauchfrei.

Arena Pizza (66), Kestučio 6. Beliebte Pizzeria mit gutem Essen und großer Auswahl an frischen Salaten.

Astra (26), Laisvės al. 76. Elegantes, von außen rosaschimmerndes Restaurant mit durchschnittlicher Küche.

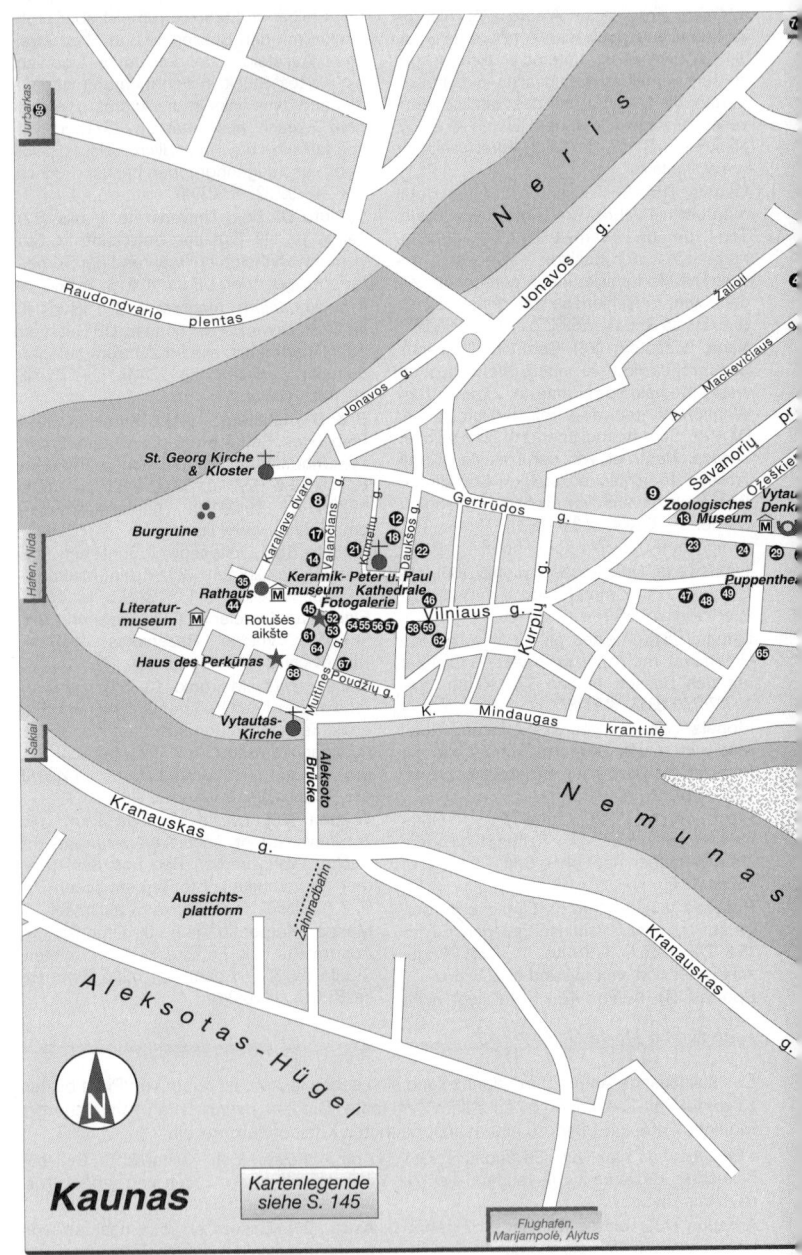

St. Georg Kirche & Kloster

Burgruine

Rathaus

Literatur-museum

Haus des Perkūnas

Vytautas-Kirche

Rotušės aikštė

Keramik-museum

Peter u. Paul Kathedrale

Fotogalerie

Vilniaus g.

Zoologisches Museum

Vytau Denk.

Puppenthe.

Raudondvario plentas

Jonavos g.

Jonavos g.

Gertrūdos g.

Savanoriy pr

Žalioji

A. Mackevičiaus g.

N e r i s

N e m u n a s

Aleksoto Brücke

Zahnradbahn

Aussichts-plattform

Kranauskas g.

A l e k s o t a s - H ü g e l

Kranauskas g.

K. Mindaugas krantinė

Poudžių g.

Juozapas

Hafen, Nida

Šakiai

Kaunas

Kartenlegende siehe S. 145

Flughafen, Marijampolė, Alytus

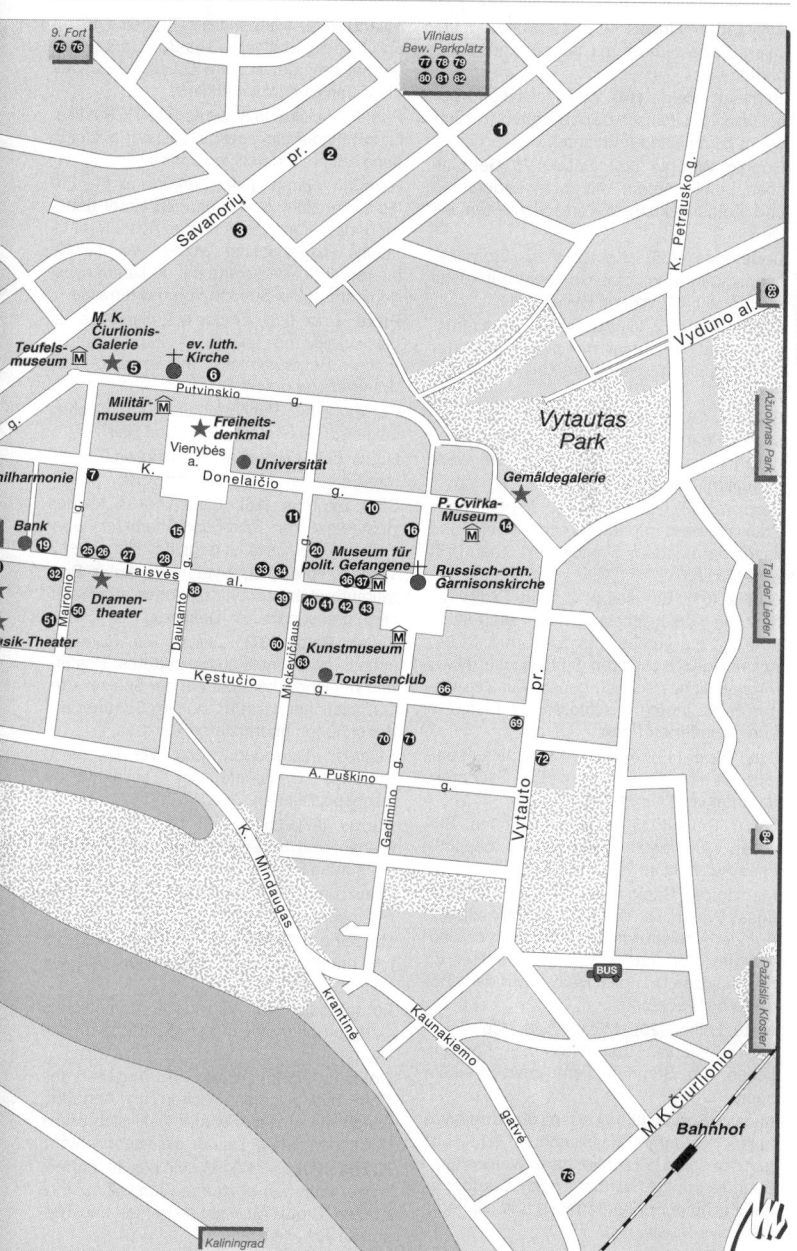

9. Fort
78 76

Vilniaus
Bew. Parkplatz
77 78 79
80 81 82

pr. 2

1

Savanoriu

3

M. K.
Čiurlionis-
Galerie

Teufels-
museum M ★ 5

ev. luth.
Kirche
6

Putvinskio g.

Militär-
museum M ★ Freiheits-
denkmal

Vienybés a.

Universität

K. Donelaičio g.

Vytautas
Park

milharmonie 7

Gemäldegalerie ★

Bank

19

11 10

P. Cvirka-
Museum M
14

25 26 27

15

16

28

20 Museum für
polit. Gefangene

33 34

32

Laisvés al.

36 37 M

Russisch-orth.
Garnisonskirche

50 Dramen-
theater

38

39

40 41 42 43

51

60

M

sik-Theater

Daukanto

Kunstmuseum

63

Kęstučio

Touristenclub

66

70 71

69

A. Puškino g.

72

K. Mindaugas

Gedimino

Vytauto pr.

BUS

Kaunakiemo

gatvé

M.K. Čiurlionio

Bahnhof

73

Kaliningrad

Aziolyras Park

Vydūno al.

K. Petrausko g.

Tal der Lieder

Pažaislis Kloster

Avilys (57), Vilniaus 34. Freundliches, rustikales Bierrestaurant mit hauseigener Minibrauerei.

Bernelių Užeiga (14), Valančiaus 9 und Donelaičio 11. Litauische Spezialitäten in zünftigem bäuerlichen Ambiente.

Boogie Woogie (25), Laisvės 76. Gemütliches Etablissement mit roten Ledersofas und Fotos bekannter Persönlichkeiten als Dekor.

Carlstonas (65), Kestučio 93. Romantisches spanisches Etablissement mit köstlicher Paella. Oft spielen Live-Bands.

Chez Eliza (55), Vilniaus 30. Elegantes französisches Restaurant mit glasüberdachter Terrasse, ausgezeichneter Küche und viel Flair.

Daniela (3), Mickevičiaus 28. Modern gestyltes Restaurant mit kreativer Küche zum gleichnamigen Hotel gehörend. Wie wär's einmal mit Lachslasagne?

Europa (48), Gruodžio 19. Angenehmes Etablissement mit europäischer Küche und zuvorkommendem Service. Am Abend oft Live-Musik.

Gildija (61), Rotušės a. 2. Zum Gildija gehört ein vorzügliches, uriges Kellerrestaurant und ein gemütliches Café im 1. Stock, mit riesigen, schweren Stühlen, die etwas thronähnliches an sich haben. Zur Zeit wegen Renovierung geschlossen, soll aber in Kürze wieder eröffnen.

Ilgoji Upe (46), Vilniaus 13a. Chinarestaurant mit einer Riesenauswahl an Gerichten, darunter viele vegetarische.

Liepų Pavėsy (50), Laisvės/Mariono. Stilvolles Kellerrestaurant mit einer beachtlichen Auswahl an Weinen.

Medžiotojų Užeiga (68), Rotušės 10. Zünftiges Wirtshaus direkt am Rathausplatz. Auf der Speisekarte stehen Wildspezialitäten. Im Sommer kann man herrlich im Freien sitzen und das Treiben auf dem Rotušės beobachten.

Metu Laikai (20), Mickevičiaus 40b. Populäres Restaurant mit exotischen Köstlichkeiten. Im Sommer kann man draußen speisen.

Miesto Sodas (29), Laisvės 93. Attraktives helles Restaurant, das durch schlichte Eleganz besticht. Frischkostfans werden sich über die üppige Salatbar freuen. Darüber hinaus schöne Sonnenterrasse und allabendliche Live-Musik.

Milano (60), Mickevičiaus 19. Feine Pizza- und Nudelspezialitäten aus Bella Italia. Restaurant befindet sich im Offiziersclub, was die vielen Uniformen erklärt.

Pas Pranciška (62), Zamenofo 11. Rustikale, auf Kinder eingestellte Gaststätte. Litauische Küche und delikate Torten.

Perkūno Namai (84), Perkūno al. 61. Edles Lokal, zum gleichnamigen Hotel gehörend, dass kürzlich als bestes Restaurant Litauens ausgezeichnet wurde. Wechselnde interessante Speisekarte mit delikatem hausgemachten Eis. Schöne Sommerterrasse.

Pizza Jazz (28), Gričiupio 9, Sarkuvos 1a, Laisvės 68 und Taikos 141. Peppig aufgemachte Restaurantkette mit Sofas, bunten Wänden und gutem Essen.

Pompeja (6), Putvinskio 38. Authentisches italienisches Restaurant mit viel Flair.

Rojus (24), Laisvės al. 97. Schickes Restaurant/Café, was z. Zt. renoviert wird.

SFC Express (16), Gedimino 33. Kleines Restaurant mit Fast-Food-Charakter. Spezialität des Hauses ist gegrilltes Hühnchen.

Tête à Tête (72), Vytauto 56. Edles Restaurant mit erlesenen Kreationen aus Frankreich und sündhaften Desserts.

Zalias Ratas (37), Laisvės 36b. Romantisches, traditionell ausgestattetes Restaurant mit ländlicher Kost auf der Speisekarte. Gut aushalten lässt es sich im Sommer auf der schönen überdachten Terrasse.

● *Cafés*   **Barracuda (52)**, Vilniaus 14–4. Stilvolles Szenecafé mit ansehnlichen Fischspezialitäten.

Barras (27), Laisvės 70. Gemütliches Kaffeehaus mit Sofas, Rosentapete und goldgerahmten Fotos bekannter Persönlichkeiten.

Bravissimo (35), Rotušės 27. Stilvolles Café mit tollem Innenhof.

Cukrainė (59), Vilniaus 44. Kleine Patisserie mit bunten süßen Köstlichkeiten und ein paar Tischen.

Fotogalerija (45), Vilniaus 4. Gemütliches Café mit überwiegend studentischem Publikum.

Dolminta (38), Laisvės 61. Angenehmes Café mit diversen Kuchen im Angebot. Durch die großen Fenster lässt sich prima das Leben auf der Laisvės alėja beobachten.

Kavos Klubas (17), Valančiaus 19. Kaffeetrinker kommen im Kaffee Club voll auf ihre Kosten. Große Auswahl an Kaffee- und Teesorten aus aller Welt.

Übernachten

1. Sportas
3. Zaliakalnio Viešbutis
4. Babilonas
10. Takioji Neris
11. Vladas Razanskas
15. Lietuva
21. B & B Litinterp
22. Kunigaikščių Menė
32. Kaunas
36. Alegreta
47. Santakos Viešbutis
49. Marina Karpenko
40. Monela
51. Apartments
53. Edita Melkuniene
63. Daniela
64. Minotel
69. Baltija
73. Pieno centras
74. Sandija ir Ko
75. Alanta
76. Namų Viešbutis
77. Vytauto Dižiojo Universiteto 1-asis
78. Eleonora Svarciene
79. Aujama
81. Lytagra
83. Nakties Magija
84. Perkūno Namai
85. Pušynas

Cafés

5. Studentencafé
8. Kuba
17. Kavos Kluba
18. Rimesta
19. Zageras Baras
23. Pas Gertruda
27. Barras
35. Bravissimo
38. Dolminta
39. Viva Blynai viva koldunai
43. Varnelė
45. Fotogaleria
52. Barracuda
56. Kaunas Spauda
58. Vasara
59. Cukrainė

Essen/Trinken

3. Daniela
6. Pompeja
9. Aiax
14. Bernelių Užeiga
13. Arbatine
16. SFC Express
20. Metu Laikai
24. Rojus
25. Boogie Woogie
26. Astra
28. Pizza Jazz
29. Miesto Sodas
37. Zalias Ratas
46. Ilgoji Upe
48. Europa
50. Liepų Pavėsy
55. Chez Eliza
57. Avilys
60. Milano
61. Gildija
62. Pas Pranciška
65. Carlstonas
66. Arena Pizza
68. Medžiotojų Užeiga
72. Tete a Tete
84. Perkūno Namai

Nachtleben

2. Los Patrankos
7. Fortas
12. Senamiescio Vynine
24. Port Rojalis
30. Siena
31. Elfū
33. Senas Stalčius
34. Combo Club
41. Prie Akmenu Užeiga
42. Kuba
44. Skilautas
54. Antis
67. B&O
71. Orleans
70. Cosmo Shokas
80. Kolegos
82. Laukinis Arklys

Karte Kaunas
siehe S. 142/143

Kaunas

Kuba (8), Valančiaus 19. Schickes Selbstbedienungscafé mit einem reichhaltigen, stets frischen Buffet. Auf karibische Klänge wartet man jedoch vergebens.

Pas Gertruda (23), Laisvės 101a. Beliebtes Café mit Korbstühlen, grünen Wänden und Metall Dekor, schöne Sommerterrasse.

Rimesta (18), Daukšos 23. Nettes kleines Kaffeehaus mit hellem bunten Dekor und frischen Blumen auf den Tischen.

Spauda (56), Vilniaus 30. Kleines Café mit vielen Zeitungen und angenehmer Atmosphäre. Gut zum Frühstücken geeignet, da schon ab 8 Uhr geöffnet.

Studentencafé (5), Putvinskio, gegenüber vom Čiurlionis-Museum. Kunstvoll dekoriertes Café mit netter Stimmung.

Varnelė (43), Laisvės 15. Attraktives kleines Café mit schicker moderner Beleuchtung. Gutes Frühstück, schon ab 7.30 geöffnet.

Vasara (58), Vilniaus 40. Helles Café mit Spiegeldesign und glasüberdachter Terrasse, studentisches Publikum.

Viva Blynai viva koldunai (39), Laisvės 53. Selbstbedienungs- und Fast-Food-Café mit litauischen Köstlichkeiten.

Zageras Baras (19), Laisvės 84. Freundliche Cafékneipe mit langem Tresen und netter Stimmung.

● *Bars/Diskos* **Antis (54)**, Vilniaus 22. Edle Kellerbar im gleichnamigen Restaurant, Live-Musik.

B&O (67), Muitinės 9. Dunkle, laute, rauchige Bar gegenüber der philosophischen Fakultät, intellektuelles Publikum.

Combo Club (34), Laisvės 46a. Befindet sich im Laisvės Kino. Beliebt ist diese Bar und Disko, in der auch warmes Essen serviert wird, besonders bei Jugendlichen. Am Wochenende bis 6 Uhr morgens geöffnet.

Cosmo Shokas (70), Gediminio 33. Spacige Kneipe mit coolem Klientel.

Europe, Gruodžio 19. Modern aufgemachte Bar mit jüngerem Publikum.

Elfū (31), Laisvės 85. Gemütliche Kneipe mit rustikalem Dekor. Abends treten oft Rock- oder Bluesbands auf.

Fortas (7), Donelaičo 65. Gemütlicher irischer Pub, natürlich mit Guinness im Ausschank, sehr populär.

Kolegos (80), Studentų 63a. Studentendisko mit relaxter Atmosphäre.

Kuba (42), Laisvės 21. Nette Cocktailbar, die jedoch nichts mit der Karibikinsel gemeinsam hat.

Laukinis Arklys (82), Savanorių 206. Amerikanisch gestylte Disko, Bar und Spielhalle. Besonders die Disko ist wegen der kontinuierlich wechselnden Musik sehr beliebt.

Los Patrankos (2), Savanorių 124. Spannender Nachtclub mit Laserlicht, wechselnden Events und Parties, großer Tanzfläche, zwei langen Bars und Billiardtischen.

Orleans (71), Gedimino 30. Gemütliche Szenekneipe als Hommage an New Orleans. Am Wochenende oft Live-Jazz.

Port Rojalis (24), Laisvės 97. Winzige, dunkle und verqualmte Kneipe.

Prie Akmenu Užeiga (41), Laisvės 21. Hier kann man locker einen ganzen Abend verbringen – Dinner im Restaurant, ein Cocktail in der Bar und dann in der Disko die Nacht durchtanzen, jeden Samstag spielen Live-Bands.

Senamiescio Vynine (12), Daukšos 23. Weinliebhaber sind in dieser kleinen Weinbar goldrichtig. Wie wäre es mal mit Rebentrank aus Armenien oder Georgien?

Senas Stalčius (33), Laisvės 48a. Schicke Szenekneipe mit studentischem Publikum, am Wochenende mit Live-Musik.

Siena (30), Laisvės 93. Moderne edle Disko mit extra großer Tanzfläche, sehr populär.

Skilautas (44), Rotušės a. 26, liegt etwas versteckt im Hinterhof. Gemütliche, verqualmte Kellerkneipe, in der gelegentlich Jazz- und Rockbands spielen.

Einkaufen/Adressen

Die Geschäftsstraßen von Kaunas sind die Fußgängerzonen Vilniaus g. und Laisvės al. Zu kaufen gibt es alles, von CDs und Fotofilmen bis hin zu Legosteinen und teuren Markenjeans. Kunsthandwerk und Souvenirs sind am günstigsten an den zahlreichen Straßenständen zu finden. Zum Bild gehören auch hier die Babuschkas, die Selbstgeernteten verkaufen und viele Bettler, meist alte Leute.

● *Galerien* **Kauno Langas**, Vilniaus 22 und Valančiaus 5–6. Wechselnde Ausstellungen zeitgenössischer Kunst aus ganz Litauen, hauptsächlich Gemälde, geöffnet von 11–18 Uhr.

Kauno Galerija, Rotušės 26–27. Hierbei

handelt es sich um 3 Ausstellungsräume der litauischen Künstlervereinigung. Die wechselnden Exponate sind alle käuflich zu erwerben.

Alberto Galerija, Vilniaus 22. Interessante Ausstellungsstücke, von Keramik über Tiffanytechnik bis hin zu Schmuck und Gemälden. Geöffnet von 10–18 Uhr, Sonntags bis 15 Uhr.

• *Souvenirs* **Dižanos Salonas (3)**, M. Valančiaus 5. Lederschmuck, selbstgefertigte Kleidung, Keramik und Stoffe, z. T. auch interessante Designerware, alles sehr schön dekoriert.

Weitere **Souvenirläden** befinden sich in der Vilniaus 25, Daukanto 17, Laisvės 31.

• *Bücher* relativ großer Buchladen am Ende der Laisvės al., kurz vor der russischen Kathedrale. Teilweise ist hier auch deutsch- und englischsprachige Literatur erhältlich.

Antiquariat, Rotušės a. 23, Verkauf von alten Büchern, z. T. auch in deutscher Sprache.

• *Märkte* **Aleksoto**, Veiverių 47. In der Vorstadt Aleksoto wird jeden So ein großer, bunter Vieh- und Automarkt abgehalten, zu erreichen mit Bus 6 ab Bahnhof.

Vilijampolės-Markt, Grinius 5. Gemüse, Obst, Blumen, saure Gurken, Hausgemachtes etc., täglich außer Mo.

Markt am Bahnhof, lautstarker Handel mit Blumen, Obst, Gemüse, Softdrinks, Sonnenblumenkernen etc. verwandelt den Bahnhofsvorplatz tagtäglich in einen großen Markt.

• *Adressen* **Geldwechsel**, Maironio 28; Gruodžio 9, Laisvės al. 79, 82 etc. Darüber hinaus befinden sich über die Laisvės al. und Vilniaus g. verstreut eine Reihe kleiner Wechselstuben und Bankautomaten.

Abschleppdienst, ✆ 718922.

Bewachte Parkplätze, Taikos pr. 84, im Stadtteil Dainava, Šiaurės pr., gegenüber vom Haus 65.

Apotheke, Laisvės al. 100.

Poliklinik, Laisvės al. 17.

Raudonasis Kryžius (Rotes Kreuz), Mickevičiaus 4.

Mietwagen: **Litinterp**, Kumelių 15–4, ✆ 228718; **Baltic Car Rent**, Studentų 2b,

✆ 734725. Alle Mo–Fr von 10–18 Uhr, Sa bis 15 Uhr geöffnet.

Tankstellen, Westtankstellen mit 24- Stunden-Service befinden sich in der Ateities g. 30b, Savanorių 404, Raudondvario 107a und in der Parmonės 18.

• *Reisebüros* **Studenten- und Jugendreisen**, Ožeškienės. Billige Tickets für Schüler und Studenten. ✆ 202303, ✆ 32 23 03, kaunas@jaunimas.lt, www.lsyt.lt. Geöffnet von Mo–Fr, 9–18 Uhr, Sa von 10–14.

Baltic Clipper, Laisvės 61. Hier sind Flugtickets, Hotelbuchungen und Touren durch Litauen buchbar. ✆ 228707/320300, ✆ 223471, clipper_travel@kaunas.omnitel.net. Geöffnet von Mo–Fr, 9–18, Sa 10–14 Uhr.

Studenten-Reisebüro, Kestučio 57–4. Discounts erhältlich. ✆ 220552, ✆ 20 84 64, sts@cis.lt, geöffnet Mo–Fr, 9–18, Sa 10–14 Uhr.

Saitas, Donelaičio 26–1. ✆ 209907/209750/20 9730, ✆ 147236, travel@saitas.lt. Allumfassender Service, geöffnet Mo–Fr, 9–18, Sa 10–14 Uhr.

Krantas Schifffahrt, Kanto 22. ✆ 33 72 58/33 72 59, kaunas@krantas.lt, www.krantas.lt. Hier gibt es Fährtickets nach Kiel.

Fahrradverleih: Wer Kaunas per Velo erkunden will und ein Fahrrad braucht, wende sich an Litinterp, Kumelių 15–4, ✆ 228718, kaunas@litinterp.lt, www.litinterp.lt.

• *Kommunikation* **Post**, Laisvės al. 102. Telegrammannahme rund um die Uhr geöffnet; Senas paštas, M. Valančiaus 1. Hier gibt es Poststempel aus der Vorkriegszeit.

Internetzugang: **Café Internetas**, Vilniaus 26. Spartanisches Ambiente, aber schnelle Rechner; **Dodeka**, Maironio 13. Neue Einrichtung mit schneller Verbindung; **Kauno Menininkų Namai** (Haus der Künstler), Putvinskio 56. Tagsüber, wenn keine Lesungen stattfinden kann man hier online gehen. Geöffnet Mo–Fr von 10–18 Uhr.

Handys: SIMcards gibt es bei **Bite GSM**, Laisves 12, Savanorių 135; **Comilet**, Donelaičio 73–107; **Omnitel**, Laisvės 43. **Faxservice**: Kaunotelekomas, Taikos 54.

Museen

Apothekenmuseum, Rotušės a. 28. Zu bewundern sind Instrumente und Einrichtungselemente einer alten litauischen Apotheke des 17. Jh. Geöffnet Mi–So von 11–17

Uhr im Sommer und von 10–16 Uhr im Winter.

M. K. Čiurlionis-Galerie, Putvinskio 55. Umfassende Ausstellung der Gemälde des litauischen Nationalmalers und -komponisten

M. K. Čiurlionis. Außerdem befinden sich im Museum Exponate zur litauischen Landeskunde, geöffnet Di–So von 11–17 Uhr. Letzter Dienstag im Monat geschlossen. Es ist empfehlenswert, eine Führung mitzumachen, auf Deutsch und Englisch möglich, ✆ 204446.

M. K. Čiurlionis

M. K. Čiurlionis (1875–1911) zählt zu den bedeutendsten Malern und Komponisten Litauens. Čiurlionis versuchte, zu seinen eigenen Kompositionen Bilder zu malen. Die Gemälde haben oft eine sehr mystische Ausstrahlung. In vielen seiner Bilder ist eine Schlange als Symbol der Weisheit oder Fruchtbarkeit zu finden. Der Künstler arbeitete viel mit verschiedenen Helligkeitsgraden, die seinen Bildern oft etwas Unwirkliches, ja beinahe Unheimliches verleihen. Čiurlionis war Nationalist und wünschte sich ein unabhängiges Litauen. Dieses Anliegen ist in vielen seiner Bilder wiederzufinden. Ebenfalls fällt in Čiurlionis Werk eine intensive Beziehung zum Jenseits auf. Oft bemerkt man die Aussagekraft und Tiefe in den Bildern erst auf den zweiten Blick.

P. Cvirka-Museum, Donelaičio 13. Kleines Museum für den Schriftsteller P. Cvirka, geöffnet Mi–Mo von 11–18 Uhr.

Fotogalerie, Rotušės a. 1. Wechselnde Ausstellungen, geöffnet Di–So von 11–18 Uhr, außer dem letzten Dienstag im Monat.

Gemäldegalerie, Donelaičio 16. Das Museum zeigt u. a. auch bekannte Größen wie Chagall und Raffael, geöffnet täglich von 11–17 Uhr außer dem letzten Montag und Dienstag des Monats.

Keramikmuseum, Rotušės a. 15. Kleines Museum im Keller des Rathauses, geöffnet Di–So von 12–18 Uhr.

Kunstmuseum, Nepriklausonybės a. 12. Das moderne Gebäude beherbergt interessante Ausstellungsstücke wie u. a. alte italienische Gemälde, deutsches Porzellan sowie einen echten Rubens, geöffnet Di–So von 11–17 Uhr, am letzten Dienstag im Monat geschlossen.

Literaturmuseum, Rotušės a. 13. Befindet sich in einem alten Gebäude aus dem 17. Jh. Das Museum ist zum Andenken an den großen litauischen Dichter *Maironis* eingerichtet worden, der auch zeitweise in diesem Haus gelebt hat, geöffnet Mi–Sa von 11–19, So von 11–17 Uhr.

Die Skulptur vor dem Haus stellt den Dichter Maironis dar. Geschaffen hat sie der Bildhauer *Jakubonis* im Jahre 1977.

Militärmuseum, Donelaičio 64. Die Exponate des Museums beziehen sich nicht nur auf Vytautas den Großen, sondern geben auch einen Querschnitt der Geschichte Litauens wieder. Zu sehen ist u. a. das Flugzeugwrack der verunglückten Atlantikflieger Steponas Darius und Stasys Girėnas (s. auch S.180), geöffnet Mi–Mo von 10–18 Uhr im Sommer und von 9–17 Uhr im Winter. Geschlossen am letzten Montag, Dienstag und Donnerstag eines Monats.

Museum für politische Häftlinge, Vytauto 46. Zu sehen ist eine kleine Ausstellung über den Widerstand der Litauer gegen die Sowjetbesetzung. Geöffnet Di, Mi, Fr und Sa von 10–16 Uhr.

Postmuseum, Rotušė a. 19. Untergebracht in den alten Stallungen der Postpferde. Zu sehen sind alte Telefone, Telegrafengeräte und alte Briefmarken, Mi–So von 10–18 Uhr geöffnet.

S. Neries-Museum, Vilnėles 7. Kleine Ausstellung über das Leben und Werk der Dichterin Salomėja Neries. In diesem Haus findet jedes Jahr ein internationales Literatentreffen statt. Geöffnet Mi–Mo von 11–19 Uhr.

9. Fort, Žemaičių pl. 73. Im Ersten Weltkrieg diente das Fort als Verteidigungsfestung der Zarenarmee gegen die Deutschen. Im Zweiten Weltkrieg benutzten die deutschen Nazis die Festung dann selbst, und zwar als KZ unter dem Decknamen *"Fabrik 1005-B"*. An die 100.000 Menschen, überwiegend Juden aus dem Kaunaser Ghetto, fanden hier den Tod. Später wurden auch Juden aus anderen europäischen Ländern hierher deportiert. Drei übergroße Skulpturen der Bildhauer *Baravykas* und *Vielius*, die "Leid", "Kampf" und "Sieg" symbolisieren, erinnern an die hier verübten Gräueltaten und mahnen zum Frieden. Zu erreichen mit den Bussen 23 und 35, aussteigen an der Haltestelle "Fort" oder mit den Minibussen 93, 96 oder 46. Mit dem Auto in Richtung Klaipėda die Neris überqueren und rechts in die zweite größere Straße, die Žemaičių Chaussee, einbiegen. Im Sommer geöffnet Mi–Mo von 10–18 Uhr, im Winter Mi–So von 10–16 Uhr.

Teufelsmuseum, Putvinskio 64. Umfangreiche Sammlung von Teufelsfiguren aus aller Welt, geöffnet Di–So von 12–18 Uhr.

Zoologisches Museum, Laisvės al. 106. Ausgestopfte Exemplare aus der Tierwelt Litauens, geöffnet Di–So von 11–19 Uhr.

Das Teufelsmuseum

Der naturalistische und impressionistische Maler *Antanas Žmuidzinavičius* (1876–1966) war sehr mit einem Priester namens *Vaišgantas* verbunden. Trotzdem besuchte er nie die Predigten seines Freundes. Von Vaišgantas zur Rede gestellt, gab Žmuidzinavičius zu, an den Teufel zu glauben. Sein Namenstag liege auf einem 13., seine Frau habe er an einem 13. kennen gelernt... – und es gehe ihm trotzdem gut, argumentierte er. Bei der nächsten Gelegenheit schenkte sein Priesterfreund ihm eine Teufelsfigur, der die abgeschnittenen Beine eines Engels (!) in der Hand hielt. Daraufhin begann Žmuidzinavičius Skulpturen und Abbildungen des pferdefüßigen Höllenherrns zu sammeln. Das Museum besitzt heute über 5000 Exponate, aus allen Ecken der Erde stammend. Interessant ist, dass die "internationalen Teufel" z. T. als etwas Positives dargestellt werden. Der kleinste Teufel ist nicht größer als ein Fingerhut. Neue originelle Ausstellungsstücke sind stets willkommen.

Litauen
Karte siehe Umschlaginnenklappe hinten

Kultur/Unterhaltung

Karten im Vorverkauf gibt es an den jeweiligen Veranstaltungsorten. Die meisten Veranstaltungen beginnen bereits um 18 Uhr.

Musiktheater, Laisvės al. 91. Die Musik ist nicht erstklassig, aber auch nicht schlecht. Für Leute, die Nostalgie lieben und für 2 Stunden in die Musikwelt der Vorkriegszeit eintauchen möchten, genau das Richtige, ✆ 200933.

Philharmonie, Sapiegos 5. Hier wird Musik von hoher Qualität gespielt. Auf moderne Art wird klassisch musiziert. Sollte der berühmte Chor von Kaunas wider Erwarten einmal ein Konzert in seiner Stadt geben, unbedingt hingehen, ✆ 202478.

Puppentheater, Laisvės al. 87a. Nicht nur für Kinder geeignet. Das Puppenspiel ist hübsch anzusehen, sodass Sprachbarrieren nicht allzu hinderlich sind. Vorstellungen Do–So, ✆ 209893.

Schauspielhaus, Laisvės al. 71. Dieses Dramentheater gilt als eines der besten Litauens. Manchmal können ausländische Gäste sogar per Kopfhörer-Übersetzung den Inhalt der Aufführung auf Deutsch oder Englisch erfahren, ✆ 224064.

Theaterschule für Pantomime, Ožeškienės 12. Gespielt wird am Wochenende Do–So, ✆ 423668.

● *Kinos* Gezeigt werden hauptsächlich Filme in Originalfassung. Das aktuelle Kinoprogramm ist abrufbar unter www.cinema. lt. Einfach das gewünschte Kino eingeben.

Kanklės, Laisvės al. 54; **Laisvė**, Laisvės 46d; **Planeta**, Vytauto 6; **Romuva**, Laisvės al. 36; **Senasis Trestas**, Mickevičiaus 8a.

Feste/Festivals

Über Termine und Feste informiert die webpage der Stadt, www.kaunas.lt.

Volksfest, mitten im Wonnemonat Mai findet in Kaunas' Straßen alljährlich ein großes Volksfest statt. Straßentheater, Musik und Volkstänze verwandeln die Vilniaus g. in ein buntes Spektakel, das bis in die frühen Morgenstunden hinein andauert.

Jazz-Festival, jedes Jahr im Frühjahr ist in Kaunas für 4 Tage nur Jazz zu hören. Information zur Kaunaser Jazzszene bei jazz@ ultra.lt

Literaten-Festival, am letzten Wochenende im Mai wird in Litauen alljährlich das Fest

Burgruine von Kaunas

der Dichter und Schriftsteller veranstaltet. Es beginnt immer freitags in Kaunas. Samstags strömen die Poeten und Literaten in alle Teile des Landes aus und verlesen dort ihre Texte mit dem Anspruch, dass auch die Landbevölkerung in dieses wichtige kulturelle Ereignis miteinbezogen wird. Beendet wird das internationale Treffen dann in Vilnius.

Sommersonnenwende, auch in Kaunas wird im Juni der längste Tag des Jahres mit einer großen Straßenparty gebührend gefeiert.

Sängerfeste, verschiedene Liederwettbewerbe werden in Kaunas ausgetragen, Termine in der Touristeninformation.

Altstadt

Kaunas ist eine alte Stadt, die im Mittelalter eine große Blütezeit erlebte. Ihren mittelalterlichen Charme hat sie bis heute nicht eingebüßt. Die Altstadt ist durchzogen von schmalen Straßen und verwinkelten Gassen, die gesäumt werden von alten, hübsch restaurierten Häusern.

Auf dem *Rotušės aikštė*, dem Rathausplatz, kann man sich das mittelalterliche Leben und Treiben bildlich vorstellen. Der älteste Teil der Altstadt ist jedoch die Ruine der alten Burg, die einst auf einer Halbinsel, dort wo Nemunas und Neris zusammenfließen, erbaut wurde. Guter Ausgangspunkt für einen Stadtrundgang ist die alte Burg, um von dort aus zum Rathausplatz zu schlendern.

Burg von Kaunas: 1361 wurde sie erstmalig erwähnt, doch sind Archäologen der Ansicht, dass es hier bereits im 11. Jh. eine Burg gegeben habe. Im 14. Jh. wurde die Burg zum Schauplatz anhaltender Kämpfe zwischen Litauern und den deutschen Kreuzrittern. Schon damals waren die Festungsmauern bis zu 2 m dick und 13 m hoch. 1362 gelang es dem Deutschen Orden dennoch, die Burg zu erobern, wobei sie völlig zerstört wurde. 1368 war sie bereits wieder aufgebaut. Diesmal errichtete man an jeder Ecke der rechteckigen Anlage einen Wachturm, und verstärkte die Mauern auf 3,5 m Durchmesser. Da die

Kämpfe zwischen Litauern und dem Deutschen Orden über längere Zeit hinweg immer wieder aufflammten, wechselte die Burg häufig ihre Besitzer. Erst zu Beginn des 15. Jh. konnten die Litauer sich gegen die Kreuzritter durchsetzen. Ab diesem Zeitpunkt verlor die Burg rasch an Bedeutung. Zeitweise beherbergte sie ein Gefängnis. Mitte des letzten Jahrhunderts war die Burg schließlich gänzlich verlassen, sodass sie nach und nach verfiel. Seit einigen Jahren wird sie nun restauriert.

St. Georg-Kirche: Das Gebäude befindet sich ganz in der Nähe der Burgruine. Die Kirche, ein Beispiel der litauischen Backsteingotik, entstand Ende des 15. Jh. Durch Feuersbrünste wurde das Gotteshaus mehrmals zerstört, jedoch immer wieder aufgebaut. Während der Unabhängigkeit Litauens von 1918–1940 gehörte ein Priesterseminar zur Kirche, das allerdings im sowjetischen Litauen geschlossen wurde. Im Kirchengebäude selbst wurde zuerst ein Archiv eingerichtet und später eine Lagerhalle.

Um den Rathausplatz

Hier hat sich das Leben im Mittelalter abgespielt. Der Hauptteil des Rathauses wurde im 16. Jh. erbaut. Im 17. Jh. fügte man den Turm hinzu. Er besteht aus fünf Etagen und wird nach oben hin immer schlanker und verzierter. Der weiße Bau wirkt wie ein stolzer Schwan, der sich majestätisch vom Rathausplatz emporhebt und wird auch oft so bezeichnet. Das Rathaus wurde über die Jahre hinweg immer wieder architektonisch verändert, sodass es heute mehrere Baustile aufweist: Es überwiegen zwar die Elemente des Frühklassizismus, doch im Keller sind noch Spuren der Gotik zu finden. Am Turm dagegen sind Stilmerkmale aus Barock, Rokoko und Renaissance zu erkennen.

Im Mittelalter befand sich im Rathaus alles, was die Stadt brauchte, "unter einem Dach": Die Kellerräume beherbergten das Gefängnis, im Erdgeschoss befand sich die Markthalle, und im ersten Stockwerk tagte die Stadtverwaltung. Auch heute noch sitzt hier die Verwaltung von Kaunas. Darüber hinaus fungiert der Bau seit 1973 als *Hochzeitspalast*. Jeden Freitag und Samstag schreiten mehrere junge Paare durch den prächtigen

Rathausplatz mit dem "Schwan" von Kaunas

Eingang, um den Bund fürs Leben zu schließen. Paare, die genug voneinander haben und sich scheiden lassen wollen, dürfen den "Palast" übrigens nur durch den nichtssagenden, farblosen Hintereingang betreten.

An allen Seiten des Rathausplatzes erheben sich schöne, restaurierte, mittelalterliche Gebäude, überwiegend im gotischen Stil. Ein Baugesetz der damaligen Zeit verlangte, dass keines dieser Häuser höher als zwei Stockwerke sein durfte, damit das Rathaus in seiner Pracht und Größe durch nichts in den Schatten gestellt werde. Außerdem strebten die damaligen Stadtplaner ein architektonisch harmonisches Gesamtbild an. Das wäre ihnen auch gelungen, hätte die Stadtverwaltung nicht im 17. Jh. bei den Jesuiten eine Ausnahme gemacht. Da die Jesuiten für ihre gute Bildung bekannt waren, waren sie gern als Lehrer in Kaunas gesehen. So wurde ihnen gestattet, auf dem Rotušės a. ein *Jesuiten-Kloster* zu errichten, was letztendlich vier Stockwerke hoch gebaut werden durfte. Während der Sowjet-Ära befand sich in dem Gebäude ein Gymnasium.

In den übrigen mittelalterlichen Bauten rund um den Rathausplatz befinden sich heute Geschäfte und Restaurants. Besonders ins Auge fällt das Haus Nr. 2, das einstige Haus der *Händler-Gilde*, welches das Restaurant Gildija beherbergt (wird zur Zeit renoviert). Neben dem Gildenhaus befindet sich eine alte *Apotheke*. An der Ecke Rotušės a./Vilniaus g. steht ein altes *Postamt*, in dem Briefe und Karten mit Sonderstempeln versehen werden.

St. Peter- und St. Paul-Kathedrale: Nicht weit vom Rathausplatz, direkt am Anfang der Vilniaus g., steht das größte litauische Bauwerk gotischen Stils. Die Kirche ist 1408 an der Stelle der ursprünglichen Peter-und-Paul-Kirche errichtet worden. Im Laufe der Zeit wurde das Gotteshaus mehrmals umgebaut, sodass, obwohl überwiegend gotisch, auch andere Baustile zu finden sind. Sehr beeindruckend ist der barocke Hauptaltar. Monumentale Skulpturen über dem Altar, die Jesus in der Mitte von Petrus und Paulus darstellen, erinnern an eine gewaltige Bühne. Das letzte Stück, das dem Interieur der Kirche hinzugefügt wurde, ist die kunstvolle, holzgeschnitzte neugotische Kapelle, entstanden Ende des 19. Jh. Ebenfalls schmücken elf Bilder des italienischen Malers *Elviro Andrioli* das Innere der Basilika.

Von der Vilniaus g. aus ist an der Südseite der Kirche das Grabmal des Dichters *Maironis* (1862–1932) zu sehen.

Dreieinigkeitskirche: Am Rotušės a. 22 erhebt sich die Dreieinigkeits-Kirche, ein Bau aus dem 17. Jh., errichtet im Stil der Renaissance. Vor langer Zeit war der Kirche ein Bernhardiner-Kloster angeschlossen. Heute befindet sich hinter den ehemaligen Klostermauern die einzige Priesterschule Litauens. Das ursprüngliche Interieur aus dem 17. Jh. hat die Stürme der Zeit nicht überstanden, sodass die jetzige Innenausstattung eher modern ist. Dennoch besitzt die Kirche wertvolle Bilder und Skulpturen sowie kostbare Möbel.

Haus des Perkūnas: Geht man vom Rotušės a. einige Meter in Richtung Nemunas, stößt man auf ein weiteres wertvolles Baudenkmal, das dem großen *Perkūnas*, Haupt- und Donnergott der alten Litauer, gewidmet ist. Ein Teil des Hauses wurde zu Beginn, der übrige Teil zum Ende des 15. Jh. gebaut. Der Ostgiebel ist überaus reich und kunstvoll verziert. Teilweise weist die Architektur Merkmale flämischer Gotik auf. Als die Litauer noch Heiden waren, soll an dieser Stelle ein Tempel für den mächtigen Perkūnas gestanden haben. Belegt wird das mit dem Fund des litauischen Historikers *Narbutas*, der 1818 in einer Mauer des Baus eine Bronzestatue gefunden hatte, die nach den Vermutungen Narbutas den Donnergott Perkūnas darstellte. Es gibt aber auch Wissenschaftler, die der Auffassung sind, dass das Perkūnas-Haus im Ursprung nichts mit der großen Gottheit zu tun habe, sondern schlichtweg von deutschen Kaufleuten erbaut worden war und die Namensgebung erst im Nachhinein stattgefunden habe.

Vytautas-Kirche: Direkt am Ufer des Nemunas steht die schlichte Vytautas-Kirche, ein weiteres Beispiel litauischer Gotik. Der dreischiffige Sakralbau entstand Anfang des 14. Jh. in der Absicht, reisende Kaufleute und Händler, die über den Nemunas kamen, in die Stadt zu locken. Eine Legende erzählt, dass Vytautas der Große sie habe bauen lassen, als er eine fast verlorene Schlacht gegen die Tataren letztendlich doch noch gewann. Er habe, so sagt man, inbrünstig den Himmel um Hilfe im Kampf gebeten und versprochen, im Falle eines Sieges eine Kirche zu bauen. Nun, er hat die Schlacht gewonnen und Wort gehalten.

Aleksotohügel: Unweit der Vytautas-Kirche führt die *Aleksoto-Brücke* über den Nemunas in den Stadtteil Aleksoto. Auf der anderen Fluss-Seite kann man mit einer Zahnradbahn den Hügel hinauffahren. Hält man sich, oben angekommen, einige Meter rechts, gelangt man zu einer Aussichtsplattform, von der man einen wunderschönen Blick auf Kaunas hat.

Die alte Brücke über den Nemunas wurde einst als die *längste Brücke der Welt* bezeichnet: Als das polnisch-litauische Reich zwischen Russland, Österreich und Preußen aufgeteilt wurde, fiel der Teil nördlich des Flusses an Russland und der südlich gelegene an Preußen. Da in Russland und in Preußen aber verschiedene Kalender galten, brauchte man sage und schreibe dreizehn Tage, um diese Brücke zu überqueren.

St.-Michaels-Kathedrale – Laisvės aleja

Neustadt

Laisvės aleja: Die Laisvės aleja beginnt an der Ecke zur Vilniaus g. und endet an der gewaltigen, monumentalen St. Michaels-Kathedrale. Übersetzt bedeutet Laisvės al. *Freiheitsallee*. Gesäumt wird die Allee von unzähligen Geschäften, Restaurants und Cafés, nicht zu vergessen die zahlreichen, kleinen Straßenstände, an denen es alles mögliche gibt. Es macht Spaß, unter den Linden spazieren zu gehen oder in einem der Straßencafés zu verweilen und das Treiben auf der Laisvės al. zu beobachten. Die gesamte 1,5 km lange Allee war übrigens bis vor gar nicht langer Zeit rauchfreie Zone. Abgeschafft wurde sie durch den 1999 gewählten Bürgermeister Vytautas Sustauskas, der mittlerweile im litauischen Parlament sitzt. An der Laisvės al. befinden sich auch mehrere Theater und Museen.

Das jüdische Kaunas

Die ersten Juden kamen im 15 Jh. in die Gegend von Kaunas und ließen sich im Distrikt Vilijampolė, auch Slobodka genannt, nieder. Als Mitte des 19. Jh. die Siedlungsbeschränkung für die jüdische Bevölkerung aufgehoben wurde, zog es viele von ihnen in das Zentrum von Kaunas. 1941 lebten 80 % der Juden in und um den Bereich der Altstadt herum. Im Sommer des gleichen Jahres verlangte Hitler, dass alle Kaunaser Juden zurück nach Slobodka kehrten. 1943 wurde die Bevölkerung des Bezirks systematisch vernichtet. Innerhalb von 3 Jahren war die etwa 37000 starke Einwohnerzahl des Kaunaser Ghettos auf 2 500 dezimiert. Die meisten von ihnen wurden zum sog. 9. Fort deportiert, wo sie überwiegend durch Massenerschießungen ums Leben kamen (weitere Informationen zu diesem Ort des Grauens s. S.148).

Die heutige jüdische Gemeinde von Kaunas umfasst gerade mal 1250 Mitglieder.

● *Adressen* **Jüdisches Gemeindezentrum**, Gedimino 26b. ✆ 203717, 📠 201135, geöffnet Mo–Fr von 10–18 Uhr.
Synagoge, Ožeškienės 13. Das Gebäude stammt aus dem Jahr 1871. In der Synagoge befindet sich ein Denkmal für die 1800 Kinder, die während des Holocausts im 9. Fort ermordet wurden. Geöffnet Mo–Fr von 9–18 Uhr, ✆ 206880.
Sugihara Stiftung, Vaizganto 30. Dokumentation über den japanischen Diplomaten Sempo Sugihara, der während seiner Zeit in Kaunas zahlreichen Juden das Leben rettete. Geöffnet Mo–Fr von 10–17 Uhr im Sommer und 12–16 Uhr im Winter, ✆ 332881, sugihara@takas.lt, www.vdu.lt/sugihara.

Die Sugihara Stiftung wurde im Dezember 1999 auf Initiative litauischer und belgischer Intellektueller und Geschäftsleute ins Leben gerufen. Gewidmet ist die Stiftung Sempo Sugihara, einem japanischen Diplomat, dem viele Juden während des Zweiten Weltkrieges ihr Leben verdankten. Sugihara stellte in Opposition zur japanischen Regierung zahlreiche Transitvisa aus, womit er zusammen mit seinem niederländischen Kollegen Jan Zwartendijk Tausende von litauischen, polnischen und deutschen Juden vor den Nazis rettete. Als Sugihara 1947 nach Japan zurückkehrte, trat er freiwillig von seinem Amt zurück. 1984, ein Jahr vor seinem Tod wurde er vom Yad Vashem in Jerusalem als "ein Rechtschaffender unter Nationen" bezeichnet. Die japanische Regierung erkannte seine Taten erst 1992 an. In New York gedachte im Jahre 2000 die Ausstellung "Visas for life" Sugihara.

Mehr Information zur Sugihara und Zwartendijk unter www.ushmm.org.

Vienybės aikštė (Einheitsplatz): Biegt man von der Laisvės/S. Daukanto links ab, gelangt man zum Vienybės-Platz. Die Helden der UdSSR, die während der Sowjet-Ära hier standen, sind mittlerweile entfernt und durch litauische Größen ersetzt worden. Hier erhebt sich auch die *litauische Freiheitsstatue*, die am 16. Februar 1989, dem Jahrestag der Unabhängigkeit, wieder enthüllt wurde.

Am Platz der Einheit befindet sich auch der zum Kriegsmuseum gehörende *Glockenturm*. Die Glocken waren so installiert, dass sie sowohl die sowjetische als auch die litauische Hymne spielen konnten. 36 Glocken hat der Turm, wovon 35 aus Belgien stammen und eine aus den USA. Natürlich war es die eine Glocke aus den USA, die für die Kaunaser die Freiheit symbolisierte. So wurden die Hymnen während des Verbleibs in der Sowjetunion stets mit 35 Glocken gespielt, da die 36. erst in einem freien Litauen erschallen sollte.

Parks und Grünanlagen

Mitten in der Stadt, am Ende der Laisvės al. und nahe der St Michaels-Kirche befindet sich einer der Haupteingänge in den schönen und ruhigen *Vytautas-Park*, dem sich der rauschende Eichenwald des *Ažuolynas-Parks* anschließt. Am Rande des Parks befindet sich das *Tal der Lieder*, in dem die traditionellen Sänger- und Tanzfestivals von Kaunas stattfinden. Durchquert man den Ažuolynas-Parks bis zu seinem Ende, stößt man auf die *Divisios g.*, an der der einzige *Zoo* Litauens zu finden ist (auch zu erreichen mit Bus 10, 20 und 21).

Panemunės Park: Die Anlage bietet Erholung von der Großstadt am Ufer des Nemunas. Vom Baden ist wegen der Nähe zu Industrieanlagen abzuraten, auch wenn einige der Einheimischen da scheinbar keine Bedenken haben. Aus dem Zentrum Trolley 1 bis zur Endstation nehmen.

Stausee von Kaunas: Litauens zweitgrößte Stadt kann nicht nur mit Kultur und Industrie aufwarten, sondern auch mit einem eigenen Meer. So wird der Stausee von Kaunas jedenfalls von der Bevölkerung bezeichnet. Der Weg dorthin ist derselbe wie zum Kloster Pažaislis, s. u.

Umgebung von Kaunas

▶ **Pažaislis-Kloster**: Am südwestlichen Ufer des Kaunaser Meeres und am äußersten Rand von Kaunas erhebt sich malerisch inmitten alter Bäume und fernab jeglicher Hektik eine alte, barocke Klosteranlage. Finanziert wurde der Bau von dem einstigen Kanzler und Hauptmann Litauens *K. Z. Pacas*, der auch das Geld für die Peter-und-Paul-Kirche in Vilnius spendete. Träger des Klosters war der als besonders streng geltende *Kamaldulenser-Orden*. Charakteristisch für die Klöster dieses Ordens sind auch heute noch ihre Eremitenhäuschen, in die sich die Mönche zum Beten einmauern ließen. In Pažaislis gab es zehn dieser Häuschen, zwei davon sind noch zu sehen.

Mit dem Bau der Kirche wurde 1667 unter der Leitung der italienischen *Brüder Putini* begonnen. Mit der Innenausstattung wurden Meister aus ganz Europa beauftragt. Fertig gestellt wurde der Sakralbau im Jahre 1712. Als Reaktion auf den Aufstand der Litauer gegen das Zarenregime 1831 wurde das römisch-katholische Kloster 1832 in ein russisch-orthodoxes umgewandelt. Während dieser Periode wurde das Äußere der Kirche stark verändert, die Fassade wurde umgebaut, das Interieur ausgewechselt, und teilweise wurden auch die Deckenfresken übermalt. Das orthodoxe Kloster bestand bis 1915. Ein Besuch dieser idyllischen und romantischen Anlage ist lohnenswert.

● *Anfahrt/Verbindungen* **Pkw** – Die Vytauto g. in südliche Richtung bis zum Ende durchfahren und dann links in die Barašausko g. einbiegen. Nach einigen Metern kommt ein Kreisverkehr, dort rechts abfahren und weiter geradeaus bis zum

Litauen
Karte siehe Umschlaginnenklappe hinten

nächsten Kreisverkehr, wieder rechts halten und schließlich geradeaus bis zum Kloster fahren (liegt nicht an der Hauptstraße).

Bus – aus dem Zentrum mit Trolley 5 zu erreichen, bis Endstation mitfahren.

▶ **Zapyškis:** Interessant in der etwa 18 km westlich von Kaunas am Ufer des Nemunas gelegenen Kleinstadt ist die *Kapelle*. Gebaut wurde das einschiffige Gotteshaus von dem Sohn des Fürsten Sapiegas im Jahre 1566. Es ist eines der ältesten Beispiele für litauische Backsteingotik. Im Laufe der Jahrhunderte hat sich die Kirche nicht wesentlich verändert.

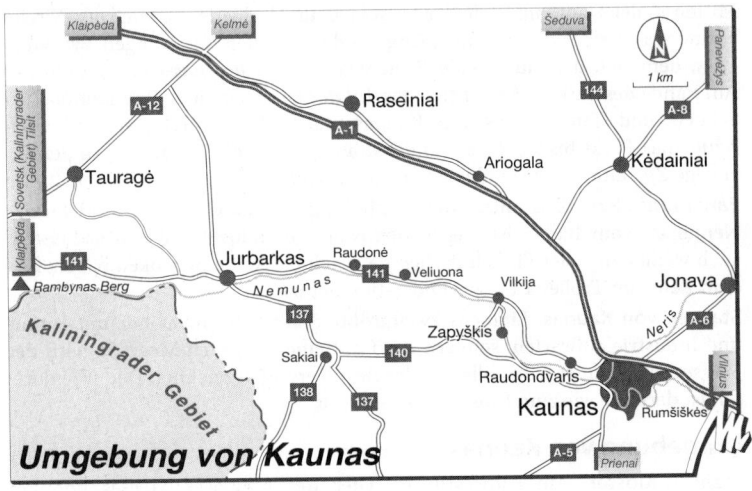

Umgebung von Kaunas

▶ **Rumšiškės:** Etwa 20 km südöstlich von Kaunas, auf dem Weg nach Vilnius, liegt im Bezirk Kaišiadorys das Dorf Rumšiškės direkt am Ufer des Kaunaser Stausees.

Das Dorf ist neu und doch sehr alt: Als man 1959 den gewaltigen Stausee anlegte, wurde das eigentliche Rumšiškės, das immerhin schon seit 1385 in den alten Ordenschroniken bekannt war, auf den Grund des Sees verbannt. Gerettet hat man die alte, dem Erzengel Michael geweihte Holzkapelle, die sich unmittelbar am Seeufer befindet.

Doch besuchenswert ist Rumšiškės wegen seines einmaligen *Freilichtmuseums*. Im 1974 eröffneten Museum lässt sich das dörfliche Leben der litauischen Bauern und Handwerker des letzten Jahrhunderts mit all seiner Idylle und all seiner Mühsal gut nachempfinden. Weite Felder, Pferdekutschen und in Volkstracht gekleidete Frauen vervollkommnen schließlich die romantische Darstellung längst vergangener Zeiten. So wie Litauen ist auch das Museum in vier ethnographische Gebiete unterteilt. Am Wochenende finden im Museum oftmals Konzerte litauischer Volksmusik, begleitet von folkloristischen Tänzen, statt. Möglichkeit zur Stärkung bietet die zum Museum gehörende, frisch restaurierte Schänke. Wer lieber picknicken möchte, findet besonders am Ufer des Kaunaser Meeres oder aber neben einem der tiefgrünen Teiche mit dem "Gesang" der Unken und Frösche im Hintergrund herrliche Ecken. Für einen Besuch sollte man viel Zeit mitbringen.

Öffnungszeiten Das Museum hat von Mi–So von 10–19 Uhr geöffnet (nur während der Sommermonate).

• *Anfahrt/Verbindungen* **Pkw** – einfach die A-1 Richtung Vilnius nehmen bis zur Abfahrt nach Rumšiškės. Am Dorf geradeaus vorbeifahren, bis man nach etwa 2 km zum Museum gelangt.

Bus –Die Busse nach Rumšiškės fahren in Kaunas von der Jonavos g. ab, jedoch nicht öfter als zweimal täglich. Nach Kaunas zurück fährt lediglich am Nachmittag und am Abend ein Bus. Sollte der Bus nicht den kleinen Umweg zum Museum fahren, in Rumšiškės in der Marių g. bei einer großen Wiese aussteigen. Über diese Wiese laufen und geradeaus an neu gebauten Einfamilienhäusern vorbei bis zum Museum.

Eine Alternative bieten die Busse von Kaunas nach Vilnius. Sie fahren ziemlich oft, und man kann am Abzweig nach Rumšiškės problemlos aussteigen. Der Bus hält an der Autobahn vor einer Kuhweide. Diese überqueren, bis sie an einer kleinen Straße endet, dort rechts halten bis zu einer klei-nen Kreuzung. In diese links einbiegen und bis zum Museum immer geradeaus gehen. Der Marsch beträgt etwa 2 km.

Zurück nach Kaunas kann man versuchen, in einen der Busse, die aus Vilnius kommen, zu steigen. Die Haltestelle liegt auf der anderen Seite der Schnellstraße. Wichtig ist es, den Bussen ein Zeichen zu geben, damit sie anhalten. Sind die Busse voll, fahren sie durch. Während man wartet, kann man auch versuchen, per Anhalter wegzukommen.

Schiff – Von Mitte Mai bis Anfang Oktober ist das Museum auch per Cruiseschiff erreichbar. Los geht es jeden Morgen um 11 Uhr. In Rumšiškės stehen 3 Stunden für einen Museumsbesuch zur Verfügung. Zurück nach Kaunas geht es um 16 Uhr. Hin- und Rückfahrticket kosten 3 €. Ablegestelle ist der Kaunaser Seekai unweit vom Pažaislis Park. Vom Zentrum Trolley 5 oder 9 bis zur Endstation nehmen.

Birštonas

(ca. 5000 Einwohner)

Dank seiner geschützten Lage in der Flussbiegung des Nemunas ist das Klima in Birštonas das ganze Jahr über sehr mild. Zusätzlich halten dichte Tannen- und Birkenwälder Wind und Wetter ab. Das Wasser ist sehr mineralhaltig, sodass das kleine Städtchen ideale Voraussetzungen zum Kurort hat.

Zum ersten Mal wurde Birštonas 1382 im Zusammenhang mit dem Deutschen Orden erwähnt. Eine Holzburg gab es jedoch schon vor Ankunft der Kreuzritter. Angeblich bezeichneten die Kreuzritter diese Burg als "Gutshof beim salzigen Wasser" und tauften sie auf den Namen *Bierstein*, woraus sich das litauische Birštonas ableitete. Ende des 18. Jh. begannen Wissenschaftler, das salzige Wasser zu erforschen, und sprachen ihm Heilwirkung zu. 1846 avancierte Birštonas schließlich zum Kurort. Im Laufe der Zeit wurden die Kureinrichtungen erweitert, die heute größtenteils aus wenig ästhetischen Kastenbauten bestehen. Hübsch ist jedoch die kleine Altstadt. Der grosse Park und die vielen Teiche laden zu Spaziergängen und zum Baden ein. Sehr attraktiv ist auch der Nemunas Regionalpark mit seinen tiefen beerenreichen Wäldern, der sich unmittelbar an Birštonas anschließt.

Bis 1990 haben hier jährlich an die 50.000 Menschen aus der gesamten ehemaligen Sowjetunion Urlaub gemacht. Doch aufgrund der anhaltenden schwierigen Wirtschaftslage der GUS-Staaten bleiben die ehemaligen Sowjetbürger aus. Es ist möglich, die Bädertherapien und medizinischen Anwendungen des Kurortes in Anspruch zu nehmen.

Litauen
Karte siehe Umschlaginnenklappe hinten

- *Vorwahl* (2)10
- *Postleitzahl* LT4490
- *Information* www.birstonas.lt
- *Anfahrt/Verbindungen* **Pkw** – Birštonas liegt an der Straße 105 Vilnius-Mariampolè-Kaliningrad, etwa 31 km südlich von Kaunas.

Bus – relativ gute Verbindung nach Vilnius, Kaunas, Alytus und Prienai, einmal am Tag nach Klaipėda und Tauragė. Bessere Anschlussmöglichkeiten vom benachbarten Prienai, Haltestelle in der Vaizganto g. 20.

- *Übernachten* **Kora**, Vaižganto 13a, in der Nähe vom Busbahnhof. Freundliches Hotel mit hübschen Zimmern, DZ ab ca. 40 €. ✆ 56209, 📠 56414.

Ruderzentrum Olympic, Birutės 19. Einfache Herberge, direkt am Wasser gelegen. Boote ausleihbar. ÜB ab 8 €. ✆ 56465.

Tulpė, B. Sruogos 4. Auch hier handelt es sich um ein bescheiden ausgestattetes Sanatorium, das zu Sowjetzeiten massenhaft Besucher sah. EZ ab 10 €, DZ ab 14 €. ✆/📠 56270.

Versmė, B. Sruogos. Einfaches Sanatorium, in dem Schlammbäder, Unterwassermassagen u. a. erhältlich sind. ÜB zwischen 15 € und 25 €. Anwendungen 7–8 €. ✆/📠 56868, versme@is.lt, birstonas.online.lt/versme/.

- *Essen* **Kavinžė**, Vaižganto 4. Kleines Café im Kulturzentrum mit wechselnder Speisekarte. Am schönsten sitzt es sich draußen auf der Terrasse.

Kora, Vaižganto 13a. Hotelrestaurant, gutsortierte Speisekarte, freundlicher Service.

Seklytėle, Prienų 7. Beliebtes Restaurant mit rustikalem Interieur und gutem Essen. Von der Terrasse toller Blick auf die umliegende Natur und den Nemunas. Am Abend oft Live-Musik.

Versmė, gehört zum gleichnamigen Sanatorium. Serviert werden litauische Gerichte, schöne Sommerterrasse. www.birstonas.lt/a-pic/29.htm.

- *Veranstaltungen* **Jazz Festival** – seit 1980 findet in Birštonas in jedem geraden Jahr ein glanzvolles Jazzfest statt. Eingeladen werden Jazzer aus ganz Litauen, Skandinavien und dem restlichen Europa. Veranstaltungsort ist das Kulturzentrum, Vaižganto 4.

Internationaler Ruderwettbewerb – an jedem vierten Wochenende im April messen Ruderer aus aller Welt auf dem Nemunas ihre Kraft. Start ist beim Ruderzentrum Olympic, Birutes 19.

Stadtfest, an jedem zweiten Wochenende im Juni herrscht auf den Straßen Birštonas buntes Treiben. Begleitet wird dieses bunte Spektakel von Konzerten, Tanzvorführungen, Folkloremusik und Kunsthandwerksmarkt. Während dieser Zeit finden ebenfalls ein Bootsrennen und eine Heißluftballonshow statt.

Walkwettbewerb – an jedem ersten Samstag im Mai treten die Schnellgeher von Birštonas und Umgebung gegeneinander an. Begleitet wird der Wettkampf von einem Volksfest.

Holzschnitzerfest – jedes Jahr im Sommer treffen sich auf diesem traditionell ausgerichteten Fest Holzskulpteure aus aller Welt, um ihre Werke auszustellen. Mehr Informationen zu den Waldaktivitäten unter www.discovery.ot.lt/cfair99.

- *Sport/Aktivitäten* **Beeren pflücken** – der kleine Stadtwald Pusynas und der umliegende Zverinčiuswald sind voller saftiger Heidel-, Preisel- und Walderdbeeren, die darauf warten gepflückt zu werden.

Skulpturenpark – zu bewundern sind hier phantasievolle Holzskulpturen. Zugang zum Park hat man über die Birutė g.

Wassersport – wohl die Freizeitbeschäftigung Nr. 1 in Birštonas. Ob Ruderboote, Tretboote, Kajaks oder Fischerkähne – alle sind sie auf dem Nemunas zu sehen. Bootsverleih im Ruderzentrum Olympic.

Fahrrad fahren – Birštonas und Umgebung kann als sehr fahrradfreundlich bezeichnet werden. Herrliche, teilweise markierte Waldwege im Nemunas Regionalpark laden zum Fahrradfahren ein. Fahrräder können im Sanatorium Versmė ausgeliehen werden.

Wandern – der Regionalpark ist ein wahres Paradies für Wanderer und Ornithologen. Mehr Infos zum Park unter www.discovery.ot.lt/cfair99.

Schwimmen – im Sanatorium Versmė befindet sich ein großes Schwimmbad mit 50m-Bahnen. Ebenfalls gibt es über die Stadt verstreut 3 Seen, die alle zum Baden einladen.

- *Verschiedenes* **Geldwechsel**, Jaunimo 3. Basanavičiaus 16.

Post, Nemuno 7.

Internetzugang, Jaunimo 4 in der Bibliothek.

Poliklinik, Jaunimo 8.

Museum, Vytauto 9. Kleine, historische Ausstellung über Birštonas, Mi–So von 11–18 Uhr geöffnet.

Prienai

(ca. 12.000 Einwohner)

Die kleine Bezirkshauptstadt nahe Birštonas schmiegt sich an beide Ufer des Nemunas. Ethnographisch gesehen gehört die Stadt schon zur Suvalkija. Im 17. Jh. gab es hier eine Burg, von der allerdings nichts übrig geblieben ist. Im 18. Jh. lockte das Städtchen viele Händler und Handwerker an, und die Einwohnerzahl stieg um ein Vielfaches. 1901 wurde in Prienai eine Wassermühle gebaut, die bis 1976 in Betrieb war. Bis lang waren in der romantisch gelegenen Mühle ein Restaurant und ein Hotel untergebracht. Ob der Bau renoviert wird, um dann wieder seine alte Funktion zu übernehmen, ist zur Zeit ungewiss.

- *Postleitzahl* LT5340
- *Vorwahl* (2)49
- *Anfahrt/Verbindungen* **Pkw** – von Birštonas einfach die Straße 105 weiter in Richtung Marijampolė fahren. Durch Prienai führt auch die Straße 130, die Kaunas und Alytus miteinander verbindet.

Bus – gute Verbindung mit Birštonas, Kaunas und Vilnius. Busbahnhof, Vytauto g. 11.

- *Essen* **Prie Tilto**, Vilniaus 2. Einziges Restaurant am Ort, Essen zufriedenstellend, zuvorkommender Service.

Čukraine, Gegužes 4. Kleine Konditorei mit ein par Tischen.

Kavinė, Vytauto str. 33. Einfaches Café im Kulturzentrum, in dem auch einige warme Gerichte angeboten werden.

- *Verschiedenes* **Geldwechsel**, Brundzos 19; Vytauto 33.

Post, Brundzos 1/Ecke Basanavičiaus.

Poliklinik, Pusyno 2, befindet sich auf der anderen Fluss-Seite. Nach der Brücke Richtung Birštonas die erste Straße links.

▶ **Vilkija:** Die kleine Stadt am hohen Ufer des Nemunas liegt 27 km nordwestlich von Kaunas an der Straße nach Jurbarkas. Erstmalig erwähnt wurde der Ort 1430 in einem Brief des Großfürsten Vytautas an den Deutschen Orden. Im Jahre 1450 verweisen Danziger Händler auf eine Zollstation bei Vikija, die erste Litauens. Während des Aufstandes gegen den Zaren 1863 wurde *A. Mackevičiaus*, einer der führenden Köpfe der litauischen Unabhängigkeitsbewegung, hier verhaftet. Die Kirche des Ortes entstand zwischen 1900 und 1908 im neugotischen Stil.

Jonava

(ca. 39.000 Einwohner)

Das Verwaltungszentrum Jonava liegt 25 km nordöstlich von Kaunas, beidseitig der Neris. Jonava ist zudem eine wichtige Industrie- und Handelsstadt, in der hauptsächlich Düngemittel produziert werden. Touristisch ist die Stadt, zumal durch die ansässigen Fabriken umweltmäßig stark belastet, nicht sehr attraktiv und höchstens als Übernachtungsstation für Durchreisende von Interesse.

- *Postleitzahl* LT5000
- *Vorwahl* (2)19
- *Anfahrt/Verbindungen* **Pkw** – liegt an der A-226, 25 km nördlich von Kaunas und 41 km südwestlich von Ukmergė. 31 km nordwestlich von Jonova liegt Kėdainiai.

Bus – hauptsächlich Verbindung mit Kaunas, Ukmergė, Vilnius und Kėdainiai, Busbahnhof in der Turgus g. 3.

Bahn – Züge in Richtung Šiauliai und Vilnius. Bahnhof in der Stoties g., zu erreichen mit Bus 1, 2 und 5.

- *Übernachten* **Žerutis**, Chemikų 8. Bescheidenes Hotel in einem Neubaugebiet gelegen, etwas außerhalb vom Zentrum. An der Bibliothek geht eine Straße zum Neubaugebiet ab, diese geradeaus fahren, Straße ist leicht ansteigend. Rechter Hand geht die Chemikų ab. ÜB ab 8 €, DZ ab 15 €, ✆ 54443. Vom Zentrum zu erreichen mit Bus 2, fährt zweimal stündlich, Haltestelle etwa 100 m vom Hotel entfernt.
- *Essen* **Viltis**, Kauno 17. Kleines Familienrestaurant mit guter Küche, So geschlossen.

Litauen
Karte siehe Umschlaginnenklappe hinten

• *Verschiedenes* **Geldwechsel**, Zeimių 5.
Post, Zeimių 11.
Poliklinik, Zeimių 19.
Markt, am Busbahnhof.

Bewachter Parkplatz, befindet sich ganz in der Nähe vom Hotel. Einfach die Straße, die zum Neubaugebiet führt, ein kleines Stück weiter geradeaus fahren.

Die Burgen am Ufer des Nemunas

Majestätisch erheben sich am Hochufer des Nemunas mehrere mittelalterliche Burgen, die alle ihre eigene Geschichte zu erzählen haben. Zu sehen sind sie von der 141 zwischen Kaunas und Panemunė, die hier ein Stück parallel zum Nemunas verläuft.

▸ **Raudondvaris**: Zwischen sattgrünen Bäumen schimmern hoch über dem Nemunas die Mauern des *Roten Schlosses*, was Raudondvaris auf Deutsch bedeutet, hervor. Erbaut wurde es 1615 als Lustschloss für *J. Dziawaltowski*, Fahnenträger von Kaunas. Ursprünglich ist der Bau im Stil der Renaissance und Gotik entstanden, wurde aber bei Besitzerwechsel stets verändert. 1652 gehörte das Schloss zeitweise dem *Fürsten Radvila*, bis es zu Beginn des 19. Jh. schließlich in den Besitz der Familie *Tiškevičiaus* überging. Während des Zweiten Weltkrieges wurde das Schloss stark beschädigt, ist aber Ende der 60er bis Mitte der 70er Jahre restauriert worden. Heute beherbergt es ein landwirtschaftliches Institut.

Anfahrt/Verbindungen **Pkw** – etwa 8 km westlich von Kaunas gelegen. Zu erreichen über die 141, die von Kaunas nach Klaipėda führt und parallel zum Nemunas verläuft.

Veliuona: Etwa 50 km stromabwärts steht die Burg *Veliuona*. Ursprünglich wurde sie auf einem Schüttberg zum Schutz vor dem Deutschen Orden erbaut. Bekannt ist sie seit dem 13. Jh. Als der Orden nach mehreren Versuchen nicht in der Lage war, die Festung einzunehmen, errichtete er nicht weit von hier die *Bayerburg*. Angeblich soll *Großfürst Gediminas* im Kampf gegen den Deutschen Orden hier gefallen sein, sodass Veliuona auch als das "Grab Gediminas" bezeichnet wird. Dies ist historisch allerdings nicht bewiesen. Dennoch wurde dem Herrscher hier 1922 ein Denkmal gesetzt. 1412 ließ Großfürst Vytautas in Veliuona eine neue Burg errichten. Im Ort selbst ist die von 1636–1644 im Renaissancestil erbaute Kirche Mariä Himmelfahrt sehenswert. Sie beherbergt einige kostbare Gemälde und einen wertvollen Barockaltar.

▸ **Raudonė**: Auch dieses Schloss ragt hoch über dem Nemunas in den Himmel. Es entstand Ende des 16. Jh. als Statussymbol für den Holzhändler *K. Kirschen-*

stein. Das Anwesen wurde ursprünglich im Stil der Renaissance errichtet, weist aber auch Elemente der Gotik auf. Als das Schloss im 18. Jh. an die *Familie Olendski* fiel, wurde es, dem Zeitgeist entsprechend, im klassizistischen Stil umgebaut. Ende des 19. Jh., zu dieser Zeit im Besitz der *Familie Zubow*, wurden der Burg Stilelemente der Neugotik hinzugefügt. Im Zweiten Weltkrieg sind weite Teile des Schlosses zerstört worden, die mittlerweile aber wiederaufgebaut worden sind. Idyllisch ist insbesondere der alte Park, der die Burg umgibt.

Anfahrt/Verbindungen **Pkw** – etwa 33 km östlich von Jurbarkas an der 141 gelegen.

Jurbarkas

(ca. 12.000 Einwohner)

Der behagliche Ort Jurbarkas liegt dort, wo die Flüsse Imsrė und Mituva in den Nemunas münden. Bereits im 13. Jh. stand hier eine litauische Schüttburg. Unmittelbar nach ihrer Eroberung durch den Deutsche Orden ließ dieser 1259 die Georgenburg errichten. Die strategische Bedeutung der Burg war sehr groß und sie wurde erst 1410 nach der Schlacht bei Tannenberg aufgegeben. Im 16. Jh. entwickelte sich Jurbarkas dank seiner günstigen Verkehrslage zu einem blühenden Handelszentrum und unterhielt sogar ein Zollamt. Das Stadtrecht erhielt der Ort im Jahre 1611. Mit dem Bau der Eisenbahn verlor die Stadt an Bedeutung.

• *Vorwahl* (2)48
• *Postleitzahl* LT4430
• *Information* **Touristeninformation**, Darius ir Girėno 94. Geöffnet Mo–Fr von 9–18 Uhr, Sa von 10–16 Uhr. ✆/✉ 370 48 51204, tour.info.c@jurbarkas.omnitel.net; www.jurbakas.lt
• *Anfahrt/Verbindungen* **Pkw** – liegt an der 141 zwischen Raudonė (ca. 50 km) und Panemunė (ca. 65 km).
Bus – Verbindung mit Kaunas, Sovetsk, Klaipėda, Šiauliai, Vilnius und in die umliegenden Dörfer. Busbahnhof am Zentralplatz, aus westlicher Richtung kommend am Anfang der Stadt.
Schiff – Im Sommer einmal täglich Verbindung über den Nemunas per Raketa mit Kaunas, Rusnė und Nida. Tickets kosten etwa 4 € in beide Richtungen. Abfahrt nach Nida vormittags, nach Kaunas nachmittags. Über die aktuellen Fahrpläne informiert das Touristenbüro. Die Mitnahme von Fahrrädern ist begrenzt, aber möglich. Die Anle-

gestelle befindet sich rechts von der Nemunasbrücke.
• *Übernachten* **Jurbarkas**, Darius ir Girėno 98, 5.u.6. Etage. Einfaches Hotel, mittlerweile in Privatbesitz, verschiedene Kategorien, ca. 1300 m vom Busbahnhof entfernt. ÜB ab 12 €, DZ30 €, ✆ 51345, ✉ 54779.
• *Essen* **Priplauka**, Tilžes 15. Von Jurbarkern zu Recht für gutes Schaschlick empfohlen. ✆ 53807.
Restauranas, Darius ir Girėno 98, zum Hotel gehörend. Gutes Essen und freundlicher Service. Am Wochenende of Live-Musik.
Kavinė, Darius ir Girėno. Schlichtes aber gemütliches Café mit Bamboo-Rollos. Kleine Auswahl an warmen Gerichten.
• *Verschiedenes* **Geldwechsel**, Darius ir Girėno 21 und 81.
Post, Darius ir Girėno.
Internetzugang, Darius ir Girėno 94, in der Bibliothek.
Poliklinik, Vydūno 56.

▶ **Rambynas-Berg**: In der Biegung des Nemunas, etwa 10 km östlich von Panemunė, erhebt sich der legendenumwobene Rambynas-Berg. Bis zu den Litauenreisen der deutschen Kreuzritter war der Berg eine heilige Stätte der alten Litauer, die hier ihren Göttern huldigten und ihre Riten und Kulte pflegten. Trotz der mittlerweile vorangeschrittenen Christianisierung der Litauer pilgerten selbst zu Beginn des 19. Jh. immer noch Menschen auf den Rambynas, um ihren zahlreichen Göttern Opfer darzubringen.

Litauen
Karte siehe Umschlaginnenklappe hinten

Angeblich soll sich im Jahre 1811 ein Müller im Namen der Kirche dazu verpflichtet gefühlt haben, die Litauer von ihrem Heidentum zu "befreien": Er zerschlug kurzerhand ihren Opferstein und soll ihn zu Mühlrädern verarbeitet haben. Das muss die Obersten in der litauischen Götterwelt sehr verärgert haben, denn nicht viel später ist der fromme Müller, so will es jedenfalls die Legende, von seinen neuen Mühlsteinen zermalmt worden. Das war für die am Christentum ohnehin zweifelnde Bevölkerung sicherlich der Beweis, dass doch Perkūnas und sein Gefolge die wahren Götter sind.

Am Fuße des Berges und in seiner näheren Umgebung sind im vorletzten Jahrhundert wertvolle Waffen und Schmuckstücke gefunden worden, die im preußischen Museum in Kaliningrad zu bewundern sind. Systematische Ausgrabungen haben auf diesem Gelände übrigens noch nicht stattgefunden. Wer die Möglichkeit hat, den Rambynas während der Sommersonnenwende zu erklimmen, wird auf dem mystischen Berg sicherlich ein unvergessliches Mitsommernachtsfest erleben.

Anfahrt/Verbindungen **Pkw** – 6 km vor dem Abzweig nach Panemuné geht von der 141 bei dem Ort Lumpénai linker Hand ein Weg zum Rambynas-Berg ab.

▶ **Panemunė-Schloss**: Am hohen Ufer des Nemunas ragte einst stolz das Schloss der ungarischen Kaufmannsfamilie *Eperjes* empor. Es entstand zwischen 1604 und 1610 im Stil der Renaissance, weist aber auch noch Elemente der Gotik auf. 1759 fiel das Anwesen an die žemaitische Bojarenfamilie *Gelgaudas*, die das Schloss im klassizistischen Stil umbauen ließ. Nachdem sich die Gelgaudas aktiv am Aufstand gegen den russischen Zaren beteiligt hatten und dabei eine Niederlage erlitten, verloren sie ihr Schloss, das daraufhin Staatseigentum wurde. Im Laufe der Jahre hat die Anlage sehr gelitten und ist nach und nach verfallen. In den 60er Jahren hat man mit den Restaurierungsarbeiten begonnen.

Anfahrt/Verbindungen **Pkw** – zu erreichen über die 141; von Tauragé die A-12 in südliche Richtung geradeaus bis nach Panemuné entlangfahren, ca. 35 km.

Kėdainiai

(ca. 35.300 Einwohner)

Etwa 60 km nördlich von Kaunas liegt Kėdainiai, ein hübscher kleiner Ort am Ufer des Flusses Nevėžis. Die gut erhaltene Altstadt mit ihren schmalen Straßen, in denen sich schmucke Kaufmannshäuser erheben, zeugt davon, dass es der Stadt im Mittelalter sehr gut ging. Ein Abstecher nach Kėdainiai ist sicherlich lohnenswert.

Erstmals urkundlich erwähnt wurde der Ort 1372. Im Jahre 1590 erhielt er das Stadtrecht. Viele Juden lebten in der Stadt, die im 16. Jh. ihre eigene Gemeinde gründeten. Als Kėdainiai 1614 in den Besitz der Fürstenfamilie *Radvila* (Radziwills) gelangte, entwickelte sich die Stadt zu einem Zentrum der Reformation, das vielen verfolgten Protestanten Asyl gewährte, sodass sich zahlreiche Nicht-Katholiken aus Deutschland, Holland und Schottland hier ansiedelten. Zu dieser Zeit erfuhr Kėdainiai einen starken wirtschaftlichen Aufschwung und unterhielt zeitweise sogar sechs Marktplätze. Der Krieg mit Russland im Jahr 1655 und die sich anschließende Pest läuteten den wirtschaftlichen Niedergang der Stadt ein. Wirtschaftlich erholt hat sich Kėdainiai erst wieder mit dem Bau der Eisenbahn.

- *Vorwahl* (2)57
- *Postleitzahl* LT5030
- *Anfahrt/Verbindungen* **Pkw** – von Kaunas aus etwa 33 km die A-1 Richtug Klaipėda nehmen und kurz hinter dem Dorf Panevėžiukas auf die A-8 abfahren, die nach Kėdainiai führt. Die A-8 führt weiter nach Panevėžys. Über eine schmale Straße ist Kėdainiai mit Šeduva (unweit von Šiauliai) verbunden.

Bus – Verbindung mit Kaunas, Vilnius, Panevėžys, Ukmergė und den umliegenden Orten. Busbahnhof in der J. Basanavičiaus g., ca. 1 km außerhalb des Zentrums.

Bahn – Züge nach Vilnius via Jonova und nach Šiauliai via Šeduva. Bahnhof in der Dariaus ir Girėno g. 5, liegt außerhalb vom Zentrum. Um zum Hotel zu gelangen, Bus 1 bis zur Haltestelle "stadionas" nehmen, dort entweder für eine Station in Bus 4 oder 11 umsteigen oder aber ca. 400 m in Fahrtrichtung geradeaus weitergehen, bis auf der linken Seite ein Hinweisschild zum Hotel erscheint.

- *Übernachten* **Vilainiai**, Meioratorių 2a. Etwas unpersönlicher Bau aus den 70ern, Zimmer sauber, verschiedene Kategorien. ÜB ab 10 €, DZ ab 16 €, ✆ 33470.

- *Essen* **Pirkliai**, Didžioji 4, unweit des Nevežys-Flusses gelegen. Kleines, schön gestaltetes Restaurant mit europäischer Küche.

- *Verschiedenes* **Geldwechsel**, Didžioji 28.

Post, J. Basanavičiaus 59.

Bibliothek, Didžioji 11, Internetzugang geplant.

Poliklinik, Budrio 5.

Supermärkte, **Vikonda**, Basanavičiaus, großer Komplex, gegenüber von Haus 45.

Markt, Janušavos 2.

Bewachter Parkplatz, befindet sich ein kleines Stück außerhalb des Zentrums an der Straße nach Kaunas.

- *Museen/Ausstellungen* **Dailė**, Didžioji 3, neben dem Restaurant. Liebevoll dekorierter Laden, in dem litauisches Kunsthandwerk feilgeboten wird. Schon die bunt gestaltete Eingangstür wirkt sehr einladend.

Muziejus, Vokiečių 7. Wechselausstellungen von modernen Gemälden und Kunstgewerbe, Di–So von 12–18 Uhr geöffnet.

Regionalmuseum, J. Basanavičiaus 45. Dokumentation über die Geschichte Kėdainiais und Umgebung, geöffnet Mi–So von 10–18 Uhr.

Sehenswertes

Enge, verwinkelte Gassen und alte Häuser, einige von ihnen bereits restauriert, erzählen vom mittelalterlichen Leben in Kėdainiai. Sehr schön ist der von alten Häusern gesäumte *Große Marktplatz*. Das alte *Rathaus* erhielt sein jetziges Aussehen in der Mitte des 17. Jh. Wie viele Rathäuser der damaligen Zeit umfasste es das ganze öffentliche Leben einer mittelalterlichen Stadt: Verwaltung, Marktstände, Geschäfte und schließlich auch das Gefängnis waren hier untergebracht. Über die Altstadt verstreut erheben sich die ehemaligen Häuser einiger schottischer Händler, die wegen religiöser Verfolgung ihre Heimat verlassen mussten und in Kėdainiai Zuflucht fanden. Beachtenswert sind auch die hier stehenden typisch litauischen Stadthäuser aus der Mitte des 17. Jh.

Die festungsartige *Calvinisten-Kirche* entstand in der Zeit von 1631–1653 im Stil der Renaissance. An ihren vier Ecktürmen lassen sich jedoch auch Merkmale des Barocks feststellen. Während der Sowjet-Ära wurde die Kirche in eine Basketballhalle umfunktioniert, befindet sich mittlerweile aber wieder in der Hand der Gläubigen.

Litauen
Karte siehe Umschlaginnenklappe hinten

Spaziert man weiter in Richtung Fluss, trifft man auf die *Georgs-Kirche*, die sich am Ufer des Nevėžis erhebt. Erbaut wurde sie im 15.–16. Jh., erhielt ihr heutiges Äußeres aber erst Ende des 18. bis Anfang des 19. Jh.

Die *lutherische Kirche* in der Nähe des Busbahnhofs stammt aus dem 17. Jh. und erscheint im Stil der Renaissance. In dem Gotteshaus ist eine landeskundliche Ausstellung eingerichtet.

Wer etwas für Litauen ganz Besonderes sehen möchte, sollte sich die in der Nähe vom Bahnhof stehende *Moschee* nicht entgehen lassen. Sie entstand zwischen 1880 und 1887 auf Veranlassung eines russischen Generals hin, den es nach dem Krieg gegen die Türken nach Kėdainiai verschlagen hatte.

Šiauliai (Schaulen)   (ca. 146.600 Einwohner)

Die vielen Straßen und Schienen, die durch die im äußersten Westen der Aukštaitija liegende Stadt führen, machen Šiauliai zu einem zentralen Verkehrsknotenpunkt und wichtigen Industriezentrum. Wer allerdings vermutet, dass auch die viertgrößte Stadt Litauens über eine guterhaltene Altstadt verfügt, wird enttäuscht sein. Lediglich eine Renaissancekirche bezeugt die lange Geschichte der Stadt.

Dennoch ist ein Besuch Šiauliais lohnenswert. Museumsliebhaber werden sich hier nicht langweilen und auch ein Spaziergang durch die Fußgängerzone, die Vilniaus g., ist unterhaltsam. Die gesamte Vilniaus g. ist gesäumt von modernen Läden international bekannter Geschäftsketten und feinen Restaurants und Cafés. Darüber hinaus liegt der *Berg der Kreuze*, eine wichtige Pilgerstätte, unmittelbar vor den Toren der Stadt, der in keiner Litauenreise fehlen sollte.

Geschichte

Bekannt ist die Stadt seit 1236. Der Name Šiaulais ist verbunden mit der in der Nähe ausgetragenen *Schlacht bei Saule*, wo ein vereintes Heer von über 3000 Žemaiten, Kurländern und Letten den livländischen Kreuzrittern eine solch verheerende Niederlage bereitete, dass diese sich daraufhin dem Deutschen Orden eingliederten. Im 16. Jh erhielt Šiauliai das Magdeburger Stadtrecht und entwickelte sich im Laufe der Zeit zum Zentrum der umliegenden Dörfer. Im 17. Jh. hatte Šiauliai unter der Herrschaft der Schweden und der anschließenden erbarmungslos wütenden Pest sehr zu leiden. Eine weitere starke Belastung war der Durchzug der napoleonischen Truppen auf ihrem Hin- und Rückweg nach Moskau, die die Stadt hemmungslos ausplünderten und verwüsteten. 1872 suchte eine große Feuersbrunst die Stadt heim, der viele Holzbauten zum Opfer fielen.

Positiv für die wirtschaftliche Entwicklung von Šiauliai erwiesen sich 1839 der Bau der Eisenbahnlinie zwischen Königsberg (Kaliningrad) und St. Petersburg und die Inbetriebnahme der Bahnstrecke nach Liepāja, die beide durch Šiauliai führen. Die beiden Weltkriege haben Šiauliai nicht verschont. Der historische Stadtkern ist verschwunden, und das jetzige Erscheinungsbild Šiauliais ist architektonisch leider nicht mehr sehr ansprechend. Es ist geometrisch aufgebaut, durchzogen von schnurgeraden Straßen, die wiederum von rechteckigen Wohnanlagen und massiven Einkaufszentren umrahmt werden.

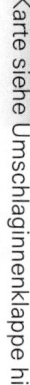

Litauen
Karte siehe Umschlaginnenklappe hinten

Laden in der Fußgängerzone

Information/Anfahrt/Verbindungen

• *Postleitzahl* LT5400

• *Vorwahl* (2)14

• *Information* Touristeninformation, Vilniaus 213. Ansprechpartnerin ist Danutė Mazeikaitė, die auch behilflich ist bei der Zimmersuche und der Organisation von Ausflügen in die Umgebung. ☎ 523110, ℻ 523111, tourism.info@siauliai.lt; www.siauliai.lt.

• *Anfahrt/Verbindungen* **Pkw** – liegt an der A-12 Tauragė-Rīga und an der A-9, die von Panevėžys nach Palanga führt.

Bus – Verbindungen in alle größeren Städte Litauens sowie in die umliegenden Dörfer und zum Berg der Kreuze, Busbahnhof in der Tilžės 109. Stadtbusse fahren von 5–23 Uhr. Eine einfache Fahrt kostet ca. 0,15 €. Minibusse fahren von 6–23 Uhr. Einfache Strecke 0,30 €.

Bahn – Züge nach Kaunas, Panavežys, Klaipėda, Vilnius und Rīga. Bahnhof, Dubijos 44.

Taxistände – am Bus- und Zugbahnhof und an der Ecke der Vilniaus/Žemaites.

Taxiruf, 424242, 521000, 452470, 433333. Taxis kommen in der Regel innerhalb weniger Minuten. Pro km tagsüber 0,30 € und 0,60 € von 23–6 Uhr.

• *Verschiedenes* **Geldwechsel**, Bank, Tilžės 148; Vilniaus 225; außerdem eine ganze Reihe von Wechselstuben und Bankautomaten auf der Vilniaus g.

Post, Aušros al. 42.

Internetzugang, Städtische Bücherei, Tilžés 83b.

Poliklinik, V. Kurdirkos 99.

Apotheke, Komjaunimo 10; Aušros al. 66.

Tanken, Tilžės 223; Vilniaus 12 (Westtankstelle).

Übernachten/Essen (siehe Karte S. 166/167)

• *Übernachten* **Aronija (23)**, Gumbinės 10. Kleines Hotel mit 7 Räumen in schönem Stadthaus. Räume etwas einfach, aber sehr bemühte Betreiber. EZ ab 25 €, DZ ab 30 €. ☎ 423672, ℻ 423672.

Saldūve (25), Donelaičio 70, liegt etwas außerhalb des Stadtzentrums, mit Bus 6 erreichbar. Einfach ausgestattet, ÜB ab 14 €. DZ ab 20 €, Kantine angeschlossen, in der gegen Aufpreis Frühstück erhältlich ist. ☎ 55393, ℻ 553590.

166   Litauen

Saulininkas (2), S. Lukauskio 5 a. Kleines hübsches Hotel in altem Stadthaus, nicht weit von der Vilniaus g. entfernt. Helle Zimmer mit verspieltem Dekor. EZ ab 24 €, DZ ab 40 €. ☎ 436555, 📠 421848.

Saulys (14), Vasario 16-osios 40. Angenehme Unterkunft mitten im Zentrum, verschiedene Kategorien. EZ ab 40 €, DZ ab 60 €. ☎ 520812, 📠 520911.

Šiauliai (21), Draugystės pr. 25. 12stöckiges Gebäude unmittelbar an der Fußgängerzone. Alle Zimmer mit Bad, Telefon, TV und Radio ausgestattet, dennoch nicht sehr stilvoll. EZ ab 22 €, DZ ab 27 €, ☎ 437333, 📠 438339.

Tomas (26), Tilžės 63a. Schöne, kleine Unterkunft mit freundlichen, hellen Räumen, etwas außerhalb gelegen. EZ ab 30 €, DZ ab 42 €. Zu erreichen vom Zentrum mit Bus 2. Abfahrt in der Tilžės g. gegenüber dem Theater. ☎ 455541, 📠 455541.

Turne (27), Rūdės 9. Nettes Hotel unweit vom Zentrum gelegen mit verschiedenen Kategorien. EZ ab 40 €, DZ ab 50 €. ☎ 500150, 429201, 📠 429238.

Vaivorykštė (29), Gytarių 25. Diese kleine und schlichte, aber freundliche Unterkunft liegt etwas außerhalb des Zentrums. EZ ab 20 €, DZ ab 30 €, Frühstück ist gegen einen Aufpreis von 6 € erhältlich. Hotel ist vom Busbahnhof und Zentrum mit Bus 2 erreichbar. ☎ 510502.

● *Essen* Auch in Šiauliai sind im Laufe der letzten Jahre zahlreiche, qualitativ hervorragende Restaurants und Cafés aus dem Boden geschossen, die auch verwöhnte Gourmets zufrieden stellen dürften.

Akropolis (15), Vilniaus 173. Übergroße Fotografien erinnern an die alten Griechen. Authentische Tavernenkost kommt hier zwar nicht auf den Tisch, aber schlecht schmeckt es trotzdem nicht. Alternativ werden auch litauische Speisen serviert. Im Sommer kann man hier schön draußen sitzen.

Architektų (24), Vilniaus 68. Stilvolle Café-Kneipe mit gutem Essen und gelungener Beleuchtung.

Aronija (23), Gumbines 10. Schickes Hotelrestaurant mit europäischer Küche.

Bella Italia (16), Vilniaus 167. Serviert werden Pasta und Pizza und das im rosa Ambiente.

Juone pastoge (5), Aušros 31a. Rustikales Wirtshaus mit traditioneller litauischer Küche, oft mit Live-Musik, meistens Folklore.

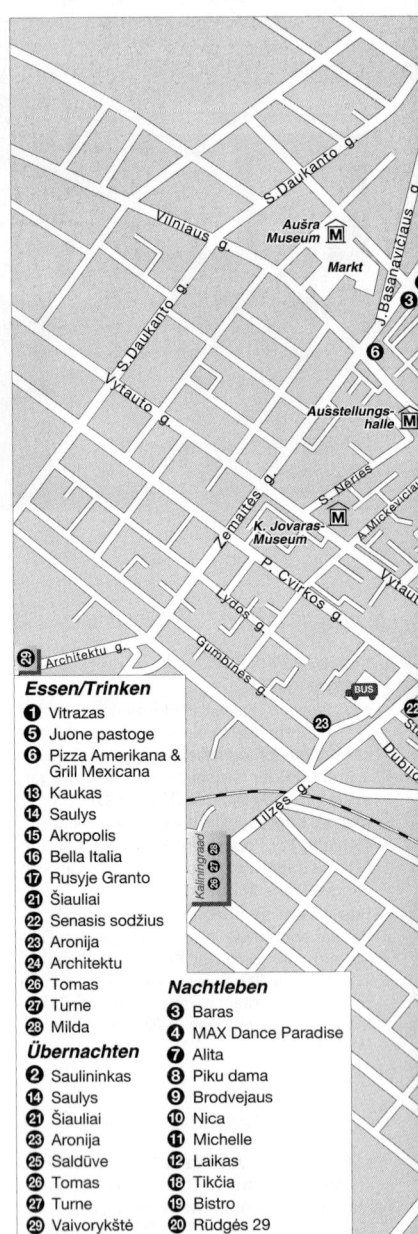

Essen/Trinken
- ❶ Vitrazas
- ❺ Juone pastoge
- ❻ Pizza Amerikana & Grill Mexicana
- ⓭ Kaukas
- ⓮ Saulys
- ⓯ Akropolis
- ⓰ Bella Italia
- ⓱ Rusyje Granto
- ㉑ Šiauliai
- ㉒ Senasis sodžius
- ㉓ Aronija
- ㉔ Architektu
- ㉖ Tomas
- ㉗ Turne
- ㉘ Milda

Übernachten
- ❷ Saulininkas
- ⓮ Saulys
- ㉑ Šiauliai
- ㉓ Aronija
- ㉕ Saldūve
- ㉖ Tomas
- ㉗ Turne
- ㉙ Vaivorykštė

Nachtleben
- ❸ Baras
- ❹ MAX Dance Paradise
- ❼ Alita
- ❽ Piku dama
- ❾ Brodvejaus
- ❿ Nica
- ⓫ Michelle
- ⓬ Laikas
- ⓲ Tikčia
- ⓳ Bistro
- ⓴ Rüdgés 29

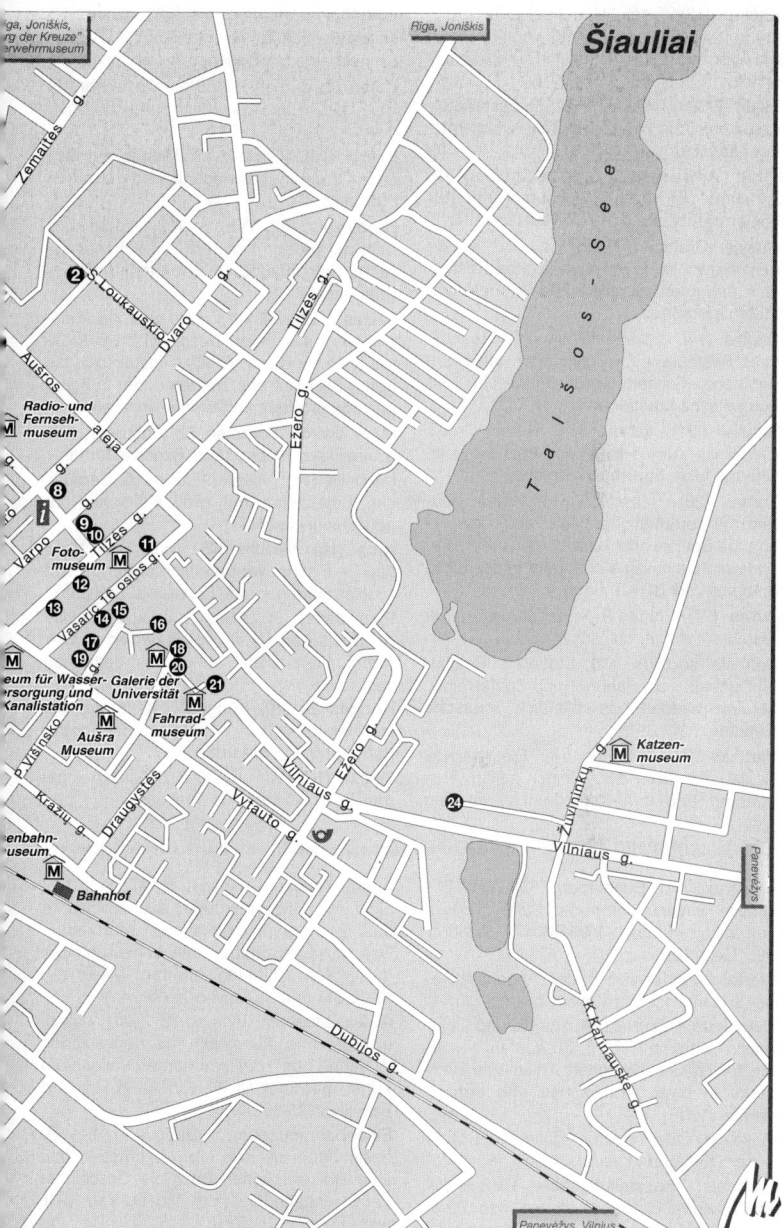

*Riga, Joniškis,
rg der Kreuze"
erwehrmuseum*

Riga, Joniškis

Šiauliai

Žemaitės g.

2 S-Loukauskio g.

Dvaro g.

Aušros aleja

Tilžes g.

Radio- und
Fernseh-
museum

Ežero g.

8

i

9
10

Foto-
museum

11

Tilžes g.

12

Vasario g.

13

Te osios g.

14 **15**

16

17
19

18
20

eum für Wasser-
rsorgung und
Kanalistation

Galerie der
Universität

21

M

Fahrrad-
museum

pyvišnio g.

Aušra
Museum

Kražiu g.

Draugystés g.

Vyrauto g.

Vilniaus g.

Ežero g.

24

enbahn-
useum

M Bahnhof

Žuvininku

Katzen-
museum

M

Vilniaus g.

Panevėžys

K. Kalinausko g.

Dubijos g.

Panevėžys, Vilnius

T a l š o s - S e e

Kaukas (13), Tilžės 144. Beliebtes Restaurant mit wechselnden Events von Konzerten über Ausstellungen bis hin zu Modenshows.

Milda (28), Tilžės 52. Hell ausgestattetes Restaurant mit rotem Mobiliar, wirkt trotzdem etwas ungemütlich.

Pizza Americana & Grill Mexicana (6), Žemaites 56. Kleines Restaurant mit rotblauem Ambiente und Tex-Mex Gerichten.

Rusyje Granto (17), P. Visinskio, neben dem Akropolis. Empfehlenswertes Restaurant mit internationalen Spezialitäten und tollem Biergarten.

Saulys (14), Vasario 16-osios 40. Freundliches Restaurant zum gleichnamigen Hotel gehörend. Serviert werden litauische und europäische Kreationen.

Šiauliai (21), gehört zum Hotel. Große Café-Halle, der es trotz Modernisierung an Charme fehlt, Speisen akzeptabel.

Tomas (26), Tilžės 59. Helles Hotelrestaurant mit sommerlichem Ambiente, ansprechende Speisekarte, aber etwas außerhalb. Zu erreichen mit Bus 2. Abfahrt in der Tilžės g. gegenüber dem Theater.

Turne (27), Rūdės 9. Angenehmes Hotelrestaurant mit europäischer Küche.

Senasis sodžius (22), Stoties 3. Restaurant unweit vom Bahnhof und Busterminal. Serviert werden ausschließlich litauische Gerichte.

Vitrazas (1), Žemaites 64a. Freundliches Restaurant, dem trotz seiner hellen Ausstattung und den Kunstdrucken an den Wänden die Gemütlichkeit fehlt.

● *Café/Bars* **Alita (7)**, Vilniaus 233. Fetzige Szenekneipe mit Bodengraffiti im Eingang.

Baras (3), Žemaities/Aušros. Kleine Bar mit Bierglas-Dekor, Alumöbeln und Bürogardinen.

Bistro (19), Višinskio 37. Kleines gemütliches Café mit überwiegend studentischem Publikum.

Brodvejaus (9), Vilniaus 146. Gemütliches Café mit großen Fenstern und schöner dezenter Beleuchtung. Im Sommer attraktives Straßencafé.

Laikas (12), Vilniaus 199. Stilvolle Kinokneipe mit James Dean, Marilyn Monroe & Co als Dekor. Große Fensterfront, die guten Blick auf das Treiben in der Fußgängerzone eröffnet, im Sommer mit Terrasse.

MAX Dance Paradise (4), Aušros 31. Populäre Disko in der oft Live-Bands auftreten.

Michelle (11), Vasario 16-osios 55. Gemütliche Cafékneipe mit großer Fensterfront und kleinen Tischen.

Nica (10), Vilniaus 146. Immer der Nase nach – frische, verführerisch duftende und köstlich schmeckende Croissants, Stehcafé.

Piku dama (8), Dvaro 71. Kneipe mit kleiner Speisekarte, wirkt etwas gediegen, was sicher nicht zuletzt an den Bürogardinen liegt.

Rūdgės 29 (20), Rūdgės 29. Kleine rustikale Kneipe mit gut bestückter Bar, netter Stimmung und Billiardtischen.

Tikčia (18), Vilniaus/Rūdės. Winziges gemütliches Eckcafé und Teehaus.

Einkaufen/Museen/Veranstaltungen

● *Einkaufen* **Buchläden**, Vilniaus 213. Größte Buchhandlung der Stadt, Verkauf von Kartenmaterial; Vilniaus 118; Antiquariat, Tilžės 148.

Markt: befindet sich in der Turgaus g., einer Seitengasse der Vilniaus g.

Souvenirs, Inkliuzas, Vilniaus 146 und Linksmasis senukas,Trakų 6. Zu kaufen gibt es die für Litauen typischen Artikel wie Bernstein, Keramik, Korbsachen und buntgewebte Stoffe.

Dailė, Vilniaus 245. Kunstgalerie mit litauischem Kunsthandwerk.

● *Museen* **Ausstellungshalle**, Vilniaus 254. Wechselnde Expositionen aus den Bereichen Geschichte, Kunst und Kunstgewerbe, geöffnet Di–Sa von 10–18 Uhr.

Aušra Museum, Aušros al. 47. Seit 1923 kann man sich hier über die Geschichte und Ethnographie Litauens informieren. Das Museum zählt zu den bedeutendsten dieser Art in Litauen, geöffnet Mi–Fr von 10–18 Uhr und Sa/So von 11–16 Uhr.

Aušra Museum, Vytauto 89. Zweig des o. g. Museums. Kunsthalle mit wechselnden Werken aus der modernen bildenden Kunst, geöffnet Mi–Fr von 10–18 Uhr und Sa/So von 11–16 Uhr.

Eisenbahnmuseum, Dubijos 44. Zu besichtigen ist eine alte Lokomotive und eine Dokumentation über die Geschichte der Eisenbahn. Geöffnet Mo–Do von 13–16 und Fr von 13–15 Uhr.

Fahrradmuseum, Vilniaus 139. Da seit Jahren in Šiauliai Fahrräder hergestellt werden, braucht die Stadt natürlich auch ein solches Museum. Zu sehen sind alte Exemplare und neue Drahtesel, made in Lithuania, aber auch uralte Velos aus Irland und Deutschland. Geöffnet Mi–Fr von 10–18 Uhr und Sa/So von 11–16 Uhr.

Feuerwehrmuseum, J.Basanavičiaus 89. Kleine Ausstellung in dem alte und neue Feuerwehrutensilien zu bewundern sind. Geöffnet Mo–Fr von 7.30–16.30 Uhr.

Fotomuseum, Vilniaus 140. Neben dauerhaften Exponaten auch wechselnde Ausstellungen aus aller Welt. Von außen ist das Museum unauffällig, auf das Minolta-Schild achten, geöffnet Mi–Fr von 10–18 Uhr und Sa/So von 11–16 Uhr.

Galerie der Universität, Vilniaus 141. Zu sehen sind wechselnde Exponate zeitgenössischer Künstler. Geöffnet Mo–Sa von 11–18 Uhr, So von 11–17 Uhr.

K. Jovaras-Museum, Vytauto 116. Museum für den litauischen Dichter K. Jovaras, Di–Fr von 10–18 Uhr geöffnet.

Katzenmuseum, Žuvininkų 18. Zu sehen sind schnurrende Vierbeiner in allen Variationen und aus allen möglichen Materialien. Besonders amüsant für Kinder, geöffnet Mi–So von 11–17 Uhr.

Museum für Wasserversorgung und Kanalisation, Vytauto 103. Interessante Ausstellung zum Šiauliaier Kanalsystem. Geöffnet Mo–Fr von 8–17 Uhr, Mittagspause von 12–13 Uhr.

Radio- und Fernsehmuseum, Vilniaus 174. Ein ausgedienter Fernseher und ein ebensolches Radio weisen auf das Museum hin. Zu sehen sind u. a. der erste in Šiauliai hergestellte Fernseher und das erste Radioset. Geöffnet Mi–Fr von 10–18 Uhr und Sa-So von 11–16 Uhr.

• *Unterhaltung* **Dramatheater**, Tilžes 155, ✆ 32940; **Mažasis Theater**, Vilniaus 247, ✆ 36700.

• *Festivals* **Sängerfest**, jedes Jahr im Juni findet ein Sängerfest statt. Austragungsort ist der Salduvė-Park, genauen Termin im Touristenbüro erfragen.

Straßenfest, Mitte September findet alljährlich auf der Vilniaus g. ein bunter Handwerksmarkt statt. Darüber hinaus verwandelt sich die Straße in eine einzige Bühne, auf der gesungen, getanzt und musiziert wird. Begleitet wird das Fest von einer Anzahl Sonderveranstaltungen, zu erfragen im Touristenbüro.

Die Peter-und-Paul-Kirche

Sehenswertes

Berg der Aufständischen (Sukilėlių kalnas): In der Žemaitės g. (von der Vilniaus g. aus der Richtung des Hotels Šiauliai kommend, links abgehend) befindet sich ein Denkmal für die im Jahre 1863 im Aufstand gegen die russische Besatzung gefallenen und hingerichteten litauischen Partisanen.

Denkmal für die Schlacht bei Saule: Gelegen am Rande des Salduvė-Parks in der Šeduvos g., die parallel zur Vilniaus g. Richtung Radviliski verläuft. Das Denkmal erinnert an die legendäre Schlacht im Jahre 1336, in der ein 3000 Mann starkes Heer von Litauern, Letten und Kuren den livländischen Kreuzrittern Einhalt gebot und sie schließlich besiegte.

Peter-und-Paul-Kirche: Das Gotteshaus befindet sich in der Pergalės al. Dieses Bauwerk ist das einzige, das an das historische Šiauliai erinnert. Das im Stil der Renaissance errichtete Gotteshaus entstand zwischen 1595 und 1625. Der an die 70 m hohe Turm ist einer der höchsten von ganz Litauen. Um die kunsthistorische Bedeutung der Peter-und-Paul-Kirche hervorzuheben, wird sie häufig mit der gleichnamigen Kirche in Vilnius verglichen, die als ein Meisterwerk des Barock gilt.

Sonnenuhr-Platz: Geht man vom Hotel Šiauliai rechts die Šalkausko g. hinunter, so gelangt man zum Platz mit der Sonnenuhr, ein Geschenk der Stadt an ihre Bevölkerung anlässlich ihres 750. Geburtstages.

Umgebung von Šiauliai

▸ **Bubiai**: Am Forst von Bubiai gelegen und umgeben von malerischen Seen und Bächen, ist der Ort eine ideale Oase der Erholung. Insbesondere für die Šiauliaier ist Bubiai ein beliebtes Wochenendziel. Zu erreichen ist der 15 km südlich von Šiauliai gelegene Ort über die A-12 Richtung Kelmė.

▸ **Berg der Kreuze**: Etwa 12 km nördlich von Šiauliai in Richtung Rīga ist eine der Hauptsehenswürdigkeiten Litauens zu finden – ein gigantischer Hügel, bedeckt von einem Meer aus Kreuzen, Rosenkränzen und Heiligenabbildungen aus den verschiedensten Materialien.
Hie und da ragt eine Madonna oder eine Christus-Skulptur aus dem Kreuz- und Kerzenmeer heraus, das sich mittlerweile bereits bis über den Fuß des Berges erstreckt und stets größer wird. Kein Mensch wird sie jemals zählen können. Der Kreuzberg ist **die** Pilgerstätte der litauischen Gläubigen. Viele Jahre war er darüber hinaus Ausdruck eines passiven politischen Widerstandes. So wurden die ersten Kreuze nach der blutigen Niederwerfung des Aufstandes gegen den Zaren zum Gedenken an die litauischen Opfer aufgestellt. An Kreuzen hat der Berg auch während der sowjetischen Zeit gewonnen, was Moskau einmal mit der Niederwalzung des gesamten Kreuzberges beantwortete. Doch am nächsten Tag ragten bereits wieder die ersten Kreuze gen Himmel. Auch im Januar 1991 erhielt der Kreuzberg neue Exemplare zum Gedenken an die dreizehn Menschen, die am Fernsehturm von Vilnius im Kampf gegen die Sowjettruppen ums Leben kamen. Doch die Kruzifixe werden auch auf freudige Ereignisse hin aufgestellt, so z. B. als Glückssymbol bei Eheschließungen oder zur Geburt eines Kindes. Auch die Wiedererlangung der Unabhängigkeit brachte eine Flut von Kreuzen mit sich.
Anfahrt/Verbindungen **Pkw** – Ca. 12 km hinter Šiauliai kommt an der Straße Richtung Rīga rechts ein Hinweisschild zum Kreuzberg, von da aus sind es noch ca. 500 m.
Bus – von Šiauliai aus Richtung Rīga fahren, an der Haltestelle *Domantai* aussteigen.

▸ **Joniškis**: Das kleine Bezirkszentrum, 39 km nördlich von Šiauliai an der A-12, liegt fast an der Grenze zu Lettland. Interessant ist in dem Ort die Kirche, die Ende des 17. Jh. entstand. Erbaut wurde sie, als der entsetzte Bischof von Kurland hier einhundert Jahre nach der offiziellen Taufe Litauens immer noch auf Heiden stieß und daraufhin beschloss, den "armen" Ungläubigen sofort ein Gotteshaus zu bauen.

Beeindruckend ist das Altarbild der Kirche, das mit seinen intensiven Blautönen eine solche Tiefe vermittelt, dass man fast den Eindruck hat, in dem Bild befinde sich das Tor zum Himmel.

Auf der Straße von Šiauliai nach Joniškis geht etwa auf halber Strecke links ein Weg zu einem *Mahnmal für die Opfer des Faschismus* ab.

Kuršėnai

(ca. 22.000 Einwohner)

Die kleine Stadt liegt an der Venta, nordwestlich von Šiauliai, und gehört geographisch schon zur Provinz Žemaitija. Bekannt war der 1581 erstmals erwähnte Ort wegen seiner Keramik. Den Zentralplatz, Mittelpunkt des Städtchens, ziert ein Denkmal für *L. Ivinskis*, einen bekannten Aufklärer Litauens. Etwas oberhalb auf einer kleinen Anhöhe befindet sich die neugotische, 1933 fertig gestellte Kirche *St. Jona Krikštytojo*. Viele kleine und kleinste Altäre und unzählige goldene Ikonenbilder schmücken ihr in Gelb gehaltenes Inneres.

- *Postleitzahl* LT5420
- *Vorwahl* (2)14 (Šiauliai)
- *Anfahrt/Verbindungen* **Pkw** – Von Šiauliai ca. 30 km die A-9 Richtung Palanga fahren. **Bus** – Verbindung mit Šiauliai, Palanga und Klaipėda.
- *Essen* **Rūsys**, am Zentralplatz gelegen. Kleine Bar mit Natursteindekor und ansprechender Speisekarte.

Barras, liegt etwa 200 m oberhalb vom Zentralplatz an der Strasse die zur Kirche hochführt. Kleine Kneipe im rustikalen Stil mit deftigen litauischen Gerichten.

Vakarė, einfaches Café am Hauptplatz.

Kavinė, kleine Konditorei mit ein paar Plastikstühlen und -tischen, am Hauptplatz gelegen.

Panevėžys

(ca. 133.650 Einwohner)

Obwohl Panevėžys die fünftgrößte Stadt Litauens ist, wirkt sie doch recht überschaubar und gemütlich. Eine Altstadt sucht man hier zwar vergebens, doch die Fußgängerzone, die kleinen Cafés und der Laisvės aikštė (Freiheitsplatz) verleihen Panevėžys eine recht angenehme Ausstrahlung.

Im Jahre 1503 wurde der Name Panevėžys in einem Brief des *Großfürsten Alexanders* an den *Bischof von Ramgyla* zum ersten Mal erwähnt. Mit diesem Schreiben machte der Großfürst den Geistlichen zum Eigentümer der Ländereien, die um das zwischen den Flüssen *Nevėžis* und *Levo* gelegene *Gut Panevėžys* lagen. Bedingung jedoch war der Bau einer Kirche. Von jenem hölzernen Gotteshaus ist nichts übrig geblieben, da es den Flammen zum Opfer fiel. Heute erinnert nur noch ein Holzkreuz an die Kirche.

Nicht weit vom Gut Panevėžys entstand Ende des 18. Jh. die Siedlung *Mikolajevas*, während auf der anderen Flussseite die Ortschaft *Naujasis* (Neu-)*Panevėžys* gegründet wurde. Im Laufe des 19. Jh. sind die drei Orte zur Stadt Panevėžys verschmolzen.

Auf Grund seiner geographischen Lage zwischen Vilnius und Rīga, zusätzlich begünstigt durch den Bau der Eisenbahn, entwickelte sich Panevėžys immer mehr zu einem Industriezentrum. Insbesondere in den 60er Jahren dieses Jahrhunderts wurde die Architektur Panevėžys' wegen des steigenden Bedarfs an Wohnungen für seine Arbeiter durch triste Plattenbauten ergänzt. Der älteste Betrieb der Stadt ist die Spiritusfabrik, deren Existenz förmlich in der Luft liegt. Seit 1927 ist Panevėžys Bischofssitz.

Litauen
Karte siehe Umschlaginnenklappe hinten

Information/Verbindungen/Verschiedenes

● *Postleitzahl* LT5310

● *Vorwahl* (2)5

● *Information* Touristeninformation, Laisvės a. 11. ✆ 508081, Fax. 508080, pantic@takas.lt. Information über die Stadt, Organisation von Ausflügen in die Umgebung, Verkauf von Souvenirs etc. Geöffnet Mo–Fr von 10– 18 Uhr, Sa von 10–14 Uhr; www.panevezys. sav.lt.

● *Anfahrt/Verbindungen* **Pkw** – aus Vilnius kommend die M-2 Richtung Rīga nehmen; aus Klaipėda die A-9, die weiterführt nach Rokiškis; und aus Kėdiniai die A-8. Über eine Landstraße ist Panevėžys ebenfalls mit Anykščiai verbunden.

Bus – Verbindung in alle litauischen Großstädte und in die umliegenden Dörfer. Busbahnhof liegt im Zentrum, Savanorių a. 5.

Bahn – Zugverbindung mit Kaliningrad via Klaipėda und mit Šiauliai sowie mit Moskau via Rokiškis und Daugavpils. Der Bahnhof befindet sich in der Stoties g. Ins Zentrum Bus 7 nehmen bis zur Haltestelle Ukmergė

(nach der Brücke an den Fahnenmasten).

● *Verschiedenes* **Geldwechsel**, Republikos g. 56; Laisės a. 18.

Post, Respublikos 60.

Internetzugang, Respublikos 40; Respublikos 46 und Ramygalos 50.

Poliklinik, Smėlynės g., auf der andern Seite des Flusses Nevėžis.

Telegrafenamt, Respublikos 58.

Taxi, Hauptstand am Busbahnhof; Taxiruf 466656, 515151, 460800.

Fahrradwerkstatt, Smėlynės 12, P. Eimučio 7.

Tankstellen, in der Klaipėdos g.; Ramygalos g.; Velzio kelias.

Bewachter Parkplatz, direkt hinter dem Hotel Nevėžys zu finden.

Stausee, mitten im Zentrum befindet sich ein künstlicher See, aus dem eine mächtige Fontäne in den Himmel schießt. Um den See herum befindet sich ein **Skulpturenpark**.

Übernachten/Essen

● *Übernachten* **Panevėžis**, Laisvės a. 26, direkt am Laisvės a., dem großen Freiheitsplatz, gelegen. Einige der Zimmer sind hübsch modernisiert. Die andern sind sehr einfach ausgestattet, aber sauber. ÜB ab 22 €, DZ zwischen 35 und 70 €. ✆ 435117.

Olimpas, Liepų 4. Einfaches Hotel am andern Ufer der Nevėžys. Vom Bahnhof, Busterminal und Zentrum mit Bus 4 erreichbar. EZ ab 10 €, DZ 30 €. ✆ 46 56 97.

● *Essen* **Kakadu**, Laisvės a. 2. Peppig aufgemachte Pizzeria mit mexikanischem Ambiente und Kaktusreliefs.

Malūnas, Ramygalos 121a. Urgemütliches Gasthaus in einer alten Mühle. Serviert wird litauische Kost.

Nevešis, gehört zum gleichnamigen Hotel. Ausstattung modernisiert, Qualität von Küche und Service halten sich in Grenzen.

Puntukas, Respublikas/Klaipėdos. Die Betreiber haben sich was einfallen lassen – man sitzt auf weißen Ledersofas an gläsernen Aquariumstischen, die Wände tragen viel Natursteindekor und es gibt einen künstlichen Wasserfall. Der Service ist sehr bemüht nur leider kann das kulinarische Angebot nicht so ganz mithalten.

Senrage, Laisvės a. 4. Wer gern zum Essen lautstarken Diskorhythmen lauscht ist hier am richtigen Ort. Bedienung in blau/knallgelber Uniform.

Vakarina Zara, Dariaus ir Girėno 4. Liegt ein wenig außerhalb vom Zentrum und serviert gute litauische und europäische Küche. Vom Zentrum mit Bus 5 zu erreichen.

● *Cafés/Kneipen* **Provincija**, Vasario 16-osios 3. Rustikal aufgemachte Kneipe mit angenehmer Stimmung.

Menas, Vasario 16- osios 21. Liegt etwas zurückversetzt ist aber nicht zu verfehlen dank der überdimensionalen Uhr am Gebäude. Schöner Hof zum draußen sitzen.

Nendre Vėjyje, Respublika 8. Gemütliche Kneipe mit riedgedeckter Bar, zünftigem Mobiliar und Bambusrollos. Salate und litauische Bierimbisse wie geröstetes Brot, Schweineohren und Salami erhältlich. Extra Bereich für Nichtraucher.

Baras, Respublikas 11. Einfache Kneipe mit dubiosem Publikum und mit Vorsicht zu genießen.

Galerija XX, Laisvės a. 7. Stilvolle Café-Kneipe mit weinroter Tapete und hübschem Dekor, gleichzeitig Galeriebetrieb.

Rojaus Paukšte, Respublika 8. Kleine, freundliche Kneipe, in der man auch essen kann, beherbergt am Wochenende oft geschlossene Gesellschaften.
Theatercafé, Laisvės a. Künstlerisch angehauchtes Etablissement mit bunten Wänden, großer Fensterfront, Bühne und Klavier. Im Sommer attraktives Straßencafé.
Žiogelis, Ukmergės 3, die von Laisvės abgeht. Bizarr wirkende Kneipe mit Diskokugeln und einer mit Spiegeln verkleideten Galerie.

Einkaufen/Museen/Unterhaltung

• *Einkaufen* **Bücher**, Respublikos 33. Angebot variierend, Kartenmaterial über Litauen und gelegentlich deutschsprachige Zeitschriften erhältlich.
Markt, Ukmergė 26. Samstags herrscht hier bunte Geschäftigkeit. Über erstklassiges Gemüse bis hin zu billigster Importware gibt es nichts, was es nicht gibt, zumindest im Sommer. Neben dem Markt, immer dem Duft nach, befindet sich eine Bäckerei, die ofenfrische Baguettes verkauft.
Souvenirs, *Pine*, Respublikos 28. Souvenirgeschäft mit begrenztem Angebot an Leder-, Keramik- und Schmuckwaren.
• *Museen/Galerien* **Fotogalerie**, Vasario 16-osios 11. Wechselnde Austellungen litauischer Fotografen. Geöffnet Mi–Fr von 12–20 hr, Sa/So von 12–19 Uhr.
Dailės galerija, Respublikos 3. Zu sehen sind wechselnde Exponate litauischen Kunsthandwerks. Geöffnet Mi–Fr von 12–20 Uhr, Sa/So von 12–19 Uhr.
Gemäldegalerie, Respublikos 3. Wechselnde Expositionen von Werken zeitgenössischer Kunst, Mi–So von 11–18 Uhr geöffnet.
Juozo Miltinis Museum, Algirdo 54–19. Die Ausstellung ist dem grossen Theaterregisseur gewidmet und befindet sich in der Wohnung, in der er zuletzt gelebt hat. Geöffnet Di–So von 10–17, So von 11–18 Uhr.
Medizinmuseum, Šv. Zitos g. 18. Kleiner Abriss über die Geschichte der Medizin innerhalb der Panevėžys Region, Mi–So von 12–18 Uhr geöffnet.

Museum für regionale Studien, Vasario 16- osios 23. Zu sehen sind eine Ausstellung präparierter Insekten sowie Funde und Gegenstände aus der Geschichte Panevėžys und Umgebung. Di–So von 10-18 Uhr geöffnet, jeder letzte Freitag im Monat geschlossen.
Sportmuseum, Laisvės a. 3. Dokumentiert wird die Geschichte des Sports in der Region Panevėžys, geöffnet Di–Fr von 11-18 Uhr.
• *Unterhaltung* **J. Miltinis-Theater**, Laisvės a 5. Auch wenn für viele das litauische Theater wegen Sprachbarrieren eher uninteressant ist, so ist dieses dennoch erwähnenswert. Durch den Regisseur *Juozas Miltinis*, der auch internationale Anerkennung fand, ist das Theater von Panevėžys sehr bekannt geworden. Juozas Miltinis nahm in London und Paris Schauspielunterricht und wagte sich als Regisseur an kritische Inszenierungen, was während der sowjetischen Zeit sicherlich kein ungefährliches Unterfangen war. ✆ 468525.
Musiktheater, Nepriklausomybės 8, ✆ 468907.
Puppentheater, Respublikos 30, ✆ 460533.
Festivals, alljährlich im Sommer findet in Panevėžys ein großes Kinderfest statt. Die Kinder tauchen an diesem Tag die gesamte Republikos g. in ein fröhliches Farbbad, was noch Wochen später zu sehen ist. Der Termin für die große Kinderparty ändert sich von Jahr zu Jahr.

Litauen Karte siehe Umschlaginnenklappe hinten

Umgebung von Panevėžys

▸ **Upytė:** Südöstlich von Panevėžys liegt das Dorf Upytė mit seinem sehenswerten *Flachsmuseum*. Die Ausstellung ist in einer alten Mühle untergebracht. Keine festen Öffnungszeiten.

• *Anfahrt/Verbindungen* **Pkw** – liegt etwa 12 km südlich von Panevėžys, zu erreichen über die Landstraße nach Krekenava/Kėdainiai.
Bus – Verbindungen sind selten. Bus nach Ìriškiai nehmen und den Fahrer bitten, in Upytė an der Mühle zu halten: *"Ar galite sustoti prie malūno"*.

▸ **Smiligiai:** Der kleine Ort liegt etwa 25 km westlich von Panevėžys an der Straße nach Šiauliai. Anhand eines kleinen ethnographischen Museums kann man sich hier ein Bild davon machen, wie die ländliche Bevölkerung im Gebiet Panevėžys vor hundert Jahren gelebt und gearbeitet hat. Sehenswert ist auch die im Dorf befindliche Kirche. Die erste Kirche erhielt der Ort 1646 durch die hier ansässigen Grafen *von Fleming*, doch hat diese den Lauf der Jahre nicht überstanden. Das gegenwärtige Gotteshaus wurde 1858 eingeweiht. Von Interesse ist der hölzerne Glockenturm.

▶ **Raguvėlė:** Sehenswert in dem Ort ist der Gutshof und das Schloss der Familie *Komar*. Es entstand um die Wende vom 18. auf das 19. Jh. und besteht aus insgesamt 19 Gebäuden. Über dem Eingangsportal des im klassizistischen Stil errichteten Schlosses prangt stolz das Familienwappen. Zu der Anlage gehören ebenfalls ein Glockenturm und eine Grabkapelle.

Anfahrt/Vebindungen Pkw – liegt etwa 25 km südöstlich von Panevėžys an der Straße, die nach Anykščiai führt. **Bus** – Linie Panevėžys-Anykščiai nehmen.

Rokiškis
(ca. 19.000 Einwohner)

Die nette kleine Stadt mit ihrem schönen Schloss im Nordosten Litauens ist gleichzeitig Bezirkszentrum. Der Mittelpunkt Rokiškis wird von einem großen, üppig bepflanzten Platz gebildet, dem Nepriklausomybės aikštė.

Zwei kerzengerade Straßen führen rechts und links an dem Platz vorbei. An einem Ende erhebt sich die neugotische *Matthäus-Kirche*, während das andere Ende durch eine schnurgerade Allee mit dem Schloss verbunden ist.

Zum ersten Mal wurde Rokiškis 1499 von *Alexander*, König von Polen und Großfürst von Litauen, in einem Brief erwähnt. Ungefähr 200 Jahre waren das Schloss und das dazugehörige Gut im Besitz der Fürsten *Krozsinski*, die es durch eine Schenkung im 16. Jh. erhielten, bis beides schließlich durch eine Heirat im 18. Jh. an die Familie *Tyzenhaus* fiel, die das Anwesen im klassizistischen Stil umbauen ließ.

• *Postleitzahl* LT4820

• *Vorwahl* (2)78

• *Information* Nepriklausomybės a. 22, ✆ 51354.

• *Anfahrt/Verbindungen* **Pkw** – von Panevėžys etwa 88 km die 122 Richtung Daugavpils entlangfahren; über eine Landstraße auch mit dem etwa 45 km nordwestlich gelegenen Biržai verbunden. Das Zentrum ist nicht sehr gut ausgeschildert. Die Perkūno g., die von der großen Panevėžių g. abgeht, führt ins Zentrum.

Bus – am regelmäßigsten Verbindung mit Panevėžys, Biržai und Anykščiai. Busbahnhof in der Rokiškio g. 3, liegt etwas außerhalb, ins Zentrum Bus 1 oder 2 nehmen. Haltestelle in der Stadtmitte heißt *Centras*, unmittelbar an dem großen Hauptplatz gelegen. Der Bus braucht ca. 25 Min. bis zum Busbahnhof und fährt an Sonn- und Feiertagen nur einmal stündlich.

Bahn – zwei Züge täglich nach Daugavpils und Šiauliai sowie ein Zug nach Kaliningrad via Klaipėda und einer nach Moskau. Bahnhof, Stoties 4. Ebenfalls Bus 1 oder 2 nehmen, liegt noch ca. drei Haltestellen weiter draußen als der Busbahnhof.

• *Übernachten* **Pas angele**, Panevėžių 7a, liegt etwa 2 km außerhalb vom Stadtzentrum an der Strasse nach Panevėžys. Freundliches kleines Hotel mit im skandinavischen Stil gestalteten Zimmern. Zum Hotel gehört ein kleines Restaurant, dessen Wände röhrende Hirsche zieren. EZ ca. 25 €, DZ ca. 30 €.

Rokiškis, Nepriklausomybės a. 25. An sich schönes Haus, das sicherlich schon mal bessere Tage gesehen hat. Zimmer äußerst einfach, zur Modernisierung fehlt das Geld. EZ ca. 10 €, DZ ca. 20 €, ✆ 51345.

• *Essen* **Restoranas** , Nepriklausomybės a. 3. Direkt neben der Kirche befindet sich

dieses gemütliche, in einem alten Steinhaus untergebrachte Gasthaus. Litauische und europäische Küche.
Ratas, Respublikos 29. Behagliches Restaurant mit schönem Garten, leicht zu erkennen am Pferdewagen im Hof. Serviert wird traditionelle litauische Kost.

• *Verschiedens* **Geldwechsel**, Kauno g. 7.
Post, Respublikos 92.
Internetzugang, am Nepriklausomybės a. gibt es einen Computerladen, wo evtl. Zugang besteht.
Bibliothek, Nepriklausomybės a. 16, Internetzugang geplant.
Poliklinik, Laso 3.

Sehenswertes

Schloss: Erstmalig erwähnt wurde das Schloss von Rokiškis im Jahre 1499. Auf Initiative der damaligen Besitzer *Tyzenhaus* wurde es 1801 grundlegend verändert, sodass der Bau ein klassizistisches Äußeres erhielt. Vom Zentrum, dem Nepriklausomybės-Platz, führt eine ca. 1 km lange gerade Allee zu dem gut erhaltenen Anwesen. Der Weg dorthin ist überaus romantisch: Am Wegesrand liegen idyllisch Teiche voller Entengrütze, an deren Ufern alte, aus groben Steinen erbaute Häuser stehen. Hier wohnten einst die Bediensteten der jeweiligen Fürstenfamilie. Der Schlossgarten ist mit seinen hohen Bäumen und üppigen Sträuchern herrlich verwildert. Im Schloss ist das *Museum* des Rokiškiser Bezirks untergebracht.
Öffnungszeiten Mi–So von 10–18 Uhr.

Matthäus-Kirche: Der neugotische Backsteinbau stammt aus dem Jahre 1868. Durch ihre in blaugrau gehaltenen Wände sieht die Kirche aus, als wäre sie gekachelt. Die Ausstattung des Gotteshauses ist sehr kostbar. Erwähnenswert ist der mit Skulpturen reich verzierte, holzgeschnitzte Hochaltar. Die Wände sind mit einer eindrucksvollen Bilderserie zum Leidensweg Christi geschmückt, wobei jedes einzelne Gemälde von einem kunstvoll geschnitzten Holzrahmen geschmückt wird. Die prachtvollen Fenster stammen von Wiener Meistern. In der Kirchenkrypta befinden sich die sterblichen Überreste der Familie von Tyzenhaus.

Biržai

(ca. 18.000 Einwohner)

Die hübsche, kleine Stadt liegt direkt am Zusammenfluss der Flüsse Apaščia und Agluona. Das Schmuckstück von Biržai ist sein restauriertes Schloss mit dem Museum zur Stadt- und Landesgeschichte.

Teilweise ist das Schloss noch von breiten Wassergräben umgeben. Unmittelbar neben dem stolzen Anwesen liegt der *Širvenos-See*, der zum Baden einlädt. Ein Besuch in Biržai ist lohnenswert.

Geschichte: Die Ländereien um Biržai gehörten lange Zeit zu den Besitztümern der Fürstenfamilie *Radvila* (Radziwill). Die Radvilas verdankten ihr Ansehen mehr oder weniger ihrer schönen Tochter *Barbara Radvilaitė*, die *Sigismund August*, König von Polen und Großfürst von Litauen, so bezauberte, dass er sie trotz vehementer Widerstände am polnischen Hof ehelichte und so auch die Radvilas zu großen Reichtümern gelangten.
1575–1589 ließ *Perkūnas Radvila* das Biržaier Schloss errichten, das allerdings nicht mit einer glorreichen Kriegsgeschichte auftrumpfen sollte: Schon 1625 wurde die Festung vom schwedischen König *Gustav Adolf* erobert. Als die

Radvilas ihre Burg zurückerhielten, lag sie in Trümmern. 1704 fiel das Biržaier Schloss, gerade frisch restauriert, erneut schwedischen Angriffen zum Opfer. Die Burg begann zu verfallen und wurde immer bedeutungsloser, was sich auch auf die Stadt auswirkte. Im Jahre 1800 wurde Biržai gar das Stadtrecht entzogen. Erst in diesem Jahrhundert hat man begonnen, die Burg wieder zu restaurieren.

Auf der anderen Seite des Širvėnos-Sees, fast gegenüber des Schlosses der Familie Radvila, erhebt sich ein weiterer Prachtbau. Das klassizistische Gebäude gehört zum Besitz der Fürsten von *Tiškevičiaus*, die, als sie um 1800 nach Biržai kamen, kein Interesse an der zerstörten Radvila-Burg hatten.

- *Postleitzahl* LT5280
- *Vorwahl* (2)20
- *Information* Vytauto 27, ✆/🖷 33496, tic.birzai@post.omnitel.net. Auf dem Weg vom Busbahnhof ins Zentrum ist linker Hand ein Stadtplan aufgestellt; www.birzai.lt.

- *Anfahrt/Verbindungen* **Pkw** – von Panevėžys etwa 38 km die A-10 Richtung Rīga fahren. Kurz nach dem Ort Pasvalys geht die Landstraße 125 ab, über die man Biržai nach ca. 28 km erreicht.

Bus – Anschlüsse nach Panevėžys, Šiauliai, Rokiškis, mindestens einmal täglich auch nach Vilnius und Kaunas. Busbahnhof befindet sich am Basanavičiaus a. 1.

Bahn – Biržai liegt zwar an der Bahnlinie, doch halten hier keine Personenzüge. Bahnhof, Stoties 9.

- *Übernachten* **Biržai**, Vytauto 26. Schickes komfortables Hotel mit exklusivem Service. EZ ab 25 €, DZ zwischen 45 und 75 €, ✆ 31431.

Tyla, Tylos 2. Angenehmes, neues Hotel mit hellen freundlichen Zimmern und zuvorkommendem Service. DZ ab 40 €. ✆ 31191, 🖷 32570, tyla@post.omnitel.net, www.tyla.lt.

Herberge der Leinenfabrik, Vilniaus 46a. Sehr einfache Unterkunft, bei Zimmerengpass haben Arbeiter Priorität. ÜB ca. 8 €, ✆ 51715.

- *Essen* **Agaro Ziedas**, Vytauto 9. Beliebtes Restaurant mit klarer minimalistischer Ausstattung und vielen Grünpflanzen, internationale Küche.

Biržai, zum gleichnamigen Hotel gehörend, kulinarisch zufriedenstellend.

Birutė, Basanavičiaus 2. Urgemütliche Cafékneipe in altem Gewölbekeller, die auch einige warme Speisen anbietet.

Parlor, Rotušės 28. Freundliche Pizzeria mit akzeptablen Pizzas.

Pas Zimute, Vytauto 22. Einfaches kleines Café mit Kieferndekor.

Trys Laipteliai, Kęstučio 3. Spezialität des Hauses ist Schaschlik.

- *Verschiedenes* **Geldwechsel**, Kęstučio 10; Vytauto 22.

Post, Rotušės 12.

Bibliothek, 3 Radvilos. Öffentlicher Internetzugang geplant.

Poliklinik, Vilniaus 115.

Sehenswertes

Burg: Die auch heute noch von Wassergräben umgebene Burg ist nicht nur wegen ihrer Architektur sehenswert, sondern beherbergt auch ein interessantes Museum. Ausgestellt sind u. a. archäologische Funde aus der Biržaier Region, antike Möbel, Keramik und Kreuze der alten Litauer mit Mond-, Sonnen- und Schlangenornamenten.

Öffnungszeiten Mi–So von 11–19 Uhr.

Širvėnos-See: Ein Spaziergang durch die Burganlagen ist ebenfalls lohnenswert. Überquert man rechts den Wassergraben, so kommt man zu einer kleinen Strandwiese am Ufer des Širvėnos-Sees. Nicht weit von hier fließt die Agluona in den Širvėnos-See.

Zurück in die Stadt kann man auch über einen idyllischen, halbzugewachsenen Weg entlang der Agluona gelangen, an deren Ufer kleine uralte Kähne verträumt im Flusswasser schaukeln.

Kultur in der Natur – für Litauen typische Holzskulpturen

Anykščiai

(ca. 15.000 Einwohner)

Die Stadt, etwa 60 km südöstlich von Panevėžys, liegt am malerischen Zusammenfluss von Anykšta und Šventoji (die Heilige). Laut einer Legende soll die Stadt dem herzzerreißenden Schmerzensschrei eines Riesen ihren Namen verdanken, der sich beim Holzfällen derart auf den Daumen gehauen hatte, dass er voller Schmerz immer wieder "Ah, nykšti, ah nykšti" (oh Daumen, oh Daumen) schrie.

Denkmal für den Dichter Baranauskas

Anykščiai an sich ist eher unbedeutend, doch die landschaftliche Schönheit, die die Stadt umgibt, und die Tatsache, dass einige namhafte litauische Schriftsteller aus Anykščiai hervorgegangen sind, zieht alljährlich viele Touristen an. Nähert man sich der Stadt von Kavarskas her, so kommt man vorbei an dem Wohnhaus, in dem der Schriftsteller *Anatanas Vienuolis-Žukauskas* (1882–1957) einige Zeit lebte.

Am bekanntesten ist der Ort, der erst seit dem 16. Jh. die Stadtrechte besitzt, wohl durch *Anatanas Baranauskas* (1835–1902) geworden. 1858 und 1859 verbrachte er hier seine Ferien und verfasste mit seinem Poem der "Hain von Anykščiai" eine wahre Liebeserklärung an die litauische Natur. Baranauskas' Werk gilt als ein Meilenstein in der Literaturgeschichte des Landes.

Zentrum der Stadt ist der Baranausko Platz. Um den Platz herum befinden sich das Hotel, Cafés, Läden etc. Weitere Geschäfte, sowie Post und Bank befinden sich an der J. Biliūno g., die mit dem Rücken zum Hotel stehend links am Baranausko Platz vorbeiführt.

- *Postleitzahl* LT4930
- *Vorwahl* (2)51
- *Information* Touristeninformation, Gegužės g. 1, ✆/📠 59177, anyksciai.turizmas@is.lt; www.anyksciai.lt, englische Seite ist in Vorbereitung.
- *Anfahrt/Verbindungen* **Pkw** – Die Stadt liegt an keiner Schnellstraße. Von Vilnius und Panevėžys die A-2 bis zum Ukmergėr Kreuz nehmen und dort auf die A-6, die von Kaunas kommt, wechseln. Nach ca. 13 km geht links, kurz nach dem Dorf Šventupė, die Straße 120 ab, die über Kavarskas nach Anykščiai führt.

Bus – gute Verbindung mit Panevėžys, Utena und Ukmergė. Ebenfalls Busse nach Vilnius, Kaunas und Šiauliai. Busbahnhof in der Vienuolio g. 1.

- *Übernachten* **Anykščių čilėlis**, Vilniaus 80. Hübsches, neues Hotel mit freundlichen Mitarbeitern. DZ ab ca. 35 €, ✆ 51 672, an_silelis@post.omnitel.net.

Puntukas, Baranausko a. 8. Saubere Zimmer von einfacher bis gehobener Kategorie. ÜB ab 9 €, DZ 14 €, ✆ 51345, ✆ 51808.

• *Essen* **Kava**, befindet sich direkt neben dem Restaurant. Einfaches, aber nettes Café mit angeschlossener Konditorei.

Kavinė, direkt an der Schleuse gelegen, kleine Auswahl an zufriedenstellenden Gerichten.

Erdvė, Baranausko a. Nette Kneipe in schönem Holzhaus mit Garten. Kleine Auswahl an warmen Speisen.

Kavinė, J.Biliuno/Ladijos. Supermarkt mit eingebauter Galerie, auf der sich eine kleine, edle Pizzeria befindet.

• *Verschiedenes* **Geldwechsel**, Baranausko a. 1/2; J. Biliūno 9.

Post, J. Biliūno 5.

Poliklinik, Vilniaus 5.

Apotheke, J. Biliūno 7.

Bewachter Parkplatz, Kalnų 1.

Tankstelle, Vienuolio.

Buchladen, J. Biliūno 9.

Sehenswertes

Museum für A. Baranauskas und A. Vienuolio-Žukauskas: (Vienuolio g. 6) Zu sehen ist eine Ausstellung über das Leben und Schaffen der beiden Schriftsteller, die übrigens miteinander verwandt waren. Das Museum ist in dem ehemaligen Wohnhaus von A. Vienuolio-Žukauskas untergebracht. In den Räumen der oberen Etage des Hauses, die der Literat einst bewohnte, ist die Zeit stehen geblieben: Alles ist in dem Zustand belassen worden, in dem es sich zu der Todesstunde des Schriftstellers befand.

Vor dem Wohnhaus von Vienuolio-Žukauskas steht die rustikale *Kletė* (Holzhütte) von A. Baranauskas, in der der Dichter seinen legendären "Hain von Anykščiai" verfasste.

Öffnungszeiten Im Sommer ist das Museum Mi–So von 9–18 Uhr und im Winter bis 17 Uhr geöffnet.

Jüdischer Friedhof: Biegt man vom Baranausko a. am Universalmarkt rechts in die Šaltupio g. ein und geht diese bis zum Ende durch, gelangt man auf die Kęstučio g. In diese rechts einbiegen und etwa 500 m hinunterlaufen, bis sich linker Hand ein Hügel erhebt, auf dem sich unzählige große und kleine jüdische Grabsteine befinden. Von dort oben hat man außerdem eine schöne Sicht auf die Dächer von Anykščiai.

Hain von Anykščiai: Am Ende der Stadt, dem südlichen Verlauf der Šventoji folgend, schließt sich ein 150.000 ha großes Landschaftsschutzgebiet an, das mit seinem dichten Wald zu ausgiebigen Wanderungen einlädt. Mitten auf einer Waldlichtung liegt der legendäre *Stein des Puntukas*. Erzählungen zufolge gehörte der Stein eigentlich zur Kirche von Anykščiai, bis der Teufel persönlich ihn einst von dort geholt haben soll ...

... vor langer, langer Zeit müssen die Anykščiaier dem Teufel eine Spur zu fromm geworden sein, was ihn sehr verdross. Um den Gläubigen eins auszuwischen, beschloss er, ihrer Kirche einen dicken Stein zu rauben und diesen mit in die Hölle zu nehmen. Kaum hatte der Teufel mit seinem Stein die Stadt verlassen, kreuzte eine Hexe seinen Weg. Sogleich fielen beide in eine lebhafte Unterhaltung. Ganz im Bann des Hexencharmes, trottete der dunkle Geselle nach einer Weile lächelnd von dannen. An den Stein dachte er überhaupt nicht mehr, und so liegt er bis heute noch an der Stelle, wo der Teufel ihn damals vergessen hatte.

Puntukas-Findling am Hain von Anykščiai

An einer Seite des Steines sind die Porträts der beiden litauischen Atlantik-flieger *Dariaus* und *Girėnas* herausgemeißelt. Die beiden Piloten wollten 1933 mit dem Eindecker *Lithuania* von Amerika über den Atlantik nach Litauen fliegen. Kurz vor dem Ziel stürzte die Maschine jedoch unweit von Soldin (ehem. Ostpreußen) ab, wobei die beiden Flieger ums Leben kamen. Kurz darauf wurden Stimmen laut, dass die Lithuania von den Deutschen aus Missgunst über den bevorstehenden Erfolg abgeschossen worden sei. Das Wrack der Maschine (zu besichtigen in Kaunas) weist jedoch keine Einschuss-löcher auf.

Dariaus und Girėnas werden in Litauen fast heldenhaft verehrt, hat doch so gut wie jede Stadt eine ihrer Straßen nach den verunglückten Atlantikfliegern benannt.

• *Anfahrt/Verbindung* **Zu Fuß** zum Puntu-kas: Die Vilniaus g., die vom Baranausko a. abgeht und an der hübschen neugotischen Kirche der Stadt vorbeiführt, etwa 5 km im-mer geradeaus gehen. Nach etwa 2 km liegt auf der rechten Seite ein Friedhof, et-wa 1 km weiter kommt ein Ferienhaus, und am Ende des Weges steht links ein Schild, das auf den Riesenfindling hinweist.

Pkw – Anfahrt bis zum Friedhof s. o. Dort links halten und dem Schild "Puntiko Akmo" Richtung Želva folgen. Auf der rechten Sei-te kommt nach etwa 1–2 km ein Ferienla-ger, dort reinfahren und weiter geradeaus, bis zum Parkplatz. Dort ist der Stein erneut ausgeschildert.

Umgebung von Anykščiai

▶ **Niūronys**: Etwa 8 km nördlich von Anykščiai befindet sich der Geburtsort des Schriftstellers *Jonas Biliunas* (1879–1907), eines angesehenen Vertreters der litauischen Klassik. Ihm zu Ehren ist in dem Dorf ein kleines Gedenkmuseum eingerichtet.

• *Öffnungszeiten* im Sommer Mi–Sa von 9–18 Uhr und im Winter von 9–17 Uhr geöffnet. Einmal im Sommer zieht ganz Anykščiai nach Niūronys, wo im Haus des Poeten bei einem guten Tropfen die ganze Nacht gesungen, gegessen und getanzt wird.

Dazu gibt es den selbstgekelterten Fruchtwein von Anykščiai. Der Termin für das Sommerfest wechselt jährlich, im Hotel Puntukas in Anykščiai (Siehe S. 178) nachfragen.

Pferdemuseum (Arklio muziejūs): Ausstellung von alten Sätteln, Pferdegeschirr, Ackergeräten und Kutschen. Jeden Sommer findet in Niūronys ein großes Reitturnier statt. Außerhalb des Turniers besteht die Möglichkeit zu reiten.
Öffnungszeiten Das Museum ist Mi–So von 9–18 Uhr geöffnet.

• *Anfahrt/Verbindungen* **Pkw** – Von Anykščiai geht direkt am Anfang der Straße nach Rokiškis links ein Weg nach Niūronys ab.

Bus – Die Verbindung in das Dorf ist recht schlecht. In der Regel fährt lediglich morgens, mittags und abends ein Bus dorthin.

Ukmergė

(ca. 40.000 Einwohner)

Das Verwaltungszentrum liegt an der Kreuzung der M-12 und der A-226 zwischen Vilnius und Panevėžys. Obwohl Ukmergė einer der ältesten Orte Litauens ist, ist er nur als Zwischenstopp für Durchreisende von Bedeutung.

... vor langer, langer Zeit lebte tief in den Wäldern um Ukmerge eine gute Zauberin, die von den Menschen *Vilkmergė* (dt. Wolfsbraut) genannt wurde. In den Wäldern, in denen Vilkmergė zu Hause war, pflegte *Tautvilas*, Sohn des Fürsten *Daugsprungas*, zu jagen. Eines Tages wurde der Jüngling bei der Jagd von Wölfen angefallen, und das ausgerechnet zu dem Zeitpunkt, als er keine Pfeile mehr hatte. Wie es das Schicksal so wollte, rettete ihm Wolfsbraut in der Gestalt eines wunderschönen Mädchens das Leben. Wider aller Erwartungen haben die beiden jedoch nicht geheiratet. Als Zeichen des Dankes ließ der alte Fürst eine Burg errichten, die den Namen der Zauberin erhielt, und den auch die um die Burg entstandene Stadt übernahm.

So lautet die Legende zur Entstehung der Stadt. Obwohl heute nichts mehr an die Existenz der Burg erinnert, wurde sie tatsächlich in Urkunden Anfang des 13. Jh. erwähnt. Nach dem Ersten Weltkrieg erhielt die Stadt jedoch den Namen Ukmergė.

Interessant ist die im klassizistischen Stil gebaute *Peter-und-Paul-Kirche* im Zentrum der Stadt. Die Kirche entstand Ende des letzten Jahrhunderts. Die beiden Hauptstraßen des Ortes, die Kauno g. und die Kęstučio g., bilden das Zentrum der Stadt.

• *Postleitzahl* LT4120

• *Vorwahl* (2)11

• *Anfahrt/Verbindungen* **Pkw** – von Vilnius die A-2 Richtung Rīga nehmen, von Kaunas die A-6 Richtung Daugavpils.
Bus – am einfachsten von Vilnius, Panevėžys und Kaunas aus zu erreichen: Wo sich die Wege aus den drei Städten treffen, liegt Ukmergė. Busbahnhof, Stoties 24.

• *Übernachten* **Ukmergė**, Kauno 5. Schöne, modernisierte Zimmer. EZ ab 30 €, DZ ab 45 €, ✆ 51345.

• *Essen* **Vilkmergė**, Kauno 9. Dunkler Raum mit roten Vorhängen, Küche eher mittelmäßig.
Pivonija, Vilniaus 90. Nettes Café, in dem es auch eine kleine Anzahl an Gerichten gibt.

• *Verschiedenes* **Geldwechsel**, Kęstučio 9; Kauno 16.

Litauen
Karte siehe Umschlaginnenklappe hinten

Post, Kauno 11.

Bibliothek, Kauno 48. Öffentlicher Internetzugang geplant.

Poliklinik, Vytauto 105.

Museum, Kęstučio 5. Ethnographische Ausstellung über Ukmergė und Umgebung.

▶ **Širvintos**: Die kleine Stadt liegt an der Šventoji, 30 km südlich von Ukmergė. Im 14. Jh. wurde der Ort erstmalig erwähnt, blieb aber im Laufe der Geschichte lange unbedeutend. Als Polen versuchte, nachdem das Vilniuser Gebiet besetzt war, weiter nach Kaunas vorzudringen, kam es 1920 in der Nähe von Širvintos zu heftigen Auseinandersetzungen zwischen Polen und Litauern, aus denen Litauen als Sieger hervorging. Schließlich wurde ein Friedensvertrag abgeschlossen, der eine neutrale Zone zwischen dem polnischen Vilniuser Gebiet und dem übrigen Litauen vorsah. Zu dieser Zone gehörte auch Širvintos. An diese Ereignisse erinnert heute ein Denkmal.

Der Osten der Aukštaitija

Utena
(ca. 10.000 Einwohner)

Kleinstadt und Verwaltungszentrum in Ostlitauen. Ein Teil des Utenaer Bezirks gehört schon zum Aukštaitija-Nationalpark. In dem alten Städtchen hat sich im Laufe der Zeit viel Industrie angesiedelt.

Bekannt ist der Ort seit 1261. Im Mittelalter war Utena bis zu den Schwedenkriegen von wirtschaftlicher Bedeutung. 1879 fiel fast die gesamte Stadt einer großen Feuersbrunst zum Opfer.

Interessant ist die alte *Poststation* von 1836, an der Elemente der litauischen Volksarchitektur bewundert werden können. Schön ist auch die *Christi-Himmelfahrt-Kirche*, die einige kostbare Kunstgegenstände birgt. Sie entstand Ende des 19. Jh.

- *Postleitzahl* LT4910
- *Vorwahl* (2)39
- *Anfahrt/Verbindungen* **Pkw** – liegt an der A-6 zwischen Kaunas und Daugavpils und an der Landstraße von Vilnius nach Rokiškis.

Bus – Verbindung mit Vilnius, Kaunas, Anykščiai, Zarasai und Daugavpils, Busbahnhof in der Basanavičiaus g. 52.

- *Information* **Touristeninformation**, Utena a. 5. Informationen über die Stadt und Umgebung, Vermittlung von Unterkünften auf Bauernhöfen, Organisation von Kajak-, Wander- und Fahrradtouren, Verkauf von Souvenirs, ✆ 54346; www.utena.lt.

- *Übernachten* **Lido**, Aušros g. 37a. Schickes Hotel mit freundlichem Service. DZ ca. 60 €. ✆/✉ 50994

Utenos trikotazas, J. Basanavičiaus st. 101. Einfache Herberge in wuchtigem Backsteinbau, Preis-Leistungsverhältnis nicht ganz ausgeglichen. EZ 33 €, DZ 50 €, ✆ 57776.

Tourismusschule, Maironio st. 18. Einfache Unterkunft, DZ ca. 22 €, ✆ 61069.

Wohnheim der Landwirtschaftsschule, Akstaičių 7. Sehr einfache Unterkunft und nur während der Sommerferien geöffnet. ÜB ca. 6 €. ✆ 69860.

- *Essen* **Menada**, Moletų 16. Einfaches Café mit Strohgestecken als Dekor, kleine Auswahl an warmen Speisen.

Lido, Aušros g. 37a. Elegantes Restaurant mit europäischer Küche.

Logrede, Basanavičiaus 102–7. Beliebtes Café mit attraktiver Speisekarte.

Židinys, Aušros 79. gutes Restaurant mit einer großen Auswahl an Bieren.

- *Verschiedenes* **Geldwechsel**, Maironio 12, Basanavičiaus 61, Utena a.15.

Post, Basanavičiaus 59.

Internetzugang, Maironio 18–203, in der Bibliothek.

Museum, Utena a. 1. Kleines Heimatsmuseum erzählt von der Geschichte und Entwicklung Utenas.

Zarasai

(ca. 9000 Einwohner)

Wunderschön liegt das Städtchen Zarasai, umgeben von drei Seen. Die Seeufer sind von üppigem Grün umwuchert, und aus einem der Seen erheben sich sogar vier Inseln. Nur einen Steinwurf ist der Ort von der lettischen Grenze entfernt.

Bekannt wurde Zarasai erst im 16. Jh., als nämlich das Gebiet um den Ort in den Besitz des Bischofs von Vilnius überging. Man vermutet jedoch, dass der Ort selbst um einiges älter ist.

Erst zu Beginn des 19. Jh. begann sich Zarasai vom Marktflecken zur Kleinstadt zu entwickeln. Heute ist das Städtchen sogar Bezirkszentrum.

An die 1500 Baumringe alt: die Eiche in Stelmužė

- *Postleitzahl* LT4780
- *Vorwahl* (2)70
- *Information* Selių a. 22, ✆ 51230, 🖷 51240, zarasai@lsa.lt; www.zarasai.lt, englischsprachiger Teil in Vorbereitung.
- *Anfahrt/Verbindungen* **Pkw** – liegt etwa 60 km nordöstlich von Utena an der A-6, Kaunas-Daugavpils. Über die Landstraße auch mit dem ca. 50 km südlich gelegenen Ignalina verbunden und mit dem 63 km nordwestlich gelegenen Rokiškis.

Bus – Verbindung nach Vilnius, Kaunas, Ignalina, Utena und Daugavpils. Busbahnhof, Savanorių g. 7.

- *Übernachten* **Kontinentalis**, Sarokiškių keimas. Liegt hinter dem Ortsausgangschild von Zarasai, an der Straße nach Daugavpils. Zimmer ohne Bad, aber sehr großzügig und hübsch. DZ ca. 25 €. Eingezäunter Parkplatz vorhanden. Viel Grenztourismus, daher zeitig einkehren. Zu erreichen mit Bus 1 und 2 aus Zarasai. Haltestelle kurz vorm Hotel, ✆ 30849.
- *Essen* **Kavinė**, Selių/Vytauto. Einfaches Café im Kulturzentrum.

Vilnis, Bukanto 7. Nette Kellerbar mit Frühstück und Snacks auf der Speisekarte.

Diana, Aukštačių 4. Sehr einfaches Café, aber dafür tolle Lage direkt am See, großer Balkon. An der Straße, die nach Rokiškis führt auf Schilder achten.

Kontinentalis, zum gleichnamigen Hotel gehörend. Feine Gerichte, angenehme Atmosphäre, Restaurant in Weiß-/Grüntönen gehalten.

- *Verschiedenes* **Geldwechsel**, Dariaus ir Giréno 29/12.

Post, Bukanto 1/1.

Bibliothek, Bukonto 20/1. Internetzugang geplant.

Poliklinik, Malūno 2.

Museum, Bukanto 20/1. Kleine ansprechende Ausstellung über Zarasai und Umgebung.

Tankstelle, Kauno g.

Kino, Vytauto 3.

Festivals, im Juli findet auf einer der Inseln im Zarasai-See ein buntes Volksfest statt. Da die Termine variieren, im Informationsbüro nachfragen.

Grenze, wenige Kilometer hinter Zarasai liegt an der Straße nach Daugavpils der litauisch/lettische Grenzposten. In der Regel geht die Abfertigung schnell.

Umgebung von Zarasai

▶ **Stelmužė**: Nicht weit von Zarasai liegt das romantische Dorf Stelmužė. Schon allein der Weg dorthin ist sehr schön: Es geht durch eine leicht hügelige Landschaft, bewachsen mit saftigen Wiesen und dichten Wäldern, vorbei an kleinen flaschengrünen Seen. Interessant ist Stelmužė aber, weil an seinem Dorfrand eine uralte Eiche steht. An die 1500 Baumringe soll sie tragen. Mittlerweile wird sie altersschwach und ist auch nicht mehr ganz gesund, sodass mehrere stabile "Krücken" den gewaltigen Baum stützen müssen.
Etwas oberhalb der Rieseneiche steht eine schmucke, kleine Holzkirche. Interessant sind ihre Kanzel und der Altar, der mit geschnitzten Pflanzenornamenten verziert ist. Die Kirche ist umgeben von hohen Bäumen.

● *Anfahrt/Verbindungen* Pkw – etwa 5 km die Landstraße Richtung Rokiškis entlangfahren, bis rechter Hand ein Abzweig nach Stelmužė kommt. Im Dorf Richtung Wald fahren und auf Schilder achten.
Bus – Es gibt eine Verbindung mit Zarasai, doch fahren die Busse nicht mehr als 3-mal täglich.

▶ **Molėtai**: Das Verwaltungszentrum des gleichnamigen Bezirks mit etwa 7000 Einwohnern ist ein kleiner, verschlafener Ort, umgeben von einer überaus schönen Seenlandschaft und dichten Wäldern. Nicht weit von ihr beginnt der *Aukštaitija-Nationalpark* und die große Seenplatte Ostlitauens.
1387 verschenkte *Jogaila*, Großfürst von Litauen und König von Polen, die Gegend um Molėtai an die Bischöfe von Vilnius. In deren Besitz verblieb die Region bis zum vorletzten Jahrhundert. Vergrößert hat sich Molėtai erst mit der Ansiedlung von Kaufleuten und Handwerkern.

● *Postleitzahl* LT4150
● *Vorwahl* (2)30
● *Anfahrt/Verbindungen* Pkw – etwa 70 km nördlich von Vilnius gelegen. Die Landstraße 101 nach Utena führt durch Molėtai, gabelt sich dort und führt weiter nach Anykščiai bzw. Utena. Über die Landstraße in westlicher Richtung auch mit Ukmergė verbunden.
Bus – relativ gute Anschlussmöglichkeiten täglich nach Vilnius, Utena, Ukmergė, Anykščiai, Panevėžys und Kaunas.
● *Übernachten* Skurdižių ragas, Vilniaus 66 c. Zu vermieten sind 4 hübsche Zimmer, DZ ca. 35 €, ✆ 53513.
● *Essen* Baras, Vilniaus 29. Einfaches Bierhaus mit traditioneller litauischer Kost.

Kava, Vilniaus 42. Kleine Konditorei mit Sitzgelegenheit.
Kavinė, Vilniaus 41. Winziges Lokal mit 3 Tischen.
Miglė, Amatų 13. Gemütliches Café mit 3 Tischen.
Molėtai, Vilniaus 41. Hierbei handelt es sich um eine spartanische valgykla.
Pizzeria, Vilniaus 42.
Skurdižių ragas, Vilniaus 66 c. Kleine Hotelbar mit Sternenhimmel, guter Küche und freundlichem Service.
● *Verschiedenes* Geldwechsel, P. Cvirko 16.
Post, Vilniaus 43.
Bibliothek, 4 Inturkes 4. Internetzugang geplant.
Poliklinik, Vilniaus 78.

▶ **Zentrum für Ethnokosmologie**: Diese Ausstellung erzählt von der Beziehung zwischen Mensch und Universum, ausgehend von kulturellen, wissenschaftlichen und pädagogischen Gesichtspunkten. Außerdem werden astronomische

Beobachtungen und Forschungsergebnisse über Religion und Außerirdische behandelt. Ergänzt wird das interessante Museum durch künstlerische Darstellungen kosmologischer Themen. Mehrsprachige Führungen sind möglich.

Anfahrt und Öffnungszeiten Das Zentrum befindet sich etwas außerhalb von Molėtai. An der Straße nach Utena auf Schilder achten, ✆ 45423, geöffnet Mi–So von 10–18 Uhr.

▶ **Dubingiai**: Den kleinen, sehr schön am See gelegenen Ort findet man etwa 25 km südlich von Molėtai. Seit dem 16. Jh. gehörten die Ländereien um Dubingiai zu den Besitztümern der Familie Radvila (Radziwill). Hier ist übrigens die schöne *Barbara Radvilaitė* geboren und aufgewachsen (siehe auch Biržai, S. 175).

Ignalina

(ca. 10.000 Einwohner)

Die Stadt an sich ist etwas farblos, doch ist sie das Tor zum Aukštaitija-Nationalpark. Über die Grenzen Litauens hinaus bekannt ist Ignalina aber eher, weil in seinem Bezirk (in Sniečkus) ein schneller Brüter, Typ Tschernobyl, am Netz ist.

Während der Sowjet-Zeit sorgte er für viel Furore. Um seinen Bau zu verhindern, wurde die Gegend um Ignalina 1974 zum Nationalpark erklärt, doch vergebens. Mittlerweile ist ein Reaktor abgestellt worden, wenngleich der Atommeiler für Litauen noch immer eine wichtige Energiequelle darstellt. Ignalina allerdings liegt noch 45 km von dem Atomkraftwerk entfernt.

Die Kleinstadt selbst kann auf keine sehr bewegte Geschichte zurückblicken. Sie hat sich aus einem Bauerngehöft entwickelt, das mit Errichtung der Eisenbahnlinie St. Petersburg – Warschau zur Ortschaft Ignalina gewachsen ist. 1810 wurde der Ort erstmalig erwähnt. Erst 1950 erhielt Ignalina das Stadtrecht. Wie Ignalina zu seinem Namen kam, erzählt folgende Legende:

Es war einmal ein König, der hatte neun Söhne und eine Tochter namens *Alina*. Alle lebten sie glücklich und zufrieden, bis plötzlich die Kreuzritter ins Land einfielen. Im Kampf gegen die Ordensbrüder wurden der König, die Königin und alle neun Söhne getötet, nur Alina geschah nichts. Eines Tages ging die Leidgeprüfte spazieren und fand einen verwundeten jungen Mann im Wald. Sofort nahm sie den Jüngling, der auf den Namen Ignas hörte, mit in ihr Schloss und pflegte ihn gesund. Wie das Schicksal es so wollte, verliebten sich die beiden jungen Leute ineinander, doch ihre Liebe stand unter keinem guten Stern. Die Verwandtschaft Alinas stellte sich vehement gegen die Hochzeit mit einem Fremden. Doch Alina und Ignas setzten sich über alles hinweg und heirateten trotzdem. *Perkūnas*, der Donnergott, muss darüber außer sich vor Zorn gewesen sein, sodass er einen solchen Donnerschlag sandte, mit dem er das gesamte Schloss im Erdboden versenkte. Nur eine Mulde erinnerte noch an den Palast. Diese Vertiefung füllte sich mit Wasser und wurde zum *Ilgis-See*. Das kleine Flüsschen aber, das aus dem See herausfließt, sei nichts anderes als die unstillbare Tränenflut der unglücklichen Alina. Aus der Verschmelzung der Namen der beiden Liebenden entstand der Name Ignalina.

• *Postleitzahl* LT4740
• *Vorwahl* (2)29
• *Anfahrt/Verbindungen* **Pkw** – von Vilnius die Landstraße in nordöstliche Richtung nehmen und über Švenčionys nach Ignalina fahren; von Kaunas die A-6 Richtung Daugavpils bis Utena entlang fahren und dort auf die Landstraße nach Ignalina abbiegen.
Bus – Verbindung mit Vilnius, Kaunas, Molėtai, Utena und den umliegenden Dörfern. Busbahnhof Geležinkelio 8.
Bahn – Züge in Richtung Vilnius und Daugavpils. Bahnhof, Geležinkelio 15. Dort gibt es auch Taxis.
• *Information* **Touristeninformation**, Laisvės a. 70. Informationen über die Stadt und über den Aukžtaitija Nationalpark erhältlich.

Vermittlung von Unterkünften auf Bauernhöfen. ✆ 52597, ✆ 53148, tic@ignalina.lt, www.lsa.lt/ignalina/tic.html (litauisch).
• *Übernachten* Übernachtungsmöglichkeiten sind im Kapitel Aukštaitija-Nationalpark beschrieben (siehe S. 188).
• *Essen* Das kulinarische Angebot des Ortes hält sich in Grenzen. Es gibt 2 einfache Cafés, in denen man auch essen kann.
Nendre, Laisvės 62.
Kavinė, Arteities 3.
• *Verschiedenes* **Geldwechsel**, Ateities 9; Vasario 16-osis 10.
Post, Laisvės 64.
Poliklinik, Ligoninės 13.
Apotheke, Laisvės 60.

Aukštaitija-Nationalpark

Der älteste Nationalpark Litauens befindet sich im Osten des Landes. Die Landschaft dieser Gegend setzt sich aus weiten Ebenen und dicht bewaldeten, sattgrünen Hügeln zusammen, in die unzählige glasklare Seen eingebettet sind und die den Nationalpark zu einer wahren Augenweide machen.

Auch an historischen Höhepunkten hat der Park einiges zu bieten. Traditionelle Dörfer mit alten, klapprigen Mühlen, ein Imkereimuseum u. v. m. vermitteln einen lebendigen Eindruck vom Landleben der Aukštaitija.

Der Park setzt sich aus Teilen der Bezirke *Ignalina*, *Utena* und *Svenčionys* zusammen und erstreckt sich über eine Fläche von 40.570 ha.

Ins Leben gerufen wurde der Park im Jahre 1974. Einer der Hauptgründe war die Hoffnung, auf diese Weise den Bau des im östlichen Ignaliner Bezirk befindlichen Atomkraftwerks zu verhindern, was allerdings vergebens war. Immerhin erreichten die Umweltschützer, dass nur zwei der ursprünglich sechs geplanten Reaktoren ans Netz gingen. Genauere Untersuchungen, wie stark das Gebiet des Nationalparks radioaktiv belastet ist, liegen nicht vor. Es heißt zwar, dass der Meiler von österreichischen Experten gewartet wird und kein Grund zur Sorge bestehe, doch inwieweit es sich dabei um eine objektive Aussage handelt, sei dahingestellt.

Im Park gibt es sog. Erholungszonen und markierte wissenschaftliche Forschungszonen, die nur mit einer Sondergenehmigung von der Parkverwaltung betreten werden dürfen.

Klima und Geographie: Da das Gebiet des Nationalparks die Gegend Litauens umfasst, die am weitesten von der Ostsee entfernt liegt, sind die klimatischen Verhältnisse hier anders als in den übrigen Regionen des Landes.

Im Winter ist es stets um ein paar Grad kälter als im restlichen Litauen und der Schnee liegt höher und länger. Dafür ist das Wetter aber beständiger, sonnenreicher, und die Sommer sind wärmer.

Die Landschaft des Nationalparks ist vielfältig. Die höchste Erhebung des Nationalparks erreicht 200 m und ist unweit des *Tauragnas-Sees* zu finden. Die Anhöhen entstammen den Gletschern der letzten Eiszeit.

Im Nationalpark

Eine Besonderheit des Parks ist die Vielzahl und die Form seiner *Seen*: Um die 80 Seen, die größer als 0,5 ha sind und 15 % der Parkfläche einnehmen, kann der Park sein Eigen nennen. Hinzu kommen noch eine Reihe kleiner Teiche und Bäche. Die Gewässer des Parks sind alle sehr fischreich. Zum Angeln braucht man jedoch eine Genehmigung (erhältlich bei der Parkverwaltung).

Die Seen sind häufig sehr lang gestreckt und schmal und vor allen Dingen sehr tief. Mit 60,5 m Tiefe ist der *Tauragnas-See* nicht nur der tiefste See des Nationalparks, sondern auch des gesamten Landes.

Mit einer Gesamtfläche von 20.000 ha sind über 60 % des Parks von dichten *Wäldern* bedeckt. Überwiegend setzen sich die Wälder aus Nadelbäumen, hauptsächlich Kiefern, zusammen. Doch auch Birken, Erlen und Eichen sind hier zu finden. An einigen Stellen weist der Nationalpark sogar noch Restbestände an Urwäldern auf. Der Waldboden ist reich an Beeren und Pilzen. Die Schutzzonen des Parks sind Lebensraum vieler seltener und bedrohter Pflanzen- und Tierarten (nähere Informationen bei der Parkverwaltung oder im Informationsbüro von Ignalina).

Geschichte: Die ältesten historischen Funde im Nationalpark, stammen aus dem Neolithikum. Über den Park verteilt befinden sich viele Erdhügel, von denen sich einst litauische Holzburgen erhoben.

Interessant sind die vielen traditionellen Dörfer des Parks, die ein anschauliches Bild von der Volksarchitektur der Aukštaitija liefern. Die im Nationalpark befindlichen Dörfer lassen sich unterscheiden in Straßen- und Streudörfer. Charakteristisch für die *Straßendörfer* (beispielsweise Vaišniūnai oder Antalksnė) sind ihre rechteckig angelegten, in der Regel umzäunten Höfe. Den *Streudörfern* dagegen lag kein einheitlicher Plan zugrunde sodass die Grenzen zwischen den einzelnen Gehöften fließend (z. B. in Šuminai oder Strazdai sehr schön zu sehen) sind. Die damaligen Dorfbewohner lebten von der Jagd und vom Fischfang, züchteten Bienen und ernährten sich von all dem, was der Wald ihnen gab. Wichtige Einnahmequellen waren für die Dorfbewohner das Pechsieden, die Köhlerei und das Korbflechten.

Die Dörfer des Nationalparks

▶ **Palūšė:** Der Haupttouristenort des Nationalparks liegt etwa 5 km westlich von Ignalina am Ufer des Lūšiai-Sees. Hier befinden sich mehrere Campingplätze, eine große Touristenherberge und ein Bootsverleih. Von Interesse ist auch die schöne *Holzkirche* mit ihrem Glockenturm unweit der Herberge. Sie stammt aus dem 18. Jh. und soll ohne Verwendung auch nur eines einzigen Nagels gebaut worden sein. Palūšė eignet sich gut als Ausgangspunkt für ausgedehnte Waldspaziergänge, wie z. B. nach *Meironys* oder zu einer längeren Bootstour quer über die Seenplatte des Nationalparks.

Am südlichen Rand von Palūšė gibt es einen schönen Strand, den Männer um Mitternacht tunlichst meiden sollten: Ortsansässige wissen zu berichten, dass um diese Zeit die Wassernixen aus dem See heraufsteigen und jeden Mann, den sie erblicken, zu Tode kitzeln ...

● *Information* Touristeninformation und Parkverwaltung befinden sich in der Straße hinter der Touristenherberge, auf der Hauptstraße ausgeschildert. Die Mitarbeiter sind sehr hilfsbereit und vermitteln Unterkünfte auf Bauernhöfen und bei Familien. Geöffnet von Juni bis Ende Oktober von 9–17.30 Uhr, ✆ 52891, 📠 53135 (Bezirk Ignalina).

● *Übernachten* **Turistbasų**, Regis 47–430. Die Anlage besteht aus einem massiven Haupthaus und einer Reihe zweistöckiger kleiner Holzhäuschen, die sehr einfach ausgestattet sind. Toilettenhäuser und Waschräume verhältnismäßig sauber. Es gibt unterschiedliche Kategorien. EZ zwischen 4 und 10 €, DZ zwischen 8 und 12 €. Für etwa 10 € können auch Zelt und Schlafsack gemietet werden. Die Touristenherberge ist geöffnet von Juni bis Ende Oktober, ✆/📠 53135 (Bezirk Ignalina), anp@is.lt, www.tourism.lt/nature/parks/aukst_k.html.

Wassermühle, befindet sich im Dorf Ginučiai. Einfache Herberge in überaus romantischer Lage. DZ zwischen 12 und 18 €. Buchbar über die Turistbasų.

Maximovas Bed&Breakfast, im Dorf Ginučiai gelegen. Kleine Unterkunft mit Sauna,

sehr bemühte Betreiber. Mittag- und Abendessen können vereinbart werden. ✆ 47946 (Bezirk Ignalina).

● *Essen* Es gibt nur wenig Einkaufsmöglichkeiten im Park. Läden gibt es in Palušė, Kerdeikiai, Sėla und Tauragnai.

Aukštaičių užeiga, befindet sich in Paluse, unweit der Turistbasų. Traditionell aufgemachtes Gasthaus mit authentischer litauischer Kost.

Kavinė, gemütliches, kleines Café, zur Touristeninformation gehörend.

Kaltanėnai, hier gibt es eine Imbissstube mit kleinen Mahlzeiten, vornehmlich belegte Brote und Salate.

Tauragnai, im Ort gibt es eine valgykla und 2 Lebensmittelläden.

● *Verschiedenes* **Bootsverleih**: Am Lūšai-See können Ruderboote, Kajaks, Tretboote, und Fahrräder ausgeliehen werden. Boote ab 2 €/Std. bzw. 7 €/Tag, Surfbretter 5 €/Std., Fahrrad 2 €/Std. bzw. 7 €/Tag.

Post, Musteikio 44, Tauragnai.

Bibliothek, Musteikio 29, Tauragnai. Öffentlicher Internetzugang geplant.

▶ **Meironys:** Das kleine Dorf mit 80 Einwohnern liegt direkt am Lūšiai-See. Bis Ende des 18. Jh. hieß Meironys übrigens *Antadringė*. Am Seeufer erhebt sich eine Reihe volkstümlicher Holzskulpturen.

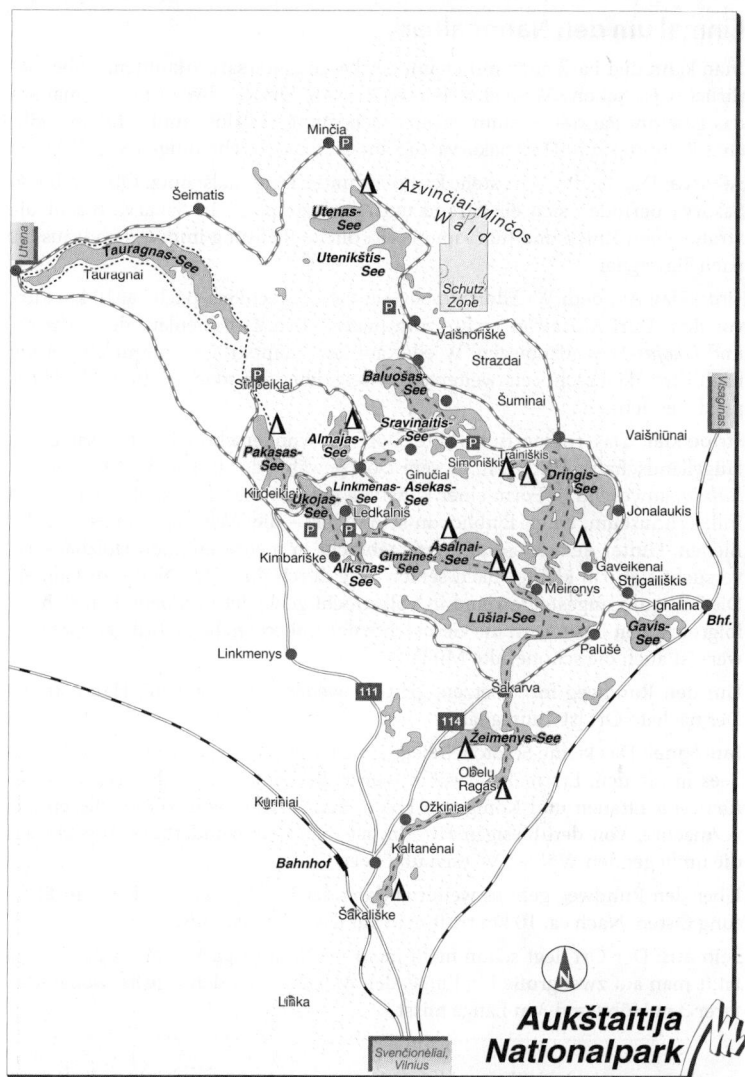

Aukštaitija
Nationalpark

• *Anfahrt/Verbindungen* **Pkw** – von Palūšė die Straße Richtung Ignalina nehmen und dann links nach Meironys abfahren, ausgeschildert.

Zu Fuß – Um auf den Wanderweg zu kommen, zunächst ein kurzes Stück Richtung Ignalina gehen und bei der ersten Möglichkeit nach links abbiegen. Immer geradeaus führt der Weg vorbei am Ufer des Lūšiai-Sees nach Meironys.

Einmal um den Nationalpark

Man kann den Park auch mit einem fahrbaren Untersatz erkunden, wobei natürlich viele schöne Winkel verborgen bleiben. Ein Rundweg führt einmal um das gesamte Parkterritorium herum. Er beginnt in Palūšė und führt in südlicher Richtung zum Dorf Šakarva, das am Ufer des gleichnamigen Sees liegt.

▸ **Šakarva:** Dieses alte Dorf steht komplett unter Denkmalschutz. Oberhalb von Šakarva befinden sich ein Strand und ein Lagerplatz. In Šakarva macht die Straße einen Knick und führt nun in nördliche Richtung immer geradeaus bis nach Tauragnai.

▸ **Kirdeikiai:** Auf dem Weg dorthin besteht die Möglichkeit, nach ca. 10 km kurz vor dem Dorf *Kirdeikiai* rechts zum malerischen Zwischenlauf des *Pakasas-* und *Ukojas-Sees* abzubiegen. Wieder auf der Hauptstraße, kommt etwa 4 km nach Kirdeikiai rechts ein weiterer Abzweig, über den man das Imkerdorf Stripeikiai erreicht.

▸ **Stripeikiai:** Das romantische, alte Dorf ist wunderschön in eine sattgrüne Hügellandschaft gebettet. In diesem Dorf gewährt der Imker- und Bienengott *Babila*, anwesend in Form einer kunstvoll geschnitzten Holzskulptur vor dem Imkereimuseum, einen Einblick in seine Welt – die Welt des Honigs und der Bienen. Hinter dem Museum, untergebracht in mehreren alten Holzhäusern, versucht sich ein kleiner Bach seinen Weg durch die wilde Natur zu bahnen. Die Museumsangestellten sind in Volkstracht gekleidet und bemühen sich erfolgreich, den Besuchern die Geschichte der Imkerei nahe zu bringen. Sehenswert ist auch die schöne, alte Mühle.

Um den Rundweg fortzusetzen, geht es wieder zurück auf die Hauptstraße. Der nächste Ort ist Tauragnai.

▸ **Tauragnai:** Das kleine Städtchen liegt am Ufer des Tauragnas-Sees, des tiefsten Sees in Litauen. Erstmalig erwähnt wurde Tauragnai 1387, als *Jogaila*, Großfürst von Litauen und König von Polen, dem Bischof von Vilnius diesen Ort vermachte. Von den hiesigen Hügeln hat man eine wunderbare Aussicht auf die umliegenden Wälder, Wiesen und Seen.

Über den Rundweg geht es weiter entlang der Nordgrenze des Parks in Richtung Osten. Nach ca. 10 km trifft man auf das Dorf Šeimatis.

▸ **Šeimatis:** Der Ort liegt schon nicht mehr im Nationalpark. Unweit des Dorfes trifft man auf zwei große Findlinge, den *Moiukas* und den *Mokas*, wobei letzterer 3 m Höhe und 3 m Länge misst.

Glaubt man der Legende, so war der Mokas einmal ein sehr weiser Mensch. Von nah und fern kamen die Leute, um seinen Rat zu hören. Mit der Zeit aber stellten sie immer einfachere Fragen, die sie ohne weiteres selbst hätten beantworten können, hätten sie nur ihren Kopf gebraucht. Traurig und böse darüber, dass die Menschen gar nicht mehr selber nachdachten, verwandelte sich der Weise schließlich in einen Stein.

Das Imkermuseum von Stripeikiai

Weiter geradeaus gelangt man zu der Ortschaft *Daunoriai*, die ebenfalls außerhalb des Nationalparks liegt. Hier macht die Straße erneut einen Knick nach Norden und führt zum Dorf Minčia.

▶ **Minčia**: Das kleine Dorf ist umgeben von dichtem Wald, in dem einige Schüttberge aus dem 9. bis 12. Jh. zu finden sind. Am kleinen Minčia-Bach steht eine alte Wassermühle.

Der Rundweg verläuft nun weiter in südliche Richtung, mitten durch den Park. Am rechten Wegesrand kommt man am *Utenas-* und am *Utenikštis-See* vorbei. Etwas weiter südlich erscheint auf der linken Seite der *Baltailo-See*. Östlich des Wegs erstreckt sich der *Ažvinčiai-Forst*. Nach etwa 9 km von Minčia aus erreicht man Vaišnoriškė, nach ca. 17 km Vaišniūnai.

▶ **Vaišnoriškė**: Das kleine Dorf liegt im Südwesten des Baluošas-Sees. Auf dem Dorfplatz steht eine große Linde, Symbol für das Produkt, das die Dorfbewohner seit altersher bekannt und berühmt gemacht hat: Lindenblütenhonig.

Unweit von Vaisnoriškė beginnt der alte *Ažvinčai-Wald*, der sich aus besonders hohen Fichtenbäumen zusammensetzt und tiefe Moore in seinem Inneren verbirgt. Tatsächlich soll es in dem Forst noch einige Urwaldbestände geben. Dieses Gebiet steht unter besonderem Schutz und darf nur mit einer Sondergenehmigung der Parkverwaltung betreten werden.

Hier in Vaišnoriškė trennen sich nun die Wege. Fährt man links, so landet man in Vaišniūnai.

▶ **Vaišniūnai**: Das kleine Dorf liegt im Nordosten des *Dringis-Sees*. Wegen der vielen Buchten und versteckten Winkel eignet sich die Gegend um Vaišniūnai besonders gut zum Entspannen. Ein Lagerplatz befindet sich am westlichen Nordufer.

Fährt man am östlichen Ufer des Dringis-Sees entlang, gelangt man über Strigailiškis schließlich wieder nach Palūšė.

Folgt man in Vaišnoriške dem rechts abgehenden Weg, so erreicht man nach etwa 3 km Strazdai und nach weiteren 4 km das Dorf Šuminai.

▶ **Strazdai:** Der Ort befindet sich am malerischen *Baluošas-See*, in dem sieben kleine Inseln liegen, wovon auf der größten der Inseln wiederum ein kleiner See zu finden ist. In Strazdai ist die alte Rauchkate von Interesse, die vor etwa hundert Jahren als Wohnstätte der einfachen Landbevölkerung diente.

▶ **Šuminai:** Das 200 Jahre alte traditionelle Dorf liegt am Ostufer des Baluošas-Sees. Hübsch sind die Fichtenholzhäuser mit ihren ornamentverzierten Fenstern. Das gesamte Dorf steht unter Denkmalschutz.

Von Šuminai führt die Hauptstraße weiter südlich zum nordwestlichen Ufer des *Dringis-Sees*. Hier befinden sich ein Lagerplatz und ein schöner Strand. Links geht es über Vaišniūnai nach Palūšė, rechts nach Trainiškis.

▶ **Trainiškis:** Das romantische, unter Denkmalschutz gestellte Dorf liegt am Südufer des Baluošas-Sees. Beeindruckend ist eine uralte, am Ufer stehende Eiche, die über tausend Jahre alt sein soll und einen Stammumfang von 6 m aufweisen kann.

Auf der Straße weiter geradeaus und vorbei an malerischen Seeufern gelangt man schließlich nach Ginučiai.

▶ **Ginučiai:** In dem Dorf gibt es einen Schüttberg, auf dem sich einst die Burg *Linkmena* erhoben haben soll, die Ende des 14. Jh. von den Kreuzrittern in Brand gesteckt wurde. Treppenstufen führen zu dem Hügel hinauf, von dem man eine wunderschöne Aussicht auf die umliegenden Ländereien hat. Ferner gibt es in dem Dorf eine alte Wassermühle, in der man übernachten kann. Da es hier angeblich spukt – der Teufel höchstpersönlich soll hier sein Unwesen treiben –, sollte man sich vorher genau überlegen, ob man tatsächlich hier die Nacht verbringen will.

Etwa 2 km südlich von Ginučiai liegt der *Ledkalnis*, ein sattgrüner Hügel. Der Blick von hier oben ist atemberaubend und umfasst mehrere glitzernde Seen: den *Alksnaitis-*, *Alksnas-*, *Linkmenas*, *Pakasas-* und *Ukojas-See*.

Wandern im Nationalpark

Das dichte Netz von Seen, die endlosen Wälder und die zahlreichen traditionellen Dörfer im Park laden zu erlebnisreichen Kanu- und Wandertouren ein. Wer mehrere Tage Zeit hat, kann zu einem Rundtrip über die gesamte Seenplatte aufbrechen. Gelegentlich muss man das Boot allerdings auch einige Meter bis zum nächsten See schleppen. Die hier angegebenen Routenbeschreibungen erfolgen nach Informationen des Touristen-Clubs in Vilnius. Zelte nicht vergessen, da unterwegs auf Lagerplätzen übernachtet wird. Boote gibt es in Palūšė.

Palūšė – Asalnai-See – Pakasas-See   (ca. 13 km)

Ausgangspunkt ist der Ferienort Palūšė, gelegen am *Lušiai-See*, wo sich auch der Bootsverleih befindet. Zunächst geht es zum *Asalnai-See*. Paddelt man an der Nordseite des Lušiai-Sees entlang, gelangt man automatisch in den rechts abgehenden Arm zum Asalnai-See. Wer dann schon müde ist, kann den in der Mitte des Nordufers befindlichen **Lagerplatz** aufsuchen. Ansonsten geht es weiter zum *Pakasas-See*.

Verlässt man den Asalnai-See über seinen nordwestlichen Abfluss, gelangt man über einen schmalen Wasserstreifen zum nächsten Seenlabyrinth. Den *Gimžines-See* dabei links liegen lassen und immer geradeaus bis zur nächsten Wasserscheide rudern. Biegt man dort links ab, trifft man bald auf eine Insel. Ist man an dieser rechts vorbeigerudert, befindet man sich nach der nächsten Seeöffnung schon auf dem 3 km langen *Ukojas-See*. Im Nordwesten des Sees findet man den Übergang zum *Pakasas-See*. An seinem nordöstlichen Ufer befindet sich ein **Lagerplatz**.

Litauen
Karte siehe Umschlaginnenklappe hinten

Pakasas-See – Stripeikiai – Tauragnas-See – Pakasas-See (4–18 km)

Von der Lagerstelle am Pakasas-See ist es nicht weit bis zum Dorf *Stripeikiai*, wo das Imkereimuseum sehenswert ist. Vom Rastplatz gibt es einen Fußweg in das Dorf. Von dort bis zum nächsten See, dem *Tauragnas-See*, sind es etwa 2,5 km. Wer über den Tauragnas-See nach *Tauragnai* rudern will, muss das Boot bis zum Seeufer tragen. Vom Lagerplatz am Pakasas-See bis nach Tauragnai sind es ca. 14 km, dort gibt es allerdings keinen Lagerplatz.

Pakasas-See – Ledkalnis-Hügel – Almajas-See (ca. 11 km)

Über den *Pakasas-See* geht es zurück bis zum Ende des *Ukojas-Sees*. Die Route führt wieder an der kleinen Insel vorbei. Kurz nachdem man die Insel passiert hat, kann man links in den *Linkmenas-See* hineinrudern. An seinem Westufer lohnt es sich anzulegen, um auf den bezaubernden *Ledkalnis-Hügel* zu steigen und die gigantische Aussicht auf fünf zwischen Fichtenstämmen glitzernde Seen zu genießen. Am Nordufer befindet sich ein **Lagerplatz**.

Vom Linkmenas-See ist es nicht mehr weit bis zum *Almajas-See*, man muss nur wieder zur Seeöffnung des Linkmenas-Sees zurück und sich dann ganz strikt links halten, sodass man automatisch zum *Asekas-See* gelangt. Im Nordwesten fließt das kleine Flüsschen *Almaja* aus dem See ab, über das man schließlich den *Almajas-See* erreicht. Am östlichen Seeufer liegen drei **Lagerplätze**.

Almajas-See – Ginučiai – Baluošas-See – Dringis-See

(ca. 14 km mit dem Boot und 2 km zu Fuß)

Die erste Station vom Almajas-See aus ist das Dorf *Ginučiai*, wo sich eine schöne, alte Wassermühle befindet. Über ein kleines Flüsschen kann man bis zur Mühle von Ginučiai rudern. Dort heißt es dann "Boot schleppen", doch bis zum nächsten Gewässer, dem *Sravinaitis-See*, ist es nur ein kurzes Stück.

Der Übergang zum *Baluoškyštis-See* ist über die nordöstliche Spitze des Sravi-naitis-Sees zu erreichen. Von dort ca. 1 km zur Seemitte rudern und dann die nördliche Richtung einschlagen. Um auf den *Baluošas-See* zu gelangen, muss man, nachdem man den Baluoškyštis-See von West nach Ost durchquert hat, erneut sein Boot aus dem Wasser ziehen, um es nach knapp 200 m in den nächsten See gleiten zu lassen.

Am Nordufer des Baluošas-Sees befindet sich das charmante Dorf *Strazdai*, und auf mittlerer Höhe des Ostufers liegt das ebenfalls unter Denkmalschutz gestellte Dorf *Šuminai*. Im südlichen Teil des Baluošas-Sees trifft man auf insgesamt sieben Inseln. Die größte davon hat sogar ihren eigenen See. Um vom Südostende des Baluošas-Sees zu den **Lagerplätzen** am nordwestlichen Ufer des Dringis-Sees zu gelangen, muss man sich erneut auf einen Landspaziergang (ca. 1 km) gefasst machen. Am Nordostufer befindet sich das Dorf **Vaišniūnai**.

Dringis-See – Lušiai-See – Šakarva   (ca. 11 km)

Um die 720 ha große Fläche vom Nordufer zum Südende des Dringis-Sees zu durchqueren, braucht seine Zeit. Unterwegs trifft man übrigens auf fünf sehr malerisch aussehende Inseln. An seinem Südende schließt sich der leicht spiralförmig liegende *Dringikštis-See* an, der teilweise sehr schmal ist. Linker Hand befindet sich das Dorf **Majori**, zu erkennen an einer Reihe von Holzskulpturen, die an dieser Stelle das Ufer schmücken. Über eine schmale Wasserscheide gelangt man zum *Asalnai-See*. Sich links haltend, besteht die Möglichkeit, über den Lušiai-See nach **Palūšė** zu rudern, um dort die Kanutour zu beenden oder in südliche Richtung fortzufahren. Rudert man weiter, so durchquert man den See auf geradem Weg in südliche Richtung bis hin zur Seeöffnung des schmalen *Žeimenys-Sees*. Am südlichen Ostufer des Žeimenys-Sees erstreckt sich ein schöner Strand. Dort befindet sich auch ein **Lagerplatz**.

Šarkava – Žeimenys-See – Kaltanėnai   (ca. 12 km)

Der *Žeimenys-See* ist mit seiner stolzen Länge von 12 km der längste See des Nationalparks. Der erste Lagerplatz befindet sich am Südufer des ersten, nach Westen abgehenden Seitenarmes. Rudert man weiter gen Süden, besteht sowohl auf westlicher als auch auf östlicher Seeseite (beide ungefähr auf gleicher Höhe) die Möglichkeit zu campen. Der letzte Lagerplatz am Žeimenys-See befindet sich am östlichen Ufer, fast an der Südspitze.

Wer aber zum Dorf *Kaltanėnai* mit seinem alten Marktplatz möchte, biege etwa 1 km hinter dem am Westufer des Žeimenys-Sees gelegenen Dorf *Ožkiniai* rechts in den Fluss Žeimena ein, der nach Kaltanėnai führt.

Kaltanėnai: Dieses kleine Dorf ist wegen seines denkmalgeschützten Marktplatzes interessant, auf dem im 16. Jh. regelmäßig ein Viehmarkt abgehalten wurde. Auch ein über 100 Jahre altes Lagerhaus ist hier zu finden. Beeindruckend ist die alte, im Dorf stehende Eiche.

Theoretisch besteht von hier aus jetzt die Möglichkeit, die Žeimena weiter südwärts zu paddeln, bis sie nach einigen Kilometern in die Neris mündet, die einen schließlich bis nach Vilnius tragen würde. Empfehlenswerter ist es aber, falls man sein Boot nicht in Palūšė ausgeliehen hat und die Wassertour hier beenden möchte (kann auch mit den Bootsausleihern verabredet werden), sich in Kaltanėnai in den Zug zu setzen und zurück nach Vilnius zu fahren.

● *Anfahrt/Verbindungen* **Pkw** – von Ignalina via Palūšė, Šarkava und Ožkiniai aus erreichbar.

Bahn – Züge nach Vilnius.

Kurisches Haff bei Vente

Žemaitija

Unter dem ethnographischen Gebiet Žemaitija versteht man den nord-westlichen Teil Litauens von der Grenze zu Lettland fast bis hinunter zum Nemunas. Die Žemaitija wird auch als Niederlitauen bezeichnet. Im Osten grenzt sie an die Aukštaitija und im Westen an die Ostsee bzw. an das Kurische Haff.

Die Bewohner dieses Gebietes, die *Žemaiten*, haben sich in der Geschichte oft durch ihren vehementen Widerstand gegen Fremdherrscher hervorgetan. 1382 wurde die Žemaitija beispielsweise dem Kreuzritterorden unterstellt, den sie kurzerhand wieder abschüttelte. In Kretinga verbrannte man sogar einen Ordensvertreter öffentlich auf dem Scheiterhaufen. Als Litauen und Polen eine Personalunion eingingen und die Polonisierungen immer weitläufiger wurden, antwortete die kleine Volksgruppe sofort mit einem Aufstand. In vielen Aufzeichnungen werden die Žemaiten als verschlossene und halsstarrige Menschen beschrieben. Dass sie hartnäckig sind, beweist die Tatsache, dass sich bei ihnen heidnische Sitten und Bräuche am längsten haben halten können.

Bekannt sind die Žemaiten auch wegen ihrer Holzschnitzkunst, insbesondere in Form von Tier- und Phantasiemasken, mit denen sie sich zu Karneval verkleiden.

Sehenswertes in der Žemaitija

Klaipėda (Memel), Stadt am Kurischen Haff, hübsche Altstadt mit Fachwerkbauten.

Kurische Nehrung, gigantische Dünen und bunte Holzhäuser, einzigartiges Naturparadies.

Kurisches Haff, malerische Landschaft an der Haffküste mit den romantischen Orten Ventė, Rusnė und Minija.

Palanga, größtes Seebad Litauens mit blütenweißem Sandstrand und Bernsteinmuseum.

Kretinga, behagliche Kleinstadt mit Franziskaner-Kloster.

Mosėdis, interessantes Steinmuseum.

Salantai, sehenswert ist der Garten der Familie Orvydas.

Bijotai, Baubliai – ausgehöhlte Eichenstämme, in denen der Dichter Poška arbeitete, ältestes Museum Litauens.

Žemaitija-Nationalpark, wunderschöne, hügelige Landschaft mit vielen Seen und Möglichkeit zum Wassersport.

Telšiai, Hauptstadt der Žemaitija mit schönem Dom und kleinem Freilichtmuseum.

Westlitauen – Memelland

Unter dem Memelland versteht man den nördlich des Nemunas (Memel) gelegenen Teil des ehemaligen Ostpreußen. Seine Fläche beträgt 2.566 qkm. Bis zur Zeit der Eroberungsfeldzüge der deutschen Kreuzritter war das Gebiet Siedlungsraum der Žemaiten, Kuren und Pruzzen.

Nach dem *Frieden von Meln* im Jahre 1422 fiel das Gebiet offiziell an den Deutschen Orden und wurde nach dessen Säkularisierung preußisch. Bis zum Ersten Weltkrieg war das Memelland von Deutschen und Litauern bewohnt. Mehr zur Geschichte des Memellandes siehe S. 198. In der Geschichtsschreibung ist das Memelland ein heikles Thema. Oft wurden Tatsachen verdreht oder gänzlich verfälscht.

Als ein Schritt, die unglückliche Vergangenheit zu überwinden, wird vielerorts die Wiedererrichtung des Denkmals für *Simon Dach*, einem memelländischen Dichter, angesehen. Anfänglich klafften die Meinungen über dieses Denkmal in Klaipėda weit auseinander: Schließlich handelte es sich bei diesem Denkmal um ein Symbol der Stadt Memel und der Deutschen und nicht um eines der Stadt Klaipėda und damit der Litauer. Da sich anfängliche Befürchtungen, dass dies ein Schritt der Deutschen sei, sich das Memelland zurückzuholen, als unbegründet erwiesen, versuchte man schließlich, in dem Denkmal einen Schritt der gegenseitigen Annäherung zu sehen. Aus dieser Annäherung heraus könne sich, so einige Bewohner Klaipėdas, mit der Zeit eine Brücke entwickeln, auf der sich Kultur und Traditionen von Westlitauern und Memelländern treffen könnten, um auf diese Weise die Vergangenheit gemeinsam zu bewältigen.

Klaipėda (Memel)

(ca. 202.600 Einwohner)

Mit über 200.000 Einwohnern ist Klaipėda die drittgrößte Stadt Litauens und unterhält den einzigen Seehafen des Landes. Durch die Stadt fließt der Fluss Danė, der hier in das Kurische Haff mündet. Klaipėda gegenüber liegt das berühmte Naturparadies der Kurischen Nehrung.

Klaipėda ist ein wichtiges Industriezentrum. 15 % der litauischen Produktion kann die Stadt auf sich verbuchen. Ein Großteil der Fabriken ist im einstigen Vorort *Smeltė* (Schmelz) zu finden, der sich im Laufe der Jahre zu einem wahren Industrieviertel mit Fischereihafen entwickelt hat. Die neuen Wohnviertel erstrecken sich immer weiter gen Süden und haben fast schon die Kleinstadt *Prikulė* (Prökuls) erreicht.

Auch das auf der Nehrung liegende *Smiltynė* (Sandkrug) ist mittlerweile eingemeindet worden. Das moderne Stadtzentrum ist in der ehemaligen *Friedrichstadt* zu finden, gelegen zwischen Bus- und Zugbahnhof und der Altstadt.

Geschichte

Die ältesten archäologischen Funde, die in dem Gebiet um Klaipėda gemacht wurden, reichen weit in prähistorische Zeiten zurück. Aus ihnen lässt sich schließen, dass diese Gegend bereits vor unserer Zeitrechnung von baltischen Stämmen besiedelt war, die an der Dainė zwei hölzerne Burgen errichteten, *Poys* und *Clapeida*. Als Gründungsjahr der Stadt wird jedoch das Jahr 1252 angesehen, als nämlich der Livländische Ritterorden das Gebiet um Klaipėda stürmte und eine hölzerne Ordensburg errichtete, die man *Memelburg* taufte. Der Name geht auf den Irrtum einiger Ritter zurück, die dachten, dass sie ihre Burg am Ufer der Memel (Nemunas) errichtet hätten, die in Wirklichkeit aber einige Kilometer weiter südlich ins Kurische Haff mündet.

1254 erhielt Memel, wie die Stadt an der Memelburg nun genannt wurde, das Dortmunder Stadtrecht, wenig später das Lübische. Die Voraussetzungen für eine blühende Handelsstadt waren gegeben, doch scheiterte ihr Aufschwung an den Aufständen der hier ursprünglich lebenden Kuren und Žemaiten, die sich nicht ohne weiteres der Fremdherrschaft beugen wollten. 1379 fanden die kriegerischen Auseinandersetzungen mit der Niederbrennung der um die Memelburg entstandenen Stadt einen vorläufigen Höhepunkt. Der Livländische Orden sah sich gegenüber den anhaltenden Angriffen und dem erstarkenden Großfürstentum Litauen machtlos und übergab die Memelburg an den Deutschen Orden. Auch nach dem *Frieden von Meln* 1422, bei dem die Memelburg dem Deutschen Orden offiziell zuerkannt wurde, hielten die Unruhen durch die Žemaiten an. 1455 gelang es ihnen gar, die Stadt zu erobern und zu verwüsten. Die Unruhen legten sich erst, als das litauische Großfürstentum seine Interessen nach Polen verlagerte. Langsam blühten Handel und Handwerk auf und die Stadt erfuhr einen wirtschaftlichen Aufschwung. Dies lief allerdings den Interessen der Hansestädte Danzig und Königsberg zuwider, die daher versuchten, die Geschäfte der Stadt Memel, zu behindern. Im Jahre 1540 wurde Memel von einer großen Feuersbrunst heimgesucht, wovon sich die Stadt nur langsam wieder erholte. 1595 erhielt Memel die Rechte einer freien Handelsstadt.

1629 fielen Memel und die umliegenden Ländereien an Schweden, das sechs Jahre lang die Herrschaft in der Stadt hielt. Nach dem verlorenen Krieg mit Russland 1757 wurde Memel für fünf Jahre lang russisch. Einen Aufschwung erfuhr die Stadt während der napoleonischen Kriege: Als Berlin in der Hand der Franzosen lag, machten *König Friedrich Wilhelm III.* und *Königin Luise* Memel von 1807 bis 1808 zur provisorischen Hauptstadt Preußens, was einige reiche und einflussreiche Familien sowie Kaufleute und Händler in die Stadt lockte.

Nach dem Ersten Weltkrieg wurde das Memelland gemäß dem Versailler Vertrag im Jahre 1920 vom Deutschen Reich getrennt und unter französische Verwaltung gestellt. Während der Ruhrkrise 1923 besetzten litauische Freischärler die Stadt und das umliegende Memelland, sodass die Stadt schließlich litauisch wurde. In der ein Jahr später stattfindenden Konvention über das Memelland erhielt das Gebiet einen Autonomiestatus, stand aber unter litauischer Oberhoheit. Ab 1926 herrschte der Ausnahmezustand. Im März 1939 erzwang die deutsche NS-Regierung per Ultimatum die Rückgabe des Memellandes. Im Januar 1944 besetzte schließlich die Sowjetarmee die Stadt und gliederte sie und das umliegende Memelland der litauischen SSR an. Die Entscheidungen von 1924 und 1939 haben das Verhältnis zwischen Deutschen und Litauern sehr belastet. Nach dem Krieg lag weit über die Hälfte der Stadt in Schutt und Asche. Heute sind die gelungenen Wiederaufbau- und Restaurierungsarbeiten fast abgeschlossen. Im Jahre 2002 feierte Kleipėda seinen 750. Geburtstag.

Anfahrt/Verbindungen/Verschiedenes

- *Postleitzahl* LT5800
- *Vorwahl* (2)6
- *Information* Tomo 2. Nicht nur Informationen über die Stadt, sondern auch über die Umgebung erhältlich. Darüber hinaus können Unterkünfte in Familien und auf Bauernhöfen vermittelt werden. ☎ 412185/ 412181, 📠 412185, Kltic@takas.lt. Im Sommer täglich von 9–16 Uhr geöffnet, im Winter nur Mo–Fr; www.klaipeda.lt.
- *Anfahrt/Verbindungen* **Pkw** – zu erreichen ist Klaipėda von Vilnius via Kaunas über die A-1, von Palanga über die A-13, über die Straße 141 von Šilutė und von Nida über die Kurische Nehrung.

Bus – Verbindung mit jeder größeren Stadt Litauens sowie mit Kaliningrad, Rīga und Liepāja. Busbahnhof, Butkų Juzės 9. Innerlitauische Reservierungen und Information unter ☎ 411547, internationale unter ☎ 313310.

Bahn – Züge Richtung Vilnius, Šiauliai, Kaliningrad und Rīga. Bahnhof, Priestoties 1. Informationen unter ☎ 313676 und www.litrail.lt.

Schiff – 5-mal wöchentlich Verbindung mit Kiel. Es besteht auch eine Fährverbindung nach Mukran (Rügen), doch haben Fernfahrer Priorität. Siehe auch Anreise, www.lisco.lt und www.scandlines.lt.

Der Passagierhafen befindet sich in der Perkelos 10. Zu erreichen mit Bus 18, Abfahrt am Markt. Um mit dem Pkw zum Hafen zu gelangen, die Minjos g. runterfahren, auf die Beschilderung achten. Informationen und Fahrkarten gibt es bei Krantas, Naujoji Sodo 1, in der Lobby des Hotels Klaipėda, ☎ 395050, 📠 395052, passenger@krantas.lt; Lisco, Janonio 24. ☎ 393288/ 393289, 📠 393287, booking@lisco.lt, geöffnet Mo–Fr von 8.30–7.30 Uhr.

Mit dem eigenen Schiff – Wer mit dem eigenen Boot Kurs auf Klaipėda nehmen will, kann beim Joadklub in Smiltynė anlegen. Vor dem Einlaufen Funkkontakt aufnehmen. Information beim **Joadklub**, Smilčių g. 25, Smiltynė, ☎ 291174/291131.

Fähren zur Nehrung – Abgelegt wird vom alten Schlosshafen, am südlichen Danė-Ufer, Žvejų 8. Die Fähren verkehren im Sommer von 6–24.30 Uhr zweimal, im Winter einmal stündlich. Auf dieser Fähre können Fahrräder und einige wenige Autos mitgenommen werden. Angelegt wird in Smiltynė. Fahrkarten gibt es an den jeweiligen Ablegestellen. Letzte Fähre von Smiltyne gegen 23 Uhr. Eine weitere Fährverbindung zur Nehrung gibt es in der Nemuno g.

8, im Stadtteil Smeltė, der über die Minjos g. erreichbar ist. Bei der Mitnahme von Autos empfehlenswerter, da größer. Letzte Fähre zurück nach Klaipėda gegen 20.30 Uhr (Zeiten ändern sich, auf jeden Fall nochmals nachchecken). Tickets kosten pro Person 0,45 €, und 1,10 € bzw. 11 € für Fahrrad und Auto.

Taxiruf, ℡ 006, ca. 0,40 €/km.

• *Kommunikation* **Post**, Liepų 16.

Internetzugang, Turgaus 8, in der Bibliothek; Juros 7, im Simon-Dach-Haus, geöffnet von 8.30–17 Uhr.

Telegrafenamt/Faxservice, Manto 2.

Handy, SMS Karten sowie MietteIefone gibt es bei **Bitė**, Manto 8; **Omnitel**, Liepų 19; **Vesiva**, Janonio 17–7.

• *Verschiedenes* **Geldwechsel**, Turgaus 15; Sukilėlių 12; Hotel Klaipėda u. a. Außerdem zahlreiche Wechselstuben und Bankautomaten über die Stadt verteilt. 24 Std. Service bietet die Wechselstube in der Manto 4.

Poliklinik, M. Mažvydo al./K. Donelaičio.

Apotheke, H. Manto 2 und 44; Taikos pr. 79, 101, 119.

Reinigung, S. Daukanto 22a.

Tankstellen, moderne Tankstellen an den Straßen nach Šilutė, Kaunas und auf dem Weg zum Hafen.

Autowerkstatt, Rūtu 6, ℡ 211453; Tilžes 62, ℡ 266460.

Mietwagen, **Litinterp**, Šimkaus 21–8, Mo–Fr von 8.30–17.30 Uhr, Sa von 10–15 Uhr geöffnet, ℡ 411814, 📠 411815, Klaipeda@litinterp.lt; **Unirenta**, Tomo 7. Geöffnet Mo–Fr von 8.30–17.30 Uhr, ℡ 312613, 24-Std.-Hotline 8–298-71498, 📠 313100, office@unirenta.lt, www.unirenta.lt.

Bewachter Parkplatz, Sodo 1, beim Hotel Klaipėda.

• *Einkaufen* Die für Litauen typischen Souvenirs wie Lederwaren, Leinenartikel, Keramik, Bernstein etc. gibt es in folgenden Läden: **Dailė**, Turgaus 5/7; **Krantinė**, Žvejų 1; **Marginai**, Sukilėliu 4; **Žemaitija**, Aukštoji 5.

Hyper Maxima, Taikos 61 auf dem Weg zum Hafen. Gigantischer Megasupermarkt der amerikanische Supermärkte weit in den Schatten stellt und in dem es nichts gibt, was es nicht gibt

• *Reisebüros* **Baltic Travel Service**, Naujoji sodo 1. Hier können Touren durch das Baltikum und Unterkünfte gebucht werden. ℡ 310600, 📠 411242, klaipeda.bts@post.omnitel.net.

Reisebüro für Jugendliche und Studenten, Janonio 5/1. Hier gibt es günstige Flug-, Bus- und Bahntickets, ebenfalls Vermittlung von Unterkünften. ℡ 314672, 📠 314669, klaipeda@jaunimas.lt.

Agrartourismus, Information zu Bauernhöfen in der Žemeitija sind im 9 km entfernten Gargždai, Klaipėdos 2, erhältlich. ℡ (Klaipėda) 291496 und 52260, 📠 52672, klaipeda.lzukt@kaunas.omnitel.net.

• *Sport/Verschiedenes* **Rundflüge über Klaipėda**, Aeronautics, ℡ 25 44 14.

Fahrradverleih, Simkaus 21–8, ℡ 21 69 62.

Fahrradfahren, der überaus hilfreiche Fahrradclub von Litauen mit Fahrradinfozentrum befindet sich in Klaipėda, Taikos pr. 42-3, ℡ 310870, 📠380650, zvejone@klaipeda.omnitel.net, www1.omnitel.net/zvejone/dvirinfo/infoen.html

Fahrradreperatur, Turgaus a. 25, Šilutes pl. 27, Šilutes pl. 23a, Nidos 76.

Reiten, in Smiltynė am Fähranleger besteht die Möglichkeit zu reiten.

Schwimmen, Gulbiu 8. Das Sportzentrum von Klaipėda beherbergt auch ein Schwimmbad, das allerdings nur den Winter über von Mi–So von 12–21 Uhr geöffnet hat.

Bootsverleih, am Ufer der Danė unweit der Tiltė g. können Ruder- und Tretboote gemietet werden. Segelboote für Touren auf Haff und Ostsee sind beim Yachtclub in Smiltynė erhältlich.

Strände, der am nächsten gelegene Strand befindet sich in Smiltynė. Ebenfalls befinden sich Strände im 4 km entfernten Melnragė umd im 8 km entfernten Giruliai. Die beiden letzten Strände sind jedoch nicht besonders sauber.

*Übernachten (siehe **K**arte auf **S**. 200/201)*

• *Gehobenere Preisklasse* **Astra (33)**, Pilies 2. Gut ausgestattetes Hotel mit großen Betten und üppigem Frühstücksbuffett. EZ ab 60 €, DZ ab 75 €. ℡ 313849, 📠 216420.

Klaipėda (10), Naujo sodo 1. Gewaltiger Klotz, dem einst die alte Feuerwache wei- chen musste. Zentrale Lage, nicht weit von der Altstadt entfernt, Zimmer ausgestattet mit Bad, Telefon und TV, Sauna buchbar, Restaurant und Café angeschlossen. Im Foyer des Hotels besteht die Möglichkeit, Ausflüge in die Umgebung zu buchen. EZ

Litauen
Karte siehe Umschlaginnenklappe hinten

ab 55 €, DZ ab 75 €, Lux ab. 100 € und Apartments 195 €. ✆ 394327/394397, 📠 394382, hotel@klaipeda.omnitel.net, www.klaipedahotel.lt.

Lügnė (46), Galinio Pylimo 16. Edles Hotel in altem Stadthaus in der Nähe vom Markt. Helle Räume mit finnischem Dekor, freundlicher Service. EZ ab 75 €, DZ ab 100 €. ✆ 214578, 📠 214578, lugne@pajuris.lt.

Radisson SAS (41), Šaulių 28. Elegantes Hotel mit großzügig ausgestatteten Zimmern. EZ ab 180 €, DZ ab 200 €. ✆ 490800, sales@kljzh.rdsas.com.

● *Mittlere Preisklasse* **Fortūna (47)**, Poilsio 64. Angenehmes Familienhotel, etwas außerhalb der Altstadt gelegen. Hotel ist nicht direkt mit dem Bus erreichbar, in der Nähe halten jedoch die Busse 1, 3, 6, 8, 10, 13, 15 und 18, die alle den Taikos pr. hinunter fahren. Die Hotelbesitzer sind bereit, den Transport in die Altstadt zu organisieren. EZ ab 25 €, DZ ab 40 €. ✆ 275242, 📠 360174.

Morėna (39), Audros 8a, Ortsteil Melnragė. 📠 (3706) 298456. Freundliche Unterkunft in toller Lage. Zwar außerhalb des Zentrums gelegen, dafür sind Strand und Wald nur einen Steinwurf vom Hotel entfernt. EZ ab 25 €, DZ ab 50 €. im Norden Klaipėdas. ✆ 298456, 298111, @ 298456, admin@ MorenaHotel.lt, www.morenahotel.lt. Zu erreichen mit Minibus 4 und 6, Abfahrt Manto g.

Nesė (37) Sportininkų 46. Kleines komfortables Hotel am Rande des Zentrums. Zimmer sind im spanischen Stil ausgestattet. EZ ab 43 €, DZ ab 55 €. ✆ 410077, 📠 410088, nese@nese.lt, www.nese.lt.

Pajūris, Slaito 18a. Dieses im Sowjetstil erbaute Hotel befindet sich im Ort Giruliai (Försterei) in der Nähe vom Strand. Die Zimmer sind einfach, es gibt mehrere Saunen, einen Swimming Pool und Massageanwendungen. EZ ab 35 €, DZ ab 45 €. ✆ 490154/490093, 📠 490142 (Bezirk Klaipėda), giruliai@pajuris.lt ; www.pajuris.lt. Zu erreichen mit Minibus 4, Abfahrt Manto g.

Parkas (40), Liepojos 3. Mittelgroßes Hotel mit Garten in ruhiger Lage am Rande von Klaipėda. Zu erreichen mit den Bussen 3, 7 und 17. EZ ab 35 €, DZ ab 40 €. ✆ 38 52 83, 📠 385280, hotelparkas@takas.lt, www.parkas.lt.

Prusija (5), Šimkaus 6. Kleines Hotel mit schlicht ausgestatteten Räumen. Zimmer alle mit Bad, Telefon und TV, sehr bemühter und freundlicher Service. EZ 45 €, DZ 50 €. Gutes Restaurant angeschlossen, ✆ 19943/19969, 📠 254377.

Klaipėda

Übernachten
❸ Baltija
❹ Litinterp
❺ Prusija
❼ Viktorija
❿ Klaipėda
㉝ Astra
㉜ Nesė
㊴ Morėna
㊵ Parkas
㊶ Radisson SAS
㊸ Vertrungė
㊹ Vėtra
㊻ Lügnė
㊼ Fortūna

Essen/Trinken
❷ Lūja
❺ Prūsija
❻ Boogie Woogie
❽ Bambola
❾ Luiza
⓫ Forena
⓬ Meridianas
⓮ Būrų Užeiga
⓯ Ferdinandas
⓱ Rastytė
⓲ Jubinlou
⓴ Black Cats Pub
㉑ Kurpiai
㉚ Taravos Anikė
㉟ Akmeninė Gėlė
㊳ Skandalas
㊶ Radisson
㊷ Metu Laikai

Nachtleben
❶ Garažas
⓭ Slaja
⓯ Grafos Drakos
㉑ Kurpiai
㉕ Neptūnas
㉖ Baras
㉜ Boheme
㉞ Allegro
㊱ Indigo
㊺ Svingas
㊽ Paradox

Cafés
⓳ Kava ir Ledai
㉒ Europa
㉓ Fotogalerija
㉔ Kavinė
㉗ Galeria Peda
㉘ Bon Ton
㉙ Senamiestis
㉛ Karčema

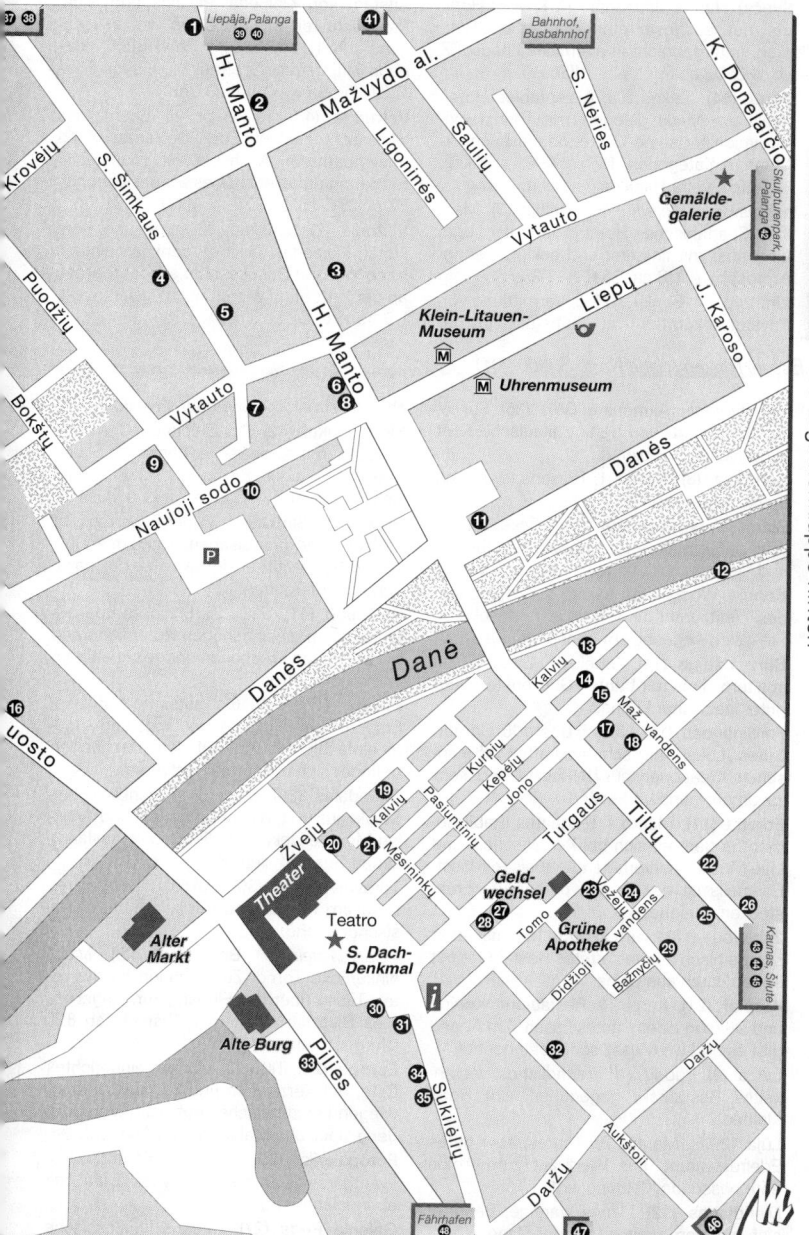

Litauen
Karte siehe Umschlaginnenklappe hinten

Svečiu̜ Namai, J. Janonio 11. Kleines Hotel mit gut ausgestatteten, modernen Räumen, untergebracht in altem Stadthaus. EZ ab 50 €, DZ ab 68 €, ✆/📠 310900.

Vėtra (44), Taikos 80a. Akzeptables Hotel, direkt am Markt gelegen, mit Touristeninformation für seine Gäste, Sauna buchbar. Mehrere Kategorien, DZ ab 48 €, ✆ 348002, 📠 346063, vetra.klaipeda@hotel.lt.

• *Preiswerte Unterkünfte* **Baltija (3)**, Manto 8. Spartanisches Hotel in zentraler Lage, billig aber mit finsterer und beklemmender Atmosphäre. ÜB ca. 6,5 €. ✆ 213727.

Litinterp (4), Šimkaus 21–8, Vermittlung von Privatunterkünften mit Frühstück in der Altstadt von Klaipėda, Palanga und Nida. Pro Nacht mit etwa 20 € pro Person rechnen. ✆ 411814/311490, 📠 411815, klaipeda@litinterp.lt. Geöffnet Mo–Fr von 8.30–17.30 Uhr, Sa von 10–15.30 Uhr.

Vetrungė (43), Taikos pr. 28. Ehemaliges Übernachtungsheim der Seeleute. Wirkt unsympathisch. Auch bei der Touristeninformation unbeliebt, da es als unsicher gilt. EZ ab 28 €, DZ ab 30 €. ✆ 314801, 📠 341373.

Viktorija (7), Šimkaus 12; gegenüber vom Hotel Klaipėda. Zimmer denkbar einfach ohne WC und Dusche, aber sauber. Damen an der Rezeption wirken etwas gelangweilt. ÜB ab 15 €, DZ ab 30 €, ✆ 213670.

Essen/Trinken (siehe Karte S. 200/201)

• *Restaurants* **Akmeninė Gėlė (35)**, Sukilėliu̜ 18. Serviert wird deftige litauische Kost in gotischem Ambiente.

Bambola (8), Manto 1. Riesenauswahl an erstklassiger Pizza.

Black Cats Pub (20), Žveju̜/Ecke Teatro. Edel aufgemachte Pizzeria mit Rundbögen und Kerzenschein. Angenehme Atmosphäre.

Boogie Woogie (6), Manto 5. Ansprechendes Restaurant und Kneipe mit leckeren Steaks im Angebot, am Abend oft Live-Jazz.

Būru̜ Užeiga (14), Kepėju̜ 17. Uriges Lokal in altem Haus mit bunten Glasfenstern und guter litauischer Küche.

Ferdinandas (16), Naujoji Uosto 10. Gemütliches Lokal mit schmackhaften kulinarischen Kreationen aus Russland und sehr zuvorkommendem Service.

Forena (11), Manto 4. Elegantes Etablissement in dem es sich bei Kerzenschein und Live-Musik hervorragend speisen lässt. Ebenfalls ist das Forena prima zum Frühstücken geeignet.

Jubinlou (18), Turgaus 23. Minimal aber sympathisch ausgestattetes Restaurant mit Spezialitäten aus China.

Kurpiai (21), Kurpiu̜ 1. Restaurant, Kneipe und Disko in einem, gutes Essen. Am Abend gibt es oft Live-Musik, schöner Innenhof.

Luiza (9), Puodižiu̜ 4. Freundliches, verwinkeltes Restaurant gegenüber vom Hotel Klaipėda.

Lūja (2), H. Mantos 20. Teures, aber gutes Edelrestaurant, das Wert auf zum Ambiente passende Kleidung legt.

Meridianas (12), Danės krantinė. Befindet sich in einem uralten, auf der Danė liegenden windschiefen Schipperkahn, gute Küche, untermalt mit Seemannsmusik.

Metu̜ Laikai (42), Donelaičio 6b. Charmantes Lokal mit europäischer Küche, im Skulpturenpark gelegen. Besonders schön sitzt es sich im Sommer im Garten, oft Live-Musik.

Prūsia (5), Simkaus 6. Wider Erwarten gibt es hier keine preußischen, sondern kaukasische Spezialitäten. Attraktiv ist der dazugehörige Biergarten.

Radisson (41), Šaulu̜ 28. Schickes Edelrestaurant zum gleichnamigen Hotel gehörend mit erlesenen Kreationen und reichhaltigem Frühstücksbuffett.

Rasytė (17), Tiltu̜ 6. Gaststätte auf zwei Etagen – unten gibt es Hot Dogs und andere einfache Speisen, auf dem Dachboden befindet sich ein nettes Restaurant.

Skandalas (38), Kanto 44. Amerikanisches Steakhaus mit Riesenportionen und Marilyn-Monroe-Dekor. Beliebt bei ausländischen Geschäftsleuten.

Taravos Anikė (30), Sukilėlu̜ 8. Populäres Lokal am Theaterplatz mit sehr guter chinesischer Küche.

• *Cafés/Kneipen* **Bon Ton (28)**, Mėsininku̜/Ecke Tomo. Zu erkennen an der roten Tasse über der Eingangstür. Angenehmes Bistro mit gutem Frühstück, ab 8.30 Uhr geöffnet.

Europa (22), Tilžu̜ 13. Modern eingerichtes Café, mit Kerzenlicht und Fotodekor, überwiegend studentisches Publikum. Verschiedene litauische Mahlzeiten im Angebot.

Fotogalerija (23), Tomo 7. Freundliches, avantgardistisch durchgestyltes Café mit ebensolchem Publikum.

Galerija Peda (27), Turgaus 10. Klassische Musik und dunkelrote Samtstühle laden in dieses angenehme Café ein, gelegentlich Live-Musik.

Karčema (31), Sukilėlių 8/10. Etwas kitschig aufgemachtes Touristencafé im Herzen Klaipėdas. Schön sitzt es sich auf der Terrasse mit Aussicht auf den Theaterplatz.

Kava ir Ledai (19), Žvejų 7. Seit Ewigkeiten existierendes Selbstbedienungscafé alten Stils mit antiquiertem Fernseher, diversen Salaten, Eis und farbenfrohem Zuckerwerk.

Kavinė (24), Vežėjų/Ecke Galinė. Weißes Mobiliar und eine Spiegelwand zeichnen den Ort aus, Stimmung etwas kühl.

Senamiestis (29), Bažnyčių 4. Sehr schönes Café mit urigem Innenhof, dessen Mauern mit originellem Graffiti verziert sind.

● *Bars, Kneipen, Diskos* **Allegro (34)**, Sukilėlių 14. Große Disko im Herzen der Altstadt, die einst einen Stripclub beherbergte. Zu fortgeschrittener Stunde kann durchaus sein, dass der Ort seiner alten Bestimmung wieder gerecht wird.

Baras (26), Tiltų/Grižgativo. Unauffällige, aber gemütliche Eckkneipe im Erdgeschoss eines Mietshauses.

Boheme (32), Aukštoji 3. Verrauchte, gutbesuchte Studentenkneipe mit kleinem Innenhof.

Garažas (1), Manto 33. Interessanter Schuppen dekoriert mit alten Autos und Schrauben, nette Stimmung.

Grafos Drakos (15), Kepėjų g. schräg gegenüber vom Būrų Užeiga. Extravagante Kneipe mit Fledermausdekor und Live-Musik (überwiegend Rock). Schön sitzt es sich auch im glasüberdachten Innenhof.

Indigo (36), Janonio 27. Beliebte und dementsprechend gut besuchte Disko mit 2 Tanzflächen. Etwas zu Essen bekommt man hier auch. Wie in fast jeder Disko im Baltikum fallen auch hier zu später Stunde die Hüllen, So. geschlossen.

Neptūnas (25), Tiltų 18. Etwas merkwürdig anmutende Kneipe mit Gartendekor, Fischernetzen und rot-grünen Leuchten.

Kurpiai (21), Kurpių 1. Nebelschwaden und Cocktails sind charakteristisch für diese angenehme Disko.

Paradox (48), Minijos 2. Disko mit Sofas und Spielhalle, Mo-Di geschlossen.

Slaja (13), Mažoji vandens/Ecke Kurpių. Schummrige Kneipe mit Wohnzimmeratmosphäre.

Svingas (45), Vingio 29. Ansprechende Disko mit Postern bekannter Musikergrößen, oft Live-Musik. Zum Ausruhen lädt die Sommerterrasse ein. Liegt etwas außerhalb.

Veranstaltungen/Museen/Einkaufen

● *Theater/Konzerte* **Open-Air-Konzerte**, im Innenhof des Uhrenmuseums und auf dem kleinen Platz gegenüber vom Meridianas wird im Sommer oft Kammermusik gespielt.

Musiktheater, Danės 19. Kasse außer Mo von 11–14 und 17–19 Uhr geöffnet.

Philharmonie, Danės krantinė 19, Kasse von 15–20 Uhr geöffnet, ✆ 213959.

Schauspielhaus, Teatro 2, Kasse außer Mo von 11–14 und 17–19 Uhr geöffnet, ✆ 216260. Konzertsaal der Universität, Donelaičio 6.

● *Kino* **Kapitolijus**, Manto 27; **Jūratė ir Kastytis**, Taikos 105; **Žemaitija**, Manto 31. In allen 3 Kinos werden überwiegend internationale Filme im O-Ton mit Untertiteln gezeigt. Das aktuelle Kinoprogramm ist abrufbar unter www.cinema.lt.

● *Festivals* Über das Jahr verteilt findet in Klaipėda eine breite Palette von Veranstaltungen und Festlichkeiten statt. Die hier aufgeführten Termine finden, wenn nicht anders vermerkt jährlich statt. Über das Jahr verteilt sind darüber hinaus eine Reihe

zusätzlicher Veranstaltungen zu erwarten. Weitere Informationen unter www.klaipeda. lt/klaipeda-english.htm.

Mitte März: *Skambanti banga*, Festival junger Musiker. Veranstaltungsort Konzertsaal der Universität.

Mitte bis Ende April: *Klaipėdos muzikos pavasaris* (Klaipedaer Musik-Frühling) – Festival klassischer Musik. Veranstaltungsorte: Konzertsaal der Universität und Musiktheater.

Mai: *Šermukšnis* – Internationales Theaterfestival. Veranstaltungsort Theaterplatz und Burgruine.

Mai: *Vėlungis* – Internationales Kinderfolklorefest. Veranstaltungsort Altstadt.

Juni: *Klaipėdos pilies Džiazo* Festival – Internationales Jazzfestival. Veranstaltungsort: Theaterplatz, Altstadt, Jazz-Club *Kurpia*.

Ende Juli: *Jūros Šventė* – Seefestival. Veranstaltungsort ist die gesamte Stadt.

Anfang August: *Mūzkinis rugpjutis Pajuryje* – Opern- und Musikfestival. Veranstaltungsort: Musiktheater.

● *Museen* **Ausstellungspalast**, Aukštoji 3/3a. Wechselnde Ausstellungen von Werken professioneller Künstler aus dem In- und Ausland. Die Ausstellungsräume setzen sich aus vier miteinander verbundenen Häusern zusammen, die zu den ältesten der Stadt gehören, geöffnet Mi–So von 11–19 Uhr.

Gemäldegalerie, Liepų 33. Bilder litauischer Meister des 18. und 19. Jh. sowie einiger Westeuropäer. Gelegentlich finden auch Ausstellungen von Amerikanern litauischer Herkunft statt. Im Erdgeschoss des Museums befindet sich eine interessante moderne Skulpturensammlung, geöffnet Di–So von 12–18 Uhr.

Museum der Geschichte Klein-Litauens, Diždiojo Vandens 6. Interessante und gut aufgemachte Ausstellung zur litauischen Frühgeschichte. Mehr Infos unter www.mlimuziejus.lt. Geöffnet Mi–So von 10–18 Uhr.

Meeresmuseum, gelegen auf der Kurischen Nehrung in Smiltynė und mit der Fähre zu erreichen. Zu sehen sind Delphine, Pinguine, Seehunde etc. Im Sommer finden außerdem Dressurshows statt. Geöffnet von Mi–So von 10–18 Uhr, im Winter teilweise nur bedingt geöffnet, Informationen unter www.juru.muziejus.lt.

Schmiedemuseum, Šaltkalviė 2. Zu sehen ist eine alte Schmiede und eine Ausstellung über die Geschichte der Schmiedekunst in Klaipėda. Geöffnet Di–Sa von 10–18 Uhr.

Skulpturenpark, Liepų, unweit der Gemäldegalerie gelegen. Einst befand sich hier ein Friedhof, sodass die hier aufgestellten Skulpturen dem ehemaligen Gottesacker noch immer eine gewisse Ernsthaftigkeit verleihen. Zu sehen sind überwiegend Plastiken aus der litauischen Geschichte und Mythologie. Benannt ist der Park nach *Martin Mažvydas*, der das erste litauischsprachige Buch, die Übersetzung des Katechismus Luthers, herausbrachte. Im Sommer ist der Platz ein angenehmer Erholungsort, in dem unzählige Eichhörnchen herumflitzen.

Uhrenmuseum, Liepų 12. Kleines Museum über die Geschichte der Zeitmessung. Ausgestellt sind verschiedene Uhrmodelle aus Gotik, Renaissance, Barock und Rokoko. Ebenfalls sind Sand- und Öllampenuhren zu bewundern. Im schönen Innenhof des Museums kann man den Klängen des Glockenturms der Post lauschen. Im Sommer finden auch Konzerte klassischer Musik statt. Geöffnet Mo–Fr von 12–18 Uhr und Sa von 12–17 Uhr.

Post, Liepų 16. Das 1893 errichtete Gebäude ist architektonisch sehr interessant. Es wurde nach den Plänen des deutschen Architekten *Schode* im neugotischen Stil erbaut und gilt als eines der imposantesten Gebäude Klaipėdas. Eindrucksvoll ist der 44m hohe Glockenturm. Der beste Ort um dem Glockenspiel zu lauschen ist der Innenhof des Uhrenmuseums.

● *Galerien* **Baroti**, Bažnyčiė 4/10. Wechselnde Ausstellungen von origineller Keramik, farbenprächtigen Bildern und Fotografien, geöffnet Mo–Sa von 11–18 Uhr.

Boheme, Aukštoji 3. Zu finden im höchsten Haus der Altstadt, wechselnde Ausstellungen zeitgenössischer Kunst, geöffnet Di–So von 11–14 und 15–18 Uhr.

Fotogalerija, Tomo 7. Wechselnde, z. T. experimentelle Fotoausstellungen, geöffnet Di–Sa von 11–18 Uhr. Im Erdgeschoss befindet sich ein Café.

Graffiti, in der Zvejė g. im Umkreis der alten Lagerhallen sind imposante Kunstwerke litauischer Sprüher zu bewundern. Es gibt sogar eine eigene Website www.graffiti.lt.

Peda, Turgaus 10. Klitzekleine Bildergalerie mit angeschlossenem Café.

Galerie in der alten Post, Aukštoji 13. Verkauf von edlem Silber- und Bronzeschmuck und von Steinskulpturen. In der Post sind Sonderstempel erhältlich.

● *Einkaufen* **Antika (15)**, Žvejų 17. Verkauf von Antiquitäten.

Hutladen, Vežejų/Ecke Galinė. Feilgeboten werden originelle und preiswerte Kopfbedeckungen.

Taravo Anikė, Sukielių 8/10. Verkauf von Kunsthandwerk und Bernstein.

● *Märkte* **Fischmarkt**, wird täglich von 8–18 Uhr an der Tiltų abgehalten.

Flohmarkt, liegt in der Nähe vom Hafen. Man passiert ihn auf dem Weg zur Fähre nach Mukran. Erkennbar an enormer Menschenmenge.

Markt, Turgaus a. 5; Taikos pr. 80.

Der Theaterplatz von Klaipėda

Sehenswertes

Altstadt: Geprägt wird die Altstadt von für Litauen unüblichen Fachwerkhäusern. Der alte Kern Klaipėdas erstreckt sich am Südufer der Dainė. Durch die vielen Brände und die Folgen des Zweiten Weltkrieges ist viel von den historischen Bauten des alten Klaipėdas zerstört worden. Doch zu erkennen ist auch heute noch das mittelalterliche, schachbrettartig angelegte Straßensystem. Die alten Straßennamen verraten, wer sie früher einmal bewohnt hat, wie z. B. die Fischer- (Žvejų g.), Schmiede- (Kalvių g.), Bäcker- (Kepėjų g.), Glaser- (Stiklių g.) oder Schusterstraße (Kurpių g.).

Der eigentliche historische Mittelpunkt der Altstadt, die *Memelburg*, hat die Stürme der Zeit nicht überstanden. Es ist im Gespräch, die Burg originalgetreu wiederherzurichten und sie anschließend der neu gegründeten Universität von Klaipėda zur Nutzung zu überlassen, worüber die Meinungen allerdings weit auseinandergehen. Die Reste der Burg befinden sich unweit des Theaterplatzes westlich der Altstadt.

Theaterplatz: Der frischrestaurierte Theaterplatz bildet das Zentrum der Altstadt. Sein heutiges Erscheinungsbild erhielt der Platz im 19. Jh. Kürzlich wurde auch das Theater umgebaut, wobei darauf geachtet wurde, dass seine ursprüngliche Fassade von 1857 erhalten blieb. Auf Initiative der deutschen *Ännchen-von-Tharau-Gesellschaft* ist 1989 vor dem Theater wieder das Denkmal für den memelländischen Dichter *Simon Dach* aufgestellt worden. Es besteht aus dem Standbild der berühmten Mädchenfigur seines Gedichtes "Ännchen von Tharau". Der Sockel trägt das Medaillon des Dichters.

"Ännchen von Tharau ist's, die mir gefällt,
sie ist mein Leben, mein Gut und mein Geld.
Ännchen von Tharau hat wieder ihr Herz
auf mich gerichtet in Liebe und Schmerz.
Ännchen von Tharau, mein Reichtum, mein Gut,
du meine Seele, mein Fleisch und mein Blut."

Als der aus einer Memelländer Familie stammende Dichter Simon Dach (1605–1659) *Ännchen von Tharau* das erste Mal erblickte, verliebte er sich sofort Hals über Kopf in die schöne Frau. Leider war der Anlass ihrer ersten Begegnung die Hochzeit Ännchens mit einem anderen Mann. So blieb dem verliebten Dichter nur die Möglichkeit, in Form von Versen seine Liebe zum Ausdruck zu bringen.

1912 wurde zu Ehren des Dichters auf dem Platz des Klaipėdaer/Memeler Theaters über einem Springbrunnen ein Denkmal für Simon Dach errichtet. Während des Zweiten Weltkrieges wurde es zunächst versetzt und war später spurlos verschwunden. Die Nachbildung einer neuen Ännchen-Figur war zwar sehr kompliziert, doch konnte 1989 schließlich das neue Denkmal für Simon Dach enthüllt werden.

Das Simon-Dach-Denkmal vor dem Theater

Aukštoji gatvė: Vom Theaterplatz erreicht man über die Sukelielių und Tomo g. die Aukštoji g., in der die ältesten Häuser der Stadt sowie alte Speicher und Fachwerkbauten zu bewundern sind. In der Nr. 13 der Straße befindet sich die alte Post, in der man seine Briefe und Karten mit einem Sonderstempel versehen lassen kann. In der Post läuft außerdem eine Dauerausstellung von Bronzearbeiten und Kunsthandwerk.

Alter Markt und Žvejų gatvė: An der Ecke der Pilies g. mit der Žvejų g., am Ufer der Dainė, wurde einst der Markt abgehalten. Einige alte Speicher erinnern noch an vergangene Zeiten. Spaziert man durch die Žvejų g. am Ufer entlang, findet man sich im Hafenmilieu wieder. Viele Bierkneipen, untergebracht in alten Häusern, reihen sich aneinander. Am Ende der Žvejų g. führt eine kleine Treppe zur Tiltų g. hinauf. Über sie gelangt man zu dem windschiefen Restaurant-Kahn (vgl. Essen, S. 202) und einem kleinen Platz, auf dem im Sommer oft Konzerte klassischer Kammermusik stattfinden.

Grüne Apotheke: Tiltų g./Ecke Turgaus g. Kommt man über die Stufen aus der Žvejų g. hinauf auf die Tiltų g. und geht diese Straße einen Block weiter hinunter, so gelangt man zu der liebevoll restaurierten *Grünen Apotheke*, die schon von außen intensiv nach Medizin riecht. 1677 wurde sie von *Jakob Jung* gegründet und beinhaltet heute u. a. auch eine kleine Pharmazieausstellung.

Neustadt: Hinter der Dainė-Brücke, wo die Tiltų g. zur H. Mantos g. wird, beginnt die Neustadt von Klaipėda, die sich am Nordufer der Dainė erstreckt. Das Zentrum der Neustadt bilden das Hotel Klaipėda und der dazugehörige Platz, sowie die Hauptgeschäftsstraße, die H. Mantos g. Schräg gegenüber vom Hotel Klaipėda, an dessen Stelle einmal die alte Feuerwache stand, erhebt sich das Musiktheater.

Eine schöne Straße der Neustadt ist die *Liepų g.* (Lindenstraße), in der sich auch das *Uhrenmuseum* und die *Gemäldegalerie* befinden. Beachtenswert ist das Haus Nr. 16, welches das Hauptpostamt beherbergt: ein imposanter, neugotischer Backsteinbau aus dem Jahre 1893.

Umgebung von Klaipėda

▶ **Agluonėnai (Aglonehnen):** Das kleine, alte Dorf liegt am Ufer des Baches Agluona. Die erste urkundliche Erwähnung des Dorfes erfolgte im Jahre 1540. Mitarbeiter der Kolchose von Agluonėnai haben den Ort zu einem Zentrum der memelländischen Kultur gemacht und am Rande des Dorfes eine ethnographische Ausstellung eingerichtet, in der Werkzeuge und Gebrauchsgegenstände aus dem Memelland gezeigt werden. Vor der dortigen Scheune werden im Sommer oft Theaterstücke aufgeführt

Anfahrt/Verbindungen **Pkw** – von Klaipėda die Straße 141 in südlicher Richtung bis Priekulė fahren. Kurz hinter Priekulė geht nach 3 km eine kleine Straße nach Agluonėnai ab. **Bus** – vereinzelt Verbindung mit Priekulė und Klaipėda.

▶ **Giruliai (Försterei):** Das etwa 7 km nördlich von Klaipėda gelegene Dorf ist interessant wegen seines würzigen Kiefernwaldes, seines Ostseestrandes und der schönen Landschaft, die es umgibt.

● *Übernachten* **Pajūris**, Slaito 18a. Dieses im Sowjetstil erbaute Hotel befindet sich im Ort Giruliai (Försterei) in der Nähe vom Strand. Die Zimmer sind einfach, es gibt mehrere Saunen, einen Swimming Pool und Massageanwendungen. EZ ab 35 €, DZ ab 45 €. ✆ 490154/490093, ✉ 490142 (Bezirk Klaipėda), giruliai@pajuris.lt, www.pajuris. lt. Zu erreichen mit Minibus 4, Abfahrt Manto g.

● *Camping* **Camping Žuvedra**, Pamario 11. Im Sommer bietet der unweit vom Meer, direkt im Wald gelegene Campingplatz eine günstige Möglichkeit zum Übernachten. Geschlafen wird in kleinen Holzhütten für 4–6 Personen, ÜB 5–7 € pro Person. ✆ 385828 (Bezirk Klaipėda), linea@hoja.lt, www.techas.lt/zuvedra/en.html.

Litauen Karte siehe Umschlaginnenklappe hinten

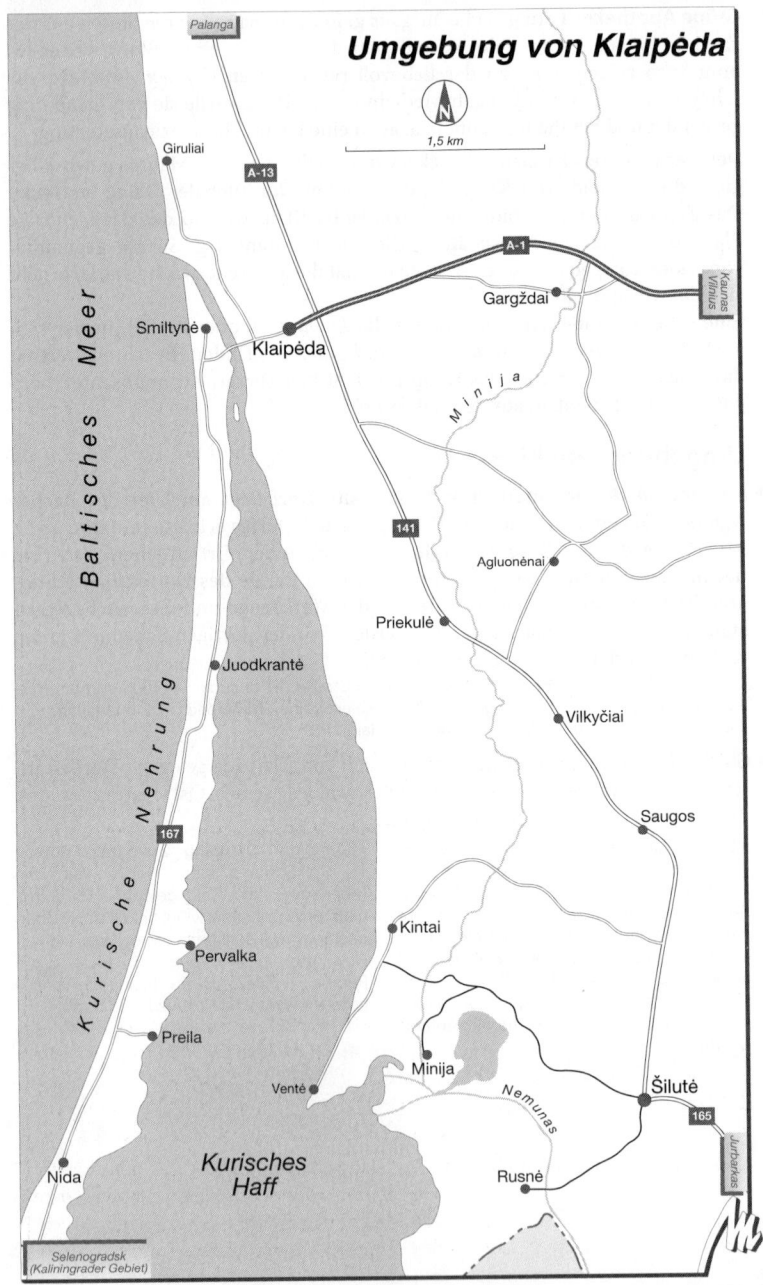

Umgebung von Klaipėda

Palanga (Polangen)

(ca. 20.000 Einwohner)

Palanga ist ein hübsches und lebendiges Seebad. Der Ort ist historisch sehr interessant, kann mit einem botanischen Garten aufwarten und liegt an einem karibikweißen Sandstrand, dem sich viele kleine Dünen anschließen.

Landeinwärts ist Palanga von Bäumen und Büschen umgeben. Die würzige Waldluft und die salzige Seeluft ergeben eine wohltuende Mischung, die sehr erholsam wirkt. Mitten im Park von Palanga erhebt sich der sagenumwobene Birutė-Hügel, ein alter heidnischer Opferberg.

Palanga ist Litauens größter Kurort und reicht administrativ von der lettischen Grenze im Norden bis hin zur Ortschaft *Nemirsėta* (Nimmersatt) im Süden. In den zahlreichen Kuranlagen werden die Patienten mit Heilschlamm und Mineralwasser behandelt. Als Seebad der SSR Litauen platzte der Ort förmlich aus allen Nähten. Ob es Bauarbeiter, Journalisten, Seefahrer oder andere Berufszweige waren – von Moskau bis Wladiwostock kamen die Menschen hierher zur Erholung da unzählige Betriebe und Berufsvereinigungen hier Ferienheime für ihre Mitglieder unterhielten.

Ein Ferienort der Massen ist Palanga zwar nicht mehr, doch er ist noch immer sehr gut besucht. Die "baumüberdachte" Basanavičiaus g. hat sich zur wahren Touristenmeile entwickelt, über die des Abends flaniert wird. Zahlreiche Bars, Kneipen und Cafés laden zu einem Drink oder Dinner ein. In fast jeder dieser Lokalitäten gibt es am Abend Live-Musik, eine lauter als die andere. Die Stimmung ist fröhlich und ausgelassen. Wer auf Action, Parties und prickelndes Nightlife steht, ist hier genau richtig.

Geschichte

Schon in der Steinzeit war das Gebiet um Palanga besiedelt. Noch vor gar nicht langer Zeit sind Funde gemacht worden, denen man ein Alter von mindestens 5000 Jahren zugesteht und der Narva-Kultur zuordnet. Entdeckt wurden u. a. steinzeitliches Werkzeug und geschnitzte Holzfiguren. Weiteren Aufschluss über die Vergangenheit Palangas geben alte Grabfelder aus dem 3. Jh. n. Chr. Dabei ist man nicht nur auf Grabbeigaben wie Bronzeschmuck und Geräte aus Eisen gestoßen, sondern auch auf einige römische Münzen, woraus sich schließen lässt, dass bereits zu dieser Zeit ein reger Handel zwischen den Žemaiten und den alten Römern bestanden hat. In Grabmälern aus der Zeit des 8. bis 13. Jh. hat man Silberschmuck und reich verzierte Waffen gefunden.

Wie viele andere Städte im Baltikum blieb auch Palanga nicht vor den deutschen Kreuzritter verschont, die zwischen dem 13. und 15. Jh. immer wieder versuchten, Palanga zu erobern. Auf dem heiligen Opferberg der heidnischen Litauer, dem *Birutė-Hügel*, errichteten die Brüder eine Kapelle, mussten jedoch 1410 nach der verlorenen Schlacht von Tannenberg Palanga verlassen.

Begünstigt durch seinen Hafen trieb Palanga Mitte des 17. Jh. einen florierenden Handel mit Königsberg, Danzig, Rīga und anderen europäischen Küstenstädten. Mit Ausbruch der Schwedenkriege wurde in Palanga viel zerstört und der Hafen zugeschüttet. Letzteres soll auf Bestreben einiger Rīgaer Kaufleute

Brücke von Palanga

geschehen sein, um jegliche Konkurrenz auszuschalten. Palanga verlor an Bedeutung. Der Handel erfuhr erst 1791, als Palanga das Magdeburger Stadtrecht erhielt, einen Aufschwung.

Nach der dritten Teilung Polens 1795 wurde Palanga russisch. 1824 baute der Graf Tiškevičiaus die 200 m weit ins Meer hinausreichende Landungsbrücke, um den Hafen wieder funktionstüchtig zu machen. Doch bereits ab 1892 wurde sie nur noch als Touristenattraktion benutzt. Der Fremdenverkehr war es dann auch, der dem Ort wieder bessere Zeiten brachte. Die Stadt wurde zum Kurort. Die ersten Hotels, Ferienheime und Kureinrichtungen avancierte nach dem Zweiten Weltkrieg errichtet.

Information/Verbindungen/Verschiedenes

- *Vorwahl* (2)36
- *Postleitzahl* LT5720
- *Information* Kretingos 1. Täglich von 9–20 Uhr, am Wochenende von 10–16 Uhr geöffnet, ℡ 48811/4822, ℡ 53598, palturas@is.lt, www.palanga.lt.
- *Anfahrt/Verbindungen* **Flugzeug** – Es gibt Direktflüge von und nach Hamburg (via Kaunas), Frankfurt a. M., Berlin und nach Vilnius. Der Flughafen befindet sich ca. 6 km nördlich von Palanga in der Liepojos pl. 1. Weitere Informationen sind erhältlich am Flughafen, ℡ 53431, geöffnet von 7–22 Uhr außer So, in der Touristeninformation

und im Stadtbüro der LAL, Vytauto 94a, ℡ 53 431, ℡ 53 231. Zentrum und Flughafen sind per Busshuttle miteinander verbunden, Abfahrt vor dem LAL Büro.

Pkw – Am Schlagbaum vor den Toren Palangas treffen sich die A-13 aus Klaipėda und die A-11 aus der Richtung Šiauliai. In Palanga selbst sind Autos ungern gesehen, sodass für das Passieren der Stadtgrenze eine Gebühr von 7,50 € verlangt wird. Es bietet sich an, sein Auto auf einem der bewachten Parkplätze abzustellen, da die Ruhe, die Palanga ausstrahlt, auch daher kommt, dass die Stadt so gut wie autofrei ist. Die meisten Straßen sind sowieso gesperrt. Beim Parken im Zentrum ist daran zu denken, dass es keine markierten Parkplätze gibt und die örtliche Polizei mit dem Verteilen von Reifensperren nicht zimperlich ist, die sie erst nach einem Entgelt von etwa 40 € wieder zurücknimmt. Parken auf Privatgrundstücken ist möglich.

Bus – von und nach Klaipėda geht mindestens ein Bus stündlich. Auch die Verbindungen in die übrigen litauischen Städte ist gut. Busbahnhof, Kretingos 1.

• *Verschiedenes* **Geldwechsel**, Jūratės 15 und 17. Außerdem gibt es zahlreiche, über die ganze Stadt verteilte Wechselstuben und Geldautomaten.

Poliklinik, Vytauto 92.

Apotheke, Vytauto 33.

Fahrkarten, Tickets für Flugzeug und Bahn in der Vytauto g. 100 erhältlich.

Post, Vytauto 53.

Internetzugang, **Interneto Kavinė**, Vytauto 97; **Jura Online**, Vytauto 94a. Beide Cafés sind etwas ungemütlich und haben sehr langsame Maschinen.

Fahrradreparatur: Bedingt sind Ersatzteile erhältlich in der Vytauto 55.

Übernachten (siehe Karte S. 212/213)

Das Übernachtungsangebot in Palanga ist im Vergleich zu anderen Orten mannigfaltig und reicht von der Luxussuite bis hin zu einfachen Ferienheimen und Privatquartieren, die es hier zahlreich gibt. Dennoch kann es in der Hochsaison gelegentlich zu Engpässen kommen. Die hier angegeben Preise sind saisonabhängig und richten sich nach Angebot, Nachfrage und Verhandlungsgeschick. Die Touristeninformation ist gerne bei der Zimmersuche behilflich und vermittelt Privatquartiere im Ort und auf umliegenden Bauernhöfen. ÜB dort um die 8 €.

• *Gehobene Preisklasse* **Alanga (15)**, Neries 14. Ansprechendes, luxuriöses Hotel mit verschiedenen Kategorien, einige Zimmer mit Küchenzeile. DZ 45–75 €, Apartment 110 €. Extrabetten kosten 15 € für Erwachsene und 8 € für Kinder unter 12 Jahren, Kinderzimmer und Babysitterservice vorhanden ℡ 49215/49318, ✆ 49316, www.alanga.lt, alanga@palanga.omnitel.net.

Du Broliai (59), Kretingos 36, ℡ 48047, ✆ 52889 und Vytauto 160, ℡ 40040, ✆ 52889. Kleine, exklusive Luxusherberge. DZ zwischen 85 € und 165 € inkl. Frühstück. Apartment zwischen 220 und 330 €. Atmosphäre etwas versnobt. Webpage des Hotels abrufbar über www.travel.lt.

Gamanta (64), Plytų 7. Komfortables Hotel mit freundlichem Service. Zimmer sind etwas konservativ ausgestattet. Außer 10 DZ, die 45–65 € kosten, gibt es ein DRZ für 55–75 € und ein VRZ für 60–80 €. ℡ 48885, ✆ 51729, info@gamanta.lt, www.gamanta.lt.

Mama Rosa (12), Jūratės 28a. Urgemütliches komfortables Hotel mit stilvollen Zimmern, Swimming-Pool, Jacuzzi und sehr bemühtem Service. EZ ab 55 €, DZ ab 110 €, Frühstück extra. Bei mehr als 2-tägigem Aufenthalt wird eine Mama Rosa Karte ausgestellt, mit der Anspruch auf 20 % Ermäßigung für alle Hotelleistungen besteht. Kinder unter 7 Jahre sind frei. ℡ 48581, ✆ 48580, vila@mamarosa.lt, www.mamarosa.lt.

Mini-Hotel (68), Ramybės 3. Schönes Hotel in Top-Lage mit jeweils 2 einfachen DZ und DRZ für 25 € bzw. 30 €, 2 luxuriösen DZ unterm Dach für 70 € und 2 Apartments mit 2 Schlafzimmern, Wohnzimmer, Kühlschrank und Klavier (!) für 80 €. Außerhalb der Hochsaison bis zu 50 % Preislachnass. ℡ 53155, www1.omnitel.net/palanga.

Po Kaštonu, Maironio 34. Neues, sehr gepflegtes und edles Hotel, das von außen wie ein Wohnhaus aussieht. Zimmer, Studios und Apartments zu vermieten, alle mit hellem Mobiliar ausgestattet. Luxus-DZ und Studio 65–75 €, 2-, 3- und 4 Zimmerwohnungen für 110–165 €. ℡ 57184, ✆ 49484, po.kastono@palanga.omnitel.net, www.po.kastonu.lt.

Pušų Paunksnėje (70), Dariaus ir Girėno 25. Charmantes kleines Hotel mit viel Komfort. Geräumige Apartments, mit Küchenzeile, Kamin und Terrasse. Natursteindekor verleiht den Wohnungen ein besonderes Flair. Apartment für 2 Personen 125–200 € und 150–225 € für 4 Personen. ℡ 49080, ✆ 49081, webpage über www.travel.lt einsehbar.

Šachmatinė (20), Basanavičiaus 45. Angenehmes Hotel in unmittelbarer Nähe zum Strand. Zimmer sind großzügig ausgestattet, außerdem stehen 3 Apartments zu Verfügung. DZ ab 80 €, DRZ 125 €, Apartment zwischen 140 € und 160 €. ℡/✆ 51655. Webpage abrufbar über www.travel.lt.

Stumbras (3), Vytauto 93a. Geräumige helle Zimmer mit skandinavischem Dekor und Küchenzeile. Ermäßigung für Kinder, ebenfalls Kinderbetten erhältlich, EZ 45 €, DZ 70 €. ✆ 52521, ℻ 48053, viesbutis@stumbras.lt.

Tauras (6), Vytauto 116. Freundliche Zimmer, einige von ihnen frisch renoviert. Raumausstattung orientiert an Segelyacht-Interieur. DZ 50–90 € inkl. Frühstück, ✆/℻ 49111, feliksynas@is.lt. Webpage des Hotels abrufbar über www.travel.lt.

Vandenis (63), Birutės al. 47. Modernisiertes Ferienheim in toller Lage unweit vom Meer und Park. EZ 55 €, DZ 75 €. ✆ 53530, ℻ 53584

Vetra (69), Daukanto 35. Schickes, frisch modernisiertes Hotel am Rande des Parks. Zimmer sind im skandinavischen Stil ausgestattet. EZ ab 65 €, DZ ab 80 €. ✆ 53032/53579, ℻ 57231, palanga.omnitel.net, www.vetra.lt.

Voveraitė vardu Salvadoras (61), Mailės 24. Kleines Hotel mit imposanter Architektur und sehr individuell und modern gestalteten Zimmern unweit vom Strand. DZ 80–110 €, Lux 110–170 €. ✆ 52532, ℻ 53422. Online-Buchung und webpage über www.travel.lt.

Žalias Namas (2), Vytauto 97. Willkommen im "grünen Haus", was der Name dieses angenehmen Hotels auf Deutsch bedeutet. Es gibt edle, supermodern durchgestylte Zimmer und 2 Apartments mit Schlafgalerie. EZ 60–65 €, DZ 80–110 €, Apartment 135–165 €. ✆/℻ 51231, zalias.namas@-palanga.omnitel.net. Unter www.travel.lt. ist die Hotel-Webpage abrufbar.

• *Hotels der mittleren Preislage* **Auska (78), s. Baltija.**

Asva (5), Vytauto 91. Freundlicher Familienbetrieb mit hübschen Zimmern, leider etwas laut. DZ 40 €, Apartment ab 110 €, ✆ 48727.

Baltija (76), zu dieser Gruppe gehören die Ferienheime **Žilvinas (56)**, Kęstučio, ✆ 48332, 48331, ℻ 49226; **Vyturys (71)** Dariaus ir Gireno 20, ✆ 48332, 48331, ℻ 49226 und **Auska (78)**, Vytauto 11, ✆ 48332, 48331, ℻ 49226. E-Mail für alle drei Ferienheime ist baltija@is.lt.

Preise sind unterschiedlich, von 25–30 € für ein DZ bzw. 45–55 € für ein DRZ im Vytyrus und Žilvinas bis hin zu 220 € für ein Apartment im Auska. Die Ausstattung ist altmodisch, und obwohl alle drei Häuser über Bars, Billardtische und Sportmöglichkeiten verfügen, wirken sie erdrückend und unspektakulär. Parkplätze vorhanden.

Übernachten

(1) Jūros Vilionė
(2) Žalias Namas
(3) Stumbras
(5) Asva
(6) Tauras
(9) Šilkas
(11) Žydoji Liepsna
(12) Mama Rosa
(13) Ema
(15) Alanga
(18) Herberge
(19) Linas
(20) Sachmatinė
(22) Era
(28) Svecių Namai
(32) Vilija
(38) Mėguva
(43) Ferienheim der Telekom
(44) Kastytis
(45) Žvaigždė
(54) Silelis
(56) Žilvinas
(59) Du Broliai
(60) Alka
(61) Voveraitė vardu Salvadoras
(62) Ramybė
(63) Vandenis
(64) Gamanta
(65) Baltoji Žuvedra
(66) Tulpė
(67) Tenisas
(68) Mini-Hotel
(69) Vetra
(70) Pušų Paunksnėje
(71) Vyturys
(72) Rugelis
(73) Vanagupė
(75) Kredždute
(76) Baltija
(78) Auska
(79) Campingplatz

Essen/Trinken

(4) Stumbras
(7) Feliksas
(8) Ronžės
(11) Žydoji Liepsna
(15) Alanga
(16) Perlas
(20) Šachmatinė
(22) Era
(24) Čili
(26) Jūros Tiltas
(27) Senas Tiltas
(29) Šilas
(30) Klondaikas
(31) Meilutė
(33) Lašas
(34) Elnis ragas
(35) Lakštingala
(36) Driesė
(39) Bulvinukė
(40) Lagūna
(42) Aitvaras
(45) Žvaigždė
(46) Monika
(47) Mollinis Asotis
(48) Daisa
(49) 1925
(51) Banga
(52) Pajūrio Žuvėda
(53) Raše
(55) Kaukazietiška virtuvė
(59) Du Broliai
(61) Voveraitė vardu Salvador
(62) Ramybė
(64) Gamanta
(69) Pušu Paunksnėje
(77) Ida Basar

Baltoji Žuvedra (65), Dariaus ir Girėno 1. Alte, etwas schäbig ausschauende Herberge, aber mit sauberen und teilweise renovierten Zimmern unweit vom Strand. DZ 25–50 €, DRZ 30–50 €, VRZ 30–40 €. ✆/℻ 49222.

Jūros Vilionė (1), Vytauto 107b. Kleines Gästehaus mit schwerer, altmodischer Ausstattung. DZ 20–35 €. ✆ 51659.

Kastytis (44), Mickevičiaus 8. Zu vergeben sind zwei Suites. Die 2-Zimmer-Suite kostet 50 €, die Dreier 65 €. ✆ 53507/53504.

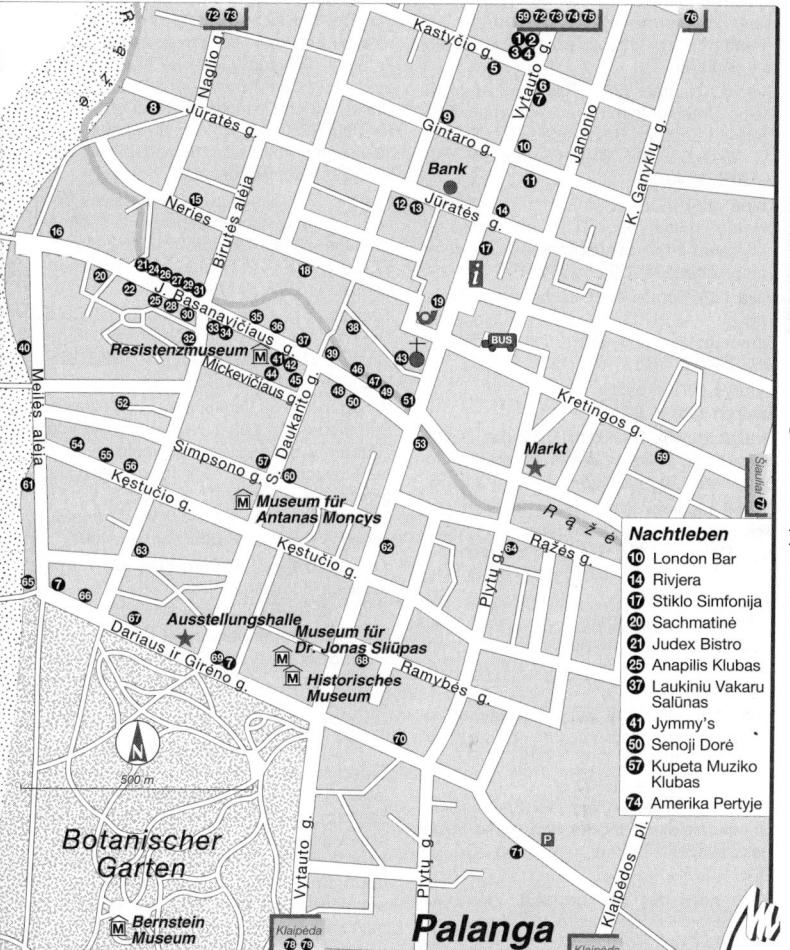

Nachtleben

- ⑩ London Bar
- ⑭ Rivjera
- ⑰ Stiklo Simfonija
- ⑳ Sachmatinė
- ㉑ Judex Bistro
- ㉕ Anapilis Klubas
- ㊲ Laukiniu Vakaru Salūnas
- ㊶ Jymmy's
- ㊿ Senoji Dorė
- ㊼ Kupeta Muziko Klubas
- ㉔ Amerika Pertyje

Linas (19), Vytauto 55. Massiver Betonklotz aus der Sowjetzeit mit einfach ausgestatteten Zimmern. Im Haus selber befinden sich Kureinrichtungen. DZ 25–30 €, VRZ 40–45 €. Ebenfalls ist eine Ferienwohnung für 130–140 € zu haben. ☎ 56204, 📠 52950. Webpage und online-Buchung über www.travel.lt.

Mėguva (38), Valančiaus 1. Massives Hotel, unmittelbar neben der Kirche gelegen. Zimmer mit Bad, Ausstattung bescheiden. DZ 20–40 €, DRZ 15–25 €. ☎/📠 52819.

Ramybė (62), Vytauto 54. Behagliches kleines Gästehaus mit Atmosphäre zum Wohlfühlen. Zimmer und Apartments sind im skandinavischen Stil ausgestattet. DZ 45 €, Apartment 55–80 €. ☎/📠 54124, Webpage und Online-Buchung unter www.travel.lt.

Silelis (54), Kestučio 2a. Schmucke, von Bäumen umgebene Villa mit 8 freundlichen Zimmern und einem Apartment. DZ 45–55 €, Apartment 90–130 €.

Šilkas (9), Gintaro 25. 4-stöckiges Haus, einfache Zimmer mit Balkon und Bad, nur 300 m entfernt vom Strand. EZ ab 40 €, DZ ab 45 €. ☎ 51519.

Sveciu Namai (28), Basanavičiaus 35. Kleine Unterkunft mit 5 angenehmen Zimmern im Zentrum des Trubels. EZ 20–25 €, DZ 25–30 €, DRZ 30–35 €, Lux 45–55 €. ☎ 52055, ✉ 48601.

Tulpė (66), Dariaus ir Girėno 11. Ansprechendes mittelgroßes Hotel mit einfachen und renovierten Luxuszimmern. DZ dementsprechend 45–130 €. ☎/✉ 51175.

Vilija (32), Birutės 24. Einfache aber schöne und gemütliche Bleibe mit verschiedenen Zimmergrößen und -kategorien. DZ 25–40 €, DRZ 25–35 €, VRZ 35–60 €. ☎/✉ 52219.

Vyturys (71), s. Baltija.

Žilvinas (56), s. Baltija

Žvaigždė (45), Daukanto 6. Kleines Gästehaus mit gemütlichen, etwas altmodisch ausgestatteten Räumen. DZ 40–70 €. ☎/✉ 54198.

Žydoji Liepsna (11), Gintaro 36. Mittelgroßes Hotel mit hellen Zimmern und modernem Dekor. EZ 40 €, DZ 40–60 €, Apartment 145 €. ☎ 52411, ✉ 48250. Online-Buchung über www.travel.lt.

● *Preiswerte Unterkünfte* **Alka (60)**, Daukanto 21. Großer Komplex, Zimmer sehr einfach, aber alle mit Bad. ÜB ab 10 €, ☎ 56277.

Ema (13), Jūratės 28. Supereinfache, etwas schmuddelige Herberge im Herzen der Stadt. DZ 10–12 €, DRZ 15–18 €, VRZ 15–22 €. ☎ 48608.

Era (22), Basanavičiaus 43. Spartanische Unterkunft direkt an der Partymeile Palangas gelegen. Zimmer ohne Bad. DZ 15–20 €. ☎ 51744.

Ferienheim der Telekom (43), Valančiaus 1/2. Einfaches Ferienheim mit langen Fluren, die ans Krankenhaus erinnern. Die meisten Räume sind sehr einfach, es gibt aber auch einige renovierte. Preis für DZ und DRZ zwischen 30–38 €. ☎ 51380, ✉ 48148.

Herberge (18), Neries 24. Befindet sich in einem Holzhaus, ein Stück von der Straße zurückversetzt. Freundliches und sauberes, aber sehr einfaches Haus. Waschbecken und Toiletten gibt es nur auf dem Hof, in den Zimmern Waschschüsseln. Am Wochenende oftmals ausgebucht und nur von Mai bis September geöffnet. ÜB ca. 6 €, ☎ 57076.

Kregždute (75), gelegen im gleichnamigen Ort, der sich etwa 4 km nördlich von Palanga befindet. Wer etwas Abstand zum Trubel in Palanga sucht, ist hier vielleicht goldrichtig. Nur 200 m vom Meer und den Dünen entfernt befindet sich ein umgebauter Bauernhof mit einfach ausgestatteten, aber gemütlichen Zimmern. DZ ca. 20 €. ☎ 56329, nadezda@takas.lt.

Rugelis (72), Vanagupės 20. Massives Bettenhaus mit einfachen Zimmern in schöner Parklage, etwa 3 km nördlich von Zentrum. EZ und DZ 15–30 €. DRZ 20–35 €, Apartment 45–70 €. ☎ 52709, ✉ 52878.

Tenisas (67), Gėlių 1a/Kestučio 15a. Einfache Herberge, aber mit modernem und gepflegtem Tennisplatz. DZ 20 €, DRZ 30 €, VRZ 40 €. ☎ 52828, ✉ 51200.

Vanagupė (73), Vanagupės 31. Gewaltige Bettenburg die sich etwas außerhalb vom Zentrum in schöner Parklage befindet. Zimmerkategorien von sehr bescheiden bis schick und modern. EZ 20 €, DZ 40 €, DRZ 60 € und Lux 70 €. ☎ 54146/51347. Online-Buchung und webpage über www.travel.lt.

● *Privatquartiere* **Litinterp-Klaipėda** vermittelt auch in Palanga Privatunterkünfte, ☎ 26-411814, ✉ 26–411815, klaipeda@litinterp.lt.

Am Busbahnhof werden oft Privatquartiere angeboten, die wohl die billigste Übernachtungsvariante im Ort darstellen. Preis ist Verhandlungssache, liegt aber in der Regel um 4–5 € pro ÜB.

● *Camping* **Campingplatz (79)**, Vytauto 8. Zwischen Klaipėdaer Chaussee und Vytauto g. gelegen, etwas außerhalb vom Zentrum. Die Busse in Richtung Klaipėda halten direkt an der Anmeldung, die Haltestelle heißt Camping. Ebenfalls mit Stadtbus 1 zu erreichen, der die Vytauto g. hinunterfährt. Bis zum Ende der Vytauto g. mitfahren und dann entgegengesetzt der Fahrtrichtung rechts nach Trampelpfaden durch den löchrigen Zaun Ausschau halten. Betritt man den Platz von der Vytauto g. aus, muss der gesamte Campingplatz überquert werden, um zur Anmeldung zu gelangen. Der Platz ist nur zu empfehlen, wenn im Zentrum von Palanga alles ausgebucht sein sollte. Übernachtung in Zwei-, Drei- und Vierbetthütten oder im eigenen Zelt. Geöffnet vom 1.6.–15.9., ☎ 53533.

Essen/Trinken/Diskos (siehe Karte S. 212/213)

Die Basanavičiaus g. ist d i e Party- und Vergnügungsmeile Palangas. Unzählige Restaurants, Cafés und Bars warten mit allerlei kulinarischen Köstlichkeiten auf verwöhnte Gourmets. Fast jeder Laden leistet sich eine Live-Band, die alle versuchen, sich gegenseitig an Lautstärke zu übertönen. Von den unzähligen Lokalen und Kneipen lassen sich prima die Massen beobachten, die sich am Tage in Richtung Strand bewegen und am Abend über den autofreien Boulevard flanieren. Wer es lieber etwas ruhiger mag sollte sich an die Jūrate und Vytauto g. halten.

Aitvaras (42), Basanavičiaus 17. Es gibt Pizza und litauische Speisen, die entweder auf der schönen Terrasse oder im gläsernen Inneren des Lokals serviert werden. Gut ist hier auch das Frühstück.

Alanga (15), Neries 14. In warmen Tönen gehaltenes Restaurant das gutes und ansprechend dekoriertes Essen serviert. Noch schöner sitzt es sich draußen auf der Terrasse.

Banga (51), Basanavičiaus 2. Scheußlicher Betonklotz, doch man hat das Beste daraus gemacht, Essen o.k. Es gibt Becks-Bier.

Bulvinukė (39), Basanavičiaus 14. Liegt etwas zurückversetzt am Ražebach. Wer dem Rummel ein wenig entgehen will, um in Ruhe den guten Cappuccino des kleinen Cafés zu genießen, ist hier an der richtigen Adresse.

Čili (24), Basanavičiaus 44. Fröhlich ausgestattetes Lokal der Čili-Kette mit prima Pizza und schöner Veranda.

Daisa (48), Basanavičiaus 9a. Kleines Lokal mit Veranda und mittelguter Pizza. Am Abend oft Live-Musik.

Driesė (36), Basanavičiaus 24. Das musikalische Repertoire reicht von Schlagerschnulzen bis hin zu Techno und Popmusik. Von innen sehr edel. Kann mit leckeren cepeliniai aufwarten.

Du Broliai (59), Kretingos 36 und Vytauo 160. Wer Lust auf exzentrische Kreationen im Luxusambiente hat und viel Geld ausgeben will, ist hier goldrichtig.

Elnis ragas (34), Basanavičiaus 27. Nette Sommer-Bar, die Wildspezialitäten anbietet, rustikales Ambiente mit Neonbeleuchtung.

Era (22), Basanavičiaus 43. Einfaches und preiswertes Lokal mit litauischer Küche zum gleichnamigen Hotel gehörend.

Feliksas (7), gleich dreimal vertreten. Daukanto 35, Dariaus ir Girėno 1 und Vytauto 116. Alle drei Etablissements zeichnen sich durch schmackhafte Kreationen, angenehme Sonnenterrassen und Live-Musik am Abend aus. Auch gut zum Frühstücken geeignet.

Gamanta (64), Plytų 7. Sympathisches Ho-

telrestaurant mit gutem Essen und herrlichem, mit Blumen überwuchertem Innenhof. Reichhaltiges Frühstück auf der Karte.

Ida Basar (77), Kretingos 57. Wem die deutsche Küche fehlt – hier ist sie zu finden, edles Ambiente.

Jūros Tiltas (26), Basanavičiaus 38. Man kann es sich drinnen auf den rosaroten Sofas bequem machen oder aber im Hof sitzen. Die hiesige Live-Band hat uralte Schlager im Repertoire, teilweise auch auf Deutsch.

Kaukazietiška virtuvė (55), Kestučio 8. Wie zu erwarten kommen im gut besuchten "kaukasischen Haus" Spezialitäten aus dem Kaukasus, überwiegend Schaschlik auf den Tisch. Schöner Biergarten.

Klondaikas (30), Basanavičiaus 31. Gemütliches Lokal mit großer Feuerstelle, ideal an Tagen, wo das Wetter nicht mitspielt. Essen eher mittelprächtig, offeriert aber gutes Frühstück.

Lagūna (40), Mailės al. 12. Kleines Café unweit vom Strand. Bietet sich gut für eine Mahlzeit nach Strand und Sonnenbad an.

Lakštingala (35), Basanavičiaus 22. Hier gibt's gutes Schaschlik.

Lašas (33), Basanavičiaus 29. Attraktives Steakhaus mit Terrasse und Wintergarten.

Meilutė (31), Basanavičiaus/Ecke Birutė. Sommerrestaurant mit großem, schattenspendenden Baum im Garten, in dem eine riesige Bierflasche baumelt, wohlschmeckende Gerichte.

Mollinis Asotis (47), Basanavičiaus 8. Gemütliches Holzhaus mit wuchtigem Kamin und Sommerterrasse. Interessante Küche. Schon mal mit Käse überbackenen Fisch probiert?

Monika (46), Basanavičiaus 10. Stilvolles Ristorante mit großzügigen Portionen aus der italienischen Küche, offener Terrasse zum Leute schauen und fröhlicher Stimmung.

1925 (49), Basanavičiaus 4. Kleines, etwas runtergekommenes Holzhaus mit überwiegend Fleischgerichten, Sonnenterrasse und Live-Musik.

Šilas (29), Basanavičiaus 32. Wirkt wie ein kleines Hexenhäuschen mit schönem Garten. Von innen weniger ansprechend, Essen durchschnittlich.

Pajūrio Žuvėda (52), Birūtės al. 52. Befindet sich im 3. Stock einer mächtigen, weißen Villa. Die Aussicht ist besser als das Essen.

Perlas (16), kleines Café am Ende der Basanavičiaus g., direkt an den Dünen. Nur Snacks, Süßigkeiten, Eis und Getränke im Angebot.

Pušų Paunksnėje (69), Dariaus ir Girėno 25. Genauso edel und attraktiv wie das gleichnamige Hotel ist auch das Restaurant. Besonders gut schmeckt es im glasüberdachten Innenhof.

Ramybė (62), Vytauto 54. Wunderbares Restaurant mit schöner Veranda und überaus freundlichem Service. Ab 10 Uhr gibt es hier auch Frühstück.

Raše (53), Vytauto 84. Schöner als die Bar ist die Terrasse. Befindet sich unter dem Buchladen direkt am Bach. Für einen Kaffee zwischendurch geeignet.

Ronžės (8), Jūrates 2a. Nettes neues Restaurant unweit vom Strand mit schmackhaften Kreationen.

Senas Tiltas (27), Basanavičiaus 38. Liegt direkt neben dem *Jūros tiltas*. Angenehmes kleines Lokal mit litauischer Küche.

Stumbras (4), Vytauto 93. Edles Hotelrestaurant mit schöner Terrasse. Serviert werden deftige litauische Gerichte.

Šachmatinė (20), Basanavičiaus 53. Großes grün- und lilafarbenes Gebäude am Ende der Basanavičiaus g., unweit vom Strand. Fast wie im Freilichttheater fühlt man sich auf der hohen Terrasse, von der man das Treiben auf der Straße gut beobachten kann. Rund um die Uhr geöffnet. Gute Küche, die ihren Preis verlangt.

Voveraitė vardu Salvadoras (61), Mailės 24. Wie das gleichnamige Hotel ist auch das Restaurant avantgardistisch und einzigartig. Viel Dekor erinnert an Dalí, der prominenten Inspirationsquelle des Etablissements. Auch das Essen ist lohnenswert.

Žvaigdžė (45), Daukanto 6. Wie wär's mal mit einer kulinarischen Reise in die Ukraine, die übrigens sehr lohnenswert sein soll?

Žydoji Liepsna (11), Gintaro 36. Angenehmes Hotelrestaurant mit überwiegend litauischer Küche und schöner Terrasse.

● *Diskos/Kneipen* Auf der Ecke der Basanavičiaus g. mit der Birūtės al. liegt zwischen Bäumen ein halb offenes, kreisförmiges Gebäude, das im Sommer allabendlich zur Disko einlädt, Ende offen. Wenn auf dem Platz am Ende der Basanavičiaus g. die Boxen ab ca. 20 Uhr einen Tick lauter gestellt werden, sind dort Disko und Tanzen angesagt.

Amerika Pertyje (74), Vanagupės. Beliebte Disko mit Tischen im Freien, wo es American BBQ und Steaks gibt.

Anapilis Klubas (25), Basanavičiaus 39. Sympathische, etwas alternativ angehauchte Kneipe mit Live-Musik an den Wochenenden und Garten. Liegt etwas versteckt im Wald.

Judex Bistro (21), Basanavičiaus 48. Nettes Bistro in unmittelbarer Strandnähe mit gut gelaunten Leuten hinterm Tresen, die Abends das Bistro in eine Disko verwandeln.

Jymmy's (41), Basanavičiaus 19. Kleine Kneipe mit schöner Veranda, griechisch anmutendem Mobiliar und amerikanischen Flaggen als Dekor. Freundlicher Service.

Kupeta Muziko Klubas (57), Daukanto 24/13. Diese Kneipe ist wohl die Nr. 1 Adresse in Palanga, wenn es um Rockmusik geht.

Laukinių Vakarų Salūnas (37), Basanavičiaus 16. Mehr als gut besuchte Disko mit wechselndem Programm, überwiegend jüngeres Publikum.

London Bar (10), Vytauto 106. Etwas düster wirkende aber sehr beliebte Bar. Am Abend oft Live-Musik.

Rivjera (14), Vytauto 98a. Topaktuelle Disko mit Techno, Rave, Rep und Hip Hop.

Šachmatinė (20), Basanavičiaus 53. In diesem multifunktionalem Etablissement fehlt auch am Abend die Disko nicht.

Senoji Dorė (50), Basanavičiaus 5. Sommerbiergarten mit Live-Musik.

Stiklo Simfonija (17), Vytauto 94. Edle, verglaste Designerkneipe.

Einkaufen/Unterhaltung/Sport

● *Einkaufen* Am günstigsten lässt es sich an den Straßenständen in der **Vytauto g.** einkaufen. Feilgeboten werden Bernstein, Keramik, Leinen- und Wollkleidung, Lederwaren, Steine, Strandsachen, Kreuze, Laternen, Silberschmuck, Bananen, Ananas, Schokolade, Eis und, und, und. Dazwischen stehen, oftmals nur mit einem klei-

Kęstutis und Birutės

nen Eimerchen ausgerüstet, viele alte Frauen, in der Hoffnung, ihre karge Rente durch den Verkauf von Beeren, Wurzeln und Blumen ein wenig aufzubessern. Genauso zum Bild gehören Straßenmusiker, patrouillierende Polizisten, Inline-Skater und Kinder mit Personenwaagen, die auf gewichtsbewusste Kunden warten.

Dailė, Basanavičiaus 10; Vytauto 59. Souvenirladen, in dem es Leder- und Keramikwaren, Bernstein- und Silberschmuck gibt.

Fisch, über die ganze Stadt verteilt gibt es kleine Buden und Stände, an denen exzellenter, frisch geräucherter Fisch erhältlich ist.

Galerie, Daukanto 24. Moderne Ausstellungshalle, die ihre Exponate auch zum Verkauf anbietet.

Markt, Berų 12. Im Sommer reichhaltiges Angebot an Obst, frischem Gemüse und Räucherfisch.

● *Feste und Unterhaltung* Anfang Juni wird die **Eröffnung der Saison** gebührend mit einem bunten Straßenfest und -markt gefeiert. Auch zum **Abschied der Saison**, im August, steigt eine große Party. Darüber hinaus finden eine ganze Reihe von Strand-Events statt. Ende Juli startet alljährlich das **Sängerfest** der Kinder. Termine können in der Touristeninformation erfragt werden.

● *Unterhaltung* **Tanz**, allabendlich während der Sommermonate in der Esplanade im Park, Vytauto g. 45.

Konzerte, Konzerthalle, Jūratės 13; Sommertheater, Vytauto 43; Kulturhaus, Vytauto g. 35.

Kino, Vytauto 82. Gezeigt werden überwiegend Hollywoodfilme im O-Ton mit Untertiteln.

● *Sport* **Jetski**, vor der Strandbar an der Landungsbrücke erhältlich. Zehn Minuten kostet ca. 7 €. Ferner Verleih von **Tretbooten** und gelegentlich auch von **Surfbrettern** und **Wasserski**.

Fahrräder, Standorte der Leihstellen wechselhaft. Auf der Jūratės g., Vytauto und Meilės g. Ausschau halten. Räderqualität variierend, ca. 4 € pro Stunde.

Fallschirmspringen und Fliegen, Infos und Bestellung über das Touristenbüro und am Flughafen, 53031. Zehnminütige Rundflüge über Palanga kosten etwa 25 €. Drei Passagiere sind für den Start nötig.

Inline-Skater, für ca. 3 € die Stunde zu haben. Leihstellen auch hier wechselhaft. Am Ende der Basanavičiaus g. oder auf der Jūratės g. versuchen.

Lunapark, Jūratės/Ecke Neringos. Von Ende Juni bis Mitte Juli bauen Schausteller hier ihre Karussells und Buden auf. Unterscheidet sich von Angebot und Attraktionen sehr von westlichen Jahrmärkten.

Reiten, in Dobilas, etwa 5 km südlich von Palanga auf dem Weg nach Klaipėda möglich, ca. 10 € pro Stunde, ☎ 542009.

Kutschfahrten, Pferdewagen stehen in der Vytauto/Ecke Basanavičiaus.

Tennis, Tennisplätze können in der Gėlų 1 für ca. 7 €/Std. gemietet werden. Schläger gibt's in der Smilčų 11.

Minigolf, Basanavičiaus 39.

Billiard & Bowling, Daukanto 21, Žvejų 32 und Vytauto 98.

Beachvolleyball, im Wald am Ende der Basanavičiaus und neben der Landungsbrücke gibt es Sandplätze.

Sehenswertes

Die Hauptattraktionen Palangas sind selbstverständlich Sand, See und Sonne, doch auch Kulturinteressierte kommen hier auf ihre Kosten.

Schloss mit Bernsteinmuseum: Im ehemaligen Domizil des *Grafen Tiškevičiaus* ist heute das Bernsteinmuseum untergebracht – eine interessante Ausstellung, in der Wissenswertes über die Entstehung und Verarbeitung des Bernsteins zu erfahren ist. Außerdem können Schmuck, Schatullen und viele andere Gegenstände aus dem Ostsee-Gold bewundert werden. Die Erklärungen zu den Exponaten sind auch in deutscher Sprache angeschlagen. Geöffnet von 11–19 Uhr.

Botanischer Garten: Schöner, romantischer Park mit hohen Bäumen, aus dem sich das prachtvolle, neoklassizistische Schloss der Familie Tiškevičiaus emporhebt. Eine Augenweide ist der prächtige Rosengarten, der sich hinter der ehemaligen Grafenresidenz befindet. Der Park wurde im 19. Jh. nach den Plänen des Franzosens *E. André* angelegt. Mit seinen 110 ha ist der botanische Garten ein idealer Platz, um ein wenig Ruhe zu tanken. Insbesondere Kinder dürfte der große Schwanenteich erfreuen.

Von Interesse ist auch der *Birutė-Berg*, eine hohe, befestigte Düne in der Mitte des Parks. Vor langer Zeit soll dieser Berg ein Heiligtum gewesen sein, auf dem die alten Litauer ihren heidnischen Göttern huldigten und an dessen Fuße ein heiliges Feuer hegten. Hüterin dieses Feuers, so sagt man, sei die wunderschöne *Birutė* gewesen.

Der Sage nach muss auch der damalige *Großfürst Kęstutis* die Kunde von der Schönheit Birutės vernommen haben, begehrte sie und wollte sie zu seiner Gemahlin machen. Birutė aber, die den Göttern bei ihrer Jungfräulichkeit geschworen hatte, ihnen bis an ihr Lebensende zu huldigen, weigerte sich. So hat Kęstutis sie schlichtweg geraubt und mit nach Trakai genommen, wo er eine prächtige Hochzeit ausrichten ließ. Doch die Ehe sollte nicht lange halten, da der Großfürst kurz darauf ermordet wurde. Nach dem Tod ihres Gatten soll Birutė zu dem heiligen Berg zurückgekehrt sein. Laut der Sage hat man sie auch auf dem Berg begraben, sodass dieser nun ihren Namen trägt.

Historisches Museum, Vytauto 23a. Das kleine Museum gibt Auskunft über die Geschichte Palangas von der Steinzeit bis zur Gegenwart.

Ausstellungshalle, Daukanto 24. Zu sehen sind wechselnde Werke zeitgenössischer, zumeist unbekannter Künstler. Öffnungszeiten variierend.

Museum für Antanas Moncys, Daukanto 16. Interessante Ausstellung von Holzskulpturen, Zeichnungen, Skizzen und persönlichen Dingen des Bildhauers *Antanas Moncys*. Der 1921 in Kretinga geborene Künstler und graduierte Architekt floh 1944 vor der Roten Armee aus Litauen. Von 1947–1950 studierte Moncys Bildhauerei in Freiburg und ließ sich schließlich in Paris nieder. Nach zahlreichen Ausstellungen in West-Europa wurden Moncys Werke erstmalig 1988 in Litauen im Rahmen "litauischer Emigrationskunst" gezeigt. Das Moncys Museum existiert seit 1999. Auf ausdrücklichen Wunsch des Künstlers dürfen sämtliche Skulpturen des Künstlers angefasst und ertastet werden. Geöffnet von Do–So von 12–17 Uhr.

Das ehemalige Schloss des Grafen Tiškevičiaus – heute das Bernsteinmuseum

Museum für Dr. Jonas Sliūpas, Vytauto 23. Zu sehen ist eine Ausstellung über das Leben des Mediziners, Historikers und Philologen *Jonas Sliūpas* (1861–1944), der sich während der litauischen Nationalbewegung nachhaltig für den Erhalt der litauischen Sprache einsetzte. Geöffnet täglich von 12–19 Uhr, im Winter Mi–So von 12–19 Uhr.

Resistenzmuseum, Basanavičiaus 21. Kleine interessante Ausstellung über die Widerstandsbewegung in Litauen und in Palanga. Geöffnet Mi , Sa und So von 15–17 Uhr.

Apotheke, Vytauto 33. Hier ist noch die ursprüngliche Einrichtung aus dem frühen 19. Jh. zu bewundern. Während den Anfängen der Sowjetherrschaft diente die Apotheke als KGB Zentrale, in der über das Schicksal vieler Intellektueller, Künstler und politisch Andersdenkender entschieden wurde.

Litauen
Karte siehe Umschlaginnenklappe hinten

Baden

Wie auf Puderzucker federt man über Palangas strahlend weißen Sand. Geht man die Basanavičiaus g. bis zum Ende durch, kommt man zu einer Holzbrücke, die ein gutes Stück ins Meer ragt.

Es handelt sich hierbei um die alte Landungsbrücke des längst versandeten Hafens, die heute als Promenade genutzt wird. Wem's gefällt, kann sich vor bunten, altertümlichen Miniaturvehikeln und -schiffen ablichten lassen. Hier befindet sich auch ein Volleyballfeld mit kleiner Zuschauertribüne. Um die Promenade herum ist der Strand ziemlich voll, obwohl er noch lange nicht mit den Stränden der Touristenhochburgen am Mittelmeer zu vergleichen ist. Etwas weiter südlich ist es um einiges ruhiger, fast einsam. Beliebt zum Sonnenbaden sind auch die Dünen, die sich dem Strand anschließen.

FKK: Spaziert man Richtung Norden am Strand entlang, kommt man zu zwei FKK-Stränden, der eine für die Damen und der andre für die Herren.

Am Strand von Palanga

Šventoji

Šventoji, administrativ zu Palanga gehörend und der Post unter Palanga 2 bekannt, ist ein aus dem Boden gestampfter und auf Massentourismus ausgerichteter Ferienort. Die Stadt besteht nur aus gewaltigen Erholungskomplexen und kleinen Campinghütten. Die massiven Gebäude wirken erdrückend, schöne Cafés sind rar, und der Strand ist nicht so weiß wie der im 20 km entfernten Palanga.

● *Anfahrt/Verbindungen* **Pkw** – die Vytauto g. einfach geradeaus Richtung Norden entlangfahren.

Bus – Vom Busbahnhof Palangas fährt jede halbe bis volle Stunde ein Bus nach Šventoji.

● *Übernachten* **Energetika**, Kuršių Taras 1. Willkommen im Schloss! Riesige Betonburg, Zimmer mittelmäßig, nur VP möglich. Ab 30 € pro Person, ℡ 55511.

Banga, Kopų 25. Nicht ganz so gewaltiges Gebäude, wirkt dennoch nicht gerade einladend. Zimmer einfach, ÜB zwischen 20 und 80 €, ℡ 55584/55185.

Campinghütten, diese kleinen Holzhäuschen sind an sich ganz hübsch, doch stehen sie alle dicht an dicht. Meist ist es sehr schwie-

rig, eines zu mieten. Oft sind irgendwelche Betriebe die Besitzer und die Hütten somit nur für deren Mitarbeiter zugänglich. Häufig ausgebucht. Evtl. kann man in den Häuschen der Arbeiter eines Kaunaser Betriebes wohnen. Kopų 7, Administration in Hütte 10a.

● *Essen* **Astra**, Šventosios 17, mittelmäßige Küche.

Bar, im Žilvitis. Die Bar ist ganz nett, und man kann dort auch Kleinigkeiten essen.

● *Verschiedenes* **Post**, Mokylos 2.

● *Grenze* Etwa 6 km nördlich von Šventoji befindet sich ein internationaler Grenzposten nach Lettland. Bis zur nächsten Übernachtungsmöglichkeit in Nica und Jurmaiciems sind es ca. 71 km.

Kretinga

(ca. 22.100 Einwohner)

Die alte Stadt Kretinga steht ein wenig im Schatten des nahe gelegenen Seebades Palanga, ist aber durchaus einen Besuch wert. Interessant ist das noch bewohnte Kloster der Franziskanermönche.

Die Geschichte von Kretinga verlief sehr wechselhaft. Im Mittelalter wurde die Stadt häufig von deutschen Kreuzrittern angegriffen, gegen die sich die als halsstarrig bekannten Žemaiten jedoch vehement zur Wehr setzten. Nach einer Schlacht sollen sie sogar einen Ordensführer öffentlich verbrannt haben.

* *Postleitzahl* LT5700
* *Vorwahl* (2)58
* *Information* Touristeninformation am Rotušés a. 3, ℡ 51341, itc@kretinga.omnitel.net, www1.omnitel.net/kretinga/turizmas/index. html, bis lang jedoch nur auf litauisch; www.kretinga.lt, auch diese Seite gibt es z. Zt. nur auf litauisch.

* *Anfahrt/Verbindungen* Pkw – liegt an der A-11, etwa 13 km östlich von Palanga auf dem Weg nach Šiauliai und Panevėžys.
Bus – gute Verbindungen mit Palanga. Alle Busse, die von Palanga aus über die A-11 fahren, halten auch in Kretinga. Busbahnhof in der Šventosios g. 1. Zum Zentrum fahren die Busse 1 und 1a sowie ein Mikrobus.
Bahn – Züge der Linie Šiauliai-Klaipėda halten auch in Kretinga. Bahnhof, Stoties 1. Zwischen Bahnhof und Zentrum verkehren die gleichen Busse wie zum Busbahnhof.

* *Übernachten* **Mėguiva**, Mėguiva 3. Relativ sauberes und preiswertes Hotel in der Nähe vom Hauptplatz. ÜB ca. 15 €, DZ ab 20 €, ℡ 51345, ℡ 53281.
Farmhaus, befindet sich im Dorf Padvariai, was am Rande Kretingas auf dem Weg nach Plungė liegt. Besitzerin ist Jolanda Soblinskienė. Diese hübsche Haus mit einfachen, aber gemütlichen Zimmern und herzlichem Familienanschluss liegt direkt am Wasser. Zu vermieten sind 6 DZ für 15–18 € pro Person. ℡ 78425.

* *Essen* **Pas Sigita**, Basanavičiaus 61. Café und Bar in dem es auch eine kleine Auswahl an warmen Gerichten gibt.
Spitolė, Vilniaus 3. Gemütliche Café-Bar mit einer großen Auswahl an verschiedenen Tees, nette Leute.
Pas Grafa, hinter der Kreuzung, Richtung Salantai gelegen. Zufriedenstellende kulinarische Kreationen serviert im üppig wuchernden Dschungel eines großen Wintergartens. Am Wochenende im Sommer ist wegen Hochzeiten und anderen Veranstaltungen oft nur die Terrasse geöffnet, Mo Ruhetag.

* *Verschiedenes* **Geldwechsel**, Vilniaus 1 und um den Rotušés-Platz herum.
Post, Rotušės a. 7.
Poliklinik, Žemaitės al.
Fahrradreperatur, Trakų 20a.
Bewachter Parkplatz, liegt an der Straße nach Šiauliai, etwas außerhalb vom Zentrum.

Sehenswertes

Klosteranlage: Sehr interessant und beeindruckend ist das Bild des Klosters und der Kirche. Das Kloster, Anfang des 17. Jh. errichtet, wird auch heute noch von Franziskanermönchen bewohnt. Das Kloster selbst ist für die Öffentlichkeit nicht zugänglich, wohl aber die dazugehörige *Maria-Offenbarungs-Kirche*. Die Kirche, die wie das Kloster Anfang des 17. Jh. entstand, ist stilistisch schwer einzuordnen, da jede Zeit ihre Spuren hinterlassen hat, sodass heute Stilelemente der Gotik, des Barock und der Renaissance zu finden sind.

Museum: Vilniaus 2, neben der Kirche. Zu sehen sind antike Ausstellungsfunde aus der Umgebung, volkstümliche Masken, altes Geschirr sowie Bernsteinornamente aus prähistorischen Zeiten.

Litauen
Karte siehe Umschlaginnenklappe hinten

Im Foyer des Museums können hübsche Schmuck-, Leder- und Keramikwaren erstanden werden. Geöffnet Mi–So von 10–18 Uhr, Di von 12–18 Uhr.

Wintergarten: Eine üppig wuchernde Pflanzenpracht ist in diesem schicken großen Glaskuppelbau zu bewundern. Nebenan informiert ein Museum über die Geschichte Kretingas und Umgebung. Zu sehen sind außerdem verschiedene religiöse Gemälde.
Öffnungszeiten täglich außer Mo.

Umgebung von Kretinga

▸ **Salantai:** Der kleine Ort im Bezirk Kretinga liegt beidseitig des Flusses *Minija*. Im Kampf gegen die deutschen Kreuzritter war Salantai relativ bedeutungsvoll, da hier eine žemaitische Festung stand. Heute ist die Stadt interessant wegen eines kleinen Bauerngehöfts, in dem sich das imposante *Gartenmuseum* der *Familie Orvydas* befindet. Das Museum liegt an der Straße von Plungė nach Skuodas.

● *Anfahrt/Verbindungen* **Pkw** – Der Ort liegt etwa 15 km nordöstlich von Kretinga und 20 km nordwestlich von Plungė. Die Landstraße, die von der A-11 (Kretinga Richtung Šiauliai) beim Ort Kartena abgeht, ist teilweise nicht so gut. Der qualitativ bessere Weg ist die Straße 169 von Plungė nach Skoudas, die an Salantai vorbeiführt. **Bus** – Verbindung mit Plungė, Skuodas und Kretinga, jedoch selten. Zum Museum müssen noch ca. 2 km zu Fuß bewältigt werden.

Als Salantai im Jahre 1905 eine Kirche bekam, erhielt der Garten der Familie Orvyda seine ersten Steine. *Kazys Orvydas*, ein begabter und bekannter Steinmetz, meißelte die meisten Grabsteine, die auf dem zur Kirche gehörigen Friedhof aufgestellt wurden. In den Sechzigern mussten, einem Befehl Chrustchows Folge leistend, sämtliche Grabsteine von dem Friedhof entfernt werden. Die verzweifelten Bewohner von Salantai suchten bei Kazys Orvydas Rat. Schließlich konnten sie die Grabsteine und Denkmäler für ihre Lieben im Garten Orvydas' aufstellen. Der Garten wurde größer und größer und schließlich auch über die Grenzen Salantais hinaus bekannt. Den Sowjetbehörden war diese Ansammlung christlicher Elemente und Symbole ein Dorn im Auge, sodass sie die Sammlung auflösten. Doch trotz allem erhielt der Garten stets neue Steine und Exponate. In den Achtzigern antworteten die Sowjetbehörden mit der systematischen Zerstörung des Gartens, doch vermochten sie auch da nicht, seine Anziehungskraft einzudämmen.

Heute birgt der Garten wieder eine Vielzahl an Grabsteinen, Holzkreuzen, Skulpturen, ausgehöhlten Bäumen, kleinen Hütten, gravierten Plastiken u. v. m. Seit dem Tod von Kazys Orvydas kümmert sich sein Sohn Jonas um den Garten. Bis 1992 half ihm dabei sein Klosterbruder Vilis, der in jenem Jahr jedoch verstarb und an den ein Stein im Garten erinnert. Der Garten hat etwas Mystisches und Gespenstisches an sich, wirkt aber dennoch freundlich und faszinierend. Ein Besuch lohnt sich.

Eintritt wird nicht verlangt, doch freuen sich die Orvydas über eine kleine Spende. Ihr Wohnhaus befindet sich in dem Garten.

Orvydas Garten

Skuodas

(ca. 9.000 Einwohner)

Kleinstadt und Verwaltungszentrum im Nordwesten Litauens, nicht weit entfernt von der lettischen Grenze. Skuodas soll einmal eine recht ansehnliche Altstadt gehabt haben, die aber während des Zweiten Weltkrieges weitgehend zerstört wurde.

Im Besitz der Stadtrechte ist Skuodas seit 1572. Bekannt ist der Ort jedoch schon seit Mitte des 13. Jh., als sich nämlich der Livländische Orden und die Žemaiten hier eine blutige Schlacht lieferten, aus dem der Orden mit einer Niederlage hervorging.

In Skuodas selber gibt es keine besonderen Attraktionen, doch nur 12 km südlich liegt das Dorf Mosėdis mit seinem sehenswerten Steinmuseum, das zu einem Ausflug einlädt.

- *Postleitzahl* LT5670
- *Vorwahl* (2)16
- *Anfahrt/Verbindungen* **Pkw** – von Kretinga die Landstraße in nordöstliche Richtung über Kūlupėnai und Salantai nach Skuodas nehmen. Von Mažeikiai aus die Landstraße 170 nach Skuodas entlang fahren. Mit Plungė ist der Ort über die Straße 169 verbunden.

Bus – am besten von Mažeikiai aus zu erreichen, aber auch von Klaipėda, Palanga und Kretinga. Busbahnhof in der Vilniaus 34.

- *Übernachten* **Apuolė**, Darius ir Girėno 3. Einfache, aber saubere Zimmer, EZ ab 15 €, DZ ab 20 €, ✆ 73229, ✉ 73223.

Camping – auf dem Weg zwischen Skuodas und Mosėdis befindet sich eine Zeltwiese, ausgeschildert.

- *Essen* Baras, Darius ir Girėno 2. Ausstattung einfach, Essen mittelmäßig.
- *Verschiedenes* **Geldwechel**, Gedimino 7; Sedos 10.

Poliklinik, Satirijos 5.

▸ **Mosėdis:** Das kleine Städtchen im Bezirk Skuodas ist über die Grenzen der Žemaitija hinaus wegen seines kleinen, aber sehenswerten *Steinmuseums* bekannt. Zum Ärger der hiesigen Bauern ist die Gegend um Mosėdis sehr steinig. Nicht umsonst bezeichneten sie die Steine als das *Saatgut des Teufels.* Ganz anders sah dies ein in der Stadt ansässiger Arzt und begann, die Steine zu sammeln. Als es schließlich so viele wurden, dass der emsige Sammler nicht mehr wusste, wohin mit seinen Funden, wurde das Steinmuseum ins Leben gerufen. Das Museum befindet sich in einer alten, malerischen Wassermühle. Vom gewöhnlichen Stein, den man auf den Feldern findet, bis hin zu ansehnlichen Findlingen sind alle Steine, die es in der näheren Umgebung von Mosėdis gibt, zu betrachten. Gegenüber der Wassermühle liegt außerdem ein Park, in dem Steine aus ganz Litauen bewundert werden können.

● *Anfahrt/Verbindungen* **Pkw** – liegt an der Straße 169 zwischen Salantai und Skuodas. **Bus** – Linie Klaipėda-Skuodas nehmen. Haltestelle in Mosėdis vor der Brücke. ● *Öffnungszeiten* Das Museum ist täglich von 8–14 und 15–20 Uhr geöffnet.

Die Kurische Nehrung

Vor den Toren Klaipėdas liegt die einzigartige Kurische Nehrung. Sie ist einmalig in Europa und sollte in keiner Litauenreise fehlen. Schon Alexander von Humboldt war 1809 auf seiner Reise durch das Baltikum so von ihrer Schönheit angetan, dass er gesagt haben soll, ein jeder müsse die Nehrung gesehen haben, wolle man seiner Seele nicht ein herrliches Bild verweigern.

Recht hat er – wo sonst findet man einen solch schmalen Landstreifen umgeben von Wasser, auf dem duftende Fichten- und Kiefernwälder wachsen, der gleichzeitig aber auch mit einer leuchtend-weißen Wüstenlandschaft, die man die litauische Sahara nennt und über der kreischende Möwen und Krähen ihre Runden drehen, aufwarten kann – und dazu noch im Norden Europas liegt?

Wissenschaftlichen Untersuchungen zufolge geht die Nehrung auf eine Inselkette von Endmoränen zurück, die sich vor etwa 7000 Jahren zu einer Landzunge verbunden haben. Die Ursache dafür war die Hebung des *Samland* auf Grund dessen seine Küste unterspült wurde. Die so entstandenen Sandmassen wanderten Richtung Norden und lagerten sich schließlich in dem relativ ruhigen Wasser zwischen den Inseln ab. Im Laufe der Zeit wuchsen die Eilande auf diese Weise zu einer schmalen Landzunge zusammen. Durch die Nehrung ist das *Kurische Haff* fast völlig von der Ostsee abgetrennt und lässt es zum größten Binnengewässer Litauens werden. Sicherlich wäre auch die Meerenge bei Klaipėda, die einzige Stelle, wo sich Haff- und Meereswasser vermischen, geschlossen, würde nicht der kräftige Nemunas unweit von Rusnė mit einem breit gefächerten Delta ins Kurische Haff münden. Mit den Jahren haben sich durch einen meist aus westlicher Richtung wehenden Wind gigantische Dünen gebildet, die Höhen bis zu 60 m erreichen.

Geschichte: Nach archäologischen Forschungen wurde die Landzunge vor etwa 4000 Jahren, vermutlich von baltischen Stämmen, besiedelt. Ihre ersten Bewohner lebten als Jäger und Sammler im Einklang mit der empfindlichen Natur der Nehrung. Vor 500 Jahren jedoch begannen die Menschen, Raubbau zu treiben, indem sie große Baumbestände abholzten, was fatale Folgen haben

Im Aukštaitija-Nationalpark (CM) ▲▲

▲▲ Burg Trakai (FBV)

Mädchen in Volkstracht am ▲
Kathedralenplatz in Vilnius (FBV)

Das Haus des Perkūnas in Kaunas (sco) ▲▲
Kunsthandwerk auf dem Theaterplatz ▲
in Kleipėda (FBV)

▲▲ Ländliche Idylle (CM)
▲ Siesta auf der Agluona bei Biržai (CM)

sollte: Die Dünen "erhoben sich" und begannen zu wandern. Zwischen dem 16. und 19. Jh. sind ganze 14 Dörfer unter den Massen der gigantischen Sandberge begraben worden. Erst nach einem Wiederaufforstungsplan des Wittenberger Professors *J. Titius* begannen sich die Dünen wieder zu beruhigen. Nach seinem Vorschlag wurden am Meeresufer sog. Vordünen angelegt, die verhindern sollten, dass die Wanderdünen über das Meer neuen Sand erhielten. Der Niddener Postangestellte *Georg Kuwert* war der erste, der mit der langwierigen Arbeit begann, die Dünen zu bepflanzen. Es entstand ein Waldstreifen, der weitere Katastrophen verhinderte, obwohl es im Süden von Nida noch immer eine Reihe unbefestigter Dünen gibt. Doch mittlerweile ist die "Dünenfrage" ins Gegenteil umgeschlagen: Durch die Vordünen, die verhindern sollen, dass die Wanderdünen weiterziehen und Häuser und Höfe unter sich begraben, besteht nun die Gefahr, dass diese selbst verschwinden könnten, weil sie nun keine neue Nahrung mehr erhalten. So ist in den beiden letzten Jahrzehnten die große Düne bei Nida um ganze 15 m gesunken. Bewahrheiten sich die Prognosen der Wissenschaftler, so wird es die Litauische Sahara, falls nicht eine Lösung gefunden wird, in ein paar hundert Jahren nicht mehr geben.

Zur Entstehung der Nehrung

Vor vielen, vielen Jahren, als es die berühmte Kurische Nehrung noch gar nicht gab, lagen vor dem litauischen Festland eine Reihe von Inseln. Auf einer dieser Inseln wurde eines Tages ein Mädchen geboren, das man auf den Namen *Neringa* taufte. Neringa war nicht nur sehr schön, sondern auch von besonderem Wuchs. Schon bald überragte sie alle ihre Mitmenschen an Größe, bis sie schließlich die Ausmaße einer Riesin annahm. Zeit ihres Lebens fühlte sich Neringa den Fischern verbunden und half ihnen, wo es sich als nötig erwies. Eines Tages aber wütete der Meeresgott *Bangputys* (Wellenbläser) auf der Ostsee und schickte einen furchtbaren Sturm, mit dem er gewaltige Wellen über das tobende Meer peitschte. Den Fischern wurde angst und bange, und in ihrer Verzweiflung wandten sie sich an Neringa. Neringa konnte ihren Schützlingen die Hilfe nicht verweigern und begab sich an eine mühsame Arbeit: Tagelang schöpfte die Riesin Unmengen von Sand in ihre Schürze, den sie zwischen die einzelnen Inseln ausschüttete, bis er schließlich so hoch war, dass er zusammen mit den Inseln einen schützenden Sandwall bildete. Ihr Werk beendete sie aber erst dann, als auch hohe Dünen von der Nehrung in den Himmel emporragten. So schenkte sie den Fischern ein ruhiges Gewässer, das Kurische Haff nämlich, in dem sie unbesorgt fischen konnten und nicht länger den Launen des Meeresgottes unterworfen waren. Die Fischer aber benannten die Landzunge nach ihrer Schöpferin, *Neringa*.

Naturschutz: Die litauischen Behörden sind sich der Empfindlichkeit der Kurischen Nehrung bewusst und haben daher den Teil der Nehrung, der zur administrativ zusammengefassten Stadt Neringa gehört, unter Naturschutz gestellt und zum Nationalpark erklärt. Besucher, die die Nehrung weiter als bis Smiltynė bereisen wollen, werden am Kontrollposten in Alksmynė, gelegen zwischen Smiltynė und Juodkrantė, zur Kasse gebeten. Der Betrag liegt bei

Litauen
Karte siehe Umschlaginnenklappe hinten

etwa 40 Ct. pro Person. Die Mitnahme eines Autos kostet etwa 4 € und die eines Fahrrads 2 €. Wichtig: Autotouristen werden angehalten, ihre Fahrzeuge nur auf den dafür vorgesehenen Parkplätzen abzustellen. Zuwiderhandeln wird mit Reifensperre geahndet, die man erst nach einer Zahlung von ca. 40 € wieder los wird. Überall, wo gelbe Markierungen auf dem Asphalt zu sehen sind, was irritierenderweise auch auf ausgeschilderten Parkplätzen der Fall ist, ist das Parken verboten. Darüber hinaus werden alle Besucher dringlichst gebeten, auf keinen Fall die markierten Wege zu verlassen, da die Landschaft der Nehrung dadurch ernsthaft gefährdet wird. Ebenfalls sei an die Geschwindigkeitsbeschränkung erinnert, die zeitweise bei 40km/Std. liegt. Die Strecke von Smyltinė nach Nida ist mit zahlreichen Radarfallen gespickt. Feuer machen und wildes Campen ist nicht gestattet.

Weitere Informationen zum Nationalpark Kurische Nehrung sind erhältlich unter www.travel-lithuania.com/parks/curonianspit.htm.

Neringa

Die "Stadt" Neringa besteht aus dem administrativen Zusammenschluss der Fischerdörfer *Juodkrantė* (Schwarzort), *Pervalka* (Perwelk), *Preila* (Preil) und *Nida* (Nidden) und erstreckt sich über 50 km die halbe Nehrung hinunter. Die malerischen, farbenfrohen Häuser am Haffufer, in deren wuchernden Vorgärten bunte Blumen blühen, haben schon immer Touristen angezogen. Nachdem Neringa während der Sowjet-Ära als Erholungsort für Millionen diente, geht es heute auf der Nehrung wieder beschaulich zu. Geblieben sind jedoch zahlreiche Ferienheime, die teilweise zu modernen Hotels umgebaut worden sind. Die Besucher kommen im Sommer, sodass die meisten Bars, Cafés und einige Hotels auch nur zur warmen Jahreszeit ihre Pforten öffnen.

Der Hauptort von Neringa ist *Nida*, das südlichste der vier Dörfer. Ein Stück weiter die Nehrung hinunter befindet sich bereits der Grenzposten zum Kaliningrader Gebiet. Für die Einreise in die russische Enklave ist ein Visum erforderlich.

• *Postleitzahl* LT5800
• *Vorwahl* (2)6 Klaipėda
• *Anfahrt/Verbindungen* **Pkw** – Den litauischen Teil der kurischen Nehrung erreicht man mit der Fähre von Klaipėda aus oder über Selenogradsk (Cranz), dem Tor zur Nehrung vom Kaliningrader Gebiet aus. Nä-

heres zu den Nehrungsfähren, s. Klaipėda.
Bus – Es besteht eine Busverbindung zwischen Klaipėda und Kaliningrad, die den Weg über die Nehrung nimmt, ebenfalls wird Neringa mehrmals täglich gesondert von Klaipėda angefahren. Zwischen Smyltinė und Nida verkehren zusätzlich Minibusse, die bereits am Fähranleger warten und die dann fahren, wenn sie voll sind. Die Minibusse halten auf Wunsch in jedem der Nehrungsdörfer und kosten etwa 4 € pro Person.

Die einzelnen Orte der Nehrung

▶ **Smiltynė (Sandkrug):** Smiltynė ist, aus Klaipėda kommend, der erste Ort auf der Nehrung. Das ehemalige Fischerdorf gehört allerdings administrativ nicht wie die anderen Nehrungsdörfer zu Neringa, sondern zu Klaipėda. Hier in Smiltynė befinden sich das Meeresmuseum und der Yachthafen. Fährt man von der Anlegestelle die Hauptstraße etwa 2,5 km weiter südlich, trifft man auf die Anlegestelle der Fähren, die 2 km südlich von Klaipėda ablegen.

▶ **Juodkrantė (Schwarzort):** Juodkrantė liegt etwa 20 km von Klaipėda und 30 km von Nida entfernt. Es ist nach Smiltynė der erste Ferienort auf der Nehrung. Alte Waldbestände haben den Ort vor den Wanderdünen geschützt, sodass man davon ausgeht, dass Juodkrantė wohl das älteste Dorf der Nehrung ist. In der zweiten Hälfte des letzten Jahrhunderts hat man hier intensiv nach Bernstein gesucht, wobei bedeutende Funde aus dem Mesolithikum und Neolithikum gemacht wurden (zu besichtigen im Preußischen Museum in Kaliningrad). 1650 eröffnete in Juodkrantė die erste Schänke, die man "Zum schwarzen Ort" nannte und die dem Dorf dann seinen Namen gab. 1697 wurde Schwarzort das *Culmer Recht* verliehen, 1743 erhielt der Ort eine Schule. 15 Fischerhäuser und das Kurhaus von Juodkrantė stehen unter Denkmalschutz. Die evangelisch-lutherische Kirche, ein imposanter Backsteinbau, stammt aus dem Jahre 1885. Während der Sowjetära beherbergte er ein Puppenmuseum wurde aber 1989 den Gläubigen zurückgegeben. Leider gibt es im Dorf auch einige weniger ästhetische Nachkriegsbauten, die als Erholungsheime für den Massentourismus entstanden sind. Trotzdem ist ein Besuch lohnenswert, denn die saubere Luft und der atemberaubende Blick auf das Kurische Haff sind mehr als entschädigend. Die Bushaltestelle liegt direkt an der Hauptstraße.

● *Information* Liudviko Rėžos 54 im Hotel Ažuolynas. ☏ 53490, 📠 53485.

● *Bus* Die Haltestelle für Nida befindet sich am Hotel Ažuolynas. Die Busse Richtung Smiltynė halten in der Liudviko Rėžos 6.

● *Verschiedenes* **Post**, Kalno 5a.

Telegrafenamt, Kalno 3

Geldwechsel, Liudviko Rėžos 54.

Erste Hilfe Station, Kalno 5.

Einkaufen, vor dem Holzskulpturenmuseum werden Bernstein, Holzplastiken sowie frisch geräucherter Fisch angeboten.

Bootsverleih, vor dem Hotel Ažuolynas möglich.

● *Übernachten* **Audėa**, levos kalno 28. Mittelgroßes komfortables Hotel, das von außen aussieht wie ein Mietshaus. Verschiedene Zimmergrößen. EZ 20–45 €, DZ 45–70 €, Studio 60–85 €, Ferienwohnung für 4 Personen 85–110 €. ☏ 53364, 📠 53170, eglius-lenis@audejas.lt, www.audejas.lt.

Ažuolynas, Liudviko Rėžos 54. Angenehmes Hotel mit großen hellen Räumen, unmittelbar am Haff gelegen. Meistens belegt von deutschen Reisegruppen. Zum Hotel gehört ein schöner Swimming-Pool mit einer tollen Wasserrutsche. Ebenfalls gibt es 3 Tennisplätze und einen Fahrradverleih. An der Rezeption Verkauf deutschsprachiger Bücher und Zeitungen, EZ ab 50 €, DZ ab 65 €, ☏ 53310/52318, 📠 53316. Webpage und Online-Buchung über www.travel.lt.

Kurena, Liudviko Rėžos 10. Schicke und edle Unterkunft mit großzügigen Räumen und sehr zuvorkommendem Service. DZ 80 €. ☏/📠 53101.

Smilga, Kalno 18. Sehr einfaches Ferienheim, dafür aber billig und mit freundlicher Leitung. DZ 10–20 €, DRZ 25–30 €, VRZ 30–35 €. ☏ 53283.

Santauta, Kalno 36. Spartanische Unterkunft die für die gebotenen Leistungen zu teuer ist. EZ 16–30 €, DZ 24–40 €, DRZ 45–70 €. ☏ 53167, 📠 53349.

Vila Flora, Kalno 7a. Sehr attraktives Hotel zum Wohlfühlen. Zimmer sind modern ausgestattet, teilweise mit Blick auf das Haff. EZ und die 45 €, DZ ca. 60 €. ☏ 53024, 📠 53421, vilaflora@takas.lt.

● *Essen* **Ažuolynas**, Nettes Hotelrestaurant mit abwechslungsreicher Speisekarte und schöner Terrasse.

Kopos, Liudviko Rėžos 54. Mit schönem Blick auf das Haff ist dieses Lokal ideal für laue Sommernächte, Küche o.k.

Spauda, Liudviko Rėžos 7. Direkt am Haffufer gelegen und prima zum Frühstücken geeignet. Ab 8 Uhr geöffnet.

Vila Flora, Kalno 7a. Genauso edel und schick wie das Hotel ist auch sein Restaurant mit qualitativ hochwertigen Speisen.

Žvejone, Lindviko Rėžos 30. Behagliches Sommerlokal mit leckerem frischen Räucherfisch im Angebot

Litauen
Karte siehe Umschlaginnenklappe hinten

Märchenpfad: Außer der schönen Natur der Nehrung reizt auch der Märchenpfad in den sog. *Hexenberg* hinauf zu einem Spaziergang. An die 40 kunstvoll geschnitzte Holzskulpturen laden ein in die Welt der litauischen Märchen- und Fabelwesen. Der "sagenhafte" Pfad geht vom großen Hauptparkplatz in Juodkrantė ab. Siehe auch www.travel-lithuania.com/neringacity/ss_raganu_kalnas.htm.

Museum für Holzskulpturen: Dieses ansprechende Museum liegt ein Stück von der Hauptstraße zurückversetzt. Der Weg dorthin ist ausgeschildert. *Öffnungszeiten* von Juni–August Di–So von 11–18 Uhr geöffnet.

Ausstellungshalle, Liudviko Rėžos 2. Zu sehen sind wechselnde Ausstellungen litauischer und ausländischer Künstler. Geöffnet Di–So von 12–18 Uhr.

Skulpturenweg, 1994 wurden 2,5 km des am Haff entlangführenden Weges gepflastert und im Laufe der Jahre mit Werken internationaler Bildhauer verziert, die sich jährlich in Juodkrante treffen.

▸ **Pervalka (Perwelk):** Pervalka liegt unmittelbar am Haffufer, etwas abseits von der Hauptstraße. Im Jahre 1836 wurde das Dorf von Flüchtlingen gegründet, deren Hab und Gut unter den Sandmassen der Wanderdünen begraben worden war, in der Hoffnung, hier sicher zu sein. Nicht weit von Pervalka erhebt sich die 53 m hohe *Skirpstas-Düne*, deren höchster Punkt von einem Eichenpfahl mit einem holzgeschnitzten Porträt des 1776 geborenen Dichters *Ludwig Rhesa* geziert wird.

> Ludwig Rhesa (Liudviko Rėžos), bedeutsam für die Kultur Litauens, unterrichtete an der Universität Königsberg die litauische Sprache und machte die litauischen Dainas (Volkslieder) auch in deutschen Ländern bekannt. Geboren wurde er im Dorf *Karvačiai* (Karwaiten), das die mächtige Skirpstas-Düne nun unter sich begraben hält.

Auch Pervalka ist auf Tourismus eingerichtet, allerdings eher für Mitglieder und Mitarbeiter bestimmter Betriebe, die z. T. noch Träger der hiesigen Ferienhäuser sind.

● *Übernachten* **Baltija**, Pilies 2. Sehr einfache Zimmer. ÜB ab 10 €, ✆ 55250. *Boote* ausleihbar.

● *Essen* **Baras**, Pilies 1. Mittelgroße verdunkelte Halle, der es etwas an Gemütlichkeit fehlt, dafür freundlicher Service.

● *Post* Pervalka 12.

▸ **Preila:** 1843 wurde das zwischen dem *Ziegenhorn* und dem *Kleinen Horn* gelegene Preila von den Fischern, die aus dem versandeten Dorf Nagliai geflohen waren, gegründet. (Nagliai befindet sich heute unter der 55 m hohen *Nagelner Düne*, die sich etwa 3 km nördlich von Preila erhebt.) Längst hat sich das einstmals verschlafene Fischerdorf zu einem turbulenten Ferienort entwickelt, wobei die Architekten sich allerdings bemüht haben, die Ferienhäuser stilgemäß an die kleinen, schmucken Behausungen der Fischer anzupassen. 19 der im Dorf befindlichen Fischerhäuschen stehen unter Denkmalschutz.
Südlich von Preila beginnt der *Elchwald*, ein größeres Waldgebiet, durch das auch heute noch Elche streifen.

In den Dünen von Nida

Nida (Nidden)

Ob es die gigantische große Düne ist, die zu einem Spaziergang in der "Litauischen Sahara" einlädt, das Kurische Haff, das malerisch durch die Fichten- und Kiefernwälder schimmert, oder aber die hübschen bunten Fischerkaten – Nida ist der am meisten besuchte Ort der Nehrung und der touristisch interessanteste.

Auch Nida wurde von Flüchtlingen aus verschütteten Dörfern gegründet. Ursprünglich bestand Nida aus drei Dörfern, die mit der Zeit zusammengewachsen sind: *Skruzdynės* (Ameisenhaufen), *Purvynas* (Schlamm) und eben *Nida*. Archäologischen Ausgrabungen zufolge, existierten bei Nida schon in grauer Vorzeit Siedlungen, vermutlich baltische.

Mit 54 alten Fischerkaten ist Nida ursprünglicher als die anderen Dörfer der Nehrung. Vor vielen der denkmalgeschützten Häuschen blühen kleine Rosengärten, eingefasst mit niedrigen, bunten Holzzäunen. Doch auch hier finden sich die bekannten Ferienheime wieder – Betonburgen, die so gar nicht ins malerische Bild passen. Momentan versucht man, diese hässlichen Bauten ein wenig zu verschönern. Das Zentrum Nidas ist die Gegend um den Hauptplatz, in dessen Nähe sich auch die Bushaltestelle und das Rathaus befinden.

Information/Verbindungen/Adressen

• *Information* Taikos 4. In der Saison Mo–Sa von 8–20 und So von 8–14 Uhr, im Winter Mo–Fr von 8–17 Uhr geöffnet. ✆ 52345, 📠 52344.

• *Anfahrt/Verbindungen* **Pkw** – von Smiltynė die Hauptstraße etwa 50 km immer geradeaus runterfahren. Der letzte Ort Neringas ist Nida. Fährt man die Straße weiter, so gelangt man an die Grenze zum Kaliningrader Gebiet.

Bus – direkte Verbindung mit Klaipėda, Vilnius, Kaunas und Kaliningrad. Tagsüber mindestens zwei Busse stündlich nach Šmiltynė und zu den anderen Nehrungsdörfern. Haltestelle in der Naglų g., beim Haus 16. Außer den Bussen fahren auch Minibusse die Nehrung rauf und runter. Abfahrt, wenn genug Fahrgäste da sind.

Schiff – in der Saison von Anfang Juni bis Ende August besteht täglich außer Montag eine Verbindung per *Raketa* (Tragflügelboot) über den Nemunas nach Kaunas. Gehalten wird auch in Rusnė und Jurbarkas. Fahrtdauer beträgt etwa 4 Stunden. Abfahrt vor dem Hafen- und Restaurantgebäude in

der Taikos g. 14. Dort hängt auch der Fahrplan aus. Einfache Fahrt um die 12 €. Kinder bis 5 Jahre reisen frei und genießen 50 % Ermäßigung bis zur Vollendung des 10. Lebensjahrs. Die Mitnahme von Fahrrädern ist möglich, kostet allerdings ein halbes Ticket. Abfahrt in der Regel nachmittags. Weitere Informationen in der Nagiliu 16, wo es auch Tickets gibt, ✆ 52333. Geöffnet täglich außer Mo von 12.30–15.30 und 18–21 Uhr. Weitere Informationen unter 212224 in Klaipėda und 52333 in Nida.

● *Adressen* **Geldwechsel**, Taikos 5.
Post, Taikos 15.
Telegrafenamt, Taikos 15.
Poliklinik, Taikos 11.
Apotheke, Taikos 11.

Nida und seine Künstler

Die Schönheit Nidas als Inspirationsquelle zu nutzen, verstanden schon immer viele Maler und Schriftsteller, die ihre Eindrücke entweder mit kräftigen, frischen Farben auf der Leinwand einfingen, wie beispielsweise die Expressionisten *Schmidt-Rotluff* und *Kirchner*, oder aber mit schnell fließender Feder aufs Papier brachten wie *Thomas Mann*:

"Man findet einen erstaunlichen südlichen Einschlag. Das Wasser des Haffs ist im Sommer bei blauem Himmel tiefblau. Es wirkt wie das Mittelmeer. Es gibt eine Kiefernart, Pinien ähnlich. Die weiße Küste ist schön geschwungen. Man könnte meinen, in Südafrika zu sein."

So wusste Thomas Mann auf einem Vortrag vor dem Rotary Club in München 1931 über die Kurische Nehrung zu berichten. Der Schriftsteller hatte sich hier ein Ferienhäuschen gebaut, in dem er und seine Familie die Sommer von 1930–1932 verbrachten. Für sein kleines Domizil hatte sich Thomas Mann die beste Lage ausgesucht: hoch oben auf einem Hügel, umgeben von duftenden Kiefern und mit einem traumhaften Blick auf das Wasser, den er schlichtweg als *"Italienblick"* bezeichnete. In Nida begann Thomas Mann übrigens mit seinem Roman "Joseph und seine Brüder". In dem Haus befindet sich heute ein kleines, jedoch nichtssagendes Gedenkmuseum für den Schriftsteller.

Übernachten

Es gibt eine breite Palette an Unterkünften in Nida und doch kann es in der Hochsaison manchmal schwierig werden, auf eigene Faust ein Zimmer zu finden, da viele Hotels und Ferienheime von Reisegruppen belegt sind. Wer nicht im Voraus buchen will, sich aber auf der Nehrung auch nicht die Füße nach einer Bleibe wund laufen möchte, wende sich an das Touristenbüro. Hier hat man einen guten Überblick, wo noch was frei ist und ist ebenfalls bei der Vermittlung von Privatquartieren behilflich, wofür eine Provision von 1,5 € berechnet wird.

● *Gehobene und mittlere Preisklasse*
Auksinės Kopos, D. Kuverto 15. Großes Hotel im Wald zwischen Haff und Meer ge-

legen. Zimmer sind bescheiden ausgestattet, auf Wunsch sind Kinderbetten erhältlich. Ebenfalls gibt es ein Freibad und eine

Sauna. EZ ab 30 €, DZ ab 40 €, ☎ 52212/ 52387, 📠 52947.

Juratė, Pamario 3. Bei dieser Adresse handelt es sich um die Administration einer riesigen Ferienanlage, zu der kleine Holzhäuser, aber auch einige Komplexbauten gehören. Insgesamt verfügt sie über unzählige, überwiegend einfache Zimmer der verschiedensten Kategorien und Preise. 25–40 € für ein EZ und 40–50 € für ein DZ. Apartments sind für 55–70 € zu haben. ☎ 52618/52619, 📠 51118. Webpage und Buchung über www.travel.lt.

Lineja, Taikos 18. Modernisiertes mit etwas konservativ-verspielt ausgestatteten Zimmern, verschiedene Kategorien. Preis für DZ dementsprechend 30–60 €, EZ ab 20 €. ☎ 52390, 📠 32718, lineja@pajuris.lt, www.pajuris.lt.

Litorino, Kuverto 18. Sympathisches, Hotel, mit geräumigen Zimmern, die alle mit Küchenzeile ausgestattet sind. DZ ab 65 €, DRZ ab 70 €, VRZ 100 €. ☎ 52528, 📠 51102.

Nidos Pušynas, Purvynės 3. Nettes, aber einfaches Quartier in alten Fischerkaten und Holzhäuschen in unmittelbarer Nachbarschaft vom Thomas-Mann-Haus. Sehr beliebt bei deutschen Reisegruppen. DZ ab 55 €, ☎ 52221.

Nidos Rūta, D. Kuverto 15. Auch wenn der litauische Präsident angeblich hier gelegentlich seine Ferien verbringt, ist die Ausstattung eher unspektakulär. Die schöne Lage im Kiefernwald und die Strandnähe sind jedoch unschlagbar. EZ ab 40 €, DZ ab 65€, ☎ 52367/52398, 📠 52819. Online-Buchung und Webpage unter www.travel.lt.

Nidos Smiltė, Skruzdynės 2. Das Hauptgebäude steht direkt am Haff. Zimmer dort sauber, aber einfach, DZ 70 €. Hübscher sind die Apartments mit zwar altem aber stilvollem Mobiliar für 110 €.

Parnidžio Kopa, Taikos 26. Angenehmes und komfortables Hotel mit modernen, grün-gold ausgestatteten Räumen. EZ zwischen 35–70 €, DZ 70–135 €. Außerdem gibt es 2 große Wohnungen für 290–320 €. ☎ 52631, 📠 52794.

Rasytė, Lotmiškio 11. Ehemals preiswerte Unterkunft mit einfachen Zimmern in romantischem Holzhaus. Standard hat sich nicht geändert, aber der Preis, der nun bei 30 € pro Person liegt. ☎ 52280.

Savaitgalis Nidojė, Kopų 1–13. Hier sind einfache kleine Ferienwohnungen für 3–4 Leute zu vermieten. Pro Person 30 €. ☎ 52575, w113@takas.lt.

"Litauische Sahara" bei Nida

Urbo kalnas, Taikos 32. Mittelgroßes Hotel bestehend aus Haupthaus und mehreren Cottages, teilweise mit Meer- und Haffblick. Unterkunft ist eher einfach aber freundlich. EZ ab 25 €, DZ ab 40 €, Lux ab 115 €. ☎ 52428/52791, 📠 52953.

● *Preiswerte Unterkünfte* Sowohl das **Nidos Smiltė** als auch das **Nidos Pušynas** bieten einfache Unterkünfte in charmanten Holzhäusern für 10 €/Person an.

Zuvėdra, Pajūrio 10. Einfache Zimmer, ÜB ab 15 €, ☎ 52497.

● *Privatquartiere* Fast jede Familie in Nida hat noch ein Zimmer übrig, das gern Gästen überlassen wird. Oftmals werden Reisende bereits am Hafen oder Busbahnhof angesprochen. Die unten stehenden Adressen betreiben die Zimmervermittlung offiziell, was nicht automatisch heißt, dass sie besser sind. Der Standard ist meist überall der gleiche – einfach und bescheiden, dafür die Umgebung warm und herzlich. Bei der Vermittlung von Privatquartieren ist auch das Touristenbüro gerne behilflich.

Arunas Burksas, Naglių 26–1, ☎/📠 52 123, arunasbur@is.lt

Rimutė Seputienė, Kopų 15–4, ☎ 52354.

Joana Tamulienė, G.D. Kuverto 1a-1, ☎ 52299, 📠 52243.

Vytautas Seputa, Kopų 15–4, ✆ 52354.
Grazina Armalienė, Purvynės 9–1, ✆ 52489.
Jovita Drungilienė, Pamario 11, ✆ 52290.
Ausra Feser, Pamario 35–7, ✆/🖂 52135.
Albina Sturienė, Pamario 21–1, ✆ 52991.

Der Preis pro ÜB ist Verhandlungssache, sollte aber 8 €/Person nicht überschreiten. Wer im Voraus ein Privatquartier buchen möchte, kann das über B&B Litinterp Klaipėda (s. dort) tun.

Essen

Das kulinarische Angebot Nidas ist sehr vielfältig im Sommer, während im Winter nur wenige Etablissements ihre Pforten geöffnet halten. Traumhaft sitzt es sich in der Saison in einem der kleinen Sommercafés mit Blick auf das Haff und die große Düne. Eine wahre Gaumenfreude ist frischgeräucherter Fisch, der überall erhältlich ist.

Audronasa, Naglių 14. Außer einer guten Aussicht hat die auf Betonpfeilern stehende Lokalität nicht viel zu bieten.

Antis, Pamario 7, in der Villa Kastyčio zu finden. Gemütlich, aber sehr dunkel. Schöner ist die Sommerterrasse. Gegessen wird litauisch. Dies ist eines der wenigen Lokale, das auch im Winter geöffnet hat.

Bangomūsa, Naglių 5. Blaugetünchte Fischerkate mit schönem Garten, Räucherfisch und gutem Frühstück.

Ešerine, Naglių 2. Liegt direkt am Haff, kurz vor dem Pfad zur großen Düne. Zünftiges Fischlokal mit Garten.

Kuršis, Naglių 29. Freundliches Restaurant, das für wenig Geld gutes Essen serviert.

Linėja, Hotelrestaurant. Wer gediegen und edel speisen möchte, ist hier genau richtig, obwohl das Ambiente etwas kühl wirkt.

Reidas, Naglių 20. Auch hier sitzt man auf einer schönen Terrasse unweit der Bushaltestelle, von der aus sich die kommenden und gehenden Touristen beobachten lassen. Auf der Speisekarte stehen Fisch und litauische Gerichte. Hier gibt es auch einen Billiardtisch.

Seklyčia, Lotmiškio 11. Freundliches Restaurant auf dem Weg zur großen Düne. Im Sommer kann man es sich im hübschem Vorgarten mit Blick auf Haff und Dünen schmecken lassen.

Zidinys, Kopų 1. Freundliches, etwas abseits gelegenes Restaurant und daher wenig besucht.

• *Sommerlokale* Folgende Kneipen und Cafés sind nur in der Hochsaison geöffnet:

Karaoke, Naglių 18. Man nehme ein paar Plastikstühle, stelle einen Fernseher auf – und fertig ist die Karaokebar. Treffpunkt der Nidaer Jugend, spannend.

Kolibris, Naglių 16a. Ausgezeichneter, frisch geräucherter Fisch im Angebot.

Laumė, Pamario 24–3a. Dieses hübsche Sommerlokal befindet sich unweit der Bernsteingalerie. Serviert wird frischer Räucherfisch.

Povyšniom und **Scena Sodyba**, Naglių 10 und 6. Zwei urige, kleine Gartenlokale mit guter Küche.

Prušų Rūmai, Naglių 29a. Im Marinestil ausgestattetes Lokal mit schöner Terrasse und gutem Fisch im Angebot. Am Abend oft Live-Musik.

Rasytė, Lotmiškio 11. Charmantes kleines Sommercafé mit freundlichem aber langsamem Service.

Taipirne, Naglių 2. Liegt direkt an der Promenade.

Visita, Naglių/Ecke Taikos. Sommercafé, von dem aus sich prima der Hafen beobachten lässt. Serviert köstliche Blynis.

Zunda, Naglių, neben dem Busbahnhof. Räucherfisch frisch aus der Räucherkammer. Sehr einfach und zünftig, aber preiswert und lecker.

Sport/Veranstaltungen

• *Sport und Unterhaltung* **Gokarts**, ausleihbar im Hotel Jūrate.

Fahrräder, im Hotel Jūrate und an der Straße mit wechselnden Standorten. An der Promenade und am Hafen Ausschau halten. Fahrräder sind in der Regel von guter Qualität, Std. ca. 3 € bzw. 8–13 € pro Tag.

Inline-Skater, fast an jeder Straßenecke erhältlich, pro Std. etwa 2 €.

Reiten, Purvynės 27. Ausgedehnte Ausritte am Strand entlang und in die Wälder der Nehrung ab 15 € die Stunde. Pferde nicht im allerbesten Zustand. Auf der Promenade auf Hinweisschilder achten, ✆ 53194.

Wassersport, Tret- und Ruderboote, gelegentlich **Wasserski** und **Surfbretter** sowie **Jetskis** können in der Lotmiškio g., nicht weit vom Restaurant Seklyčia entfernt, ge-

Das Thomas-Mann-Haus in Nida

mietet werden. Neoprenanzüge sind nicht ausleihbar.

Yachten, Segel- und Motorboote sind am Hafen erhältlich und kosten je nach Größe und Verhandlungsgeschick zwischen 10 und 25 € die Stunde plus 7 € für jedes Mannschaftsmitglied. **Segeltörns**, möglich mit der Sambija, einem alten Fischerboot. Nachfrageabhängig wird Kurs auf Ventė, Minija, Rusnė und Klaipėda genommen, ✆ 52768.

Kutschfahrten, am Hafen stehen Pferdewagen, mit denen Nida erkundet werden kann.

Freibad, Kuverto 17, zum Hotel Auksinės Kopos gehörend. **Kino**, Taikos 4 im Kulturzentrum *Agila*. Gezeigt werden überwiegend ausländische Filme im O-Ton mit Untertiteln.

● *Veranstaltungen* Während der Saison starten verschiedene Festivals in den Nehrungsorten. Termine im Tourismusbüro erfragen.

Sehenswertes

Bernsteingalerie, Pamario 70. Kleine Dokumentation zur Geschichte des Bernsteins. Siehe dazu auch www.amber.lt. Viele der Exponate werden zum Verkauf angeboten.

Öffnungszeiten In der Saison täglich und im Winter Mi–So von 11–18 Uhr.

Ethnographisches Museum, Naglių 4. Untergebracht in einem strahlendblauen alten Fischerhaus, zu erkennen an dem ausgedienten alten Kahn im Vorgarten. Die kleine Ausstellung gewährt Einblicke in das Leben des ehemaligen Nida.

Öffnungszeiten In der Saison täglich und im Winter Mi–So von 11–19 Uhr.

Heimatmuseum, Kuverto 2. Zu sehen ist ein Querschnitt durch die Geschichte Nidas und über das Leben der Hafffischer.

Öffnungszeiten Im Sommer täglich und im Winter Mi–So von 11–17 Uhr.

Thomas-Mann-Museum, Skruzdynės 17. Kleine Ausstellung in dem Sommerhaus des bekannten Schriftstellers, befindet sich auf dem *Schwiegermutterberg*, einem kleinen Hügel, unweit der Kirche. Sehenswert sind die dort ausgestellten Fotografien.

Öffnungszeiten Im Sommer Di–So von 10–18 Uhr, im Winter Mi–So von 10–17 Uhr.

Kirche: Das evangelisch-lutherische Gotteshaus wurde 1888 geweiht und beherbergte während der Sowjet-Ära das Heimatmuseum. Neben der Kirche befindet sich ein alter Friedhof mit Grabmälern, auf denen die Namen der Verstorbenen in Holzscheiben eingraviert sind. Hörenswert ist der Nidaer Frauenchor, der während der Sommermonate in der Regel jeden Mo hier singt. Zu hören sind traditionelle Lieder der Region und wunderbare Choräle.

Strand: Baden kann man in der Ostsee, auf der anderen Seite der Nehrung. Ist jeweils auf der Hauptstraße ausgeschildert. Vom Baden im Haff auf alle Fälle Abstand nehmen. Das Wasser ist dreckig und voller Algen.

Große Düne: Eine herrliche Wanderung verspricht ein Spaziergang über die Große Düne hinunter zum *Tal des Schweigens*, wo das Auge nichts als Sand, Sand und nochmals Sand erblickt. Von der ersten Düne, zu der ein steiler Weg aus Treppen und Holzbrettern hochführt, hat man einen wunderschönen Blick auf Nida, den rot-weiß-geringelten Leuchtturm und auf das Haff. Auf dem Gipfel stehen die Reste einer Sonnenuhr, die dem verheerenden Sturm *Anatol* im Dezember 1999 zu Opfer fiel. Aus Naturschutzgründen dürfen die markierten Wege in den Dünen nicht verlassen werden.

Mittlere und südliche Žemaitija

Šilutė (Heydekrug) (ca. 22.300 Einwohner)

Die freundliche Kleinstadt liegt nicht weit vom Kurischen Haff entfernt. Als Ort ist Šilutė noch recht jung, denn die vier Dörfer, aus denen er besteht, sind erst 1910 vereinigt worden. 1941 erhielt Šilutė das Stadtrecht.

Die einzelnen Dörfer dagegen sind schon lange bekannt, das älteste seit dem 13. Jh. In alten Zeiten gab es in Šilutė einst eine Schänke, um die herum ein Dorf litauischer und deutscher Siedler entstand. Die Gaststube lag inmitten einer schönen Heidelandschaft. Heide heißt auf litauisch *šilas* und Kneipe *karčema*. Daraus ergab sich der Name *Šilokarčema*, der sich schließlich auf *Šilutė* verkürzt hat. Im ehemaligen Memelland liegend, gehörte die Stadt lange Zeit zu Ostpreußen. Im Zweiten Weltkrieg befand sich hier ein KZ für litauische Gefangene.

- *Postleitzahl* LT5730
- *Vorwahl* (2)41
- *Anfahrt/Verbindungen* **Pkw** – liegt an der 141, der Verbindungsstraße Kaunas-Klaipėda, die lange parallel zum Ufer des Nemunas (Memel) verläuft.
Bus – Verbindung mit Vilnius, Kaunas, Klaipėda und in die umliegenden Dörfer. Busbahnhof, Geležinkai 19, erreichbar mit Bus 1 ab Universalmarkt.
Bahn – Züge Richtung Klaipėda und Kaliningrad. Bahnhof, Geležinkai 19.
- *Information* Es gibt kein offizielles Tourismusbüro im Ort, eine gute Informationsquelle ist jedoch das Stadtmuseum in der Lietuvininkų 36; gut für praktische Tipps ist

das **Pamario Tourismuszentrum**, Lietuvininkų 72, ✆/✉ 51804. Hier können Zelte und Fahrräder geliehen werden. Ebenfalls gibt es hier eine Fahrradreperatur.
Die Administration des Regionalparks *Nemunasdelta* (s. u.), der sich vor den Toren Šilutės befindet, sitzt in der Lietuvininkų 10. Auch hier gibt es Informationen über Campingmöglichkeiten im Nemunasdelta, ✆ 75050, ndrp@silute.omnitel.net.
- *Übernachten* **Nemunas**, Lietuvininkų 70. Mittelgroßes, angenehmes Hotel mit einfachen und teilweise renovierten Zimmern. Beliebt bei deutschen Touristen, insbesondere Gruppen. EZ ab 25 €, DZ 30–40 €, Lux 60 €. ✆ 52345, ✉ 54219.

Einer der unzähligen traditionellen Orte in der Žemaitija

Tourismusschule, Lietuvininkų 72. Kleine, freundliche Unterkunft mit in der Ausbildung befindlichem Hotelpersonal. Es gibt 1 EZ à 12 €, 4 DZ à 18 € und 1 VRZ à 25 €. ✆/✉ 51806.

Privatquartiere können über die Šilutėr Tourismus Assoziation, Lietuvininkų 35, ✆ 53002 und 52078, gebucht werden. ÜB um die 10 € pro Person.

Bauernhöfe, Informationen zum Agrartourismus in der näheren Umgebung bei Jūratė Bandzienė, Lietuvininkų 10, 51344.

Vilkenų Malūnas, im Dorf Švėkšna, ca. 20 km nordöstlich von Šilutė gelegen. Hier handelt es sich um eine urgemütliche Unterkunft, die in einer alten Wassermühle untergebracht ist. Die Mühle liegt nicht weit vom See entfernt und hat einen hauseigenen Swimming-Pool. Gutes Restaurant angeschlossen. EZ 30–55 €, DZ 35–65 €, Lux 45–80 €. ✆/✉ 48371. An gleicher Stelle ist auch eine Jugendherberge zu finden, die von Anfang Juni bis Anfang August ihre Pforten geöffnet hat. Bis zu 100 Leute können hier unterkommen. ÜB 4 €.

● *Essen* **Astra**, Tilžes 17. Winzig kleines Café, das schon um 8 Uhr aufmacht, gut zum Frühstücken.

Magnolia, Lietuvininkų 29 neben der Polizei. Edles ansprechendes Restaurant über 2 Etagen mit erlesenen Kreationen.

Zibinatas, Lietuvininkų 70. Gemütliches Restaurant/Café zum Hotel Nemunas gehörend.

Rambynas, Lietuvininkų 64. Mittelgutes, leicht zu übersehendes Lokal über dem Aldi gelegen.

Gojas, Lietuvininkų 23. Wohnzimmermäßig aufgemachte Kneipe mit jugendlichem Publikum.

● *Adressen* **Geldwechsel**, Jankos 8.

Post, Lietuvininkų 23.

Telegrafenamt, Gudobelų 1.

Internet, Lietuvininkų/Taikos; Lietuvininkų 48.

Fahrradreperatur, wird angeboten von der Tourismusschule in der Lietuvininkų 72.

Poliklinik, Rusnė 1.

Apotheke, Lietuvininkų 48

Stadtmuseum, Lietuvininkų 36. Ansprechende Ausstellung über das Leben der Menschen in Westlitauen und dem ehemaligen Memelland sowie Exponate aus der Steinzeit.

Kirche: Das evangelisch-lutherische Gotteshaus direkt neben der Post stammt aus dem Jahre 1926. Das Innere der Kirche ist in schönen Blautönen gehalten.

▶ **Priekulė**: Schön gelegener Ort am Ufer der Minija. Erstals erwähnt wird der Ort im Jahre 1540 im Zusammenhang mit dem Schenkenbesitzer Preckol, der auch Namensgeber der Ortschaft ist. Zu der Zeit, als die litauische Sprache verboten war, entstanden in der Druckerei von Priekulė zahlreiche Bücher und Hefte, womit der Ort einen großen Beitrag zur Aufrechterhaltung der litauischen Sprache geleistet hat. Aus Priekulė stammt übrigens der Urgroßvater von Immanuel Kant.

● *Anfahrt/Verbindung* **Pkw** – Der Ort liegt an der Strasse 141, die Klaipėda und Šilutė miteinander verbindet.
Bus – Die Busse zwischen Klaipėda und Šilutė halten auch in Priekulė.

● *Übernachten* Im Dorf Šilininkai unweit von Priekulė Richtung Šilutė gibt es einen Campingplatz und ein Gästehaus mit 20 Betten, geöffnet von Mai–Oktober. Für Romantik sorgt der große Brunnen – es gibt kein fließendes Wasser, so dass aus dem Brunnen geschöpft werden muss. ÜB 5 €. ✆ (Šiluė) 58618.

● *Essen* Am Dorfplatz befindet sich ein Restaurant.

▶ **Kintai**: Hübsches kleines Fischerdorf, malerisch am Kurischen Haff gelegen. Erstmalig erwähnt wird der Ort im Jahre 1540. Während seiner Geschichte hat der Ort zahlreiche Maler angelockt, die jeweils dazu aufgefordert wurden, einen der Dorfbewohner zu porträtieren. Im Kulturhaus ist nun eine ganze Galerie dieser Gemälde zu bewundern. In Kintai gibt es einige Campingplätze, einen Reitstall, einen Segelclub und Exkursionsmöglichkeiten auf dem Kurischen Haff und zum Nemunas.

● *Anfahrt* Von Šilutė aus ist der Ort über eine Schotterpiste zu erreichen. Einfacher geht es, wenn man ein Stück die Straße 141 Richtung Norden fährt und nach etwa 12 km links den Abzweig nach Kintai über Sakūčiai nimmt.

● *Übernachten* **Asmonas**, hier gibt es 2 Häuser und 6 Bungalows mit Platz für insgesamt 40 Leute. ÜB 12 €. ✆ (Šilutė) 75050.
Vetrungtė, ehemaliges Ferienlager für Pioniere. Es gibt 6 einfache Bungalows mit Kapazitäten für insgesamt 60 Leute. Geöffnet von Mai–Nov. Essen auf Bestellung. ÜB 9 €. ✆ (Šilutė) 75050.
Kintai, etwa 2 km vom Ort entfernt an der Schotterpiste Richtung Šilutė nicht weit vom Fluss Minija gelegen. Vor der Brücke links abbiegen. Zu vermieten sind 4 einfache Zimmer und jede Menge Zeltplätze. DZ 9 €, für's Zelt werden 2 € berechnet. Die Betreiber können auch Bootstouren auf dem Kurischen Haff nach Nida und nach Ventė, ins Nemunas-Delta und auf dem Nemunas organisieren (ab 12 Leute/17 € pro Std.). ✆/℡ (Šilutė) 47149.

▶ **Rusnė (Ruß)**: Auf einer Insel im Delta des Nemunas, zwischen seinen Armen *Skirvytė* und *Atmata*, liegt das alte Fischerdorf Rusnė. Den Westen der Insel begrenzt das *Kurische Haff*. Bekannt ist Rusnė seit dem 14. Jh. Die Landschaft um das Fischerdorf herum ist durch die allwinterlichen Überschwemmungen sumpfig, die Wiesen sind saftig und von sattem Grün. Schon allein der Blick, den man von der Brücke über den Nemunas hat, wenn man sich Rusnė nähert, ist einmalig. Der Ort wirkt verschlafen, die Zeit scheint stehen geblieben zu sein. Abends sieht man die Alten im Park bei einem guten Schluck über die Ereignisse des Tages reden. Vereinzelt leben hier auch noch einige Deutsche.

Ethnographisches Museum: Untergebracht in einem altem Bauernhof gibt das Museum einen interessanten Überblick über die Geschichte und die Natur der Rusnė-Insel. Die Gegend um Rusnė ist Nistplatz vieler Vogelarten und ist 1992 zum *Nemunas-Delta-Regionalpark* erklärt und damit unter Schutz gestellt worden. Das Museum liegt in der Škivyteleės 8 und ist von Mitte Mai bis Mitte September täglich von 10–18 Uhr geöffnet. Eine Filiale der Regionalparkverwaltung befindet sich in der Pakalnes 40, ☎ 58154. Geplant ist hier auch eine Fahrradleih- und -reperaturstelle. Weitere Informationen zum Regionalpark unter www.tourism.lt/nature/nature.htm.

● *Anfahrt/Verbindungen* **Pkw** – in Šilutė auf die Rusnė g. und dann immer geradeaus fahren. Ist etwas unübersichtlich ausgeschildert. Um auf diese Straße zu kommen, durch Šilutė fahren und nach einer kleinen Brücke in die Rusnė g. einbiegen.

Bus – Verbindung mit Klaipėda und Šilutė, jedoch nicht häufig.

Schiff – Die Raketas zwischen Kaunas und Nida halten auch in Rusnė. Die Anlegestelle befindet sich in der Nähe der Kirche.

● *Übernachten* **Rusnė**, Pakalnes 40a. Einfache, schön gelegene Übernachtungsmöglichkeit mit 1 EZ und 4 DZ sowie Küche zur Selbstversorgung. ÜB 14 €. ☎ (Šilutė) 58154 und 75050. Ebenfalls gibt es Platz für 10 Zelte.

● *Essen* Am Kirchplatz befindet sich eine valgykla und eine kleine Kneipe.

▶ **Minija (Minge):** Das malerische Fischerdorf liegt an beiden Seiten des Flusses Minija. Da im Ort die Brücken fehlen und man nur per "Gondoliere" das andere Ufer erreicht, wird Minija vielerorts, auch wenn das ein wenig hochgegriffen erscheint, als das *Venedig Litauens* bezeichnet. Da viele der alten Häuser und Höfe des Dorfes mit der Zeit verfallen sind, weil immer mehr Einwohner in die Städte abwandern, hat man sich entschlossen, hier Sommerhäuser für Schriftsteller, Bildhauer, Maler und andere Künstler entstehen zu lassen. Für einen kurzen Stopp ist der Ort durchaus lohnenswert.

● *Anfahrt/Verbindungen* **Pkw** – etwa 15 km nordöstlich von Šilutė gelegen. Von Šilutė führt eine nicht asphaltierte Straße Richtung Kurisches Haff. Nach ca. 11 km kommt das Dorf Rūgaliai. Etwa 3 km nach Rūgaliai geht ein Weg nach Minija ab.

Bus – Verbindungen nach Minija mehr schlecht als recht, unregelmäßiger Verkehr mit Šilutė.

Ventė

Auf einer Halbinsel im Kurischen Haff liegt das Fischerdorf Ventė. Betrachtet man den winzigen Ort heute, mag man gar nicht glauben, dass der Deutsche Orden 1360 hier eine seiner ersten Ordensburgen, nämlich die Windenburg, errichtete. Die geographische Lage hielt man damals für strategisch günstig, liegt die Halbinsel doch dem Nemunas-Delta und der Kurischen Nehrung gegenüber. Fluten und Wellen jedoch machten den Eroberern einen Strich durch die Rechnung. Die Burg wurde häufig unterspült und schließlich knapp 150 Jahre später aufgegeben. Von der Festung ist nichts mehr zu sehen. An der Stelle, wo einst die Burg stand, ragt heute ein alter Leuchtturm empor, von dem man einen schönen Blick auf das Haff hat.

Die Kirche der Windenburg fiel dem Meer übrigens nicht zum Opfer, sondern wurde Stück für Stück abgetragen und im benachbarten *Kintai* wieder aufgebaut.

In Ventė selbst befindet sich heute eine *Vogelwarte*, die auch mit der UNESCO zusammenarbeitet. Außerdem gibt es ein kleines Museum, das über die Tierarten am Kurischen Haff informiert.

Der Weg nach Ventė führt einige Zeit am Wasser entlang. Bei Windstille wirkt das Haff sehr friedlich. Schwäne schwimmen stolz umher, und Storche waten durchs Wasser auf der Suche nach Nahrung. Die Luft ist sauber, und die einzigen Geräusche, die zu hören sind, sind das leise Plätschern des Wassers und das Zwitschern der Vögel.

Litauen
Karte siehe Umschlaginnenklappe hinten

• *Übernachten und Essen* In einem alten, modern ausgestatteten Landhaus, das auch das Tourismuszentrum Ventė beherbergt, sind 5 schöne Zimmer zu vermieten. DZ kosten 33–50 €. Ebenfalls können hier Camping-Utensilien gemietet werden. Campen kostet 5 € pro Person. ✆ (Šilutė) 44534. Das Tourismuszentrum kann auch Bootstouren über das Kurische Haff nach Nida, sowie im Nemunas Delta und auf dem Nemunas organisieren. Für das leibliche Wohl sorgt das zum Zentrum gehörige Restaurant.

• *Anfahrt/Verbindungen* **Pkw** – Der kürzeste Weg ist über die schmale Sandpiste von Šilutė, vorbei am Krokų-Lankos-See, nach Ventė. Schneller geht es jedoch vom Dorf Priekulė aus, das an der Straße 141 Šilutė–Klaipėda liegt. Von dort führt eine asphaltierte Landstraße via Kintai zu etwa 30 km südlich gelegene Ventė. Teilweise erstreckt sich die Straße am Kurischen Haff entlang. Ventė ohne fahrbaren Untersatz zu erreichen, dürfte schwierig werden.

Tauragė (Tauroggen)   (ca. 32.900 Einwohner)

Die Kleinstadt Tauragė, am Ufer der Jūra gelegen, ist das Zentrum der litauischen Lutheraner. Doch auch historisch ist der Ort von Bedeutung. Bekannt wurde er durch die Konvention von Tauroggen: Der preußische General *Graf York von Wartenburg* und sein russischer Kollege *Graf Diebitsch* schlossen am 30. Dezember 1812 ein Bündnis gegen Napoleon, das vielerorts als Auftakt des Widerstandes der Völker Europas gegen Frankreich angesehen wird. Die Unterzeichnung der Abmachung fand allerdings nicht direkt in Tauragė statt, sondern im nahe gelegenen Dorf *Požerūnai*. Ein Gedenkstein, 3 km von Tauragė an der Straße nach Sowetsk (Tilsit), erinnert an die Konvention.

• *Postleitzahl* LT5900
• *Vorwahl* (2)46
• *Anfahrt/Verbindungen* **Pkw** – liegt an der A-12, Kaliningrad–Rīga via Šiauliai und an der Straße 164, die Richtung Plungė führt.
Bus – Verbindung mit den großen litauischen Städten und den umliegenden Dörfern sowie mit dem Kaliningrader Gebiet und Rīga. Busbahnhof in der Dariaus ir Girėno g. 38a.
Bahn – Züge Richtung Kaliningrad und Rīga. Bahnhof in der Rambyno g. 25, liegt etwas außerhalb. Vom Universalmarkt in der Vytauto g. Bus 1 dorthin nehmen.
• *Information* **Touristenbüro**, Vytauto g. 60, ✆ 61404, 🖂 70801, tic@post.tvk.lt. Knappe Hintergrundinformationen zur Geschichte der Stadt unter www.taurage.lt.
• *Übernachten* **Tauragė**, Vytauto 83, 4. und 5. Stock. Einfaches Hotel mit verschiedenen Kategorien. Zimmer alle mit Bad. EZ ab 15 €, DZ ab 30 €, ✆ 51345.

• *Essen* **Allegro**, Kavinė und Bar, befindet sich im gleichen Gebäude wie das Hotel. Etwas finstere Atmosphäre, aber zufriedenstellende Gerichte und Billardtisch. Am Wochenende Disko.
Banga, dieses relativ neue und wohl beste Restaurant im Ort mit toller Aussicht, befindet sich direkt am Fluss. Es ist von der Brücke, wenn man Richtung Kaliningrad fährt, zu sehen.
Picerija, Vytauto 75. Kleine, sehr einfache Lokalität, Essen mittelprächtig.
Tulpė, Bažnyčių 20. Geräumige, angenehme Kneipe mit mehreren Gerichten und Internetzugang.
• *Verschiedenes* **Geldwechsel**, Vytauto 60.
Post, Dariaus ir Girėno 16.
Internetzugang: Café Tulpė (s. o.).
Poliklinik, Juros 5; V. Kurdirkos 2.
Bewachter Parkplatz, an der Straße nach Šilutė

Museum: Die Sammlung befindet sich in einem turmähnlichen Gebäude, das sich unübersehbar mitten in der Stadt erhebt und ausschaut, als stamme es aus dem Mittelalter. In Wirklichkeit wurde es aber Mitte des 19. Jh. errichtet. Zu sehen sind Exponate aus dem Bezirk Tauragė.

Skulpturen: Am Ufer der Jūra, linksseitig der Brücke, über die es nach Kaliningrad geht, sind einige interessante Skulpturen zeitgenössischer Künstler aufgestellt.

▶ **Bijotai:** Das kleine, verschlafene Dorf im Bezirk Šilalė kann mit etwas ganz Besonderem aufwarten: Bekannt wurde der Ort durch den aus einer verarmten Kleinadelsfamilie stammenden Dichter und Volksgutsammler *D. Poška* (1757–1830). Poška ließ sich in Bijotai nieder, um sich ganz dem Sammeln von Volksliedern und seiner Dichtung zu widmen. Wohl um seine Inspirationen zu steigern, fasste der Dichter den Entschluss, in einem Baum zu arbeiten. Er höhlte den Stamm einer tausendjährigen Eiche aus, schnitt einen Eingang und Fenster hinein und setzte zu guter Letzt noch ein Strohdach oben drauf. Dieses kuriose Häuschen nennt sich *Baubliai* (Rohrdommel) und ist das älteste Museum Litauens.

Anfahrt/Verbindungen **Pkw** – liegt an der südlichen Seite der A-227 Kaunas-Klaipėda, kurz hinter dem Abzweig nach Tauragė. Auf Schilder achten, die auf den winzigen Ort hinweisen.

Raseiniai

(ca. 19.000 Einwohner)

Erwähnt wird das im Südosten der žemaitischen Höhen gelegene Bezirkszentrum erstmalig 1253 in der Chronik des Deutschen Ordens. 1421 erhielt der Ort eine Kirche. Lange Zeit wurde in Raseiniai auch ein Kloster unterhalten. Das Stadtrecht erhielt der Ort 1792. Raseiniai teilt das Schicksal vieler anderer, ursprünglich alter Städte, die die beiden Weltkriege nicht überstanden haben. 90 % der Stadt lagen nach dem Zweiten Weltkrieg in Schutt und Asche. Auch die ehemals starke jüdische Gemeinde ist nach dem Zweiten Weltkrieg auf ein Minimum reduziert worden. Als widerstandsfähig gegen die Stürme der Zeit hat sich interessanterweise das 1934 enthüllte Denkmal des *Žemaites* erwiesen, der die Litauer im Aufstand gegen die Zaren führte. Erhalten geblieben sind auch Teile der im Renaissancestil errichteten Kirche der Stadt. Touristisch ist die Stadt heutzutage kaum von Interesse.

• *Postleitzahl* LT4400
• *Vorwahl* (2)28
• *Anfahrt/Verbindungen* **Pkw** – liegt an der Straße 146 unweit der A-1 Kaunas-Klaipėda. **Bus** – Verbindung mit Kelmė, Tauragė und den umliegenden Dörfern. In der Regel machen die Busse Vilniaus–Klaipėda bzw. Kaunas–Klaipėda einen Abstecher nach Raseiniai. Busbahnhof in der Vilniaus 91.
• *Übernachten* **Pas Roka**, Maironio 78. Einfaches Hotel alten Stils. EZ ab 18 €, DZ ab 28 €. ✆ 51872.

Dalia Babilienė, Liolingos 17, Kaulakiai. Hierbei handelt es sich um ein einfaches, aber nettes Privatquartier im Dorf Kaulakiai, etwa 16 km nordöstlich von Raseiniai gelegen. ÜB pro Person 9 €, ✆ 46540 (vorher anrufen, Verständigung auf Deutsch möglich).
• *Essen* Gilma, Maironio 1. Unspektakuläres, aber recht freundliches Café, in dem auch einige warme Speisen angeboten werden.

▶ **Ariogala:** Die malerische Kleinstadt liegt ca. 37 km südöstlich von Raseiniai, am Ufer des Flusses Dubysa und hat einen unübersehbaren ländlichen Charakter. Erstmalig wird der Ort 1253 in Briefen von König Mindaugas erwähnt. Auch in den Ordenschroniken war Ariogala nicht unbekannt, haben die Bewohner Ariogalas im Jahre 1382 doch die hiesige *Palisadenburg* angesteckt und zerstört.

1792 wurde Ariogala zur Stadt erhoben, was allerdings keine großen wirtschaftlichen Veränderungen mit sich brachte. Viele Holzbauten der Stadt sind den Flammen des Ersten Weltkriegs zum Opfer gefallen. Die ursprünglich aus dem frühen 15. Jh. stammende Holzkirche ist durch unzählige Umbauten kaum wiederzuerkennen.

Anfahrt/Verbindungen **Pkw** – von Raseiniai die Landstraße in südöstliche Richtung nehmen, verläuft parallel zur A-227.

Kelmė

(ca. 22.000 Einwohner)

Die freundliche, kleine Stadt ist ebenfalls die Bezirkshauptstadt des gleichnamigen Gebietes. Erstmalig erwähnt wird der Ort 1294. Seit Ende es 16. Jh. bis zum Zweiten Weltkrieg hatten die Fürsten Gruszewski das Sagen im Ort und ließen im 18. Jh. ein Schloss errichten, die heutige Hauptsehenswürdigkeit von Kelmė. Interessant ist auch die evangelische Kirche von 1615.

Kelmė ist zwar nicht sehr groß, doch für einige Stunden durchaus lohnenswert und erholsam. Interessant ist der Ort auch als Ausgangspunkt für Ausflüge in die Nachbarorte *Tytuvėnai* (18 km) und *Šiluva* (26 km).

- *Postleitzahl* LT5470
- *Vorwahl* (2)97
- *Information* www.kelme.lt
- *Anfahrt/Verbindungen* **Pkw** – liegt an der A-12, der Verbindungsstraße Kaliningrad–Rīga, ca. 45 km südlich von Šiauliai.

Bus – gute Verbindung mit Šiauliai. Ebenfalls Busse nach Klaipėda und mindestens ein Bus täglich nach Kaunas, Vilnius, Kaliningrad und Rīga. Bushaltestelle am nördlichen Stadtrand in der Babio g. 3, die später zur Dariaus ir Girėno wird.

- *Übernachten* **A. Ditmanienė**, Kalno 6. Kleines Privatquartier mit einfachen aber sauberen Zimmern und Frühstück. ÜB 12 €, ✆ 51962.

- *Essen* **Kražantė**, Vytauto Didžiojo 55. Freundliches Restaurant-Café.
- *Verschiedenes* **Geldwechsel**, Birutės 4; Kapų 2.

Post, Vytauto 86.

Telegrafenamt, Vytauto 89.

Poliklinik, Nepriklausomybės g.

Festivals: Jedes Jahr im Mai findet in Kelmė ein buntes Volksfest statt mit traditioneller Musik, Tänzen und Kunsthandwerkmarkt.

Schloss: Schräg gegenüber der Bushaltestelle geht links an der Kirche ein kleiner Weg ab, der an einem idyllischen See vorbeiführt, auf dem Enten schwimmen und Seerosen blühen. Das Schloss, das Merkmale des Barocks und der Renaissance aufweist, liegt etwas versteckt am Ende des Sees und beherbergt ein Museum über die Geschichte der Stadt Kelmė und ihre umliegenden Dörfer.

▶ **Tytuvėnai**: An einer kleinen Landstraße, nicht weiter als 20 km östlich von Kelmė und unmittelbar an der Grenze zur Aukštaitija, liegt inmitten des Tytuvėnai-Regionalparks das gleichnamige 2500-Seelen-Dorf. Umgeben von einer wunderbaren Landschaft aus tiefen Wäldern und klaren Seen ist Tytuvėnai ein idealer Ausgangspunkt für Ausflüge in die nähere Umgebung. Der Glanzpunkt des Dorfes ist seine Basilika mit ihren beiden Türmen und der dazugehörigen *Klosteranlage*. Die Türme sind im Barockstil erbaut, und die Altäre weisen schon Elemente des Rokokos auf. Geweiht ist das Gotteshaus, mit dessen Bau 1609 begonnen wurde, der heiligen Maria. Erst im Jahre 1788 war die Kirche fertiggestellt.

Sehr viel weniger Zeit brauchte man hingegen für den Bau des Klosters. Es wurde in der Zeit von 1614 bis 1618 errichtet, wurde aber knapp 250 Jahre später wieder geschlossen. Der Innenhof ist romantisch verwildert. Im Klostergarten und in den Kreuzgängen stehen und liegen steinerne, bemooste Heiligenfiguren herum. Wenn man genau hinsieht, kann man an den Wänden der Gänge noch alte Malereien entdecken.

- *Anfahrt/Verbindungen* **Pkw** – über die Landstraße 157 mit Kelmė verbunden. Es gibt auch eine Straße nach Radviliškis, doch ist diese sehr schlecht.

Bus – Verbindung mit Kelmė und Radviliš-kis, jedoch selten.

• *Information* Im Hotel Samana (s. u.) befindet sich eine private Touristeninformation. Informationen zum Regionalpark gibt es bei der Parkverwaltung, Miškininkų 3, ✆ 56651, ✇ 51883 und www.tourism.lt/nature/regpark/regpark.htm

• *Übernachten* **Samana**, Taikos 2. Neues attraktives Hotel mit 10 modern ausgestatteten Räumen, Sauna, Tennisplatz etc. EZ ab 15 €, DZ ab 25 €. ✆ 56788, 56772, ✇ 53445.

Sedula, befindet sich im Dorf Skogolai, ca. 2 km nördlich von Tytuvėnai. Hierbei handelt es sich um ein schön gelegenes, aber völlig einfaches und spartanisches Ferienheim. ÜB etwa 5 €, ✆ 56795, geöffnet von Anfang Mai bis Anfang September.

• *Essen* Zum Hotel Samana gehört ein gutes Restaurant und eine Bar.

• *Campen* Ganz in der Nähe von Tytuvėnai, mitten im Wald, liegt der **Gilius-See**. Lange gab's dort einen Campingplatz, der aber aus Geldmangel 1992 geschlossen wurde. Die wenigen Leute, die sich an dem See erholen, campen alle wild am Seeufer und im umliegenden Wald. Von Tytuvėnai zu Fuß in etwa 25 Minuten zu erreichen.

Mit dem Auto aus Kelmė kommend die Maironio g., die am Dorf vorbeiführt, ca. 500 m hochfahren. An einem kleinen dunkelbraunen Holzhaus links in die Misko g. (Straßenschild ist schlecht zu sehen) einbiegen. An einer Weggabelung gehen zwei Waldwege von der Misko g. ab, der zweite führt zum See.

Campingplatz, ein weiterer schön gelegener, einfacher Zeltplatz befindet sich unweit des Dorfes Pagaustvinis am Gaustvinis See. Von Tytuvėnai ein Stück die Straße Richtung Kiaunoriai nehmen und beim Dorf Gudelia rechts auf den Waldweg zum See abbiegen, insgesamt etwa 7 km, ✆ 56651.

• *Reiten* Ausritte in die schöne Umgebung von Tytuvėnai können vom Hotel Samana organisiert werden.

▶ **Šiluva:** Die im Bezirk Raseiniai gelegene Kleinstadt ist eine der wichtigsten Pilgerstätten Litauens. Alljährlich Anfang Oktober werden in der hiesigen Kirche feierliche Ablassmessen gelesen. Diese Gottesdienste finden deshalb in Šiluva statt, weil es hier im 16. Jh. eine *Marienerscheinung* gegeben haben soll.

> Eines Tages erblickten die Hirten auf dem Felde einen Stein, der das Bild einer bitterlich weinenden Frau trug. In ihren Armen hielt sie ein Kind geborgen. Als die Hirten das sahen, erschraken sie sehr. Einer von ihnen holte sofort einen Geistlichen herbei, der die Frau nach dem Grund ihrer Tränen fragte. Schluchzend antwortete diese, dass es sie so traurig mache, dass auf dem Feld, wo vor Jahren doch einmal ihrem Sohn gehuldigt wurde, jetzt nur noch Getreide wachse – und kaum hatte sie es ausgesprochen, da war sie auch schon verschwunden. Der Gelehrte hielt die Erscheinung der Dame schlichtweg für ein Gespenst, doch die einfachen Leute wollten sich damit nicht zufrieden geben und fragten einen Greis um Rat. Als dieser erklärte, dass sich auf jenem Feld einst eine Kirche erhoben hatte, bis sie von reichen Herrschaften zerstört wurde, war man sich im Dorf sicher, dass es nur die heilige Jungfrau Maria mit dem Jesuskind selbst gewesen sein konnte, die den Hirten auf dem Feld erschienen war.

So wurde an jener Stelle eine neue Kirche errichtet, die im Laufe der Jahre häufig umgebaut wurde. Seit der wiedererlangten Unabhängigkeit Litauens hat Šiluva seinen Stand als bedeutende Wallfahrtstätte zurückerhalten.

Anfahrt/Verbindungen **Pkw** – von Tytuvėnai einfach 5 km die Straße nach Raseiniai entlangfahren, der Weg ist zum größten Teil nicht asphaltiert.

Telšiai
(ca. 34.900 Einwohner)

Das hübsche Städtchen liegt im Herzen der Žemaitija und ist gleichzeitig auch deren Hauptstadt. Zum ersten Mal erwähnt wurde der Ort Ende des 14. Jh., der, glaubt man der Legende, von dem žemaitischen Riesen *Telšys* gegündet wurde. Während der Zeit der Kreuzritter kam es hier wiederholt zu Aufständen, insbesondere dann, als Vytautas der Große Telšiai an den Deutschen Orden verschenken wollte.

Die Entwicklung des Ortes ging an sich langsam von statten und zu Beginn des 18. Jh. raffte die Pest einen großen Teil der Bevölkerung dahin. Heute ist Telšiai ein ruhiges und beschauliches Städtchen, das für einen kurzen Aufenthalt durchaus lohnenswert ist.

Besonders schön ist der prachtvolle Dom, der sich würdevoll auf einem Hügel inmitten der Stadt erhebt. Aus Telšiai stammt übrigens auch der umstrittene Politiker *Juazas Paleckis*. Er hat lange dem Obersten Sowjet der SSR Litauen vorgesessen, war aber gleichzeitig ein echter Patriot, sodass ihm sein Land meist näher stand als die Anordnungen aus Moskau.

- *Postleitzahl* LT5610
- *Vorwahl* (2)94
- *Anfahrt/Verbindungen* **Pkw** – liegt an der A-11, etwa 70 km westlich von Šiauliai und etwa 90 km östlich von Palanga.

Bus – gute Verbindung mit Šiauliai, Palanga und Klaipėda, doch auch nach Vilnius, Kaunas und Panevėžys mindestens ein Bus täglich. Busbahnhof, Stoties 35.

Bahn – Züge Richtung Daugavpils und Klaipėda. Bahnhof, Republikos 1, im Norden der Stadt. Um ins Zentrum zu kommen, Bus 2 oder 3 nehmen, am Busbahnhof aussteigen.

- *Übernachten* **Žemaitija**, Kęstučio 21. Akzeptable Zimmer. Am einladendsten ist die mit einem rosaroten Salon ausgestattete Luxus-Suite. ÜB zwischen 20 € und 40 €, ✆ 53292. Vom Busbahnhof geradeaus in die Stadt gehen, Straße ist etwas ansteigend.

- *Essen* Das wohl beste Restaurant am Ort ist das **Gotika**, Turgus 19a. Dort gibt es internationale Küche bei freundlichem Service.

Stotis, Respublika 48, unweit vom Bahnhof. Kleines, einfaches Café für einen Kaffee zwischendurch geeignet.

Barras, Respublika/Ecke Marktplatz. Rauchige Kellerkneipe und junges Publikum.

Tulpelė, Turgus a. Großes Café mit Blick auf das Treiben in der Stadt. Wird z. Zt. renoviert.

- *Adressen* **Geldwechsel**, Birutės 5a; Sedos 6.

Post, Sedos 1.

Poliklinik, Didžioji kalno 40.

Blumenmarkt, ein buntes Blumenmeer ist in der Verlängerung der Kestučio/Ecke Respublika zu finden.

Dom: Beeindruckend ist der prächtige Dom von Telšiai. Die Litauer nennen ihn *Švento Antano Bažnyča*, nach dem heiligen Antonius von Padua. Er ist von 1761 bis 1791 im Stil des Spätbarock erbaut worden. Im Inneren des Doms sind jedoch auch Stilelemente des Klassizismus zu finden.

Freilichtmuseum: Einen Einblick in die žemaitische Architektur der Jahrhundertwende liefert eine ansprechende Ausstellung im Stadtpark. Zu sehen sind verschiedene Häuser dieser Epoche.

Heimatmuseum, Muziejūs 31: Es befindet sich im Erdgeschoss eines Hochhauses, das von der Hauptstraße etwas zurückversetzt liegt. Die Muziejūs g. geht vom Zentrum kommend links von der Kreuzung am Busbahnhof ab. Die kleine, aber interessante Ausstellung informiert über das Leben der eigenwilligen Žemaiten. Darüber hinaus kann das Museum auf eine kostbare Gemäldesammlung verweisen, worunter sich u. a. ein Bild von *Lucas Cranach* befindet.

▶ **Varniai an der Virvytė**: Etwa 31 km südlich von Telšiai in einer kleinen Talsenke liegt Varniai. Eine steinerne Kirche und ein kleines goldgelbes Gotteshaus zieren den Ort. Im Tante-Emma-Laden des Dorfes trifft man sich am späten Nachmittag, um Lebensmittel zu kaufen und ein bisschen zu schwatzen. Gegenüber auf dem Dorfplatz sitzen die Alten zusammen mit den Jungen und trinken Bier.

Nicht weit vom Dorf befindet sich der *Lūksto-See*, der eigentliche Grund, in dieses Tal zu fahren. Es sind in der Regel nur wenig Leute am See, sodass man den schmalen Sandstrand und die würzige Waldluft meist alleine genießen kann. Gut zum Campen geeignet.

• *Anfahrt/Verbindungen* **Pkw** – von Telšiai führt die 160, eine schmale, asphaltierte Landstraße nach Varniai. Um zum See zu gelangen, zurück zur Straße, an der das Dorf liegt und ungefähr 3 km gen Süden fahren.

Hinweis: Auf dem Weg von Varniai nach Užventis, über den man nach Šiauliai gelangen kann, ist die Straße etwa 20 km sehr schlecht.

Bus – Verbindungen von Telšiai, Plungė und Klaipėda nach Varniai, weiter zum See zu Fuß. Busse fahren selten.

• *Essen* Neben der Kirche befindet sich ein **Laden**.

Der Dom von Telšiai

Fahrradtour durch die Žemaitija

(nach Informationen des Touristen-Clubs Vilnius)

Mit dem Fahrrad gelangt man auch in die etwas entlegeneren Winkel der Žemaitija, durchstreift den jüngsten Nationalpark Litauens und kommt an interessanten Museen und Sehenswürdigkeiten vorbei. Die Straßen sind, außer nach Salantai und Šventoji, alle asphaltiert, jedoch sollte man mit dem einen oder anderen Schlagloch rechnen. Wer kein eigenes Fahrrad dabei hat, kann sich eins in Plateliai besorgen und die Fahrradtour dort beginnen.

Telšiai – Plinkšių-See (ca. 17 km): Von Telšiai über die Landstraße nach Seda gelangt man zum Plinkšių-See. Die Strecke dorthin ist etwas hügelig. Am Ufer befindet sich das ehemalige Landgut des Grafen *K. Pliateris*. Das Anwesen ist umgeben von einem alten Park, in dem der Graf auch begraben liegt.

Plinkšių – Seda (ca. 7 km): In Seda, einem alten Städtchen, ist die hölzerne Kirche mit dem Glockenturm von 1770 von Interesse. Hier kann ebenfalls ein Denkmal für *Vytautas den Großen* besichtigt werden. Nimmt man von Seda die Landstraße Richtung Žemalė, gelangt man nach Renavas.

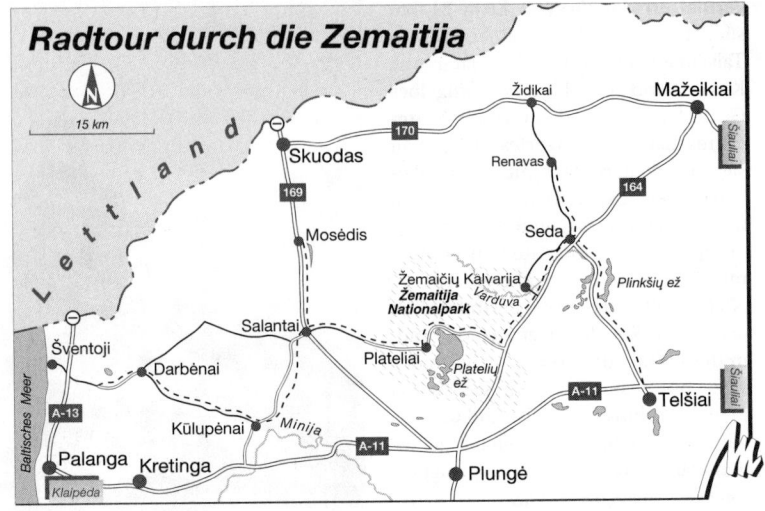

Radtour durch die Zemaitija

Seda – Renavas (ca. 15 km): Die Strecke nach Renavas führt teilweise am schönen Varduva-Fluss entlang. Auf dem Weg dorthin trifft man auf den *Užpilis-Festungsberg*, auf dessen Spitze wohl einmal eine Žemaiten-Burg gestanden hat. Wenige Kilometer weiter erscheint dann in einer malerischen Flussbiegung der Ort Renavas. Hier ist ein schöner Palast von Interesse. Einladend ist auch der Park mit seinen alten Bäumen. Das Ufer der Varduva ist ideal zum Campen.

Renavas – Seda- Žemaičių Kalvarija (ca. 28 km): Fährt man von Renavas zurück nach Seda, gelangt man, wenn man auf dieser Straße bleibt, nach Žemaičių Kalvarija, eine wichtige Pilgerstätte der Litauer. Sehenswert sind hier die Kirche, das Kloster und die Kapellen.

Žemaičių – Kalvarija – Platelių-See (ca. 15 km): Diese Etappe ist landschaftlich wunderschön und führt durch den Žemaitija-Nationalpark. Der Weg schlängelt sich vorbei an grünschimmernden Teichen und Seen, Sumpfgebieten und kleinen, klaren Bächen.

Von Žemaičių Kalvarija Richtung Plungė radeln, bis nach ca. 7 km rechts eine Straße abgeht. Sie führt vorbei am Platelių-See und endet im Dorf Plateliai.

Da der Platelių-See zum Territorium des Nationalparks zählt, ist das Wildcampen am Seeufer nicht gestattet. Im Dorf Plateliai gibt es jedoch einige Übernachtungsmöglichkeiten (siehe S. 247).

Plateliai – Salantai (ca. 15 km): Von Plateliai geht eine Straße nach Salantai ab. Die letzten Kilometer der Strecke sind nicht asphaltiert. In diesem kleinen Ort ist der bemerkenswerte Garten der Familie Orvydas sehenswert. Er befindet sich an der Straße von Plungė nach Skuodas (siehe S. 222).

Salantai – Mosėdis (ca. 15 km): Nach Mosėdis gelangt man über die Hauptstraße, die von Plungė nach Skuodas geht und an Salantai vorbeiführt. In einer kleinen Mühle ist ein imposantes Steinmuseum eingerichtet. Am Dorfrand an der Straße nach Plungė liegt eine Campingwiese. Das nächste Hotel befindet sich im ca. 10 km entfernten Skuodas (siehe S. 223).

Mosėdis – Darbėnai – Šventoji (ca. 43 km): Etwa 31 km beträgt die kürzeste Strecke von Mosėdis nach Darbėnai, die allerdings nicht asphaltiert ist. Daher empfiehlt es sich, einen kleinen Umweg über Salantai zu fahren, dort 16 km die asphaltierte Landstraße bis nach Kūlupėnai entlang zu radeln und dann rechts in den Weg nach Darbėnai ein-zubiegen. Von da sind noch ca. 16 km Sandpiste zurückzulegen.

In Darbėnai stehen ein alter Glockenturm aus dem 19. Jh. und eine alte Wassermühle (1820). Von hier aus sind es jetzt noch mal 12 km, teilweise Schotterpiste, bis zum Meer. Šventoji, auch Palanga II genannt, ist ein Kurort, in dem sich ein Erholungsheimkomplex an den nächsten reiht. Bis zum bedeutend schöneren Palanga sind es nochmals 20 km.

Plungė

(ca. 24.800 Einwohner)

Nicht weit vom Žemaitija-Nationalpark befindet sich am Fluss Minija die Kleinstadt Plungė. Der Ort strahlt eine ruhige und behagliche Atmosphäre aus. Plungė war nie ein Ort von großer Wichtigkeit, und auch seine Geschichte verlief nicht sonderlich aufregend. Geeignet ist Plungė als Ausgangspunkt zum etwa 20 km nördlich gelegenen Žemaitija-Nationalpark. Plungė ist übrigens die Partnerstadt von Menden im Sauerland.

- *Postleitzahl* LT5640
- *Vorwahl* (2)18
- *Anfahrt/Verbindungen* **Pkw** – an der Straße 164 Tauragė–Mažeikiai, unweit vom Kreuz mit der A-11 Kretinga–Šiauliai gelegen.

Bus – am einfachsten von Telšiai und Kretinga aus zu erreichen, aber auch Verbindung mit den größeren Städten Litauens und mit Plateliai. Der Busbahnhof liegt etwas außerhalb der Stadt. Zum Zentrum Bus 3, 4, 5 oder 6 nehmen und am Hauptplatz aussteigen.

- *Übernachten* **Gandija**, Minijos 4. Teil-weise renoviertes Stadthotel. DZ zwischen 20 und 45 €, ☎ 52 345.
- *Essen* **Katpėdėlė**, Senamiesčio a. 8. Angenehmes Selbstbedienungscafé/-restaurant mit üppigem Buffet und großen Fenstern. Man sitzt in kleinen Nischen von denen aus sich prima das Treiben auf dem Hauptplatz beobachten lässt.

Picerija, Dariaus ir Girėnas 19. Diese freundliche Pizzeria liegt an der Strasse nach Šiauliai

- *Adressen* **Geldwechsel**, Vytauto 3.

Post, Dariaus ir Girėno 2.

Poliklinik, Vaižgauto 91.

Ruine: Es gab einmal ein Schloss in Plungė, das 1879 nach den Plänen des deutschen Architekten *Lorenz* gebaut wurde und zu den prächtigsten Anlagen Litauens gehörte. Heute sind im Park hinter der Brücke nur noch einige Mauerreste zu sehen. In einem Trakt des Schlosses befand sich eine Musikschule, zu deren bedeutendsten Schülern der Maler und Komponist *Čiurlionis* gehörte.

Kirche: Am Ende der Vytauto g. erhebt sich eine markante Kirche aus den 30er Jahren des letzten Jahrhunderts. Daneben steht ein kleines Holzhäuschen, in dem Čiurlionis und seine Frau während ihrer Plungėr Zeit lebten.

Heimatmuseum: Das Museum befindet sich in dem weißen Turm am Kirchplatz, Öffnungszeiten sporadisch.

Žemaitija-Nationalpark
(Žemaitijos nacionalinis parkas)

Die wunderbare Gegend im Nordwesten von Litauen wurde 1991 zum Nationalpark erklärt. Grüne Hügellandschaft, bunte Blumen und tiefe Wälder zeichnen die Landschaft aus, in die zahlreiche Seen eingebettet sind. Der größte davon ist der Platelių-See, aus dem sich idyllisch sieben kleine Inseln herausheben.

Der Park umfasst eine Fläche von 21.720 ha. mit einer Bevölkerung von 1.460 Einwohnern. Im Südosten des Parks befindet sich ein einzigartiges Naturreservat (Urwald), das nicht betreten werden darf. Der Park ist reich an Flora und Fauna. 183 verschiedene Vogelarten sind hier heimisch, wovon 38 als selten gelten.

Doch nicht nur die herrliche Natur ist sehenswert, sondern auch die vielen, traditionellen kleinen Dörfer und Siedlungen, die über den Park verstreut liegen.

Touristisch ist es im Nationalpark noch sehr ruhig, doch entwickelt sich der Platelių-See immer mehr zu einem beliebten Ziel für Wassersportler. Das Zentrum des Nationalparks ist die Kleinstadt Plateliai. In Žemaičių Kalvarija, dem zweitgrößten Ort des Parks, befindet sich eine wichtige Wallfahrtsstätte.

Plateliai: Entstanden ist der Ort aus einer Inselburg, die im 16. Jh. noch in den Chroniken auftauchte, von der heute allerdings nichts mehr zu sehen ist. Hier befindet sich ein Segelzentrum und der Sitz der Parkverwaltung. Ebenfalls kann hier eine Angelerlaubnis eingeholt werden.

● *Anfahrt/Verbindungen* **Pkw** – von Plungė etwa 6 km die Straße 164 Richtung Mažeikiai entlang fahren, bis linker Hand der Abzweig nach Plateliai kommt.
Bus – Verbindung mit Plungė und Telšiai, jedoch nur 3-mal täglich.

● *Information* Didžioji g. 10. Sehr hilfsbereite und freundliche Mitarbeiter. Täglich von 8.30–17.30 Uhr geöffnet, im Winter Mo–Fr von 10–16 Uhr. ℡ 218/49231/49337, ✆ 218/51281, znp@plunge.omnitel.net. Außer Informationen über den Nationalpark werden hier auch Unterkünfte auf Bauernhöfen, Campingplätzen und Ferienheimen vermittelt. Ebenfalls sind Exkursionen, Fahrrad-

Oft zu sehen in Litauen: Holzskulpturen

touren, Wanderungen und Ausritte in und um den Nationalpark buchbar; weitere Informationen zum Park unter www.tourism.lt/nature/parks/zemaitija.html.

• *Übernachten* Es gibt einige über den Park verteilte einfache Ferienheime, die jedoch schwierig zu finden sind und die auch nicht regelmäßig und durchgehend geöffnet haben. Hilfreich ist da die Informationsstelle in Plateliai, die stets über das aktuelle Angebot an Unterkünften im Bilde ist. Für ÜB mit etwa 10–15 € pro Person rechnen.

Šiaulių Energija, einfaches, auf das Minimalste beschränkte Ferienheim, gelegen beim Dorf Beržoras am gleichnamigen See. ÜB 8 € pro Person. Zum Haus gehört eine Dampfsauna. ✆ 49386.

Linelis, Paplatelė am Platelių See. Bescheiden ausgestattetes Ferienheim. Es gibt DZ und DRZ. ÜF, HP und VP buchbar. ÜB pro Person 9 €. ✆ 49422 und 49425.

Jachtklub, Ežero 36, Plateliai. Einfach, aber rustikal und nett. ÜB zwischen 8–12 €. ✆ 41789.

Ökologisches Bildungszentrum, Plokščiai. Auch hier handelt es sich um eine eher bescheidene Übernachtungsmöglichkeit. Preis pro Person 5–8 €. ✆ 49361 und 50505.

Viešbūtis, Didžioji 19, Plateliai. Bescheidene Unterkunft für 8 € pro Person. ✆ 49050.

• *Privatquartiere* Folgende Familien bieten einfache, aber freundliche und vor allem saubere Übernachtungsmöglichkeiten an. Mahlzeiten könne auf Wunsch bestellt werden. ÜB um die 8–10 € pro Person.

M. Mikasauškai, Ežeras 33, Plateliai, ✆ 49117;

D. Bunkos , Liepiju 8, Plateliai, ✆ 49238;

V. Straksytė, Zalioji 15, Plateliai, ✆ 49293;

D. Stonienė, Zalioji 17, Plateliai, ✆ 49175;

P. Zabičiai, Ežeras 17, Plateliai, ✆ 49030;

J. Rumšai, Beržoras, ✆ 49124;

M. Striaukienė, Beržoras, ✆ 49152;

A. Birškus, Beržoras, ✆ 49382;

A. Jaruliai, Višvainiai, ✆ 41926;

V. Začinas, Stirbaičiai, ✆ 49394.

• *Camping* Wildcampen ist im Nationalpark nicht gestattet. Am Westufer des Platelių-Sees befinden sich 4 Plätze, auf denen kleine Holzhütten stehen. Ein weiterer liegt am Südufer des Ilgio-Sees. Am besten vorher beim Informationsbüro erkundigen, welche Campingplätze auch tatsächlich geöffnet haben.

Klasco, beim Dorf Paežerės Rūdaičiai am Platelių See. Zu vermieten sind 11 einfache rustikale Holzhütten für 10 € pro Hütte, ✆ 49323.

• *Essen in Plateliai* **Senas Azuolas Užeigas**, Ežero 3. Rustikales Restaurant, in dem deftige litauische Kost serviert wird.

Būres, Ežero 36. Nettes, zünftiges Café mit kleiner Speisekarte und traumhaftem Seeblick, zum Yachtklub gehörend.

Zusätzlich besteht die Möglichkeit, im jeweiligen Ferienheim oder bei der Gastfamilie eine Mahlzeit zu bestellen.

• *Ausstellung* In einem kleinen Raum in der Didžioji g. 10 finden wechselnde Ausstellungen der im Park lebenden Holzschnitzer statt.

Galerie, von Plungė nach Platalai kommend befindet sich auf der linken Seite ein uriges altes Fachwerk/Backsteinhaus, in dem wechselnde Exponate von Kunsthandwerkern der Region ausgestellt werden.

• *Sonstiges* **Post**, Didžioji gegenüber der Touristeninformation.

Geldwechsel, Didžioji 3.

▶ **Platelių-See**: Mit seiner Fläche von etwa 12 qkm und einer Tiefe bis zu 50 m ist er der größte See der Žemaitija. Gebildet hat er sich vor etwa 10.000 Jahren, zum Ende der letzten Eiszeit. Glaubt man aber der Legende, so ist der See jedoch ganz anders entstanden.

Ursprünglich soll sich der See einmal viel weiter westlich befunden haben, bis sich eines Tages *Viesulas*, der Gott des Sturmes, den See während eines Unwetters packte, ihn in seine "Wolkentasche" steckte, in der Absicht, ihn mit nach Osten zu nehmen. Allerdings hielt seine Tasche dem Gewicht des Sees nicht stand, sodass diese platzte und der See in Form von Sturzbächen an seinen jetzigen Standort auf die Erde fiel.

Sehenswertes im Nationalpark

Militärmuseum: Wer einmal die Überbleibsel des Kalten Krieges aus der Nähe sehen möchte kann sich hier durch die feuchten und engen Schächte eines ehemaligen Atomraketenstützpunktes der Roten Armee zwängen, um zu den 30 m tiefen Einbuchtungen zu gelangen, in denen die Raketen abschussbereit steckten. Von 1962–78 waren hier drei Atomraketen mit dem Ziel Deutschland stationiert. Nach Informationen der Parkverwaltung soll das Gebiet in und um den Stützpunkt heute nicht mehr radioaktiv belastet sein. Die Abschussrampe war natürlich gut getarnt, und somit ist das Museum von außen auch nicht sichtbar.

Öffnungszeiten Da das Museum nicht ständig geöffnet ist, vorher bei der Parkverwaltung nachfragen. Der Schlüssel befindet sich beim Pferdeverleih, ✆ 49161.

Holzschnitzkunst: Südlich von Plateliai in den Dörfern Godeliai und Babrungėnai sind zwei kleine Museen eingerichtet, in denen kunstvolle Holzskulpturen zu sehen sind.

Sport/Freizeit

Fahrradverleih: Eine reizvolle Variante den Nationalpark zu entdecken, ist mit dem Fahrrad. Die Straßen sind zwar nicht alle asphaltiert, bestehen aber aus befahrbarer Erd-Schotter-Trasse. Ein interessantes und gruseliges Ziel ist das Militärmuseum in *Plokštinės Poilsiavietė*. Fahrräder sind stundenweise, aber auch für längere Zeit im Informationsbüro ausleihbar. Unterwegs gibt es genügend Strände, die zum Baden einladen (s. auch "Fahrradtour durch die Žemaitija", S. 244).

Reiten: Für ca. 14 € die Stunde kann man die Gegend des Parks zu Pferd erkunden. Der Stall mit seinen sieben Pferden befindet sich im Dorf Plokštinės Poilsiavietė, das gegenüber von Plateliai auf der andern Seite des Platelių-Sees liegt. *Information* ✆ 49161.

Wassersport: Segelyachten, Tret- und Ruderboote sowie Surfbretter können beim Yachtclub in Plateliai ausgeliehen werden.

Feste: Anfang Juni wird der Sommer mit einem Volks- und Kunstfestival begrüßt. Nicht viel später wird in der Nacht vom 22. auf den 23. Juni die Sonnenwende gefeiert. Ein weiteres Fest gibt es im Juli, wenn auf dem Platelių-See eine Regatta und Schwimmwettbewerbe stattfinden.

▶ **Žemaičių Kalvarija:** Das kleine Dorf im Nordosten des Nationalparks, ist eine wichtige Pilgerstätte und gut besuchter Wallfahrtsort der überwiegend katholischen Litauer. Erwähnt wurde das Dorf bereits 1253, allerdings unter seinem ursprünglichen Namen *Gardai*. Anfang des 17. Jh. ging Gardai in den Besitz der Bischöfe über, worauf der Ort 1637 ein Dominikanerkloster erhielt. Die Mönche des Klosters errichteten kurz darauf nicht nur eine Kirche, sondern legten eine sich über 7 km erstreckende Darstellung der Stationen des Leidensweges Christi an, begleitet von neunzehn Kapellen. Am Ende des Passionsweges erhebt sich die Kirche der Heimsuchung Marias. So wurde Gardai zu einem žemaitischen Kalvarienberg

Der Platelių-See im Žemaitija-Nationalpark

• *Anfahrt/Verbindungen* **Pkw** – liegt etwa 32 km nordöstlich von Plungė unweit der Straße 164 Richtung Mažeikiai.
Bus – zu erreichen mit der Linie Plungė-Mažeikiai, jedoch nicht allzu häufig. Ebenfalls einmal täglich von Plateliai aus zu erreichen.
• *Information* Zweigstelle des Platiliai Bü-

ros, nur im Sommer geöffnet ✆ 43200, znp@plunge.omnitel.net.
• *Essen* **Kavinė**, Gardai a. 9. Kleines und wohl einziges Café im Ort.
• *Fest* Anfang Juli findet hier alljährlich ein bedeutendes Kirchenfest statt, zu dem Tausende von Pilgern und Gläubigen aus ganz Litauen eintreffen.

Mažeikiai

(ca. 45.900.000 Einwohner)

Die Stadt ist Bezirkszentrum an der Grenze zu Lettland. Mit historischen Reichtümern kann die Stadt nicht auftrumpfen, dafür aber mit finanziellen. Mažeikiai lebt vom Öl. Seit 1980 arbeitet hier eine gigantische Raffinerie, die durch eine Pipeline mit Sibirien verbunden ist. Die Wirtschaftsblockade, die Moskau 1990 gegenüber Litauen verhängte, traf die Ölstadt besonders. Für litauische Verhältnisse ist Mažeikiai reich. Der Kraftstoff ist hier billiger, und die Geschäfte sind voller als anderswo in Litauen. Dafür ist aber auch die Umwelt stärker belastet.

• *Postleitzahl* LT5500
• *Vorwahl* (2)93
• *Anfahrt/Verbindungen* **Pkw** – liegt an der A-222, die weiter nach Saldus (Lettland) führt.
Bus, Respublikos 17 – mehrmals täglich Verbindung mit Šiauliai, Plungė und Klaipėda.
Bahn, Stoties 1 – Züge nach Rīga und Vilnius via Šiauliai.

• *Information* Vydūna 4, ✆ 32915
• *Übernachten* **Valina**, Draugystė 18. Eckiger und schäbiger Bau mit verschiedenen Zimmerkategorien. Viele der Zimmer sind jedoch renoviert und mit modernem Mobiliar ausgestattet. EZ 20–25 €, DZ 40–45 €. ✆ 20434, 20436 und 20438, 🖷 20435.
• *Essen* **Geltona Valtis**, Zemaitijos 47/38. Durchschnittliches Restaurant mit litauischer und europäischer Küche.

Pekinas, Zemaitijos 47/38. Wie der Name vermuten lässt, kommen Spezialitäten aus dem Reich der Mitte auf den Tisch. Die Kreationen sind vielleicht nicht ganz authentisch, aber dafür ist der Service sehr zuvorkommend.

● *Verschiedenes* **Geldwechel**, Laisvės 15 und 17.

Post/Telegrafenamt, Laisvės 38.
Bibliothek, , Laisvės 31–14. Internetzugang geplant.
Poliklinik, Basanavičiaus 26.
Stadtmuseum, Laisvės 33/13.
Supermarkt, neben dem Hotel.
Reisebüro, Birutės g. 13.

▶ **Renavas:** Das kleine Dorf liegt im Bezirk Mažeikiai. Interessant ist der Ort wegen seines klassizistischen Schlosses, das die Adelsfamilie *Renée* zwischen dem 18. und 19. Jh. hier errichten ließ. Das frisch restaurierte Anwesen ist von einem überaus romantischen Park umgeben, in dem eine 35 m hohe und 1,2 m dicke Tanne steht. Die Dorfkirche entstand 1786.

Suvalkija

Die kleinste der litauischen Provinzen liegt im Südwesten des Landes. Ihre Nord- und Ostgrenze bildet die Flussbiegung des Nemunas. Im Westen grenzt die Suvalkija an Polen und im Süden an die Dzūkija. Der Boden hier ist fruchtbar, sodass es der Bevölkerung, gemessen an anderen Gegenden in Litauen, recht gut geht.

Auch die Suvalkija unterscheidet sich durch ihr Brauchtum, ihre Sprache und Traditionen von den andern Gebieten des Landes. Besonderer Beliebtheit erfreut sich in der Suvalkija, übrigens auch *Sudūva* genannt, das Spielen der *Kanklės*, eines der ältesten Zupfinstrumente im Baltikum.

Marijampolė

(ca. 52.000 Einwohner)

Marijampolė ist die Hauptstadt der Provinz Suvalkija. Lange Zeit trug die Stadt den Namen Kapsukas, benannt nach dem Freund Lenins und Mitbegründer der kommunistischen Partei Litauens. Doch wie überall im Land wurde auch hier seit 1989 nach und nach alles beseitigt, was an die Sowjetzeit erinnert. So erhielt die Stadt schließlich auch ihren alten Namen zurück.

Marijampolė kann auf keine lange Geschichte zurückblicken. Entstanden ist die Stadt aus dem Zusammenschluss des Dorfes *Pažašupis*, das sich später zum Marktflecken *Starapolė* entwickelte und dem nicht weit entfernt gelegenen *Marijanenkloster*. 1717 wurde aus den beiden Ortschaften die Stadt Marijampolė. Obwohl sie unmittelbar das Stadtrecht erhielt, ging die Entwicklung langsam voran und erfuhr erst mit dem Bau der Eisenbahn und der Straße St. Petersburg – Warschau einen Aufschwung. Auch der Weg von Vilnius nach Kaliningrad führt durch Marijampolė. Mit der Zeit hat sich die Stadt zu einem wichtigen Verkehrsknotenpunkt entwickelt, sodass sich hier mittlerweile viel Industrie angesiedelt hat. Touristisch ist die Stadt weniger interessant. Hotel, Restaurant, Telegrafenamt usw. liegen alle am großen Zentralplatz, der einst Lenin gewidmet war.

● *Postleitzahl* LT4520

● *Vorwahl* (2)43

● *Anfahrt/Verbindungen* **Pkw** – von Vilnius die Straße 105 Richtung Kaliningrad neh-

men; von Kaunas die A-5 Richtung Süden/ Polen.

Bus – Fast alle Busse, die zwischen Vilnius, Kaunas und Kaliningrad verkehren, fahren durch Marijampolė. Zudem Anschluss in jede größere Stadt Litauens. Einmal täglich fährt ein Bus via Lazdijai nach Polen.

Bahn – Züge nach Kaunas und Alytus, Bahnhof in der Stotis g. etwas außerhalb des Zentrums. Um in die Innenstadt zu gelangen, Taxi oder Bus 2a bis Busbahnhof nehmen.

• *Übernachten* **Arvi**, V. Kudirkos 24. Kleines komfortables Hotel mit 6 großzügigen, hochmodern ausgestatteten Zimmern und sehr nettem Service. EZ 75 €, DZ 75–100 €. ✆ 54581, ✉ 51576, arvim@mari.omnitel.net, www.arvi.lt.

Sūduva, Basanavičiaus a. 1. Zimmer alle mit Bad, mäßig sauber. EZ ab 15 €, DZ ab 30 €. Vom Busbahnhof die Kreuzung überqueren und ein kurzes Stück die Straße, die nach Kaliningrad führt, bis zur Ecke mit der Dailides g. entlanggehen, dort rechts rein und geradeaus bis zum Hotel, liegt auf der linken Seite. ✆ 53970.

• *Essen*: **Pizza Jazz**, V. Kudirkos 24. Stilvoll aufgemachte Pizzeria mit gutem Essen in edlem Ambiente.

Egzotika, Vasario 16-osios 10. Die kulinarische Reise im Egzotika führt nach China.

Pasaka, gegenüber vom Sūduva am Basanavičiaus a. gelegen. Kleines Café, wo man im Sommer auch draußen sitzen kann.

Sūduva, direkt neben dem Hotel gelegen. Obwohl es sich hier um eine eher minimale Lokalität handelt, so ist doch die Bedienung sichtlich um das Wohl der Gäste bemüht. Am Abend oft Live-Musik.

• *Adressen* **Geldwechsel**, Kestučio 5; Wechselstube im Hotel.

Post/Telegrafenamt, die beiden Ämter befinden sich nicht in einem Gebäude, liegen aber direkt nebeneinander am Basanavičiaus-Platz. Im Telegrafenamt kann man in dringenden Fällen den eingerichteten Bereitschaftsdienst in Anspruch nehmen. **Internetzugang**: Armino 92.

Bewachter Parkplatz, Vytauto g., gegenüber von Haus 67.

Umgebung von Marijampolė

▶ **Prienai**: Bezirkshauptstadt der Region Prienai, 7 km entfernt von Birštonas und 30 km von Kaunas gelegen, siehe S. 159.

▶ **Žuvintas-Naturschutzgebiet**: Das Naturreservat liegt ca. 30 km östlich von Marijampolė und ca. 30 km von Prienai entfernt. Touristen haben zu dem Park keinen Zutritt, da er Lebensraum einiger bedrohter Tier- und Pflanzenarten ist. In einem kleinen Museum kann man sich anhand präparierter Tiere und getrockneter Pflanzen ein Bild über die Flora und Fauna des Reservats machen. Es leben dort Dachse, Füchse, Wildschweine, Goldfinken, Habichte und Bussarde, um nur einige Tierarten zu nennen. Im Sommer, während der Saison, werden im Museum Filme über das Naturparadies gezeigt. Informationen auch unter www.tourism.lt/nature/reserv/zuvintas.html.

• *Anfahrt/Verbindung* **Pkw** – von Marijampolė und Prienai jeweils die Straße 105 entlangfahren bis zum Abzweig Richtung Gudeliai/Simnas, dort einbiegen. Nach etwa 15 km kommt ein Hinweisschild auf das Žuvintas-Reservat. Nach ca. 300 m erscheint ein Schild in Form einer unauffälligen Holzskulptur.

Hinweis: Von der Abkürzung über Krokialaukis nach Alytus ist abzuraten, da die Straße sehr schlecht ist.

Bus – Das Reservat ist zwar mit den Bussen der Linie Alytus – Simnas zu erreichen, doch der Aufwand ist sehr groß.

Vilkaviškis

(ca. 18.000 Einwohner)

Vilkaviškis ist ein behagliches, hübsches Städtchen am Zusammenfluss von Seimena und Vilkauja gelegen. Erstmalig erwähnt wurde der Ort im 14. Jh. Der Grundstein für die erste Kirche wurde 1620 gelegt. Bereits 1623 gab es in Vilkaviškis eine Synagoge. Das Magedburger Stadtrecht erhielt die Kleinstadt 1660. Nach der 3. Teilung Polens 1795 fiel Vilkaviškis an Preußen und wurde

Litauen
Karte siehe Umschlaginnenklappe hinten

1807 russisch. Zu Beginn des 19 Jh. sollen hier auf 314 Fabriken, 7 Straßen und 2 Mühlen tatsächlich 28 Schenken, 23 Bierbrauereien und 35 Schnapsbrennereien gekommen sein.

Im Zweiten Weltkrieg wurde Vilkaviškis fast vollständig zerstört, doch trotz des Neuaufbaus wirkt der Ort nicht wie aus dem Boden gestampft. Die ebenfalls in Trümmern liegende katholische Kirche wurde 1946 durch das Gotteshaus der russisch-orthodoxen Gläubigen ersetzt, das in den Dom der *Erscheinung der Heiligen Maria* verwandelt wurde.

Heute ist Vilkaviškis eine der 6 Bischofsstädte Litauens und Verwaltungszentrum des gleichnamigen Bezirks. Im 31 km östlich gelegenen Kybartai Virbalis befindet sich ein Grenzposten zum Kaliningrader Gebiet. Vilkaviškis ist ideal als Ausgangspunkt zum *Vištytis-See.*

- *Postleitzahl* LT4270
- *Vorwahl* (2)42
- *Anfahrt/Verbindungen* **Pkw** – liegt etwa 23 km nordwestlich von Marijampolė an der A-7, die nach Kaliningrad führt und dort zur A-229 wird.

Bus – Da die Wege von Vilnius und von Kaunas nach Kaliningrad durch Vilkaviškis führen, ist die Verbindung mit diesen Städten verhältnismäßig gut. Busbahnhof in der Vytauto g. 103.

- *Übernachten* **Žirvinta**, J. Basanavičiaus a. 5, am Hauptplatz der Stadt gelegen. Modernes Hotel mit etwas konservativ möblierten Zimmern, die so sauber sind, dass sie fast schon steril wirken. DZ ca. 35 €, ✆ 51345, 53197, sirvinta@sirvinta.lt, www.sirvinta.lt.

- *Essen* **Žirvinta**, J. Basanavičiaus a. 5. Gutes Restaurant, zum Hotel gehörend.
Pas Medziotoja, Vytauto 99. Freundliches Lokal mit litauischer und europäischer Küche.

- *Verschiedenes* **Geldwechsel**, Gedimino 16; Basanavičiaus 31.
Post/Telegrafenamt, Vytauto g. 89.
Poliklinik, Maironio 25, in der Nähe vom Hotel.
Reiten, ein Reitstall befindet sich im ca. 2 km nordöstlich von Vilkaviškis gelegenem Dorf Karaliai, ✆ 52996.

▶ **Paežeriai**: In dem kleinen Ort im Bezirk Vilkaviškis ist das klassizistische, kürzlich erst restaurierte Schloss von Interesse. Es entstand im 18. Jh. nach den Plänen des deutschen Architekten *M. Knackfuss* (1740–1803). Die Inneneinrichtung des Schlosses stammt aus dem 19. Jh. Beachtung verdienen die reich mit Stuck verzierten Decken und die Bildergalerie.

Anfahrt/Verbindungen Von Vilkaviškis etwa 12 km die A-229 Richtung Marijampolė nehmen und dann links auf die Straße nach Pilviškiai abfahren. Nach ca. 7 km kommt linker Hand ein Abzweig nach Paežeriai.

▶ **Vištytis-See**: In der Mitte des schön gelegenen Sees verläuft die Grenze zwischen Litauen und dem Kaliningrader Gebiet. Schon allein der Zufahrtsweg zum See ist einmalig. Direkt am Ufer des Sees liegt das winzig kleine Dorf *Vištytis.* Am Ortseingang fällt der erste Blick auf die malerisch baumverhangene Kirche. Gleich danach gelangt man zum charmanten Dorfplatz. Hier befindet sich auch ein großes Lebensmittelgeschäft Die Atmosphäre in Vištytis hat etwas Verträumtes an sich.

Am Ende des Platzes führt rechts ein schmaler Weg zu einem kleinen, verschlafenen Grenzposten zum Kaliningrader Gebiet hinunter. Die Grenze ist allerdings nur für litauische und russische Staatsbürger passierbar.

- *Übernachten* **Camping**, sehr schöner Platz, unmittelbar am Seeufer gelegen. Die umliegende Natur ist saftig grün und der Seeblick einzigartig. Das andere Ufer, hinten am Horizont, gehört zum Kaliningrader Gebiet.
Wer kein Zelt dabei hat, kann sich auch eine der Holzhütten mieten. Es gibt Häu-

schen für 2 und 6 Personen, alle ohne Wasser und WC. Wasserhahn vor jeder Hütte, Toiletten übers Gelände verteilt. Einige Häuschen liegen versteckt hinter Bäumen. Eine kleine Hütte kostet um die 15 €, eine große ca. 25 €. Essen kann bestellt werden. Grillmöglichkeit und Verleih von Ruderbooten.

Victorija, gelegen im Dorf Čižiškiai, an der Südspitze des Vištytis-Sees. Obwohl das Haus einen etwas massiven Eindruck vermittelt, sind die Zimmer recht gemütlich, einige von ihnen modernisiert. EZ 30–35 €, DZ 45–50 €, DRZ 70 €. Zusätzlich besteht die Möglichkeit in einem der Sommerhäuser für 16 € pro Person zu nächtigen oder das eigene Zelt aufzubauen, was 10 € kostet. Zum Hotel gehört ein behagliches Restaurant, das ein wenig an einen englischen Pub erinnert. ✆ 51426, 47521, 📠 54731, viktorija_v@post.omnitel.net.

● *Anfahrt/Verbindungen* **Pkw** – von Vilkaviškis die A-229 bis zum Grenzstädtchen Kybartai nehmen. Dort geht links eine Straße nach Vištytis ab. Um zum Campingplatz zu gelangen, durch Vištytis durchfahren. Die Straße macht am Ortsausgang einen kleinen Linksknick, auf dieser Straße bleiben, bis nach ca. 1,5 km rechts eine Straße abgeht, an der auch ein Hinweisschild zu dem Campingplatz aufgestellt ist. Diese Straße geradeaus entlang fahren, auch wenn sie mittlerweile zur Schotterpiste geworden ist, bis ein weiteres Hinweisschild kommt. Dort geht der Weg ab, der dann endgültig zum Campingplatz führt. Zum Hotel auf der

Ein Dorf in der Suvalkija

Schotterpiste bleiben und den Hinweisschildern folgen.

Bus – Frühmorgens, mittags und am frühen Abend fahren Busse von Vilkaviškis nach Vištytis. Es gibt sporadisch Busse zum Campingplatz, nicht aber zum Hotel Viktorija.

Lazdijai

(ca. 9000 Einwohner)

Die unspektakuläre Kleinstadt liegt etwa 35 km südöstlich von Marijampolė und 8 km von der Grenze zu Polen entfernt. Doch durch Lazdijai müssen alle, die über das polnische Ogrodniki per Bus oder Pkw ins Baltikum einreisen.

Auch wenn das Bezirkszentrum Lazdijai an sich nicht weiter interessant ist, so sind doch die touristisch völlig unberührten Regionalparks *Meteliai* und *Veisiejai* vor den Toren Lazdijais lohnenswert. Zahlreiche Seen, eingebettet in saftige Wiesen und bunte Felder, schmale Straßen, die an farbigen Holzhäuschen – Stil "Villa Kunterbunt" – mit romantisch verwilderten Vorgärten vorbeiführen, laden zu einem Ausflug ein.

● *Postleitzahl* LT4560

● *Vorwahl* (2)68

● *Anfahrt/Verbindungen* **Pkw** – von Marijampolė die Landstraße über Krosna nehmen; von Vilnius aus die Straße 105 bis zur

Kreuzung mit der 130 nehmen (in Prinai), auf diese wechseln und bis Alytus fahren. Dort rechts halten und auf die 132 fahren, die nach Lazdijai führt (Näheres zur Anfahrt aus Polen siehe Anreise).

Busse – Verbindung mit jeder größeren Stadt Litauens. Der letzte Bus nach Vilnius fährt gegen 18 Uhr, nach Kaunas gegen 19 Uhr. Täglich 4 Busse nach Kaliningrad, 2 Busse via Sejny nach Suvalki (Polen). Die Busse nach Suvalki sind rappelvoll, Ticket mindestens 2 Stunden vorher kaufen. Am Fahrkartenschalter hängen oftmals Angebote für Busfahrten in verschiedene polnische Städte aus.

● *Information* Vilnius 1. Informationen zur Stadt und Umgebung, zur Grenzsituation und Vermittlung von Privatunterkünften in der Umgebung. Geöffnet Mo–Fr von 9–18 Uhr. ✆/✉ 51160, ltic@centras.lt.; Informationen zum Meteliai und Veisiejai Regionalpark unter www.tourism.lt/nature/ regpark/regpark.html.

● *Übernachten* **Roadtel**, Akmenių 6. Kleines privates Hotel mit 9 Betten, direkt hinter der Grenze am See im Dorf Akmeniai gelegen. DZ um die 45 €, ✆ 51854.

Živintas, Nepriklausomybės a. 5a. Massiver Hotelbau aus den Siebzigern. Zimmer bescheiden, verschiedene Kategorien. EZ 15–35 €, DZ 20–40 €. ✆ 51983. Aus dem Busbahnhof kommend, links die Vilniaus g.

runtergehen bis zum Nepriklausonybės a, wo sich in der hintersten Ecke des Platzes das Hotel befindet. Die Vilniaus g. wird hier zur Kauno g.

● *Essen* Das kulinarische Angebot fällt zur Zeit noch sehr bescheiden aus.

Kavinė, Vilniaus g., liegt vom Hotel kommend, zwei Häuser vor der Post. Kleines Privatcafé, in dem man auch Kleinigkeiten zu essen bekommt, unregelmäßige Öffnungszeiten.

Nendre, Kauno 4. Große, etwas ungemütliche Restauranthalle, Essen okay.

Dagna, Sodų 47. Nettes Café mit kleiner Speisekarte.

● *Verschiedenes* **Geldwechsel**, Kauno 5; **Wechselstube**, gegenüber der Bank.

Post/Telegrafenamt, Vilniaus 15, Richtung Busbahnhof.

Bibliothek, Vilniaus 6. Auch hier ist in der Zukunft ein öffentlicher Internetzugang geplant.

Poliklinik, Kauno 8.

Tankstelle, an der Straße zur polnischen Grenze, rund um die Uhr geöffnet.

Umgebung von Lazdijai

In der Gegend um Lazdijai gibt es eine Reihe hübscher kleiner Dörfer, in denen es allerdings nur bedingt Übernachtungsmöglichkeiten gibt. Doch kann an den vielen Seeufern und in den Wäldern gecampt werden. Vorsicht beim Feuermachen: Waldbrandgefahr! Kleine Lebensmittelgeschäfte gibt es in jedem dieser Orte, in denen man das Nötigste für unterwegs, z. B. für eine Rad- oder Wandertour, kaufen kann. Mit Gaststätten am Wegesrand sieht es eher mager aus.

▶ **Krosna:** Der kleine verschlafene Ort liegt etwa 25 km nördlich von Lazdijai an der Bahnlinie Kaunas-Alytus. Am Ortseingang befindet sich ein kleiner Lebensmittelladen. Hält man sich dort links und fährt über die Brücke, so trifft man auf das *Kavinė Wartai*, das tägl. von 12 bis 20 Uhr geöffnet ist (Kreis Lazdijai). Krosna hat auch einen Bahnhof. Von hier ist es eine Station bis zum Grenzbahnhof Šeštokai

▶ **Simnas:** Auf dem Weg von Krosna nach Simnas liegt links ein großer See. Der Traum der unberührten, leicht hügeligen Landschaft wird durch das plötzliche Auftauchen der Wohnsiedlungen von Simnas unterbrochen. Die Renaissancekirche des Ortes wirkt wie ein Dornröschenschloss. An der Durchgangsstraße, der Vytauto g., befinden sich Post, Apotheke, Lebensmittelgeschäft und das *Kavinė Giluitis* mit angeschlossener Konditorei. Am Ortsausgang stößt man auf eine Karpfenzucht, wo man frischen Fisch kaufen kann. Simnas liegt ebenfalls an den Eisenbahnlinie Kaunas-Alytus und Kaunas-Šeštokai. Entfernung von Krosna ca. 15 km.

▶ **Seirijai:** Der Weg dorthin führt am *Dusios-See* und am *Metelio-See* vorbei. An letzterem liegt das Dorf *Meteliai* mit seinem romantischen Waldfriedhof. Kurz vor Seirijai liegt an der Hauptstraße, die hier noch Vytauto g. heißt, eine Tankstelle mit 24-Stunden-Service. Seirijai liegt am gleichnamigen See. Die Entfernung von Simnas nach Seirijai beträgt etwa 22 km.

▶ **Veisiejai:** Das schönste dieser kleinen Dörfer ist Veisiejai. Von Serijai aus über den unbedeutenden Ort Leipalingis kommend, fällt zwar der erste Blick auf ein Sägewerk, doch nach der ersten Kurve wird der wunderschöne *Ančios-See* sichtbar. Das flaschengrüne, dunkle Wasser, in das kleine Stege hineinführen, ist von dichtem Wald umgeben. Fährt man weiter am See entlang, kommt auf der rechten Seite eine Bushaltestelle und ein Stück weiter das *Restaurant Ančia*, Vytauto 3, geöffnet von 12–24 Uhr. Entfernung von Serijai etwa 30 km und von Lazdijai etwa 21 km. Mit dem Bus sind diese Orte von Lazdijai aus erreichbar, doch die Busse fahren selten.

• *Übernachten* **Ančia**, Vytauto 3. Kleines, angenehmes Gasthaus mit freundlichen Zimmern. DZ um die 30 €. ✆ 56 657, 56 718.
J. Juodienė, im Dorf Kailiniai, etwa 3 km südöstlich von Veisiejai befindet sich ein uriges, rustikales Blockhaus in phantastischer Seelage. Zu vermieten sind 5 DZ, pro Person 15 €. Küche zum selber kochen vorhanden. Boot- und Fahrradverleih, außerdem könne Ausritte in den Regionalpark arrangiert werden. ✆ 56059, Online buchbar über www.travel.lt.
P. Varna, eine ähnliche urgemütliche Unterkunft direkt am Seeufer befindet sich im Dorf Bertašiūnai. Das Haus hat 18 Betten zu vermieten, pro Person etwa 9 €. ✆ 46366. Von Lazdijai ca. 8 km entfernt, die Straße nach Kailiniai immer geradeaus fahren. Online buchbar über www.travel.lt.

Dzūkija

Die südlichste Provinz Litauens ist geprägt von dichten, tiefen Wäldern. Ein großer Teil dieser Wälder ist noch sehr ursprünglich und Lebensraum einiger seltener und bedrohter Tierarten, sodass ein großer Teil der Dzūkija 1991 unter Schutz gestellt und zum Nationalpark erklärt wurde.

Das Leben in der Dzūkija war seit jeher nie einfach, da der Boden nicht besonders fruchtbar ist. Dennoch werden die Menschen der Dzūkija im Allgemeinen als fröhliche und gesprächige Menschen beschrieben, und ihre Provinz wird als das Land der Sänger und Volkstänzer bezeichnet. Die Hauptstadt der Provinz ist Druskininkai.

Sehenswertes in der Dzūkija

Dzūkija-Nationalpark, herrliche Landschaft mit ethnographischen Dörfern und dichten Wäldern, teilweise Urwaldbestand.

Drūskininkai, von Wald umgebener Kurort mit kleinen, hübschen Holzhäuschen und würziger, sauberer Luft.

Grūtas Park, imposanter Garten mit unzähligen Lenin und Stalin Figuren zum Anfassen.

Druskininkai

(ca. 25.000 Einwohner)

Inmitten von duftenden Fichtenwäldern liegt der Kurort Druskininkai, der hauptsächlich durch seine Mineralwasserquellen bekannt geworden ist. Schon in alter Zeit bemerkten die Menschen in dem Dorf Druskininkai, dass ihr Wasser salzig war und Wunden heilte. Im 18. Jh. war hier ein erfolgreicher Heiler namens *Dr. Sūritius* (frei übersetzt "Dr. Salzig") tätig. Er baute große, hölzerne Badewannen, füllte sie mit dem salzhaltigen Wasser und steckte seine Patienten hinein. Vielen wurde mit der Heilkraft des Wassers geholfen. Davon erfuhr auch *Stanislaw August II.*, König von Polen, der Druskininkai 1794 zum Kurort erklärte. Doch nach der dritten Teilung Polens 1795 durch Russland, Preußen und Österreich fiel Druskininkai an Russland und geriet zunächst in Vergessenheit. So wurde erst 1837, als ein Vilniuser Professor die Heilkraft des Wassers von Druskininkai bestätigte, das erste Sanatorium gebaut. Mittlerweile gibt es deren elf, zwei davon für Kinder.

Mitten im Ort, der übrigens erst 1953 das Stadtrecht erhielt, liegt der *Druskonis-See.*

Mit seinen dichten Wäldern, der saubere Luft und der einmaligen, den Ort umgebenden Natur, ist Druskininkai allemal einen Besuch wert.

- *Postleitzahl* LT4690
- *Vorwahl* (2)33
- *Information* Gardino 1, ✆/📠 51777, druskininkutib@post.omnitel.net, www.druskonis.lt/info/introduc.htm Behilflich bei der Zimmersuche. Ebenfalls sind hier Ausflüge in den Nationalpark buchbar. Weitere Touristeninformationen im Nationalpark in Marcinkonys und Merkine (s. d.)
- *Anfahrt/Verbindung* **Pkw** – von Alytus die A-231 ca. 60 km Richtung Süden bis zur Ausfahrt nach Druskininkai fahren; von Lazdijai die Landstraße in südöstliche Richtung über Leipalingis nehmen, ca. 50 km.

Bus – Verbindung in die umliegenden Dörfer und mit allen größeren Städten Litauens, insbesondere nach Vilnius und Kaunas. Ebenfalls Verbindung mit Suvalki. Busbahnhof, Gardino 1.

Bahn – Es verkehren nur Züge zwischen Druskininkai und Vilnius. Auf dem Weg nach Vilnius fahren die Züge ein Stück durch Weißrussland, wo sie auch anhalten. Reisepass bereithalten. Bahnhof, Gardino g. 3.

- *Übernachten* Da die zahlreichen Kurgäste aus der ehemaligen Sowjetunion ausbleiben, stehen die zahlreichen Spa-Hotels auch für Touristen offen. Das Kurangebot ist mannigfaltig und umfasst Schlammpackungen, Aromatherapie, Unterwassermassagen etc. Zusätzlich kann auf Wunsch ein

individueller Ernährungsplan ausgearbeitet werden und VP gebucht werden.

Draugystė, V. Krevés 10. Schöne Kurhauseinrichtung, die aus einem Haupthaus und mehreren kleinen Holzvillen besteht. EZ 25–30 €, DZ 25–35 €. ✆/📠 52378, sandraugyste@ is.lt, www.is.lt/draugyste

Druskininkai, Kudirkos 41, direkt am Kirchplatz gelegen. Zimmer einfach, mäßig sauber. ÜB ab 10 €. ✆ 52566.

Eglė, Eglės 1. Massiver, kompakter Komplex mit bescheidenen und modernisierten Zimmern. EZ 25–35 €, DZ 30–40 €, ✆ 60220/60222, 📠 60238, sanatorija.egle@ is.lt, www.druskonis.lt/sanatorijos/egle/.

Eurista, Vilniaus al. 22. Kleine, nette Unterkunft mit 5 Zimmern in hübschem Holzhaus. Pro Person ca. 20 €. ✆ 52318.

Galia, Maironio 3, ✆ 52809,

Galia II, Dabintos 3 und 4, ✆ 55696. Beide Hotels sind in charmanten Häusern untergebracht. Es gibt verschiedene Zimmerkategorien. EZ 25 €, DZ 30–35 €, Lux 55 €. Online-Buchung unter galia@is.lt, www.is.lt.galia.

Jugendgästehaus, K. Dineikos 10. Einfache Herberge für 3–4 € pro Person. ✆ 63450.

Nemunas, T. Kosciuskos 6. Charakterloses Hochhaus, Zimmer wirken überladen. Es gibt unterschiedliche Kategorien. EZ 20–25 €, DZ 25–30 €. ✆ 51664, 📠 51085, nemunas@vija.lt, www.druskonis.lt/sanatorijos/nemunas.

Sanatorium Lietuva, Kurdikos 45. Pro Person 20–30 €. Auch hier handelt es sich um einen wuchtigen komplexen Bau. Zimmer sind mit altmodischem Mobiliar ausgestattet, haben aber alle Satelliten-TV. ✆ 52414/51200, 📠 55490, 52901, sanatorija.lietuva@is.lt
Vilnius, K. Daneikos. 1. Kureinrichtung, die aus 2 massiven Häuserblöcken besteht. Von innen teilweise sehr ansprechend renoviert. Im Übernachtungspreis sind eine Reihe von Anwendungen bereits inbegriffen. EZ 20–25 €, DZ 20–30 €. ✆ 51529, 📠 52046, sanatorija.vilniaus@office.vija.lt.

● *Umgebung von Druskininkai* **Camping**, beim Dorf Lateżerio, etwa 7 km südlich von Druskininkai, direkt am Seeufer gelegen. ✆ (370 33) 52251.

Hill House, beim Dorf Liškiava, etwas 10 km nördlich von Druskininkai gelegen. Zu vermieten sind rustikale, im skandinavischen Stil ausgestattete Zimmer in 2 alten, wunderbaren Holzhäusern. Das Hill House liegt direkt am Seeufer des Liškavia-Sees. Selber kochen ist möglich, es können aber auch Mahlzeiten bestellt werden. Beliebt ist das kleine Gästehaus vor allem bei Jägern. ✆/📠 54663, 42107, www.druskonis.lt/apylinkes/liskiava.

● *Essen* **Alka**, Veisieju 13b. Bäuerlich rustikal ausgestattetes Wirthaus mit deftiger, litauischer Küche.
Bebenciukas, Čiurlionio 103. Kinderfreundliches Restaurant mit akzeptabler Küche, ✆ 53514.

Druskininkai, Taikos 12. Mittelgroßes, stilloses Café/Restaurant, zum Hotel Druskininkai gehörend.
Pasaga, liegt kurz hinter dem Ortseingangsschild wenn man von Alytus kommt. Urgemütliches Restaurant dekoriert mit altem Werkzeug, Wagenrädern, Webrahmen etc. Auf den Tisch kommt traditionell litauische Kost.
Sicilia, Kurdirkos 9. Charmantes kleines Etablissement, das an ein Puppenhaus erinnert. Wie zu erwarten steht Italienisches auf dem Speiseplan.
Saulėgraža, Vilniaus a. 22. Weiteres Lokal, in dem es Pizza gibt.
Galia, Maironio 3. Schönes Café zum gleichnamigen Hotel gehörend, in dem man auch draußen sitzen kann.
Kavinė, Mariono 4. Riesige Caféhalle mit verblasstem Sowjetcharme.
Galia, Vilniaus 22. Feines, in Gelbtönen gehaltenes Restaurant mit litauischer und europäischer Küche.
Ratnyčėlė, M.K. Čiurlionio 56. Moderne Möbel, Antiquitäten, Grünpflanzen, alte Fotografien und edle Lampen verleihen dieser Cafékneipe einen ganz besonderen Flair. Dazu kommt ein herrlicher Blick auf den Druskonis-See und eine schöne Terrasse.
Naminukas, Druskininkų 3. Bar und Disko mit wechselndem Programm und warmer Küche.
Dangaus Skliautas, Kurorto 6. Wechselnde Shows, Disko und Konzerte.

Sehenswertes

Druskonis-See: Im See darf zwar nicht gebadet werden, dafür kann man ihn aber mit dem Boot befahren, Tretboote gibt es in der Šv. Jakobo g. Der See liegt zwischen der neugotischen katholischen Kirche und dem alten verwilderten Waldfriedhof. In der Nähe des Gottesackers befinden sich noch zwei weitere kleine Seen, die von der Bevölkerung als die *Augen der Mädchen* bezeichnet werden.

Stadtkern: Die Gegend um das gleichnamige Hotel ist das Zentrum von Druskininkai. Romantische, bunte Holzhäuser und Villen, umgeben von Bäumen, Wiesen und Blumenbeeten, bestimmen das Bild. Schräg gegenüber dem Hotel erhebt sich die katholische *Kirche der heiligen Maria Skaplierine*, die im Stil der Neugotik erbaut wurde. Nicht weit vom anderen Ende des Platzes steht eine hübsche *russische Holzkirche* in Blautönen.

Girios Aidas-Waldmuseum, Čiurlionio g. 102: In vier wunderbar gestalteten Ausstellungszimmern werden den Besuchern Flora und Fauna der hiesigen Wälder nähergebracht. Zu sehen sind ebenfalls imposante künstlerische Objekte aus Naturmaterialien. Geöffnet Do–So von 10–18 Uhr.

M. K. Čiurlionis-Museum, Čiurlionio 41: M. K. Čiurlionis, Komponist und berühmtester Maler Litauens, verbrachte in Druskininkai seine Kindheit. Das Museum befindet sich im Elternhaus des berühmten Künstlers.
Öffnungszeiten Di–So von 12–18 Uhr. Jeder letzte Dienstag im Monat geschlossen.

M. K. Čiurlionis

1875 in Varėna geboren, kam er im Alter von zwei Jahren nach Druskininkai, weil sein Vater dort eine Stelle als Kirchenorganist antrat. Sehr früh erkannte man Čiurlionis' musikalische Begabung und schickte ihn auf die Musikschule nach Plungė, wo dem damaligen *Fürsten von Plungė* sein Talent auffiel. Der Fürst beschloss, dem jungen Mann einen Studienaufenthalt in Warschau zu finanzieren. Mit 25 Jahren entdeckte Čiurlionis die Malerei. Seine Bilder waren, anders als die seiner Zeitgenossen, mystisch und voller Symbolkraft. Doch leider wurde seine Kunst zur damaligen Zeit nicht verstanden. Zeitweise litt der junge Künstler an Depressionen und starb schließlich im Alter von nur 38 Jahren.

Čiurlionis-Weg: Zum 100. Geburtstag des Künstlers im Jahre 1975 haben Künstler aus ganz Litauen Holzskulpturen, die Szenen aus dem Leben Čiurlionis' und aus seinem Werk darstellen, auf der Straße zwischen Druskininkai und Varėna aufgestellt.

Museum der Widerstandsbewegung, Vilniaus al. 24. Die Ausstellung ist dem litauischen Widerstand von 1944 und 1953 gegen die Besetzung der Roten Armee sowie den Massendeportationen von Litauern nach Sibirien gewidmet. Mi–So von 14–18 Uhr geöffnet.

Staatliches jüdisches Museum, Šv. Jokūbo st. 17. Ausstellung über die Geschichte und das Leben der jüdischen Bevölkerung von Druskininkai. Geöffnet, Di–So von 12–18 Uhr.

Stadtmuseum, M. K. Čiurlionio 78. Zu sehen sind Exponate zur Geschichte Druskininkais. Geöffnet Mo–Fr von 10–17 Uhr.

V. K. Jonyas Galerie, M. K. Čiurlionio 41. Zu sehen sind Arbeiten des bekannten litauischen Künstlers *Jonyas* (1907–1997). Jonyas arbeitete überwiegend im Ausland (USA und Deutschland) und hinterließ einen großen Fundus an Zeichnungen, Grafiken, Plastiken und Glasarbeiten, die in wechselnden Ausstellungen, nach Themen und Phasen geordnet, gezeigt werden. Geöffnet Di–So von 12–18 Uhr. Jeder letzte Dienstag im Monat geschlossen.

Kleine Galerie, M. K. Čiurlionio 37. Ausgestellt werden moderne Werke zeitgenössischer internationaler Künstler. Geöffnet Mi–So von 12–18 Uhr.

Kinder-Galerie, V. Kudirkos 7. Gezeigt werden Arbeiten der Nachwuchskünstler von Druskininkai. Geöffnet Mo–So von 11–19 Uhr.

Grūtas Park, im Dorf Grūtas, etwa 7 km vom Druskininkai entfernt.
Auf Initiative des litauischen Millionärs *Viliumas Malinauskas*, der mit Pilzen reich geworden ist, ist dieser nachdenkliche, aber auch spaßige Park entstanden. Zu sehen ist hier einerseits eine Ausstellung zum Gedenken an die zahlreichen Sibiriendeportierten mit Fotografien von toten Freiheitskämpfern, die an die für Litauen schwierige Zeit erinnert. Andererseits sind eine Menge von

Landschaft im Dzūkija-Nationalpark

gigantischen Stalins, Lenins und Konsorten aufgestellt, mit denen man hier hautnah auf Tuchfühlung gehen, ja sogar darin rumklettern kann. Darüber hinaus gibt es ein kleines Wildgehege, ein fabelhaftes Restaurant und den herrlichen Grūtas-See zum Baden. Die Meinungen zu dem überaus beliebten Park sind unterschiedlich. Kritiker haben Sorge, dass die Bewältigung der Vergangenheit auf Disneyniveau reduziert würde, während Befürworter der Ansicht sind, das Vergangenheitsbewältigung auch auf spielerische Weise möglich sei.

• *Anfahrt/Verbindung* **Pkw** – von Druskininkai die A-4 Richtung Vilniaus nehmen. Nach ca. 7 km auf Schilder achten.
Bus – von Druskinikai in den Bus nach Vilnius steigen. Am Besten vorher Bescheid sagen, dass man nach Grūtas will, da die Haltestelle leicht zu übersehen ist. Von dort ist es noch mal 1 km zu Fuß bis zum Park, auf Schilder achten.

Dzūkija-Nationalpark

Östlich von Druskininkai erstreckt sich über eine Fläche von 55 ha der 1991 gegründete Dzūkija-Nationalpark. Er umfasst eine Landschaft mit scheinbar grenzenlosen Wäldern und über 150 Seen.

Malerisch bahnen sich *Nemunas, Merkys* und *Ūla*, die Hauptflüsse des Parks, ihren Weg durch die Hügel und hinterlassen idyllische Flusstäler mit teilweise steilen, sandigen Ufern. In den Sümpfen wachsen seltene Pflanzenarten, an den Bächen und auf den Anhöhen gedeihen Heilkräuter.

Der größte Teil des Parks ist von riesigen Wäldern bedeckt, die zu 92 % aus Nadelbäumen bestehen, der Rest aus Birken, Erlen und anderen Laubbäumen. Wild und kleine Raubtiere gibt es im Park verhältnismäßig wenig, dafür aber Raubvögel wie Falken, Uhus und Seeadler. Die zahlreichen Gewässer des Nationalparks sind fischreich. Zu finden sind Forellen, Hechte und Barben.

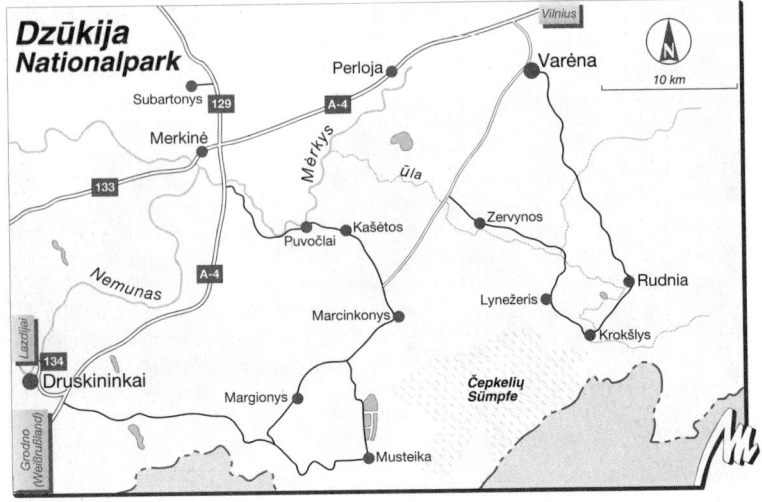

Hier in der südöstlichen Ecke Litauens sind die größten Temperaturschwankungen des Landes zu finden. Während im Winter das Thermometer bis zu -40°C hinunter rutschen kann, werden im Sommer teilweise bis zu +37°C gemessen. Die Gegend ist zudem sehr windstill.

Die Dörfer der Dzūkija

Erwähnenswert sind die alten Dörfer der Dzūkija, die sich in *Wald-* und *Felddörfer* einteilen lassen.

Die Häuser der Walddörfer scheinen häufig unsystematisch angelegt und weisen oftmals ein ihnen ganz eigenes Wegenetz auf (z. B. Marcinkonys oder Rudnia). Die Felddörfer sind dagegen planvoll angelegt, was an den rechts und links der Straße gelegenen Gehöften zu sehen ist (z. B. Subartonys). Am Ufer des Nemunas gibt es die sogenannten *Flussdörfer*.

Bekannt für Honig und Bienenzucht sind die kleinen Orte *Margionys, Daršeliai* und *Pudočiai*. Insbesondere im Frühsommer ist es hier wunderschön. Die Luft ist sauber, und überall duftet es nach Wald und Wiesen, während die Bäume in voller Blüte stehen, hinter denen hübsche, oftmals sonnengelb getünchte Holzhäuser hervorschimmern. Die Lebensweise auf den Dörfern ist noch sehr ursprünglich, und der Anblick von karrenziehenden Pferden ist keine Seltenheit. Auch wenn es auf Außenstehende idyllisch wirken mag, ist das Leben hier sicher nicht einfach. Nicht umsonst ist die hiesige Bevölkerung verhältnismäßig alt, da die jüngere Generation zunehmend in die Städte abwandert, wo man sich eine bessere und vor allem leichtere Zukunft erhofft.

Der Park ist touristisch nur in Ansätzen erschlossen. Vor seiner Tür liegt zwar der Kurort Druskininkai mit seinen vielen Besuchern, aber auf den Park hatte das bislang wenig Auswirkung. Immerhin gibt es im Park mittlerweile Übernachtungsmöglichkeiten in Familien oder auf Bauernhöfen, die über die Touristeninformation in Marcinkonys, Merkine und Druskininkai buchbar sind. Bei den jeweiligen Gastfamilien können auch Mahlzeiten bestellt werden. Wildcampen und das Entfachen von Lagerfeuern ist auf dem Territorium des Nationalparks nicht gestattet bzw. bedarf einer Genehmigung.

Die wohl beste Karte ist die Regionalkarte der *Provinz Dzūkija* bzw. von *Druskininkai und Umgebung* vom litauischen Briedis-Verlag. Es ist etwas schwierig den Nationalpark auf eigene Faust zu erkunden. Die Touristeninformationen sind jedoch nicht nur bei der Zimmervermittlung behilflich sondern organisieren auch Wanderungen, Reittouren und Kanufahrten. Auf Wunsch kann sogar eine mehrtägige Kanutour auf dem schnellen Fluss Ūla, der sich durch die unberührten Wälder Südlitauens schlängelt, zusammengestellt werden. Eine solche Tour umfasst den Hin- und Rücktransport, das Bereitstellen von Booten und Zelten und das Einholen der entsprechenden Genehmigungen (z. B. für den Ūla). Preise nach Vereinbarung. Man sollte mit etwa 90 € für drei Tage rechnen.

Touristeninformation siehe Merkinė und Marcinkonys, beides Bezirk Varėna.

Tour durch den Nationalpark für Auto- und Fahrradfahrer

Ausgangspunkt ist Druskininkai. Südöstlich von Druskininkai geht eine kleine, sandige Landstraße in Richtung Marcinkonys ab. Der Weg führt durch dichte Wälder ist teilweise etwas staubig, nach Regentagen ziemlich matschig. Der erste Abzweig rechts auf dem Weg nach Marcinkonys führt zu dem winzigen Dorf **Musteika**, ein altes Dorf, das ein gutes Beispiel für die Volksarchitektur der Dzūkija abgibt. Südlich und östlich der Ortschaft beginnen die **Čepkeliai-Sümpfe**, die allerdings nur mit Genehmigung der Parkverwaltung betreten werden dürfen.

Bleibt man auf dem Hauptweg aus Druskininkai, gelangt man nach etwa 25 km in das Dorf **Marcinkonys**, das hauptsächlich von der Bienenzucht lebt. Hier gibt es auch eine Touristeninformation, Miskininkų 61, ☏ (2)60-44466, ✉ 37060. Von hier aus sind auch Touren in die geschützten Zonen des Parks möglich. Interessant ist die im Dorf befindliche Galerie, in der wechselnde Ausstellungen litauischen Kunsthandwerks zu bewundern sind.

Nimmt man von Marcinkonys die links abgehende Straße, so gelangt man auf direktem Wege (ca. 23 km) nach **Merkinė**. Der unasphaltierte Weg führt an zwei ethnographischen Dörfern, **Kašetos** und **Pudočiai**, vorbei. Pudočiai ist bekannt für seinen Honig. Die Strecke nach Merkinė führt größtenteils durch Wald und erstreckt sich ein kleines Stück am Grūda-Bach entlang, der unweit von Pudočiai in den Merkys fließt.

Um die Tour weiter auszudehnen, kann man auch über Varėna nach Merkinė gelangen (ca. 54 km mehr):
Am nördlichen Dorfrand von Marcinkonys geht rechts eine schmale, asphaltierte Straße nach Varėna ab. Etwa auf halber Strecke kommt man zu einer Brücke, die über den malerischen Fluss **Ūla** führt. Auf der linken Seite befindet sich ein Parkplatz. Die Landschaft, durch die der Ūla sich schlängelt, ist wild und unberührt. Da der Fluss ziemlich schnell ist, eignet er sich gut zum Wasserwandern. Am anderen Flussufer führt nach etwa 1 km ein kleiner Weg zu dem Dorf **Zervynos**. Es ist eines der

ursprünglichsten Dörfer der Dzūkija und gilt als ethnographisches Denkmal. Von Zervynos lohnt sich ein kleiner Abstecher in das Walddorf **Lyneżeris**, indem man die Straße einfach geradeaus weiterfährt und an der nächsten Weggabelung rechts abbiegt. Auch dieses Dorf steht komplett unter Denkmalschutz. Von hier aus ist es günstiger, nicht zurück zur "Hauptstraße" zu fahren, sondern den Weg geradeaus bis nach **Krokšlys** fortzusetzen, um dann über Rudnia nach **Varėna** zu gelangen. Von der Umgebung her ist diese Strecke schöner, doch bestehen die Straßen entweder aus Schotter oder festem Sand, sodass sich Radfahrer vorher gut überlegen sollten, ob sie diesen Weg nehmen. Bleibt man nach dem Überqueren der Ūla-Brücke auf der asphaltierten Straße, so ist man nach ca. 12 km in Varėna. Auf dem Weg dorthin liegen zwei weitere Parkplätze. In Varėna, übrigens Verwaltungszentrum des gleichnamigen

Bezirks, gibt es ein Hotel. Ansonsten ist die Stadt nicht sonderlich interessant. Über die A-233 geht es weiter nach Merkinė (ca. 24 km), dem Herzen des Nationalparks. Die Straße ist relativ schmal und wenig befahren. Längere Zeit führt sie am Mėrkys-Fluss entlang und ist rechts und links von Wald umgeben.
Kurz hinter Varėna liegt, von der Straße aus sichtbar, der schöne **Glėbo-See**. Nach etwa 5 weiteren Kilometern kommt das Dorf **Perloja** (näheres siehe S. 261).
15 km weiter liegt Merkinė. Etwa 7 km nördlich von Merkinė, an der A-231, befindet sich **Subartonys**, ein sog. Felddorf. Hier wurde der berühmte litauische Schriftsteller *V. K. Mickevičiaus* (1882–1954) geboren.
Über die A-231 Richtung Süden geht es zurück nach Merkinė und wieder zurück nach Druskininkai (von Merkinė ca. 27 km).

▶ **Marcinkonys**: Das idyllische Dorf, besteht aus einigen wenigen Häusern und Höfen. Dazwischen liegen saftige Wiesen, auf denen gemächlich Kühe weiden und Störche stolzieren. In Marcinkonys befindet sich der Sitz der Parkverwaltung. Das Dorf kann mit einer Eisenbahnstation aufwarten, an der die Züge nach Druskininkai und Vilnius halten.

Merkinė

Dieses historisch interessante Dorf liegt im Bezirk Varėna an der Mündung des Flusses Merkys in den Nemunas. Alte Funde besagen, dass hier schon vor 10.000 Jahren eine Siedlung gestanden haben soll.

1377 wird Merkinė zum ersten Mal urkundlich erwähnt, nämlich zur Zeit, als die Kreuzritter begannen, die Burg von Merkinė zu erobern. Durch seine geographische Lage an der Strecke Warschau-Vilnius kann Merkinė mit einer wechselhaften Geschichte aufwarten. Im Nordischen Krieg war Merkinė kurzzeitig zwischen 1707 und 1708 sogar die Hauptstadt der Dzūkija. Den Mittelpunkt des Ortes bildet die am Zentralplatz stehende russisch-orthodoxe Kirche aus der Mitte des 19. Jh.

● *Anfahrt/Verbindungen* **Pkw** – liegt an der A-231, etwa 27 km nördlich von Druskininkai, und der A-233 Richtung Vilnius.

Bus – Verbindung mit Druskininkai und Alytus.
● *Information* Vilniaus 2, ✆ (2)60–37060, 57245.

Aussichtspunkt: Geht man am Hauptplatz die Hauptstraße ein Stück weiter entlang, gelangt man zu dem Schüttberg, auf dem einmal eine hölzerne Burg gestanden haben soll. Von dort oben eröffnet sich ein wunderschöner Blick auf den Zusammenfluss von Merkys und Nemunas.

Stadion: Der Weg rechts an der Kirche vorbei führt zu einem ehemaligen Stadion, wo Opfer des Faschismus und Widerstandskämpfer gegen das sowjetische Regime begraben liegen.

Kirche Mariä Himmelfahrt: Nicht weit vom Hauptplatz schimmert das hübsche rosafarbene Gotteshaus durch die hohen Bäume des Kirchhofs. Errichtet wurde der Sakralbau zu Beginn des 17. Jh. Der Bau ist ursprünglich gotisch, beherbergt aber auch Elemente des Barocks.

Museum: Das Haus befindet sich am Hauptplatz. Zu sehen ist eine Ausstellung über Merkinė und seine Geschichte (Mo geschlossen).

▶ **Perloja:** Zu bewundern ist hier ein großes Vytautas-Denkmal. Interessant ist auch die Geschichte des Dorfes: Perloja war nämlich einmal ein selbständiger Zwergstaat mit einer eigenen, wenn auch nur 50 Mann umfassenden Armee. Ausgerufen wurde die "perlojanische Republik" von revolutionären Volkssozialisten im Oktober 1918, was Litauen allerdings nicht anerkennen wollte. Als Polen 1920 das südliche Litauen um Vilnius besetzte, hatte das für den Freistaat äußerst positive Auswirkungen, lag er doch genau in dem 20 km breiten Niemandsland-Streifen zwischen litauischem und polnischem Territorium. Erst als der Völkerbund im Jahre 1923 endgültig den polnisch-litauischen Grenzverlauf festlegte, hörte die Republik Perloja auf zu existieren.

6 km von Perloja entfernt liegt der wunderschöne **Glebo-See.**

• *Anfahrt/Verbindungen* **Pkw** – liegt an der Strecke zwischen Merkinė und Varėna. **Bus** – Zu erreichen ist der See mit Bussen der Linie Druskininkai-Vilnius. Aus Druskininkai Richtung Vilnius fahrend an der Haltestelle nach dem Hinweisschild auf den Glebo-See aussteigen. 1 km von der Hauptstraße entfernt befindet sich ein **Lagerplatz**, eine schöne, am See gelegene Wiese.

Varėna

(ca.10.000 Einwohner)

Die Stadt hat eine kleine Besonderheit aufzuweisen, denn auf der Karte sind zwei Varėnas eingezeichnet. Als die Eisenbahnlinie St. Petersburg-Berlin gebaut wurde, wurde etwa 10 km vom Dorf Varėna ein gleichnamiger Bahnhof in Betrieb genommen. Um diesen Bahnhof herum entstand die Kleinstadt Varėna, die heute Bezirkszentrum ist. Lediglich als Durchgangsstation oder als Ausgangspunkt für Ausflüge in den Dzūkija-Nationalpark ist Varėna interessant.

• *Postleitzahl* LT6400
• *Vorwahl* (2)60
• *Anfahrt/Verbindung* **Pkw** – Von der A-4 Druskininkai-Vilnius geht eine Seitenstraße zu "beiden Varėnas" ab.
Bus – mehrmals täglich Verbindung mit Vilnius, Kaunas, Alytus, Lazdijai und in die Dörfer des Bezirks Varėna. Einmal täglich geht auch ein Bus nach Klaipėda und nach Kaliningrad. Busbahnhof, Savanorių g. 5.
Bahn – Bahnhof, Savanorių 3, schönes Gebäude mit bunten Glasfenstern. Mehrere Züge täglich nach Vilnius, Druskininkai und Vilnius sowie vereinzelt nach Grodno (Weißrussland) und nach St. Petersburg.
• *Übernachten* **Ekoratas**, Vasario 16-osis 5. Nett eingerichtete, überwiegend modernisierte Zimmer. ÜB ab 45 €. ✆ 51144.
• *Außerhalb von Varėna* **Pranas Susmara**, Dorf Milioniškė, etwa 3 km südwestlich von Perloja, unmittelbar am Flussufer des Merkys gelegen. Zu vermieten sind 6 rustikale Räume in wohligem, traditionellem Holzhaus. Gemeinschaftsküche vorhanden. ÜB 8 € pro Person. ✆ 47610 und 30980. Auf dem Gelände kann auch gezeltet werden.

- *Essen* **Restoranas**, liegt neben dem Hotel. Schickes, modernisiertes Restaurant mit anständiger Speisekarte.
Didysis Kunigaikštis, Vytauto 12. Im "großen Grafen", wie der Lokalname übersetzt lautet, werden schmackhafte, litauische Gerichte serviert.

- *Adressen* **Geldwechsel**, Vytauto 6/ Ecke Laisvės.
Post, Vytauto 21/11.
Poliklinik, Čiurlionio 61.

Alytus

(ca.77.600 Einwohner)

Alytus ist das Verwaltungs- und Industriezentrum Südlitauens. Die Stadt liegt direkt am Nemunas, in den hier alle möglichen Abwässer eingeleitet werden.

Nähert man sich der von dichten Fichtenwäldern umgebenen Stadt, sollte man nicht meinen, dass gewaltige Industriebauten und riesige Wohnkomplexe das Bild von Alytus prägen. Die sechstgrößte Stadt Litauens ist nicht überwältigend. Geeignet ist sie jedoch als Durchgangsstation und als Ausgangspunkt für Ausflüge zu den umliegenden Seen.

Geschichte: Ursprünglich besaß Alytus eine Burg mit dem Namen *Aliten*, an die aber lediglich noch der Burghügel erinnert, auf der sie einst gestanden haben soll. Der Burghügel liegt am Zusammenfluss des Nemunas mit dem Fluss *Alyputin*. Im 14. Jh. wurde sie häufig von Kreuzrittern angegriffen.

Im Laufe seiner Geschichte stand Alytus nicht nur unter der Herrschaft des Großfürsten von Litauen, sondern auch unter der der Preußen. Im Jahre 1581 erhielt die Stadt das Magdeburger Recht. Später wurde Alytus von Russland verwaltet, und oft kam es zu Kämpfen mit dem Zarenheer. 1919 wurde hier das Revolutionäre Komitee gebildet und die Macht der Sowjets proklamiert.
Nach dem Zweiten Weltkrieg ist Alytus sehr gewachsen und hat sich zu einer reinen Arbeiterstadt entwickelt. Es verfügt über 15 Industriebetriebe, die mehr als 4 % der Gesamtproduktion Litauens ausmachen.

- *Postleitzahl* LT4580
- *Vorwahl* (2)35
- *Information* Rotušės 14a. Reichlich Informationsmaterial über die Stadt und ihre Umgebung sowie sehr bemühte Mitarbeiter. ☎ 35404, ✆ 38565, www2.omnitel.net/ alytur/en/infoen.htm.
- *Anfahrt/Verbindungen* Pkw – mit Kaunas über die Straße 130 und mit Druskininkai über die Straße 129 verbunden. Nach Vilnius die Straße 129 nach Norden und dann auf die A-1 fahren oder aber Richtung Süden und dann auf die A-4 fahren.

Bus – mindestens vier Busse in jede größere litauische Stadt, gute Anschlussmöglichkeiten nach Vilnius und Kaunas, täglich ein Bus nach Rīga und nach Kaliningrad. Mehrmals am Tag Verbindungen mit den umliegenden Dörfern und nach Lazdijai (Grenzstädtchen), ein Bus täglich nach Suvalki. Busbahnhof, Jotvingis 5/7.

Bahn – Bahnhof liegt außerhalb von Alytus und ist mit dem Bus Nr. 5 zu erreichen. Haltestelle direkt vor dem Markt. Es verkehren Züge zwischen Alytus und Kaunas. Busbahnhof, Stoties 12.

Stadtverkehr – Die meisten Punkte liegen an der Naujoji g. und sind mit den Trolleybuslinien 4, 6, 7 und 8 zu erreichen, die alle am Markt halten.

- *Übernachten* **Senas Namas**, Uzuolankos 24. Gemütliches, modernes Hotel im Zentrum der Stadt. DZ 35–55 €. ☎ 53589, ✆ 51643, hotel@alytus.omnitel.net.
Dzukija, Pulko 10. Auch dieses Hotel befindet sich unmittelbar im Zentrum der Stadt. Zimmer von einfach bis hübsch modernisiert. Dementsprechend auch die Preise zwischen 10 und 40 €. Frühstück auf Bestellung. ☎/✆ 51345.
Linas, Seirijų 27. Angenehmes Hotel mit gemütlicher Atmosphäre, großzügigen Zimmern und Swimming Pool. DZ 35–70 €.

📞 71447, 📠 71449, motelislinas@alytus. onmitel.net

Privatquartiere können in der Vingio 17–1 gebucht werden. Dort sind auch Apartments erhältlich. 📞 63585, mailto: nbi@ alytus.omnitel.net. www.nemunaspark.lt, **Nemunas Park Residence Hotel**, dieses charmante Hotel im Landhausstil befindet sich 16 km entfernt von Alytus im Dorf Nemunaitis. Es liegt direkt am Ufer des Nemunas und ist nicht weit weg vom Dzūkija Nationalpark. Zum Hotel gehört ein gutes Restaurant, das einen herrlichen Blick auf den Fluss eröffnet. EZ 45 €, DZ 60 €, Suite 105 €. 📞 62316, 📠 58203, nemunaspark@alytus. omnitel.net.

• *Restaurants/Bars* **Geinis**, Rotušės 16. Attraktives Restaurant mit schöner Terrasse, das an einen englischen Pubs erinnert. Bekannt für gute Steaks.

Juada Kate, Jaunimo 22. Preiswerte Lokalität mit schmackhaften, litauischen Gerichten.

Kinų, Tvirtovės 3. Beliebtes Chinarestaurant mit sehr bemühtem Service.

Meda, Vilniaus 11. Gemütliches Nichtraucher-Lokal mit leckeren Fischgerichten.

Palermo, Rotušės 2a. Wie der Name erwarten lässt, ist die Spezialität des Hauses Pizza, und das in allen Variationen.

Pietvys, Naujoji 8a. Kleines, sehr beliebtes Restaurant mit gutem und preiswertem Essen.

Senas Namas, Uzuolankos 24. Attraktives Hotelrestaurant mit erlesenen Kreationen und romantischer Atmosphäre.

Uldukas, Pulko 5. Gilt als eines der besten Restaurants am Ort, insbesondere wegen seiner Hühnchengerichte.

Ulonų Užeiga, Ulonų 33. Interessant dekoriertes Lokal mit Landesspezialitäten.

Verona, Vilniaus 13. Populäres Restaurant das sich auf die italienische Küche spezialisiert hat.

Vidzgiris, Jaunimo 24. Gemütliches Lokal mit guten, sehr schön präsentierten Gerichten.

• *Cafés* **3,5**, Pulko 14/1. Attraktives, modern ausgestattetes Künstlercafé.

Fritilija, Domantonių 34. Freundliches Café, in dem man auch essen kann.

Vaidila, Rotušės 12. Gemütliches Café dekoriert mit alten Fotos von Alytus.

• *Verschiedenes* **Geldwechsel**, Pulko 5; Naujoji 8c.

Post, Pulko 12.

Internetzugang, Internetcafé Interfanai, Ugniagesių 3. Nach 2 Stunden Cyberspace gibt es den Kaffee gratis.

Kino, *Dainava*, Rotušės 11.

Fliegen, Miškininkų 3. Wer einmal über Südlitauen fliegen möchte, ist hier richtig. Pro Start sind 3 Personen notwendig. 1 Std. kostet etwa 200 €. 📞 79689.

• *Museen* **Ethnografisches Museum**, Savanorių 6. Zu sehen ist eine Ausstellung über die Geschichte der Stadt und Südlitauens. Geöffnet Di–Sa von 9–18 Uhr.

Museum für A. Jonynas, Liškiavos 17. Ausstellung zum Leben des Dichters Jonynas. Geöffnet Mo–Do von 8–17 und Fr von 8–16 Uhr, Mittagspause von 12–13 Uhr.

Filliale des ethnographischen Museums, Vilniaus 13. Mittelpunkt der Ausstellung ist das legendäre Flugzeug Lithuania, mit dem die beiden Atlantikflieger Dariaus und Girėnas kurz vorm Ziel unweit Soldins in die Tiefe stürzten. Des Weiteren können alte Fotografien, alte Zeitungsausschnitte und Briefmarken bewundert werden. Geöffnet Mo–Do von 8–17 und Fr von 8–16 Uhr, Mittagspause von 12–13 Uhr.

Historisches Museum, Ulonų 14. Kleine Dokumentation über die litauischen Partisanen und Ereignisse zur Wiederherstellung der litauischen Unabhängigkeit. Öffnungszeiten nach Vereinbarung, 📞 21722.

Markt, täglich gegenüber vom Busbahnhof.

Poliklinik, Ligoninės 12.

Tankstelle, Santaikos 30a.

Autowerkstatt, Naujoji 122 (in Richtung Kaunas).

Umgebung von Alytus

▶ **Daugai:** Dieser nette, wenn auch unspektakuläre Ort liegt wunderschön am Daugai-See, dessen Seeufer zum Campen einlädt. Daugai ist in eine reizvolle, grüne Landschaft gebettet, in der man immer wieder auf kleine Tümpel und Teiche bis hin zu größeren Seen trifft, alle malerisch in der Sonne glitzernd. Die Landschaft wirkt unendlich, da keine Zäune den Blick unterbrechen.

● *Anfahrt/Verbindungen* **Pkw** – etwa 20 km von Alytus entfernt, gelegen an der Landstraße 128, die nach Varėna führt.

Bus – zu erreichen von der Bezirksstadt Varėna und von Alytus. Nach Alytus fahren etwa 7 Busse täglich. Bushaltestelle liegt an der Hauptstraße. Von dort aus sind es noch ca. 500 m bis in den Ort.

● *Essen* **Valgykla** und ein billiges **Kavinė** ist alles, was Daugai in puncto "leibliches Wohl" anzubieten hat. Beides befindet sich in dem aus rotem Backstein errichteten Komplex **Suvingis**. Auch ein größerer Lebensmittelladen ist darin untergebracht.

● *Verschiedenes* **Post**, Eżero 13, von 8–17 Uhr geöffnet.

Punia

Das kleine verschlafene Dörfchen gehört zum Bezirk Alytus. Mit einer dichten, majestätischen Birkenallee heißt Punia seine Besucher Willkommen. Nicht weit vom Ortseingang liegt ein schöner See, dessen Ufer sich zum Zelten eignet. Im Ort selbst reihen sich zahllose Teiche und Tümpel aneinander.

Für Reisende aus dem Westen ist es sicherlich ungewöhnlich zu sehen, wie Bauern im Schweiße ihres Angesichts manuell und mit Hilfe von Pferden ihre Felder pflügen oder aber wie der Milchmann, hoch oben auf dem Kutschbock thronend, seine blechernen Milchkannen mit Pferd und Wagen durch das Dorf karrt. Am Ende der Dorfstraße fällt der Blick auf ein von Bäumen verstecktes Gotteshaus und auf einen verwilderten Kirchhof. Ein grober Kontrast zu der romantisch anmutenden Kirche ist das danebenstehende moderne Kulturhaus. Für einen kurzen Abstecher ist Punia sicher lohnenswert.

● *Anfahrt/Verbindungen* **Pkw** – von Alytus auf die Straße 129 Richtung Kaunas fahren. Nach etwa 15 km geht links eine kleine Straße nach Punia ab.

Bus – Die Verbindung ins Dorf selbst ist schlecht. Lediglich ein Bus aus Vilnius und vier Busse aus Alytus fahren hierher. Doch am Abzweig nach Punia halten die Busse der Linie Alytus-Vilnius und Alytus-Kaunas. Von da aus sind es noch ca. 15 Minuten zu Fuß.

Burghügel: Bildschön ist der Blick von hier auf den Nemunas, der sich wie ein Urwaldstrom am dunkelgrünen Waldufer entlangschlängelt. Schon zu Urzeiten soll auf dem Hügel die hölzerne Festung *Pilenai* gestanden haben.

Im Jahre 1336 belagerte der Deutsche Orden die Burg, stieß aber auf den vehementen Widerstand der litauischen Verteidiger. Als diese, so sagt man, den Angriffen der deutschen Kreuzritter nicht länger standhalten konnten, töteten sie zuerst ihre Frauen und Kinder, verbrannten sie und nahmen sich dann selber das Leben. Lieber wollten sie sterben, als sich dem Orden zu ergeben. Anführer der Litauer war *Fürst Margis*, nach dem auch die Hauptstraße des Ortes benannt ist.

Der Burghügel liegt nicht direkt im Dorf. Man muss links an der Kirche den kleinen Feldweg bis zum Wald runtergehen. Von dort führt ein Pfad zur Anhöhe.

▶ **Trakai** (siehe S. 130)

▶ **Eišiškės**: Die kleine Stadt im Šalčininkaier Bezirk ist eingebettet in eine schöne, unberührte Moorlandschaft. Architektonisch interessant ist die steinerne *Christi-Himmelfahrt-Kirche*, die zwischen 1847 und 1852 nach dem Geschichtsforscher T. Narbutas entstand.

In Eišiškės wurde auch der für Litauen wichtige Theologe *Stanislaus Rapalionis* (1485–1545) geboren, der lange Zeit als Professor an der Königsberger Universität lehrte.

Natur pur

Lettland   **(Latvijas Republika)**

Geographie

Die mittlere der drei Baltenrepubliken liegt am westlichen Rand der osteuropäischen Ebene und erstreckt sich über eine Fläche von 64.600 qkm. Die Küstengebiete des Baltischen Meeres und des Rīgaer Meerbusens bilden gleichzeitig die Westgrenze Lettlands.

Lettland gehört zu den kleinsten Staaten Europas, ist jedoch größer als die Schweiz, Belgien oder Dänemark. Im Norden hat Lettland eine Grenze mit Estland, im Osten mit Russland und Weißrussland. Der südliche Nachbar Lettlands ist Litauen. Die Staatsgrenzen umfassen insgesamt 1.800 km Länge, die Küstenlänge beträgt etwa 500 km.

Die Landschaft Lettlands setzt sich größtenteils aus flachen Ebenen, dem Küstentiefland und leichten Höhen zusammen. Seine geographische Struktur verdankt das Land der letzten Eiszeit, die vor 12.000 Jahren das gesamte Baltikum mit gewaltigen Gletschern bedeckte.

Geographisch kann Lettland in das *Küstentiefland* und drei *Inlandregionen*, nämlich West-, Mittel- und Ostlettland, unterteilt werden.

Höhenzüge und Ebenen: Mehr als die Hälfte des Landes liegt 100 m über NN. Nur 2 % des lettischen Territoriums liegen höher als 300 m über dem Meeresspiegel. Die höchste Stelle Lettlands ist der 311 m hohe *Gaiziņkalns* im Vidzemer Hochland. Der zweitgrößter Hügel Lettlands, der 289 m hohe *Lielā Liepukalns*, befindet sich im Latgaler Hochland.

Die weiteste Ebene Lettlands ist die *Maliena-Ebene* im Norden Vidzemes. Die überaus fruchtbare *Zemgaler-Ebene* ist im äußersten Westen Lettlands in der Provinz *Kurzeme* zu finden. Lange Zeit wurde diese Gegend als die Kornkammer Lettlands bezeichnet. Der höchste Gipfel des kurischen Hochlandes ist der *Krievukalns* mit einer Höhe von 184 m.

Gewässer: Durch das hügelige Relief im Osten des Landes und das feuchte Klima haben sich im Laufe der Zeit eine Vielzahl von Wasserläufen gebildet. Ganze 12.000 Flüsse und Bäche schlängeln sich durch Lettland, allerdings sind davon nur 17 länger als 100 km und nur zwei, nämlich *Daugava* und *Gauja*, länger als 200 km. Die wasserreichsten Flüsse sind neben Daugava und Gauja die Flüsse *Lielūpe* und *Venta*.

17 % des Gebietes Lettland ist mit Seen bedeckt – mehr als 3000 Seen und Teiche kann das Land sein Eigen nennen. Viele der Gewässer liegen im Hochland Latgales, das nicht umsonst "*Land der blauen Seen*" genannt wird. 10 % des lettischen Territoriums bestehen aus Sumpf- und Marschland, das hauptsächlich in den Küstenregionen und im Osten Lettlands zu finden ist.

Charakteristisch für das Landschaftsbild sind aber auch die dichten Wälder, die 41 % der Fläche Lettlands bedecken. Die tiefsten Wälder stehen im Norden Kurzemes und Vidzemes, aber auch im Gauja-Nationalpark.

Klima

Das Klima Lettlands wird bestimmt durch seine geographische Lage im Nordwesten des eurasischen Kontinents und seiner Nähe zum Atlantik. Durch den jährlichen Durchzug von 120 bis 140 Tiefdruckgebieten ist das Wetter in Lettland sehr wechselhaft und feucht. Im Allgemeinen fällt in Lettland jährlich zwischen 600–650 mm Niederschlag. Die Sommer sind im Durchschnitt etwas kühler als in anderen Regionen mittlerer Breiten, die Winter dagegen etwas milder. Die Durchschnittstemperatur liegt im Sommer bei etwa 17° Celsius, wobei aber auch Temperaturen von 30° Celsius erreicht werden können. Die wärmsten Monate sind Juni, Juli und August. Am 23. Juni wird in Lettland der längste Tag mit 17,5 Stunden gefeiert.

In den Nächten des Frühherbstes ist bereits mit Frost zu rechnen. Richtig kalt wird es jedoch erst im Januar/Februar, wenn die Temperaturen durchschnittlich bei minus 4° Celsius und drunter liegen.

Flora und Fauna

Die lettische Flora ist vielfältig und der jeweiligen geographischen Struktur angepasst. Auf den weiten Ebenen Lettlands wachsen Heilkräuter, Lupinen, Klee und Heide. Aus Linden, Eichen, Birken und Nadelbäumen setzen sich die Wälder Lettlands zusammen. Der weiche Waldboden ist im Sommer mit herrlichen, dicken Beeren übersät und im Frühherbst mit Pilzen. Mit Gräsern und Moosen ist das Marschland bedeckt und dient vielen Vogelarten als Lebensraum.

An Tiergattungen zählt Lettland rund 14.000 Arten, darunter Elche, Wildschweine, Marder, Füchse, Wölfe, Rehe, Eulen und Nerze. Gelegentlich werden auch Braunbären und Luchse gesehen. Die Zahl der Biber und Hirsche war zeitweise auf ein Minimum reduziert, hat sich aber in den letzten Jahren wieder stabilisiert. Von den ca. 300 in Lettland gezählten Vogelarten sind etwa 50 Arten heimisch. Ein vielgesehener Vogel ist der Storch, den man oft beobachten kann, wenn er durch die Sümpfe watend nach Nahrung sucht. Auf zahlreichen Häuserdächern oder Strommasten sind seine riesigen Nester zu sehen. Viele der Tiere Lettlands und weite Teile seiner Landschaft stehen unter Naturschutz.

Umwelt

Im Vergleich zu den beiden anderen baltischen Republiken hält sich die Umweltbelastung in Lettland noch in Grenzen. Der Boden ist weniger verseucht und die Luft relativ sauber.

Vor ein großes Problem sieht sich Lettland durch die starke Verschmutzung seiner Flüsse gestellt, die hauptsächlich auf die Abwässer aus Fabriken und Haushalten zurückzuführen sind. Natürlich gelangen diese auch ins Meer, was beim Baden, gerade in der Nähe von Rīga, bedacht werden sollte. Als sauber gelten die Seen des *Latgaler Hochlandes.* Wegen ihrer reinen Luft ist die Gegend um Madona im Vidzemer Hochland berühmt. Dort sollen die weißesten Birken des gesamten Baltikums wachsen.

Um weitläufige Teile der Landschaft Lettlands zu schützen, stehen viele Gebiete unter Naturschutz. Das größte davon ist der *Gauja-Nationalpark.* Ein weiterer Nationalpark befindet sich in *Ķemeri* bei Jūrmala.

Ein entscheidender Faktor in der neuen lettischen Nationalbewegung Ende der Achtziger war die öffentliche Diskussion über ökologische Probleme. Über die Köpfe der Bevölkerung hinweg hatte Moskau beschlossen, an der Daugava ein Wärmekraftwerk zu errichten. Man setzte sich erfolgreich zur Wehr, wodurch das Gefühl entstand, nicht völlig ohnmächtig gegenüber dem etablierten Machtapparat zu sein. In Lettland und in den baltischen Nachbarstaaten entstanden Umweltschutzbewegungen. 1988 gründete sich in Lettland ein *Club zum Schutz der Umwelt.* Von ihm ging die Aktion im Sommer 1988 aus, eine 36 km lange Menschenkette entlang der lettischen Küste zu bilden, um auf die Meeresverschmutzung aufmerksam zu machen. Noch immer stark belastet sind die ehemaligen Truppenplätze der Sowjetarmee.

Seit 1995 gibt es das von der EU geförderte Umweltzentrum ECAT. Zusammen mit anderen Organisationen bemüht es sich u. a. um die Förderung einer umweltfreundlichen Regionalentwicklung. Eines seiner ersten Projekte ist die Regionalentwicklung in der Gegend um Kuldīga. Unweit der in Kurzeme

Lettland
Karte siehe Umschlaginnenklappen

gelegenen Kleinstadt sind zwei Umweltzentren gegründet werden. Sie informieren über ökologische Landwirtschaft, umweltfreundliche Produktionsweise, natürliche Energiegewinnung u. v. m. Zudem werden Seminare zur Erwachsenenbildung und Projekte zur Umwelterziehung von Jugendlichen angeboten, und es wird über Konzepte des Öko-Tourismus beraten.

Ferner gibt es in Lettland Umweltverbände, die sich der Verschmutzung ihrer Flüsse und der Ostsee annehmen. Auch Ideen der alternativen Energiegewinnung steht man offen gegenüber. Seit Ende 1995 arbeitet nahe der Stadt Anaži eine mit deutscher Hilfe betriebene Windenergieanlage. In den letzten Jahren haben sich eine Reihe von Bauernhöfen auf ökologischen Landanbau spezialisiert. Viele dieser Ökobetriebe bieten darüber hinaus Übernachtungsmöglichkeiten an.

Geschichte

Historischen Forschungen zufolge sind die ersten Spuren menschlichen Lebens auf lettischem Territorium 10.000 Jahre zurückzudatieren. Nach der letzten Eiszeit wanderten Nomadenstämme aus dem Südosten zum Baltischen Meer, wo sie als Jäger und Sammler lebten.

Die zwischen Rīga und Narva lebenden Volksstämme gehörten zur damaligen Zeit der Kunda-Kultur an, aus der sich die neolithische Memel- und Narvakultur herausbildete.

Ankunft der Indoeuropäer

Etwa in der Mitte des 3. Jt. v. Chr. erschienen indogermanische Stämme aus der Weichsel-Region im Baltikum. Die Keramik, die sie bereits herstellten, wiesen Abdrücke gedrillter Schnüre auf. Aus diesem Grund spricht man von der sog. Schnurkeramik-Kultur. Zudem waren sie im Besitz von Streitäxten. Diese indogermanischen Volksgruppen gelten als die Vorläufer der Baltenvölker. Sie bauten Siedlungen und lebten von Ackerbau und Viehzucht. Im Laufe der Zeit bildeten sich auf dem Gebiet des heutigen Lettlands die verschiedenen baltischen Stämme wie Litauer, Lettgaller, Semgaller, Selonier und Pruzzen heraus und vermischten sich mit den ebenfalls im Baltikum ansässigen finno-ugrischen Stämmen. Dabei dominierten im Süden die indogermanischen Volksgruppen und im Norden die finno-ugrischen Stämme.

Durch das Baltische Gold der Bernsteinküste unterhielt das Baltikum bereits vor unserer Zeitrechnung lebhaften Handel mit Kaufleuten des Mittelmeerraumes und Arabiens, sowie mit den benachbarten Slawenstämmen und den skandinavischen Wikingern. Unterbrochen wurde das goldene Zeitalter und die florierende Entwicklung durch die Ankunft deutscher Missionare, Kreuzritter und Kaufleute.

Die Ankunft der deutschen Kreuzritter und Siedler

Im Jahre 1168 landeten die ersten deutschen Schiffe an der Daugava-Mündung, darunter der deutsche Mönch und Missionar Meinhard. Er galt als freundlicher und milder Mensch, sodass die ansässigen Liven sich widerstandslos von ihm taufen ließen und den Bau einer Kirche nicht behinderten. Zwar sprangen sie nach ihrer Taufe in der Regel ins Wasser, um diese wieder abzuwaschen, doch sie ließen den Missionar gewähren.

Anders standen sie seinem Nachfolger Berthold gegenüber. Berthold kam mit einem tausend Mann starken Kreuzritterheer an die Daugava-Mündung. Es folgte eine blutige Schlacht mit den Liven. Der Orden ging zwar als Sieger aus dem Gefecht hervor, Berthold selbst jedoch fiel ihm zum Opfer. Der Feuertaufe überdrüssig, versuchten die Liven, sich von den Missionaren zu befreien. Als dies in Bremen bekannt wurde, schickte der Bischof der Stadt seinen Domherrn Albert in das Gebiet, um die Heiden in den Schoß der Kirche zu führen und dem Orden Land zu sichern. Viele deutsche Kaufleute beteiligten sich damals finanziell an dem Vorhaben, denn sie erhofften sich im Land der Liven einen neuen Absatzmarkt.

Im Jahre 1200 erreichte Domherr Albert zusammen mit einem gewaltigen Heer von Kreuzrittern die Daugava-Mündung. Er begann mit dem Bau einer steinernen Burg und gründete die Stadt Rīga. Im Jahre 1202 rief Domherr Albert, nun Bischof von Rīga, den Schwertritterorden ins Leben, um mit dessen Hilfe das Umland zu unterwerfen. Zur Sicherung der eroberten Gebiete holte man unter Zusicherung zahlreicher Sonderrechte deutsche Siedler, Handwerker und Kaufleute ins Land. Im Jahre 1206 waren die Liven besiegt, und Bischof Albert wurde Oberhaupt des Ordensstaates.

Nach kurzer Zeit jedoch begann der Orden die Macht des Bischofs anzutasten, da die Schwertritter ihm nicht länger unterstehen, sondern ihren eigenen Interessen nachgehen wollten. Nach der verlorenen Schlacht bei Saule 1236 gegen Litauer und Semgaller gingen die Schwertritter im Deutschen Orden auf. Da dieser direkt dem Papst unterstand, waren sie somit jeglicher Verantwortung gegenüber dem Bischof von Rīga entbunden.

Es folgte ein erbitterter Machtkampf zwischen Orden und Bischof. Oft eskalierten diese Streitigkeiten zu bürgerkriegsähnlichen Zuständen. Das Bürgertum schlug sich dabei auf die Seite des Bischofs, da der Orden den Kaufleuten im Handel Konkurrenz machte. So steckte die Rīgaer Bürgerschaft beispielsweise die Ordensburg in Brand, worauf der Orden den Bischof in Gewahrsam nahm. Um Herr der Lage zu werden, holte sich der Orden oftmals Hilfe aus Preußen. Diese nicht selten blutigen Auseinandersetzungen zogen sich über Jahrzehnte hin. Da die Unruhen nicht abklingen wollten, wurde der Sitz des Ordensmeisters schließlich nach Cēsis verlegt.

Ein anschauliches Beispiel für den Machtkampf zwischen Orden und dem Bischof von Rīga liefern heute noch die beiden Ufer der Gauja bei Sigulda. Die eine Seite gehörte dem Orden, während die andere bischöfliches Terrain war. So entschied es damals der Papst. Beide Seiten errichteten gut befestigte Burgen, um dem Gegner Stärke zu demonstrieren.

Trotz aller Kämpfe entwickelten sich die Städte Livlands zu blühenden Handels- und Hansestädten, die Bürger gelangten zu Wohlstand und Reichtum. Das umlaufende Geld floss überwiegend durch die Hände der deutschen Oberschicht, da die Handelsfreiheit für Nicht-Deutsche stark beschränkt war.

Lettland
Karte siehe Umschlaginnenklappen

Die Urbevölkerung Livlands verdiente sich ihren kargen Lebensunterhalt überwiegend als Landarbeiter und geriet zunehmend in die Abhängigkeit von Großgrundbesitzern.

Riga wurde zum Handelszentrum des jungen Ordensstaates. Seinen Höhepunkt erreichte das wirtschaftliche Wachstum der livländischen Städte im 14. Jh., obwohl Livland ständig mit Dänemark, Russland, Schweden oder Polen in kriegerischer Fehde lag.

Der Untergang des Ordensstaates

Trotz zahlreicher Burgen, die der Orden zur Untermauerung und Festigung seiner Macht im Laufe der Zeit errichtete, schwächten die anhaltenden Kämpfe mit den Nachbarmächten den Orden. Die Reformation in Lettland im Jahre 1522 brachte die Macht des Ordens noch mehr ins Wanken. Das endgültige Aus für den livländischen Orden läutete jedoch schließlich der Livländische Krieg (1558–1583) ein. Iwan der Schreckliche, dem das Ordensland schon lange ein Dorn im Auge war, versuchte, Livland Schritt für Schritt zu unterwerfen. Es gelang ihm zwar nicht, die Herrschaft in dem untergehenden Ordensstaat zu übernehmen, wohl aber sein Ende heraufzubeschwören. Nach dem Krieg wurde Livland zwischen Schweden, Dänemark und Polen aufgeteilt, wobei Polen der größte Anteil zufiel. Der Ordensmeister Gottfried Kettler erkannte rechtzeitig, dass die Zeit des Ordens vorüber war. Der Geistliche wandelte sich zum Herzog von Kurland und unterstellte sich der polnischen Oberhoheit. Auf diese Weise gelang es Kettler, Kurland für eine geraume Zeit eine gewisse Autonomie zu sichern.

Nach dem schwedisch-polnischen Krieg (1600–1629) änderten sich die Machtverhältnisse im ehemaligen Ordensland erneut. Lediglich die heutige Provinz Latgale blieb in polnischer Hand, während der Rest Livlands schwedisch wurde. Die Herrschaft der Schweden brachte für die lettische Bevölkerung einige Vorteile mit sich: Sie durften Schulen besuchen, und die Bauern konnten sich gegen ungerechte Großgrundbesitzer mit juristischen Mitteln wehren. Dennoch blieb die eigentliche Macht in den Händen der deutschen Kaufleute und des Landadels, die schließlich auch die Aufhebung der Leibeigenschaft zu verhindern wussten. Mit Ausbruch des Nordischen Krieges nahm die "gute schwedische Zeit", wie diese Epoche oft bezeichnet wird, ein Ende. Mit Ausnahme Kurlands fiel das gesamte ehemalige Ordensland 1710 an Peter I.

Russische Herrschaft und erwachendes Nationalbewusstsein

1710 begann unter Peter I. die schrittweise Unterwerfung des Gebietes des heutigen Lettlands. 1795 wurde schließlich auch das Herzogtum Kurland ein Teil des Zarenimperiums. Der deutschen Oberschicht brachte die russische Herrschaft die Wiederherstellung ihrer Sonderpositionen, die unter den Schweden schwere Einschnitte erfahren hatten. Die Folge waren Aufstände der lettischen Bevölkerung, um ihre neuerhaltenen Rechte zu verteidigen. Der

Widerstand wurde niedergeschlagen, doch konnte der Unmut des Volkes nicht eingedämmt werden. Im Gegenteil – es entstand ein neues Zusammengehörigkeitsgefühl unter den Letten. Sie begannen, ihre eigene Geschichte und Kultur zu entdecken und ein nationales Bewusstsein zu entwickeln. Träger dieser Bewegung waren meist lettische Persönlichkeiten des kulturellen Lebens, wie z. B. *Kr. Valdemars* oder *Kr. Barons*. Als Mitantreiber ihres nationalen Erwachens gelten auch einige deutsche Geistliche, die Ende des 18. Jh. die Gedanken der Aufklärung vertraten, so beispielsweise *Johann Gottfried Herder*. Doch es gab noch weitere Gründe, die zur Entwicklung des lettischen Nationalbewusstseins beitrugen: 1819 wurde die Leibeigenschaft in den Provinzen des ehemaligen Livlands aufgehoben. Zwar wurden nun auch einige lettische Bauern zu Landbesitzern und begannen, sich von der deutschen Oberschicht und den russischen Machthabern zu emanzipieren, doch ging die Landverteilung sehr unbefriedigend und schleppend voran, denn die meisten Ländereien waren bereits fest in der Hand deutsch-baltischer Barone.

Ein weiterer wichtiger Faktor war die Industrialisierung. Mit dem Anschluss an das Eisenbahnnetz und mit der Inbetriebnahme einiger Fabriken entwickelte sich Rīga zum drittgrößten Industriezentrum des gesamten Zarenimperiums. Natürlich blieb auch hier die Verelendung der Arbeiterschaft nicht aus, sodass sich 1904 eine lettische sozialdemokratische Partei gründete. Die Ideen der russischen Revolution von 1905 fielen bei der lettischen Bevölkerung auf fruchtbaren Boden und entwickelten sich schließlich zu einer Frage der Unabhängigkeit und Autonomie von Russland. Erstmalig traten die Letten als politische Kraft auf, wurden aber von den Zarentruppen brutal niedergeschlagen. Doch konnte der Wunsch der Letten nach nationaler Selbstbestimmung und Souveränität nicht aufgehalten werden.

Der Erste Weltkrieg

Während des Ersten Weltkrieges lag das Baltikum sowohl in der Interessenssphäre des deutschen Reiches als auch in der Russlands. 1915 wurde Kurland durch deutsche Kaisertruppen besetzt. Um die Truppen Wilhelms II. abzuwehren, stellten die Russen lettische Regimenter auf, die sog. *Lettischen Schützen*, die ihre Heimat verteidigen sollten. Doch trotz der engagierten Einsätze der Lettischen Schützen gelang es den Deutschen 1917, Kurland zu erobern. Da die lettischen Soldaten vom russischen Zaren regelrecht "verheizt" worden waren, war es für die Bolschewiken nicht schwer, einen Teil von ihnen auf ihre Seite zu ziehen. Nach der Oktoberrevolution von 1917 und dem Zusammenbruch des russischen Zaren- und des deutschen Kaiserreiches entstanden günstige Rahmenbedingungen für die Verwirklichung der lettischen Unabhängigkeit. Hinzu kam das in Europa neu propagierte Prinzip des Selbstbestimmungsrechts der Völker. Dieses Recht wollten auch die neuen Machthaber in Moskau, die Bolschewiken, dem lettischen Volk garantieren. Sie knüpften es allerdings an die Voraussetzung, dass die Rechte der Arbeiterklasse im bolschewistischen Sinne gewährleistet würden.

Am 18. November 1918 war es soweit: Bürgerliche Kreise riefen die *Unabhängige Republik Lettland* aus und bildeten eine provisorische Regierung mit *Kārlis*

Lettland
Karte siehe Umschlaginnenklappen

Ulmānis an der Spitze. Im Norden des Landes wurde dagegen die Räterepublik unter dem Vorsitz *Peter Stučkas* proklamiert. Nachdem die deutschen Truppen aus Kurland abgezogen waren, marschierte die Rote Armee in Lettland ein. Das Überleben der drei jungen Baltenrepubliken war nun ernsthaft gefährdet. In den beiden folgenden Jahren wurde Lettland von einem heftigen Bürgerkrieg heimgesucht, bei dem die Rotarmisten versuchten, Lettland Sowjetrussland anzuschließen.

Um die "rote Gefahr" zu bannen, unterstützten Großbritannien, Frankreich und die USA die neu gegründeten Baltenrepubliken und verlangten auch von deutscher Seite tatkräftige Mithilfe, um den Vormarsch des Kommunismus zu stoppen. Am 22. Mai 1919 wurde Rīga von der baltischen Landwehr unter dem Befehl des Generals *von Goltz* erobert. Sofort flammte der auf deutscher Seite so oft geträumte Traum von einer Vereinigung der baltischen Länder, gebunden in eine Personalunion mit Ostpreußen, wieder auf. Doch nach der verlorenen Schlacht bei Cēsis gegen die Esten, die sich solidarisch mit dem lettischen Volk erklärten, mussten die Deutschen auf Druck die Alliierten, Lettland endgültig verlassen.

Am 11. August 1920 erklärte Sowjetrussland in einem Friedensvertrag, "für immer auf jegliche Gebietsansprüche und Souveränitätsrechte bezüglich Lettlands zu verzichten und das Völkerbestimmungsrecht anzuerkennen." Im September 1921 wurde Lettland Mitglied der Vereinten Nationen. Nachdem sich die Lage in der kleinen Baltenrepublik etwas stabilisiert hatte, leitete die zurückgekehrte Ulmānis-Regierung tiefgreifende Reformen ein. Die KP wurde verboten, und die deutsch-baltischen Barone wurden enteignet. Nach seiner Verfassung, der *Satversme*, war Lettland eine parlamentarische Republik. Erster frei gewählter Premierminister wurde *Kārlis Ulmānis*, unter dem Lettland rasch einen wirtschaftlichen Aufschwung erfuhr.

Als Ende der zwanziger Jahre des vorherigen Jahrhunderts die Welt in einer tiefgreifenden Wirtschaftskrise steckte, blieb auch Lettland davon nicht verschont. 1934 verhängte Ulmānis den Ausnahmezustand, schaltete das Parlament aus, regierte mit Sonderdekreten und betrieb eine autoritäre Politik. Ulmānis gelang es zwar, die Wirtschaftskrise zu bewältigen, doch kam es wiederholt zu Verhaftungen politisch Andersdenkender und Übergriffen der Polizei. Gewerkschaften wurden verboten, und die Rechte der in Lettland lebenden Minderheiten wurden nicht mehr in dem Sinne respektiert, wie es die Verfassung eigentlich vorsah.

Der Hitler-Stalin-Pakt und der Zweite Weltkrieg

Nachdem sich das Deutsche Reich und Sowjetrussland bzw. die Sowjetunion von den Wirren des Ersten Weltkrieges erholt hatten, wuchs auch wieder ihr Interesse an den baltischen Staaten. Das weitere Schicksal des Baltikums sollte am 23. August 1939 besiegelt werden:

An jenem Tag schlossen Hitler und Stalin den *Nicht-Angriffspakt* mit dem mittlerweile weltbekannten *geheimen Zusatzprotokoll*. In diesem Protokoll ist von einer territorialen Umgestaltung Osteuropas die Rede, wobei die balti-

Wachablösung vor dem Freiheitsdenkmal in Rīga

schen Staaten der Sowjetunion und Polen dem Deutschen Reich zugeschlagen werden. Kurz nach der Ratifizierung des Nicht-Angriffspakts durch die damaligen Außenminister *Ribbentrop* und *Molotow* zwang die Sowjetunion die baltischen Staaten zum Abschluss von sog. *Beistandspakten*, in denen sie sich verpflichten mussten, sowjetischen Truppen Stützpunkte in ihren Ländern einzuräumen. So konnten bereits im Oktober 1939 Truppen der Roten Armee im Baltikum stationiert werden. Etwa zur gleichen Zeit wurden zahlreiche Deutschbalten aus Lettland evakuiert, was man zu Recht so deutete, dass Hitler das Baltikum Stalin überlassen hatte.

Im Juni 1940 sollten sich die baltischen Befürchtungen bewahrheiten, als die Rote Armee Stalins das Baltikum besetzte und die Macht übernahm. In kürzester Zeit wurden Intellektuelle, Wirtschaftsfunktionäre, Wissenschaftler, Theologen, Fabrikbesitzer, und alle diejenigen, die als potentielle Klassenfeinde angesehen wurden, nach Sibirien deportiert. Es wurden Scheinwahlen mit pro-sowjetischen Einheitslisten durchgeführt, aus denen eine kommunistische, sowjetfreundliche Regierung als "Sieger" hervorging. Wenig später "bat" Lettland schließlich um die Aufnahme in die Sowjetunion.

Als die deutsche Wehrmacht im Zuge ihres Überfalls auf die Sowjetunion am 22. Juni 1941 die baltischen Länder besetzte, wurde die Sowjetisierung des Baltikums kurzzeitig unterbrochen. Die Bevölkerung begrüßte die deutschen Truppen zunächst als Befreier, wurde aber bald enttäuscht, da den Deutschen nicht an einer Wiederherstellung eines souveränen Staates gelegen war. Vielmehr vereinigte man die baltischen Gebiete mit Weißrussland zum *Reichskommissariat Ostland* und bürdete der Bevölkerung gewaltige Kriegslasten auf.

Dennoch zog es die Mehrheit der Bevölkerung vor, an der Seite der deutschen Wehrmacht zu kämpfen, als an der Seite der Roten Armee. So gelang es der SS leicht, eine 60.000 Mann starke Legion von Letten aufzustellen. Gleichzeitig richteten die Nazis nach ihrer Ankunft in Lettland Konzentrationslager ein, in denen Tausende von Menschen, vornehmlich Juden, den Tod fanden. Allein in Salaspils, eines der 23 Vernichtungslager Lettlands, wurden an die 100.000 Menschen ermordet.

In den Jahren 1944–45 eroberte die Sowjetarmee das Baltikum zurück. Große Teile der Bevölkerung flüchteten vor Stalins Truppen ins Ausland, wobei viele Menschen ums Leben kamen. Während des Krieges hatte sich die Bevölkerung Lettlands um etwa ein Drittel verringert. Weitere Verluste brachte die Wiederherstellung der Sowjetmacht mit sich. Eine sowjetfreundliche Regierung wurde eingesetzt und eine neue Welle von Deportationen eingeleitet, begleitet von Schauprozessen und der Zwangskollektivierung der Landwirtschaft. Um die Sowjetmacht zu stabilisieren, siedelte man in den lettischen Städten gezielt russische Arbeiter an, sodass die Letten auch heute noch in einigen ihrer Städte in der Minderheit sind.

Die Nachkriegszeit – Unionsrepublik Lettland

Mit der Wiederherstellung der Macht der Sowjets folgte eine harte Zeit für Lettland. Im eigenen Land wurden die Letten diskriminiert. Amtssprache wurde Russisch, und die Pflege der lettischen Kultur wurde als Nationalismus und somit als Staatsfeindlichkeit angesehen. Viele der Kirchen wurden zu weltlichen Zwecken genutzt. Gläubige und Menschenrechtler hatten große Schwierigkeiten, sodass während der sowjetischen Zeit fast 100.000 Letten ins Exil flüchteten. Zu Beginn der fünfziger Jahre hatte es die Sowjetmacht geschafft, jeglichen bewaffneten Widerstand von Seiten der lettischen Bevölkerung auszuschalten. Hoffnung auf Besserung wurde an die sog. *Tauwetterperiode* der Ära Chruschtschows geknüpft, der nach Stalins Tod in den Kreml zog.

Tatsächlich ließ Moskau die Zügel etwas lockerer. Um nicht den Anschein einer Kolonialisierung Lettlands zu liefern, konnten nun auch Letten in die Ebene der Führungskader gelangen. Als jedoch der damalige stellvertretende lettische Ministerpräsident *Berklavs* im Jahre 1958 den Stopp der Ansiedlung russischer Arbeiter forderte, wurde das von Moskau sofort als bourgeoiser Nationalismus und Gefahr für das Sowjetsystem angesehen, worauf Berklavs "entfernt" wurde. Die Macht lag uneingeschränkt in Moskau. Dennoch gab es Untergrundorganisationen, die für die Einhaltung der Menschenrechte und für die Meinungs-, Versammlungs- und Religionsfreiheit eintraten und die Wiederherstellung der lettischen Unabhängigkeit diskutierten. Mit illegalen Flugblättern wandten sie sich an die Öffentlichkeit. Während der Regierungszeit Breschnews, der 1964 an die Macht kam, konnten sie jedoch wenig erreichen. Streng wurde darüber gewacht, dass kein von der bolschewistischen Ideologie abweichendes Gedankengut verbreitet wurde.

In der Periode der *Großen Stagnation* von 1964–1985, die die gesamte Sowjetunion heimsuchte, fiel auch Lettland in eine tiefe Lethargie und erfuhr Ende der siebziger Jahre den Höhepunkt einer sozialen, wirtschaftlichen und kulturellen Krise. Der geheime Wunsch auf die Wiederherstellung des lettischen Staates kam einer schönen Utopie gleich, die von der Erinnerung an die Unabhängigkeit zu Beginn des Jahrhunderts zehrte. Erst mit Amtsantritt Gorbatschows und seiner Politik von Glasnost und Perestroika erwachte Lettland wieder, womit auch der Wunsch nach Souveränität erneut aufflammte.

Friedliche Revolution

Mit dem Amtsantritt Gorbatschows kam wieder Leben in die erlahmten baltischen Republiken. Ausgelöst durch die Moskauer Beschlüsse, an der Daugava ein Wärmekraftwerk und eine U-Bahn-Trasse durch Rīga zu bauen, der große Teile der Altstadt zum Opfer gefallen wären, kam es zu heftigen Protesten der Bevölkerung, mit der die neuen Projekte noch nicht einmal diskutiert worden waren.

Als Antwort bildete sich in Liepāja die Menschenrechtsgruppe *Helsinki '86*, die die Einhaltung der Menschenrechte, Demokratie und Wiederherstellung der lettischen Souveränität forderte. Am 14. Juni riefen sie in Rīga zu einer Demonstration auf, um den zahlreichen Opfern zu gedenken, die unter Stalin nach Sibirien deportiert worden waren. Zu Auseinandersetzungen mit der Miliz kam es dabei nicht. Anders verlief dagegen die Demonstration am 18. November 1987, als der Ausrufung der lettischen Republik vor 69 Jahren gedacht wurde. Das lettische Volk war wiedererwacht und damit auch sein Wunsch nach Souveränität. Jahrelang verbotene Staatssymbole waren plötzlich wieder zu sehen, und politische Gruppierungen und Bürgerinitiativen wurden gegründet.

Im Jahre 1988 bildete sich aus der KP Lettlands ein reformfreundlicher Flügel heraus, dem es gelang, die entscheidenden Schlüsselpositionen in der Lettischen SSR zu besetzen. Im Sommer des gleichen Jahres wurde die *Lettische Unabhängigkeitsbewegung* (LNNK) ins Leben gerufen. Wenige Monate später gründete sich die *Lettische Volksfront* (LTF), ein Zusammenschluss aller Reformkräfte. Vorerst gingen die Forderungen nur soweit, dass man eine Autonomie innerhalb der Sowjetunion verlangte, doch spätestens nach den Wahlen zum *Volksdeputierten-Kongress*, aus denen die Volksfront als klarer Sieger hervorging, war die Unabhängigkeit wieder in aller Munde. Als Gegenbewegung zur Volksfront bildete sich die sog. *Interfront*, eine Bewegung, die das alte System der Sowjetunion und die Allmacht der kommunistischen Partei beibehalten wollte. Als der Ministerrat im Februar 1989 ein Gesetz zur Begrenzung der russischen Einwanderer nach Lettland verabschiedete, führte das zu Demonstrationen und heftigen Protesten der Interfront.

Ein bedeutendes Zeichen, das den Wunsch nach Freiheit zum Ausdruck brachte, wurde am 23. August 1989, dem fünfzigsten Jahrestag des Hitler-Stalin-Paktes, gesetzt. 1,7 Millionen Balten bildeten eine Menschenkette quer durch das Baltikum, angefangen in Tallinn, über Rīga bis nach Vilnius. Von Seiten des Zentralkomitees der KPdSU wurde das Vorgehen auf das stärkste missbilligt und ein Austritt aus der Sowjetunion strikt abgelehnt.

Lettland
Karte siehe Umschlaginnenklappen

Im Januar 1990 wurde die Monopolstellung der KP aus der Verfassung der Lettischen SSR gestrichen und ein Mehrparteiensystem zugelassen. Bei den Wahlen zum Obersten Sowjet erhielten die Kandidaten, die für die lettische Unabhängigkeit eintraten, die absolute Mehrheit. Im Mai rief der Oberste Sowjet Lettlands die Übergangsphase zum Austritt aus der UdSSR aus, was jedoch noch im gleichen Monat von Gorbatschow für ungültig erklärt wurde. Dennoch konnte die lettische Seite im Oktober eigene Grenzposten aufstellen.

Zu Beginn des Jahres 1991 war die bislang friedliche verlaufende Revolution der baltischen Republiken ernsthaft in Gefahr. Am 2. Januar besetzte die *Omon*, eine Einheit des sowjetischen Innenministeriums, das Pressehaus in Rīga. Am nächsten Tag gingen in Rīga über eine halbe Million Menschen auf die Straße, um der Protestkundgebung der LTF beizuwohnen und das Parlamentsgebäude zu verbarrikadieren. Am 20. Januar stürmten sowjetische Sondereinheiten das lettische Innenministerium in Rīga, wobei vier Menschen ums Leben kamen.

Die Republik Lettland

Am 3. März wurde in Lettland eine Volksbefragung zur Unabhängigkeit Lettlands durchgeführt, in der sich 73,7 % der Stimmberechtigten für den Austritt aus der UdSSR aussprachen. Als im Sommer 1991 in Moskau geputscht wurde, ergriff Lettland die Gelegenheit und erklärte sich am 21. August für unabhängig. Am 24. August erkannte der russische Präsident Jelzin die Entscheidung Lettlands an und am 27. August auch die EU. Am 6. September entließ das wieder amtierende Oberhaupt der Sowjetunion, *Michail Gorbatschow*, Lettland offiziell aus der UdSSR. Erster Präsident der unabhängigen Republik Lettland war *Anatolijis Gorbunovs*, Premier *Ivars Godmānis*. Im Juni 1993 wählte das lettische Volk eine neue Regierung, aus der eine Koalition zwischen dem Weg Lettlands und der Bauernunion hervorging mit *Guntis Ulmānis* an der Spitze.

1994 verließ die Rote Armee nach einem Abkommen zwischen Ulmānis und Jelzin Lettland, und im Februar 1995 wurde ein Assoziierungsabkommen mit der EU unterzeichnet. Im gleichen Jahr noch wurde Lettland von einer schweren Bankkrise erschüttert: Die *Banka baltija*, die größte Bank des Landes, meldete Konkurs an.

Als im Herbst des Jahres 1995 ein neues Parlament gewählt wurde, konnte keine der neun angetretenen Parteien einen klaren Sieg verbuchen. Keine Partei erhielt mehr als 18 der zu vergebenden einhundert Sitze. Es wurde eine große Koalition aus sechs Parteien gebildet. Ministerpräsident wurde der Geschäftsmann *Andris Škele*. Die Opposition bildeten die *Sozialistische Partei*, die Partei *Harmonie*, und die Partei *Für Lettland*. Letztere wurde gegründet von dem aus Hamburg stammenden, konservativen Deutschletten *Siegerist*. Nach dem Wahlergebnis verbündete sich Siegerist, der übrigens zuvor aus rechtsgerichteten Parteien ausgeschlossen worden war und der nicht die lettische Sprache spricht, mit Altkommunisten und linken Parteien. Während die anderen Oppositionsparteien moderat mit der Regierung umgingen, sprach ihr

Jugendstilfassade in Rīga

Lettland
Karte siehe Umschlaginnenklappen

die Partei *Für Lettland* jegliche Kompetenz ab und stellte einen eigenen über-
ragenden Wahlsieg beim nächsten Volksentscheid in Aussicht, der sich im Übrigen nicht bestätigte. Die amtierende große Koalition hat sich als stabil und
solide erwiesen und wurde bei den Präsidentschaftswahlen im Juni 1996 bestätigt. Aus den Parlamentswahlen vom Oktober 2002 ist der ehemalige
Zentralbankchef *Einars Repse* als neuer Ministerpräsident hervorgegangen.
Erst im Februar 2001 hatte Repse die konservative Partei *Neue Zeit* gegründet,
die auf Anhieb 23,5 % der Wählerstimmen erlangen konnte. Ausschlaggebend
für die Parteigründung war der von Repse als "Kultur umfassende Korruption"
bewertete Zustand des Landes. Seine Parteifreunde mussten deshalb ihre "ein-
wandfreie Vergangenheit" beschwören. Die jetzige Regierung Lettlands setzt
sich aus folgenden Parteien zusammen: Neue Zeit, Lettische Erste Partei,
Union der Grünen und Bauern, sowie Partei für Vaterland und Freiheit. Die
langjährige Regierungspartei *Lettischer Weg* scheiterte knapp an der 5 % Hür-
de. Auch die jetzige Regierung wird den Westkurs des Landes fortführen.
Staatspräsidentin ist *Vaira Vikea-Freiberga*, Professorin für Psychologie und
Vorsitzende zahlreicher intellektueller Vereinigungen.

Staatsaufbau: Laut Artikel 1 der lettischen *Satversme* (Verfassung) ist Lett-
land eine unabhängige, demokratische Republik, die sich aus den Provinzen
Latgale, Kurzeme, Zemgale und *Vidzeme* zusammensetzt. Die Staatsgewalt
geht vom Volk aus, das in allgemeiner, direkter und geheimer Wahl die *Saeima*
(Volksvertretung) wählt. Die 201 Abgeordneten der Saeima wählen den
Präsidenten, der wiederum den Premier bestimmt. Die ausführende Kraft in
Lettland liegt beim *Ministerrat*, der sich aus 20 Ministern zusammensetzt.

Eine Legislaturperiode entspricht drei Jahren. Darüberhinaus gibt es noch den *Latvijas kongress*, über den jedoch nur lettische Staatsbürger abstimmen. Seine 231 Mitglieder sollen die Interessen der lettischen Bevölkerung vertreten. Seit dem Zeitpunkt der Parlamentswahlen im Juni 1993 gilt in Lettland wieder die Verfassung von 1922.

Wirtschaft

Schon vor der Zeit der Kreuzritter blühte auf dem Territorium des heutigen Lettlands der Handel. Es gab florierende Häfen, da wichtige Wasser- und Handelsstraßen das Land durchzogen.

Schon im Mittelalter lebte das damalige Livland vom Ost-West-Handel. Waren die Beziehungen zwischen Russland und Westeuropa belastet, machte sich das sofort in Form von Handelseinbußen bemerkbar.

Zu Beginn des 20. Jh. gehörte das heutige Lettland zu den prosperierendsten Provinzen des gesamten russischen Imperiums. Während der Unabhängigkeitsperiode (1918–1939) lockerte man die ökonomischen Verbindungen zu Moskau und förderte die Industrie, die damit volkswirtschaftlich vor die bis dahin an erster Stelle stehende Landwirtschaft trat. Da nach den Bedürfnissen des lokalen Marktes produziert wurde, litt Lettland nicht so hart unter der Weltwirtschaftskrise wie andere Regionen. Mit der Eingliederung in die Sowjetunion wurde das Land jedoch völlig zugrunde gewirtschaftet. Durch die zentralistische Produktionsweise der Sowjetregierung wurden die einzelnen Unionsrepubliken voneinander abhängig gemacht, was sich auch gravierend auf die Wirtschaft Lettlands auswirken sollte.

Außer Torf, Ton, Sand und Heilschlamm besitzt Lettland keine weiteren Bodenschätze. Durch den Übergang zur Marktwirtschaft und die damit verbundenen Privatisierungen ist in Lettland ein großes Heer von Arbeitslosen entstanden. Dank seiner günstigen geographischen Lage kann Lettland heute jedoch wieder vom Ost-West-Handel profitieren und ist auf dem Weg, sich zu einem wichtigen ökonomischen Zentrum zu entwickeln. Viele Geschäftsleute aus dem Westen haben Vertrauen in die neue Landeswährung gefasst, und auch viele Russen legen ihr Vermögen lieber in Lettland an als im finanziell unsicheren Russland. Ziel Lettlands ist es, zur "Schweiz des Baltikums" zu werden.

Ein Rückschlag auf diesem Weg war eine schwerwiegende Bankkrise, die das Land 1995 erschütterte. Die größte Bank des Landes, die *Banka baltija*, war zahlungsunfähig. Hauptursache für diese Krise war u. a. die Vergabe von profitversprechenden, aber risikoreichen Krediten. Von der Bankkrise verschont blieben Kreditinstitute, die einer konservativen Geldpolitik vertrauten. Natürlich hatte die Bankkrise auch Auswirkungen auf das Wirtschaftswachstum und auf das Vertrauen ausländischer Investoren. Die meisten Direktinvestitionen kommen derweilen aus den USA, Schweden und Dänemark. Deutschland steht an vierter Stelle, ist jedoch mit 17 % Anteil an den Gesamtimporten und 16,9 % an den Gesamtexporten der wichtigste Handelspartner Lettlands. Exportiert werden Holz- und Metallprodukte, Chemikalien und Stoffe. Importiert werden überwiegend Maschinen, Textilien und Lebensmittel.

98 % der lettischen Wirtschaft sind mittlerweile privatisiert. Die Restprivatisierung staatlicher Betriebe ist in der Politik, als auch in der Öffentlichkeit umstritten. Sozialstaatliche Elemente im Wirtschaftssystem sind in Ansätzen verwirklicht, stoßen aber an finanzielle Grenzen. Ebenfalls ist ein starkes Einkommens- sowie Stadt-Land-Gefälle zu beobachten. Die Arbeitslosigkeit liegt derweilen bei 7 %. Es kann auch für Lettland gesagt werden, dass für große Teile der Bevölkerung die Bestreitung des Lebensunterhalts sehr schwierig ist. Auch hier gehören Bettler an den Straßen zum Alltag.

Stärkster Wirtschaftszweig in Lettland ist der Dienstleistungssektor, der 70 % des Brutto-Inlandproduktes ausmacht. Die Industrie macht ein Fünftel des BIP aus.

Im Jahre 1995 wurde das Assoziierungsabkommen mit der EU ratifiziert, das seit 1998 in Kraft ist. Auf dem EU-Gipfel vom Dezember 2002 in Kopenhagen wurde anerkannt, dass Lettland alle wirtschaftlichen Bedingungen erfülle, die eine EU-Mitgliedschaft mit sich bringen wird.

Bevölkerungsstruktur

Lettland hat eine Gesamtbevölkerung von etwa 2,5 Millionen Menschen, wovon 34 % in Rīga leben. Das liegt sicherlich nicht zuletzt daran, dass die lettische Hauptstadt während der sowjetischen Zeit als das Fenster zum Westen galt.

Zudem war nach der Kollektivierung der Landwirtschaft ein verstärkter Zuzug in die Städte, besonders nach Rīga, zu verzeichnen. Seit dem Ersten Weltkrieg gibt es in Lettland mehr Frauen als Männer. Geheiratet wird verhältnismäßig früh, was sicherlich mit ein Grund dafür ist, dass von den etwa 25.000 jährlich geschlossenen Ehen 10.000 vor dem Scheidungsrichter enden.

Ein großes Problem stellt für Lettland die Minderheitenfrage dar. Während der lettische Teil der Gesamtbevölkerung des Landes vor dem Zweiten Weltkrieg noch bei 75 % lag, beträgt er heute nur noch 56,5 %, d. h., dass etwa eine Million der hier lebenden Menschen keine Letten sind. Den größten Teil der ethnischen Gruppen stellen Russen dar, doch leben auch Weißrussen, Litauer, Ukrainer, Polen, Esten, Juden, Sinti, Roma u. a. in Lettland. Dieser Zustand ist zurückzuführen auf die Bestrebungen Moskaus, durch gezieltes Ansiedeln von Nicht-Letten nationalistischen Tendenzen vorzubeugen und gleichzeitig die Industriezentren mit Arbeitern zu versorgen.

Aufgrund der von Moskau forcierten Russifizierungspolitik werden ehemalige Sowjetfunktionäre, Russischsprachige und Russen bei der lettischen Bevölkerung oftmals auf eine Stufe gestellt. Da die Amtssprache russisch war, beherrschen die wenigsten der im Land lebenden Nicht-Letten die lettische Sprache, was die Spannung zwischen den ethnischen Gruppen verstärkt und auf der lettischen Seite Angst vor Überfremdung hervorruft. In den drei größten Städten des Landes sind die Letten in der Minderheit. Lange wurde darüber diskutiert, wer überhaupt einen Anspruch auf die lettische Staatsbürgerschaft habe. Am 1. Januar 1996 trat ein neues Gesetz zur Erteilung der lettischen Staatsbürgerschaft in Kraft. Voraussetzungen sind das Beherrschen

Lettland
Karte siehe Umschlaginnenklappen

der lettischen Sprache, fundiertes Wissen über die lettische Verfassung und Landesgeschichte, Kenntnis der Nationalhymne und der Nachweis über eine legale Einkommensquelle. Voraussetzung ist ebenfalls, dass sich der ständige Wohnsitz seit fünf Jahren in Lettland befindet. Außerdem muss ein Eid auf den lettischen Staat abgelegt werden. Eine doppelte Staatsbürgerschaft ist ausgeschlossen.

Religion

Vor der Einführung des Christentums hatten die Letten ihre eigene Volksreligion, den Dievturība-Glauben. Diese Religion basierte auf Werten wie Weisheit, Liebe, Gerechtigkeit, Schönheit und Freude.

Unzählig waren die Gottheiten, zu finden in den Elementen, im Universum und in der Natur, die die alten Letten verehrten. Drei von ihnen, *Dievs*, *Māra* und *Laima* wurden als göttliche Wesen angesehen:

> Dievs, der höchste der drei Götter, war der Herr über das gesamte Universum. Man stellte sich ihn als einen gütigen Weisen vor, der an den Sorgen und Mühen der Menschheit teilnahm. Māra war die Erdmutter, diejenige, die Leben gab und Leben nahm und die für die Versorgung allen irdischen Lebens zuständig war. Die dritte Gottheit war Laima, die Schicksalsgöttin, die über den Werdegang eines Menschen bestimmte. Besondere göttliche Bedeutung hatten für die damalige Bevölkerung auch die Sonne und der Donner.

Mit dem Einfall der Kreuzritter wurde die Dievturība-Religion durch das Christentum abgelöst. Vor der Ankunft des Ordens hatten bereits Russisch-Orthodox-Gläubige begonnen, die örtlichen Stämme zu missionieren. Dennoch wird der Bremer Augustinermönch *Meinhard* als Gründer der lettischen Kirche angesehen.

1520 erreichte die Reformation Livland. Ihre größten Agitatoren waren *A. Knopke* und *S. Tegetmeyer*. Das Zentrum der Reformation lag in den Städten, hauptsächlich in Rīga. Nach der Teilung Livlands im Jahre 1562 wurde während der Herrschaft der lutherischen Schweden der Protestantismus fest verankert, sodass sich auch heute die Mehrheit der Letten zu dieser Konfession bekennt. Die Provinz Latgale, die viele Jahre in der Hand des katholischen Polen lag, ist dagegen überwiegend katholisch geblieben.

1739 kam die Bewegung der *Herrnhuter* auf, die sich an alte lettische Volkstraditionen anlehnte. Im 19. Jh. traten jedoch viele Mitglieder der Herrnhuter-Bewegung zum russisch-orthodoxen Glauben über, bis sie sich schließlich auflöste.

Mit der Eingliederung Lettlands in die Sowjetunion begannen schlechte Zeiten für Religion und Kirche. Viele Gotteshäuser wurden zweckentfremdet und z. B. als Lagerräume, Konzertsäle und Sporthallen genutzt. Seit der Unabhängigkeitsbewegung erfüllen die meisten Kirchen wieder ihre ursprüngliche Funktion und erfreuen sich auch hier großer Beliebtheit.

Bildungssystem und Sprache

Bildungssystem: Es besteht in Lettland eine allgemeine, neunjährige Schulpflicht. Danach erfolgt der Besuch der berufsbildenden Schulen oder der Universität. Der Zugang zu den Universitäten ist an einen zwölfjährigen Schulbesuch gebunden. Nach aktuellen Statistiken verfügen 12 % der Bevölkerung über einen Hochschulabschluss. Weitere 45 % haben eine weiterführende Schule beendet. Eine wichtige Rolle spielt in Lettland auch die Erwachsenenfortbildung.

Sprache: Die lettische Sprache zählt zu dem baltischen Zweig der indogermanischen Sprachen und ist verwandt mit dem Litauischen. Eine Verständigung zwischen Letten und Litauern ist jedoch nicht ohne weiteres möglich, sodass sie sich meistens auf russisch unterhalten. Geschrieben wird mit lateinischen Buchstaben unter Verwendung einer Reihe von Sonderzeichen.

Entwickelt hat sich das Lettische aus den Sprachen der dicht beieinander lebenden lettgallischen, kurischen, semgallischen und selonischen Stämme, die im Laufe der Zeit zu einer Sprache verschmolzen sind. Während der Jahrhunderte haben sich im Lettischen drei Hauptdialekte herausgebildet: *Hochlettisch*, der *Dialekt Ostlettlands* und der sog. *livische Dialekt*.

Die vielen Jahre deutscher Fremdherrschaft haben ihre Spuren in der lettischen Syntax (Satzlehre) und eine Reihe deutscher Lehnwörter hinterlassen. Zudem sind Lehnwörter aus dem Estnischen und Russischen gebräuchlich, wobei letztere den Letten Sorgen bereiten, da sie darin die Gefahr sehen, dass ihre Sprache zu stark vom Russischen beeinflusst werde. Aufgrund des hohen russischen Bevölkerungsanteils Lettlands beherrschen etwa ein Drittel aller Einwohner Lettlands nicht die lettische Sprache. Während der Sowjetzeit war Russisch die offizielle Amtssprache und wurde 1989 durch das Lettische ersetzt.

Kunst und Kultur

Einen hohen Stellenwert nehmen Kultur und Bildung im gesellschaftlichen Leben des Landes ein. Obwohl die finanziellen Mittel begrenzt sind, ist das Kulturprogramm in Lettland, insbesondere in Rīga, sehr vielfältig. Viel Wert wird auf die Pflege der traditionellen, folkloristischen Kultur in Form von Liedern, Volkstänzen und Kunsthandwerk gelegt. Es sind jedoch auch eine ganze Reihe von Institutionen zu finden, die sich mit Kleinkunst beschäftigen und experimentelle Ausdrucksformen zur Schau stellen.

Musik

Die Stärkung des nationalen Selbstverständnisses haben die Letten zu großen Teilen ihrer Volksmusik zu verdanken. Bis ins 19. Jh. hinein waren die lettischen *Dainas* (Volkslieder) die Stimme des Volkes. Wichtige familiäre Begebenheiten oder auch besondere Naturereignisse wurden besungen. Oft widmete man sich auch Themen aus der lettischen Mythologie. Ein typisches Instrument der lettischen Folklore ist seit dem Mittelalter die *Kokle*, vergleichbar mit der Zither. Während der jahrhundertelangen Fremdherrschaft und

Lettland Karte siehe Umschlaginnenklappen

während der sowjetischen Zeit verkörperte die Volksmusik für die Letten ein Stück ihrer Kultur, die ihnen half, ihre nationale Identität zu finden und zu wahren.

Als die populärsten Figuren der klassischen Musik gelten die Komponisten *A. Kalniņš, J. Mediņš* und *J. Vītols* (bekannt geworden unter dem Namen Joseph Wihtol), die Opern, Ballettstücke und Symphonien komponierten. Hohes Ansehen genießen auch *J. Cimze, K. Baumanis* und *A. Jurjāns*, die überwiegend Chorstücke geschrieben haben. In vielen Städten Lettlands erinnern Denkmäler und Büsten an die kulturellen Größen.

Wie in allen anderen kulturellen Bereichen stand auch die Musik seit 1939 unter strenger Kontrolle der Sowjets. Selbst die traditionellen Sängerfeste unterlagen einer starken Zensur. 1990 fand in Rīga erstmalig wieder ein Sängerfest unter lettischer Leitung statt. Die Volksmusik der Letten erfreut sich zur Zeit einer großen Renaissance, wobei sich mittlerweile zwei verschiedene Strömungen herauskristallisiert haben: Es gibt die reine Folklore, die sich unmittelbar auf die Vergangenheit bezieht, und die Verbindung der Folklore mit Country- und Rockmusik.

Bildende Kunst

Mitte des 19. Jh. begann sich eine eigenständige lettische Malerei und Bildhauerei herauszubilden. Einige Künstler dieser Zeit studierten an der Akademie in St. Petersburg und waren durch Auslandsreisen von den Richtungen der westeuropäischen Kunst beeinflusst. Mit der Zeit fanden jedoch die lettischen Maler und Bildhauer zu einem eigenen Stil und zu eigenen Ausdrucksformen. Ende des 19. Jh. ist in den Gemälden einiger Maler der Wunsch nach Unabhängigkeit und die Auseinandersetzung mit der lettischen Nation unübersehbar. Die romantische Verherrlichung der Vergangenheit ist in den Bildern von *Ā. Alksnis* und *A. Baumanis* zu finden.

Die Maler *J. Valters* (1869–1932) und *J. Rozentāls* (1866–1916) dagegen beschäftigten sich mit der realistischen Darstellung ihrer Umwelt und dem Leben der Landbevölkerung. Durch viele Auslandsreisen war besonders Rozentāls mit den Stilrichtungen von Symbolismus, Jugendstil und Impressionismus vertraut, die er gezielt in seinen Bildern einsetzte. Als herausragender Landschaftsmaler gilt *V. Purvītis*. Seine Lieblingsmotive waren der Frühlingsbeginn mit der einsetzenden Schneeschmelze und das Zusammenspiel von Licht und Schatten. Von Bedeutung sind auch die mystischen Aquarelle von *Rūdolfs Pērle* (1875–1917). Die ersten professionellen lettischen Bildhauer waren *G. Šķilters, T. Zaļkalns* und *B. Dzenis*.

Der Kampf um die Unabhängigkeit und das Interesse am eigenen Land und seiner Kultur waren bis zur Entstehung der lettischen Republik auch in der Malerei allgegenwärtige Themen. Nach 1920 wurde die Malerei ebenso wie die Literatur weltoffener und expressiver. Es gründete sich in Rīga eine progressive, experimentelle Künstlervereinigung. Auch die Bildhauerei konnte sich während dieser Zeit frei entfalten. Als Lettland im Zweiten Weltkrieg zu einer Unionsrepublik der UdSSR wurde, unterstanden die Bildenden Künste einer strengen, ideologischen Kontrolle. Kreativität war nur noch innerhalb der vom Staat vorgegebenen Richtlinien und Themen möglich. Bestimmend wurde der sozialistische Realismus. Die Volkskunst war während der Stalin-Ära verboten, wurde aber in der Tauwetterperiode Chruschtschows wieder zugelassen.

Seit der wiedererlangten Unabhängigkeit scheint die Entwicklung in der lettischen Malerei und Bildhauerei da anzuknüpfen, wo sie 1939 unterbrochen wurde. Zahlreiche Galerien mit modernen bis experimentellen Werken, meist mit kraftvoller, lebensfroher Farbgebung, schießen wie Pilze aus dem Boden.

Literatur

Von einer eigenständigen lettischen Literatur kann seit Beginn des Nationalen Erwachens der Letten (1850–1880) gesprochen werden. Wichtig für die literarische Entwicklung waren die alten, mündlich überlieferten Dainas. Sie sind Volkslieder, bestehend aus mehreren, meist vierzeiligen Strophen, die über das Leben der

Skulptur in Turaida

Landbevölkerung von der Wiege bis zum Tod erzählen. Ein großer Teil der Dainas sind von *Kr. Barons* und von einigen deutschen Akademikern, wie beispielsweise *J. G. Herder*, gesammelt und niedergeschrieben worden. Eine hervorragende Expertin der lettischen Dainas ist übrigens die amtierende Staatspräsidentin und Professorin Vaira Vikea-Freiberga. Kurz bevor Kr. Barons die ersten Dainas veröffentlichte, verfasste *Andrējs Pumpurs* das gern erzählte Epos *Lāčplēsis* (Bärentöter), vergleichbar mit der deutschen Nibelungensage. Den Bärentöter betrachten die Letten als den Beschützer ihres Volkes.

Der erste lettische Roman erschien 1879 von den Brüdern *R. und M. Kaudzīte*. Erwähnenswert für die Entwicklung der lettischen Literatur sind die Werke der Dichterin *Aspazija*. Aspazija verstand es, in Poesie und Drama auf gekonnte Weise Sozialkritik und Rebellion zu verpacken. Großen Einfluss hatte ihre Arbeit auf das Werk ihres Lebenspartners *J. Rainis* (1865–1929), der für die lettische Literatur ebenfalls sehr prägend war und als lettischer Nationaldichter gilt. Sechs Jahre seines Lebens verbrachte Rainis in sibirischer Verbannung, da er die Ausbeutung der lettischen Landbevölkerung durch deutschbaltische Barone kritisierte. In der Verbannung übersetzte er Goethes "Faust".

Der Bärentöter

Vor langer Zeit wurde ein hilfloser Säugling von seinen hartherzigen Eltern ausgesetzt und seinem Schicksal überlassen. Schließlich fand eine Bärenmutter das wimmernde Bündel, nahm sich seiner an und nährte es. So wuchs Lāčplēsis im Einklang mit der Natur auf und entwickelte Bärenkräfte. Lāčplēsis war sehr gutmütig veranlagt, versuchte den Menschen zu helfen und machte es sich zur Aufgabe, sie zu beschützen und ihnen bei der Arbeit zu helfen. Manchmal konnte er jedoch das Ausmaß seiner Kräfte nicht richtig einschätzen, sodass er oft mehr kaputt machte, als dass er half. Dennoch war Lāčplēsis bei jedermann beliebt, und die Menschen fühlten sich in seiner Gegenwart sicher. Schnell verbreitete sich die Kunde von Lāčplēsis Bärenstärke und seiner Beliebtheit bei den Menschen. Eines Tages hörte auch ein böser Riese von Lāčplēsis' Kräften, was diesen sehr erzürnte. Hasserfüllt beschloss er, Lāčplēsis zu einem Duell herauszufordern. Der böse Riese war ein hässlich anzusehendes Ungeheuer mit drei furchterregenden Köpfen. Er war sich seines Sieges über Lāčplēsis vollkommen sicher, hatte ihm doch zuvor einen finstere Fee die einzige verwundbare Stelle an Lāčplēsis' Körper verraten: seine Ohren...

Der Kampf begann. Sogleich schlug Lāčplēsis dem dreiköpfigen Ungeheuer einen seiner speienden Köpfe ab, worauf der Riese ihm ein Ohr abhieb. Doch eine Entscheidung wollte sich nicht abzeichnen. Die beiden Gegner kämpften, bis alle ihre Waffen zerbrochen waren. So nahmen sie ihre bloßen Hände und verfielen in einen erbitterten Ringkampf. Mitten im Gefecht geschah dann das Schreckliche: Das Ungeheuer und Lāčplēsis stürzten hinab in die Daugava, die sie weit ins offene Meer hinausspülte. Weder der böse Riese noch Lāčplēsis wurden seitdem je wieder gesehen.

Kaum hatten die Letten ihren geliebten Beschützer verloren, endete auch die Freiheit. Die Kreuzritter fielen ins Land ein, worauf mehr als 700 Jahre Fremdherrschaft folgen sollten.

1905 flüchtet Rainis zusammen mit Aspazija ins Schweizer Exil. Hier lebten sie 14 Jahre, in denen Rainis 1907 sein Hauptwerk *Feuer und Nacht* verfasste, in dem er den anhaltenden Kampf der Letten um Gleichberechtigung und Freiheit, basierend auf Pumpurs Lāčplēsis, beschrieb.

Als weitere herausragende Persönlichkeit der lettischen Literatur gilt die Schriftstellerin *A. Brigādere*. Sie wählte überwiegend Themen aus dem Leben der Landbevölkerung für ihre Erzählungen und schrieb mehrere Märchen. Als einer der größten lettischen Dramatiker und Verfasser von Kurzgeschichten gilt *R. Blaumanis* (1863–1908).

Bedeutsam für den nationalen Gedanken innerhalb der Literatur war der Schriftsteller *K. Skalbe* (1879–1945). Außer Versen und Märchen verbreitete er als einer der ersten die Idee eines freien Lettlands und musste deshalb viele Jahres seines Lebens im Exil verbringen.

Ein neuer Abschnitt innerhalb der Literatur wurde mit dem Inkrafttreten der Unabhängigkeit eingeläutet. Es stand nun nicht mehr im Vordergrund, sich in den Werken mit der eigenen Nationalität auseinanderzusetzen, sodass man sich multikulturellen Einflüssen öffnete. Als die populärsten Schriftsteller dieser Zeit gelten *A. Čaks* und *J. Sudrabkalns*. Den neuen Strömungen innerhalb der lettischen Literatur wurde mit der Eingliederung Lettlands in die Sowjetunion ein jähes Ende bereitet. Unter Stalin wurden der sozialistische Realismus und dessen Errungenschaften bestimmend in der Literatur. Mit der vorsichtigen Entstalinisierung unter Chruschtschow durften zumindest wieder lettische Märchen verbreitet werden.

Durch die Jahre hindurch hat die Literatur stark zur Festigung des lettischen Selbstverständnisses beigetragen, sodass es nicht verwundert, dass die Letten an vielen Stellen in Form von Denkmälern ihrer literarischen Größen gedenken und viele Straßen nach ihnen benannt sind.

Theater

Im Jahre 1205 wurde im heutigen Lettland erstmalig eine Theaterinszenierung, deutschsprachig, auf die Bühne gebracht. Über die Jahre hinweg zogen Wandertheater übers Land. 1782 eröffnete in Rīga das Deutsche Theater seine Pforten, 1863 zog es in das Gebäude, das heute die Nationaloper beherbergt.

Etwa zur gleichen Zeit wurden auf den Dörfern die ersten Possenspiele und Theaterstücke in lettischer Sprache aufgeführt, orientiert an der lettischen Folklore. 1870 wurde schließlich ein lettischsprachiges Theater ins Leben gerufen. Erster lettischer Regisseur wurde *Ā. Alunās*. Oft gespielt wurden die Tragödien und Komödien von Blaumanis sowie Stücke von Aspazija und Rainis.

Zu Zeiten der lettischen Unabhängigkeit stieg die Anzahl der Theater sprunghaft an. Während der Sowjetzeit mussten auch Schauspieler, Dramatiker und Regisseure gravierende Einschnitte in ihrer Kreativität hinnehmen. Das Theater war nicht mehr frei, und nur regimefreundliche Stücke durften auf die Bühne gebracht werden.

Seit der Wiederherstellung der Unabhängigkeit wird in den Theatern wieder das gespielt, was beliebt. In einigen Städten haben sich Schauspielgruppen gebildet, die überwiegend experimentelle Stücke zur Aufführung bringen. Finanzielle Probleme schränken die neue Freiheit jedoch ein.

Zu erwähnen ist hier auch noch der lettische *Zirkus*. Zum ersten Mal konnten 1831 in Rīga Artisten und Dompteure eines umherziehenden Wiener Wanderzirkus' bewundert werden. Seit 1899 gibt es in Rīga eine feste Zirkustruppe, die auch heute noch besteht und ihre Kunststücke zur Schau stellt. Sehr beliebt ist in Lettland übrigens auch das Puppentheater.

Die Provinzen Lettlands

Das Gebiet Lettlands lässt sich in vier Provinzen einteilen: *Vidzeme, Kurzeme, Zemgale* und *Latgale*. Ihre Namen sind zurückzuführen auf die vor der Ankunft der Kreuzritter hier lebenden Stämme. Der Einfachheit halber werden im Reiseteil die einzelnen Orte nicht nach den Provinzen aufgeführt, da die Unterteilung Lettlands in Nord-, West- und Südostlettland übersichtlicher erscheint. Dennoch seien die Provinzen Lettlands hier kurz vorgestellt.

Lettland
Karte siehe Umschlaginnenklappen

Vidzeme

Die Provinz Vidzeme grenzt im Westen an den Golf von Rīga und im Osten an die Provinz Latgale. Im Süden endet das Gebiet an der Daugava und im Norden an der estnischen Grenze. Vidzeme entspricht in etwa dem Süden des historischen Livlands.

Seit 500 v. Chr. war Vidzeme von livischen und lettgallischen Stämmen bewohnt. Bis zur Ankunft der Kreuzritter gehörte der Norden Vidzemes zur

Provinz Latgale. Ab dem 13. Jh. unterstanden der Süden und Osten der Provinz dem Bischof von Rīga, während der Westen ein Teil Livlands wurde. Als im Jahre 1561 die Macht des Ordens gebrochen war, gehörte Vidzeme kurzzeitig zur litauischen Grafschaft Pārdaugava, bis es 1569 polnisch wurde. Nach Beendigung des schwedisch-polnischen Krieges fiel Vidzeme an Schweden. Unter den Schweden wurden eine Reihe von Reformen eingeleitet. Nach dem Nordischen Krieg stand Vidzeme unter russischer Herrschaft. Nach dem ersten Weltkrieg wurde Livland zwischen den neu gegründeten Staaten Estland und Lettland aufgeteilt.

Der livische Dialekt hat sich bis auf den heutigen Tag gehalten und wird im Westen der Provinz gesprochen.

Kurzeme

Die Provinz Kurzeme, die in etwa dem Gebiet des historischen Kurlandes entspricht, grenzt im Westen und Norden an Ostsee und Rīgaer Meerbusen und im Süden an Litauen. Durch die Daugava hat Kurzeme eine natürliche Grenze zu den Provinzen Latgale und Vidzeme.

Einer der vielen malerischen Flussläufe

Im Verlauf seiner Geschichte dehnte sich Kurland einst bis Palanga (heute Litauen) aus. Ursprünglich lebte hier der westfinnische Stamm der Kuren, von denen das Gebiet auch seinen Namen hat. Im Laufe der Zeit gingen die Kuren allerdings in den Baltenstämmen auf. Mit dem Einzug der Kreuzritter fand die Freiheit der Kuren ein Ende.

Nach dem livländischen Krieg und dem Untergang des Ordensstaates wandelte der damalige Ordensmeister von Kurland, *Gottfried Kettler*, die Provinz in
ein erbliches Herzogtum um. Um eine Autonomie für Kurland zu erreichen,
erkannte Kettler die polnische Oberhoheit an. Hauptstadt wurde *Mitau*, das
heutige *Jelgava*. Als im Jahre 1737 der letzte der Kettlers kinderlos verstarb,
ging das Fürstentum an *Johann von Biron* über, der Favorit der damaligen Zarin *Anna Iwanowa* war. Im Zuge der dritten Teilung Polens 1795 wurde Kurland zu einem Teil des russischen Imperiums. Gouverneur von Kurland wurde
auf Wunsch der Zarin Katherina II. *Valerian Zubow*.

Seit der lettischen Staatsgründung im Jahre 1918 gehört der größte Teil Kurlands zu Lettland.

Zemgale

Zemgale (Samland) umfasst den mittleren Teil Lettlands, darunter die Städte
Jelgava, Bauska, Jūrmala, Dobele, Tervete und *Tukums*. Namengebend für
diese Region waren die hier lebenden Semgaller, Abkömmlinge der Kuren und
Lettgaller. Die Provinz Zemgale ist sehr fruchtbar. Wichtig für ihre Entwicklung war der Hafen der Region an der Lielupe-Mündung. Bereits 870 wurde
dieser erstmalig erwähnt. Als im 13. Jh. die Kreuzritter das Gebiet des heutigen Lettlands eroberten, stießen sie bei den Semgallern auf vehementen Widerstand, der erst 1290 gebrochen werden konnte. Etwa 100.000 Semgaller
wanderten daraufhin nach Litauen aus. Nach dem Zusammenbruch des
deutschen Ordens 1561 wurde Zemgale ein Teil des Herzogtums Kurland.

Latgale

Der aufkommende Tourismus lässt den Osten des Landes eher unbeachtet.
Der Norden der Provinz Latgale wird überwiegend landwirtschaftlich genutzt.
Im Osten grenzt das Gebiet an Russland und Weißrussland und im Westen an
Vidzeme. Der Süden ist mit zahlreichen Seen durchzogen, die sich an die
Seenplatte des Nordostens Litauens anschließen. Süd-Latgale trägt deshalb
auch den Beinamen "Land der blauen Seen".

Die Ureinwohner dieser im Osten des Landes liegenden Provinz waren Liven
und Esten, die aber Anfang unseres Jahrtausends von den Lettgallern vertrieben wurden. Als zu Beginn des 13. Jh. die Kreuzritter versuchten, die Lettgaller zu missionieren, hatten diese bereits den russisch-orthodoxen Glauben
angenommen. Sie widersetzten sich zunächst, gingen aber später ein Bündnis
mit dem Orden ein.

Auch Latgale wurde nach dem Zusammenbruch des Ordens kurzzeitig ein Teil
der Grafschaft Pārdaugava und 1569 polnisch. Auf die lange Herrschaft der
Polen (bis 1772) ist es auch zurückzuführen, das die Provinz heute überwiegend katholisch ist.

Vor der lettischen Staatsgründung, als das gesamte Baltikum zum russischen
Zarenreich gehörte, unterstand die Provinz Latgale dem Regierungsbezirk
Witebsk.

Lettland
Karte siehe Umschlaginnenklappen

Der Norden Lettlands

Touristische Höhepunkte in Nordlettland

Rīga – pulsierende Großstadt mit malerischer Altstadt und impossanter Jugendstilarchitektur

Jūrmala – pulsierendes Seebad am Golf von Rīga

Gauja-Nationalpark – bildschöne Landschaft, durch die sich pittoresk der Gauja-Fluss schlängelt.

Sigulda – behaglicher Ferienort an der Gauja mit gut erhaltenen Burganlagen, Tor zum Nationalpark.

Cēsis – imposantes Städtchen mit Ordensruine und reizvoller Umgebung

Valmiera – Kleinstadt an der oberen Gauja, im Winter beliebtes Skizentrum

Alūksne – freundliches Städtchen am gleichnamigen See und Ausgangspunkt zu einer Fahrt mit der Schmalspurbahn

Mazsalaca – sagenumwobener Ort am geheimnisvollen Salaca-Fluss.

Rīga   (ca. 940.000 Einwohner)

Rīga, die pulsierende Stadt an der Mündung der Daugava, ist die Seele der lettischen Nation und Kultur. So wie in ihrer Geschichte lockt Rīga auch heute noch zahlreiche Besucher an. Kein Wunder, denn neben den Reizen einer Großstadt bietet Rīga auch Möglichkeiten zur Erholung. Vor der westlichen Tür Rīgas liegt das Seebad Jūrmala, und nordöstlich der Hauptstadt sind wunderschöne, menschenleere Sandstrände zu finden.

Auch während der sowjetischen Zeit legten im Rīgaer Hafen stets Schiffe aus Übersee an, womit trotz Eisernem Vorhang und Kaltem Krieg stets westliche Einflüsse nach Rīga gelangten. Von vielen wurde die Stadt als das Fenster zum Westen angesehen, sodass es nicht verwundert, wenn immerhin 34 % der Gesamtbevölkerung Lettlands in Rīga leben.

Seit der wiedererlangten Unabhängigkeit boomt in Rīga der Handel. Überall herrscht geschäftiges Treiben, und an fast jeder Ecke haben fliegende Händler ihre Verkaufsstände aufgebaut. Feilgeboten werden vornehmlich Blumen, Bücher und Wodka. Gemütliche Kneipen und Cafés gibt es in Hülle und Fülle, die nach einem Bummel durch die schmalen Gassen entlang der schön restaurierten alten Handwerker- und Kaufmannshäuser der Altstadt zu einer Verschnaufpause einladen.

Durch die Neustadt von Rīga führen breite Boulevards, teilweise gesäumt von prachtvollen Alleen und majestätischen Jugendstilhäusern, die der Stadt die Bezeichnung *Paris des Nordens* eingebracht haben. In Rīga befindet sich der Sitz der Regierung und die traditionsreichste Universität des Landes. Rīga ist fast eine Millionenstadt, eine gerade wieder aufblühende Metropole, die trotz ihrer gut erhaltenen mittelalterlichen Altstadt, die fast die Gegenwart vergessen lässt, das Flair einer Großstadt ausstrahlt.

Blick auf Rīga

Geschichte

Schon lange bevor deutsche Eroberer an der Mündung der Daugava landeten, war das Gebiet von dem finno-ugrischen Stamm der Liven besiedelt. Die dort ansässige Bevölkerung lebte in Freiheit und trieb Handel mit den gotischen Wikingern.

Das änderte sich, als die deutschen Kreuzritter, ermuntert durch den Papst, ins heidnische Nordosteuropa ausströmten, um den dort lebenden Völkern das Christentum zu bringen. Als erster landete der Missionar *Meinhard* an der Daugava-Mündung. 1184 errichtete er eine Kirche und wenig später eine Festung. Er wird als ein gütiger Mann beschrieben, der nichts von der Feuertaufe hielt und sich friedlich und freundlich gegenüber den hier lebenden Menschen verhielt. Die Liven ließen sich widerstandslos von ihm taufen, wuschen allerdings später das geweihte Wasser wieder ab. Nach dem Tod Meinhards erreichte 1197 *Abt Berthold* die Daugava-Mündung, um das Christentum mit Gewalt zu verbreiten. Bei seiner Ankunft entbrannte sofort ein heftiger Kampf mit den Liven. Zwar gewannen Bertholds Leute die Schlacht, er selbst fiel ihr jedoch zum Opfer. Im Jahre 1199 versuchten die Liven, der gewalttätigen Missionare überdrüssig, diese aus dem Land zu vertreiben. Um diesen Bestrebungen Einhalt zu gebieten, schickte der Bischof von Bremen den aus seiner Stadt stammenden *Domherrn Albert* an die Daugava-Mündung mit dem Auftrag, dem Orden das Land der Liven zu sichern.

1201 machte sich Domherr Albert auf den Weg, gründete die Stadt Rīga und wurde Erzbischof der Stadt. Ein Jahr später rief Bischof Albert den

Schwertbrüder-Orden, auch bekannt als *Livländischer Orden*, ins Leben, um seine Mission erfolgreich und schnell auszuführen. Rīga wurde rasch zum Zentrum des ständig wachsenden Ordenslandes. Nachdem die Macht des Bischofs Albert in Rīga gefestigt war, folgten ihm viele deutsche Kaufleute, die aus wirtschaftlichen Interessen die Mission des ehemaligen Domherrn finanzkräftig unterstützten.

Gemeinsam beanspruchten die Zugezogenen und der Orden sämtliche Handelsplätze, die die einheimische Bevölkerung bereits vor Ankunft der Ritter und Kaufleute unterhielt, für sich. Das war einer der wenigen Angelegenheiten, in denen sich die herrschende Schicht in Rīga einig war, denn binnen kurzer Zeit hatten sich in der Stadt drei verschiedene Machtfaktoren herauskristallisiert: Bürgertum, Orden und Bischof. Der neu gegründete Orden verfolgte schon bald seine eigenen Interessen, trieb Handel und entwickelte sich zu einer großen Konkurrenz für die weltlichen Kaufleute, was bald gravierende Folgen haben sollte. Das ursprünglich Gotische Stadtrecht, das Bischof Albert eingeführt hatte, wurde schrittweise in das Hamburg'sche Stadtrecht umgewandelt, bis es schließlich zum Rigischen wurde.

1226 bildete sich in Rīga ein Stadtrat. Mitte des 13. Jh. vereinigten sich die Kaufleute zu einer allgemeinen Gilde, der sowohl ortsansässige als auch fremde Händler angehören durften. Im Laufe der Jahre wurde der Hafen von Rīga stark vergrößert. Der Handel in der Stadt florierte, und er verstärkte sich noch mehr, als Rīga im Jahre 1282 dem Bund Norddeutscher Städte, der späteren *Hanse*, beitrat.

Um das immer reicher werdende Rīga vor feindlichen Übergriffen zu schützen, wurde eine festungsartige Mauer um die Stadt gezogen. Unruhe in das Leben der blühenden Handelsstadt brachte der Schwertbrüder-Orden, der mit dem Bischof und den Kaufleuten in ständiger Fehde lag. Als die Schwertritter 1236 in der Schlacht gegen Litauer und Letten bei *Saule* eine vernichtende Niederlage einstecken mussten, schlossen sie sich dem Deutschen Ritterorden an, womit sie direkt dem Papst unterstanden und dem Bischof von Rīga nicht mehr verantwortlich waren.

1297 herrschten in Rīga bürgerkriegsähnliche Zustände zwischen den Bürgern und dem Bischof auf der einen und dem Orden und den Rittern auf der anderen Seite. Der Bischof verbündete sich zeitweise sogar mit den heidnischen Litauern. Rīgaer Bürger steckten mit Wissen des Bischofs die Ordensburg in Brand, worauf die Ritter vorübergehend den Bischof gefangen nahmen. Erst als der Orden sich Verstärkung aus Preußen holte, entschieden sich die Kämpfe vorübergehend zu Gunsten der Schwertbrüder. Doch trotz Waffenstillstand blieb die Stimmung in der Stadt weiterhin gespannt. 1318 flammten die Kämpfe erneut auf. Auch aus dieser kriegerischen Auseinandersetzung ging der Orden, wenngleich nur für kurze Zeit, als Sieger hervor. Doch die Unruhen schwelten weiter. Der Höhepunkt der Kämpfe war 1484 zu verzeichnen, als das zweite Schloss des Ordens zerstört wurde. Unter *Wolter von Plettenberg* gewann der Orden zwar 1491 endgültig den Kampf um Rīga, doch der Ordenssitz wurde nach *Cēsis* verlegt.

Die Nationaloper in Rīga

1522 begann die Macht des Ordens zu bröckeln. Die Gedanken der Reformation wurden auch in Livland verbreitet und überwiegend positiv aufgenommen. 1561 wurde Rīga freie Hansestadt, hielt aber weiterhin lockere Beziehungen zu den deutschen Ländern. Mit Ausbruch des Livländischen Krieges (1558–83) war es mit der Unabhängigkeit Rīgas wieder vorbei. Das Ende des livländischen Ordensstaates zeichnete sich ab und die polnische Oberhoheit musste anerkannt werden. Schließlich hielt 1582 der König von Polen Einzug in Rīga.

Doch die Polen blieben nicht lange in der Stadt. Während des *polnisch-schwedischen Krieges* (1600–1629) wurden 1621 die Schweden zu den neuen Machthabern Rīgas. Die damit eingeleitete neue Ära ermöglichte erstmalig auch den Letten die Teilnahme am öffentlich-kulturellen Leben und am Schulunterricht. 1638 erschien in Rīga eine lettischsprachige Bibel, das erste Buch in dieser Sprache überhaupt.

Aber auch die "gute schwedische Zeit", wie sie auch heute noch gerne bezeichnet wird, hielt nicht lange an. Mit Beginn des Krieges zwischen Polen, Russland und Schweden (1656–1661) wurde Rīga von russischen Truppen belagert, allerdings nicht erobert. Das geschah erst im Jahre 1710 während des *Nordischen Krieges* (1700–1721) unter der Führung von *Peter I.* Trotz der ständig wechselnden Besatzer in Rīga blieb die eigentliche Macht in der Hand der deutschen Oberschicht. Die nun folgende etwa 200 Jahre anhaltende russische Herrschaft verlief relativ friedlich. In Aufregung geriet Rīga wieder, als 1812 *Napoleon* mit seiner *Grande Armée* Richtung Moskau zog. Zwar ließen die Franzosen die Stadt links liegen, doch missfiel Napoleon die Anwesenheit der zahlreichen in Rīga verweilenden Briten, die wegen der von Napoleon gegen England verhängten *Kontinentalsperre* hierher geflüchtet waren. Mehrmals

drohte der Korse, die "englische Vorstadt", wie er Rīga bezeichnete, niederzu-
brennen. Als Vorsichtsmaßnahme steckten die Rīgaer schließlich selbst ihre
Vorstädte in Brand. Von diesen Schrecken abgesehen, verlief das 19. Jh. ruhig,
und die Wirtschaft erfuhr einen neuen Aufschwung. Im Jahre 1868 wurde die
Eisenbahnlinie *Rīga-Jelgava* eröffnet, und ab 1872 verband eine eiserne Brücke
die beiden Ufer der Daugava.

Zu Beginn des 19. Jh. begannen die Letten, sich ihrer nationalen Identität bewusst zu werden. Zu dieser Zeit erschien auch die erste lettischsprachige Zeitung. Mitte das 19. Jh. wurde den Letten endlich die Teilnahme am Handel zugestanden. Sie waren nun nicht mehr dazu gezwungen, nur die niedrigsten
und schwersten Arbeiten zu verrichten. Mit den Jahren bildete sich eine lettische Mittelschicht heraus. 1868 wurde eine kulturelle lettische Organisation
ins Leben gerufen, die 1873 in Rīga das erste *lettische Sängerfest* veranstaltete.

Als 1905 in Russland die Revolution ausbrach, griff diese auch auf Lettland über.
In den Straßen von Rīga kam es zu Streiks und Aufständen, die von zaristi-
schen Truppen jedoch brutal niedergeschlagen wurden. Nach Beendigung des
Ersten Weltkrieges und der Oktoberrevolution von 1917, erklärte sich Lettland am 18. November 1918 für unabhängig. Rīga wurde Hauptstadt und Regierungssitz. Im Januar 1919 marschierte die Rote Armee in Lettland ein, sodass die lettische, in Rīga amtierende Regierung, unterstützt von Franzosen
und Briten, nach Liepāja verlegt wurde und in der Stadt ein heftiger Bürgerkrieg zwischen bolschewistischen und bürgerlichen Kreisen tobte.

Im Mai 1919 fielen deutsche Truppen in Rīga ein. Sie eroberten die Stadt und
vertrieben die Bolschewisten. 1920 musste das Deutsche Reich auf Druck der
Alliierten des Ersten Weltkrieges einen Friedensvertrag unterzeichnen und
sich für immer zum Verzicht auf lettisches Territorium verpflichten. Die gleiche Verpflichtungserklärung unterzeichnete auch Sowjetrussland. Doch sollten diese Erklärungen zur lettischen Freiheit und ihrem Selbstbestimmungs-
recht noch nicht einmal 20 Jahre eingehalten werden. Ein Jahr nach der Unterzeichnung des *Hitler-Stalin-Paktes* von 1939 wurde Lettland von sowjetischen
Truppen besetzt. Dieser Okkupation folgte eine Welle von zahlreichen Deportationen nach Sibirien. Im Jahre 1941 marschierten im Zuge des Überfalls auf
die UdSSR nationalsozialistische Truppen in Rīga ein und standen den stalinistischen Truppen an Grausamkeit in nichts nach. Unweit von Rīga errichteten sie in einem Wald bei *Salaspils* ein Konzentrationslager, in dem an die
100.000 Menschen, vornehmlich Juden, den Tod fanden. Im Oktober 1944 war
die Stadt erneut in der Hand der Roten Armee, womit Rīga schließlich zur
Hauptstadt der SSR Lettland wurde. In den folgenden Jahren wurde versucht,
die lettische Identität zu zerstören. Die Hoffnungen auf die Wiederherstellung
der Unabhängigkeit wurden zu einer schönen Utopie.

Erst mit dem Beginn der Gorbatschow-Ära erwachte auch das lettische Volk
wieder. Es folgten eine Reihe von Aktionen, in denen die Letten auf den Straßen Rīgas ihren Wunsch nach Unabhängigkeit zum Ausdruck brachten. Im Januar 1991, an den sog. "drei schwarzen Tagen", versuchten Sowjettruppen ein
letztes Mal, ihre dahinschwindende Macht zu retten. Das lettische Innenministerium wurde gestürmt, und in den Straßen von Rīga kam es zu blutigen

Gefechten und Schießereien, bei denen vier Menschen getötet wurden. Doch auch das konnte den Wunsch der Letten nach Unabhängigkeit nicht mehr aufhalten. Während im August 1991 in Moskau geputscht wurde, rief Lettland am 21. August 1991 erneut seine Souveränität und Unabhängigkeit aus. Rīga wurde wieder zur Hauptstadt einer freien Republik Lettland.

Information/Verbindungen/Stadtverkehr

- *Postleitzahl* LV1055
- *Vorwahl* (2)2
- *Information* Das Infobüro der Stadt befindet sich im Erdgeschoss des prachtvoll restaurierten Schwarzhäupterhauses am Rātslaukums 7. Außer ausreichendem Informationsmaterial werden auch Stadttouren und Ausflüge in die Umgebung angeboten. Im Sommer täglich geöffnet von 10–20 Uhr, im Winter Mo–Fr von 10–18 Uhr, Sa von 10–14 Uhr. ✆ 7044377, 🖷 7044378, tourinfo@ Rīga800.lv. Eine weitere Informationsstelle befindet sich am Flughafen, ✆ 7207800, 🖷 7207100, tourinfo@hello.lv. Geöffnet Mo–Fr von 10–18 Uhr; die offizielle webpage der Stadt ist unter www.riga800.lv zu finden. Informativ ist auch die Seite der lettischen akademischen Bücherei www.virtualriga.com.

Stadtpläne von Rīga gibt es fast an jedem Kiosk. In der offiziellen Broschüre der Stadt *Rīga this week* sind alle aktuellen Infos zum Hauptstadtleben zu finden. Alternativ dazu, gibt es das ebenfalls auf Englisch erscheinende Heftchen *Rīga in your pocket*. Die dritte Variante dieser Art bildet die Zeitschrift *City Papers*.

Rīga card: Mit der Rīgakarte gibt es freie Fahrt in Tram und Trolleys, sowie in der Elektrischka nach Jūrmala. Des Weiteren ist der Eintritt in die Museen frei oder ermäßigt. In bestimmten Hotels, einigen wenigen Restaurants sowie bei verschiedenen Autovermietungen gibt es Preisnachlässe. Die Rīgakarte gibt es in der Touristeninformation, im Hotel Radi un Draugi, im Kaufhaus Centrs und im Büro von Europcar city. Ein Rīgaticket mit 24 Stunden Gültigkeit kostet 16 €, mit 48 Stunden 23 € und für 72 Stunden 30 €. Kinder unter 16 Jahre zahlen die Hälfte.

- *Anfahrt/Verbindungen* **Pkw** – Viele Wege führen nach Rīga. Mit Tallinn und Vilnius ist die lettische Hauptstadt über die Via Baltica verbunden. Liepāja ist über die A-9, Daugavpils über die A-6, und Sigulda über die A-2 zu erreichen. Richtung Pskow führt ebenfalls die A-2, von der die A-3 nach Valmiera abgeht. Nach Jurmala und Ventspils führt die A-10 und nach Šiauliai die A-8 via Jelgava.

Bus – Verbindung mit jeder Kreisstadt und allen größeren Dörfern in Lettland. Ferner Busse nach Vilnius, Klaipėda und Tallinn, Busbahnhof in der Prāgas 1, in der Nähe vom Zentralmarkt. Busse nach Deutschland siehe Anreise.

Bahn – Züge zu allen Bahnhöfen Lettlands sowie nach Tallinn, Vilnius, Moskau, Pskow und Berlin via Warschau. Bahnhof, Stacijas l.

Eigenes Schiff – Der Yachthafen von Rīga befindet sich in der Balasta dambis 1a, gelegen an der Agenskalna-Bucht, im Süden der Daugavainsel Ķīpsala.

Fähre: Zweimal wöchentlich verkehrt ein Schiff zwischen Lübeck und Rīga. Näheres dazu s. Anreise.

Flugzeug – Der Flughafen befindet sich in Skulte, etwa 8 km südwestlich von Rīga. Die Innenstadt ist mit Bus 22 erreichbar. Näheres zum Flugverkehr siehe Anreise.

- *Stadtverkehr* Zahlreiche **Busse, Trams** und **Trolleybusse** pendeln täglich durch die Straßen von Rīga. Sie beginnen früh morgens mit dem Berufsverkehr und fahren bis Mitternacht. Fahrkarten gibt es an den Kiosken. Sie müssen im Verkehrsmittel entwertet werden. Um zum Flughafen zu fahren, sind zwei Fahrscheine zu lösen, da dieser etwas außerhalb liegt, sowie einer für das Gepäck. Die Haupthaltestelle in Rīga befindet sich in der Prāgas 1. Ferner gibt es Routen-Taxis, die bestimmte Strecken abfahren und auf Wunsch halten. Auf den großen Stadtplänen von Rīga sind die Linien der öffentlichen Verkehrsmittel eingezeichnet.

Taxi, sicherlich oftmals bequemer als die überfüllten Öffentlichen. Unbedingt darauf achten, dass der Taxameter angestellt ist, bzw. vorher Kilometerpreis aushandeln, der tagsüber bei etwa 0,60 €. liegt. Taxistände gibt es u. a. am Flughafen, vor dem Bahn- und Busbahnhof, vor dem Hotels de Rome und Latvija, in der Tērbatas ielā vor dem Vērmanes-Park, in der Veidenbauma/Ģertrūdes ielā und am Freilichtmuseum.

Taxiruf, Bona Tax, ✆ 8005050; Rīga Taxi, ✆ 8001010; RTS Taxi, ✆ 8000006.

Lettland
Karte siehe Umschlaginnenklappen

Rīga Neustadt

Übernachten
2 Baltā Kaza
3 Avitar
7 Tia
11 Laine
18 Valdemārs
34 Reval Hotel Latvija
40 Viktorija
42 ECB
59 Patricija
62 Aurora
63 Saulīte
65 Elias
66 Placis
68 Ričards
69 Bruņinieks
70 Nams 99
71 RPRA
72 Turības mācību centrs
76 Karavella

Essen/Trinken
1 Aragats
5 Šalom
6 Hongkonga
9 Pentoki
10 Džungli
14 American Pizza
15 Ekspress pelmeņi & pankūkas
19 Traktieris
20 Diplomat
21 Lielais Ķīnas mūris
23 Pauze
25 Daniels
26 Mauricius
28 Lulū
30 Pie Kūma
33 American Fried Chicken
34 Esplanāde
35 Symposium
36 Orients
37 Arba
39 Rāma & Svāmīdži's
43 Osiris
44 Staburgas
47 Montrē
48 Charleston
50 Pizza Jazz
51 Pirādzni
54 Panna
55 Cita Opera, Mamma Mia
56 Dēli
58 D'Artanjans
61 Giuditta
64 Chabad Labavitch
67 Hanoja
73 Vincent
74 Ai Karamba
75 Sue Ka thai

Cafés
4 Aspara
8 Jautais maiznieks
17 Galerija
22 Sala
24 Ice Queen
29 Monte Kristo
32 Lolo-Café
38 Arta
43 Osiris
48 Charlston Cappucino Bar
49 Terra Icognita
52 Bobs Travs Onkolos
60 Elizabete

Nachtleben
12 Karaliskās Bites Blūza Klubs
13 Metro
16 Alcatraz
27 Mimino
31 Karakums
41 Saksofons
45 La Rocca
46 Vernisāža
53 Pēgass
55 Cita Opera
57 Deco Bar

Karte Riga Altstadt
siehe S. 302/303

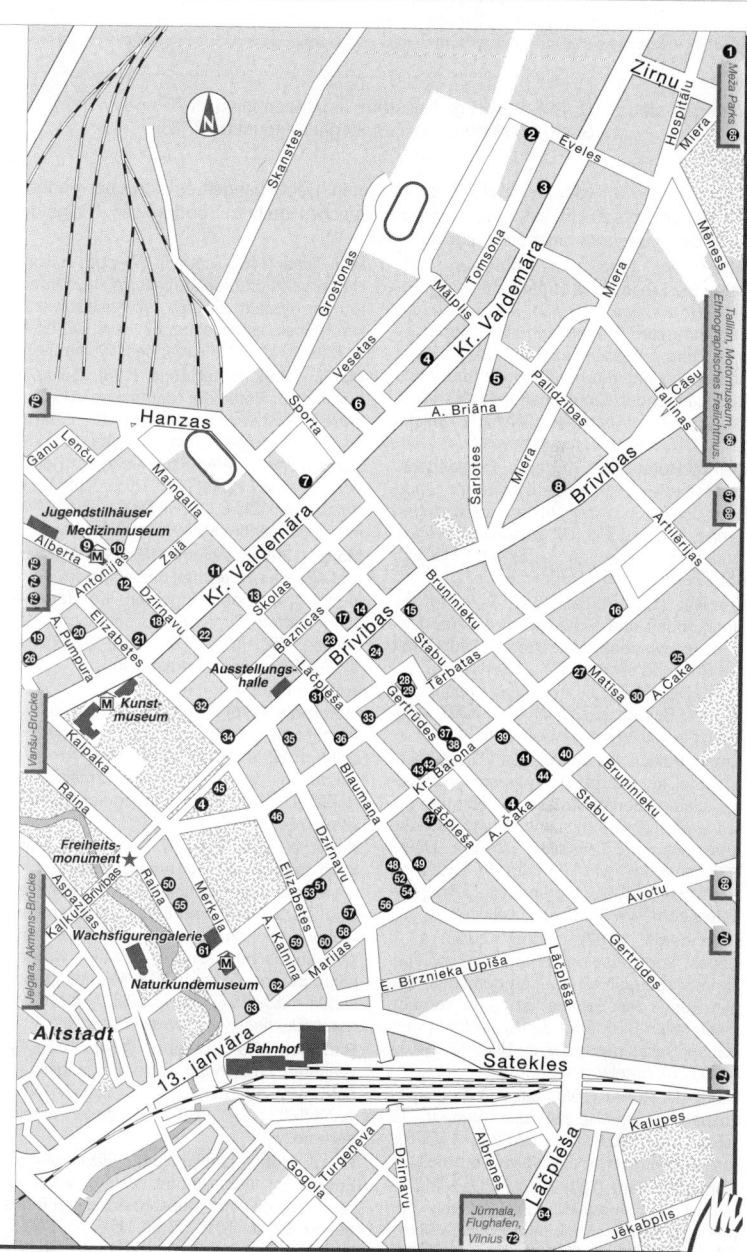

Übernachten

Karten siehe   S. 296/297 (Rīga Neustadt, Legendenpunkte 1-76) und
S. 302/303 (Rīga Altstadt, Legendenpunkte 77-183).

Rīga hat viele Unterkunftsmöglicheiten zu bieten. Dabei handelt es sich überwiegend um Nobelhotels zu Höchstpreisen oder um einfache Hotels zu Spottpreisen. Die goldene Mitte ist dagegen eher schwach vertreten.

● *Gehobene Preisklasse* **Ainavas (169)**, Peldu 23. Diese neue Unterkunft in der Rīgaer Hotelszene hat sich die Landschaft Lettlands zum Thema gemacht. So ist jedes Zimmer unterschiedlich ausgestattet und entspricht farbmäßig dem über dem Bett hängenden Landschaftsbild. EZ 105 €, DZ 135–170 €, Apartment 160 €. ✆ 7814316, 📠 7814317, reservations@ainavas.lv.

Centra Hotel (165), Audēju 1. Einladendes, komfortables Hotel in restauriertem Stadthaus in Alt-Rīga mit hellen, geräumigen Zimmern. EZ ab 90 €, DZ zwischen 110–145 €. Kinder bis 7 Jahre frei. ✆ 7226441, 📠 7503281, hotel.centra@delfi.lv www.centra.lv.

Eurolink (117), Aspazijas 22, 3. Etage des Hotel Rīgas und Schwesterhotel des Metropoles. Modern ausgestattete Räume mit viel Chic und sehr bemühter Service. EZ 80–150 €, DZ 100–175 €. Am Wochenende bis zu 40 % Rabatt. ✆ 7225031, 📠 7216300, eurolink@brovi.lv, www.metropole.lv.

Grand Palace Hotel (86), Pils 12. Neues Luxushotel im Herzen der Altstadt. Verspieltes, blau-goldenes Mobiliar verleiht den geräumigen Zimmern eine aristokratische Ausstrahlung. EZ ab 280 €, DZ 320 €. Übers Wochenende gibt es 25 % Discount. ✆ 7044000, 📠 7044001, grandpalace@consul-hotels.com, www.consul-hotels.com.

Gutenbergs (107), Doma laukums 1. Neues komfortables Hotel in Top-Lage. Zimmer spiegeln eine auf alt gemachte Eleganz und der Service ist sehr bemüht. Einen tollen Blick über die Altstadt hat man von der Dachterrasse. DZ 95–110 €. ✆ 7814090, 📠 7503326, hotel@gutenbergs.lv.

Hotel de Rome (105), Kaļķu 28. Exklusives Luxushotel im Herzen der Altstadt. EZ 165 €, DZ 180 €. ✆ 7087600, 📠 7087606, reservation@derome.lv, www.derome.lv.

Konventa Seta (137), Kalēju 9/11. Edles Hotel mit geschmackvoll ausgestatteten Zimmern, verschwistert mit dem Hotel de Rome. EZ ab 85 €, DZ ab 100 €. ✆ 70801, 📠 7087515, reservation@konventa.lv, www.derome.lv.

Man-Tess (146), Teātra 6. Winzige, stilvolle Herberge in pittoreskem, altem Haus inmitten der Altstadt. Zimmer teilweise mit antiken Möbeln eingerichtet. EZ 100 €, DZ 155 €. ✆ 7216056, 📠 7821249, man-tess@binet.lv.

Maritim Park Hotel Rīga (178), Slokas 1. Luxuriöses Hotel der deutschen Maritim-Kette. Großzügig ausgestattete Zimmer und erstklassiger Service. Hotel befindet sich auf der anderen Fluss-Seite am Rande des Uzvaras Parks. EZ 110 €, DZ 125 €, Apartment 215 €. ✆ 7069000, 📠 7069001, info.rig@maritim.lv, www.maritim.com.

Māra (179), Kalnciema 186. Gemütliches, mittelgroßes Hotel der Best-Western-Kette in der Nähe vom Flughafen. Komfortabel ausgestattete Zimmer und sehr bemühter Service. EZ 100 €, DZ 120 €. ✆ 7702718, 📠 7702708, reserv@mara.apollo.lv, www.hotelmara.lv.

Metropole (176), Aspazijas bulv. 36/38. Hotel mit allem Komfort unter schwedischer Leitung. EZ ab 170 €, DZ ab 195 €. Am Wochenende bis zu 40 % Ermäßigung. ✆ 7225411, 📠 7216140, metropole@brovi.lv, www.metropole.lv.

Nams 99 (70), Stabu 99. Diese edle Unterkunft befindet sich in einem prachtvoll renovierten Jugendstilhaus. Zu vermieten sind 2 Ezs, 2 DZs und 8 Luxuswohnungen, wobei zwischen klassisch-englischem und skandinavischem Design gewählt werden kann. EZ und DZ zu je 80 €, Wohnung zwischen 260–310 €. ✆ 7310762, 📠 7313204, nams-99@delfi.lv, www.zl.lv/nams99.

Radisson-SAS Daugava (154), Kuģu 24. Weiteres Luxushotel. Edle Eingangshalle, Schwimmbad. EZ ab 185 €, DZ ab 150 €. ✆ 7087600, 📠 7087606, reservation@derome.lv.

Reval Hotel Latvija (34), Elizabetes 55. Ehemaliges Intouristhotel, das nun, völlig generalüberholt zu den besten Adressen Rīgas gehört. EZ ab 120 €, DZ ab 145 €, ✆ 7772222, 📠 7772221, latvia.sales@revalhotels.com, www.revalhotels.com.

Rīdzene, Reimersa 1. Am Rande der Altstadt im Park gelegen. Elegantes und luxuriöses Hotel mit oftmals prominentem Publikum. EZ 195–245 €, DZ 230–260 €. ✆ 7324433, ✉ 7282100, Park.Hotel@ridzene.lv, www.parkhotelridzene.lv.

Vecrīga (125), Gleznotāju 12/14. Kleines, elegantes Hotel mit antiker Raumausstattung in toller Altstadtlage. DZ 100–135 €. ✆ 7216037, ✉ 7214561, vecriga@inet.lv, www.vecriga.lv.

• *Mittlere Preisklasse* **Avitar (3)**, K. Valdemāra 127. Zu vermieten sind Studios, Apartments für 2 Personen sowie 2-Zimmer Wohnungen. Die Dekoration ist stilvoll minimalistisch. Um zum Zentrum zu gelangen, Bus 11 und 33 nehmen, der die Valdemāra rauf- und runterfährt. Studio für 1 Person 60 €, Apartment für 2 Personen 75 €, 2-Zimmer-Wohnung 100 €. ✆ 7364444, ✉ 7364988, avitar@latnet.lv, www.avitar.lv.

Brigita (180), Saulkalnes 11.Großzügig und ansprechend ausgestattete Räume. Hotel liegt etwas außerhalb vom Zentrum. Zu erreichen ab Bahnhof mit Trolley 12 und 19, hält direkt vor der Tür. EZ 45–55 €, DZ 50–80 €, DRZ 80–90 €. ✆ 7623000, ✉ 7623190, hotel.brigita@delfi.lv.

Bruņinieks (69), Bruņinieku 6. Mittelgroßes, attraktives Hotel. Zimmer sind geräumig und modern ausgestattet. DZ 90–100 €. ✆ 7315140, ✉ 7314310, bruninieks@hotmail.com.

ECB (42), Barona 37. Gemütliches Gästehaus mit schönen Zimmern und sehr persönlichem Service. EZ 50 €, DZ 60 €, DRZ 70 €. ✆ 7298535, ✉ 7298525, david@ecb.apollo.lv.

Forum (130), Vaļņu 45. Neues, stilvolles Hotel am Rande der Altstadt. Die komfortablen Zimmer erinnern stilistisch an längst vergangene Epochen. DZ 60–90 €. ✆ 7814680, ✉ 7814682, reservation@hotelforums.lv.

Karavella (76), Katrīnas dambis 27. Freundliches, in Blautönen gehaltenes Hotel in der Nähe vom Hafen mit modernen Räumlichkeiten. EZ 55–65 €, DZ 65–95 €. ✆ 7323130, ✉ 7830187, hotel@karavella.lv, www.karavella.lv. Vom Zentrum mit Tram 5 bis Haltestelle Pītersalas nehmen.

Laine (11), Skolas 11, 3. und 4. Stock. Attraktives Hotel im Zentrum von Rīga mit verschiedenen Zimmerkategorien. EZ 28–70 €, DZ 45–80 €. ✆ 7288816, ✉ 7287658, laine@apollo.lv, www.laine.apollo.lv.

NB (183), Slokas 49. Modernes, gefälliges Hotel in altem Stadthaus auf der anderen Seite der Daugava. Zimmer sind modern ausgestattet, die Rezeption erinnert ein wenig an eine Hochseeyacht. EZ 45 €, DZ 70 €,

Drei-Brüder-Haus, Rīga

DRZ 75 €. ✆ 7811555, ✉ 7470629, hotel@n b.lv. Zu erreichen mit Tram 5 ab Grēcinieku ielā bis zur Haltestelle Konsula.

O.K. Hotel (181), Slokas 12. Angenehmes Hotel auf der anderen Seite der Daugava. Zimmer sind alle unterschiedlich und farbenfroh ausgestattet. EZ 80–125 €, DZ 100–145 €. ✆ 7860050, ✉ 7892702. Von der Grēcinieku ielā am Daugava Ufer Tram 5 bis zur Haltestelle Kalnciema nehmen.

Oma (182), Ernestīnes 33. Gemütliches Hotel in altem aus den Dreißigern stammendem Haus. Räume sind freundlich gestaltet und mit hellem Mobiliar ausgestattet. EZ 60 €, DZ 80 €, Preise ohne Frühstück. ✆ 7613388, ✉ 7613233, oma@com.latent.lv, www.oma.lv. Zu erreichen von der Grēcinieku ielā am Daugava Ufer mit Tram 2 bis Ernestīnes ielā oder mit Bus 4 bis Melnsila/Ormaņu ielā.

Radi un Dragi (164), Mārstaļu 1. Schönes Hotel mit großen farbenfrohen und hellen Räumen im Zentrum der Altstadt. EZ ab 60 €, DZ 75–85 €. ✆ 7220372, ✉ 7242239.

Ričards (68), Čaka 126. Kleines, frisch renoviertes Hotel mit geräumigen, modernen Zimmern. DZ 75–110 €. ✆ 7506700, ✉ 7506711. Zu erreichen mit den Trolleys 18 und 23 am 13. Janvāra ielā, am Rande der Altstadt.

Rīga (131), Aspazijas bulv. 22. Schönes, altes Haus mit komfortablen Zimmern. Es ist die Rede davon, dass das Hotel in naher Zukunft renoviert werden soll. EZ 95–115 €, DZ 115–145 €. ✆ 7044222, 📠 7044223.

Serena (78), Jēkaba 26/27. Neues modernes Hotel in der Altstadt. EZ 65 €, DZ 75 €, Ermäßigung am Wochenende. ✆/📠 7324545.

Tia (7), Valdemāra 63. Befindet sich in der Neustadt, etwa 10 Min. zu Fuß von der Altstadt entfernt. Zimmer sind freundlich und sauber. EZ ab 60 €, DZ ab 70 €, DRZ ab 115 €. ✆ 7333918, 📠 7830390.

Valdemārs (18), Valdemāra 23. Nettes Hotel in schönem Jugendstilhaus. Die Zimmer sind teilweise modernisiert. EZ 35–45 €, DZ 50–65 €. ✆ 7334462, 📠 7333001, hotel.valdemars@apollo.lv, www.valdemars.lv.

Viktorija (40), A. Čaka 55. Befindet sich in prächtig renoviertem Jugendstilhaus. Ein Teil des Interieurs ist modernisiert und dementsprechend edel. Der andere Teil dagegen ist alt, aber dafür um einiges billiger. EZ 55 €, DZ 75 €. Zimmer ohne jeglichen Komfort 15–30 €. ✆ 7014111, 📠 7014140, info@hotel-viktorija.lv, www.hotel-viktorija.lv.

• *Einfache Hotels/preiswerte Unterkünfte*
Aurora (62), Marijas 5, direkt am Bahnhof. Zimmer spartanisch und billig mit 14 € pro DZ. Alleinreisende Frauen sollten hier besser nicht absteigen. ✆ 7224479.

Baltā Kaza (2), Éveles 2. Am Rande der Neustadt gelegen, Zimmer und Schlafsäle, einfach, aber sauber. ÜB ab 8 €. Zu erreichen mit Trolley 3, ✆ 7378135.

Elias (65), Hamburgas 14. Kleines Hotel, etwas außerhalb des Zentrums gelegen, geleitet von freundlicher, bemühter Familie. DZ ab 30 €. ✆ 751817, zu erreichen vom Zentrum mit Tram 11.

Placis (66), Laimdotas 2a. Jugendherberge, saubere, gut ausgestattete Räume, sogar Einzelzimmer zu haben. ÜB 10–35 €. ✆ 7551824. Zu erreichen mit Trolley 17 ab Brīvības ielā (der Brīvības bulv. wird weiter nördlich zur Brīvības ielā). Aussteigen, wenn Trolley die Lielvārdes ielā gekreuzt hat.

RPRA (71), Nīcgales 26. Einfache Unterkunft der Schule für Lebensmitteltechnologie mit freundlicher Atmosphäre, ÜB 9–35 €. ✆ 7549012, rpra@mail.teliamtc.lv. Zu erreichen mit Trolley 22 ab Bahnhof. Aussteigen nach der Kreuzung mit der Nīcgales ielā.

Saulīte (63), Merķela 12. Liegt direkt am Bahnhof. Sowohl modernisierte als auch spartanische Räume. EZ 15–30 €, DZ 30–40 €. ✆ 7224546, 📠 7223629.

Studentenwohnheim (82), Basteja bulv. 10. Gute Adresse, bietet preiswerte und saubere Zimmer und liegt dazu noch am Rande der Altstadt, ÜB 16 €. ✆ 7216221.

Turības māciību centrs (72), Graudu 68. Einfache Jugendherberge, sauber. ÜB ca. 12 €. Liegt auf der anderen Seite der Daugava, Trolley 8 ab Kaļķu ielā nehmen bis zur Ecke mit der Graudu ielā. ✆ 7901471, hotel@tmc.lv.

Valnis (87), Valņu 2. Selbst wenn die Räume des einstigen Hotels für die Mitarbeiter des Kultusministeriums schon bessere Tage gesehen haben, so macht es doch das Preis-Lage- Verhältnis wieder wett. ÜB 27–35 €. ✆ 7213785.

• *Privatquartiere* **Patricija (59)**, Elizabetes 22–6. Vermittlung von Bed&Breakfast in gepflegten Häusern für 28 € pro Person. Auch Wohnungen können zw. 50 und 170 € pro Tag gemietet werden. ✆ 7284868, 📠 7242854, tourism@parks.lv, www.rigalatvia.net.

Essen/Trinken

Karten siehe **S. 296/297** (Rīga Neustadt, Legendenpunkte 1-76) und **S. 302/303** (Rīga Altstadt, Legendenpunkte 77-183).

Einmal in Rīga um die Häuser zu ziehen, kann viel Zeit in Anspruch nehmen, denn Rīgas kulinarisches Angebot ist vielfältig und reizvoll. Warum nicht mal einen "Caféhaus-Tag" einlegen mit anschließender Kneipentour, um all die phantasievollen Cafés, mittelalterlichen Kellerbars und exotischen Restaurants ausgiebig zu genießen? Als Tipp – viel Geld einpacken.

• *Restaurants* **13 kresli (113)**, am Domplatz/Ecke Jaunielā. Klitzeklein und gemütlich, genau Platz für 13 Leute. Serviert werden frische Steaks. Im Sommer sitzt es sich toll im Freien mit Blick auf den Dom.

Ai Karamba (74), Pulkveža Brieža 2. Hier kommen alle Liebhaber des American Food auf ihre Kosten. Gut zum frühstücken.

Alus Arsenāls (83), Pils laukums 4. Gemütliches Kellerrestaurant mit lettischen Köstlichkeiten und einer großen Auswahl an Bieren.

Alus Sēta (123), Tirgoņu 6. Zünftiges Lokal mit lettischen Fleischspezialitäten.

American Café (154), Kuģu 24. Edles Hotelrestaurant (Radisson) mit internationaler Speisekarte.

Aragats (1), Miera 15. Hier gibt es armenische Köstlichkeiten in authentischem Ambiente. Lohnenswert auch wenn etwas außerhalb.

Arba (37), Ģertrudes 33/35. Gutes armenisches Restaurant in Glasatrium mit Blick auf die Dächer von Rīga.

Architekts (111), Amatu 4. Sowjetnostalgiker werden hier voll auf ihre Kosten kommen.

Babylon (142), Skārņu 10/20. Auf der Speisekarte stehen Spezialitäten aus Hellas und dem Nahen Osten.

Bellevue (178), Slokas 1. Dieses edle und hervorragende Restaurant befindet sich im 11. Stock des Maritim Park Hotels und eröffnet eine fantastische Sicht auf Rīga, viel Geld mitnehmen.

Bollywood Chutney (79), Torņa 4. Indisches Restaurant mit Postern von indischen Filmstars an der Wand und leckeren Currys.

Boulevard Nr. 20 (110), Aspazijas 20. Wer auf saftige Steaks steht, wird sich in dem gemütlichen Kellerlokal wohlfühlen. Bei Vorlage der Rīgakarte gibt es hier Rabatt.

Charleston (48), Blaumaņa 38/40. Gemütliches Etablissement, das stark an die Zwanziger erinnert. Gutes Essen bei Jazz und Blues Musik. Ermäßigung mit der Rīgakarte.

Cita Opera (55), Raiņa 21. Avantgardistische mit Kerzenschein erleuchtete Kellerbar, in der man romantisch dinieren kann. Oft gibt es Live-Musik.

Citros (128), R. Vāgnera 3. Mexikanisches Restaurant mit Nachos, Quesadillas, Enchiladas & Co.

Casablanca (93), Smilšu 1/3. Originelles Szene-Etablissment mit gläsernem Fußboden und tiefen, zu Sofas umfunktionierten Fensterbänken, in denen man sich ganz unkonventionell herumlümmeln kann. Die Speisekarte ist reichhaltig und extravagant wie z. B. Tigerkrabben mit Spinat, Fenchelsalat und Anissauce. Im Keller spielen abends verschiedene Bands.

Columbine (176), Aspazijas 36/38. Elegantes Hotelrestaurant mit erlesenen Kreationen. Beliebt bei skandinavischen Geschäftsleuten. Teuer, allerdings gilt die Rīgakarte.

D'Artanjans (58), Marijas 13. Gemütliches Restaurant/Café mit Delikatessen aus Frankreich. Im Sommer kann man hier auch draußen sitzen.

Daniels (25), Čaka 91/93. Wer Lust auf ein Dinner in 1001-Nacht-Atmosphäre hat, sollte hierher kommen. Angeboten werden Spezialitäten aus der arabischen Welt. Zur Steigerung der Authenzität gibt es Wasserpfeifen.

Dickens (155), Grēcinieku 9/1. Gut besuchter englischer Pub mit fish'n chips und einer großen Auswahl an Bieren von der Insel.

Dickens (157), Pēterbaznīcas 17. Auch hier ist eine typische englische Atmosphäre zu finden, allerdings geht es etwas behaglicher zu als in Dickens 1.

Diplomat (20), Pumpura 6. Nicht weit von der schwedischen Botschaft gelegen, gibt es hier Köstlichkeiten aus Skandinavien.

Dublin (143), Vāgnera 16. Irischer Pub mit viel Flair, guter irischer Küche und natürlich viel Guinness.

Esplanēde (34), Elizabetes 55. Erlesene Köstlichkeiten aus aller Welt und attraktives Frühstücksbuffet.

Garjānis (118), Jauniela 15. Beliebtes und gutbesuchtes Establishment mit internationaler Küche.

Giuditta (61), Barona 2. Schönes Ristorante mit delikater Pizza und Terrasse.

Griecu Restorāns (148), Skāršu 10/20. Wie zu erwarten ist das Dekor in dieser griechischen Taverne dominiert vom obligatorischen hellenischen Blau. Das Essen, von Kalamari bis Moussaka ist vielleicht nicht ganz authentisch, aber o.k.

Hongkonga (6), Valdemēra 61. Beliebtes Chinarestaurant mit reichhaltiger Speisekarte.

Jever-Bistro (136), Kaļķu 6. Wie der Name schon vermuten lässt, gibt es hier Jever, beliebt bei deutschen Geschäftsleuten.

Kalanda (158), Jāņa 8. Attraktives Lokal mit schönem Innenhof. Die hier servierten lettischen Spezialitäten sind sehr gut und benannt nach historischen Persönlichkeiten.

Kamāla (122), Jauniela 14. Über dieses indisch angehauchte, attraktive Restaurant werden sich Vegetarier freuen.

Kiploku krogs (90), Jēkaba 3/5. Übersetzt heißt dieses Lokal *Knoblauch Bar*, und um diesem alle Ehre zu machen, werden hier besonders viele Zehen von dieser beliebten Knolle verbraten.

Kirbis (102), Doma Laukums 1. Peppig aufgemachtes vegetarisches Restaurant.

Kolonna (114), Šķūņu 16. Romantisches Lokal mit europäischer Speisekarte.

Lāsīte (95), Anglikāņu 2. Das Dekor erinnert an das Mittelalter. Besser als das Essen ist der wunderbare Innenhof neben der Anglikanischen Kirche.

Rīga Altstadt

Essen/Trinken

77 Piramida
79 Bollywood Chutney
81 Sirdsmīļā
83 Alus Arsenāls
84 Pie Tējkannas
85 Tower
86 Orangerie
88 Pulvertoris
89 Trigger
90 Kiploku krogs
92 Monterosso
93 Casablanca
94 Rozamunde
95 Lāsīte
96 Doma pērle
98 Piramida
99 Mc Donald´s
100 Vērdiņš
102 Kirbis
104 Sievasmētas Pīrēdzņi
105 Otto Schwarz
106 Soraksans
108 Tivoli
110 Boulevard Nr. 20
111 Architekts
113 13 kresli
114 Kolonna
116 Nostaļģija
117 Senā Rīga
118 Garjānis
119 Zilais Putns
121 Pūt, Vējiņ
122 Kamāla
123 Alus Sēta
124 Livonija
126 Zivju
127 Palēte
128 Citros
133 Tim McShane´s
136 Jever-Bistro
140 Paldies Dievam
piektdiena ir klēt
142 Babylon
143 Dublin
145 1739
146 Man Tess
148 Grieču Restorāns
151 Ordenis
153 Melnie mūki
154 Talavera
155 Dickens

157 Dickens
158 Kalanda
159 Café Xpress
160 Sumo
161 Paddy's Whelan's
162 Ole
171 Samsons
172 Sue's Indian Raja
176 Columbine
178 Bellevue

Cafés

80 Kafijas Veikals
91 Chicot
97 Smilš pulkstenis
101 Kolonāde
103 Monzūms
115 Hollanders
120 Zeppelin GmbH
129 Dolce Vita
132 Operncafé
135 Capri
138 Sefpanārs Vilhelms
141 Lotoss
144 Velvets
147 Melngalvju nama kafejnīca
149 Smaragds
152 Runcis
156 Pētergailis
166 Fredis
167 M6

Nachtleben

109 Groks
112 Slepenais Eksperimentas
117 Mirage
134 Zālā vārna
139 Austrumu Robeža
150 Hamlets
163 Kardināls
168 Ala
170 Kabata
173 Pulkvidiem Neviens Nersksta
174 Dizzi House Music Club
175 Četri Balti Kerkli
177 Nautilius
179 Skylinebar, Voodoo

Übernachten

78 Serena
82 Studentenwohnheim
86 Grand Palace Hotel
87 Valnis
105 Hotel de Rome
107 Gutenbergs
117 Eurolink
125 Vecrīga
130 Forum
131 Rīga
137 Konventa Seta
146 Man-Tess
154 Radisson-SAS Daugava
164 Radi un Dragi
165 Centra Hotel
169 Ainavas
176 Metropole
178 Maritim Park Hotel Rīga
179 Māra
180 Brigita
181 O.K. Hotel
182 Oma
183 NB

Karte Riga Neustadt
siehe S. 296/297

Eisenbahnmuseum

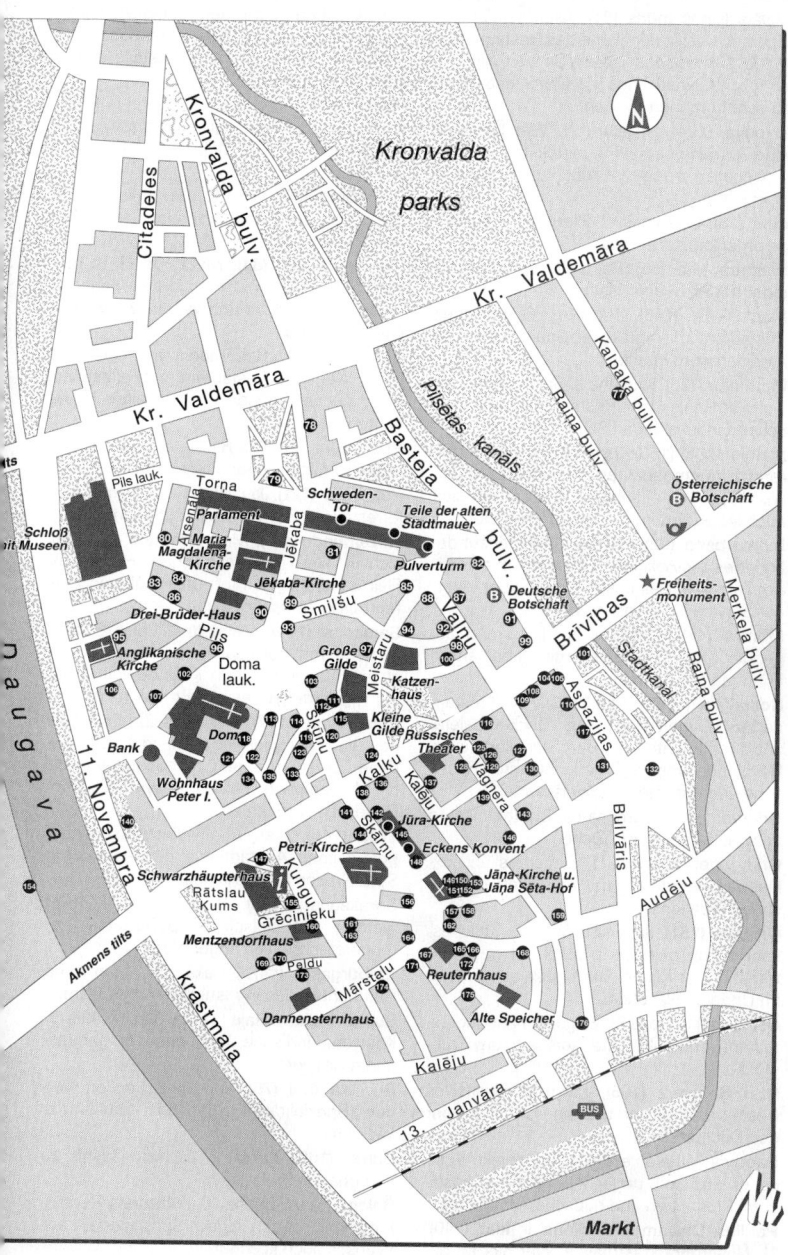

Lielais Ķinas mūris (21), Valdemēra 21. Übersetzt heißt der Name des Restaurants *große Chinesische Mauer*. Serviert wird natürlich Kulinarisches aus China, und das zu sehr humanen Preisen.

Livonija (124), Meistaru 21. Wer Lust auf eine Zeitreise hat und in mittelalterlicher Atmosphäre speisen möchte, ist hier goldrichtig.

Lulū (28), Ģertrūdes 27. Hier gibt es knackige amerikanische Pizzas.

Mamma Mia (55), Raiņa 21. Nettes Ristorante mit Pizza und Pasta.

Man Tess (146), Teātra 6. Gemütliches Restaurant mit attraktiver Speisekarte und angenehmem Interieur.

Mauricius (26), Alunāna 2. Spannendes, an sich afrikanisches Restaurant, mit indischen Einflüssen und Salsamusik...

Melnie mūki (153), Jāņa sēta 1. Wunderbarer Ort im umgebauten alten Kloster für kulinarische Höhenflüge. Toll sitzt es sich auch im Sommer draußen auf dem Hof.

Monterosso (92), Valņu 9. Sehr elegant dekoriertes 2-stöckiges Ristorante mit schöner Terrasse. Das Essen ist gut, aber teuer, der Service ist etwas steif.

Montrē (47), Lāčplēša 36. Im Trend liegende Designerkneipe mit fabelhaftem Fondue und Raclette.

Nostalģija (116), Kaļķu 22. Glanzvoll restaurierter Sowjetbarock mit Deckenmalerei und Kronleuchtern, in dem der glorreichen Revolution von 1917 gedacht wird. Russische und europäische Speisekarte.

Orients (36), Blaumaņa 5a. Buntgemischte nah- bis fernöstliche Küche.

Orangerie (86), Pils 12. Elegantes und exklusives Restaurant mit erlesenen kulinarischen Kreationen.

Ordenis (151), Jāņa sēta 5. Urgemütliches, sehr schön gelegenes Lokal mit guter, internationaler Küche. Die Rīgakarte wird hier im Übrigen akzeptiert.

Osiris (43), Barona 31. Elegantes Fonduerestaurant, ebenfalls gute Adresse zum Frühstücken.

Otto Schwarz (105), Kaļķu 28. Exklusives Restaurant mit erstklassiger Küche über den Dächern Rīgas, teuer.

Paddy's Whelan's (161), Grēcinieku 4. Irischer Pub mit uriger Atmosphäre, köstlichen Kreationen und hübschem Innenhof.

Paldies Dievam piektdiena ir klēt (140), 11. Novembra krastmala 9. Wer hier im hohen Norden plötzlich Sehnsucht nach der Karibik haben sollte, dem seien die karibischen und internationalen Kreationen sowie einer der exotischen Cocktails dieses Lokals empfohlen.

Palēte (127), Gleznotāju 12/14. Ein in Rosatönen gehaltenes Lokal mit extravaganten Kreationen wie z. B. Wildente in Rum mit Orangen.

Pie Kūma (30), Čaka 65. Gemütliches Kellerrestaurant mit ukrainischem Essen und Dekor.

Pie Tējkannas (84), Mazā Pils 13. In diesem rustikalen Lokal führt die kulinarische Reise über *borscht* und Wodka zu Mütterchen Russland.

Piramida (77), Reimmersa 1. Dieses stilvolle, elegante Restaurant mit erlesener, edler Küche, befindet sich in einer imposanten Glaspyramide.

Pizza Jazz (50), Raiņa 15. Filiale der attraktiven litauischen Pizza-Kette.

Pūt, Vējiņ (121), Jauniela 20. Charmantes Kellerrestaurant, im Winter mit offenem Feuer.

Rozamunde (94), Mazā Smilšu 8. Befindet sich in altem mittelalterlichem Haus. Das Flair ist nostalgisch, oft untermalt von Harfenmusik. Lettische Küche.

Samsons (171), Marstaļu 4. Edles Etablissement mit reichhaltiger Speisekarte in altem mittelalterlichem Kellergewölbe. Mit der Rīgakarte gibt es hier Ermäßigung.

Senā Rīga (117), Aspazijas 22. Im Keller des gleichnamigen Hotels sind 4 verschiedene Häuserattrappen aufgebaut, welche die 4 Regionen Lettlands symbolisieren. Gegessen wird lettisch.

1739 (145), Skārņu 6. In diesem schönen, gemütlichen Altstadthaus gibt es leckere Spezialitäten aus Bella Italia.

Soraksans (106), Miesnieku 12. Hier werden koreanische Spezialitäten zu moderaten Preisen angeboten.

Staburgas (44), Čaka 57. Lettische Gaumenfreuden in rustikaler Atmosphäre.

Sue's Indian Raja (172), Vecpilsētas 3. Köstliche indische Kreationen in gemütlichem Ambiente.

Sue Ka thai (75), Ausekļa 2. Serviert werden Spezialitäten aus dem Land des Lächelns.

Sumo (160), Kungu 8. Delikate Sushis zu sumohaften Preisen.

Šalom (5), A. Briāna 10. Jüdisches Restaurant mit reichhaltiger Speisekarte, auf Wunsch auch koscher.

Sirdsmīļā (81), Aldaru 11 (Eingang von der Trokšņu). Das wohl einstmals kleinste Restaurant der Stadt mit nämlich nur vier Tischen hat nun einen schönen Glasanbau. Serviert werden schmackhafte Gerichte aus ganz Europa.

Symposium (35), Dzirnavu 84/1. Elegantes, minimalistisch durchgestyltes Etablissement mit reichhaltiger mediterraner Speisekarte von Marokko über Italien bis hin zum Mittleren Osten.

Talavera (154), Kuǧu 24. Edles Hotelrestaurant mit exzellenter Mittelmeerküche.

Tivoli (108), Kaļķu 14. Exklusives Etablissement mit hervorragenden ausgefallenen Kreationen aus ganz Europa, die ihren Preis haben.

Traktieris (19), Antonijas 8. Auf alt gemachtes Restaurant mit herzhaften Speisen aus Russland, serviert von traditionell gekleideten Kellnern.

Tim McShane's (133), Tirgoņu 10. Gemütlicher Pub mit keltischer Musik und irischem Essen.

Tower (85), Smilšu 7. Auch wenn dieses Restaurant etwas an einen englischen Pub erinnert, so fehlt es doch ein wenig an Atmosphäre. Schöner sitzt man allerdings im Tower-Club. Nichtsdestotrotz ist das Essen hier sehr gut und die Desserts sündhaft, wie beispielsweise Eis in Marzipanmantel mit Erdbeersoße.

Trigger (89), Smilšu 2. Dieses spacige, ultra-moderne Etablissement ist wohl eines der spektakulärsten Orte dieser Art in Rīga. Das silberne Interieur ist bestimmt von gigantischen, in die Wand eingelassenen Aquarien. Serviert werden exzellente Fischgerichte zu allerdings sehr hohen Preisen.

Vērdiņš (100), Mazā Pils 11. Crêpes in verschiedenen Variationen, schöner Innenhof.

Vincent (73), Elizabetes 19. Extravagante Köstlichkeiten und Van Gogh-Bilder als Dekor.

Zilais Putns (119), Tirgoņu 4. Delikate Pizzas, Spaghetti und Co. Im Sommer kann man schön im Freien speisen.

Zivju (126), Vāgnera 4. Ausgezeichnetes, aber sehr teures Fischrestaurant.

● *Preiswert/Buffets/Fast Food* **American Fried Chicken (33)**, Tērbatas 33/35.

American Pizza (14), Brīvības 57.

Café Xpress (159), Audēju 16. Es gibt Pizza, Teigtaschen, Kaffee und Kuchen – alles auch zum mitnehmen.

Chabad Labavitch (64), Lāčplēša 141. Jüdisches Restaurant und Imbiss.

Dēli (56), Marijas 21. Nettes Bistro mit Teigwaren und wechselnden Gerichten

Doma pērle (96), Doma laukums 3. Künstlerisch aufgemachtes Lokal mit großem, preiswertem Buffett.

Džungli (10), Antonijas 13. Preiswertes Café mit etwas kitschigem Dekor in Form von Plastiklianen u. Ä., aber attraktives warmes Buffett und Salaten.

Ekspress pelmeņi & pankūkas (15), Brīvības 76. Dieses originelle Café ist ganz der Bahn gewidmet. Man sitzt in alten Eisenbahnsitzen. Gute, abwechslungsreiche Küche.

Hanoja (67), Kr.Barona 93. Vietnamesisches Restaurant mit interessanten fernöstlichen Kreationen.

McDonald's (99), Basteja bulv. 18

Ole (162), Audēja 1. Reichhaltiges Buffett mit allerlei Köstlichkeiten, welches eine tolle preiswerte Alternative im kulinarischen Rīga darstellt.

Panna (54), Marijas 23. Hier gibt es Pfannkuchen in allen erdenklichen Variationen.

Pentoki (9), Antonija 11. Rustikal dekoriertes Café mit schöner Terrasse und Blick auf prächtige Jugendstil Häuser.

Pauze (23), Brīvības 49/53. Nettes Café mit reichhaltiger Salatbar und verschiedenen Gemüsetorten.

Piramida (98), Mazā Smilšu 17. Grosses Salat- und Gemüsebuffett, insbesondere in der Mittagszeit sehr beliebt und dementsprechend frequentiert.

Pirādzni (51), Kr. Barona 14. Serviert werden hier köstliche Piroggen in verschiedenen Variationen.

Pulvertoris (88), Vaļņu 3. Einfache Kantine mit ebenso einfachem Essen, aber dafür sehr billig.

Rāma & Svāmīdži's (39), Barona 56. Hare-Krishna-Restaurant mit köstlicher vegetarischer Küche, sehr preiswert.

Sievasmētas Pīrēdzni (104), Kaļķu 10. Beliebtes, günstiges Café mit einer großen Auswahl an Sandwichs und Blätterteigvarianten.

● *Cafés* **Arta (38)**, Ģertrūdes 37. Schummriges Künstlercafé mit angenehmer Atmosphäre.

Aspara (4), gemütliches kleines Teehaus, mit stilvollem Dekor, gleich viermal in der Stadt vertreten. Čaka 49, Šķūņu 10, Tērbatas 2 und Valdemāra 77.

Bobs Travs Onkolos (52), Blaumaņa 38/40. Onkel Bob's Café liegt voll im Trend. Es gibt hier fabelhafte Gerichte und tolle, frische Sandwichs.

Capri (135), Tirgoņu 13. Hier lässt es sich bei den köstlichen Eisspezialitäten des Hauses bequem Stunden aushalten, insbesondere, wenn man draußen sitzen kann.

Charlston Cappucino Bar (48), Blaumaņa 38/40. Schöne Kaffeebar mit vielen verschiedenen Kaffeesorten, Kuchen und Sandwiches, teuer.

Chicot (91), Basteja 16. Charmantes Künstlercafé mit glasüberdachtem Innenhof (befindet sich in der Basteja Passage).

Dolce Vita (129), Vāgnera 8. Das Leben ist süß – jedenfalls hier, wenn man sich das fantastische italienische Eis des Hauses schmecken lässt.

Elizabete (60), Elizabetes 85a. Urgemütliches Wiener Kaffeehaus, in dem man mit ein paar Zeitungen locker den halben Tag verbringen kann.

Fredis (166), Audēju 5. Stets volles Café das erst kürzlich nach langer Restaurierung wieder geöffnet hat. Bekannt ist Fredis wegen seiner gigantischen, köstlichen Sandwiches.

Galerija (17), Ģertrūdes 14. Attraktives Künstlercafé mit wechselndem originellem Dekor.

Hollanders (115), Amatu 3/5. Schickes und charmantes Café in der Kleinen Gilde mit dem Flair längst vergangener Zeiten.

Ice Queen (24), Ģertrūdes 20. Riesenauswahl an leckerem italienischem Eis.

Jautais maiznieks (8), Brīvības 95. Angenehmes, populäres Café, in dem es delikate Kuchen und herzhafte Teigwaren gibt.

Lolo-Café (32), Elizabetes 51. Pariser Café mit exzellenten Kuchen und Torten.

Lotoss (141), Skārņu 7. Stilvolles Café mit viel Atmosphäre und großer Fensterfront, durch die sich ein schöner Blick auf das Schwarzhäupterhaus eröffnet.

Kafijas Veikals (80), Mazā Pils 6. Kleines, gemütliches Tee- und Kaffeehaus, im Sommer kann man auch draußen sitzen.

Kolonāde (101), Brīvības 26. Attraktives Café nicht weit vom Freiheitsdenkmal mit einer großen Auswahl an frisch gebackenen Kuchen.

Melngalvju nama kafejnīca (147), Rātslaukums 7. Vornehmes, in prächtigen Gold- und Rosatönen gehaltenes Café im großartig restaurierten Schwarzhäupterhaus.

M6 (167), Mārstaļu 6. Avantgardistisches Künstler- und Galeriecafé mit spannender Atmosphäre.

Monte Kristo (29), Ģertrūdes 27 und Kalēju 18. Nettes Insider-Café mit beachtlicher Auswahl an verschiedenen Kaffeespezialitäten und leckeren Kuchen.

Monzūms (103), Šķūņu 19. Künstlerisch angehauchtes "In"-Café, dekoriert mit wechselnden Kunstfotografien. Prima Lage direkt am Domplatz, im Sommer auch Tische draußen. Mittags gutes Salatbuffet.

Operncafé (132), Aspazijas 3. Stilvolles, klassisches Café mit einer majestätischen Ausstrahlung und großen Auswahl an Kuchen und Torten.

Osiris (43), Barona 31. Angenehmes und dementsprechend beliebtes Künstlercafé mit attraktiver, abwechslungsreicher Speisekarte.

Pētergailis (156), Skārņu 25. Charmantes Café direkt neben der Petri-Kirche, im Sommer auch zum draußen Sitzen. Im Café selbst sind die Fotos von Rīga aus der Vorkriegszeit von Interesse.

Runcis (152), Jāņa sēta. Romantisches, kleines Café mit malerischem Innenhof, ideal an lauen Sommerabenden.

Sala (22), Dzirnavu 49. Freundliches Café mit gut bestückter Salatbar und tollen hausgebackenen Kuchen.

Sefpavārs Vilhelms (138), Skārņu 6. Stilvolles Selbstbedienungscafé mit einer Riesenauswahl an Pancakes.

Smaragds (149), Jāņa 18. Mit viel Chic dekoriertes Café im Herzen der Altstadt.

Smilš pulkstenis (97), Meistaru 9. Winzig kleines Teehaus mit köstlichen Kuchen und Torten sowie netter Atmosphäre.

Terra Icognita (49), Blaumaņa 27. Gemütliches kleines Galeriecafé mit afrikanischem Flair.

Velvets (144), Skārņu 9. Dieses edle Etablissement versprüht eine ganze Menge Flair und serviert Köstlichkeiten aus Frankreich. Ideal zum Kaffee trinken. Wenn man allerdings zum Dinner herkommt, sollte man nicht all zu hungrig sein.

Zeppelin GmbH (120), Sķūņu 4. Avantgardistisches Establissement, das sich ganz dem Thema Zeppelin verschrieben hat. Dekor und surrealistische deutsche Filme verleihen der GmbH ein Flair der Zwanziger. Ideal für ein ausgiebiges Frühstück.

● *Internetcafés* Die Preise für eine Stunde auf der Datenautobahn variieren, in den Abendstunden ist auf jeden Fall mit Discounts zu rechnen.

Bilteks, Elizabetes 75. 8 Computer stehen zur Verfügung, sowie eine Bar zur Stärkung. 1 Std. Internet kostet 3,5 €. Geöffnet Mo–Fr von 10–22 Uhr, Sa/So von 10–21 Uhr.

C&I Internet Club, Merķeņa 11. Es werden Snacks und Getränke angeboten. 1 Std. online kostet 3 €. Geöffnet Mo–Fr von 8–20 Uhr, Sa von 9–17 Uhr.

Delat, Baznīcas 4a. Hier gibt es 14 Computer, Snacks und Getränke. Online gehen kann man hier 24 Std. täglich, pro Std. 1,20 €.

Dualnet, Peldu 17. Dieses Internetcafé ist rund um die Uhr geöffnet. 1 Std. Cyberspace für 1,50 €.

Internet Klubs, Kaļķu 10. Schnelle Verbindung an 16 Computern. Erhältlich sind Getränke und diverse Imbisse. Außerdem gibt es hier Computerspiele und ein dementsprechend junges Publikum. Pro Std. etwa 2,5 €. Mo–Sa geöffnet von 10–24 Uhr, So von 11–24 Uhr.

Magnet, Valdemāra 57/59. 25 Computer und viele Computerspiele. 24 Stunden geöffnet.

Poligons, Dzirnavu 53. Hier muss man zuerst eine Mitgliedschaft für 9 € erwerben. Danach surft es sich hier mit 0,40 € pro Std. extrem günstig. Rund um die Uhr geöffnet.

Svenix, Barona 16/18. Es gibt 6 Computer und diverse Computerspiele. Geöffnet von 10–22 Uhr. 1 Std. online für 1,50 €.

Ultra LV, Čaka 123. Von 8 Uhr bis, wann immer der letzte Kunde geht, geöffnet. Pro Std. etwa 2,5 €.

• *Kneipen, Nachtclubs, Diskos* **Ala (168)**, Audēju 11. Riesige Kneipe über 3 Etagen. Oft spielen Live-Bands, überwiegend studentisches Publikum.

Alcatraz (16), K. Barona 88. Attraktive Musikkneipe mit kunstvollen Grafittiwänden, Disco und Restaurant. Meistens wird Blues oder Rock gespielt.

Austrumu Robeža (139), Vāgnera 8. *Ostgrenze* heißt der Name dieses avantgardistischen Lokals übersetzt und an dieser Thematik orientiert sich auch das Dekor. Stalin und Hitler sind als Goldbüsten auf Samt gesetzt und an den Wänden zeugen Schwarz-Weiß-Fotografien von den Gräueltaten der beiden Diktatoren. Zum Etablissement gehört eine kleine Off-Bühne, sodass hier gelegentlich mit experimentellen Theateraufführungen zu rechnen ist.

Cita Opera (55), Raiņa 21. Cocktailbar, Kellerrestaurant und Disco in einem. Mittwochs geben sich Karaokesänger die Ehre.

Četri Balti Kerkli (175), Vecpilsētas 12. Dies ist der Ort, an dem man die Musikszene Lettlands erkunden kann. Nette Stimmung.

Deco Bar (57), Dzirnavu 84/1. Populäre Szenekneipe mit gestyltem, jüngerem Publikum. Am Wochenende ist Disco und dann ist der Laden meist brechend voll.

Dizzi House Music Club (174), Mārstaļu 10. Angenehmer Musikclub mit unterschiedlichen Live-Bands am Abend. Gleichzeitig kann man hier sehr gut essen. Stolze 18 € Eintritt, jedoch 60 % Ermäßigung mit Handzettel, die auf der Straße verteilt werden.

Groks (109), Kaļķu 22. Originelle, populäre Technodisco, die aufgemacht ist wie eine U-Bahnstation. 4 € Eintritt.

Hamlets (150), Jāņa sēta 5. Intellektuelle Theaterkneipe, in der jeden 2. Dienstag politisches Kabarett gespielt wird. An den übrigen Tagen ist sehr oft Live-Jazz zu hören.

Kardināls (163), Grēcnieku 26. Rustikale Bar, Restaurant und Disco in einem.

Kabata (170), Peldu 19. Stimmungsvolle Bar in mittelalterlichem Keller. Oft gibt es Live-Musik und manchmal ist hier auch Disco.

Karakums (31), Lāčplēša 18. Abwechslungsreiche Bar mit afrikanischem Thema. Am Abend oft Live-Musik und Performances.

Karaliskās Bites Blūza Klubs (12), Dzirnavu 34a. Neuer, beliebter Blues Club, in dem die besten Blues-Bands Lettlands auftreten.

La Rocca (45), Brīvības 96. Riesengroße, hochmoderne Technodisco in umgebautem Operettenhaus. Oft überträgt der Sender Super FM live aus La Rocca. Am Wochenende geöffnet bis um 9 Uhr morgens. Eintritt 8 €.

Metro (13), Lāčplēša 5. Voll im Trend liegender Undergroundclub, in dem von Independent, über Jazz bis hin zu Techno alles gespielt wird. Eintritt 4 €.

Mimino (27), Barona 78. Hier gibt es in gemütlicher Kneipenatmosphäre Schaschlik und andere Spezialitäten aus Georgien.

Mirage (117), Aspazijas 22. Exklusiver Nachtclub des Hotel Rīas. Das elegante Etablissement ist ausgestattet mit Designermöbeln und bietet seinen Gästen jeden Abend ein anderes Programm an, u. a. Modern Dance. Eintritt 8 €.

Nautilius (177), Kuņģu 8. Spacige "In" Disco im U-Bootdesign mit Mega-Soundanlage, Lasershow und großer Tanzfläche. Mitarbeiter tragen alle Matrosenanzüge. 8 € Eintritt.

Pēgass (53), Barona 12. Verqualmte Kneipe in mittelalterlichem Keller, in der es Gegrilltes aus dem Kaukasus gibt.

Pulkvidiem Neviens Neraksta (173), Peldu 26/28. Spannender "In"-Club mit buntgemischtem Publikum, das sich aus Künstlern,

Buntes Markttreiben in Rīga

Businessleuten und Teenies zusammensetzt, oft spielen Live-Bands. Darüber hinaus kann man hier auch noch fantastisch essen.

Saksofons (41), Stabu 43. Kleine, verrauchte Blues- und Jazzkneipe mit viel Flair.

Skylinebar (179), Elizabetes 55. Cocktailbar im 26. Stock des Reval Hotel Latvijas mit unbeschränkter Aussicht auf Rīga und Umgebung.

Slepenais Eksperimentas (112), Šķūņu 15. Hinter den "schlafenden Experimenten" verbirgt sich eine nette, extravagante Kellerbar mit Disko.

Vernisāža (46), Tērbatas 2. Einst die Nr. 1 High Tech Disco von Rīga, zieht das Vernisāža mit seiner beweglichen Tanzfläche nunmehr eher Teenies an. Eintritt um die 8 €. Hier wird übrigens die Rīgakarte akzeptiert.

Voodoo (179), Elizabetes 55. Neuer Nachtclub des Reval Hotel Latvijas. Bar, Disco und Casino in einem, absichtlich technofrei. Oft spielen Live-Bands. Eintritt zwischen 8 und 12 €. Einlass nur ab 21 Jahre.

Zalā vārna (134), Krāmu 2. Gemütliche Bar in altem mittelalterlichen Gewölbekeller. Es gibt eine große Auswahl an Bieren und auch etwas zu Essen.

Verschiedenes/Einkaufen

● *Verschiedenes* **Geldwechsel**, Palasta 1; Smilšu 6; darüber hinaus unzählige Wechselstuben und Geldautomaten verteilt über die gesamte Stadt;

Post, Brīvības 21, große Filiale am Bahnhof.

Internetzugang: s. o. unter Café.

Poliklinik, Skolas 5.

Waschsalon, Elizabetes 85 a., unmittelbar beim Laden Jāņa sēta, 24-Stunden-Service.

Tankstellen, Neste, Brīvības 386; Pērnavas 78; Miera 3; Jūrmala av. 142.

Bewachter Parkplatz, unter der Vanšu-Brücke; 11. novembra krastmala/Ecke Mārsta-

ļu, gegenüber der Oktoberbrücke (nicht über Nacht).

Yacht-Club, Lielā 6.

● *Einkaufen* Es gibt in Rīga mittlerweile nichts mehr, was es nicht gibt. In fast jeder Altstadtgasse ist zumindest ein Laden oder eine Galerie zu finden. Deshalb hier nur eine kleine Auswahl:

Centrs, großes Universalkaufhaus am Rande der Altstadt, Audēju 16.

M-Daile, Kr. Barona 31. Musikladen, Verkauf von Kassetten und CDs.

Latvijas Bite, Brīvības 45. Verkauf von

hausgeschleudertem Honig und Produkten aus Bienenwachs.

Jāņa sēta, Elizabetes 83/85. Verkauf von Straßenkarten und Stadtplänen.

• *Märkte* **Latgale-Markt**, Sadnovnikova 9a, nicht weit weg vom Bahnhof gelegen. Hier gibt es außer Lebensmittel auch eine ganze Reihe von Kurzwaren.

Vidzeme-Markt, Matīsa 2. Hier gibt es überwiegend Lebensmittel zu kaufen. Über den Brīvības bulv. mit den Trolleys 4, 7, 14 und 17 zu erreichen.

Zentralmarkt, Nēģu 7, hinter dem Busbahnhof gelegen, am bunten Menschengetümmel schon von weitem zu erkennen. Menschen aus allen Teilen der ehemaligen Sowjetunion verkaufen Gemüse und heimisches Obst bis hin zu exotischen Früchten aus dem Kaukasus und Mittelasien. Fleisch und Fisch gibt es in den Markthallen. Bei den Hallen handelt es sich übrigens um alte deutsche Zeppelinhallen.

• *Galerien* Fast an jeder Ecke in der Altstadt ist eine ansprechende Galerie zu fin-

den, deshalb hier nur eine kleine Auswahl.
A&E, 17 Jaunielā. Verkauf von Bernstein, Keramik und Schmuck, geöffnet Mo–Sa von 10–18 Uhr.

Agija Suna, Laipu 6 und Kalēju 9. Wechselnde Gemäldeausstellungen, geöffnet Mo–Sa von 11–18 Uhr.

Ars Longa, Gleznotēju 5., Ausstellungen von klassischer und moderner lettischer Kunst, geöffnet Di–Sa von 11–18 Uhr.

M6, Mārstaļu 6. Extravagante Galerie mit schönem Café, geöffnet von 12–18 Uhr, So von 12–18 Uhr.

Jāņa sēta, Jāņa sēta 5. Wechselnde Ausstellungen von Kunstgewerbe und zeitgenössischer Kunst, geöffnet von 11-18 Uhr.

Kīpsalas Ceramics, Balasta dambis 34. Zu bewundern sind originelle Keramikwaren. Täglich geöffnet von 10–17 Uhr.

Ornamenta Lettonica, Kalēju 21. Ausstellung von Kunstgewerbe und Gemälden, geöffnet Mo–Sa von 11–17 Uhr.

Lettland Karte siehe Umschlaginnenklappen

Veranstaltungen/Theater/Kino

Karten im Vorverkauf gibt es gegenüber vom Haupteingang zur Domkirche und an den jeweiligen Veranstaltungsorten.

Kammertheater, Čaka 30. ✆ 7286523.

Kunsttheater (Dailes teātris), Brīvības 75. Modernes Gebäude mit zwei Theatersälen. Aufführungen auch internationaler Schauspiele, ✆ 7270278.

Nationaltheater, (Nacionālis teātris), Kronvalda bulv. 2. Platz für etwa 2000 Zuschauer, gebaut im Barockstil mit Elementen des Klassizismus. Im Repertoire sind Stücke lettischer und ausländischer Dramatiker, Matineeveranstaltungen für Kinder, Kasse täglich geöffnet, ✆ 7322759.

Neues Theater, Lāčplēša 25. Auf die Bühne gebracht werden hauptsächlich Komödien, ✆ 7280765.

Russisches Theater (Krievu Drāmas teātris), Kaļķu 16. Im Programm russische Klassiker und ausländische Stücke, ✆ 7224660.

Zirkus (Rīgas cirks), Merķeļa 4, in der Nähe vom Bahnhof. Zu sehen sind Artisten- und Clownnummern, oft unter Miteinbeziehung des Publikums. Etwas traurig erscheinen manche Tiervorführungen. Die Ausstattung des Zirkus ist sehr kindgerecht. So sind die Sitze auf kleine Personen zugeschnitten, die Garderoben alle "tiefergelegt" und die Verkaufsstellen von Eis und Zuckerwatte

genau auf Kinderaugenhöhe angelegt. Tickets am Eingang oder unter ✆ 7213279.

• *Konzerte* **Ave sol**, Citadeles 7. Darbietung von Kammermusik, ✆ 7027570.

Dom-Konzertsaal, Doma lauk. 1. Beeindruckende Orgelkonzerte bei hervorragender Akustik, ✆ 7213213.

Opernhaus, Aspazija bulv. 3. Schönes Gebäude mit klassizistischer Außenfassade und barocker Innengestaltung. Zu sehen sind klassische und moderne Opern- und Ballettaufführungen lettischer und ausländischer Choreographen, ✆ 7225803, 7228496, 7073777/45

Philharmonie, Amatu 6. Die Konzerte finden in der Großen Gilde statt, ✆ 7213798.

Richard-Wagner-Halle, Vāgnera 4. Kammermusik, ✆ 7210817.

Konzerte, meist klassischer Art, finden auch an folgenden Orten statt: **Kleine Gilde**, Amatu 3/5. ✆ 7223772 und im **Dom**.

• *Kino* Hauptsächlich werden Filme in Orginalfassung mit Untertiteln gezeigt, Eintritt etwa 3,50 €. **Kino 52**, Lāčplēša 52/54; **Daile**, Barona 31; **Oskars**, Skolas; **Palladium**, Marijas 21; **Kinogalerija**, Jauniela 24.

Falls der Wettergott bei einem Besuch in Rīga mal nicht mitspielen sollte, so bedeutet das in keinster Weise Langeweile. Als das Herz von Lettland besitzt Rīga zahlreiche Museen, die einen Einblick in die wechselhafte Geschichte das Landes geben.

Armeemuseum, Smilšu 20. Ein Teil des Museums ist im Pulverturm untergebracht. Die Ausstellung befasst sich hauptsächlich mit den beiden Weltkriegen und der Oktoberrevolution, geöffnet Mi–So von 10–18 Uhr.

Arsenal, Torāa 1/3. Kunstgalerie mit moderner lettischer Kunst.

Art Gallery Center, Kaļķu 16. Austellung moderner Kunst. Täglich von 11–20 Uhr geöffnet.

Dom-Museum und Museum für Schifffahrt und Stadtgeschichte, Palasta 4. Im Jahre 1773 gegründet, ist es das älteste Museum Rīgas und liefert einen breiten Überblick über die Geschichte Rīgas, geöffnet Mi–So von 10–17 Uhr.

Eisenbahn-Museum, Uzvaras 2/4. Querschnitt durch die Geschichte der lettischen Eisenbahn, geöffnet Mi–Sa von 10–17 Uhr.

Ethnographisches Freilichtmuseum, Brīvības g. 440. Alte Bauernhäuser, Kirchen und Windmühlen laden zu einer Reise in das Landleben der vergangenen Jahrhunderte ein, geöffnet täglich von 10–17 Uhr.

Feuerwehrmuseum, Hanzas 5. Einblick in die Arbeit der Feuerwehrleute im Laufe der Geschichte, geöffnet Mi–So von 10–17 Uhr.

Fotomuseum, Mārstaļu 8. Fotografien aus Lettland von 1838–1941, geöffnet Mi, Do von 12–19 Uhr, Fr–So von 10–17 Uhr.

Gustav Šķlitera-Museum, Daugagrīvas. Gedenkmuseum für einen großen Meister in der lettischen Bildhauerei, geöffnet Mi–So von 12–18 Uhr.

Jüdisches Museum, Skolas 6. Dieses kleine Museum informiert über die Geschichte des Judentums in Lettland und über die Rolle, die lettische Juden im gesellschaftlichen und intellektuellen Leben Rīgas gespielt haben. Ferner dokumentiert die Ausstellung das Leid der jüdischen Bevölkerung während des Zweiten Weltkrieges und unter Stalin. Seit der lettischen Unabhängigkeit kann das Judentum in Lettland einen starken Zulauf verzeichnen. Die jüdische Gemeinde zählt derweilen 12.000 Mitglieder. Die Synagoge befindet sich in der Peitavas 6/8. Die alte Synagoge in der Gogoņa/Dzirnavu hat die Nazizeit nicht überlebt. Im Juli 1941 sind hunderte, über-

wiegend jüdische Flüchtlinge aus Litauen in den Keller der Synagoge eingeschlossen worden, die man daraufhin in Brand steckte. Im Museum selbst ist eine Broschüre erhältlich, die auf jüdische Monumente und Gedenkstätten aufmerksam macht, geöffnet Mo–Fr von 12–17 Uhr.

Museum für Janis Rozentāls und Rūdolfs Blaumanis, Alberta 12. Gewährt wird ein Einblick in das Leben des Malers Rozentāls und des Schriftstellers Blaumanis. Zu finden ist die Ausstellung in einem prachtvollen Jugendstilgebäude, geöffnet Mi–So, 11–18 Uhr.

Kunstmuseum, Kr. Valdemāra 10a. Zu sehen sind alte lettische und russische Meister sowie Werke aus den Anfängen der Moderne, geöffnet Mi–Mo von 11–17 Uhr.

Literatur- und Kunstmuseum von J. Rainis, Pils lauk. 2–3. Querschnitt durch Literatur-, Musik- und Kunstgeschichte des Landes und Ausstellung über das Leben und Werk des berühmten lettischen Dichters J. Rainis, geöffnet Mi–So von 11–18 Uhr.

Medizinmuseum, Antonijas 1. Die ältesten Exponate stammen aus prähistorischer Zeit, geöffnet Di–Sa von 11–17 Uhr.

Menzendorfhaus, Grēcinieku 18. Hier erhält man Einblick, wie das Leben der Reichen Rīgas zwischen dem 17. und 19. Jh. aussah, geöffnet Mi–So von 10–17 Uhr.

Motormuseum, Eizenšteina 6. Unübersehbar durch die über dem Eingang angebrachte Rolls-Royce-Kühlerhaube. Neben nostalgischen Oldtimern und neuesten Automodellen sind auch Motorräder und Oldtimer ausgestellt. Unter den Exponaten befinden sich je ein Vehikel von Stalin, Breschnew und Gorki, geöffnet Di–So von 10–15 Uhr, Mo von 10–18 Uhr.

Museum für angewandte und dekorative Kunst, Skārņu 10/20. Wechselnde Ausstellungen mit teilweise volkstümlichem Charakter. Zu sehen sind u. a. Arbeiten aus Glas, Keramik, Skulpturen und moderne Bilder, geöffnet Di–So von 11–17 Uhr.

Museum für ausländische Kunst, Pils lauk. 3. Zu betrachten sind Bilder, Skulpturen und Zeichnungen, überwiegend von deutschen, niederländischen und französischen Künstlern sowie wertvolles Porzellan, geöffnet Di–So von 11–17 Uhr.

Museum der Geschichte Lettlands, Pils lauk. 3. Ausstellung von Gegenständen des sozialen und kulturellen Lebens der Letten im Laufe der Jahrhunderte, geöffnet Mi–So von 11–17 Uhr.

Naturkunde-Museum, Kr. Barona 4. Dokumentation über die Vielfalt der lettischen Flora und Fauna, geöffnet Mi und Fr–So von 10–17, Do von 12–19 Uhr.

Okkupationsmuseum, Latviešu Strēlnīeku lauk. 1. Schonungslos wird hier über die Gräueltaten deutscher und sowjetischer Besatzer in Lettland informiert, geöffnet Di–So von 11–17 Uhr.

Volksfront Museum, Vecpilsetas 13/15. Interessante Dokumentation über die lettische Unabhängigkeitsbewegung, geöffnet Di von 14–19 Uhr, Mi–Fr von 12–17 Uhr, Sa von 12–16 Uhr.

Reuternhaus, Mārstaļu 2. Ausstellungssaal mit wechselnden Expositionen im Haus der Journalisten, geöffnet Di–So von 12–18 Uhr.

Telekommunikations-Museum, Brīvības 33. Geöffnet Do von 14.30–16.30 Uhr. Hier ist die Entwicklung der lettischen Telekommunikation der letzten 150 Jahre zu bewundern.

Museum für Theater, Musik und Literatur, Pils lauk. 3. Gewidmet sind die hier wechselnden Ausstellungen Persönlichkeiten der Theater-, Musik- und Literaturwelt.

Wachsfiguren-Galerie, Merķeļa 13. Bewundert werden können Wachsfiguren bekannter Persönlichkeiten. Außerdem wechselnde Kunstausstellungen, geöffnet Di–So von 10–19 Uhr.

Altstadt

Um Rīga kennen zu lernen, ist sicherlich ein Spaziergang durch die restaurierte Altstadt am schönsten. Wie in so vielen anderen alten Städten hat sich auch in Rīga im Laufe der Zeit ein wahres Sammelsurium der verschiedenen Baustile angehäuft. Von der Romanik bis hin zum Jugendstil ist alles vertreten. An fast jeder Ecke der Rīgaer Altstadt steht irgendein Baudenkmal, sodass es sicherlich immer noch einiges selbst zu entdecken gibt. Lässt man sich durch die Altstadt treiben, trifft man in einigen Gassen auf hübsche Gotikbauten mit malerischen, mehrfach abgestuften Giebeln. An der nächsten Ecke erheben sich Häuser im Stil prachtvollster Renaissance, und noch einige Meter weiter können üppig verzierte Hausfassaden mit barocken Portalen und Skulpturen bewundert werden, nicht zu vergessen die zahlreichen Jugendstilbauten. An den großzügigen Kaufmanns- und Handwerkerhäusern ist unschwer zu erkennen, wie blühend und wohlhabend Rīga im Mittelalter und während der neueren Geschichte war.

Untermalt wird ein Rundgang durch die schmalen, mit Kopfstein gepflasterten Straßen oft durch die Melodien und Gesänge der Straßenmusikanten. In den romantischen, verwinkelten Gassen trifft man nicht selten auf Maler, die versuchen, ihre Impressionen von der Altstadt auf der Leinwand einzufangen. Ein Spaziergang durch Alt-Rīga kann leicht das Gefühl vermitteln, sich in längst vergangenen Jahrhunderten zu bewegen. Allerdings wird die nostalgische Idylle unterbrochen, wenn man sich den stark befahrenen Hauptstraßen, die die Altstadt begrenzen, nähert, wie der Kr. Valdemara iela im Norden und der 13. janvāra iela im Südosten.

Von der Neustadt gelangt man am einfachsten über den Brīvības bulv., auf dem sich hoheitsvoll das lettische *Freiheitsdenkmal* erhebt, in den historischen Stadtkern Rīgas. Rechts und links des Monuments erstreckt sich der romantische *Bastejkaln-Park*, der sich in Form eines Grüngürtels dem östlichen Teil der Altstadt anschließt. Der Brīvības bulv. wird später zur *Kaļķu iela*

Der Rīgaer Dom

(Kalkstraße), die längs durch die Altstadt verläuft und schnurstracks zur Daugava hinführt. Im Mittelalter war am Ufer der Daugava, die sich an den Toren der Altstadt vorbeischlängelt, stets lautes Marktgeschrei zu vernehmen. Händler von nah und fern, Bauern und Fischer versuchten lautstark, ihre Waren an den Mann zu bringen. Für einen ausgedehnten Altstadtspaziergang sollte man mindestens zwei bis drei Stunden einplanen. In allen Reisebüros Rīgas können fachkundige deutschsprachige Stadtführungen, auch für Einzelpersonen, bestellt werden.

Domplatz: Das Herz der Rīgaer Altstadt ist der Domplatz, auf dem sich der größte Sakralbau des Baltikums erhebt. Der Domplatz ist übrigens jünger als der Dom selbst. Lange Zeit war das Gotteshaus von einem Friedhof umgeben und später von Gemüsegärten. Erst zu Beginn dieses Jh. wurde der Domplatz angelegt. So stammen viele Häuser, die um den Platz herum platziert sind, auch erst aus dieser Zeit. Mittlerweile sind hier etliche Kneipen und Sommercafés entstanden, in denen man sich nach einem Bummel durch die Altstadt stärken kann. Nicht selten kann man hier den Klängen der Straßenmusiker lauschen oder die Straßenmaler beobachten. In der warmen Jahreszeit verwandelt sich der Domplatz häufig in eine einzige Tanzfläche, wenn hier Volks- und Tanzfestivals steigen. Doch der Platz sah auch schon traurige Momente, wie z. B. an den *Drei Schwarzen Tagen* im Januar 1991, als schießende sowjetische Armeefahrzeuge aufkreuzten und es auf dem Domplatz zu einer blutigen Straßenschlacht zwischen Einheiten des sowjetischen Innenministeriums und der Bevölkerung kam.

Dom: Der Grundstein wurde im Jahre 1211 gelegt. 15 Jahre später war der Backsteinbau, der auch heute noch als das größte Gotteshaus des Baltikums gilt, fertig gestellt. In der Mitte des 14. Jh. ließ der Rīgaer Bischof den Turm des Doms aufstocken, damit dieser nicht länger im Schatten des höheren Turmes der *St. Petri-Kirche* stehen musste. Auch im Inneren wurden im Laufe der Jahrhunderte viele Änderungen vorgenommen, sodass er Stilelemente der Romanik, der Gotik, der Renaissance und des Barock aufweisen kann. Das Interieur des Gotteshauses ist kostbar, obwohl viele der wertvollen Ordensschätze während der Reformation verloren gingen. Die ältesten Teile des Doms sind der Chor, das Querschiff und der untere Teil des Langhauses. Einst waren im Boden des Doms zahlreiche Grabplatten eingelassen, wovon die meisten nach dem Ende der Pest verschwanden, als man sich entschloss, alle Toten aus der Kirche zu entfernen. Die sterblichen Überreste des *Missionars Meinhard* und des *Bischofs Albert* jedoch verblieben im Dom und befinden sich noch heute in der Domkrypta.

Zum kostbaren Interieur der Kirche gehören die kunstvoll geschnitzte Kanzel des Meisters *Tobias Heinc* aus dem Jahre 1641 und die Orgel mit ihren 6768 Pfeifen zwischen 8 mm und 10 m Länge. Wenn der Organist in die Tasten greift, hat er 127 Register zur Verfügung und kann Melodien über neun Oktaven hinweg spielen. Bildschön ist der reich verzierte Orgelprospekt aus dem 16. Jh. von *Jakob Raab*. Ein Orgelkonzert sollte man auf keinen Fall versäumen. Karten gibt es am Herder-Platz, gegenüber vom Dom oder an der Abendkasse. Zu empfehlen ist ein kleiner Spaziergang durch den nostalgischen Domgarten. In einem Teil des gigantischen Sakralbaus ist das *Museum für Geschichte und Schifffahrt* eingerichtet.

Wohnhaus von Peter I.: Es befindet sich am Ende der M. Jaunielā. Nachdem Rīga 1710 an Russland fiel, pflegte Peter I. häufig in der Stadt zu verweilen. Das Haus, in dem er wohnte, ist jedoch oft umgebaut worden und von daher nicht mehr im Originalzustand zu bewundern.

Johann Gottfried Herder-Denkmal: Neben dem Dom befindet sich ein ganz kleiner Platz, in dessen Mitte dem Philosophen, Theologen und Dichter *Johann Gottfried Herder* ein Denkmal gesetzt wurde. Der Aufklärer und Humanist unterrichtete in den Jahren 1764–1769 an der Domschule Geschichte, Geographie und deutsche Stilistik. Besonders interessierte er sich für die lettische Folklore, was ihm die Verehrung der Letten einbrachte. 1778/79 gab er eine Sammlung von Volksliedern heraus, worunter sich auch einige lettische Dainas befanden.

Begibt man sich vom Herder-Platz zurück zum Domplatz, geht linker Hand die Pils ielā (Schlossstraße) ab, die geradewegs zum Rīgaer Schloss führt. In einer Seitenstraße der Pils ielā steht die *anglikanische Kirche*, errichtet zwischen 1857 und 1859. Gepredigt wird in dem restaurierungsbedürftigen Sakralbau jedoch nicht mehr. Am Ende der Pils ielā, unweit vom Schloss, erhebt sich die *Kirche der Schmerzhaften Mutter Gottes*. Das klassizistische Gebäude stammt aus dem 18. Jh. und gehört der katholischen Gemeinde Rīgas.

Schloss: Das Schloss befindet sich am Pils lauk. (Schlossplatz), an der Ecke der Kr. Valdemāra ielā und 11. novembra krastmala. 1330 wurde der Grundstein des Rīgaer Schlosses gelegt, das ursprünglich als Ordensburg gebaut wurde. Die Arbeiten dauerten lange an, weil sich nachts nicht selten Rīgaer Bürger auf der Baustelle einfanden, um die gerade errichteten Mauern wieder zu zerstören, in der Hoffnung, auf diese Art die Ordensritter fernzuhalten. Doch vergeblich, die Burg wurde fertig, und die Ritter blieben. Nach dem Untergang des Ordensstaates diente das Gebäude mit seinen vier Türmen als Residenz der jeweiligen Machthaber der Stadt. Während der ersten lettischen Unabhängigkeit war die Burg Sitz des Präsidenten. 1941 ging sie in den Besitz der *Jungen Pioniere* über. Heute beherbergt das Rīgaer Schloss drei Museen, das

Lettland
Karte siehe Umschlaginnenklappen

Geschichtsmuseum, das J. Rainis-Literaturmuseum und das Museum für ausländische Kunst. In einem Teil des Schlossparks können im Sommer interessante Skulpturen bewundert werden.

Arsenal: Geht man vom Pils lauk. in die Torņa ielā hinein, ist auf der rechten Seite das alte *Zeughaus* zu sehen. Es wurde von 1828–1832 erbaut, z. T. unter Verwendung der alten Stadtmauer. Heute beherbergt der Bau eine Kunstgalerie.

Haus der Ritterschaften: Jēkaba 11, geht rechts von der Torņa ielā ab. 1867 wurde das Haus für die *Livländischen Ritterschaften* fertig gestellt. Bauherr des prunkvollen Gebäudes, das im Stil der florentinischen Renaissance errichtet wurde, war der Lette *Baumanis*. In der Zeit von 1919–1934 tagte hier das lettische Parlament. Nach dem Zweiten Weltkrieg wurde das Gebäude als Sitz des Obersten Sowjet genutzt. Seit der neuerlangten Unabhängigkeit ist es wieder Parlamentssitz (Saeima).

Jēkaba-Kirche (Jakobi-Kirche): Klostera/Ecke Jēkaba ielā. Als die Kirche zu Beginn des 13. Jh., also etwa zur gleichen Zeit wie der Dom, entstand, lag sie noch außerhalb des damaligen Stadtzentrums. Obwohl das Gotteshaus im Laufe der Geschichte mehrmals restauriert wurde, konnte die dreischiffige Basilika ihr ursprüngliches Äußeres bewahren. Erwähnenswert ist der gotische Turm der Kirche, übrigens der einzige Turm dieses Stiles in Rīga. Die ursprünglichen Glocken des Turmes waren die ältesten der Stadt, stürzten allerdings im 15. Jh. während eines Sturms herab. Die jetzigen Glocken hatten die Funktion des Sünderläutens: Sie erklangen jedesmal, wenn der Henker seines Amtes waltete. Da die mittelalterlichen Scharfrichter keine sehr gnädigen Juristen waren, läuteten die Sünderglocken ständig, sehr zum Ärger der Anwohner. Im Jahre 1522 wurde in der Jēkaba-Kirche der erste lutherische Gottesdienst Rīgas abgehalten. Heute ist die Kirche wieder katholisch.

Drei-Brüder-Haus: Mazā-Pils 17, 19 und 21. Die Straße geht hinter der Jēkaba-Kirche ab. Dieses Gebäude aus drei Häusern gibt ein interessantes Beispiel für die Rīgaer Architektur des Mittelalters ab. Es ist zu vermuten, dass das *Drei-Schwestern-Haus* in Tallinn, das ein Kaufmann einst für seine drei Töchter errichten ließ, namengebend für die drei Rīgaer Häuser war. Allerdings war hier kein Vater am Werk, der ein Domizil für seine drei Söhne errichten ließ. Die Häuser sind noch nicht einmal zur selben Zeit entstanden. Die Fassaden des mit der Zeit etwas windschief gewordenen Drei-Häuser-Ensembles sind originalgetreu wieder hergerichtet worden. Das Haus Nr. 17, ein altes Handwerkerhaus, stammt aus dem 15. Jh. und ist das älteste Wohnhaus der Stadt. Ein schöner stufenartiger Giebel und kleine weiße Fenster zieren seine Vorderfront. Die in sattem Gelb erstrahlende Nr. 19 wurde 1646 von einem Händler erbaut. Das grüne Haus stammt aus dem 18. Jh. Die steinernen Löwen der Fassade waren zur Vertreibung böser Geister und Räuber gedacht.

Maria-Magdalena-Kirche: Mazā Pils 2 (Kleine Schlossstraße). Die aus dem 13. Jh. stammende Kirche gehörte zunächst den Nonnen eines Zisterzienserklosters. Während des 17. Jh. war sie schwedische Garnisonskirche. Im Nordischen Krieg wurde sie zerstört, jedoch wieder aufgebaut. Gegenwärtig ist sie in Besitz der in Rīga lebenden Katholiken.

Zurück in der Jēkaba ielā, geht in Richtung Dom linker Hand die Smilšu ielā (Sandstraße) ab, an deren Ende sich der Pulverturm erhebt.

Pulverturm: Smilšu 20/Ecke Vaļņu ielā. Als einziger der ehemals zwei Verteidigungstürme der Stadtmauer hat der alte Pulverturm die Stürme der Zeit überstanden. Im Jahre 1621 wurde er zwar zerstört, kurz danach jedoch wieder aufgebaut. Alte Kanonenkugeln, die den Turm erneut in Schutt und Asche zu legen drohten, sind noch im Mauerwerk zu sehen. Heute beherbergt der Pulverturm einen Teil des Armeemuseums.

Stadtmauer: Schlägt man vom Turm den Weg in die Torņa ielā ein, so kann man Teile der alten Stadtmauer betrachten. Im 16. Jh. wurde die Mauer Stück für Stück abgetragen, um das rasante Wachstum der Stadt nicht zu behindern. Die Stadt wurde daraufhin mit Wällen befestigt und war während der schwedischen Zeit eine der am besten befestigten Städte Europas. Immerhin brauchte Peter der Große drei Jahre (!), um Rīga einzunehmen. 1865 begann man schließlich mit dem

Der Pulverturm

Abbau der Wallanlagen, weil sonst wiederum die Erweiterung der Stadt behindert worden wäre. Überbleibsel der ehemaligen Wallanlagen sind z. B. der Bastionshügel im gleichnamigen Park und der Stadtkanal. Die noch stehenden Fragmente der Stadtmauer wurden erst entdeckt, als man wegen Baufälligkeit einige Gebäude abriss, die einst unter Verwendung der alten Stadtmauer entstanden waren.

Da auf der Daugava nicht nur Freunde, sondern auch Feinde nach Rīga kamen, waren in die Stadtmauer auch "Spione" eingebaut: Einige der eingebauten Halbziegel saßen nur locker, sodass Späher unbeobachtet die Lage überblicken konnten. Die sog. "Zacken" im restaurierten Teil der Stadtmauer gehen auf einen Kompromiss einiger Historiker zurück, die sich nicht einigen konnten, ob es nun Zacken auf der Stadtmauer gegeben hatte oder nicht. So wurde ein Teil mit, der andere ohne die umstrittenen Zacken wiederaufgebaut.

In der warmen Jahreszeit entstehen entlang der Stadtmauer oftmals kleine, provisorische Sommercafés, die Getränke und Snacks anbieten. Bleibt man auf der Torņa ielā, so gelangt man zum Schwedentor.

Das Schwedentor

Schwedentor: Torņa ielā. Das einzige noch erhaltene Tor der Rīgaer Stadtmauer wurde 1698 von den Schweden, den damaligen Machthabern in Rīga, errichtet. Da sich die schwedische Kaserne gegenüber dem heutigen Tor befand, brachen die Besatzer einfach ein Loch in die Mauer, das sie danach zum Tor ausbauten, um direkten Zugang zum Stadtzentrum zu haben. Das Stadttor ist in eine Gruppe von Häusern gebettet, die geschlossen als das *Architektenhaus* bezeichnet werden. In der russischen Zeit wurden vor dem Tor zwei Kanonen aufgestellt als Symbol, dass Rīga nunmehr keine militärischen Angriffe mehr von Russland zu befürchten habe, solange es Provinz des Zarenreiches bliebe und den Russen den ersehnten Zugang zur Ostsee gewährleiste.

Schreitet man durch das Stadttor hindurch, trifft man auf die *Trokšņu ielā*, zu deutsch Lärmstraße. Diesen Namen trägt die Straße, eine der schmalsten Gassen Rīgas, nicht zu Unrecht.

Zu der Zeit, als die Damen der feineren Gesellschaft noch Reifröcke trugen, war ständig lautes Gezeter aus dieser Straße zu vernehmen. Begegneten sich zwei Frauen in der Lärmstraße, musste eine unweigerlich in eine der dafür vorgesehenen Nischen ausweichen, da zwei reifrocktragende Damen nicht aneinander vorbeipassten. Nun stellte sich aber die Frage, welche der anderen den Vortritt zu lassen habe. Da ein Vorbeilassen die Anerkennung des gesellschaftlich höheren Status der anderen bedeutete, eskalierte eine solche Begegnung meist in einem lärmenden Streit. Diese Auseinandersetzungen konnten sich über Stunden hinziehen, vor allem dann, wenn sich weitere Damen dazugesellten, die ebenfalls die Lärmstraße passieren wollten. Gelegentlich konnte das sogar zu einem Handgemenge führen. Erst die kluge Idee eines jungen Künstlers, dass die jüngere der beiden den Weg freimachen möge, führte zu einer Lösung: Beide Damen waren im Nu verschwunden. Doch richtige Ruhe kehrte erst dann wieder in die Lärmstraße ein, als die Reifröcke aus der Mode kamen.

Alte Wohnhäuser: An der Ecke Trokšņu/Aldaru (Brauerstraße) flößte das *Haus des Henkers* den Vorbeigehenden sicherlich ein mulmiges Gefühl ein. War der Scharfrichter "bei der Arbeit", lag ein schwarzer Handschuh im Fenster.

Besonders schöne Wohnhäuser sind in der Aldaru 10, 12 und 12/14 zu sehen. Einen alten Speicher aus dem 17. Jh. kann man am Haus Nr. 5 der gleichen Straße betrachten. Die Aldaru ielā endet auf der Smilšu ielā, die wiederum zum Domplatz führt. Biegt man von dort in die Šķūņu ielā ein, sollte man auf das Haus 12/14, einen schönen Jugendstilbau, achten. Im Erdgeschoss des prachtvollen Gebäudes befindet sich eine Wechselstube. Die nächste Querstraße links, die Amatu ielā, führt zu den Gildenhäusern. Weitere prachtvolle Jugendstilhäuser sind in der Alberta ielā 2, 2a, 4, 6, 8 und 13 zu bewundern.

Kleine Gilde: Amatu 5. Hier befand sich der Treffpunkt der Rīgaer Handwerkervereinigung, die sich 1352 bildete und aus der die späteren Handwerkszünfte hervorgingen. Ihr gegenwärtiges Aussehen erhielt die Kleine Gilde in der zweiten Hälfte des 19. Jh., als man sie optisch an das Haus der Großen Gilde anpasste. Heute wird die Kleine Gilde für kulturelle Zwecke genutzt.

Große Gilde: Amatu 6. In diesem Haus traf sich vom 14. bis hin zum 19. Jh. die Vereinigung der deutschen Kaufleute Rīgas, die sog. Große Gilde. Seit einem Erlass von 1226 bildeten die Geschäftsleute von Rīga zusammen mit der Kleinen Gilde und dem Stadtrat das weltliche Machtzentrum der Stadt. So ist es nicht verwunderlich, dass sie sich selbst reichlich mit Privilegien ausstatteten. Schmuckstücke des Gildenhauses waren die *Alte Gildenstube* und die *Brautkammer*. Zwischen dem 16. und dem 17. Jh. war es Sitte, dass Gildenmitglieder, die den Hafen der Ehe anzulaufen gedachten, ihre Hochzeit im Gildenhaus ausrichteten. Nach der Feier zog sich das frisch vermählte Paar dann traditionsgemäß in die Brautkammer zurück, um dort die Hochzeitsnacht zu verbringen.

Mitte des 19. Jh. wurde die Große Gilde vergrößert und im neugotischen Stil umgebaut. Heute ist in ihr die Philharmonie untergebracht. Das Haus, in dem kleinere Konzerte der Philharmonie stattfinden, befindet sich den Gildenhäusern gegenüber.

Katzenhaus: Meistaru ielā, schräg gegenüber der Großen Gilde. Das Haus, dessen Dach auch heute noch von zwei Katzen geziert wird, sorgte einst für große Furore unter den Gildenmitgliedern. Ein Kaufmann (ob deutscher oder lettischer Herkunft ist umstritten), der es zu einigem Reichtum gebracht hatte, wollte Mitglied der Großen Gilde werden. Aus welchen Gründen auch immer wurde ihm die Aufnahme verweigert. Empört und zornig über die versnobten Kaufleute schwor er Rache: Unweit der Großen Gilde erbaute er ein großes Haus. Auf dem Dach postierte er zwei schwarze Katzen, deren eine dem Gildenhaus ihren Allerwertesten zuwandte. Diese Tat war ein großer Skandal in den Augen der Gildenmitglieder, und nach einigen Diskussionen wurde der verhasste Kaufmann schließlich widerwillig aufgenommen. Bedingung war jedoch, dass die Katze dem Gildenhaus ihr Gesicht zuwenden müsse. Leider waren dem Kaufmann die Privilegien der Großen Gilde nicht allzu lange vergönnt, da er kurze Zeit später verstarb.

Gegenüber dem Katzenhaus befindet sich das Finanzministerium. Bleibt man auf der Meistaru ielā und überquert die Kaļķu ielā, gelangt man in die Kalēju ielā. Rechts von der Kalēju ielā geht die Jāņa ielā ab, die zur Petri-Kirche und Jāņa-Kirche führt.

Lettland
Karte siehe Umschlaginnenklappen

Jāņa-Kirche (Johannis-Kirche): Skārņu 24 (Scharrenstraße). In den Chroniken wird das 1234 erbaute Gotteshaus erstmalig als Kapelle eines Dominikanerklosters erwähnt. Die ältesten Teile der ehemaligen Klosterkirche sind das Portal und der Torweg. Im Laufe der Zeit wurde die Jāņa-Kirche mehrmals umgebaut, sodass in ihr Elemente der Romanik, der Gotik, der Renaissance und des Barock zu finden sind. Den reich verzierten Barockaltar erhielt die Kirche im 18. Jh. In der Sakristei hängt ein Gemälde von *Jānis Rozentāls*. Glaubt man der Legende, so wurde beim Bau der Kirche ein Mann lebendig miteingemauert. Neben der Kirche befindet sich der Jāņa-Hof und ein Teil der alten Stadtmauer.

Jāņa sēta (Johannishof): Der romantische Hof besteht aus den Resten des zur Jāņa-Kirche gehörenden Klosters. Im Sommer ist der Jāņa-Hof ein Mekka für Maler und Musiker. An den alten Klostermauern hängen Gemälde und Collagen, auf der Bühne spielen Jazz-, Blues- und Rockbands und schaffen eine reizvolle Atmosphäre. Vom Jāņahof hat man Zugang zur *Jāņa-Sēta-Galerie*, die in wechselnden Ausstellungen moderne bis experimentelle Werke zeitgenössischer Künstler zeigt.

Eckens Konvent: Skārņu 22. Das aus dem 15. Jh. stammende Gebäude diente ursprünglich als Übernachtungsmöglichkeit für Fremde. Zum Ende des 16. Jh. hin wurde es auf Initiative des damaligen *Bürgermeisters Ecke* in ein Heim für reiche Kaufmannswitwen umgewandelt. Das benachbarte *Konvent zum Heiligen Geist* war eine karitative Einrichtung für Bedürftige.

St. Jura-Kirche (Jurgens-Kirche): Skārņu 10/16. Zu Beginn des 13. Jh. wurde sie als Kapelle der ersten Ordensburg errichtet und ist der älteste Steinbau Rīgas. Als die Ordensfestung mit Wissen des Bischofs durch das Rīgaer Bürgertum zerstört wurde, verlor die Kirche an Bedeutung und fungierte im 16. Jh. nur noch als Kornspeicher. Heute beherbergen die Kirchenmauern das *Museum für angewandte und dekorative Kunst*.

Petri-Kirche: Skārņu 19. Die Petri-Kirche aus dem Jahre 1209 war das Gotteshaus der Rīgaer Bürgerschaft. Sie entstand zunächst in Form einer Holzkirche. Ihr 120 m hoher Turm überragte damals sämtliche Bauten Rīgas, den Dom miteingeschlossen, worauf der Bischof sich entschloss, seinen Turm um zwei Stockwerke zu erhöhen. 1352 wurde die erste Uhr Rīgas an einer Außenwand der Petri-Kirche aufgehängt.

Turm und Kirche standen im Zuge der Geschichte häufig in Flammen, was nicht zuletzt an den ständigen bürgerkriegsähnlichen Auseinandersetzungen der Rīgaer Bürger und des Bischofs mit dem Orden und den Rittern lag. Nicht selten wurde der hohe Kirchturm jedoch auch Opfer einschlagender Blitze. 1690 wurde der Straßburger Architekt *Rubbert Bindenschuh* mit dem Bau eines neuen Turmes beauftragt. Kurze Zeit später, im Jahre 1721, wurde auch dieser durch einen gewaltigen Blitz zerstört. Während des Unglücks hielt sich Peter I. in Rīga auf. Er ordnete nach dem Unglück den originalgetreuen Wiederaufbau des Turmes an. Angeblich hat er beim Löschen des Brandes sogar selbst mit Hand angelegt. Als der neue Turm fertig war, soll sich der Baumeister *Heinrich Vülbern* auf den goldenen Wetterhahn der Kirchturmspitze gesetzt und zum Wohle des Gotteshauses ein Glas Wein getrunken haben. Danach habe er, so wird erzählt, sein Glas zur Erde fallen lassen, wo es auf einem Heuhaufen landete und lediglich in zwei Teile zerbrach. Das Ergebnis wurde so gedeutet, dass der Kirche 200 Jahre Unversehrtheit vorausgesagt wurden. Ob Weissagung oder Zufall – gute 200 Jahre lang wurde die Petri-Kirche tatsächlich nicht beschädigt. Doch dann wurde sie durch die Bomben der deutschen Wehrmacht zerstört, wobei u. a. die Orgel verloren ging.

Beim erneuten Wiederaufbau des Turmes wollte auch jener Architekt wissen, wie es um das Schicksal von Turm und Kirche bestellt war. Also nahm er Platz auf dem Wetterhahn, leerte sein Glas und warf es hinab zur Erde, wo es in tausend Splitter zerschellte. Was auch immer das bedeuten mochte, die Zukunft wird es zeigen. Noch steht die Petri-Kirche jedenfalls fest an ihrem Platz, und ihr Turm kann zu Fuß oder per Fahrstuhl bezwungen werden. Von der Aussichtsplattform eröffnet sich ein herrlicher Ausblick über Rīga. Im Inneren der Kirche sind interessante Arbeiten zeitgenössischer Künstler, besonders Plastiken, zu sehen.

Kunstvolles am Bau in Rīga

Alter Rathausplatz: Unweit der Petri-Kirche befindet sich der alte Rathausplatz. Bis zum Zweiten Weltkrieg, als das *Rathaus* zerstört wurde, tagte hier der Stadtrat von Rīga. Fertig gestellt wurde der Bau 1764 im klassizistischen Stil.

Dem Rathaus gegenüber steht, original wieder aufgebaut und in alter Pracht das **Schwarzhäupterhaus**, in dem sich die Vereinigung lediger Kaufleute traf, die damals auch karitative Einrichtungen betreute. Das Schwarzhäupterhaus stammt ursprünglich aus dem 15. Jh. und zeichnet sich durch eine bildschöne Renaissancefassade aus. Zum Bild des ehemaligen Rathausplatzes gehörte auch der Turm der Petrikirche, der majestätisch hinter den Häusern hervorschien. Vom alten Rathausplatz ist es nicht weit bis zur Mārstaļu ielā, in der einige schöne alte Wohnhäuser zu sehen sind.

Reutern Haus: Mārstaļu 2/4. Das prachtvolle Haus wurde in den Jahren 1684/1688 nach den Plänen des Architekten *Rubbert Bindenschuh* für den reichen

Kaufmann *Johann Reutern* errichtet. Prachtvolle Steinreliefs verzieren die Fassade. Im Eingang sind zwei Säulen zu sehen, die die Büsten des Ehepaares Reutern tragen.

Heute wird der Bau vom Journalistenverband genutzt, der dort ein gemütliches Café unterhält. Gelegentlich finden in dem Gebäude auch Kunstausstellungen statt.

Von der Mārstaļu ielā zurück zur Audēju ielā und schließlich rechts in die Kalēju ielā gehend, kann man sich anhand der Häuser Nr. 5 bis 11 ein gutes Bild von *alten Speichern* des 17. Jh. machen. Weiter gelangt man zum Alberta laukums (Albert-Platz). In der am Platz vorbeiführenden Alksnāja ielā, sind die Häuser Nr. 5, 7, 8, 9, 11 und 14 interessant: Es handelt sich um *Speicher* und *Wohnhäuser* des 16.–19. Jh. Geht man die Alksnāja ielā weiter geradeaus, gelangt man zurück zur Mārstaļu ielā, die links zum Dannenstern-Haus führt.

Dannenstern-Haus: Mārstaļu 21. Ein Beispiel prächtiger Barockarchitektur liefert das Haus des Kaufmannes Dannenstern. Errichtet wurde es Ende des 17. Jh. Nachdem sich das Haus lange Zeit in einem jämmerlichen Zustand befunden hatte, ist es nach umfangreichen Restaurierungsarbeiten heute wieder in seiner alten Herrlichkeit zu bewundern.

Denkmal der Lettischen Schützen: Einen groben Stilbruch zu Rīgas mittelalterlicher Altstadt stellt das Denkmal der Rīgaer Schützen dar, die im Ersten Weltkrieg von Russland zur Verteidigung ihrer Heimat aufgestellt worden waren. Als sie merkten, dass der Zar sie regelrecht verheizte, lief ein Teil von ihnen zu den Bolschewisten über, beteiligte sich maßgeblich an der Durchführung der russischen Oktoberrevolution von 1917 und kämpfte für die Errichtung einer lettischen Räterepublik.

Unmittelbar an dem monumentalen Denkmal befindet sich das *Okkupationsmuseum*, das schonungslos über die Taten der sowjetrussischen, sowjetischen und deutschen Besatzer informiert.

Am Platz führt die Kaļķu ielā vorbei, die zum Freiheitsdenkmal und in die Neustadt führt.

Freiheitsdenkmal: Auf dem Weg über den Brīvības bulv., der Altstadt und Neustadt miteinander verbindet, trifft man unweigerlich auf das lettische Freiheitsdenkmal. 1935 wurde das Monument zum 17. Jahrestag der lettischen Unabhängigkeit mit Hilfe von Bürgergeldern aufgestellt. Von einem Sockel erhebt sich eine bronzene Frauenfigur, die mit ihren über den Kopf gestreckten Armen drei Sterne in den Himmel emporhält. Diese Sterne symbolisieren Lettlands drei historische Regionen, nämlich *Kurzeme, Vidzeme* und *Latgale.* Der Sockel des Denkmals trägt die Inschrift *"Tēvzemei un Brīvībai"* (Für Vaterland und Freiheit) und zeigt Figuren und Charaktere der lettischen Geschichte und Mythologie. Entworfen wurde das Monument von dem Architekten *E. Štālbergs* und umgesetzt von dem Bildhauer *K. Zāle.*

Das Freiheitsdenkmal von Rīga

Als Lettland Unionsrepublik wurde, war den neuen Machthabern das Denkmal natürlich ein gewaltiger Dorn im Auge. Für die Letten jedoch wurde es zum Symbol der ersehnten Freiheit und Unabhängigkeit. Der Versuch, das Denkmal niederzureißen, stieß auf heftigen Protest der Bevölkerung. Aus welchen Gründen auch immer hat das Symbol der lettischen Freiheit die Sowjetzeit unversehrt überstanden. In den damaligen, sowjetisch orientierten Reiseführern wurde es meist nicht erwähnt. In den umliegenden Parks wimmelte es von Miliz, die ständig ein Auge auf das Denkmal warfen, um jeden wegen Staatsfeindlichkeit festzunehmen, der es wagen sollte, sich dem Freiheitsmonument zu nähern. Doch niedergerissen wurde es nicht. Später wurde es ganz einfach als Willkommensgruß Lettlands für die sowjetische Macht uminterpretiert. Seinen eigentlichen Sinn, nämlich die Freiheit des lettischen Volkes zu symbolisieren, erfüllte das Denkmal erstmalig wieder im Sommer 1987, durch die Gruppe *Helsinki '86*. Sie wollten die Ernsthaftigkeit der von Gorbatschow propagierten Politik von Glasnost und Perestroika ergründen und riefen zu einer illegalen Demonstration auf, um am Freiheitsdenkmal der zahlreichen von Stalin nach Sibirien deportierten Landsleute zu gedenken. 5000 Leute folgten dem Aufruf und legten damit den Grundstein für die darauf folgende friedliche Revolution. Es liegt auf der Hand, dass die lettische Freiheitsstatue heute nicht nur die Freiheit symbolisiert, sondern auch für den jüngsten Kampf um die Unabhängigkeit steht.

Christus-Kathedrale: Sie erhebt sich am Brīvības bulv., am Rande des Esplanāden-Parks. Der Sakralbau von 1884 wurde lange für weltliche Zwecke genutzt. Er beherbergte das Rīgaer *Planetarium* und das *Haus des Wissens*. Mittlerweile befindet sich das russisch-griechisch-orthodoxe Gotteshaus wieder in der Hand der Gläubigen.

Neustadt

Durch einen breiten Grünstreifen, dem Bastejkalns-Park, sind Alt- und Neustadt voneinander getrennt. Die Rīgaer Neustadt besteht nicht aus erdrückenden Plattenbauten (diese können in den grauen Vorstädten betrachtet werden), sondern überwiegend aus Häusern aus dem 19. und dem frühen 20. Jh., darunter prachtvolle Jugendstilbauten.

Die nostalgische Idylle des alten Rīgas sucht man zwar vergebens, vor allem, weil ständig lärmende Autos und Straßenbahnen über die breiten Boulevards knattern, doch ein Spaziergang durch die Straßen der Neustadt ist durchaus lohnenswert. Ein bisschen erinnern die breiten Boulevards an St. Petersburg. Der Brīvības bulv., der in Richtung Altstadt zur Kaļķu ielā wird und zum Norden hin zur Brīvības ielā, ist die Hauptachse Rīgas. Auf dem gesperrten Stück des Brīvības bulv. erhebt sich majestätisch und würdevoll die lettische Freiheitsstatue. Läuft man den Boulevard Richtung Nordosten weiter, gelangt man zu einer schönen, schattigen Allee, die von einem unübersehbaren Hochhaus, dem *Latvija Hotel*, begrenzt wird. Links des Boulevards schließt sich der *Esplanāden-Park* mit der *Christus-Kathedrale* an. Am anderen Ende des Parks befinden sich die *Kunstakademie* und das *Kunstmuseum*. Rechts von der Allee erstreckt sich der ausgesprochen schöne *Vērmanes-Park*.

Unter den Bäumen der Allee am Brīvības bulv. sind im Sommer zahlreiche Verkaufsstände aufgebaut, die überwiegend Kunstbände und fremdsprachige Bücher anbieten. In der Elizabetes ielā, rechts und links des Hotels Latvija, sind einige prächtige Jugendstilhäuser zu betrachten. Spaziert man die breite Brīvības ielā immer weiter geradeaus, trifft man linker Hand in Höhe der Lāčplēša ielā auf die russisch-orthodoxe *Alexander-Newski-Kirche*, die zu Beginn des 19. Jh. entstand. In der Lāčplēša ielā befindet sich auch das *Jugendtheater*.

Etwas weiter nördlich erhebt sich in der von der Brīvības ielā links abgehenden Ģertrūdes ielā die *Alte Ģertrūde*, eine Kirche aus dem Jahre 1865. Die *Neue Ģertrūde* steht am Rande des Zentrums, in der Brīvības 119. Sie entstand zu Beginn unseres Jahrhunderts.

Rechts und links der breiten Brīvības ielā befinden sich eine Reihe alter und neuer Läden, die zum Bummeln einladen. Ergänzt wird das Bild durch die vielen Straßenverkäufer – alte Frauen, die Gläser mit frischem Beerenobst feilbieten, Blumenmädchen oder Losverkäufer, um nur einige zu nennen. Die angrenzenden Kneipen und Cafés eignen sich gut, um das geschäftige Treiben in Neu-Rīga zu beobachten.

Universität: Die älteste Einrichtung in Rīga mit der Möglichkeit zu höherer Bildung war das *Politechnische Institut*, gegründet 1862, das heute ein Teil der Rīgaer Universität ist. Das Hauptgebäude der 1919 ins Leben gerufenen Alma Mater befindet sich am Raiņa bulv. 19a, direkt am Bastejkalns-Park. Der Bau entstand zwischen 1866 und 1885. An der Rīgaer Universität studieren an elf Fakultäten etwa 12.500 Studenten. Den Studenten, welche die Universität eines Tages wieder verlassen möchten, wird geraten, niemals die Haupttreppe des Gebäudes zu benutzen, da diese den Professoren und Dozenten vorbehalten ist. Wer dennoch über diese Stufen schreiten sollte, so heißt es, werde die hiesige Alma Mater bis zum Tode niemals verlassen und entweder selbst zur Lehrkraft werden oder ihr als Langzeitstudent verfallen.

Konservatorium: Kr. Barona 1. Das 1919 gegründete Konservatorium befindet sich in einem schönen klassizistischen Gebäude von 1873. In der Aula finden gelegentlich Konzerte statt.

Kunstakademie: Kalpaka bulv./Ecke Kr. Valdemāra 13. In einem prachtvollen neoklassizistischen Bau von 1902 am Rande des Esplanade-Parks ist die Akademie der bildenden Künste untergebracht. Vor der Kunsthochschule steht ein Denkmal für den lettischen Maler *J. Rozentāls*. Es ist durchaus lohnend, die im Foyer ausgestellten Arbeiten der Studenten zu betrachten.

Parks und Grünanlagen

Wer sich ein wenig vom Großstadtrummel erholen will, der kann das in Rīgas zahlreichen Parks, Gärten und Grünanlagen tun. Knapp 7000 Hektar Grünfläche bilden Rīgas grüne Lunge. Es würde zu weit führen, auf sämtliche Parks und Gärten einzugehen, deshalb seien nur die Parks in der Nähe der Altstadt, das Freilichtmuseum und der etwas außerhalb gelegene Meža-Vergnügungspark erwähnt.

Bastejkalns-Park: Rechts und links der Freiheitsstatue, begrenzt durch den Raiņa und Aspazijas bulv., erstreckt sich der malerische Bastejkalns-Park, der sich wie ein Grüngürtel zwischen die Altstadt und die Neustadt schiebt. Mitten durch den Park fließt der schmale Stadtkanal, in dem kleine Wasserfälle eingebaut sind. Eine Augenweide sind die Blumen und Sträucher, die malerisch um den alten *Bastionshügel* wachsen. Im nördlichen Teil der Grünanlage, in der Nähe der Fußgängerbrücke, die über den Kanal führt, ist dem lettischen Schriftsteller *R. Blaumaņis* ein Denkmal gesetzt worden. Auf dem Grünstreifen zwischen dem Brīvības bulv. und der Kr. Barona ielā befindet sich, von der Neustadt kommend vor der Fußgängerbrücke, eine Büste für den Wissenschaftler *M. Keldiš*. Hinter der Brücke steht vor der Oper ein Denkmal zu Ehren des großen lettischen Komponisten *A. Kalniņš*. Die Fassade des prächtigen Opernhauses ist dekoriert mit sechs mächtigen Säulen, die von allegorischen Skulpturen verziert werden.

Kronvalda-Park: An den nördlichen Teil des Bastejkalns-Parks schließt sich hinter der Valdemāra ielā der Kronvalda-Park an. In der Mitte des Gartens wird der Stadtkanal sehr breit, sodass er fast einem kleinen See gleichkommt. Unweit dieser Stelle liegt das *Café Ainava*. Neben dem Café steht ein Denkmal für den Schriftsteller *S. Edžus*. Spaziert man von dort aus zurück in Richtung Zentrum, so trifft man auf das Denkmal für einen weiteren Schriftsteller: *A. Upīts*.

Esplanāde: am Brīvības bulv. vor dem Hotel Latvija gelegen. Lange Bänke unter schattigen Bäumen und alte Rosengärten laden zu einer Rast ein. Am Rande der Esplanade erhebt sich die schöne Christus-Kathedrale, in der einst das *Haus des Wissens* und das *Planetarium* untergebracht waren. Bei einem Spaziergang durch die Esplanade trifft man auf das Denkmal für den beliebten Dichter *J. Rainis*. Am 11. September, dem Geburtstag des Poeten, wird hier alljährlich das Literaturfestival eröffnet.

Während der lettischen Unabhängigkeit von 1919 bis 1940 fanden im Park zahlreiche Sänger- und Sportfeste, Theater- und Tanzaufführungen statt.

Vērmanes-Park: auf der anderen Seite des Brīvības bulv., gegenüber der Esplanāde gelegen. 1817 schenkte eine Frau namens *Vērmanes* der Stadt Rīga das Gelände des heutigen Parks. Die Bedingung, welche die edle Spenderin an die Schenkung geknüpft hatte, war die Einrichtung eines Parks, der insbesondere gesundheitlich Schwachen die Möglichkeit zur Erholung geben sollte. Im Laufe der Zeit entwickelte sich die Grünanlage, in der übrigens Rīgas erster Rosengarten erblühte, zu einem beliebten Treffpunkt der Bürger. Bis zur sowjetischen Besetzung fanden hier Konzerte unter freiem Himmel statt, Fontänen schossen in die Luft, und am Wochenende wurde das Tanzbein geschwungen. Während der Sowjet-Ära sind einige Einrichtungen des Parks verfallen, doch die Arbeiten haben bereits begonnen, um die Grünanlage wieder so herzurichten, wie sie einst war.

Meža-Park: Ein gutes Stück außerhalb des Zentrums erstreckt sich Rīgas größter Park. Herrliche Kiefernwälder, der *Ķīš-See* (wenngleich er auch nicht gerade zum Baden einlädt), Sportstätten und der Tier- und Vergnügungspark machen die grüne Oase im nördlichen Rīga zu einem vielbesuchten Ausflugsziel. Besonders bei Kindern ist der Meža-Park sehr beliebt. Direkt am Eingang befindet sich der Zoo. 1912 wurde er gegründet und beherbergt heute fast 300 verschiedene Arten und insgesamt etwa 3000 Tiere. Er ist täglich von 10–16 und im Sommer bis 20 Uhr geöffnet. In einem anderen Teil des Parks sorgen Karussells, Schießbuden, eine Kindereisenbahn und massenweise Eis- und Limonadenbuden für Kurzweil. Im Winter kann man hier mit Schlittschuhen über das Eis jagen. Im nördlichen Teil des Parks befinden sich ein riesiges Amphitheater und eine übergroße Freilichtbühne. Alle fünf Jahre erstrahlt sie in besonderem Glanz, nämlich dann, wenn hier das berühmte lettische *Sängerfest* abgehalten wird. Tausende von Menschen stehen dann auf der Bühne um ihre Volkslieder, die Dainas, zu singen. Wer sich während dieses großen Ereignisses in Rīga aufhält, sollte auf keinen Fall versäumen, sich unter die Zuhörermassen zu mischen, um den Dainas zu lauschen und um *das* lettische Volksfest schlechthin mitzuerleben.

● *Anfahrt/Verbindungen*   Zu erreichen ist der Park mit der Tram 11, am Zoo am Meža pr. aussteigen. Eine andere schöne Variante, den Park zu erreichen, bietet das Tragflächenboot, das momentan aus finanziellen Gründen allerdings nur unregelmäßig verkehrt. Es legt an der 11. novembra kratmala, zwischen der Vanšu und Oktoberbrükke ab und macht direkt am Meža-Park fest.

Friedhöfe: Unterhalb des Meža-Parks befinden sich drei erwähnenswerte Friedhöfe. Auf dem *Rainis kapi* (Rainis-Friedhof) sind viele Persönlichkeiten aus dem kulturellen Leben begraben. Auch der lettische Dichter *J. Rainis* fand hier seine letzte Ruhe. Sein Grab wird von einer halbliegenden Skulptur geziert. Oberhalb des Rainis-Friedhof befindet sich der *Brāļu kapi* (Bruderfriedhof). Angelegt wurde er von 1924 bis 1936. Die überaus künstlerische Gestaltung des Friedhofes in Form von Skulpturen und Torbögen stammt von dem Bildhauer *K. Zāle*. Auf dem Friedhof wachsen viele Eichen, die in der lettischen Mythologie die Männlichkeit symbolisieren. Lindenbäume dagegen stehen für die weibliche Liebe. Wohl aus diesem Grunde führt eine Allee aus Linden zur *Māte Latvija*, der Mutter Lettland, die sorgenvoll auf die ihr zu Füßen liegenden, gefallenen Soldaten herabblickt. Fast 2000 Soldaten der Roten Armee sind hier begraben.

Der *Meža kapi* (Waldfriedhof) dient als letzte Ruhestätte für Persönlichkeiten aus Politik und Wissenschaft. Unter den Grabsteinen sind auch einige deutschsprachige zu finden. Der Wald und die bunten Blumen verleihen dem Friedhof eine romantische Atmosphäre.

Verbindung Tram 11 bis Brāļu kapi nehmen.

Freilichtmuseum am Jugla-See

Eine historische Reise durch das Landleben der lettischen Provinzen und ein absolutes Erlebnis bietet das ethnographische Freilichtmuseum am Rande Rīgas im Stadtteil Bergi. Nachgebaute Dörfer mit riedgedeckten, hölzernen Bauernhäusern, in deren Höfen alte Ziehbrunnen und Wasserpumpen stehen, und traditionelle Werkstätten, wie beispielsweise die Dorfschmiede oder die Töpferei, vermitteln einen lebendigen Einblick in das dörfliche Leben vergangener Zeiten. Nicht zu vergessen die alten Gotteshäuser und die urige Dorfkneipe, in der man sich sonntags nach dem Kirchgang stets zu einem edlen Tropfen traf. Die Fischerkaten und Räucherkammern der nachgebauten Fischerdörfer wirken sehr authentisch, zumal sie direkt am Ufer des *Jugla-Sees* (Jägelsee) stehen. Die umgedrehten Kähne am Strand vermitteln den Eindruck, als seien sie gerade von den heimkehrenden Fischern aus dem Wasser gezogen worden.

Auch von innen sind viele der Häuser zu besichtigen. Sie zeigen, dass ihre damaligen Bewohner sie zwar einfach, aber liebevoll und gemütlich einrichteten. Große Truhen mit bunten, eingeritzten Ornamenten und farbenfrohe gewebte Decken, die auf den kurzen Holzbetten und kleinen Tischen aufliegen, schmücken die Stuben. Jede Provinz hat bis heute noch ihre eigenen Web- und Strickmuster. Besonders deutlich wird das an den gewebten und bestickten Trachtengürteln. Es soll in Lettland noch einige alte Frauen geben, die die Stickereien dieser Gürtel wie ein Buch lesen können.

Besonders herauszuheben ist die wunderschöne kurländische *Usma-Kirche* von 1704 mit ihrem handgeschnitzten Barockaltar. Unendlichkeit strahlen die hellblau getünchten Deckendielen aus, die von posaunenblasenden Engeln geziert werden.

Ein Besuch im Freilichtmuseum ist zu jeder Jahreszeit lohnenswert. Wer zufällig am ersten Juniwochenende in Rīga sein sollte, hat Glück, denn zu diesem Zeitpunkt wird im Museum am Rad der Geschichte gedreht: Die alten Werkstätten erwachen zu neuem Leben. Es wird geschmiedet, getöpfert, gesponnen, geklöppelt und gewebt. Handwerker aus ganz Lettland halten einen großen, historischen Handwerksmarkt ab, gekleidet in Landestracht. Gleichzeitig findet ein buntes Folklorefestival statt. Zu Karneval laufen zwischen den Höfen, Werkstätten und Fischerkaten sogar Hexen und Gespenster umher.

● *Anfahrt/Verbindung* **Pkw** – Schnurstracks führt die Brīvības ielā, die später zur Brīvības gatvē wird, aus der Neustadt zum Stadtteil **Bergi**. Kurz nach der Brücke über den Juglas-See geht rechter Hand die Brīvdabas ielā ab, in der sich der Eingang des Museums befindet.

Bus – Das Museum ist zu erreichen mit Bus 1, Abfahrt vor dem Hotel Latvija.

● *Information* **Touristeninformation**, Skārņu 22, ✆ 7221731. Neben fundierten Informationen sind hier auch Stadtführungen und Exkursionen in die Umgebung buchbar, ✆ 7221731/7223131, ✉ 7830041.

Lettland
Karte siehe Umschlaginnenklappen

Umgebung von Rīga

Salaspils

Es sei vorneweg gesagt: Salaspils ist ein Ort des Grauens. Als 1941 die Nationalsozialisten Rīga erreichten, richteten sie sofort im nahen Salaspils eines ihrer unzähligen Massenvernichtungslager ein. Über 100.000 Menschen, darunter Letten, Juden, Tschechen, Österreicher, Polen, Franzosen, Belgier und Holländer, fanden hier einen furchtbaren Tod oder erlitten Höllenqualen. Selbst vor der Hinrichtung von Kindern (7000) schreckte man nicht zurück. Die Gedenkstätte wurde 1967 am Standort des damaligen Todeslagers eingerichtet. Den Eingang markiert ein kalter Betonklotz mit der Aufschrift "Hinter diesem Tor stöhnt die Erde". Direkt neben dem Eingang steht unter schwarzem Marmor ein Metronom, von dem Tag und Nacht ein anklagender, hohler Ton ausgeht, der dumpf und erschütternd über die ganze Gedenkstätte hallt, den Herzschlag der Opfer dieses KZs symbolisierend. Außer den monotonen, dumpfen Herztönen ist hier nichts zu hören. Es herrscht eine schauderhafte Stille. Sechs aufgestellte überdimensionale Skulpturen rufen Erinnerungen an die hier verübten Gräueltaten und die unzähligen Toten wach. Geht man weiter über die weite, grüne Fläche, trifft man auf weiße Steinplatten, die auf die Standorte der Baracken hinweisen und auf einen Gedenkstein für den Widerstandskampf einiger Gefangener, die versuchten, sich von ihren Peinigern zu befreien. Doch vergeblich: Ihr Vorhaben wurde erkannt und die Gruppe sofort exekutiert.

● *Anfahrt/Verbindungen* **Pkw** – Große Hinweisschilder an der A-6 weisen, aus Rīga kommend, auf die Gedenkstätte hin. Neben der Autobahn befindet sich ein großer Parkplatz. Zu Fuß, durch ein Stück Kiefernwald, gelangt man zu dem Ort des Schreckens. Über die A-6 aus Jēkabpils kommend, ist die Gedenkstätte schlecht ausgeschildert.

Bus – Linien, die die Daugava runterfahren, halten an der Hauptstraße in Salaspils.
Bahn – Einfacher als mit dem Bus ist es mit der Bahn. Zug Richtung Ogre nehmen und in Dārziņi aussteigen. Von dort führt ein Fußweg zur Gedenkstätte.

Saulkrasti

Saulkrasti ist ein kleiner Küstenort unweit von Rīga. Gegründet wurde das Städtchen, bestehend aus den Fischerdörfern *Neibāde*, *Pētrupe* und *Katrinbāde*, erst Ende des 19. Jh. Insbesondere bei den Hauptstädtern ist Saulkrasti sehr beliebt. Der lange, weiße Sandstrand des Ortes wirkt sehr einladend. Kinder werden sich über das Mini-Riesenrad freuen. Saulkrasti selbst jedoch, das direkt an der A1 liegt, versprüht wenig Flair.

● *AnfahrtVerbindung* **Pkw** – von Rīga aus einfach die Via Baltica Richtung Tallinn nehmen.
Bus – Verbindung mit Rīga, Salagrīva, Ainaži und Tallinn.
● *Information* Ainažu 12. Nichts anderes, als eine Theke im Lebensmittelladen, Informationen spärlich, ✆ 951141.
● *Übernachten* **Maija**, Murjāņu 3, ÜB ab

15 €, (Vorwahl Rīga) ✆ 951372.
Atpūtas bāze, Rīgas 26. Im Ortsteil Pabaži gelegen. Einfaches, etwas spartanisches Ferienheim, ÜB ab 10 €, ✆ 951960.
● *Essen* **Krabis**, Ainažu/Ecke Bīriņu. Laden und Café in einem. Essen zufriedenstellend.
10 Balles, A1/Ecke Raiņa. Durchschnittliches Bistro und Café.

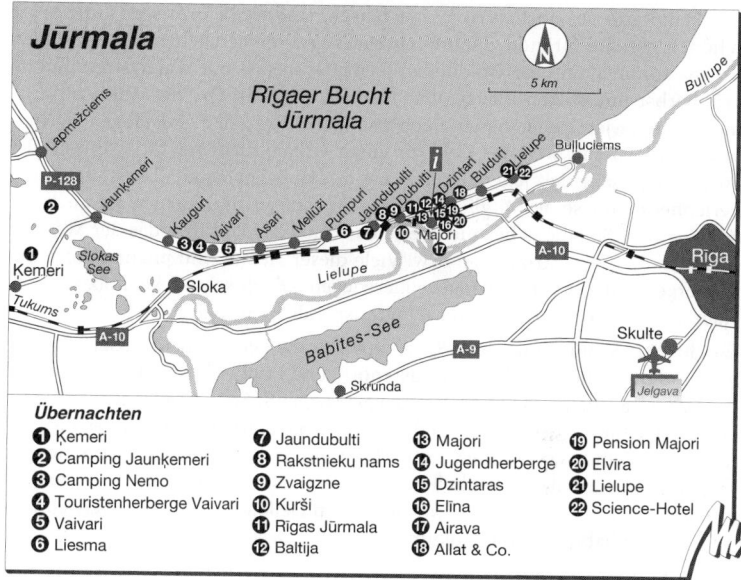

Übernachten

❶ Ķemeri	❼ Jaundubulti	⑬ Majori	⑲ Pension Majori
❷ Camping Jaunķemeri	❽ Rakstnieku nams	⑭ Jugendherberge	⑳ Elvīra
❸ Camping Nemo	❾ Zvaigzne	⑮ Dzintaras	㉑ Lielupe
❹ Touristenherberge Vaivari	❿ Kurši	⑯ Elīna	㉒ Science-Hotel
❺ Vaivari	⓫ Rīgas Jūrmala	⑰ Airava	
❻ Liesma	⓬ Baltija	⑱ Allat & Co.	

Dzelmes, an der A-1 Haltestelle Saulkrasti gelegen. Das Restaurant ist bescheiden. Besser sitzt es sich auf der Terrasse, die ein wenig von der Autobahn zurückversetzt liegt. Essen eher mittelmäßig,

• *Verschiedenes* **Geldwechsel**, Ainažu 11.
Post, Ainažu 6.
Poliklinik, Rīgas 82.
Tanken, jeweils am Ortsausgang bzw. Eingang, in Richtung Rīga und Tallinn.

Jūrmala

(ca. 60.000 Einwohner)

Jūrmala ist ein sehr schönes und abwechslungsreiches Seebad an der Rīgaer Bucht, 17 km entfernt von Rīga. Die Stadt setzt sich aus einer Anzahl ehemals selbständiger Fischerdörfer zusammen. Sie beginnt an der Mündung der Lielupe und erstreckt sich über 30 km am Rīgaer Meerbusen entlang.

Die Lielupe, die ein ganzes Stück parallel zum Meer und an den Stadtteilen Jūrmalas entlang fließt, bildet die südliche Grenze Jūrmalas und macht das Seebad zu einer Halbinsel. Die Stadt lebt ausschließlich vom Tourismus. Ist Jūrmala im Sommer gut besucht, so ist der Ort im Winter wie ausgestorben.

Der meiste Ferientrubel spielt sich in den Stadtteilen *Majori* und *Dzintari* ab, deren Grenze die *Turaidas ielā* bildet. Fast alle Jūrmaler Kneipen, Restaurants und Cafés befinden sich hier. Die Fußgängerzone, die *Jomas ielā*, die quer durch Majori verläuft, ist gespickt mit Geschäften, Bars und Kiosken, vor denen oft Tische und Stühle stehen, die zum Kaffee oder Eis einladen. In Majori gibt es ein *Gedenkmuseum* für den beliebten, lettischen Poeten *Jānis Rainis*. Das *Stadtmuseum* von Jūrmala kann in *Dubulti* besichtigt werden. Das Gebiet um das ehemalige Fischerdorf *Ķemeri* steht unter Naturschutz und ist zum Nationalpark erklärt worden.

Die Hauptgründe, nach Jūrmala zu fahren, sind wohl in erster Linie seine schönen, weißen Strände, die uralten Parks und die herrlichen Kiefernwälder. Im Spätsommer sind die Waldböden Jūrmalas übersät mit Waldbeeren und im Frühherbst mit dicken Pilzen. War Jūrmala einst ein Ort des Massentourismus, geht es jetzt eher beschaulich zu. Viele Gäste der ehemaligen Sowjetunion bleiben aus, weil das Geld für einen Urlaub nicht reicht. Während der Sowjet-Ära unterhielt jeder Berufszweig in den beliebtesten Touristenzentren Ferienheime für seine Mitglieder. Diese Strukturen sind in Jūrmala noch gut zu erkennen. So gibt es beispielsweise das Haus der Politiker, das der Wissenschaftler, das der Astronauten usw. Viele dieser Heime sind phantasielose Betonburgen. Im Zentrum Jūrmalas überwiegen jedoch schmucke, holzverzierte Häuschen, die romantisch unter schattenspendenden Kiefern stehen.

Geschichte: Schon Ende des 18. Jh. wussten die geplagten Rīgenser die gute Luft und die Ruhe jener kleinen Küstenorte und Fischerdörfer zu schätzen, die heute zum Seebad Jūrmala zusammengefasst sind. Schnell avancierten sie zu einem beliebten Ausflugsziel. Ende des 18. Jh. eröffnete ein Förster namens *Ķemers* in dem nach ihm benannten Dorf ein privates Heilbad. Mitte des 19. Jh. gab es in Jūrmala schließlich auch das erste staatliche Heilbad. Besonders begünstigt wurde Jūrmalas Entwicklung zum Heilbad durch die Inbetriebnahme der Eisenbahnlinie Rīga-Tukums.

Information/Anreise/Verbindungen

- *Postleitzahl* LV9080
- *Vorwahl* (2)2 (wie Rīga)
- *Information* Jomas 42, Dzintari (liegt aber näher an der Haltestelle Majori), ✆ 7764276, ✆ 7764672, jurmalainfo@mail.bkc.lv; www.jurmala.lv.
- *Verbindung* **Pkw** – Der Ort ist von Rīga über die A-10 erreichbar.
Am Ortseingang steht ein Schlagbaum, an dem per Auto eine Gebühr von etwa 2 € erhoben wird.
Bus – Die Busse von Rīga nach Jūrmala fahren nur bis zum Stadtteil Sloka. Zu den anderen Stadtteilen die Elektrischka neh-

men, die Haltestelle befindet sich direkt neben dem Busbahnhof.
Bahn – Am einfachsten ist Jūrmala mit der Elektrischka zu erreichen. Sie pendelt alle 30 Minuten zwischen Jūrmala und Rīga hin und her und hält meist an jedem ehemaligen Dorf der Stadt. Nicht aber die Züge, die weiter nach Tukums fahren. In diesem Fall in Dubulti umsteigen. Fahrkarten gibt es am jeweiligen Bahnhof. Eine einfache Fahrt kostet etwa 1 € und kann nur am Reisetag gelöst werden. Sie ist somit auch nur an diesem Tag gültig. Ticket gut aufheben, da öfters Kontrollen durchgeführt werden.

Übernachten (siehe Karte S. 327)

Obwohl es in Jūrmala zahlreiche Übernachtungsmöglichkeiten gibt, kann es im Sommer zu Engpässen kommen. Man hat die Wahl zwischen massiven Hotelkomplexen, bunten Holzhäusern, Sanatorien, Ferienheimen, Campingplätzen und Privatunterkünften, die über die einzelnen Jūrmaler Stadtteile verteilt liegen. Die Zimmer sind in der Regel alle mit Bad, aber sehr einfach ausgestattet. In jedem der genannten Stadtteile gibt es einen Bahnhof, an dem die Elektrischka hält. Er ist nach dem jeweiligen Stadtteil benannt.

- *Lielupe* **B&B**, Bulduru prosp. 100a. Gemütliche Pension in schöner Lage. Zu vergeben sind wohnliche Apartments ab 220 €. Zur Pension gehören außerdem Sauna,

Swimming-Pool und Kaminzimmer. ✆ 928962, olegblinov@hotmail.com.
Lielupe (21), Bulduru prosp. 64/68. Wuchtiger Hotelkomplex, Zimmer alle mit Balkon

und komfortabel ausgestattet. EZ ab 55 €, DZ ab 65 €. ☎ 7752755, 🖥 7752694, lielupe@ lielupe.lv, www.lielupe.lv

Science-Hotel (22), Vikingu ielā 3. Massiver, roter Backsteinbau, wo einst die Wissenschaftler der UdSSR neue Kraft schöpften. Zimmer durchschnittlich. Hotel verfügt über ēdnīca, Café und Restaurant mit guter Küche. Tennisplätze, Sauna und Zentrum für Meerestherapie vorhanden. EZ ca. 35 €, DZ ca. 50 €, ☎ 7751974 und 751985.

● *Dzintari* **Allat & Co. (18)**, Dzintaru prosp. 68. Einfaches, aber freundliches, auf Kinder eingestelltes Gästehaus. EZ ab 20 €, DZ ab 35 €, Apartment ab 60 €. ☎ 7751807, 🖥 7751297.

Dzintaras (15), Edingburgas prosp. 15. Angenehmes kleines Hotel in imposantem Holzbau mit Turm umgeben von hohen Bäumen. DZ ab 30 €. ☎ 7751582, 🖥 7811113.

Jugendherberge (14), Dzintaru Prosp. 52/54. Einfache Unterkunft mit Gemeinschaftsbad und -küche sowie Waschmaschinenbenutzung. Zum Strand sind es 200 m. ÜB 18 €. ☎ 7751873, 🖥 7228661, luf@lanet.lv.

● *Majori* **Airava (17)**, Jomas 42/3. Über diese Adresse kann man einen Platz in einem der zahlreichen Sommerhäuser dieser Organisation buchen. Die Ausstattung ist generell einfach mit Gemeinschaftsbad und -küche. ÜB ab 7 €. ☎ /🖥 7764733, rainis@site.lv, www.infoline.lv.

Baltija (12), Dzintaru pr. 11. Hässliches Hochhaus, ca. 200 m vom Meer entfernt, mit Swimming-Pool und Minigolf. EZ ab 20 €, DZ ab 30 €, ☎ 7762338, 🖥 7761849, baltia@mail.eunet.lv, www.eunet.lv/baltia.

Elīna (16), Lienes 43. Freundliches Gästehaus etwa 300 m vom Strand entfernt. DZ 45 €. ☎ 7761665, 🖥 7761665.

Elvīra (20), Lienes 20. Gemütliches kleines Holzhaus in schöner Lage nicht weit vom Strand. DZ ab 40 €. ☎ 7761520.

Majori (13), Jomas 29. Hübsches Hotel in altem Jugendstilgebäude. Befindet sich im Herzen von Majori. EZ 45 €, DZ ab 70 €, ☎ 7761380, 🖥 7761394, vmajori@mail.bkc.lv, www.majori.lv.

Pension Majori (19), Smilšu 6. Gemütliches, altes Holzhaus unter hohen Bäumen. Zimmerausstattung eher einfach. EZ ab 30 €, DZ ab 45 €. ☎ 7764242, 🖥 7762457.

Rīgas Jūrmala (11), Jūras 23/25. Massiver, wuchtiger Bau mit Balkonen rundum, teilweise Zimmer mit Meerblick. EZ ab 50 €, DZ ab 70 €. Schwimmbad und Tennisplätze

vorhanden, außerdem Anwendungen möglich, ☎ 7762295, 🖥 7761620, rigas-jurmala@ delfi.lv, www.zl.lv/latvian/rigasjurmala.htm.

● *Dubulti* **Kurši (10)**, Dubultu prosp. 30. Freundliches Gästehaus, in dem Apartments unterschiedlicher Kategorien gemietet werden können. Für 2 Personen ab 65 €, für 3 Personen ab 75 €. ☎ 7771606, 🖥 7771605, kursi@augustceltne.lv.

Rakstnieku nams (8), Meierovica prosp. 11. Einfaches, aber gemütliches Holzhaus umgeben von prächtigem Garten. Gemeinschaftsbad und -küche. EZ ab 25 €, DZ ab 35 €. ☎ 7769965.

Zvaigzne (9), Meierovica prosp. 19. Freundlicher Familienbetrieb in älterem Klinkerbau. Zimmer einfach aber sauber. EZ ab 30 €, DZ ab 35 €. ☎ 7764681, 🖥 7764672.

● *Jaundubulti* **Jaundubulti (7)**, Dubultu prosp. 71. Komplexes Spa-Hotel mit etwas altmodisch ausgestatteten Zimmern aber gutem Anwendungsbereich. EZ 25 €, DZ 30 €.

● *Pumpuri* **Liesma (6)**, Dubulti pros. 101. Teilweise renovierter, wuchtiger Spa-Komplex mit Swimming-Pool, Jacuzzi, Tennisplätzen,Sauna und Kinderspielplatz. 100 m bis zum Strand. EZ ab 35 €, DZ ab 40 €. ☎ 7767032, 🖥 7767027.

● *Vaivari* **Vaivari (5)**, Asaru pr. 61. Zu Zeiten der Sowjetunion befand sich hier das Sanatorium und Ferienheim der Astronauten und Piloten. Deshalb gibt es hier auch ausgesprochen gute Augenärzte. Massagen erhältlich. Riesiger Ziegelsteinbau mit ēdnīca und gemütlicher Bar, Zimmer eher einfach. Viele Kinder werden zur Erholung hierher geschickt. EZ ab 25 €, DZ ab 40 €. ☎ 7766125, 🖥 7766314, nrc2@mail.eunet.lv.

Touristenherberge Vaivari (4), Kanguru 49. Verschiedene Kategorien. EZ ab 15 €, DZ ab 35 €. Zimmer durchschnittlich, obwohl die Herbergsleitung ihnen 3 Sterne gibt, ☎ 7766180, 🖥 7766574.

Camping Nemo (3), Atbalss 1. Toller Platz unter Bäumen mit hellen Holzhäuschen direkt am Wasserpark. DZ ab 18 €, DRZ ab 22 €, VRZ ab 26 €. 2 Zimmer-Wohnung ab 45 €. Stellplatz für Wohnwagen 16 € plus 2,50 € pro Person, Zelt 2,50 € plus 2,50 € pro Person. ☎ 7732350, 🖥 7732350, nemo@ nemo.lv, www.nemo.lv.

● *Jaunkemeri* **Campingplatz Jaunķemeri (2)**, Kolkas 6. Großer Platz etwa 300 m vom Meer entfernt mit einfacher Übernachtungsmöglichkeit im Haus, sowie Stellplätzen für Wohnwagen und Zelte. ÜB im Haus 10 €,

Wohnwagen 13 €, Zelt 3 € pro Person. ✆ 7736575.

• *Ķemeri* **Ķemeri (1)**, Dārziša ielā 28. Prachtvolle weiße Villa, die sich majestätisch aus einem großzügig angelegten Garten erhebt. Im Erdgeschoss befinden sich eine alte Bibliothek und ein eleganter Salon. Nicht umsonst werden hier ab und zu Nostalgie-Filme gedreht. EZ um die 50 €, DZ ca. 85 €. VP möglich, ✆ 7765372. Hotel liegt 6 km vom Meer entfernt. Zum Strand Bus 2 nehmen.

• *Anfahrt/Verbindungen* **Bahn** – Bis zur Haltestelle Ķemeri fahren, von da noch ca. 15 Min. zu Fuß gehen oder Bus 2 (2 Stationen) nehmen, der direkt vorm Hotel hält.

• *Essen* **Ķemeri**, Tukuma 23. Einfache, aber gute Küche.

• *Post/Telegrafenamt* Katedrāles ielā/Ecke Tukuma ielā.

Essen

Insbesondere in Majori, dem Zentrum Jūrmalas, hat sich das kulinarische Angebot um einiges vervielfältigt, sodass seine Fußgängerzone, die Jomas ielā, mittlerweile mit zahlreichen Restaurants und Cafés zugepflastert ist. Steht bei einem der folgenden Etablissements kein zusätzlicher Hinweis auf den Stadtteil, so befindet es sich automatisch in den Orten Majori oder Dzintari, die beide unmittelbar ineinander übergehen. Die Lokalitäten der anderen Stadtteile sind als solche gekennzeichnet.

At Gabriel's, Jomas 31. Von Einheimischen empfohlenes Restaurant mit zuvorkommendem Service und guter Küche.

De la Presse, Jomas 57. Nettes Restaurant mit romantischer Terrasse unter Bäumen. Spezialität des Hauses sind Fischgerichte.

Haizivs un bullis, Bulduru prosp. 31, Bulduri. Empfehlenswertes Restaurant mit indianischem Dekor. Serviert werden überwiegend Steaks und Fischgerichte.

Jūras zakis, Vienibas prosp. 1, Bulduri. Gemütliches Lokal unweit vom Strand. Dekoriert mit Fischernetzen und -booten. Spezialität des Hauses sind Fisch- und Nudelgerichte.

Majori, Jomas 29. Angenehmes Restaurant des gleichnamigen Hotels mit schöner Terrasse.

Neptūns, Kolka 1, Jaunķemeri. Beliebtes Lokal mit Fischspezialitäten.

Orients, Jomas 86. Kaukasische und usbekische Spezialitäten. Für Vegetarier ist *Assorti*, ein gigantischer, exotischer Salat, zu empfehlen.

Orients-Sultāns, Jomas 33, hervorragende orientalische Küche. Gilt als eines der besten Restaurants Jūrmalas.

Piebalga, Jomas 63. Schöner Biergarten mit Grillspezialitäten.

Pizzeria, Jomas 46/48. Insbesondere bei Jūrmalern sehr beliebt und entsprechend gut besucht.

Salmu Krogs, Jomas 70/72. Attraktives Sommerlokal mit großem Biergarten. Serviert werden Fleisch- und Fischgerichte vom Grill.

Veranda, Jomas 58. Hübsches blaues Holzhaus mit schöner Terrasse. Serviert gute Solyanka.

Zangezur, Jomas 80. Gemütliches Restaurant mit bunten Sofas drinnen und netter Terrasse draußen. Auf den Tisch kommen Spezialitäten aus Armenien.

• *Cafés* **B.I.G**, Dzintari 8. Nettes Café mit B.B.Q.-Ecke auf der dazugehörigen Wiese.

Celtnieciba, Dzintaru/Turaida. Angenehmes Café in imposantem Rundbau mit Glaskuppel, der gerade renoviert wird.

Kafenīca, Jomas 39. Kleines Café mit schöner Terrasse.

Kafenīca, Basnīca 12/14, Dubulti. Modern ausgestattetes Kaffeehaus mit attraktiver Salat- und Kuchenbar.

Konditorei, Jomas 44. Im Laden stehen auch ein paar Tische und Stühle, an denen Kaffee serviert wird.

Konzertcafé, kleines, simples Café in der Turaidas ielā neben der Sommerkonzerthalle, Richtung Strand.

Krodzinš, Jomas 66. Freundliches Café mit schönem Hof und Schaschlik auf der Speisekarte. Kinder werden sich über das Holzpferd und den Spielplatz freuen.

Kurši, Dubultu prosp. 30, Dubulti. Schönes Café, das zum gleichnamigen Apartmenthaus gehört.

Pinguin, Jomas 48. Bistro und Eisdiele, im Sommer auch mit Tischen auf der Straße.

Promenāde, Jomas 64. Einfach ausgestattetes Etablissement, das bekannt ist für gutes Schaschlik.

Turaida, Turaidas 8. Mittelgroßes Café/Bar,

mit Strandmobiliar und durchschnittlichen Gerichten.

• *Bars/Kneipen/Diskos* **Admiraļu**, Tauraida 1. Kleine Kneipe unweit vom Meer mit schöner Terrasse.

Admiraļu Klubs, Jomas 46. Laute Kneipe mit Kasino, Stimmung etwas merkwürdig.

Alus krodziņs, Jomas 64. Bierkneipe mit Terrasse und lettischer Musik. Kleine Snacks im Angebot.

Klubs X, Konkordijas 13. Der "In"-Club von Jūrmala. Beliebte Disko und Bar, in der oft Live-Bands spielen. Viel Platz auch draußen.

Musikos Klubs, Jomas 54. Nette Musikkneipe, in der gelegentlich Live-Bands auftreten.

Princītes, Jūras/Jomas. Originelle Bar und Bistro mit Kinderspielplatz und Terrasse.

Soul, Turaidas 4. Nette Bar in altem verzierten Holzhaus unter hohen Bäumen, schöne Terrasse.

Sport/Veranstaltungen/Verschiedenes

• *Sport/Wellness* **Fahrradverleih**, Jomas 75; Mellužu prosp. 21, Melluži. Hier gibt es auch Motorroller und Inlineskater.

Fliegen, gelegentlich kann man per "motorisiertem Paraglidegefährt" über das Meer und Jūrmala schweben. Kostet etwa 20 € für ca. 5 Minuten. Nähere Infos im Touristenbüro.

Tennis, Strēlnieku pr. 50/52, in Jaundubulti. Offene Tennisplätze und Tennishalle vorhanden. Schläger ausleihbar, ✆ 7769254;

Tenniszentrum, O. Kalpaka prosp. 16, Lielupe. ✆ 7752141.

Reiten, Hier gibt es in der Kolkas 1 in Jaunķemeri. ✆ 7737951.

Therapeutisches Reiten, möglich in der Asaru pr. 61, beim Ferienheim der Astronauten. 10€/Std. Voranmeldung erwünscht. ✆ 7766151.

Zentrum für Meerestherapie, Vikingu 3, Lielupe. Hier kann man es sich bei Schlammpackungen, Massagen, Aromatherapie etc. so richtig gut gehen lassen. Voranmeldung erforderlich. ✆ 7751897

Sauna, zu fast allen Hotels gehört eine Sauna, die auch von Nicht-Gästen benutzt werden kann.

Wasserpark Nemo, Atbalss 1, Vaivari. Großer Funpark mit 5 Wasserrutschen, 3 beheizten Swimming-Pools und Sauna. Im Sommer täglich von 10–20 Uhr geöffnet. Für mehr Infos www.nemo.lv.

Yachtclub, Vikingu 6. Verleih von Segel-

und Ruderbooten sowie Wasserski, Mobtel. ✆ 92626650.

Tretboote, ausleihbar bei der Erste-Hilfe-Station, Pilsoņu 2, Majori.

Hafen, Tiklu 17, Lielupe.

• *Veranstaltungen* **Ausstellungssaal**, Turaidas ielā 11. Wechselnde Arbeiten zeitgenössischer Künstler, Di geschlossen.

Galerie Fēniks, Jomas 44. Wechselnde Ausstellungen unterschiedlicher Kunstrichtungen, geöffnet von 12–16 Uhr.

Sommerkonzertsaal, Turaidas 1. Bei schönem Wetter finden die meisten klassischen Konzerte auf der überdachten Freilichtbühne statt. Schön ist es, während der Mittagszeit im Garten vor der Konzerthalle zu sitzen und den Proben zu lauschen.

• *Verschiedenes* **Geldwechsel**, Jomas 30 und 59, Majori; Dubulti pr.19, Dubulti; zahlreiche Wechselstuben in der Jomas ielā.

Post, Jomas 2, gehört bereits zum Stadtteil Dubulti, liegt aber näher an der Bahnstation Majori.

Internetzugang, Jomas 53, Majori.

Telegrafenamt, Lienas 16/16, Majori.

Erste-Hilfe-Station, Pilsoņu 2, Majori.

Poliklinik, Slokas 26, Dubulti.

Souvenirs, Jomas 46. Keramik- und Lederwaren, Silberschmuck, handgearbeitete Decken und Bernstein erhältlich.

Waschsalon, Jomas 61/15. Täglich von 8–20 Uhr geöffnet.

Sehenswertes

J. Rainis-Museum, Pliekšāna 7, Majori: Interessant ist die Datscha des beliebten lettischen Volksdichters *Jānis Rainis*. Heute ist in dem Sommerhaus ein kleines Gedenkmuseum für den berühmten Poeten eingerichtet. Die Wohnräume Rainis' geben einen Einblick in die Privatsphäre des Dichters. Hier wird immer noch das Jahr 1929 geschrieben, das Todesjahr des von den Letten so verehrten Schriftstellers.

Öffnungszeiten Mi–So von 11–17 Uhr.

Jūrmala-Museum, Tiroņu 27/29, Majori. Zu sehen sind Exponate zur Geschichte Jūrmalas, archäologische Funde aus der Ostsee und wechselnde Ausstellungen moderner Kunst.
Öffnungszeiten Mi–Mo von 10–17 Uhr.

Aspazija Haus, Meierovica prosp. 20, Dubulti. Zu sehen ist das Sommerhaus der berühmten lettischen Dichterin, in dem sie die letzen Jahre ihres Lebens verbrachte. Das Haus ist außerdem Veranstaltungsort wechselnder Ausstellungen und beherbergt eine Bücherei.
Öffnungszeiten Di–Do sowie Sa von 11–16 Uhr und Mo von 14–19 Uhr.

Gefängnismuseum, Piestātnes 6/14, Dzinari. Dokumentiert wird die Geschichte des Strafvollzugs in Lettland vom Mittelalter bis in die Gegenwart.
Öffnungszeiten nach Absprache, Mobtel. 9416038.

Maschinenmuseum, Turaidas 11, Dzintari. Wer alte technische Geräte und Vehikel liebt, dem wird diese kleine Ausstellung gefallen. Schmuckstück des Museums ist das Automobil Victoria, das einst Zar Nikolai II. gehörte.
Öffnungszeiten von Juni–Aug täglich von 11–20 Uhr, ansonsten nach Vereinbarung, ✆ 9263329.

Museum für Ludis Bērziņš, Poruka prosp. 27, Jaundubulti. Hommage an den beliebten lettischen Folkloristen, Schriftsteller, Lehrer und Theologon *Ludis Bērziņš* (1870–1965). Gleichzeitig beherbergt das Haus eine Bücherei und ist Veranstaltungsort wechselnder Kunstausstellungen.
Öffnungszeiten Di–Fr von 11–17 Uhr, Sa von 12–16 Uhr.

Orthodoxe Kirche, Ķemeri: Die hübsche Holzkirche wurde ohne einen einzigen Nagel im Jahre 1893 erbaut. Das Innere des Gotteshauses ist mit reichen Schnitzereien verziert.

Friedhof und Insel: Bei der Kirche befindet sich ein Soldatenfriedhof, auf dem Opfer beider Weltkriege liegen. Nicht weit davon liegt ein kleiner malerischer See mit einer künstlich angelegten Insel, der *Insel der Liebe*.

Ķemeri Nationalpark: Wer etwas Abstand zum pulsierenden Treiben am Strand sucht, ist hier genau richtig. Tiefe Wälder und flache Seen, an denen viele Zugvögel brüten, charakterisieren die Gegend des erst 1997 gegründeten Nationalparks. Insgesamt stehen 38165 ha unter Schutz. Auch historisch ist der Ort interessant – seit insgesamt 150 Jahren ist Ķemeri ein Kurort, wovon das imposante Gebäude des Spa-Hotels Zeugnis gibt.
Für Besucher bieten sich eine Reihe verschiedener Aktivitäten an, den Park zu erkunden. Ein besonderes Erlebnis ist das Beobachten der Zugvögel, was allerdings nur mit Guide möglich ist. Sehr schön ist auch eine Wanderung durch die tiefen würzigen Wälder oder eine Bootstour auf der Slocene, was auch nur mit sach- und ortskundiger Begleitung gestattet ist. Weitere Informationen sind in der Touristeninformation des Nationalparks, Meža Māja, Ķemeri, ✆ 77-65387, ✆ 777650400 zu erhalten. Um den Nationalpark zu erreichen, einfach die Elektrischka bis Ķemeri nehmen.

Baden

Der 30 km lange Sandstrand von Jūrmala präsentiert sich vielfältig. Ķemeri beispielsweise verspricht mit seinen oft fast leeren Stränden einsame Strandromantik, sei es unter rauschenden Kiefern oder in den weichen Dünen. In

Majori dagegen ist buntes Strandleben angesagt, denn hierher kommen die meisten Urlauber Jūrmalas. Fotografen schießen Erinnerungsfotos, Musiker spielen Akkordeon, und Kinder verkaufen Süßigkeiten, Souvenirs und T-Shirts.

Die Wassertemperatur ist im Hochsommer angenehm erfrischend und gelegentlich sogar mild. Seit 1997 weht am Strand von Jurmala die Blaue Flagge, die hohe Wasserqualität, Sicherheit und eine ausreichende Erste-Hilfe-Versorgung bescheinigt. Dennoch sei darauf hingewiesen, dass das Wasser des Rīgaer Meerbusens, auch wenn in Bezug auf die Verminderung der Wasserverschmutzung in Lettland einiges passiert ist, nicht zu dem saubersten zählt. Die meisten Urlauber lassen sich davon jedoch nicht abschrecken. Schön ist auch eine Strandwanderung am Meer entlang. Mit etwas Glück entdeckt man am Strand von Dzintaris (zu dtsch. Bernstein) vielleicht einige Stücke des begehrten "*baltischen Goldes*".

Gauja-Nationalpark

Etwa 56 km nordöstlich von Rīga beginnt der einzigartige Gauja-Nationalpark. Landschaftlich prägend ist die etwa 100 km lange Gauja, die sich wie im Bilderbuch durch tief eingeschnittene Urstromtäler schlängelt.

Nicht umsonst wird das Gebiet auch als die *Schweiz Vidzemes* bezeichnet. Der 1973 gegründete Park erstreckt sich über etwa 900 qkm bei einer Länge bis zu 100 km und einer Breite von 10 km.

Das Naturschutzgebiet ist in sieben Zonen unterteilt, drei davon sind für Besucher zugänglich. Die Hauptorte des Nationalparks sind *Sigulda*, *Cēsis* und *Ligatne*. Wenn man auch sonst in Lettland problemlos überall seine Zelte aufschlagen kann, so ist das im Nationalpark abseits der vorgegebenen Rastplätze streng verboten.

Die vielen Naturschönheiten des Gauja-Nationalparks machen einen Besuch zu einem unvergesslichen Naturerlebnis: Goldgelbe bis feuerrote Sandsteinfelsen und dichtbewaldete Hügel, mit uralten, knorrigen Eichen säumen das malerische Flussbett. Am Fuße der Hänge, die die Gauja säumen, befinden sich zahlreiche sagenumwobene Höhlen und Grotten, in deren Nähe geheimnisvolle Quellen sprudeln. In alten Zeiten waren die Höhlen oftmals von mystischen Heilern bewohnt, die mit heiligem Wasser die um Hilfe bittenden Menschen

Der Gauja-Fluss

behandelten. Es wird sogar gemunkelt, dass der Teufel selbst in den Grotten der Gauja hauste.

Ideal eignet sich der Nationalpark für ausgedehnte Wanderungen und Bootstouren. Doch der Park ist nicht nur im Sommer eine Reise wert. Die bunten Wälder im Herbst oder die Eisschollen des Winters, die bei klirrender Kälte auf der Gauja umhertreiben, machen auch zu diesen Jahreszeiten einen Besuch reizvoll. Im Winter laden zusätzlich noch eine Piste und mehrere Loipen zum Skilaufen ein, und bei Sigulda gibt es sogar eine Bobbahn.

Die vielen Ruinen und historischen Bauten machen den Nationalpark auch zu einem Paradies für Geschichtsliebhaber. Im Park stehen über 300 Bauten unter Denkmalschutz, darunter auch die Reste einer Wasserburg aus dem 9. Jh. am *Āraišu-See*. Bevor die deutschen Kreuzritter die Gauja erreichten, war das Flussufer von dem finno-ugrischen Stamm der *Liven* besiedelt, deren hölzerne

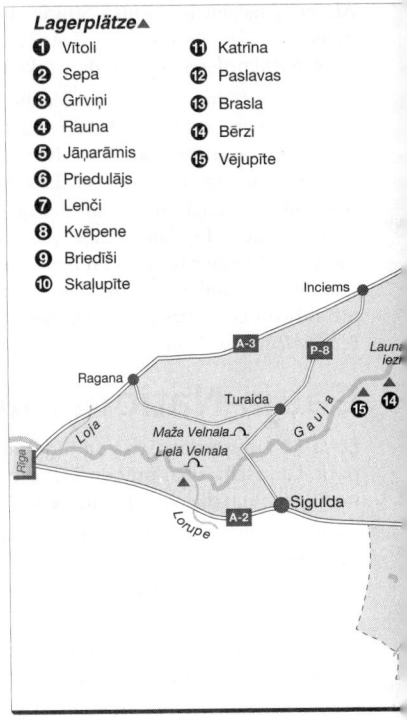

Lagerplätze▲

❶ Vitoli
❷ Sepa
❸ Grīviņi
❹ Rauna
❺ Jāņarāmis
❻ Priedulājs
❼ Lenči
❽ Kvēpene
❾ Briedīši
❿ Skaļupīte
⓫ Katrīna
⓬ Paslavas
⓭ Brasla
⓮ Bērzi
⓯ Vējupīte

Festungen sich auf den höchsten Hügeln des Gauja-Tals erhoben. Die Burgen der Liven wurden jedoch niedergebrannt und durch Ordensfestungen ersetzt.

An der Gauja prallten vehement die Interessen des Bischofs von Rīga und die des Ordens aufeinander, was sich in permanenten Machtkämpfen äußerte. Schließlich schaltete sich der Papst ein und sprach den Rittern das Ufer zu, an dem sich heute das Zentrum der Stadt Sigulda befindet, während der Bischof von Rīga die andere Seite erhielt, das heutige Turaida. An beiden Ufern erinnern massive Bauten an die einstigen Machthaber. Noch gut erhalten ist die Bischofsburg von Turaida mit dem Grab der legendären *Roze*, die lieber in den Tod ging, als ihrem Verlobten untreu zu werden.

Sigulda (Segewold)   (ca. 14.000 Einwohner)

Die Stadt Sigulda ist das Zentrum des Gauja-Nationalparks. Sie ist umgeben von einer saftig-grünen und bildschönen Landschaft.

Sigulda, auf der östlichen Gaujaseite liegend, ist ein freundliches, altes Städtchen. Seine Umgebung ist ein Paradies für historisch Interessierte und Speläologen. Am andern Ufer der Gauja erhebt sich majestätisch die Burg von

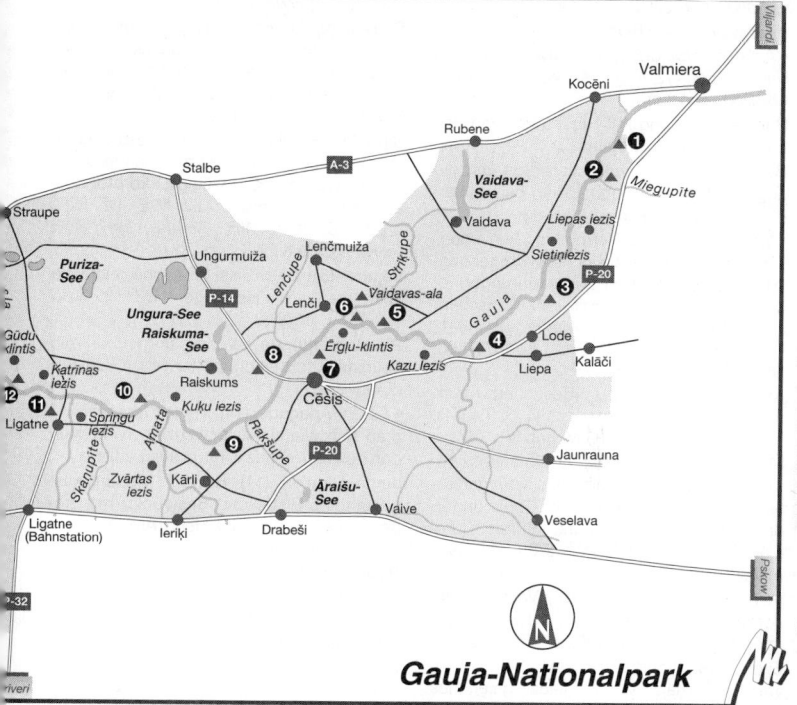

Gauja-Nationalpark

Turaida. Die beiden Flussufer sind durch eine Brücke und eine Seilbahn miteinander verbunden.

Seit 1207 ist Sigulda als Stadt bekannt. Archäologische Forschungen besagen allerdings, dass schon weit vor unserer Zeitrechnung finno-ugrische Fischer und Jäger am Gauja-Ufer lebten. Als im 13. Jh. die Kreuzritter hierher kamen, fanden sie bereits eine Stadt vor. Nach ihrer Eroberung errichteten sie am Ufer der Gauja eine Ordensfestung.

Während des 16. Jh. war Sigulda abwechselnd von Russen, Schweden und Polen besetzt. Stark gelitten hat die Stadt während des Nordischen Krieges und der sich anschließenden Pest. Der schwarze Tod wütete erbarmungslos und raffte zwei Drittel der Bevölkerung Siguldas dahin.

In den achtziger Jahren des 19. Jh. wurde die Stadt als Erholungsort entdeckt. Viele Adlige und reiche Kaufleute bauten sich hier ihre Sommerhäuser. Begünstigt noch durch die Inbetriebnahme der Eisenbahnlinie Rīga-Pskow avancierte Sigulda schnell zu einem Urlaubsort der Wohlhabenden. Selbst der Zar und seine Familie verbrachten hier stets einige Wochen des Jahres.

Auch heute ist Sigulda ein beliebter Ferienort und gleichermaßen attraktiv für Naturfreunde, Sportler und Historiker.

• *Postleitzahl* LV2150

• *Vorwahl* 22 (wie Rīga).

• *Anfahrt/Verbindungen* **Pkw** – Sigulda liegt an der A-2, Rīga-Pskow, etwa 54 km nördlich von Rīga.

Bus – Verbindung mit Rīga, Cēsis und Valmiera, Busbahnhof, Raiņa 3.

Bahn – Die Elektrischka von Rīga und die Züge nach Moskau und Tallinn halten hier. Bahnhof, Stacija ielā.

• *Information* Pils 6. Vermittlung von Unterkünften, Touren in die nähere Umgebung, sowie Gruppen- und Einzelführungen in den Nationalpark mit ökologischem Schwerpunkt. Geöffnet Mo–Fr von 10–18 Uhr, Sa von 10–14 Uhr. ✆/📠 7971335, tic_ilze@hotmail.com, www.rigaregion.com; Besucherzentrum des Nationalparks, Baznīcas 3, ✆ 7971345, 📠 7971344, ic@gnp.lv, www.gnp.lv .

Makars, Peldu 1. Großes Informationszentrum mit Zeltplatz, Bootsverleih, Organisation von Exkursionen auf der Gauja und in den übrigen Nationalpark, Bungee-Jumping, etc. ✆ 9244948, 📠 7970164, janis@makars.lv, www.makars.lv.

• *Übernachten* **Aparjods (14)**, Ventas 1. Modernes, freundliches Hotel mit ländlichem Interieur. EZ 50 €, DZ 65 €. ✆/📠 7705225.

Ezeri (15), Siguldas pagstas. Schöne, etwas außerhalb von Sigulda gelegenes Gasthaus mit geschmackvoll eingerichteten Räumen. EZ 36 €, DZ 45 €, DRZ 65 €. Es gibt keine öffentliche Verkehrsanbindung.

Krimulda (3), Mednieku 3. Hierbei handelt es sich um ein Rehabilitationszentrum für Kinder, das auch Touristen aufnimmt und als Jugendherberge fungiert. Die Zimmer sind nicht spektakulär, aber sauber. Zu finden ist es auf der anderen Gauja-Seite in Krimulda. EZ und DZ 18–24 €. ÜB im Jugendherbergstrakt 9 €. ✆ 7972232, 📠 7971721, krimulda@lis.lv.

Livonija (13), Pulkveža Brieža 55. Kleine Unterkunft, teilweise mit modernisierten Räumen. EZ 22 €, DZ 30–38 €.

Līvkalns (4), Pēterala 3. Einladendes kleines Hotel eingebettet in wunderbar grüner Landschaft. Zimmer sind in frischem skandinavischem Stil ausgestattet. DZ 37-45 €, 65 €. livkalns@livkalns.lv www.livkalns.lv. ✆ 7970916, 📠 7970919.

Makars-Camping (7), Peldu 1. ÜB zwischen 2 und 4 €, je nach Zelt, Zeltverleih für 5 € pro Tag. Ebenfalls sind Schlafsäcke erhältlich. ✆ 9244948, 📠 7970164, janis@

makars.lv, www.makars.lv.

Senleja (2), Turaidas 4. Liegt in Turaida, etwa 2 km vor der Museumsanlage. Zimmer sauber, aber sehr einfach. Kleine Bar angeschlossen. EZ 22 €, DZ ab 25–35 €, DRZ 30 €. ✆ 2972162, 📠 2970102.

Sigulda (8), Pils 6. Gelungen restauriertes Hotel wobei Alt und Neu miteinander kombiniert wurden. Großzügige, komfortabel ausgestattete Zimmer. EZ 45 €, DZ 55 €. ✆ 2972263, 📠 7245165, hotelsigulda@lis.lv, www.sigulda.lv.

Vējupe (6), Televīzijas 19. Kleine, einfache aber saubere Herberge. DZ 25–30 €. ✆ 7973121, 📠 7973998.

Privatunterkünfte: Vermittlung über die Touristeninformation in der Pils 6. ÜB um die 10–15 €.

• *Essen* **Aparjods (14)**, Ventas 1a. Hier fühlt man sich wie auf einer Farm, serviert werden herzhafte Spezialitäten aus Lettland.

Juma Sigulda (11), Raiņa 1. Modern ausgestattetes Bistro und Restaurant mit großen Fenstern und viel Licht. Am Wochenende oft Live-Musik.

Pilsmuiža (5), Pils 16. Gutes Lokal im Schloss von Sigulda mit schöner Terrasse und historischem Ambiente.

Trīs draugi (9), Pils 9. Empfehlenswertes, preisgünstiges Bistro mit reichhaltigem Buffet.

• *Cafés* **Laiks Pils (10)**, Pils 6. Angenehmes Café mit großen Fenstern und Terrasse, befindet sich im gleichen Gebäude wie die Touristeninformation.

Pils (12), Pils 4. Kleines, gemütliches Café mit kleiner Speisekarte und schöner Terrasse.

Terase, Pils 10. Einfaches aber nettes Café.

Turaida (1). Gemütliches Café in der Museumsanlage.

• *Verschiedenes* **Geldwechsel**, Rīga 1; Pils 1, Zinātnes 7, Stacijas 12.

Post, Pils 2.

Bibliothek, Instituta 1, Internetzugang geplant.

Poliklinik, Ziedu 5.

Tankstelle, auf der Vidzemes šoseja Richtung Rīga und Richtung Pskov.

Autoreparatur, Pulkveža Brieža 2a und 113. Bewachter Parkplatz, Pils/Kr. Barona.

• *Feste* In Sigulda finden fast jeden Monat besondere Veranstaltungen statt. Hier die interessantesten: im Mai **Stadtfest** und **Ballonfestival**; im Juni **Mittsommernachtssparty**; im Juli **Opernfestival**.

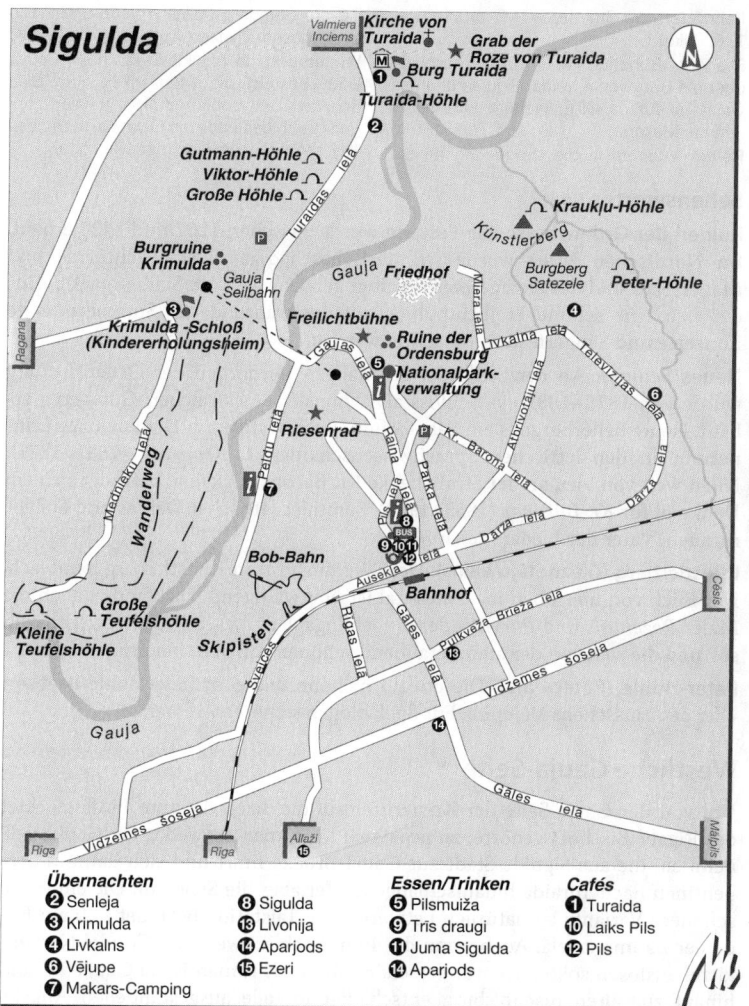

Sigulda

Valmiera Inciems · **Kirche von Turaida** ▮ ✝
★ **Grab der Roze von Turaida**
▮ **M**
❶
Burg Turaida
Turaida-Höhle
❷

Gutmann-Höhle ⌒
Viktor-Höhle ⌒
Große Höhle ⌒

⌒ **Krauklu-Höhle**
Künstlerberg ▲
Burgberg Satezele ▲ **Peter-Höhle**

Turaidas iela

Burgruine Krimulda
Gauja - Seilbahn
Gauja **Friedhof**
❹

Krimulda -Schloß (Kindererholungsheim)
❸
Freilichtbühne
★ ● **Ruine der Ordensburg**
❺ **Nationalpark- verwaltung**
ℹ

Ragana

Ivkalna iela
Tetavizlias iela

Gaujas iela

Madliena iela

Riesenrad ★

Kalna iela
Parka iela

Peldu iela
ℹ ❼
P

Kr. Barona iela

Darza iela

Wanderweg

Bob-Bahn

▮ ❽ BUS
❾❿⓫
⓬ iela
Auseklu iela

Darza iela

Cēsis

Große Teufelshöhle
Kleine Teufelshöhle
Skipisten
Bahnhof

Šveices iela
Rigas iela
Gāles iela
Pulkveža Brieža iela
❽⓭

Vidzemes šoseja

Gauja

⓮

Gāles iela

Vidzemes šoseja

Riga Riga Allaži ⓯

Malpils

Lettland
Karte siehe Umschlaginnenklappen

Übernachten
❷ Senleja
❸ Krimulda
❹ Līvkalns
❻ Vējupe
❼ Makars-Camping

❽ Sigulda
⓭ Livonija
⓮ Aparjods
⓯ Ezeri

Essen/Trinken
❺ Pilsmuiža
❾ Tris draugi
⓫ Juma Sigulda
⓮ Aparjods

Cafés
❶ Turaida
❿ Laīks Pils
⓬ Pils

•*Sport* **Baden**: Es gibt bei Sigulda sehr schöne Strände am Ufer der Gauja. Die Bewohner selbst springen zur Erfrischung gern in den Fluss, der sauber genug sein soll.

Bobfahren: Šveices 13. Auf der über 1200 m langen Strecke kommt man so richtig in Fahrt. Im Januar 1996 war sie sogar Austragungsort der Europameisterschaften. Eine Fahrt kostet 6 €.

Boote: Schlauchboote und Kanus können ausgeliehen werden. Für 1 Stunde mit ca. 6 €, für 1 Tag mit ca. 20 € rechnen, Peldu 1.

Bungeejumping: Mutige vor! Jedes Wochenende besteht die Möglichkeit, sich kopfüber aus der Gondel ins atemberaubend schöne Gauja-Tal zu stürzen. Auf Wunsch kann auch von einem Heißluftballon aus oder von der Gauja-Brücke gesprungen werden. Weitere Informationen bei Makars.

Fahrräder: pro Stunde ca. 4 €, pro Tag ca. 10 €, Peldu 1.

Fliegen: Rundflug in Propellermaschine über die Burg von Turaida, Sigulda und das Gauja-Tal für ca. 30 €, weitere Informationen bei Makars.

Reiten: Ausritte in die Umgebung für ca.

8 € pro Stunde möglich. Pferde und Ställe in tadellosem Zustand, Turaidas 10, ☎ 974584.

Wintersport: In Sigulda-Stadt, beim Gauja-Ufer, besteht die Möglichkeit zum Ski-, Schlitten- und Bobfahren. Hier trainiert übrigens auch das lettische Olympia-Team, das 1988 in Calgary die Goldmedaille holte.

Sehenswertes

Ruinen der Ordensburg: Die Festung wurde zwischen 1207 und 1226 erbaut. Im Nordischen Krieg wurde sie stark beschädigt, zwei Wachtürme und Mauerreste sind das einzige, was erhalten geblieben ist. Im Schlosspark befindet sich eine schöne Freilichtbühne, auf der während der Sommermonate Konzerte und Sängerfeste veranstaltet werden.

Neues Schloss: An der Stelle der ehemaligen Vorburgen der Ordensfestung wurde von 1878–1881 ein Schloss als Wohnsitz eines reichen Gutsherrn erbaut. Heute beherbergt es ein Sanatorium. Im Hof steht ein Denkmal zur Erinnerung an den lettischen Sprachwissenschaftler *A. Kronvald* (1837–1875). Nicht weit von hier, an der Straßenecke Kr. Barona/Livkalna, befindet sich ein Denkmal für *Kr. Baronas* (1835–1923), Sammler lettischer Dainas und Folklore, auch "Vater der Lieder" genannt.

Künstlerberg (Gleznotāju kalns): Der Weg hinauf zum Künstlerberg lohnt sich. Der Blick von hier oben ins Gauja-Tal ist überwältigend. Das fanden auch die Maler *Rozentāls* und *Purvītis*, deren Lieblingsplatz dieser Hügel gewesen sein soll und die sich von der atemberaubend schönen Aussicht inspirieren ließen.

Peter-Höhle (Pētera ala): Die etwa 5 m hohe und 6 m tiefe Höhle liegt am Ufer des Flüsschens Vējupite. Für Speläologen sicher interessant.

Westliche Gauja-Seite

Um von der Gauja-Seite der Kreuzritter auf die Seite, die zum Einflussgebiet des Rīgaer Bischofs gehörte, zu gelangen, kann man entweder die Gaujas ielā nehmen, die aus Sigulda-Stadt zur Gauja-Brücke führt und sich dann in Serpentinen nach Turaida hinaufschlängelt, oder aber die Seilbahn. Die eindeutig schönere Variante ist natürlich Letzteres. Die Talstation befindet sich am Ende der Baumaņa ielā. Auch wenn die 40 m hoch schwebende Gondel Nervenkitzel auslösen sollte, der wunderschöne Blick ins romantische Gauja-Tal und hinauf zur alten Bischofsburg entschädigt für alle ausgestandenen Ängste. Links von der Bergstation erhebt sich das *Schloss von Krimulda*.

Kleine Teufelshöhle (mazā velnala): Ein gutes Stück weiter südlich des Schlosses befindet sich die Kleine Teufelshöhle. In der 10 m tiefen Gauja-Höhle soll die *Quelle der Weisheit* sprudeln. In Urzeiten sollen Mütter ihre Kinder hierher gebracht und in dem allwissenden Wasser gebadet haben, um ihnen Glück und Klugheit mit auf den Weg zu geben.

Krimulda-Burg: Auf dem Weg nach Turaida stehen rechts von der Bergstation die Ruinen der Krimulda-Burg. Die Festung entstand in der zweiten Hälfte des 13. Jh., war aber nie von großer kriegerischer Bedeutung. Sie wurde eher zur

Unterbringung wichtiger geistlicher und weltlicher Gäste genutzt. Im 17. Jh. wurde sie im polnisch-schwedischen Krieg zerstört und nie wieder aufgebaut.

Krimulda-Schloss: Nicht weit von der Burg erhebt sich links der Bergstation ein 1854 im Stil des Klassizismus errichtetes Schloss. Es beherbergt heute ein Kindererholungsheim.

Große Teufelshöhle (lielā velnala): Der Name der Höhle kommt, wie anzunehmen, von des Teufels Anwesenheit höchstpersönlich . . .

> Als der Teufel einmal durch das malerische Tal der Gauja flog, vernahm er plötzlich das laute Krähen eines Hahns, das ihn bis ins Mark erschauern ließ. Vor Angst zitternd, konnte er seinen Flug unmöglich fortsetzen und beschloss, in jener Höhle ein wenig zu rasten. Die schwarzen Höhlenwände, so sagt man, seien durch den dunklen Atem des Teufels so schwarz geworden.

Gutmann-Höhle (Gūtmaņa ala): Mit 10 m Höhe, 12 m Breite und 19 m Tiefe ist sie eine der größten Sandsteinhöhlen des Baltikums. Sie soll eine Zeit lang der geheime Treffpunkt der Verliebten Maija und Viktor (siehe unten) gewesen sein. Der in der Höhle sprudelnden Quelle wurden heilende Kräfte zugesprochen. Ein Mann, der einst in der Höhle lebte, verstand sich darauf, diese Kräfte zu nutzen. Dies brachte ihm die Bezeichnung "guter Mann" ein, die schließlich der Höhle zu ihrem Namen verhalf.

Viktor-Höhle: Angeblich hat Viktor diese Höhle aus Liebe zu seiner Maija, der *Roze von Turaida*, mit seinen bloßen Händen gegraben, damit Maija von dort die Möglichkeit hatte, ihn bei der Arbeit beobachten zu können.

Die Höhlen liegen alle drei dicht beieinander und sind zu finden, wenn man am "bischöflichen" Ufer der Gauja Richtung Turaida entlangspaziert.

Turaida-Museumsanlage

In Turaida, etwas weiter nördlich von der Krimulda-Ruine, befindet sich am hohen Ufer der Gauja eine große Museumsanlage, welche die alte Bischofsburg, das Grab der legendären Roze von Turaida, eine Kirche, eine Ausstellung über die Geschichte Siguldas und ihrer Umgebung und einen großen Skulpturenpark umfasst.

Gegenüber vom Museumseingang befindet sich ein großer Parkplatz. Dort gibt es einige Souvenirbuden, die Wimpel, Spazierstöcke und Bernstein feilbieten. Direkt vor dem Museumseingang befindet sich ein Reitstall. Es besteht die Möglichkeit, sich die nähere Umgebung per Kutsche oder per Ausritt zu erschließen.

Öffnungszeiten Die Anlage ist ganzjährig geöffnet.

Grab der Roze von Turaida: Zur Burg führt der Weg vorbei am Grab der legendären *Roze von Turaida*, ein beispielloses Symbol für wahre Liebe. Auf dem Grab rascheln auch heute noch die Zweige der Linde, die Viktor, Rozes Geliebter, bei ihrer Beerdigung in tiefer Trauer auf ihr Grab pflanzte. Über das Mädchen wird folgende traurige Geschichte erzählt:

Man schrieb das Jahr 1601. Im Lande wütete der schwedisch-polnische Krieg. Die Schweden hatten nach einer dreitägigen erbitterten Schlacht die Polen an den Ufern der Gauja geschlagen und die Burg Turaida erobert. Nach Beendigung der Kämpfe machte sich der alte Schreiber der Burg auf, um in den umliegenden Wäldern nach Verwundeten zu suchen. Dabei fand er ein kleines, weinendes Mädchen, das allein zwischen den Verletzten umherirrte.

Der alte Mann nahm das Mädchen zu sich und gab ihr den Namen Maija. Im Laufe der Zeit wuchs Maija zu einer bildhübschen jungen Frau heran. Sie war so schön, dass sämtliche Männer der Umgebung sie zu ehelichen wünschten und ihr schwärmerisch den Beinamen *Roze von Turaida* gaben. Doch Maija hatte ihre Entscheidung bereits getroffen: Sie liebte Viktor, einen jungen Gärtner, der im Schlosspark von Sigulda arbeitete. Die beiden Verliebten trafen sich oft in der Gutmann-Höhle am Ufer der Gauja. Doch das junge Glück sollte auf tragische Weise zerstört werden:

Eines Tages kam ein polnischer Offizier nach Turaida, der von Maijas Schönheit geblendet war. Auf der Stelle wollte er das Mädchen zu seiner Geliebten machen. Doch all seine kostbaren Geschenke konnten Maijas Treue zu Viktor nicht beeinträchtigen. So überlegte sich der Offizier eine List, wie er an das Mädchen herankommen könnte: Er ließ Maija einen Brief überbringen, in dem er Viktors Handschrift fälschte und sie um ein Treffen in der Höhle bat. In der Hoffnung, ihren Liebsten zu sehen, machte sich Maija rasch auf den Weg zur Höhle. Verzweifelt und traurig darüber, anstelle Viktors den Offizier anzutreffen, erzählte sie ihm, um ihre Ehre bangend, dass das Halstuch, das sie trug, Zauberkräfte besäße und seine Träger vor sämtlichem körperlichem Leid schütze. Mit der Bitte, ihre Freiheit und ihre Ehre behalten zu dürfen, bot sie dem Offizier das Halstuch an. Damit er sich selbst von der Zauberkraft des Halstuches überzeugen könne, forderte sie ihn auf, ihr einen gewaltigen Hieb mit dem Schwert zu erteilen. Der Offizier setzte an und sah, wie der Körper des Mädchens leblos vor ihm zusammensackte. Fluchtartig verließ er die Gutmann-Höhle und ward in Turaida nie wieder gesehen.

Als Viktor am Abend zur Höhle kam, fand er den Leichnam seiner Freundin. Als er mit einigen Arbeitern Maija hochhob, fanden sie den Brief mit der gefälschten Handschrift Viktors und seine Axt. Sofort wurde Viktor des Mordes bezichtigt und zum Tode verurteilt. Doch er hatte Glück im Unglück. Ein Freund des Offiziers, der diesem heimlich zum Stelldichein gefolgt war, berichtete, was sich wirklich in der Höhle zugetragen hatte. Somit wurde Viktor freigesprochen. In tiefer Trauer beerdigte er seine geliebte Maija und pflanzte eine Linde auf ihr Grab. Am nächsten Tag verließ er Turaida und kehrte nie zurück. Alles was er mitnahm, war eine Handvoll Erde von Maijas Grab.

Bischofsburg: Die 1214 erbaute Burg von Turaida diente einst als Residenz des Bischofs von Rīga. Lange Zeit war die Festung eine der mächtigsten auf den Höhen des Gauja-Tals. Ursprünglich war sie von einer gewaltigen Mauer mit fünf Wachtürmen umgeben. Bei dem großen Brand von 1776 wurde die Burg größtenteils zerstört. Teilweise ist sie wiederaufgebaut worden, doch die Restaurierungsarbeiten sind noch lange nicht beendet, da die Festung wieder in ihren ursprünglichen Zustand versetzt werden soll. Bereits fertig gestellt ist

Schwer romantische Geschichte – am Grab der Roze von Turaida

der 30 m hohe Burgfried, den zu erklimmen es sich lohnt. Der Blick auf das üppiggrüne Gauja-Tal ist traumhaft. In einem erneuerten Trakt der Burg befindet sich heute das Regionalmuseum von Sigulda.

Kirche von Turaida: Das guterhaltene Gotteshaus zählt zu den ältesten Holzkirchen Lettlands. Hübsch ist der im Barockstil errichtete Turm. In dieser Kirche fanden sowohl Maijas Taufe als auch ihre Trauerfeier statt.

Volkslieder- und Skulpturenpark: Zu Ehren *Kr. Barons* (1865–1944), dem Sammler lettischen Volksguts, wurde der Garten 1985 eingerichtet. In dem Park sind monumentale, sehr ansprechende Steinplastiken des lettischen Bildhauers *I. Raṇka* zu sehen. Das Thema, das die Skulpturen verbindet, ist ihr Bezug zur lettischen Volkstradition. Besonders eindrucksvoll ist die Plastik *Vater der Lieder*, ein überdimensional großer Kopf eines weise aussehenden Mannes, der sich mit einer Hand nachdenklich das Kinn hält.

Kanutour auf der Gauja durch den Nationalpark (s. Karte S. 334/335)

Sämtliche Ausrüstung, die für eine Bootstour auf der Gauja benötigt wird, sowie der Transport zum Ausgangspunkt können im Informationszentrum **Makars** organisiert werden. Von Valmiera bis Sigulda (man benötigt etwa 3 Tage für die 85 km weite Strecke) kostet die Ausrüstung inkl. Boot. Zelt, Schwimmwesten und Transport ca. 40 € pro Tag. Man kann auch nur 2 Tage ab Rāmnieki (55 km) und ab Cēsis (45 km) oder 1 Tag ab Ligatne (25 km) buchen. Die Tour startet unter der Brücke von *Valmiera*. Von dort ist es nicht mehr weit, bis der Gauja-Nationalpark beginnt. Ab hier darf nur auf den dafür vorgesehenen Lagerplätzen übernachtet und auch nur dort Feuer gemacht werden.

Nachdem man die Gauja etwa 4,5 km abwärts gerudert ist, befindet man sich im Nationalpark. Nach etwa 1 km kommt am linken Ufer der Lagerplatz *Vitoli* (1). Die nächste Lagerstätte *Sepa* (2) befindet sich nur 4 km weiter stromabwärts, ebenfalls auf der linken Seite. Nicht weit von den Rastplätzen zeigen sich wunderschöne Sandsteinfelsen, *Liepaiezis* auf lettisch, die wie gemalt das Ufer der Gauja säumen.

Nach weiteren 2 km erheben sich am rechten Ufer majestätisch die *Sientiņiezis*. Die Steine schimmern rötlich und werden als des *Teufels Ferse* bezeichnet.

Auf dem Weg zum 5 km entfernten Ort *Lode* kommt man an der Lagerstelle *Grīviņi* (3) vorbei. Sie befindet sich am linken Ufer. Unweit von Lode liegt das Dorf *Liepa*. Wer schon immer einmal einen Blick in die Hölle werfen wollte, ist hier genau richtig. Hier befindet sich eine 11 m tiefe Sandsteinhöhle, aus der eine kleine Quelle herausfließt. Im Volksmund wird die Höhle als die *Hölle Lettlands* bezeichnet, in Urzeiten diente sie als Kultstelle.

Literaturliebhaber sollten nach weiteren 3 km, kurz nach der Mündung der *Rauna* in die Gauja, anlegen, um sich das in der Nähe befindliche Museum für den Schriftsteller *E. Treimanis-Zvārgulis* anzusehen. Ein kurzes Stück vor der Mündung der Rauna befindet sich am linken Ufer der Lagerplatz *Rauna* (4). Flussabwärts, hinter der Mündung der Rauna, liegt am rechten Ufer die Lagerstelle *Jāņarāmis* (5).

Auf dem Weg dorthin wartet die Natur mit einer weiteren Schönheit auf: Linker Hand erheben sich die rötlich-braunen *Kazu-kalns*-Felsen. Das Gauja-Ufer ist hier sehr steil und stark bewachsen.

Nach 6 km gelangt man zu einer Fußgängerbrücke, und nach weiteren 4 km erhebt sich links der gigantische 15 m hohe Adlerfelsen *Ērgļu-kalns* hoheitsvoll aus der Gauja. Es gibt hier einige schöne Sandbänke und -strände, die zu einer Rast und zum Sonnenbaden einladen. Am anderen Ufer liegt der Lagerplatz *Priedulājs* (6). 1 km weiter flussabwärts mündet rechter Hand die *Stri-*

ķupe in die Gauja. Nicht weit von dem Zusammenfluss (2 km) liegt die *Vaidava-Höhle*.

Auf der anderen Gauja-Seite liegt der Lagerplatz *Lenči* (7). Nach 4 km fließt die Lenčupe in die Gauja. Nach weiteren 3 km hat man die *Raiskuma-Brücke* erreicht. Wer das romantische Städtchen *Cēsis* besichtigen will, muss hier festmachen. Bis ins Zentrum sind es etwa 3 km. In Cēsis besteht auch die Möglichkeit zu übernachten (siehe S. 345).

Gleich nach der Raiskuma-Brücke wird die Gauja von den wunderschönen *Roten Felsen* gesäumt. Etwa 5 km weiter stromabwärts erhebt sich rechts der *Kvēpene-Burghügel*. Am Schlossberg steht eine uralte Eiche, die über 5,5 m Stammesumfang misst. Nicht weit vom Hügel liegt am gleichen Ufer der Rastplatz *Kvēpene* (8).

2 km weiter erheben sich am linken Ufer die *Briedīši iezis* (Sandsteinklippen), in deren Nähe sich die gleichnamige Lagerstätte (9) befindet. Weitere 2 km stromabwärts mündet die Amata, die während der Schneeschmelze fast zu einem reißenden Strom wird, in die Gauja. Hier lohnt es sich anzuhalten, um einen Fußmarsch (eine Strecke 6 km) zu den *Zvārtas iezis* anzutreten. Mit ihren 46 m sind sie die höchsten Felsen Lettlands.

Zurück auf der Gauja passiert man nach 1 km die wunderschönen und überaus malerischen *Ķūķu-iezis*. Hier beginnt eine Reihe von kleinen Stromschnellen.

Nach 3 km mündet die *Skaļupite* (10) in die Gauja. Am rechten Ufer befindet sich ein Lagerplatz gleichen Namens. An der linken Gauja-Seite kommt nach 2 km eine kleine Höhle, die das Flusswasser im Laufe der Jahre in den Sandstein gewaschen hat. Bis zum Zusammenfluss von *Ligatne* und Gauja ist es nur noch 1 km. Hier verkehrt auch eine Fähre, die Autos über den Fluss transportiert. Sehenswert sind der *Wildpark* und der *Märchenpfad* von Ligatne, die wenige Kilometer weiter stromabwärts liegen. Am nächsten kommt man den beiden Sehenswürdigkeiten, wenn man kurz nach dem am linken Ufer liegenden Lagerplaz *Katrīna* (11) anlegt.

Rudert man weiter bis nach Sigulda, trifft man am rechten Gauja-Ufer kurz vor dem Nebenfluss Brasla auf die Lagerstätten *Paslavas* (12) und *Brasla* (13). Bis nach *Turaida*, dem geschichtsträchtigen Stadtteil Siguldas, sind es noch etwa 12 km. Nach etwa 5 km kommt auf der linken Seite der Lagerplatz *Bērzi* (14) und nach weiteren 5 km auf derselben Seite der Platz *Vējupīte* (15).

Kurz bevor sich das beeindruckende *Schloss von Turaida* hoch oben auf einem Berg erhebt, verdient noch der pittoreske *Berg der Maler* Beachtung. Ihn zu erklimmen lohnt sich, denn die Aussicht in das Gauja-Urstromtal ist einmalig. Kurz hinter dem hohen Ufer von Turaida erreicht man *Sigulda*. Unter der Brücke von Sigulda ist die Fahrt auf der Gauja beendet.

Ligatne

Das Dorf Ligatne ist vor allem wegen seines schönen Wald- und Wildparks lohnenswert. Hier soll den Besuchern das Leben des Waldes nähergebracht werden. Das Gehege lässt sich auf eigene Faust erwandern oder per Pferd erkunden. Es ist auch möglich, an einer fachkundigen Führung teilzunehmen, die an der Kasse bestellt wird. Wer nicht die Zeit zu einer ausgedehnten Wanderung hat, kann das Gebiet auch per Auto durchqueren.

Im Wald sind Aussichtsplattformen aufgestellt. Von hier aus lassen sich die in Gehegen lebenden Bewohner der lettischen Wälder, wie Elche, Hirsche, Wildschweine, ja sogar Bären, gut beobachten. Wegen des Naturschutzes ist das Verlassen der Wege streng untersagt.

Eine sehr reizvolle Variante ist es, durch das Gebiet zu reiten oder die Gauja entlang zu galoppieren. Die Pferde stehen in der Nähe vom Informationsbüro, einfach die Straße ein Stück weiter entlanggehen.

Preise Ein Ausritt kostet zwischen 10 und 15 €. Nach Vereinbarung auch Reitwanderungen über mehrere Tage möglich. Im Winter ist der Park geschlossen.

Auf dem Märchenpfad von Ligatne

Lettland
Karte siehe Umschlaginnenklappen

Maija und Paija: Geht man die Straße an der Kasse zum Waldpark ca. 100 m weiter entlang, so gelangt man zu einer Reihe amüsanter Holzfiguren. Nicht von dem fälschlicherweise nach rechts verweisenden Maija- und Paija-Schild irritieren lassen, denn das führt zum Pflanzenlehrpfad. Ein Stück an dem

Schild vorbeigehen, bis linker Hand die Holzskulpturen stehen. Zu sehen sind holzgeschnitzte Figuren aus dem Märchen von Maija und Paija, das dem Märchen von Frau Holle ähnelt.

Ligatne-Bach: Dem Pflanzenlehrpfad folgend, gelangt man an die Ligatne, an deren Ufern sich einige schöne, kleine Sandstrände befinden. Hält man sich am Ligatne-Ufer rechts, so erblickt man einen gewaltigen, rötlichen Sandsteinfelsen, der malerisch ins Wasser abfällt.

● *Anfahrt/Verbindungen* **Pkw** – von Sigulda etwa 10 km die A-2 Richtung Cēsis nehmen, bis ein Schild nach Ligatne kommt. Dort abfahren und ca. 9 km auf dieser Straße bleiben. Bei einer Verkehrsinsel links abbiegen und rechts in einen Weg fahren, bis nach ca. 2–3 km links der Park beginnt (schlecht ausgeschildert).

Bahn – Züge von Valmiera-Rīga. Die Station Ligatne liegt noch ein ganzes Stück vom Ort selbst und vom Park entfernt. Am Wochenende während der Saison passt ein Mikrobus jeden Zug ab, um die Besucher in den Park zu bringen. In der Woche sieht die Weiterfahrt vom Bahnhof schlecht aus, da Transferbusse nur spärlich, wenn überhaupt, verkehren. Wer mit dem Fahrrad unterwegs ist, fährt die Bahnhofsstraße geradeaus bis zur Hauptstraße, dort links fahren und dann immer geradeaus, bis linker Hand ein Schild nach Ligatne kommt, weiter s. o. Die Strecke dieser Berg- und Talfahrt beträgt ca. 12 km.

● *Information* befindet sich am Eingang des Wildparks.

Cēsis (Wenden)

(ca. 21.000 Einwohner)

Die alte, hübsche Hansestadt liegt inmitten des Hochlandes des Gauja-Nationalparks. Sie ist ein idealer Ausgangspunkt für Ausflüge in die Umgebung.

Seit 1930 ist Cēsis ein Touristenort. Mit seiner romantischen Ordensburg, der alten Kirche und seinen teilweise unter Denkmalschutz stehenden Häusern, versprüht Cēsis einen Hauch von Mittelalter und lädt zu einem Bummel durch seine schmalen Gassen und Straßen ein.

Erstmals urkundlich erwähnt wurde Cēsis 1224. Dank seiner günstigen Lage am Ufer der Gauja, über die die Handelsroute Rīga – Tartu – St.-Petersburg führte, entwickelte sich Cēsis schnell zu einer blühenden Handelsstadt. 1209 eroberten die deutschen Schwertbrüder den Ort und errichteten eine Ordensfestung. Im 14. Jh. trat Cēsis der Hanse bei.

1577 belagerte *Iwan der Schreckliche*, dessen Wunsch es war, den livländischen Ordensstaat vor seiner Haustür zu beseitigen, die Ritterburg von Cēsis. Glaubt man den Erzählungen, so haben die Verteidiger der Festung es vorgezogen, die Burg und sich selbst in die Luft zu sprengen, als in die Hände Iwans IV. zu fallen.

Durch eine große Feuersbrunst im Jahre 1671 erlitt die Stadt große Verwüstungen. Cēsis ist übrigens auch der Geburtsort des lettischen Poeten *Eduard Veidenbaum*, der als ein Wegbereiter der Literatur aus der Zeit des Nationalen Erwachens in Lettland gilt.

● *Postleitzahl* LV4100

● *Vorwahl* (2)41

● *Anfahrt/Verbindungen* **Pkw** – von Sigulda die A-2 hochfahren bis zum Abzweig nach Valmiera via Cēsis. Sehr viel schöner ist es jedoch, von Ligatne über Kārlī nach Cēsis zu fahren, auch wenn die Straße schlecht ist. Die Strecke führt ein Stück an der Gauja entlang. Auf dem Weg liegt eine beeindruckende, 16 m hohe Sandklippe, die *Zvārtas iezis*.

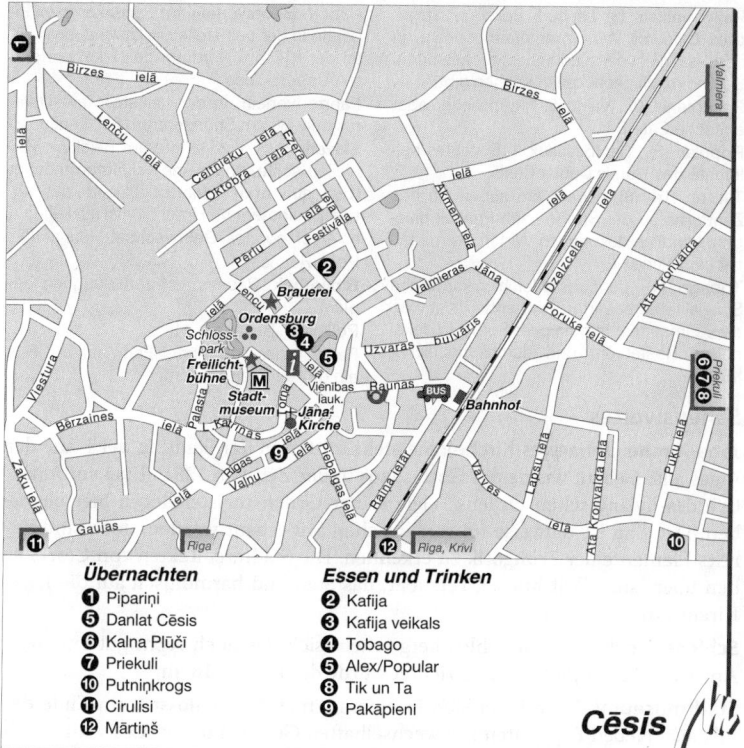

Übernachten

❶ Piparini
❺ Danlat Cēsis
❻ Kalna Plūčī
❼ Priekuli
❿ Putninkrogs
⓫ Cirulisi
⓬ Mārtiņš

Essen und Trinken

❷ Kafija
❸ Kafija veikals
❹ Tobago
❺ Alex/Popular
❽ Tik un Ta
❾ Pakāpieni

Cēsis

Bus – Verbindung mit Rīga, Sigulda, Valmiera und Ainaži. Busbahnhof Uzvaras bulv. 26.

Bahn – Züge Richtung Rīga, Tallinn, Moskau und Vilnius. Bahnhof Uzvaras bulv. 26.

● *Information* Pils laukums 1. Infos über die Umgebung und Vermittlung von Unterkünften ✆ 7971335, info@cesis.lv; www.cesis.lv.

● *Übernachten* **Cirulisi (11)**, Kovarnu 22. Altes Hotel im Sowjetstil mit sehr einfachen aber sauberen Zimmern. EZ 12 €, DZ 15 €. ✆ 25476.

Danlat Cēsis (5), Vienības lauk. 1. Farbenfroh renoviertes Hotel mit komfortablen, skandinavisch ausgestatteten Räumen. EZ ca. 55 €, DZ ca. 70 €. ✆ 22392, ✉ 20121, dlg@danlat-group.lv.

Kalna Plūčī (6), im Dorf Plūčī. Romantischer, renovierter Bauernhof mit Familienanschluss, direkt an schönem Teich gelegen. Von Cēsis die P 30 über Priekuli Richtung Bērzkrugs nehmen. Etwa auf halber Strecke, kurz vor der Überquerung der Rau-

nis rechts nach Plūčī abfahren. EZ 20 €, DZ 30 €. Ermäßigungen für Familien. ✆ 92314.

Mārtiņš (12), Rīta 11. Hübsches, kleines Familienhotel mit 6 Betten. Vom Zentrum etwa 30 Min. Fußmarsch entfernt. Transfer kann arrangiert werden. EZ ca. 15 €, DZ ab 25 € inkl. Frühstück. ✆ 23 678.

Piparini (1), Dzirnavu 52/54. Denkbar einfaches Ferienheim mit Boots-, Zelt-, Fahrrad- und Skiverleih, ca. 5 km außerhalb des Zentrums. ÜB um die 6 €. ✆ 4122379.

Priekuli (7), befindet sich im Dorf Priekuli, Veidenbauma 2. Kleines Hotel mit altem Sowjetcharme. EZ 11 €, DZ 18 €. ✆ 30457. Von Cēsis über die P 30 zu erreichen, ca. 5 km.

Putninkrogs (10), Saules 23. Sehr einfach, sauber. ÜB ab 9 €, DZ ab 20 €.

● *Essen* **Alex (5)**, Vienības lauk. 1. Ausgezeichnetes Hotelrestaurant. Von der Terrasse schöne Aussicht auf den Park.

Kafija (2), Niniera 6. Gemütliches Café mit großen Glasfenstern und buntem Dekor.

Kafija veikals (3), Lenču 5. Beliebtes, attraktives Café mit Wohnzimmeratmosphäre, in dem es die verschiedensten Kaffeesorten, Eis und frisch gebackenen Kuchen gibt.

Pakāpieni (9), Vaļņu 5. Freundliche, aber einfache Café-Bar.

Popular (5), Vienība lauk. 1. Beliebtes Kellercafé des Hotels Danlat Cēsis.

Tik un Ta (8), etwa 3 km außerhalb des Zentrums an der Straße nach Priekuli gelegen. Ländlich dekoriertes Wirtshaus mit lettischer Küche.

Tobago (4), Lenču 5. Wer hier karibische Spezialitäten erwartet, wird enttäuscht werden. Einfaches, mit ein paar Spiegeln dekoriertes Restaurant und durchschnittlicher Küche.

● _Sport_ **Bootsverleih**, im Ferienkomplex Piparini; in der Leihstelle am Uzvaras bulv. 30; an der P14, am Nordufer des 7 km entfernten Ungura-Sees.

Fahrradverleih, in der Leihstelle am Uzvaras bulv. 30; im Sportzentrum Eži, Lenču 7a.

Skiverleih, wer im Winter im Baltikum verweilen sollte, und gerne Ski laufen möchte (Langlauf- und Abfahrtsski), kann das nötige Equipment im Hotel Cirulisi ausleihen.

● _Verschiedenes_ **Geldwechsel**, Raunas 10.

Post, Raunas 14.

Bibliothek, Raunas 1, Internetzugang geplant.

Poliklinik, Beverīans 11.

Feste, jedes Jahr findet Ende Juli in Cēsis ein großes Bierfest statt.

Sehenswertes

Jāņa-Kirche (Johannes-Kirche): Sie steht mitten in der Stadt, in der Nähe der Rīgas ielā. Gebaut wurde das Gotteshaus in der Zeit von 1281–1284 auf Initiative des livländischen Ordens. Viele seiner Ordensmeister liegen hier begraben. Der Bau ist teilweise im romanischen Stil erbaut worden, doch sind bereits Elemente der Frühgotik zu erkennen. Die Stadtarchitekten von Cēsis haben über lange Zeit hinweg versucht, das Stadtbild harmonisch auf die Jāņa-Kirche abzustimmen.

Schloss: Hoch auf dem Schlossberg erhebt sich das noch recht gut erhaltene Anwesen des _Grafen Sivers_. Errichtet wurde der Bau im 18. Jh.

Stadtmuseum: Es befindet sich in einem Trakt des Schlosses, am Ende der Pils ielā. Neben Exponaten zur wechselhaften Geschichte von Cēsis sind auch verschiedene Ausstellungen mit Werken der bildenden Künste zu sehen. _Öffnungszeiten_ Di–So von 10–17 Uhr.

Burgruine: Unweit vom Schloss stehen die Ruinen der alten Ordensburg aus dem Jahre 1209. Ein schmaler Pfad führt durch die alten, unter Bäumen befindlichen Burgmauern und lädt zu einem romantischen Spaziergang ein.

Ausstellungshalle: Lenču 7b. Wechselnde Ausstellungen aller Art. _Öffnungszeiten_ Di–So von 10–17 Uhr.

Tanz- und Sängerfest: In der Regel findet Ende Juni/Anfang Juli auf der Estrada im Schlosspark ein Tanz- und Sängerfestival statt.

Mittelalterfestival: Auf Wunsch kann in den Ruinen der Ordensfestung eine Zeitreise ins Mittelalter inszeniert werden. Die Veranstalter tragen mittelalterliche Kostüme, geben ein traditionelles Festessen und spielen Theater. Weitere Informationen gibt es beim Stadtmuseum, ✆ 22615, und im Hotel Cēsis Danlat, ✆ 22392.

Brauerei: Ein _Muss_ für jeden Cēsisreisenden ist ein Besuch der örtlichen Brauerei. Sie wurde 1590 gegründet und ist wohl die älteste Brauerei des Baltikums. Zunächst braute sie innerhalb der Burgmauern. Später zog sie um in die heutige Lenču ielā, wo sie auch jetzt noch zu finden ist. Gebraut wird dunkles Bier, Pils und Lager.

Umgebung von Cēsis

Südlich von Cēsis, auf dem Weg zur A-2, liegt neben vielen kleinen anderen Gewässern der *Āraišu-See*. Archäologen vermuten, dass auf einer Insel des Sees im 9. Jh. eine *livische Wasserburg* gestanden habe. Funde von Gebrauchsgegenständen und Waffen aus dieser Zeit scheinen die Annahmen der Wissenschaftler zu bestätigen. Das restaurierte Gebäude kann vom 1.5.-1.11. täglich besichtigt werden.

In der Nähe vom Ufer, umgeben von einem großzügigen Park, liegt das *Gutshaus* von Āraišu. Zum Anwesen gehört auch eine holländische Getreidemühle. Nicht weit vom Gutshof entfernt befindet sich die mit roten Ziegeln gedeckte lutherische *Kirche* aus dem Jahr 1225.

▸ **Vēveri**: Dieses kleine Dorf ist sehenswert wegen seines Freilichtmuseums. Gezeigt werden Einblicke in das lettische Landleben. Das Museum ist eine Außenstelle des Brīvībasmuseums in Rīga und ist von Mitte Mai bis Mitte Oktober von 10–15 Uhr geöffnet.

Anfahrt/Verbindungen Von Cēsis die P 30 bis Taurene nehmen, dort links Richtung Jaunpiebalga fahren. Auf halber Strecke rechts nach Greiveri abbiegen. Von Greiveri geht es links ab zum Museum. Die Entfernung von Cēsis ist ca. 33 km.

▸ **Ungurmiuža**, nicht weit vom Ungura-See befindet sich das einzige hölzerne Herrenhaus Lettlands. Bekannt ist der Bau wegen seiner prächtig restaurierten Wandmalereien in der 2. Etage und wegen seines Teehauses. Die Architektur des Teehauses weist Einflüsse chinesischer Kunst auf. Die Öffnungszeiten sind sporadisch.

Anfahrt/Verbindungen Zu erreichen ist die Sehenswürdigkeit von Cēsis über die P 14 über Auciems zum Ungura See. Beim Dorf Mazaiskrogs rechts nach Ungurmiuža abbiegen.

▸ **Straupe**: Wie gemalt schimmert das *Schloss Lielstraupe* zwischen den dunklen Bäumen, die es umgeben, hervor. Das Bauwerk stammt aus dem 13. Jh. Im Inneren des gut restaurierten Gebäudes befindet sich heute ein Konzertsaal.

• *Anfahrt/Verbindungen* **Pkw** – Das Schloss befindet sich am nordwestlichsten Punkt des Gauja-Nationalparks. Von Cēsis die Landstraße Richtung Limbaži nehmen. Im Dorf Stalbe dann nach Straupe abfahren.

Bus – zu erreichen mit der Linie Cēsis-Limbaži, Busse verkehren jedoch selten.

Limbaži

(ca. 9000 Einwohner)

Zum Bezirk der kleinen, ruhigen Kreisstadt gehören ein schöner Campingplatz und einige nette Hostels, direkt am Meer gelegen. Limbaži wäre touristisch bedeutender, wenn die Stadt das Zentrum eines neuen Nationalparks geworden wäre, der die Salaca und die Gegend um Mazsalaca unter Schutz stellen sollte. Zu der Gründung des Nationalparks ist es aber nicht gekommen, und somit ist Limbaži nur dann interessant, wenn man in der Gegend "formelle Angelegenheiten" zu erledigen hat, wie z. B. das Abschicken von Post und Telegrammen oder den Einkauf von Lebensmitteln.

• *Postleitzahl* LV4000
• *Vorwahl* (2)40
• *Anfahrt/Verbindungen* **Pkw** – hier kreuzen sich die P-11, die zur Via Baltica führt, die P-9, die über die A-6 nach Sigulda geht, die P-12

nach Salacgrīva und die P-11 nach Valmiera.

Bus – am regelmäßigsten Verbindung mit Valmiera, Cēsis und Rīga. Busbahnhof am Ende der Posti ielā.
• *Information* Burtnieku 5. Infos erhältlich

über die Umgebung, außerdem behilflich bei der Herbergssuche. ☎ 70608, 📠 70894, ieva1@inbox.lv.

● _Übernachten_ Wohnheim der Handelsschule, Zeļu 8. Denkbar einfache Unterkunft, nur im Sommer geöffnet. ÜB 3 €. ☎ 21302 und 21869.

● _Essen_ **Kafeja**, Torņa 1. Nettes Café mit pastellfarbenem Dekor und kleiner Speisekarte.

Trīs Kambari, Baumaņa Karla 3. Urgemütliche rustikale Kellerkneipe mit Natursteindekor, guter Küche und netten Leuten. Am Abend oft Live-Jazz.

● _Verschiedenes_ **Geldwechsel,** Burtnieku 8. **Post**, Posti 3.

Bibliothek, Rīgas 9, Internetzugang geplant.

Poliklinik, Klostera 3.

● _Veranstaltungen_ Die genauen Termine sind variabel. In der Regel ist u. a. mit folgenden Festlichkeiten zu rechnen:

Juli: Mazā Europiāde, eurāisches Tanzfestival;

August: Stadtfest; im gleichen Monat steigt außerdem eine große Party am LielāEzeres-See

Umgebung von Limbaži

▸ **Schloss Igate,** befindet sich an der P-9 etwa 17 km südlich von Limbaži. Das Schloss wurde 1880 im Stil der Neo-Renaissance errichtet. Mit dem Bau beauftragte die Familie Pistolkors den Architekten Rudolph Heinrich Zirkevitz. Es ist umgeben von einem schönen Park, der zum Spazierengehen einlädt. 1934 wurde das Haus vom lettischen Kinderhilfswerk gekauft und beherbergte ein Waisenhaus. Heutzutage dient das Schloss als Gästehaus und Kulisse für Banketts und Feierlichkeiten. Es gibt verschiedene Zimmerkategorien. ÜB pro Person zwischen 10 und 30 €. ☎ 62432 und 55867.

▸ **Schloss Biriņi,** im gleichnamigen Dorf zu finden. Auf einem Hügel über dem See hebt sich majestätisch das Schloss von Biriņi empor. Es wurde 1860 nach den Plänen von Friedrich Wilhelm Hess errichtet. Zum Schloss gehört ein romantischer, fast 50 ha großer Park mit einem dunklem Wald, alten knorrigen Bäumen, Sträuchern und Blumen. Das Schloss ist rundum restauriert worden und beherbergt seit 2000 ein Hotel mit 11 großzügig ausgestatteten Zimmern. Wer also einmal in einem richtigen Schloss wohnen und sich wie ein Fürst oder eine Fürstin fühlen möchte, ist hier genau richtig. Zum Anwesen gehört ebenfalls eine alte, charmante Wassermühle, die zum Picknicken einlädt. Für einen Ausflug in eine andere Epoche und in unberührte Natur ist Biriņi überaus lohnenswert. Ein DZ im Hotel kostet zwischen 45 und 90 €. ☎ (Vorwahl Limbaži) 66316, 📠 66232, birini@latnet.lv, www.ltn.lv/Čbirini.

● _Anfahrt/Verbindungen_ Obwohl der Ort administrativ zu Limbaži gehört, ist er von Sigulda aus viel schneller zu erreichen.

Pkw – Von Sigulda die P 7 bis Ragana fahren, die Autobahn überqueren und dann auf die P-9 wechseln, die bis nach Limbaži geht und an Biriņ vorbeiführt.

Bus – Die Busverbindungen sind eher spärlich. Es gibt Busse von Rīga über Sigulda nach Limbaži, die diese Strecke nehmen, aber das nur wenige Male täglich.

▸ **Liepupe:** Bekannt ist die Gegend um Liepupe durch die sagenhaften Abenteuer des Baron Münchhausens. Die ehemalige Kneipe von Duntes beherbergt ein Museum, das von den Geschichten des Lügenbarons erzählt. Geöffnet Mi–So von 10–17 Uhr. In der lutherischen Kirche von Liepupe ist Baron Münchhausen 1744 vor den Traualtar getreten. Nach einem Brand im Jahr 1971 ist das Interieur der Kirche von Kunsthandwerkstudenten aus Rīga wieder restauriert worden.

Anfahrt/Verbindungen Von Limbaži über die P11 zur Via Baltica fahren, und diese dann etwa 10 km Richtung Rīga fahren. Beide Orte sind ausgeschildert.

▶ **Küste:** 62 km Küste kann der Bezirk sein Eigen nennen. Besonders schön ist das 14 km lange Stück zwischen Tula und Dzeņi. In steilen Klippen fällt das Land zum Meer hin ab, zerklüftet von tiefen Höhlen und Grotten. Hervorzuheben ist der rote Veczemju Felsen (etwa 3 km südlich von Dzeņi). Mit seinen 200 m Länge und 4 m Höhe gilt der Felsen als einer der schönsten seiner Art an der lettischen Küste. Am langen Strand von Limbaži Distrikt gibt es eine Reihe von Unterkünften.

• *Anfahrt/Verbindungen* Alle Orte am Strand sind über kleine Seitenwege erreichbar, die von der Via Baltica abgehen. Die meisten Busse die zwischen Rīga und Tallinn verkehren, fahren die Via Baltica entlang.

• *Übernachten* **Vidlauči**, unmittelbar am Strand beim Ort Lauči im Süden des Bezirks befindet sich ein kleines, hübsches Gästehaus mit Platz für 14 Leute. Außerdem kann auf dem Gelände gezeltet werden. ÜB pro Person 10–20 €. ✆ 65370.

Duntes Urziņas, freundliches Gästehaus für 10 Personen in der Nähe der Siedlung Dunte gelegen. Von Dunte etwa 3 km die Via Baltica hinauffahren und dann links zum Meer und zur Herberge abbiegen. ÜB 12–22 €.

▶ **Tūja:** Der Westen des kleinen Dorfes grenzt unmittelbar an einen menschenleeren, endlos langen, feinen Sandstrand. In Tūja gibt es in der Liedaga 3 ein nettes Restaurant mit schöner Terrasse.

▶ **Meleki:** Lettisch/schwedischer Campingplatz, etwa 2 km südlich des Dorfes Deņi an einem herrlichen, weißen Sandstrand gelegen. Schlafen kann man in kleinen, bunten Hütten. Für das leibliche Wohl sorgt das Café. Auch Fahrräder sind ausleihbar, und die Leitung ist sehr hilfsbereit und freundlich. Es kann ebenfalls im eigenen Zelt oder Wohnwagen geschlafen werden. Alle zwei Wochen werden Wasserproben genommen. ÜB pro Person um die 10 €. ✆ 55353, 9284555.

▶ **Vēļavas:** Unmittelbar am Strand, gegenüber dem Dorf Gulbiši und ca. 11 km südlich von Salacgrīva gelegen. Unterkunft in 3 alten, teilweise renovierten Fischerkaten mit Kapazitäten für 15 Leute. Darüber hinaus besteht die Möglichkeit zum Zelten. Pro Person zwischen 12 und 25 €. ✆ 44728, 9363177.

Salacgrīva (Salismünde)   (ca. 3600 Einwohner)

Wo die Salaca ins Meer mündet, befindet sich der kleine Ort Salacrīva. Er liegt an der Via Baltica, etwa 15 km südlich von Ainaži. Von Interesse in Salacgrīva sind der Strand, der kleine Fischerhafen, der Leuchtturm und sein Restaurant.

• *Anfahrt/Verbindung* Der Ort liegt unmittelbar an der Via Baltica, etwa 98 km nördlich von Rīga. Busse halten in der Vilņu ielā.

• *Information* Rīgas 10, ✆ (Vorwahl Limbaži) 41254, ✉ 71327, saltic@taka.lv.

• *Übernachten* **Svētupe**, im winzigen Ort Kuiķule, etwa 8 km südöstlich von Salacgrīva gelegen. Schönes Gästehaus mit unterschiedlichen Zimmerkategorien und Sauna, unweit vom Fluss. ÜB zwischen 10 und 23 €. ✆ 41469.

• *Essen* **Pie Bocamaņa**, Pērnavas 2. Gemütliches, uriges Fischrestaurant.

Zvejnieku sēta, Rīgas 1. Traditionell dekoriertes Fischlokal mit herzhaften Gerichten.

Brīza, Pērnavas 3. Gemütliches Wirtshaus mit lettischer Küche und Fischgerichten.

Sonāte – Admirāļ clubs, Ostas 2. Am Abend schon von weitem an den bunten Lampions zu erkennen. Schöner als in der Kneipe sitzt es sich draußen auf der Terrasse mit Blick auf die Salacgrīva.

• *Verschiedenes* **Post**, Vidzemes 3.

Poliklinik, Smilšu 5.

Reiten: Im Norden des Ortes bei Kuiviži befindet sich ein Reitstall. Ausritte in die unberührte umliegende Natur, lohnenswert. ✆ 41254.

Museum, Sial 2. Zu sehen ist eine kleine Ausstellung zur Geschichte Salacgrīvas und des Meeres. Geöffnet Mi–Fr von 12–16 Uhr, Sa von 12–14 Uhr.

• *Veranstaltungen* Jedes Jahr im Juli findet in Salacgrīva ein großes Fischerfest statt.

Lettland
Karte siehe Umschlaginnenklappen

Sehenswertes

▶ **Höhle:** In Kuiķule, auf dem Weg nach Pāle, befindet sich eine tiefe Sandsteinhöhle, die den alten Liven als Kultstätte diente. Diese Höhle ist sogar in den Ordenschroniken erwähnt. Bei archäologischen Untersuchungen sind hier alte Münzen gefunden worden.

▶ **Küstenwiesen:** Kurz hinter Salacgrīva endet der Strand. Anstelle von Sand sind zwischen Kuiviži und Ainaži imposante Küstenwiesen zu finden, die als Brutstelle seltener Vogelarten dienen.

▶ **Ainaži (Hainasch):** Die kleine Hafenstadt mit ca. 7000 Einwohnern liegt unmittelbar an der Via Baltica, nicht weit von der Grenze zu Estland. Will man von Lettland per Bus nach Estland reisen, muss man oftmals hier umsteigen. 1864 wurde in Ainaži eine Matrosenschule gegründet. Heute befindet sich hier ein interessantes *Meeresmuseum.*

● *Adresse* Kr. Valdemāra 21b, geöffnet Di–Sa von 10–16 Uhr. In der gleichen Straße, nur ein paar Häuser weiter befindet sich im Haus Nr. 69 ein Feuerwehrmuseum. Geöffnet Mi, Fr, Sa von 10–16 Uhr.

● *Übernachten* **Premium Petroleum**, Valdemāra 82. Freundliches kleines Hotel mit 10 Betten. Verschiedene Zimmerkategorien. ÜB zwischen 15 und 37 €. Zum Hotel gehört ein kleines Restaurant.

● *Essen* Arizona, Valdemāra 32. Rustikale Kneipe mit lettischer Küche.

Valmiera (Wolmar)

(ca. 20.000 Einwohner)

Das nette Städtchen liegt am nördlichen Rand des Gauja-Nationalparks, wo Ratsupe und Gauja zusammenfließen. Es eignet sich gut als Ausgangspunkt zu Ausflügen in den Nationalpark. Darüber hinaus ist Valmiera ein beliebter Wintersportort.

Obwohl die Gegend um Valmiera überwiegend landwirtschaftlich genutzt wird, bildet die Stadt selbst ein für Lettland bedeutsames Industriezentrum. Wichtigster Wirtschaftssektor Valmieras ist seine Glasfaserfabrik. Doch trotz Industrie strahlt die Stadt eine freundliche Atmosphäre aus.

Die günstige geographische Lage Valmieras direkt an der Handelsstraße St. Petersburg – Tartu – Rīga ließ den Ort schnell zu einem blühenden Handelsplatz werden. Er lockte dadurch nicht nur Händler an, sondern auch die deutschen Kreuzritter. Um ihre Macht in Valmiera zu festigen und sich die Kontrolle über den Handel zu sichern, errichteten sie kurz nach ihrer Ankunft eine Ordensburg. Das genaue Entstehungsdatum der Festung ist nicht bekannt, doch wird vermutet, dass sie bereits vor dem Bau der Kirche existierte. Die Kirche selbst entstand 1283. In diesem Jahr wurde auch die Stadt zum ersten Mal urkundlich erwähnt.

Im Laufe der Zeit wurde die Ordensburg mehrmals geschleift und erobert, hauptsächlich von Schweden und Polen, bis sie im Nordischen Krieg 1702 schließlich völlig zerstört wurde.

● *Postleitzahl* LV4200

● *Vorwahl* (2)42

● *Information* Lāčplēša lauk. 2, geöffnet Mo–Fr von 9–18 Uhr. Informationen aller Art zu Valmiera und Umgebung erhältlich, auch Zimmervermittlung möglich. Sehr zuvorkommende und hilfsbereite Mitarbeiterinnen. ✆ 07120, 📠 07177, tic@valmiera.gov.lv; www.valmiera.lanet.lv/pub/e-turist.html.

• *Anreise/Verbindungen* **Pkw** – Valmiera ist über die P-20 Cēsis–Viljandi und über die A-3, die nach Valga führt bzw. auf die A-2 Richtung Rīga trifft, und über die P-16, die nach Mazsalaca führt, erreichbar.

Bus – Verbindungen mit Cēsis, Sigulda, Rīga, Valka und nach Burtnieki, Busbahnhof in der Cēsu 1.

Bahn – Züge Richtung Rīga und Valka. Der Bahnhof befindet sich am Stacijas lauk. Um ins Zentrum zu gelangen, Bus 1, 2, 5 oder 6 nehmen, aussteigen an der Haltestelle *Centras*.

• *Übernachten* **Luca**, Lucas 2. Kleines, gemütliches Gästehaus mit ansprechend ausgestatten Zimmern. DZ 25–35 €. ☎ 23988.

Pakavs, Beātes 5. Kleines Hotel mit hübschen Räumen. EZ 30 €, DZ ca. 40 €, DRZ 50 €. Vom Lāčplēša lauk. in die Lāčplēša ielā hineingehen und dann rechts in die Terbātes. Nach einigen Metern geht links die Lucas ab, die auf die Beātes trifft. ☎ 33060.

Vendena, Pilskalna 3. Kleines, einfaches Gästehaus mit sehr bemühtem Service. DZ 25–35 €. ☎ 24928 und 24946.

Via, Ausekļa 25a. Gemütliches Hostel der Universität, etwas außerhalb vom Zentrum gelegen. Nur im Sommer geöffnet. ÜB 12 €. Zu erreichen mit den Bussen 3,6,7 und 9, die die Rīga ielā hinunterfahren. ☎ 23029.

Vidzeme, Ausekļa 31. Altes, kürzlich restauriertes Hotel mit gemütlichen Räumen, verschiedene Zimmerkategorien. Liegt etwas außerhalb. Busverbindung s. o. ☎ 29606.

Camping Baiļi, Brengulu ielā. Schöner gepflegter Platz mit kleinen Holzhäuschen und Pensionszimmern. ÜB im Haus zwischen 7 und 30 €, DZ 30 €. Die Lodges haben verschiedene Größen und bieten Platz für 4,6,7 und 10 Personen. Preis je nach Größe und Komfort zwischen 47 und 100 €. Man kann auch für 3 € im eigenen Zelt schlafen oder sich für 8 € ein Zelt ausleihen. ☎ 21861, ☏ 21922, baili@valm.lv. Der Platz liegt etwas außerhalb. Vom Zentrum kommend über die Gauja-Brücke (Richtung Smiltine) fahren und diese Straße, die Stacija ielā, bis zur Stat-oil-Tankstelle immer geradeaus fahren, dort links abbiegen und wieder geradeaus bis zum Campingplatz (nicht auf der abknickenden Vorfahrtsstraße bleiben). Vom Bahnhof die Stacija ielā bis zur Tankstelle durchlaufen und dann s. o. Es gibt keine Busse zum Camping.

• *Essen* **Akacija**, Rīgas 10. Bar/Restaurant im Kulturhaus. Die Atmosphäre ist etwas formal, doch die angebotenen Gerichte sind schmackhaft.

Deka, Bruņinieku 3. Urgemütliches Restaurant in altem Backsteinkeller mit mittelalterlicher Atmosphäre und gutem Essen.

Melnais Kakis, Rīga 10. Gutes Restaurant, außerdem gibt es eine Cocktailbar und Billiardtische.

Mazais Ansis, befindet sich im Dorf Rubene an der A-3 etwa 10 km südlich von Valmiera. Gemütliches, bäuerlich dekoriertes Wirtshaus, schön gelegen am Seeufer mit herzhafter, lettischer Küche.

Melenne, Rīga 34. Nettes kleines Bistro mit schmackhaften Gerichten.

Multiklubs, Tirgus 5. Attraktiver Musikclub und Bar, in der man auch dinieren kann. Sehr oft treten Live-Bands auf.

Putiņi, Ezera 3. Bar und Musikklub, der auch warme Mahlzeiten anbietet. Vor allem populär bei Jugendlichen.

Solano, Diakonāta 6. Sehr gut besuchtes Restaurant mit relaxter Atmosphäre. Alle Gerichte sind sehr ansprechend angerichtet, sodass auch das Auge mitessen kann.

Suzanna, Rīgas 27. Beliebtes Restaurant mit guter Küche.

Teātra kafejnīca, Lāčplēša 4. Gemütliches Theatercafé mit viel Atmosphäre.

• *Verschiedenes* **Geldwechsel**, Rīgas 15.

Post, Diakonāta 6.

Internetzugang, in der Bibliothek, Rīgas 18 und im Kulturhaus, Rīgas 10.

Fahrradreparatur, bei Eži, s. u.

Poliklinik, Jumaras 195 und Rīgas 47.

• *Sport/Freizeit* **Boote**, der Campingplatz Baiļi bietet Transport und die komplette Ausrüstung für eine Bootstour entlang der Gauja an. Kanu für 2 Personen inkl. Schwimmwesten und Transport kostet 75 € für einen Trip nach Sigulda. Kleinere Touren dementsprechend billiger.

Skifahren, die Skipiste und -schanze befinden sich direkt beim Camping. Im Winter ist hier jedes Jahr ein gewaltiger Ansturm. Es gibt 2 kleine Pisten, 3 Lifte und große Flutlichtscheinwerfer. Der Campingplatz verfügt über einen gut bestückten Skikeller.

Fahrradfahren, Eži, befindet sich einen Steinwurf von der Touristeninformation entfernt, in der Nähe vom Gaujaufer. Dieses neue Reisebüro hat sich ganz dem Aktiv-Tourismus verschrieben. Es hat das Heftchen "Velo Hanza" herausgebracht, das die Städte Valmiera, Sigulda und Cēsis miteinander verbindet. Ebenfalls werden Fahrräder verliehen, die auch in Sigulda und Cēsis zurückgegeben werden können. Oder aber man kann von Valmiera bis nach Sigulda rudern und verabreden, dass am Ankunftstag in Sigulda die Fahrräder bereitstehen. Ansprechpartner bei Eži ist Roland Melbārdis, ☎ 81764, 📠 07177, Mob. 9237225, ezi@ezi.com.

Sehenswertes

Sīmaņu-Kirche (Simoniskirche): Sie befindet sich am Hauptplatz der Stadt, in der Nähe des Museums. Die dreischiffige Kirche wurde von 1283–1287 gebaut. Das Gotteshaus ist vom Prinzip her gotisch, beinhaltet aber auch romanische Stilelemente. Seit Ende des Zweiten Weltkrieges dient es als Konzert- und Ausstellungshalle.

Ruinen der Ordensburg: Zwischen Kirche und Museum sind nur noch spärliche Überreste der einstigen Ordensfestung zu sehen. Dennoch hat die Stadt mit Restaurierungsarbeiten begonnen.

Museum: Bruņinieku 3. Alte Postkarten und Dokumente liefern einen Querschnitt durch die Geschichte Valmieras und Umgebung. Zu sehen sind außerdem Gemälde, die sich überwiegend der lettischen Natur widmen. Im Foyer des Museums ist ein kleiner Stand aufgebaut, an dem es Bernsteinschmuck zu kaufen gibt.
Öffnungszeiten Di–Fr von 10–17 und Sa von 10–15 Uhr.

Burtnieki (Burtneck)

Das kleine Dorf liegt zwischen Valmiera und Mazsalaca am Ufer des Burtniek-Sees. Der Burtniek-See, eingebettet in üppiges Grün, ist der zweitgrößte See Lettlands. Im Dorf erhebt sich oberhalb des Sees ein gut erhaltenes Herrenhaus, zu dem ein idyllischer Schlosspark gehört. Es wurde teilweise auf den Grundmauern einer alten Ordensburg errichtet.

Besuchenswert ist Burtnieki aber in erster Linie wegen seines *Gestüts*. In den ursprünglich zum Herrenhaus gehörenden Stallungen werden Springpferde gezüchtet und es besteht die Möglichkeit zu reiten. Das grüne Ufer des Burtniek-Sees lädt zu einem ausgedehnten Ausritt ein. Im Sommer sollte man es nach einem Ausflug den Pferden gleichtun und ein erfrischendes Bad im See nehmen. Die Tiere und die Ställe sehen übrigens sehr gepflegt aus. Beim Ausritt ins Gelände ist stets eine Begleitung mit dabei. Eine Stunde kostet 9 €. Wer ausreiten will, sollte sich einige Tage vorher anmelden.
Adresse **Valmiera rajons**, Burtnieki, Vintēna 5–12, Jānis und Valda Juras. ☎ priv. (242)-564477, im Stall 56444.

● *Übernachten* **Burtnieki**, Jaunatnes 9. Zu vermieten sind 2 Wohnungen mit jeweils 2 Zimmern, die wiederum separat vermietet werden können und die sich dann das Bad miteinander teilen. Insgesamt stehen 10 Betten zu Verfügung. Pro Person 12 €. ☎ 56386, Mob. 9452833. Frühstück kann bestellt werden.

Enksare, Jaunatnes 25. Dieser freundliche Familienbetrieb hat 5 Betten zu vermieten, Gemeinschaftsbad. ÜB pro Person 15 €. ☎ 56453.

● *Essen* In beiden Pensionen können Mahlzeiten bestellt werden.

● *Anfahrt/Verbindungen* **Pkw** – von Valmiera die P-17 etwa 18 km Richtung Viljandi nehmen und etwa 5 km hinter dem Dorf Lizdēni links abfahren. Auf dieser Straße bleiben, bis schließlich rechts ein Weg nach Burtnieki abgeht. Man kann auch die P-16 Richtung Matīsi nehmen und nach etwa 13 km rechts Richtung Burtnieki abbiegen.

Bus – seltene Verbindung mit Valmiera.

"Venta-Rumba" – malerische Stromschnellen bei Kuldīga (CM) ▲▲
Rote Sandsteinfelsen am Fluss Salaca (FBV) ▲

▲▲ Traditionelles Sängerfest in Lettland (FBV)

▲▲ Freiheitsdenkmal in Rīga (FBV)

▲ Malerische Flusslandschaft (tA)

Panoramablick auf Rīga (FBV) ▲▲

Alte Linde im Herrenhausgarten (FBV)

Mazsalaca (Salisburg)

(ca. 3500 Einwohner)

Das hübsche kleine Dorf liegt direkt am Ufer des geheimnisvollen Flusses Salaca. Im Ort selbst befindet sich eine sehenswerte lutherische Kirche aus dem 13. Jh. Attraktiv ist Mazsalaca aber vor allem wegen seiner vielen sagenumwobenen Naturschönheiten und alten Kultstätten: Mystische Höhlen, geheimnisvolle, knorrige Bäume, rötliche Felsen, die abrupt in schwarzes Wasser abfallen, dazu ein sagenhaftes Echo und allerlei Teufelsgeschichten laden zu einem überaus reizvollen Spaziergang ein.

- *Postleitzahl* LV4215
- *Vorwahl* (2)42
- *Information* Pērnavas 4. Hier können Touren in die Umgebung und Unterkünfte vermittelt werden. ✆ 51809.
- *Anfahrt/Verbindungen* **Pkw** – von Valmiera ist Mazsalaca in 45 km über die Landstraße via Matīsi zu erreichen. Die anderen Anfahrtswege sind meist sehr schlecht, insbesondere der über Aloja.

Bus – spärlicher Busverkehr mit Valmiera, Limbaži und Ainaži. Abfahrt in der Posta ielā, vor dem Haus 2a.

Bahn – Züge in Richtung Rīga und Tallinn. Der Bahnhof liegt ein gutes Stück außerhalb des Zentrums. Von den Gleisen kommend rechts gehen und dann immer geradeaus, bis der Weg auf die Pernavas ielā stößt. Dort links und dann geradeaus bis zum Zentrum laufen, ca. 1,7 km.

- *Essen* An der P-16 von Valmiera kommend, befindet sich kurz vor Ortseingang auf der rechten Seite eine Tankstelle, in der man auch essen kann.
- *Verschiedenes* **Geldwechsel**, Rūjenas 11, im 1. Stock.

Post, ist im Erdgeschoss des Bankgebäudes zu finden.

Erste-Hilfe-Station, Brīvības bulv. 4.

Tankstelle, Baznīcas 24.

Sehenswertes

Alle Sehenswürdigkeiten liegen etwas außerhalb. Sie sind zu erreichen, wenn man am "Großen Stern" im Zentrum des Ortes an der Galanterija in die Parka ielā abbiegt und geradeaus bis zur Schule fährt, die in einem alten Gutshaus untergebracht ist. Kurz danach führt links ein asphaltierter Weg in den Wald. Geht man den entlang, kann man die im Wald befindlichen Kuriositäten nicht verfehlen, die allesamt ausgeschildert sind.

Am Anfang des Weges steht eine *magische Kiefer* (vilkaču priede), die Männer zum Werwolf werden lässt. Bei Vollmond einfach leise die richtigen Zauberworte murmeln und durch die Wurzeln des Baumes kriechen.

Nicht weit davon entfernt befindet sich die *Treppe der Träume* (sapņu kāpnes), die zum Ufer des dunklen Flusses Salaca hinunterführt. Diese Stufen waren ursprünglich nur für Verliebte gedacht, die beim Hinunterschreiten feststellen sollten, ob sie nun tatsächlich füreinander bestimmt seien oder nicht. Doch die Treppe gehen mittlerweile auch andere hinunter, denn alles, was man sich auf der Treppe wünscht und erträumt, wird – so will es jedenfalls die Legende – in Erfüllung gehen.

Einige Meter weiter den Hauptweg durch den Wald entlanggehend, erreicht man schließlich die *Teufelshöhle* (velnala). Die Behausung des Herrn mit dem Pferdefuß und dem roten Gesicht liegt direkt am Flussufer. Den dort sprudelnden Quellen wurden heilende Kräfte zugesprochen.

Am Ende des Waldweges befindet sich eine Feuerstelle. Dieser Platz bietet sich zum Campen an, wenn man sich traut ... Denn angeblich spukt es hier ein

Lettland

Karte siehe Umschlaginnenklappen

bisschen. Mit etwas Phantasie kann es in der Tat ein wenig unheimlich werden. Ein feuerroter Felsen (skaṇaisiezis) fällt steil ins schwarze Wasser der Salaca ab. Dazu kommt ein phänomenales Echo, das jeden Ton zweimal, dreimal, viermal klar, deutlich und laut wiederholt. Besonders schön ist dieses Plätzchen bei Sonnenuntergang.

Valka (Walk)

<small>(ca. 9000 Einwohner)</small>

In den einen Städten verschwinden die Grenzen, in anderen Städten entstehen neue. Die Rede ist von Valka, der geteilten Stadt. Die große Schwester *Valga* gehört zu Estland (siehe S. 530). Seit der Unabhängigkeit der beiden Staaten verläuft die Grenze genau durch die Stadt. Zwar ist es nicht schwierig, sie zu passieren, doch wer im anderen Teil der Stadt arbeitet, kann ohne Grenzkontrolle seiner Beschäftigung nicht nachgehen.

• *Postleitzahl* LV4700

• *Vorwahl* (2)47

• *Anfahrt/Verbindungen* **Pkw** – Valka liegt an der A-3 Valmiera-Tartu.
Bus – Verbindung mit Valmiera, Cēsis, Alūksne, Rīga und Tartu. Busbahnhof, Rīgas 7.
Bahn – Züge Richtung Rīga, Tartu und Pskow. Der Bahnhof befindet sich allerdings im estnischen Valga. Von dort bis zum Hotel im lettischen Valka Bus 2, 4, 5 oder 7 nehmen.

• *Übernachten* **Otra elpa**, Zvaigžṇu 12, geht bei der Kirche von der Rīga ielā ab. Neues edles Gästehaus mit komfortabeln

Zimmern. DZ 36 €. ✆/✉ 22285, otra.elpa@e-apollo.lv.

• *Essen* **Otra elpa**, zum Gästehaus gehörend. Gutes, modern ausgestattetes Restaurant.

• *Verschiedenes* **Geldwechsel** – Rīgas 25.
Post: Latgales 4a.
Internetzugang, in der Bibliothek, E. Darzina 8.
Poliklinik: Rūjenas 3.

• *Grenzübergang* Innerhalb der Stadt ist das Passieren der Grenze nur lettischen und estnischen Staatsbürgern erlaubt. Für den internationalen Grenzverkehr ist der Übergang auf der A-3 geöffnet.

Madona

<small>(ca. 11.000 Einwohner)</small>

Wenn man den Bewohnern des Ortes Glauben schenkt, kann man hier, am östlichen Rand des Vidzemer Hochlandes, die sauberste Luft Lettlands atmen und die weißesten Birken des Landes bewundern. Zu Sowjet-Zeiten kamen jährlich viele Besucher aus allen Winkeln der Union hierher, um sich in Madona zu erholen. Das Zentrum der Stadt bildet der *Salieta laukums*, um den herum die wichtigsten Einrichtungen platziert sind.

Der Name Madona ist übrigens nicht, wie vielleicht zu vermuten wäre, religiösen Ursprungs, sondern ist aus den Essgewohnheiten der hier lebenden Bevölkerung abzuleiten. Übersetzt heißt der Name soviel wie "*Honig mit Kruste*". Da in Madona einst viele Imker lebten, ernährten sich die Menschen überwiegend von Honig, in den sie knusprige, kleine Brotkrusten tunkten.

In der Umgebung von Madona gibt es viele schöne Seen und Hügel. Etwa 25 km westlich der Stadt hebt sich der *Gaiziṇkalns*, mit seinen 311 m die höchste Erhebung Lettlands. Im Winter wedeln zahlreiche Skiläufer seine Hänge hinunter.

Madona ist eine sehr junge Stadt ohne aufregende Geschichte. Dafür ist die Historie der Umgebung umso wechselhafter, denn sie war oft Kulisse zahlreicher Kämpfe, Kriege und Schlachten: Zu Beginn des 13. Jh. kamen die Kreuz-

Lettisches Stillleben

ritter des Bischofs von Rīga. Im Livischen Krieg (1558–1583) fiel das Gebiet an *Iwan den Schrecklichen*. Weitere Verwüstungen erlitt die Region in dem sich anschließenden Krieg zwischen Schweden und Polen. Von 1653 bis 1667 wütete der schwedisch-russisch-polnische Krieg, und 1700 brach der Nordische Krieg aus. Nach Beendigung des Krieges 1720 wurde die Gegend um Madona Teil des russischen Imperiums.

- *Postleitzahl* LV4800
- *Vorwahl* (2)48
- *Information* Saieta laukums 1. Informationen über den gesamten Bezirk erhältlich, außerdem Vermittlung von Privatquartieren. Geöffnet Mo–Fr von 10–18 Uhr. ☎ 23125, madinfo@madona.lv.
- *Anfahrt/Verbindungen* **Pkw** – Madona liegt an der P-30, die von der A-2 Rīga-Moskau abgeht. Über die P-37 ist der Ort mit Gulbene verbunden und zur A-12 Jēkabpils-Krāslava besteht Zugang über die P-84.
Bus – Verbindung mit Rīga, Rēsekne, Krāslava, Gulbene und Jēkabpils, Busbahnhof Rīga 6.
Bahn – Züge Richtung Rīga und Gulbene. Bahnhof, Saules 4.
- *Übernachten* **Madona**, Saieta laukums 10. Das Hotel stammt aus den 70er Jahren. Zimmer alten Stils, aber akzeptabel, meist mit Bad ausgestattet. ÜB ab 12 €. ☎ 22606.
Umgebung von Madona: **Jugendherberge**, Pils 1, im Dorf Cesvaine gelegen, etwa 15

km nördlich von Madona. Einfache, aber schöne Jugendherberge. ÜB 5 €. ☎ 52225.
Lubāna, Krasta 6, im Dorf Lubāna, ca. 38 km östlich von Madona gelegen. Einfaches, freundliches Hostel, ÜB 9 €. ☎ 94493.
- *Essen* **Dona**, Saules 3. Finster wirkende Kneipe mit ebenso wirkendem Publikum.
Rāte, Saieta laukums 10. Modern ausgestattetes Café/Restaurant mit guter Küche.
Rudzons, Saules 15. Urgemütliches Lokal mit bäuerlichem Dekor und traditioneller lettischer Küche.
Šlāgeris, Raiņa 10a. Beliebtes Restaurant mit moderner Einrichtung, freundlichem Service und vor allem, gutem Essen.
Wirtshaus, 6 km außerhalb der Stadt in Richtung des Gaiziņkalns liegt am Wegesrand ein altes Haus, das früher als Gasthaus für Wanderer und als Unterstellplatz für Pferde diente. Heute befindet sich in den Räumlichkeiten ein charmantes Lokal mit traditioneller lettischer Kost und guten Pizzas.
- *Verschiedenes* **Geldwechsel**, D. Štanera 3.

Post, Saules 21.
Poliklinik, Skolas 10.
Internetzugang, Poruka 2 in der Bibliothek.

Fahrradladen, Saules 1a.
Stadtmuseum, Skolas 8, Mo geschlossen.

Gaiziņkalns

Von Madona erreicht man nach ca. 25 km, größtenteils über staubige Schotterpiste, die höchste Erhebung Lettlands. Die umliegende Natur ist geprägt von saftigen Wiesen und dichten Wäldern.

Auf dem Gipfel des Gaiziņkalns hat man vor zehn Jahren mit dem Bau eines 14stöckigen Aussichtsturmes begonnen. Leider ist im Laufe der Zeit das Geld ausgegangen, sodass ein halb fertiger und mittlerweile auch schon wieder halbverfallener Turm den höchsten Punkt Lettlands "ziert". Die Bauabsperrung ist mit der Zeit auch verrottet, sodass man (auf eigene Gefahr!) die vielen Stufen des Turms hinaufkraxeln kann, um von dort aus eine wunderschöne Aussicht auf sieben Seen zu genießen, die malerisch in der sattgrünen Hügellandschaft des Vidzemer Hochlandes liegen.

Wenn der Gaiziņkalns im März oder April noch von einer festen Schneedecke bedeckt ist, findet hier ein großer Skikarneval statt. In bunten Kostümen und mit geschminkten Gesichtern wird dann die Pisten hinuntergebrettert. Genaue Termine im Touristenbüro in Madona erfragen.

● *Anfahrt/Verbindungen* **Pkw** – etwa 16 km die Straße Richtung Cēsis bis zum Dorf Lautere entlang. Dort links abbiegen und sofort wieder links fahren. Nach wenigen Kilometern geht rechts ein Weg nach Viesiena ab. Den entlang fahren, vorbei an einem kleinen See und zweite Möglichkeit nach links nehmen, die dann zum höchsten Berg Lettlands führt.

Bus – Es besteht zwar eine Verbindung mit Madona, doch die Busse fahren selten.

Alūksne (Marienburg)   (ca. 20.000 Einwohner)

Im Norden Lettlands gut 200 km von Rīga entfernt und einen Steinwurf von der estnischen und russischen Grenze entfernt, liegt das Kreisstädtchen Alūksne. Für einen kurzen Aufenthalt ist der Ort durchaus lohnend. Die umliegende Landschaft ist sehr reizvoll. Sie ist noch völlig unberührt und von schönen Seen und Bächen durchzogen.

Ursprünglich war das Alūksner Gebiet einmal von finno-ugrischen Stämmen besiedelt. Mitte des 14. Jh. errichtete der Deutsche Orden auf einer Insel im Alūksne-See eine Burg. Diese Feste unweit der Grenze zu Russland war für den Orden von großer strategischer Wichtigkeit. Nach dem Untergang des Ordensstaates ging die Burg zunächst in polnischen Besitz über und sah während des 17. Jh. verschiedene Herren (schwedische, polnische und russische), bis sie 1702 erneut schwedisch wurde. Im Nordischen Krieg wurde die Festung von Russland erobert, worauf die Schweden die gesamte Burg in die Luft sprengten. Das um die Burg entstandene Städtchen wurde nicht viel später von russischen Truppen zerstört. Zahlreiche Familien mussten flüchten, darunter auch die Familie von Katharina I., der späteren Frau von Peter dem Großen.

● *Postleitzahl* LV4300
● *Vorwahl* (2)43
● *Information* Dārza 8a. Informationen über den Alūksner Bezirk und Vermittlung von Privatquartieren. Geöffnet Mo–Fr von 10–18 Uhr, Sa von 10–14 Uhr. ☎ 22804, tic@aluksne.lv; www.aluksne.lv, englischsprachige Site in Vorbereitung.

● *Anfahrt/Verbindungen* **Pkw** – von Rīga
kommend die A-2 in nordöstliche Richtung
fahren. Kurz hinter dem Abzweig zum
Grenzort Ape geht rechts die Straße P-39
nach Alūksne ab. Von Gulbene die Landstraße P-35 Richtung Balvi fahren, bis nach
ca. 18 km ein Abzweig auf die P-43 nach
Alūksne kommt.

Bus – Verbindung mit Rīga, Gulbene, Madona, Rēsekne, Daugavpils, vereinzelt Busse nach Estland. Busbahnhof, Pils 72.

Bahn – Verbindung mit Gulbene per
Schmalspurbahn.

● *Übernachtung* **Alūksne**, Jāŋkalna 43.
Einfaches Gästehaus und einzige Herberge
innerhalb des Ortes, die ganzjährig geöffnet hat. ÜB 12 €. ✆ 21571.

Alūksne, Gilka 10. Denkbar einfache Unterkunft für 5 € pro ÜB. Nur den Sommer über
geöffnet. ✆ 23160.

Camping, Ezermalas 44. Dieser schöne
Platz befindet sich direkt am Ufer des
Alūksne-Sees. ÜB 6–13 €. Ebenfalls können
hier Boote ausgeliehen werden.
✆ 9274175 (Mobil).

**Umgebung von Alūksne: Jugendherber-
ge**, im Dorf Alsviķi, 10 km westlich von
Alūksne gelegen. Komfortlose Unterkunft
für 9 € pro Person, nur den Sommer über
geöffnet. ✆ 67648.

Arājos, im Dorf Jaunanna, etwa 17 km südlich von Alūksne gelegen. Freundliches Hotel mit Sauna, Biergarten und Restaurant.
Außerdem können Boote, Fahrräder und
Pferde gemietet werden. ÜB 15–30 €.

Druvas, im Grenzstädtchen Ape gelegen.
Sehr einfaches Wohnheim, das den Sommer
über Touristen aufnimmt. ÜB 3 €. ✆ 55225.

Dauškāni, auch in Ape gelegen. Etwas
komfortabler als das Druvas, aber dennoch
einfach. Nur den Sommer über geöffnet.
✆ 55108.

● *Essen* **Abols**, Jāŋkalna 48. Einfach
ausgestattetes Café an der Straße nach
Gulbene.

Alūksne, Pils 29. Gutes Lokal mit gemütlichem Ambiente und großen Fenstern, gegenüber vom Busbahnhof.

Pajumte, Pils 68. Angenehmes Restaurant,
mit extravagantem Mobiliar und Fachwerk.
Serviert werden gute und ansprechend an-
gerichtete Speisen.

Victorija, Lielā Ezera 6. Stilvolle Cafékneipe,
in der es auch was zu Essen gibt.

● *Veschiedenes* **Geldwechsel**, Pils 68; Bruža 1.

Post, O. Vācieša 8.

Telegrafenamt, Lielā Ezera 6.

Internetzugang, Lielā Ezera 24, in der Bibliothek.

Poliklinik, Vidus 1.

Apotheke, Tirgotāju 13.

● *Festivals* Jedes Jahr Anfang August findet auf der Halbinsel ein sog. **Friedhofsfest**
statt. Zu diesem Zeitpunkt strömen zahlreiche Besucher in die Stadt und es finden
viele Festlichkeiten statt.

Seit dem Jahr 2000 findet im September ein
Eisenbahnfest statt, das dem Schmalspur-
zug gewidmet ist.

Sehenswertes

Lohnenswert ist ein Spaziergang durch die üppige grüne Pracht des romantisch verwilderten *Stadtparks* von Alūksne. Sehr malerisch ist auch der Alūksner See mit seiner kleinen grünen Insel. Zu erreichen ist er über die O. Vācieša
ielā. Auf der Ostseite der Insel befindet sich eine Leihstelle für Ruder- und
Motorboote sowie für Surfbretter und Wasserski. Hier sind auch die Reste der
Ordensburg und eine Freilichtbühne zu sehen.

Bibelmuseum: In der Pils ielā 15a, unweit der Kirche, liegt ein interessantes
Museum, in dem alte Bibeln ausgestellt sind. Es kommt sicher nicht von ungefähr, dass sich dieses Museum in Alūksne befindet, hat doch der Pastor *Ernst
Glueck* (geb. 1652 in Sachsen, gest. 1705 in Moskau) eine Zeitlang hier gelebt
und Ende des 17. Jh. die Bibel ins Lettische übersetzt. Für die Entwicklung der
lettischen Schriftsprache war dies von großer Bedeutung. Ernst Glueck war
übrigens Pflegevater von Maria Skavronska, der späteren Kaiserin Katharina I.
von Russland.

Öffnungszeiten Das Museum hat keine festen Öffnungszeiten. Einfach vorbeigehen oder
in der Touristeninformation einen Termin verabreden.

Lutheranische Kirche: unweit des Bibelmuseums. Das zwischen 1781 und 1788 von dem berühmten Rīgaer Architekten Haberlandt erbaute Gotteshaus gilt als eines der schönsten seiner Art in Lettland. Bei der Ausstattung des klassischen Sakralbaus ist sehr viel Granit verwendet worden. Der 55 m hohe Glockenturm wird von einem Gockel dekoriert.

Tempelberg: Auf der Alūksner Halbinsel neben dem großen Pilsētas Friedhof befindet sich der sog. Tempelberg. Vom 10.–11. Jh. erhob sich hier eine hölzerne Burg der Letgallen. Nach dem Nordischen Krieg wurde 1807 ein Granittempel errichtet, der dem schwedischen Garnisonsführer Wulf und seinem russischen Pendant Scheremetiev gewidmet ist. Um den Tempelberg zu erreichen, zum Anfang der Pils ielā spazieren und dann rechts in die Miera ielā hineingehen, die zum Tempelberg und auch zum Friedhof führt. Von hier oben eröffnet sich eine wunderbare Aussicht auf Alūkse.

Militärmuseum und Lenin-Kopf: Im Dorf Zeltiņi, 26 km nördlich von Alūksne befand sich einst ein Nuklearstützpunkt der Roten Armee. Die Atomwaffen sind mittlerweile verschwunden, doch die Tunnel und engen Schächte können besichtigt werden. Angeblich ist das Gebiet nicht mehr radioaktiv verseucht, doch eine gewisse Vorsicht ist sicherlich angebracht. Hier befindet sich auch der Kopf der Leninskulptur, die einst auf den Zentralplatz von Alūksne herabsah. Öffnungszeiten sporadisch.

Ottes Mühle: In diesem charmanten ethnographischen Museum wird die Vergangenheit wieder lebendig. Zu sehen sind eine Wassermühle, Geräte zur Leinen- und Dachhölzerherstellung, alte Werkzeuge u. v. m. An jedem 2. Samstag im September findet hier ein großes Erntefest statt. Flachs wird geerntet, Getreide gedroschen, Seile gedreht, etc. Jeder der Anwesenden kann gerne mitmachen. Nach verrichteter Arbeit gibt es dunkles Roggenbrot, selbstgestampfte Butter und ein nach einem alten Rezept gebrautes Bier.

● *Öffnungszeiten* im Sommer Mi–So von 10–17 Uhr geöffnet, ✆ 45452.

● *Anfahrt/Verbindung* Die schönste Art, das Museum zu erreichen, ist sicher mit der Kleinbahn. Sie braucht zwar Ewigkeiten, führt dafür aber durch malerische Landstriche. Aussteigebahnhof ist Umernieki. Von dort sind noch 7 km bis zum Dorf Kalnkempi entweder zu Fuß oder per Droschke zurückzulegen. Es besteht auch die Möglichkeit zu reiten, ca. 7 € pro Stunde, ✆ 23049.

Bootstour auf der Gauja

Die "klassische" Gauja-Route führt sicher zurecht stets durch den Nationalpark, der wahrlich ein wahres Naturerlebnis ist. Doch auch eine Kanutour entlang der oberen Gauja ist sehr reizvoll. Es geht vorbei an dunklen Wäldern, kräftig-grünen Wiesen und kleinen Siedlungen. Da diese Strecke außerhalb des Nationalparks liegt, kann an beliebiger Stelle Rast gemacht werden (Vorsicht, Waldbrandgefahr!). Außerdem ist die Gauja hier noch sauber, sodass man unbekümmert auch einmal hineinspringen kann.

● *Organisation* In Alūksne selbst ist es nicht möglich, Boote für mehrere Tage zu leihen, die Organisation müsste also über Sigulda oder Valmiera laufen (s. dort). Zu beachten ist, dass die Gauja ca. 24 km lang die natürliche Grenze zwischen Lett- und Estland bildet. Es ist anzuraten, in Ufernähe zu bleiben.

Kanutour auf der oberen Gauja

Die Tour beginnt unter der Brücke der Schnellstraße Rīga-Pskow unweit der Siedlung Virešu. Nach 4 km fließt auf der linken Seite die Palsa in die Gauja. Unweit der Mündung erhebt sich der alte Burghügel Staldi.

Nach 9 km erreicht man die Brücke des Dorfes *Gaujiena*. Kurz vor der Brücke befindet sich ein schöner Lagerplatz. In Gaujiena selbst sind die alte Ordensruine aus dem 13. Jh. und ein 1850 erbautes Schloss sehenswert.

Nach 10 km wird die Gauja, nachdem sie den Ort *Zvārtava*, der mit einem alten Park aufwarten kann, hinter sich gelassen hat, zum Grenzfluss und bildet 24 km lang die natürliche Grenze zwischen Estland und Lettland. Kurz danach mündet der Mustjõgi-Fluss in die Gauja. Mustjõgi heißt übersetzt "Schwarzer Fluss". Schaut man nach Estland, sieht man dichte Wälder, wendet man den Blick nach Lettland, so erblickt man Wiesen und Sträucher.

Etwa 9 km, nachdem die Gauja nicht mehr entlang der Grenze fließt, gelangt man zur Brücke von *Annu*. Ein schöner Eichenhain säumt das Ufer. Hier befindet sich auch die Siedlung *Zīles* und eine Försterei. Das linke Gauja-Ufer lädt zum Baden ein.

Nach weiteren 8 km durch das unberührte, malerische Flussbett mündet rechter Hand der Kaičupe-Fluss in die Gauja. Nach 3 km trifft man auf eine romantische, 1 km lange Insel. 9 km weiter liegt links der Bauernhof *Kasīši*, vielleicht eine Möglichkeit, die Lebensmittelvorräte aufzufüllen.

Bis zur Mündung der Vija in die Gauja sind es noch 6 km. Nicht weit von dem Zusammenfluss erhebt sich malerisch ein Sandsteinfelsen, der *Kankariši-iezis*, aus dem Wasser. Diese Stelle eignet sich gut als Rastplatz. Wer ein Stück am Ufer der Vija entlangspaziert, trifft nach ca. 4 km auf den alten Burghügel Celīškalns, auf den einst die Beverīna-Festung stand.

Zurück auf der Gauja, passiert man nach ca. 7 km den Ort *Olinas*. Nach weiteren 12 km erscheint links der Bauernhof *Kauči*, und in der Mitte des Flusses sieht man eine Insel.

Vorbei an dem Ort *Strenči*, findet man sich nach 7 km unter einer Eisenbahnbrücke wieder, über die die Zuglinie Rīga-Valga verkehrt. Ab hier hat die Gauja über eine Strecke von 4 km mit einigen ungefährlichen Stromschnellen zu kämpfen. 5 km nach der Brücke fließt rechts die Lielupe in die Gauja (Ende der Stromschnellen).

Nach weiteren 5 km trifft man rechts auf die Mündung der Melupe. Etwas unterhalb des Zusammenflusses von Melupe und Gauja befindet sich der Bauernhof *Sīmaneni*, hinter dem sich eine mächtige, 800jährige Eiche erhebt. Der uralte Baum ist das letzte Relikt eines heiligen Hains, der von der damals heidnischen Bevölkerung verehrt wurde.

Nach etwa 5 km, kurz vor Valmiera, fließt der Fluss Abuls in die Gauja. An seiner Mündung befinden sich ideale Lagerplätze. Außerdem ist hier die letzte Möglichkeit, in der Gauja zu schwimmen, bevor sie in Valmiera belastet wird.

Wer noch nicht genug gerudert ist, kann die Gauja noch weiter durch den kurz hinter Valmiera beginnenden Nationalpark, bis Sigulda hinunterfahren (siehe S. 341).

(Routenbeschreibung von M. Laiviņš)

Lettland
Karte siehe Umschlaginnenklappen

Sonnenuntergang am Strand

Der Westen Lettlands

Jelgava (Mitau)

(ca. 65.000 Einwohner)

Im 13. Jh. errichtete der Livländische Ordensmeister *Konrad von Mandern* auf der Insel am Zusammenfluss von Lielupe und Driska eine Burg, die er *Mitawa* nannte. Im 14. Jh. erhielt die Burg den Namen Jelgava. Als Kurland zum Her-zogtum wurde, entstand 1737 an Stelle der alten Ordensburg ein Schloss für die nun weltlichen Herrscher. Bauherr des prachtvollen Barockpalastes, des größten seiner Art im Baltikum, war der Italiener *Rastrelli*. Auftraggeber war der kurische Herzog *Ernst Johann von Biron*, Günstling der russischen Zarin Anna Iwanova (mehr zur Geschichte der von Birons S. 364/Pilsrundāle). 1919 wurde das Schloss zerstört, während der Phase der lettischen Unabhängigkeit aber wieder aufgebaut. Seitdem beherbergt es die Akademie für Landwirtschaft. Viele historische Bauten der Stadt sind im Krieg zerstört worden. Die heutige Bedeutung Jelgavas liegt in seiner Industrie und in seinem Binnenhafen.

In der zweiten Hälfte des 18. Jh. erschien hier die erste lettischsprachige Zeitung. Die wohl bekannteste aus Jelgava stammende Persönlichkeit ist *Kārlis Ulmanis*, Präsident Lettlands während seiner Unabhängigkeitsperiode zwischen den beiden Weltkriegen.

● *Postleitzahl* LV3000

● *Vorwahl* (2)30

● *Information* Lielā 6, ℡ 23874, ✆ 21891.

● *Anfahrt/Verbindungen* **Pkw** – Jelgava liegt an der A-8 Šiauliai-Rīga und der Verbindungsstraße zur A-9 Rīga-Liepāja. Aus der Hauptstadt kommend am Rīgaer Ring aufpassen, denn aus Rīga herauszukommen, ist etwas schwierig.

Bus – sehr gute Verbindung mit Rīga, ebenfalls Busse Richtung Liepāja, Bauska und Jēkabpils. Busbahnhof in der Pasta ielā.

Bahn – Jelgava ist ein großer Eisenbahnknotenpunkt. Züge Richtung Rīga, Estland, Litauen und nach Berlin. Außerdem Anschluss nach Liepāja, Ventspils und Jēkabpils. Bahnhof, Zemgales pr. 1. Vom Bahnhof Bus 4, 5 oder 7 ins Zentrum nehmen.

● *Übernachten* **Akva**, Birzes 49. Bescheidenes Hotel mit verschiedenen Kategorien. EZ 10 €, DZ 20 €, Lux 40 €. ℡ 42444.

Jelgava, Lielā 6. Schönes, altes Gebäude. Zimmer überwiegend alle renoviert. EZ 10 €, DZ 10–20, DRZ 20 €, Lux 40 €. Schöner Blick vom Hotel auf das Schloss. ℡ 26193, ✆ 83005, jelgava@apollo.lv, www.zl.lv/hoteljelgava.

Schloss Blankenfeld, im Dorf Vilce. Einfache Jugendherberge mit 15 Betten in feudalem Ambiente und schöner Lage. ÜB 4 €. ℡ 64536.

Studentenwohnheim, A. Pumpura 7. Während der Sommermonate kann man hier für 15–25 € pro Person übernachten. ℡ 29936, ✆ 24689.

● *Essen* **Argo**, Zemgales 17. Durchschnittliche Bar mit kleiner Speisekarte, Kieferntischen, Polsterstühlen und Spielautomaten.

Bistro, Jurāte/Pašta unweit der Jaņakirche. Geräumiges Etablissement mit gelben und pinkfarbenden Wänden sowie modernem Mobiliar.

Konditorija, Svētes ielā, neben Haus Nr. 5. Diverse leckere Kuchen und Teigwaren im Angebot. Gut zum Frühstücken geeignet, da schon ab 8 Uhr geöffnet. In der kleinen Bar nebenan kann man im Sommer draußen sitzen.

Lido, Lielā 17. Angenehmes Restaurant mit guter Küche.

Madara, Lielā 22. Nettes, rustikales Lokal mit Steinfassade und freundlichem Service.

Māra, Atmodas/Bebru ceļs. Einfaches Café, im Sommer Tische draußen.

Jaņsis, Dobele 24. Schöner Biergarten.

Jelgava, zum Hotel gehörend, Essen akzeptabel.

Kate, Liela 7. Kleines Kellerrestaurant mit herzlicher Atmosphäre und guten kulinarischen Kreationen.

Kwatro, Driksas 1. Schönes Café mit guter, abwechslungsreicher Küche.

Lielupe, Liela 6. Mittelmäßiges Hotelrestaurant, am Wochenende Disko.

Monro, Akademijas 19, ℡ (+371–30) 20 375. Angenehmes Lokal mit guter Küche und nettem Service.

Tabaga, Jāna Čakstes bulv. 5. Stilvolle Kneipe mit Kakteen und alten Holzdielen. Im Sommer kann man auch draußen sitzen und den Blick auf die Driska genießen. Im gleichen Gebäude besteht auch ein Internetzugang.

Tonuss, Uzvaras 12. Nachtclub, Café und Billiardkneipe in einem.

● *Verschiedenes* **Geldwechsel**, Lielā 7.

Post, Pasta 114. Zum Telegrafenamt Eingang Raiņa ielā benutzen.

Internetzugang, Akademia 26, in der Bibliothek für Naturwissenschaften und neben der Kneipe Tabaga (s. o.).

Poliklinik, Sudraba Idžus 10.

Lettland
Karte siehe Umschlaginnenklappen

▶ **Historisches Museum**, Akademija 10. Zu sehen ist ein Einblick in die wechselhafte Geschichte Jelgavas und des Fürstentum Kurlands. Das Museum befindet sich im prachtvollem Barockgebäude der ehemaligen Academia Petrina (1773–1775), die einst ein Gymnasium beherbergte.

▶ **Dobele (Dobene):** Etwa 70 km von Rīga und 30 km von Jelgava entfernt liegt das charmante Städtchen Dobele (ca. 15.000 Einwohner). Die Stadt an der Bērze eignet sich gut als Ausgangspunkt für einen Ausflug nach Tērvete und eignet sich als Durchgangsstation, da es hier ein Gasthaus gib. Lohnenswert ist ein Spaziergang zur alten Ordensruine, die sich idyllisch am Ufer der Bērze erhebt. Zu erreichen über die Brīvības ielā.

• *Postleitzahl* LV3700

• *Vorwahl* (2)37

• *Information* Brīvības 7. Information über Dobele und Umgebung erhältlich. Organisation von Ausflügen ins Umland. Geöffnet Mo–Fr von 10–17 Uhr. ☎ 25474.

• *Anfahrt/Verbindungen* **Pkw** – liegt an der Landstraße P 97, etwa 30 km südwestlich von Jelgava. Von Rīga die A-9 Richtung Liepāja nehmen. Nach ca. 55 km geht eine Straße nach Dobele ab.

Bus – Verbindung mit Jelgava und Rīga. Busbahnhof am Stacijas lauk.

Bahn – liegt an der Bahnlinie Rīga-Liepāja. Bahnhof am Stacija lauk.

• *Übernachten* **Dobele**, Uzvaras 2. Hotel stammt aus den 70ern. Zimmer alle mit Bad und relativ sauber, verfügt über mehrere Kategorien. DZ 18 €. ☎ 21259 und 21229.

• *Essen* **Tērvete**, Tirgus laukums 3. Rustikales Bierhaus mit Bauerndekor und deftiger lettischer Kost.

Kloŋdaika, Viestura 6. Saloonmäßig aufgemachte Kneipe mit Billiardtischen und Disko am Wochenende.

Kafenija, Zalā/Basnica. Gemütliches kleines Café mit 5 Tischen.

Konditorija, Basnica 2. Beliebte Konditorei mit ein paar Tischen und orange-türkisblauem Anstrich.

• *Verschiedenes* **Geldwechsel**, Brīvības 14a.

Post, Zalā 10.

Internetzugang, in der Touristeninformation und in der Bildungsstelle für Erwachsene, Brīvības 7.

Poliklinik, Brīvības 17.

Stadtmuseum, Zalā 17.

▶ **Tērvete (Thervetene):** Vor seiner Eroberung durch die Kreuzritter war das Dorf Zentrum semgallischer Stämme. Heute ist der Ort erwähneswert wegen des Gedenkmuseums für *Anna Brigādere*. Das berühmteste Werk, das aus der Feder der Brigādere geflossen ist, ist sicherlich das lettische Volksmärchen von *Maija* und *Paija*.

Spridisi-Museum: Zu sehen sind das Wohnhaus der Schriftstellerin Anna Brigādere und mehrere schöne Parks. Da gibt es einen großen Park, in dem die ältesten Kiefern Lettlands wachsen, den *Sonnenpark* mit knorrigen, alten Eichen und strahlend-weißen Birken und zu guter Letzt den zauberhaften *Märchen- und Zwergenwald*, in dem die phantastischen Wesen der Sagen- und Fabelwelt der Brigādere am Wegesrand stehen.

• *Öffnungszeiten* vom 1.5.–31.1. jeweils von 11–17 Uhr, Mo geschlossen. Das Museum ist in Tērvete ausgeschildert.

• *Anfahrt/Verbindungen* **Pkw** – liegt ca. 20 km südöstlich an der Straße P 103 Richtung Bauska.

Bus – am einfachsten von Dobele zu erreichen, gelegentlich Verbindung mit Bauska.

Bauska (Baukse)

(ca. 10.000 Einwohner)

Das gemütliche alte Städtchen liegt unweit der Grenze zu Litauen. Ursprünglich war Bauska Siedlungsstätte semgallischer Stämme. Im 14. Jh. eroberte der Deutsche Orden das Gebiet und errichtete eine Steinfestung am Zusammenfluss von

Mēmele (Memel) und *Mūsa* (Muss). Urkundlich erwähnt wurde Bauska erstmals im Jahre 1443. Im Laufe der Geschichte wurde die strategisch günstig gelegene Burg von den Herzögen Kurlands und den jeweiligen polnischen, schwedischen und russischen Herrschern genutzt. Während des Nordischen Krieges wurde die Ordensfestung zerstört, sodass nur ihre Ruinen geblieben sind.

In der Altstadt von Bauska sind noch eine Reihe schmucker, kleiner Holzhäuser des 18. und 19. Jh. zu sehen, die z. T. restauriert werden. Sehenswert ist auch die im Zentrum stehende lutherische Kirche aus dem 16. Jh. Die Bedeutung der Stadt liegt heute in ihrer Textilindustrie.

- *Postleitzahl* LV3900
- *Vorwahl* (2)39
- *Information* Rātslaukums 1. Touren in die Umgebung, Vermittlung von Privatquartieren und Informationen über die Stadt und die Provinz. ✆/📠 23797, tourinfo@bauska.lv. Geöffnet Mo–Fr von 9–18 Uhr, Sa von 9–15 Uhr; www.bauska.lv.
- *Anfahrt/Verbindungen* **Pkw** – liegt an der A-7, etwa 65 km südlich von Rīga.
  Bus – Verbindung mit Rīga, Dobele, Jelgava, Liepāja und Jēkabpils. Busbahnhof befindet sich neben dem Hotel.
- *Übernachten* **Bauska**, Slimnīca 7. Liegt direkt am Busbahnhof. Altes Hotel im Sowjetstil, verschiedene Kategorien, Zimmer mit Bad. EZ 15 €, DZ 15–20 €. ✆ 24705.
  Darta, Grafa Iaukums 4 im Dorf Iecava ca. 23 km nördlich von Bauska an der A-7 gelegen. Einfache aber freundliche Jugendherberge. Es gibt DZ, aber auch Schlafsäle. ÜB 4–10 €. ✆ 41832.
- *Essen* **Aladin**, Rīga 27. Etwas gedämpft wirkende Kneipe, in der man auch essen kann. Hauptsächlich wird hier jedoch Billiard gespielt und Bier getrunken.

Camilla, Slimnīcas 7. Nettes Bistro mit guter Küche.

Hotelcafé, nett ausgestattete kleine Bar mit guter Küche. Am Wochenende ist neben der Bar übrigens Disko.

Kafija, Kalna 22. Gemütliches Café.

Luize, Pasta 1. Urgemütliches Restaurant mit äußerst netter Atmosphäre, was an ein Wiener Kaffeehaus erinnert. Die Speisekarte ist reichhaltig – wie wär es einmal mit Lachsforelle in Champagner – begleitet von einem gelungenen lettisch-russisch-englischen Musikmix?

Pauze, Zaļā ielā 25, an der Straße nach Vilnius gelegen, am Ortsaus- bzw. Eingangsschild. Gemütliches, etwas rustikales Lokal, von Einheimischen empfohlen.

- *Verschiedenes* **Geldwechsel**, Plūdoņa 48 und in der Rīga 3
  Post, Slimnīcas 9.
  Bibliothek, Kalna 18. Internetzugang geplant.
  Poliklinik, Slimnīcas 2.

Lettland
Karte siehe Umschlaginnenklappen

Stadtmuseum: Kalna 6. Dokumentation über die Geschichte Bauskas und Umgebung, wechselnde Ausstellungen moderner Kunst. An gleicher Adresse befindet sich ein Studio für traditionelles Kunsthandwerk, das Workshops anbietet und seine Exponate ausstellt.
Öffnungszeiten Di–Fr von 9–17 Uhr, am Wochenende von 10–16 Uhr geöffnet.

Burgruine: Um zur Ruine zu gelangen, geht es durch den romantischen, etwas verwilderten Park. Auch wenn nur noch Mauerreste an das Mittelalter erinnern, so macht es dennoch Spaß, durch das Burggelände zu spazieren. Momentan wird die Ruine restauriert. Ein Turm der Festung ist bereits fertig gestellt und bietet einen herrlichen Blick auf die Flusstäler und auf Bauska. Seit 1999 kann hier auch die Ausstellung "Bauska- die neue Burg" besichtigt werden. Geöffnet von Mai–Sept. von 9–19 Uhr.

Farmmuseum, etwa 11 km südlich von Bauska im Dorf Uzvara befindet sich ein kleines Museum, das einen Einblick in das bäuerliche Leben der Region Zemgale währt. Geöffnet von Mai–Okt. täglich außer Mo, von 10–17 Uhr.

Automuseum, unweit von Bauska an der Straße nach Mežotne gelegen, auf Schilder achten. Zu sehen ist hier die größte Automobilsammlung Lettlands. Geöffnet von Mai–Okt. täglich außer Mo, von 10–17 Uhr.

Schloss Mežotne, im gleichnamigen Dorf zu finden, gilt als einer der schönsten neo-klassizistischen Bauten Lettlands. Auftraggeberin war Katharina II., die das Schloss als Geschenk an die Gouvernante ihrer Enkelkinder, Charlotte von Lieven bauen ließ. Errichtet wurde der Palast von 1797–1802 nach den Plänen des Architekten G. Quarengis. Der Prachtbau ist umgeben von einem schönen englischen Garten. Einige Räume des Palastes sind zugänglich für Besucher. Geöffnet Mo–Fr von 8–17 Uhr und am Wochenende von 9–18 Uhr. In einem andern Trakt des Schlosses ist ein Hotel untergebracht.

Adresse Mežotne, Bauskas raj., LV 3918, ✆ 28984, 28796, mezotnpils@apollo.lv, www.vide. lv/mezpils.htm

Pilsrundāle

Dieser prachtvolle Palast, ein wahres Meisterwerk der Barockarchitektur, liegt nicht weit von Bauska entfernt. Auf Geheiß der Zarin *Anna Iwanowa* wurde im Jahr 1735 der Grundstein für den Bau gelegt. Gedacht war der Palast als Sommerresidenz für Herzog *Ernst Johann v. Biron,* den die Zarin persönlich zum Nachfolger des Grafen von Kurland, *Ferdinand Kettler,* bestimmte. Mit dem Bau beauftragt wurde der russische Architekt italienischer Abstammung, *Francesco Bartolomeo Rastrelli,* nach dessen Plänen auch der Winterpalast in St. Petersburg entstand.

Ebenfalls von Rastrelli entworfen wurde der nach französischem Muster angelegte Schlosspark, in dem er 328.185 (!) Linden pflanzen ließ. Ernst Johann von Biron war es jedoch nur drei Jahre lang vergönnt, in dem noch nicht fertig gestellten Prachtbau zu residieren. Mit dem Tod der Zarin, deren Günstling er war, endete seine Regentschaft und damit auch der Weiterbau des Palasts. Kurz nach dem Tod Anna Iwanowas wurde Biron verhaftet und wenig später in die Verbannung geschickt. Erst unter *Katharina II.* konnte er 1763 nach Kurland zurückkehren. Die Arbeiten am Schloss wurden wieder aufgenommen und 1767 war der Prachtbau schließlich fertig gestellt. 1795 übergab die Zarin das Schloss jedoch ihrem Favoriten Graf *Valerian Zubow,* worauf Biron (der Sohn) Kurland erneut verlassen musste. Sein Schicksal vorausahnend, hatte er bereits vor seiner Flucht einen Teil der kostbaren Möbel des Rundāle-Palasts beiseite geschafft. Bei der Mehrzahl der Einrichtungsstücke handelt es sich also nicht um Originale.

Später fiel das stolze Anwesen dann an die Familie *Suwalow,* in deren Besitz es bis 1920 verblieb. Im Ersten Weltkrieg wurde der Palast stark beschädigt, und erst 1972 wurde mit den Restaurationsarbeiten begonnen.

Obwohl das Schloss seit nunmehr zwanzig Jahren restauriert wird, sind die Arbeiten noch lange nicht abgeschlossen. Der Ostflügel und der Mittelbau sind seit 1981 als Museum für Besucher zugänglich. 1998 wurden auch die ersten Räume des Westflügels eröffnet. Ziel ist es, 43 von den 138 Palasträumen originalgetreu zu restaurieren. Ebenfalls ist der Wiederaufbau der riesengroßen Parkanlage und seiner Gebäude geplant.

Ein Gang durch den Palast

Dass beim Bau und bei der Einrichtung des Palastes an nichts gespart wurde und das Beste gerade gut genug war, beweisen die zahlreichen prächtigen Säle und Salons. Der prunkvollste der Räume ist der *Goldene Saal*, geschmückt mit kostbarem, vergoldetem Marmorstuck, in dem auch der Thron Birons stand.

Wunderschön und dabei gar nicht protzig ist der *Weiße Saal*, in dem der Herzog zum Ball einlud. Der helle Saal ist reichlich verziert mit meisterhaften Stuckarbeiten und Skulpturen des Berliner Meisters *Johann Michael Graff*. Besonders hervorzuheben ist auch das *Rosenzimmer*, dessen Wände mit feinster, handgewebter Seidenbrokat-Tapete dekoriert sind, die man originalgetreu in Moskau nachbilden ließ. Viele der Räume sind mit kunstvollen Wand- und Deckenmalereien der alten Meister *Carlo Zucchi* und *Francesco Martini* geschmückt. Die Schönsten sind im Schlafgemach des Hausherrn zu finden.

Eine ansprechende Ausstellung über die Schwierigkeiten und Techniken der Restaurierungsarbeiten ist im Erdgeschoss des Ostflügels zu sehen. Im Mittelbau der gleichen Etage befindet sich ein kleines Museum für angewandte Kunst.

Öffnungszeiten Von Mai–Okt. ist der Palast täglich von 10–18 Uhr und von Nov.-Apr. täglich von 10–17 Uhr geöffnet. Führungen auf Deutsch möglich.

• *Anfahrt/Verbindungen* **Pkw** – etwa 15 km westlich von Bauksa gelegen und innerhalb weniger Minuten über die Landstraße Richtung Dobele zu erreichen.
Bus – In der Hochsaison rollen täglich mehrere Busse nach Pilsrundāle. Von Bauksa den Bus Richtung Dobele über Eleja nehmen.
• *Essen* Kurz vor dem Palast befindet sich das Café **Auto Retro**, das zu einer Stärkung nach dem Schlossbesuch einlädt.

Saldus

(ca. 12.6000 Einwohner)

Das nette, aber relativ unbedeutende Städtchen liegt ganz in der Nähe des Cieceres-Sees. Interessant ist Saldus für Kunstliebhaber, da sich hier ein kleines Gedenkmuseum für den lettischen Maler *Rozentāls* befindet.

• *Postleitzahl* LV3800
• *Vorwahl* (2)38
• *Anfahrt/Verbindungen* **Pkw** – liegt an der A-217, ca. 120 km südwestlich von Rīga und 200 km östlich von Liepāja.
Bus – Saldus liegt auf der Strecke der Linie Rīga-Liepāja und Ventspils-Liepāja, außerdem Busse nach Jelgava. Zentrale Haltestelle in der Jelgavas 2.
Bahn – Züge nach Rīga und Liepāja. Bahnhof befindet sich ca. 2,5 km vom Zentrum, in der Stacijas 1. Bus 1 verbindet die Stadt und den Bahnhof miteinander, verkehrt aber nicht allzu häufig.
• *Übernachten* **Kalnsētas**, Saldus 1. Einfach ausgestattetes, sauberes Hotel, etwas außerhalb vom Zentrum gelegen. An der Straße nach Dobele ausgeschildert. Zimmer einfach, aber mit Bad und sauber. ÜB ab 20 €, ℡ 23849.

• *Essen* **Atvars**, Saldus Striķu 13. Uriges Restaurant in einem Kellergewölbe, befindet sich hinter dem Hotel Saldus.
Kafija, Gardums 8. Kleines Café, bestehend aus 2 freundlichen, hellen Räumen, modernem Mobiliar und attraktivem Buffet.
Klubs, Striķu 3. Café, Bar und Restaurant in einem. Serviert werden überwiegend Pizzas.
Rudsode, Striķu 9. Angenehme, mit dunklen Grüntönen und schweren Möbeln ausgestattete Kneipe, in der man auch essen kann. Am Wochenende oft Live-Musik.
Salanka, Striķu 7a. Kantineartiges Lokal ohne besonderes Flair, aber dennoch gut besucht.
• *Verschiedenes* **Geldwechsel**, Rīgas ielā, gegenüber von Haus No. 8.
Post, Kuldīgas 4.
Internetzugang, Striķu 7, in der Bibliothek.
Poliklinik, Slimnīcas 3.

J. Rozentāls-Museum: Striķu 22. Rozentāls (1866–1916) war eine wichtige Figur in der lettischen Kunstgeschichte. In vielen seiner Bilder beschreibt er auf realistische Weise das Leben der Bauern und der einfachen Bevölkerung. Zudem war er ein hervorragender Porträtist. In Saldus sind nur einige seiner Bilder ausgestellt.

Öffnungszeiten etwas unregelmäßig, in der Regel jedoch Di–Do von 10–17 Uhr.

Liepāja (Libau)

Liepāja (Libau)   (ca. 350.000 Einwohner)

Kilometerlanger blütenweißer Sandstrand und erwähnenswerte Architektur sind die Höhepunkte, die die attraktive Küstenstadt zu bieten hat. Frisch gestrichene Häuser, moderne Cafés und eine neue Lebendigkeit erwecken den Eindruck, dass Liepāja aus seinem tiefen Dornröschenschlaf erwacht zu sein scheint.

Viele Besucher sah die Stadt im Laufe der Zeit nicht. Auf Grund des hier stationierten Militärs war Liepāja für Ausländer gänzlich geschlossen, und selbst Bürger der Sowjetunion benötigten für einen Besuch eine Einladung und Sondergenehmigung.

Nicht nur die Schönheit der Küste Liepājas, sondern auch ihr Bernsteinreichtum lockten bereits im 13. Jh. Seefahrer aus Schweden, Rom, Byzanz und letztendlich aus deutschen Ländern an. Damals war die Stadt jedoch nur ein kleines Dorf, das den Namen *Liva* trug, was übersetzt soviel wie Sand bedeutet. Zur Stadt wurde der Ort 1625 erhoben.

1253 wurde Liva von den deutschen Kreuzrittern erobert, doch waren sie nicht die einzigen Fremdherrscher, die Liepāja im Laufe seiner Geschichte sah.

Im Nordischen Krieg fiel die Stadt an Schweden und 1795 an Russland. Während des Russlandfeldzugs *Napoleons* im Jahre 1812 stand Liepāja kurzzeitig unter französischer und zur Zeit des Krimkriegs (1853–1856) gar unter britischer Herrschaft.

Liepāja war bis zum Zweiten Weltkrieg stets ein bedeutendes Tor zum Westen und unterhielt Schiffsverbindungen nach Halifax und New York. Schon zur Zeit des Ordens besaß Liepāja einen Hafen, der jedoch ständig versandete. 1697 wurde schließlich der Ausbau des Hafens in Angriff genommen, was ganze 30 Jahre lang dauern sollte. Für den Stadthandel, war der Hafen von großer Wichtigkeit, da Liepāja an keinem bedeutenden Fluss liegt.

Während des zweijährigen Freiheitskrieges, den Lettland nach der Unabhängigkeitserklärung von 1918 auszutragen hatte, war Liepāja der Sitz der provisorischen Regierung. Während des Zweiten Weltkrieges hat die Stadt sehr gelitten und einige ihrer historischen Bauten verloren. Heute ist Liepāja die drittgrößte Stadt Lettlands und das Zentrum Kurzemes. Doch nicht nur politisch war und ist die Stadt bedeutend, sondern auch kulturell und industriell. 1997 wurde Liepaja ein besonderer wirtschaftlicher Status verliehen, sodass die Stadt für die Dauer von 20 Jahren zur Freihandelszone erklärt wurde, um den Ort für Investoren attraktiv zu machen. Hoffnung wird auch auf den Tourismus gesetzt, der jedoch nur zögernd einsetzt.

Information/Anfahrt/Verbindungen/Verschiedenes

• *Postleitzahl* LV3400

• *Vorwahl* (2)34

• *Information* Lielā 11 (Hotel Līva). Vermittlung von Privatquartieren und Ausflüge in die Umgebung. Geöffnet Mo–Fr von 9–12.30 und 13.30–17 Uhr. ✆/📠 80808, ltib@apollo.lv, www.cs.lpu/kurzeme; www.liepaja.lv.

• *Anfahrt/Verbindungen* **Pkw** – von Rīga über die A-9 erreichbar; von Ventspils empfiehlt es sich, ein Stück die P-108 zu nehmen, die beim Dorf Leči auf die P-111 stößt. Während der Recherche waren 15 km der Strecke nicht asphaltiert, doch haben Straßenarbeiten bereits begonnen, sodass man davon ausgehen kann, dass der Weg in Kürze gut befahrbar sein wird. Ins litauische Palanga führt die A-11.

Bus – mehrmals täglich Verbindung mit Rīga und Ventspils sowie mit den umliegenden Orten. Busbahnhof, Rīga 43. Von dort Tram 1 in die Innenstadt nehmen.

Bahn – Züge nach Ventspils und Rīga. Bahnhof, s. Busbhf.

Schiff – Es gibt Verbindung nach Deutschland und nach Schweden. Näheres s. Anreise. Informationen von 8–18 Uhr am Hafen, Silķu iela, ✆/📠 7893439, Verständigung auf Englisch bedingt möglich.

Mit dem eigenen Boot – Auch Bootsbesitzer können Kurs auf Liepāja nehmen, die Hafenverwaltung vor Einlaufen anfunken.

Flugzeug – einmal wöchentlich Flugverbindung mit Rīga, nähere Informationen im Exkursionsbüro. Vom Flughafen fährt Bus 2 ins Zentrum.

• *Verschiedenes* **Geldwechsel**, Teātra 3; Baznīcas 4/6 sowie in den zahlreichen Wechselstuben.

Post, Pasta 4, Telefone schräg gegenüber.

Internetzugang, Lielā 14, in der Bibliothek der pädagogischen Akademie.

Poliklinik, Respublikos 12.

Bewachter Parkplatz, befindet sich unmittelbar hinter dem Hotel Līva.

Übernachten (siehe Karte S. 369)

Amrita (1), Rīga 7/9. Elegantes 4 Sterne Hotel mit großzügig ausgestatteten Zimmern und bemühtem Service. EZ 72 €, DZ 120 €,

Apartment 370 €. ✆ 80 888, 📠 80 444, info@amrita.lv, www.amrita.lv.

Feja (25), Kurzeme 9. Kleines edles Hotel

in ruhiger Nebenstraße. Luxuriöse Zimmer mit ebensolchen Bädern, DZ 65–90 €, Reservierung empfehlenswert, ☎ 22688, ✆ 81447.

Līva (4), Lielā 11. Befindet sich unmittelbar im Zentrum, nicht weit vom Rože lauk. Verschiedene Kategorien. ÜB ab 12 €, DZ 30–50 €. ☎ 22688, ✆ 81447.

Nīcava (21), dieses charmante Hostel befindet sich im Zentrum des Dorfs Nīca, etwa 20 km südlich von Liepāla an der Straße nach Palanga/Klaipėda. ÜB 20 €. Siehe auch S. 372.

• *Jugendherberge* In der Stadt gibt es 2 Jugendherbergen. Beide sind sie sehr spartanisch, nur den Sommer über geöffnet und mit 8 € pro ÜB sehr billig.

Lauma (26), Ventspils 51. Hierbei handelt es sich um das Wohnheim der Berufsschule. ÜB 5 €. ☎ 42074.

Velnciems (22), Silku 7, ☎ 87171.

Essen/Trinken

Innerhalb der letzten Jahre hat sich das kulinarische Angebot Liepālas um einiges vervielfältigt. Insbesondere an der Zivju und Tirgoņu ielā warten zahlreiche Cafés und Bars auf Kundschaft.

• *Restaurants* **Feja (25)**, zum gleichnamigen Hotel gehörend. Stilvoll eingerichtet mit vorzüglicher Küche und hohen Preisen.

Ilze (5), Graudu 23. Romantisches Kellerrestaurant mit guter lettischer Küche.

Naves ena (19), Barinu 32. Wunderbares Restaurant mit viel Atmosphäre zum Wohlfühlen. Befindet sich in einem der ältesten Häuser der Stadt.

Oskars (1), elegantes Restaurant des Hotels Amrita.

Pastnieka māja (10), Brīvzemnieka 53. Extravagantes Restaurant mit schrägen Tischen und Stühlen. Das gesamte avantgardistische Establissement ist eine Hommage an den Postboten Arvids, dessen große Leidenschaft das Fliegen war. Damit die Qualität gleich bleibt und damit es auch nicht langweilig wird, ändert sich die exzelente Speisekarte jeden Monat. Am Wochenende wird oft Live-Musik gespielt. Schön sitzt es sich auch im Garten.

Pie Krustmates Agates (13), Zivju 4/6. Wohliges Rasthaus mit rustikalem Interieur und traditioneller, lettischer Küche.

Pie Frenčesco (8), Avotu 4, unweit vom Pastnieka māja. Angenehme, helle Pizzeria mit schönem Kachelofen.

Upe (4), modern ausgestattetes Restaurant des Hotel Līvas, auch gut zum Frühstücken geeignet.

Sams (14), Zivju 7/9. Fabelhaftes Fischrestaurant mit originellem Interieur, das sich am Leben der Fischer orientiert.

Vecais Kapteinis (2), Dubelšteina 14. Uriges, fantastisches Fischlokal in gelungen restauriertem Altbau. Im Keller gibt es ein großes Aquarium, von dem aus die Fische direkt in die Pfanne wandern.

• *Cafés/Bars* **Alus Dārzs Liva (6)**, großes Bierzelt mit Biergarten neben dem Hotel Līva.

Banga (23), schönes Sommercafé im Jūrmala Park. Geöffnet von Mai bis September.

Brugis (24), Stendera 18/20. Angenehme Sommerkneipe, die von Mai bis September rund um die Uhr geöffnet ist.

Bistro (18), Zivju 10/12. Moderne, aber kühl wirkende Cafékneipe mit einigen Gerichten.

Kafejnīca (16), Tirgoņu 20. Gemütliche Konditorei mit 3 Tischen, rosa Vorhängen und leckeren Kuchen.

Kafejnīca (11), Zivju 3. Klitzekleines Café am Rožu lauk., gut geeignet für einen Kaffee zwischendurch. Nicht durchs Hauptportal, sondern durch den Seiteneingang reingehen.

Kaupiņdārzs (17), Peldu iela 41. Attraktives Sommercafé, geöffnet von Mai bis September.

Liepālas Kafija (20), Zivju 14. Kleines, heimeliges Café mit einem Hauch von Nostalgie.

Pablo (12), Zivju 3. Beliebter Szeneclub mit Tanzfläche und Live-Musik.

Poetiska kafejnīca (7), Graudu iela 43. Gemütliches Café mit viel Flair.

Tris Sīveni (9), Rože lauk. Kleines Bistro mit knusprigen Pizzas, beliebter Jugendtreffpunkt.

Kristaps (15), Zivju 6. Einfach, preiswert, unspekatuklär.

Serenade (3), Pasta 28. Beliebtes Café, das vor allem wegen seines guten Kakaos frequentiert wird.

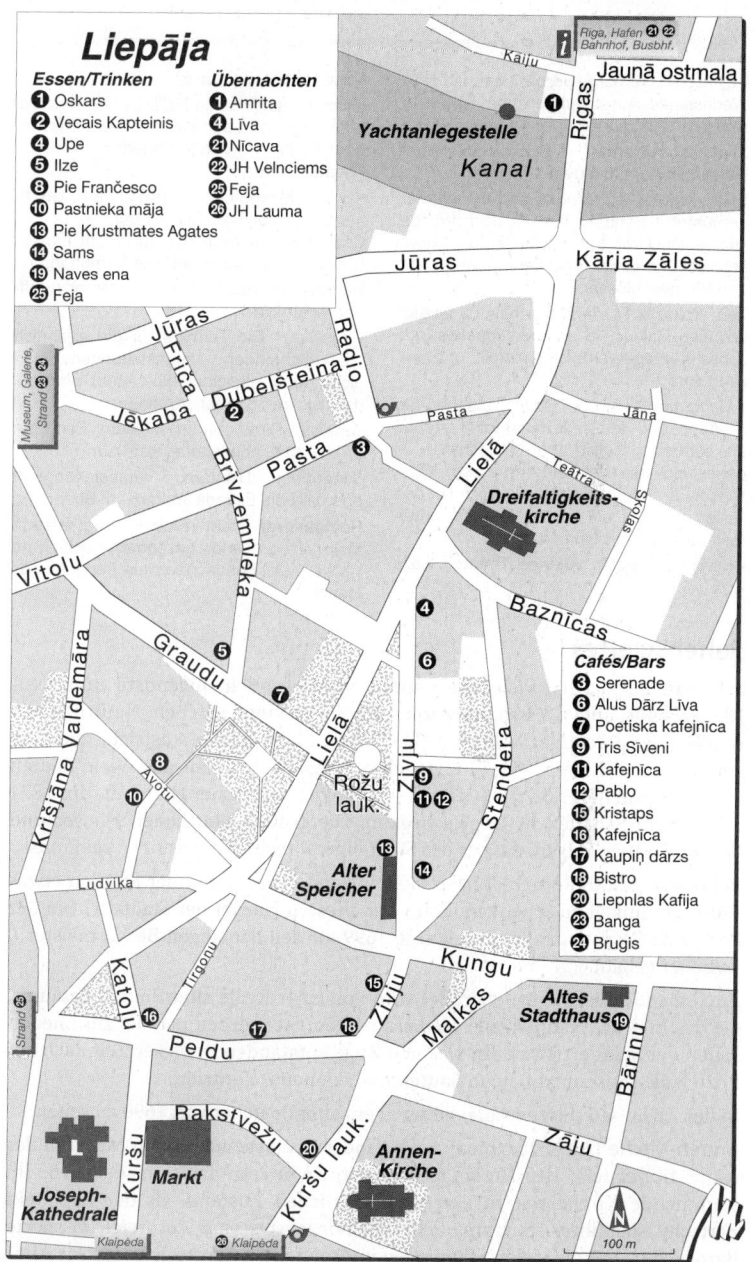

Liepāja

Essen/Trinken
- ❶ Oskars
- ❷ Vecais Kapteinis
- ❹ Upe
- ❺ Ilze
- ❽ Pie Frančesco
- ❿ Pastnieka māja
- ⓭ Pie Krustmates Agates
- ⓮ Sams
- ⓳ Naves ena
- ㉕ Feja

Übernachten
- ❶ Amrita
- ❹ Līva
- ㉑ Nicava
- ㉒ JH Velnciems
- ㉕ Feja
- ㉖ JH Lauma

Cafés/Bars
- ❸ Serenade
- ❻ Alus Dārz Līva
- ❼ Poetiska kafejnīca
- ❾ Tris Sīveni
- ⓫ Kafejnīca
- ⓬ Pablo
- ⓯ Kristaps
- ⓰ Kafejnīca
- ⓱ Kaupiņ dārzs
- ⓲ Bistro
- ⓴ Liepnlas Kafija
- ㉓ Banga
- ㉔ Brugis

Riga, Hafen ㉑ ㉒
Bahnhof, Busbhf.

Jaunā ostmala

Kaiju

Rigas

Yachtanlegestelle

Kanal

Jūras

Kārja Zāles

Lettland
Karte siehe Umschlaginnenklappen

Jūras

Friča

Fēkaba

Dubelšteina

Radio

Pasta

Jāna

Museum, Galerie, Strand ㉔ ㉘

Brīvzemnieka

Pasta

Lielā

Teātra

Skolas

Dreifaltigkeits-kirche

Vītolu

Graudu

Baznīcas

Krišjāņa Valdemāra

Avotu

Lielā

Zivju

Stendera

Rožu lauk.

Ludvīka

Alter Speicher

Strand ㉘

Katoļu

Tirgoņu

Kungu

Malkas

Altes Stadthaus

Bārinu

Peldu

Zivju

Rakstvežu

Zāju

Joseph-Kathedrale

Kuršu

Markt

Kuršu lauk.

Annen-Kirche

Klaipēda   ㉖ Klaipēda

100 m

- *Einkaufen* **Kunstgewerbe**, Rožu lauk. 5/6. Wechselnde Ausstellungen von Schmuck, Keramik- und Lederwaren.
Klints, Kr.Valdemāra 51. Schöne Galerie mit lettischem Kunsthandwerk und Verkauf.
Stils, Tirgoņu ielā 17. Feilgeboten werden gemusterte Handschuhe und Mützen, bestickte Decken, Bernsteinschmuck sowie sehr schöne Leder- und Keramikwaren, So und Mo geschlossen.
Ten, Peldu 20/24. Auch hier handelt es sich um eine Galerie, in der traditionelles lettisches Kunstgewerbe ausgestellt und verkauft wird
- *Markt* Im Herzen der Stadt, zwischen der St.-Anna- und der St. Jāzēpa-Kirche, stehen die stimmungsvollen alten Markthallen, in denen sich die Gerüche von Fisch, Käse, Fleisch und Blumen mischen. Auch vor den Hallen herrscht ein buntes Treiben, untermalt von lautem Marktgeschrei.
- *Konzerte/Theater* **Kleines Theater**, Rožu lauk. 5/6.

Konzerthalle, Grauda 50.
Konzertsaal, Auseklja 11/13. Der Konzertsaal befindet sich in der Musikschule, überwiegend klassische Vorstellungen.
Theater, Teātra 4.
- *Sport* **Minigolf**, im Jūrmala Park. Geöffnet täglich von Mai–September.
Cruisetour, möglich mit der Yacht "Palsa", Buchung über die Touristeninformation.
Reiten, Latgales 3. Nur im Sommer geöffnet. ☎ 9184353.
- *Festivals* Die Termine für die alljährlich wiederkehrenden Veranstaltungen sind nicht immer dieselben. Fest steht lediglich, dass sie im Sommer stattfinden.
Tanzfest Pērle, findet in dem Park am Strand statt, eher älteres Publikum.
Sängerfest Dzintars, Veranstaltungsort ebenfalls die Estrada im Park am Strand.
Rockfestival, findet immer im August statt. Viele in Lettland bekannte Rock- und Heavy-Metal-Bands stammen übrigens aus Liepāja.

Sehenswertes

Altstadt: Liepāja hat viele alte Bauten, vorwiegend in Jugendstil und Neo-Klassizismus, aufzuweisen, darunter auch sehr schöne Kirchen. Natürlich wäre alles viel prächtiger, erhielten die Häuser einen neuen Anstrich, doch die Altstadt strahlt trotzdem ein angenehm nostalgisches Flair aus. Viele Bauten stammen von *M. P. Bertschy*, einem Architekten deutscher Herkunft, der 1871 mit seinem Schaffen in Liepāja begann. Die großen, stattlichen Häuser und breiten Straßen zeigen, dass es der Stadt einmal recht gut gegangen sein muss.

Bei einem Stadtbummel lohnt es sich, folgenden Häusern oder Straßen etwas Aufmerksamkeit zu schenken: Eines der ältesten Häuser der Stadt steht in der Bāriņu 32 (Waisenstraße) und wurde 1699 für den damaligen Bürgermeister *J. Schröder* gebaut.

Auch die Lielā ielā (Große Straße) wird von einer Reihe alter Bauten gesäumt, die das Bild der Hauptstraße Liepājas prägen. Sie wurden parallel zum neuen Hafen der Stadt errichtet. Im gleichen Zuge entstanden zu dieser Zeit auch am Rožu lauk. (Rosenplatz) neue Bauten und ein neues Zentrum.

In der Ziviju 4/6 (Fischstraße) ist noch ein alter Speicher von 1690 zu sehen.

Annen-Kirche (Annas baznīca): Sie befindet sich gegenüber vom Markt in der Anna tirgus ielā, der Verlängerung der Ziviju ielā. Die aus dem 16. Jh. stammende Kirche war in einem jämmerlichen Zustand, als der Architekt Bertschy sich ihrer annahm. Sehr beeindruckend sind der reich verzierte Barockaltar und die vielen Skulpturen im Inneren des Gotteshauses. Der Altar ist ein Werk von *N. Seffenz*, einem Meister der Holzschnitzkunst, und stammt aus dem Jahr 1697.

Dreifaltigkeits-Kirche, Lielā ielā: Sie liegt etwas von der Straße zurückversetzt in der Nähe vom Hotel Līva. Zwischen 1742 bis 1758 entstand das hübsche Gotteshaus auf Initiative von deutschen Gläubigen. Sowohl von außen als auch von innen ist die Kirche prachtvoll ausgestattet. Herauszuheben ist die wunderschön klingende Orgel mit ihren 131 Pfeifen, welche die Orgel des Doms zu Rīga übertreffen sollte.

Joseph-Kathedrale (Sv. Jāzepa Katedrāle): Die Kathedrale ist auf der anderen Seite des Marktes zu finden. Im 19. Jh. forderte die katholische Gemeinde Liepājas eine neue Kirche, was ihr jedoch versagt wurde. So begannen die Gemeindemitglieder, ihr altes Gotteshaus umzubauen. In ihrem gegenwärtigen Erscheinungsbild sind neuromanische Formen tonangebend. Die innere Aufteilung der Kirche ist sehr verwinkelt und kompliziert, die Dekoration prächtig, teilweise prunkvoll.

Museum für Schifffahrt und Fischerei, Hikes 9. Zu sehen sind Ausstellungsstücke aus dem Leben der Seemänner und Fischer. Geöffnet Mi–So von 10–17 Uhr im Winter und von 11–18 Uhr von Jun.–Aug.

Museum für Geschichte und Kunst, Kūrmājas pr. 16/18: Nicht nur das Museum, sondern auch das Haus, in dem es untergebracht ist, ist sehenswert. Um die Jahrhundertwende erbaut, wurde es ganz im Stil englischer Gotik errichtet, was besonders im Treppenhaus zu erkennen ist. Gewohnt hat hier einst eine reiche Kaufmannsfamilie.

Zu sehen ist ein Querschnitt durch die Geschichte Lettlands und Liepājas, untermauert mit Originaldokumenten und alten Gebrauchsgegenständen. Viele der ausgestellten Schriftstücke sind deutschsprachig.

Im ersten Stock sind die Schnitzarbeiten des sozialkritischen Künstlers *M. Pankoks* zu sehen, der bis zum Zweiten Weltkrieg in Liepāja arbeitete. Im obersten Stockwerk des Gebäudes finden stets wechselnde Ausstellungen etablierter lettischer Maler statt.

Öffnungszeiten Mi–So von 10–17 Uhr und von 11–18 Uhr in den Monaten Jun.- Aug.

Okkupationsmuseum, K. Ukstina 7/9. Ausstellung über Liepāja während der Sowjetzeit. Geöffnet Mi–So von 10–17 Uhr und von 11–18 Uhr in den Monaten Jun.- Aug.

Gūtmane Līga-Galerie, schräg gegenüber vom Museum Richtung Strand zu finden. In dem schönen, alten Haus erhalten auch unbekannte Künstler die Gelegenheit, ihre Arbeiten auszustellen. Bemerkenswert ist der alte Backsteinkeller.

Öffnungszeiten sporadisch.

Baden: Gibt es eine Karibik des Nordens? Mit seinem tiefblauen Wasser und den zuckerweißen Stränden kommt Liepāja dieser Vorstellung sehr nahe. Zwar fehlen die Palmen, doch dafür gibt es hohe Kiefern und wunderschöne Dünen, die den Traum vom einsamen Strand zur Wirklichkeit werden lassen. Leider wird die Idylle ein wenig dadurch gestört, dass das Wasser nicht das sauberste ist.

Umgebung von Liepāja

▶ **Pāvilosta:** Dieses charmante kleine Fischerörtchen mit kleinem Hafen befindet sich an der P-111 ca. 71 km nördlich von Liepāja. Es ist noch gänzlich unberührt vom Tourismus, obwohl das Dorf sehr viel Potential in sich birgt. Es gibt in der Smilšu 17 ein kleines B&B Gästehaus nicht weit vom Meer entfernt. ÜF pro Person 15 €. ✆ 9207243. Ebenfalls werden im Dorf zahlreiche Privatquartiere angeboten, wie z. B. in der Park 14 und 21. ÜB jeweils 5 €. ✆ 98259 bzw. 98371. In der Dzintaru 1 befindet sich ein Bootsverleih.

▶ **Grobiņa:** Das nette, kleine Dorf liegt etwa 10 km östlich von Liepāja. Am Ortseingang liegen unter dicken alten Bäumen idyllisch die alten Reste der Ordensburg, die im Jahre 1259 erbaut wurde. Seit 1659 war sie abwechselnd in polnischer und schwedischer Hand, bis sie schließlich russisch wurde, als ganz Kurland 1795 an Russland fiel. Nicht weit von der Ruine steht eine hübsche lutherische Kirche aus dem 16. Jh. 1710 erlag die gesamte Bevölkerung Grobiņas bis auf acht Bürger der Pest. Für historisch Interessierte dürften die hier befindlichen Vikingergräber von Interesse sein. Früher war Grobiņa selbst Kreisstadt, heute gehört der Ort jedoch zum Bezirk Liepāja.

- *Postleitzahl* LV3430
- *Vorwahl* wie Liepāja (2)34
- *Anfahrt/Verbindungen* **Pkw** – von Liepāja ca. 10 km die A-9 Richtung Rīga entlangfahren. **Bus** – Alle Busse nach Rīga und Ventspils müssen an Grobiņa vorbei, halten jedoch nur an der Hauptstraße. Busse, die von Liepāja ins Dorf reinfahren, sind selten.
- *Übernachten* **Rolova**, etwa 5 km außerhalb von Grobiņa, an der Straße nach Rīga,

hinter der Bushaltestelle Rolova gelegen. Schon im Mittelalter fanden Fuhrleute, Handwerker und Händler hier eine Herberge. Heute ist es ein einfaches, freundliches Gasthaus mit 27 Betten und 8 Schlafsesseln. ÜB ab ca. 10–15 €, DZ ab 30 €.
- *Essen* **Restorāns**, unmittelbar neben der Ruine. Freundlicher Service und gutes Essen. **Rolova**, gemütliches und gutes Restaurant, zum Gasthaus gehörend. ✆ 92887.

▶ **Aizpute:** Kleines charmantes Städtchen, etwa 50 km westlich von Liepāja am Ufer des Flusses Tebra gelegen. Außer den Ruinen der Ordensburg, die auch in Aizpute nicht fehlen, gibt es hier die imposante Holzburg *Malkas Pilis* zu bewundern, die ganz aus Feuerstein besteht. Es gibt im Ort in der Padures 21 ein hübsches Landhaus mit 6 Betten. ÜB 12 €. ✆ (34)48450. Des Weiteren gibt es in der Kalvenes 69 eine einfache Jugendherberge. ÜB 5 €, ✆ (34)48983.

▶ **Waldmuseum:** An der P-117, etwa 8 km westlich von Aizpute befindet sich das Museum Bojas. Es ist untergebracht in einem alten Herrenhaus und liefert einen Einblick in den lettischen Wald. Geöffnet ist das Museum Mo–Fr von 10–16 Uhr, im Sommer außerdem auch am Wochenende von 10–16 Uhr.

▶ **Vērgale:** In diesem kleinen Dorf ist das Herrenhaus (muiza) aus dem 19 Jh. und der dazugehörige 4 ha große Park von Interesse. Das Haus diente ursprünglich dem Baron Ugāle als Jagdschloss. Heute beherbergen die alten Räumlichkeiten die Post, das Kulturhaus, ein Museum, ein Café und eine Jugendherberge. ÜB etwa 7 €, ✆ (34) 95397. Vom Vērgale muiza startet auch der sog. *Kleine Bernsteinpfad*, der eine wunderbare, 9 km lange Wanderung zum Strand verspricht.

▶ **Nīca:** Kleiner Ort an der A-11, 22 km südlich von Liepāja. Wer mit dem Rad von Palanga kommt und die letzten km bis nach Liepāja nicht mehr schafft, findet im Motel Nīcava eine nette Übernachtungsmöglichkeit, sehr schön am See gelegen. DZ ab 40 €, ✆ (34)86379. Günstiger ist der Zeltplatz 8 km weiter nördlich an der A 11. ÜB 4 €, ✆ (34) 60014.

▶ **Priekule**: 50 km südöstlich von Liepāja liegt das Dorf Priekule. Genau wie in Rīga ist auch hier ein Schwedentor zu finden. Interessant ist das Dorf als Ausgangspunkt für einen Ausflug zum Wanderpfad *Bebru Paradies* beim Ort Paplaka. Der nahe gelegene Fluss Virga hat eine große Biberpopulation aufzuweisen. In Priekule gibt es in der Ganību 22 ein einfaches Gästehaus. ÜB 9 €, ✆ (34)61472.

▶ **Kalvene**: Etwa 78 km westlich von Liepāja, unweit der A-9 Rīga/Liepāja bei der Siedlung Krasulta befindet sich eine Außenstelle des Rīgaer Zoos. Geöffnet Mo–Sa von 11–16 Uhr und So von 11–17 Uhr.

Kuldīga (Goldingen)

(ca. 10.000 Einwohner)

Am Ufer der Venta und im Herzen Kurzemes liegt die malerische Kleinstadt Kuldīga. Am Ortsrand befindet sich der Venta-Rumba, ein imposanter Wasserfall.

Mitten durch die Altstadt von Kuldīga schlängelt sich das Flüsschen *Alekšupīte*, was ein wenig an die Lagunenstadt Venedig erinnert. Vielerorts wird Kuldīga als die *Perle Kurlands* bezeichnet.

Bekannt ist die Kleinstadt seit 1242. Als der deutsche Orden Kuldīga eroberte, errichtete er am Venta-Ufer, unweit der Stadt, die damalige Jesus-Burg. 1378 trat Kuldīga der Hanse bei und wurde 1561 zur ersten Hauptstadt des Herzogtums Kurland. Bis zum Nordischen Krieg war Kuldīga ein florierendes Handelsstädtchen, das sich überraschend schnell wieder von den Kriegswirren erholt hatte. 1886 wurde gar die Baltische-Lehrer-Akademie von Rīga hierher verlegt, die sich bis 1915 halten konnte.

Heute ist Kuldīga eine charmante Kleinstadt mit reizvoller Umgebung. Ein Besuch ist auf alle Fälle lohnenswert.

• *Postleitzahl* LV3300

• *Vorwahl* (2)33

• *Information* Pilsēta laukums 5. Es gibt keine Information über Lettland, die hier nicht erhältlich ist. Außer der Vermittlung von Privatquartieren, werden auch Ruder-, Wander- und Campingtouren in alle Winkel des Landes angeboten. ✆/✉ 22259, tourinfo@kuldiga.parks.lv; www.kuldiga.lanet.lv.

• *Anfahrt/Verbindungen* **Pkw** – Kuldīga liegt an der Landstraße zwischen Ventspils und Saldus. Von Rīga aus ist die Anfahrt durch die sogenannte *Lettische Schweiz* zu empfehlen: Die A-10 nach Ventspils bis

Kuldīga (Goldingen)

Lettland
Karte siehe Umschlaginnenklappen

zu dem etwa 28 km hinter Tukums gelegenen Dorf Īntes nehmen. Dort auf die P-130 nach Kandava abfahren und auf dieser Straße bis Kuldīga bleiben. Sie trifft automatisch auf die P-120 und verläuft parallel zur *Abava*, die sich hier malerisch ihren Weg durch die kurischen Höhen bahnt.

Bus – Die Linie Ventspils-Liepāja führt durch Kuldīga, ebenfalls mehrmals täglich Verbindung mit Rīga. Der Busbahnhof liegt etwas außerhalb in der Stacijas ielā 2. Ins Zentrum fährt Bus 1 bis zum Universalmarkt.

• *Übernachten* **Alexis**, Pasta 5. Kleines Gasthaus in der Altstadt mit geräumigen, in Pastelltönen gehaltenen Zimmern. DZ 30–35 €, Lux 50 €. Preise ohne Frühstück. ✆ 22153. Gasthaus ist von außen nicht als solches erkennbar, im Laden *Damam* nachfragen.

Kursa, Pilsētas lauk. 6. Hotel sowjetischen Stils, teilweise mit modernisierten Zimmern. EZ 15–20 €, DZ 20–25 €. ✆ 22430 und 22368, 📠 23671.

Jāņa Nams, Liepājas 36. Schönes kleines Hotel mit gemütlichen, im skandinavischem Stil ausgestatteten Zimmern. DZ 25 €. ✆ 23456, 📠 23785.

Rumba, Stendes ielā, direkt am Wasserfall. Einfache, aber wunderbar gelegene Unterkunft. ÜB 5-15 €. ✆ 24168.

Virkas Muiža, Virkas 27. Einfache Unterkunft in charmantem, alten Holzhaus am Ventaufer. ÜB 8–18 €. ✆ 23480.

• *Essen* **Jāņa Nams**, Liepājas 36. Gemütliches Café zum gleichnamigen Gästehaus gehörend.

Kursa, gehört zum gleichnamigen Hotel. Das Café an sich ist nicht so berauschend, doch im Biergarten vor dem Hotel auf dem Pilsētas lauk sitzt es sich prima.

Namiņš, Kalna 25. Großes Restaurant mit mehr als 100 Gerichten. Im Sommer kann man hier schön im Freien sitzen.

Oriental, Liepājas 44. Peppig aufgemachtes Tee- und Weinhaus. Außerdem gibt es eine große Auswahl an Eissorten – und das alles in einem edlen Schuhladen.

Pagrabiņa Plosts, Pasta ielā gegenüber von der Pension Alexis. Urgemütlicher Keller mit ländlichem Dekor. Toll ist im Sommer die winzige, malerisch über dem Alekšupite-Fluss gelegene Terrasse.

Serrata, Liepājas 18. Kleine, beliebte und preiswerte Pizzeria.

Stenders, Liepājas 3. Tolle, rustikal aufgemachte Kneipe mit guter lettischer Küche und angenehmer Ausstrahlung.

Venta, Pilsētas lauk. 1. Modernisiertes Café mit gutem Essen, aber irgendwie fehlt's an Atmosphäre. Am Abend manchmal Live-Musik.

• *Verschiedenes* **Geldwechsel**, Liepājas/Ecke Pilsētas lauk.

Post, Liepājas 34.

Bibliothek, Vakara 6. Internetzugang geplant.

Poliklinik, Liepājas 37.

Autoreparatur, Ēdoles ielā, ✆ 22558.

Tankstelle, Graudu 5.

• *Sport* **Paddeln**, Kanus sind in den Jugendherbergen Rumba und Virka ausleihbar.

Reiten, Dārzniecības 3, ✆ 22611. Beim Reitstall kann auch gezeltet werden.

Sehenswertes

Die Altstadt Kuldīgas ist fast ein kleines Freilichtmuseum. Alte deutsche Kaufmannshäuser und Bauten im Renaissance-, Barock- und Gotikstil verleihen der Stadt ein nostalgisches Flair. Bei einem Altstadtbummel ist der Rathausplatz besonderes hervorzuheben. Das ehemalige *Rathaus* in der Padomju 5 wurde im 17. Jh. gebaut. Sein Keller wurde als Stadtgefängnis genutzt. Das Haus Nr. 7 in derselben Straße ist das älteste Wohnhaus von Kuldīga. Es stammt aus dem Jahr 1670. Die einstige Wetterfahne des Hauses, ein *Einhorn*, kann in der Katharinen-Kirche besichtigt werden.

Katharinen-Kirche, Padomju 33. Zum ersten Mal erwähnt wurde die Kirche bereits 1252. Ihr heutiges, barockes Äußeres erhielt das Gotteshaus 1655. Schmuckstück ist ihr über 300 Jahre alter Altar. Vom Kirchturm eröffnet sich bei gutem Wetter ein schöner Blick auf Kuldīga und die Venta.

Kirche der Heiligen Dreieinigkeit, Raiņa 10: Errichtet wurde das Gotteshaus 1640 im Stil der Renaissance. Im Inneren sind jedoch auch Elemente des Barock und des Rokoko zu finden. Der Altar ist ein Geschenk von *Zar Alexander I.*, welches er im Jahre 1820 der katholischen Gemeinde von Kuldīga übergab.

Historisches Museum, Pils 5, nicht weit vom Venta-Wasserfall gelegen. Interessante Ausstellung über die Geschichte und Umgebung Kuldīgas.
Öffnungszeiten täglich außer Mo.

Kartenmuseum, Smilšu 10. Einzigartiges Museum in dem über 200 verschiedene Kartendecks zu bewundern sind.
Öffnungszeiten täglich außer Mo.

Skulpturengarten: Schöne und ansprechende Plastiken lettischer Bildhauer, aufgestellt in dem alten Park beim Museum.

Mittelalterliche Architektur, sehenswert sind die Häuser in der Baznīcas 5,7,10,17, in der Kalna 13, 14, 15, in der Liepajās 3 und in der Pils 4.

Ventas Rumba: Den besten Blick auf den imposanten 110 m breiten und 2 m hohen Wasserfall, der eher die Bezeichnung Stromschnelle verdient, hat man von der alten Venta-Brücke. Das Ufer bietet sich zum Camping an.

In der Altstadt Kuldīgas

Riežupe Höhle: etwa 5 km nördlich von Kuldīga befindet sich das längste Sandsteinhöhlenlabyrinth Lettlands. Es ist ein Erlebnis besonderer Art, sich nur mit einer Kerze ausgerüstet durch die 460 m langen, schneeweißen engen Schächte des Höhlensystems zu zwängen. Begleitet wird die Tour meistens von Rita, die zu jedem Winkel eine mystische Geschichte zu erzählen weiß. Unterwegs fordert sie die Besucher auf, nach Steinen zu suchen, in denen sie die Zukunft des jeweiligen Finders sieht und ein lettisches Lied zu singen, was Wünsche in Erfüllung gehen lässt. Die Höhle ist im Sommer täglich von 10–17 Uhr geöffnet und im Winter nach Absprache.
Anfahrt/Verbindungen Die Stadt über die Venta-Brücke verlassen, danach links halten und auf Schilder achten.

Umgebung von Kuldīga

▶ **Camping**: Mitten im Wald und unmittelbar am Ufer des tiefblauen *Nabas-Sees* ist ein Campingplatz mit kleinen Holzhütten zu finden. Der weiche Waldboden ist mit Blaubeeren und Wilderdbeeren übersät. Tretboote und Kanus sind ausleihbar. Auf Anfrage gibt es auch einen Personen- und Bootstransport an die Abava oder Venta. Wer die Sommersonnenwende ausgiebig feiern will, ist hier genau richtig. Proviant mitbringen.

▸ **Hinweis:** Im Juli ist der Platz meist ausgebucht, weil alljährlich um diese Zeit ein größeres Treffen von lutherischen Kirchenmitgliedern stattfindet. Um den See herum befinden sich noch vier weitere Campingplätze. ÜB im eigenen Zelt oder in einem der kleinen Holzhäuschen je nach Campingplatz um die 4 €.

● *Adresse* **Apvienība Kursa Kemping**, 9500 Kuldīgas raj., Nabas ezeres, ✆ 275189.

Ezermaļi Kemping, Campingplatz der Elektriker, einfacher als oben genannter und nicht weit von diesem entfernt, wenig besucht, ✆ 25127, nach Guntars Vētra fragen.

● *Anfahrt/Verbindungen* **Pkw** – An der P-108 Richtung Ventspils kommt ca. 15 km hinter Kuldīga ein Hinweisschild zum Camping-

platz. Von dort geht es noch etwa 1,5 km über sandigen Waldweg.

Bus – Von Kuldīga mit dem Bus Richtung Ventpils erreichbar. Die Haltestelle liegt an der Hauptstraße und heißt *Dobei*. Aus Kuldīga kommend, ist noch ca. 1 km entgegengesetzt der Fahrtrichtung bis zum Hinweisschild zurückzulegen.

▸ **In der Umgebung von Kuldīga befinden sich eine Reihe von architektonisch interessanten Gutshäusern:**

● *Kabile* Dieses Anwesen befand sich lange im Besitz der Familie von Baer (1687–1810). Bemerkenswert ist der Weiße Saal, der eine Stuckdecke im Rokoko Stil beherbergt. Das Gut ist umgeben von einem schönen Park.

● *Pelči* Hier befindet sich ein prachtvolles, im Art Noveau Stil erbautes Anwesen. Ar-

chitekt war L. Neumann. Im Zweiten Weltkrieg beherbergte der Bau eines der deutschen Headquarters.

● *Ivande* In diesem Ort ist ein klassizistisches Herrenhaus zu finden. Es beherbergt heute ein Touristenzentrum. Im romantischen Park des Guts am Ufer der Vanka steht eine alte Wassermühle.

▸ **Ēdole:** Dieser kleine Ort liegt ebenfalls im Kreis Kuldīga. In Ēdole ist eine Ordensburg aus dem Jahre 1265 zu sehen, in der es ganz gewaltig spuken soll.

Der Gutsherr, der hier vor langer Zeit einmal lebte, hatte zwei Söhne. In einem Streit brachte ein Sohn den anderen um. Von jenem Tag an erschien jede Nacht in Form eines unheimlichen roten Flecks das Blut des toten Bruders an einer Wand des Schlosses. Obwohl man an dieser Stelle einen Kamin errichtete, konnte die Seele des Getöteten keine Ruhe finden. Glaubt man der Legende, geistert er auch heute noch durch die verfallenen Gemäuer.

Der prächtige Bau beherbergt heute ein Museum und ein Gästehaus. Vom Schlossturm eröffnet sich ein malerischer Blick auf den Ort und seine herrliche Umgebung. Der Zufahrtsweg zum Schloss, vorbei an einem alten Bauernhaus und einem Teich voller Entengrütze und Seerosen, ist traumhaft schön.

● *Anfahrt/Verbindungen* **Pkw** – von Kuldīga über die Landstraße P-119 erreichbar. Alternativ dazu kann man von Kuldīga aus auch ca. 20 km die P-108 Richtung Ventspils entlangfahren, bis eine schmale Straße nach Ēdole abgeht.

Bus – Verbindung mit Kuldīga, jedoch selten. Man kann auch den Bus nach Ventspils nehmen, beim Abzweig nach Ēdole aussteigen und die restlichen ca. 8 km zu

Fuß zurücklegen oder trampen.

● *Übernachten* Im Schloss befindet sich eine recht einfache Jugendherberge mit verschiedenen Kategorien in majestätischem Ambiente. ÜB 5–55 €. ✆ (Vorwahl Kuldīga) 45132.

● *Essen* Lettische Küche in rustikaler Atmosphäre gibt es in den Cafés Pie Kamiīna und Ezerkrogs, beide im Zentrum von Ēdole gelegen.

Ventspils (Windau)

(ca. 50.0000 Einwohner)

Die bedeutende Industrie- und Hafenstadt liegt an der Mündung der Venta in die Ostsee. Gezielt baute die Sowjetregierung nach dem Zweiten Weltkrieg die Hafenanlagen von Ventspils aus, da dieser Hafen als einziger Lettlands das ganze Jahr über eisfrei ist. Darüber hinaus wurde das Erdöl der ehemaligen Sowjetunion von Ventspils aus in die Bestimmungsländer exportiert.

Über die Pipeline *Drushba* (Freundschaft) wird auch heute noch das Öl aus Sibirien direkt zum Hafen geleitet. Durch die hier ebenfalls ansässige Gasraffinerie und das Petroleumwerk ist die Umwelt bei Ventspils belastet. Dennoch hat die Stadt eine angenehme Ausstrahlung, und die Reste der noch verbliebenen Altstadt laden zu einem Bummel ein.

Die Namen von Stadt und Fluss sind von den im 10. bis 12. Jh. hier siedelnden *Wenden* abzuleiten. Später wurden die Wenden von den Kuren vertrieben. Den Kuren war es nur für kurze Zeit vergönnt, in Freiheit auf dem neugewonnenen Territorium zu leben. Anfang des 13. Jh. kamen die livländischen Kreuzritter, unterwarfen die Kuren und errichteten Ende des 13. Jh. ihre Ordensburg. Um die Festung herum entstand die Stadt. Ventspils entwickelte sich dank seines eisfreien Hafens zu einer blühenden Handelsstadt. Während der Pest zur Zeit des Nordischen Krieges verlor die Stadt fast alle ihre Bewohner. Ein neuer Aufschwung konnte erst um die Jahrhundertwende mit dem Bau der Eisenbahn verzeichnet werden. Seitdem ist Ventspils kontinuierlich gewachsen. Von 1915 bis heute hat sich die Fläche der Stadt mehr als verzehnfacht.

Vor einigen Jahren hat man mit der Restaurierung der Altstadt begonnen. Viele der Gassen und Straßen sind bereits neu gepflastert und der größte Teil der Häuser ist frisch gestrichen, sodass das alte Ventspils langsam, aber sicher seinen alten Charme zurückgewinnt.

- *Postleitzahl* LV3600
- *Vorwahl* (2)36
- *Information* Annas 13, im ehemaligen Rathaus, Stadtplan erhältlich, ✆ 24777, 📠 24777; www.tourism.ventspils.lv.
- *Anfahrt/Verbindungen* **Pkw** – von Rīga über die A-10 erreichbar. Von Liepāja über die A-9 bis Saldus nehmen, dort auf die Landstraße, die P-108 fahren, die über Kuldīga nach Ventspils führt. Alternativ bietet sich auch die Küstenstraße P-111 an. Während der Recherche waren noch etwa 15 km der Strecke unasphaltiert, doch haben die Bauarbeiten zur Fertigstellung der Küstenverbindung begonnen.

Bus – Verbindung mit Rīga und allen größeren Orten Kurzemes. Busbahnhof in der Kuldīga 5.

Bahn – Züge nach Rīga und Liepāja. Der Bahnhof liegt am anderen Ufer der Venta, direkt hinter der Brücke. Vom Busbahnhof mit den Linien 2, 8, 10 und 12 erreichbar.

- *Übernachten* (siehe Karte S. 378/379)
13 enkuri (4), Loču 12. Freundliches, kleines Gästehaus mit gemütlich ausgestatteten Zimmern, allerdings ohne Bad. EZ 10 €, DZ 20 €, DRZ 30 €. ✆ 23217.

Dzintarjūra (12), Ganību 26, im Zentrum gelegen. Das von außen weniger angenehm erscheinende Hotel ist vollständig modernisiert worden und bietet komfortable, aber kleine Zimmer. EZ ab 55 €, DZ ab 82 €. ✆ 22719, www.dzintarjura.lv.

Enkurs (6), Enkuru 1. Einfache, aber saubere Herberge im ehemaligen Haus der Fischervereinigung. Vom Hostel hat man einen schönen Blick auf den Hafen. Um in die Herberge zu gelangen, muss man durch das Zollamtsgelände. ÜB 8 €.

Vilnis (1), Talsu 5, auf der anderen Seite der Venta gelegen. Edles Hotel mit großzügig ausgestatteten Zimmern mit verschiedenen Kategorien und Blick auf die Venta. DZ zwischen 60 und 160 €. ✆ 68880, 📠 65054, www.vilnis.lv.

Camping (13) – Vasarnīcu 56. Neuer Platz unweit vom Meer. Es gibt 6 Hütten à 40 €. Jede der Hütten, die ein wenig an Container erinnern, können 4 Leute beherbergen. Pro Wohnwagen werden 14 € und pro Zelt 4 € berechnet. ☎/ℱ 3627991, camping@ ventspils.lv, www.camping.ventspils.lv.

● *Essen*   **Dzintarjūra (12)**, gehört zum gleichnamigen Hotel. Selbstbedienung, gut zum Frühstücken geeignet. Außerdem nette Bar im Keller.

Livonija (3), Kuldīgas 13. Großes, aber angenehmes Restaurant mit frischen Fischgerichten. Am Wochenende ist hier Disko.

Buginš (10), Lielaís/Kuldīgas. Rustikales Lokal mit traditionell lettischer Kost.

Upis (2), Tirgus laukums 1. Dieses empfehlenswerte Lokal mit reichhaltiger Speisekarte befindet sich in einem wunderbar restaurierten Altstadthaus.

Kurzeme (9), Jūras 8. Aufgepeppter Sowjetladen mit blauen Bergen und blauen Wänden. Restaurant, Café und Disko in einem.

● *Cafés/Bars*   **Cits Ostgals (8)**, Ganību 19. Lebendige und populäre Kneipe. Überwiegend studentisches Publikum.

Kafija (7), Kuldīgas 23. Nettes, kleines Café im Laden Kika.

Musikbar (5), am Ende der Loču ielā Richtung Hafen. Neue beliebte Bar im Kulturhaus Jūras vārti, oft mit Live-Musik.

Olivers 30 (11), Lielaís 30a. Gemütliches kleines Plüschcafé mit Ballondekor.

● *Verschiedenes*   **Geldwechsel**, Kuldīgas 3, ausreichend Wechselstuben und Geldautomaten über die Stadt verteilt.

Post, Jūras 9.

Internetzugang, Akmenu 2, in der Bibliothek.

Poliklinik, Talsu 39.

Autoreparatur, Durbes ielā.

Übernachten	Essen/Trinken	Cafés/Bars
❶ Vilnis	❷ Upis	❺ Musikbar
❹ 13 enkuri	❸ Livonija	❼ Kafija
❻ Enkurs	❾ Kurzeme	❽ Cits Ostgals
⓬ Dzintarjūra	❿ Buginš	⓫ Olivers 30
⓭ Camping	⓬ Dzintarjūra	

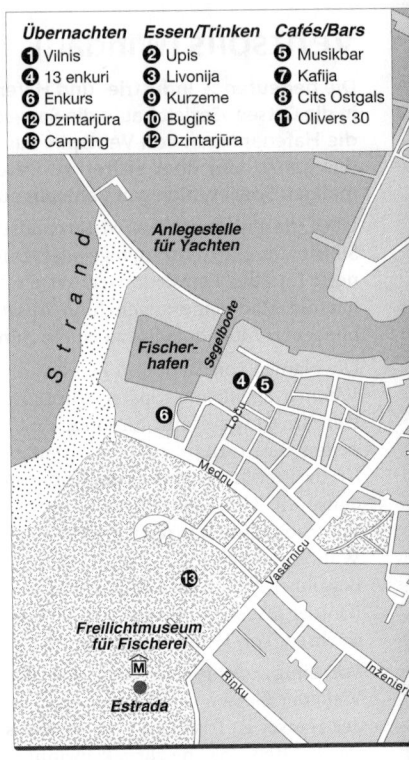

Tankstelle, Durbes, 24 Studen Service.

Bewachter Parkplatz, Durbes ielā, gegenüber der Tankstelle. Die Lielās Richtung Venta durchfahren, am Kreisverkehr nicht über die Brücke, sondern rechts halten.

Sehenswertes

Freilichtmuseum für Fischerei, Riņku 2: Alles, was zum Leben eines Fischers gehört, kann hier besichtigt werden. Liebevoll hat man alte Fischerkaten der Küstendörfer, Fischerboote, eine Windmühle u. v. m. unter großen, schattenspendenden Bäumen unweit des Meeres nachgebaut. Weitere Ausstellungsgegenstände und einige Aquarien sind in dem dazugehörigen Haus zu sehen. Seit einigen Jahren tuckert wieder die kleine, alte Eisenbahn durch das Museum und ein Stück am Meer entlang.

● *Anfahrt*   Entweder vom Strand durch die Dünen zum Museum laufen oder aus dem Zentrum Bus 5, 6 oder 10 nehmen. Aussteigen kurz vor dem Museum. Da die Haltestelle namenlos ist, am besten dem Fahrer Bescheid sagen, dass man zum Museum möchte. Von der Haltestelle noch ca. 20 m in Fahrtrichtung geradeaus gehen. Das Museum sieht von außen sehr unauffällig aus.

● *Öffnungszeiten*   Di–So von 11–18 Uhr.

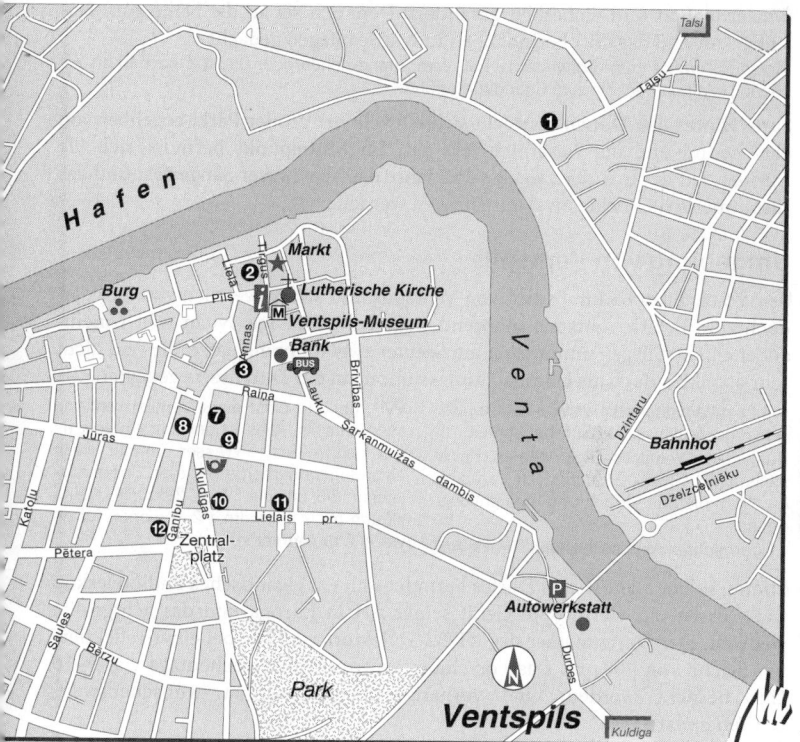

Ventspils-Museum, Akmeņu 5: Dokumentiert ist die Geschichte der Stadt und ihrer Umgebung.
Öffnungszeiten Di–So von 11–18 Uhr.

Altstadt: Am Marktplatz in der Nähe vom Touristenbüro sind einige schöne restaurierte Häuser aus dem 18. Jh. und eine schmucke lutherische Kirche zu sehen.

Burg, Jana 17: Vor wenigen Jahren noch in einem jämmerlichen Zustand, ist das Äußere der Ordensburg mittlerweile vollkommen restauriert worden. Besonders eindrucksvoll ist der Turm der Festung. Er besteht aus 2 m dicken Mauern und gilt als der älteste Leuchtturm des Baltikums. Im Inneren der Burg befindet sich ein Museum. Für das leibliche Wohl sorgt ein nettes Café.
Öffnungszeiten Di–So von 11–17 Uhr.

Hafenrundfahrt, den Sommer über legt alle 2 Stunden ein Schiff von der Uzavas 8 ab.

Baden: Ventspils hat einen sehr schönen Strand, dem sich viele größere und kleinere Dünen anschließen. Auch hier weht die blaue Flagge, die hohe

Wasserqualität und Sicherheit garantiert. Dennoch sei an die Nähe zum Hafenbecken und der dort befindlichen Industrieanlagen gedacht.

Anfahrt Vom Zentrum entweder zu Fuß zum Strand gehen oder Bus 5, 6 oder 10 bis zur Meḍṇu iela nehmen, die zum Strand runterführt.

Park: Hinter den Dünen erstreckt sich ein schöner großer Park, begehbar von der Meḍṇu und der Vasarnīcu iela aus. Im Mittelpunkt befindet sich die *Estrada*, auf der u. a. alle zwei bis drei Jahre das Ventspilser Sängerfest und das allsommerliche Rockfestival ausgetragen werden.

Umgebung von Ventspils

▸ **Usma-See:** Etwa 65 km östlich von Ventspils und 38 km westlich von Talsi, jedoch zum Bezirk Ventspils gehörend, liegt der Usma-See. Nicht weit voneinander entfernt liegen unmittelbar am Seeufer zwei Campingplätze. Sie sind nicht sehr attraktiv, doch als Übernachtungsstation auf der Durchreise geeignet.

● *Anfahrt/Verbindungen* **Pkw** – liegt an der A-10 Rīga-Ventspils. Auf Schilder achten. **Bus** – Linie Ventspils–Rīga nehmen. Haltestelle heißt Tirukši. Zum zweiten Camping ca. 300 m die Straße Richtung Rīga entlanggehen.

● *Übernachten* Ventspils Usma, Tirukši A/B

VVR, gehörte einst einer Ventilatorenfirma aus Ventspils. Alles ist denkbar einfach, es gibt kein fließendes Wasser, Zimmer wie in einer Jugendherberge der 60er, Boote ausleihbar, ÜB um die 5 €. ✆ 236-73759. Kleine Hütten mit 2 Zimmern à 2 Personen für etwa 15 € zu vermieten.

▸ **Irbene:** In der Nähe dieses Dorfes befindet sich ein gigantisches Radioteleskop (RT). Es ist das viertgrößte Gerät seiner Art in Europa und das achtgrößte weltweit. Der Durchmesser des RT-32 Reflektors ist 32 m bei einer reflektierten Fläche von 400 qm. Das Forschungszentrum kann wochentags von 9–16 Uhr besucht werden, eine vorherige Anmeldung ist wünschenswert, ✆ (Ventspils) 81541.

Talsi (Talsen)   (ca. 13.000 Einwohner)

Zwischen vielen Seen und dicht bewaldeten Hügeln liegt die Kreisstadt Talsi. Früher wurde der Ort auch einfach als die "neun Hügel" bezeichnet.

Auf einer der Erhebungen stand einst die Ordensburg der deutschen Kreuzritter und auf einer anderen die Lettenburg. Das Stadtbild wird überwiegend von kleinen, bunten Holzhäuschen geprägt, die eine gemütliche Atmosphäre ausstrahlen. Am schönsten ist jedoch die wunderbare, leicht hügelige Landschaft in der Umgebung von Talsi.

● *Postleitzahl* LV3200

● *Vorwahl* (2)32

● *Information* Lielā 19/21. Sehr gut bestückte Informationsquelle mit reichlich Kartenmaterial und Vermittlung von Unterkünften in der Umgebung. ✆ 24165, tic@talsi.lv, www.talsi.lv

● *Anfahrt/Verbindungen* **Pkw** – Talsi liegt etwas nördlich der P-108, fast genau zwischen Tukums und Ventspils. Zu erreichen ist Talsi auch von Jūrmala über die

Landstraße, die geradewegs nach Talsi führt und einige Zeit parallel zur Küste verläuft. **Bus** – Verbindung mit Rīga, Ventspils, Saldus und Kuldīga. Busbahnhof in der Dundagas 15.

● *Übernachten* **Talsi**, Kareivju 16. Relativ großes Hotel mit einfacher Ausstattung, verschiedene Zimmerkategorien. EZ ab 15 €, DZ 20–50 €. ✆ 22689 und 24596.

Rezidence, dieses stilvolle angenehme Hotel befindet sich unweit der P-127 im Dorf

Vadzeme, etwa 15 km von Talsi entfernt Richtung Meer. Zum Hotel gehört ein gutes Restaurant. DZ 30–60 €, ✆ 99640, 9129645.

• *Essen* **Aladin**, Raiņa/Brīvības. Nettes Lokal mit freundlichem Service.

Depo, Kalņa/Ezera laukum. Etwas bizarr wirkende Kneipe mit Wandmalereien und Spielautomaten. Es gibt auch Kleinigkeiten zu Essen.

Kai, Lielā 30. Gemütliches, etwas von der Straße zurückversetztes Wirtshaus. Serviert wird Pizza.

Kurzeme, Brīvības 17a. Großes Restaurant mit akzeptablem Essen.

Lienīte, Lielā 19/21. Nettes Café bei der Touristeninformation.

Māra, Lielā 16. Bierbar mit kleinen Snacks.

Pie ezera, Kareivju 16. Café, Bar und Nachtclub in einem, gehört zum Hotel.

Visbija, Celtnieku 2. Freundliches Café mit zufriedenstellenden Gerichten.

Zella ripa, Kalņa 10. Einfaches Café im Hockeyclub.

• *Verschiedenes* **Geldwechsel**, Lielā 17.

Post, Lielā 4/6.

Internetzugang, Lielā 22, in der Bibliothek.

Poliklinik, Ruģēna 7.

Autoreparatur, Laidze 24, ✆ 16368.

Bewachter Parkplatz, schräg gegenüber vom Hoteleingang.

Souvenirs, Salon Rota, Lielā 18.

• *Festivals* **Stadtfest**, dieses Ereignis steigt in Talsi alljährlich am ersten Wochenende im Juli. Auf den Straßen findet ein großer Markt statt begleitet von Musik- und Theaterevents. **Meeresfest** – siehe Roja, Kolka und Mēresrags.

Stadtmuseum, Mīlenbaha 19: Im 1996 fertig restauriertem Schloss des Barons von Frick ist eine Dokumentation über die Geschichte Talsis zu sehen. Darüber hinaus finden wechselnde Ausstellungen moderner Gemälde und Skulpturen statt.

Öffnungszeiten Im Sommer Di–So von 11–17 Uhr und im Winter von 10–16 Uhr.

Museum für Landwirtschaft, Celtnieku 11. Zu sehen sind Exponate aus Landwirtschaft und Haushalt vom Ende des 19. bis Anfang des 20. Jh.

Öffnungszeiten Mo–Fr von 8–17 Uhr.

Museum für Fischerei, im Küstendorf Mērsrags. Zu sehen sind alte Fischerkaten mit traditionellem Gerät für Fischerei, Seefahrt und Landwirtschaft.

Öffnungszeiten Täglich von 10–18 Uhr.

Küstenstreifen im Bezirk Talsi

Obwohl die Bezirkshauptstadt Talsi selbst nicht am Meer liegt, so kann die Region mit dem längsten Küstenstreifen Kurzemes aufwarten. Alle im Folgenden erwähnten Orte haben die gleiche Vorwahl wie Talsi.

▶ **Košrags:** Kleines charmantes Küstendorf westlich des Kolka Kaps gelegen. Von architektonischer Bedeutung sind die alten Fischerkaten des Ortes, die mit kunstvollen Schnitzereien verziert sind und ohne die Verwendung von Nägeln errichtet wurden. Bedingt durch seine einzigartige Architektur wurde dem Ort das Prädikat Weltkulturerbe verliehen.

▶ **Kolkasrags (Kap von Kolka):** Willkommen am nördlichsten Punkt Kurzemes! Hier kann man mit beiden Füßen zur gleichen Zeit in zwei verschiedenen Meeren stehen. Das *Baltische Meer* und der *Rīgaer Meerbusen* treffen hier aufeinander. Der "Zwei-Meere-Strand" mit seinen duftenden Kiefern ist einsam und idyllisch, doch bläst hier stets ein frischer Wind. Am Strand sind noch die Reste des alten Leuchtturms zu sehen. Vom Dorf Kolka führt geradeaus eine Schotterpiste zum Kolkasrags.

Lettland
Karte siehe Umschlaginnenklappen

"Zwei-Meere-Strand" am Kolkasrags

● *Anfahrt/Verbindungen*   **Pkw** – am einfachsten über die Küstenstraße entlang der Rīgaer Bucht zu erreichen. Von Ventspils aus führt eine staubige Schotterpiste, ebenfalls entlang der Küste, hierher. **Bus** – Verbindung mit Ventspils, Talsi und Rīga, jedoch sehr selten.

● *Übernachten* **Zitari**, Rutas, Kolka. Mittelgroßes Gästehaus mit freundlichen Zimmern unweit des Kolkakaps. DZ 55 €. ✆ 47145.
Klētniek, kleines Landhaus im Seedorf Ģipka, auf halber Strecke zwischen Kolka und Roja gelegen. Einfache, aber freundliche Unterkunft, ÜB 15 €. ✆ 67185.

● *Essen* Im Gästehaus Zitari befindet sich eine Bar, in der man auch essen kann.

● *Bootsverleih* im Zitari möglich.

● *Festivals* Meeresfest – am 2. Wochenende im Juli wird in Roja, Kolka und Meeresrags Neptun und seinem Gefolge gehuldigt. Über den Tag verteilt finden Spiele und Wettkämpfe statt. Begleitet wird das Spektakel von einem bunten Musikprogramm und einer Open-Air-Party am Abend.

▶ **Mazirbe**, befindet sich etwa 18 km südlich von Kolka. Das Dorf ist deshalb interessant, da es das Zentrum für livonische Kultur beherbergt, eine kleine Volksgruppe mit eigener Kultur und Sprache. Das Kulturhaus wurde 1938 mit Unterstützung der sprachverwandten Linguisten in Ungarn, Finnland und Estland eröffnet. Außerdem gibt es hier ein Museum für die livonische Kultur. Jeden ersten Sonntag im August findet ein Fest am Strand zum Gedenken an die auf dem Meer gebliebenen Fischer und Seemänner statt. Im Ort gibt es ein kleines, gemütliches Landhaus mit 7 Betten. Pro Person mit 15 € rechnen, ✆ (32) 48374.

▶ **Nationalpark Slītere**: Dieser attraktive Park schließt sich unmittelbar an den Ort Kolka an. Charakteristisch für das Gebiet sind seine dichten, duftenden Wälder und eine reiche Tier- und Pflanzenwelt. Im Park sind mehrere Naturlehrpfade angelegt. Ein Höhepunkt des Parks sind die 30–50 m hohen sog. *Blauen Berge*, in ihrem Ursprung ein Steilhang des uralten Baltischen Eissees.

Campen und Feuermachen ist strengstens verboten. Fährt man durch das Reservat über die Schotterpiste Richtung Ventspils, kommt es nicht selten vor, dass einem Füchse, Wildschweine oder Rehe über den Weg laufen. Mehr Informationen über die Touristeninformation in Talsi.

▶ **Dundaga (Dondangen):** Das schöne, kleine Dorf liegt etwa 40 km südlich von Kolka im Kreis Talsi. Im Mittelalter befand sich hier das größte Gut des gesamten baltischen Raumes, in dem bei Vollmond Geister und Gespenster lebendig werden sollen. Der Legende nach hatte die Schwester eines hier lebenden Barons einer Gnomenhochzeit beigewohnt. Zur Strafe für diese Schandtat wurde das Mädchen lebendig in die Burg eingemauert. Seitdem zeigt sie sich einmal im Monat bei Vollmond.

Erbaut wurde die Wasserburg 1245 vom Domkapitel Rīga. Sie wechselte oft ihre Besitzer, bis sie schließlich in den Besitz der Familie *von der Osten* gelangte, in deren Händen das Schloss bis 1920 verblieb. Die Burg ist äußerlich recht gut erhalten, wird aber trotzdem gerade restauriert. Im Inneren befindet sich eine Musik- und Kunstschule für 10- bis 15jährige Kinder. Jeweils im Mai und Dezember finden Konzerte und interessante Ausstellungen mit den Werken der Nachwuchskünstler statt. Betritt man den Turm der Burg, so trifft man auf ein verblüffendes Echo, das jeden Laut und jedes gesprochene Wort klar und deutlich mehrmals wiederhallen lässt. Die Burg befindet sich in der Pils 14 und kann Mo–Fr von 10–16 Uhr und am Wochenende von 11–16 Uhr besichtigt werden.

6 km nördlich von Dundaga, auf dem Weg nach Mazirbe, liegt am Wegesrand der 2 m hohe *Āžustāvakmens*, zu deutsch Ziegenstein. Es handelt sich hierbei um einen Opferstein der alten Balten, in den sie ihre Schriftzeichen und Symbole eingemeißelt haben.

• *Anfahrt/Verbindungen* **Pkw** – Dundaga liegt etwa 35 km nordwestlich von Talsi an der Landstraße Richtung Mazirbe.

Bus – Die Busse der Linien Ventspils-Roja und Ventspils-Kolka sowie die Busse aus Talsi halten in Dundaga, jedoch verkehren sie alle sehr selten.

▶ **Roja:** Kleines romantisches Fischerdorf am Golf von Rīga. Sein Hafen hat sich zu einem der wichtigsten Fischerhafen Lettlands entwickelt. Beliebt ist Roja auch als Erholungsort.

• *Anfahrt/Verbindung* **Pkw** – Am einfachsten von Talsi über die Landstraße via Valdemārpils erreichbar. Es gibt auch eine Straße von Ventspils via Kolka, doch ist deren Qualität teilweise sehr schlecht.

Bus – Verbindung mit Ventspils, Tukums und Talsi, jedoch selten.

• *Übernachten* **Roja**, Jūras 6. Kleines, edles Hotel mit viel Komfort, DZ ca. 40 €, ✆ 232-69380/60209.

Zitari, Selgas 57. Kleines, gemütliches

Gästehaus in der Nähe vom Strand. DZ 40 €. ✆ (32) 60209.
Dana, Raudu 3. Kleines Gästehaus mit antiquiertem Interieur. ÜB 17 €. ✆ (32) 60234.

• *Essen* in allen drei Unterkünften möglich.

• *Sehenswertes* **Museum für Fischerei und Schifffahrt**, Selgas 33. Zu sehen ist ein Einblick in das Leben der Küstenbewohner der Region. Geöffnet Di–Sa von 10–18 Uhr.

• *Festivals* Meeresfest, siehe Kolka.

▶ **Valdemārpils:** Ungefähr 4 km entfernt von Valdemārpils liegt das kleine Waldmuseum von *Janis Metuzāls*. Liebevoll hat der ehemalige Förster sein Museum eingerichtet. Zu sehen ist alles, was auch nur im entferntesten Sinne mit Wald zu tun hat. Janis Metuzāls spricht Lettisch und Russisch. Besonders eindrucksvoll ist sein zuverlässig funktionierendes Wetterbarometer aus einer

Tannenastgabel. Das ist, so der Förster, nur von solchen Tannen möglich, die unter einer anderen gewachsen sind.

- *Öffnungszeiten* Das Museum ist vom 1.5.–31.10 Di–Sa von 9–19 Uhr geöffnet oder außerhalb dieser Zeiten mit Voranmeldung, ✆ (32) 76120.
- *Adresse* 9560 Talsi rajons, Valdemārpils, Mešniecībā, Janis Metuzāls.
- *Anfahrt/Verbindungen* **Pkw** – von Valdemārpils in Richtung Vandzeme, bis zu einem verwinkelten Bauernhaus fahren, dort rechts abbiegen und weiter geradeaus, vorbei an der Bushaltestelle Kronis, fahren. An einem dicken Eichenstamm, der mit einem Hut verziert ist, links abbiegen, den Weg bis zum Ende durchfahren und nach Jānis Metuzāls fragen.
- *Übernachten* Auf dem Museumsgelände darf gezeltet werden. Außerdem gibt es um Valdemārpils herum die Ferienheime Vidi, ✆ 76100 und Vitoli, ✆ 76580. Beide sind einfach ausgestattet, haben aber eine gepflegte, angenehme Ausstrahlung. Preis pro Person 9 €. Im Vitoli, das am Sasmakas See liegt, sind auch Boote ausleihbar. Beide Unterkünfte sind im Ort ausgeschildert.

▶ **Nogale**: Sehenswert ist das Jagdschloss in den Wäldern von Nogale. Das Schloss ist von einem romantischen Park umgeben, in dem ein malerischer, dunkler See liegt. Hier kann ein besonderes akustisches Phänomen beobachtet werden: Wenn sich Leute in der kleinen Backsteingrotte am See unterhalten, so ist das Gespräch noch am andern Seeufer zu hören. Es soll sogar eine Stelle geben, an der sich die gesprochenen Worte der Grotte wie der Gesang eines großen Chores anhören sollen, sodass man das Gefühl habe, ein Echo des Himmels zu vernehmen. Die Öffnungszeiten des Museums sind etwas sporadisch und in der Touristeninformation in Talsi zu erfahren.

- *Anfahrt/Verbindungen* **Pkw** – Nogale liegt etwa 15 km östlich von Valdemārpils. Von dort die Sandpiste nach Kronmuiža nehmen und auf dieser Straße bleiben, bis linker Hand ein Weg nach Nogale abgeht. Ohne fahrbaren Untersatz ist Nogale schwierig zu erreichen.

Sabile (Zabeln)   (ca. 4000 Einwohner)

Das hübsche und überaus romantisch anmutende Städtchen liegt am Ufer der Abava. Im Jahre 1282 erhielt der Ort eine Ordensburg und sah im Laufe der Zeit deutsche, polnische und schwedische Herrscher. Auf den Hügeln Sabiles ist vor nicht allzu langer Zeit noch Wein angebaut worden, was der Gegend prompt als nördlichstes Weinanbaugebiet einen Eintrag ins Guinness-Buch der Rekorde brachte. Vom ehemaligen Weinberg, der sich inmitten des Dorfes erhebt, hat man eine traumhafte Aussicht auf Sabile und die Abava. Der Wasserfall der Abava, auf den die Bewohner Sabiles stolz hinweisen, ist nicht mehr als eine kleine Stromschnelle. Dennoch ist das Plätzchen, etwa 5 km Richtung Renda gelegen, sehr idyllisch und lädt zu einem ausgiebigen Picknick ein.

- *Postleitzahl* LV3294
- *Vorwahl* (2)32 (Talsi)
- *Anfahrt/Verbindungen* **Pkw** – von Talsi die Straße Richtung Süden nehmen, die A-10 kreuzen und geradeaus über die P-120 bis nach Stende fahren, wo links die Straße nach Sabile abgeht. Von Kuldīga die Straße P-120 Richtung Tukums via Renda nehmen, die automatisch auf die P-130 trifft.
  Bus – Verbindung mit Talsi, Tukums, Kuldīga und Rīga.
- *Übernachten* **Kurzemes Šveice**, Ventspils 70. Schön gelegene Jugendherberge mit einfacher Ausstattung. ÜB ab 6 €. ✆ 52113.
  Außerdem gibt es Richtung Kandava eine **Touristenherberge** (s. u.). Darüber hinaus eignet sich das Ufer der Abava prima zum Zelten.
- *Essen* **Pie pilskalna**, am Ende der Talsi ielā Richtung Burg zu finden. Freundliches Lokal mit gutem Essen.

Erika, Pils/ Rīgas. Nette Cafébar mit kleiner Speisekarte.

Saigta, Talsi 4. Einfaches Café mit weinroten Vorhängen und Tischdecken.

Konditorei, Ventspils/Talsi. Hier gibt es verschiedene Kuchen und Kaffee.

Viesu nams, großes Blockhaus mit rustikalem Interieur und herzhaftem Essen, etwa 3 km außerhalb von Sabile an der Straße nach Kandava gelegen.

• *Verschiedenes* **Bibliothek**, Ventspils 14. Internetzugang geplant.

• *Festivals* Jeweils am 4. Wochenende im Juli findet im Ort ein großes **Weinfest**

statt, begleitet von einem bunten Kulturprogramm.

Pedvāle: Unweit Sabile, am andern Ufer der Abava befindet sich ein imposantes Freilichtmuseum. Auf dem 100 ha großen Gelände sind Skulpturen, Kunstkonstruktionen und ein Herrenhaus zu sehen. Im Ort gibt es ein kleines Gästehaus mit Restaurant und eine Minigolfanlage. Pro Person 9 €, ℡ 52259 und 52273.

Matkule: 11 km südlich von Sabile liegt ein kleines Wintersportzentrum. Es gibt 2 Lifte, Flutlicht, und ein Café. Ausrüstung kann vor Ort ausgeliehen werden.

Kandava (Kandau)

(ca. 7000 Einwohner)

Kandava ist ein weiteres charmantes Städtchen an der malerischen Abava. Der Ort gehört administrativ zum Kreis Tukums. Die Strecke von Sabile nach Kandava ist landschaftlich wunderschön. Von der Bevölkerung wird diese Gegend stolz als die *Schweiz Kurzemes* bezeichnet. Sie ist optimal geeignet zum Radeln, Paddeln und Wandern. Natürlich gab es auch hier eine Ordensfestung, die 1253 an der Stelle einer kurischen Burg errichtet wurde. 1659 wurde die Festung von den Schweden angegriffen, die dabei Stadt und Kirche plünderten. Von der Ordensfeste ist lediglich der viereckige Pulverturm übrig geblieben.

• *Postleitzahl* LV3120

• *Vorwahl* (2)31 (Tukums)

• *Anfahrt/Verbindungen* **Pkw** – von Sabile einfach geradeaus Richtung Tukums entlang der Abava fahren; aus Tukums kommend, etwa 28 km die A-10 entlang fahren beim Abzweig nach Kandava links auf die P-130 fahren.

Bus – Anschluss nach Tukums, Talsi, Rīga, Saldus, Ventspils und Kuldīga. Die Hauptbushaltestelle liegt in der Lielā 2a.

• *Übernachten* **Veckandava**, Sabiles 3. Einfach ausgestattetes, aber gemütliches Gästehaus. DZ 15–30 €. ℡ 31469.

Touristenherberge Plosti, gehört zwar zu Kandava, liegt aber ein gutes Stück außerhalb des Ortes, Richtung Sabile. An der Straße auf Hinweisschilder achten. Unterbringung in einfachen Zimmern oder Holzhütten. ÜB ab 7 €, DZ 15–20 €. Duschen und Parken müssen extra bezahlt werden (beides etwa 2 €), ℡ (31)-31349. Campingausrüstung und Boote ausleihbar, auch für längere Touren und mit Guide möglich. Zur Anlage gehören eine kleine gemütliche Bar und eine Sauna. Mit dem Bus Kuldīga-Tukums via Kandava erreichbar.

• *Essen* **Apšurogs**, etwa 3 km außerhalb von Kandava Richtung Rīga befindet sich

auf der linken Seite ein adrettes Holzhaus, das ein gutes Restaurant beherbergt. Auf dem Parkplatz gibt es große Schaukeln.

Pils, urgemütliches Lokal mit deftigen Kreationen und dickem Bierkrug über der Eingangspforte. Schön sitzt es sich auch auf der überdachten Terrasse. Von der Lielā ielā geht kurz nach dem Marktplatz links (Richtung Rīga fahrend) ein Weg zum Wirtshaus ab, ist ausgeschildert.

Veckandava, Sabiles 3. Kleines gemütliches Lokal mit gutem Essen, gehört zum Gästehaus .

Variants, Tirgus laukums 3. Uriges Lokal mit alten Stühlen die an ein Kloster erinnern.

Kafija, neben der Post. Durchschnittliche Kneipe mit Spielautomaten.

• *Verschiedenes* **Geldwechsel**, Talsi 11.

Post, Abavas 2.

Poliklinik, Lielā 14.

Reiten, nahe der Touristenherberge Plosti befindet sich ein Gestüt. Von Plosti ca. 3 km die Straße Richtung Pūces entlang fahren, rechts abbiegen und dann die zweite Möglichkeit nach links nehmen, ca. 9 € pro Stunde.

Fahrradverleih, Sabiles 6. Leihgebüren pro Tag 11 €.

Lettland
Karte siehe Umschlaginnenklappen

Tukums

(ca. 20.000 Einwohner)

Die behagliche, kleine Stadt liegt auf der Grenze zwischen den Regionen Zemgale und Kurzeme. Viele der Altstadthäuser sind mittlerweile restauriert worden, sodass die Stadt zunehmend an Charme gewinnt.

Das Gebiet um Tukums war einst vom finno-ugrischen Stamm der Liven besiedelt. Erstmalig erwähnt wurde der Ort im Jahre 1445, doch die Erhebung zur Stadt erfolgte erst zum Ende des 18. Jh.

Etwa 5 km nordöstlich der Stadt erhebt sich der 113 m hohe *Milzu kalns*, der Berg des Riesen. Bei klarem Wetter hat man von hier eine atemberaubende Sicht bis hin zum Meer.

- *Postleitzahl* LV3100
- *Vorwahl* (2)31
- *Information* Pils 3. Ausführliches Material über die Gegend um Tukums und Westlettland, geöffnet Mo–Fr von 10–17 Uhr, Sa von 10–12 Uhr, ☏ 24451, 📠 22237, tuktic@tukums.parks.lv; www.tukums.lv (z. Zt. nur auf lettisch).
- *Anfahrt/Verbindungen* **Pkw** – von Rīga etwa 55 km die A-10 Richtung Ventspils bis zur Ausfahrt Tukums fahren.
  Bus – Busse nach Rīga, Ventspils, Kuldīga, Roja. Busbahnhof, Dzelzeļa 2.
  Bahn – von Rīga und Jūrmala mit der Elektrischka zu erreichen. Bahnhof, Dzelzeļa 2.
- *Übernachten* **Arka**, Pils 9. Hübsches, komfortables Hotel mit verschiedenen Kategorien in Top-Lage. DZ 45–65 €. ☏ 25747.
  Sarkana Krusta, Kurzemes iela 5a. Kleine, freundliche Unterkunft mit Kochgelegenheit. DZ 25–35 €. ☏ 25148.
  Tonuss, Rīga 20a. Kleines, einfaches Hotel mit nur 10 Betten. ÜB ab 10 €, DZ ab 20 €. ☏ 25956.
  Jugendherberge, Dārze 11/13. Äußerst bescheidene Unterkunft für 3–6 € pro Nacht. ☏ Mob. 9218545.
  Sportkomplex, Kuldīgas 74. In den Sportanlagen von Tukums gibt es eine einfache Übernachtungsmöglichkeit für 11 Leute. Pro Nacht 4 €, ☏ 23188, 29232.
  Vilvita, Raudas 17. Nettes Gästehaus mit 6 Zimmern. DZ ab 20 €, ☏ 25755.
  Jaunmoko pils, liegt ein Stück landeinwärts von der A-10 etwa 10 km nordwestlich von Tukums. Hierbei handelt es sich um eine schöne Unterkunft in einem teilweise renovierten, über 100 Jahre alten Schloss. Verschiedene Zimmerkategorien, ÜB 10-55 €. ☏ 24572.
- *Essen* **Alus pagrabs**, Pils 9. Gemütliches, populäres Restaurant, gehört zum Hotel Arka.
  Duets Pica XXL, Pasta 8. Wie der Name vermuten lässt, werden hier gigantische Pizzas serviert.
  Elizabete, Elizabetes 2. Neues, modern ausgestattetes Restaurant mit guter Küche.
  Gullere, Brīvības lauk. 21. Attraktive Kneipe mit bizarren Astkonstruktionen als Dekor.
  Konditorei, Brīvības lauk. 3. Hier gibt es auch ein paar Tische und Stühle.
  Kāre, Pasta 25. Gemütliche Kneipe mit grünen Plüschsofas und gutem Essen.
  Margo, Lielā 1. Wohliges, wohnzimmermäßig ausgestattetes Café.
  Merkurs, Pasta 22. Einfaches Café, für etwas Atmosphäre sorgen die roten Vorhänge.
  Vilvita, Raudas 17. Freundliches Lokal mit guter Küche, an der Straße Richtung Engure gelegen.
- *Verschiedenes* **Post**, Pils 18.
  Internetzugang: Tidaholmas 3, in der Bibliothek und im Club **Grands**, Šēseles 3.
  Kino, Šēseles 3, im Club Grand.
  Fahrradreperatur, Raiņa 14.
  Poliklinik: Raudas 8.
  Bewachter Parkplatz: Meža 28. Vom Bahnhof aus die Dzeizceļa ielā entlangfahren, die zur Meža ielā wird.
  Kunstgalerie, Darza 11/13. Ausstellung und Verkauf zeitgenössischer Gemälde und Kunsthandwerk, Di–Fr von 10–17 Uhr, Sa von 9.30–14 Uhr geöffnet.

Sehenswertes

Altstadt: Schön restaurierte Altstadtgassen mit dicht an dicht gebauten alten Stadthäusern sind in der Harmonija, Zirgu, Elizabetes, Uguns und Pils ielā zu finden.

Gallerie Durvis: Hier finden wechselnde Ausstellungen zeitgenössischer Künstler aus der Umgebung statt.
Adresse/Öffnungszeiten Di–Sa von 10–17 Uhr und So von 11–16 Uhr.

Historisches Museum: Im Turm der einstigen Ordensburg aus dem 13. und 14. Jh. sind Exponate zur Geschichte Tukums und Umgebung zu sehen. Ebenfalls werden Miniaturnachbildungen des mittelalterlichen Lebens mit historisch gekleideten Püppchen gezeigt.
Adresse/Öffnungszeiten Brīvības lauk. 19a; Di–Sa von 10–17 Uhr und So von 11–16 Uhr.

Kunst-Museum: In dem erst 1936 gegründeten Kunstmuseum, übrigens dem ersten außerhalb Rīgas, sind Werke lettischer Maler aus der ersten Hälfte des 20. Jh. zu sehen. Ferner finden Wechselausstellungen zeitgenössischer, lettischer Künstler statt.
Adresse/Öffnungszeiten Harmonija 7; Di–So von 10–17 Uhr.

Umgebung von Tukums

Durbe-Villa: Der beeindruckende Bau von 1820 wurde nach den Plänen des Architekten J. Berlitz gebaut. Das Gebäude beherbergt eine Dokumentation über die Region Tukums und wechselnde Ausstellungen des lettischen Kunsthandwerks. Im Sommer finden im dazugehörigen Park oft Konzerte statt.

- *Adresse/Öffnungszeiten* Tukums Mazā Parka 7; Di–Sa von 10–17 und So von 11–18 Uhr.
- *Anfahrt* Um die Durbe Villa, M. Park ielā 7, zu erreichen, Richtung Rīga fahren und auf Schilder achten. Vom Busbahnhof fahren etwa alle halbe Stunde Busse mit der Aufschrift "Durbe" dorthin.

Herrenhaus Šlokenbeka: Dieses Anwesen stammt aus dem 15. Jh. und diente den Mitgliedern der oberen Gesellschaftsschicht als Zufluchtsstätte in Kriegszeiten. Heute beherbergt die Villa ein Museum für Straßenbau. Zu sehen sind Modellnachbildungen von Häusern und Straßenzügen als auch Bagger und andere Maschinen, die für den Straßenbau benötigt werden. Erholsam ist der zum Herrenhaus gehörige Park. Zum Anwesen gehört auch ein angenehmes kleines Hotel, DZ 35–40 €. ✆ (31) 44319.
Anfahrt/Öffnungszeiten Von Tukums ca. 5 km die Straße Richtung Klapkalnciems entlang fahren, auf Schilder achten. Geöffnet Mo–Fr von 8–17 Uhr.

Jaunpils: Hier gibt es eine gut erhaltene Ordensburg zu sehen, in der sich im Laufe der Jahre wenig verändert hat. Von 1561–1919 war die Burg im Besitz der Familie *von der Rekke*. Nicht weit von ihr befindet sich die Schwedische Mauer, die von schwedischen Kriegsgefangenen gebaut wurde, die Mattias von der Rekke während des Dreißigjährigen Kriegs nach Jaunpils gebracht hatte. In der Burg ist heute eine Ausstellung zur Geschichte des Herzogtums Kurland zu sehen. Auf Wunsch können mittelalterliche Feste und Hochzeiten arrangiert oder eine mittelalterliche Tafel bestellt werden. Für das leibliche Wohl sorgt ein kleines Café.
Anfahrt/Öffnungszeiten Jaunpils liegt an der P-104, etwa 34 km südlich von Tukums, geöffnet Mo–Sa von 10–17 Uhr.

Küstenstreifen im Bezirk Tukums (folgende Orte haben die Vorwahl Tukums)

▸ **Engure:** Dieses charmante Küstendorf liegt etwa 26 km von Tukums entfernt. Es gibt einen alten Hafen und einen schönen Strand. Interessant ist auch die

Lettland Karte siehe Umschlaginnenklappen

lutherische Kirche aus dem Jahre 1804. In einem alten Farmhaus, welches das Museum *Edelveisi* beherbergt, können Gegenstände aus dem Leben der Fischer begutachtet werden. Die Seemannsschule, in der Skola 7 informiert über ihre Geschichte und zeigt Exponate aus dem Fischerei- und Seefahrtwesen.

● *Übernachten* **Stagars**, Jēra 62. Bescheidene Herberge für 6–8 € pro Person. ✆ 61240 und 61208. Zur Unterkunft gehört ein kleines Café, das auch warme Speisen anbietet.

Jugendherberge, Skolas 7. Die Sommermonate über kann im Wohnheim der Sportschule übernachtet werden. ÜB 4 €, ✆ (31) 61572 und 61231.

▶ **Abraciems**: Etwa 6 km nörlich von Engure befindet sich direkt am am Rīgaer Meerbusen ein schöner *Campingplatz*. Geöffnet ist er von Ende Mai bis spätestens Anfang Oktober.

●*Adresse* **Abragciema Kempings**, Tukums rajons, p/n Engure, ✆ (31) 61664 und 61668. Meeresrauschen zum Einschlafen, denn die kleinen Hütten stehen direkt am weiten, leeren Sandstrand. Tretboote und Fahrräder ausleihbar, Sauna. Selbstbedienungscafé und ansprechende Bar garantieren für das leibliche Wohl; von netten Leuten geleitet. Abends wird oft frischer Fisch verkauft. Pro Person 8 €. Nach 3 Tagen Preisnachlass.

● *Anfahrt* **Pkw** – Der Kempings liegt an der Küstenstraße P-131, die an der Rīgaer Bucht Richtung Kolka entlangführt, etwa 55 km nordwestlich von Rīga, an der Straße auf Schilder achten.

Bus: Zu erreichen mit den Linien Rīga-Kolka und Jurmala-Kolka, aussteigen an der Haltestelle *Abragciema*.

Bērziems: Kleiner Küstenort, der sich 21 km nördlich von Abraciems an der Küstenstraße nach Kolka befindet. Es gibt hier 2 Übernachtungsmöglichkeiten.

Rūķs Vizbuļos, kleines, einfaches Gästehaus mit Platz für 4 Leute. ÜB 9 €. ✆ 61174.

Metūmi, schönes Landhaus mit 7 Betten. ÜB 15 €. ✆ (Mobil) 9267380.

Vecupe: Am südlichen Zipfel des Engure Sees, ca. 5 km westlich vom Dorf Engure befindet sich ein weiterer Campingplatz. Zum Platz gehört ein kleines Café, darüber hinaus besteht die Möglichkeit zu reiten. ÜB ab 9 €. ✆ 61740.

● *Anfahrt* Von der Strecke Engure–Ezermuiža geht ein Weg nach Vecupe ab, auf Hinweisschilder achten.

Rideļi: Dieses kleine Dorf befindet sich etwa 11 km westlich von Engure. Sehenswert sind die Wassermühlen am Rideļi See. Hier gibt es außerdem einen Bootsverleih, ein schönes kleines Café und ein Gasthaus (ca. 10 € pro Person). Auf dem Gelände

kann auch gezeltet werden. ✆ 61373.

● *Anfahrt* Von Engure die Straße über Ezermuiža nach Rideļi nehmen.

Apšuciems: Hier gibt es einen netten Campingplatz. Es gibt 2-, 3- und 4-Betthütten. ÜB ca. 8 €. Man kann auch im eigenen Zelt schlafen. Nach 3 Tagen gibt es Preisnachlass. Zum Platz gehört ein kleines Café und eine Sauna. Das Meer mit seinem schönen Strand liegt allerdings auf der anderen Straßenseite. ✆ 43146.

● *Anfahrt* **Pkw** – Der Campingplatz liegt an der Küstenstraße P-128 etwa 11 km von Tukums entfernt.

Bus: Zu erreichen mit den Linien Rīga-Kolka und Jurmala-Kolka. Aussteigen an der Haltestelle *Apšuciema*. Aus Richtung Rīga kommend noch ca. 500 m in Fahrtrichtung weitergehen.

Zivartiņš: Etwa 3 km nördlich von Apšuciems unmittelbar am Meer liegt ein einfacher Zeltplatz. Pro Person 4 €. ✆ 61776.

Klakalnciems: Dieser kleine Küstenort kann mit dem Ferienheim Roniši aufwarten. Der 300 m vom Strand entfernt liegende Komplex ist bescheiden ausgestattet, hat aber ein großes Freizeitangebot wie Bootsverleih, Sportplatz, Swimmingpool, Reiten etc. zu bieten. Auch ein Restaurant ist vorhanden. ÜB 5 €. ✆ 43145.

● *Anfahrt* s. Apšuciems. Klakalnciems liegt ca. 5 km südlich.

Ragaciems: Kleiner, beliebter Küstenort mit mehreren Unterkunftsmöglichkeiten:

Senīte, Jaunā 14. Großes Hotel mit durchschnittlich ausgestatteten Räumen und verschiedenen Kategorien. DZ 20–40 €. ✆ 63620. Zum Hotel gehört auch ein Lokal.

Kanski & Co, Kuģkalna 1. Kleines, angenehmes Gästehaus mit Café. DZ 22 €. ✆ 63736.

Braļi, kleine bescheidene Unterkunft im Sportklub des Ortes. ÜB 9 €. ✆ 63234.

Der Südosten Lettlands

Touristische Höhepunkte in Südostlettland

Daugavpils – zweitgrößte Stadt des Landes, Tor zur malerischen Seenplatte von Latgale

Daugava – größter Fluss Lettlands, an dessen Ufern sich kleine Ortschaften und romantische Ordensruinen erheben

Aglona – freundlicher Ort mit hübscher Kirche, Pilgerstätte der lettischen Katholiken

Daugavpils (Dünaburg)   (ca. 130.000 Einwohner)

Daugavpils ist die zweitgrößte Stadt Lettlands und liegt beidseitig der Daugava (Düna). Erwähnt wurde Daugavpils erstmals 1225 im Zusammenhang mit den deutschen Kreuzrittern, die hier ihre Ordensburg errichteten.

Archäologen sind der Meinung, dass das hiesige Ufer der Daugava schon in der Steinzeit besiedelt war. 1577 gelang es *Iwan dem Schrecklichen*, die Stadt zu erobern. Er zerstörte die Ordensburg, um sich anschließend eine neue Festung zu bauen. Das Stadtrecht erhielt Daugavpils 1582. Aufgrund seiner Nähe zu Litauen und Russland haben stets viele Nationalitäten hier gelebt. Durch die Eisenbahnlinie von Daugavpils über Rīga nach Warschau entwickelte sich die Stadt zu einem wichtigen Industrie- und Handelszentrum.

Nach 1940 wurde auf Druck Moskaus in Daugavpils verstärkt und gezielt Industrie angesiedelt. Die zusätzlich benötigten Arbeitskräfte rekrutierte die damalige Sowjetregierung überwiegend aus Russland. So kommt es, dass Daugavpils zu einer russischen Stadt geworden ist, in der die Letten mit 10 % eine kleine Minderheit bilden.

Viele Häuser sehen düster aus und verleihen der Stadt eine bedrückende Ausstrahlung. Bei genauerem Hinsehen fällt jedoch auf, dass die düster wirkenden Häuser unter einer neuen Farbschicht in wahrer Pracht erstrahlen würden. Einige Häuser sind bereits in den Genuss eines Farbbades gekommen und lohnenswert anzusehen.

- *Postleitzahl* LV5400
- *Vorwahl* (2)54
- *Information* Rīgas 22. Informationen über die Stadt und die Umgebung, außerdem Vermittlung von Privatquartieren. Geöffnet Mo–Fr von 10–18 Uhr und Sa von 10–16 Uhr. ✆ 32916.
- *Anfahrt/Verbindungen* **Pkw** – Zahlreiche Straßen treffen sich in Daugavpils. Von Rīga ist die Stadt über die A-6 Richtung Vitebsk zu erreichen und von Resēkne über die A-13; in Richtung Litauen führt ebenfalls die A-13, die hinter der Grenze zur A-6 wird.

Bus – Verbindung mit Rīga, Valmiera, Cēsis, Aglona, Krāslava sowie mit Panevēžys und Rokiškis (Litauen). Busbahnhof, in der Viesture iela

Bahn – Züge nach Rīga, Krāslava, Klaipēda, Kaliningrad, Šiauliai, Vilnius und Moskau. Jeden Morgen fährt auch ein Zug nach Berlin. Der Bahnhof befindet sich am Ende der Rīgas iela.

- *Übernachten* **Latvija**, Ģimnāzijas 46. Mehrstöckiges, ehemaliges Intourist-Hotel. Zimmer mit und ohne Bad, von einfach und billig bis luxuriös und teuer. ÜB ab 8 €. DZ 40 € und Lux 100 €. ✆ 20950.

● *Essen* **Mžiuri**, Mihoelsa 60. Einladendes Kellerrestaurant mit Spezialitäten aus dem Kaukasus. Kellner tragen georgische Landestracht.

Ozols, Aleja 78. Rustikales Lokal mit gutem Essen.

Picerija, Ģimnāzijas 46. Etwas ungemütliche Pizzeria im Erdgeschoss des Hotels Latvijas.

Teller, Viestura 59a. Beliebtes Restaurant mit lettischen und russischen Kreationen und angenehmer Atmosphäre.

Vidzeme, Rīgas 76. Schönes altes Backsteininterieur mit alten Fotos und gutem Essen.

Viktoria, Rīgas 51. Bistro, Bar und Karaoke in einem, etwas merkwürdige Stimmung.

● *Cafés/Bars* **Aladins**, Rīgas 63. Modern ausgestattete Bar, die rund um die Uhr geöffnet ist. Etwas störend sind die zahlreichen Spielautomaten.

Alina, Rīgas 74. Gemütliches, kleines Café mit Wohnzimmeratmosphäre. Im Sommer auch Tische draußen.

Bolero, Saules 41. Kleine, schlicht ausgestattete Kneipe mit Theke und Barhockern.

Katrin, Saules 37. Altmodisches Café mit viel Flair.

Klondaiki, Aleja 77/Rīgas. An sich sehr nette Kneipe allerdings mit vielen Spielautomaten.

Leo, Krāslava 58. Schlichtes aber angenehmes Café. Angeboten werden kleine Snacks.

Steps, Rīgas 81. Kleine verrauchte Bar.

Vlana, Saules 37. Gemütliches Café mit tollen Tapeten, Gemälden und Kerzenschein.

● *Verschiedenes* **Geldwechsel**, Banken, Geldautomaten und Wechselstuben befinden sich auf der Rīgas ielā und im Hotel Latvija.

Post/Telegrafenamt, Cietokšņa 28 und in der Riga 85.

Internetzugang: Saules 23, in der Bibliothek.

Apotheke, Rīgas 54a.

Markt, Cietokšņa 60.

Spätkauf, Lebensmittelladen in der Rīgas ielā, schräg gegenüber vom Hotel Latvija, bis 24 Uhr geöffnet.

Tankstelle, Sporta ielā und an der Straße Richtung Krāslava.

Bewachter Parkplatz, Kandava ielā, Parallelstraße zur Riga ielā, beim Markt.

Sehenswertes

Ruine: Etwas außerhalb vom Zentrum stehen die Mauerreste der alten Festung, die u. a. auch von den Nazis im Zweiten Weltkrieg als Lager genutzt wurde. Heute ist in den Gemäuern eine Militärschule untergebracht, sodass die Ruine nur von außen betrachtet werden kann. Zu erreichen mit Tram 3, fährt vor dem Hotel Latvija ab.

Kirchen: Hervorzuheben sind die russisch-orthodoxe *Boris und Gleba-Kirche* mit ihren märchenhaften Zwiebeltürmen in der Tautas 2 und die *Marienkirche* in der Andreja Pumpura 11. Beide Gotteshäuser liegen nicht weit voneinander entfernt und sind mit Bus 9 erreichbar.

Schön ist auch der prächtige, symmetrisch angelegte Kuppelbau der *Peter und Paul-Kirche*, der sich an der Rīga iela erhebt. Entlang der Straße stehen auch noch einige alte Häuser. Hübsch restaurierte Bauten sind in der Saules iela zu finden.

Stadtmuseum, Rīga 8: Das Museum ist in einem schönen Jugendstilgebäude untergebracht. Zu sehen sind nicht nur Exponate aus der Geschichte der Stadt und ihrer Umgebung, sondern auch Bilder und Plastiken zeitgenössischer Künstler. Interessant ist die ansprechend aufgemachte Ausstellung über die verschiedenen Epochen des Lebens in Daugavpils.

Öffnungszeiten Mi–So von 11–17 Uhr.

Umgebung von Daugavpils

Direkt vor den Toren von Daugavpils liegt die wunderschöne *Seenplatte von Latgale*, die um einiges attraktiver ist als die Stadt selbst.

▶ **Aglona**: Geistliches Zentrum der in Lettland lebenden Katholiken und bedeutende Pilgerstelle ist die Kirche von Aglona. Sie liegt in einer reizvollen Landschaft am Anfang der unzähligen Seen von Latgale. An die 50.000 Gläubige pilgern im Laufe eines Jahres in das im Barockstil errichtete Gotteshaus. Die Basilika ist prachtvoll gestaltet. Der Altar wirkt wie eine große Bühne. Oberhalb des Altars hängen zwei leuchtende Bilder. Darüber befindet sich ein tiefblaues Fenster, das mit seinem bläulich einfallenden Licht den gesamten Altarraum überflutet. Am 14. und 15. August an Mariä Himmelfahrt findet jedes Jahr ein großes Fest in der Kirche statt. Auf dem Platz, auf dem das Gotteshaus erreichtet ist, soll es vor Jahrhunderten einmal eine Marienerscheinung gegeben haben.

• *Anfahrt/Verbindungen* **Pkw** – von Daugavpils etwa 44 km die A-13 Richtung Rēsekne nehmen. Kurz vor Rušona geht rechter Hand eine Straße nach Krāslava ab, die durch Aglona führt.

Bus – Vereinzelt bestehen Verbindungen mit Daugavpils und Krāslava.
• *Übernachten* Cakuli, Ezera 4. Schön gelegenes Gästehaus am Ufer des Cirīšu Sees. EZ 15 €, DZ 28 €. Mobtel. 9194362.

▶ **Preiļi**: Die kleine behagliche Stadt liegt etwa 45 km nordöstlich von Daugavpils. 1348 wurde sie erstmalig erwähnt, obwohl archäologische Funde darauf hinweisen, dass die Gegend um Preiļi schon viel eher besiedelt war. In Preiļi ist ein von einem schönen Park umgebenes Gutshaus aus dem letzten Jahrhundert zu sehen. Geeignet ist der Ort als Durchgangsstation, da es hier ein Hotel gibt.

• *Postleitzahl* LV5301
• *Vorwahl* (2)53.
• *Anfahrt/Verbindung* **Pkw** – etwa 35 km die Straße von Daugavpils nach Rēzekne entlangfahren, bis linker Hand der Abzweig nach Preiļi kommt.
Bus – Verbindung mit Daugavpils.
• *Information* Tirgus lauk. 1. ✆/✆ 22041, tic@axel.lv.
• *Übernachten* **Preiļi**, Raiņa bulv. 24. Sehr einfache und bescheidene Zimmer. ÜB ab

8 €. ✆ (53)-226666.
• *Essen* **Zile**, Brīvības 70. Kleines, mittelmäßiges Restaurant.
Bistro, Brīvības 2. Nettes Lokal mit einer kleinen Auswahl an Gerichten.
• *Verschiedenes* **Post**, Rainis bulv. 21.
Internetzugang, Rēzeknes 24, in der Bibliothek.
Poliklinik, Rainis bulv. 13.
Tankstelle, Rīgas 8.

Krāslava

(ca. 15.000 Einwohner)

Krāslava liegt an der Daugava, etwa 46 km östlich von Daugavpils und unweit der weißrussischen Grenze. Überwältigende Sehenswürdigkeiten hat der Ort nicht zu bieten, doch wirkt das Städtchen sehr ursprünglich und freundlich. Im Laufe seiner Geschichte hat die Stadt die verschiedensten Fremdherrscher gesehen. Zu Beginn des 13. Jh. hielten die deutschen Kreuzritter Einzug in Krāslava und errichteten eine Ordensburg. 1569 gerieten große Teile Latgales, Krāslava eingeschlossen, unter polnische Herrschaft. Mitte des 17. Jh. waren die Schweden kurzzeitig die neuen Machthaber, bis der Ort und seine Umgebung Ende des 18. Jh. an Russland fiel.

Lettland Karte siehe Umschlaginnenklappen

- *Postleitzahl* LV5600
- *Vorwahl* (2)56
- *Information* Brīvības 13. Informationen über die Stadt und ihre Umgebung. Hilfreich bei der Vermittlung von Privatquartieren. Geöffnet Mo–Fr von 8–12 und 13–17 Uhr, ℡ 24074.
- *Anfahrt/Verbindungen* **Pkw** – liegt etwa 45km östlich von Daugavpils, an der A-6 Richtung Witebsk.

Bus – am regelmäßigsten Verbindung mit Daugavpils, ebenfalls Busse nach Rīga und Rēsekne. Busbahnhof, Maskavas 129.

- *Übernachten* **Krāslava**, Raiņa 19. ÜB ab 20 €. Zimmer annehmbar. ℡ 26660.

Vom Busbahnhof zum Hotel Richtung Zentrum laufen, links in die Smorugova ielā einbiegen, bis zur Ecke Baznīcas iela und geradeaus bis zum Hotel durchgehen.

Jugendherberge und Zeltplatz, am Sauleskalns, einer 211 m hohen Erhebung. ÜB ab 8 €, ℡ 41841. Von Krāslava 10 km die P-62 Richtung Aglona hochfahren. Beim Dorf Kombuli rechts zum Sauleskalns und Adarvs Ota See abbiegen, was noch einmal 5 km sind.

- *Essen* **Dileri**, Rīgas 28. Beliebtes Restaurant mit guter Küche und freundlichem Service.

Kafejnīca, kleines, einfaches Café des Hotels.

- *Verschiedenes* **Post**, Sv. Ludviga lauk. 1.

Bibliothek, Pils 6. Öffentlicher Internetzugang ist geplant.

Poliklinik, Rīgas 159.

Markt, Krasta 1.

Stadtmuseum, Grafu plateru 2, geöffnet Mi–So von 10–17 Uhr.

Ruine, Raiņa 46: Schön ist ein Spaziergang zu den Mauerresten und durch den üppig bewachsenen Stadtpark (Zugang zum Park schräg gegenüber vom Busbahnhof). Teile der Ordensruine werden gerade renoviert.

Lohnenswert ist auch ein Besuch der katholischen Kirche am Sv. Ludviga lauk.

Umgebung von Kraslava

▸ **Dagda**: Zwischen Krāslava und Ezernieki liegt am gleichnamigen See das 4000-Seelendorf Dagda. Mit seinen schilfbedeckten Ufern bietet der See einen wunderschönen Anblick und ein herrliches Fotomotiv. Zum Baden ist er aber eher ungeeignet, weil es schwierig ist, einen Zugang zum Wasser zu finden.

▸ **Ezernieki**: Hinter dem Namen verbirgt sich ein unbedeutendes Dorf. Doch befindet sich hier eine riesige Touristenherberge, in der jedoch mangels Urlauber momentan gähnende Leere herrscht. Das Gebäude ist ziemlich hässlich und die Einrichtung denkbar einfach. Entschädigend aber ist die schöne Landschaft um Ezernieki. Ein See schließt sich an den nächsten. Die Sonne spiegelt sich im tiefblauen Wasser, in dem kleine und kleinste bewaldete, unbewohnte Inseln liegen.

- *Postleitzahl* LV5692
- *Vorwahl* (2)56 (Krāslava)
- *Anfahrt/Verbindungen* **Pkw** – von Krāslava die Landstraße Richtung Ludza über Dagda nehmen, ca. 45 km.

Bus – sporadische Verbindung mit Rēzekne. Die Bushaltestelle liegt an der Hauptstraße, von dort ist noch etwa 1 km zu Fuß zum Ferienheim zurückzulegen, auf Hinweisschilder achten.

- *Übernachten/Essen* **Turistu Baze**, Krāslavas raj., Ezernieki. ÜB ab 18 €, ℡ 55344. Verpflegung in der zur Herberge gehörenden ednīca (Kantine). Qualität variierend. Z. Zt. wird für die Herberge ein Käufer gesucht, was Auswirkungen auf das Preis/Leistungsverhältnis haben dürfte.

Freizeitmöglichkeiten: Ein schönes Erlebnis verspricht eine mehrtägige Tour zu den unbewohnten, malerischen Inseln in den Seen, um sich nach ausgiebigem Rudern abends am Lagerfeuer gegrillten, selbstgeangelten Fisch schmecken zu lassen. Boote und Angelerlaubnis sind in der Herberge erhältlich.

Rēzekne
(ca. 43.000 Einwohner)

Touristisch hat Rēzekne nicht viel zu bieten. Die Stadt ist interessant als Durchgangsstation bei Radtouren durch Latgale
Seit dem 10. Jh. bis zur Eroberung Rēzeknes durch den Deutschen Orden soll hier eine Burg der Latgalen gestanden haben. Diese verschwand jedoch mit Ankunft der Kreuzitter im 13. Jh., die an ihrer Stelle eine steinerne Festung errichteten. Im 16. Jh. fiel Rēzekne an Polen. Dem waren heftige Kämpfe vorausgegangen, die der Stadt sehr zugesetzt hatten. So bestand Rēzekne im Jahre 1580 nur noch aus 14 Gehöften. Als im 17. Jh. die Schweden die Herrschaft in Rēzekne übernahmen, wurde die Ordensburg zerstört. 1772 fiel die Stadt an Russland.

- *Postleitzahl* LV4600
- *Vorwahl* (2)46
- *Information* Atbrivosanas aleja 90. Die hier eingerichtete Informationsstelle ist nur provisorisch ausgestattet und verweist an die Regionsinformation. Diese befindet sich auf dem Reiterhof Untumi im Dorf, Spunžāni, zum Bezirk Ozolmuižas gehörend. Auf der Straße nach Jēkabpils ausgeschildert, ✆ (46)31255, untumi@e-apollo.lv. Die Leute in Untumi sind sehr bemüht und bei der Vermittlung von Privatquartieren behilflich.
- *Anfahrt/Verbindungen* **Pkw** – Rēzekne liegt an einem Verkehrsknotenpunkt. Von Daugavpils ist die Stadt über die A-13 Richtung Nowgorod zu erreichen. Nördlich der Stadt führt die A-12 Rīga-Moskau vorbei.
Bus – Anschluss nach Daugavpils, Luzda, Krāslava und zur Touristenherberge Ezernieki, mindestens ein Bus täglich auch nach Rīga. Busbahnhof, Latgales 17, im Zentrum.
Bahn – Es gibt zwei Bahnhöfe. Der Bahnhof Rēzekne I befindet sich in der Zvidra ielā, der Bahnhof Rēzekne II in der Stacijas ielā. Zugauskünfte im Informationsbüro erfragen.
- *Übernachten* **Latgale**, Atbrīvožanas aleja 98. Saubere Zimmer, teilweise sehr schön modernisiert. EZ 19–32 €, DZ 32–65 €, ✆ 22180.
- *Essen* **Latgale**, neben dem Hotel. Schneller Service, Essen durchschnittlich.

Little Italy, Revis 97. Wie der Name schon vermuten lässt, wird hier die italienische Küche gepflegt. Das Ristorante befindet sich über dem Kino.
Mols, Latgales 22/24. Urgemütliches Galeriecafé mit viel Flair und Kerzenlicht.
Pie Janisa, Skolas 13a. Angenehmes Lokal mit zufriedenstellender Küche.
Randevu, Atbrivosanas aleja 132A. Populäres Lokal mit lettischer Küche. Im Sommer kann man hier auch draußen sitzen.
- *Verschiedenes* **Geldwechsel**, Baznīcas 22.
Post, Atbrīvožanas aleja 8 1/5.
Internetzugang, Atbrīvožanas aleja 81/5, in der Bibliothek und im 2. Stock des Hotels Latgale.
Poliklinik,18. novembra 41.
Apotheke, Atbrīvožanas aleja 117.
Regionalmuseum, Atbrīvožanas aleja 102. Zu sehen sind alte Schmuckstücke, Waffen aus dem Ersten Weltkrieg und eine imposante Keramiksammlung. Geöffnet Di–Fr von 10–17 Uhr, Sa von 10–16 Uhr und So von 10–15 Uhr.
Ruine, am Ende der Pils ielā sind die Mauerreste der einstigen Ordensburg zu finden, die im 17. Jh. von den Polen geschleift wurde. Ein Spaziergang ist lohnenswert, weil sich von hier ein toller Blick auf die Stadt eröffnet.
Reiten, Ausritte in die Umgebung und Einzelunterricht möglich auf dem Hof Utumi (s. o.).

Luzda
(ca. 1700 Einwohner)

Wenn man über die Latgales iela nach Luzda kommt, fällt der erste Blick auf die schöne Kirche des Ortes mit ihrem grünen Dach und den hübschen Kuppeln. Luzda ist eine nette Kleinstadt, doch für einen längeren Aufenthalt nicht weiter interessant. Der Ort liegt im Norden von Latgale, am Ufer des *Luzda-Sees*, der allerdings ziemlich verschmutzt ist. Nicht weit entfernt befindet sich der *Cirmas-See*, der sich eher zum Baden und Campen eignet.

* *Postleitzahl* LV5700
* *Vorwahl* (2)57
* *Information* Baznīca 42–11. Infos über die Stadt und die Umgebung erhältlich. ✆/✉ 32922; www.luzda.lv
* *Anfahrt/Verbindungen* **Pkw** – Die Stadt liegt unmittelbar an der A-12 Rīga-Moskau, etwa 20 km östlich von Rēzekne.

Bus – Verbindung mit Rīga, Daugavpils und Rēzekne sowie zum Campingplatz am Cirmas-See. Busbahnhof, Kr. Barona 47.

Bahn – Es verkehren Züge über Rēzekne nach Rīga und nach Moskau. Bahnhof, Stacijas 90.

* *Übernachten* **Ezerzeme**, Stacijas 44. Verschiedene Zimmerkategorien von einfach mit Bad auf dem Gang bis hin zu renovierten Zimmern. EZ 10 €, DZ 15–45 €, DRZ 18 €. ✆ 22490.

* *Essen* **Ezerzeme**, nettes, zum Hotel gehörendes Restaurant.

Majas Virtuve, Dagda 2. Restaurant, Café und Bar in einem. Essen durchschnittlich, Service freundlich.

* *Verschiedenes* **Geldwechsel**, Skolas 31/27.

Post, Latgales 110/19.

Bibliothek, Stacijas 41/20. Öffentlicher Internetzugang geplant.

Telegrafenamt, Latgales ielā, schräg gegenüber der Post.

Poliklinik, Raiņa 43.

Apotheke, Latgales 114.

Heimatmuseum, Kuļņeva 2.

Sehenswertes

Historisches Museum: Kuļņeva 2. Interessantes Freilichtmuseum mit Gegenständen des Lebens im Mittelalter. Ebenfalls ist hier eine Ausstellung zum Gedenken an den russischen General Jakov Kulnjev, der 1812 im Kampf gegen die Truppen Napoleons tödlich von einer Kanonenkugel getroffen wurde, zu sehen.

Öffnungszeiten Mo–Fr von 9–17 Uhr und am Wochenende von 10–17 Uhr.

Ruine: Oberhalb der Talavijas ielā. Die Ordensburg aus dem Jahre 1399 liegt seit Jahren in Trümmern. Dennoch sind die Mauerreste, die sich am Ufer des Ludza Sees erheben, eindrucksvoll und einen Besuch wert

Gulbene   (ca. 10.000 Einwohner)

Die kleine Bezirkshauptstadt liegt ca. 65 km von der estnischen Grenze entfernt. Zweimal jährlich hat das ansonsten ruhige und friedliche Städtchen ein Erlebnis für alle Autofans zu bieten, nämlich dann, wenn in Gulbene die allwinterliche und allsommerliche *Autorallye* stattfindet. Die Termine für das Rennen variieren. Meistens finden sie im Januar und Anfang August statt, im Hotel nachfragen.

* *Postleitzahl* LV4400
* *Vorwahl* (3)44
* *Information* Rīgas 12, untergebracht in kleinem Holzhäuschen, das vor lauter Broschüren und Prospekten fast überquillt. Zahlreiche Privatquartiere zur Vermittlung. Die Öffnungszeiten sind etwas sporadisch. ✆/✉ 23558, ingakadile@inbox.lv.

* *Anfahrt/Verbindungen* **Pkw** – Gulbene liegt an der Landstraße P-37 etwa 54 km nördlich von Madona. Über die P-35, die weiter nach Balvi führt, die bei Kordonna auf die P-43 trifft, ist der Ort mit Alūksne verbunden. Über die P-27 besteht nach 58 km Zugang zur A-2 nach Rīga.

Bus – Verbindung mit Rīga, Daugavpils, Rēzekne und Madona. Busbahnhof befindet sich in der Dzelzceļa 8.

Bahn – Züge nach Rīga. Bahnhof, Dzelzceļa 8. Außerdem besteht eine Verbindung per Schmalspurbahn nach Alūksne. Siehe S. 356.

• *Übernachten* **Gulbene**, Kalpaka 27a. Freundliche Leute an der Rezeption. Zimmer haben unterschiedliche Kategorien, sauber. EZ ab 10 €, DZ 15–50 €. ✆ 73128.

• *Essen* **Grodi**, schräg gegenüber vom Hotel, an den unzähligen roten Neonlampen zu erkennen. Das Lokal ist populär wegen seines guten Essens, die Stimmung ist dennoch etwas bizarr.

Gulbene, gehört zum Hotel. Gutes Essen und freundlicher, aber etwas langsamer Service.

Kafija, Brīvības 35. Kleines, unspektakuläres Café.

• *Verschiedenes* **Geldwechsel**, Ozolu 1.

Post, Rīgas 28/30.

Bibliothek, Kalpaka 60. Öffentlicher Internetzugang geplant.

Poliklinik, Upēs 1.

Tankstelle, Miera 17.

Autoservice, Brīvības 66.

Balvi

(ca. 9.800 Einwohner)

Balvi liegt unmittelbar am Ufer des Balvi Sees im Norden Latgales und ist eine der kleinsten Städte Lettlands. Erstmalig erwähnt wurde der Ort 1224. Erst 1926 wurde Balvi zum Dorf erhoben und erhielt 1928 das Stadtrecht. Entwickelt hat sich der Ort aus einer Siedlung um das Herrenhaus von Balvi. Reizvoll ist die Umgebung des Städtchens, durchzogen von vielen Flüssen und Seen.

• *Postleitzahl* LV4501

• *Vorwahl* (2)45.

• *Information* Bērzpils 1a. Informationen über die Stadt und den Norden Latgales. Geöffnet Mo–Fr von 8.30–17.30 Uhr, ✆ 81201.

• *Anfahrt/Verbindungen* **Pkw** – von Gulbene kommend die P-35 nehmen, die über Balvi geradewegs zur russischen Grenze führt. Über die P-36 ist Balvi mit Rēzekne verbunden.

Bus – regelmäßige Busverbindungen nach Gulbene, Rēzekne und Alūksne. Mehrere Busse täglich nach Rīga. Busbahnhof in der Brīvības 57.

• *Übernachten* Viesnīca, Tautas 14.

• *Essen* **Niko**, Brīvības 56. Beliebtes Restaurant in schöner Lage im Stadtpark.

• *Verschiedenes* **Post**, Partizānu 10.

Bibliothek, Partizānu 18. Öffentlicher Internetzugang ist geplant.

Kino, Bērzpils 1

Poliklinik, Videmes 2a.

Sehenswertes

Museum: Brīvības 48. Das Museum bietet einen Einblick in alte Sitten und Bräuche der Region und deren Geschichte. Ferner wird lokaltypisches Kunsthandwerk gezeigt, insbesondere Keramikarbeiten. Geöffnet Di–Fr von 10–17 Uhr und am Wochenende von 11–16 Uhr.

Herrenhaus: Das Schloss von Balvi befindet sich an der Brīvības ielā. Besonders schön ist der dazugehörige Park, in dem imposante Skulpturen der Bildhauer *Buls*, *Raudseps* und *Rubulis* zu sehen sind. Interessant ist auch die riesige Eiche im östlichen Teil des Gartens, die Hunderte von Ringen zählt.

Heilige Herz Jesu Kirche: Dieses römisch-katholische Gotteshaus gilt als eines der schönsten seiner Art im Norden Latgales. Der Backsteinbau stammt aus dem 19. Jh. und ist im neugotischen Stil errichtet. Die Kirche befindet sich im Dorf Viņaka an der P-35, etwa 35 km nordöstlich von Balvi.

Lettland
Karte siehe Umschlaginnenklappen

An der Daugava entlang

Die Daugava (Düna) ist 1020 km lang. Der Strom fließt zunächst durch Russland und Weißrussland, bevor er sich 357 km lang seinen Weg durch Lettland bahnt, um schließlich oberhalb von Rīga in die Ostsee zu münden.

Bei Daugavpils noch zu Latgale gehörend, bildet der Fluss stromaufwärts die Grenze zwischen den Provinzen Vidzeme und Kurzeme. Von Rīga nach Daugavpils führt die A-6 kontinuierlich am Fluss entlang. Die Strecke eignet sich hervorragend zum Radwandern. Als Ausgangspunkt einer solchen Tour ist die Stadt *Jēkabpils* (Jakobsstadt) zu empfehlen. Bis zum nächsten Hotel in *Aižkraukle* sind es etwa 56 km. Die Entfernung von Aižkraukle bis nach *Ogre* beträgt ca. 45 km, und von dort bis nach *Rīga* sind es nochmal um die 35 km. Oft sieht die Daugava sehr malerisch aus, wie sie majestätisch durch ihr breites Bett fließt. An ihrem Ufer liegen einige Sehenswürdigkeiten, die man während einer solchen Tour bewundern kann.

Jēkabpils (Jakobsstadt)   (ca. 46.000 Einwohner)

Beidseitig der Daugava gelegen, hat sich Jēkabpils im Laufe der Geschichte zu einem wichtigen Industrie- und Handelszentrum entwickelt. Schon die Wikinger wussten die günstige Lage der Stadt zu schätzen und kamen hierher, um Handel zu treiben.

Besondere Sehenswürdigkeiten hat die Stadt nicht zu bieten, sie ist aber interessant für Durchreisende, die entlang der Daugava unterwegs sind. Das heutige Jēkabpils wurde erst 1920 gegründet und besteht aus den den bis dahin eigenständigen Städten *Jēkabpils* und *Krustpils* (Kreuzburg). Die Kreuzburg entstand im 13. Jh. und wurde lange von der Roten Armee genutzt.

● *Postleitzahl* LV5200

● *Vorwahl* (2)52

● *Information* Vecpilsēta lauk. 3. Die Touristeninformation befindet sich in der Bibliothek. Es gibt reichlich Broschüren und Kartenmaterial, ebenfalls kann bei der Vermittlung von Privatquartieren geholfen werden. Geöffnet Mo–Fr von 12–18 Uhr und Sa von 10–16 Uhr, ✆ 33822, 📠 32723. Die englischsprachige Internetseite der Stadt ist in Vorbereitung, www.jekabpils.lv.

● *Anfahrt/Verbindungen* **Pkw** – Der Ort liegt an der A-6 zwischen Rīga und Daugavpils. Die Straße führt die ganze Zeit am Fluss entlang.

Bus – am regelmäßigsten Verbindung mit Rīga und Daugavpils und mit den umliegenden Orten. Der Busbahnhof befindet sich im Stadtteil Jēkabpils, direkt am Hauptplatz, dem Zentrum der Stadt.

Bahn – Züge nach Rīga, Daugavpils und Rēzekne. Zum Bahnhof Bus 5 nehmen. Abfahrt am Hauptplatz vor der Apotheke.

● *Übernachten* **Daugavkrasti**, Mežrūpnieku 2. Bestes Hotel der Stadt. ✆ 31232.

Celinieks, Rīgas 33. Kleine Unterkunft im Sowjetstil mit freundlichen Zimmern, auf der anderen Seite der Daugava. ÜB 8 €. ✆ 21708. Zum Hotel gehört ein Restaurant.

Sporthotel, Brīvības 289. Zimmer sehr einfach, nicht besonders sauber, ÜB ab 8 €, ✆ 34479. Liegt etwas außerhalb vom Zentrum im Stadtteil Jēkabpils. Mit Bus 5 durchfahren, am Stadion links abbiegen, bis zur Bushaltestelle Poliklinika und dort wieder links. Mit Bus 5 ab Zentrum erreichbar.

● *Essen* **Apūta**, Viestura 5. Modern ausgestattetes Lokal mit guter, internationaler Küche.

Bistro, Rīgas 103. Kleines, nettes Lokal mit freundlichem Service auf der anderen Seite der Daugava gelegen.

Daugava, Brīvības 131. Wirkt von außen recht schmuddelig, das Essen ist jedoch akzeptabel.

Ezis, Brīvības 144. Klitzekleines äußerst einfaches Café. Eingang Osta ielā.

Kargo, Mežrūpnieku 2. Bar, Musikclub und Disko in einem, sehr populär. Es gibt hier auch Kleinigkeiten zu essen.

Pie Pils, Rīgas 216b. Gemütliches und beliebtes Restaurant, unmittelbar am Seeufer neben der Burg Krustpils gelegen. Vom Zentrum mit Bus 1 und 5 erreichbar.

Uguntiņa, Pasta 23. Wohliges Café in altem Backsteinhaus am Hauptplatz. Serviert werden Kaffee, Kuchen und warme Speisen.

Vaspa, Brīvības 289. Bescheidenes Restaurant zum Sporthotel gehörend.

● *Verschiedenes* **Geldwechsel**, Banken befinden sich um den Hauptplatz.

Post, Pasta 22.

Internetzugang, am Vecpilsēta lauk. 3 in der Bibliothek.

Poliklinik, Stadiona 1, Stadtteil Jēkabpils.

Bewachter Parkplatz, Pasta ielā 49.

Tanken, an der Straße nach Rīga. Tankstelle mit 24-Stunden Service.

Russische Klosterkirche: Nicht weit vom Busbahnhof stehen, verdeckt von hohen Bäumen, ein ehemaliges russisch-orthodoxes Kloster und eine schöne, alte Kirche. Romantisch und erholsam ist der dazugehörige verwilderte Klostergarten.

Festung von Krustpils: Lange Zeit belagert von der Roten Armee, wurde

An der Daugava

die Burg 1994 dem historischen Museum Jēkabpils übergeben. Gebaut wurde sie 1237. Über die Ursprünge ihres Namens *Krustpils* gehen die Meinungen auseinander. Die einen sagen, dass die Burg deshalb Krustpils heiße, weil sie auf einer Kreuzung gebaut wurde (Krusts – Kreuz und Pils – Burg). Andere dagegen glauben, dass die kreuzförmige Bauweise der Burg ihren Namen gegeben habe. Wie dem auch sei, fest steht, dass die Burg immer leicht zu finden war: Auf Briefen wurde lediglich ein Kreuz als Empfänger verzeichnet, was genug Information war, die Sendung zuzustellen. Im Museum ist ein Querschnitt durch die Geschichte der Stadt zu sehen. Ebenfalls können die alten Eichendecken und der mittelalterliche Weinkeller bewundert werden. Eine weitere Ausstellung ist der Roten Armee gewidmet. Geöffnet Mo–Fr von 9–17 und am Wochenende von 10–15 Uhr.

Selu sēta, Filozofu 6. Wer gerne einmal in das Lettland von vor 100 Jahren reisen möchte, sollte dieses Museum nicht missen. Alte Farmhäuser, Werkzeug und Handwerkerstätten liefern einen Einblick in längst vergangene Zeiten. Wer will, kann sogar dem Schmied, Müller oder Weber zur Hand gehen. Nach verrichteter Arbeit sorgen selbstgestampfte Butter, frisch gebackenes Brot und nach altem Rezept aufgebrühter Tee für eine kräftige Stärkung. Das Museum ist täglich von 10–16 Uhr geöffnet. Für die aktive Teilnahme am Handwerk und der anschließenden Brotzeit ist eine Voranmeldung erforderlich, ✆ 33501.

▶ **Koknese**: In dem kleinen Dorf an der Daugava gibt es die Reste einer alten Ordensburg zu sehen. Die Mauern stehen unmittelbar am Ufer und werden bei stärkerem Wind vom Flusswasser umspült. Betrachtet man die Ruine im Sonnenschein und blickt auf das glitzernde Wasser der Daugava, auf dem alte, kleine Fischerboote verträumt vor sich hindümpeln, so strahlt die gesamte Kulisse ein fast südländisches Flair aus.

• *Anfahrt/Verbindungen* **Pkw** – die A-6 entlang der Daugava bis Koknese fahren. Dort aus Jēkabpils kommend, in den links der Straße gelegenen Teil des Ortes einbiegen und immer geradeaus fahren, bis der Weg an einem massiven Kulturhaus und einer Estrade endet. Von da aus zu Fuß geradeaus durch das kleine Wäldchen zur Ruine gehen.

Bus – Die Busse der Linie Rīga-Jēkabpils halten an der Hauptstraße in Koknese.

• *Information* Balumaņa 3. ✆ (51) 61296, 📠 61298, tic@koknese.apollo.lv.

• *Übernachten* Unmittelbar am Ufer der Daugava etwa 3 km östlich von Koknese befindet sich das rustikale und gemütliche **Gästehaus Kalnavoti**. Im Haus können maximal 10 Leute aufgenommen werden. Es besteht jedoch die Möglichkeit zu campen. ÜB pro Person 22 €. ✆ (Mobil) 9294027 und 9117795, kalnavoti@apollo.lv.

• *Essen* **Kalnavoti**, gutes Lokal zum Gästehaus gehörend.

Ragalu Krogs, Blaumaņa 30a. Beliebtes Restaurant mit lettischer Küche.

• *Tanken* 24-Stunden Tankstelle an der Hauptstraße.

Aižkraukle (Aisdumble)   (ca. 8000 Einwohner)

Lange war das kleine, am Ufer der Daugava gelegene Verwaltungszentrum Aižkraukle nach *Peteris Stučka* (1865–1932) benannt. Stučka war ein enger Freund Lenins und führte zeitweise die kommunistische Partei Lettlands. Doch im Zuge der Beseitigung sämtlicher Spuren des alten Systems musste auch der Name des Genossen Stučka weichen. Aižkraukle selbst ist eine sehr junge Stadt. Als 1960 das Wasserkraftwerk bei Pļaviņas gebaut wurde, entstand aus der einstigen Siedlung der Bauarbeiter im Laufe der Zeit die Stadt Aižkraukle. Touristisch interessant ist der Ort lediglich als Durchgangsstation.

• *Postleitzahl* LV5100

• *Vorwahl* (2)51

• *Anfahrt/Verbindungen* **Pkw** – liegt an der A-6 Rīga-Daugavpils.

Bus – hauptsächlich Verbindung mit Rīga und Jēkabpils. Busbahnhof in der Nähe vom Zentralplatz.

Bahn – Züge in Richtung Rīga und Daugavpils. Der Bahnhof befindet sich etwa 2 km vom Zentrum entfernt. Vom Bahnhof entweder Bus 5 nehmen oder aber in den Ort reingehen und nach ein paar Metern links in eine schmale Straße einbiegen, die schließlich zur Lāčplēša wird.

• *Übernachten* **Pērse**, Lāčplēša 6. Zimmer sind o.k., aber einfach und bescheiden. EZ 15 €, DZ 20–40 €. ✆ 23034, 📠 28032.

Sportzentrum, Draudzības krastmala 6. Sportlerwohnheim ohne viel Komfort für 6 € pro Nacht. ✆ 22345.

• *Essen* Großes wird den Gourmets nicht geboten. Dem Hotel ist ein kleines Restaurant angeschlossen. Ein weiteres Wirtshaus ist in der Lāčplēša 4 zu finden.

• *Verschiedenes* Geldwechsel, Bērzu 1.

Internetzugang, Lāčplēša 3, in der Bibliothek.

▶ **Lielvārde**: Die kleine Stadt liegt an der A-6 ca. 30 km nordwestlich von Aižkraukle unmittelbar am Daugavaufer. Erstmalig erwähnt wurde der Ort

1201. Im 13. Jh. wurde am Fluss ein Ordensschloss errichtet, wovon heute nur noch Mauerreste zu sehen sind. In der Parka ielā 3 ist eine Nachbildung einer hölzernen Livenburg aus dem 12. Jh. zu bewundern. Wer will, kann sich hier im Kriegsaxtwerfen versuchen. Geöffnet ist die Burg von April bis Oktober von 10–19 Uhr. Des Weiteren ist in Lielvārde ein Museum für den bekannten lettischen Schriftsteller *Andrējs Pumpurs* eingerichtet. Geöffnet Mi–So von 10–17 Uhr. Für das leibliche Wohl sorgt das Restaurant Kante, Gaismas 3. In der Rīgas 15 befindet sich eine Touristeninformation, ℰ (Mobil) 9491685. Weitere Informationen zur Stadt können unter www.lielvarde.lv abgerufen werden.

Andrējs Pumpurs

Pumpurs ist eine wichtige Figur in der lettischen Literatur. In seinen Schriften spiegelt sich das erwachte Nationalbewusstsein der Letten wieder. Am bekanntesten ist sein mittlerweile zum Nationalepos erhobener *Lāčplēsis* (vgl. S. 285), eine Geschichte über einen gutmütigen Riesen, entfernt mit Siegfried aus der deutschen Nibelungen-Sage zu vergleichen. Im Museum ist eine Dokumentation und Fotoausstellung über das Leben und Werk des Schriftstellers zu sehen.

Lettland
Karte siehe Umschlaginnenklappen

Ogre (Oger)

(ca. 25.000 Einwohner)

Beliebt ist die kleine Stadt am Zusammenfluss von Ogre und Daugava vor allem bei den Einwohnern Rīgas, die in der herrlichen Natur um Ogre Erholung von der Großstadt suchen.

Gut zum Entspannen eignet sich der schöne *Stadtpark* mit seinen Karussells und dem Riesenrad. In der Nähe des Parks befindet sich das *Amphitheater* mit der zweitgrößten Bühne des Landes, die u. a. für das nationale, alle fünf Jahre stattfindende Sängerfest genutzt wird.

● *Postleitzahl* LV5000

● *Vorwahl* (2)50

● *Information* Preses 2. Reichliche Informationen über die Stadt und Umgebung erhältlich. Ebenfalls werden Privatquartiere vermittelt. ℰ 21461, ℰ 23889, ogrestic@mail.lv.

● *Anfahrt/Verbindungen* **Pkw** – liegt an der A-6, knapp 40 km östlich von Rīga.
Bus – Nach Ogre selbst fahren wenig Busse. An der Hauptstraße halten jedoch alle Busse von Rīga in Richtung Daugavpils und umgekehrt.
Bahn – gute Verbindung mit Rīga und Daugavpils. Bahnhof in der Skolas.

● *Übernachten* **Grīva**, Rīgas 8. Freundliches Hotel mit kleinem Restaurant. DZ 25 €, ℰ 44960.

● *Essen* **Baras**, Skolas 6. Nettes Lokal mit Kunstrasenterrasse. Gute Küche.
Grīva, hübsches Hotelrestaurant.

● *Verschiedenes* **Geldwechsel**, Brīvības 36.
Post, Brīvības 38.
Bibliothek, Brīvības 35. Öffentlicher Internetzugang ist geplant.
Poliklinik, Miera 2.
Regional- und Kunstmuseum, Kalna pr. 3. Zu sehen sind Dokumente zur Stadtgeschichte und wechselnde Kunstausstellungen. Jeden Frühling sind Werke der Schüler des bekannten lettischen Künstlers *Vilhelms Purvītis* zu sehen. Im Sommer findet im Garten des Museums ein Kunsthandwerksmarkt statt. Geöffnet Di–Fr von 10–17 Uhr und am Wochenende von 11–15 Uhr.
Kino, Brīvības 19.
Bewachter Parkplatz, Skolas ielā, gegenüber vom Markt.

Auf der Straße nach Hiiuma

Estland   (Eesti Vabariik)

Der Name Eesti stammt von dem Wort *Aisti*, was soviel bedeutet wie "die nördlichen Nachbarn der Germanen". So bezeichnet jedenfalls Tacitus das Gebiet an der Bernsteinküste in seinen aus dem 1. Jh. n. Chr. stammenden Aufzeichnungen. Erstmalig auf einer Landkarte erschien Estland 1154, nämlich auf der des arabischen Weltenbummlers al-Idrisi.

Geographie

Im Westen grenzt Estland ans Baltische Meer und im Norden an den Finnischen Meerbusen. 83 km Seeweg trennen Estland und das finnische Festland voneinander. Im Süden hat die nordosteuropäische Republik eine Grenze mit Lettland und im Osten mit Russland. Estlands Landesgrenzen erstrecken sich über 680 km.

Die Fläche des estnischen Staatsterritoriums beträgt 45.215 qkm, womit Estland zwar die kleinste der drei Baltenrepubliken ist, aber immer noch die Niederlande, Dänemark oder die Schweiz an Größe übertrifft. Um das Land einmal von Norden nach Süden zu durchqueren, müssen 240 km und von West nach Ost 360 km zurückgelegt werden.

Das estnische Festland befindet sich im Nordwesten der osteuropäischen Ebene, 90 % seiner Fläche liegen unter einer Höhe von 100 m. Dennoch wird das Land von einigen Höhenzügen durchzogen. Seine geographische Struktur verdankt Estland der letzten Eiszeit. Mit dem Rückgang der gewaltigen Gletscher, die das estnische Territorium bedeckten, hinterblieben Felsen, Moränen, Findlinge, zahlreiche Flüsse und Seen, aber auch Talsenken und weite Ebenen, sodass das estnische Landschaftsbild wie ein abwechslungsreiches Mosaik anmutet.

Der Boden ist reich an Mineralien und verbirgt Ölschiefer, Phosphor, Kalkstein, Ton, Heilschlamm, Kies und Torf unter seiner Oberfläche. Die fruchtbarsten Ebenen des Landes sind in Nord- und Mittelestland zu finden und werden größtenteils landwirtschaftlich genutzt. Teilweise sind diese weiten Flächen mit Heide, Wacholder oder Lupinen bewachsen. Die dichtesten Wälder, die etwa 43 % des estnischen Staatsterritoriums ausmachen, wachsen im Westen der Republik. Estlands höchster Gipfel und obendrein der höchste des gesamten Baltikums ist der zum *Haanja-Höhenzug* gehörende 318 m hohe *Suur Munamägi* im Südosten des Landes.

Etwa 20 % des estnischen Territoriums sind sumpfig und von Seen durchzogen. Auf Grund von Moränen und Talsenken, in denen das Wasser schlecht abfließen kann, konnten sich Moore und Sumpfgebiete bilden. Eine wunderschöne Moorlandschaft mit vielen dunklen Seen ist im *Kõrvemaa-Gebiet* bei *Aegviidu* zu finden. Das estnische Inland ist generell sehr wasserreich. Über 1400 Seen und Talsperren kann Estland aufweisen. Sein größtes Binnengewässer ist der *Peipsijärv* mit einer Fläche von 3.555 qkm. Mitten durch den See verläuft die Grenze zu Russland. Der zweitgrößte See Estlands ist der überaus fischreiche *Võrtsjärv*, und der tiefste ist der *Suurjärv* bei *Rõuge* mit 38 m. (*järv* ist das estnische Wort für See.)

Die letzte Eiszeit hat über 3000 Flüsse und Bäche zurückgelassen, die 5 % des estnischen Staatsgebietes einnehmen. Viele der Wasserläufe, insbesondere in Südestland, bahnen sich ihren Weg durch malerische Täler und sind umrahmt von steilen Sandsteinwänden. 420 der estnischen Flüsse sind länger als 10 km, darunter die *Narva*, der *Emajõgi* (Embach) und die *Pärnu* (Pernau).

Der höchste Punkt Nordestlands ist der 166 m hohe *Emumägi*, zum *Pandivere-Kalksteinrücken* gehörend. Dieser Höhenzug zieht sich von Rakvere bis hin nach Paide. Im Süden klingt der Kalksteinrücken sanft in der Senke des Võrtsjärv aus, während er im Norden zum Finnischen Meerbusen hin bis zu 56 m steil abfällt.

Die estnische Küste ist stark zerklüftet und gefingert und erstreckt sich, die Inseln eingeschlossen, über eine Länge von 3800 km. Über 1500 Inseln kann Estland sein Eigen nennen, die rund 4100 qkm der Staatsfläche einnehmen.

Die estnische Inselwelt lässt sich in drei Gruppen unterteilen: Die erste Inselgruppe wird als das *Moonsundi-Archipel* bezeichnet, das die beiden großen Eilande *Saaremaa* (Ösel) und *Hiiumaa* (Dagö) sowie die zwischen ihnen und dem Festland liegenden Inseln und Kleinstinseln umfasst. Zur zweiten Gruppe zählt man die *Inseln der Rigaer Bucht*, gelegen zwischen Pärnu und Kuremaa. Zu dieser Gruppe gehören Kihnu und Ruhnu, deren Bewohner sich bis auf den heutigen Tag eine sehr ursprüngliche Lebensweise erhalten haben. Die dritte Gruppe umfasst die *Inseln des Finnischen Meerbusens* einschließlich Osmussaar. Sie sind meist steinig und mit Kiefern bewachsen. Außer Aegna, Prangli und Naissaar sind diese Inseln unbewohnt, wobei auf letztgenannter lange Zeit Militär stationiert war.

Klima

Das estnische Klima ist nordisch, teilweise sehr rau und vergleichbar mit dem Mittelschwedens. Die Wetterverhältnisse Estlands werden von seiner Lage am nordwestlichen Rand des eurasischen Kontinents und vom Einfluss des Nordatlantiks bestimmt, der stets feuchte Luft mit sich bringt.

Dennoch kann es im Frühling und Frühsommer zu längeren Trockenperioden kommen, während es zur Heuernte häufig regnet. Örtlich beeinflusst wird das estnische Wetter zusätzlich, insbesondere in den Küstenregionen, vom Baltischen Meer.

Die Sommer sind kurz. Bis in den Juni hinein kann es noch Nachtfröste geben. Der wärmste Monat ist der Juli mit einer Durchschnittstemperatur von 16° Celsius, was nicht ausschließt, dass das Quecksilber auch die 30° Celsius-Marke erreichen kann. Anfang bis Mitte September kann bereits wieder mit Nachttemperaturen um den Gefrierpunkt gerechnet werden. Der erste Schnee kommt in der Regel im November, bleibt aber meist erst ab Dezember liegen und bedeckt Estland bis in den März hinein mit einer festen Schneedecke. Der kälteste Monat ist der Februar mit einer Durchschnittstemperatur von -6° Celsius. Doch je nach Wettereinflüssen kann das Quecksilber auch auf bis zu -30° Celsius und tiefer rutschen. In strengen Wintern friert der Finnische Meerbusen zu. Die Inseln Saaremaa, Hiiumaa und Vormsi sind dann zu Fuß und mit dem Auto erreichbar. Doch aufgrund der allgemeinen Erwärmung der Erde wird auch in Estland das Klima milder. Der längste Tag in Estland zählt 18 Stunden Helligkeit, der kürzeste dagegen nur 6 Stunden. Etwa 500–600 mm Niederschlag fallen jährlich auf Estland nieder.

Flora und Fauna

Estlands Flora, zum nördlichen Teil der Mischwaldzone gehörend, ist vielfältig. In Urzeiten war das Land, Küstengebiete und Sümpfe ausgenommen, dicht bewaldet. Am häufigsten trifft man auf Kiefern, Birken, Fichten sowie auf Ahorn, Eschen, Espen und Erlen. 40,1 % des estnischen Territoriums sind mit Wald bedeckt. Die Waldböden sind beeren- und pilzreich. Ebenso charakteristisch für das estnische Landschaftsbild sind die weiten, flachen Wiesen und Felder, auf denen Heide, Wacholderbüsche, Kräuter und bunte Blumen, vornehmlich Lupinen, wachsen und die nordische Landschaft Estlands mit hübschen Farbklecksen verzieren. Auf den Inseln Saaremaa und Hiiumaa wachsen an einigen Stellen sogar Orchideen. Die Sumpfgebiete Estlands sind meist von jungen Baumbeständen bedeckt und dienen als Nistplatz vieler Vogelarten.

Die estnische Fauna ist lange nicht so mannigfaltig wie ihre Flora. Etwa 470 Wirbeltiere, darunter rund 60 Säuger, sind in Estland heimisch. Die meistvertretenen Arten sind Vögel und Waldbewohner. Sehr fischreich sind die unzähligen Seen, in denen insgesamt an die 80 verschiedene Gattungen leben. An den Ufern leben Fischotter.

Mit seiner Vogelinsel Vilsandi und dem Naturschutzgebiet von Matsalu ist Estland ein wahres Paradies für die Vogelwelt, die u. a. Enten, Kiebitze, Eulen

und Schnepfen beherbergt. Rund 320 Arten werden gezählt, eingeschlossen die Zugvögel, die auf ihrem Weg in oder aus dem Süden alljährlich in Estlands Naturreservaten Station machen.

Umwelt

Es gibt sie noch in Estland, die romantischen, unberührten Gebiete von nordischer Wildnis, in denen die Umwelt intakt ist. Doch es gibt auch Gebiete, die eine einzige ökologische Katastrophe sind.

Seit 1916 wird im Norden Estlands, bei Kohtla-Järve, *Ölschiefer* abgebaut. Zu 80 % wird der geförderte Rohstoff zur Beheizung von Kraftwerken genutzt. Alljährlich werden auf diese Weise an die 200.000 t Schwefeldioxid und 21.000 t Stickoxide in die Luft gepustet. Erkrankungen der Atemwege und Krebsleiden sind die häufigsten Krankheitsbilder der dort ansässigen Menschen. Die bei Kohtla-Järve liegenden Wälder weisen bereits starke Schäden auf. Die restlichen 20 % des Ölschiefers, für dessen Gewinnung übrigens 300 Millionen Kubikmeter Wasser benötigt werden, die man vom Grundwasser abzieht, landen in der chemischen Industrie.

Ein weiterer Bodenschatz Estlands ist *Phosphor*, der dem Land ökologisch gesehen bis jetzt mehr geschadet als genutzt hat. Seitdem man dazu übergegangen ist, den Phosphor im Tagebau abzubauen, brennt bei Maardu, unweit von Tallinn, die Erde. Denn um an das chemische Element zu gelangen, muss eine Schicht Alaunschiefer durchdrungen werden, der sich in Verbindung mit Sauerstoff schnell entzünden kann. Dabei wurden Schwermetalle und radioaktive Stoffe freigesetzt. In Sillamäe wanderten derartige Abfälle lange Zeit ungesichert auf die städtischen Müllkippen und gelangten teilweise auch ungeklärt in den Finnischen Meerbusen. Abgebaut wurde der Phosphor, um einen Teil des gesamtsowjetischen Bedarfs an Düngemittel zu decken. Der Boden bei den Industrieanlagen von Sillamäe soll ähnlich stark verseucht sein wie der von Tschernobyl. Als im Zuge von Perestroika und Glasnost bekannt wurde, dass in Moskau Pläne auf dem Tisch lagen, die vorsahen, den Phosphorabbau noch weiter zu forcieren, widersetzten sich die Bürger Estlands mit lautstarken Protesten und erreichten 1991 einen vorläufigen Abbaustopp.

Eine weitere Dreckschleuder Estlands war die *Zementfabrik von Kunda*, die das gesamte Dorf stets mit staubigen, grauen Schlieren umnebelte. Seit Filteranlagen eingebaut wurden, ist die Situation in Kunda ein wenig besser geworden.

Neben Luft- und Bodenverschmutzung ist auch noch die Verunreinigung der Gewässer ein großes Problem. Viele Abwässer gelang(t)en in die Flüsse und anschließend in die Ostsee. Momentan sollte man das Baden an der Nordküste bei Sillamäe, Maardu und Kohtla-Järve vermeiden. Große Umweltprobleme in Form verseuchter Böden hat auch die mittlerweile abgezogene Rote Armee hinterlassen. Aufgrund des sauren Regens sind einige der Wälder des Landes geschädigt.

Obwohl Estlands Umwelt in einigen Landesteilen schwer geschädigt ist, sollte man darüber hinaus nicht vergessen, dass es in Estland auch noch "Natur pur" und einige Naturreservate und Schutzgebiete gibt, wie beispielsweise *Matsalu* oder der *Lahemaa-Nationalpark*.

Estland ist selbst sehr darum bemüht, seine Umweltsünder zu mäßigen und die Dreckschleudern zu beseitigen, doch dafür ist neben internationaler Zusammenarbeit auch ausländisches Kapital und Know-how vonnöten, um beispielsweise der neuesten Technik entsprechende Filter- und Kläranlagen einzubauen. Seit 1988 gibt es in Estland eine Umweltschutzbewegung. Erwähnenswert ist auch der 1990 in Bad Segeberg gegründete Verein *Ökomaa Eestimmaa* (Ökoland Estland). Er fördert landwirtschaftliche Betriebe in Estland, die nach international anerkannten, ökologischen Richtlinien arbeiten. In den ländlichen Gebieten gibt es mittlerweile eine ganze Reihe von Ökobauernhöfen, die häufig Übernachtungsmöglichkeiten anbieten.

Geschichte

Ur- und Frühgeschichte

Die ältesten Spuren menschlichen Lebens auf dem Gebiet Estlands datieren Historiker auf das 10. Jt. v. Chr., nach Beendigung der letzten Eiszeit. Im 3. Jt. v. Chr. erreichten die ersten finno-ugrischen Stämme aus dem Ural das Baltikum und besiedelten überwiegend den Nordosten des Gebietes.

Die Menschen der *Mittelsteinzeit* (Mesolithikum, 7.–5. Jt. v. Chr.) lebten von der Jagd, stellten sich aber zunehmend um auf Sammelwirtschaft und Fischfang. In der Nähe des Ortes Kunda hat man Reste einer Siedlung aus dieser Epoche gefunden, sodass diese als *Kunda-Kultur* bezeichnet wird. Die genaue Herkunft der damaligen Bevölkerung ist bis heute nicht hundertprozentig geklärt. Man vermutet jedoch, dass sie aus dem heutigen Kaliningrader Gebiet oder aber aus Weißrussland stammte.

Die sich anschließende *Jungsteinzeit* (Neolithikum, von 4.–2. Jt. v. Chr.) zeichnete sich durch das Anwachsen von Siedlungen entlang der Flüsse und Seen aus. Historikern zufolge wies die damalige Gesellschaftsstruktur matriarchalische Formen auf. Die Hauptvölker während des Neolithikums waren aller Wahrscheinlichkeit nach *finno-ugrische Stämme*, die aus dem tiefen Asien kamen und im Laufe der Zeit immer weiter gen Westen wanderten.

Ein Teil von ihnen blieb auf dem Gebiet des heutigen Ungarns zurück. Die anderen wanderten weiter Richtung Norden und erreichten etwa 3000 v. Chr. das Territorium des heutigen Estlands. Einige Stämme wanderten noch weiter, sie gelten als die Ureinwohner Finnlands.

Im 2. Jt. v. Chr. gelangten weitere Volksgruppen ins Baltikum. Sie verfügten über *Streitäxte* und werden der sog. *Schnurkeramik-Kultur* zugeordnet. Vermutlich handelte es sich dabei um *baltische Stämme*, die Vorfahren der Letten, Litauer und Pruzzen. Im Laufe der Zeit sind die nebeneinander lebenden baltischen und finno-ugrischen Völkergruppen miteinander verschmolzen, wobei im Norden die Finno-Ugrier und im Süden die Baltenstämme die Oberhand gewannen.

Etwa Mitte des 2. Jt. setzte die *Bronzezeit* ein. Neben den gebräuchlichen Werkzeugen aus Stein entstanden nun auch solche aus Bronze, die ein Jahrtausend später durch Eisen ersetzt wurden und die *Eisenzeit* einleiteten. Auch die Landwirtschaft entwickelte sich weiter. Zum Bestellen der Felder spannte man nun Ochsen vor den Pflug und baute Getreide und Flachs an. Letzteres förderte den Ausbau der Webereien. Im Schmiedehandwerk und der Töpferei konnten ebenfalls Fortschritte verzeichnet werden. Spätestens zu dieser Zeit hatte sich das Patriarchat durchgesetzt.

Die Esten galten als ein kampflustiges Volk, das sich nicht nur verteidigte sondern selbst Raubzüge, vornehmlich nach Schweden und Russland, unternahm. Schon im 1. Jt. v. Chr. unterhielten die Esten Handelsbeziehungen zu schwedischen und russischen Städten. Die wichtigsten estnischen Umschlagsplätze waren Tallinn, Viljandi, Otepää und Tartu.

Jahrhundertelang konnten sich die Esten erfolgreich gegen fremde Eroberer wehren. Im Jahre 1030 wurde Tartu zwar vom russischen Fürst *Jaroslaw dem Weisen* erobert, der eine Festung errichtete und der Stadt den Namen *Jurjew* gab, doch seine Herrschaft währte nur dreißig Jahre. Als die Kreuzritter ab dem 13. Jh. ins Baltikum einfielen, um der heidnischen Bevölkerung das Christentum zu bringen, war es mit der estnischen Freiheit für viele Jahre vorbei.

Die Zeit der Kreuzritter und der Hanse

Nachdem die ersten relativ friedlich verlaufenden Christianisierungsversuche auf dem Gebiet der Liven scheiterten, genehmigte Papst Innozenz III. großangelegte Kreuzzüge, um das heidnische Baltikum mit Feuer und Schwert in den Schoß der Kirche zu führen.

Im Jahre 1208 begannen die Kreuzritter, den Siedlungsraum der Esten zu erobern. Der erste Aufstand der Esten folgte im selben Jahr. Die Unterwerfung des kleinen Volks sollte sich als schwieriger erweisen, als vermutet. Obwohl

Estland
Karte siehe Umschlaginnenklappe vorne

Ritterspiele in Tallinn

der Schwertritterorden von Rīga aus die Stadt Viljandi einnehmen konnte, war er dennoch gezwungen, für weitere Operationen die Dänen um Hilfe zu bitten. 1219 landete der Dänenkönig *Waldemar II.* in Nordestland und erbaute auf dem Felsen von Tallinn eine Festung (*taani* = Dänen, *linn* = Stadt, *Tallinn* = Dänenstadt). Weiter eroberten die Dänen die Gebiete Harjumaa (Harrien) und Virumaa (Wierland), die sie ebenfalls durch Burgen sicherten. An die Deutschen fielen die Gegenden um Tartu und der Südosten Estlands, die dem Bischof von Tartu unterstellt wurden. Als letztes geriet 1227 schließlich auch die Insel Saaremaa (dt. Ösel) unter Fremdherrschaft. Zusammen mit der Landschaft Läänemaa (Wiek) wurde sie zum Bistum Ösel-Wiek zusammengefasst. Der mittlere und südwestliche Teil des heutigen Estlands fiel an den Schwertbrüderorden und wurde dem Ordensstaat Livland angegliedert. Im Jahr 1227 gelang es den Schwertbrüdern, die zuvor um Hilfe angerufenen Dänen aus dem Norden Estlands zu vertreiben. 1238 musste der Deutsche Orden, in dem der Orden der Schwertritter mittlerweile aufgegangen war, Nordestland auf Befehl des Papstes wieder an Dänemark abtreten. Obwohl die Schwertritter seit 1236/37 zum Deutschen Orden gehörten, behielten sie eine Sonderstellung und gingen unter dem Namen *Livländischer Orden* in die Geschichte ein.

Das Siedlungsgebiet der Esten war nun also zwischen deutschen und dänischen Fremdherren aufgeteilt. Um ihre Macht zu festigen, ließen die Eroberer das Land von einer Reihe von Burgen durchziehen und waren bemüht, deutsche und dänische Kaufleute mit der Zusicherung zahlreicher Privilegien ins Land zu holen. Viele der neuen Einwohner siedelten sich auf dem Land an, woraus sich später der in Estland und Livland so reichhaltig vertretene Landadel entwickelte, der vornehmlich aus Deutschbalten bestand. Die einfache Landbevölkerung dagegen war estnisch.

Eine rasche Entwicklung war in den Städten zu verzeichnen. Tallinn und Tartu erhielten deutsches Stadtrecht und genossen relativ früh eine gewisse Autonomie. Kurze Zeit später wurden die Städte von deutschen Großkaufleuten regiert. Sie bildeten einen Stadtrat, der sich ausnahmslos aus reichen deutschen

Kaufleuten zusammensetzte, und entschieden über die Belange der Stadt. Die Handwerker und Kaufleute schlossen sich zu Zünften und Gilden zusammen, und die Städte Estlands entwickelten sich zu blühenden Handelszentren. Viele der Städte traten der Hanse bei. Die Esten selber waren nur zu niedrigen Ämtern zugelassen und partizipierten nicht an dem sich allmählich ausbreitenden Wohlstand. Die Landbevölkerung verarmte zusehends. Die Folge davon waren Bauernunruhen. Die größte Erhebung dieser Art war der Aufstand vom 23. April 1343, der als die "St. Georgsnacht" (Jüriöö) bekannt wurde. Tausende von Esten standen vor den Toren Tallinns, belagerten die Stadt und forderten eine Verbesserung ihrer wirtschaftlichen Lage. Die Revolte war vergeblich und wurde von den dänischen Machthabern blutig niedergeschlagen. Dennoch fühlten sich die Dänen der gespannten Lage im Land nicht gewachsen, sodass sie 1346 den Norden Estlands an den Deutschen Orden verkauften.

Die Reformation und der Zerfall des Ordensstaates

Mit Verbreitung der Reformationsgedanken Martin Luthers, die 1523 auch Estland und Livland erreichten, geriet die Macht des Ordens und der Bistümer massiv ins Wanken. Zudem kam es während des 16. Jh. des Öfteren zu kriegerischen Auseinandersetzungen mit dem erstarkten Moskau. Das Ende der Ordensherrschaft wurde 1558 mit dem Beginn des *Livländischen Kriegs* eingeläutet. 1558 versuchte Russland, in Estland und Livland Fuß zu fassen und den livländischen Ordensstaat auszulöschen. 1559 wurde ein Teil des Bistums Ösel-Wiek dänisch. Aus Angst vor den Truppen Iwans IV. unterwarf sich der Norden Estlands einschließlich Tallinn freiwillig den Schweden, die ihrerseits Schutz vor den russischen Truppen versprachen. Kurland und Livland, Rīga eingeschlossen, erkannten aus ähnlichen Motiven die polnische Oberhoheit an. Einzig Narva und Ost-Wierland (Ida-Virumaa) waren länger von russischen Truppen besetzt. Obwohl es ein Lebensziel Iwans des Schrecklichen gewesen sein soll, die Macht des Ordens zu brechen und zu zerschlagen, gelang es ihm trotz längerer Belagerungen zunächst nicht, Estland und Livland zu erobern, sodass er seine Truppen 1583 wieder abziehen musste.

Die schwedische Zeit

Die Kriegswirren auf estnischem Boden hielten an. Schweden und Polen stritten um die Vormachtstellung im Ostseeraum. 1629 beherrschten die Schweden bereits das gesamte estnische Festland und die Gebiete Livlands. 1645 konnten sie auch noch die Insel Saaremaa ihr eigen nennen. Lediglich der Osten des ehemaligen Livlands, heute in etwa der lettischen Provinz *Latgale* entsprechend, blieb polnisch. Die Verwüstungen der langen kriegerischen Gefechte waren verheerend und trafen die einfache Bevölkerung, sprich die Esten, am härtesten.

Der livländische Ordensstaat war nun endgültig zerfallen. Land, Handel und Wirtschaft lagen aber nach wie vor in der Hand der deutschen Großgrundbesitzer und Kaufleute, obwohl die Schweden ihre Privilegien einschränkten. Der estnischen Landbevölkerung wurde beispielsweise gestattet, im Fall von Ungerechtigkeiten seitens der Landherren das Gericht anzurufen. 1632 wurde in

Estland
Karte siehe Umschlaginnenklappe vorne

Traditioneller Tanz in Volkstracht

Tartu von Schwedenkönig *Gustav Adolph II.* die Universität *"Academia Guat-viana"* eröffnet, die überwiegend von deutschen Studenten besucht wurde. Während der schwedischen Zeit konnte sich das von Kriegen gebeutelte Land etwas erholen und allmählich wieder einen Bevölkerungszuwachs verzeichnen.

Ein neuer Leidensweg für die Esten begann mit dem Ausbruch des *Nordischen Krieges* (1700–1721). Um die schwedische Hegemonialstellung im Ostseeraum zu brechen, ging Peter I. ein Bündnis mit Polen und Dänemark ein. Während des Krieges war das Land furchtbaren Verwüstungen ausgesetzt, ergänzt durch Hungersnot und den Ausbruch der Pest. 1710 hatten die Truppen Peters I. das Land erobert. Durch den Frieden von Nystad im Jahre 1721 wurden Estland und Livland zu den *Ostseeprovinzen* des russischen Zarenimperiums. Administrativ wurde das nördliche Estland zum Regierungsbezirk Nordestland und der Süden zum Regierungsbezirk Livland. Die eigentliche Macht im Land lag aber noch immer bei der deutschen Oberschicht, die sich mit den Russen schnell einig wurde und sogar ihre von den Schweden angetasteten Privilegien zurückerhielt. 1739 geriet die estnische Landbevölkerung unter das Joch der Leibeigenschaft. Die nun folgende russische Zeit sollte von einer länger anhaltenden Periode des Friedens begleitet werden.

Estland als russische Ostseeprovinz

Die russische Herrschaft brachte Estland einen etwa 200jährigen Frieden und verhalf der Wirtschaft zu einer neuen Blüte, begünstigt durch die neuen Handelsräume im Osten. Im Jahre 1802 wurde die Tartuer Universität wiedereröffnet. Die Alma Mater stand nun auch Esten offen, nicht aber den Leibeigenen. Da ein großer Teil der estnischen Bevölkerung zu dieser Zeit jedoch unter dem

Joch der Leibeigenschaft stand, studierten überwiegend deutsche Studenten an der ebenfalls deutschsprachigen Hochschule. Durch die "gute schwedische Zeit" hatte sich jedoch eine estnische Intelligenz gebildet. Sie begann sich auf ihre eigene Kultur und die eigenen Bräuche zu besinnen. Als 1816 auf Initiative deutsch-baltischer Reformer die Leibeigenschaft aufgehoben wurde, wuchs in Tartu die Anzahl der estnischen Studenten, wobei erwähnt sei, dass sie zuvor meist deutsche Schulen besuchen mussten, um sich in der Universität einschreiben zu können, und es deshalb sehr viel schwerer hatten als ihre deutschen Kommilitonen.

Die Lage der Landbevölkerung verbesserte sich durch die Bauernbefreiung kaum. Es gab nur wenig Land zu vergeben, weil sich so gut wie alles in der Hand deutscher Barone befand. Die paar Hektar, die noch erworben werden konnten, waren für die einfachen Bauern meist unerschwinglich. Ergebnis der Unzufriedenheit der Landbewohner war ein großer Zustrom zu religiösen Gruppen und eine Flucht in die Städte. Verbessert hatte sich während dieser Zeit allerdings der Bildungsstand der estnischen Bevölkerung, da immer mehr Schulen, auch auf dem Land, ihre Pforten öffneten.

Die Zeit des "Nationalen Erwachens" der Esten

Die Zeit von 1860 bis 1885 kann als der Höhepunkt des "Nationalen Erwachens" des estnischen Volkes bezeichnet werden. Durch das Landreformgesetz von 1849 waren einige Esten in den Besitz von Ländereien gekommen und hatten sich gegenüber den deutschen Gutsherren emanzipieren können. Es erschienen die ersten estnischsprachigen Zeitungen. Literatur, Kunst und Musik standen ganz im Zeichen des neu entstehenden estnischen Nationalbewusstseins. Ein wichtiges Datum für die estnische Nationalbewegung war das Jahr 1869, in dem in Tartu das erste estnische Sängerfest gefeiert wurde, auf dem estnische Volkslieder erklangen. 1884 bildete sich in Tartu der *Bund estnischer Studenten*, dessen Symbol eine blau-schwarz-weiße Fahne war, die später zur estnischen Nationalflagge werden sollte. Als einer der führenden Köpfe der Nationalbewegung gilt *Jakob Hurt*, dem es u. a. um die Entwicklung des estnischen Geistes und seiner Kultur ging. Radikaler dagegen waren die Forderungen von *Carl Robert Jakobsen*, der die Aufhebung der Adelsprivilegien und die Teilhabe der Esten am Handel forderte. Als das estnische Nationalbewusstsein immer mehr zu erstarken schien, antworteten die Machthaber mit einer Politik gezielt betriebener *Russifizierung* (1885–1890). Russisch wurde Amtssprache, die russisch-orthodoxe Kirche wurde gefördert, und die wichtigsten Positionen und Ämter wurden, soweit es machbar war, von Russen besetzt. Für die nationale Bewegung war dies auf der einen Seite ein tiefer Rückschlag, auf der anderen Seite förderte es aber das Zusammengehörigkeitsgefühl der Esten.

Große Veränderungen erfuhr Estland mit der im 19. Jh. einsetzenden Industrialisierung. Es entstand eine proletarische Arbeiterschaft. Als 1905 die Arbeiter in Russland revoltierten, griff die Bewegung auch auf Estland über. Es kam zu Streiks, zu Parteienbildungen und zur Wahl eines die Interessen der Esten vertretenden Organs, das immer massiver seinen Anspruch auf die Führung im Lande geltend machte. Außerdem sahen die Esten in den Unruhen

Estland Karte siehe Umschlaginnenklappe vorne

410   Estland

die Möglichkeit, sich von der russischen Herrschaft zu befreien. Dieser Wunsch wurde jedoch nicht erfüllt: Die Aufstände wurden niedergeschlagen. Einer der Anführer der Esten war der Journalist *Konstantin Päts*, der später zum Präsidenten eines unabhängigen Estlands wurde.

Der Erste Weltkrieg und die Republik Estland

Die Gefechte und Schlachten des Ersten Weltkriegs wurden zwar nicht direkt auf estnischem Boden ausgetragen, doch auch estnische Einheiten wurden aufgestellt, die an der Seite Russlands gegen die deutschen Kaisertruppen kämpften. Etwa zur gleichen Zeit wurde die deutschbaltische Oberschicht entmachtet. Im Verlauf des Krieges wurden erneut Stimmen laut, die die Unabhängigkeit Estlands forderten. Mit dem Zusammenbruch des Zarenreichs durch die *Oktoberrevolution* der Bolschewiken im Jahre 1917 und die darauf folgenden innenpolitischen Wirren Sowjetrusslands sah sich Lenin aus organisatorischen Gründen dazu gezwungen, auf den von Deutschland diktierten Waffenstillstand einzugehen. Die Esten erkannten sofort, dass dies ihre Chance war, sich unabhängig zu erklären. Am 24. Februar 1918 rief Konstantin Päts schließlich die *Republik Estland* aus.

Doch sofort kamen Schwierigkeiten auf den neuen Staat zu: Nachdem nationalgesinnte Deutsche und Deutschbalten von der Idee einer baltisch-preußischen Personalunion mit der Abdankung Kaiser Wilhelms II. Abstand nehmen mussten, zogen zwar die deutschen Truppen ab, doch an ihrer Stelle marschierten nun die Bolschewisten in Estland ein. Zu Beginn des Jahres 1919 war ein Drittel des estnischen Territoriums in der Hand der Roten Armee. Doch es gelang Estland, eigene Streitkräfte auf die Beine zu stellen und mit Hilfe britischer, skandinavischer, finnischer und deutscher Freiwilligenverbände den Unabhängigkeitskampf zu gewinnen.

Am 2. Februar 1920 erklärte Sowjetrussland in dem mit Estland abgeschlossenen Friedensvertrag, auf "ewige Zeiten" die estnische Unabhängigkeit anzuerkennen und auf estnisches Territorium zu verzichten.

Bis 1934 erfuhren alle Bereiche des estnischen Staates demokratische Reformen. Die Wirtschaft erholte sich und erfuhr wie die estnische Kultur eine kurze Blütezeit. 1934 wandelte Präsident Konstantin Päts zusammen mit dem Oberbefehlshaber der estnischen Streitkräfte die frisch geborene Demokratie Estland in ein autoritäres Präsidialsystem um. Wirtschaftskrisen und das Erstarken der Freiheitskämpfer, die in gewissen Zügen die Gesinnung der italienischen Faschisten teilten und nach der Macht im Staat trachteten, sollen Päts zu diesem Schritt bewegt haben. 1938 ließ sich Päts durch Wahlen legitimieren.

Während der Unabhängigkeitsperiode geriet Estland außenpolitisch immer mehr in die Isolation. Eine geplante *Baltische Entente*, die von Finnland bis Polen alle Anrainerstaaten der Ostsee umfassen sollte, scheiterte. Als in einem Vertrag zwischen dem Deutschen Reich und Großbritannien den Deutschen das Baltische Meer als Einflussgebiet zugestanden wurde, kühlten sich auch die bis dahin guten Beziehungen zwischen Esten und Briten ab. Die Isolation des Baltikums machte es Stalin leicht, die drei Republiken binnen kurzer Zeit zu annektieren.

Der Hitler-Stalin-Pakt

Wie Lettland und Litauen war auch Estland gemäß dem Geheimen Zusatzprotokoll des russisch-deutschen Nichtangriffspakts vom August 1939 der sowjetischen Interessensphäre zugeschlagen worden.

Um den Einmarsch der Roten Armee und die Einnahme des Landes vor der Weltöffentlichkeit zu verschleiern, wurde Estland wie die beiden anderen baltischen Republiken im September 1939 zu einem *Nichtangriffspakt* mit der Sowjetunion gezwungen. Dieses Abkommen sah vor, dass sich Estland dazu verpflichten musste, sowjetischen Truppen Stützpunkte im Land zur Verfügung zu stellen. Sämtliche Versprechungen an Estland, die estnische Souveränität zu respektieren und sich nicht in die inneren Angelegenheiten des kleineren Vertragspartners einzumischen, wurden nicht eingehalten. Einmal im Land, hatten die Sowjets leichtes Spiel, Estland im Handstreich einzunehmen. Estland hoffte vergeblich auf Hilfe aus dem Ausland. Doch Europa befand sich mittlerweile im Krieg und hatte andere Sorgen. Mit dem Vorstoß der Roten Armee im Sommer 1940 verlor Estland endgültig seine Unabhängigkeit. Die Regierung Päts wurde zum Rücktritt gezwungen. Es wurden Scheinwahlen vorbereitet, aus der eine sowjetfreundliche Regierung hervorging. Diese leitete sogleich ein Beitrittsgesuch zur UdSSR ein, das Moskau natürlich nicht ablehnte. Nicht viel später folgte eine Welle von Verhaftungen und Deportationen quer durch alle Bevölkerungsschichten.

Der Zweite Weltkrieg und die sowjetische Herrschaft

Am 5. Juli 1941 wurde Estland von deutschen Truppen besetzt, die am 28. August Tallinn erreichten, was eine vorläufige Unterbrechung des stalinistischen Terrors mit sich brachte. Die deutsche Wehrmacht wurde in Estland teilweise mit Blumen empfangen, sah man doch in ihr die potentiellen Befreier. Der Glaube, dass Hitler dem kleinen Land zur Wiederherstellung seiner Unabhängigkeit verhelfen könnte, sollte sich als Trugschluss erweisen: Estland wurde für vier Jahre zu einem Teil des deutschen "Ostlands", und die estnische Industrie musste nun für die Bedürfnisse des kriegsführenden Deutschlands produzieren.

Als sich die Niederlage der deutschen Truppen immer deutlicher abzeichnete, marschierte die Rote Armee erneut in das nordeuropäische Land ein, diesmal in der Funktion der Befreierin Estlands von den Deutschen. Obwohl die deutsche Wehrmacht am 22. September 1944 abgezogen war und Estland versucht hatte, eine neue, eigene Regierung aufzustellen, zogen die sowjetischen Truppen nicht ab. 70.000 Esten verließen fluchtartig das Land. Viele der Verbliebenen versuchten sich zu wehren. Etwa 30.000 Menschen versteckten sich in den Wäldern und begannen einen Partisanenkampf gegen das unliebsame Sowjetregime. Die Hoffnung der Esten auf Hilfe aus dem Westen sollte sich schnell zerschlagen. Stattdessen folgte erneut eine mit aller Härte vorangetriebene Welle von Massenverhaftungen und -deportationen.

Auf dem Land kam es zur Zwangskollektivierung sämtlicher landwirtschaftlicher Betriebe, und die Industrialisierung wurde gewaltsam vorangetrieben.

Estland
Karte siehe Umschlaginnenklappe vorne

Doch wurde sie nicht auf die Bedürfnisse Estlands ausgerichtet, sondern auf die der gesamten Sowjetunion. Die auf diese Weise entstandenen Arbeitsplätze füllte Moskau mit russischen Arbeitern, womit man das Sowjetregime zusätzlich zu stabilisieren gedachte. Russisch wurde Amtssprache, estnische Staatssymbole sowie jegliche Formen von Nationalismus wurden verboten. Das politische, kulturelle und alltägliche Leben stand unter strenger ideologischer Kontrolle. Bis Mitte der 50er Jahre existierte die Untergrundbewegung der im Wald lebenden Partisanen.

Obwohl Estland unter strikter Führung Moskaus stand und die Schlüsselpositionen überwiegend von russischen Sowjetfunktionären besetzt waren, gelang es immer mehr Esten, Einzug in die KP zu halten, um sich vorsichtig für die Interessen der Esten einzusetzen. Begünstigt wurde diese Entwicklung durch die Tauwetter-Periode der *Chruschtschow-Ära*. Nachdem Chruschtschow 1964 gestürzt worden war, zogen erneut konservative Führungskräfte in den Kreml. Genau wie die übrigen Unionsrepubliken verfiel Estland während der *"Großen Stagnation"* (1964–1985) in eine Art bleierne Lähmung.

Mit dem Amtsantritt Gorbatschows und seiner Politik für mehr Offenheit und Umgestaltung kam wieder Bewegung auf die politische und kulturelle Bühne. Durch Glasnost wurde schließlich auch bekannt, dass Moskau den weiteren Abbau von Phosphor plante, der schon gewaltige Umweltschäden ausgelöst hatte und zu großem Unmut in der Bevölkerung führte. Sie setzte sich vehement gegen dieses Vorhaben zur Wehr und war erfolgreich. Zum ersten Mal seit langer Zeit hatte die Bevölkerung Estlands erlebt, dass sie etwas gegen das Sowjetregime ausrichten konnte, worauf sie sich zu weiteren Schritten ermutigt fühlte, die im August 1991 zur Wiederherstellung eines unabhängigen Estlands führen sollten.

Der Weg zur Unabhängigkeit

Mit dem Beginn der neuen Politik aus Moskau begann auch das estnische Volk sich wieder zu regen. Im Dezember 1986 wurde die "Vereinigung zum Schutz der estnischen Kultur" ins Leben gerufen. Rund ein halbes Jahr später, am 23. August 1987, fand in Tallinn anlässlich des Jahrestages des Hitler-Stalin-Paktes eine erste Massenkundgebung statt. Am 24. Februar 1988 gingen in Tallinn erstmals Menschen auf die Straße, um dem 70. Jahrestag der Ausrufung der Republik Estland zu gedenken. Im April wurden die ersten Stimmen laut, die ein demokratisches und freies Estland forderten, zu diesem Zeitpunkt allerdings noch innerhalb der UdSSR. Im gleichen Monat noch riefen politische Oppositionsgruppen zur Bildung der *Rahvarinne*, der Volksfront Estlands, auf. Im Juni waren seit langem wieder alte, estnische Staatssymbole zu sehen. Im August gingen anlässlich des *Hitler-Stalin-Paktes* wieder Massen von Menschen auf die Straße, um gegen die Gültigkeit dieses Vertrages zu demonstrieren. Der 11. September 1988 ging als Tag der *"Singenden Revolution"* in die estnische Geschichte ein. Bei einer Kundgebung der Volksfront auf dem Tallinner Sängerfeld sangen rund 300.000 Menschen Lieder für ihre Freiheit und Unabhängigkeit.

Im Oktober wurde die estnische Volksfront offiziell gegründet. Kurze Zeit später musste der Ministerratsvorsitzende *Saul* seinen Stuhl dem Reformpolitiker *Toome* überlassen. Gleichzeitig wurde eine Verfassungsänderung verabschiedet, in der festgeschrieben stand, dass von nun an die estnischen Gesetze Priorität vor denen der Union haben sollten. Diese Verfassungsänderung erklärte Moskau wenige Tage später für ungültig. Um die Entwicklung in Estland aufzuhalten, bildete sich die Interfront, eine Gegenbewegung zur Volksfront.

Im Januar 1989 wurde ein für die Esten sehr wichtiger Schritt vollzogen: Estnisch wurde wieder zur Amtsprache erhoben. Ein weiteres Ereignis war der 24. Februar, der Tag der estnischen Unabhängigkeit, den die Esten erstmalig wieder offiziell als Feiertag begehen konnten.

Bei den Wahlen zum Volksdeputiertenkongress am 26. März 1989 erhielten die Kandidaten der Volksfront etwa zwei Drittel der gesamten Mandate. Im Juli wurde der Vorsitzende der estnischen Volksfront *E. Savisaar* zum Vize-Ministerratsvorsitzenden der estnischen Unionsrepublik gewählt. Knapp einen Monat später forderte die Rahvarinne die Wiederherstellung der estnischen Unabhängigkeit. Die verabschiedete Wahlrechtsänderung, die sowohl das aktive als auch das passive Wahlrecht an die Aufenthaltsdauer bindet, wurde von Moskau für nichtig erklärt. Auch bei der nicht-estnischen Bevölkerung löste sie heftige Proteste aus. Am 23. August, als sich der Tag des Hitler-Stalin-Paktes zum 50. Mal jährte, setzten die baltischen Staaten ein einzigartiges Zeichen, indem sie eine Menschenkette mit etwa 1,7 Millionen Teilnehmern von Tallinn nach Vilnius quer durch das gesamte Baltikum bildeten.

Am 23./24. Februar 1990 wurde der Allmachtsanspruch der Kommunistischen Partei gestrichen und damit der Weg für ein Mehrparteiensystem freigemacht. Ebenfalls teilte der Oberste Sowjet der Estnischen SSR mit, dass er den am 22. Juli 1940 vollzogenen Beitritt Estlands zur Sowjetunion als ungültig betrachte. Als am 18. März in Estland ein neuer Oberster Sowjet gewählt wurde, gingen die Kandidaten, die für die estnische Unabhängigkeit eintraten, als klare Sieger hervor. Kurz nach den Wahlen trennte sich die KP Estlands von der KPdSU in Moskau. Am 30. März rief Estland eine Übergangsperiode bis zur Wiederherstellung der Unabhängigkeit aus, die mit der Arbeitsaufnahme verfassungsmäßiger Organe enden sollte. Im April beschloss der estnische Oberste Sowjet zusätzlich, das bestehende Wehrdienstgesetz zu ändern und einen Ersatzdienst einzuführen. Moskau erklärte auch diese Beschlüsse für null und nichtig.

Im Juni wurden umfassende Privatisierungsmaßnahmen eingeleitet. Darum bemüht, Estland in der UdSSR zu halten, schlug die Führung in Moskau die Ausarbeitung eines neuen Unionsvertrages vor. Estland, Litauen und Lettland verweigerten ihre Mitarbeit. Im Oktober führten die Esten erstmalig wieder eigene Grenzkontrollen ein. Als sich im Januar 1991 Litauen und Lettland den Sondertruppen des sowjetischen Innenministeriums gegenübergestellt sahen, kam es in Estland lediglich zu Streiks von Seiten der Interfront-Bewegung mit einer Rücktrittsforderung an die Tallinner Regierung.

Estland
Karte siehe Umschlaginnenklappe vorne

Als im August 1991 in Moskau geputscht wurde, wurde die Lage in Estland noch einmal heikel. Während Gorbatschow in seiner Datscha gefangen gehalten wurde, machten sowjetische Kriegsschiffe im Tallinner Hafen fest. Oberbefehlshaber *Kuzmin* verhängte eigenmächtig den Ausnahmezustand. Präsident *Rüütel* wurde aufgefordert, das verbarrikadierte Parlament zu räumen, doch Rüütel und das Parlament weigerten sich.

Um einem weiteren Vormarsch der Armee entgegenzuwirken, erklärte Estland am 20. August 1991 seine sofortige Unabhängigkeit. Jeder von Moskau geführte Vorstoß in Estland wäre somit zu einem Eingriff in die inneren Angelegenheiten des neuen Staates gewesen. Aufgrund der instabilen Lage in Moskau wurde die Wahrscheinlichkeit, die Souveränität auf diplomatischem Wege zu erreichen, immer geringer. Am 21. August besetzten sowjetische Truppen den Radio- und Fernsehturm in Tallinn, bis am gleichen Abend bekannt wurde, dass der Putsch in Moskau gescheitert war. Am 24. August 1991 sprach Präsident *Jelzin* dem unabhängigen Estland seine Anerkennung aus. Die EU folgte drei Tage später. Am 6. September erkannte schließlich auch die UdSSR die Existenz eines souveränen estnischen Staates an. Am 20. September 1992 wählte Estland seinen Präsidenten, *Lennart Meri*, und ein Parlament (Riigikogu).

Während der nunmehr 11jährigen estnischen Unabhängigkeit hat es bereits neun (!) Regierungswechsel gegeben. Die Nicht-Existenz dominierender Parteien und die daraus herrührende Konkurrenz um mehr oder weniger die gleichen Wählerschaften sowie eine Vielzahl von potentiellen Koalitionskombinationen lassen bei Unstimmigkeiten leicht eine Koalition platzen. Einig waren sich bislang alle regierenden Parteien darin, die wirtschaftlichen Transformationsprozesse zu vollenden, sowie die Integration Estlands in Westeuropa zu forcieren, was den Beitritt zur EU und zur Nato impliziert und Priorität der estnischen Außenpolitik ist. Auch die seit dem Rücktritt von Ministerpräsident *Mart Laar* im Januar 2002 amtierende Regierung, die sich aus der Zentrumspartei unter Ministerpräsident *Siim Kallas* und der bereits mitregierenden liberalen Reformpartei zusammensetzt, will diese Politik weiterverfolgen. Für die Innenpolitik sind ebenfalls der Ausgleich des Stadt-Land-Gefälles sowie soziale Reformen anvisiert. Estnisches Staatoberhaupt ist seit dem 8.10.2001 *Arnold Rüütel*. Er löste den bis dahin amtierenden Präsidenten *Lennart Meri* ab, der nach einer achtjährigen Amtszeit nicht wiedergewählt werden durfte.

Staatsaufbau: Estland ist eine demokratische und parlamentarische Republik. Das Volk entscheidet in geheimer und direkter Wahl über die Zusammensetzung des Parlaments, das aus 105 Mitgliedern besteht. Die Gewaltenteilung und die Grundrechte sind in der Verfassung verankert.

Die gesetzgebende Gewalt liegt beim Parlament, das auch Oberster Rat genannt wird. Staatsoberhaupt ist der Parlamentspräsident. Die Exekutive liegt bei der Regierung, die sich gegenüber dem Parlament zu verantworten hat. Die Judikative wird vom Parlament gewählt. Die Administration des Landes ist zweistufig: Außer der Zentralregierung gibt es sog. Landräte in den insgesamt 15 Landkreisen Estlands. Ein Gesetz zum Minderheitenschutz wurde gesetzlich verankert und entspricht westeuropäischem Standard.

Wirtschaft

Ähnlich wie in den anderen ehemaligen Unionsrepubliken war auch die estnische Wirtschaft ganz auf die Bedürfnisse der gesamten Sowjetunion ausgerichtet und die Landwirtschaft kollektiviert.

Mit dem Zerfall der Sowjetunion brach die Wirtschaft zusammen, und auch Estland hatte und hat mit den Folgen der zentralistischen Produktionsweise zu kämpfen. Die Entwicklung in Estland verlief seit dem Übergang zur Marktwirtschaft ähnlich wie in Litauen und Lettland: Die Preise kletterten in die Höhe, Löhne und Gehälter stiegen jedoch nicht im gleichen Maße mit. Zahlreiche Menschen wurden arbeitslos und der Lebensstandard sank. Als in der Phase des politischen Umbaus die entsprechenden Gesetze zur Reprivatisierung verabschiedet wurden, begann man Firmen zu privatisieren und Grund und Boden wieder an selbständige Bauern zu vergeben. 95 % der bis dahin staatlichen Betriebe sind mittlerweile privatisiert worden. Die Privatisierungen von Schlüsselbetrieben, wie z. B. der Tallinner Hafen sind noch nicht abgeschlossen. An der estnischen Bahn ist der Staat noch mit 34 % beteiligt.

Der Schwerpunkt der estnischen Industrie liegt im Norden des Landes, wo auch seine Bodenschätze, Phosphor und Ölschiefer, zu finden sind. Aus dem Ölschiefer gewinnt Estland seine elektrische Energie. Forciert wird auch die Entwicklung der Holzindustrie. Im Jahre 2000 erreichte die estnische Wirtschaft ein Bruttoinlandsprodukt von umgerechnet ca. 5,4 Mrd. Euro, womit sie nach der Rezession von 1999 ein Wirtschaftswachstum von 6,4 % verzeichnen konnte. Für das Jahr 2002 wird ein Wirtschaftswachstum von 5 % erwartet.

Estland
Karte siehe Umschlaginnenklappe vorne

Seit der Einführung einer eigenen Währung im Sommer 1992 haben viele ausländische Investoren Vertrauen in die estnische Wirtschaft gefasst, denn die estnische Geldpolitik hat sich bislang als solide erwiesen. Nach Ungarn ist Estland übrigens das Land in Zentraleuropa mit den höchsten ausländischen Investitionen. Es ist in der Verfassung verankert, dass die Ausgaben des Landes das nationale Budget nicht überschreiten dürfen. Im Gegensatz zu den Banken der beiden anderen baltischen Republiken, die 1994 von einer schweren Krise getroffen wurden, konnten die Geldinstitute Estlands durchweg Profite verbuchen. Hilfreich für die rapide Entwicklung der estnischen Wirtschaft ist nicht zuletzt auch die Nähe zu Finnland und Schweden. 40 % der neu gegründeten Firmen werden mit finnischem und schwedischem Kapital finanziert.Wirtschaftsanalytiker betonen, dass in dieser Brückenfunktion zwischen Ost und West eine große Chance für die Wirtschaft Estlands liege. Größter Handelspartner Estlands ist Finnland, gefolgt von Schweden und der Bundesrepublik. Die wichtigsten Exportgüter Estlands sind Holz, Holzprodukte und Textilien. Importiert werden Maschinen, Metallprodukte und chemische Erzeugnisse. Freihandelsabkommen bestehen mit der EU, der EFTA, den baltischen Republiken, der Ukraine, Tschechien, der Slowakei, Slowenien, der Türkei, Polen und Ungarn. Seit 1999 ist Estland Mitglied der WTO

Als vielversprechender wirtschaftlicher Sektor gilt auch der *Tourismus*. Immer mehr Hotels und Reisebüros werben um Urlauber. Bislang zeichnet sich in Estland ein sanfter Tourismus ab, der auf Natur-, Kultur- und Aktivurlaub ausgerichtet ist. Es ist Ziel der Regierung, dass der Tourismus mit Rücksichtnahme auf die Natur vor sich geht.

Das Warenangebot in Estland ist mittlerweile reichhaltig und die Lebenshaltungskosten sind etwas leichter zu bestreiten als in Lettland und Litauen. Doch trotz alledem profitieren nicht alle Teile der Bevölkerung vom Wirtschaftswachstum. Insbesondere in den russischen Städten an der Nordküste, sowie für die sozial Schwachen ist die finanzielle Situation sehr schwierig. Die Arbeitslosenquote liegt derweilen bei ca. 13,5 %.

Was den angestrebten EU-Beitritt anbelangt, wurde auch Estland im Dezember 2002 in Kopenhagen bestätigt, alle Bedingungen, die an eine EU-Mitgliedschaft gebunden sind, im Jahr 2004 erfüllt zu haben.

Bevölkerungsstruktur

Etwa 3000 Jahre v. Chr. besiedelten die ersten finno-ugrischen Stämme das Territorium des heutigen Estlands. Aufgrund der vielen Kriege, die im Laufe der Geschichte auf estnischem Boden ausgetragen wurden, sind die Esten nie zu einem großen Volk herangewachsen. Gab es 1550 etwa gleichviel Finnen wie Esten, so ist das finnische Volk heute fünfmal so groß wie das estnische. Im Mittelalter stieg die Bevölkerungszahl zwar an, doch hing das größtenteils mit der Einwanderung von Deutschen, Schweden und Russen zusammen.

Gegenwärtig hat die nördlichste der drei Baltenrepubliken eine Bevölkerungszahl von 1.375.000 Menschen. Die Bevölkerung setzt sich wie folgt zusammen: Esten: 65,2 %, Russen 28,1 %, Ukrainer 2,54 %, Weißrussen 1,48 %, Finnen 0,9 % und andere 1,9 %

72 % der Bevölkerung leben in den Städten, bedingt durch das starke Stadt-Land-Gefälle Allein in Tallinn ballt sich ein Drittel der gesamten Einwohnerzahl Estlands. Das Durchschnittsalter der Bevölkerung liegt bei 70–71 Jahren.

Ein großes Problem stellt für Estland die hohe Zahl der im Land lebenden Russen dar: 1934 hatten die Esten einen Anteil von 88,2 % an der Gesamtbevölkerung und stellten die Mehrheit im Land. Durch den Zweiten Weltkrieg und den stalinistischen Terror verlor Estland 400.000 seiner 1,2 Mio. Einwohner. Schwedische und deutsche Einwohner haben Estland mit der Zeit verlassen. Um die "Lücken" in der Bevölkerung zu füllen, siedelte Moskau überwiegend russische Arbeiter an, u. a. auch, um nationale Bestrebungen der Esten einzudämmen. Der größte Teil der nicht-estnischsprachigen Bevölkerung bewohnt den Nordosten des Landes. In Narva leben lediglich 4 % Esten. Der hohe Russenanteil in Estland führt zu Spannungen und Konflikten. Russen werden als "Besatzer" angesehen und sind dementsprechend unbeliebt. Mit der Unabhängigkeit wurde ein großer Teil der Bevölkerung zu Nicht-Staatsangehörigen mit beschränkten aktiven politischen Rechten. Die estnische Regierung sah sich lange vor ein Problem gestellt: Man hatte Angst, dass die Russen aufgrund ihrer Anzahl auf demokratischem Wege die wichtigsten Schlüsselpositionen besetzen und Estland somit indirekt wieder zu einer russischen Provinz machen könnten. Nach langen Diskussionen wurde schließlich beschlossen, dass alle Nicht-Esten, die zum Zeitpunkt der estnischen Unabhängigkeit im Lande lebten, Anspruch auf eine unbefristete Aufenthaltserlaubnis haben. Sie können mittlerweile in einem vergleichsweise einfachen Verfahren auch die estnische Staatsbürgerschaft erlangen. Ebenfalls wurden Erleichterungen im Punkte Familienzusammenführung verabschiedet. Um die inneren Spannungen zwischen Esten und Nicht-Esten zu reduzieren, hat die vorherige Regierung im Jahre 2000 das Programm *Integration in die estnische Gesellschaft 2000–2007*, das die sprachlich-kommunikative, rechtlich-politische und sozial-ökonomische Einbeziehung der Nicht-Esten vorsieht, verabschiedet. Bei den letzten Kommunalwahlen im Herbst 1999 beteiligten sich auch die im Land residierenden Nicht-Staatsbürger. Im Parlament sitzen derweilen sechs russischsprachige Abgeordnete, die im Besitz der estnischen Staatsbürgerschaft sind. Auch werden zahlreiche Ämter in Städten und Kommunen von Nicht-Esten bekleidet.

Religion und Kirche

Die ältesten Formen von religiösen Kulten der alten Esten gehen bis ins Steinzeitalter zurück, was zahlreiche Funde belegen.

Historikern zufolge glaubten sie an ein *Tier-Totem* und an *Naturgeister*, denen sie später beschützende Eigenschaften zusprachen. Eine besondere Bedeutung kam auch dem Totenkult zu. Die Verstorbenen befanden sich, so glaubte man, in der Gewalt der bösen Mächte, auf die sie aber einen gewissen Einfluss hatten. Durch Riten und Opfer versuchten die Menschen, diese bösen Mächte zu besänftigen. Die Verstorbenen wurden anfangs in Totenwälder gelegt, bis man später dazu überging, sie zu begraben.

Estland
Karte siehe Umschlaginnenklappe vorne

Als das Christentum Estland zur Wende des 11. auf das 12. Jh. erreichte und die Kreuzritter ihre Mission durchführten, stießen sie bei den Esten auf heftigen Widerstand. 1220 war der estnische Siedlungsraum zwar erobert und dem Orden eingegliedert, doch im eigentlichen Sinne bekehrt waren die Esten nicht. So begannen sie die katholischen Riten mit den heidnischen zu vermischen. Auch das Errichten von Kirchen erwies sich zunächst als schwierig, da die Esten sich auf ihre Weise gegen die unliebsamen Missionare wehrten und in vielen Nächten die angefangenen Bauten wieder zerstörten. Im 15. Jh. galt der Einfluss des Christentums als gesichert, doch die heidnischen Bräuche der Esten vermochte die Kirche bis ins 18. Jh. hinein nicht auszulöschen.

Mit der Reformation geriet die katholische Kirche auch hier ins Wanken. Die Gedanken *Martin Luthers* fanden relativ großen Anklang, wurden aber erst unter der Herrschaft der Schweden fest verankert. 1525 erschien als erstes estnischsprachiges Buch überhaupt ein lutherischer Katechismus, 1686 erfolgte die Übersetzung des Neuen Testaments und 1739 schließlich die der gesamten Bibel. Die lutherische Kirche konnte sich halten, sodass sich die Mehrheit der Bevölkerung (75 %) auch heute noch zu ihr bekennt. 20 % der Einwohner Estlands, meist Russen, gehören der russisch-orthodoxen Kirche an.

Auch wenn die Kirchen in den letzten Jahren Zuwächse verzeichnen konnten, so ist doch die Zahl der regelmäßigen Kirchgänger mit 10 % relativ niedrig.

Bildungssystem

Die ersten Bildungseinrichtungen auf estnischem Gebiet entstanden im 13. Jh., wobei es sich um lateinischsprachige Kloster- und Kirchenschulen handelte. Schulen, zu denen auch die Esten Zugang hatten, wurden erst zum Ende des 17. Jh. eingerichtet.

Ein großes Ereignis für die Bildung des estnischen Volkes war die Eröffnung der Tartuer Universität im Jahre 1632 durch den schwedischen König *Gustav Adolph II.* Auch wenn überwiegend Deutsche an der *Academia Gustavia* studierten, stand sie dennoch auch den Esten offen. 1863 gründete der Pastor und Sprachwissenschaftler *Jacob Hurt* im Landkreis Viljandi eine höhere estnischsprachige Schule.

Ein Rückschlag für die estnische Bildung war der *Nordische Krieg.* Als die Pest ausbrach, wurden die Universität und viele Schulen geschlossen. Erst zu Beginn des 19. Jh. öffnete die Tartuer *Alma Mater* erneut ihre Tore, die mit Aufhebung der Leibeigenschaft von 1819 einen beträchtlichen Zuwachs an Esten verzeichnen konnte. Zur gleichen Zeit wurden in fast jeder Gemeinde Schulen eingerichtet, sodass es auch für die Landbevölkerung möglich war, die grundlegenden Kenntnisse im Lesen, Schreiben und Rechnen zu erwerben. 1897 konnten immerhin 96,2 % aller Esten lesen.

Als Estland 1919 seine Unabhängigkeit proklamierte, wurde eine sechsjährige allgemeine Grundschulpflicht eingeführt. Jeder weitere Schulbesuch war freigestellt. Die Tartuer Hochschule wurde estnischsprachig und zur Nationaluniversität erhoben.

Mit der Eingliederung in die Sowjetunion erhielt Estland ein anderes Schulsystem. Heute gibt es sowohl estnischsprachige als auch russischsprachige Schulen, wobei bei letzteren Estnisch auf dem Stundenplan stehen muss. Das estnische Bildungssystem reicht von der Vorschule bis hin zu den berufsbildenden Schulen und den Universitäten. Gegenwärtig besteht eine allgemeine neunjährige Schulpflicht. Um sich an der Universität einschreiben zu können, müssen noch drei weitere Jahre absolviert werden.

Dem kulturellen Bereich wird in Estland hohe Bedeutung beigemessen. Insbesondere die großen und größeren Städte können ein attraktives Kulturprogramm vorweisen. Doch wie in den beiden andern Baltenrepubliken gibt es auch hier im Kulturbereich Engpässe, was besonders im Bildungssektor spürbar ist. Strukturelle Probleme und niedrige Gehälter führen dazu, dass eine große Anzahl junger qualifizierter Kräfte ins Ausland abwandert oder sich dem privaten Sektor zuwendet. Was den Hochschulbereich anbelangt, zeichnen sich, bedingt durch Reformen, Besserungen ab. Geistiges Zentrum des Landes ist Tartu, das enge wissenschaftliche Beziehungen zu ausländischen Hochschulen unterhält. Tartu ist auch Sitz der 1993 gegründeten Eurofakultät, die aus deutscher und dänischer Initiative hervorging und zum Ziel hat, die baltischen Universitäten bei den angestrebten Modernisierungen und Umstrukturierungen zu unterstützen. Auch in der Wissenschaft sind Besserungen zu verbuchen, die auf projekt- und leistungsorientierte Finanzierungsformen zurückzuführen sind. Der Wissenschaftsstandort Tartu soll weiter gefördert werden. Ein Schritt in diese Richtung war jüngst die Verlegung des Wissenschaftsministeriums nach Tartu.

Sprache

Die Sprache der Esten ist Estnisch, das seit Januar 1989 auch wieder Amtssprache ist. Doch so melodisch diese Sprache auch klingt, sie hat ihre ganz besonderen Tücken. Sage und schreibe 14 Fälle machen dem Lernwilligen das Leben schwer. Beim Deklinieren muss man damit rechnen, dass sich dabei zusätzlich noch der Wortstamm ändern kann. Beim Konjugieren von Verben werden in der Regel die betreffenden Endungen an den Wortstamm angehängt. Estnisch gehört zur finno-ugrischen Sprachfamilie und ist eng verwandt mit dem Finnischen, sodass sich Vertreter beider Völker ohne weiteres verstehen können. Nicht so leicht klappt dagegen die Verständigung mit den Ungarn, deren Sprache ja auch der finnisch-ugrischen Familie angehört.

Seit Jahren, so wird erzählt, steht das Estnische mit dem Italienischen in einer Art "sprachlichem Schönheitswettbewerb". Das Estnische klingt wirklich sehr melodisch, wenn auch fremdartig für unsere Ohren. Die Sprache ist reich an Vokalen und Doppelvokalen. Die Konsonanten werden in der Regel weich und kurz ausgesprochen, Verschlusslaute fehlen meist.

Die vielen Jahre deutscher Fremdherrschaft sind nicht spurlos an der estnischen Sprache vorübergegangen, sodass die meisten verwendeten Lehnwörter deutschen Ursprungs sind, wie z. B. *mütz* = Mütze, *pirn* = Birne, *kleit* = Kleid, *uur* = Uhr. Viele Fremdwörter stammen auch aus dem Lateinischen, russische Lehnwörter sind jedoch selten. Mit der Zeit haben sich im Estnischen drei Hauptdialekte herausgebildet, wobei der Dialekt des Nordens der Schriftsprache entspricht.

Kunst und Kultur

Musik

Die professionelle Musik in Estland begann zunächst mit Kirchenmusik, bis man im Lauf der Zeit dazu überging, auch Werke zeitgenössischer Meister zu spielen. Der Beginn einer eigenständigen estnischen Musik fällt zusammen mit dem Beginn der nationalen Bewegung der Esten. 1823 bildete sich in Tallinn der erste estnische Chor. Einen beträchtlichen Beitrag zur Entwicklung der estnischen Musik hat der Theologe und Sprachwissenschaftler *Jakob Hurt* geleistet, indem er 1860 eine Sammlung estnischer Volkslieder herausgab. Die Ursprünge der Melodien und Texte der estnischen Folklore gehen Historikern zufolge auf das 1. Jt. v. Chr. zurück. Als eigenständige Richtung in der Musik wurden sie bis zur Zeit des Nationalen Erwachens jedoch nicht wahrgenommen.

1869 fand in Tartu das erste Sängerfest der Esten unter der Organisation des Literaten und Journalisten *Johann Voldemar Jannsen* (1819–1890) statt. Auf dem Fest erklangen auch die beiden wohl wichtigsten Lieder der Esten: *Mu isamaa, mu õnn ja rõõm* (Mein Vaterland, mein Glück und meine Freude), eine Übersetzung aus dem Finnischen von J. V. Jannsen, das während der Unabhängigkeit zur Nationalhymne Estlands wurde. Das zweite Lied war das von *L. Koidula* verfasste *Mu isamaa on minu arm* (Mein Vaterland ist meine Liebe), das während der Sowjetzeit als Ersatz für die verbotene Hymne des Landes angesehen wurde.

Die estnischen Komponisten erhielten ihre musikalische Ausbildung in der Regel in St. Petersburg, wie beispielsweise die Pianistenbrüder *Artur* und *Theodor Lemba*. Das erste Sinfonieorchester gründete *Aleksander Läte* im Jahre 1900. Die Sinfonien dazu schrieb *Rudolf Tobias*, der in seinem Opus alte Traditionen mit den Strömungen der Moderne zu verbinden verstand. Mit der Ausrufung eines unabhängigen Estlands wurden sowohl in Tallinn als auch in Tartu Musikakademien gegründet. Obwohl sich auch die estnische Musik zu jener Zeit an Westeuropa orientierte, erhielt sie sich stets ihre Eigenständigkeit.

Während des Zweiten Weltkriegs und der ersten Jahre unter sowjetischer Herrschaft haben viele Komponisten und Musiker das Land verlassen. Viele Musikinszenierungen wurden im Untergrund aufgeführt. Als einer der bedeutendsten Komponisten Estlands wird *Arvo Pärts* angesehen. Schon während der Sowjetzeit entwickelte er, inspiriert von mittelalterlicher Musik, einen eigenen Stil. Er gilt als der Komponist, der die Musik Estlands über seine Grenzen hinausgetragen hatte. Seit 1982 lebt er in Berlin. Hohes Ansehen genießt auch der 1950 geborene Komponist *Lepo Sumera*. Seine Schöpfungen reichen von Sinfonien über Ballettstücke bis hin zur Kammermusik. Seit 1989

Altstadthaus in Tallinn mit Bildergalerie

widmet er sich politischen Fragen, nachdem er dem Aufruf des damaligen Premiers Inderek Toome folgte, der ihn zum Beitritt in sein Kabinett aufforderte.

Das wichtigste musikalische Ereignis in Estland ist auch heute noch das alle fünf Jahre in Tallinn stattfindende *Sängerfestival*. Das Sängerfest 1990 ging als "Die singende Revolution" in die Geschichte ein. Rund 300.000 Menschen erhoben auf dem Tallinner Sängerfeld ihre Stimmen für die Freiheit und Unabhängigkeit Estlands. Nicht umsonst sagt man von den Esten, dass sie anfangen zu singen, wenn es ihnen schlecht geht.

Bildende Kunst

Die ältesten Funde von handgefertigten Gegenständen in Estland sind Tongefäße, Ornamente aus Metall und Werkzeuge aus der Urgeschichte. Aufmerksamkeit verdienen auch die mit heidnischen Symbolen verzierten Grabsteine des 13. Jh.

Die Kunst des Mittelalters wurde überwiegend von ausländischen Meistern geschaffen. 1803 wurde in Tartu eine Zeichenschule eröffnet, die der deutsche Grafiker *Karl Senff* leitete. Die ersten estnischen Künstler machten ungefähr in der zweiten Hälfte des 19. Jh. auf sich aufmerksam. Als Begründer der estnischen nationalen Kunst gelten die Maler *Johann Köler* (1826–1899), der sich mit seinem romantisch-spätklassizistischen Stil offen zum Estentum bekannte, und *Amandus Adamson* (1885–1924), der in seinen Bildern Bezug zur estnischen Freiheitsbewegung nahm. Für die Bildhauerei war *August Weizenberg* (1837–1921) maßgebend, der Szenen aus der estnischen Sagenwelt zu seinen Themen wählte. Er ist auch der Schöpfer jener *Linda-Skulptur* (siehe auch S.

423), die in der Nähe des Tallinner Doms aufgestellt ist. Dominierend in der bildenden Kunst der damaligen Zeit waren nationale Themen.

Wichtig für die weitere Entwicklung der bildenden Künste Estlands waren auch die Zwillingsbrüder *Paul* (1865–1930) und *Kristjan Raud* (1865–1943). Paul widmete sich der Porträtmalerei wichtiger Tallinner Bürger. Sein Bruder Kristjan war nicht nur ein Maler von symbolistischen und nationalromantischen Gemälden, sondern stellte auch den *Kalevipoeg*, das estnische National-epos, erstmalig bildnerisch dar. Darüber hinaus war er ein engagierter Kunst-sammler, organisierte Ausstellungen und förderte die Ausbildungen der Nach-wuchsmaler. Im Jahre 1906 fand in Tartu die erste Kunstausstellung statt. Die nationalen Aspekte in der estnischen Bilderwelt waren unübersehbar, auch wenn man anderen Strömungen gegenüber offen war.

Während der Periode der Unabhängigkeit entstanden zahlreiche Künstlerver-einigungen. 1919 wurde in Tartu die *Akademie der Bildenden Künste* ins Le-ben gerufen. Durch den Eintritt in Europa verbreiteten sich in Estland die ver-schiedensten Stilrichtungen, die teilweise mit einer immensen Geschwindig-keit durchlaufen wurden. Besonders viel Anklang fanden Kubismus, Surrealis-mus und Expressionismus, sodass in vielen Bildern dieser Zeit die Wirkung der Farbe zum eigentlichen Bildthema wurde. Expressive Elemente sind auch in den Arbeiten des Bildhauers *Anton Starrkopf* zu finden.

Mit der Eingliederung Estlands in die Sowjetunion verlief die gerade einge-setzte Entwicklung der Kunst zwar allmählich im Sande, doch es gelang den neuen Machthabern nicht, die absolute Kontrolle über sie zu erhalten. Einige Künstler flüchteten ins Exil. Nach dem Tode Stalins war es wieder möglich, wenn auch nur in gemäßigter Form, internationale Richtungen und nationale Themen in die Werke einfließen zu lassen. *Aleksander Vari* und *Elmar Kits* ar-beiteten beispielsweise abstrakt, *Ilmar Malin* brachte surrealistische und ex-pressive Elemente in seine Bilder, und *Vive Tölli* und *Kaljo Põllu* bezogen sich auf alte Themen der estnischen Folklore, um nur einige zu nennen. Anders als in Litauen und Lettland konnte sich Estland also trotz ideologischer Kontrolle eine gewisse Eigenständigkeit in der Kunst bewahren.

Sehenswert sind übrigens auch die Werke und Gegenstände des estnischen Kunsthandwerks, wie Leder-, Keramik- und Silberwaren, Trachtenkleidung, Handschuhe mit folkloristischen Mustern und bunte Mützen.

Literatur

Das erste Buch in estnischer Sprache war ein lutherischer Katechismus, erschienen im Jahre 1525. Bis ins 18. Jh. hinein waren die veröffentlichten Schriften überwiegend religiösen Charakters. Mit Beginn des erwachenden Nationalbewusstseins der Esten im 19. Jh. bildete sich auch eine eigenständige estnische Literatur heraus. Obwohl man sich schon seit jeher in Estland My-then, Märchen und Heldensagen erzählte, wurden sie nie als eine Form der Li-teratur angesehen und bis zur nationalen Bewegung auch nie schriftlich fest-gehalten.

Die Gedichte *Kristjan Jaak Petersons* (1801–1822), die zwischen 1810 und 1820 erschienen, waren neben der Lyrik von *Friedrich Robert Faehlmann* (1798–1850) die ersten publizierten Werke, die nationale Elemente beinhalteten. Als Meilenstein der estnischen Literatur gilt auch das von *Friederich Reinhold Kreutzwald* (1803–1882) herausgegebene Epos *Kalevipoeg*, das auf Themen der estnischen Folklore und Mythen aufbaut und mittlerweile zum Nationalepos der Esten geworden ist. In 20 Liedern wird vom Schicksal und den Abenteuern des Riesen Kalevipoegs, dem Sohn von *Kalev* und *Linda*, berichtet:

Die Geschichte von Kalevipoeg

Linda, die aus einem Birkhuhnei entspross, und ihr Gemahl Kalev hatten gemeinsam drei Söhne. Als Kalevipoeg als jüngster das Licht der Welt erblickte, war sein Vater längst verstorben. Der Knabe wuchs zu einem Riesen heran. Eines Tages ließ er sich von einem Schmied ein riesengroßes Schwert schmieden, eines, das seiner Größe entsprach. Unglücklicherweise gebrauchte Kalevipoeg das Schwert im Streit gegen den Sohn des Schmiedes, wobei er diesen tödlich verletzte. Seitdem lag ein Fluch auf Kalevipoeg, nämlich dass er eines Tages durch sein eigenes Schwert umkommen werde. Seine Mutter Linda war mittlerweile vor Kummer zu Stein erstarrt.

Eines Tages wurde Kalevipoeg König, da er seine Brüder beim Steinwerfen besiegte. Als Landesvater musste er nun sein Land verteidigen und somit auch sein Schwert oft benutzen. Ständig lebte er in der Angst davor, dass sich der schreckliche Fluch einmal erfüllen könnte. Eines Tages, als Kalevipoeg einen Fluss durchquerte und sich überhaupt nicht im Kampf befand, wurde der verhängnisvolle Bann Wahrheit: Kalevipoeg rutschte aus, wobei ihm sein Schwert beide Beine vom Körper abtrennte. Der Riese verblutete ...

Zur Zeit des Nationalen Erwachens war das Hauptthema in der Literatur die Liebe zum Vaterland, was häufig in einem romantisierenden Stil zum Ausdruck gebracht wurde. Eine bedeutende Vertreterin jener Zeit war die Dichterin *Lydia Koidula* (1843–1886). Sie hat auch die Entwicklung des estnischen Theaters entscheidend mitbeeinflusst. Weitere große Dichterinnen dieser Epoche waren *Marie Under*, *Anna Haava* und *Betti Alver*.

Einen Rückschlag erlebte die literarische Entwicklung mit der Russifizierung in den 80er Jahren des 19. Jh. Presse und Literatur wurden zensiert, weshalb viele Dichter zwar weiterarbeiteten, sich aber aus der Öffentlichkeit zurückzogen. Zu erwähnen sind in diesem Zusammenhang die Tragödien *Juhan Liivs* (1864–1913), bei dem der unterdrückte Mensch im Mittelpunkt stand, sowie die romantischen Schriftstücke über die estnische Natur von *Eduard Vilde* (1865–1933). Sehr verehrt wird in Estland auch *August Kitzberg* (1855–1927), ein beliebter Dramatiker und Verfasser von realistischen Erzählungen.

Während der russischen Revolution von 1905 bildete sich eine Vereinigung junger estnischer Schriftsteller, die sich *Noor-Eesti* (Jung-Esten) nannte. Ihnen ging es um die Ästhetik in der Literatur, sie bekannten sich zu ihrer Nationalität,

Estland Karte siehe Umschlaginnenklappe vorne

wollten jedoch auch Europäer sein. Aus dieser Gruppe gingen literarische Größen wie die Schriftsteller *Friedbert Tuglas* (1886–1971), *Anton Hansen Tammsaare* (1878–1940) und *Gustav Suits* (1883–1956) hervor. Während der Unabhängigkeitsperiode in den 20ern und 30ern dieses Jahrhunderts erschien von A. H. Tammasaare das Epos *Tõde ja Õigus* (Wahrheit und Gerechtigkeit). Mit Begeisterung werden auch heute noch die Geschichten von *Oskar Luts* (1887–1953) gelesen. Besonders beliebt ist *Kevade*, eine Erzählung über Schuljungenstreiche.

Mit der Umwandlung Estlands zu einer sowjetischen Unionsrepublik flohen viele Literaten ins Ausland, vornehmlich nach Schweden. Die Verbliebenen standen seitdem unter strenger ideologischer Kontrolle. In den 60er Jahren lockerte sich die Zensur ein wenig.

Der bekannteste Schriftsteller der Gegenwart, der auch zu internationalem Ruhm gelangte und als einer der Top-Kandidaten für den Literatur-Nobelpreis 1991 angesehen wurde, ist *Jaan Kross* (geb. 1920). Zu Beginn seiner Schaffensperiode schrieb der ehemalige Jurist Gedichte. Später flossen aus seiner Feder historische Romane (Der Verrückte des Zaren) und die Beschreibung der Probleme estnischer Intellektueller, die eigene Identität in einem autoritären System zu wahren. Während der Phase der Umgestaltung haben sich viele Schriftsteller wieder aktuellen politischen Fragen zugewandt.

Theater

Das estnische Theater hat eine lange Tradition. Die erste Theateraufführung in Estland fand, allerdings auf lateinisch, 1529 im Tallinner Rathaus statt. Im 17. und 18. Jh. zogen zahlreiche Wandertheater durchs Land, die sich stets großer Beliebtheit erfreuten. 1784 öffnete in Tallinn eine deutschbaltische Amateurbühne ihre Pforten. Etwa zur gleichen Zeit errichtete auch *August von Kotzebue* ein kleines Theater.

Die Entwicklung des eigenständigen estnischen Theaters fällt in die Zeit des Nationalen Erwachens. 1870 kam in Tartu erstmalig ein estnischsprachiges Stück zur Aufführung. Gespielt wurde *Saaremaa oupoeg* (Der Vetter von Saaremaa) von Lydia Koidula. Ende des 19. Jh. bildete sich in Tartu die Theatergruppe *Vanemuine* unter der Leitung von *August Viera*. Wenig später gründete sich in Tallinn das *Estonia*- und in Pärnu das *Endla-Theater*. Schauspielhäuser erhielten die Ensembles zu Beginn des 20. Jh. Weitere Theater eröffneten während der Periode der Unabhängigkeit, wie 1926 das Tallinner Dramentheater und die Schauspielhäuser von Narva und Viljandi.

Nach der Eingliederung Estlands in die Sowjetunion stand die estnische Theaterwelt unter strenger Zensur. Von Moskau gefördert wurden Inszenierungen russischer Dramen und Darstellungen des sozialistischen Realismus. Um der Kontrolle der Sowjets zu entgehen, verlegte sich das Tallinner Estonia-Theater 1949 beispielsweise auf die Inszenierungen von Musikstücken. Seit der Politik der Umgestaltung konnten die Theaterleute wieder freier arbeiten. Vornehmlich in Tallinn und Viljandi stehen viele experimentelle Inszenierungen auf dem Spielplan.

Estland im Überblick

Tallinn – mittelalterliche Landeshauptstadt, zahlreiche Museen

Haapsalu – gemütliches Küstenstädtchen mit Ordensruine und Bischofskirche

Vormsi – reizvolle, kleine Insel zum Wandern und Radfahren

Hiiumaa – zweitgrößte Insel Estlands mit viel Wald und alten Leuchttürmen

Saaremaa – Estlands größte Insel mit Sandstränden, Steilküsten, Yachthafen; gut erhaltene Ritterburg in *Kuressaare*, der Inselhauptstadt

Pärnu – schönes Seebad mit endlos langen Sandstränden

Kihnu – kleine Insel, die sich bis heute viel Ursprüngliches bewahrt hat

Sangaste – prachtvolles, im englischen Tudorstil erbautes Schloss

Võru – attraktive Kleinstadt, gebettet zwischen malerische Seen und Hügel

Otepää – Charmanter Ort am Ufer des malerischen Pühajärvs, im Winter beliebtes Skigebiet

Tartu – traditionsreiche Universitätsstadt mit sagenumwobenem Domberg und Pulverturm

Alatskivi – gut erhaltenes Schloss unweit vom Peipsi-See

Kuremäe – einziges noch bewohntes russisch-orthodoxes Kloster in Estland

Lahemaa-Nationalpark – wilde nordische Natur, alte Gutshäuser, herrliche Badestrände

Estland
Karte siehe Umschlaginnenklappe vorne

Harjumaa (Harrien)

Harjumaa ist der am dichtesten besiedelte Landkreis im Nordwesten Estlands. Die Landschaft des Gebietes ist vielseitig: Der Norden wird durch eine zerfurchte Küstenlandschaft geprägt, vor der viele kleine Inseln liegen. Im Westen sind bis zu 30 m hohe Steilküsten zu finden, aber auch schöne, lange Sandstrände.

Doch Harjumaa hat nicht nur Küste und Meer zu bieten, sondern auch die zu *Kõrvemaa* gehörende malerische Moorlandschaft, die teilweise auch auf dem Gebiet des Lahemaa-Nationalparks und Järvemaas liegt. Harjumaa wird überwiegend landwirtschaftlich genutzt.

Die ersten Eroberer dieses Gebietes, die 1219 vor der Küste Estlands landeten, kamen aus Dänemark. Im 14. Jh. gehörte auch Harjumaa zu den Besitztümern des Deutschen Ordens, der die Region jedoch nach dem Livischen Krieg Mitte des 16. Jh. an Schweden abtreten musste. Im 19. Jh. kam es in den landwirtschaftlichen Gegenden Harjumaas zu zahlreichen Bauernaufständen, bei dem viele Bauern ums Leben kamen.

Tallinn (Reval)   (ca. 415.400 Einwohner)

Die Hauptstadt Estlands ist eine lebendige und vielfältige Stadt mit zahlreichen Museen, alten Häusern, Stränden und Parks. Höhepunkt eines jeden Besuchs ist ein Gang durch die Tallinner Altstadt, die einem einzigen Freilichtmuseum gleicht.

Ihren mittelalterlichen Charme hat sie bis heute nicht eingebüßt. Über die Altstadt erhebt sich hoheitsvoll der Domberg (Toompea). Der Sage nach handelt es sich hierbei um den Grabhügel des *Kalevs*, des Vaters des Nationalhelden Kalevipoeg, den seine Frau *Linda* nach dessen Tod aus gewaltigen Felsbrocken errichtete (vgl. S. 423).

Die vielen holprigen Straßen, alten Handwerker- und Kaufmannshäuser und die engen, verwinkelten Gässchen vermitteln das Gefühl, auf einer Zeitreise durch das Mittelalter zu wandeln. An den schmalen Straßen der Altstadt laden unzählige Cafés ein, um von dort das Treiben Alt-Tallinns zu beobachten.

Doch Tallinn besteht nicht nur aus Altstadt. Charakteristisch für die Stadt ist die zerfurchte Küstenlinie mit ihren Halbinseln und den davor liegenden Inseln *Aegna* und *Naissaar*. In Tallinn selbst gibt es zwei größere Seen, den *Harku-* und den *Ülemiste-See*.

> Der Ülemiste-See entstand, so erzählt man, durch den Aufschlag eines dicken Felsbrockens, den Linda beim Aufrichten des Grabhügels aus ihrer Schürze verlor. Sie weinte bitterlich über den Verlust ihres Steins, und ihre Tränenflut floss zu dem Erdloch hin. Dort entstand eine tiefe Lache und schließlich ein See. Lindas verlorener Steinbrocken ist noch am Ufer des Sees zu sehen.
>
> Doch die Sage geht noch weiter: In Lindas Tränensee soll ein kleines Männlein leben, das damit droht, die gesamte Stadt, sobald sie fertig ist, auf den Grund des Ülemiste-Sees zu ziehen. Und so wird in der Stadt ständig gebaut, damit das Männlein ja nicht glaubt, die Arbeiten an der Stadt seien beendet.

Es ist auch nicht sonderlich schwierig, die Bauarbeiter Tallinns mit Arbeit zu versorgen. Schließlich lebt etwa ein Drittel der Gesamtbevölkerung Estlands in Tallinn, und der Zustrom in die estnische Hauptstadt hält an. Ein Grund für die hohe Bevölkerungsdichte in Tallinn liegt bei der Industrialisierungspolitik der ehemaligen Sowjetregierungen. Um Tallinn herum baute man gewaltige Industriezentren, so z. B. *Maardu* oder *Lasnamäe*, und schuf somit Tausende von Arbeitsplätzen. Diesen Bedarf konnte Tallinn allein nicht decken. Deshalb wurden russische, ukrainische und weißrussische Arbeiter in Tallinn angesiedelt, für die wiederum Wohnraum benötigt wurde. Die Lösung des Wohnbauproblems kann man in den Trabanten- und Satellitenstädten Linamäe, Mustamäe und Väike-Õismäe besichtigen. Etwa 52 % der Tallinner sind nicht estnischsprachig.

Erholung von der "Großstadt" bieten der *Strand von Pirita* und die vielen Parks von Tallinn. Der schönste von ihnen ist der *Kadriorg-Park* (Katharinental), in dem das Sommerschloss steht, das Peter I. für seine Frau Katharina er-

Blick auf Tallinn

richten ließ. Ein sehr schönes Ausflugsziel sind auch die malerischen Inseln *Aegna* und *Naissaar*, zu denen im Sommer Bootsverkehr besteht.

Tallinn ist mittlerweile eine westlich geprägte Stadt, was nicht zuletzt an der Nähe zu Finnland und dem wachsenden Fremdenverkehr liegt, denn der Tourismus in Estlands Hauptstadt boomt. Kreuzfahrer, deren Schiffe hier regelmäßig vor Anker gehen, Reisegruppen, aber auch viele Individualtouristen spazieren im Sommer durch die Gassen der Altstadt. Auf dem Domberg bilden sich wegen der vielen Stadtführungen häufig sogar Schlangen vor den Sehenswürdigkeiten. Auf Grund seiner günstigen geographischen Lage zwischen Ost- und Westeuropa wird Tallinn in Zukunft sicherlich noch mehr Besucher anziehen und sich vielleicht zu einer nordosteuropäischen Drehscheibe entwickeln.

Geschichte

Man vermutet, dass Tallinn im 11. Jh. als Bauernburg entstand, um einen am Meer gelegenen Handelsplatz zu schützen. Erstmalig erwähnt wurde Tallinn jedoch erst 1154 auf der Landkarte des arabischen Geographen und Weltenbummlers *Mohammed al-Idrisi*. Er sprach von einer kleinen festungsartigen Stadt namens *Qaluwany*. Die nächste urkundliche Erwähnung stammt aus dem Jahr 1219, in der von einer Bauernburg *Lyndanise* in Rävela die Rede ist. Russische Chroniken sprechen von *Koluvan*, die Schweden von *Lyndanise* und die Dänen von *Revele*, woraus sich das deutsche Reval entwickelte. Vor Ankunft der dänischen Eroberer, der mit kurzer Unterbrechung fast 770 Jahre Fremdherrschaft folgten, lebten die hier ansässigen Esten in Freiheit. Ein 50 m hoher Kalksteinberg, der heutige Domberg, von dem man hervorragend das Meer mit den Inseln Aegna und Naissaar beobachten konnte, schuf ideale

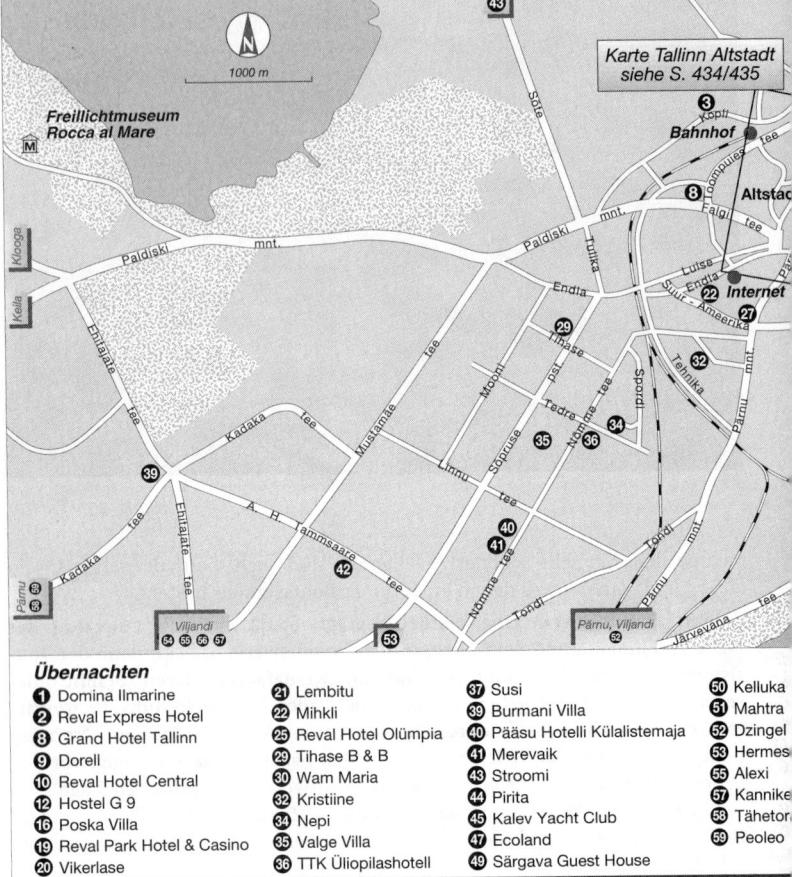

Karte Tallinn Altstadt siehe S. 434/435

Freilichtmuseum Rocca al Mare

Bahnhof

Altstac

Internet

Übernachten

1 Domina Ilmarine
2 Reval Express Hotel
8 Grand Hotel Tallinn
9 Dorell
10 Reval Hotel Central
12 Hostel G 9
16 Poska Villa
19 Reval Park Hotel & Casino
20 Vikerlase

21 Lembitu
22 Mihkli
25 Reval Hotel Olümpia
29 Tihase B & B
30 Wam Maria
32 Kristiine
34 Nepi
35 Valge Villa
36 TTK Üliopilashotell

37 Susi
39 Burmani Villa
40 Pääsu Hotelli Külalistemaja
41 Merevaik
43 Stroomi
44 Pirita
45 Kalev Yacht Club
47 Ecoland
49 Särgava Guest House

50 Kelluka
51 Mahtra
52 Dzingel
53 Hermes
55 Alexi
57 Kannike
58 Tähetor
59 Peoleo

Voraussetzungen für eine florierende Hafen- und Handelsstadt. Bis nach Sizilien und Nordafrika müssen die Handelsverbindungen der alten Esten gereicht haben, was man aufgrund von Funden alter Münzen festgestellt hat.

Der Aufforderung des Papstes Folge leistend, auch das heidnische Nordosteuropa zu missionieren, landete 1219 der dänische König *Waldemar II.* mit 1500 Schiffen vor der Küste Estlands. Es folgte ein mehrtägiger, blutiger Kampf mit der Bevölkerung. Fast schon wollten die Dänen sich geschlagen geben, als sich der Himmel auftat und eine rote Flagge mit einem weißen Kreuz in der Mitte genau in die Hände des Bischofs herabfiel. Die Dänen schöpften daraus neuen Mut und gingen schließlich als Sieger aus der Schlacht hervor.

So errichteten sie auf Kalevs Grab eine Burg, und die Stadt wurde als *Dänenstadt* bezeichnet, woraus sich der estnische Name Tallinn (von estn. *taani* =

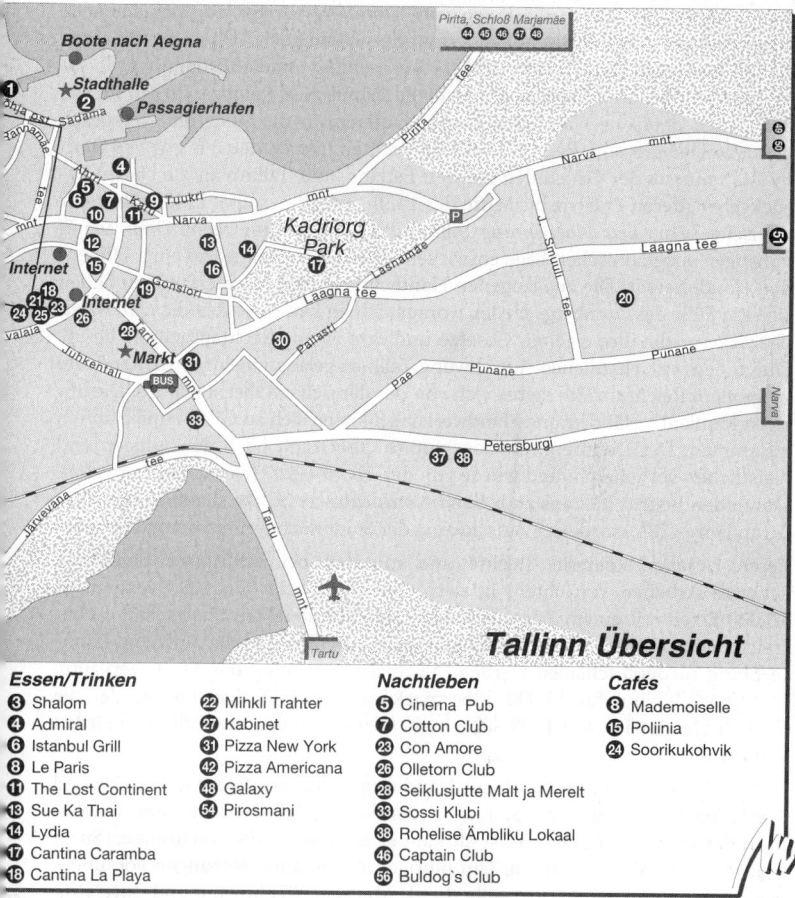

Tallinn Übersicht

Essen/Trinken

- ❸ Shalom
- ❹ Admiral
- ❻ Istanbul Grill
- ❽ Le Paris
- ⓫ The Lost Continent
- ⓭ Sue Ka Thai
- ⓮ Lydia
- ⓱ Cantina Caramba
- ⓲ Cantina La Playa
- ㉒ Mihkli Trahter
- ㉗ Kabinet
- ㉛ Pizza New York
- ㊽ Pizza Americana
- ㊽ Galaxy
- ㊾ Pirosmani

Nachtleben

- ❺ Cinema Pub
- ❼ Cotton Club
- ㉓ Con Amore
- ㉖ Olletorn Club
- ㉘ Seiklusjutte Malt ja Merelt
- ㉝ Sossi Klubi
- ㊳ Rohelise Ämbliku Lokaal
- ㊺ Captain Club
- 56 Buldog's Club

Cafés

- ❽ Mademoiselle
- ⓯ Poliinia
- ㉔ Soorikukohvik

Dänen und *linn* = Stadt) entwickelte. Die Legende weiß über die Gründung Tallinns jedoch anderes zu berichten:

Es soll einmal einen dänischen König gegeben haben, dessen Kinder in frevelhafter Liebe zueinander standen. Erzürnt beschloss der Vater, dass seine Tochter, der er die meiste Schuld an der Schande zuwies, Dänemark sofort zu verlassen habe. Er setzte sie in ein steuerloses, mit Gold und Silber beladenes Schiff und übergab sie den Wogen des Meeres. Lange trieb das Boot ziellos vor sich hin, bis es schließlich vor der estnischen Küste strandete. Schon von weitem erblickte die Prinzessin Kalevs gewaltigen Grabhügel und beschloss, entzückt von diesem Ort, auf jenem Berg ein Schloss zu bauen und eine Stadt zu gründen.

Kaum hatten die Dänen die Esten vom Domberg verjagt, zog der deutsche *Schwertritterorden* mit Bischof Albert an der Spitze nach Tallinn. Es folgte ein Kampf gegen die Dänen, der mit ihrer Vertreibung endete. Estland wurde somit zur nördlichsten Provinz des Heiligen Römischen Reiches. Im 13. Jh. rief der Orden deutsche Handwerker und Kaufleute in die Stadt und versprach den Übersiedlern eine Reihe von Sonderrechten. Durch den *Vertrag von Stenby* 1238 musste der Orden den Norden Estlands mit Tallinn an die Dänen zurückgeben, deren Präsenz bis Mitte des 14. Jh. anhalten sollte. 1248 verlieh der dänische König *Erik Plogpenning* Tallinn das lübische Stadtrecht. Dank seiner günstigen geographischen Lage entwickelte sich Tallinn schnell zu einer blühenden Handelsstadt. Die zugezogenen Handwerker- und Händlerfamilien ließen sich am Fuße des Dombergs nieder, woraus sich im Laufe der Zeit die *Unterstadt* entwickelte, die ihre eigenen Gesetze und ihre eigene Rechtsprechung besaß. Durch den wirtschaftlichen Aufschwung Tallinns gelangten einige der Kaufleute zu großem Reichtum. Sie sagten sich von der dänischen Oberhoheit los. Die übrigen Kaufleute, Händler und Handwerker schlossen sich zu Gilden und Zünften zusammen. Der Domberg, die sogenannte Oberstadt, blieb den Adligen und Geistlichen vorbehalten und wurde von der *Toom-Gilde* (Domgilde) verwaltet. Durch den Beitritt Tallinns zum *Bund Norddeutscher Städte*, der späteren *Hanse*, im Jahre 1284, wurde der Aufschwung der Stadt noch weiter vorangetrieben.

Esten, besaßen keinerlei Rechte und mussten bei niedrigster Bezahlung schwere Arbeiten verrichten. In der *St. Georgs-Nacht* von 1343 versuchten 10.000 Esten mit einem Zug auf Tallinn, sich von der Fremdherrschaft zu befreien. Dänemark rief den Deutschen Orden zu Hilfe, und der Aufstand konnte blutig niedergeschlagen werden. Nach der Erhebung der Esten verkaufte Dänemark Tallinn für 19.000 Silbermark an den Deutschen Orden, der die Stadt ein Jahr später mit 1000 Silbermark Gewinn an den Livländischen Orden weitergab.

Tallinn entwickelte sich zu einem Handelsumschlagsplatz zwischen Ost und West. Am bedeutendsten war hierbei der Salzhandel. Zwischen den Bewohnern der Ober- und der Unterstadt kam es zu immer wiederkehrenden Streitigkeiten und Machtkämpfen. Um blutigen Auseinandersetzungen vorzubeugen, wurden die beiden Stadtteile durch Mauern, Wachtürme und Tore voneinander getrennt. Tagsüber waren sie passierbar, wurden aber nachts geschlossen (erst 1889 wurden die beiden Städte administrativ zusammengefasst). Im 16. und 17. Jh. verlor die Handelsstadt Tallinn an Bedeutung, was nicht zuletzt daran lag, dass die Ost-West-Beziehungen zu dieser Zeit nicht die Besten waren. Mitte des 16. Jh. versuchte *Iwan der Schreckliche*, Tallinn zu erobern. Der Deutsche Orden rief verzweifelt die Dänen zu Hilfe, doch die hatten kein Interesse mehr an der verblühenden Handelsstadt. Zwar gelang es Iwan IV. nicht, die gut befestigte Stadt zu erobern, doch der Orden konnte ihn auch nicht vertreiben. 37 Wochen hielt Iwan IV. die Stadt umzingelt, während die Bevölkerung hungerte.

Im Zuge des *Livländischen Krieges* (1558–1583) fiel Tallinn an Schweden. Trotz der verheerenden Pest von 1603, einer schlimmen Hungersnot und dem Brand auf dem Domberg von 1684 – alles Katastrophen unter den neuen

Machthabern – wurden diese Jahre als die *gute schwedische Zeit* bezeichnet, was sicher nicht zuletzt daran lag, das die estnische Bevölkerung unter den Schweden rechtlich etwas besser gestellt wurde.

Während des Nordischen Krieges gelang es *Peter I.* im Jahre 1710, die Stadt zu erobern. Die deutsche Oberschicht und die neuen Herrscher in Tallinn wurden sich schnell einig: Geldbarone, Geistliche und Adel erhielten die unter den Schweden verlorenen Privilegien zurück, und alles schien wieder beim alten. Trotzdem wurde die Stadt Tallinn nicht wieder zu dem, was sie einmal war. Erst mit der Eröffnung der Bahnlinie im Jahre 1870 erfuhr die Stadt einen Aufschwung. Da Tallinn als das *Russische Fenster nach Europa* angesehen wurde, erließ Moskau den Befehl, den Tallinner Hafen auszubauen, sodass er zum drittgrößten des gesamten

Schwarzhäupterhaus, Tallinn

russischen Imperiums wurde. Zu dieser Zeit entstanden auch die ersten Fabriken, und im Jahre 1901 bildete sich der illegale *Arbeiterverein.* 1904 gelang es den Esten endlich, in Tallinn die Führungsrolle zu übernehmen. Auch die russische Revolution von 1905 hinterließ ihre Spuren in der Stadt. Das Streben der Esten nach Unabhängigkeit wurde immer stärker. Doch auch die *Oktoberrevolution* von 1917 verhalf den Esten nicht zur ersehnten Selbständigkeit.

Im Ersten Weltkrieg wurde Tallinn von deutschen Truppen besetzt. Erst nach ihrem Abzug konnte Estland am 2. Februar 1920 sich als souveräner Staat bezeichnen. Tallinn wurde Hauptstadt. Als Zentrum der estnischen Republik erfuhr Tallinn eine neue Blütezeit. Dem wurde jedoch 1940, als sowjetische Truppen das Baltikum besetzten, ein jähes Ende bereitet. Estland wurde gegen seinen Willen in die UdSSR eingegliedert, und Tallinn wurde somit zur Hauptstadt der Unionsrepublik Estland.

Mit Amtsantritt *Gorbatschows* flammten die unterdrückten Unabhängigkeitsbestrebungen Estlands erneut auf. Am 23. August 1987 demonstrierten erstmals 2000 Menschen in Tallinn öffentlich gegen die Unterdrückung der estnischen Kultur. Am 13. April 1988 bildete sich um den Intellektuellen *Edgar Savisaar* eine politisch motivierte Gruppe, aus der später die *Volksfront* wurde. Im September 1988 forderten 300.000 Esten auf dem Festival *Die Lieder Estlands* politische, kulturelle und wirtschaftliche Unabhängigkeit. Seit der Unabhängigkeitserklärung am 20. August 1991 ist Tallinn wieder Hauptstadt einer eigenständigen, souveränen Republik.

Estland
Karte siehe Umschlaginnenklappe vorne

- *Postleitzahl* EE10146
- *Vorwahl* (2)2
- *Information* Raekoja plats 10. Im Sommer sind aufgrund des starken Besucherstroms mit Wartezeiten zu rechnen. Hier sind Informationen für ganz Estland erhältlich. Geöffnet von April–Ende Oktober Mo–Fr von 9–18 Uhr und am Wochenende von 10–16 Uhr. In den Wintermonaten werktags von 9–17 Uhr und Sa von 10–16 Uhr. ℘ 6457777, ✇ 6457778, turismiinfo@tallinnlv.ee. Sehr informativ ist auch die Website der Stadt, www.tallinn.ee.

Tallinn Card: Mit der Tallinn Card gibt es freie Fahrt in allen Trolleys, Trams und Bussen (bis Bus Nr. 80), eine kostenlose Stadtrundfahrt, freien Eintritt oder Ermäßigung in allen Museen, Rabatt bei bestimmten Autovermietern, Vergünstigung in Theater, Kino und Konzerthallen sowie Preisnachlass in bestimmten Restaurants und Hotels. Die Tallinn Card ist für 6 Std. (hierbei ist keine freie Stadtrundfahrt mit inbegriffen) à 4 €, für 24 Std. à 13.5 €, für 48 Std. à 18 € und für 72 Std. à 22 € zu haben. Kinder bis zu 14 Jahren haben mehr als 50 % Ermäßigung. Erhältlich ist die Tallinn Card in den Touristeninformationen am Rathausplatz, im Hafen und am Flughafen. Weitere Information unter www.tallinn.ee/tallinncard.

- *Anfahrt/Verbindungen* **Pkw** – Verbindung über die A-4 (Via Baltica) mit Vilnius via Pärnu und Rīga; über die Straße 16 mit Haapsalu; über die A-2 mit Tartu und über die A-1 mit Narva.

Bus – Aus jedem etwas größeren Dorf Estlands führt mindestens ein Bus täglich in die Hauptstadt, Busbahnhof Lastekodu 46. Das Zentrum ist mit den Bussen 16, 17 und 23 erreichbar.

Bahn – Züge in Richtung Viljandi, Tartu, Narva, Rīga, Vilnius und nach St. Petersburg, Moskau, Minsk und Berlin. Bahnhof in der Toompuiestee 39. Zum Zentrum Tram 1, 2 oder 5 nehmen.

Flugzeug – Flughafen befindet sich in der Tartu mnt., im Südosten Tallinns, Verbindung zum Zentrum mit Bus 2, Fahrtdauer etwa 30 Min.

Schiff – Es bestehen Fährverbindungen mit Helsinki, Stockholm und Rostock. Hafen in der Sadama 25. Nähere Information in der Informationsstelle im Hafen, die von 7–23 Uhr geöffnet ist, in den Reisebüros vor Ort und unter www.ts.ee, der Webpage des Personenhafens. Siehe auch Anreise.

Hubschrauber – 12 Hin- und Rückflüge zwischen der estnischen und finnischen Hauptstadt täglich. Abfahrt auf dem Dach des Fährterminals. Flugdauer 12 Min. Einfacher Flug 160 €. Oftmals 50 % Ermäßigung. ℘ 6101818, ✇ 6412276, copterline@copterline.ee, www.copterline.ee.

Mit dem eigenen Schiff: Segler können im Yachthafen von Pirita anlegen.

- *Stadtverkehr* Der öffentliche Verkehr in Tallinn beginnt zwischen 5 und 6 und endet gegen 1.30 Uhr. Es gibt Busse, Trolleybusse und Trams.

Zum Busbahnhof fahren die Busse 17a und 23a, Abfahrt am Estnischen Theater.

Der Baltische Bahnhof ist mit den Bussen 8, 21, 21b und 59 sowie mit den Trolleys 4, 5 und 7 erreichbar. Von der Altstadt liegt der Bahnhof nur 1 km entfernt. Zum Flughafen Bus 2 ab Viru väljak nehmen.

Mit den Bussen 6, 82 und 88. Letzterer hält am Estonia Theater.

Der Schlosspark Kadriorg ist mit Tram 1 und 3 zu erreichen. Fahrkarten gibt es für 0,75 € an den Kiosken oder für 1 € beim Fahrer. Sie gelten für Bus, Tram und Trolley, sind bei Fahrtantritt zu entwerten und verfallen beim Verlassen des jeweiligen Verkehrsmittels.

Zu guter Letzt sind auch noch die **Routentaxis** zu erwähnen. Sie fahren bestimmte Strecken ab und halten auf Wunsch, Tickets beim Fahrer.

Sämtliche Bus-, Tram und Trolleylinien sind auf dem Stadtplan von Jāṇa Seta eingezeichnet. Weitere Informationen zum Tallinner Verkehrsnetz bei der Touristeninformation.

Taxi, offizielle Taxis sind mit einem Zeichen auf dem Dach versehen. Vor Fahrtantritt daran denken, dass der Taxameter angestellt wird.

E-Takso, 6312700; Kroni-Takso, 6331111; Tulika-Takso, 6120000.

Taxistand, am Bus- und Zugbahnhof, Flughafen und am Viru-väljak.

Autovermietung: **Avis**, am Flughafen, ℘ 6058222, im Olümpia Hotel, ℘ 6315930.

Budget, am Flughafen. ℘ 6058600.

Europcar, am Flughafen. ℘ 6058031.

Hertz, am Fughafen. ℘ 6058923.

Tulika Rent, Tihase 34. ✆ 6120012.

• *Verschiedenes* **Apotheke**, Raekoja plats 11, eine der ältesten Apotheken Europas (etwa 1440 gegründet).

Geldwechsel, Viru 20; Viru väljak 4; am Hafen, Flughafen und in den größeren Hotels, darüber hinaus zahlreiche Wechselstuben und Geldautomaten über die Stadt verteilt.

Internetzugang, s. u. Internetcafés

Poliklinik, Ravi 18. ✆ 6207015, info@tkh. sps.ee, www.keskhaigla.ee.

Post/Telegrafenamt, Hauptpostamt im Obergeschoss des Gebäudekomplexes in der Narva mnt. 1.

Parken, in der Altstadt und in Tallinns Innenstadt eine teure Angelegenheit, wenn man sein Auto für viele Stunden abstellen will. Tagsüber 0,20 € für 15 Min. und ab der 3. Std. 0,30 € , nachts die Hälfte.

Vabaduse väljak, bewachter, 24 Std. geöffneter Platz; **Viru väljak**, rund um die Uhr geöffnet, bewacht. Für Langparker ist **Valvega Parkla** am Terminal D die günstigste Variante. 24 Std. ca. 6 €.

Veranstaltungen in Tallinn: Was wann wo in Tallinn läuft ist auf der Website der Stadt abrufbar.

Öffentliches WC, Dunkri 5; Pikk jalga 9.

Stadtrundfahrten, eine gute Möglichkeit Tallinn kennen zu lernen ist die Teilnahme an einer der zahlreichen Stadtrundfahrten, die 2-mal täglich starten. Abfahrt ist um 10 und um 12.30 am Hafen Terminal A. Eine viertel Std. später kann man beim Hotel Olümpia und eine halbe Std. später am Hotel Viru zusteigen. Preis 13 €. Tickets erhältlich im Bus, in den Hotels und in den Touristeninformationen. Freie Fahrt mit der Tallinn Card.

Stadtspaziergang, im Sommer findet täglich um 14 Uhr ein geführter Rundgang durch die Tallinner Altstadt statt. Ausgangs-punkt ist der Raekoja Plats 17. Die Tour umfasst 2 km Fußmarsch. Die Teilnahme kostet 5 €, bzw. ist frei mit der Tallinn Card.

Wäscherei, Sauberland, Maakri 23. Unter der Woche von 7–22 Uhr und Sa von 8–18 Uhr geöffnet.

• *Souvenirs* Bei folgenden Adressen ist traditionelles estnisches Kunsthandwerk wie Keramik-, Leinen-, Strick und Lederwaren erhältlich. **A-Galerii**, Hobusepea 8. **ARS**, Vadabuse väljak 8. **Eesti Käsitöö**, Kuninga 1; **Florenser**, Toom-Rüütli 3–5. **Lühikese Jala Galerii**, Lühike jalg 6.

• *Reisebüros/Reisedienste* Es gibt unzählige Reisebüros in Tallinn, die alle Touren durch Estland und das Baltikum sowie Schiffs- und Flugtickets anbieten. Hier einen kleine Auswahl:

Baltic Tours, Pikk 31. ✆ 6300430.

Estnische Jugendherbergsassoziation, Tatri 39. Über sie sind Billigunterkünfte in ganz Estland zu buchen, ✆ 6461455, ✉ 6461595, puhkemajad@online.ee.

Estonian Holidays, Pärnu mnt 12. ✆ 6314106.

Estravel, Suur-Karja 15. ✆ 6266266.

Hermann Travel, Pärnu mnt. 10. ✆ 6314444.

Noorte Reisibüroo, Rävala pst. 14–104. ✆ 6605024.

Wris, Roosikrantsi 2. ✆ 6110525, Toompuiestee 17a, ✆ 6129129.

• *Sport* **Eishalle**, Mere 20 und Suur-Sõjamäe.

Fahrradverleih, Velo Pood, Tartu mnt 30, 73.

Fahrradclubs, Rademar, Laki 5, ✆ 6563277; **Flexer**, Tartu 50, ✆ 6312733.

Golfplatz, Niitvälja, ca. 35 km von Tallinn entfernt.

Reiten, Paldiski 135 und Arbavere 67.

Estland Karte siehe Umschlaginnenklappe vorne

Übernachten

Karten siehe S. 428/429 (Tallinn Übersicht, Legendenpunkte 1-65) und S. 434/435 (Tallinn Altstadt, Legendenpunkte 66-181).

Auch wenn das Hotelnetz Tallinns um einiges enger geworden ist, so kann es dennoch gelegentlich zu Engpässen kommen, da auch die Besucherzahl gestiegen ist. Deshalb sollte man nicht erst am Abend auf Zimmersuche gehen.

• *Gehobenere Preisklasse* **Domina City (158)**, Vana-Posti 11–13. Edles Hotel in restauriertem Altstadtgebäude. Gelungene Kombination von alt und neu. EZ zwischen 77 € und 91 €, DZ ab ca. 91 €. ✆ 6813900, ✉ 6140901, ilmarine@domina.ee, www.dominahotels.ee.

Übernachten

- **70** Metropol
- **71** Old House
- **74** Hostell
- **75** Rottermani
- **75** Rottermani Viiking
- **85** Park Consul Schlössle
- **88** Rasastra Bed & Breakfast
- **97** Olematu Rüütel
- **112** St. Petersbourg
- **116** Eeslitall
- **118** Viru
- **150** Vana Tom
- **156** Romeo Family Hotel
- **158** Domina City
- **171** Raddisson SAS
- **175** Scandic Hotel Palace
- **176** Scandic Hotel St. Barbara
- **179** Helke

Essen/Trinken

- **42** Pizza Americana
- **66** Wild Boar
- **67** Šoti Klubi
- **68** Teater Restaurant
- **69** Šveiki Juures
- **73** Spirit
- **76** Samaaria
- **77** Le Bonaparte
- **78** Egoist
- **79** Lübeck
- **81** Siam
- **83** Pudru ja Pasta
- **84** E-Köök
- **85** Stenhus
- **87** Maisamokk
- **89** Kloostri Ait
- **93** Byblos
- **98** Controvento
- **100** Karl Friedrich
- **101** Tanduur
- **102** Laguun
- **103** Maharaja
- **105** Vasilio
- **106** Kompressor
- **107** Troika
- **108** Elevant
- **109** Klafira
- **110** Von Krahli Bar
- **111** Vanaema Juures
- **112** Hermitage
- **114** Eesli Tall
- **116** Kuldse Notsu Kõrts
- **120** Raeköök
- **123** Oliver
- **124** Excalibur
- **125** Gnoom
- **127** Black Sea
- **130** Hesburger
- **131** Casanova
- **132** Olde Hansa
- **133** Toomkooli Tõllad
- **134** Kathmandu
- **136** Mc Donald
- **139** Pika Jala
- **140** Pegasus
- **145** Vana Tunnel
- **147** Creperie Chez Grigou
- **148** H. H. Rüütel
- **150** China White
- **152** Pizza Originaal
- **153** Cathedral
- **154** Buon Giorno Spaghetteria
- **157** Avenüü
- **162** Mõõkkala
- **165** Puffet
- **166** Gloria
- **167** Waikiki
- **168** Emilio Hidalgo
- **172** Rävala Roadhouse
- **173** Eesti Maja
- **174** Roosikrantsi
- **175** Baieri Kelder
- **178** Egeri Kelder

Cafés

- **92** Saiakang
- **99** Anglais
- **117** Tristan ja Isolde
- **121** Coffe
- **122** Mary
- **128** Robert's Coffee
- **129** Illusioon
- **142** Bogapott
- **143** Neitsitorn
- **163** Vesiveski
- **164** Assauwe
- **165** Coffik
- **169** Kutsar
- **170** Kuku Kohvik
- **180** Maslenica

Nachtleben

- **72** Diesel Boots
- **80** Hell hunt
- **82** Bremeni Õlletuba
- **86** Depeche Mode
- **90** Mumia
- **91** Club Havana
- **94** F1
- **95** Molly Malone's
- **96** Pika-Mündi
- **104** Cape Town
- **110** Von Krahli
- **113** La Casa Del Habano
- **118** Sigara Maja
- **119** Venus Club
- **120** Raeköök
- **126** Arizona Saloon
- **127** Hopner
- **138** Veinipööning
- **137** O'Malleys
- **141** Karja Kelder
- **144** Napsikamber
- **146** Nimega Baar Embassy
- **149** George Brown
- **151** Mustika
- **155** St. Patrick's
- **159** Guitar Safari
- **160** Hollywood Club
- **161** Nimega Baar
- **166** Gloria Veinikelder
- **177** Amsterdam
- **181** Café VS

Karte Tallinn Übersicht
siehe S. 428/429

Bahnhof

Dom-park

St.-Marien-Dom

Alexander Newski-Kirche

Schloß
Falgi tee

Kaarli-Kirche

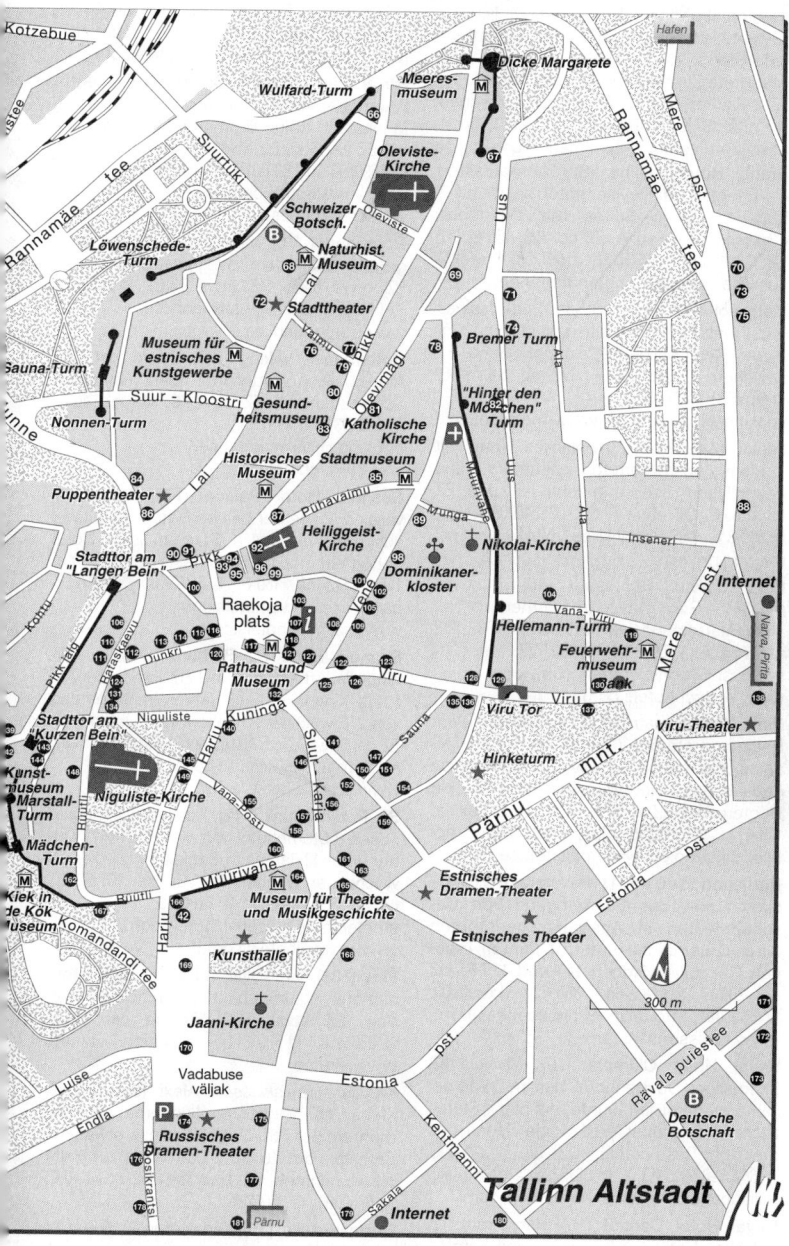

Kotzebue

Hafen

Dicke Margarete

Wulfard-Turm

Meeres-
museum

Oleviste-
Kirche

Schweizer
Botsch.

Naturhist.
Museum

Löwenschede-
Turm

Stadttheater

Museum für
estnisches
Kunstgewerbe

Bremer Turm

Sauna-Turm

Suur - Kloostri

"Hinter den
Mönchen"
Turm

Nonnen-Turm

Gesund-
heitsmuseum

Katholische
Kirche

Historisches
Museum

Stadtmuseum

Nikolai-Kirche

Puppentheater

Heiliggeist-
Kirche

Stadttor am
"Langen Bein"

Dominikaner-
kloster

Internet

Pikk

Raekoja
plats

Hellemann-Turm

Feuerwehr-
museum

Bank

Rathaus und
Museum

Viru

Viru Tor

Stadttor am
"Kurzen Bein"

Niguliste-Kirche

Viru-Theater

Kunst-
museum

Hinketurm

Marstall-
Turm

Mädchen-
Turm

Kiek in
de Kök
useum

Komandandi tee

Museum für Theater
und Musikgeschichte

Estnisches
Dramen-Theater

Kunsthalle

Estnisches Theater

Jaani-Kirche

N

300 m

Vadabuse
väljak

Estonia

Russisches
Dramen-Theater

Deutsche
Botschaft

Internet

Tallinn Altstadt

Estland
Karte siehe Umschlaginnenklappe vorne

Domina Ilmarine (1), Põja pst. 23. Neues, elegantes Hotel am Rande der Altstadt im Hafenviertel. Komfortable, großzügig ausgestattete Zimmer mit Internet-Anschluss. EZ zwischen 97 € und 175 €, DZ zwischen 110 und 187 €. ✆ 6140900, 📠 6140901, ilmarine@domina.ee, www.ilmarine.com.

Grand Hotel Tallinn (8), Toompuiestee 27. Ehemaliges Devisenhotel, jetzt mit 4 Sternen. Einige Suites mit Whirlpool. Morgens freie Sauna. EZ ca. 123–155 €, DZ ca. 136–175 €. ✆ 6677000, 📠 6677001, hotel@grandhotel.ee, www.grandhotel.ee.

Metropol (70), Mere pst. 8b. Erstklassiges Hotel mit freundlich ausgestatteten Zimmern, davon einige mit eigener Sauna. EZ zwischen 80 und 100 €, DZ ab ca. 91 €, ✆ 6674500, 📠 6674600, booking@metropol.ee, www.metropol.ee.

Mihkli (22), Endla 23. Schickes Hotel mit modern ausgestatteten Zimmern und freundlichem Service in zentraler Lage. EZ etwa 55 €, DZ etwa 70 €, ✆ 6664800/6664802, 📠 6664888, mihkli@mihkli.ee, mihkli@anet.ee, www.mihkli.ee.

Park Consul Schlössle (85), Pühavaimu13–15. Gemütliche, in warmen Farben ausgestattete Räume. EZ etwa 210 €, DZ etwa 245 €. ✆ 6997700, 📠 6997777, schlossle@consul-hotels.com, www.consul-hotels.com.

Pirita (44), Regati pst. 1. Wurde mit dem Regattenzentrum für die 1980 in der Sowjetunion ausgetragenen Olympischen Spiele gebaut. Das renovierte Hotel wirkt wie ein Flugterminal. EZ ab 52 €, DZ ab 70 €, Lux ca. 126 €, ✆ 6398600/6398822, 📠 6398821, hotell@piritatop.ee, www.piritatop.ee.

Radisson SAS (171), Rävala pst. 3. Schickes Hotel, das überwiegend von Geschäftsleuten in Anspruch genommen wird. Jugendliche unter 17 Jahren wohnen frei. EZ zwischen 140 und 170 €, DZ 165–205 € Suite ca. 360 €. ✆ 6690000, 📠 6690001, info.tallinn@radissonsas.com, www.radissonsas.com.

Reval Hotel Olümpia (25), Liivalaia 33. Ehemaliges Devisenhotel, das im Laufe der Jahre modernisiert wurde und nun 4 Sterne trägt, verfügt über großzügige Sauna und mehrere Restaurants. DZ ca. 123–142 €. ✆ 6690690/6315333, 📠 6315325, olympia@revalhotels.com, www.revalhotels.com.

Reval Hotel Central (10), Narva mnt. 7c. Schickes Hotel mit 3 Sternen und komfortablen Zimmern. EZ zwischen 64 und 77 €,

DZ zwischen 84 und 97 €, Suite ab 104 €, ✆ 6690690/6339800, 📠 6339900, central@revalhotels.com, www.revalhotels.com.

Reval Park Hotel & Casino (19), Kreutzwaldi 23. 4-Sternehotel etwas außerhalb der Innenstadt, einige Zimmer mit en suite Sauna. EZ ca. 92 €, DZ ab 110 €, Suite ca. 220 €, ✆ 6690690 und 6305375, 📠 6305315, park@revalhotels.com, www.revalhotels.com.

Rotermanni (75), Mere pst. 6a. Schön gelegenes, topmodern ausgestattetes Hotel. EZ etwa 60 €, DZ etwa 75 €, ✆ 6137900, 📠 6137999, hotell@rotermanni.ee, www.rotermanni.ee.

Rotermanni Viiking (75), Mere pst. 6a. Ähnlich ausgestattet wie oben genanntes Schwesterhotel. EZ ab 35 €, DZ ab 40 €, ✆ 6601934, 📠 6137901, bookings@vikinghotel.ee, www.vikinghotel.ee.

Scandic Hotel Palace (175), Vabaduse väljak 4. Eines der besten Hotels der Stadt, ausgezeichnet mit 4 Sternen. Zum Hotel gehört ein erstklassiges Restaurant., EZ ca. 145 €, DZ ca. 180 €. ✆ 6407300, 📠 6407299, palace@scandic-hotels.com, www.scandic-hotels.com.

Scandic Hotel St. Barbara (176), Roosikrantsi 2a. Attraktives Hotel am Rande der Altstadt. Kinder unter 13 Jahren in Begleitung von 2 Erwachsenen haben freie Unterkunft. EZ ca. 88 €, DZ ca. 100 €, ✆ 6313991, 📠 6313992, st_barbara.res@scandic-hotels.com, www.scandic-hotels.com.

St. Petersbourg (112), Rataskaevu 7. Luxuriöses 4-Sternehotel mit viel Komfort. Kinder unter 12 Jahren in Begleitung zweier Erwachsener wohnen frei. EZ ca. 185 €, DZ ca. 220 €. ✆ 6286500, 📠 6286565, stpetersbourg@consulhotels.com, www.consulhotels.com.

Viru (138), Viru väljak 4. Das einstige Intouristhotel ist umgebaut und renoviert worden. EZ etwa 97 €, DZ ab ca. 110 €, ✆ 6301390, 📠 6301311, reservation@viru.ee, www.viru.ee.

• *Mittlere Preisklasse* **Alexi (55)**, Sihi 49. Kleine, heimelige Unterkunft mit sehr bemühtem Service. Liegt allerdings etwas außerhalb, vom Zentrum Bus 14 bis zur Halte Haava nehmen. EZ etwa 35 €, DZ etwa 40 €, ✆ 6700096, 📠 6506221.

Burmani Villa (39), Kadaka tee 62. Freundliche Herberge in restauriertem Jugendstilhaus. Zu erreichen mit Bus 9 vom Zentrum bis zur Haltestelle Autobussikondis DZ ca. 45 €, ✆/📠 6509666, burmani.willa@tak.ee.

Ecoland (47), Randvere tee 115. Angenehmes, modern ausgestattetes 2-Sternehotel ca. 8 km vom Stadtzentrum entfernt. EZ etwa 43 €, DZ etwa 50 €. ✆ 6051999, 📠 6051998, ecoland@ecoland.ee, www.ecoland.ee. Vom Zentrum Bus 8 bis zur Endstation nehmen.

Hermes (53), Sütiste 21. Freundliches Hotel in Mustamäe, wenn auch nicht in schönster Lage. EZ ab 30 €, DZ ab 40 €. ✆ 6268111/6521611, 📠 6542323, hermes@hermes.ee, www.hermes.ee. Zu erreichen mit Bus 17 bis Tervise.

Kelluka (50), Kelluka tee 11. Kleines Hotel in ruhiger Wohngegend. EZ etwa 45 €, DZ ab ca. 51 €. ✆ 6238811, 📠 6006555, kelluka@hot.ee, www.kelluka.ee. Vom Zentrum Bus 5 bis Helmiku nehmen.

Peoleo (59), Pärnu mnt. 555, liegt etwa 12 km außerhalb vom Zentrum, Richtung Pirita. Angenehmes Hotel mit Restaurants, Bars und Geschäften. EZ ca. 30 €, DZ ca. 40 €, ✆ 6503965, 📠 6503900, hotel@peoleo.ee, www.peoleo.ee.

Poska Villa (16), Poska 15. Gemütliches Hotel in umgebauter Villa in Kadriorg. EZ ca. 40 €, DZ ab 45 €. ✆ 6013601, 📠 6013754, ehf@infonet.ee.

Reval Express Hotel (2), Sadama 1. Schönes, modernes 2-Sternehotel zwischen Hafen und Altstadt gelegen. DZ etwa 58 €, ✆ 6690690/6678700, 📠 6678800, expresstallinn@revalhotels.com, www.revalhotels.com.

Särgava Guest House (49), Särgava allee 4. Schönes Gästehaus mit modern ausgestatteten Räumen und freundlicher Atmosphäre. DZ ca. 65 €, ✆ 6056100, 📠 6056101, residents01@hot.ee.

Stroomi (43), Randla 11. Nettes Hotel im Stadtteil Põhja-Tallinn. Zu erreichen mit Bus 48 bis zur Haltestelle Randla. EZ ab 25 €, DZ ab 35 €. ✆ 6304200, 📠 6304500, stroomi@stroomi.ee, www.stroomi.ee.

Susi (37), Peterburi 42. Modernes, aber sehr persönliches Hotel im Stadtteil Ülemiste. Vom Zentrum mit Tram 4 zu erreichen. EZ etwa 45 €, DZ etwa 55 €. ✆ 6303300, 📠 6303400, susi@susi.ee, www.susi.ee.

Tähetorni (58), Tähetorni 16. Freundliches Hotel zum Wohlfühlen etwa 10 km außer-

halb des Zentrums mit großen, geräumigen Zimmern. EZ 35–40 €, DZ etwa 45 €. ✆ 6779100/6779110, 📠 6726746, tahetorn@neti.ee, www.thotell.ee.

Valge Villa (35), Kännu 26/2. Kleiner, aber herzlicher Familienbetrieb mit Internetanschluss in jedem der 6 zu vergebenden Räume. DZ ca. 65 €, Suite ca. 66 €, ✆ 6517450, 📠 6542302, willa@estpak.ee, white-villa@web.ee, www.white-villa.ee. Vom Zentrum mit Trolley 2,3 und 4 bis Haltestelle Tedre zu erreichen.

● *Preiswerte Unterkünfte* **Dorell (9)**, Karu 39. EZ ca. 28 €, DZ ca. 30 €. ✆ 6261200, 📠 6623578, dorell@hot.ee, www.hot.ee/dorell.

Dzingel (52), Männiku tee 89. Teilweise ganz hübsche Zimmer, allerdings sehr weit außerhalb gelegen. EZ ca. 28 €, DZ ca. 40 €. ✆ 6105201, 📠 6105245, hotell@dzingel.ee, www.dzingel.ee. Bus 5 bis zur Haltestelle P. Kerese nehmen.

Eeslitall (115), Dunkri 4/6. Sehr einfache, aber saubere Zimmer in unschlagbarer Lage. EZ ca. 30 €, DZ ca. 40 €. ✆ 6313755, 📠 6313210, donkeys@eeslitall.ee, www.eeslitall.ee.

Helke (179), Sakala 14. Spartanische, aber dennoch nette Übernachtungsmöglichkeit mitten im Zentrum. ÜB ab 26 €. ✆ 6445802, 📠 6445792.

Hostel G 9 (12), Gonsiori 9. Angenehme Unterkunft mit freundlich ausgestatteten Zimmern. DZ etwa 36 €. ✆ 6267100, 📠 6267102.

Hostell (74), Uus 26. Saubere Herberge in Toplage mit freundlicher Ausstrahlung und ausgezeichnetem Preis/Leistungsverhältnis. ÜB ca. 12 €, ✆ 6411281.

Kalev Yacht Club (45), Pirita tee 17. Schlichte, aber angenehme Unterkunft beim Yachtclub. DZ ab 40 €. ✆ 6239158, 📠 6239028.

Kannike (57), Vabaduse pst. 108. Kleine Unterkunft im Bezirk Nõmme. EZ zwischen 23–30 €, DZ zwischen 42–50 €. ✆ 6572786, 📠 6506133.

Kristiine (32), Luha 16. Unspektakuläres Gästehaus, im neuen Zentrum gelegen. EZ etwa 30 €, DZ ca. 36 €. ✆ 6464600, 📠 6461329, info@kristiine.ee, www.kristiine.ee.

Lembitu (21), Lembitu 3. EZ ca. 31 €, DZ zwischen 35 und 49 €. ✆ 6317941, 📠 6455037, viljam.lembinen@vm.ee.

Estland
Karte siehe Umschlaginnenklappe vorne

Mahtra (51), Mahtra 44. Einfache Jugendherberge im Keller eines Wohnhauses im Bezirk Lasnamäe gelegen. ÜB ab 16 €. ℡ 6461455, ✆ 6461595, mahtra.hostel@mail.ee, www.mahtra.ee. Zu erreichen mit Bus 35 bis Haltestelle Mahtra u.

Merevaik (41), Sõpruse pst. 182. Sehr spartanische Ausstattung, aber nette Leute. ÜB etwa 17 €. ℡ 6553767, ✆ 6561127, hostell. merevaik@mail.ee .

Nepi (34), Nepi 10. Kleines, angenehmes Hotel im Bezirk Linnuküla. EZ ab 30 €, DZ ca. 36 €. ℡ 6551665, ✆ 6551664, nepi10@hot.ee. Ab Zentrum zu erreichen mit Bus 17 bis Kolimaja.

Olematu Rüütel (97), Kiriku poik 4a. Zu vermieten sind großzügig ausgestattete Studios zwischen 39 und 49 €. ℡ 6313827, ✆ 6313826.

Pääsu Hotelli Külalistemaja (40), Sõpruse pst. 182. Spartanische Unterkunft in ehemaligem Schulwohnheim, etwas überteuert. Vom Vadabuse väljak mit Bus 2 zu erreichen bis Linnutee. EZ ca. 24 €, DZ ca. 30 €. ℡/✆ 6542013, hotell.paasu@mail.ee.

TTK Üliopilashotell (36), Nõmme tee 47. Einfache Unterkunft im Studentenwohnheim der TU von Tallinn. EZ und DZ zwischen 20 und 23 €. ℡ 6552679, ✆ 6552666, ttkhotell@hot.ee. Bus 17 bis Koolimaja nehmen.

Vana Tom (150), Väike-Karja 1. Eine der besten Billigunterkünfte der Stadt. Räume alle im skandinavischen Stil ausgestattet.

ÜB ab 13 €, DZ 36 €. ℡ 6313252, ✆ 6120511, vana.tom@hostel.ee, www.hostel.ee.

Vikerlase (20), Vikerlase 15–148. Einfaches Hostel im Stadtteil Lasnamäe gelegen. ÜB ca. 9 €. ℡ 6327781, ✆ 6327715.

Wam Maria (30), Asunduse 15. Großes Hotel mit teilweise modernisierten Räumen. EZ ab 30 €, DZ ab 35 €. ℡ 6119500, ✆ 6119502, wammaria@hot.ee. Tram 2 bis Majaka nehmen.

● *B&B und Privatquartiere* **Old House (71)**, Uus 22. EZ 25 €, DZ etwa 40 €. Sehr gemütliches und attraktives Quartier, dazu noch in hervorragender Lage. ℡ 6411464, info@oldhouse.ee, www.oldhouse.ee.

Rasastra Bed & Breakfast (88), Mere pst. 4. Diese Stelle vermittelt Privatquartiere in allen größeren estnischen Städten. DZ um die 30 €. ℡/✆ 6616291, rasastra@online.ee, www.bedbreakfast.ee.

Romeo Family Hotel (156), Suur-Karja 18. Wunderbare Option am Rande der Altstadt. Der Nachteil ist, dass man vorher anrufen muss, da weder Klingel noch Schild auf das Quartier hinweisen. DZ ab 45 €. ℡/✆ 6444258, hotel@hot.ee, www.hot.ee/hotel.

Tihase B&B (29), Tihase 6a. Angenehmer Familienbetrieb. Zu erreichen mit Bus 17 vom Vadabuse väljak, bis Hauka mitfahren. Besitzer übernehmen auch gerne den Transport ins Zentrum. EZ zwischen 20 und 26 €, DZ ab ca. 26 €. ℡ 6552171, tihase@delfi.ee, www.hot.ee/tihase

Essen/Trinken

Karten siehe **S. 428/429** (Tallinn Übersicht, Legendenpunkte 1-65) und **S. 434/435** (Tallinn Altstadt, Legendenpunkte 66-181).

Vom exotischen Restaurant über mittelalterliche Schenken bis hin zu Fastfood-Buden ist alles in Tallinn zu finden. Das Angebot ist so reichhaltig und die verschiedenen Etablissements gleichermaßen attraktiv, sodass die Wahl leicht zur Qual werden kann.

● *Restaurants* **Admiral (4)**, Lootsi 15. Edles Fischrestaurant in altem Dampfschiff am Hafen

Avenüü (157), Suur Karja 10. Wenn einen mitten in der Nacht der Hunger überfallen sollte, ist das fetzige Avenüü eine gute Adresse, denn es ist rund um die Uhr geöffnet.

Baieri Kelder (176), Roosikrantsi 2a. Wem die deutsche oder besser gesagt, die bayri-

sche Küche fehlt, ist in diesem eleganten Restaurant genau richtig.

Byblos (93), Kinga 1. Gemütliches italienisches Ristorante am Rathausplatz.

Cantina Caramba (17), Weizenbergi 20a. Feuriges Tex-Mex Restaurant mit Fotos mexikanischer Banditen an der Wand und gelungenen Kreationen auf dem Teller. Befindet sich im Stadtteil Kadriorg.

Cantina La Playa (18), Lauteri 5. Mexikanisches Restaurant mit mittelmäßigem Essen.

Casanova (131), Rataskaevu 3–5. Beliebtes italienisches Restaurant.

Cathedral (153), Lossiplats 2/Toomkooli 1. Vornehmes Etablissement mit Kreationen aus Frankreich. Am Abend of Live-Jazz.

China White (150), Väike-Karja 1. Chinarestaurant mit attraktivem Mittagsbuffet.

Controvento (98), Vene 12/Katariina käk. Exquisite Ausstattung, ausgezeichnetes Essen und eine Atmosphäre wie in Italien. Außerdem köstliche Desserts und exzellenter Cappuccino.

Crêperie Chez Grigou (147), Sauna 1. Gemütliches Künstler- und Szenerestaurant mit erlesenem Menü und Crêpes in allen Variationen.

Eesli Tall (114), Dunkri 4. Gemütliches Restaurant in der Altstadt mit netter Bar im Keller, internationale Küche.

Eesti Maja (173), Lauteri 1. Im estnischen Haus, was der Restaurantname übersetzt bedeutet, können authentische estnische Kreationen probiert werden.

Egeri Kelder (178), Roosikrantsi 6. Hier werden ungarische Spezialitäten serviert.

Egoist (78), Vene 33. Hochelegantes und vornehmes Restaurant mit exquisiter Küche, die ihren Preis hat.

Elevant (108), Vene 5. Attraktives Restaurant mit einer Riesenauswahl an köstlichen Currys und einer breiten Palette an vegetarischen Gerichten.

Emilio Hidalgo (168), Pärnu mnt. 9. Modern ausgestattetes spanisches Restaurant mit Matadorenpostern an der Wand

Galaxy (48), Kloostrimetsa 58a. Mittelgutes Restaurant im Fernsehturm mit gigantischer Aussicht auf Tallinn.

Gloria (166), Müürivahe 2. Edles First-Class-Restaurant mit erlesenen Kreationen und oftmals exquisitem Klientel, wie z. B. der Papst in Person. Service etwas steif, auf Garderobe achten.

Gnoom (125), Viru 2. Gemütliches Restaurant mit mittelalterlichem Ambiente und Möbeln aus der Biedermeierzeit. Sehr gute internationale Küche.

H. H. Rüütel (148), Rüütli 4. Mittelalterlich dekoriertes Wirtshaus, wo die nostalgische Stimmung jedoch nicht so ganz aufkommen will. Estnische Küche.

Kabinet (27), Pärnu mnt. 48. Hier gibt es deutsche Würstchen und deutsches Bier. Am Abend oft Live-Musik.

Karl Friedrich (100), Raekoja plats 5. Elegantes Restaurant mit vorzüglichen Fischgerichten und Bar in wunderbar restauriertem Stadthaus am Rathausplatz. Tipp – viel Geld mitnehmen.

Kathmandu (134), Rataskaevu 3–5. Auch wenn der Name Spezialitäten aus Nepal erwarten lässt – gekocht wird hier chinesisch.

Klafira (109), Vene 4. Gutbesuchtes, gemütlich ausgestattetes Restaurant mit Kreationen aus Russland.

Kuldse Notsu Kõrts (116), Dunkri 8. Neues, schickes Lokal mit estnischen, qualitativ hochwertigen Speisen.

Laguun (102), Vene 10. Gutes Fischrestaurant das ausgestattet ist wie ein Schiffsdeck.

Le Bonaparte (77), Pikk 45. Prächtiges Restaurant mit einem Hauch von Mittelalter und exquisiter französischer Küche. Sehr teuer.

Le Paris (8), Toompuiestetee 27. Edles Hotelrestaurant mit französischer und internationaler Küche.

Lübeck (79), Pikk 43. Mittelalterliches Dekor und ein eben solcher Flair lassen einen in längst vergangene Zeiten tauchen. Mittelalterliche Musik ist schon von draußen zu hören

Lydia (14), Koidula 13a. Schickes Restaurant im Stadtteil Kadriorg. Namensgeberin ist die estnische Dichterin Lydia Koidula.

Maharaja (103), Raekoja plats 13. Wer Lust auf indische Spezialitäten in angenehmer Atmosphäre hat, wird sich hier wohlfühlen.

Maisamokk (87), Pikk 16. Beherbergt ein Restaurant mit estnischer Küche und das älteste Café Tallinns.

Mihkli Trahter (22), Endla 23. Angenehmes Hotelrestaurant mit ländlichem Dekor und estnischer Küche. Im Sommer kann man auch draußen sitzen.

Mõõkkala (162), Rüütli 16/18. Gutes Fischrestaurant im einstigen Henkerhaus.

Olematu Rüütel, Kiriku põik 4a, in der Oberstadt zu finden. Mittelalterliche Mauern kombiniert mit modernem Dekor und schwarzen Ledersofas, freundliche Bedienung.

Olde Hansa (132), Vana turg 1. So könnte man sich tatsächlich eine mittelalterliche Schänke vorstellen. Serviert werden die Kreationen von authentisch gekleideter Bedienung. Wie wär's einmal mit Honigbier um die Stimmung perfekt zu machen?

Estland Karte siehe Umschlaginnenklappe vorne

Oliver (123), Viru 3. Romantisches Kellerrestaurant mit einer großen Auswahl an gegrillten Fleischspezialitäten.

Pegasus (140), Harju 1. Voll im Trend liegendes erstklassiges Etablissement mit minimalistischem hellen Dekor. Teuer.

Pika Jala (139), Pikk Jalg 16. Nettes Restaurant mit großen Fenstern auf dem Weg zum Domberg mit internationaler Küche. Zu erkennen an dem überdimensionalen eisernen Stiefel über der Tür.

Pirosmani (54), Üliõpilaste tee 1, Nõmme. Auch wenn das Lokal etwas abseits der Touristenpfade liegt, so ist es mit seinem warmen Dekor und seiner herzhaften georgischen Küche allemal einen Besuch wert.

Rävala Roadhouse (172), Rävala pst. 7. Beliebtes, im amerikanischen Stil ausgestattetes Restaurant.

Roosikrantsi (174), Roosikrantsi 1. Schickes Lokal mit internationaler Küche, wobei der Schwerpunkt auf der belgischen und französischen liegt.

Shalom (3), Kopli 14. Gemütliches Restaurant, in dem fast alles koscher ist.

Siam (81), Olevimägi 4. Delikate Köstlichkeiten aus Thailand in fernöstlichem Ambiente und relaxter Atmosphäre.

Spirit (73), Mere pst. 6e. Fetzige, voll im Trend liegende, hochmodern ausgestattete Bar, in der man sehr gut essen kann, internationale Küche.

Stenhus (85), Pähavaimu 13/15. Exklusives Restaurant mit hervorragenden Kreationen, gilt als eines der 5 besten Restaurants der Stadt.

Sue Ka Thai (13), Vilmsi 6. Serviert werden köstliche Thaigerichte, von grünem Curry bis hin zu Kokusnusssuppe.

Šoti Klubi (67), Uus 33. Gemütlicher, schottischer Pub.

Šveiki Juures (69), Uus 25/Olevimägi 16. Rustikale Bierhalle mit herzhaften Gerichten und Bier aus Tschechien.

Tanduur (101), Vene 7/Apteegi 1. Hier gibt es guten indischen Curry.

Teater Restaurant (68), Lai 31. Gemütliches Theaterrestaurant mit viel Flair und internationaler Küche.

The Lost Continent (11), Narva mnt. 19, Australischer Pub mit Hai-, Straus- und Känguruhgerichten.

Tomkooli Tõllad (133), Toomkooli 13. Gemütliches Lokal auf dem Domberg, kulinarisch vorzüglich, was seinen Preis hat.

Troika (107), Raekoja plats 15. Hier bekommt man einen lebhaften Einblick in das Russland von vor 100 Jahren. Das Essen ist großartig und das Restaurant dementsprechend gut besucht.

Vana Tunnel (145), Harju 6. Behagliches Restaurant in restauriertem mittelalterlichen Tunnelsystem. Eingang Rüütli tänav, wechselnde Mittagskarte.

Vanaema Juures (111), Rataskaevu 10/12. Urgemütliches, kleines Restaurant mit romantischem Innenhof. Von außen an der Pfanne mit großem Spiegelei erkennbar.

Vasilio (105), Vene 6. Griechischblau gehaltenes Interieur, in dem Moussaka, gefüllte Weinblätter, Tsatziki und Souvlaki serviert werden, während im Hintergrund lebhafte Syrtaki-Musik spielt.

Von Krahli Bar (110), Rataskaevu 10–12. Eigentlich beliebte Szenekneipe mit Live-Musik, aber man kann hier auch sehr gut und vor allen Dingen preiswert essen.

Waikiki (167), Rüütli 28–30. In einem mittelalterlichen Gewölbekeller erwartet man wohl nicht unbedingt ein hawaiianisches Restaurant. Dennoch – inmitten von Plastikblumen werden exotische Drinks serviert und Köstlichkeiten aus Hawaii und der Karibik.

Wild Boar (66), Lai 49. Angenehmes Restaurant, das überwiegend auf Wildgerichte spezialisiert ist.

● *Billig- und Fastfood* **E-Köök (84)**, Nunne 9. Gute Adresse für ein gutes und schnelles Mittagessen. Es gibt diverse Salate und ein warmes Buffet.

Excalibur (124), Dunkri 11/Rataskevu. Urgemütliche, verschachtelte Kellerkneipe in der es eine große Auswahl an Pizzas und großen Salaten gibt.

Istanbul Gril (6), Hobumaaja 5. Serviert wird überwiegend Kebab, doch es gibt auch eine Vielzahl an orientalischen Gemüsegerichten.

Kloostri Ait (89), Vene 14. Gemütliches Lokal mit preiswertem Mittagsbuffet. Oft Austragungsort von Kulturveranstaltungen.

Kompressor (106), Rataskaevu 3. Angenehme, im Trend liegende Kneipe mit leckeren Pfannkuchen.

McDonald (136), Viru 24.

Tallinn, Nachtleben

Pizza Americana (42), Müürivahe 2 + Tammsaare tee 111. Ausgezeichnete Pizza und üppiges Salatbuffet.

Pizza New York (31), Tartu mnt. 73. Fastfood-Pizza.

Pizza Originaal (152), Väike-Karja 6. Zu haben sind hier gute Megapizzas.

Pudru ja Pasta (83), Pikk 35. Im Angebot Pizza und Pasta.

Puffet (165), Suur-Karja 18. Modern ausgestattetes Lokal mit einer großen Auswahl an preiswerten Gerichten.

Raeköök (120), Dunkri 5. Gute Adresse für Riesenpizzas.

Samaaria (76), Vaimu 3. Kleines Café/Lokal, in dem vegetarische und vollwertige Gerichte angeboten werden. Sehr preiswert.

● *Cafés* Die Cafészene von Tallin ist spannend, originell und vielfältig, jedoch kaum vollständig zu erfassen. In der Altstadt ist fast an jeder Ecke ein "Kohvik" zu finden, und jeden Sommer entstehen um den Rathausplatz herum eine Reihe von Sommercafés. Wer einmal einen Zeitungs- bzw. Cafétag einlegen will, wird sich in Tallinn nicht langweilen.

Anglais (99), Raekoja plats 14. Wunderbares Café mit hellem, minimalistischem Dekor und angenehmer Atmosphäre. Es gibt eine große Auswahl an Kaffeesorten und geniale heiße Schokolade, die tatsächlich aus heißgemachter Schokolade besteht. Serviert werden u. a. leckere Sandwichs.

Assauwe (164), Müürivahe 14. Hell und modern ausgestattetes Café mit einer großen Auswahl an Kuchen, Torten und Pfannkuchen.

Bogapott (142), Pikk jalg 9. Urgemütliches kleines Café mit Keramikverkauf.

Coffe (121), Vanaturu Kael 8. Café von schlichter Eleganz mit Sandwichs, Salaten und einer großen Auswahl an Kaffeesorten.

Coffik (165), Suur-Karja 18. Beliebtes Café mit verschieden Kuchen im Angebot.

Illusioon (129), Müürivahe 50/Uus 3. Modern durchgestyltes Café mit diversen Kuchensorten.

Kuku Kohvik (170), Vabaduse väljak 8. Verrauchtes, etwas herunter gekommenes Café, Treffpunkt vieler Künstler.

Kutsar (169), Vabaduse väljak 10. Schickes, modernes Interieur und eine große Auswahl an Kuchen und Salaten.

Hermitage (112), Rataskaevu 7. Gemütliches Café mit Papagei. Gute Adresse für einen Brunch.

Le Paris (8), Toompuiestee 27. Edles Café, Pâtiserie und Bar das Grand Hotels.

Le Bonaparte (77), Pikk 45. Elegantes französisches Café im Foyer des gleichnamigen Luxusrestaurants.

Mademoiselle (8), Toompuiestee 27. Sehr gemütliches und stilvolles Café.

Maiasmokk (87), Pikk 16. Nostalgisches Caféhaus in der ältesten marzipan- und schokoladenherstellenden Konditorei Estlands (gegr. 1841) mit allerlei süßen Köstlichkeiten.

Mary (122), Vene 1. Geräumiges helles Café mit einer großen Auswahl an Torten. Oft gibt es Live-Musik am Abend.

Maslenica (180), Kentmanni 10. Hier gibt es frische russische *Blinis* (eine Art Pfannkuchen).

Neitsitorn (143), Lühike jalg 9a. Mehrere gemütliche Cafésäle, verteilt auf die vier Stockwerke eines alten Turms der Stadtmauer. Von den Balkonen toller Blick auf Tallinn. Im Keller Glühweinbar.

Poliinia (15), Gonsiori 10. Etwas außerhalb der Altstadt gelegene Deli-Bar mit frischen französischen Baguettes und Croissants. Ebenfalls gibt es leckere Gemüsetorten.

Robert´s Coffee (128), Viru 13/15, im obersten Stockwerk. Freundliches Café einer finnischen Kaffeehauskette mit fantastischem Blick auf Tallinn.

Saiakang (92), Saiakang 3/5. Nettes Altstadtcafé mit diversen Kuchen und verschiedenen eher mittelmäßigen Gerichten.

Soorikukohvik (24), Kentmanni 21. Wer klebrig süße Doghnuts liebt, kommt hier voll auf seine Kosten.

Tristan ja Isolde (117), Raekoja plats 1. Winziges urgemütliches Café im Rathaus mit Kerzenlicht und wohliger, nostalgischer Atmosphäre. Es gibt eine Vielzahl an verschiedenen Kaffee- und Teesorten, im Winter wird Glühwein ausgeschenkt.

Vesiveski (163), Suur Karja 17/19. Modernes Interieur und eine große Auswahl an Kuchen und Torten.

● *Internet-Cafés* **@ 5**, Gonsiori 2. Befindet sich im 8. Stock des Kaufhauses. Zur Verfügung stehen 8 Computer.

Central Post Office, Narva mnt.1. Obwohl es sich um das staatliche Postamt handelt, werden im hiesigen Internetcafé tatsächlich Kaffee und Kuchen serviert.

Enter, Gonsiori 4. 8 Computer in hypermodern gestylter Umgebung.

Internetti? OK, Sakala17/Tatari 13. Es gibt 9 Computer und Ermäßigung für Studenten.

Stockmann Café, Liivalaia 53. Klitzekleines Cybercafé mit 2 Computern.

Nationalbibliothek, Tõnismägi 2. Die Computer befinden sich im 7. Stock.

Busbahnhof, Lastekodu 46.

● *Bars/Diskos* **Amsterdam (177)**, Pärnu mnt. 16. Gemütliche Kneipe in der man außerdem sehr gut essen kann.

Arizona Saloon (126), Viru 6. Nette Westernkneipe mit Countrymusik, in der saftige Steaks serviert werden.

Bremeni Õlletuba (82), Uus 19. Gemütliche Kellerkneipe mit Live-Musik am Wochenende.

Buldog´s Pub (56), Jaama 2. Beliebter, im Bezirk Nõmme gelegener Club, oftmals mit Live-Musik am Abend.

Café VS (181), Pärnu mnt. 28. Avantgardistische, voll im Trend liegende Szenekneipe im Industriedesign. Außerdem gibt es eine Reihe extravaganter kulinarischer Kreationen.

Cape Town (104), Vana-Viru 5. Angenehme Weinbar mit überwiegend Wein aus Südafrika.

Captain Club (46), Merivälja 1. Im Stil der 80iger aufgemachte Kneipe mit Tanzfläche.

Cinema Pub (5), Hobujaama 5. Witzige Kneipe mit Kinodekor.

Club Havana (91), Pikk 11. Attraktive Bar mit lateinamerikanischen Rhythmen und exotischer Stimmung. Oft gibt es Live-Musik

Con Amore (23), Lauteri 7. Mit Liebe ausgestattete Bar, in der man im Übrigen auch gut und preiswert essen kann.

Cotton Club (7), Ahtri 10a. Beliebte Jazz-Kneipe mit Live-Musik.

Depeche Mode (86), Nunne 4. Wer auf Depeche Mode und nichts als Depeche Mode steht, sollte diese Kneipe auf keinen Fall versäumen, denn hier läuft auf immer und ewig Depeche Mode und Depeche Mode und Depeche Mode...

Diesel Boots (72), Lai 25. Typisch amerikanische Kneipe, viel Neon, amerikanisches Bier, am Wochenende oft Live-Rock und Blues

F1 (94), Mündi 2a. Diese goldgetünchte Bar hat sich ganz der Formel 1 verschrieben. Sämtliche Rennen werden live übertragen.

George Brown (149), Harju 6. Gut besuchter, irischer Pub.

Gloria Veinikelder (166), Müürivahe 2. Hierbei handelt es sich eher um einen Weinladen, doch in dem urigen Gewölbekeller wird auch Wein ausgeschenkt, wenn man sich zwischen den mehr als 500 Weinsorten entschieden hat.

Guitar Safari (159), Müürivahe 22. Gemütliche Kellerbar mit angenehmer Stimmung. Fast jeden Abend treten Blues- oder Rockbands auf.

Harley Davidson, Dunkri 11/Rataskaevu. Wunderbare Kneipe in verschachteltem Gewölbekeller, auch bekannt als Excalibur.

Hell hunt (80), Pikk 39. Der Name hat weder etwas mit den Hells' Angels oder mit Stephen King zu tun, sondern bedeutet schlichtweg "Freundlicher Wolf", hinter dem sich ein netter, irischer Pub verbirgt.

Hollywood Club (160), Vana Posti 8. Schicke Disko inmitten der Altstadt mit gutem Sound. Vor allem bei Jugendlichen sehr beliebt.

Karja Kelder (141), Väike-Karja 1. Angenehmer, freundlicher Pub, in dem man auch preiswert essen kann.

Kloostri Ait (89), Vene 14. Nette Kneipe in mittelalterlichem Kaufmannshaus, abends oft Live-Musik, überwiegend Jazz.

Kompressor (106), Rataskaevu 3. Attraktive Szenekneipe, natürlich mit Kompressor als Dekor.

Kõwer Kõrts, Viru 8. Gut besuchte Bar, oft mit Live-Musik.

La Casa Del Habano (113), Dunkri 2. Gemütliche Bar mit freundlicher Wohnzimmeratmosphäre und einem Foto von Che Guevara an der Wand. Angeboten werden Cocktails und vor allen Dingen Zigarren, die es im Pack und einzeln zu kaufen gibt.

Molly Malone´s (95), Mündi 2. Beliebter irischer Pub mit Live-Musik am Wochenende. Es gibt auch eine reichhaltige, attraktive Speisekarte.

Mumia (90), Pikk 3. Ägyptisch inspirierte Kneipe mit Tanzfläche, die niemals schließt, sodass man hier bis auf Ewigkeiten verweilen kann.

Mustika (151), Sauna 2. Hier gibt es russisches Bier bei russischer Musik.

Napsikamber (144), Lühike jalg 9. Angenehme Kellerkneipe auf dem Weg zum Domberg.

Nimega Baar (161), Suur-Karja 13. In der Bar mit Namen, wie dieses Szeneetablissement auf Deutsch heißen würde, gibt es gemütliche alte Ledersofas und wechselnde Themennächte.

Nimega Baar Embassy (146), Suur-Karja 4/6. Gut besuchte, extravagante *Botschaft Bar mit Namen* mit cooler Bedienung und gutem Essen. Am Wochenende oft Live-Musik.

O´Malleys (137), Viru 24. Weiterer Irischer Pub in der Tallinner Kneipenszene, oft gibt es Live-Musik.

Olletorn Pub (26), Liivalaia 40. Ein Paradies für Bierliebhaber. Es besteht die Wahl zwischen 100 Bieren aus 20 Ländern.

Pika-Mündi (96), Mündi 4. Angenehme Kellerkneipe mit ruhiger Musikkulisse und attraktiver Speisekarte.

Raeköök (120), Dunkri 5. Großes Etablissement, das Disko, Bar und Restaurant unter einem Dach vereint.

Rohelise Ämbliku Lokaal (38), Peterburi tee 46. Bizarres Etablissement mit Rattendekor und Live-Musik.

Seiklusjutte Malt ja Merelt (28), Tartu mnt. 44. Rustikal ausgestatteter estnischer Pub mit akzeptabler Speisekarte. Schön ist der dazugehörige Hof.

Sigara Maja (118), Raekoja plats 16. Gemütliches Zigarrenhaus, was der Name des Etablissements übersetzt bedeutet, mit mittelalterlichem Ambiente.

Sossi Klubi (33), Tartu mnt. 82. Wunderbare Kneipe im Stil der 20er.

Spirit (73), Mere pst. 6e. Angesagte Disko mit 2 Tanzflächen und einem durch alle Sparten greifenden Musik-Mix.

St. Patrick's (155), Vana Posti 7. Cooler irischer Pub mit irischer Folk- und Popmusik.

Veinipööning (135), Viru 18, 4 Stock. Angenehme, heimelige Weinbar mit Wohnzimmeratmosphäre zum Wohlfühlen.

Venus Club (119), Vana Viru 14. Populäre Disko mit schickem Publikum der Mitzwanziger und Mittdreißiger. Teilweise, wahrscheinlich um der Namensgeberin die Ehre zu geben, mit Erotik-Programm

Von Krahli (110), Rataskaevu 10. Einladende, vielseitige Bar mit Live-Bands und türkischem Kebab. Nette Atmosphäre.

Estland Karte siehe Umschlaginnenklappe vorne

● *Einkaufen* Es gibt in Tallinn nichts, was es nicht gibt. Lohnenswert sind insbesondere Tallinns Galerien.

Bücher: **Viduvärava Raamatukauplus**, Viru 23. Führt Englischsprachige Bücher und Reisebücher- und karten; **Tippfoto**, Pikk 2. Hier gibt es Touristenführer und Kartenmaterial; **Antikvariaat**, Toompuistee 2, in der Nationalbibliothek. Hier gibt es viele alte Foto- und Kunstbände; ein weiteres Antiquariat ist in der Rüütli 28/30 zu finden.

Wichtig: Für Bücher, die vor 1945 erschienen sind, ist eine Ausfuhrgenehmigung vom Kulturministerium nötig.

Musik: auf der Viru tänav oft Verkauf von preisgünstigen CDs und Kassetten. Läden sind in der Müürivahe 17, Kuninga 4, Tondi 20 und Liivalaia 53 zu finden.

Souvenirs: Im Sommer verwandelt sich die Müürivahe ab Ecke Viru in einen großen Souvenir- und Kunstgewerbemarkt. Ansprechende Läden befinden sich u.a. in der Pikk 7; Kuninga 1, Apteegi 2 und 3, Viru 6 und 19, Vene 3 und 16, Raekoja plats 4/6 und 18, Dunkri 2 und 9.

● *Galerien* **Galeriepassage**, Narva mnt. 15. Wechselnde Ausstellungen zeitgenössischer Kunst.

Diele, Vanaturukael 3. Ausstellung von alten und neuen estnischen Grafiken sowie von Aquarellen.

Draakoni, Pikk 18. Wechselnde Ausstellungen estnischer und ausländischer Vertreter moderner Kunst.

Galerii G, Narva mnt. 2. Wechselnde Ausstellungen zeitgenössischer Künstler.

Galerie Molen, Viru 19. Wechselnde Ausstellungen von Landschaftsmalereien.

Keraamika Ateljee, Pikk 33. Töpferwerkstatt und Laden. Erhältlich sind extravagante Objekte.

Ku-Te-Re, Vana Posti 2. Zu sehen ist moderne estnische Kunst.

Vene, Pikk 21. Wechselausstellungen von zeitgenössischer russischer Kunst.

Glasgalerie, Vene 12/Katariina käk – eine atmosphärvolle, winzige Altstadtgasse. Ausgestellt sind kunstvolle Arbeiten aus Glas.

● *Museen* **Adamson-Eric Museum**, Lühike jalg 3. Zu sehen sind Werke des Künstlers Adamson-Eric. Geöffnet Mi–So von 11–18 Uhr.

A.-H. Tammassare-Museum, Koidula 12a, im Schlosspark von Kadriorg. In dem schmucken Holzhaus aus dem 19. Jh., dem letzten Wohnsitz des Dichters, sind alte Manuskripte, Bücher und Briefe zu sehen, Mi–Mo von 11–18 Uhr geöffnet.

Andres-Särevi Museum, Tina 13–23. Ausgestellt sind Exponate aus dem Leben des estnischen Dramaturgen Andres Särevi. Geöffnet Mo und Mi–Fr von 10–18 Uhr.

Archäologisches Museum, Rüütli 10. Zu sehen man ist ein Querschnitt durch die Urgeschichte Estlands. Öffnungszeiten nach Absprache, über die Touristeninformation zu arrangieren.

Eduard Vilde Museum, Roheline aas 3. Das Museum ist dem Leben und Werk des Literaten Eduard Wilde gewidmet. Geöffnet Mi–Mo von 11–18 Uhr.

Feuerwehrmuseum, Vana-Viru 14. Hier erhält man Aufschluss darüber, wie die Feuerwehrmänner in alter Zeit Herr über vernichtende Flammen wurden, geöffnet Di–So von 12–17 Uhr.

Freiluftmuseum Rocca al Mare, Vabaõhumuuseumi tee 12. Authentische Ausstellung über das ländliche Leben in Estland anhand alter Bauernhäuser und Einrichtungsgegenständen vom 18. bis zum Beginn des 20. Jh., direkt am Meer gelegen. Das Gelände ist täglich von 10–20 Uhr geöffnet.

Gesundheitsmuseum, Lai 28/30. Name der Ausstellung ist *Mensch-Gesundheit-Familie*, Einführung in die menschliche Anatomie, Physiologie und Sexualbiologie. In einem anderen Trakt befinden sich eine Ausstellung für Kinder und eine Halle, in der Werke moderner Maler gezeigt werden, geöffnet Di–Sa von 11–18 Uhr.

Hausmuseums Peter d. Großens, Mäekalda 2. Zu sehen ist das Wohnhaus mit persönlichen Gegenständen des Zaren, das er bei seinen Aufenthalten in Tallinn bewohnte, bevor er das Schloss Kadriorg erbauen ließ. Geöffnet Di–Fr von 10.30–17.30 Uhr und Sa–So von 10.30–17.30 Uhr.

Historisches Museum, Pikk 17. Exponate aus der frühesten Geschichte und den verschiedenen Landkreisen Estlands. Das hübsche Gebäude aus dem Jahre 1410 gehörte einmal der Großen Gilde, geöffnet Do–Di von 11–18 Uhr.

Kiek en de Kök, Komandandi 2. Im größten Kanonenturm Tallinns, der zu deutsch *Guck in die Küche* heißt, ist ein Querschnitt durch die Geschichte der Verteidigungstechniken Tallinns zu besichtigen. Mo–Fr von 10.30–17.30 Uhr und am

Wochenende von 11.30–16.30 Uhr geöffnet.

Lembis Submarine, Regati 1. Zu sehen ist ein 1936 von den Esten in England bestelltes U-Boot, das im Laufe seiner Geschichte unter estnischer und sowjetischer Flagge auf Tauchstation gegangen ist. Geöffnet Di–Do und Sa-So von 10–18 Uhr.

Kunsthalle, Vadabuse väljak 8. Verschiedene Ausstellungen bildender Kunst. Mi–So von 12–18 Uhr geöffnet.

Kunstmuseum und Skulpturengarten, Weizenbergi 37. Estnische Malereien vom 19. Jh. bis 1940. Das Museum ist in dem Barockschloss von Kadriorg untergebracht. In den dreißiger Jahren dieses Jahrhunderts war das Schloss Sitz des Präsidenten von Estland. Geöffnet Do–Di von 10–17 Uhr.

Kristjan-Raud-Museum, Raua 8. Werke des estnischen Malers Kristjan Raud, die sich mit der estnischen Mythologie beschäftigen, und wechselnde Ausstellungen in- und ausländischer Künstler, geöffnet Mi–So von 11–18 Uhr

Meeresmuseum, Pikk 70. Ausstellung zur Geschichte der estnischen Schifffahrt und Fischerei. Untergebracht ist das Museum im *Paks Magareeta* (dicke Margareta), einem alten Kanonenturm von 1510, von Mi–So von 10–18 Uhr geöffnet.

Mikkel Museum, Weizenbergi 28. In der renovierten Küche des Kadriorg Palasts ist eine umfassende Sammlung europäischer, russischer und chinesischer Gemälde zu sehen. Geöffnet Mi–So von 11–18 Uhr.

Museum für estnisches Kunstgewerbe, Lai 17. Befindet sich in einem schönen Haus aus dem 17. Jh. Zu sehen ist estnisches Kunstgewerbe unseres Jahrhunderts, geöffnet Mi–So von 11–18 Uhr.

Museum für Fotografie, Raekoja plats 4/6. Befindet sich im ehemaligen Gefängnis im Rathaus. Zu sehen sind wechselnde Fotoausstellungen. Von April bis Ende September Do–Di von 10.30–17.30 Uhr und in der üb-rigen Zeit Do–Mo von 10.30–17.30 Uhr geöffnet.

Museum für Theater- und Musikgeschichte, Müürivahe 12. Gezeigt werden alte Manuskripte, Bücher, Kostüme und Musikinstrumente, geöffnet Mi–Mo, 10–18 Uhr.

Museum für Wissenschaft und Technik, Põhja 29. Hier ist die Geschichte der Wissenschaft und Technik im Bereich Tallinn ausgestellt. Geöffnet Mo–Sa von 10–17 Uhr.

Museum im Dominikanerkloster, Vene 16. Zu sehen sind historische Exponate aus dem Klosterleben. Geöffnet von Anfang Mai bis Ende September von 9.30–18 Uhr und nach Absprache.

Naturhistorisches Museum, Lai 29. Ermöglicht Einblicke in die estnische Tier- und Pflanzenwelt. Geöffnet Mi–So von 11–16 Uhr.

Niguliste-Museum, Niguliste 13. Sehr schöne gotische Basilika aus dem 14. Jh. Sie beherbergt heute Kunstgegenstände des 15. und 16. Jh. Wertvollstes Stück ist wohl ihr Hauptaltar. Das Gebäude wird auch als Konzerthalle genutzt. Geöffnet Mi–So von 10–17 Uhr.

Puppenmuseum, Kotzebue 16. Zu sehen sind Puppen aus verschiedenen Zeitepochen. Geöffnet Mi–So von 10.30–17.30 Uhr.

Rüütelkonna Hoone – Kunstmuseum, Kiriku plats 1. Größte Kunstsammlung Estlands, zu finden im ehemaligen Haus der Ritter. Geöffnet Mi–So von 11–18 Uhr.

Schloss Maarjamäe, Pirita 56. Dokumentation der estnischen Geschichte vom 19. Jh. bis heute, untergebracht in einem schönen Kalksteinschloss aus dem Jahre 1874. Das Anwesen war der Sommersitz des *Adjutanten General A. Orlov Davydov*. Geöffnet Mi–So von 11–18 Uhr.

Tallinner Stadtmuseum, Vene 17. Hier bekommt man einen guten Überblick über die Entwicklung und Stadtgeschichte Tallinns. Während der Recherche war das Museum allerdings wegen Restaurierung vorübergehend geschlossen.

Theater/Konzerte

Es ist nicht schwer, einen Besuch in Tallinn allabendlich mit einem Kulturprogramm zu ergänzen. Am besten erfragt man in der Touristeninformation, was wo läuft. Dort sind auch Karten für die meisten Veranstaltungen zu haben. Über das Tallinner Abendprogramm klären u. a. auch das englisch- und finnischsprachige Heftchen "Tallinn this Week", die englischsprachige Zeitschrift "City Paper" und das ebenfalls englischsprachige Heft "Tallinn in your pocket" auf.

• *Theater* **Estnisches Dramentheater**, Pärnu mnt. 5. Gegründet 1916, bringt estnische, aber auch ausländische Stücke auf die Bühne. Die Kasse ist geöffnet von 9–19 Uhr, ☎ 6443378.

Estland Karte siehe Umschlaginnenklappe vorne

Opern- und Balletttheater, Estonia pst. 4. Kasse Mi–Mo von 12–19 Uhr geöffnet, ℡ 6260211.

Puppentheater, Lai 1. Aufführungen für Kinder und Erwachsene. Karten Di–Fr von 10–17.30 Uhr, Sa+So von 11–14 Uhr, ℡ 6411609.

Russisches Dramentheater, Vadabuse väljak 5. Stücke in russischer Sprache. Karten gibt es Mo–Do von 12–19 Uhr, Fr–So von 11–18 Uhr, ℡ 6418246 / 6443716.

Salontheater, Kaarli pst. 9. Kinder- und Inspirationstheater. Kasse geöffnet von 10–17 Uhr, ℡ 6453875.

Stadttheater, Lai 23. Die Kasse ist geöffnet Mo–Fr 9–18 Uhr und Sa 10–18 Uhr, ℡ 6650850.

Theatrum, Vene 14, ℡ 6446889.

Von Krahl Theater, Rataskaevu 10. Experimentielle Performances, Kabarett und Modenshows. ℡ 6269090.

● *Konzerte* **Konzertsaal**, Estonia pst. 4. Kasse geöffnet Mo–Fr von 12–19 Uhr, Sa 12–17 Uhr, ℡ 6412250.

Niguliste-Kirche, Niguliste 3. Kasse geöffnet von Mi–So 10–17 Uhr, ℡ 6449911

Olavi-Saal, Pikk 48 , in der Oleviste-Kirche. ℡ 6412241

Raekoda (Rathaus), Konzerte in- und ausländischer Musiker.

Stadthalle, Meres pst. 20. Große Halle mit Veranstaltungen aller Art. Kasse geöffnet Mo–Sa von 11–19 Uhr, ℡ 6412250.

Altstadt

Für den Autoverkehr ist die Altstadt gesperrt, sodass man ungestört durch ihre schmalen Straßen und Gassen schlendern kann. Am einfachsten erreicht man Tallinns historische Mitte, indem man die Viru tänav hochgeht, die gegenüber vom Hotel Viru beginnt und geradewegs zum Rathausplatz führt.

Wie im Geschichtsteil schon erwähnt, ist die Altstadt wegen mittelalterlicher Uneinigkeiten geteilt, nämlich in die *Oberstadt* (Domberg) und die *Unterstadt*. Erst Ende des 19. Jh. wurden sie administrativ vereinigt.

Tallinns Stadtbefestigung: 1265 wurde Tallinns hölzerne Stadtbefestigung auf Anordnung der dänischen Königin Margarethe durch eine steinerne ersetzt. Größtenteils finanzierte man sie aus Steuern, Spenden der dänischen Krone und Abgaben der Klöster. Um 1355 war die Stadtmauer mit 14 Türmen fertig gestellt. Sie war 66,5 m hoch und 2,3 m dick. Zum Ende des 14. Jh. wurde die Mauer um einige Türme erweitert und in der ersten Hälfte des 15. Jh. gründlich erneuert. Modern in der Kriegstechnik waren damals Türme mit rundem Grundriss, nach dem der *Lange Hermann* (Pikk Herman) der Oberstadt errichtet wurde. Die Unterstadt bevorzugte jedoch hufeisenförmige Türme, wovon der *Bremer Turm*, der zu Beginn des 15. Jh. entstand, ein Beispiel gibt. Im Zuge der Renovierung wurden auch die Stadttore gründlich überholt. Sie wurden erhöht und erhielten stabilere Wachtürme. 1452 waren die Arbeiten an der *Schmiedepforte* (Harju-värav), 1454 an der *Lehmpforte* (Viru-värav) und *Kleinen Strandpforte* (Rannaväräv) und 1461 auch an der *Südsternpforte* abgeschlossen. Verstärkt wurden die Tore durch künstliche Mühlenteiche zwischen den Haupt- und Vorderpforten, die das zusätzliche System der Wallgräben vervollständigten.

Auch die Mauer zwischen Ober- und Unterstadt wurde ergänzt. Von 1454 bis 1455 entstand eine Mauer an der Auffahrt der Pikk jalg, und das Tor am Ende der Straße wurde ausgebaut. Der Holzturm an der Lühike jalg wurde durch einen steinernen ersetzt, wovon ein originaler, eisenbeschlagener Torflügel noch heute zu sehen ist.

In der zweiten Hälfte des 15. Jh. wurden die Befestigungen nochmals modernisiert. An der Südseite entstand der mächtige Kanonenturm *Kiek in de Kök* (guck in die Küche). Er ist 49,5 m hoch und hat 4 m dicke Wände. Den stabilen Turm vermochte selbst Iwan der Schreckliche nicht zu vernichten, als er im 16. Jh. die Stadt belagerte. Zwar gelang es ihm, eine Bresche in den Turm zu schlagen, nicht aber, ihn zu zerstören.

Ein weiterer Kanonenturm der Tallinner Stadtbefestigung war die *Dicke Margarete* (benannt nach der dänischen Königin, die nicht dem damaligen Schönheitsideal entsprochen haben soll), errichtet zu Beginn des 15. Jh., mit ihren bis zu 4,7 m dicken Wänden.

Die *Ringmauer*, die Tallinn umgab, erreichte im 16. Jh. eine Länge von 2,35 km und besaß 27 Türme. 1,85 km der Mauer und 18 Türme sind heute noch erhalten. Mit den Stadttoren sieht es spärlicher aus. Lediglich die Vorpforten der Viru-värav und der Rannaväräv (Großen Strandpforte) und die Pforten zur Lühike und Pikk jalg, die beiden Straßen, die auf den Domberg führen, stehen noch. Im 17. Jh. wurde die Tallinner Stadtmauer zu Gunsten der Befestigungsanlage in Narva vernachlässigt und erhielt lediglich neue Erdbefestigungen.

Unterstadt

Dem Ruf und von den Versprechungen des Deutschen Ordens angelockt, zogen zu Beginn des 13. Jh. viele deutsche Händler und Handwerker nach Tallinn. Sie besiedelten das Gebiet zwischen Domberg und Hafen, woraus sich schließlich die Unterstadt entwickelte. Von Tallinns günstiger Lage an den Handelswegen profitierend, kamen die Neuankömmlinge rasch zu Wohlstand. 1265 sagten sie sich von der dänischen Oberhoheit los und bildeten einen Stadtrat. Der Rat setzte sich aus reichen Kaufleuten deutscher Abstammung zusammen. Bei ihm allein lagen Rechtsprechung und Münzprägung. Wenngleich in der Unterstadt auch ein Henker seines Amtes waltete, so gab es doch das Gesetz, dass ein jeder, der sich in die Unterstadt flüchtete, nicht ausgeliefert wurde. Dieses Recht nahmen vor allem die Leibeigenen der Oberstädter in Anspruch, sehr zum Unwillen der Bewohner des Dombergs.

Das geistige Zentrum der Unterstadt bildete die *Niguliste-Kirche*, das weltliche Zentrum das *Rathaus*.

Niguliste-Kirik (Nikolas-Kirche): Der Baubeginn des Gotteshauses wird auf die erste Hälfte des 13. Jh. datiert. Neben ihrem eigentlichen Zweck wurde die dreischiffige Hallenkirche auch als Lager genutzt. Da die Kirche außerhalb der städtischen Wehranlagen lag, musste sie auch als Festungsbau herhalten. Als Anfang des 15. Jh. der Turm gebaut werden sollte, kam es wieder einmal zu Unstimmigkeiten mit der Oberstadt, die befürchtete, der Niguliste-Turm könne den des Doms übertreffen. Den Zweiten Weltkrieg überstand die Kirche nicht unversehrt: Viele ihrer kunstvollen Grabplatten wurden zerstört.

Von der Inneneinrichtung ist der prächtige Altar mit Doppelflügeln und Predella (Altarsockel) des lübischen Meisters *Bernt Notke* sehenswert.

Rathausplatz: Der Rathausplatz, umrahmt von altertümlichen Häusern, ist auch heute noch Zentrum der Altstadt und vermittelt einen lebendigen Einblick in das Leben des Mittelalters. Man braucht nicht viel Phantasie, um sich

Estland
Karte siehe Umschlaginnenklappe vorne

Raeaptek – Estlands älteste Apotheke

den damaligen Marktplatz mit bunten Ständen und dem lauten Geschrei geschäftiger Händler vorzustellen. Das ganze Leben und Treiben der Unterstadt spielte sich hier ab. Hier wurden Feste gefeiert, im Winter wurde ein großer Weihnachtsbaum aufgestellt, und Hochzeitszüge zogen über den Platz. Man sah die reichen, vornehmen Herren zu den Sitzungen ins Rathaus fahren, aber auch die armen Tropfe, die angstvoll wimmernd unter der Holzfigur der Justizia an den Pranger gestellt waren. Um den Marktplatz entstanden Kaufmannshäuser, Werkstätten und Geschäfte. Die Werkstätten der Stadt waren im Großen und Ganzen dem *Marstall* angeschlossen, den ursprünglichen Stallungen. Die wichtigsten dazugehörigen Zweige waren die *Gießerei* (Rataskaevu 30), das *Rüsthaus* (Rataskaevu 32), die *Münze* und das *Scharfrichterhaus* (alle etwa aus dem 15. Jh.). Die Straßen, die vom Marktplatz abgingen, wurden nach den Berufen ihrer Bewohner benannt. So gibt es Straßen, die noch heute an Uhrmacher, Schmied, Krämer, Bäckermeister und Schneider erinnern.

Ratsapotheke: Gegründet wurde die alte *Raeaptek* am Raekoja plats 11 im Jahre 1422. Ausgerechnet hier brach 1571 die Pest aus. 1585 übernahm *Johann Burchart Belavary de Sykava* die Apotheke, bei dessen Familie sie über 150 Jahre lang verblieb. Mit und ohne Rezept gab es altbewährte Arznei, wie beispielsweise getrocknete Krötenbeine oder Urinextrakt schwarzer Katzen. Doch was immer man denken mag, die Mittelchen des Apothekers Burchart mussten gewirkt haben. Immerhin schickte Peter I. nach ihm, als er 1725 auf dem Sterbebett lag. Ansonsten kam die Apotheke jedoch eher einem Krämerladen gleich. Es gab Tabak, Spielkarten, Brieflack, Marzipan, Schießpulver u. v. m. zu kaufen. 1802 fand in der Apotheke sogar die erste Kunstausstellung Tallinns statt. Die Apotheke selbst zählt zu den ältesten noch operierenden Apotheken Europas.

Rathaus: Hauptgebäude des Marktplatzes war das Rathaus, in dem der Stadtrat tagte. Das 1341 im gotischen Stil errichtete Gebäude ist zweistöckig und unterkellert. Im Keller und Erdgeschoss ist an Hand der unterschiedlichen Bodenhöhen erkennbar, dass sich hinter der einheitlichen Fassade zwei unter-

Steinstrand bei Troila (CM)

Strandleben bei Nacht und bei Tag

Wasserfall Jägala bei Jõelähtme (FBV) ▲▲

▲▲ Bockwindmühlen auf Saaremaa (FBV)
▲ Leuchtturm auf Saaremaa (LM)

schiedliche Bauten verbergen. Die Fenster sind ungleichmäßig eingearbeitet, und die Regenrinnen enden in gewaltigen Drachenköpfen, ein Ausdruck der Macht, die vom Rat ausging. An der Ostseite befindet sich ein schlanker, minarettartiger Turm, auf dessen Spitze auch heute noch der *Vana Toomas* (alte Thomas) sitzt und die Windrichtung anzeigt. Allerdings handelt es sich dabei um eine Kopie, das Original von 1530 kann im Stadtmuseum betrachtet werden. 1586 erhielt das Rathaus eine Feuerwarnglocke mit der Inschrift *Ehre si Gode in der Hogede... ein ieder war sin Fuer und Licht, dat der stat kein Schaden geschit* (Ehre sei Gott in der Höhe... ein jeder (be-)wahr sein Feuer und Licht, dass der Stadt kein Schaden geschieht).

Unter den Gewölbebögen der Vorderfront wickelten Händler ihre Geschäfte ab und boten ihre Waren feil. Das Innere des Rathauses war relativ schlicht und in mehrere Säle unterteilt. Der Saal im Erdgeschoss diente als Markthalle. Im zweiten Stock befanden sich der Rats- und der Bürgersaal. Die Inneneinrichtung ist nur noch teilweise erhalten. Besonderes Interesse verdienen die Holzbänke des Bürgersaals, versehen mit wertvollen Schnitzereien, die heute im Stadtmuseum ausgestellt sind. Sie entstanden Ende des 14., Anfang des 15. Jh. und stellen Szenen aus dem Kampf zwischen *David und Goliath, Simson im Kampf mit dem Löwen* sowie *Tristan und Isolde* dar. Seit 1843 besitzt das Rathaus auch eine Uhr. Gelegentlich finden im Rathaus Kammerkonzerte statt.

Gefängnis: Die Entscheidung über ein Leben im finsteren Kerker oder in Freiheit lag ganz beim Rat der Unterstadt. Ab Mitte des 14. Jh. befand sich das Gefängnis in einer Seitengasse hinter dem Rathaus.

Umgebung des Rathausplatzes: Gegenüber vom Haus des Henkers in der Rüütli tänav 42 befindet sich die aus dem 16. Jh. stammende turmlose *Michails-Kirche* aus der Zeit der Schweden. Sehenswert ist ihre bemalte Balkendecke. In der *Saiakäik tänav* (Weißbrotstraße) wurde, so wird erzählt, ein besonders gutes Weißbrot gebacken, dessen Duft bereits auf dem Marktplatz in der Luft gelegen haben soll.

Heiliggeist-Kirche: Am Ende der Straße, in der es im Mittelalter zahlreiche Geschäfte gab, erhebt sich die frischrestaurierte *Pühavaimu kirik* (Heiliggeist-Kirche), ein kleines, zweischiffiges Gotteshaus aus dem 13. Jh., das als Ratskapelle und Siechenhauskirche genutzt wurde. Das Kircheninnere ist sehr reichhaltig ausgestattet und weist sämtliche Stilrichtungen von Gotik bis zum Klassizismus auf. Gestützt wird der Bau von massiven, viereckigen Pfeilern. Von großem Wert ist der Hauptaltar, den man 1483 aufstellte und das danebenhängende Totentanz-Gemälde des Lübecker Meisters *Bernt Notke*. Eine weitere Besonderheit der Kirche sind die gemalten Epitaphe, von denen der für *C. M. Frosa* aus dem Jahre 1650 der schönste ist.

Die Töne, die aus dem Glockenturm der Heiliggeist-Kirche durch die Straßen Tallinns klingen, stammen von der ältesten Glocke Estlands (1433). Eingraviert ist in ihr folgender Text: *Ik sla Rechte der Maghet als deme Knechte der Vrouen als dem Herren des en kann mi nemant vor Kern.* (Ich schlage allen, den Mägden wie den Knechten, den edlen Frauen wie den Herren, das kann mir niemand verwehren.)

Bedeutend im Zusammenhang mit der Heiliggeistkirche ist der Name *Johann Koell*, eine wichtige Figur der estnischen Kulturgeschichte, der in der Heiliggeist-Kirche als Pastor tätig war. 1535 übersetzte er den Katechismus ins Estnische.

Vene tänav: Sie ist eine der ältesten Straßen Tallinns mit schönen, mittelalter-lichen Wohnhäusern. Hier befindet sich auch die orthodoxe Kirche *Nikolai der Wunderträger*. Dieser klassizistische Sakralbau wurde Anfang des letzten Jahrhunderts nach den Plänen des Architekten *Luigi Rusca* als erster Kuppel-bau der Tallinner Altstadt errichtet.

Dominikanerkloster St. Katharinen: Unweit der orthodoxen Kirche trifft man auf die Mauerreste des 1246 gegründeten Dominikanerklosters (wird zur Zeit restauriert). Trotz Ruinen sind noch einige typische Fragmente der Anlage er-kennbar. Es geht eine sonderbare Atmosphäre von dem Klosterhof aus.

Die wichtigsten Räumlichkeiten der Anlage waren um den Innenhof herum angeordnet. Mittelpunkt war natürlich die dreischiffige *Hallenkirche*, an die heute lediglich einige Mauern erinnern. Als letztes Gebäude stellte man Ende des 16. Jh. das Refektorium (Speisesaal) im Nordflügel fertig. Mit Einzug der Reformation Anfang des 16. Jh. griffen Lutheraner das Kloster mehrmals an und plünderten es aus. 1535 fiel die Anlage fast vollständig den Flammen zum Opfer, wurde Ende des 18. Jh. aber teilweise wieder aufgebaut. Um die Pläne des bekannten Petersburger Architekten *Carlo Rossi* für eine neue Kirche ver-wirklichen zu können, trug man 1841 das Refektorium ab und errichtete an seiner Stelle die heute noch vorhandene dreischiffige *Basilika*. Ihre Fassade gestaltete man im neoklassizistischen und das Interieur im neugotischen Stil.

In der Vene tänav 10 ist der ehemalige Kornspeicher des Klosters zu sehen, in dem heute eine Abteilung des Stadtmuseums untergebracht ist. Im Som-mer werden im Innenhof des Klosters übrigens häufig Open-Air-Festivals veranstaltet.

Pikk tänav (Lange Straße): Die älteste Straße Tallinns zieht sich von der Alt-stadtmitte bis hin zur Suur Rannaväräv (Große Strandpforte) entlang. Damals wie heute verband sie den Rathausplatz mit dem Hafen. Viele mittelalterliche, guterhaltene Gebäude, darunter majestätische Gildenhäuser, hübsche, alte Wohnbauten und nicht zu vergessen das nostalgische *Caféhaus Maiasmokk* mit seiner "zuckersüßen" Konditorei sind hier zu finden.

Große Gilde, Pikk 17: Das schöne, im gotischen Stil errichtete Haus gehörte der Vereinigung der reichsten Kaufleute und Schiffsbesitzer Tallinns. Sehr schön ist das prächtige, im gotischen Stil gestaltete Eingangsportal des Gilden-hauses. Ins Leben gerufen wurde die Große Gilde in der ersten Hälfte des 14. Jh. Ihre Mitglieder gehörten meist auch dem Stadtrat an (jedenfalls durften nur Mitglieder der Großen Gilde dem Stadtrat beitreten) und hielten sämtli-che Fäden der Stadtpolitik in ihren Händen. Pate für den schönen Festsaal des Gildenhauses stand der Bürgersaal des Rathauses. Das wichtigste Fest für die Reichsten der Reichen war die alljährliche Wahl zum *Maigrafen*, der sich an-schließend unter acht Damen eine Gräfin auswählte, mit der er den darauf fol-genden Umzug durch die Stadt anführen durfte. Die Große Gilde war eine rein weltliche Vereinigung ohne Schutzpatron. Heute ist in dem Gebäude das His-torische Museum untergebracht.

St. Kanuti-Gilde, Pikk 20: Geht man von der Großen Gilde weiter die Straße hinunter, trifft man rechter Hand auf ein weiteres Gildenhaus. Dieser Vereinigung durften neben Kaufleuten auch Handwerker beitreten, doch mussten sie deutscher Abstammung sein. Das Gebäude der St. Kanuti-Gilde entstand 1863 bis 1864 im neugotischen Stil.

Schwarzhäupterhaus, Pikk 28: Die Bruderschaft der Schwarzhäupter setzte sich aus unverheirateten, ausländischen Kaufleuten zusammen. Das Gildenhaus, im Stil der Renaissance, war dem *heiligen Mauritius* geweiht. Interessant ist die schöne, ebenfalls dem Stil der Renaissance entsprechende Eingangstür. Über dem Eingangsportal hängt das Wappen der Gilde, in dem das Profil eines schwarzen Kopfes zu sehen ist – das Haupt des Mauritius. Darüber sind die Wappen der Hansestädte Novgorod, Bergen, Brügge und London angebracht. Gelegentlich finden im Haus der Schwarzhäupter festliche Bälle statt.

Altstadtgasse

Oleviste-Gilde: Direkt neben dem Schwarzhäupterhaus befindet sich die älteste Gilde Tallinns, die Oleviste-Gilde, abgeleitet vom heiligen Olev, ihrem Schutzpatron. Estnische Kaufleute gründeten diese Vereinigung im 13. Jh. Obwohl sie die finanziellen Möglichkeiten hatten, sich in Samt und Seide zu kleiden und sich mit Gold und Silber zu schmücken, war ihnen als *Nicht-Deutschen* das Zur-Schau-Tragen ihres Reichtums verboten.

Weitere interessante Häuser: Spaziert man die Pikk tänav weiter entlang bis zur Nr. 71, trifft man auf das *Drei-Schwestern-Haus* mit seiner dekorativen Fassade, das ein Vater für seine drei Töchter errichten ließ. Das Gegenstück *Die drei Brüder* sind in der Lai tänav, der Parallelstraße zur Pikk tänav, zu finden. Von Interesse sind auch die Häuser 23, 27 und 40 in dieser Straße. Das Haus Nr. 27 beherbergt heute das *Jugendtheater*. Es ist durchaus lohnend, auch mal einen Blick in die Häuser zu werfen, um sich vorzustellen, wie die Menschen im Mittelalter gewohnt haben.

Viele der ursprünglichen Gotikfassaden der Tallinner Altstadt mussten dem aufkommenden Klassizismus weichen. Häuser mit barocken Türen sind noch in der Pikk 71 und in der Suur-Karja 1 zu finden. Weitere besonders schöne Kaufmannshäuser stehen in der malerischen Rüütli tänav und in der Harju tänav. In der Uus 15 ist der alte *Hanfhof*, ein Rokokohaus aus dem Jahr 1751, sehenswert und in der Viru 10 das alte *Packhaus*, das angereisten Händlern die Möglichkeit gab, dort ihre Waren zu deponieren.

Interessant ist die Raumaufteilung eines frühen Kaufmannshauses: Charakteristisch waren zwei Räume im Erdgeschoss, nämlich *Diele* und *Dronse* (Stube). Die größere Diele ging zur Straße und die kleinere Dronse in den Hof hinaus. Je nach der sozialen Stellung der Hausbesitzer befanden sich dahinter noch weitere Räume. Die hintere Ecke der Diele beherbergte die Küche und einen großen Mantelschornstein, der von Wänden und Eckpfosten getragen wurde. Gegenüber lag die Treppe. Im Winter spielte sich alles in der Dronse ab, dem einzigen beheizten Raum des Hauses.

Hervorzuheben ist das mittelalterliche Heizsystem: Im Keller unter der Dronse lag ein gewölbter Raum, der von dem Mantelschornstein beheizt wurde. Gleichzeitig stand in dem Kellergewölbe ein Warmluftofen mit Hitzsteinen. Im Fußboden der Dronse befand sich eine abhebbare Platte, durch die die warme Luft vom Keller nach oben strömen konnte.

Hinter dem Haus gab es meist noch einen länglichen Innenhof mit Ställen und Kammern für das Gesinde. Nach dem geltenden Lübischen Recht musste die Hausseite mit der hohen Giebelfassade zur Straße gerichtet sein. In der Mitte der Vorderwand war in der Regel ein prachtvolles und einladendes Eingangsportal eingelassen, umgeben von großen Fenstern.

Rossmühle: Am Ende der Lai tänav steht ein niedriges, etwas verfallenes rundes Bauwerk. Die Rossmühle, erstmalig 1379 erwähnt, die man, wie der Name vermuten lässt, mit Pferdekraft betrieb, wurde nur bei Wasserknappheit oder Belagerung benutzt. 1757 brannten die Mühle und das danebenstehende Palais Peters I. ab. Die Mühle wurde zwar wieder aufgebaut, doch von der Innenausstattung ist nichts erhalten geblieben.

Oleviste-Kirche (Olafs-Kirche): Unweit der Rossmühle erhebt sich die mächtige Oleviste-Kirche. Um Kaufleute aus aller Welt anzulocken, verlangten die Bürger Tallinns nach einer Kirche mit einem hohen Turm, der schon weit vom Meer sichtbar sein und die Stadt berühmt machen sollte. Finanziert wurde sie von dem Kaufmann *Hans Pauls*. 1267 wurde der mächtige Bau erstmals urkundlich erwähnt. Im Mittelalter maß der Kirchturm tatsächlich 159 m und galt, zumindest in der Umgebung von Tallinn, als das höchste Bauwerk aller Zeiten (sehr zum Ärger der Oberstadt). Mehrmals wurde der Turm im Laufe der Zeit vom Blitz getroffen. Zweimal, nämlich 1625 und 1820, brannte das Gotteshaus bis auf die Grundmauern nieder. Sein heutiges Äußeres erhielt es in den Jahren von 1829 bis 1840.

Erwähnenswert ist die in der Kirche befindliche Skulptur eines Leichnams, auf dessen Brust eine Schlange und ein Frosch liegen. Sie soll die Vergänglichkeit und den Tod symbolisieren. Die Legende weiß darüber jedoch ganz andere Dinge zu berichten:

Als die Tallinner den Beschluss gefasst hatten, eine mächtige Kirche mit einem hohen Turm zu bauen, suchten sie lange nach dem geeigneten Baumeister. Eines Tages kam ein fremder Mann durch die Tore der Stadt und bot den Tallinnern den Bau einer einzigartigen Kirche an. Allerdings verlangte er die horrende Summe von 15 Tonnen puren Goldes für seine Arbeit. Er fügte jedoch hinzu, dass er keinen Pfennig fordern würde, sollte es einem von ihnen gelingen, seinen Namen zu erraten. Die Tallinner gingen auf das Angebot des Fremden ein, in der Hoffnung, dass sie schon irgendwie seinen Namen herausbekommen würden. Sie versuchten, sich mit dem Baumeister anzufreunden, doch der Fremde erwies sich als wortkarg. Auch bezog er niemals in Tallinn Quartier, sondern kehrte allabendlich zu seiner Frau nach Narva zurück. Schließlich nahte der Tag, an dem die Kirche fertig werden sollte. Die Tallinner bekamen es mit der Angst, denn noch war es keinem von ihnen gelungen, den Namen des Fremden in Erfahrung zu bringen. Doch woher sollten sie die 15 Tonnen Gold nehmen? Es fiel ihnen nichts besseres ein, als einen Kundschafter nach Narva zu der Frau des Baumeisters zu schicken. Der Kundschafter beobachtete durchs Fenster, wie die Frau ihr Kind in den Schlaf sang, und vernahm folgende Worte: "Schlafe, schlafe mein Kleiner, morgen früh kehrt Olev wieder, tausend Tonnen Gold zum Lohne." Als der Kundschafter dies vernahm, eilte er zurück nach Tallinn. Seine Neuigkeiten verbreiteten sich wie ein Lauffeuer, und schon riefen die Leute zum Turm hinauf, auf dem der Baumeister gerade das Kreuz anbringen wollte: "Olev, Olev, gib acht, das Kreuz hängt schief." Olev erschrak so sehr, dass er das Gleichgewicht verlor und vom Dach stürzte. Beim Aufprall sprangen ein Frosch und eine Schlange aus seinem aufgeplatzten Körper heraus, die sich, ebenso wie der Leichnam, sofort in Stein verwandelten. Die Tallinner aber freuten sich, dass sie 15 Tonnen Gold gespart hatten und benannten die Kirche nach ihrem Erbauer.

Domberg (Toompea)

Hoheitsvoll erhebt sich der Domberg, die damalige Wohnstätte der Adligen, Geistlichen und Ritterschaften, über die Unterstadt. Zwei Straßen führen zum Domberg hinauf, die *Pikk jalg* und *Lühike jalg*, was auf Deutsch "langes" und "kurzes Bein" bedeutet und Tallinn den Beinamen *lahmende Stadt* eingebracht hat. Geht man vom Rathausplatz ein Stück die Kullassepa und die Harju tänav hinunter bis zur Niguliste tänav, gelangt man zur Lühike jalg. Um die Pikk jalg zu erreichen, muss man vom Rathausplatz aus durch die Voorimehe tänav gehen, bis links das Stadttor zur Pikk jalg erscheint. Das weniger steile "lange Bein" führt ein gutes Stück an der "innertallinnischen" Grenze vorbei und stößt schließlich auf das "kurze Bein", das geradeaus zum Schlossplatz führt.

Domschloss: Nachdem die deutschen Schwertbrüder 1229 die Dänen vom Domberg vertrieben hatten, ließen sie zwei Festungen bauen, die *Große* und die *Kleine Burg*. Der Kleinen Burg kam die Funktion einer Vorburg zu; sie war von einem Graben umgeben. Durch den Vertrag von Stenby (1238) musste der Orden den Kern der Burg an die Dänen abtreten. Diese teilten die Festung, indem sie eine Mauer von Ost nach Westen zogen und die südwestliche Ecke

Estland
Karte siehe Umschlaginnenklappe vorne

des nördlichen Teils zu einer inneren Burg umgestalteten. Im Ostteil der Festung entstand ein viereckiger Wachturm, der spätere *Pulverturm.*

Als 1346 der Livländische Orden in die Burg einzog, nahm er einige Umarbeiten vor, sodass sich das Domschloss im Laufe der Zeit veränderte, sein mittelalterliches Äußeres aber bis zur Herrschaft *Katharinas II.* bewahren konnte. Nachdem Tallinn schon einige Jahre zum russischen Imperium gehörte, ordnete sie zunächst die Renovierung der Burg an. Neuer Hausherr sollte der von ihr eingesetzte Generalgouverneur für Nordestland werden. Am Ende beschloss sie jedoch, weite Teile der Burg abzureißen, um völlig neu bauen zu können. So sind von der mittelalterlichen Burganlage nur die West- und die Nordmauer und drei Türme erhalten geblieben. An der Südwestecke des Schlosses ragt noch der 45 m hohe *Pikk Herman* (langer Hermann) mit seinen 2,9 m dicken Mauern und seinem 15 m tiefen Kerker in die Höhe. Seit der Unabhängigkeit Estlands weht auf seinem Dach wieder die blau-schwarz-weiße Landesflagge.

Auch die Wehranlagen der Großen Burg aus der ersten Hälfte des 14. Jh. sind heute kaum noch zu erkennen. Fast unverändert hat sich jedoch das symmetrische Straßennetz, die wohl älteste historische Gründung der Burganlage, erhalten. Alle Wege beginnen am Platz vor der Domkirche und enden an den Umfassungsmauern der Burg.

Das von Katharina II. errichtete Schloss zierte ursprünglich eine Barockfassade. 1917 wurde es bei einem Brand zerstört und lag bis 1920 in Ruinen. Die heutige Fassade des Palastes, Sitz der estnischen Regierung und des Parlaments, gestaltete man im Jugendstil.

St. Marien-Dom: Die Ursprünge der Domkirche sind bis heute nicht völlig geklärt. Man vermutet, dass dänische Geistliche 1219 nach der Landung *Waldemars II.* in Tallinn auf dem Domberg ein provisorisches hölzernes Gotteshaus errichteten. Die Dominikanermönche, die 1229 auf dem Domberg ein Kloster gründeten, sollen an die Stelle der Holzkirche eine Kirche aus Stein gesetzt haben. Ende des 13. Jh. wurde sie vergrößert und im 15. Jh. zu einer gotischen Basilika umgebaut.

Im Inneren des Doms sind einige interessante und wertvolle Grabplatten zu finden, darunter die der Familie *von Tiesenhausen* und des Barons *Otto von Uexküll*. Besonders wertvoll ist das Grabmal für den schwedischen Heerführer *Pontus de la Gardie*. Stark setzte der Kirche das Feuer von 1684 zu, doch bereits zwei Jahre später konnten hier wieder Gottesdienste gefeiert werden. Die Orgelempore mit einer der größten Orgeln Estlands und den neuen Glockenturm erhielt die Kirche um 1779.

Domschule: Direkt neben dem Dom, in der Toom-Kooli, steht die ehemalige Domschule. 1319 wurde sie auf Anordnung des dänischen Königs *Erich Menved* eingerichtet, der die Meinung vertrat, dass zu einem Dom auch eine *schola chathedralis ecclesiae*, eine Domschule, gehöre. Seit 1765 vermittelte sie den Reichen und Adligen eine akademische Ausbildung. 1920 wurde sie in ein Gymnasium mit dem Namen "Domschule" umgewandelt. Als ihr bekanntester Schüler gilt der Wissenschaftler *Karl-Ernst von Baer*. (s. auch S. 553)

Festung und Schloss auf dem Domberg

St. Marien-Gilde: Das Haus Nr. 9 in der gleichen Straße gehörte der 1407 gegründeten St. Marien-Gilde. Das Ziel dieser Vereinigung war die wirtschaftliche Unterstützung der am Domberg ansässigen geistlichen Organisationen und Einrichtungen. Mit der Reformation Mitte des 16. Jh. wurde sie als katholische Vereinigung aufgelöst und zur Handwerkergilde umgestaltet. Seine klassizistische Fassade erhielt das Gildenhaus im Jahre 1843.

Haus der Ritterschaft, Pilskopi/Ecke Lühike jalg: Hierbei handelt es sich um das Domizil des in Estland ansässigen Landadels, wenn dieser in Tallinn weilte. Einige dieser Einrichtungen fielen den Flammen zum Opfer. Das letzte und heute noch existierende Haus der Ritterschaft baute man in der ersten Hälfte des 18. Jh. auf dem Gelände der Großen Burg gegenüber der Domkirche.

Alexander-Newski-Kathedrale: Märchenhaft erheben sich die fünf Zwiebeltürme der russisch-orthodoxen Kathedrale gegenüber vom Domschloss in den Himmel empor. Entstanden ist das jüngste Gebäude des Dombergs, das gegenüber den umliegenden Bauten stilmäßig völlig aus dem Rahmen fällt, 1894 bis 1900 nach den Plänen des Petersburger Kunstprofessors *Michail Preobrashenski*. Den Auftrag für den Kirchenbau gab *Zar Nikolai II.*, um seine Macht und den zunehmenden Einfluss Russlands zum Ausdruck zu bringen. Die Außenfassaden des Baus sind mit schönen Mosaiken verziert. Obwohl Kunsthistoriker die Alexander-Newski-Kathedrale für wertlos halten, ist sie dennoch beeindruckend.

Wohnhäuser: Vorherrschend auf dem Domberg sind die klassizistischen Bauten, doch es gibt auch einige Häuser mit barocken Elementen aus der Mitte des 17. und Anfang des 18. Jh. Ein Beispiel dafür sind das alte *Kommandantenhaus* in der Toompea 1 und einige Bauten am Schlossplatz.

Aufgrund des wachsenden Wohlstandes Ende des 18. Jh. beschloss auch die Bevölkerung des Domberges, ihre Häuser zu modernisieren und umzubauen. So kommt es, dass die meisten Häuser hier klassizistisch sind. Ein sehr interessanter Vertreter dieser Bauart ist das Ende des 18. Jh. entstandene *Stenbock-Haus* in der Rahukohtu tänav 3. Seit Mitte des 19. Jh. gehört das Gebäude der Justiz. Ein weiteres Beispiel klassizistischer Architektur bietet das ehemalige Domizil des *Grafen von Tiesenhausen* in der Kothu 2, am Abhang zur Pikk jalg, das einem Schloss ähnelt.

Das bedeutendste Werk klassizistischer Baukunst auf dem Domberg erhebt sich aber in der Kohtu 8. Seine prachtvolle Fassade trägt die ehrfürchtige Inschrift *Parentum voto ac favore* (mit Gelübde und Gunst der Vorfahren) und wird von sechs gewaltigen ionischen Säulen gestützt. Heute ist in dem Gebäude das Finanzministerium untergebracht.

In der gleichen Straße eröffnet sich im Hof des Hauses Nr. 12 ein phantastischer Blick über die Dächer von Tallinn. Eine sehr schöne Aussicht über die Gässchen und Straßen der Unterstadt bis hin zum Meer hat man auch vom Hof des Hauses in der Rahukohtu 3. Im Sommer gibt es hier Getränke und Kaffee. Eine sehr steile Treppe führt hinunter in die Unterstadt.

Parks und Grünanlagen

Zu einer Pause nach einer Tour durch die Altstadt bieten sich die vielen Parks an, die sich wie ein Grüngürtel um Tallinns mittelalterlichen Stadtkern legen und selbst wiederum durch die Straßen *Toopuistee*, *Rannamäe tee* und *Pärnu mnt.* umschlossen werden. Auch die Bänke des *Domparks* am Westhang des Domberges laden zur Rast ein. Die alten Wallanlagen sind teilweise noch zu erkennen, einer der Gräben ist sogar mit Wasser gefüllt.

Dem Dompark schließt sich hinter der Falgi tee der *Lindaberg* an, wo eine bronzene Skulptur unter hohen, alten Bäumen an die legendäre Erbauerin des Dombergs erinnert. Nicht weit davon, hinter der Toompea tänav, liegt schon der nächste Park, der *Hirvepark* (Hirschberg). Eine weitere Grünanlage ist vor dem Viru Tor zu finden. Da sich immer viele Menschen in dem kleinen Park aufhalten, dient er eigentlich weniger zur Erholung als zur Unterhaltung. Im Sommer findet vor der Anlage ein Frucht- und Blumenmarkt statt. Besonders schön ist der Park bei der *Großen Strandpforte* in der Nähe der Dicken Margarethe. Von dort aus hat man einen schönen Blick auf das Meer.

Außerhalb der Altstadt

Tallinn besteht nicht nur aus der Altstadt, obwohl das zweifellos die attraktivste Seite der estnischen Kapitale ist. Vielmehr gibt es auch noch andere Sehenswürdigkeiten außerhalb des historischen Stadtkerns zu sehen, wie beispielsweise die *Jaani-Kirche*, ein neugotischer Bau aus der zweiten Hälfte des 19. Jh. Auch die etwas weitergelegenen Stadtteile Tallinns, wie *Kadriorg* und *Pirita*, sind durchaus lohnenswert. Tallinns Trabanten- und Satellitenstädte wie Mustamäe, Õismäe und Lasnamäe dagegen sollte man meiden.

Karli-Kirche: Am Rande der Altstadt befindet sich das Gotteshaus für die estnische-lutherische Domberggemeinde. Mit dem Bau begonnen wurde im Jahr

1862 nach den Plänen von *Otto Hippius*. Sehenswert in dieser Kirche ist das Freskengemälde "Lasset alle zu mir kommen" des estnischen Malers *Johann Köler* aus dem Jahre 1879.

Kasan-Kirche: Unweit des wuchtigen Hotels Olümpia steht ein kleines hölzernes Gotteshaus aus dem 18. Jh. Die Kuppel der Kasan-Kirche soll die älteste Tallinns sein und die Kirche selbst Tallinns ältester Holzbau. Das Äußere wie das Innere ist überwiegend im klassizistischen Stil gestaltet.

Kadriorg (Katharinenthal): Zwischen Eichen, Kastanien und Kiefern erhebt sich prachtvoll das Barockschloss von *Katharina I.* (aus Katharina, auf estnisch *Kadri*, und Tal, auf estnisch *org*). 1718 ließ *Peter I.* diesen Palast nach den Entwürfen des Italieners *Niccolo Michetti* als Sommerresidenz für seine Frau erbauen. Um den Bau wurde ein schöner, streng symmetrischer Park angelegt, der reich an Vögeln und Eichhörnchen ist. Die grünschimmernden Teiche mit den majestätischen Schwänen vervollständigen die Idylle. Bei einem Spaziergang durch den Park stößt man auf ein Denkmal für den Erschaffer des estnischen Volksepos Kalevipoeg, *F. R. Kreutzwald*, und auf eine alte *Sonnenuhr*. Das Schloss beherbergt jetzt ein Kunstmuseum. Das später dazugekommene Herrschaftshaus dient heute als Tagungsstätte des Regierungspräsidiums.

Nicht weit davon befindet sich das *Kleine Peterhaus*, das Haus, in dem Peter I. wohnte, bevor der Kadriorg-Palast fertig gestellt war. In dem Haus sind persönliche Gegenstände des Herrschers ausgestellt.

In Kadriorg befindet sich auch der *Lauluväljak* (Platz der Sänger). Alle fünf Jahre findet hier das legendäre estnische Sängerfest statt. Die Bühne bietet Platz für 30.000 Sänger. Zu erreichen ist der Lauluväljak mit den Straßenbahnlinien 1 und 3 und mit den Buslinien 1, 5, 8, 44 und 56. Autofahrer nehmen die Narva mnt., die vom Straßenring, der sich um die Altstadt legt, abgeht.

Pirita: Nahe der Mündung des Flusses *Pirita* in die Ostsee liegt das große Segelsportzentrum der Stadt, das anlässlich der Olympischen Spiele von 1980, die die westlichen Länder boykottierten, gebaut wurde. Von der linken Seite der Brücke eröffnet sich ein schöner Blick auf's Meer. Hinter der Brücke befindet sich ein Ruderbootverleih.

Ein kurzes Stück weiter erreicht man die Klosterruinen des *St. Brigitten-Klosters* (Pirita klooster), die sich schon seit dem 16. Jh. in diesem Zustand befinden. Heute finden im alten Klosterhof während des Sommers Theateraufführungen statt.

Geweiht war das Kloster der *heiligen Brigitte*, da sie es gewesen sein soll, die der Sage nach Tallinn einst aus den Händen der litauischen Belagerer unter der Führung eines gewissen *Fürst Vaclaav* befreite (diese litauische Belagerung hat es nie gegeben). Die Heilige wandte eine List an: Mit ihren übernatürlichen Kräften wirkte sie auf den Sohn des Fürsten ein, sodass er sich in eine Tallinner Nonne verliebte. Der Stadt, in der der Sohn sein Herz verloren hatte, konnte der litauische Fürst natürlich keinen Schaden zufügen, womit Tallinn gerettet war. Der heiligen Brigitte zum Dank errichtete man ihr ein Kloster. Was den Fürstensohn betrifft – die Liebe zu seiner Nonne blieb einseitig. Aus Gram über diese unerwiderte Liebe trat er schließlich selbst in ein Kloster ein.

Estland
Karte siehe Umschlaginnenklappe vorne

Ferner gibt es in Pirita einen schönen 2 km langen Sandstrand, an dem es an heißen Sommertagen jedoch eng wird.

Anfahrt Sie gelangen nach Pirita mit der Buslinie 34 oder mit dem Wagen, wenn Sie in Kadriorg von der Narva mnt. links auf die Pirita tee fahren.

Metsakalmistu: Wer noch mehr über Estland erfahren möchte, dem sei der idyllische Waldfriedhof von Metsakalmistu zu empfehlen. Namhafte estnische Persönlichkeiten sind hier beigesetzt. Die berühmtesten unter ihnen sind der Schriftsteller *A.-H. Tammssaare*, die Dichterin *L. Koidula* und der damalige Staatspräsident *Konstantin Päts*.

Anfahrt Von Pirita einfach weiter geradeaus fahren.

Kopli-Bucht: Gegenüber der Landzunge, die die Tallinner Bucht und die Kopli-Bucht voneinander trennt, liegt der grüne Ort *Rocca al Mare*. Übersetzt bedeutet der treffende italienische Name *Felsen am Meer*. Sehenswert ist das gleichnamige Freilichtmuseum, das unmittelbar am Strand der Kopli-Bucht liegt. Zu sehen sind u. a. alte estnische Dorf- und Bauernhäuser, Saunen und Speicher, überwiegend aus dem letzten Jahrhundert. Das Innere der Häuser vermittelt den Eindruck, als sei die Zeit hier stehen geblieben. Sonntags treten im Sommer oft Folkloregruppen auf.

• *Anfahrt* Bus 21 oder 45 nehmen. Mit dem Auto ein gutes Stück die Paldiski mnt. entlangfahren, die von der Toompuiestee abgeht. Am Ende des Stadtteils Mustjõe geht rechter Hand die Vabaõhumuuseumi tee ab.

Nõmme: Im Süden Tallinns trifft man auf einen Villenvorort, der, so hofft man, bald wieder in alter Pracht erstrahlen wird. Wer sich bis jetzt keine Vorstellung von dem Riesen *Kalevipoeg* machen konnte, den die Esten so verehren, der sollte einen Spaziergang in den *Glehn-Park* unternehmen. Hier steht ein versteinerter Kalevipoeg in seiner vermeintlichen vollen Größe mit einem gewaltigen Bart und zwei Hörnern auf dem Kopf. Ein normaler Mensch reicht ihm gerade bis zu seinen rauen Waden.

Umgebung von Tallinn

Aegna

Wie eine grüne Oase liegt die malerische kleine Insel Aegna vor der Küste Tallinns. Bewaldete Hügel, Wildrosen, Beeren und Unmengen von Klee sind im Inneren der Insel zu finden. Wohltuend ist die Mischung der würzigen Waldluft und der salzigen Seeluft.

Den Ankömmlingen zeigt die Insel stolz ihre kleine rotbraune Steilküste. Von der Anlegestelle kommend liegen rechts zahlreiche riesige Steine im Meer, auf denen genussvoll die Möwen sitzen. Die andere Seite ist mit hohen Schilfstauden bewachsen. Aegna ist sehr klein und in kurzer Zeit zu durchqueren. Geht man vom Kai ein Stückchen geradeaus, gelangt man zunächst an eine Übersichtskarte der Insel. Weiter führt der Weg durch den Wald und endet schließlich an einem herrlichen Badestrand. Aegna ist nur spärlich besiedelt. Rechts vom Inselplan befindet sich ein kleiner Kiosk.

• *Anfahrt* Am Ende der **Sadama tänav**, in der Nähe der Stadthalle, befindet sich die Ablegestelle für das Boot, das im Sommer etwa alle 2 Std. nach Aegna und zurück fährt. Tickets gibt es im Erdgeschoss des großen Gebäudes vor der Anlegestelle. Von der Altstadt gelangt man am einfachsten hierher, wenn man sie durch die Große Strandpforte verlässt.

▶ **Insel Naissar:** Das Eiland gehört administrativ zur Gemeinde Viimsi, die sich am nordöstlichsten Zipfel der Tallinner Bucht befindet. Die Insel verfügt über eine Fläche von 18,6 qkm und liegt 5 km vom Festland entfernt. Bewohnt wird das Eiland derweil von 5 Menschen. Erstmals schriftlich erwähnt wurde Naissaar im 11. Jh. Seit dem Nordischen Krieg im Jahre 1710 bis 1995 wurde die Insel für militärische Zwecke genutzt, was anhand großer Befestigungsanlagen sichtbar ist. Es gibt sogar eine Schmalspurbahn. Bis 1993 war Nissaar für die Allgemeinheit geschlossen und ausschließlich von Angehörigen der Roten Armee besiedelt. Mittlerweile steht die Insel unter Naturschutz und beherbergt ein Zentrum für Naturforschung. Im Zentrum befindet sich eine Informationsstelle, in der man übernachten und essen kann. Buchung über die Touristeninformation in Tallinn.

• *Anfahrt/Verbindungen* Es gibt keinen regelmäßigen Fährverkehr. Im Sommer machen einige der Fähren die von Tallinn/Piritia nach Aegna fahren Stop in Naissar, s. o.

▶ **Insel Prangli:** Die ersten Siedler auf den Inseln zum Ende des 13. Jh. waren Schweden. Später kamen auch Esten und Finnen hinzu. 1934 zählte Prangli 469 Einwohner. Etwa die Hälfte der Inseln ist von Kiefernwald bedeckt, der ein natürlicher Windschutz für die Insel darstellt. Der westliche Teil der Insel ist steinig und beherbergt viele große Findlinge. In Ostprangli sind schöne Sanddünen zu finden. Von Interesse ist die Laurentius Kapelle aus dem Jahre 1848 und die beiden Friedhöfe der Insel. Am Hafen in Kelnase befindet sich eine Informationsstelle, die auch bei Exkursionen behilflich ist. Im Schulhaus am Hafen gibt es eine einfache Übernachtungsmöglichkeit für 12 Leute. ÜB ca. 10 €. Darüber hinaus befindet sich in Ülesaare ein Zeltplatz. Für das leibliche Wohl sorgt die Fastfood Bar Muust Luuk am Hafen, bzw. der Inselladen.

• *Anfahrt/Verbindungen* Von Kalnese auf Prangli geht Mo, Mi, Fr um 7.30 sowie So um 15 Uhr ein Schiff nach Leppneeme, was um 15.30 des gleichen Tages, bzw. So um 16 Uhr, wieder zurückfährt. Leppneeme ist nicht weit von Viimsi entfernt (ca. 8 km). Von Tallinn nach Pirita fahren und bis Viimsi auf der Küstenstraße bleiben. In Viimsi rechts halten und dann immer geradeaus bis Leppneeme.

▶ **Maardu:** Qualmende, stinkende Schornsteine der hier ansässigen Kunstdünger- und Chemieindustrie verpesten die Luft der aus dem Boden gestampften Stadt Maardu. Der Boden der Stadt ist verseucht. Maardu und die Küste auf der Höhe dieser Satellitenstadt sollte man besser meiden!

▶ **Jöelähtme:** Malerisches Dorf an der A1 etwa 10 km westlich von Maardu. Sehenswert ist die Kirche von 1241 und das alte Postamt. Nicht weit entfernt befindet sich der Jägala Wasserfall, der größte Estlands. Etwa 5 km die A 1 Richtung Osten bis zum Dorf Koogi nehmen, dort auf die Schilder achten.

▶ **Lahemaa:** Weiter östlich führt die A-1 zum *Lahemaa-Nationalpark*. Der Park ist gebietsmäßig aufgeteilt zwischen Hirjumaa und Lääna-Virumaa. Die touristisch erschlosseneren Gebiete gehören allerdings zu Lääna-Virumaa (und sind deshalb auch in diesem Kapitel beschrieben, siehe S. 572).

Westküste

Fährt man die Küstenstraße westlich von Tallinn entlang, findet man rauhe Steilwände und herrliche Sandstrände. Eine besonders schöne Aussicht auf das Meer und die Umgebung eröffnet sich von der Steilküste bei *Rannamõisa*. Weiter führt die Straße nach *Vääna-Jõesuu*, wo ein Strand, weiß wie Puderzucker, auf seine Besucher wartet. Bei *Türisalu* fällt das Land 30 m steil zum Meer hin ab.

Keila

Sehenswert in der freundlichen Kleinstadt ist das Gutshaus, malerisch gelegen auf einer Insel im Keila-Fluss. Das Gebäude stammt aus dem 14. Jh. und beherbergt heute das Museum der Provinz Harjumaa. Besichtigt werden kann die geschichtliche Ausstellung Mi–So on 11–18 Uhr.

Interessant ist Keila ebenfalls wegen seines Wellness-Centers in der Paldiski mnt. 17. Es gibt 2 Swimming-Pools, Rutschbahn, Saunas, Jacuzzi etc. Geöffnet Mo–Fr von 7–22 Uhr und am Wochenende von 8–20 Uhr. Eintrittspreise variieren, liegen jedoch um die 5 € für 90 Min.

● *Information* www.keila.ee

● *Anfahrt/Verbindungen* Keila liegt an der Straße 19, etwa 26 km südwestlich von Tallinn.

Bus – regelmäßige Verbindung mit Tallinn. Vom Hotel Viru in Tallinn gibt es einen Minibusservice (Nr. 222), der direkt zum Schwimmbad fährt. Abfahrt jede halbe Stunde.

▶ **Keila-Joa**: Keila-Joa ist kein besonders reizvolles Dorf. Das im neugotischen Stil errichtete Schloss des Ortes hat lange als Quartier für die Rote Armee herhalten müssen, und die übrigen Gebäude sind wuchtig und grau. Den Grund für einen Besuch liefern jedoch der Wasserfall des Flusses *Keila* und der menschenleere Strand.

Malerisch stürzt sich die Keila am alten Elektrizitätswerk von Keila-Joa in die Tiefe, bevor sie etwas später ins Meer mündet. Unter dem Wasserfall kann man bei entsprechender Außentemperatur duschen. Schon allein der Weg dorthin ist sehr schön. Von der Posti tänav führen zwei schaukelnde Hängebrücken über die Keila in den Wald. Das Meer beginnt ca. 2 km hinter dem Wald von Keila-Joa. Der Strand ist sauber und einsam.

● *Anfahrt/Verbindungen* **Pkw** – westlich von Tallinn die Küstenstraße entlang fahren oder aber die Straße 19 Richtung Keila nehmen. Kurz vor Keila in die Straße nach Paldiski (Baltischport) einbiegen. Nach ca. 13

km geht dort ein Weg nach Keila-Joa ab. Von Keila etwa 10 km nordöstlich entfernt. **Bus** – regelmäßige Verbindung mit Tallinn. Bus fährt jedoch nicht ins Dorf rein, sondern hält an der Hauptstraße.

Laulasmaa

Auf der Halbinsel Lohusalu gibt es in Laulasmaa ein großes Ferienheim, das um einiges komfortabler ist als die üblichen Unterkünfte dieser Art. Von außen unterscheidet es sich nicht von den üblichen Ferienkomplexen. Zu dem massiven Hauptbau gehören einige hübsche, gut ausgestattete Ferienhäuschen, die Übernachtung kostet zwischen 16 und 30 €. Das Ferienheim unterhält vier luxuriöse Saunen, eine Bar, einen kleinen Laden und ein gutes Selbstbedienungsrestaurant. Es wird ein wenig Deutsch gesprochen. Der nahe Sandstrand ist nicht schlecht. Schöner ist es jedoch im nicht weit entfernten Klooga.

● *Adresse* EE46702 Laulasmaa, Lohusalu, ☎ 2-6715521, 📠 6715733.

● *Anfahrt/Verbindungen* **Pkw** – Entweder über die schlechte Landstraße von Keila-Joa erreichbar oder die Straße von Keila

nach Paldiski nehmen. Ca. 7 km hinter Keila geht ein Abzweig nach Laulasmaa ab. **Bus** – Verbindung mit Tallinn. An der Haltestelle *Pansionaat* aussteigen.

▶ **Klooga**: An der Küste bei Klooga liegt ein wunderschöner, weißer Sandstrand. Im Hochsommer ist er wegen seiner Schönheit jedoch völlig überfüllt.

▶ **Paldiski (Baltischport):** Im 18. Jh. ließ *Peter I.* an der Paldiski-Bucht vor der Insel *Pakri* die Stadt Paldiski und einen Kriegshafen anlegen. Durch Beschluss der ehemaligen Sowjetarmee war Paldiski über fünfzig Jahre lang Sperrgebiet. Viele Relikte aus der Sowjetzeit erinnern an diese Zeit. Durch seine Isolation ist das Küstengebiet von Paldiski relativ unberührt. Z. Zt. wird die Infrastruktur des Ortes ausgebaut, um Paldiski für Touristen attraktiv zu machen. Sein Hafen kann mittlerweile von Seglern angelaufen werden. Zur Gemeinde von Paldiski gehören auch die Pakri Inseln.

Wasserfall bei Keila-Joa

● *Anfahrt/Verbindungen* **Pkw-** von Keila die Strasse 19 bis Paldiski nehmen.
Bus – 5-mal täglich besteht eine Verbindung von und nach Tallinn.

● *Information* Sadama 9. Im Rathaus ist eine kleine Informationsstelle eingerichtet, ✆ 6790600, 📠 6790610, paldiski@delfi.ee, www.home.delfi.ee/paldiski.

● *Übernachten* **Valge Laev**, Rae 32. Gemütliches kleines Gästehaus und dazu einziges am Ort. EZ ca. 30 €, DZ ca. 60 €. ✆ (Vorwahl Tallinn) 674 20 95.

● *Essen* Zum **Valge Laev** gehört eine angenehme, kleine Raststätte.

Post, Rae 29.
Bibliothek, Sadama 8. Internetanschluss geplant.
Geldwechsel, Rae 17.

▶ **Pakri Inseln:** Die Pakri Inseln setzten sich aus Suur und Väike Pakri (Groß- und Klein-Pakri) zusammen. Suur-Pakri hat eine Fläche von 11,6 qkm und Väike-Pakri 12,9 qkm. Die Entfernung zum Festland beträgt 3 km. Die Insel war erstmalig im Jahre 1345 besiedelt, als 5 Schweden das Eiland dem Kloster Padise abkauften. 1934 betrug die Bevölkerung 341 Einwohner. Auf Grund des Hitler-Stalin Paktes wurden die Inselbewohner 1940 umgesiedelt, um Platz für einen Stützpunkt der Roten Armee zu machen. Nach dem Krieg lebten noch 20 Menschen auf Väike Pakri, doch 1965 haben auch die letzen beiden Familien die Inseln verlassen. Heute erinnern nur die verlassenen Bauernhöfe, die Ruinen alter Kapellen und verfallene Steinmauern daran, dass die Inseln einmal bewohnt waren.

Beide Inseln wurden bis 1992 von den Ländern des Warschauer Paktes als Übungsplatz benutzt, was auf beiden Inseln gezielte Aufräumarbeiten erfordert. Landschaftlich zeichnen sich die Inseln durch hohe Kalksteinfelsen und Küstenwiesen aus. Beide Inseln können mit einem See aufwarten. Um die empfindliche Natur der Inseln zu schützen, stehen die Pakri Inseln mittlerweile unter Naturschutz.

Anfahrt/Verbindungen Regelmäßiger Schiffsverkehr besteht nicht. Eine Überfahrt kann über den Hafen in Paldiski verabredet werden, ✆ 6741202. Behilflich ist auch die Touristeninformation.

Estland
Karte siehe Umschlaginnenklappe vorne

Padise

Der schöne alte Ort ist besonders wegen der Reste seiner alten Klosteranlage sehenswert. Das Kloster wurde im Jahre 1310 von Zisterziensermönchen erbaut. Zum Grund und Boden des reichen Klosters gehörten nicht nur estnische Ländereien, sondern auch finnische. 1561 wurde die Anlage von den Schweden gestürmt und von da an zu weltlichen Zwecken genutzt. Während des Nordischen Krieges war Peter I. häufig in Padise zu Gast. Im 17. Jh. brannte ein Teil des Klosters ab, sodass heute nur noch seine Ruinen stehen. Dennoch sind einige enge Gänge und Treppchen erhalten geblieben, die eine vage Vorstellung von der mittelalterlichen Anlage liefern. Seit einigen Jahren laufen am Kloster umfangreiche Restaurierungsarbeiten.

● *Anfahrt/Verbindungen*   **Pkw** – Von Paldiski ist Padise über eine ca. 15 km lange, nach Süden führende Schotterpiste erreichbar. Bequemer ist die Strecke über die Straße 19 bis Keila, um dann über die Straße 17 via Rummu nach Padise zu fahren.
Bus – Manchmal fährt die Linie Tallinn-Haapsalu durch Padise, Haltestelle Kloostri.

Keibu

Auf einer Landspitze im äußersten Westen Harjumaas liegt einsam und umgeben von dichtem Wald die Ortschaft Keibu. Reizvoll ist die Gegend wegen seinen wunderbaren menschenleeren Sandstränden. In Keibu sowie im 2 km entfernten Dorf *Ristna* gibt es einen Lebensmittelladen. In Ristna ist die Kirche aus dem 15. Jh. von Interesse.

● *Anfahrt/Verbindungen*   **Pkw** – In Padise, aus Norden kommend, rechts Richtung Nõva fahren. Spätestens ab Harju Risti ist der Weg unasphaltiert und nur für solide Fahrräder befahrbar. Auf dieser Straße bleiben, bis nach ca. 20 km rechts ein Waldund Feldweg nach Keibu abgeht.
Bus – Per Bus schwierig zu erreichen. Mit der Linie Tallinn-Keibu bis zur Haltestelle Maissoo fahren. Vereinzelt fährt auch die Linie Tallinn-Haapsalu hier vorbei.

Der Osten Harjumaas

▶ **Aegviidu (Charlottenhof):** Im äußersten Osten des Landkreises liegt mitten im *Hochmoor von Kõrvemaa* der Ort Aegviidu, in dessen Nähe sich ein Ferienheim befindet. Der Bau wirkt zwar klotzig, doch dafür entschädigt die wunderschöne Umgebung. Das Haus steht an einem kleinen, fischreichen See. Bootfahren und Angeln sind hier möglich.

Vom Weg, der neben dem Ferienheim zum See führt, geht rechts ein kleiner Pfad in den Wald ab. Nach einigen Metern steht man auf einer kleinen Anhöhe, von der man einen atemberaubenden Blick auf vier dunkle Moorseen hat. Es gibt sieben davon, doch sie liegen versteckt zwischen den Bäumen. Kõrvemaa eignet sich hervorragend für ausgedehnte Wanderungen. Auf dem Plateau ist das Zelten erlaubt, doch wird darum gebeten, sich vorher bei der Rezeption zu melden. Wenn die Seen im Winter zufrieren, kann man hier Eis laufen oder am Ufer Skilanglauf betreiben.

● *Anfahrt/Verbindungen*   **Pkw** – Von der M-11 Tallinn–Narva führt ca. 20 km östlich von Tallinn, etwa auf der Höhe des Dorfes Jõelähtme, eine Landstraße nach Aegviidu. Es ist auch möglich, von Tapa ins ca. 20 km westliche Jäneda zu fahren und von dort die Straße nach Aegviidu zu nehmen.

Bahn – Aegviidu hat einen kleinen Bahnhof. Züge nach Tallinn und Tapa halten hier.

● *Übernachten* **Ferienheim Aegviidu**, Nelijärve 4, Puhkekeskus, EE74501 Aegviidu.

Einfache, aber saubere Zimmer. DZ ca. 20 €, Restaurant angeschlossen, ☎ 2-6047382, 📠 6047311. Hierzu gehört auch ein Fahrradclub.

▶ **Ardu**: Neben einem romantischen, über 4000 Jahre alten Friedhof, gibt es etwas außerhalb des Dorfes den netten Campingplatz Kautla. Er liegt am Paunküla-Stausee. Luft und Wasser sind hier wunderbar sauber. Zu mieten sind zu jeder Jahreszeit kleine, beheizbare Holzhütten. Zum Campingplatz gehören auch eine großzügige Sauna und eine kleine Bar. Eine Hütte für zwei Personen kostet um die 8 €.

● *Adresse* **Suler Pirsalu**, Puhkebaas Kautla, Ardu.

● *Anfahrt/Verbindungen* **Pkw** – Das Dorf Ardu liegt an der A-2 Tallinn-Paide. Aus der Richtung Paides kommend, ist sofort nach dem Ortseingang ein Schild sichtbar, das zum Campingplatz weist.

Bus – erreichbar mit den Linien Tartu-Tallinn und Paide-Tallinn. Die Haltestelle heißt Ardu.

● *Essen* Im Dorf Ardu gibt es ein kleines Café-Restaurant, betrieben von 2 Indern. Sie servieren leckere, aber scharfe Kreationen.

Läänemaa (Wiek)

Der im Westen liegende Landkreis ist geprägt durch weite Ebenen, Wälder, Moore und durch seinen langen Küstenstreifen. Die Küste von Läänemaa ist flach. Vor dem Festland ragen malerisch kleine Inseln aus dem Meer heraus. Die größte Insel Läänemaas ist Vormsi.

Nach der Unterwerfung durch die Dänen und den Deutschen Orden wurde im 13. Jh. in Haapsalu eine Ordensburg mit Bischofskirche erbaut. Wenig später ließen sich die Schweden hier nieder. Auf Vormsi erinnern heute noch zahlreiche Ortsnamen an die schwedischen Siedler.

Ans Eisenbahnnetz wurde Läänemaa erst recht spät, nämlich zu Beginn dieses Jahrhunderts angeschlossen. Doch dank seiner Hauptstadt Haapsalu, die wegen des dort vorkommenden Heilschlamms schon früh zum Kurort avancierte, ist auch Läänemaa nicht gänzlich unbekannt geblieben. Mehr Informationen zum Landkreis unter www.lmv.ee (bisweilen jedoch nur auf estnisch).

Haapsalu (Hapsal)   <small>(ca. 15.000 Einwohner)</small>

Viele kleine Inseln liegen vor der Küste Haapsalus. Die Stadt selbst ist in der gleichnamigen Bucht zu finden. Am grünen Ufer wächst dichter Schilf, und auf dem Wasser drehen Enten und Schwäne majestätisch ihre Runden.

Haapsalu hat eine hübsche, kleine Altstadt mit schönen Alleen und schmalen Straßen, die von bunten Holzhäusern umrahmt werden. In der Stadtmitte steht die gut erhaltene *Burgkirche* der alten Festung, umgeben von einem Park, in dem im Sommer Konzerte und Feste stattfinden.

Das Stadtrecht erhielt Haapsalu im Jahre 1279. Im gleichen Jahrhundert entstand auch die Bischofsburg. Im Laufe der Geschichte gehörte sie abwechselnd den Russen und den Schweden. Mitte des 17. Jh. verkaufte der schwedische König die Burg an den schwedischen Grafen *Jacob de la Gardie*. Die Stadt wurde oft von Bränden heimgesucht, denen auch die Bischofsburg zum Opfer fiel.

464 Estland

Haapsalu ist schon lange ein Erholungsort, in dem auch Peter I. öfters verweilte. Doch einen Aufschwung erfuhr die Stadt erst 1825, als sie zum Kurort ernannt wurde.

Information/Verbindungen/Verschiedenes

- *Postleitzahl* EE90594
- *Vorwahl* (2)47
- *Information* Posti 37. Reichhaltige Informationen über den gesamten Landkreis erhältlich. Ebenfalls können hier Touren nach Omussaare sowie Unterkünfte auf Vormsi und der Halbinsel Noarootsi gebucht werden. ✆ 33248, haapsalu@visitestonia.com, www.haapsalu.ee.
- *Anfahrt/Verbindungen* **Pkw** – von Tallinn die A-4 bis Ääsmäe nehmen und dort auf die Straße 16 nach Haapsalu wechseln. Von Pärnu die A-4 bis Märjamaa, dann links die Landstraße 29 nach Koluvere nehmen, dort rechts auf die Straße 30 fahren bis Risti und schließlich links auf die Straße 16 nach Haapsalu fahren. **Bus** – Am regelmäßigsten sind die Verbindungen mit Tallinn und Pärnu. Alle ein bis zwei Stunden geht ein Bus nach **Virtsu**, wo das Schiff nach Saaremaa ablegt. Busbahhof, Raudteejaama 1. **Bahn** – Zugverbindung mit Tallinn. Schöner

Bahnhof, den Peter I. bauen ließ. Raudteejama 1.

Schiff – Vom Hafen Rohuküla, etwa 11 km außerhalb von Haapsalu, setzen Fähren nach Hiiumaa und Vormsi über. Zum Rohuküla-Hafen gelangt man mit Bus 1. Abfahrt oberhalb des Burgcafés und in der Posti tännav. Mindestens 30 Min. Fahrtzeit berechnen.

Mit dem eigenen Schiff – Haapsalu verfügt über einen hübschen Yachthafen, auf den Kurs genommen werden kann. Das Wasser ist nicht tiefer als 2,5 m. Duschen und Toilettenhäuser sind vorhanden. ✆ 35632, ✆ 35627. Hafen ist nur von Mai–September geöffnet.

- *Verschiedenes* **Geldwechsel**, Karja 4; Karja 17; Lahe 17, Lihula mnt. 3, sowie zahlreiche Wechselstuben und Geldautomaten über die Stadt verteilt.

Post, Posti 1; Tamme 21.
Internetzugang, Posti 3, im Kulturhaus.
Poliklinik, Suur-Liiva 15.
Verleih, beim Yachtclub gibt es Fahrräder, Yachten und Boote auszuleihen.

Übernachten/Essen

- *Übernachten* **Bergfeldti (9)**, Suur Liiva 15a. Gemütliche, kleine Pension, mit skandinavisch ausgestatteten Zimmern, Kuranwendungen möglich. EZ ca. 32 €, DZ ab 40 €. ✆/✆ 37436, bergfeldt@framare.ee, www.framare.ee.

Fra Mare (32), Ranna tee 2. Großes, modernes Wellness-Zentrum, direkt am Strand gelegen. EZ ca. 40 €, DZ ab 56 €. ✆ 32003, ✆ 32073, framare@framare.ee, www.framare.ee.

Haapsalu (25), Posti 43. Frisch renoviertes, exklusives Hotel. Fröhliche, in estnischem und schwedischem Stil gestaltete Räume, darunter auch zwei rollstuhlgerechte Zimmer. EZ ca. 45 €, DZ ab ca. 60 €. ✆ 33347, ✆ 33191, extrade@hot.ee.

Kongo (19), Kalda 19. Neues schickes Hotel in alter, renovierter Holzvilla mit hellen, geräumigen Zimmern. EZ 65 €, DZ 80 €. ✆ 24800, ✆ 24809, hotelkongohotel@hot.ee, www.kongohotel.ee.

Promenaadi (3), Sadama 22. Schöne Unterkunft, bestehend aus Neubau und alter, restaurierter Villa. Zimmer fast alle mit Meerblick. EZ etwa 50 €, DZ etwa 65 €. ✆ 37250, ✆ 37250, promenad@estpak.ee, www.promenaadi.ee .

Sanatorium Laine (2), Sadama 9/11. Wuchtiges, weißes Gebäude am malerischen Väike-Viik-Teich. Zimmer alle mit Bad, überwiegend Kurgäste. EZ etwa 35 €, DZ ca. 55 €. ✆ 24400, ✆ 24401, hkuurort@estpak.ee, www: www.laine.ee.

Vom Zentrum in etwa 10 Min. zu Fuß oder mit Bus 2 erreichbar, Abfahrt in der Posti tänav.

Tokoi (5), Suur-Lossi 24. Kleines, gemütliches Gästehaus in der Altstadt von Haapsalu gelegen. DZ 35 €, DRZ 45 €. Darüber hinaus gibt es Familienzimmer für 50 €. Je Extrabett werden 10 € berechnet. ✆ 35665, ✆ 35665.

Villa Päeva (16), Lai 7. Hübsches, kleines Gästehaus zum Wohlfühlen, einige Zimmer mit Seeblick. EZ ab 28 €, DZ ab 53 €.

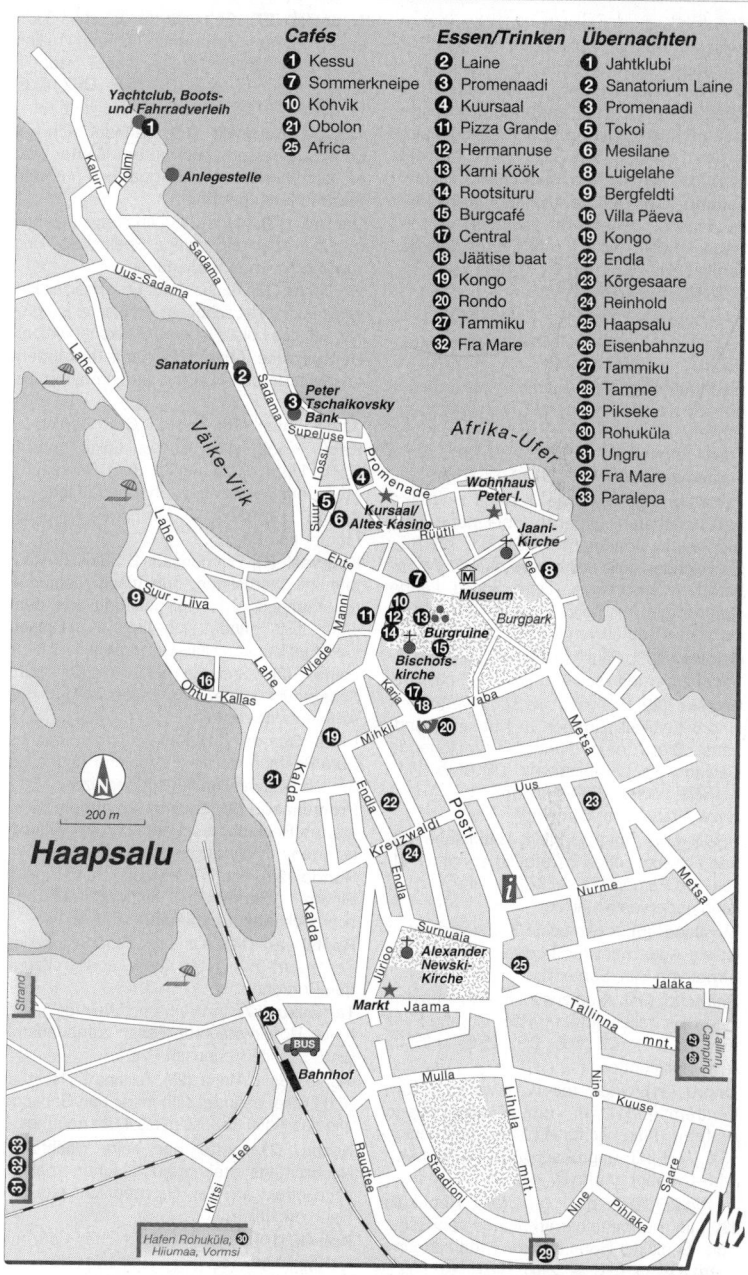

Cafés
1 Kessu
7 Sommerkneipe
10 Kohvik
21 Obolon
25 Africa

Essen/Trinken
2 Laine
3 Promenaadi
4 Kuursaal
11 Pizza Grande
12 Hermannuse
13 Karni Köök
14 Rootsituru
15 Burgcafé
17 Central
18 Jäätise baat
19 Kongo
20 Rondo
27 Tammiku
32 Fra Mare

Übernachten
1 Jahtklubi
2 Sanatorium Laine
3 Promenaadi
5 Tokoi
6 Mesilane
8 Luigelahe
9 Bergfeldti
16 Villa Päeva
19 Kongo
22 Endla
23 Kõrgesaare
24 Reinhold
25 Haapsalu
26 Eisenbahnzug
27 Tammiku
28 Tamme
29 Pikseke
30 Rohuküla
31 Ungru
32 Fra Mare
33 Paralepa

Yachtclub, Boots-
und Fahrradverleih
1

Anlegestelle

Sanatorium 2

Peter
Tschaikovsky
Bank
3

Afrika-Ufer

Wohnhaus
Peter I.

Promenade

Kursaal/
Altes Kasino

Jaani-
Kirche

Museum

Burgpark

Burgruine

Bischofs-
kirche

Haapsalu

200 m

Alexander
Newski-
Kirche

Markt

BUS

Bahnhof

Hafen Rohuküla, 30
Hiiumaa, Vormsi

Estland
Karte siehe Umschlaginnenklappe vorne

● _Ferienhäuser_ **Kõrgesaare (23)**. Hier können zwischen April und Oktober ein Haus für 10 Personen à 140 € und eins für 5 Personen à 75 € gemietet werden. Beide haben sie einen kleinen Garten und eine voll ausgestattete Küche. Die Rezeption befindet sich in der Luha 5. ✆ 37197 und 23049, ✉ 35613, nilp@hsik.edu.ee, www.hot.ee/korgesaare.

Tamme (28), Tamme 10a. Gemütliches Ferienhaus umgeben von schönem Garten. Insgesamt ist Platz für 10 Leute. Das gesamte Haus kostet 141 € pro Tag. ✆ 32150, ✉ 32150.

● _Preiswerte Unterkünfte_ **Endla (22)**, Endla 5. Einfache, aber nette Jugendherberge. ÜB 10 €. ✆ 37999, ✉ 55957.

Eisenbahnzug (26), Jaama 2, Hauptbahnhof. Coole und originelle Unterkunftsmöglichkeit in altem Zug mit angenehmer Travel-Stimmung. ÜB 8 €. Nur von Juni–September geöffnet. ✆ 34664, ✉ 31188.

Jahtklubi (1), Holmi 5a. Kleines Holzhaus am Yachthafen. Einfache, aber nette Zimmer, Sauna und Snackbar. DZ 25 €. Mit Bus 2 erreichbar, eine Haltestelle nach dem Sanatorium aussteigen. Dem Schild _Lääne Katur_ folgen. ✆ 35632, ✉ 35627. Der Yachtclub ist in Betrieb von Mai–September.

Paralepa (33), Paralepa Strand. Einfache Jugendherberge in schöner Lage. ÜB ca. 10 €.

Pikseke (29), Männiku tee 32. Zu vermieten sind 8 rustikale Zimmer in schönem Landhaus. Gleichzeitig dient das umliegende Gelände als Campingplatz. DZ etwa 18 €. ✆ 55779, pikseke@albinet.com, www.albinet.com/camping/

● _B&B und Privatquartiere_ **Luigelahe (8)**, Vee 7. freundliches Privatquartier mit 5 Plätzen. Pro Person 15 €. ✆ 37128, karin.andersen@mail.ee.

Mesilane (6), Väike-Lossi 3. Zu vermieten ist ein Apartment für 3 Leute. ✆ 33869. Geöffnet von Mai–September.

Reinhold (24), Kreutzwaldi 8. Angenehmes Haus mit hellen, luftigen Räumen und Platz für 10 Leute. DZ 20 €, DRZ 25 €. ✆ 35715, reinholdi@hot.ee.

Ungru (31), Ungru tee 4/3, etwa 3 km vom Zentrum und 1 km vom Paralepa Strand entfernt. Platz ist für 4 Leute, pro Person 13 €. ✆ 35843, ungrukodu@hot.ee. Nur von Mai–Oktober geöffnet.

● _Unterkünfte in der Umgebung_ **Rohuküla (30)**, liegt unmittelbar am Hafen von Rohuküla. Schickes Hotel mit komfortablen Zimmern. DZ ca. 70 €. ✆ 32166, 91124.

Tammiku (27), Ehitajate tee 3a, etwa 3 km außerhalb des Zentrums Richtung Tallinn gelegenen. Unspektakuläres aber freundliches Hotel. EZ 25 €, DZ 35 €, DRZ 40 €. ✆ 31373, ✉ 31373, hotel.tammiku@neti.ee.

● _Essen_ **Burgcafé (15)**, befindet sich auf dem Burggelände. Bei gutem Wetter sitzt es sich herrlich im Burggarten, nur den Sommer über geöffnet.

Central (17), Karja 21. Wirkt etwas ungemütlich, aber reichhaltige Speisekarte und zuvorkommende Bedienung.

Fra Mare (32), Ranna tee 2. Erstklassiges Hotelrestaurant mit schönem Ambiente. Ein großer Teil des Lokals ist eine Glaskonstruktion.

Hermannuse Maja (12), Karja 1a. Modern ausgestattetes Lokal mit annehmbaren Gerichten.

Jäätise baar (18), Karja 27. Gute Eisdiele.

Karni Köök (13), kleines Lokal unterm Dach. Liegt direkt neben dem Rootsituru, etwas dunkel gehalten, aber gemütlich.

Kongo (19), Kalda 19. Exklusives Hotelrestaurant und Kasino.

Kuursaal (4), Promenaadi 1. Edles Restaurant im ehemaligen, nun frisch restaurierten Kurhaus. Das Holzgebäude aus dem Jahre 1898 befindet sich direkt am Wasser. Geöffnet nur von Mai–September.

Laine (2), Sadama 9/11. Gehört zum Sanatorium Laine. Das Essen ist gut, das Ambiente etwas kühl.

Pizza Grande (11), Karja 6. Urgemütliches Café/Restaurant mit Holzgalerie und einer großen Auswahl an knuspriger Pizza.

Promenaadi (3), Sadama 22. Empfehlenswertes Restaurant unmittelbar am Wasser gelegen mit Wintergarten und Terrasse.

Rondo (20), Posti 7. Restaurant und Café in Einem. Gemütlich eingerichtet und schmackhafte Kreationen.

Rootsituru (14), Karja 3. Schönes, helles Restaurant mit guter Küche und großzügigen Portionen.

Tammiku (27), in Weiß und Weinrot gehaltenes Hotelrestaurant, Essen zufriedenstellend, Service freundlich.

● _Cafés/Bars_ **Africa (25)**, Tallinna 1. Nachtbar und Disko, befindet sich im selben Gebäude wie das Hotel Haapsalu, bis 4 Uhr geöffnet.

Kessu (1), nette Bar beim Yachtclub. Nachmittags stehen auch schon mal Tische direkt am Kai. Gelegentlich gegrillter Fisch erhältlich.

Kohvik (10), Karja 1. Gemütliches Café mit viel Atmosphäre.

Obolon (21), Kalda täna, gegenüber der gleichnamigen Bushaltestelle. Schummrige Bierhalle, mit schöner Sommerterrasse.

Sommerkneipe (7), Karja tänav, gegenüber vom Rootsituru. Romantischer, zugewachsener Biergarten.

• *Museen* **Eisenbahnmuseum**, Raudtee 2. Zu sehen ist ein Querschnitt durch die Geschichte der estnischen Bahn. Geöffnet Mi–So von 10–18 Uhr.

Estonian-Swedish Museum, Sadama 32. Bis vor 60 Jahren war die Westküste Estlands überwiegend von Schweden besiedelt. Das Museum gibt Einblicke in das Leben und die Kultur der Estland-Schweden. Geöffnet Di–So von 10–18 Uhr.

Läänemaa Museum, Kooli 2. Zu sehen ist eine ansprechende Dokumentation der Geschichte des Landkreises Läänemaa. Geöffnet Mi–So von 10–18 Uhr.

Sehenswertes

Burgruine und Bischofskirche: Inmitten eines schönen Parks steht die noch gut erhaltene, aus dem 13. Jh. stammende Bischofskirche. Einmal im Jahr, nämlich in den Vollmondnächten des Monats August, zeigt sich am Fenster der Kirche das Gesicht der sagenumwobenen *Weißen Dame*.
Öffnungszeiten nur am Wochenende von 12–16 Uhr.

Die Weiße Dame

Vor vielen Jahren hatte es die Angebetete eines Domherren, mit einem Mönchsgewand verkleidet, gewagt, sich zu einem Rendezvous in die Gemächer der Bischofsburg zu schleichen. Der Zugang zur Burg war jedoch nur Männern gestattet. Der Schwindel flog auf. Zur Strafe musste der Domherr den Rest seines Daseins angekettet im dunklen Verlies der Burg fristen, seine Geliebte aber wurde bei lebendigem Leibe ins Taufzimmer der Bischofsburg eingemauert. Seitdem ist alljährlich in den Vollmondnächten des Augusts der weiße Schatten des Gesichts der Eingemauerten am Kirchenfenster zu sehen. Rationalisten behaupten zwar, dass der Schatten nichts weiter als die Reflektierung des Mondscheins sei, doch wer weiß ...

An die Aufenthalte Peters I., der sich oft in Haapsalu erholte, erinnert ein Schild am Haus in der Rüütli tännav 4. In der gleichen Straße im Haus Nr. 6 wohnte die aus Haapsalu stammende *Ilon Wykland*. Sie illustrierte die meisten Kinderbücher *Astrid Lindgrens*, darunter auch *Pipi Langstrumpf*.

An vergangene Zeiten erinnert das alte *Kasino* an der Promenade, das z.Zt. restauriert wird. Das schöne, holzverzierte Haus ist durchaus sehenswert.

Ein weiterer prominenter Gast Haapsalus war der berühmte Komponist *Peter Tschaikowski*. An der Stelle, wo der große Musiker im Jahre 1847 oft am Meeresufer saß, um aus der Kraft des Wassers und der Sonne Inspirationen für neue Melodien zu schöpfen, ist heute eine Bank aufgestellt, die mit einer Inschrift an Tschaikowski erinnert.

Baden: Der *Paralepa* Strand von Haapsalu ist sehr klein und gehört auch nicht zu den schönsten des Baltikums. Er liegt etwas außerhalb der Stadtmitte. Auf der Hauptstraße, die am Bahnhof vorbeiführt, geht hinter dem Bahnübergang rechts ein kleiner Fußweg ab. Nach etwa einem Kilometer nochmals rechts abbiegen und zum Strand hinunterlaufen.

Estland Karte siehe Umschlaginnenklappe vorne

Festivals: Das ganze Jahr über finden in Haapsalu zahlreiche Veranstaltungen statt, die alle auf der Homepage der Stadt einsehbar sind. Hier sind nur die feststehenden Events verzeichnet:

Anfang Mai: Alljährlicher großer Blumenmarkt vor dem Kulturzentrum.

Anfang Juni: Jedes Jahr findet zu diesem Zeitpunkt ein kunterbuntes Kinderfest statt mit Zirkus, Clowns, Schaukeln, Performances etc. Veranstaltungsort ist der Burgpark.

Mitte Juni: Große, traditionelle Beach-Party am Paralepa-Strand zur Saisoneröffnung.

Anfang Juli: 4 Tage lang kann den Klängen alter Kompositionen in der Domkirche gelauscht werden.

Anfang/Mitte Juli: 4 Tage lang erklingt auf der Promenade klassische Musik.

Anfang/Mitte Juli: Großes Open-Air-Festival mit buntem Kleinkunstprogramm und Feuerwerk am Paralepa-Strand.

Anfang August: Populäres Blues-Festival, das als eines der besten in Estland gilt. Veranstaltungsort Burghof.

August: An den Vollmondtagen im August steigt im Burgpark jedes Jahr ein Fest zu Ehren der Weißen Dame. Es wird ein Theaterstück zu diesem Thema aufgeführt und bis zum Aufgehen des Mondes gefeiert. Dann versammeln sich alle vor dem Kirchenfenster und warten gespannt auf das Gesicht der Weißen Dame.

Im Park werden im Sommer auch häufig Klassik- und Rockkonzerte sowie Diskonächte veranstaltet.

Umgebung von Haapsalu

▶ **Hobulaid:** Die kleine Insel liegt zwischen dem *Kap Pikkuse* und der Insel Vormsi. Wie viele der nordischen Inseln ist auch Hobulaid von duftenden Wacholderbüschen überdeckt. Die unbewohnte Insel dient als Nistplatz vieler Vogelarten, was man bei einem Besuch nicht vergessen sollte.

Bootstouren zu den Inseln bei Haapsalu

(von G. Leibur)

Vor der Küste Haapsalus liegt ein wahres Inselparadies, zu dem man bei ruhiger See problemlos hinüberrudern kann. Durch die vielen Inseln und Buchten ist das Wasser in der Regel ruhig und darüber hinaus auch nicht besonders tief. Die Inseln sind größtenteils unbewohnt. Auf manchen weiden während der warmen Jahreszeit Ziegen, Schweine und Schafe. Auch in der Bucht von Haapsalu liegen eine Reihe kleiner Inseln und Inselchen. Boote können in Haapsalu geliehen werden.

Inselhüpfen per Kanu

Ausgangspunkt ist der *Yachthafen von Haapsalu*. Von hier aus geht es zunächst 7 km entlang der Küste in westliche Richtung, um auf das offene Meer zu kommen. Die westliche Spitze der Haapsalu-Bucht ist das *Pikkuse-Kap*. Die Küstenlinie der Haapsalu-Bucht ist sehr schilfreich, was schön aussieht, sich beim Rudern aber evtl. als problematisch erweist.

Wasserwanderweg

Ruderweg

Dirnami

Rootsa Kämping

Tuksi

Riguldi

Hara

Insel Tiluk

Insel Vaike Tiiuk

Paslepa-bucht

Landspitze Ramsa

V o r m s i   Norrby

Hullo

Straße von Voosikurk

Halbinsel Noarootsi

Landspitze Obholmen

Landzunge Rumpo

Haapsalu-Bucht

Yachthafen

Insel Pasilaid

Insel Hobulaid

Kap Pikkuse

Haapsalu

Fähre n. Vormsi Hiiumaa   Rohuküla   16

Linnamäe Straße 17 Straße 16

Die Entfernung vom Kap Pikkuse zur Insel *Hobulaid* beträgt von hier aus noch ca. 2 km. Das Meer ist nicht tiefer als 1,5 m. Im Norden liegt eine weiteres, namenloses Eiland, über das man bequem die Insel Vormsi erreichen kann.

Vom allernördlichsten Punkt von Hobulaid ist das unbenannte, winzige Eiland nur 1,2 km entfernt. Das Wasser ist hier nicht tiefer als 2 m.

Von der namenlosen Insel sind es nur noch 600 m bis nach Obholmen, der Südostspitze von Vormsi, die Wassertiefe beträgt ca. 0,7 m.

Küstengewässer von Vormsi

Vor der Nord- und der Ostküste Vormsis liegen eine Reihe unbewohnter Inseln und Kleinstinseln. Sehr schön zum Campen eignet sich die Insel *Pasilaid*, südlich von Vormsi gelegen. Am besten ist sie zu erreichen, wenn man die Südküste Vormsis in westliche Richtung entlangrudert, um die *Landzunge Rumpo* herum und dort schließlich südlich den Weg nach Pasilaid einschlägt. Man kann Pasilaid auch von Hobulaid aus erreichen, wenn man von dort geradewegs Kurs auf Westen nimmt, jedoch kreuzt man dabei die 20 m tiefe, offizielle Schiffsroute.

Estland
Karte siehe Umschlaginnenklappe vorne

Entlang der Noarootsi Halbinsel

Paradiesisch ist auch die Tour entlang der Küste der Halbinsel Noarootsi.

Von Haapsalu aus die gleichnamige Bucht gen Norden durchqueren, bis man die Südküste Noarootsis erreicht hat. Die Entfernung beträgt etwa 2 km. Dabei muss jedoch die offizielle Schiffsroute gekreuzt werden. Ansonsten ist das Wasser nicht tiefer als einen halben Meter.

Von hier geht es durch die *Straße von Voosikurk* entlang der Westküste Noarootsis. Auch hier ist das Wasser sehr niedrig. Die Küste ist sandig, obwohl man auch auf eine Reihe von Findlingen trifft. Vom Ufer aus sind schöne Pinienwälder zu sehen. Zum Norden Noarootsis hin wird das Wasser tiefer.

An ihrem nordöstlichsten Punkt *Hara* kann man noch weiter Richtung *Riguldi* und *Dirhami* rudern. Die Küste hier ist glatt, ohne Buchten und Landspitzen. Vom Wasser aus sind Weiden und Wacholderbüsche zu sehen. Oberhalb von Riguldi gibt es viele Sanddünen und Pinien. Der schöne Strand bei Tuksi gehört zu einem sehr edlen estnisch-schwedischen Campingplatz.

Da keine Möglichkeit zu einem Rundtrip besteht, bleibt nichts übrig, als wieder nach Haapsalu zurückzukehren. Die Halbinsel Noarootsi ist wild und touristisch absolut unerschlossen. Man schlage also da sein Lager auf, wo es beliebt. Vorsicht beim Feuermachen!

Über die Voosikurk-Straße nach Vormsi, Tiiuk und Väike Tiiuk

Von der Westküste Noarootsis lässt es sich problemlos zur Insel Vormsi rudern. Die *Voosikurk-Straße* ist an ihrer engsten Stelle 2,5 m breit. Am günstigsten ist es, wenn man sich ungefähr auf der Höhe der *Landspitze Ramsa*, die kurz vor der *Paslepa-Bucht* liegt, von Noarootsi abwendet und direkten Kurs auf Vormsi nimmt, wo man die Insel auf der Höhe des Ortes *Norrby* erreicht.

Nordwestlich von der Norrby-Landzunge liegen die beiden Inseln *Tiiuki* und *Väike-Tiiuk*. Beide Eilande sind von dichten Wacholderbüschen bedeckt und unbewohnt.

▶ **Insel Omussaar:** Das 4,7 qkm große Eiland ist 7, 5 km vom Festland entfernt und gehört administrativ zu Noarootsi. Vor dem Zweiten Weltkrieg lebten an die 130 Menschen auf der Insel, überwiegend Schweden. Auf Schwedisch heißt die Insel *Odensholm*, zum Gedenken an *Odin*, den Gott der alten Vikinger. 1940 wurden alle Insulaner umgesiedelt, als die Sowjet-Armee auf der Insel einen Stützpunkt einrichtete.

Die Landschaft von Omussaar zeichnet sich durch steile Kalksteinklippen und große Findlinge aus. Die Landschaft der Insel steht seit 1996 unter Naturschutz. Viele verfallene Häuser, Höfe und Kapellen bezeugen, dass die Insel einmal bewohnt war.

1914 ist vor der Küste von Omussaar das deutsche Kriegsschiff *Magedeburg* gesunken. An die Opfer erinnert eine Gedenkstelle.

Es besteht kein regelmäßiger Verkehr zur Insel, doch können Tagestouren über die Touristeninformation in Haapsalu arrangiert werden.

Alter schwedischer Friedhof auf Vormsi

Insel Vormsi (Worms)

Vor langer Zeit sind drei kleine Eilande, aus denen Vormsi besteht, zu einer Insel zusammengewachsen. Leichte Erhebungen, Kiefernwälder, Findlinge, Wacholder und weit ins Meer hineinreichende Landzungen verleihen der Insel einen besonderen Reiz. Der Wald kommt einem Paradies gleich, denn man muss sich nur bücken und nach den in Mengen wachsenden dicken, saftigen Blaubeeren greifen.

Viele Inselbewohner, besonders die jungen, haben Vormsi nach dem Zweiten Weltkrieg verlassen. Mittlerweile leben nur noch um die 500 Menschen auf der 93 qkm großen Insel. Doch seit der Unabhängigkeit sehen die Bewohner neue Perspektiven, indem sie auf den Tourismus setzen.

Als erster entdeckte der schwedische Pirat *Urm* die drei Inseln von Vormsi. Im 13. Jh. besiedelten dann schwedische Siedler das unbewohnte Eiland, das seitdem zu schwedischem Territorium gezählt wurde. Ein besonderes Ereignis muss für die Einwohner die Ankunft des schwedischen Barons *Jakob de la Gardie* Mitte des 17. Jh. gewesen sein. De la Gardie suchte nach Groß-grundbesitz und nach leibeigenen Bauern, die für ihn arbeiten sollten. Doch zu seinem Unglück lebten auf der Insel nur freie Bauern, und die Landverteilung war längst abgeschlossen. So überredete er einige Familien, denen er Geld gab, nach Finnland auszuwandern. Sie gaben seinen Bitten nach, de la Gardie nahm ihre Besitztümer ein und ließ den *Magnushof* bauen. Als Arbeiter holte er sich Esten vom Festland und gab dem Gut schließlich den estnischen Namen

Suuremõisa, was soviel bedeutet wie "großes Gut". Die Bezeichnung Suuremõisa ist übrigens der einzige estnische Ortsname auf der Insel, alle anderen Namen sind schwedisch.

Im Laufe der Geschichte sah Vormsi viele Barone und Gutsherren, darunter auch einige Deutsche. Einer von ihnen war der berüchtigte *Ungru-Graf* (s. Hiiumaa). Der bekannteste deutsche Baron auf Vormsi war der letzte Gutsbesitzer aus der *Familie von Stackelberg*, der Jakob de la Gardie vier Generationen zuvor das Gut Suuremõisa verkauft hatte. Von Stackelberg, dem letzten Baron dieser Linie auf Vormsi war der Magnushof zu klein, und so strebte er nach weiteren Ländereien, sehr zum Ärger der freien schwedischen Bauern. Sie beschwerten sich beim Gericht in Tallinn über den unzufriedenen Baron. Die Kläger bekamen Recht, und von Stackelberg musste die Insel verlassen. Kurze Zeit später kehrte er jedoch zurück, reumütig und um Verzeihung bittend. Um seinen guten Willen zu beweisen, spendete er viel Geld für die Kirche, sodass man dem einst verhassten Baron letztendlich sogar noch ein Denkmal setzte.

Die *Russische Kirche* ließ Peter der Große errichten, um der Bevölkerung den russisch-orthodoxen Glauben zu bringen. Doch nur zehn Jahre lang wurden Gottesdienste in ihr gefeiert, da sich insgesamt nur zehn Personen bekehren ließen. Heute dient die verfallene Kirche als Garage für Traktoren.

Als 1873 der schwedische Missionar *Österblom* nach Vormsi kam, erwirtschafteten die Inselbewohner großen Reichtum. Die Männer trieben Handel mit Schweden, wo sie für ihre Fische um ein Vielfaches höhere Preise erzielten als in Haapsalu. Die Frauen waren bekannt für ihre feingewebten, großen Tücher. Stolz wird darauf hingewiesen, dass sogar *Greta Garbo* 1932 bei einem Besuch ein solches Tuch erstand.

Vor Ausbruch des Zweiten Weltkriegs lebten 3627 Menschen auf der Insel. 1944 floh ein großer Teil der schwedischen und estnischen Einwohner vor der Roten Armee nach Schweden. Auch in den darauf folgenden Jahren wurde Vormsi von immer mehr Menschen verlassen, womit nicht nur die Bevölkerungszahl um ein Vielfaches sank, sondern auch der Wohlstand von Vormsi drastisch zurückging. Mit dem aufkommenden Tourismus hofft man nun, an vergangene Zeiten anknüpfen zu können.

- *Postleitzahl* EE91301
- *Vorwahl* (2)47
- *Anfahrt/Verbindungen* Der Fährverkehr beginnt Mo–Mi und Fr–Sa um 10 Uhr von Sviby, Vormsi. Vom Hafen Rohuküla geht die Fähre um 11 Uhr sofort wieder zurück nach Sviby. Mo, Di und Do gibt es eine Nachmittagsfähre um 17 Uhr, die bereits um 18 Uhr wieder zurück nach Vormsi fährt. Fr geht die Fähre um 18 Uhr ab Sviby bzw. um 19 Uhr ab Rohuküla und So um 15 Uhr ab Sviby und um 16 Uhr ab Rohuküla (Angaben ohne Gewähr). Fahrkarten gibt es im Hafengebäude. Ein Ticket kostet um die 6 € und beinhaltet Hin- und Rückfahrt. Die

Überfahrt dauert eine knappe Stunde. Die Anlegestelle liegt etwas außerhalb, südlich vom Dorf Sviby, doch hat man in der Woche morgens und abends Anschluss an den Inselbus. Die kleine Fähre fasst 25 Autos. Durch das Hin- und Hergeschiebe der Fahrzeuge verzögert sich die Abfahrt des Schiffes meistens. Besonders am Wochenende ist es ratsam, zeitig mit seinem Auto an der Anlegestelle zu stehen, da es sonst passieren kann, dass die Fähre voll ist und man erst mit dem nächsten Schiff mitkommt. Ein Ticket kann bis zu 15 Tagen im Voraus gebucht werden, ✆ 33666. Da Vormsi relativ klein ist, bietet es sich an, das

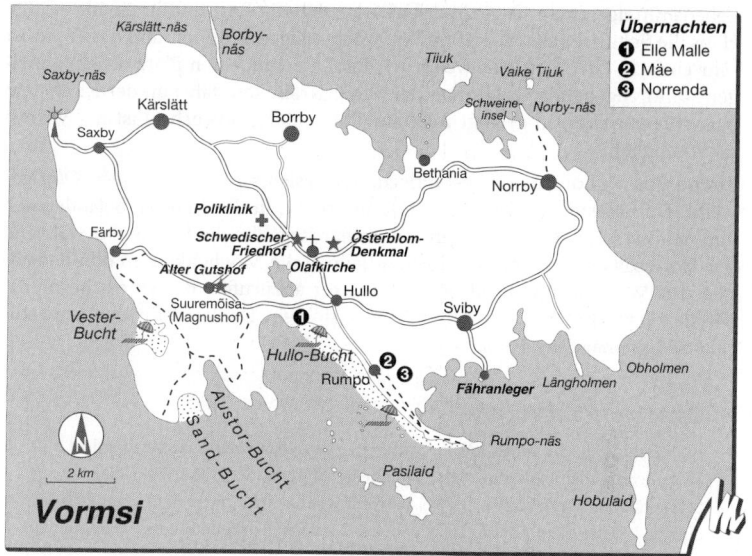

Auto am Hafen auf dem bewachten Parkplatz des Hotels Rohuküla stehen zu lassen. In frostigen Wintern ist das Eiland auch mit dem Auto oder zu Fuß erreichbar.

• *Übernachten* Es gibt nicht viele Unterkunftsmöglichkeiten auf der Insel, sodass auf jeden Fall anzuraten ist, ein Quartier im Voraus zu buchen und ggf. gleichzeitig darum zu bitten, dass man am Hafen abgeholt wird. Bei der Pension **Elle Malle** hält der Inselbus, nicht aber an der Pension **Norrenda**. Wildzelten ist auf Vormsi erlaubt.

Mäe (2), Rumpo. Urige Farm unweit vom Strand. ÜB etwa 13 €. Essen kann bestellt werden. ✆ 26106.

Norrenda (3), Rumpo. Wunderschön am Meer gelegen. Die Pension besteht aus einem Haupthaus und einer Blockhütte, Platz ist für 20 Gäste. Richtig zünftig und gemütlich sind die 4-Bett-Zimmer im Blockhaus. In der Pension gibt es sehr gutes Essen, das aber nur den Gästen vorbehalten ist. ÜB inkl. Frühstück und Saunabenutzung um die

15 €, jede weitere Mahlzeit kostet etwa 4 €. Viele russische und estnische Urlauber zelten in der kleinen Bucht von Rumpo Norrenda. ✆ 26106, streng@hot.ee, www.jux.ee/vormsi. Nur von April–November geöffnet.

Elle Malle (1), Hullo. Diese Pension besteht aus einem Haupthaus, einem Blockhaus und einer Windmühle. Räumlichkeiten sehr sauber, Essen kann bestellt werden. ÜB ab 15 € pro Person. ✆ 47-32072, ✉ 47-26049.

Zeltplatz, in Liiva zu finden.

• *Essen* Das kulinarische Angebot ist nicht sehr reichhaltig auf Vormsi. Essen kann man in der Pension Elle Malle. Mit einer kleinen Speisekarte können auch die Coffeeshops in Sviby und Hullo aufwarten. Läden zur Selbstversorgung befinden sich in Hullo, Küla und in Rälby.

• *Verschiedenes* Das Fahrrad ist eine attraktive Art und Weise, die Insel zu erkunden. In der Pension Elle Malle können Fährräder ausgeliehen werden.

Hullo

Hullo ist das Hauptdorf der Insel und der einzige Ort, der von seiner Größe her die Bezeichnung Dorf auch verdient. Auf der rechten Straßenseite steht die Schule, in der stolze 65 Pennäler lernen. Nebenan gibt es ein kleines

Lebensmittelgeschäft. Gegenüber befindet sich die Post und in einem weißen Haus die Schul-söökla. Sie hat nur an Wochentagen geöffnet, und das Essen ist sehr einfach. Ein Stückchen weiter wird auf einem kleinen Platz oft ein winziger Markt abgehalten. Folgt man der Hauptstraße und fährt an der Kirche ein paar Meter weiter, so gelangt man zur Poliklinik. Geldwechsel ist auf Vormsi nicht möglich.

Kirche von Hullo: Das protestantische Gotteshaus ist dem *heiligen Olaf* geweiht. Der älteste Teil des Baus entstand im 14. Jh. Im Inneren befindet sich eine schöne Kanzel im barocken Stil. In der Regel ist die Kirche nur während der Gottesdienste geöffnet. Es besteht jedoch die Möglichkeit, in den Pensionen den Wirt darum zu bitten, den Pfarrer anzurufen, der einem gerne die Kirche zeigt. Hinter der Kirche befindet sich ein Denkmal für den schwedischen Missionar *Österblom*.

Österblom auf Vormsi

Als dieser 1837 die Insel betrat, fand er die Bewohner teilweise verwahrlost vor. Viele waren dem Alkohol sehr zugeneigt. Kamen doch auf 14 Dörfer zwölf Schankstuben. Innerhalb von zwei Jahren hatte Österblom erreicht, dass es keine einzige Kneipe mehr auf der Insel gab. Die Menschen arbeiteten und gelangten zu ansehnlichem Wohlstand.

Neben der Kirche befindet sich ein Friedhof, auf dem alte bemooste, teilweise zerbrochene und vom Wasser ausgewaschene Grabsteine stehen. Auf einigen der Steine sind die Namen noch zu entziffern, so z. B. auf demjenigen der *von Stackelbergs* und auf dem Denkmal für den letzten Spross der Familie. Ebenfalls liegen dort eine Reihe eigentümlich aussehender, schwedischer Grabsteine. Sie sind rund und tragen ein Kreuz in der Mitte. Angeblich stellen sie das Sonnensymbol dar. Schriftzüge sind auf den Steinen nicht zu erkennen.

Ein Gang über die Insel

Mittelpunkt der Insel ist das Hauptdorf Hullo. Von hier aus führt ein Rundweg in den östlichen und den westlichen Teil der Insel. Alle Wege kreuzen sich in Hullo. Westlich vom Hauptdorf liegen, idyllisch unter hohen Bäumen, die Mauern des ehemaligen *Magnushofes* (Suuremõisa) und die holländische *Windmühle* der damaligen Barone.

Den See der Insel, zwischen Hullo und dem Magnushof gelegen, hat das Meer, das im Laufe der Jahrtausende immer weiter gewichen ist, zurückgelassen. Die Ufervegetation kommt einem wilden Dschungel gleich; der Zugang zum Wasser ist sehr sumpfig. Mittlerweile leben und brüten dort viele Vogelarten, sodass es nicht gerne gesehen wird, wenn sich Besucher eine Bresche durch das Dickicht zum See schlagen.

Weiter führt der Weg nach *Saxby*. Mitten im Garten einer Familie steht ein Leuchtturm, von dem man einen schönen Blick auf das Meer, die Felsen und die Wälder hat.

In *Kärslätt* gibt es nur die Häuser der vier hier lebenden Familien. Nördlich von Kärslätt führt eine Landzunge, die *Borrby näs*, weit ins Meer hinein. Die beiden Strandseiten sehen wunderschön aus. Entdeckt werden kann die Nehrung nur zu Fuß. Die Sehenswürdigkeit von *Borrby* ist ein über 4 m hoher Findling.

Um zum anderen Teil der Insel zu gelangen, muss man erst wieder durch Hullo, wo die Straße in den östlichen Teil der Insel abgeht. Im Dorf *Sviby* gibt es übrigens einen weiteren Lebensmittelladen. Auf dem Weg nach Norrby geht bei Piknors ein kleiner Pfad zur langen, schmalen Halbinsel *Längholmen* ab. Bei klarer Sicht kann man die Umrisse der Insel *Hobulaid* erkennen.

Oberhalb von Norrby befindet sich eine weitere, allerdings weniger lange Landzunge. Von dort ist die sog. *Schweineinsel* gut zu sehen. Diesen Namen trägt die Insel, weil im Frühjahr die jungen Schweine dorthin gebracht werden und dort bis zum Herbst bleiben, in der Hoffnung, dass sie sich fleißig vermehren.

Einer der schönsten Plätze der Insel ist *Bethania*. Das Land ist hier leicht hügelig und mit köstlichen, roten Beeren übersät. Das flache, grün schimmernde Meer und die dicken Steine, auf denen die Möwen rasten, sehen aus wie eine wunderbar gemalte Bilderbuchseite.

Bethania eignet sich gut zum Zelten. Wie dieses Plätzchen seinen Namen erhalten hat, erzählt folgende Geschichte:

> Vor langer, langer Zeit harrten einige alte schwedische Männer schier Ewigkeiten hier aus. Betend (deshalb Bethania) warteten sie auf den Propheten *Maltsvet*, der in einem prachtvollen, weißen Schiff genau an dieser Stelle vorbeikommen sollte, um die Gläubigen zu segnen. Doch aufgetaucht ist der gute Mann nie.

Zurück auf dem Hauptweg, kommt man, in südwestlicher Richtung fahrend, an der Olaf-Kirche raus und gelangt schließlich wieder nach Hullo.

Südlich an das Dörfchen *Rumpo* schließt sich die lang gestreckte Halbinsel *Rumpo-näs* an, die sich ideal für ausgedehnte Wanderungen eignet. Vor ihr liegen viele kleine Inselchen. Wunderschön zum Wandern sind allerdings nicht nur die Küstenstreifen und Landzungen, sondern auch die herrlichen, beerenreichen Wälder.

▸ **Baden**: Auf Vormsi gibt es unzählige kleine und größere Buchten. Oftmals wächst am Ufer jedoch hohes Schilf, das den Zugang zum Wasser erschwert. Strahlend weiße Strände gibt es auf Vormsi nicht, sie sind eher steinig. Doch dafür sind sie menschenleer, und die Landschaft dahinter ist überaus reizvoll. Die besten Stellen zum Schwimmen sind *Vester-* und *Sand-Bucht*, beide südlich vom Magnushof gelegen, sowie die *Hullo-Bucht* beim Dorf Rumpo.

Estland
Karte siehe Umschlaginnenklappe vorne

Halbinsel Noarootsi

Das nördliche Ufer der Haapsalu-Bucht wird von der Halbinsel Noarootsi gebildet. Früher war diese wacholderbewachsene Gegend von Schweden besiedelt, wovon auch heute noch einige Ortsnamen Zeugnis ablegen.

Die Seen, Wälder und Strände von Noarootsi sind wildromantisch und unberührt. Touristisch sind sie nicht erschlossen. Wer also Urlaub in der Wildnis, abseits jeglicher Zivilisation machen will, ist hier genau richtig. Die Straßen auf der Halbinsel sind alle nicht asphaltiert, die Busverbindungen sind miserabel. Es besteht die Möglichkeit, sich mit einem Boot vom Yachtclub Haapsalu nach *Österby* übersetzen zu lassen, einen Termin zum Abholen auszumachen und dann einige Tage an der Küste entlang und durch die Wälder zu wandern. Hilfreich ist hierbei die große Estland-Karte, auf der auch kleine Wege eingezeichnet sind.

▸ **Tuksi:** Nördlich der Halbinsel Noarootsi und ca. 28 km entfernt von Haapsalu befindet sich das hübsche estnisch-schwedische Feriendorf Roosta. 34 luxuriöse Blockhütten für vier bis fünf Personen sind zu vermieten, darunter zwei Häuser für Körperbehinderte. Alle Häuser verfügen über Bad, Schlafzimmer, Hochbettetage und Wohnküche und kosten ca. 50–70 € pro Tag in der Hauptsaison. Bei einem Aufenthalt von einer Woche 15 % Ermäßigung, danach 20 %. Die Hütten stehen unter hohen Kiefern und nur ein paar Meter entfernt vom wunderschönen Sandstrand. Surfbretter, Fahrräder und Minibusse sind ausleihbar. Zur Anlage gehören Sauna, Bar und ein hervorragendes Restaurant.

● *Adresse* Roosta Puhkuse Küla, EE91202 Läänemaa Tuksi, ✆ (2)47–97230, roosta@ estpak.ee, www.roosta.ee.

● *Anfahrt/Verbindungen* **Pkw** – von Haapsalu die alte Straße nach Talllinn bis Linnamäe nehmen und dann links geradeaus bis Tuksi fahren. In Riguldi wird die Straße zur Sandpiste.

Bus – ein schwieriges Unterfangen. Vereinzelt besteht Verbindung nach Haapsalu und Tallinn. Haltestelle Tuksi, evtl. Treffpunkt ausmachen.

▸ **Insel Osmussaar:** Von Põõsaspea, einer Landspitze nördlich von Tuksi, ist bei gutem Wetter die Insel Osmussar sichtbar.

▸ **Nõva:** Das Dorf liegt an der Nachbarbucht westlich von Põõsaspea im äußersten Norden Läänemaas. Die Landschaft wird bestimmt von Mooren, Heide, Wiesen und einigen Seen. Auch hier ist die nordische Natur noch wild und völlig unberührt, was auf Grund der schlechten Straßen sicherlich auch noch einige Zeit so bleiben wird. Im Ort gibt es die Bar **Laimi**, in der man recht gut essen kann.

Naturschutzgebiet Matsalu

Ungefähr 35 km südlich von Haapsalu liegt die Matsalu-Bucht, um die sich ein wahres Vogelparadies entwickelt hat. Das dort wachsende Schilf ist höher als anderswo und bietet Enten, Schwänen und anderen Vögeln optimalen Schutz beim Nisten.

In Matsalu brüten über 62 Vogelarten, und zahlreiche Zugvögel rasten hier, wenn sie aus dem Süden zurückkehren. In *Haeska* befindet sich in einem alten Gutshaus das Informationszentrum zum Naturreservat Matsalu. Dort kann man sich Filme über Matsalu ansehen und das Vogelmuseum mit den Arten des Schutzgebietes besichtigen.

Im Matsalu-Reservat mündet auch der Fluss *Kasari* ins Meer. Am Rande des Naturschutzgebiets, zwischen den Orten Kasari und Kirbla, führt eine Brücke über den Strom, von der man eine sehr schöne Aussicht auf den Fluss und die sattgrüne Landschaft hat. Sehr zu empfehlen sind die Bootstouren, die von *Penijõe* aus in das Naturschutzgebiet möglich sind. Penijõe liegt am südlichen Ufer der Matsalu-Bucht. Hier ist auch die Park-Verwaltung zu finden. ✆ 78432, 78114, 🖷 78413, museum@matsalu.ee.

Anfahrt/Verbindungen **Pkw** – von Haapsalu die Landstraße 31 Richtung Laiküla nehmen. Ca. 9 km hinter Ridala, kurz vor dem Ort Õnga, geht rechts ein kleiner Weg nach Haeska ab. Um nach Penijõe zu gelangen, die Landstraße von Haapsalu bis zum Ende durchfahren und bei Laiküla rechts auf die Straße 30 bis Lihula, wo rechts der Weg nach Penijõe abgeht. Die Straßen sind teilweise nicht die besten.

Bus – Es bestehen die Verbindungen Haapsalu-Haeska, Haapsalu-Lihula und Pärnu-Lihula. Busse fahren jedoch selten.

Übernachten **Gästehaus**, unweit des Herrenhauses von Matsalu befindet sich eine kleine hübsche Unterkunft mit Platz für 10 Leute. ÜB 13 €. ✆ 47-79614.

Laine Farm, im Dorf Keemu etwa 8 km westlich von Matsalu gelegen. Gemütliche, rustikale Unterkunft. ÜB ab 14 €. ✆ 47-79650.

▶ **Koluvere (Lohde):** Die gut erhaltene Wasserburg, umgeben von stämmigen, alten Bäumen, entstand im 13. Jh. als Residenz der Bischöfe von *Ösel-Wiek* (heute Saaremaaa und Läänemaa). Bis 1920 blieb das Anwesen im Besitz der *Familie von Buxhoevden*, die es 1797 von *Zar Pawel I.* geschenkt bekam. Auch in Koluvere soll gelegentlich des Nachts eine unglückliche Seele herumgeistern, nämlich die von *Prinzessin Auguste Caroline von Braunschweig-Wolfenbüttel*, die 1788, gerade 24 Jahre alt, hinter diesen Mauern auf mysteriöse Weise verstarb.

Das Innere der Wasserburg ist nicht zugänglich, da sie eine Nervenklinik beherbergt.

Anfahrt/Verbindungen **Pkw** – liegt an der Straße 30 von Risti nach Virtsu. **Bus** – Die Linie Tallinn-Virtsu fährt Koluvere an.

Halbinsel Puhtulaid

Die üppig bewaldete Halbinsel gegenüber der Insel Muhu war vor Jahren schon ein Anziehungspunkt für Erholungssuchende.

Vor der Küste liegen viele kleine Inseln, und in den Buchten Puhtulaids findet man schöne und leere Strände. In dem Ort *Puhtu* wurde übrigens dem Dichter *Friedrich Schiller* im Jahre 1813 ein Denkmal gesetzt. Hier gibt es einen wunderschönen Mischwald.

▶ **Lihula:** Größter Ort auf der Halbinsel Puhtulaid, der eine gute Infrastruktur aufzuweisen hat. Das alte Zentrum der Stadt ist recht hübsch, doch touristisch ist Lihula nur für die Durchreise und zum Übernachten interessant bzw. als Ausgangspunkt zum Naturschutzgebiet Matsalu.

Anreise **Pkw** – der Ort liegt an der Landstraße 30, die zum Hafen Virtsu führt.

Bus – die Busse die von Tallinn, Haapsalu nach Saaremaa unterwegs sind, halten auch in Lihula. Bushaltestelle in der Tallinna 12.

Übernachten **Villa Luige**, Tallinna 23. Neues schönes Gästehaus mit komfortablen Zimmern. DZ ab 30 €. ✆ 47-78872, 🖷 47-7858.

Essen **Inn Birgit**, im Dorf Hälvati. Gutes und gemütliches Wirtshaus, ca. 7 km außerhalb von Lihula an der Landstrasse 30 Richtung Kirbla gelegen.

Lihula TU, Tallinna 12. Gemütliches Café neben der Bushaltestelle.

Särtsu Bar, Tallinna 31b. Angenehmes, neues Lokal mit großem Garten, Volleyballfeld und Sauna.
Vesiross, Jaama 4. Freundliches Restaurant, besonders schön im Sommer, wenn man auf der Terrasse am Fluss sitzen kann.

● *Verschiedenes* **Post**, Tallinna/Penijõe. **Internetzugang**, im Kulturhaus in der Tallinna tänav, gegenüber von Haus 2a. **Geldwechsel**, Tallinna 12.

▶ **Vatla**: Winziges Dorf, das zur Gemeinde Hanila gehört. Hier gibt es ein angenehmes Gästehaus, das sich in einem gemütlich restaurierten alten Bauernhof befindet. Von Juni–Sept. laufen hier Kreativ- und Yogakurse. Als Verpflegung werden vollwertige, vegetarische Speisen gereicht. ÜB um die 18 € pro Person. ✆ 47-75363, 📠 75363.

Anfahrt/Verbindung Von Lihula die Straße 30 etwa 11 km bis zum Abzweig Karuse nehmen. Dort links abfahren, an Karuse vorbei, bis rechter Hand der Abzweig nach Vatla kommt, nach etwa 8 km.

Hiiumaa (Dagö)

Die zweitgrößte Insel Estlands, die gleichzeitig den Status eines Landkreises genießt, ist per Schiff in etwa eineinhalb Stunden vom Hafen Rohuküla aus zu erreichen. Hiiumaa ist eine relativ junge Insel mit überwiegend flacher Landschaft.

Der höchste Punkt mit 63 m über dem Meeresspiegel ist auf der *Halbinsel Kõpu* zu finden. Etwa 11.540 Einwohner leben auf der 1023 qkm großen Insel. Vor der Küste Hiiumaas liegen zahlreiche kleine Eilande und Inselchen. Am dichtesten besiedelt sind die Küstengebiete und die Stadt *Kärdla*.

Die Landschaft der Insel ist sehr vielfältig: Schöne Dünen, flach abfallende Sandstrände, raue, steinige Küsten, weite, von Wacholder bedeckte Ebenen, in die sich kleine Flüsse malerische Täler gegraben haben, Strandseen, flache, grüne Wiesen und gewaltige Findlinge warten auf die Besucher. Das Inselinnere ist sehr moorig und von dichten Wäldern, überwiegend Kiefern, Erlen und Birken, bedeckt. An einigen Stellen der Insel wachsen sogar Orchideen. Die kleinen Inseln vor Hiiumaa und die *Käina-Bucht* stehen unter Naturschutz. Einzigartig auf Hiiumaa sind die sogenannten Holzwiesen, weite Wiesen, auf denen man plötzlich auf einen niedrigen Birken- oder Erlenhain stößt. Auf Hiiumaa lebt überwiegend Kleinwild. Im Winter kommen auch Wölfe über das Eis auf die Insel. Anfang der neunziger Jahre wurde auf Hiiumaa sogar ein Bär gesichtet. Man nimmt an, dass es der Bär von der Insel Saaremaa war, dem es, nachdem er einige Kälber gerissen hatte, zu langweilig auf Hiiumaa wurde, sodass er schließlich zurück nach Hause schwamm.

Geschichte: Genaue Informationen über die ersten Siedler auf Hiiumaa gibt es nicht. Sicher ist nur, dass die Insel schon lange vor unserer Zeitrechnung bewohnt war. Die ersten bekannten Einwohner Hiiumaas waren die sog. *Strandschweden* (Schweden, die nur die Strände besiedelten). Erstmalig erwähnt wurde Hiiumaa 1228 unter dem Namen *Dageida*. Nach ihrer Eroberung durch die Kreuzritter teilten sich 1254 der Bischof von Ösel-Wiek und der livländische Orden die Insel untereinander auf. Siedler holten sie vom Festland, vom benachbarten Saaremaa und aus Schweden. Nach dem schwedisch-dänischen

Strand auf Hiiumaa

Krieg (1563–1570) wanderte Hiiumaa in den Besitz der Schweden. Die neuen Herren nannten die Insel *Dagö*, was soviel wie *Insel des Tages* bedeutet. Anfang des 17. Jh. verkaufte die schwedische Krone den größten Teil der Insel an den Grafen *Jakob de la Gardie*.

Vom Nordischen Krieg blieb Hiiumaa weitgehend unberührt, geriet aber unter russische Herrschaft und gehörte nun zu den westlichen Provinzen des Zarenreichs. Unerbittlich wütete im 18. Jh. die Pest auf Hiiumaa und forderte zahllose Opfer. 1781 ließ *Katharina die Große* eintausend Schweden in die Ukraine deportieren, da diese nicht auf ihre Freiheit verzichten wollten und deshalb keine Fronarbeit leisteten.

1917 landeten deutsche Truppen auf Hiiumaa. Im Zweiten Weltkrieg verließen zahlreiche Menschen die Insel fluchtartig aus Furcht vor der Roten Armee oder aber wurden nach Sibirien deportiert.

Bis zum Sommer 1992 war Hiiumaa für Besucher so gut wie gesperrt. Selbst Esten benötigten ein Visum für die Insel. Nur wer eine Einladung vorweisen konnte, erhielt eine Reiseerlaubnis.

Hiiumaa ist touristisch noch wenig erschlossen. Doch gerade diese Unberührtheit macht den Charme der Insel aus. Es ist sogar geplant, ganz Hiiumaa unter Naturschutz zu stellen.

Getrunken wird auf der Insel gerne das dort hergestellte *Hiiu-Bier*. Das aus Wacholder gebraute Getränk soll sehr gesund sein. Angeblich zeichnet sich ein "echter" Mann dadurch aus, dass er ohne abzusetzen zwölf Schlucke hintereinander weg von diesem herben Gebräu trinken kann.

Kärdla (Kertel)   (ca. 4500 Einw.)

Hauptort und einzige Stadt der Insel ist Kärdla. Der ruhige, grüne Ort an der Nordküste Hiiumaas ist etwa 25 km vom Festland entfernt. Neben seinem Hauptplatz befindet sich der alte, romantische *Rannapark* (Strandpark), in dem im Sommer Konzerte und Volksfeste veranstaltet werden. Am Hauptplatz selbst gibt es einige hübsch dekorierte Läden und Cafés. Das "rauschende Nachtleben" von Kärdla beschränkt sich auf einige wenige Kneipen. Hiiumaa ist in erster Linie eine Insel der Ruhe.

Anfang des letzten Jahrhunderts gründeten die Brüder *von Ungern-Sternberg* in Kärdla eine Tuchfabrik, die rasch prosperierte und den Unternehmern zu großem Reichtum verhalf. Schließlich gehörte ganz Kärdla zum Besitz der von Ungern-Sternbergs. Der Sohn des berüchtigten *Ungru-Grafen* gründete hier schließlich ein großes Gut, den *Kertelhof.* Um seine Arbeiter in Abhängigkeit zu halten und um seinen Reichtum zu sichern, klügelte der adelige Herr ein raffiniertes System aus:

Von Ungern-Sternberg bezahlte seine Arbeitskräfte nur mit sogenannten *Klubis*, die nichts anderes waren als einfache Lederstücke. Den Wert der Klubis bestimmte von Ungern-Sternberg selbst. Außerhalb seiner Besitztümer konnten seine Beschäftigten herzlich wenig mit ihren Lederstücken anfangen. Doch das war auch Sinn der Sache. Der Umlauf des offiziell geltenden Geldes wurde untersagt, sodass den Untertanen von Ungern-Sternberg keine andere Wahl blieb, als ausschließlich in den Läden des Grafen zu kaufen, in denen selbstverständlich nur der Klubi akzeptiert wurde. Das Stadtrecht erhielt Kärdla übrigens erst 1938.

Übernachten
1. Malvaste
2. Hausmaa
4. Männiliiva
5. Campingplatz bei Luidja
6. Luidja
7. Katri
8. Pihla
9. Heltermaa
10. Peedu
11. Malle Kolga
12. Lõokese Hotel
13. Lille
14. Heido
15. Liilia
16. Tondilossi

Essen/Trinken
3. Vinnaköök
12. Lõokese
15. Liilia
16. Tondilossi

Halbinsel Kõpu
Luidja-Bucht
✕ **Leuchtturm Ristna**
Höchster Punkt der Insel (63 m)
✕ **Leuchtturm Kõpu**
alter Friedhof ★ *Kõpu*
alte Bäume
Mardiantsu

17. Ly Kogermann
18. Anno Touristfarm
19. Sinima
20. Campingplatz Sinima
21. Tuuliku
22. Campigplatz am Hafen Sõru
23. Campingplatz am Gestüt Ristitee
24. Mäeotsa Farm
25. Mõisakoha
26. Tamme Farm
27. Puulaid
28. Campingplatz am alten Schulhaus
29. Vetsi Tall
30. Seeba
31. Keldrimägi
32. Kassari otsa
33. Campingplatz am Sääretirp

Hinweis: Die Nummern 1–33 beziehen sich auf die Hiiumaa-Karte (siehe oben), die Nummern 34–41 auf die Kärdla-Karte (S. 483), die Nummern 2,4,7 und 9 befinden sich auf beiden Karten.

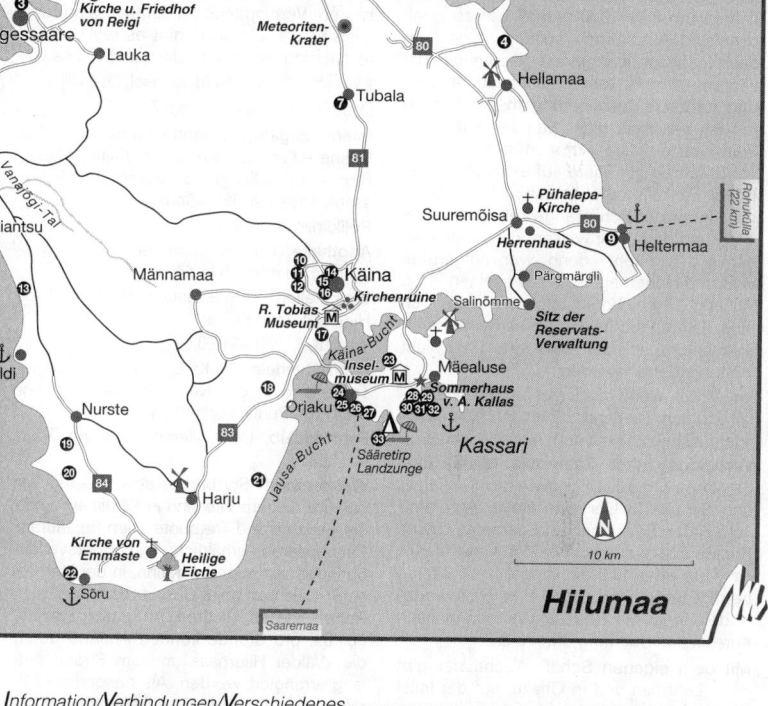

Halbinsel Tahkuna

Tahkuna-Leuchtturm

Lehtma

Reigi-Bucht

Camping Resdande

Camping Malvaste

Tareste-Bucht

Mihkli Farmmuseum

80 Ristimägi (Kreuzberg)

Kärdla ②

①

Kirche u. Friedhof von Reigi

Meteoriten-Krater

③

Kõrgessaare

⑤
⑥

Lauka

⑦ Tubala

80

Hellamaa

④

81

Vanajõgi-Tal

ardiantsu

Pühalepa-Kirche

Suuremõisa

80

Rohuküla (22 km)

⑨ Heltermaa

Herrenhaus

⑬

Männamaa

⑩
⑪
⑫

⑭
⑮
⑱ **Käina**

Kirchenruine

Pärgmärgli

Salinõmme

Sitz der Reservats-Verwaltung

R. Tobias Museum M

⑰

Käina-Bucht

Insel-museum ㉓ M

Mäealuse

Sommerhaus v. A. Kallas

cht

Haldi

⑱

Nurste

83

Orjaku ㉔ ㉕ ㉖ ㉗

㉘ ㉙
㉚ ㉛ ㉜

Kassari

⑲

84

⑳

Harju

㉑

Jausa-Bucht

Sääretirp Landzunge

㉝

Kirche von Emmaste

Heilige Eiche

㉒ Söru

Saaremaa

N

10 km

Hiiumaa

Information/Verbindungen/Verschiedenes

• *Postleitzahl* EE92413

• *Vorwahl* (2)46

• *Information* Keskväljak, Kärdla, ✆ 22233, 22232 ✉ 22234. Hier gibt es aktuelle Informationen zu den Fähren. Ebenfalls werden Privatquartiere vermittelt und Exkursionen arrangiert. Historische Informationen zur Insel und wertvolle Ratschläge für Wanderer sind auf der Insel Kassari im Museum von Hiiumaa erhältlich.

• *Anfahrt/Verbindungen* **Schiff** – Vom Hafen Rohuküla bei Haapsalu legt im Rhythmus von 1–2 Stunden eine Autofähre nach Heltermaa ab und umgekehrt. Der Fährbetrieb beginnt um 6 Uhr und endet um 23 Uhr. Die Überfahrt dauert ungefähr 1,5 Stunden. Aus beiden Richtungen geht in etwa alle 4 Std. ein Schiff, wie z. B. 6 Uhr ab Rohuküla, ab 8.30 in Heltemaa, ab 10.30 Rohuküla und ab 12.30 Heltemaa. Abfahrtzeiten können sich ändern, von daher vor Abfahrt

482   Estland

noch mal nachchecken. Am Hafen nicht unbedingt mit bereitstehenden Bussen oder Taxis rechnen, die einen zum Bestimmungsort bringen. Verbindung von Heltermaa nach Kärdla gegen 8.30, 12.30 und 18.30 Uhr. Entweder auf den nächsten Bus warten, ein Taxi anrufen oder trampen. Es gibt ein Café am Hafen und eine Touristeninformation, ℡ 76290.

Es sei ebenfalls darauf hingewiesen, dass es auch nicht zu jedem Schiff, das zurück zum Festland fährt, einen Zubringerbus gibt. Ab Kärdla fahren Busse, mit denen die Fähren um 8.30, 12.30 und 17 Uhr zu erreichen sind. Autofahrer sollten bedenken, dass insbesondere gegen Nachmittag die Fähren oftmals restlos ausgebucht sind und vorherige Reservierung absolut anzuraten ist, will man nicht Stunden auf einen Platz warten. Die Autonummern werden vor Befahren der Fähre auf estnisch ausgerufen. Es ist empfehlenswert, kurz vorher mit einem der Schiffsangestellten zu sprechen und darauf hinweisen, dass man kein estnisch versteht, denn wer aufgerufen wird und nicht reagiert, verliert seinen Platz. Wichtig ist bei Vorausbuchung auch, sich eine Stunde vor Abfahrt am Hafen einzufinden, soll der reservierte Platz nicht weitervergeben werden, ℡ 31630.

Im Winter, wenn das Meer zwischen der Insel und dem Festland zufriert, ist Hiiumaa übrigens zu Fuß und mit dem Auto erreichbar.

Verbindung nach Saaremaa: Mo, Di, Do–Sa nimmt um 9.30 Uhr sowie Mo, Di, Do, Fr und So um 15 Uhr eine kleine Autofähre vom Hafen Sõru Kurs auf Saaremaa (Triigi). Pro Person werden etwa 5 € verlangt, für ein Auto etwa 10 € einplanen. Die Fahrzeit beträgt ungefähr 1 Stunde. In Triigi wartet in der Regel ein Bus zur Weiterfahrt nach Kuressaare. Buchung unter 24353.

Mit dem eigenen Schiff – Yachthäfen gibt es in Lehtmaa und in Orjaku, auf der Insel Kassari.

Flugzeug – Von Mo–Fr startet jeden Tag um 7.45 Uhr und um 17.45 Uhr eine Maschine von Tallinn nach Kärdla, die genau eine Stunde später wieder zurückfliegt. Die 17:45 Maschine startet auch am Sonntag. Ein einfaches Flugticket nach Tallinn bzw. Kärdla gibt es ab 20 €. Die Flugdauer beträgt eine knappe halbe Stunde. Darüber hinaus gibt es eine Flugverbindung mit Visby auf Gotland. Der Flughafen auf Hiiumaa befindet sich östlich von Kärdla. ℡ 31381 und 31002, www.hiiumaa.ee/airport.

Bus – 2- bis 3-mal täglich fährt ein Bus die um die Insel führende Hauptstraße ab und hält an allen, am Weg liegenden Orten. Die besten Verbindungen bestehen von und nach Kärdla. Ebenfalls gibt es täglich 3 Direktverbindungen mit Tallinn und Haapsalu.

● *Verschiedenes*   **Geldwechsel**, Keskväljak 3. Post/Telegrafenamt, Posti 7.

Internetzugang, folgende Büchereien sind Online – Kärdla, Rookopli 18; Käina, Mäe 2, Emmaste; Hellamaa; Suuremõisa; Kõrgessaare, Tööstuse 16; Kõpu.

Poliklinik, Rahu 2.

Apotheke, Uus 3; Kõpu tee 1 in Kõrgessaare; Hiiu mnt. 1b in Käina.

Tankstellen, Kõrgessaare mnt. 47 und 49; Hiiu mnt. 1c in Käina.

Taxiruf, ℡ 98051/91650.

Fahrradverleih, in Kärdla beim Est-Dagö-Travel und in der Nähe von Käina in der Herberge Puulaid erhältlich.

Fahrradclub, Urve Merendi Cycling Tour, ℡ 31251.

Wassersport, Surfbretter sowie kleine Segel- und Ruderboote sind in Kärdla am Ende der Sadama und Tretboote beim Restaurant Rannapaargu erhältlich; ein Bootsverleih befindet sich auch bei Käina, in der Herberge Puulaid und beim Gestüt Ristitee, s. u.

Reiten, Gestüt Ristitee, in Kassari Esiküla. Für 8 € pro Stunde können Ausritte durch die Wälder Hiiumaas und am Strand entlang arrangiert werden. Als besondere Attraktion werden Nachttritte bei Vollmond angeboten. ℡ 97102, 29083, ✆ 97222, ratsa.kassari@neti.ee.

Übernachten (siehe auch Karte S. 480/481)

Das Geschäft mit dem Tourismus läuft zögernd an, und das Übernachtungsangebot der Insel hält sich noch in Grenzen. Hiiumaa ist in 4 Bezirke zu unterteilen – Pühalepa, wo sich auch die Inselhauptstadt Kärdla und der Hafen befinden, Käina, das die Insel Kassari mit umfasst, sowie Emmaste und Kõrgessaare. In den meisten Unterkünften gibt es eine Sauna, die allerdings in der Regel extra bezahlt werden muss.

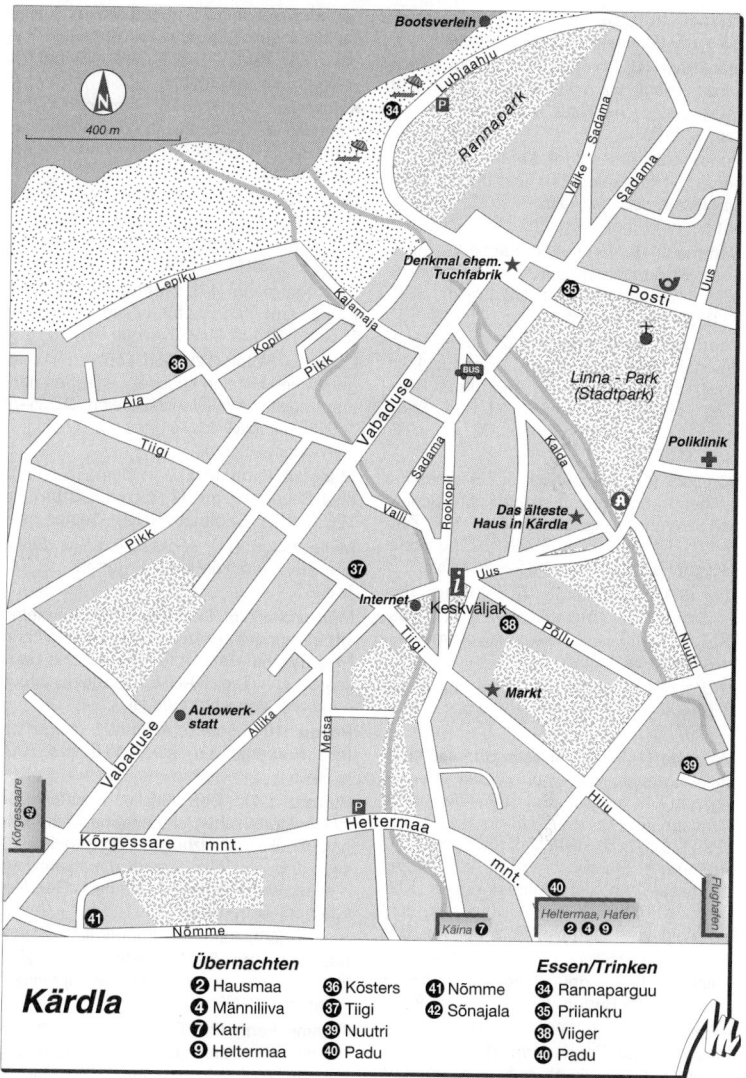

Kärdla

Übernachten

- ❷ Hausmaa
- ❹ Männiliiva
- ❼ Katri
- ❾ Heltermaa
- ㊱ Kösters
- ㊲ Tiigi
- ㊴ Nuutri
- ㊵ Padu
- ㊶ Nõmme
- ㊷ Sõnajala

Essen/Trinken

- ㉞ Rannaparguu
- ㉟ Priiankru
- ㊳ Viiger
- ㊵ Padu

• *Pühalepa* **Hausmaa (2)**, befindet sich im Ort Hausmaa, ca. 2 km östlich von Kärdla. Familienbetrieb mit einfachen, aber netten Zimmern, direkt am Meer gelegen. ÜB ca. 15 €. ✆ 29190.

Heltermaa (9), Heltermaa. Freundliches Hotel am Hafen. ÜB ab 25 € mit Frühstück. ✆/☏ 4694146.

Katri (7), etwa 5 km südlich von Kärdla im Dorf Tubala gelegen. Angenehmes Hotel in ehemaligem Bauernhaus, schöne Zimmer mit Bad. ÜB inkl. Frühstück. 20 €. ✆/☏ 31610, katriguesthouse@hot.ee, www.katriguesthouse.tripod.com.

Kösters (36), Aia 3, Kärdla. Kleines Privatquartier mit einfachen, aber freundlichen

Zimmern. ÜB ca. 12 €. ☎ 67397, koster@dako.edu.ee, www.hiiumaa.ee/koster.

Männiliiva (4), Dorf Sääre. Hier gibt es ein ganzes Haus zu mieten, das Platz für 4 Leute bietet. Das Haus kostet ca. 60 € pro Tag. ☎ 38865.

Nuutri (39), Nuutri tn 4, Kärdla. Urige Herberge mit rustikalen Zimmern und großem Kaminsaal. ÜB ca. 10 €. ☎ 98023, nuutri@hot.ee, www.hot.ee/nuutri.

Nõmme (41), Nõmme 30, Kärdla. Gemütliches Privatquartier ganz im skandinavischem Stil ausgestattet. ÜB um die 12 €. ☎ 31338, ✆ 22133.

Padu (40), Heltermaa mnt. 22. Gutes Hotel, untergebracht in hübschem Holzhaus, liegt etwa 1,5 km entfernt vom Zentrum in Richtung Heltermaa. Zimmer mit Bad, Frühstück im Preis inbegriffen. DZ ca. 40 €. ☎/✆ 33037.

Sõnajala (42), Leigri väljak 3. Einfaches Ferienheim ohne Bar, aber mit Kochgelegenheit in Wohnhausgegend. ÜB ca. 18 €, Zeltverleih, Tennisplatz, ☎ 31220, ✆ 22580, sonajala@hot.ee, www.hiiumaa.ee/sonajala.

Tiigi (37), Tiigi 3, Kärdla. Zu vermieten sind 3 Zimmer in freundlichem Privathaus. ÜB 10 €. ☎ 31084, ✆ 31084, tiigi@hiiumaa.ee, www.hiiumaa.ee/tiigi.

• *Kõrgessare* **Luidja (6)**, Luidja. Rustikales Holzhaus mit 10 Betten. ÜB um die 10 €. ☎ 93547.

Malvaste (1), Dorf Malvaste. Übernachtung im Haupthaus, in kleinen Hütten oder im eigenen Zelt möglich, Bar vorhanden, nette Atmosphäre. Preise pro ÜB ab 14 €, DZ 25–70 €. ☎ 91901, ✆ 91901. Geöffnet von Mai–September. Malvaste liegt im Nordwesten Hiiumaas. Von der Hauptstraße in Malvaste, an der auch der Inselbus hält, geht ein Weg zum Campingplatz ab. Per Bus schwer zu erreichen.

Pihla (8), Dorf Kõpu. Schönes, ländliches Hostel mit 25 Betten. ÜB ca. 12 €. ☎ 93491, pihla@hot.ee, www.hot.ee/pihla.

• *Kaina* **Anno Touristfarm (18)**, Dorf Utu. Gemütliche Unterkunft auf Ökobauernhof, der sich auf die Produktion von Joghurt spezialisiert hat. ÜB ca. 13 €. ☎ 29120, gunnaraug@hot.ee, ww.hot.ee/gunnaraug.

Heido (14), Luige 8, Käina. Einfaches, aber herzliches Privatquartier. ÜB ca. 10 €. ☎ 36485, ✆ 36470, nur zwischen Mai und Oktober geöffnet.

Kassari otsa (32), Dorf Kassari. Unmittel-

bar am Meer sind 2 wunderbare Ferienhäuser für jeweils 12 Leute zu vermieten. Pro Haus 80–100 €. ☎ 97141,tiitkopli@hot.ee, www.hot.ee/kassariotsa.

Keldrimägi (31), Kassari, Gemeinde Käina. Freundliches Gästehaus in neuem Holzbau. ÜB ca. 21 €. ☎ 97210, www.hiiumaa.ee/engso/keldri.

Lillia (15), Hiu mnt. 22, Käina. Schickes 3-Sterne-Hotel. Zimmer rustikal und gemütlich, mit Holzboden und Kiefernmöbeln. DZ ca. 52 €. ☎ 36146, ✆ 36546.

Ly Kogermann (17), Dorf Nasva. Attraktive kleine Farm mit Platz für 5 Zelte. ÜB um die 18 €. ☎ 36617, ✆ 31490, ly@neti.ee.

Lõokese Hotel (12), Dorf Lõokese 14. Angenehmes Hotel in schöner Lage. Seit neustem auch mit Wellness-Bereich. DZ 35–70 € ☎ 36107, ✆ 36269, looke@hot.ee, www.lookese.com.

Mäeotsa Farm (24), Dorf Orjaku. Gemütlicher Bauernhof mit 12 Plätzen. ÜB um die 11 €. ☎ 97120. Geöffnet von Mai–September.

Malle Kolga (11), Lõokese 6, Käina. Einfache Privatunterkunft mit 6 Betten. ÜB 10€. ☎ 36205.

Mõisakoha (25), Dorf Orjaku. Zu vermieten ist ein uriges Holzhaus in unmittelbarer Meeresnähe. Platz ist für 7 Leute. Das Haus kostet pro Tag 50–80 €. ☎ 31644, info@dagen.ee, www.hot.ee/orjaku.

Peedu (10), Lõokese 4. Einfach ausgestattete Herberge für etwa 10 € pro ÜB. ☎ 36495.

Puulaid (27), Dorf Orjaku. Inmitten von Wacholderbüschen stehen eine Reihe kleiner, rustikaler Holzhütten. ÜB pro Person ca. 10 €. ☎ 36126, puulaiu.matkamaja@neti.ee, www.hiiumaa.ee/puulaid. Geöffnet von April–Dezember.

Seeba (30), Kassari. Urgemütliches Holzhaus mit Platz für 10 Leute. ÜB ca. 20 €. Hier können auch Reittouren arrangiert werden. ☎ 36495.

Tamme Farm (26), Dorf Orjaku. Zu vermieten ist ein uriges, verwinkeltes Holzhaus in unmittelbarer Meeresnähe. Platz für 10 Leute. Das Haus kostet etwa 70 € pro Nacht. ☎ 97151.

Tondilossi (16), Hiiu 11, Käina. Schönes Holzhaus mit Kiefernausstattung. ÜB um die 12 €. ☎ 36337, ✆ 36337.

Vetsi Tall (29), Kassari. Hier schläft man in originellen Holzfässern, die mit Bett, Regal und Fenster ausgestattet sind und auf einer

Apfelwiese stehen. ÜB pro Person ca. 10 €. Nur von Mai–Oktober geöffnet. ✆ 97219, info@vetsitall.ee, www.vetsitall.ee.

● *Emmaste* Lille (13), Dorf Õngu. Obwohl die Ausstattung etwas altmodisch ist, ist die Atmosphäre in den beiden Holzhäusern gemütlich und rustikal. ÜB ca. 11 €. ✆ 97436.

Sinima (19), Dorf Sinima. Rustikale Holzhütten und Platz für 5 Zelte. ÜB 10 €. ✆ 50-63613. Geöffnet Mai–September.

Tuuliku (21), Dorf Jausa. Einfache, aber angenehme Herberge, nicht weit vom Meer entfernt. ÜB inkl. Frühstück ca. 14 €. ✆ 97373, 📱 31167.

● *Camping- bzw. Zeltplätze* Es gibt mehrere Camping- und Zeltplätze über die Insel verstreut. Sie sind alle sehr schön gelegen, einfach ausgestattet und kosten um die 3–4 € pro Person. Auf den Zeltplätzen gibt es in der Regel keine Infrastruktur und die Übernachtung ist frei.

Zeltplatz am Strand von **Luidja (5)**, Kõrgessaare; Campingplatz am alten Schulhaus von **Kassari (28)**, Käina ✆ 97 181; Campingplatz am **Sääretirp** auf Kassari **(33)**, Käina, ✆ 36369; Zeltplatz am Hafen **Sõru (22)**; Campingplatz **Sinima (20)**, sinima.camping@mail.ee; Camping auf dem Gestüt **Ristitee (23)**. Ebenfalls kann bei folgenden Bauernhöfen und Privatquartieren (Adresse s. o.) gecampt werden: Lille, Ly Kogermann, Malvaste, Mäeotsa Farm, Nuutri, Puulaid, Seeba, Vetsi Tall. Es sei darauf hingewiesen, dass es sich außer bei Vetsi Tall, bei den Pensionen immer nur um 5 bis höchstens 10 Plätze für Zelte handelt. In der Hochsaison also besser vorher kurz anrufen.

Essen (siehe Karten S. 480/481 und S. 483)

Es gibt nicht allzu viele Restaurants auf Hiiumaa, doch es besteht in fast jedem Quartier die Möglichkeit, warme Mahlzeiten zu bestellen.

● *In Kärdla* Priiankru (35), Sadama 4. Sehr gutes Restaurant mit europäischer Küche.

Rannaparguu (34), Lubjaaklu 3. Liegt unmittelbar am Meer. Gut bestückte Bar, stillose Ausstattung, Küche zufriedenstellend. Schön ist im Sommer der große Balkon, Meerblick. Gelegentlich Disko bis 2 Uhr morgens.

Padu (40), Hotelrestaurant mit guter Küche.

Viiger (38), Põllu 3a, Kärdla. Angenehmes Café unweit des Hauptplatzes.

● *Im Westteil der Insel* Vinnaköök (3), liegt in Viskoosa, bei Kõrgessaare. Gemütliches Ambiente, überwiegend estnische Gerichte, Spezialität des Hauses ist Wildschweinbraten.

● *In und um Käina* Vetsi Tall (28), Dorf Kassari. Attraktives, rustikales Restaurant im umgebauten Pferdestall.

Liiia (15), empfehlenswertes Restaurant zum Hotel Liilia gehörend. Sehr bemühter Service und köstliche Kreationen, sehr viele estnische Spezialitäten.

Lõokese (12), Lõokese 14, Käina. Befindet sich in einem schönen alten Haus, gutes Essen.

Tondilossi (16), Hiiu 11, Käina. Nette Bar mit akzeptabler Speisekarte.

● *Für Selbstversorger* Supermarkt, neben der Touristeninformation in Kärdla und am Hauptplatz.

Frischen Fisch gibt es am Hafen von Salinõme.

Inselrundfahrt (Beginn nördlich von Kärdla)

Eine gut ausgebaute Straße führt einmal um die Insel an der Küste entlang. Gut zu erkunden ist Hiiumaa mit dem Fahrrad. Am intensivsten lässt sich die Insel aber entdecken, wenn man sie erwandert. Doch dafür muss man Zeit mitbringen.

▶ **Ristimägi (Kreuzberg):** Auf dem Weg nach Kõrgessaare kommt ca. 10 km hinter Kärdla eine geheimnisvolle Sanddüne, auf der die eigentümlichsten Kreuze stehen. Damit hat es folgende Bewandtnis:

Heute ist es üblich, dass ein jeder, der hier vorbeikommt, mit seinem Kreuz den Deportierten gedenkt, sei es mit einem geknüpften Kreuz aus Gräsern

Estland Karte siehe Umschlaginnenklappe vorne

und Ästen oder einem gelegten aus Erde und Steinen. Im Nebel wirkt dieser Ort ziemlich gespenstisch.

> Die auf Hiiumaa lebenden Schweden waren es gewohnt, im Freiheit zu leben, und verlangten diese auch Ende des 18. Jh. von *Gräfin Ebba Margarethe Stenbock*, der damaligen alleinigen Herrscherin auf der Insel. Diese beklagte sich darüber bei *Katharina II.*, die daraufhin den Befehl erließ, jene freiheitsliebenden Schweden in die Ukraine zu deportieren. An der Stelle des Ristimägis fand ein letzter Gottesdienst für die Verbannten statt, woran noch heute ein großer Stein erinnert. Bei dieser Feier wurden die ersten Kreuze aufgestellt.

▶ **Tahkuna-Halbinsel**: Die Halbinsel endet mit der Tahkuna-Landspitze, dem nördlichsten Punkt der Insel. Seit 1875 steht an dieser Stelle ein 42,6 m hoher Leuchtturm, dessen Leuchtfeuer 18 Seemeilen weit zu sehen ist. Vor der Küste Tahkunas haben in der Geschichte viele Seeschlachten stattgefunden.

Zurück zur Hauptstraße geht es über *Malvaste*. Ganz in der Nähe von Malvaste befindet sich der *Mihkli-Hof*. Er gehörte einigen der in die Ukraine deportierten Schweden und wurde später von Esten besiedelt. Heute kann man die Spuren beider Völker an dem Gehöft erkennen. In Mihkli ist ein kleines Museum eingerichtet. Die ältesten Bauten des Hofes sind aus dem 18. Jh.

Fährt man die Küstenstraße ein Stück weiter, kommt man nach *Reigi*. In der Geschichte war Reigi einmal das Kulturzentrum der Insel. Es gab eine Schule, an der Lehrer ausgebildet wurden, und einen gemischten Chor. 1627 entstand hier eine Holzkirche. Die jetzige Kirche aus Stein ließ *Graf von Ungern-Sternberg* im Jahre 1802 bauen, weil er nach dem Selbstmord seines Sohnes von heftigen Gewissensbissen geplagt wurde. Für historisch Interessierte dürfte auch der Friedhof neben der Kirche von Bedeutung sein. Angehörige der baltendeutschen, auf Hiiumaa herrschenden Familien *Stenbock*, *von Ungern-Sternberg* und *von Stackelberg* fanden hier ihre letzte Ruhe. Viele der Inschriften auf den Grabsteinen sind noch gut lesbar.

▶ **Halbinsel Kõrgessaare (Hohenholm)**: Nordwestlich vor der Küste der Halbinsel Kõrgessare ragt ein gewaltiger Felsen aus dem Meer empor. An ihm vorbei führte der Seeweg von Schweden nach Hiiumaa. Um die Seeleute zu verwirren, soll *Otto Rienhod Ludwig Baron von Ungern-Sternberg* falsche Lichter angezündet haben, sodass unzählige Schiffe an dem gefährlichen Riff zerschellten. Zur Strafe ist der im Volksmund als *Ungru-Graf* bezeichnete Freiherr nach Sibirien verbannt worden. Bleibt man auf der Küstenstraße und hält sich in Luidja rechts, gelangt man nach Kõpu, einer weiteren Halbinsel.

▶ **Kõpu**: Die Halbinsel gehört zu einer der ältesten Gegenden Hiiumaas. Vor der Nordküste Kõpus liegt eine gefährliche Sandbank, die schon vielen Seeleuten das Leben gekostet hat. Aus diesem Grunde baute man bereits Anfang des 16. Jh. in der Mitte der Halbinsel einen Leuchtturm. Damit das 35 Seemeilen reichende Leuchtfeuer auch von weitem gesehen wurde, wurde er auf einem 20 m hohen, künstlichen Granitberg errichtet. Anfänglich wurde der Turm mit einem offenen Feuer beleuchtet. Sehenswert!

Nordöstlich des Leuchtturms ist der höchste Punkt Hiiumaas, der 63 m hohe *Püha Andruse mägi* zu finden. Wenn man kurz vor dem Leuchtturm den Weg nach *Ülendi* einschlägt, trifft man auf einen uralten Friedhof, der Geschichtsinteressierte über die ältesten Inselbewohner aufklärt. In Ülendi wachsen alte, schöne, knorrige Bäume. Am Westende von Kõpu steht der Leuchtturm von Ristna. Auch er sollte die Schiffe vor der gefährlichen Hiiu-Sandbank warnen.

Richtung Süden

Fährt man die Küstenstraße weiter in den südlichen Teil der Insel, so gelangt man nach *Mardiantsu*. Hier mündet der Fluss *Vanajõgi* ins Meer. Schön ist der Blick auf das 10 m tiefe Flusstal im Wald – einfach dem Schild an der Straße folgen.

Das nächste Ziel ist *Emmaste*. Das sicher einmal sehr schöne *Gut von Emmaste* ist im Laufe der Zeit ziemlich verfallen. Bei Emmaste geht ein Pfad nach *Tärkma* ab, Standort einer heiligen Eiche. Vor der Christianisierung hielten die Einwohner am Fuße der von ihnen verehrten Eichen Gottesdienste für ihren Naturgott *Uku* ab.

Auf dem Weg nach Käina kommt man durch *Harju*, wo einige hübsche Windmühlen stehen.

▶ **Käina**: Gegenüber der Insel Kassari liegt der Ort Käina. Im Mittelalter war Käina der Sitz der Bischöfe von Ösel-Wiek. Die Bischofskirche ist jedoch zerstört worden, sodass nur noch ihre Mauerreste zu sehen sind. In Käina befindet sich ein Museum zum Andenken an *Rudolf Tobias*. Der estnische Komponist, der hier im Jahre 1873 das Licht der Welt erblickte, zählt zu den ersten Musikern, die sich hauptsächlich der Musik Estlands widmeten, und deren Anliegen es war, die Entwicklung einer eigenständigen estnischen Musik voranzutreiben. Zu Beginn des letzten Jahrhunderts lehrte Rudolf Tobias übrigens an der Musikhochschule Berlin.

Die Kirche von Käina stammt aus dem 15. Jh. Auch der Küstenstreifen entlang der Käina-Bucht ist sehenswert. Das Meer ist flach, die kräftig grünen Felder reichen bis an die See, die den Küstenstreifen Käinas von der Insel Kassari trennt.

▶ **Kassari**: Die Käina-Bucht und die Insel Kassari gehören zu den schönsten Stellen Hiiumaas. Das Ufer ist übersät mit weißen Steinen, und die Wiesen zum Meer hin sind von smaragdgrüner Farbe. Kühe und Schafe, die bei starker Hitze auch gerne Abkühlung im Seewasser suchen, weiden hier. Das Land ist mit würzig duftendem Wacholder bewachsen, und immer wieder erblickt man größere und kleinere Findlinge.

Kassari ist eine 19 km große Insel und durch zwei Dämme mit Hiiumaa verbunden. Wegen seiner Unberührtheit und natürlichen Schönheit steht das gesamte Gebiet Kassaris unter Naturschutz. Wunderschön ist die *Sääretirp-Landzunge*, der südlichste Zipfel Kassaris, die zum Wandern einlädt. Die großen Steine, die vor der Landzunge im Meer liegen, gehen auf das Konto des *Riesen Leiger*, des Helden der Inselbewohner. Er hat diese Steine ins Wasser gelegt, um sich eine Brücke zu seinem auf Saaremaa lebenden Bruder *Suur Tõil* zu bauen.

Estland
Karte siehe Umschlaginnenklappe vorne

Auf Kassari sind auch die sogenannten *Holzwiesen* zu finden. In der Mitte der kleinen Insel steht das Sommerhaus der estnisch-finnischen Schriftstellerin *A. Kallas*. Im Süden Kassaris ist das Inselmuseum von Hiiumaa zu finden. Eine kleine Kapelle mit riedgedecktem Dach steht im Norden Kassaris am Ende des schmalen Weges nach Kiisi.

Das Gut Suuremõisa auf Hiiumaa

▶ **Suuremõisa (Großenhof)**: Im Osten Hiiumaas steht das prachtvolle, im Barockstil erbaute Herrenhaus Suuremõisa. Bewohnt wurde es von den auf Hiiumaa ansässigen Adeligen. Früher hieß das Gut einmal *Hallik* oder auch *Pühalep*. Als im frühen Mittelalter die Insel in der Hand des Deutschen Ordens war, versorgten sich die geistlichen Herrscher und Ritter mit dem, was der Gutshof erwirtschaftete. Im Jahr 1603 wurde das Gut an den *Rittmeister Christoph Stackelberg* als Lehen vergeben. Als später die Schweden Hiiumaa zu ihren Besitztümern zählten, gehörte der Hof zunächst dem Königshaus, wurde 1624 aber an den schwedischen Grafen *Jakob de la Gardie* verkauft. Nach dem Nordischen Krieg, als die Insel zu einer Provinz des russischen Imperiums wurde, ging das Gut in den Besitz *Katharinas II.* über, die es an *Ebba Magarethe Stenbock*, die Urenkelin de la Gardies, weitergab. Diese ließ das Gut zu einem majestätischen Herrenhaus umbauen, das mit der Zeit den Namen *Großenhof* erhielt. Durch ihren Sohn *Jacob Stenbock* geriet das Anwesen in den Besitz der *Ungern-Sternbergs*. Es war übrigens Jacob Stenbock, der den berüchtigten *Ungru-Grafen* wegen seiner falschen Leuchtsignale anzeigte (s. S. 486). Die letze Besitzerin des Großenhofs war die *Baronin Dorothea von Stackelberg, geb. Gräfin Ungern-Sternberg*.

Die alten Bischöfe, Gutsherren und Barone wussten genau, an welchen Stellen sie ihre Häuser bauten, denn die Lage von Suuremõisa ist wirklich malerisch. Eine romantische Schwarzerlen-Allee führt zu dem vornehmen Herrenhaus, das umgeben ist von einem Park mit knorrigen, alten Bäumen.

Sehr interessant ist die ein paar hundert Meter weiter gelegene, zu Suuremõisa gehörende Kirche. Sie stammt aus dem 13. Jh. Sehenswert ist ihre an die 300 Jahre alte Steinkanzel. Eine Reise in die Zeit der Barone und Grafen kann man auf dem danebenliegenden Friedhof unternehmen, wo einige Familienmitglieder der Linien *Stenbock, Ungern-Sternberg* und *Stackelberg* begraben sind. Außerdem kann man hier einiges über die komplizierten Verwandtschaftsverhältnisse und Hochzeitsstrategien dieser Familien erfahren.

▶ **Salinõmme:** Kurz vor Suuremõisa führt, aus dem Süden kommend, rechts ein Weg in das zweite Naturschutzgebiet Hiiumaas. Vor der Küste liegen viele kleine Inselchen. Früher waren die meisten von ihnen bewohnt, doch mit Beginn der Sowjetherrschaft wurden einige Grenzposten auf Hiiumaa und den umliegenden Inseln eingerichtet. Den Einwohnern, zumeist Fischern, wurde der Besitz eigener Boote nicht länger gestattet. Damit ging ihre Existenzgrundlage verloren, und immer mehr Menschen mussten die Inseln verlassen.

Meteoriten-Krater: Südlich von Kärdla hat ein herabstürzender Meteorit vor etwa 400 Millionen Jahren, ein gewaltiges Loch in die Erde geschlagen. Im Innern des Kraters wird nach Mineralwasser gebohrt, das es überall auf der Insel als Kärdla-Wasser zu kaufen gibt.

Baden: Die langen Sandstrände des Festlands sind für einen Badeurlaub gewiss geeigneter als die steinigen Strände Hiiumaas. Doch haben diese mit ihrer nordischen Schönheit einiges für's Auge zu bieten. Das Wasser ist hier sauberer als anderswo. Der Strand von Kärdla kommt einer große Liegewiese gleich. Schöne Badestrände sind in Malvaste und Ludja zu finden. Am allerschönsten aber ist der Strand von Kassari.

Feste

Die Termine für die einzelnen Feste wechseln, deshalb in der Touristeninformation nach den aktuellen Veranstaltungsterminen fragen.

Strandfest: Jedes Jahr im Juli steigt ein Riesenfest in der Reigi-Bucht, wo am Lagerfeuer gesungen, getanzt und getrunken wird.

Sängerfest: Im Sommer wird im Park von Kärdla alljährlich ein großes Sängerfest veranstaltet, bei dem Chöre aus Hiiumaa und aus der näheren Umgebung auftreten, in der Hoffnung, als bester Chor ausgezeichnet zu werden.

Johannisnacht: Natürlich wird auch auf Hiiumaa die Sommersonnenwende ausgiebig gefeiert. In jedem Dorf und im Kärdla-Park wird der längste Tag des Jahres mit Tänzen, Liedern, reichlichem Essen und einem guten Tropfen Wodka willkommen geheißen.

Estland
Karte siehe Umschlaginnenklappe vorne

Saaremaa (Ösel)

Saaremaa ist die größte der estnischen Inseln und umfasst außer den bewohnten Inseln Muhu, Abruka und Ruhnu auch das Vogelparadies Vilsandi und über 500 kleine und kleinste Inseln. Alle zusammen bilden sie den Landkreis Saaremaa.

Die Bodenfläche des Archipels dehnt sich über 2.922 qkm aus. Der frühere Name *Ösel* stammt von den Schweden, was soviel wie *Sieb aus Inseln* bedeutet. Die Natur von Saaremaa ist vielseitig und wunderschön. Viele Gebiete sind noch völlig unberührt, da auch für Saaremaa ein Visum vonnöten war, das nur gegen Einladung erteilt wurde.

An der Küste sind überwiegend steinige Strände zu finden mit flachem Übergang zur See. Doch es gibt auch Stellen, an denen das Land steil zum Meer hin abfällt. Über 40 % der Inselfläche sind bewaldet. Oft sind auch saftige Wiesen und im Wasser stehende Kühe zu sehen, die eine wahrhafte Idylle bilden, obwohl die Landwirtschaft auf Saaremaa nicht gerade ein Zuckerschlecken ist. Der Boden ist sehr steinig. Zeugnis davon legen die für Außenstehende malerisch anmutenden Steinzäune ab, die die Bauern vor vielen Jahren aus den Steinen der Äcker aufgeschichtet haben. Bei einer Tour um die Insel wird man auf alte Gehöfte, Bockwindmühlen, Findlinge und wuchtige Wacholderbüsche stoßen. Die Flora Saaremaas ist ausgesprochen artenreich. An manchen Stellen wachsen sogar Orchideen. Weitere Attraktionen sind der riesige Meteoritenkrater und die gut erhaltene *Burg von Kuressaare*.

Bockwindmühle auf Saaremaa

Die Saaremaa-Esten unterscheiden sich durch ihre Lieder, Bräuche, Trachten und Geschichten erheblich von denen des Festlands. Der Held von Saaremaa ist der gutmütige Riese *Suur Tõil*, der Bruder des Helden von Hiiumaa.

Geschichte: Die ersten Siedlungen der westestnischen Inselgruppe werden ungefähr auf 300 v. Chr. datiert. Im Mittelalter konnte sich Saaremaa am längsten den Kreuzrittern widersetzen. Erst 1227 gelang es dem Orden, die aufsässigen Inselbewohner zu missionieren und zu unterwerfen. Zur Festigung ihrer Macht ließ der Orden in Kuressaare eine Burg bauen. Während des *Dreikronenkrieges* (1563–1570), an dem Polen, Schweden und Dänemark beteiligt waren, fiel Saaremaa an Dänemark. Schon bald, nämlich im Jahre 1645, geriet die geographisch günstig gelegene Insel unter schwedische Herrschaft. Vom Nordischen Krieg blieb Saaremaa so gut wie unberührt, erlitt aber durch die kurz darauf ausbrechende Pest große Bevölkerungsverluste.

Als 1710 die Russen auf Saaremaa landeten und die Übergabe der ehemaligen Ordensfestung forderten, räumten die von der Pest geschwächten Schweden widerstandslos das Feld.

Kuressaare (Arensburg) (ca. 17.000 Einwohner)

Hauptstadt des Saaremaa-Archipels ist das hübsche Städtchen Kuressaare. Die Attraktionen des Ortes sind die guterhaltene Ordensburg und der dazugehörige verwilderte Schloßgarten.

Auch die Altstadt Kuresaares ist sehr schön. Vor vielen der alten Bauten stehen Tische und Stühle, und zahlreiche, ansprechend dekorierte Schaufenster laden zum Bummeln ein. Darüber hinaus ist die im Süden des Eilandes gelegene Stadt ein guter Ausgangspunkt für Inselexkursionen.

Geschichte: Wie so viele andere Orte, wurde auch Saaremaa vom Deutschen Orden erobert. Von 1343 bis 1345 baute er die *Arensburg* als Sitz der Bischöfe von Ösel-Wiek. Kuressaare war zunächst als Siedlung bekannt, die um die Festung herum entstand. Sie entwickelte sich zum Marktflecken, bis ihr *Graf Magnus*, der Bruder des *Dänenkönigs Frederick II.*, im Jahr 1563 schließlich das Stadtrecht verlieh. Im Mittelalter erlebte Kuressaare eine wirtschaftliche Blüte. Das Rathaus und das Haus der Gewichte, deren beider Grundsteinlegung Mitte des 17. Jh. erfolgte, erzählen von dieser Zeit. Die verheerende Pest, die der Nordische Krieg mit sich brachte, stürzte die einst blühende Stadt in furchtbares Elend und Armut. Nur elf Menschen überlebten die Seuche. Erst Ende des 18. Jh. erholte sich Kuressaare wieder. *B. von Campenhausen*, der damalige Gouverneur von Livland, lebte in der Stadt und veranlasste den Bau vieler neuer Häuser. Diese Gebäude wurden überwiegend im Stil des Klassizismus errichtet. Beispiele für diese Architektur geben u. a. das *Haus der Ritterschaften* in der Lossi tänav 7, die *St. Laurentiuse-Kirche* und die alte *Markthalle* mit dem Marktplatz.

Als man in Kuressaare den Heilschlamm entdeckte, erfuhr die Stadt einen Aufschwung, insbesondere, als sie 1840 zum Kurort erklärt wurde. Nach dem Zweiten Weltkrieg war das Leben in Kuressaare einfacher als in manch anderem Ort. Der Fischfang war eine sichere Einnahmequelle. Darüber hinaus erfreuten sich die hier erzeugten Milchprodukte und das auf der Insel gebraute Bier auf dem Festland großer Beliebtheit. Heute setzt das lebendige Städtchen zwar auf den Tourismus, strahlt aber dennoch Ruhe und Behaglichkeit aus.

Estland
Karte siehe Umschlaginnenklappe vorne

Information/Verbindungen

- *Postleitzahl* EE93813
- *Vorwahl* (2)45
- *Information* Tallinna 2. ☎ 33120, 🖅 33120, kuressaare@visitestonia.com.
- *Verbindungen* **Schiff** – Von Virtsu legt von 6 Uhr morgens bis 22 Uhr abends alle zwei Stunden eine Autofähre zum Hafen Kuivastu auf Muhu ab, von dem es über den Damm weiter zur Hauptinsel Saaremaa geht. Das gleiche Schiff fährt von 5 Uhr morgens bis 23 Uhr abends im 2 Stundentakt von Kuivastu zurück nach Virtsu. Bei der Mitnahme eines Autos ist, insbesondere am Nachmittag, vorherige Reservierung angebracht. Hafen Virtsu ☎ 47-75020, Hafen Kiuvastu ☎ 45432. Ticketoffice in Kuressaare, Kohtu 1, ☎ 24444, 🖅 24355, broneerimine@sgrupp.ee.

Leuten ohne Auto ist es anzuraten, sich mit einem nach Kuressaare durchfahrenden Bus auf die Fähre rollen zu lassen, weil man unter Umständen sonst einige Zeit im Hafen auf einen Bus warten oder auf ein Taxi zurückgreifen muss. Von Virtsu aus gibt es etwa alle 2 Stunden eine Verbindung, entweder mit Tallinn, Pärnu oder Haapsalu. Bus- und Schiffsangaben beziehen sich auf Werktage, am Wochenende mit Einschränkungen rechnen. Eine einfache Überfahrt kostet etwa 1,30 €. Kinder und Studenten zahlen die Hälfte. Für ein Auto sind etwa 4 € zu rechnen, was je nach Reisezeit auch mehr sein kann. Für die Mitnahme eines Fahrrads muss 1,5 € extra bezahlt werden.

Verbindung nach Hiiumaa: Vom Hafen Triigi, im Norden Saaremaas, 3 km nördlich von Leisi lährt eine kleine Autofähre nach Hiiumaa. Nähere Infos siehe S. 482.

Mit dem eigenen Schiff: Der Yachthafen befindet sich in Nasva, westlich von Kuressaare, Funkkontakt auf VHF 16 möglich, Kennwort Jahtklubi.

Flugzeug – im Winter gibt es Mo, Mi und Fr 2x täglich eine Vormittags- und eine Nachmittagsmaschine von und nach Tallinn. Im Sommer zusätzlich auch Di und So. Die Flugzeit beträgt 45 Min. Do gibt es darüber hinaus einen Flug von Saaremaa über Ruhnu nach Pärnu und Fr. von Pärnu über Ruhnu nach Saaremaa. Der Flughafen befindet sich etwa 5 km südlich von Kuressaare. ☎ 33793, 🖅 33790. Nähere Infos zu den Flugzeiten unter www.eeke.ee und in der Touristeninformation.

Saaremaa

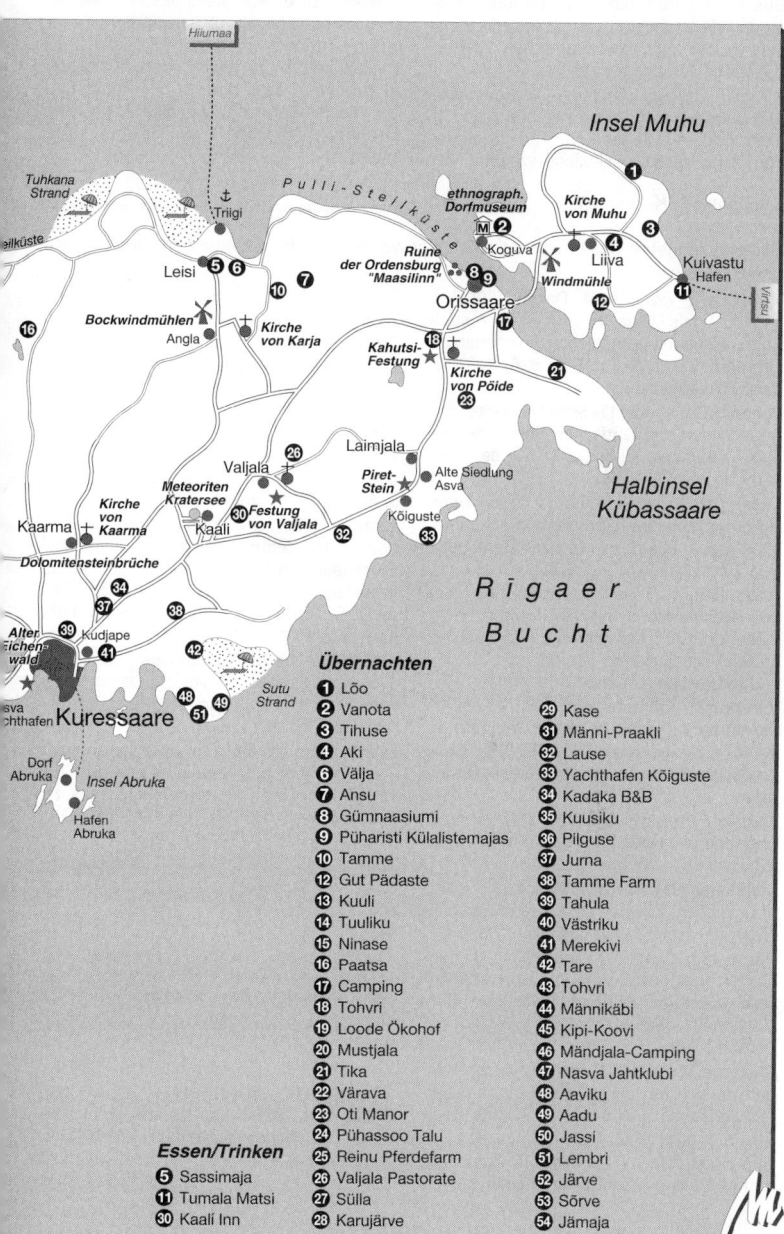

Hiiumaa

Insel Muhu

Tuhkana Strand

P u l l i - S t e i l k ü s t e

-eilküste

Triigi

❶

ethnograph. Dorfmuseum

Kirche von Muhu

Ⓜ **❷** *Koguva*

❹ **❸**

Leisi **❺ ❻**

Liiva

Ruine der Ordensburg "Maasilinn"

❼ **❿**

❽ ❾

Orissaare

Windmühle

⓬

Kuivastu *Hafen*

⓫

Virtsu

Bockwindmühlen

Kirche von Karja

⓰

Angla

Kahutsi-Festung ★ **⓲**

⓱

Kirche von Pöide

㉓

㉑

Laimjala

Valjala **㉖**

Piret-Stein ★

Alte Siedlung Asva

Halbinsel Kübassaare

Meteoriten Kratersee

Kirche von Kaarma

Kaarma ✝

Kaali

㉚ *Festung von Valjala*

㉜

Kõiguste

㉝

Dolomitensteinbrüche

㉞

㉛

㊲

㊳

R ī g a e r

B u c h t

Alter Eichen- wald ★

㊴ *Kudjape*

㊶

㊷

sva chthafen **Kuressaare**

㊸ **㊱**

㊾

Sutu Strand

Dorf Abruka

Insel Abruka

Hafen Abruka

Übernachten

❶ Lõo
❷ Vanota
❸ Tihuse
❹ Aki
❻ Välja
❼ Ansu
❽ Gümnaasiumi
❾ Püharisti Külalistemajas
❿ Tamme
⓬ Gut Pädaste
⓭ Kuuli
⓮ Tuuliku
⓯ Ninase
⓰ Paatsa
⓱ Camping
⓲ Tohvri
⓳ Loode Ökohof
⓴ Mustjala
㉑ Tika
㉒ Värava
㉓ Oti Manor
㉔ Pühassoo Talu
㉕ Reinu Pferdefarm
㉖ Valjala Pastorate
㉗ Sülla
㉘ Karujärve
㉙ Kase
㉛ Männi-Praakli
㉜ Lause
㉝ Yachthafen Kõiguste
㉞ Kadaka B&B
㉟ Kuusiku
㊱ Pilguse
㊲ Jurna
㊳ Tamme Farm
㊴ Tahula
㊵ Västriku
㊶ Merekivi
㊷ Tare
㊸ Tohvri
㊹ Männikäbi
㊺ Kipi-Koovi
㊻ Mändjala-Camping
㊼ Nasva Jahtklubi
㊽ Aaviku
㊾ Aadu
㊿ Jassi
(51) Lembri
㊼ Järve
㊳ Sõrve
㊴ Jämaja

Essen/Trinken

❺ Sassimaja
⓫ Tumala Matsi
㉚ Kaali Inn

Bus – Kuressaare hat einen gut funktionierenden Busbahnhof mit Direktverbindungen in die größeren estnischen Städte. Busbahnhof, Pithla tee 25.

• *Verbindung auf der Insel* Die Hauptstraßen werden von Bussen befahren, jedoch nicht allzu oft. Die Insel per Bus zu erkunden, kann deshalb schwierig werden. Viel Verkehr gibt es auf Saaremaa noch nicht, so dass es sehr reizvoll ist, mit dem Fahrrad (Fahrradverleih s. S. 499.) auf Entdeckungsreisen zu gehen. Hierbei ist aber zu beachten, dass abseits der Hauptstraßen die Straßen nicht asphaltiert sind. Unterkünfte sind überall auf Saaremaa zu finden.

Übernachten in Kuressaare

Das Hotelangebot Saaremaas ist dichter geworden und hat Quartiere in allen Preislagen zu bieten.

• *Gehobene Preisklasse* **Daissy (60)**, Tallinna 15. Edels kleines Hotel in altem restaurierten Haus mit gemütlichen, komfortablen Zimmern. EZ ab 55 €, DZ ab 60 €. ✆ 33669, daissy.hotell@mail.ee.

Johan (67), Kauba 13. Schickes Hotel mit freundlichen, im nautischen Stil ausgestatteten Räumen. EZ ca. 55 €, DZ ca. 60 €. ✆ 33036, johan@tt.ee.

Lossi (82), Lossi 27. Kürzlich restauriertes Hotel mit exklusiven Zimmern in schönem, alten Haus, auf dem Weg zur Burg gelegen. EZ zwischen 55 – 70 €, DZ ca. 80 €.

Repo (58), Vallimaa 1a. Gemütliches, aber sehr kleines Hotel mit viel Komfort, nicht weit vom Rathaus entfernt. DZ ab 60 €. ✆ 33510, repo@kuressaare.ee www.kuressaare.ee/repo.

Vanalinna Võõrastemaja (69), Kauba 8. Komfortables Hotel in altem Gebäude im Zentrum Kuressaares. DZ ab 60 €. ✆ 33689, repo@kuressaare.ee, www.kuressaare.ee/repo.

• *Mittlere Preisklasse* **Laura (71)**, Kohtu 2. Angenehmes Hotel im Herzen Kuressaares. DZ ab 40 €. ✆ 45081.

Merineitsi (91), Ravila 2a. Kleines Hotel mit freundlichen Zimmern und sehr persönlichem Service. EZ etwa 38 €, DZ etwa 45 €.

Pärna (80), Pärna 3. Kleine Frühstückspension in ruhiger Wohngegend, etwa 300 m vom Zentrum entfernt. DZ ca. 40 €. ✆/📠 57521, perhoht@hot.ee, www.hot.ee/perhoht.

Saarema Valss (90), Kastani 20. Hierbei handelt es sich um ein teilweise modernisiertes Sanatorium, in dem auch heute noch Anwendungen möglich sind. DZ ab 45 €.

Spa-Hotel Meri (77), Pargi 16. Supermodernes Wellness-Zentrum mit einer breiten Palette an Anwendungen. DZ 60 €, mit Anwendungen etwa 50 € mehr.

Staadioni (88), Staadioni 1. Ganz nettes Hotel mit Sicht auf die 1000-Meter-Bahn des Stadions. Vorherrschende Farbe in den Zimmern ist blau. DZ ab 45 €.

• *Preiswerte Unterkünfte* **Ager (59)**, Kohtu 10. Spartanisches Gästehaus der Landwirtschaftsvereinigung. EZ ab 25 €, DZ etwa 30 €. ✆ 53637, 📠 56534.

Arabella (57), Torni 12. Etwa 5 Min. außerhalb vom Zentrum liegt ein einfaches Blockhaus, mit einem ausgezeichnetem Preis-Leistungsverhältnis EZ ca. 35 €, DZ ca. 46 €, DRZ 57 €, Schlafsaal 13 € pro Person. ✆ 55885, 📠 33443.

Ella Elvira Kraavi Guesthouse (85), Kraavi 1. Nettes Hostel mit verschiedenen Zimmerkategorien und Campingwiese. ÜB etwa 21 €. ✆ 55242.

Mardi Öömaja (56), Vallimaa 5a. Mit viel Farbe hat man das beste aus dem von Studenten geführten Hotel gemacht, was zu machen war. ÜB ab 26 €, DZ ca. 32 €. ✆ 55032.

Ovelia (84), Suve 8. Kleine Frühstückspension in hübschem, roten Holzhaus. ÜB um die 14 €. ✆ 55732.

Roos (86), Tuule 11. Freundliche Frühstückspension, die man auch vollständig mieten kann. ÜB ab 10 €, ca. 50 € für das ganze Haus (4 Räume). ✆ 56941.

Ühisgümnaasiumi (89), Hariduse 13. Einfaches Hostel, nur während der Sommerferien geöffnet, ÜB um die 9 €. ✆ 54388, 📠 57226, aado@syg.edu.ee.

Tuula Villa (87), Kivi 6. Kleines, einfaches, aber freundliches Gästehaus. EZ ca. 21 €, DZ ca. 40 €.

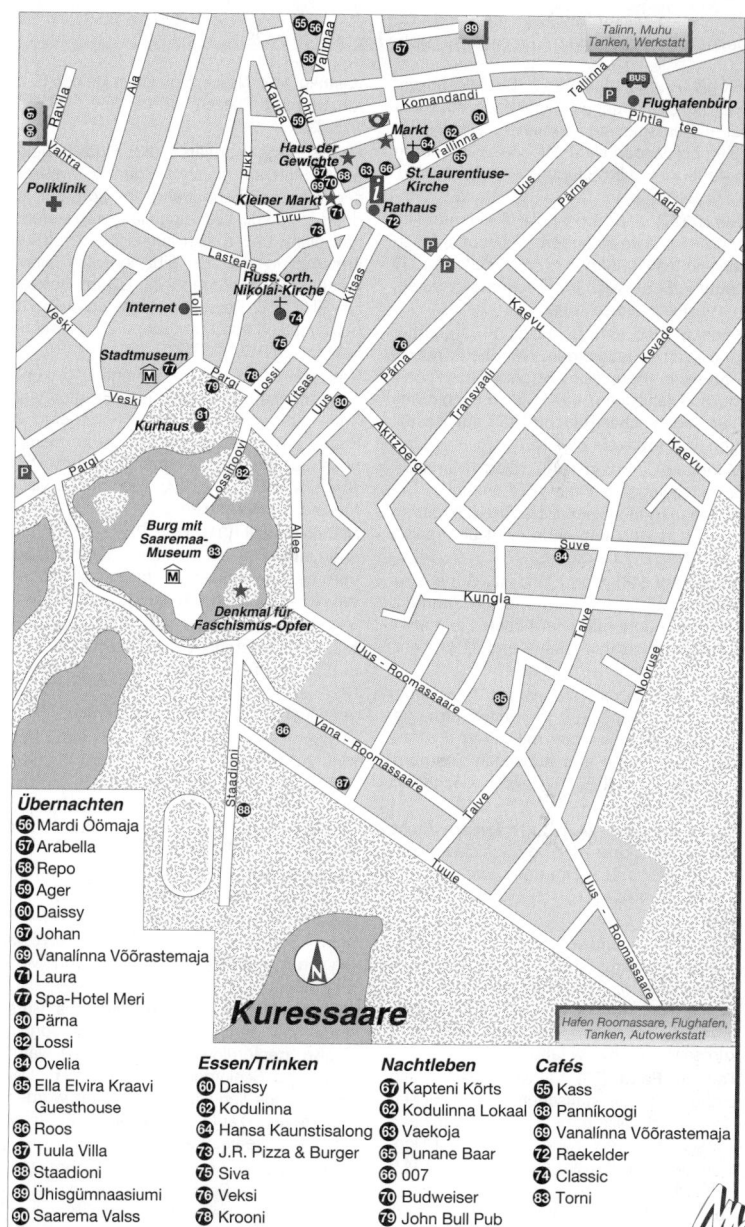

Kuressaare

Übernachten
56 Mardi Öömaja
57 Arabella
58 Repo
59 Ager
60 Daissy
61 Johan
69 Vanalínna Võõrastemaja
71 Laura
77 Spa-Hotel Meri
80 Pärna
82 Lossi
84 Ovelia
85 Ella Elvira Kraavi Guesthouse
86 Roos
87 Tuula Villa
88 Staadioni
89 Ühisgümnaasiumi
90 Saarema Valss
91 Merineitsi

Essen/Trinken
60 Daissy
62 Kodulinna
64 Hansa Kaunstisalong
73 J.R. Pizza & Burger
75 Siva
76 Veksi
78 Krooni
81 Kursaal

Nachtleben
67 Kapteni Kõrts
62 Kodulinna Lokaal
63 Vaekoja
65 Punane Baar
66 007
70 Budweiser
79 John Bull Pub

Cafés
55 Kass
68 Pannikoogi
69 Vanalínna Võõrastemaja
72 Raekelder
74 Classic
83 Torni

496   Estland

● *Kreis Karma* **Jassi (50)**, Dorf Mändjala, Hier ist ein zünftiges Ferienhaus mit Platz für 9 Personen zu vermieten. Pro Nacht 65 €, bei länger als 1 Woche während Aufenthalt Ermäßigung. &/☏ 31569. &/☏ 31468.

Jurna (37), Dorf Upa Küla, 6 km nördlich von Kuressaare zu finden. Hübsches, frisch renoviertes Bauernhaus mit Platz für 10 Leute. ÜB 20–35 €. & 21919, jurna@neti.ee, www.saaremaa.ee/jurna.

Kadaka B&B (34), Dorf Upa. Privatquartier in großem, geräumigen Wohnhaus mit 10 Plätzen in freundlich hergerichteten Zimmern. Mahlzeiten sowie selbstgebrautes Bier und frischer Räucherfisch auf Bestellung. ÜB um die 14 €, & 55355.

Mändjala-Camping (46), Dorf Mändjala. Schön gelegener Platz in Strandnähe. Unterbringung in kleinen Holzhütten, leider etwas überteuert und auch nicht übermäßig freundlich. ÜB um die 9 €.

Männikäbi (44), Dorf Mändjala. Gut ausgestattetes Hotel mit komfortablen Zimmern und Restaurant mit guter Küche. Liegt etwa 4 km westlich von Nasva und 11 km entfernt von Kuressaare. DZ ab 46 €.

Merekivi (41), Mereranna tee 1. Befindet sich in Dorf Kudjape, zum Kreis Kaarma gehörend. Schönes Hotel mit gutem Restaurant, Bar, Sauna und hübschen Zimmern. DZ um die 40 €. & 31466, yllar@tt.ee, www.tt.ee/merekivi.

Nasva Jahtklubi (47). Zu finden am Yachthafen des Dorfes Nasva. Schickes Hotel mit komfortablen Zimmern und freundlichem Service. DZ ca. 55 €. & 44044, nasvahotel@tt.ee.

Tahula (39), schönes Hotel, 6 km außerhalb Kuressaares an der Straße nach Kuivastu gelegen, Restaurant angeschlossen. DZ ca. 46 €. Auf dem Gelände kann auch gezeltet werden. & 33666, 55079, rb@kuressaare.ee, www.tahula.ee.

Tamme Farm (38), Vatsküla. Kleiner Bauernhof mit majestätischen uralten Eichen. Gäste sind willkommen, sich in der Landwirtschaft zu versuchen, wie z.B. per Hand zu melken, zu buttern etc. ÜB um die 14 €. & 95654.

Tohvri (43), Sörve mnt 58, Nasva. Gemütliches Privatquartier in Wohngegend mit im skandinavischen Stil ausgestatteten Zimmern. ÜB 14 €. & 44184.

Västriku (40), Nasva. Hübsches kleines Gästehaus mit 6 Plätzen. ÜB ca. 15 €. & 44180, ☏ 53332.

● *Kreis Kärla* **Karujärve (28)**. Hübsch gelegener Platz am gleichnamigen Süßwassersee. Schöner Sandstrand, im Sommer jedoch recht voll. Wer einen längeren Aufenthalt plant, decke sich ausreichend mit Lebensmitteln ein. Es gibt lediglich einen Kiosk und eine Feuerstelle. ÜB im Holzzelt ca. 20 € für 2 Personen. Liegt etwa 25 km nordwestlich von Kuressaare. ÜB zwischen 5–14 €. & 42100, ☏ 33722.

Kase (29), Dorf Paiküla. Schöne Unterkunft auf umgebautem Bauernhof. Es gibt Vierbett- und Sechsbetthütten, alle mit eigener Sauna ausgestattet. Mahlzeiten im Haupthaus auf Bestellung erhältlich. Hütte 60–70 €. & 42100, ☏ 31123, kase.puhkekyla@mail.ee, www.kase.ee.

Männi-Praakli (31), Dorf Paiküla. Freundliche Unterkunft auf kleinem Bauernhof, auf dem es Bio-Gemüse und frischgeschleuderten Honig gibt. ÜB um die 9 €. &/☏ 42176.

● *Kreis Salme* **Järve (52)**, Dorf Järve. Gemütliches Gästehaus mit Platz für 14 Leute in duftendem Kiefernwald etwa 500 m vom Meer entfernt. ÜB um die 12 €. & 71479, jarvetalu@hot.ee, www.hot.ee/jarvetalu.

● *Kreis Lümanda* **Kipi-Koovi (45)**, Dorf Kipi. Zu vermieten sind 5 rustikale Vierbett-Holzhütten umgeben von hohen, duftenden Bäumen. Außerdem 50 Zeltplätze. Mahlzeiten auf Bestellung, Fahrrad- und Bootsverleih. ÜB um die 13 €. & 76433.

Kuusiku (35), Dorf Viidu. Hier gibt es ein schönes 2-stöckiges Sommerhaus mit insgesamt 10 Plätzen neben altem, romantischen Bauernhof. ÜB um die 12 €. & 76345, lea.vammus@mail.ee. Geöffnet von Mai–Oktober.

Pilguse (36), liebevoll restauriertes Gutshaus aus dem 16. Jh. im Dorf Jögela. Große, geräumige Zimmer mit viel Naturstein und Schlafgalerie. DZ ca. 50 €. Darüber hinaus kann für 6 € gezeltet werden. Mahlzeiten auf Bestellung. & 76492, info@pilguse.ee, www.pilguse.ee.

● *Kreis Kihelkonna* **Loode Ökohof (19)**, Dorf Kuralase. Romantische Unterkunft auf urigem Ökobauernhof, wo das Bier noch selbstgebraut und der Fisch selbstgeräuchert wird. & 23069, kuralase@hotmail.com.

Pühassoo Talu (24), romantisches Holzhaus an der Westküste der fast unbewohnten Halbinsel Tagamõisa gelegen. Gut geeignet als Ausgangspunkt in den Nationalpark von Vilsandi. Romantisches Holzhaus. Boot- und Fahrradverleih. ÜB ca. 18 €. 3 Busse täglich zwischen Undva und Kuressaare, ✆ 56100.

Reinu Pferdefarm (25), Dorf Kõruse, Kreis Kihelkonna. Einfache Unterkunft auf schönem Reiterhof für etwa 13 € pro Person. ✆ 25032405 (mobil).

Sülla (27), gemütlicher Ökobauernhof im Dorf Oju. Insgesamt stehen 10 Plätze zu Verfügung. ÜB um die 14 €. Bootsverleih und Reitmöglichkeit. ✆ 46927.

● *Kreis Mustjala* **Kuuli (13)**, in Meersnähe gelegener Zerltplatz beim Dorf Ninase. Geöffnet von Juni–September. ÜB um die 5 €. ✆ 79718.

Mustjala (20), im Dorf Mustjala. Einfache Jugendherberge mit Vier- und Achtbettzimmern. ÜB um die 8 €. ✆ 79737.

Ninase (15), im gleichnamigen Dorf gelegen. Es gibt 23 Plätze in rustikalem Blockhaus, sowie die Möglichkeit zu zelten. ÜB im Haus um die 14 €. ✆ 79743, von Mai–September geöffnet.

Paatsa (16), hier, im gleichnamigen Dorf sind 5 brandneue Blockhütten zu vermieten. Aber da eben alles so neu ist, wirkt der Platz ein wenig steril. ÜB ca. 13 €. ✆ 52-08779. Geöffnet von Mai–Oktober.

Tuuliku (14), Ninase. Schönes Ferienhaus mit 5 Plätzen. Mahlzeiten und Räucherfisch auf Bestellung, Bootsverleih. ÜB ca. 25 €. ✆ 51-66730. Geöffnet von Juni–September.

Värava (22), uriger Bauernhof im Dorf Selgase ÜB um die 12 €. ✆ 31467, aado@syg.edu.ee. Nur von Mai–August geöffnet.

● *Kreis Leisi* **Välja (6)**, Dorf Hiievälja. Schönes großes Bauernhaus mit 5 freundlichen DZ, Zeltplätzen und einem Ferienhaus für 4 Personen. ÜB ab 22 €, DZ 32 €, Ferienhaus 50 €. Sämtliche Preise beinhalten eine Mahlzeit. ✆ 29050, valja@maaturism.ee, www.valja.btg.ee.

Tamme (10), uriger Ökobauernhof im Dorf Roobaka. Es gibt eine rustikale romantische Blockhütte mit 6 Plätzen, darüber hinaus kann gezeltet werden. ÜB ca. 14 €. ✆ 28470, nur von Mai – September geöffnet.

● *Kreis Pihtla* **Aadu (49)**, Dorf Suure-Rootsi. Uriger alter Bauernhof mit gemütlichen rustikalen Zimmern, großem Garten, Fahr-

rad- und Bootsverleih. ÜB um die 14 €. Geöffnet von Mai–September. ✆ 29550, rooso.alge@mail.ee, www.aadutalu.btg.ee.

Aaviku (48), urgemütliches Gästehaus im Dorf Vanamõisa. Es gibt 3 rustikale Zimmer mit 7 Betten. ÜB um die 9 €. ✆ 54632, geöffnet von April–Oktober

Lembri (51), Dorf Ennu. Schöner Bauernhof mit 5 Plätzen. ÜB um die 12 €. ✆ 90154. Geöffnet von Mai–November.

Tare (42), schöner Platz nicht weit vom Meer im Dorf Sutu. ÜB in Holzhütten oder im Haus möglich, ÜB für 2 Personen ca. 10–15 €, ✆ 53190, ✆ 57584.

● *Kreis Valjala* **Lause (32)**, Dorf Jursi. Wunderbarer alter Bauernhof mit 17 Plätzen in rustikalen, gemütlichen Zimmern. ✆ 50-20366, ✆ 40194. Geöffnet von Mai–September.

Valjala Pastorate (26), freundliche Frühstückspension mit 10 Plätzen im Dorf Valjala. Außerdem Raum für 40 Zelte. ÜB um die 13 €. ✆ 49543, ✆ 49532.

● *Kreis Laimjala* **Yachthafen Kõiguste (33)**, Dorf Kõiguste. Zum Yachthafen gehört auch ein nettes, kleines Gästehaus. ÜB um die 16 €. ✆ 94315.

● *Kreis Orrissare* **Ansu (7)**, Dorf Järveküla. Gemütlicher, rustikaler Bauernhof mit 6 Plätzen. ÜB um die 13 €. ✆ 29018, aansu@hot.ee.

Camping (17), von Muhu kommend liegt der Platz kurz vor Orissaare an der Hauptstraße. ÜB in Holzhütten, pro Person um die 6 €. Geplant ist der Bau einer Bar.

Gümnaasiumi (8), Kuivastu mnt., Stadt Orissaare. Gegenüber vom Abzweig der Aia tänav. Einfaches Schulwohnheim, das im Sommer Gäste aufnimmt. ÜB um die 7 €. ✆/✆ 45242.

Pühasiti Külalistemajas (9), Ranna pst. 11. Romantisches Holzhaus mit schönem Meerblick. ÜB etwa 13 €. ✆ 45149, orissaare@eelk.ee.

● *Kreis Põide* **Oti Manor (23)**, Dorf Põide. Charmante Unterkunft in teilweise renoviertem Herrenhaus. Zu vermieten sind 2 exklusive DZ à 60 € und 2 Suiten à 95 €.

Tika (21), malerischer, unter hohen Bäumen gelegener Bauernhof im Dorf Kõrkvere. Bauernhof mit 8 Plätzen. Außerdem, Bootsverleih und Reitmöglichkeiten. ✆ 28169.

Tohvri (18), Kahutsi. Wunderbares Gästehaus in umgebauter Scheune mit rustikalen Mehrbettzimmern und kleinen Blockhütten. ÜB ab 13 €. Mahlzeiten auf Bestellung. Zur

Herberge gehört ein charmanter Obstgarten. Geöffnet von April–November. ✆ 45214, tohvri.turismitalu@mail.ee,www.saaremaa.ee/tohvri.

• *Kreis Torgu* **Jämaja (54)**, kleines, freundliches Privatquartier im gleichnamigen Dorf gelegen. Im Garten kann gezeltet werden. ÜB etwa 12 €. Mahlzeiten auf Bestellung, Bootsverleih. ✆ 70457.

Sõrve (53), Bauernhof und Campingwiese im Dorf Kargi. ÜB zwischen 6 und 14 €. Außerdem gibt es 2 Luxussuiten für ca. 30 €. ✆ 32061.

• *Privatunterkünfte* Es gibt so viele davon, dass es unmöglich ist, sie alle einzeln aufzuführen. Über ganz Saaremaa verteilt ist diese Art von Quartier, darunter viele Bauernhöfe, zu finden. Die obige, nach Kreisen geordnete Liste ist nur eine kleine Auswahl. Die Preise liegen im Schnitt um die 14 € pro ÜB, mit Abweichungen nach oben und unten. Verpflegung nach Vereinbarung. In der Touristeninformation in Kuressaare liegt eine Adressen- und Preisliste aus. Da diese Unterkünfte meist sehr klein sind, ist vorherige Reservierung anzuraten. Sehr oft sind sie auch per Bus schwer zu erreichen, so dass es empfehlenswert ist, sich mit den Gastgebern an der nächstgelegenen Bushaltestelle zu verabreden.

Essen/Trinken in Kuressaare (siehe Karte S. 495)

Das Restaurantangebot beschränkt sich größtenteils auf Kuressaare. Lediglich in den wenigen Hotels, die außerhalb der Inselhauptstadt liegen, kann man noch essen gehen. In fast allen Pensionen, Privatquartieren und Bauernhöfen können jedoch Mahlzeiten bestellt werden.

Daissy (60), Tallinna 15. Elegantes Jagdrestaurant in altem Backsteinkeller.

Hansa Kunstisalong (64), Tallinna 9. Stilvolles Galeriecafé mit intellektueller Atmosphäre.

J.R. Pizza & Burger (73), Turu 4. Freundliche Pizzeria mit angenehmer Sommerterrasse.

Kodulinna (62), Tallinna 11. Großes Restaurant mit zufriedenstellender Küche.

Krooni (78), Lossi 1. An sich ist dieses Restaurant durch und durch estnisch, es sind jedoch auch eine handvoll italienische Gerichte auf der Speisekarte zu finden.

Kursaal (81), Lossipagi 1. Das Kurhaus beherbergt Bar, Café und Restaurant in einem. Weiße, verschnörkelte Möbel und viel Licht schaffen eine angenehme Atmosphäre.

Siva (75), Lossi 3. Etwas bizarr anmutendes Restaurant. Ausstattung büroähnlich mit Tex-Mex Kreationen auf der Speisekarte.

Veksi (76), Pärna 19. Befindet sich in einer alten Mühle. Riecht schon von weitem verführerisch und ist meistens sehr voll. Im Sommer oft mit Live-Folk.

• *Cafés/Bars* **Classic (74)**, Lossi 9. Charmantes Café mit klarem Ambiente und schöner Terrasse.

Kass (55), Vallimaa 5a. Traditionell ausgestattetes Café mit Salatbar und kleinem Buffet.

Pannikoogi (68), Kohtu 1. Beliebtes Pfannkuchenhaus, in dem auch Pizzas serviert werden.

Raekelder (72), Tallinna 2. Hübsch restaurierter Ratskeller mit guter, umfangreicher Speisekarte.

Torni (83), Lossihoov 1. Nach der Museumsbesichtigung lädt das dazugehörige Burgcafé zu Kaffee und Kuchen ein, herrliche Aussicht von dort. Öffnungszeiten wie Museum.

Vanalinna Võõrastemaja (69), Kauba 8. Angenehmes Hotelrestaurant mit herzhafter estnischer Küche und Wildgerichten.

• *Kneipen/Bars/Diskos* **Budweiser (70)**, Kauba 6. Netter irischer Pub mit relaxter Atmosphäre.

007 (66),Tallinna 6. An James Bond erinnert hier herzlichst wenig. Beliebte Disko/Bar/Kneipe mit viel Techno und jungem Publikum.

John Bull Pub (79), Lossiparg i 4. Sympathische Kneipe mit "Verkehrsdekor", wie z. B. alte Traktorensessel, die als Barhocker dienen. Am Abend oft Live-Musik.

Kodulinna Lokaal (62),Tallinna 11. Beliebte Kellerbar mit Tanzfläche, am Wochenende meist Live-Musik.

Kapteni Kõrts (67), Kauba 13. Schicke Kneipe im Seemannsstil. Do ist Karaoke-Abend, am Wochenende oft Live-Musik.

Punane Baar (65), Tallinna 10. Angenehme Kneipe und Disko mit Publikum über Zwanzig.

Vaekoda (63), Tallinna 2. Urgemütliche Szenekneipe im Keller des aus dem 17. Jh. stammenden Haus der Gewichte.

Essen/Trinken außerhalb Kuressaares (siehe Karte S. 492/493)

Kaali Inn (30), Dorf Kaali, Kreis Pihtla. Altes, restauriertes Steinhaus mit traditioneller estnischer Küche.

Sassimaja (5), Leisi, Krei Leisi. Uriges, mit Efeu überwuchertes Steinhaus mit herzhafter estnischer Kost.

Tumala Matsi (11), Kuivastu 28, Orissaare, Kreis Orissaare. Freundliches Restaurant mit gutem Essen und schöner Sommerterrasse

Gut essen kan man auch in den Restaurants der folgenden Hotels bzw. Herbergen: Aki Camping, Jahtklubi Nasva, Männikäbi, Tahula, Merekivi und im Vanatoa Gästehaus (Insel Muhu, siehe S. 506).

Einkaufen/Verschiedenes

• *Einkaufen* Die zahlreichen, gemütlichen Läden Kuressaares liegen überwiegend um den Rathausplatz und entlang der Tallinna, Lossi und Turu tänav. Zu kaufen gibt es u. a. typisch estnische Volkskunst in Form von Handarbeiten und Malereien, inseltypisches Kunstgewerbe, gestrickte Mützen, Silberschmuck, Leder- und Keramikwaren.

Markt, Tallinna 5. In den schönen, kleinen Markthallen ist im Sommer ein reichliches Angebot an frischen Beeren, Fleisch, Gemüse und Fisch sowie handgearbeiteten Souvenirs wie Handschuhe, Mützen und Decken zu finden.

• *Verschiedenes* Die angegebenen Adressen befinden sich, wenn nicht anders erwähnt, in Kuressaare.

Geldwechsel, Rohu 5. Außerdem entlang der Tallinna mehrere Wechselstuben und Geldautomaten.

Post/Telegrafenamt, Torni 1.

Internetzugang, Tolli 1, in der Bibliothek; Haridues 13, im Gymnasium.

Poliklinik, Aia 25.

Tankstelle, Kalevi 2; Roomassaare.

Autowerkstatt, Kalevi 2; Roomassaare.

Taxiruf, Kuressaare Takso, 33377; OÜ Saare Takso, ℡ 33333; außerdem Taxistand hinter dem Rathaus.

Wäscherei, Pihtla 20.

• *Mietwagen* Es gibt zahlreiche Autoverleihstellen auf Saaremaa. Hier eine kleine Auswahl: **Metra**, Aia 25. ℡ 39361; **Polar Rent**, Tallinna 9. ℡ 33660; **Priit Rent**, Aia 53a. ℡ 39733; **OÜ Saare Autex**, Tallinna 21, ℡ 33911.

• *Sport und Freizeit* **Bootsverleih**: Aadu, Suure-Rootsi, Kreis Pihtla; **Järve Farm**, Järve, Kreis Salme; Hotel Merekivi, Kudjape, Kreis Kaarma; **Nasva Yacht Club**, Nasva, Kreis Kaarma ℡ 33 910.

Fahrradclub: Club Viiking, Tallinna 22, ℡ 57118.

Fahrradverleih: Arensburgi Reisid, Tallinna 25; **AS Bivarix**, Tallinna 26; **Ella Elviira**, Kraavi 1; **Lümanda Dinner**, Lümanda, Kreis Lümanda; **OÜ Saare Autex**, Tallinna 21.

Kino: Scala, Tallinna 6.

Reiten: **Karujärve** Campingplatz, Kreis Kärla; **OÜ Viscordia**, Kõljala, Kreis Pihtla; **Reinu**, Dorf Kõruse, Kreis Kihelkonna; **Sülla**, Oju, Kreis Kihelkonna; **Tika**, Kõrkvere, Kreis Pöide

Segeln: Segeltörns können über den Yachtclub Nasva, Kreis Kaarm arrangiert werden.

Tennis: **Hotel Männikäbi**, Mändjala, Kreis Kaarma; **Tennisclub Sinnet**, Staadioni 1, Kuressaare; **Top Tennis** Saaremaa, Staadioni 4, Kuressaare.

Wandern: Zu ausgedehnten Spaziergängen lädt das Viidumäe Naturschutzgebiet beim Dorf Viidu im Kreis Lümanda ein. Attraktiv ist ebenfalls eine Wanderung auf der Vogelinsel Vilsandi (s. u.).

• *Reisebüros* **Arensburgi Reisid**, Tallinna 25. Nützliche Adresse bei Touren auf die Insel Abruka, ℡ 33360, abr@tt.ee.

Mere, Tallinna 27. Hauptsächlich Vermittlung von Unterkünften auf Bauernhöfen. ℡ 3610, mere@tt.ee, www.saaremaa.ee/mere.

Thule, Pihtla 2. Zimmervermittlung, Schiffsticketbuchung, Exkursionen über die Insel etc. ℡ 33 830, thule@tt.ee, www.tt.ee/thule.

Estland Karte siehe Umschlaginnenklappe vorne

Sehenswertes

Burg: Als 1227 Saaremaa vom Deutschen Orden erobert wurde, ließ der Orden die *Arensburg* als Sitz für die Bischöfe von Ösel-Wieck bauen, deren Hauptsitz jedoch in Haapsalu lag. Fertiggestellt wurde die Festung 1380. Zur Jahrhundertwende vom 14. auf das 15. Jh. erhielt die quadratisch angelegte Burg eine mächtige Schutzmauer. Ihr höchster Turm ist der 29 m hohe *Lange Hermann*, der sich, als er noch ohne Dach war, ideal zur Lenkung von Kämpfen und Schlachten eignete. Mit Ausbruch des livischen Krieges Mitte des 16. Jh. verkaufte Bischof *Johannes v. Münchhausen* die Burg an Dänemark. Unter dänischer Herrschaft wurden die Befestigungsanlagen um einen Wassergraben ergänzt. Als 1645 die Schweden aus dem dänisch-schwedischen Krieg als neue Ostseemacht hervorgingen, fielen Saaremaa und die Festung gemäß dem *Frieden von Brömsebro* an die schwedische Krone. Zunächst begannen die Schweden, die Befestigungsanlagen noch weiter auszubauen, doch nicht viel später verlor die Burg an strategischer Bedeutung und wurde nur noch als Kornspeicher genutzt.

Den Nordischen Krieg überstand sie unversehrt, kam aber nach Beendigung des Krieges unter russische Herrschaft, was die von der Pest geschwächten Schweden widerstandslos hinnahmen. Sie übergaben den Russen sogar die 67 noch vorhandenen Kanonen - eine fiel bei diesem Manöver in den Burggraben. 1971 wurde sie entdeckt und ist jetzt vor dem Konventsgebäude ausgestellt. Doch auch für die neuen Herren war die Kuressaarer Burg strategisch uninteressant. 1836 wurde sie endgültig von der Liste der russischen Festungen gestrichen.

Museum: Heute ist in der Burg das sehenswerte Saaremaa-Museum untergebracht. Prächtige, riesengroße Wappen, viele alte Dokumente, Kleidungsstücke und Gebrauchsgegenstände aus längst vergangenen Zeiten, ein nachgebauter Krämerladen u. v. m. gewähren einen lebendigen Einblick in die Inselgeschichte. Da die Burg im Mittelalter eng mit dem Deutschen Orden verbunden war, sind viele der ausgestellten Schriftstücke in deutscher Sprache verfasst. Abgerundet wird das mittelalterliche Flair, das auch heute noch von der Burg ausgeht, durch die alten, sich schmal nach oben windenden Treppenaufgänge. In den oberen Etagen sind wechselnde Ausstellungen estnischen Kunstgewerbes und Neuheiten aus der Welt der bildenden Künste zu sehen, die oftmals zum Verkauf angeboten werden.

Öffnungszeiten Vom 1. Mai–1. Sept Mo–Sa von 11–19 Uhr und So von 10–19 Uhr geöffnet, ansonsten Mi–So von 11–19 Uhr.

Park: Die gesamte mittelalterliche Festung ist von einem idyllischen Park umgeben. Hinter der Burg befindet sich die Bühne, auf der im Sommer die Sängerfeste stattfinden. Nicht weit davon liegt das Kurhaus, ein schönes hölzernes Gebäude, in dem man auch gut essen kann. Der Teil des Parks hinter dem Kurhaus und der Freilichtbühne gehört den Kindern und Jugendlichen. Wenn das Wetter mitspielt, findet hier am Wochenende eine Freiluftdisko statt.

Stadtmuseum, Pargi 5: Dieses winzigkleine Museum berichtet über die Geschichte von Kuressaare.

Öffnungszeiten Mi–So von 11–18 Uhr.

Rathaus und Galerie, Tallinna 2: Das Rathaus von Kuressaare repräsentiert architektonisch den sog. *Nördlichen Barockstil*. Das Gebäude entstand auf Initiative des schwedischen *Barons Magnus Gabriel de la Gardie*, der die ersten Zeichnungen selbst entwarf. Ausgeführt wurden die Arbeiten von den Baumeistern *Franz Stiemer* und *J. Hansson* in den Jahren 1654 – 1670. Stark beschädigt wurde das Rathaus bei einem Feuer 1710. Von 1961 – 1973 wurde das Rathaus rundherum renoviert und beherbergt heute die Stadtverwaltung, die Touristeninformation, ein Restaurant und eine Kunstgalerie. In der Galerie sind Wechselausstellungen zeitgenössischer estnischer Kunstwerke zu sehen, teilweise auch Exponate aus der Tallinner Kunsthalle.

Öffnungszeiten Mo–Fr von 11–17 Uhr, Sa von 11–14 Uhr.

Haus der Gewichte, Tallinna 3: Das Haus der Gewichte befindet sich am Hauptplatz gegenüber vom Rathaus. Gebaut wurde es im Jahr 1666 und beherbergte die Waage des Ortes in sich, während auf dem heutigen Hauptplatz der Markt abgehalten

Die Burg von Kuressaare

wurde. Bezeichnend für den Bau ist sein schöner, treppenförmig gestalteter Giebel.

Haus der Adeligen, Lossi 1: Das Haus der Adeligen wurde Ende des 18. Jh. von *von Dellingshausen* errichtet und beherbergt heute die Regierung des Landkreises Saaremaas.

Gerichtshaus, Tallinna 19: Das im klassizistischen Stil errichtete Gebäude war architektonisch einst eines der bedeutensten Bauwerke in Livland. Entworfen wurde es von dem Architekten von Richter und wurde von 1789 bis 1790 unter der Aufsicht des Rigensers Johann Fr. Oettinger realisiert. Ursprünglich beherbergte das Gebäude Gericht, Polizeistation und Gefängnis unter einem Dach. Im Laufe seiner Geschichte ist das Haus mehrere Male neu aufgebaut worden. Heute beherbergt es das Zollamt von Saaremaa.

Hansa Galerie, Tallinna 9. Schicke Galerie mit wechselnden, meist extravaganten Exponaten und Cafébetrieb. Geöffnet von 11.45 – 22.00 Uhr.

Eichenwald: Kurz hinter Kuressaare auf dem Weg zur Halbinsel **Sõrve** gibt es einen alten Eichenwald. Viele der Eichen zählen an die 300 Jahre.

Der sagenumwobene Kaali-See

Der Osten Saaremaas

Eine der sagenumwobensten Natursehenswürdigkeiten Saaremaas ist der 18 km nördlich von Kuressaare gelegene *See von Kaali*. Über seine Entstehung klärt uns das Märchen vom Sohn des *Paevapoeg* auf, das Parallelen zur griechischen Mythologie aufweist:

> Vor langer Zeit sah der Sohn der Sonne vom großen Himmelszelt herab und erblickte auf der Insel Saaremaa ein wunderschönes Mädchen. Sofort war er unsterblich in die irdische Schönheit verliebt. Um sie zu freien, ritt er oft über die goldene Himmelsbrücke. Eines Tages geschah jedoch das Schreckliche: Die Brücke stürzte sich zusammen. Der himmlische Romeo blieb zwar unbehelligt, doch wurde sein mächtiger, goldener Hut in die Tiefe gezogen und prallte so heftig auf die Erde, dass ein tiefes Loch im Erdboden entstand. Aus diesem Loch entstand der Kaali-See.

Eine andere Geschichte weiß von der Hochzeit eines Geschwisterpaares zu berichten, bei der die Erde voller Entsetzen die Traukirche samt Anwesenden verschluckt haben soll. Wieder eine andere Legende erzählt von einem verschwenderischen Gutsherren, der bei einem rauschenden Fest mit seinen Gästen in den Boden versunken sein soll.

Interessanterweise ist, archäologischen Berechnungen zufolge, der geographische Punkt, wo Phaeton, von dem die griechische Mythologie erzählt, vom

Himmel zur Erde herabstürzte, ebenfalls am Kaali-See festzumachen. Von diesen Sagen ausgehend, beschäftigte sich der Geologe *Reinwald* ausgiebig mit der Entstehungsgeschichte des Sees. Er konnte nachweisen, dass der Grund des Sees nicht auszumachen ist, und fand wenig später einige Meteoritensplitter. Die Entscheidung, ob es nun das Stück eines Planeten, die goldene Himmelsbrücke oder aber Phaeton war, durch den der Kaali-See entstand, bleibt jedem selber überlassen.

Um den Hauptkrater liegen noch sieben kleinere Kraterseen. Neben den Seen befindet sich ein Museum, das über den Meteoriten informiert.

▶ **Angla**: Von Kaali die Straße weiter Richtung Leisi fahrend, trifft man beim Ort Angla am Wegesrand auf die für Saaremaa typischen *Bockwindmühlen*. Mitten unter den fünf kleinen Mühlen klappert eine holländische Windmühle.

▶ **Karja**: Bei Angla geht ein Weg nach Karja ab. Hier gibt es eine schöne *Kirche* aus dem 14. Jh. zu sehen. Schon allein das Eingangstor ist interessant, denn beide Türen sind unterschiedlich gestaltet. Viele Rosen schmücken das Portal, das Symbol des Schweigens. Im Inneren befindet sich eine beeindruckende Kanzel aus dem Jahr 1638. Sie entstand im Stil der Spätrenaissance und ist mit wertvollen Schnitzereien verziert. Im Wald gegenüber der Kirche befindet sich ein schöner alter Friedhof mit Gräbern aus dem 18. Jh.

▶ **Leisi**: Das winzige Dorf gilt als das Zentrum Nord-Saaremaas. Etwa 3 km nördlich des Ortes liegt Triigi, wo sich die einzige Anlegestelle an der Nordküste befindet. Von hier besteht 3x täglich Verbindung mit Hiiumaa.

▶ **Orissaare**: Von Leisi geht es weiter über die Küstenstraße nach Orissaare. Auf dem Weg lohnt es sich, an der *Steilküste von Pulli* anzuhalten.

In *Maasi*, kurz vor Orissaare, gab es im Mittelalter die Ordensfestung *Maasilinn*. Übriggeblieben sind lediglich Mauerreste. An der Straße in Orissaare gibt es ein Café, eine söökla und ein Restaurant. Unweit davon führt der Damm über den *Väike Väin*, den Kleinen Sund, nach Muhu.

▶ **Pöide**: Auf einer kleinen Anhöhe erhebt sich die alte *Kahutsi-Festung*. Außerdem befindet sich in Pöide eine der ersten Steinkirchen Estlands. Sie wurde als Wehrkirche erbaut und gilt als die größte Saaremaas. Die ältesten Teile des Sakralbaus sind bereits im 13. Jh. entstanden.

Von Pöide geht eine Straße auf die Halbinsel *Kübassaare* ab, die sich gut erwandern lässt und einige malerische Steilküsten aufweist.

▶ **Laimjala**: ...und wieder wandelt man auf dem Pfad der Helden. In der Ortschaft *Kõiguste*, nahe Laimjala liegt ein besonders großer Stein. Angeblich handelt es sich hier um den Stein, den *Piret*, die Frau des Suur Tõil, zum Anheizen ihrer Riesensauna gebrauchte.

Im nicht weit entfernten *Asva* soll in Urzeiten einst eine alte Siedlung gestanden haben.

▶ **Valjala**: Wählt man in Laimjala die Straße nach Westen, so kommt man nach Valjala. Die hier stehende Festung war einst die gewaltigste der gesamten Insel. Die dazugehörige Kirche entstand im 13. Jh. unmittelbar nach der Christianisierung der Einwohner. Bei genauem Hinsehen sind noch alte Wandmalereien zu erkennen.

Estland
Karte siehe Umschlaginnenklappe vorne

Halbinsel Sõrve (Sworbe)

30 km weit reicht die südwestlich von Kuressaare gelegene Landzunge ins Meer hinein. Im Dorf Tehumardi erinnert ein Denkmal an die im Zweiten Weltkrieg hier stattgefundene Schlacht um Saaremaa. 1944 lieferten sich die Rote Armee zusammen mit den Esten und die Truppen Nazi-Deutschlands eine blutige und verlustreiche Schlacht.

Baltischer Glücksbringer

In *Üüdibe* an der Westküste Sõrves steht übrigens in Form eines riesigen Steins der *Sessel des Suur Tõils*, von welchem aus er das Meer beobachtete. Schöne, aber relativ niedrige Steilküsten sind auf der Westseite der Halbinsel bei *Kaugaturra* und *Ohessaare* zu finden.

Am südlichsten Punkt Sõrves, beim Dorf *Sääre*, steht ein Leuchtturm. Schon im 17. Jh. wies er Seeleuten den Weg. Der Landspitze sind einige kleine Inseln vorgelagert, die angeblich nichts anderes sind als die gewaltigen Brocken, die Suur Tõil dem Teufel nachschleuderte, um ihn für immer zu vertreiben.

An der Ostseite Sõrves, etwas nördlich des Ortes Massa gelegen, wächst ein wunderschöner *Taxuswald*. Entlang der Halbinsel erstrecken sich herrliche Sandstrände.

Der Westen Saaremaas

Bei *Viidumäe* befindet sich das zum Naturschutzgebiet erklärte *Lümanda-Suurissoo-Moor*. Hier wachsen nicht nur ungewöhnlich viele Pflanzenarten, sondern auch sehr seltene Exemplare. Sogar Orchideen sind hier zu finden. Das Naturschutzgebiet liegt an dem Weg, der Liiva und Viidu miteinander verbindet. Vor der zerfurchten Westküste Saaremaas ist die *Vogelinsel Vilsandi* zu sehen, zu der Besucher nur schwer Zugang haben.

Als Zentrum im Westteil der Insel wird das Dorf *Kihelkonna* bezeichnet. Im Mittelalter lag der Ort einmal am Meer und unterhielt einen Hafen.

Ganz in der Nähe, in *Viki*, liegt das sehenswerte *Mihkli-Bauernhofmuseum*. Die schöne und interessante Ausstellung, die Gegenstände aus dem Alltag einer Bauernfamilie zeigt, die sechs Generationen weit zurückgehen, vermittelt einen bildlichen Eindruck vom Leben auf dem Land. Zu sehen sind die verschiedensten Gebrauchsgegenstände, an denen die Zeichen der Zeit zu erkennen sind, und mehrere alte Gebäude, wie beispielsweise Sauna, Wohnhaus und Mühle.

▸ **Kärla**: Etwa 15 km östlich von Kihelkonna liegt Kärla. Interessant ist die Kirche des Dorfes. Ihre Anfänge gehen bis ins Mittelalter zurück, obwohl ihr heutiges, klassizistisches Äußeres erst Mitte des 19. Jh. entstand. An der Ostwand sind schöne Schnitzereien von 1637 zu sehen. Der Epitaph der Kirche wird als der schönste von ganz Estland bezeichnet.

In der Umgebung Kärlas schlängelt sich das gleichnamige Flüsschen durch ein malerisches 5 bis 6 m tiefes Dünental. Im Norden Kärlas laden der Süßwassersee *Karujärv* zum Schwimmen und sein Sandstrand zum Sonnenbaden ein.

▸ **Halbinsel Tagamõisa**: Die Landschaft dieser Halbinsel, nördlich von Kihelkonna gelegen, ist sehr reizvoll. In Küstennähe wird der Boden von etwa 50 kleinen Seen durchzogen, die das Meer bei seinem Rückzug hinterlassen hat. Sehenswert sind auch die ehemalige *Insel Harilaid* und die wunderschöne Steilküste bei *Undva*.

▸ **Panga**: An der Ostseite der *Kudema-Bucht* bei Panga ist das Land mit einer 21 m senkrecht abfallenden Steilküste plötzlich zu Ende. Nicht-Schwindelfreien kann es beim Hinuntersehen ganz schön schummrig werden.

Bis zum Nordischen Krieg opferten Fischer an der *Panga-Bank* ihre Kinder, damit die Gewässer weiterhin fischreich bleiben würden. Nach dem Krieg ging man dazu über, Kälber an Stelle der Kinder zu nehmen.

▸ **Kaarma**: Auf dem Rückweg nach Kuressaare lohnt es sich, kurz in Kaarma zu halten. Hier steht eine gut erhaltene Kirche aus dem 14. Jh. Sie war in erster Linie für Wanderprediger gedacht. Nicht weit davon liegen die berühmten *Dolomitsteinbrüche*. Aus diesen Steinen ist die Burg von Kuressaare erbaut und einige Gebäude in Rīga, Tallinn und Moskau.

Insel Vilsandi

(ca. 20 Einwohner)

Vor der Südwestküste Saaremaas liegt das 9 qkm große Eiland Vilsandi mit seinen 20 Einwohnern. Vilsandi ist ein Vogelschutzgebiet und erst jüngst zum Nationalpark erklärt worden.

Das Alter der Insel wird auf 20.000 Jahre geschätzt. Besiedelt ist Vilsandi seit dem 18. Jh. von Bauern aus den Landkreisen Läänemaa und Saaremaa, die hauptsächlich vom Fischfang, Landwirtschaft, Seehandel und Schiffsbau lebten.

1914 wurde auf der Insel mit dem Vogelschutzgebiet von *Vaika* eines der ersten Naturreservate Europas ins Leben gerufen, das sich im Laufe der Zeit zum Nationalpark entwickelt hat, in dem zahlreiche Vogelarten brüten oder aber Station machen. Auch die Flora der Insel ist sehr reichhaltig, nicht zuletzt durch ihre Abgeschiedenheit. Die Insel ist vom Hafen in Papissaare (Saaremaa) erreichbar oder aber bei Ebbe per Jeep. Um die Ursprünglichkeit der Insel zu bewahren ist die Besucherzahl auf 4000 per Anno limitiert. Achtung: Vilsandi darf nur mit Guide betreten werden, was über die Touristeninformation in Kuressaare oder aber über die Parkverwaltung in Vilsandi geregelt werden kann.

Estland
Karte siehe Umschlaginnenklappe vorne

- *Vorwahl* Saaremaa
- *Information* Das Infozentrum der Parkverwaltung befindet sich im Gutshaus von Looma. ☎ 45-46880, ☏ 45-46554, loona@tt.ee.
- *Anfahrt/Verbindung* Es besteht keine regelmäßige Verbindung. Abfahrtszeiten über die Touristeninformation in Kuressaare erfragen.
- *Übernachten* **Gutshaus Looma**, beherbergt eine nette Unterkunft, umgeben von schönem, großen Garten mit Platz für 50 Zelte. EZ 22 €, DZ 40 €. ☎ 46880.

Kusti, kleines Farmhaus mit 2 Betten und Platz für 3 Zelte. ÜB um die 12 € im Haus und um die 6 € per Zelt. ☎ 23 002.

Biologisches Zentrum, auf diesem Gelände ist Platz für 20 Zelte. ☎ 23 007.

- *Essen* Gegessen werden kann sowohl im **Looma** als auch im **Kusti**, muss aber vorher bestellt werden.

Insel Muhu

(Einwohner: ca. 2170)

Zwischen dem Festland und Saaremaa liegt die Insel Muhu. Sie ist praktisch das "Empfangszimmer" der Hauptinsel, da das Schiff von Virtsu stets im Hafenort Kuivastu auf Muhu anlegt. Muhu selbst ist mit Saaremaa über einen 3,6 km langen Damm verbunden.

Muhu ist mit seinen 198 qkm die drittgrößte Insel Estlands, aber nur dünn besiedelt. Große Wacholderbüsche, Findlinge und malerische Steinzäune verleihen der steinigen Insel einen idyllischen Charme. Für die Bauern bedeutet diese Idylle jedoch harte Arbeit. Einen Einblick ins bäuerliche Leben bietet das Dorf *Koguva*. Obwohl von den 105 denkmalgeschützten hölzernen Bauernhäusern noch einige bewohnt sind, ist das Dorf doch ein einziges Museum. In einigen der Häuser sind nostalgische Bauernstuben, Kleidungsstücke und alte Schlafkammern zu besichtigen. In einem werden auch hübschgemusterte Wollhandschuhe, -mützen und -socken verkauft.

In Koguva befindet sich das *Museum* des hier geborenen Schriftsteller *Juhan Smuul*, der durch sein Buch *Kihnu John* (Der Wilde John) bekannt wurde.

Kurz vor dem Damm, der zurück nach Saaremaa führt, mahlt eine Bockwindmühle ununterbrochen frisches Vollkornmehl. Das Mehl und auf der Insel geschleuderter Honig werden in der Mühle zum Verkauf angeboten.

- *Übernachten und Essen (siehe Karte S. 492/493)* **Aki (4)**, direkt neben der Kirche im Dorf Liiva befindet sich ein Zelt- und Campingplatz. Ebenfalls werden 6 rustikale Blockhütten für jeweils 4 Personen vermietet. ÜB 4–16 €. ☎ 48211. Zum Campingplatz gehört ein schöner Biergarten, in dem frischer Fisch zu haben ist.

Gutshaus Pädaste (12), in dem im Südwesten der Insel gelegenen Dorf befindet sich ein altes, liebevoll restauriertes, zum Hotel umfunktioniertes Gut aus dem 16. Jh. Die Ausstattung des Hauses ist sehr edel und eine gelungene Mischung zwischen Alt und Neu, wobei jedes Zimmer den Namen einer baltendeutschen Adelsfamilie trägt. Zum Hotel gehören Spa-Einrichtungen und ein gemütliches, empfehlenswertes Restaurant mit erlesener Weinkarte und tollem Blick auf das Meer.

Lõo (1), schönes rotes Holzhaus mitten im Dorf Vahtraste. Es gibt 5 DZ. ÜB um die 13 €. Mahlzeiten auf Bestellung. ☎ 98222 und 98233.

Tihuse (3), im Dorf Hellamaa, im Osten Muhus befindet sich eine romantische Pferdefarm, in der man auch übernachten kann. ÜB um die 14 €. ☎ 98043. Mahlzeiten auf Bestellung.

Vanota (2), urgemütliches Gästehaus mit Reetdach im Freilichtmuseum Koguva. Es gibt 11 im skandinavischen Stil ausgestattete Zimmer und insgesamt Platz für 27 Leute. EZ 16 €, DZ 22 €. Es kann außerdem gezeltet werden, ÜB pro Person 3 €, mit Frühstück 5 €. ☎ 48884, vanatoa@saaremaa.ee, www.saaremaa.ee/vanatoa. Geöffnet von Mai–Oktober. Sehr gut ist auch das dazugehörige Lokal, das auf estnische und schwedische Gerichte spezialisiert ist.

Insel Abruka

(Einwohner: 40)

Nicht weit von der Küste Kuressaares entfernt liegt Abruka umgeben von den Inseln Vahase, Kassilaid and Linnusitamaa. Die meiste Zeit ist Abruka von der Außenwelt abgeschnitten.

Abruka ist ein kleines behagliches Eiland, auf dem die Welt noch in Ordnung ist. Wer Ruhe und Beschaulichkeit sucht, ist auf Abruka genau richtig. Charakteristisch für die Insel, jedoch ungewöhnlich für Estland, ist der hiesige Laubwald. Die reichhaltige Flora Abrukas und die malerischen Küstenstreifen laden zu ausgedehnten Wanderungen ein. Gerade mal vierzig Einwohner zählt die Insel. Die Bevölkerung lebt hauptsächlich von der Landwirtschaft und vom Fischfang und setzt auf den langsam anlaufenden Fremdenverkehr. Die wohl berühmtesten Bewohner Abrukas sind die beiden Schriftsteller und Brüder *Ülo* und *Jüri Tuulik*. Ülo schreibt Reiseberichte, während Jüri auf humorvolle Weise die Seiten des Insellebens schildert.

• *Information* Es gibt auf Abruka ein kleines Touristenbüro, das Privatunterkünfte vermittelt und den Transfer vom Hafen ins Dorf organisiert, vorherige Buchung anzuraten. Möglich über eines der Reisebüros auf Kuressaare oder aber über das Touristenbüro auf Abruka, c/o Roland Viru, ☎ 57412.

• *Anfahrt/Verbindung* Es besteht unregelmäßige Schiffsverbindung zwischen Abruka und Roomassaare auf Saaremaa. Nähere Informationen bei der Toursiteninformation in Kuressaare.

• *Übernachten* **Innu**, hier sind 8 Plätze in rustikalem Blockhaus zu vergeben. ÜB um die 14 €.

Campingplatz, gehört zu dem Touristenbüro.

Zeltplatz, am Hafen.

• *Essen* **Innu**, einfache, aber herzhafte und schmackhaft zubereitete Gerichte.

Hafen, einfache, aber gute Gerichte.

• *Verschiedenes* **Fahrradverleih**, in der Innu Farm und am Hafen.

Duschen, am Hafen.

Insel Ruhnu

(Einwohner: ca. 60)

Mitten im Golf von Rīga und weit entfernt vom Festland und den anderen estnischen Inseln liegt die 13,36 qkm kleine Insel Ruhnu.

Ihre ersten bekannten Siedler kamen aus Schweden. Die Landschaft Ruhnus ist überwiegend moorig *(Haubjerre-Moor)*, doch im Ostteil der Insel sind auch Dünen und Wanderdünen zu finden.

Den Mittelpunkt der Insel bildet ihr einziges Dorf *Ruhnu*. Sehenswert ist die Holzkirche, die dort in der Mitte des 17. Jh. entstand.

Das Ruhnuer Inselleben war immer sehr naturbezogen. Da die Geschichte das Eiland vor den Eroberungszügen des Deutschen Ordens, vor Baronen und Gutsherren verschont hatte, konnten die ansässigen Menschen stets in Freiheit leben. Die Belange der Insel wurden im Ältestenrat diskutiert, und den Beschlüssen des Rates war Folge zu leisten. Familiennamen waren den Ruhnuern bis zu Beginn dieses Jahrhunderts fremd. Dem Vornamen wurde einfach der Name des Hofes, auf dem man lebte, angehängt. Änderte sich der Wohnort, so änderte sich auch der Nachname.

War eine Familie wohlhabend, so wurde das auch auf Ruhnu zur Schau gestellt. Die beste Gelegenheit bot sich immer bei einer Hochzeit. An der Anzahl der Röcke, die eine Braut am Tag ihrer Vermählung trug, war ihr Reichtum

Estland

Karte siehe Umschlaginnenklappe vorne

auszumachen. Den absoluten Rekord stellte eine junge Frau im Jahre 1920 auf, als sie mit sage und schreibe 50 (!) Röcken bekleidet zur Trauung kam.

Durch die isolierte Lage Ruhnus wurden hier viel länger als anderswo die alten Bräuche und Traditionen aufrecht erhalten. Selbst heute kann man in Ruhnu, insbesondere die Frauen, oft in der Inseltracht bewundern.

● *Information*   www.saaremaa.ee/ruhnu/english.htm

● *Anfahrt/Verbindungen* Obwohl Ruhnu viel näher an Lettland liegt, ist die Insel nur von Estland aus zu erreichen.

Flugzeug – Mo und Do geht um 10 Uhr morgens ein Flieger von Pärnu nach Ruhnu und Fr um 14 Uhr von Kuressaare nach Ruhnu.

Von Ruhnu nach Pärnu besteht Mo um 15 Uhr und Fr um 14.30 Uhr, nach Kuressaare Di um 10.45 Uhr eine Verbindung. Die Flugzeit beträgt zu beiden Zielorten 20–25 Min. Ein einfacher Flug kostet 15 €, für Schüler und Studenten die Hälfte. Evtl. Änderungen sind bei www.airlivonia.ee einsehbar.

Schiff – Zwischen Pärnu, Saaremaa und Ruhnu pendelt jeweils einmal wöchentlich ein Schiff. Zum Zeitpunkt der Recherche stand der Sommerfahrplan noch nicht fest. Abfahrtszeiten sind in den Touristeninformationen von Pärnu und Kuressaare zu erfragen.

● *Übernachten* **Camping**, geführt von Luise-Maria Jõers, hier sind 2 kleine Holzhütten zu vermieten mit Platz für 8 Leute, darüber hinaus kann hier auch gecampt werden. ÜB 8–15 €. ✆ 45-33849, luise.ruhnu@mail.ee, www.jux.ee/ruhnu.

Gästehaus, geführt von Elvi Meola. Im Haus ist Platz für 12 Leute, darüber hinaus Möglichkeit zum Zelten. ÜB 8–16 €. ✆ 45-33840.

Gästehaus, geführt von Anne Mikson. Hier können 10 Leute schlafen, im Garten besteht Möglichkeit zu zelten. Zum Haus gehört eine Sauna. Essen auf Bestellung. ÜB 8–16 €.

Privatquartier, in der Familie von Priit Merits können 8 Leute unterkommen, außerdem kann im Garten gezeltet werden. Sauna vorhanden. ÜB 8–15 €. ✆ 45-33834.

● *Essen* Einfach aber gut essen kann man bei Elvi Meola, Priit Merits und Anne Mikson. Eine weitere Adresse ist die Gemeindebar.

● *Verschiedenes* **Baden**, der beste Strand der Insel ist der Limo-Beach auf der Ostseite.

Bootsrundfahrten, buchbar über Anne Mikson.

Fahrradverleih, beim Camping von Luise-Maria Jõers und bei Anne Mikson möglich.

Pärnumaa (Pernau)

Die Landschaft des südwestlichen, an Lettland grenzenden Landkreises ist eben und von vielen Flüssen durchzogen. Im Westen endet Pärnumaa in einem langen, flachen Küstenstreifen am Rīgaer Meerbusen, im Osten grenzt es an Viljandimaa und im Norden an Läänemaa. Der Boden von Pärnumaa ist sandig und moorig, was die Arbeit in der Landwirtschaft erschwert. Überall gibt es tiefe, dichte Wälder.

In den Wäldern bei *Vändra* leben sogar noch Braunbären. Pärnumaa genießt schon lange den Ruf einer beliebten Urlaubsregion. Besonders schön sind die Strände entlang der *Via Baltica* in Richtung Lettland.

Schon im Steinzeitalter war das Ufer des Flusses Pärnu besiedelt. Archäologischen Untersuchungen zufolge haben sich bereits im Jahre 7000 vor unserer Zeitrechnung die ersten Menschen in dieser Gegend niedergelassen. Die Steinzeitmenschen lebten überwiegend von der Jagd und vom Fischfang.

Im Mittelalter bildete das Gebiet den Nordwesten Livlands. Von der Festung, die der Deutsche Orden in Pärnu hinterließ, ist heute so gut wie nichts mehr übrig geblieben. Durch die zahlreichen Flüsse, die den Landkreis durchziehen, entwickelte die Region schon im Mittelalter florierende Handelsbeziehungen, hauptsächlich mit Schweden. Während des *livländischen Krieges* fiel das Gebiet an Polen, kam später aber wieder unter schwedische Herrschaft.

Pärnu (Pernau)

(ca. 56.000 Einwohner)

Pärnu ist die Hauptstadt des Kreises Pärnumaa. Sie ist eine schöne Küstenstadt und ein beliebter Badeort an der Pärnu-Bucht, unweit von der Mündung des Pärnu-Flusses in den Golf von Rīga.

Kein Wunder, dass Pärnu im Laufe der Zeit zu einem der beliebtesten Ferien- und Badeorte Estlands avancierte, hat die Stadt doch einen 2 km langen und über 100 m breiten weißen Sandstrand zu bieten. Auch die Stadtmitte von Pärnu ist sehr hübsch. Kleine, ansprechende Geschäfte und gemütliche Cafés laden zu einem ausgiebigen Stadtbummel ein. Viele der Straßen von Pärnu sind gesäumt von malerischen Alleen, die im Sommer zu kühlen, grünen Tunnels werden.

Geschichte: Im Jahre 1234 weihte der Deutsche Orden an der Mündung des kleinen Flusses *Sauga* eine Bischofskirche ein, um die herum eine Siedlung und schließlich das kleine Städtchen *Vana-Pärnu* (Alt-Pernau) entstand. Mitte des 13. Jh. wurde Pärnu von den einfallenden Litauern bis auf die Grundmauern zerstört. Dieses Ereignis veranlasste den Orden dazu, die starke Feste *Pärnu*, diesmal am Ufer des Pärnu-Flusses, zu bauen. Um die Burg entwickelte sich eine neue Siedlung, die *Uus-Pärnu* (Neu-Pernau) genannt wurde. Aus Angst vor neuen, feindlichen Überfällen erhielt Uus-Pärnu im 14. Jh. eine Stadtmauer. Im Verlauf des Mittelalters blühte die junge Stadt auf, was mit Pärnus Beitritt zur Hanse noch forciert wurde. Nachdem die Schweden sich im Krieg gegen Polen die unumstrittene Vormachtstellung im Ostseeraum erkämpft hatten, erlangten sie 1699 auch die Herrschaft über Pärnu. Nach dem Nordischen Krieg waren außer Schutt und Asche nicht mehr allzu viel von der Stadt übrig. Die Reste der Ordensburg in der Nähe der Dampferlandungsbrücken sind nur noch schwer als solche zu erkennen, und an die alte Stadtmauer erinnern lediglich noch der *Rote Turm* (punane torn) aus dem 15. Jh. und das *Tallinner Tor* (Tallinner värav).

Das heutige Pärnu entstand erst im 18. und 19. Jh. Ans Eisenbahnnetz wurde die Stadt relativ spät angeschlossen, doch dank der Entdeckung des Heilschlamms wurden schon früh viele Urlauber an die schöne Bucht von Pärnu gezogen. Als dann Anfang des 19. Jh. das erste Moorbad eröffnet wurde und man den Ort zum Kurort erhob, erholte sich die Stadt allmählich wieder und erfuhr einen neuen wirtschaftlichen Aufschwung.

Estland Karte siehe Umschlaginnenklappe vorne

Information/Verbindungen

● *Postleitzahl* EE80010
● *Vorwahl* (2)44
● *Information* Rüütli 16. Unerschöpfliche Informationsquelle über Pärnu und Umgebung. ☎ 73000, ☏ 73001, info@pernu.tourism.ee, www.pernu.ee,

● *Anfahrt/Verbindungen* **Pkw** – Das Seebad liegt im Südwesten Estlands an der A-4, der Via Baltica und ist über die A-5 mit Rakvere verbunden.

Bus – gute Verbindungen mit Tallinn, Tartu, Viljandi, Haapsalu. Durchgehende Busse zwischen an der Via Baltica gelegenen lettischen und estnischen Städten sind selten geworden. Seit neuestem fahren sie meistens erst ab Ainaži (Lettland). Busbahnhof, Ringi 3.

Bahn – Züge nach Tallinn und Rīga. Bahnhof liegt in der Tammiste tänav, zu erreichen mit den Bussen 3, 4, 11, 40, Abfahrt gegenüber vom Busbahnhof in der Riia mnt.

Mit dem eigenen Schiff – Angelegt werden kann im Yachthafen, Lootsi 6, ✆ 31420,

☏ 42950. Vor dem Einlaufen Funkkontakt aufnehmen, VHF-Kanal 16, Kennwort: Jahtklubi.

Verbindung mit Kihnu: Der Hafen liegt ca. 50 km entfernt von Pärnu, nähere Informationen s. Kihnu.

Flugzeug – regelmäßiger Flugverkehr mit den Inseln Kihnu (S: 520) und Ruhnu (S. 508). Nähere Informationen siehe dort. Zu jedem Flug gibt es vom Busbahnhof einen Zubringerbus (Nr. 23).

Übernachten (siehe Karte S. 512/513)

Pärnu ist ein beliebter Ferienort, der im Sommer förmlich aus allen Nähten platzt. Obwohl es ein breites Hotelangebot gibt, kommt es in der Hochsaison zu Engpässen.

● *Gehobenere Preisklasse*   **Alex Maja (33)**, Kuninga 20. Kleines, gemütliches Hotel mit wunderbaren, komfortablen Zimmern. Zum Hotel gehört ein schöner Innenhof. DZ ca. 66 €, Suite ca. 130 €. ✆ 30800, ☏ 30801, urmas001@hot.ee.

Ammende Villa (53), Mere pst. 7. Edles Hotel in alter Jugenstilvilla. Ansprechende, mit antikem Mobiliar ausgestattete Räume. ✆ 73888, ☏ 73887, ammende@transcom.ee, www.ammende.ee.

Best Western Hotel Pärnu (13), Rüütli 44. EZ ab 75 €, DZ ab 85 €. ✆ 78911, ☏ 78905, hotparnu@www.ee, www.pergohotels.ee.

Bristol (24), Rüütli 45. Feines Hotel mit allem Komfort. EZ ca. 60 €, DZ ca. 80 €. ✆ 31450, ☏ 43415, victoria@hot.ee, www.hot.ee/victoria

Inge Villa (71), Kaarli 20. Attraktives Hotel im Stil der Dreißiger. EZ ca. 60 €, DZ ca. 75 €. ✆ 38510, ☏ 38556, inge.villa@mail.ee.

Kapten Kurgo Villa (69), Papli 13. Angenehmes Hotel mit modernen und geräumigen Zimmern. EZ ab 75 €, DZ ab 80 €. ✆ 25736, ☏ 25662, kurgo@hot.ee.

Scandic Hotel Ranna (74), Rannapuiestee 5. Edles Hotel in restauriertem Gebäude der Dreißiger, unmittelbar am Strand gelegen. Einige der Zimmer haben Meerblick. EZ ca. 74 € , DZ ca. 97 €. ✆ 32950, ☏ 32918, rannahotell@scandic-hotels.ee, www.scandic-hotels.com

Seegi Maja (4), Hospidali 1. Gemütliches Hotel mit dem Flair des 17. Jh., aus dieser Zeit stammt nämlich das Hotelgebäude. Alle Hotelmitarbeiter tragen übrigens Kostüme dieser Epoche. DZ etwa 85 €. ✆ 30555, ☏ 30556, seegimaja@hot.ee, www.seegimaja.ee.

Strand (70), Tammsaare 27d. Schickes Hotel in Strandnähe. EZ ca. 66 €, DZ ca. 85 €. ✆ 39333, ☏ 39211, hotel@strand.ee, www.strand.ee.

Victoria (38), Kuninga 25. Exklusiv und edel, zur "Best-Western-Kette" gehörend. EZ ca. 50 €, DZ ca. 72 €. ✆ 43412, ☏ 43415, victoria@hot.ee, www.hot.ee/victoria.

● *Mittlere Preisklasse*   **Aisa (87)**, Aisa 39. Nettes Hotel mit Swimming-Pool, Sauna und Café. Zimmer alle mit Bad und TV, teilweise modernisiert. DZ ca. 53 €. ✆ 38044, ☏ 25866, aisa@online.ee, www.aisa.ee.

Delfine (61), Supeluse 22. Nettes Mittelklassehotel mit Café. Hier sind übrigens Massagen erhältlich. EZ ca. 36 €, DZ ca. 44 €.   ✆ 26900,   ☏ 26901,   aavamagi@uninet.ee, www.delfine.ee.

Emmi (79), Laine 2. Einladende, helle Zimmer mit Bad und TV, außerdem Sauna, Café und Restaurant. EZ ca. 44 €, DZ ca. 65 €. ✆ 76444,   ☏ 76445,   emmi@uninet.ee, www.uninet.ee/ Č emmi

Estonia (66), Tammsaare pst. 6 und Pärna 12. Hierbei handelt es sich um ein Spa-Hotel, in dem Kuranwendungen in Anspruch genommen werden können. Zeitiges Buchen empfehlenswert. EZ etwa 30 €, DZ etwa 40 €. ✆ 76900/76905, ☏ 76901, estonia@spaestonia.ee, www.spaestonia.ee.

Heli (80), Riia mnt. 30. Hochmodern ausgestattetes Hotel im obersten Stockwerk eines hochmodernen Bürogebäudes. Zu vermieten sind 4 Zimmern à 55 €. ✆ 38827, ☏ 31108, maarit@phone.estpak.ee.

Jahisadama Võõrastemaja (2), Lootsi 6. Sehr attraktive Unterkunft im Yachtclub mit farbenfrohem Interieur und toller Sicht auf den Fluss. EZ ca. 35 €, DZ ca. 50 €. ✆ 71740, ☏ 71751, hotell@transcom.ee, www.transcom.ee.

Karuselli (55), Karuselli 18. Angenehmes Hotel mit schönen, auf alt gemachten Zimmern und herrlichem Garten. EZ ca. 25 €, DZ zwischen 40 und 55 €. ✆/📠 42124, karusell@hot.ee, www.zone.ee/karusell

Legend (68), Lehe 3. Freundliches Hotel in Strandnähe mit geräumigen, hellen Zimmern. EZ ab 40 €, DZ ab 55 €. ✆/📠 25770, parnuatp@uninet.ee.

Leharu (56), Sääse 7. Befindet sich im vorletzten Stockwerk eines ehemaligen Ferienheimes. Zimmer nicht sehr stilvoll, meistens jedoch mit renoviertem Bad und sauber, z. T. mit Balkon. Von einigen Räumen schöne Sicht auf Pärnu. EZ, DZ, DRZ erhältlich. ÜB ab 15 €, DZ 30 €. ✆ 25700/25701, 📠 25702, leharu@hot.ee, www.hurmaster.ee/leharu

Lootos (42), Muru 1. Modernes, angenehmes Hotel in Top-Lage. EZ ca. 35 €, DZ ca. 55 €. ✆ 31030, 📠 30942.

Marida Guesthouse (73), Kuuse 4. Kleine, freundliche Unterkunft mit 8 geschmackvoll dekorierten Zimmern. EZ 40 €, DZ 55 €. ✆ 71480, 📠 71482, reiser@reiser.ee.

Maritime (50), Seedri 4. Edles Hotel mit komfortablen Zimmern unmittelbar am Park und nicht weit weg vom Strand gelegen. EZ ca. 55 €, DZ ca. 65 €. ✆ 78910, 📠 78904, maritime@www.ee, www.pergohotels.ee.

Monate (57), Sääse 7. Befindet sich im 5. Stock des gleichen Klotzes wie das Leharu, ist ähnlich ausgestattet und kostet auch dasselbe. ✆ 25800/25801, 📠 25802.

Männiku Guesthouse (86), Männiku 8. Schickes Hotel mit allem Komfort, allerdings 4 km außerhalb des Zentrums gelegen. EZ ab 21 €, DZ ab 33 €. ✆ 056488020, 📠 29400, manniku@hotmail.com

Netti Guesthouse (5), Hospidali 1-11. Hier gibt es 4 schöne Apartments ab 75 € zu vermieten. ✆ 05167958, 📠 43363, netti@hot.ee.

Pärnu Mudaravila (59), Sääse 7. Einfach ausgestattete Zimmer im historischen Badehaus. Die Kureinrichtungen der Mudaravilla gelten jedoch als die besten der Stadt. EZ 26–30 €, DZ 33–46 €. ✆ 25525, 📠 25521, info@mudaravila.ee.

Reldori Motel (85), Lao 8. Modernes Hotel nicht weit weg von der Autobahn gelegen. EZ ca. 30 €, DZ ca. 40 €. ✆ 78400, 📠 78401, reldor@estpak.ee.

Sõprus (64), Eha 2. Hier können Kuranwendungen in Anspruch genommen werden. Die Zimmer sind jedoch eher einfach ausgestattet. EZ ca. 20 €, DZ ca. 40 €. ✆ 50750, 📠 50770, soprus@uninet.ee.

Tervis (49), Seedri 6. ÜB ab 35 €. Hochmodernes Spahotel nicht weit weg vom Strand gelegen. Man kann hier jedoch nur unterkommen, wenn man bereit ist Kuranwendungen und VP zu buchen. ✆ 50310, 📠 50307, sanatoorium.tervis@neti.ee, www.sanatooriumtervis.com

Valli (16), Ohtu põik 4. Frisch renoviertes, freundliches Hotel. EZ ca. 45 €, DZ ca. 55 €. ✆ 20770, 📠 20797, info@valli.ee, www.valli.ee.

Viiking (15), Sadama 15. EZ ca. 46 €, DZ ca. 71 €. Modernes, komfortables Hotel mit Spaeinrichtngen in der Nähe vom Yachthafen. ✆ 31293, 📠 31492, viiking@online.ee, www.viiking.ee.

Villa Johanna (62), Suvituse 6. Heimelige, kleine Unterkunft in hübscher Villa. EZ ca. 45 €, DZ ca. 62 €. ✆ 38370, 📠 38371, johanna@villa-johanna.ee, www.villa-johanna.ee.

Villa Kristina (58), Suvituse 1. Freundlicher Familienbetrieb. Die 5 zu vergebenden Zimmer sind alle im skandinavischem Stil ausgestattet. DZ ab 46 €. ✆/📠 29803, villa.kristina@mail.ee.

Villa Marleen (43), Seedri 15. Freundliche Unterkunft mit gemütlich dekorierten Zimmern. EZ ca. 33 €, DZ ca. 53 €. ✆ 45849/43326, 📠 73841, as.arinco@neti.ee.

● *Preiswerte Unterkünfte* **Kalevi Pansionaat (72)**, Ranna pst. 2. Einfaches bis spartanisches Hostel in unmittelbarer Strandnähe gelegen. EZ ca. 20 €, DZ ca. 27 €, DRZ ab 35 €.

Laine (81), Laine 6a. Einfaches, aber freundliches Gästehaus. EZ ab 32 €, DZ ab 35 €.

● *Privatquartiere* Die Touristeninformation vermittelt private Unterkünfte, wobei sie darauf hinweist, dass sie die Zimmer nicht persönlich begutachtet, ÜB zwischen 12 und 15 €. Anders verhält es sich mit den beiden privaten Vermittlungsbüros:

Arbo (22), Rüütli 47. Geöffnet Mo–Fr, 9–17 Uhr.

Tanni-Vakoma Majutusbüroo (31), Hommiku 5. Geöffnet Mo–Fr, 11–18 Uhr.

● *Camping* **Jõekääru Kämping (77)**, im Dorf Sauga, etwa 6 km nördlich von Pärnu gelegen. Attraktiver Platz mit kleinen Blockhütten, Kletterwand, Kanus und Sauna. ÜB ab 7 €. ✆ 30034, 📠 41121.

Linnakämping Green (78), Suur-Jõe 50. Der beim Ruderzentrum, etwa 3 km vom Stadtzentrum entfernt liegende Campingplatz stellt wohl mit 7 € die günstigste Übernachtungsvariante der Stadt dar. ✆ 38776, 📠 35811, matti@estpark.ee.

Estland Karte siehe Umschlaginnenklappe vorne

Pärnu

Übernachten

(2) Jahisadama Võõrastemaja
(4) Seegi Maja
(5) Netti Guesthouse
(13) Best Western Hotel Pärnu
(15) Viiking
(16) Valli
(22) Arbo
(24) Bristol
(31) Tanni-Vakoma Majutusbüroo
(33) Alex Maja
(38) Victoria
(42) Lootos
(43) Villa Marleen
(49) Tervis
(50) Maritime
(53) Ammende Villa
(55) Karuselli
(56) Leharu
(57) Monate
(58) Villa Kristina
(59) Pärnu Mudaravila
(61) Delfine
(62) Villa Johanna
(64) Sõprus
(66) Estonia
(68) Legend
(69) Kapten Kurgo Villa
(70) Strand
(71) Inge Villa
(72) Kalevi Pansionaat
(73) Marida Guesthouse
(74) Scandic Hotel Ranna
(77) Jõekääru Kämping
(78) Linnakämping Green
(79) Emmi
(80) Heli
(81) Laine
(85) Reldori Motel
(86) Männiku Guesthouse
(87) Aisa

Essen/Trinken

(3) Jahtklubi Kõrts
(4) Seegi Maja
(6) Mõnus Margarita
(9) Jahisaal
(10) Alexander Suur
(14) Embecke
(20) Down Town
(21) Munga
(32) Lahke Madjar
(33) Alex Maja
(38) Victoria
(39) Pappa Pizza
(47) Postipoiss
(48) Steffani
(53) Ammende Villa
(70) El Mare
(74) Scandic Hotel Ranna
(84) Taj Mahal

Cafés

(7) Blau
(11) Kalevite Kodu
(18) Carolina
(19) Rüütel
(25) Georg
(28) Charlotta
(30) Citi
(35) Sõõrikud Baar
(40) Pannkoogimaja
(44) Kadri
(51) Chaplin Center
(60) Onu Sam
(61) Delfine
(65) Briis
(67) Lehe
(69) Kapten Kurgo Villa
(82) Kännu Kohvik

Nachtleben

(1) Up
(8) Veerev Olu
(12) Mirage
(17) Tallinna Värav
(23) Bristol
(26) Helios
(27) Rüütlihoov
(29) Gambrinus
(34) Kuningate Kelder
(36) Sepa 7
(37) Tuberkuloited Pub
(41) Jazz Café
(45) Paltheus
(46) Vee torn
(52) Väike Klaus
(54) Väike Texas Honky Tonk
(63) Kuursaal
(70) Moonshiner
(75) Sunset Club
(76) Alexandri Club
(83) Budweiser

N
300 m

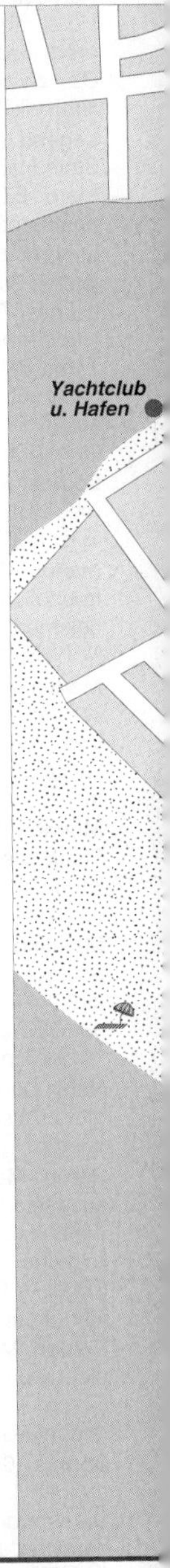
Yachtclub
u. Hafen

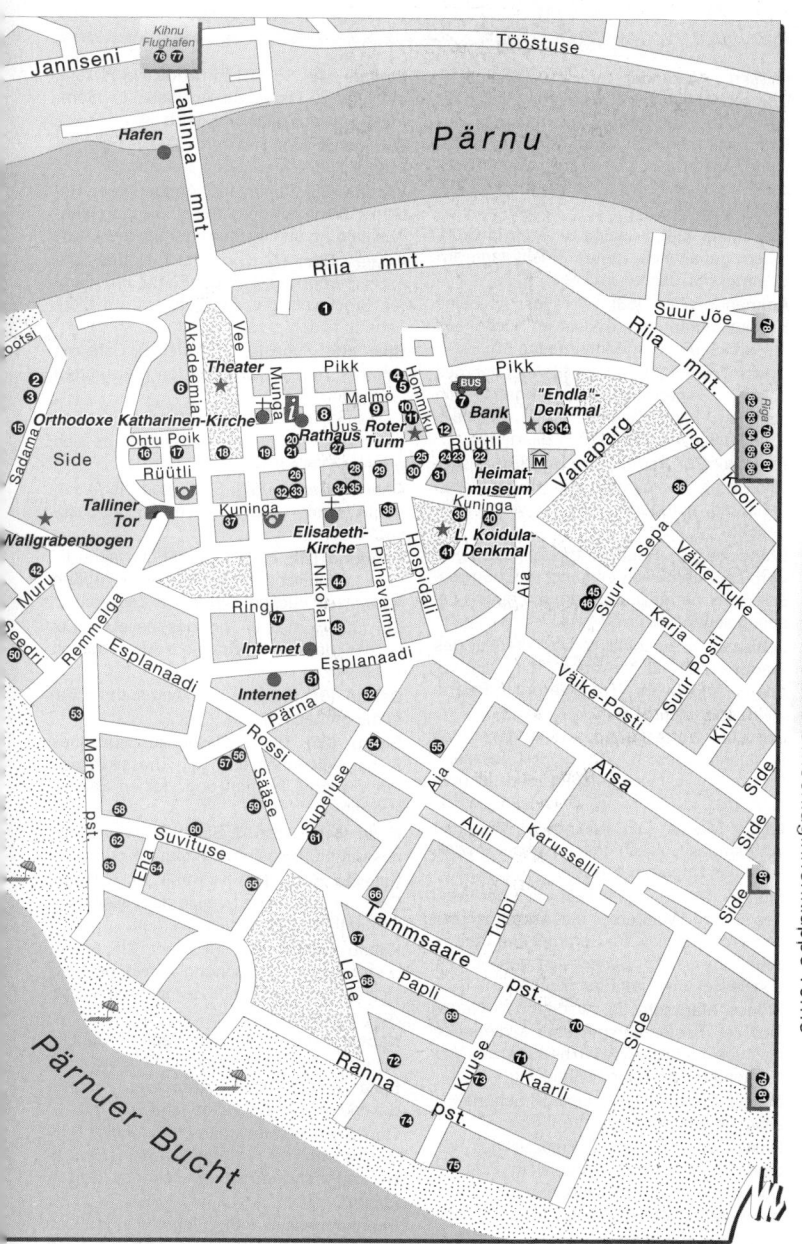

Kihnu Flughafen

Jannseni

Tööstuse

Talinna mnt.

Hafen

Pärnu

Riia mnt.

Suur Jõe

Riia mnt.

Akadeemia

Vee

Theater

Munga

Pikk

Pikk

Homiku

Malmö

BUS

"Endla"-Denkmal

Vanaparg

Vingi

Kooli

Orthodoxe Katharinen-Kirche

Bank

Ohtu Poik

Rathaus

Roter Turm

Büütli

Heimat-museum

Ootsi

Side

Sadama

Rüütli

Kuninga

Side

Talliner Tor

Kuninga

L. Koidula-Denkmal

Suur - Sepa

Väike-Kuke

Wallgrabenbogen

Elisabeth-Kirche

Hospidali

Aia

Karja

Suur Posti

Muru

Nikolai

Pühavaimu

Väike-Posti

Aisa

Kivi

Seedri

Ringi

Remmelga

Esplanaadi

Internet

Esplanaadi

Side

Internet

Pärna

Mere pst.

Rossi

Supeluse

Aia

Karusselli

Suvituse

Stäase

Auli

Tulbi

Ena

Tammsaare

pst.

Papli

Lehe

Kuuse

Kaarli

Ranna pst.

Pärnuer Bucht

Pärnu

● *Essen* **Alexander Suur (10)**, Malmö 15. Übersetzt heißt der Lokalname Alexander der Große, und hinter diesem Namen verbirgt sich natürlich eine griechische Taverne. Am Abend gibt es zwar weder Bouzouki noch Rembetika, aber oft wird Live-Musik gespielt.

Alex Maja (33), Kuninga 20. Ganz in Grüntönen gehaltenes, gutes Restaurant. Im Sommer mit Tischen im Freien.

Ammende Villa (53), Mere pst. 7. Edles Hotelrestaurant mit exklusiver Küche aus Frankreich und dem Mittelmeerraum.

Down Town (20), Munga 13. Angenehmes Lokal in kleinem Holzhaus, umgeben von schönem Park. Serviert wird skandinavische Küche, im Sommer mit Biergarten.

El Mare (70), Tammsaare pst. 27d. Ausgezeichnetes Restaurant zum Hotel Strand gehörend, europäische Küche, viele Fischgerichte, teuer.

Embecke (14), Rüütli 44. Besteht aus 2 großen, aber gemütlich eingerichteten Speisesälen, mit netter Bedienung und gutem Essen, gelegentlich Live-Musik.

Jahisaal (9), Hospidali 6. Das Interieur des "Jagdsaales" ist dekoriert mit Jagdtrophäen. Angeboten wird eine breite Palette an Wildgerichten.

Jahtklubi Kõrts (3), Lootsi 6. Angenehmes Restaurant des Yachtclubs mit leckeren, hauptsächlich Fischgerichten und schöner Aussicht.

Lahke Madjar (32), Kuninga 18. Wer Lust auf feuriges Gulasch oder sonstige Spezialitäten aus Ungarn hat, ist hier genau richtig.

Munga (21), Munga 9. Hier weht der Wind des 19. Jh. Wunderbar auf Alt gemachtes Lokal mit viel Flair. Im Sommer auch mit Tischen im Garten. Serviert werden internationale Gerichte und Pfannkuchen.

Mõnus Margarita (6), Akadeemia 5. Nettes Tex-Mex Restaurant mit eher südamerikanischem Einfluss und Live-Musik am Wochenende. Essen durchschnittlich.

Pappa Pizza (39), Kuninga 34. Schöne Pizzeria mit buntem Ambiente.

Postipoiss (47), Vee 12. Erstklassiges Restaurant und Kneipe in der alten Post mit Spezialitäten aus Russland.

Seegi Maja (4), Hospidali 1. Nostalgisches Wirtshaus mit mittelalterlichem Flair, zum gleichnamigen Hotel gehörend.

Steffani (48), Nikolai 24. Attraktive Pizzeria mit über 30 Pizzas zur Auswahl! Im Sommer spielt sich alles im Hof ab.

Taj Mahal (84), Riia mnt. 30. Hier gibt es schmackhafte Kreationen aus Indien.

Victoria (38), Kuninga 25. Angenehmes Hotelrestaurant mit gemütlicher, vikorianischer Ausstattung und reichhaltiger Speisekarte.

● *Cafés* **Blau (7)**, Hommiku 3. Nettes Café mit superber Aussicht auf Pärnu, im obersten Stockwerk des Einkaufszentrum Blauhaus zu finden.

Briis (65), Supeluse 23a. Kleines Café mit schöner Terrasse und einigen preiswerten Gerichten.

Carolina (18), Rüütli 18. In den roten Samtsofas des charmanten Cafés lässt es sich gut eine Weile aushalten.

Chaplin Center (51), Esplanaadi 10. Avantgardistisches Galeriecafé im Charlie-Chaplin-Zentrum.

Charlotta (28), Rüütli 40 und Pühavaimu 15. Zwei gemütliche Cafés mit einer großen Auswahl an Kuchen, Torten u. ä. Leckereien.

Citi (30), Homiku 8. Winziges, beliebtes Café mit hellem Holzinterieur und bunten Tischdecken.

Delfine (61), Supeluse 22. Angenehme Café mit großer Terrasse.

Georg (25), Rüütli 43/Homiku. Hübsches Selbstbedienungscafé mit mosaikverzierten Wänden, Kuchen und kleinen Salaten im Angebot.

Kadri (44), Nikolai 12. Beliebtes, winzig kleines Café. Die Bedienung trägt Volkstracht.

Kalevite Kodu (11), Hommiku 4. Schönes Café über der Konditorei, in dem allerlei süße Köstlichkeiten serviert werden.

Kännu Kohvik (82), Riia mnt. 215. Hinter der profanen Bezeichnung Kohvik befindet sich ein beliebtes Etablissement mit ausgezeichnetem Essen.

Kapten Kurgo Villa (69), Papli 13. Populäres Café mit schwedischem Interieur.

Lehe (67), Lehe 5. Attraktives rot-grün dekoriertes Café in Strandnähe.

Onu Sam (60), Suvituse 11. Eigentlich handelt es sich hier nur um eine kleine Snack-Bar, zu der jedoch ein schöner Garten gehört.

Pannkoogimaja (40), Ringi/Kuninga. Kleines Pfannkuchenhaus, in dem es auch Hamburger u. ä. Imbisse gibt, preiswert.

Rüütel (19), Rüütli 14. Schön ist der Biergarten des Établissements.

Söörikud Baar (35), Puhavaimu 13. Kleines Stehcafé mit einer Theke die an eine Landküche erinnert.

• *Bars/Diskos* **Alexandri Pub (76)**, Vana-Rääma 8. Attraktive Kneipe, besonders beliebt bei Motorradfahrern. Am Abend oft Live-Musik.

Bristol (23), Rüütli 45. Gemütliche Bar mit Pubatmosphäre, in der auch warme Speisen serviert werden.

Budweiser (83), Riia mnt. 57. Unspektakuläre Kneipe mit Billardtisch.

Everest, Aida 5.

Gambrinus (29), Pühavaimu 12. Etwas versteckt liegende Kellerkneipe mit Backsteininterieur und großen Grilltellern.

Helios (26), Rüütli 21. Die sich dahinter verbergende Bar ist zwar nicht schlecht, aber in keinster Weise etwa sonnig und edel, was man vielleicht von ihrem Namen erwarten würde.

Jazz Café (41), Ringi 11. Attraktive Jazz-Kneipe, oft mit Live-Piano.

Kuningate Kelder (34), Kuninga 28. Beliebte Kellerkneipe mit relaxter Atmosphäre.

Kuursaal (63), Mere pst. 22. Attraktives Établissement im kürzlich renovierten Kursaal. Außer 2 Kneipen gibt es hier auch ein Kino. Fast jeden Abend Live-Musik mit Bands aus aller Welt.

Mirage (12), Rüütli 40. Etablierter "In" Nachtclub, mit Disko und Billiard. Das Interieur ist dekoriert wie eine Oase.

Moonshiner (70), Tammsaare pst. 27d. Netter Nachtclub vom Strandhotel mit Tanzfläche.

Paltheus (45), Suur-Sepa 13. Rustikale Kneipe mit Scheunenambiente. Am Abend spielen oft Live-Bands.

Rüütlihoov (27), Rüütli 29. Nette Kneipe mit wunderbarem Innenhof und Live-Musik.

Sepa 7 (36), Suur-Sepa 7. Rustikal dekorierte Kneipe mit Biergarten.

Sunset Club (75), Ranna pst. 3. Attraktiver Nachtclub am Strand mit vielen Partys, Live-Bands, Disko und einer Riesenauswahl an Cocktails.

Tallinna Värav (17), Vana Tallinna 1.

Tuberkuloited Pub (37), Kuninga 11. Coole Underground-Szene-Kneipe.

Up (1), Aida 5. Beliebte, voll im Trend liegende Disko mit verschiedenen Tanzflächen zu unterschiedlichen Musikrichtungen.

Väike Klaus (52), Supeluse 3. Anziehende Kneipe mit gemütlicher Atmosphäre und Tischen draußen. Terrasse. Oft mit Live-Rock.

Väike Texas Honky Tonk (54), Supeluse 14. Beliebte Bar, am American Style of Life orientiert.

Vee Torn (46), Suur-Sepa 13a. Attraktive Szene-Kneipe in altem Wasserturm, oft Live-Rock.

Veerev Olu (8), Uus 2-3a. Gut besuchte, rustikal ausgestattete Kneipe mit herrlich unkonventionellem Flair.

Einkaufen/Unterhaltung/Verschiedenes

• *Einkaufen* Die meisten Läden liegen an der Rüütli tänav, einer angenehmen Fußgängerzone, umsäumt von hübschen, alten Häusern, die zum Bummeln einlädt. Neben Foto- und Plattenläden, Buchhandlungen sowie Andenkenshops und Schreibwarengeschäften, befinden sich hier auch etliche kleine Cafés und Bars.

• *Unterhaltung* **Endla-Theater**, Keskväljak 1. Wurde 1911 als drittes Schauspielhaus Estlands gegründet und ist eng mit der Arbeit der Dichterin *Lydia Koidula* verbunden. **Nooruse Maja Kulturzentrum**, Roheline 1b. Austragungsort zahlreicher Folklore- und Tanzveranstaltungen im Sommer.

• *Einkaufen* **Chaplin Centre**, Esplanaadi 10. Wer etwas ausgefallenere Mitbringsel sucht, sollte sich hier umsehen.

Gildi Galerii, Tallinna mnt. 12. Große Auswahl an estnischem Kunsthandwerk von Tiffanyglas über Leinenartikel bis hin zu Keramik und Strickwaren.

Kuninga Salong, Kuninga 26. Schöne Töpferwaren, Gemälde und Lederartikel.

Suvenir, Ringi 5. Gut sortierter Laden mit Leinenartikeln, Leder, Keramik, Glaswaren, Bildern, Strickwaren, Textilien etc. Zum Laden gehört ein kleines, nettes Café.

Markt, Suur-Sepa 18. Gute Adresse, um estnische Kunsthandwerksartikel zu erstehen; Vee 10, auf diesem Markt gibt es überwiegend Lebensmittel zu kaufen.

• *Verschiedenes* **Geldwechsel**, Rüütli 51; darüber hinaus zahlreiche Geldautomaten über die Stadt verteilt.

Post, Akadeemia 7.

Internetzugang, Esplanaadi 10 im Charlie Chaplin Center; Jalaka 8 im Computerladen Arvutiait.

Poliklinik, Suur-Sepa 16.
Apotheke, Rüütli 39.
Fahrradladen, Riia mnt. 95.
Fahrradverleih, beim Yachtclub.
Fahrradclub, Club Kalev, Ringi 14a, ☎ 21852.
Reisebüros, **Atlas**, Rüütli 40. Hier können Fährtickets und Travel-Pakete gebucht werden. ☎ 31448, ✆ 42032, parnu@atlas.ee; **Cassandra**, Nikolai 7. Fähr- und Flugtickets, sowie Stadttouren durch Pärnu. ☎ 75585,

✆ 75586, parnu.office@cassandra.ee. www.cassandra.ee; **Reiser**, Kuuse 4. Außer Tickets können hier auch Touren in die Umgebung gebucht werden. ☎ 71480, ✆ 71482, reiser@reiser.ee. **Tanken**, Riia mnt. 110, am Ortsausgang Richtung Rīga, Kiosk angeschlossen, 24-Std.-Service.
Taxi: Bristol Takso, ☎ 30600; E-Takso, ☎ 31111; Pärnu Takso, ☎ 39222.

Sehenswertes

Pärnu-Museum: Rüütli 53. Interessante Ausstellung über die Geschichte Pärnus und Umgebung.
Öffnungszeiten Mi–So von 10–18 Uhr.

Lydia-Koidula-Museum: Janseni 37. Museum zum Andenken an die berühmte estnische Dichterin Lydia Koidula (1843–1886). Sehr bedeutend für das estnische Volk sind ihre Gedichte und Lieder. Ihr Lied *Mein Vaterland ist meine Liebe* wurde während der Sowjetzeit an Stelle der verbotenen Nationalhymne gesungen. Die offizielle Nationalhymne ist übrigens ein ins Estnische übersetztes Lied aus Finnland.
Öffnungszeiten Mi–So von 10–17 Uhr.

Mini Zoo, Akadeemia 1.
Öffnungszeiten Mo–Fr von 10–18 Uhr, Sa/So von 11–16 Uhr.

Charlie-Chaplin-Zentrum: Vor einigen Jahren noch Hauptzentrale der estnischen KP, ist das Gebäude heute der Kultfigur Charlie Chaplins gewidmet. Auf Initiative des estnischen Filmemachers *Mark Soosaar* entstand dieses reizvolle und vielfältige Kulturzentrum, in dem ein Kino, eine Galerie mit teilweise extravaganten Kunstausstellungen, ein Café mit viel Flair und eine kleine Bibliothek zu finden sind. Empfehlenswert!

Altstadt

Die Altstadt von Pärnu ist klein und relativ schnell zu durchlaufen. Am besten beginnt man seinen Rundgang am *Lydia Koidula väljak*. Eine Büste auf einem hohen Steinsockel erinnert an die für Estland so bedeutsame Dichterin. Der Platz liegt schräg gegenüber vom Hotel Viktoria zwischen den Straßen Hospidali, Ringi und Kuninga.

Geht man die Ringi tänav in nordöstliche Richtung entlang, kommt man bald zur Ecke mit der Rüütli tänav. Ein Stück die Rüütli tänav rechts hinunter, trifft man auf das *Denkmal für das Endla-Theater* und das *Heimatmuseum*. Zur anderen Richtung hin wird die Rüütli tänav zur Geschäftsstraße mit zahlreichen Schaufenstern. Rechts und links der Straße erheben sich hübsche, niedrige Häuserreihen. Sie stammen aus dem 18. und 19. Jh.

Rechts von der Rüütli tänav geht die Hommiku tänav ab, aus der sich der *Punane Torn*, der Rote Turm, erhebt. Dieser runde Turm ist ein Teil der alten mittelalterlichen Stadtmauer aus dem 15. Jh. und Pärnus ältestes Bauwerk.

Zurück auf der Rüütli tänav, sollte man rechts in die Pühavaimu tänav einbiegen. Dort fällt das Haus Nr. 8, insbesondere sein prächtiges, farbenfrohes Ein-

Am Strand von Pärnu

gangstor, auf. Von der Pühavaimu tänav geht nach wenigen Metern links die Malmö tänav ab.

An der Ecke mit der Nikolai tänav steht das Ende des 18. Jh. im klassizistischen Stil errichtete *Rathaus* der Stadt. Sehenswert ist seine reich verzierte Eingangstür. Von hier aus sind es nur noch wenige Schritte bis zur *Katharinen-Kirche* in der Vee tänav. Der im 18. Jh. errichtete orthodoxe Sakralbau erhielt seinen Namen zum Ausdruck des Dankes an *Katharina II.*, die die Spenderin der Kirche war.

Rechts neben der Kirche liegt das *Endla-Theater*, und nicht weit davon befindet sich auch der Hafen. Geht man die Vee tänav links hinunter und biegt dann rechts in die Kuninga tänav ein, gelangt man zum *Tallinna värav*, zum Tallinner Tor. Es ist das einzige, noch erhaltene Tor der Pärnuer Stadtbefestigung, das nicht den Verwüstungen des Nordischen Krieges zum Opfer gefallen ist. Es ist im Stil des Barock gestaltet. Auf der anderen Seite des Tores erstreckt sich ein schöner großer Park, der, je weiter man sich dem Meer nähert, immer sandiger und schließlich zum Strand wird. Hier befanden sich früher die Wallanlagen, was teilweise noch zu erkennen ist.

Wer noch die prachtvolle *Elisabeth-Kirche* sehen will, spaziert zurück zur Kuninga tänav. Das hübsche Gotteshaus erhebt sich an der Straßenecke Kuninga/Nikolai tänav. Namengebend für die Kirche war *Jelisaweta*, Tochter *Peters des Großen*, die Geld für den Bau spendete. 1774 war die Kirche fertiggestellt.

Strand/Park: Am Südwestende der Stadt schließt sich ein herrlicher, weißer und weiter Sandstrand an. Das Wasser ist kühl, im Hochsommer jedoch angenehm erfrischend.

Am Strand entlang führt die von Bäumen gesäumte Ranna pst. (Strandstraße), an der nette Cafés und Restaurants zur Einkehr einladen. Nimmt man die Supeluse tänav zur Promenade, trifft man am Ende der Straße auf die prächtigen Bauten des Strandsalons und des Strandpavillons. Hinter dem Strand befindet sich ein schöner, schattiger Park. Am Rand des Parks werden im Sommer frische Erdbeeren und Himbeeren angeboten.

Umgebung von Pärnu

▶ **Vändra**: Im nördlichsten Zipfel von Pärnumaa liegt das Dorf Vändra. Die Natur umher zeigt sich noch in ihren ursprünglichsten Formen. Tiefe Moore und Wälder, in deren dichten Tiefen Braunbären zu Hause sind, kennzeichnen die wilde Landschaft dieser Gegend.

Die Grenze zwischen Livland und Alt-Estland verlief ganz in der Nähe von Vändra. Berühmte Persönlichkeiten aus Vändra sind *Voldemar Jansen*, einer der ersten Journalisten Estlands und seine Tochter, die berühmte Dichterin *Lydia Koidula*.

Anfahrt/Verbindungen **Pkw** – Vändra liegt an der A-203, ca. 45 km nördlich von Pärnu auf dem Weg nach Türi.

Bus – von Pärnu die Linien nach Paide, Tapa oder Rakvere nehmen.

▶ **Kurgja**: Umgeben von dichten Wäldern und in saftig-grüner Landschaft liegt das Dorf Kurgja. Hier befindet sich ein interessantes Bauernhofmuseum für *Carl Robert Jackobson.*

● *Öffnungszeiten* Mai–Sept. täglich geöffnet.   Paide-Straße, etwa 15 km von Vändra, Richtung Paide. Busse von Paide und Pärnu.
● *Anfahrt/Verbindung* liegt an der Pärnu-

> Jackobson war eine herausragende Persönlichkeit des 19. Jh., der sich sehr für die Emanzipation der Esten gegenüber den Baltendeutschen bemühte und sich für Sozial- und Landreformen einsetzte. Doch er war nicht nur Politiker, Lehrer und Buchautor, sondern machte sich auch als Publizist einen Namen, brachte er doch die erste politische Zeitung *Sakala* in estnischer Sprache heraus. Im Jahre 1874 erstand Jackobsen einen Bauernhof, in dem er eine Landwirtschaftsschule einrichtete. Durch seine Publikationen und Verdienste ist Jackobson zu einer wichtigen Figur der estnischen Geschichte geworden.

▶ **Küste westlich von Pärnu**: Auch dieser Küstenstreifen war während der Sowjetzeit gesperrt und ist von daher größtenteils unbesiedelt, wild und unberührt. Einsame Strände, die höchstens von vereinzelten Fischerkaten oder alten, riedgedeckten Bauernhäusern unterbrochen werden, lassen die Vorstellung aufkommen, das Ende der Welt erreicht zu haben. Das Meer schimmert grünlich, kein Mensch weit und breit, nur Möwen und Krähen, die auf dicken Steinen im Wasser sitzen und kreischend die Sonne genießen. Vor der Küste liegen viele kleine Inseln. Optimale Badestrände wird man, außer in *Matsi*, nicht finden, da die Strände oft steinig sind, das Meer in Ufernähe sehr flach ist und viele Pflanzen im Wasser herumschwimmen. Doch der Anblick dieser Küstenlandschaft ist wunderschön.

Die größeren Dörfer dieser Gegend sind die an der Küstenpiste gelegenen Orte *Vatla*, *Varbla* und *Tõstamaa*. In Tõstamaa befindet sich die Ablegestelle zur Insel Kihnu.

Zu einem Abenteuer kann eine ausgedehnte Strandwanderung werden. Proviant kann man in der Regel bei Bauern und Fischern einkaufen. Oftmals bietet sich auch die Möglichkeit, bei ihnen ein Nachtlager zu finden. Es gibt auch Busse, die ein- bis zweimal am Tag Richtung Pärnu, Lihula und Haapsalu über die staubige Straße rattern.

▶ **Matsi:** Das winzige Dorf, oder besser gesagt, diese Ansammlung einiger Häuser, liegt an einem schönen Strand. Matsi ist ohne Auto allerdings schwer zu erreichen. Man muß dazu den Pärnu-Haapsalu-Bus nehmen, der die Küstenstraße entlangfährt. An der Haltestelle Salepi aussteigen, dann wieder ein Stück zurücklaufen und dem Schild nach Matsi folgen.

Im Landesinneren sind tiefe Wälder und reizvolle Moränen- und Heidelandschaften zu finden. Die Straße nördlich von Tõstamaa führt zu dem fischreichen *Ermistu-* und dem *Tõhela-See*. Beide sind völlig flach und messen an ihrer tiefsten Stelle nicht mehr als einen Meter.

Folgt man der holprigen Landstraße zwischen Lihula und Pärnu-Jaagupi, so findet man sich bei *Mihkli* im größten Eichenwald Estlands wieder.

▶ **Audru:** Der kleine Ort ist das Hauptdorf des gleichnamigen Kreises, der über 23 km Küstenstreifen sein Eigen nennen kann. Weiße Sandstrände, teilweise mit hohen Dünen und Kiefernwald laden zum relaxen ein. In Audru selbst gibt es ein altes Gutshaus aus dem 19. Jh., das heute das Rathaus und eine Gaststätte beherbergt.

● *Übernachten* **Lauri**, schönes, im Dorf Liiva gelegenes Farmhaus mit 8 Plätzen. ÜB 15 €. ✆ 64215. Geöffnet von Mai–September. Mahlzeiten auf Bestellung.
Villa Andropoff, willkommen im ehemaligen Feriendomizil der sowjetischen Polit-Prominenz. Architektonisch auffallendes Gebäude mit 6 Suiten, Restaurant, Minigolf und Volleyballfeld am Valgeranna Strand, 10 km nordwestlich von Pärnu gelegen. DZ zwischen 35 € und 95 €. ✆ 43453, 🖂 42004, villap@estpak.ee, www.villaandropoff.fi.
Valgerand, attraktiver Campingplatz mit kleinen Blockhütten direkt am langgezogenen Valgeranna Strand etwa 6 km nördlich von Pärnu gelegen. ÜB in Hütte ab 10 €, Wohnwagen 7 € und Zelt 4 €. ✆ 43453, 🖂 42004, villap@tpak.ee.
Saarnakörtsi, schöne Unterkunft für insgesamt 6 Leute in unmittelbarer Strandnähe beim Dorf Lindi. ÜB 15 €, ✆ 67787.

▶ **Kõpu:** Der winzige Ort liegt auf dem Weg zum Hafen Munalaiu. Sehr gut aushalten lässt es sich dort im romantischen Holzhaus des *Motels Maria*. Die Zimmer sind hübsch eingerichtet, ÜB 16 €. Das gemütliche hauseigene Restaurant sorgt für das leibliche Wohl. Es gibt eine Sauna und einen Teich, ✆ 96316.

Insel Kihnu
(Einwohner: ca. 518)

Südwestlich von Pärnu, gegenüber von Häädemeeste, liegt die wunderbar schöne Insel Kihnu. Grüne Wiesen, bunte Häuser, Menschen in traditioneller Kleidung und absolute Ruhe erwarten den Besucher. Während der Sowjetzeit war die Insel selbst für Bewohner des estnischen Festlandes gesperrt, doch heute wird sie immer mehr zum beliebten Ausflugsziel.

Etwa 518 Menschen wohnen hier. Sie leben hauptsächlich von der Landwirtschaft, vom Fischfang oder sind in der hiesigen Fischindustrie beschäftigt.

Estland
Karte siehe Umschlaginnenklappe vorne

Größtenteils leben sie autark, backen ihr Brot selbst, buttern und wursten. Hühner und mindestens eine Kuh gehören zu jedem Haushalt. Oft laufen die Kühe frei herum und kehren von selbst zum Melken in den Stall zurück.

Sehr schön anzusehen ist die selbsthergestellte Volkstracht der Insulanerinnen, bestehend aus dicken, gestreiften Röcken, kunstvoll bestickten Leinenblusen und geschnürten Lederpantoffeln. Als Kopfbedeckung wird je nach Familienstand ein Kopftuch oder eine Haube getragen. Ein unvergessliches Erlebnis sind die *Kihnutage*, die jedes zweite Wochenende im August stattfinden. An diesen Tagen kommt die gesamte Bevölkerung der Insel zusammen, um gemeinsam zu singen und zu tanzen.

Ein Ringweg führt einmal um die Insel. Sehenswert sind die *Kirche*, das *Museum* im alten Schulhaus und der *Friedhof*, auf dem auch das Grab des estnischen Seglers *Kihnu John* zu finden ist. Die vielen umherliegenden kleinen, mit Blumen geschmückten Steine kennzeichnen die letzte Ruhestätte namenlos verstorbener Kinder.

● *Anfahrt/Verbindung* **Schiff** – Die Fähren nach Kihnu legen in Munalaiu ab, zur Gemeinde Tõstamaas gehörend, das ca. 50 km südwestlich von Pärnu liegt. Von Pärnu aus die Straße nehmen, die nach Audru führt. Nicht auf allen Fähren können Autos mitgenommen werden. Die kleine Fähre Vesta ist nur für Passagiere und schaukelt gewaltig! Von Munalaiu nach Kihnu geht Mo, Di, Mi und Fr ein Schiff um 7 Uhr morgens, sowie ein weiteres Mi, Fr und So um 15.15 Uhr. Zurück geht es Mi und Fr um 9 Uhr, sowie Mo, Di, Mi, Fr und So um 17 Uhr. ✆ Hafen Munalaiu 58145; ✆ Hafen Kihnu 69932. Die Überfahrt kostet etwa 5 €, die Mitnahme von Autos ca. 10 € und dauert 40–50 Minuten. Per Bus ist der Hafen ab Pärnu zu erreichen, Abfahrt auf den Schiffsverkehr abgestimmt. Alle Angaben am besten bei der Touristeninformation Pärnu nochmals bestätigen lassen. Autos können auf dem bewachten Parkplatz in Munalaiu abgestellt werden, allerdings sind die Betreiber des Parkplatzes oftmals nicht auffindbar (worauf sich die Frage stellt, inwieweit der Parkplatz nun tatsächlich bewacht ist).

Flugzeug – Im Winter startet von Mo–Do in Pärnu jeden morgen um 9 Uhr eine Maschine nach Kihnu, die um 9.30 Uhr bereits wieder zurückfliegt. Di, Mi, Fr und So startet außerdem um 15 Uhr ein Flugzeug von Pärnu, Rückflug eine halbe Stunde später. Sa geht um 10 Uhr ein Flieger von Pärnu, der um 10.30 Uhr wieder zurückfliegt. Im Sommer ist die Verbindung spärlicher. Ein einfacher Flug kostet 10 €. Vorsichtshalber alle Angaben von der Touristeninformation

in Pärnu bestätigen lassen oder am Flughafenin Pärnu, ✆ 75001, anrufen.

● *Information/Übernachten* Das "Zentrum" Kihnus bildet ein kleiner Tante-Emma-Laden. Über dem Geschäft befindet sich eine Bar mit guter Küche. Ein Hotel gibt es auf Kihnu nicht. Man wohnt entweder in einer Kihnuer Familie oder nimmt Quartier in einem der Gästehäuser. Insbesondere bei der ersten Variante ist eine Vorreservierung anzuraten. Die Gastgeber holen ihren Besuch auf Wunsch am Hafen ab. Auf diese Weise bekommt man einen interessanten Einblick in das Leben der Insulaner.

Vorausbuchung ist möglich über das Reisebüro Kihnurand, ✆ 69938 (Vorwahl wie Pärnu), befindet sich unweit des Lebensmittelladens. Man kann allerdings auch über die Pärnuer Touristeninformation eine Unterkunft buchen. Die Gästehäuser befinden sich im Dorf Sääre, im Norden der Insel.

Tolli Farm, charmantes rustikales Farmhaus mit Blockhütten in unmittelbarer Strandnähe. Platz gibt es für 30 Leute. DZ 15 €, DRZ zwischen 15 € und 20 €. Darüber hinaus kann hier auch gezeltet werden. ✆ 69908, kihnutalu@hot.ee, www.kihnutalu. ee. Mahlzeiten auf Bestellung.

Rock City, einfache Unterkunft für 33 Leute in gepflegter Holzbaracke. Schöne Lage im Wald, unweit vom Strand. ÜB um die 12 €. ✆ 69956, ✆ 58140.

● *Verschiedenes* **Fahrräder**, sind in der Tolli Farm ausleihbar. Dort können ebenfalls **Bootstouren** und **Ausflüge** nach Manilaid und den umliegenden unbewohnten Inseln arrangiert werden.

▸ **Insel Manilaid:** Kleine, dünn besiedelte Insel dem Kreis Tõstamaa vorgelagert. Bis 1933 lebte niemand auf dem Eiland. Als die Nachbarinsel Kihnu Anfang der Dreißiger unter Überbevölkerung litt, wurden einige Familien nach Manilaid umgesiedelt, so dass die Bevölkerung rasch über 150 Personen zählte. Heutzutage wohnen etwa 44 Menschen auf der knapp 2 qkm großen Insel. Die Bevölkerung lebt hauptsächlich von der Rinderhaltung. Manilaid, auch Manija genannt, ist vom Hafen Munalaiu erreichbar, es gibt jedoch keine regelmäßige Verbindung. Informationen in der Touristeninformation in Pärnu.

Übernachten Riida, schöner Bauernhof, auf dem rustikale Holzhütten gemietet werden können. ÜB 9–15 €. Darüber hinaus besteht die Möglichkeit zu zelten. Mahlzeiten auf Bestellung. ✆ 74480, Ylle.tamm.001@mail.ee.

Der Süden von Pärnumaa

Vom südlich von Pärnu gelegenen Uulu aus führt sowohl die Via Baltica als auch eine gut ausgebaute Küstenstraße Richtung Lettland. Die relativ spärlich befahrene Strecke entlang der Küste ist ideal zum Fahrrad fahren.

Alle dort liegenden Orte sind auch mit der Linie Pärnu-Ainaži erreichbar, je nachdem, ob der Bus die Küstenstraße oder die Via Baltica entlangfährt. Die Verbindungen über die große Straße sind natürlich besser. Der letzte Ort auf estnischer Seite ist *Ikla*, der erste auf lettischer Seite *Ainaži*.

▸ **Tahkuranna:** Kleines Küstendorf, in dessen Umgebung sich 3 nette Unterkünfte befinden.

• *Übernachten* Mere, kleiner Familienbetrieb im Dorf Reiu mit 8 Plätzen. ÜB etwa 14 €. ✆ 56-483640, taluliit@estpak.ee. Piirisaare, freundlicher Familienbetrieb unweit von Reiu, am Abzweig nach Tartu gelegen.

Es gibt Platz für 10 Leute, ÜB 14 €. ✆ 60719, piirisaa@uninet.ee, www.prn.ee/piirisaare. **Naarismaa**, gemütliche Herberge in rustikalem Blockhaus mit schönem Garten im Dorf Metsaküla. ÜB um die 12 €. ✆ 60620.

▸ **Rannametsa:** Hier befinden sich wunderschöne, schilfbewachsene Dünen, hinter denen sich das strahlend blaue Meer erstreckt. In Rannametsa geht vor der Brücke ein Feldweg ab, dem man folgt, bis zu einem dunkelbraunen Haus mit der Aufschrift *kauplus*. Weiter geht es ein Stück durch den Wald, bis man nach der Überquerung einer bunten Blumenwiese schließlich zu den Dünen gelangt.

▸ **Häädemeeste (Gutmannsbach):** Die Umgebung des Ortes ist waldreich und moorig. Bekannt wurde Häädemeeste einst durch den Bau von Segelschiffen. Um das Holz aus den Wäldern an die Küste zu schaffen, hat man Kanäle durch das Moor gegraben. Häädemeeste ist ein beschauliches, kleines Dorf. Einige Tage lässt es sich hier durchaus aushalten.

• *Postleitzahl* EE86001.
• *Vorwahl* (2)44.
• *Übernachten* Gemütliches **Hotel** in schönem Fachwerkbau an der Pärnu mnt. 18 mit komfortablen, gemütlichen Zimmern, Sauna und Restaurant. DZ 35 €. ✆ 37367, ✎ 37368
• *Essen* **Valge**, gutes Hotelrestaurant. **Häädemeeste Inn**, Pärnu mnt. 23. Belieb-

tes Lokal mit gelungenen Kreationen.
• *Verschiedenes* **Post**, Side 2. **Poliklinik/Apotheke**, Pärnu mnt. 15. **Baden**, hier in Häädemeeste ist der Strand nicht so besonders, aber im 10 km südlich gelegenen Ort **Kabli** lädt ein bildschöner, heller Sandstrand zum Sonnenbaden und Schwimmen ein.

▸ **Kabli:** Das etwa 2 km langgestreckte Straßendorf an sich ist nicht weiter interessant, aber es liegt an einem herrlichen, weißen Sandstrand, der mehr als lohnenswert sind. In der näheren Umgebung von Kabli gibt es 3 Unterkünfte.

● *Übernachten* **Lepanina**: Kurz nach dem Ortsausgang von Kabli weist ein unauffälliges Puhkekodu-Schild den Weg zum Hotel. Obwohl es sich bei dem Gebäude um einen klobigen, roten Backsteinbau handelt, wirkt er nicht erdrückend. Es gibt eine gutes Restaurant, Sauna, Internetanschluss und ein nettes Café mit schönem Blick auf das Meer. Die Zimmer sind unterschiedlich, teilweise durchschnittlich, teilweise modernisiert. Durch Glasschläuche sind die einzelnen Gebäude miteinander verbunden. EZ um die 30 €, DZ 45 €, Familienzimmer 65 €, Suite mit Jacuzzi 80 € und Suite mit Sauna 90 €. Außerdem sollen auf dem Gelände einige einfache Blockhütten errichtet werden. Lepanina Puhkekodu, ✆ 65024, 37368, ✉ 37367, vabarne@hot.ee, www.lepanina.ee. Bushaltestelle Majaka.

Lemmeranna, direkt am Strand von Kabli befindet sich ein größeres Ferienheim in Form eines großen roten Holzhauses. Zimmer sind recht einfach. ÜB 10–16 €. ✆ 98496.

Metskonna, Kabli. Urgemütliches Gästehaus in alter Holzkate in unmittelbarer Strandnähe. ÜB um die 14 €. ✆ 55250, laanesaarte@rmk.ee.

Grenze, wenige km südlich vom Ort Ikla befindet sich an der Via Baltica ein internationaler Grenzübergang nach Lettland.

Viljandimaa (Fellin)

Weites hügeliges Land und die Erhebungen der Sakala-Höhen kennzeichnen das Gebiet des Viljandi-Landkreises im Süden Mittelestlands. Hinzu kommen riesige, üppig gewachsene Wälder. Die großteils unberührte Moränenlandschaft und die Moore am Rande der Höhen machen die Gegend sehr reizvoll.

Schon in alten Zeiten lag das Zentrum dieser Region in Viljandi. In der Gegend um Viljandi hatte der Deutsche Orden im 13. Jh. größte Schwierigkeiten, die Bevölkerung, die massiven Widerstand leistete, zu unterwerfen. Schon vor Ankunft des Deutschen Ordens gab es in dem Gebiet bereits von Esten errichtete Burgen, was die Eroberung Viljandimaas erschwerte. Die bekannteste Festung war die des Estenführers *Lembitu* in Lõhavere.

Durch die *Mulgids* – sie waren die ersten Esten, die von den deutschen Gutsbesitzern Land erwerben konnten – entwickelte sich Viljandimaa, zeitweise auch *Mulgimaa* genannt, im 19. Jh. zu einer der reichsten und bedeutendsten Gegenden Estlands. Die Mulgids waren sehr wohlhabend und galten als klug und sparsam. Beim Volk waren sie jedoch eher unbeliebt und als geizig verschrien. Dennoch geht das im 19. Jh. erwachende Nationalbewußtsein in Estland u. a. auch auf die emanzipierten Mulgids zurück.

Viljandi (Fellin)   (ca. 24.000 Einwohner)

Die alte, malerische Stadt Viljandi strahlt Ruhe und Nostalgie aus. Sie liegt eingebettet in den smaragdgrünen Hügeln der Sakala-Höhen. Die sechstgrößte Stadt Estlands ist sehr vielseitig.

Museen erzählen von den Menschen, die vor 5000 Jahren hier siedelten, und von einer großen Bauernburg. Die Ruine auf dem völlig zugewachsenen Schlossberg läßt das Mittelalter spürbar werden, und der Viljandi-See am Rande des Zentrums lädt zum Baden ein.

Bevor der Livländische Orden Viljandi einnehmen konnte, musste er sich heftigen Kämpfen mit den Esten, die sich erbittert zur Wehr setzten, stellen.

Ihr Anführer war *Lembitu*. Nach dem Sieg über die Esten errichteten die Schwertbrüder 1224 eine Ordensburg.

Die Stadt entwickelte sich nördlich der Festung, obwohl Viljandi auch schon vor dem Bau des Ordensschlosses als Siedlung um eine estnische Bauernburg existierte (im 12. Jh. erstmalig erwähnt). 1283 erhielt Viljandi das Stadtrecht und entwickelte sich im Mittelalter rasch zu einer blühenden Hansestadt. Doch die kommenden Kriege und wechselnden Herrschaften sollten die wirtschaftliche Blüte der Stadt beenden. Besonders hart traf Viljandi der Nordische Krieg, in dem die Ordensburg zerstört wurde und die Zahl der Einwohner drastisch zurückging. 1710 fiel der Landkreis an Russland. Einen wirtschaftlichen Aufschwung erfuhr Viljandi erst wieder nach der Erhebung zur Kreisstadt und mit der Errichtung der Eisenbahnlinie.

Viljandi Jaani Kirik

- *Postleitzahl* EE71020
- *Vorwahl* (2)43
- *Information* Tallinna 2B. Informationen über die Stadt und Umgebung, Vermittlung von Privatquartieren und Tipps zum Sooma Nationalpark. ✆/✆ 33755, viljandi@visitestonia.com, www.viljandi.ee. Geöffnet Mo–Fri 9–18 Uhr, im Sommer zusätzlich Sa 9–17 Uhr und So 10–15 Uhr.
- *Anfahrt/Verbindungen* **Pkw** – von Tallinn die A-2 bis Imavere nehmen und dort auf die Strasse 49, die nach Viljandi führt, wechseln.

Bus – Verbindung mit allen größeren Städten Estlands, sowie zu den umliegenden Dörfern. Busbahnhof, Illmarise 1.

Bahn – Züge nach Tallinn. Bahnhof, Metalli 1.

- *Übernachten (siehe Karte S. 525)* **Alice (3)**, Jakobsoni 55. Angenehmes Gästehaus mit modernen, stilvoll ausgestatteten Zimmern in kürzlich restauriertem Bau aus den Dreißigern. EZ 25 €, DZ 42 €. ✆ 47616, alice@matti.ee, www.matti.ee/Čalice.

Centrum (1), Tallinna 24. Neues, schickes Hotel im gleichnamigen Shopping Mall. Komfortable, aber schlicht ausgestattete Räume. EZ 45 €, DZ 60 €, Suite 100 €.

✆ 51100 und 51125, centrum@matti.ee, www.centrum.ee.

Endla (22), Endla 9. Etwas außerhalb gelegenes Gästehaus mit freundlich gestalteten Zimmern, insgesamt 8 Plätze. ÜB etwa 16 €. ✆ 35302.

Kalevi (21), Ranna 6. Spartanische Unterkunft, im Sommer gut besucht von jugendlichen Sportlern. ÜB ca. 6 €., ✆ 47270.

Männimäe (27), Riia mnt 52 d. Schönes Holzhaus mit gemütlichen Zimmern und Internetzugang. ÜB ab 16 €. ✆ 54845, kersti@infotek.matti.ee.

Oma Kodu (6), Väike 6. Komfortables, gemütliches Hotel mit schönem Blick auf den Viljandi-See. EZ 30 €, DZ 45 €. ✆ 55755, ✆ 55750, omakodu@omakodu.ee, www.omakodu.ee.

Sammuli (26), Männimäe tee 28, Einfaches, aber nettes Hostel unmittelbar am Seeufer mit angeschlossenem Campingplatz und kleinen Holzhütten. ÜB ab 18 €. ✆ 50-49716. Ein Stück die Landstraße Richtung Mustla runterfahren. Bus Richtung Mustla nehmen und an der Haltestelle Nõmme aussteigen, von da noch etwa 1 km zu Fuß gehen, auf Schilder achten.

Viljandi (8), Tartu 11. Schönes Haus in Toplage, was z. Zt. renoviert wird.

• *Privatquartiere* Folgende Unterkünfte bieten alle ÜB mit Frühstück an. Zimmer sind sauber, aber in der Regel etwas altmodisch möbliert.

Saare (24), Saare 5a. 5 Plätze zu haben, ✆ 47858.

Eino Meiesaar (23), Kullamäe 21. 6 Plätze sind zu vergeben, ✆ 35475.

Allika (25), Jakobsoni 59. Auch hier gibt es 6 Plätze. ✆ 47520.

• *Essen* **Branntweinbrennerei**, befindet sich in Heimtali. Uriges, rustikales Lokal in altem, romantischem Haus mit guter Küche.

Centrum (1), Tallinna 21. Exklusives Restaurant im obersten Stockwerk des hypermodernen neuen Einkaufszentrums *Centrum*. Gigantische Aussicht und die Verwendung von viel Glas verleihen dem Restaurant eine etwas spacige Aura. Freundlicher Service und gutes Essen, macht jedoch schon um 21 Uhr zu.

Flamingo (2), Jakobsoni 11. Sehr gutes Lokal mit nettem Café.

Männimäe (27), zum gleichnamigen Hotel gehörend, Essen durchschnittlich.

Tegelaste Tuba (18), auf der Ecke der Tasuja und Pikk tänav. Urgemütliches Wirtshaus in altem, liebevoll restauriertem Backsteinbau. Serviert wird gute, estnische Küche.

Vessiross (28), Männimäe 26. Großes, modern ausgestattetes Café mit gut sortierter Speisekarte, aber irgendwie fehlt die Gemütlichkeit.

• *Cafés/Bars* **Catherine (19)**, Vaksali 1. Einfaches, aber nettes Café mit blauen Tischen und kleiner Speisekarte.

Isu Söögituba (12), Tartu 8. Kleines, angenehmes Fast-Food Etablissement, preiswert.

Jurassik (9), Tartu 1a. Weder Dinos an den Wänden, noch eine von ihnen inspirierte Speisekarte. Befindet sich in altem Hinterhaus, schöner Balkon, freundlicher Service.

Kolledži (4), Tallinna/Jakobsoni. Attraktives Café mit angenehmer Atmosphäre im Kulturhaus.

Lihtue (20), Linnu 4a. Kleine unspektakuläre Bar, allerdings mit schönem Hof im Sommer.

Longford (11), Tartu 14. Gemütliches Café mit happy hour am frühen Nachmittag.

Mia Äri (14), Tartu 4. Sehr dubiose, düstere Kneipe.

Mix Baar (7), Tartu 7c. Die Kneipe liegt etwas versteckt in einem kleinen Holzhaus. Gut zum Billard spielen.

Pappa Pizza (10), Tartu/Tallinna. Kleine, beliebte Pizzeria mit Terrasse.

Söögihoht (15), Tartu 8a. Eigentlich ein kleiner Laden mit Kuchenbufett, aber es gibt auch ein paar Tische.

Kohvik (17), Vaksali 4/Karja. Kleines Café im Sportzentrum.

Kullus (16), Vaksali 32. Einfache, preiswerte Grillbar.

Välikohvik (13), Tartu 8a. Nettes Sommercafé.

Viljandi (5), Lossi 31. Schönes Café, das schon recht früh aufmacht und sich somit gut zum Frühstücken eignet.

• *Verschiedenes* **Geldwechsel**, Tartu/Ecke Lossi; Vadabuse plats 6.

Post/Telegrafenamt, Tallinna 11, zum Telegrafenamt hinteren Eingang benutzen.

Internetzugang, Tallinna 5.

Poliklinik, Turu 8.

Parken, Kõrgemäe und Aasa tänav, beide Plätze unmittelbar am See gelegen.

• *Sport/Freizeit* **Reiten** – Reitstunden, ausgedehnte Ausritte, mehrtägige Reitwanderungen sowie Kutsch- bzw. Schlittenfahrten sind im Gestüt Heimtali möglich. Mehr schlecht als recht von Viljandi per Bus erreichbar. 1 Stunde kostet ca. 10 €, ✆ 33083.

Fahrradverleih, bei Uno Peters, Paala 36, ✆ 45943.

Bootsverleih, am See beim Sammuli Hostel.

Ballonfliegen, Flüge über Viljandi, Pärnu und Tartu. Ein 2-stündiger Flug kostet 165 €, mitfliegen können maximal 6 Leute. Buchung bei Aleksander Delibaltov, ✆ (mobil) 5018098.

• *Festivals* **Hansetage**, großes Stadtfest und Markt zum Gedenken an die Zeit der Hanse. Termin Ende Mai/Anfang Juni.

Internationales Folklorefest, im ganzen Landkreis finden Konzerte mit Folkmusik und Tanz statt. Termin Ende Juli, Veranstaltungsorte in der Touristeninformation erfragen.

Theater, Ugala-Theater, Vaksali 7. Nicht weit weg von dem alten Friedhof befindet sich das modernste Theater Estlands, in dem viele experimentelle Stücke auf die Bühne gebracht werden.

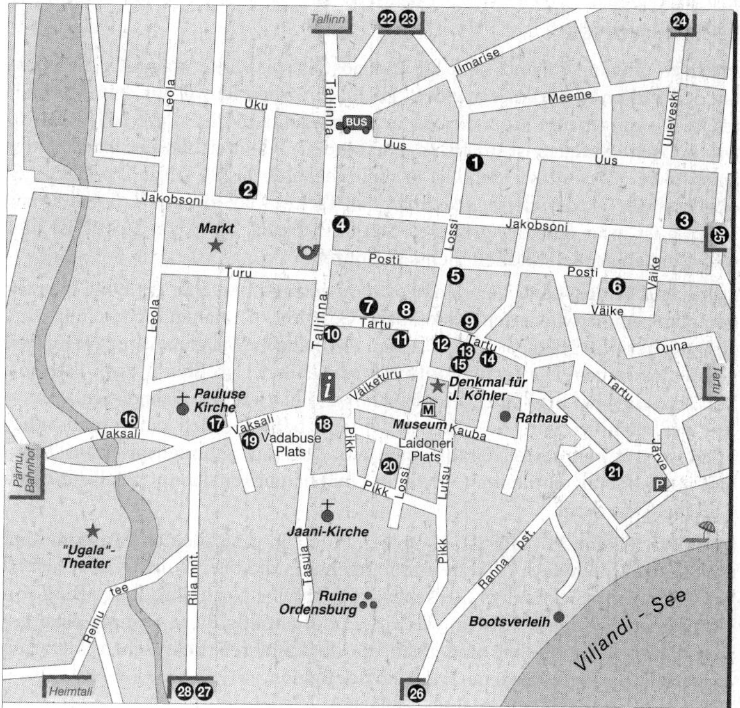

Tallinn

22 23

24

Leola

Uku

Ilmarise

Meeme

Tallinna

BUS

Uus

Uus

Ulevoski

1

Jakobsoni

2

Jakobsoni

3

85

Markt ★

Posti

Lossi

Posti

6

Turu

Leola

Tallinna

Tartu

4

5

Väike

Väike

Ouna

7 8

9

10

Tartu

11

12 13 14

Tartu

15

Väiketuru

Denkmal für J. Köhler ★

Tartu

16

Pauluse Kirche ✝

17

18

M **Museum**

Kauba

Rathaus ●

Vaksali

19

Vadabuse Plats

Laidoneri Plats

Lutsu

21

P

Pärnu Bahnhof

Pikk

20

Lossi

Pikk

★ **"Ugala"-Theater**

Jaani-Kirche ✝

Tasuja

Rija mnt.

Pikk

Ratna pst.

Ruine Ordensburg ●●●

Bootsverleih ●

Viljandi - See

Heimtali

28 27

26

Übernachten
❶ Centrum
❸ Alice
❻ Oma Kodu
❽ Viljandi
㉑ Kalevi
㉒ Endla
㉓ Eino Meiesaar
㉔ Saare
㉕ Allika
㉖ Sammuli
㉗ Männimäe

Cafés/Bars
❹ Kolledži
❺ Viljandi
❼ Mix Baar
❾ Jurassik
❿ Pappa Pizza
⓫ Longford
⓬ Isu Söögituba
⓭ Välikohvik
⓮ Mia Äri
⓯ Söögihoht
⓰ Kullus
⓱ Kohvik
⓳ Catherine
⓴ Lihtue

Essen/Trinken
❶ Centrum
❷ Flamingo
⓲ Tegelaste Tuba
㉗ Männimäe
㉘ Vessiross

N

Viljandi

Sehenswertes

Altstadt: Obwohl Viljandi sehr alt und nostalgisch wirkt, stammen die meisten der bunten Holzhäuser aus dem 19. Jh. Ein Überbleibsel aus dem Mittelalter ist die umgebaute *Jaani-Kirche*, entstanden im 15. Jh. in der Mäe tänav 8. Das hübsche Rathaus ist im 18. Jh. entstanden. Wahrzeichen der Stadt ist der leuchtende *Wasserturm*, doch ist er nicht viel älter als 80 Jahre. Die Hauptgeschäftsstraße ist der obere Abschnitt der Tartu tänav hin zur Tallinna tänav. Viljandi ist zwar eine der größeren Städte Estlands, doch von Hektik ist hier selbst in den großen Straßen nichts zu spüren.

Ruine und Schlosspark: Vom Stadtzentrum gelangt man über die Lossi tänav in den pflanzenüberwucherten Schlosspark. Gesäumt von hohen Linden führt eine kleine, wackelige Hängebrücke über den ehemaligen Wallgraben zum Hauptteil der Schlossruinen. Die Festung Viljandis war eine der größten Burgen Estlands. Von der Ruine hat man einen wunderschönen Blick auf den Viljandi-See.

Auf der anderen Seite des Flusses *Valuoja* befindet sich ein romantischer Friedhof mit bemoosten Grabsteinen aus Marmor, schmiedeeisernen Toren und alten knorrigen Bäumen. Viele im Unabhängigkeitskampf gefallene Esten sind hier begraben.

Museum, Laidoneri plats 10: Hauptattraktion in dem kleinen Museum sind die Steinzeitfunde aus Viljandi und Umgebung, die bis ins dritte Jahrtausend vor Christus zurückreichen. Zu sehen ist auch eine Nachbildung der Burg von Viljandi, an der deutlich wird, wie riesig und gewaltig diese Festung einst gewesen sein muss. Ferner sind noch die im Landkreis heimischen Tierarten ausgestellt und verschiedene Trachten der Region.
Öffnungszeiten Do–Mo von 11–17 Uhr geöffnet.

Baden: Sogar mit einem kleinen Sandstrand kann der saubere *Viljandi-See* aufwarten. In heißen Sommern kann das Wasser angenehm warm werden. Das gegenüberliegende Seeufer, an dem auch der Campingplatz liegt, ist jedoch schöner.

Umgebung von Viljandi

▸ **Olustvere**: Hier ist eines der best erhaltenen Herrenhäuser Estlands zu sehen. Von 1734–1918 gehörte es der Familie *von Fersens*. Zum Anwesen gehören Stallungen, Brennerei und ein wunderbarer 20 ha großer Park. Im Haus befindet sich ein Museum für Naturgeschichte und eine Touristeninformation, ✆ 74280, ✆ 71610, olustvere@alex.vil.ee. Olustvere ist durchaus einen Besuch wert. Wer will, kann hier auch im hiesigen Gästehaus schlafen. Es gibt 7 gut ausgestattete Zimmer und 140 Schlafsaalplätze, diese aber nur im Sommer. ÜB ab 12 €. Für das leibliche Wohl sorgt ein charmantes Café.
Anfahrt/Verbindung **Pkw** – von Viljandi die 49 Richtung Võhma und Türi nehmen. **Bus** – Busse der Linie Viljandi-Türi halten auch in Olustvere, allerdings im Dorf selbst und nicht am Herrenhaus.

▸ **Nationalpark Sooma**: Der 1993 gegründete Nationalpark umfasst 370 qkm. Er gehört hauptsächlich zum Kreis Viljandimaa, erstreckt sich teilweise aber auch bis nach Pärnumaa hin. Charakteristisch für die unter Schutz gestellte Natur sind die tiefen Sümpfe, der Westhang des Sakala-Höhenzuges und die Dünen der Waldwiese Halliste. Malerisch schlängeln sich die Flüsse Raudna, Halliste und Lemmjõgi durch das Gebiet und sind wohl mit Ursache dafür, dass es im Frühling im Park stets zu großen Überschwemmungen kommt. Eine Wanderung (in sachkundiger Begleitung anzuraten) oder eine Bootstour im Einbaumer (Haabja) durch Sooma ist sehr reizvoll und sicherlich ein unvergessliches Erlebnis. Als Ausgangspunkt für Wanderungen eignet sich das Dorf Toramaa, im Kreis Kopu.

• *Information* Das Touristenzentrum des Nationalparks befindet sich in Dorf Tori, das administrativ zu Pärnumaa gehört. Hier können Wanderungen, Bootstouren, Reittouren etc. arrangiert werden. ☎ (2)44-66405, reservations@soomaa.com, www.sooma.com.

• *Übernachten* Die aufgeführten Unterkünfte gehören administrativ zu Pärnumaa und liegen näher an Pärnu als an Viljandi. Da der Nationalpark jedoch hier erfasst wird, sind die Unterkünfte auch hier zu finden.

Urumarja, großes Jugendcamp im gleichnamigen Dorf gelegen. In der einfachen Unterkunft gibt es Platz für 150 Leute und alle erdenklichen Sporteinrichtungen, Bootsverleih, etc. ÜB ab 8 €. ☎ (2)44-58163.

Anfahrt/Verbindung, von Pärnu die Straße 59 Richtung Tori nehmen, die über Urumarja führt. Von Pärnu etwa 19 km entfernt.

Linnamehe, freundliches Gästehaus mit rustikalen Zimmern, umgeben von schönem Garten, etwa 3 km südlich von Selja gelegen. DZ mit Bad 25–30 €, ÜB ab 8 €. Platz ist für 28 Leute. ☎ (2)44-74059, linnamehepuhketalu@hotmail.com, www.linnamehe.ee. Außerdem können hier Reittouren arrangiert werden, Fahrradverleih.

Anfahrt/Verbindung, die Pension liegt an der A-5 Richtung Paide, 16 km entfernt von Pärnu. Hier halten auch die Busse von Pärnu nach Rakvere und Paide.

• *Essen* Im Dorf Selja befindet sich ein gutes Restaurant mit estnischer Küche.

▶ **Kõpu:** Der größte Teil des Nationalparks gehört administrativ zum Kreis Kõpu. Das gleichnamige Dorf kann mit einem hübschen Herrenhaus aus dem 18. Jh., umgeben von einem schönen Park und einer reizvollen Kirche aus dem 18. Jh., aufwarten. Im Dorf Vanaveski befindet sich eine romantische Wassermühle. Dort, am Ufer des Flusses Kopu, gibt es einen schön gelegenen Campingplatz mit Sauna und großen Schaukeln. ☎ 53-472.

Anfahrt/Verbindung Kõpu liegt an der Straße 56, die von Viljandi nach Kilingi-Nõmme führt, von Viljandi etwa 15 km entfernt.

▶ **Suure-Jaani:** Fährt man die Straße 49 von Viljandi ca. 15 km in Richtung Paide, kommt auf der linken Seite ein Abzweig nach Suure-Jaani. Kaum zu glauben, dass dieser verschlafene, kleine Ort das Stadtrecht besitzt. Hinter der Kirche aus dem 14. Jh. liegt ein interessanter Friedhof. Der berühmte estnische Maler *Johann Köler* und der Komponist *Artur Kapp* sind dort begraben. Wer Glück hat, kann bei besinnlicher Musik über den Friedhof schlendern, da der Kirchenchor im Sommer zumeist draußen probt. Ungefähr 3 km von Suure-Jaani entfernt stand die mächtige Bauernburg von *Lõhavere*. Geblieben ist lediglich der Hügel, auf dem sie einst stand.

▶ **Vastemõisa:** Kleines Dorf und Hauptort des gleichnamigen Kreises, der ebenfalls Teile des Nationalparks umfasst. Im Dorf Metsküla gibt es einen kleinen romantischen Bauernhof, idyllisch am Teich gelegen. Es gibt 7 Plätze im Haus, sowie Raum für 15 Zelte und 7 Wohnwagen. ÜB um die 12 €. ☎ 58673, vahelaane@hot.ee, www.hot.ee/vahelaane.

Anfahrt/Verbindung Von Suure-Jaani führt eine 13 km lange Schotterpiste ins südlicher gelegenen Vastemõisa. Bleibt man auf diesem Weg für etwa weitere 5 km, erreicht man Metsküla.

Estland
Karte siehe Umschlaginnenklappe vorne

▶ **Karksi** (bei Nuia-Karksi): Auf einem Hügel, hoch über den Teichen und Seen des malerischen Halliste-Tals, stehen die Mauerreste der *Kantrimägi-Burg*. Bekannt ist die Festung seit 1248 als Bauernburg *Kantsimäe*. Im 15. Jh. brannte die aus Holz gebaute Festung ab, und an ihrer Stelle wurde eine Ordensburg errichtet. Seit 1620 ist sie eine Ruine. 1778 wurde neben den Mauerresten eine Kirche gebaut. Im Burgpark finden im Sommer zahlreiche Veranstaltungen statt. Viel Spaß bereitet die übergroße Schaukel auf dem Burgberg. Von dort oben hat man einen herrlichen Blick auf das Tal und auf grüne Teiche und Seen.

• *Information* Rahumäe 2a, ✆ 55257, ✆ 55522, turism@karksi.ee.

• *Anfahrt/Verbindungen* Pkw – von Viljandi die Straße 49 Richtung Valmiera bis Karksi-Nuia fahren. Am Denkmal für *August Kitzberg* geht eine Straße ab, die durch das Tal zur Burgruine führt. Auf dem Schlossberg geht gegenüber dem Schild Polli ein kleiner Weg zur Ruine ab.

Bus – Linie Viljandi-Valga, je nach Route entweder im Zentrum von Nuia-Karksi aussteigen und den Rest zu Fuß (ca. 2 km) gehen oder bis zur Haltestelle Lossimäe, direkt an der Ruine, durchfahren.

• *Übernachten* Kopra, gemütliches Farm- und Gästehaus im Dorf Tuhalaane, etwa 6 km nordöstlich von Karksi. Einfache, aber angenehm ausgestattete Zimmer, teilweise mit Bad, großer Kaminraum. EZ 15–17 €, DZ 32–38 €, Mahlzeiten auf Bestellung. ✆ 59007, rudo@kopra.ee, www.kopra.ee.

Käbi, Dorf Ainja, 5 km südlich von Karksi an der Straße nach Valga. Wunderbar unter hohen Kiefern und nicht weit von Seeufer gelegene Herberge. Geschlafen wird in urigen, rustikalen Blockhütten. Hütte für 2 Personen mit VP und Sauna 70 €. ✆ 31331, merlingo@hot.ee, www.hot.ee/pinecone.

• *Verschiedenes* Internetzugang, im Kulturhaus, an der Straße Richtung Karksi Nuia gelegen, ausgeschildert.

▶ **Karksi-Nuia:** Dieser kleine Ort ist das Zentrum des Kreises Karksi und kann sogar mit einer Touristeninformation, Rahumäe 2a aufwarten. An gleicher Stelle befinden sich auch Post und Bank.

• *Übernachten* Kiini-Hansu, freundliches Privatquartier mit 6 Plätzen. Die Herberge liegt in Kõvaküla, etwa 3 km südlich von Nuia Karksi, an der Straße nach Valga. ÜB 13 €. ✆ 31641, kiinihansu@hot.ee www.hot.ee/kiinihansu.

• *Essen* Baar, Pärnu/Ecke Veetorni. Zünftiges, etwas abgedunkeltes Lokal mit Backsteindekor und zufriedenstellendem Essen.

Kohvik, einfaches Café am Hauptplatz über der Bank gelegen.

Anne Ari, Kivistiku/Ecke Pärnu. An sich sehr einfacher Grill, in dem es Hot Dogs und Hamburger gibt. Schön sitzt es sich jedoch in dem kleinen, dazugehörigen Garten.

▶ **Maie Karksi:** Der Ort ist vor allem bekannt wegen des hiesigen August-Kitzberg-Museums direkt an der Hauptstraße Richtung Pärnu gelegen. *August Kitzberg* (1855–1927) war ein in Estland angesehener Schriftsteller und Dramatiker. Als sein bestes Stück gilt die Tragödie *Libahunnt*. Einige Jahre lebte und schrieb Kitzberg in dem Haus, in dem das Museum untergebracht ist. Die kleine Ausstellung ist nur für absolute Literaturliebhaber interessant, da die Verständigung nur auf estnisch oder russisch möglich ist. Wenn die Bewohner der anderen Haushälfte des Museums zu Hause sind, kann die Ausstellung besichtigt werden.

• *Anfahrt/Verbindungen* Pkw – Auf der A-6 nach Pärnu befindet sich kurz hinter Karksi-Nuia (auf Museumsschild achten) eine kleine, alte Holzhaussiedlung.

Bus – von Viljandi oder Karksi-Nuia Bus Richtung Pärnu bis zur Haltestelle Leeli nehmen.

Võrtsjärv (Wirzsee)

Der zweitgrößte See Estlands gehört zur einer Hälfte zu Viljandimaa und zur anderen Hälfte zu Tartumaa. Der See ist ca. 34 km lang und 13 km breit. Das flache Ufer, insbesondere im Norden, ist sumpfig und waldreich. Durch den im Võrtsjärv entspringenden *Emajõgi (Embach)* ist er mit dem großen *Peipsijärv* verbunden. Noch vor wenigen Jahren wurden von Tartu Ausflugsfahrten über den Emajõgi zum Võrtsjärv angeboten, doch das ist zur Zeit nur per Charter möglich. Der See ist sauber und sehr fischreich. Zum Baden ist er nicht all zu gut geeignet, weil hohes Schilf den Zugang zum Wasser erschwert. Strände in Vilandimaa sind zu finden bei Kivilõppe, Valma an der Westseite und bei Oiu und Leie am Nordufer.

Der Võrtsjärv

● *Übernachten* Die Unterkunftsmöglichkeiten am Võrtsjärv sind rar.

Jõeoru, Dorf Tänassilma, Kreis Viratsi. Kleines Hostel mit 7 Plätzen. Die Räume sind etwas altmodisch ausgestattet, die Rezeption dagegen wirkt hell und modern. ÜB um die 19 €. ✆ 59591.

● *Anfahrt/Verbindungen* **Pkw** – der Ort befindet sich etwa 10 km westlich vom Strand in Valma an der Straße 48, die nach Tartu führt.

Bus – mit den Bussen der Linie Viljandi-Tartu erreichbar.

Valgamaa (Walk)

Grüne Höhen, weite Ebenen, klare Seen und dunkle Wälder bestimmen das Bild des südlichsten Landkreises von Estland. Der größte Fluss ist der Väike-Emajõgi. Am interessantesten ist jedoch der nördliche Teil, die Gegend um Otepää. Sie wird stolz als die Schweiz Estlands bezeichnet und überwältigt mit ihrer Schönheit. Südöstlich der Kleinstadt befindet sich der reizvolle Karula Nationalpark (näheres s. Võromaa). Hauptstadt des Landkreises ist Valga.

Auch die Gegend des heutigen Landkreises Valgamaa blieb nicht von den Eroberungszügen der deutschen Kreuzritter verschont. Im Mittelalter war das Zentrum des südestnischen Gebietes die Festung von Otepää, die allerdings nicht die einzige Burg der Region war. Weitere Festungen hatte man u. a. auch in *Helme* und *Tõrvas* errichtet. Mitte des 16. Jh. lieferten sich die Glaubensbrüder und die Truppen des russischen Reiches eine heftige Schlacht, bei der der Orden eine Niederlage einsteckte und das Gebiet an Russland abtreten musste. Ende des 16. Jh. gehörte die Gegend zeitweilig zu Polen. Die Hauptstadt des Landkreises, Valga, war als Marktfleck bereits im frühen Mittelalter bekannt, erhielt aber erst 1584 das Stadtrecht. Als man 1920 die Grenzen zwischen Estland und Lettland zog, wurde Valga geteilt.

Valga (Walk)   (ca. 18.000 Einwohner)

Die Zwillingsschwester der Stadt Valga liegt auf der lettischen Seite und wird Valka genannt. Als 1920 die Staatsgrenzen zwischen Estland und Lettland festgelegt wurden, wurde das ursprüngliche Walk zu einer geteilten Stadt.

Während der Sowjetzeit wurde Valga wiedervereint. Nach der neuerworbenen Unabhängigkeit orientierte man sich jedoch an den Grenzen von 1920, worauf Valga erneut in zwei Teile zerfiel.

Als Marktfleck ist Valga seit Ende des 13. Jh. bekannt. Als Valga unter der Herrschaft Polens stand, verlieh *König Barthory* im Jahre 1584 dem Ort das Stadtrecht. Durch den Bach Pedeli haben sich zwei Stadtteile entwickelt. Am rechten Ufer ist das eigentliche Zentrum zu finden mit dem Hauptbahnhof Walk I (heute estnisch). Auf der linken Seite entstand die Vorstadt, Walk II. (heute lettisch). Einen Aufschwung erfuhr Walk 1889 mit der Inbetriebnahme der Eisenbahnlinie Rīga-Pskow.

● *Information* Kesk 11, ✆/✉ 61699, valga@ visitestonia.com.

● *Postleitzahl* EE68203

● *Vorwahl* (2)76

● *Anfahrt/Verbindungen* **Pkw** – Die A-3 von Valmiera nach Tartu führt genau durch Valga. Über die A-6 sind Valga und Pärnu miteinander verbunden.
Bus – Anschluss nach Tallinn, Tartu, Pärnu, Viljandi, Otepää und Võru. Busbahnhof in der Jaama pst.
Bahn: Züge Richtung Tartu, Rīga und Pskow. Bahnhof in der Jaama pst.

● *Übernachten* **Jahilossi**, Kuperjanovi 76. Gemütliches, frisch renoviertes Jagdhaus mit röhrenden Hirschen an den Wänden. DZ ca. 40 €. ✆ 51196, ✉ 68764.
Säde, Jaama pst. 1. Massiver Klotz mit großer, kühl wirkender Eingangshalle. Zimmer altmodisch, jedoch sauber. ÜB ca. 14 €, ✆ 61017.

● *Essen* **Conspirates**, Vadabuse 29. Freundliches Restaurant mit festlich gedeckten Tischen und guter Küche.

Horan, Kesk 16. Edles Restaurant mit exotischen Kreationen aus Korea.
Juko Kohvik, Vadabuse 36. Recht einfaches, aber angenehmes Café.
Martini-Bar, Kesk 1. Auch wenn der Name andere Assoziationen hervorruft, handelt es sich hier um ein solides Restaurant, in dem europäische Küche serviert wird.
Rivaal, Kesk 12. Populäres Restaurant mit zufriedenstellender estnischer und europäischer Küche.
Tammi, Tartu 6a. Kleine, abgedunkelte Bar mit einigen Gerichten im Angebot. Atmosphäre o.k., liegt allerdings etwas außerhalb vom Zentrum.
Tsentral, Kesk 8. Nette Kneipe mit kleiner Speisekarte.
Voormehe Pubi, Kuperjanovi 76. Angenehmer Pub mit reichhaltiger Speisekarte.

● *Verschiedenes* **Geldwechsel**, Aia 5.
Post, Kesk 10.
Internetzugang: Aia 12.
Poliklinik, Vadabuse 26.
Valga-Museum, Pärna pst. 11, Ausstellung zur Stadt- und Landkreisgeschichte.

Umgebung von Valga

▶ **Tõrva**: Kleines, gemütliches Städtchen umgeben von tiefen Wäldern und malerischen Seen, die zum Baden einladen. Stadtrecht hat der 3000 Seelen zählende Ort erst seit 1927. Höhepunkt im Leben der Stadt ist das alljährliche Stadtfest Ende Juni. Nur 3 km von Tõrva entfernt, befindet sich der historisch interessante Ort Helme (s. u.).

• *Postleitzahl* EE68605

• *Vorwahl* (2)76

• *Information* Valga 1. Behilflich bei Exkursionen in die nähere Umgebung. ✆/📠 33759, info@torva.ee.

• *Anfahrt/Verbindung* **Pkw** – von Valga die A-6 Richtung Pärnu nehmen. **Bus** – die Linie Pärnu/Valga fährt über Torva.

• *Übernachten* **Airi**, Valga 2a. Kleine Frühstückspension mit 4 Plätzen. Zimmer etwas altmodisch, aber sauber. DZ 35 €, ✆ 32461.

De Tolly, Karja 6. Romantisches Hotel umgeben von schönem Garten. DZ 35–50 €.

✆ 33349, detolly@hot.ee.

Pigilinna, Valga mnt. 70. Modernes Hotel mit großzügig ausgestatteten Räumen. DZ 40–55 €. ✆ 68727, heelix@estpak.ee.

Ülle, Pargi 8. Kleine Privatpension in schöner Lage mit kunterbunten Zimmern. ÜB um die 12 €. ✆ 33777.

• *Essen* **De Tolly**, populäres Hotelrestaurant mit wohliger Ambiente.

Goodewind,Tartu 2a. Gemütliches, frisch renoviertes Lokal mit mittelalterlichem Ambiente, in dem traditionelle estnische Kost serviert wird, Bierkeller.

▸ **Helme (Helmet):** In der Nähe der Ortschaft Tõrva liegt das Dorf Helme. Auf einem verwilderten Hügel stehen heute die Überreste der 1265 von den Schwertrittern erbauten Burg. Gerüchten zufolge wandelt bei Vollmond die Seele eines unglücklichen, nicht zur Ruhe kommenden Mädchens durch die verfallenen Gemäuer, das vor langer Zeit bei lebendigem Leib in die Burg eingemauert wurde.

Die Festung sah viele Herren unterschiedlicher Nationalitäten. Bei einem Versuch der Schweden, die Burg zu erobern, wurde die Festung Ende des 17. Jh. in die Luft gesprengt und ist seitdem eine Ruine. Im Tal des Burghügels sprudeln viele Quellen, die in vergangenen Zeiten als Born ewiger Jugend und Schönheit galten.

Links des Burghügels befindet sich im Wald eine kleinere Erhebung. Darin befindet sich eine Höhle, die als *Hölle von Helme* bezeichnet wird. Angeblich reicht diese Höhle noch kilometerweit in den Berg hinein.

Im Dorf selbst ist das im Barock erbaute *Gut Helme* aus dem 18. Jh. architektonisch interessant. In den Räumen des Herrenhauses ist heute eine Schule untergebracht.

• *Anfahrt/Verbindungen* **Pkw** – Helme befindet sich in der Nähe des Ortes Tõrva, der nördlich von Valga an der A-6 liegt.

Bus – Die Busse von Valga nach Pärnu und Viljandi halten an der Hauptstraße gegenüber der Ruine.

• *Übernachten* Im alten **Herrenhaus**, mitten im Ort, befindet sich eine Berufsschule mit Wohnheim, in dem man für ca. 6 €

übernachten kann. ✆ 34281, 📠 61203.

• *Essen* **Kohvik** – in einer alten Schmiede gegenüber des Burghügels befindet sich ein gemütliches Café.

• *Reiten* **Hof Söödi** im Dorf Kirikuküla. 10 € pro Std. Im Winter auch Fahrten im Pferdeschlitten möglich. Für 12 € pro Nacht kann man hier auch übernachten.

▸ **Jõgeveste:** Mitten im Wald liegt das Mausoleum des Feldmarschalls *Michael Bogdanowitsch Fürst Barclay de Tolly* (1761–1818). Die Atmosphäre ist auf seltsame Weise beeindruckend, wenn man unter den Spalier stehenden sibirischen Fichten auf das gewaltige Grabmal zuschreitet. Barclay de Tolly gehörte einem schottischen Adelsgeschlecht an, wanderte jedoch nach Livland aus und trat dem russischen Zarenheer bei. Großen Ruhm konnte er 1814 verbuchen, als er Paris eroberte. Kurz nach seinem Tod hat ihm seine Frau im Jahre 1823 ein Mausoleum mit Kapelle errichten lassen.

Estland

Karte siehe Umschlaginnenklappe vorne

- *Öffnungszeiten* Mi–So von 11–18 Uhr.
- *Anfahrt/Verbindungen* **Pkw** – Aus Tõrva kommend Richtung Valga, geht von der A-6 beim Dorf Kalme links die Straße 69 ab. Diese bis zum Hinweisschild geradeaus fahren. Der Zufahrtsweg zum Mausoleum ist nicht asphaltiert.

Bus – Entweder von Valga oder Tõrva ins Dorf Jõgeveste fahren und von da ca. 1 km zu Fuß am Wald entlang zum Mausoleum laufen oder aber den Linienbus Valga-Tõrva nehmen und an der Haltestelle Tolly aussteigen. Von da aus ist es ebenfalls noch ein Stück zu laufen.

▶ **Schloss von Sangaste**: Wenn man vor dem Schloss steht, glaubt man fast, nicht in Estland, sondern im Herzen von England zu sein. Vorbild für das im Tudorstil erbaute Schloss Sangaste (1874–1883) war kein geringeres als Schloss Windsor in England. Baumeister des Schlosses war *Otto Hippius*, nach dessen Plänen auch die Tallinner Karls-Kirche entstand. Lange Zeit bewohnte der überaus reiselustige *Graf Georg Magnus von Berg* das prachtvolle Schloss. Über ein halbes Jahrhundert lang versuchte der Graf, eine dem estnischen Boden angepasste Roggenart zu züchten. Seine Bemühungen um den sogenannten *Sangaste-Roggen* ließen ihn neben seinen Reiseaufzeichnungen weit über die Grenzen Sangastes hinaus bekannt werden.

- *Anfahrt/Verbindungen* **Pkw** – Etwa 10 km hinter Valga geht von der A-3 Richtung Tartu, in etwa auf der Höhe des Dorfes Sooru, rechts die Straße 72 ab, die nach Sangaste führt. Von Võrn die Straße 69 nehmen, die nach Tõrva führt und von Otepää die Straße 46 Richtung Süden.

Bus – Busse fahren von Valga und Otepää, jedoch nicht allzu häufig.

Otepää (Odenpäh)
(ca. 2800 Einwohner)

Vielerorts wird die Umgebung von Otepää als die schönste von ganz Estland bezeichnet, und das nicht zu unrecht. Dunkelgrüne, malerische Hügel, auf denen dicke, alte Bäume und Wälder hoch in den Himmel emporwachsen und in deren Tälern über 130 Seen liegen, zeichnen die Landschaft Nord-Valgamaas aus.

Otepää liegt am schönen Ufer des *Pühajärvs* (heiliger See), der als die Perle der estnischen Natur angesehen wird. Der Sage nach besteht der See aus den unzähligen Tränen einer weinenden Mutter, die um ihre fünf im Krieg gefallenen Söhne trauerte. Die Inseln im See sind die Grabhügel der Beweinten. Die Gegend um Otepää ist sowohl für einen Sommer- als auch Winterurlaub geeignet. Bei klirrender Kälte und Sonne laden die vielen Seen zum Schlittschuhlaufen ein und die Umgebung zum Skilauf. Am Abend bietet die Sauna herrliche Erholung. Otepää selbst ist eine alte, gemütliche Kleinstadt. Man vermutet, dass hier bereits vor unserer Zeitrechnung eine Burg gestanden hat. Von der mittelalterlichen Ordensburg, die auch in Otepää nicht fehlte, ist so gut wie nichts übrig geblieben. Erst 1936 erhielt der Ort das Stadtrecht.

Information/Verbindungen/Verschiedenes

- *Postleitzahl* EE67405
- *Vorwahl* (2)76
- *Information* Lipuväljak 13, ✆ 55364, ✉ 61246. Mo–Fr von 9–17 Uhr geöffnet, Sa von 10–15 Uhr, otepaa@visitestonia.com www.visitestonia.com/otepaa.

- *Anfahrt/Verbindungen* **Pkw** – von Valga die A-3 Richtung Tartu bis Rõngu nehmen und dort rechts auf die Landstraße 71 nach Otepää abfahren. Von Võru aus die A-2 Richtung Tartu nehmen bis zum Dorf Kanepi und dort links auf die Straße 71 nach

Otepää fahren, die im Übrigen nicht asphaltiert ist.

Bus – Verbindungen bestehen mit Valga, Võru, Tartu, Tallinn und Viljandi. Der Busbahnhof liegt am Hauptplatz der Stadt.

● *Verschiedenes* **Geldwechsel**, Lipuväljak 11.
Post, Lipuväljak 24.
Intnernetzugang, Lipuväljak 13, im Rathaus.
Tanken, am Ortsausgang, an der Straße nach Tartu.

Übernachten/Essen (siehe Karte S.534/535)

● *Übernachten in der Stadt* Ötepää ist ein Touristenzentrum. Dementsprechend dicht ist auch das Übernachtungsangebot. Saison ist das ganze Jahr, zum Wochenende steigen die Preise ein wenig.

Bernhard (22), Kolga tee 22a. Massiver Hotelbau mit einer Reihe von sportlichen Aktivitäten im Angebot. EZ ca. 46 €, DZ etwa 55 €. ✆ 69600, ✉ 69601, hotell@bernhard.ee, www.bernhard.ee.

Edgari (8), Lipuväljak 3. Gemütliches Gästehaus inmitten Otepääs. ÜB etwa 25 €. Auch DRZ und VRZ erhältlich. ✆ 54275.

EKS Villa (20), Kadaka 5. Komfortable Unterkunft mit modern ausgestatteten Zimmern. DZ 35–45 €. ✆ 69400, ✉ 69401, eksvilla@msigrupp.ee, www.eksvilla.msigrupp.ee.

Hundisoo (1), Kastolatsi 3/5. Roter Backsteinbau mit einfach ausgestatteten Zimmern. ÜB ca. 10 €. ✆/✉ 55277.

Hundu (3), Pühajärve, unweit des Dorfes Hundisoo. Freundliches Hotel mit farbenfrohen Zimmern. ÜB ca. 17 €. ✆ 55777, motellhundu@hotmail.com, www.hot.ee/motellhundu.

Kesklinna (9), Lipuväljak 11. Einfache, aber saubere Jugendherberge mit Küchenbenutzung. ÜB etwa 20 €. ✆ 55095.

Kikas (16), Tamme pst 9. Gemütliches Gästehaus in skandinavisch-rustikalem Stil. ÜB um die 18 €. ✆ 55982.

Saaremäe (17), Saare 6. Angenehme Pension, ca. 400 m vom Pühajärv entfernt. DZ 33–46 €. ✆ 69999, ✉ 07304019, haldi@hot.ee

Scandic Hotel Karupesa (14), Tehvandi 1a. Gemütliches Hotel, das äußerlich an ein Landhaus erinnert, mit modern ausgestatteten Zimmer. DZ ab ca. 55 €. ✆ 61500, ✉ 61601, karupesa@scandic-hotels.ee, www.scandic-hotels.com.

Sulaoja (18), Sulaoja tee 13. Einfaches, teilweise renoviertes Hostel mit Küchenbenutzung. ÜB ca. 10 €.

Tamme, (15), Tamme 6. Schönes, aber sehr kleines Hotel. Gemütliche Zimmer mit Kiefernmöbeln und Holzböden, 300 m vom Seeufer entfernt. EZ ab 20 €, DZ etwa 25 €. ✆ 55237, ✉ 61214, tamme.guesthouse@mail.ee

Valge Kroon (27), Kolga tee 33. Majestätisch wirkende Unterkunft mit urgemütlichen Räumen. EZ ca. 30 €, DZ ca. 55 €. ✆ 55648, ✉ 63697.

● *Unterkünfte in der Umgebung von Otepää* **Andu Puhkemaja (5)**, Pedajamäe. Angenehme Unterkunft in rustikalem Landhaus. ÜB ca. 10 €. Ebenfalls kann auf dem Gelände gezeltet werden. Wer Skilaufen oder Wassersport treiben will, findet hier die nötige Ausrüstung. ✆ 05013435, ✉ 71601, andu@andu.ee, www.andu.ee.

Annimatsi (19), Campingplatz mit Unterbringung in einfachen Holzhäusern und kleiner Bar. ÜB ca. 10 €. ✆ 71642, annimatsi.camp@mail.ee

Arula (29), 14 km westlich von Otapää im Dorf Arula gelegen. Schönes, großes Backsteinhaus mit freundlich ausgestatteten Zimmern, Sauna und Bar. ÜB ab ca. 21 € wochentags, ca. 27 € am Wochenende. ✆ 70690, arula@kiirtee.ee, www.arula.ee.

Järvesaare (2), Vana-Otepää am Ufer des Karna-Sees gelegen. Einfache, aber nette Jugendherberge, ÜB ca. 10 €. ✆ 79222, ✉ 79220, nommemk@hot.ee.

Kääriku (34), Dorf Kääriku. Komfortables Sporthotel, in dem diverse Sportausrüstungen ausgeliehen werden können. EZ 20–30 €, DZ 30–50 €, Familienzimmer ab 40 €. ✆ 65600, ✉ 65668, kristel.kindsiko@mail.ee, www.kaariku.ee.

Kolga (30), 3 km südöstlich von Otepää, majestätisch auf einer kleinen Anhöhe am Ufer des Pühajärv gelegen. Gemütliche Zimmer zum Wohlfühlen, teilweise mit Seeblick, Restaurant und Sauna vorhanden. Ebenfalls kann im Garten gezeltet werden. ÜB ab 11 €, DZ ab 40 € ✆ 67438

Kotre (33), Dorf Raudsepa. Gemütlicher Bauernhof mit Pferden. Hier können alle möglichen Aktivitäten arrangiert werden. ÜB 13 €. ✆ 56741, kotre@jux.ee, www.jux.ee/kotre.

Kuutsemäe (26), befindet sich in Arula. Gemütlich ausgestattetes Gästehaus, Sauna und Bar vorhanden. In unmittelbarer Liftnähe gelegen. ÜB 10–20 €. Ferner gibt es Ferienhäuser für 4 Personen zu mieten, pro Tag 100 €. ✆ 96007, info@kuutsemae.ee www.kuutsemae.ee.

Lossitare (32), befindet sich in Sihva. Winzige und einfache Unterkunft, nicht weit vom südöstlichen Ufer des Pühajärvs entfernt. ÜB mit Frühstück ca. 10 €, ✆ 56235.

Lutsu (28), Dorf Arula. Romantisches, kleines Holzhaus, an malerischem Teich gelegen. ÜB um die 10 €. ✆ 79893, lutsu.talu@ mail.ee, my.tele2.ee/lutsu.

Madsa (25), liegt etwa 11 km südwestlich von Otepää. Zu vermieten sind viele, einfach ausgestattete Holzhäuser. Darüber hinaus Platz für etwa 100 Zelte. ÜB ca. 10 €. ✆ 79656, ✆ 79655, joeltoomsalu@hot.ee.

Mäha (13), unmittelbar am Mähäjärv gelegen. Schönes Haus mit hübschen Zimmern. Kaminsaal, Sauna und Tennisplatz vorhanden. ÜB um die 10 €, ✆ 55903.

Marguse (24), kleines Gästehaus, ca. 3 km südlich von Otepää an einem kleinen See gelegen, Zimmer rustikal, Sauna. DZ ca. 40 €. ✆ 79653, ✆ 55630.

Neitsijärve (12), Pühajärve. Kleine, wohlige Herberge, teilweise mit antikem Interieur. ÜB um die 18 €. ✆/✆ 79624, neitsijarve. kylalistemaja@mail.ee.

Pühajärve (21), Pühajärve, am Seeufer. Edles, wunderbar gelegenes Hotel, das sich in einem prächtigem Herrenhaus befindet. Hier kann man Fahrräder, Boote und Skier ausleihen. EZ ca. 40 €, DZ ca. 50 €. ✆ 65500, pjpk@pjpk.ee, www.pyhajarve.com.

Setanta (31), Dorf Nöpli. Gemütliches Holzhaus mit kleinen, im skandinavischen Stil ausgestatteten Zimmern. DZ 33–58 €. ✆ 68200, ✆ 68201, setanta@estpak.ee.

Tehvandi Olympic, Adjacent Valge mnt. Großes Gästehaus mitten im Skigebiet gelegen. Einfache Zimmer, viele Sportmöglichkeiten im Angebot. EZ ca. 25 €, DZ ca. 32 €. ✆ 69500, ✆ 69503, tehvandi@ tehvandi.ee, www.tehvandi.ee.

• *Essen* Eine große Auswahl an Restaurants gibt es hier nicht. Ötepää verfügt nur über wenige Lokale, doch viele der Gästehäuser und Herbergen bieten warme Mahlzeiten an, die allerdings ein paar Stunden vorher bestellt werden müssen.

Bernhard (22), beliebtes Hotelrestaurant mit tollem Blick auf den Pühajärv. Serviert wird traditionelle estnische Küche.

Comeback (4), Tartu 16. Beliebter Nacht-Club mit Live-Musik u. a. Veranstaltungen.

Übernachten

❶ Hundisoo
❷ Järvesaare
❸ Hundu
❺ Andu Puhkemaja
❽ Edgari
❾ Kesklinna
⓬ Neitsijärve
⓭ Mäha
⓮ Scandic Hotel Karupesa
⓯ Tamme
⓰ Kikas
⓱ Saaremäe
⓲ Sulaoja
⓳ Annimatsi
⓴ EKS Villa

㉑ Pühajärve
㉒ Bernhard
㉔ Marguse
㉕ Madsa
㉖ Kuutsemäe
㉗ Valge Kroon
㉘ Lutsu
㉙ Arula
㉚ Kolga
㉛ Setanta
㉜ Lossitare
㉝ Kotre
㉞ Kääriku

Otepää und Umgebung

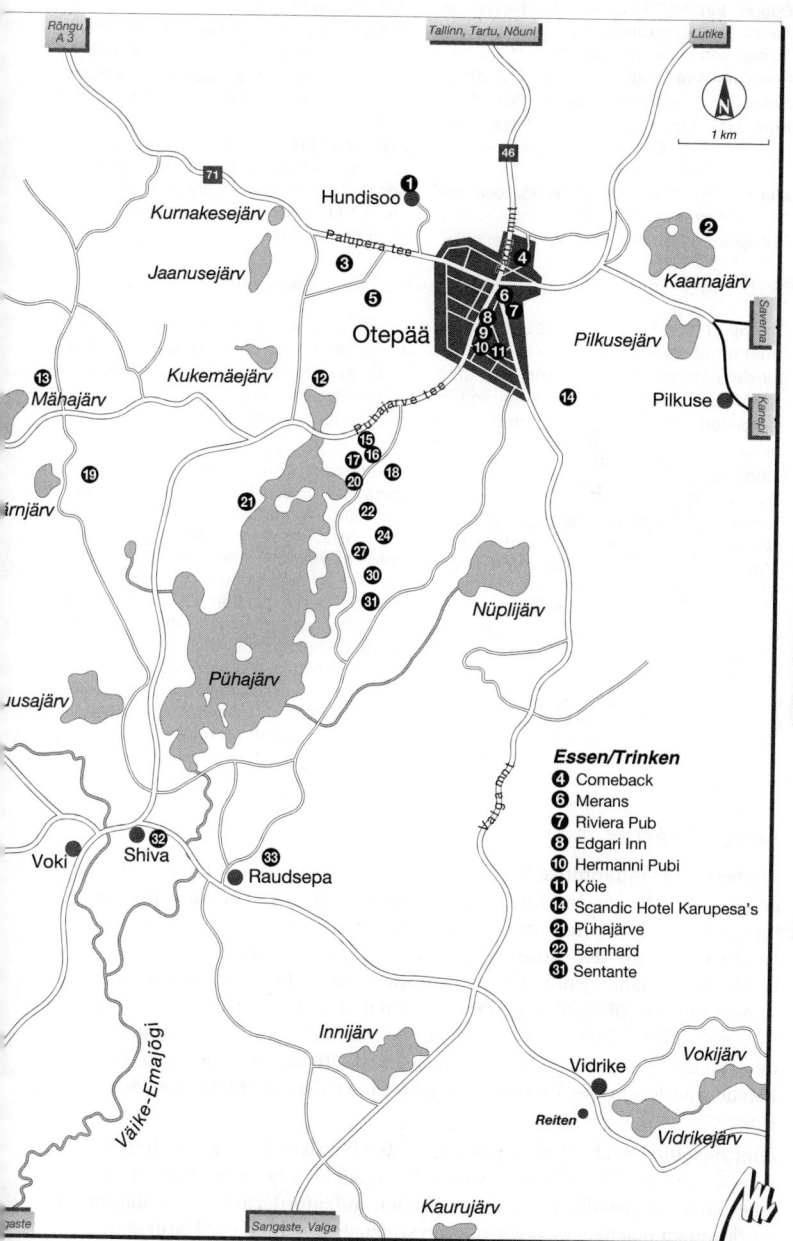

Röngu A 3

Tallinn, Tartu, Nõuni

Lutike

1 km

71

Hundisoo **1**

Kurnakesejärv

Patupera tee

2

3

Kaarnajärv

4

Jaanusejärv

Saverna

5

6
7

Otepää

8
9
10 **11**

Pilkusejärv

13
Mähajärv

Kukemäejärv

12

Punajärve tee

14

Pilkuse

Kanepi

19

...rnjärv

15
17 **16**
18
20

21

22

24

27

30

Nüplijärv

31

...usajärv

Pühajärv

Valga mnt

Essen/Trinken

4 Comeback
6 Merans
7 Riviera Pub
8 Edgari Inn
10 Hermanni Pubi
11 Köie
14 Scandic Hotel Karupesa's
21 Pühajärve
22 Bernhard
31 Sentante

Voki

32
Shiva

33
Raudsepa

Väike-Emajõgi

Innijärv

Vidrike

Vokijärv

Reiten

Vidrikejärv

...gaste

Sangaste, Valga

Kaurujärv

Edgari Inn (8), Lipuväljak 3. Freundliche Kneipe mit Backsteindekor und grünem Tresen, estnische Speisekarte.

Hermanni Pubi (10), Lipuväljak 10. Zünftige Skikneipe mit zufriedenstellender Küche.

Köie (11), Lipuväljak 23. Schlichtes Lokal mit einfachen Gerichten, Sauna buchbar, nur bis 20 Uhr geöffnet.

Merans (6), Tartu 1a. Billige Pizzeria mit dünnen Pizzas in Light-Ausführung.

Pühajärve (21), elegantes Restaurant des gleichnamigen Hotels.

Riviera Pub (7), Lipuväljak 4. Nettes Restaurant mit blauer Bar und guter Küche.

Scandic Hotel Karupesa's (14), Tehvandi 1. Angenehmes Hotelrestaurant mit guter Küche.

Sentante (31), zum Hotel Kolga Oru gehörend. Irischer Pub mit hervorragendem Essen und freundlichem Service, gelegentlich Live-Bands, Ende offen. Auch zum Frühstücken lohnenswert.

Sport/Freizeit

Das Sport- und Freizeitangebot um Otepää ist vielfältig und zu jeder Jahreszeit attraktiv. Nicht umsonst sind hier das Zentrum für Unterwasserorientierung und das Trainingslager der estnischen Olympiamannschaft im Skispringen zu finden. Alle zwei Jahre werden die Meisterschaften im Rollskifahren rund um den Pühajärv ausgetragen. Darüber hinaus bieten sich die vielen herrlichen Wege zum Wandern und die vielen Seen zu Bootstouren an.

Fahrräder, zu leihen in den Herbergen Järvesaare und Kuutsemäe.

Reiten, ein gepflegter Reitstall ist beim Dorf Vidrike zu finden. Reitstunden, Ausritte, mehrtägige Reitwanderungen sowie Kutsch- und Schlittenfahrten möglich, ✆ 42193. Weitere Reitställe befinden sich in den Dörfern Nüpli, Raudsepa, ✆ 56741 und in Pedajamäe, ✆ 54353. Pro Stunde ca. 10 € einplanen.

Wassersport, Kanus, Paddel- und Tretboote sowie Surfbretter ausleihbar in den Gästehäusern Järvesaare und Lossitare.

Wintersport, Otepää ist *das* Wintersportzentrum Estlands. Die Hügel um den Ort laden zum Abfahrtsski, die große Schanze zum Skispringen und die vielen Seeufer zum Langlauf ein. Die Seen frieren im Winter alle zu und eignen sich hervorragend zum Schlittschuhlaufen. Großer Beliebtheit erfreuen sich Motorschlitten, die mit 80 km/h über das Eis jagen, im Hotel Kolga-Oru nachfragen. Ski-Ausrüstungen sind an folgenden Stellen erhältlich (Adressen s. Übernachten): Gästehaus Kuutsemäe; Sportzentrum der Universität Tartu; Hotel Kikas; Mäesuusaklubi, Lipuväljak 1a-1, ✆ 55877, 🖄 55393, Artic Sport, Kopli 8.

Sehenswertes

Kirche und Flaggenmuseum, Die lutherische Kirche von Otepää, der heiligen Jungfrau Maria geweiht, stammt ursprünglich aus dem Jahre 1671 und ist im Laufe der Jahre mehrmals wieder aufgebaut worden. Die Geschichte der Kirche ist eng mit der estnischen Nationalflagge verbunden: 1884 fertigte Paula Hermann eine große Flagge mit den estnischen Nationalfarben blau, schwarz und weiß an, die sie der estnischen Studentenschaft in Tartu zukommen ließ. Als im Sommer 1884 das zur Schau stellen der Flagge verboten wurde, trug eine Gruppe von Studenten sie nach Otepää und versteckte sie in der Kirche. Ein Raum des Pastorats berichtet über die Geschichte der estnischen Flagge.

Energiesäule: Nach Meinungen führender Physiker befindet sich auf einem Feld an der Mäe tänan ein positives Energiefeld. 1993 wurde an diesem Ort eine Säule aufgestellt, um zur Meditation aufzufordern und um darauf aufmerksam zu machen, dass wir nur ein winziger Bruchteil der Natur sind. Siehe auch www.visitestonia.com/otepaa/to_see.html.

Võrumaa (Werro)

Der im Osten an Russland und im Westen an Lettland grenzende Landkreis gehört zu den reizvollsten Gegenden Estlands. Wunderschöne Hügel und tiefe Täler, in denen malerische, sagenumwobene Seen liegen, sind typisch für die Landschaft im Südosten des Landes.

Höhepunkt einer Reise nach Võrumaa sind die Aussicht vom 318 m hohen Suur Munamägi, dem höchsten Berg des Baltikums, und die Seen von Rõuge. Im 13. Jh. wurde der Landkreis vom Deutschen Orden erobert, der sich zuvor heftige Schlachten mit den Städten Pskow und Nowgorod lieferte. Ordensburgen wurden in *Vasteliina* und *Kirumpää* errichtet.

Võru (Werro)

(ca. 21.000 Einwohner)

Inmitten der höchsten Gipfel und tiefsten Täler Estlands, umgeben von dichten Wäldern und am Ufer des Tamula-Sees gelegen, befindet sich Võru, die Hauptstadt des Landkreises Võrumaa. Nicht weit von der Stadt liegen der Kaugjärv und der Kubija-Veskijärv sowie der höchste Gipfel des Baltikums, der Suur Munamägi.

Die Gründung Võrus erfolgte erst 1784, und zwar auf Geheiß Katharinas II. Die Entwicklung der Stadt ging trotz der Eisenbahnlinie, die an Võru vorbeiführte, nur langsam vonstatten. Erst um die Jahrhundertwende schritt sie rascher voran, weil mehr Menschen in die Städte strömten. Von der alten Bischofsburg *Kirumpää* aus dem 14. Jh. am Ufer des *Võhandu-Flusses* sind nur noch Mauerreste zu sehen. Der berühmteste Einwohner der Stadt war der Arzt und Verfasser des Epos *Kalevipoeg, Friedrich Reinhold Kreutzwald*. Von 1833–1877 hat er hier gelebt und den größten Teil seines wohl bekanntesten Werks geschrieben (s. S.423).

- *Postleitzahl* EE65608
- *Vorwahl* (2)78
- *Information* Tartu 31. Informationen über die umgebenden Naturlandschaften sowie Vermittlung von Privatquartieren. ℰ/℗ 21881, info@werro.tourism.ee, www.werro.ee.
- *Anfahrt/Verbindungen* **Pkw** – von Tartu über die A-2 in südliche Richtung erreichbar. Aus Lettland kommend empfiehlt sich der Grenzübergang bei Ape, beim Dorf Mõniste rechts Richtung Võru fahren.

Bus – Verbindung mit Tallinn, Tartu, Valga, Viljandi und Pärnu, Busbahnhof in der Vilja tänav. Zur Touristenherberge Busse 1 und 5.

Bahn – Züge in die Richtungen Rīga und Pskow. Bahnhof, Jaama 14.

Busse fahren von der Kreutzwaldi tänav.

- *Übernachten* **Hermes**, Jüri 32a. Relativ einfache, aber freundliche Unterkunft mit angenehmer Atmosphäre. ÜB 12–25 €. ℰ 21326, hermes@hot.ee, www.hot.ee/hermes.

Kubija, Männiku 43. Schöne Seelage und zufriedenstellende Zimmer, EZ ca. 35 €, DZ ca. 50 €. Von Mai–September kann man auch in einer der kleinen Holzhütten übernachten, ÜB ab 12 €. Außerdem ist Platz für über 100 Zelte. Auch Boote sind ausleihbar ℰ 22341, info@kubija.ee, www.kubija.ee. Von Tartu kommend, die Kreutzwaldi tänav geradeaus entlangfahren, die zur Kubija tee wird. Schon fast am Ortsausgang geht links die Männiku tänav zur Touristenherberge ab. Aus Lettland kommend, direkt am Ortseingang auf das Schild zum Ferienheim achten.

Tamula, **Vee** 4. Klobiger Hotelklotz in schöner Seelage. Die Zimmer sind komfortabel und sehr modern ausgestattet. EZ 35 €, DZ 50 €. ℰ 30430, ℗ 30431, hotell@tamula.ee, www.tamula.ee.

Wermo, Koidula 6. Einfaches Gästehaus in einem Gebäude, das schon einmal bessere Tage gesehen hat. ÜB 10–20 €. ℰ 23418.

Estland
Karte siehe Umschlaginnenklappe vorne

● *Essen* **Bevega**, Mäe 11. Beliebtes 24.-
Std.-Etablissement mit guter Küche, Kaminsaal und Billiard.

Café Ex, Jüri 32 a. Nettes Hotelcafé mit
blauem Dekor und kleiner Speisekarte.

Hundjalg, Jüri 16. Gemütliche Grillbar mit
hübschem Hof zum Draußen-Sitzen.

Kubija, Hotelrestaurant mit zufriedenstellenden Mahlzeiten.

Oile 17, Jüri 17. Gemütliche Bierkneipe, in
der man auch essen kann.

Katariina, Katariina 4. Gemütliches Café mit
einer großen Auswahl an Kuchen, ebenfalls
Pizza im Angebot.

Mahe, Gaststätte des Hotel Wermo. Küche
o.k.

Toidubaar, Lembitu 1. Nette Kneipe, liegt
etwas von der Strasse zurückversetzt. Im
Sommer sitzt es sich sehr schön im Freien.

● *Verschiedenes* **Geldwechsel**, Tartu 25.

Post, Jüri 38.

Internetzugang, Jüri 54, in der Bibliothek.

Fahrradclub, Kütioru, etwa 10 km südöstlich von Võru im Dorf Koloreino. Der Club
ist spezialisiert auf Mountain Bike Touren.
✆ 29105.

Poliklinik, Jüri 19a.

Sehenswertes

Kreutzwald-Museum, Kreutzwaldi 31: Dass das Wohnhaus von *Friedrich
Reinhold Kreutzwald*, in dem er von 1833 bis 1877 lebte, ausgerechnet in
Võru steht, darauf sind die Einwohner der Stadt besonders stolz. Ist doch
der Riese *Kalevipoeg* aus dem von Kreutzwald verfassten Epos vom
estnischen Volk zum Nationalhelden erhoben worden. Auch heute noch
wird im ganzen Land über die großen Taten des Kalevipoegs berichtet. Der
Hauptteil des wohl bekanntesten Werkes Kreutzwalds ist hier entstanden.

Im Museum ist neben einer Dokumentation über den Dichter auch ein Einblick in sein Privatleben möglich. Zu sehen sind seine alten Arztbestecke, Möbel, Bücher und vieles mehr. Außerdem finden hier wechselnde Kunstausstellungen und Lesungen statt. Im Park am *Tamula-See* hat man ihm ein Denkmal gesetzt.

Võru-Museum, Kreutzwaldi 16: Ausstellung über die Stadt und den Landkreis
Võrumaa.

Umgebung von Võru

Der gesamte *Haanja-Höhenzug* südlich von Võru ist ein einzigartiges Naturerlebnis und eignet sich hervorragend für längere Wandertouren.

Von Võru führt eine kleine, schlechte Straße nach *Haanja*. Das Dorf liegt inmitten der estnischen Höhenlandschaft, die malerisch von grünen Tälern, unzähligen schmalen Bächen und Flüssen und tiefen Seen durchzogen wird. Die
höchsten Gipfel sind der 297 m hohe *Vällamägi* und der 318 m hohe *Suur
Munamägi*. Das Gebiet des Haanja-Höhenzuges (Kõrgustik) ist die Gegend
Estlands, in der der meiste Niederschlag fällt.

Vom Aussichtsturm des Suur Munamägis hat man einen endlos weiten Blick
auf die gewaltigen Wälder, Weiden und Seen. Bei klarer Sicht soll man von
hier sogar die Türme Tartus und die zu Russland gehörende Stadt Pskow sehen können.

Fährt man von Haanja weiter in Richtung *Rõuge*, findet man sich in einem
wunderschönen Tal wieder. Durch das *Ööbikorg*, zu deutsch Nachtigallental,

in dem im Frühjahr und Sommer die Nachtigallen gar nicht aufhören wollen zu singen, erstreckt sich eine herrliche Seenplatte mit sieben Seen. Unter ihnen ist auch der *Suurjärv* zu finden, der mit 38 m Tiefe der tiefste See Estlands ist und als "Brunnen des Riesen Kalevipoeg" bezeichnet wird. An einem Hang des Tals steht die schlichte Kirche von Rõuge. Nicht weit davon erhebt sich der *Linnamägi-Burghügel*. Der Blick von dem Hügel in das Tal ist atemberaubend.

▶ **Rõuge:** Ein guter Ausgangspunkt, um die Schönheit Südestlands zu erkunden ist das Dorf Rõuge. Hier gibt es auch eine Touristeninformation und mehrere Übernachtungsmöglichkeiten:

• *Information* Rõuge, ✆ 59245, info@rauge.tourism.ee, www.tourism.ee/ee.

• *Übernachten* **Kanarbiku**, gemütliches Privatquartier, schön am Teich gelegen. Hier kann auch gezeltet werden. ÜB um die 12 €. ✆ 59373, aretalu@hot.ee, www.hot.ee/aretalu.

Kurgjärve, großes Sportzentrum, das ein vielfältiges Aktivprogramm anbietet. Zimmer einfach. ÜB um die 14 €. ✆ 60714.

Rohtlätte, Dorf Nursi, etwa 2 km nordwestlich von Rõuge an der Straße 67 gelegen. Urige Unterkunft, nicht weit vom See entfernt mit Wiese zum Zelten. ÜB ca. 12 €. ✆ 79315.

Rõuge Suurjärve, Metssa 5. Übernachtet werden kann im großen Landhaus oder in malerischer Blockhütte. ÜB 15–30 €. ✆ 59273, rouge.guesthouse@mail.ee, www.hot.ee/maremajutus.

▶ **Haanja:** Ein weiterer Ort in dieser wunderbaren Gegend, die zum Naturpark erklärt wurde, ist Haanja. In der Nähe des Dorfes befindet sich die mit 318 m höchste Erhebung im Baltikum, der Munamägi. Auch hier gibt es eine Reihe von Übernachtungsmöglichkeiten.

• *Übernachten* **Abi**, im Dorf Trolla, 1,5 km von Haanja entfernt gelegen. Zu haben ist ein urgemütliches Holzhäuschen mit skandinavischem Interieur und Platz für 4 Leute. Pro Tag ca. 50 €. ✆ (mobil) 5047560, ylo@ramo.ee, www.ramo.ee/turism.

Jaanimäe, im Dorf Jaanimäe, etwa 5 km nördlich von Haanija Richtung Kose und Võru gelegen. Romantischer Bauernhof in schöner Lage mit rustikalen Zimmern. ÜB um die 11 €. ✆ 29007.

• *Essen* **Hurda Farm**, im gleichnamigen Dorf gelegen. Heimelige Gaststätte zum Wohlfühlen auf altem Bauernhof mit vielen vegetarischen Gerichten auf der Speisekarte. Hier kann man übrigens auch sein Zelt aufschlagen.

Kõvverkörts: Uriges Wirtshaus in alter Blockhütte unweit des Zentrums von Rõuge mit traditioneller estnischer Küche.

▶ **Vastseliina (Neuhausen):** Es gibt zwei Vastseliinas: das heutige Vastseliina und das der Geschichte. Das heutige liegt an der Straße nach Weißrussland, südöstlich von Võru. Der historische Ort liegt 6 km weiter in Richtung Meremäe. In dem alten Dorf sind am hohen Ufer des Flusses *Piusa* die Ruinen einer alten Ordensburg aus dem 14. Jh. zu sehen. Aufgrund der Nähe zur russischen Grenze prallten hier stärker als anderswo die Interessen des Deutschen Ordens und die des Zarenreichs aufeinander, was sich in zahlreichen erbitterten Kämpfen äußerte.

• *Übernachten* **Käo**, Dorf Tsiistre, etwa 8 km südwestlich von Vastseliina gelegen. Romantische Herberge mit gemütlichen, rustikal ausgestatteten Zimmern. ÜB ca. 11 €. ✆ 23235.

• *Essen* In Vana-Vastseliina befindet sich eine alte, gemütliche **Schänke** mit deftiger Kost und historischem Ambiente.

Saialill, Võidu 19. Angenehmes Café mit großer Sonnenterrasse.

▶ **Krabi**: Landschaftlich sehr schön und ein wenig mysteriös ist die Umgebung Krabis. Sie wird deshalb auch als *Paganamaa* bezeichnet, was nichts anderes als *Teufelsland* bedeutet. Die Seen, die das Land dort durchziehen, sollen die gewaltigen Fußstapfen des Teufels sein.

Zum Baden ist der *Liivjärv* am ehesten geeignet. In Krabi befindet sich außerdem im Schulhaus ein interessantes Schulmuseum.

● *Anfahrt/Verbindungen* **Pkw** – Von Võru führt eine kleine Straße in südliche Richtung über Rõuge nach Krabi.

Bus – Die Verbindungen nach Krabi sind etwas kompliziert. Von Võru aus den Bus bis nach Rõuge nehmen und von Valga nach Mõniste. Von dort Anschluss nach Krabi.

▶ **Mõniste**: Hier befindet sich ein Heimatmuseum, das anhand einer alten Dampfsauna, eines urigen Wohnhauses und einer Scheune über das damalige Leben der Landbevölkerung informiert. Der Ort befindet sich nördlich über der lettischen Grenzstadt Ape, unweit der Straße nach Võru.

▶ **Karula Nationalpark**: Der jüngste Nationalpark Estlands wurde 1993 gegründet. Territorial setzt er sich aus Teilen der Landkreise Valgamaas und Võromaas zusammen. Charakteristisch für diese Gegend sind sanfte Moränenhügel, viele kleine Seen und Bäche, Sumpfgebiete und zahlreiche traditionelle Bauernhöfe. 70 % des Parks sind mit Wald bedeckt, der teilweise trocken und sandig und teilweise feucht und sumpfig ist. Etliche Tierarten finden hier geschützten Lebensraum, darunter Wölfe, Elche, Ottern, Biber und Störche. Aus welchem Grund auch immer ist das Land der hiesigen Farmer nicht von den Kollektivierungen der Sowjets erfasst worden, so dass diese immer noch nach alter Tradition ihr Land bestellen. Ein Besuch in dieser Gegend Estlands ist mehr als lohnenswert. Die touristische Infrastruktur ist jedoch noch nicht weit entwickelt, weswegen man sich am besten an die Touristeninformation in Antsla wende, um den Park zu erkunden. Das Informationszentrum des Nationalparks befindet sich in der Kreutzwaldi 1, Antsla. ✆ (Võru) 28350, Mobil ✆ 5251552, karulapark@hot.ee. Die Parkverwaltung sitzt in Ähijärv, etwa 15 km südlich von Antsla gelegen. Eine reizvolle Möglichkeit, den Park zu erkunden, ist, sich in einem der traditionellen Farmhäuser einzuquartieren. Die Gastgeber wissen alle viele spannende Märchen und Mythen von der Waldfrau zu erzählen, kennen die Wanderwege der Umgebung und organisieren Bootstouren und Floßfahrten.

● *Übernachten* **Järvenukka**, Dorf Ähijärve, am Nordufer des Ähi-Sees. Romantischer Bauernhof, auf dem insgesamt 4 Gäste aufgenommen werden können. Auf Wunsch werden Bootstouren und Wanderungen arrangiert.
Anfahrt/Verbindung, von Antsla etwa 14 km die Schotterpiste über Haabsaare nach Ähijärve hinunterfahren.
Köödre, Dorf Kaika. Auch hier handelt es sich um einen urigen traditionellen Bauernhof mit rustikalen Zimmern und Kamin. ÜB 14 €, ✆ 52427.

Anfahrt/Verbindung, von Antsla bis Haabsaare fahren, dann links halten und weitere 3 km bis nach Kaika fahren.
Veetka, Dorf Mähkli. Romantische Farm die direkt am See liegt und Natur pur bietet. Wer will, kann eine Floßfahrt unternehmen oder sich mit einer Massage verwöhnen lassen. ÜB etwa 15 €. ✆ 60535, andy@mv.werro.ee.
Anfahrt/Verbindung, von Antsla bis Haabsaare, dort rechts halten, bis man nach etwa 3 km Mähkli erreicht.

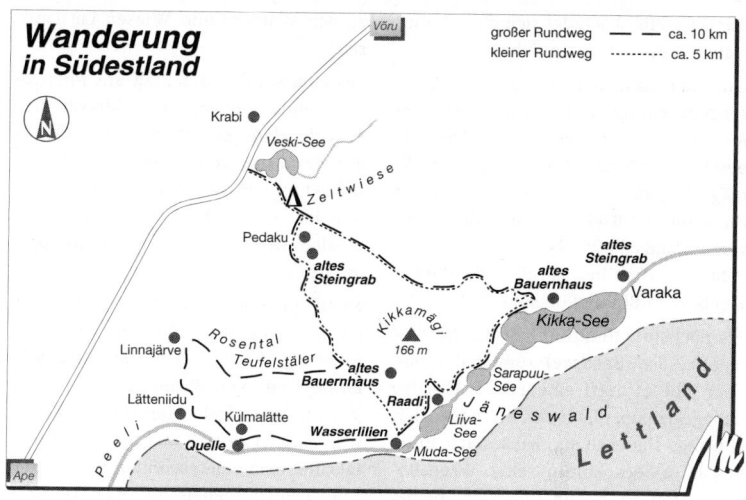

Wanderung entlang der lettischen Grenze

(von G. Leibur)

Eine Wanderung durch die Höhen und Tiefen des malerischen Teufelslandes im Südosten Estlands verspricht zu einem wahren Naturerlebnis zu werden. Die eigentliche Route ist etwa 10 km lang. Kürzt man an der Weggabelung (s. u.) ab, ist die gesamte Strecke nicht länger als 5 km.

Hinweis: Wer mit öffentlichen Verkehrsmitteln unterwegs ist, sollte bedenken, dass die Busse sehr selten fahren, und man sich evtl. auf eine Übernachtung einstellen muss, von daher Zelt und Vorräte mitbringen. Eine Alternative wäre, über das Exkursionsbüro der Touristenherberge Võru einen Transfer nach Krabi zu arrangieren oder aber ein Abkommen mit einem Taxifahrer zu treffen, der einen herbringt und wieder abholt.

Ausgangspunkt der Wanderung ist die alte Siedlung **Krabi**. Von Krabi aus geht es zunächst einmal ein Stück südlich die Straße hinunter, bis linker Hand ein Pfad zum *Veski-See* (Mühlensee) abgeht.

Geradeaus führt der Weg teilweise am Seeufer entlang zu einer **Campingwiese**, nahe an einem Pinienwald gelegen.

Die erste Sehenswürdigkeit befindet sich in *Pedaku*. Unter alten Bäumen liegt ein über 1000 Jahre altes **Steingrab**.

Weiter führt der Pfad zum 166 m hohen Hügel *Kikkamägi*. Die Aussicht auf das

hügelige Land und die blauen Seen ist atemberaubend.

Der Weg nach *Varaka*, wo es wiederum ein uraltes **Steingrab** zu sehen gibt, führt vorbei am malerischen *Kikka-See*. An seiner tiefsten Stelle misst der See 22 m. Das Seeufer ist dicht bewachsen mit Blumen und sehr alten Bäumen. Dazwischen wächst sogar Hopfen.

Von Varaka wieder zurück auf dem "Hauptpfad" geht es vorbei am westlichen Ufer des Kikka-Sees, bis man linker Hand schließlich auf den *Sarapuu-*

See trifft. Hier befindet sich ein schöner Hain mit Haselnusssträuchern.

Um den nächsten See zu erreichen, geht es ein kleines Stück durch den *Jäneswald*, der teilweise noch Urwaldbestände aufweist. Vom Hügel *Raadimägi* hat man einen wunderschönen Blick auf den Kikka-See und die umliegende Landschaft. Über einen Sandweg geht es zurück ins Tal, das gewöhnlich von bunten Blumen übersät ist.

Als nächste Attraktion lädt der glasklare *Liiva-See* (Sandsee) zum Baden ein. Hier gibt es auch eine Feuerstelle. Im nahegelegenen *Pakjala* befindet sich ein altes Bauernhaus. Kurz nach Ende des Liiva-Sees kommt eine Weggabelung. Man kann nun den nach rechts führenden Pfad zurück nach Krabi nehmen oder aber geradeaus weiterwandern, bis der Weg einen Schleife macht und schließlich auf den Pfad, der nach Krabi führt, trifft.

Entscheidet man sich weiterzuwandern, verdient zunächst der kleine *Muda-See* (Schlammsee) Beachtung. Er ist übersät mit Wasserlilien und eine wahre Augenweide. Vom hohen Seeufer eröffnet sich wiederum ein schöne Aussicht, die bis zu den Wäldern und Wiesen Lettlands reicht.

Geradeaus führt der Pfad am *Piirioja-Bach* entlang über weiche Moosböden. In *Külmaläte* sprudelt eine klare Quelle aus der Erde, von deren Wasser man unbekümmert trinken kann. Vom Frühling bis in den Herbst hinein ist die Quelle von einem bunten Blütenteppich umgeben.

Kurz hinter Külmaläte macht der Weg einen Knick und führt in nördliche Richtung durch das **Marschland von Linnejärve**. Vor vielen Jahren befand sich an dieser Stelle einmal ein See. Auf den Hügeln des *Rossiorgs*, des Rosentals, hat man einen schönen Blick in die umliegenden, geheimnisvollen **Teufelstäler**, in denen der Teufel gelegentlich zu nächtigen pflegt und seine Teufelsziegen tränkt. In weiter Ferne kann man bereits die Umrisse von Krabi erkennen.

Über feuchte Wiesen, durchzogen mit vielen kleinen Quellen, gelangt man über *Kikka* zu einer Weggabelung. Dort links gehen und dann immer geradeaus, bis man schließlich wieder zum Ausgangspunkt zurückkommt.

Põlvemaa (Pölwe)

Große Städte, wichtige Museen und bedeutende Denkmäler hat der kleine Landkreis im Südosten Estlands zwar nicht zu bieten, doch dafür eine überaus saubere Luft.

Das westliche Landschaftsbild von Põlvemaa wird durch die Ausläufer der Otepääer Höhen bestimmt. Malerisch schlängelt sich der Ahja-Fluss durch die Hügel, in die er sich bis zu 35 m tiefe Täler gegraben hat.

In den andern Gegenden Põlvemaas ist weites Flachland zu finden, das von kleinen Seen unterbrochen und schmalen Flüssen durchzogen wird. Archäologische Untersuchungen besagen, dass das Gebiet Põlvemaas schon zur Steinzeit von Menschen besiedelt war. Im Laufe der zahlreichen Eroberungsfeldzüge und Kriege sah das Gebiet abwechselnd polnische, schwedische und russische Besatzer. Teilweise gehörte die Gegend auch zum Tartuer Landkreis.

Põlva

(ca. 7500 Einwohner)

Hauptort des kleinen Landkreises ist das im Ora-Tal gelegene Städtchen Põlva. Am Hang des Tals steht die Kirche von Põlva. Das estnische Wort "põlv" bedeutet Knie, was auf ein kniendes Mädchen zurückgeht, das beim Bau der hiesigen Kirche als Opfer eingemauert wurde.

Das Gotteshaus wurde und wurde nicht fertig, weil es allabendlich stets zusammenfiel. Natürlich verdächtigte man den pferdefüßigen Herrn der Hölle, seine Finger im Spiel zu haben. Erst als ihm das kniende Mädchen geopfert wurde, zog er sich endlich zurück. Seine heutige Form erhielt der sakrale Bau Mitte des 19. Jh., ursprünglich ist er aber viel älter. Põlva ist ein freundlicher Ort mit einer interessanten Umgebung. Nicht weit von hier befindet sich die historische und kulturelle Landschaft der *Setomaa* und das wunderbare Ahja-Tal (s. u.)

- *Postleitzahl* EE63308
- *Vorwahl* (2)79
- *Information* Kesk 42, Die Umgebung der Stadt ist wunderbar für Naturliebhaber. Die Touristeninformation ist behilflich beim Arrangieren von Kanu- und Reittouren. ✆ 94089, 📠 94089, polva@visitestonia.com, www.polvamaale.ee.
- *Anfahrt/Verbindungen* **Pkw** – Von Tartu die Strasse 61 und von Võru die 64 nehmen, die parallel zur A-2 verlaufen. Fährt man von Otepää die Landstraße 71, die hier nicht asphaltiert ist, Richtung Osten, gelangt man nach Põlva.
Bus – Verbindung mit Tartu, Võru, Otepää.
Bahn – 2 km außerhalb der Stadt halten die Züge nach Pskow und Tapa, die über Tartu fahren.
- *Übernachten* **Pesa**, Uus 5. Schickes Hotel mit allem Komfort, Zimmer mit hübschen Holzmöbeln ausgestattet, Sauna vorhanden. DZ ca. 45 €. ✆ 98530 kagureis@kagureis.ee, www.kagureis.ee.
Timmo, befindet sich in Mammaste, das an der Stadtgrenze Põlvas liegt, Richtung Tartu. Romantischer Reiterhof mit Übernachtungsmöglichkeit. Geschlafen wird in

kleinen, mit viel Kiefernholz ausgestatteten Räumen über dem Stall und der Reithalle. ÜB um die 10 €. ✆ 98530, kagureis@kagureis.ee, www.kagureis.ee.
- *Essen* **Pargli**, Kesk 5. Angenehmes Restaurant mit schönem Blick auf den See und gutem Essen.
Pesa, gemütlicher Pub zum Hotel gehörend mit leckeren Kreationen wie z. B. Forellencremesuppe.
Restaurant und Bar, Kesk 10, im Einkaufszentrum. Restaurantausstattung etwas ungemütlich, Essen zufriedenstellend. Schöner ist die Bar, die auch warme Gerichte anbietet.
- *Verschiedenes* **Geldwechsel**, Kesk 10 und 39.
Post, Kesk 19.
Internetzugang, Kesk 16.
Poliklinik, Uus 2.
Tankstelle, Jaama 16.
Reiten, Timmo, Mamaste, s. o. Es werden tolle Reittouren nach Taevaskoja angeboten. Bei Kurzausritten ist etwas Vorsicht geboten, da z. T. die Autobahn überquert werden muss.

Umgebung von Põlva

Sehr schön ist das Tal des Flusses *Ahja*, das zum Wandern einlädt. Als Ausgangspunkt eignet sich das Dorf *Taevaskoja*, was übersetzt ganz passend *Himmelreich* bedeutet, denn das Ahja-Tal ist in der Tat himmlisch. Rote Felsen und saftige, grüne Wiesen umgeben das malerische Flussbett der Ahja. Auf dem dreistündigen Weg nach *Kiidjärve* erhebt sich nicht weit von Taevaskoja der mächtige Felsen *Väike-Taevaskoja*. Im Felsen gibt es eine sagenumwobene Höhle.

Die Legende erzählt, dass, wenn man genau hinhört, das Weinen eines Mädchens und das ununterbrochene Klappern eines Webstuhles zu vernehmen sei. Seit Ewigkeiten schon soll das unsichtbare Mädchen hier pausenlos sein Schiffchen hin und her geschwungen haben. Lediglich in der Mittsommernacht wird sie für diejenigen sichtbar, die den Weg zu ihr finden und die Blüten einer bestimmten Farnpflanze bei sich tragen.

• *Anfahrt/Verbindungen* **Pkw** – Das Ahja-Tal liegt 5 km nördlich von Põlva und ist über die Landstraße 61 nach Tartu erreichbar. **Bahn** – Eine Station nach Põlva kommt die Station Taevaskoja.

• *Übernachten* Im Ort gibt es ein hübsches, aber eher einfaches **Gästehaus**, das Kanufahrten, Wintersport, Ausritte, Wanderungen und Fahrradtouren anbietet. ÜB um die 17 €. ✆ 92067, ttpk@estpak.ee.

▶ **Ahja**: Dieses kleine Dorf liegt am Ufer des malerischen Ahja-Flusses und ist ein idealer Ausgangspunkt für wunderbare und unvergessliche Kanutouren. In Ahja selbst ist ein Herrenhaus von 1740 von Interesse. Als besonders gilt der pavillionartige Eingang des Gebäudes. Sehr schön ist auch der Park des Anwesens, der zum Spazierengehen einlädt. Ferner ist der Ort für Literaturliebhaber von besonderem Wert, denn er hat den beliebten Schriftsteller Friedebert Tuglas hervorgebracht. Sein Roman *Väike Illimar* (Kleiner Illimar) spielt hier in Ahja.

▶ **Aktse**: Hier ist ein wahres Ameisen-Königreich zu bewundern, das das größte seiner Art in Estland ist. Zur Kolonie gehören über 100 Ameisenhügel, wovon der breiteste einen Durchmesser von 4,5 m und der höchste eine Höhe von 2,5 m misst. Wer das Königreich und seinen 3 Billionen Einwohner besuchen möchte, wende sich an die Touristeninformation in Põlva. Akste liegt auf dem Weg Põlva-Ahja.

▶ **Karilatsi**: Dieses kleine Dorf an der alten Voru-Tartu Strasse, etwa 17 km nördlich von Põlva, ist wegen seines Freilichtmuseums interessant. Auf einer Fläche von 18,5 ha erhält man einen lebendigen Einblick in das Leben der hiesigen Bauern von vor 100 Jahren. Es ist möglich, in der Mühle zu essen, allerdings muss man einen Tag vorher Bescheid geben, ✆ 70 310.

▶ **Kanepi**: Erstmalig erwähnt wurde der Ort 1675. Die erste Schule erhielt der Ort 1804. Einer seiner bekanntesten Schüler war wohl der Bildhauer A. Weitzenberg. Mit der Eröffnung der Musikschule im Jahre 1868 war Kanepi für lange Zeit das Zentrum der Region. Kanepi war übrigens der erste Ort Estlands, in dem die Landbevölkerung Familiennamen trug. Auch heute noch ist Gegend um Kanepi sehr ländlich. Wer einmal so richtig Urlaub auf dem Bauernhof machen möchte, wird hier voll auf seine Kosten kommen. Im Umkreis von Kanepi liegen 8 Bauernhöfe, auf denen man übernachten kann und wo die Zeit noch einen Tick langsamer läuft. Es gibt eine noch aktive Wassermühle, eine Schmiede etc. Auch für das leibliche Wohl wird gesorgt – serviert wird frisches Gemüse aus eigenem Anbau, hausgebackenes Brot und selbstgebrautes Bier.

Information **Savi Farm**, Dorf Hurmi bei Kanepi. ✆/☎ 790008, savitalu@hot.ee.

▶ **Räpina:** Charmante Kleinstadt am Ufer des malerischen Võhandu Flusses. Von kultureller Bedeutung ist das Sillapää-Herrenhaus aus dem frühen 19. Jh. – ein majestätischer klassizistischer Bau. Heutzutage beherbergt das stolze Anwesen das Heimat- und Gartenmuseum der Stadt. Herrlich ist auch der dazugehörige Park mit über 300 verschiedenen Baumarten. Darüber hinaus ist das in Räpina befindliche hölzerne Parlament von Interesse, zum Gedenken an die estnische Unabhängigkeitsbewegung. Wer gerne in die Sauna geht, wisse, dass das hiesige Schwitzbad mit einem der welthöchsten Saunaschornsteine ausgestattet ist.

Zur Entspannung lädt außerdem der Strand des Lammijärvs ein, von wo aus man hinüber nach Russland schauen kann. Die Umgebung von Räpina lädt zu ausgedehnten Fahrradtouren und Wanderungen ein. Nach Angaben der Touristeninformation sind für die kommende Saison Floßfahrten über den Vohandu-Fluss zum Lemmijärv geplant.

- *Information* Kooli 1. Gute Adresse um Kanufahrten, Fahrradtouren, Ausritte und Wanderungen in der Umgebung zu arrangieren. ✆ 61592, rapina@visitestonia.com, www.polvamaa.ee/rapina/turismiinfo.
- Postleitzahl EE64505
- *Vorwahl* (2)79
- *Anfahrt/Verbindung* **Pkw** – Von Põlva die Strasse 64 in östliche Richtung nach Räpina nehmen. **Bus** – Verbindung mit Põlva, Võru und Tartu, allerdings nicht sehr oft. Busbahnhof, Võhandu 5.

- *Übernachten* **Räpina Gästehaus**, einfache Unterkunft im Dorf Ristipalo, etwa 2 km südöstlich vom Zentrum an der Straße 45 Richtung Värska gelegen. ÜB um die 12 €. ✆ 61021.
- *Essen* In der Kooli 16 gibt es eine nette Pizzeria.
- *Verschiedenes*
Post, Kooli tänav neben der Touristeninformation.
Internetzugang, Aia tänan/Ecke Võhandu.

Setomaa

Die historische Landschaft Setomaa, auch Petserimaa genannt, umfasst eine Fläche von 1777 qkm. Sie beinhaltet den Südosten Põlvamaas und Teile des Bezirks Pskov in Russland. Die Bewohner dieser Gegend stellen eine eigene ethnische Gruppe dar. Sie sprechen einen besonderen Dialekt, pflegen ihre eigenen Bräuche, Lieder und Tänze und haben ihre eigenen kulinarischen Genüsse. Eine Spezialität der Setu ist der *sõir*, eine Art Hüttenkäse. Wer in der Gegend ist, sollte sich auf jeden Fall nicht den *Hansa*, Hochprozentiges der Setu, entgehen lassen.

Im Gegensatz zum übrigen Estland sind die Setu orthodox. Charakteristisch sind die zahlreichen *tsässons*, kleine Gebetshäuser, die über die Ortschaften Setoomas verstreut liegen. Die Hauptdörfer Setoomas sind Miktakmäe, Misso, Meremäe und Värska.

▶ **Meremäe:** Nur ein Steinwurf liegt das Zweitausendseelendorf von der russischen Grenze entfernt. Zentrum des Dorfes bildet das alte Schulhaus, in dem man auch Übernachten kann. ÜB um die 10 €, ✆ 54241. Ebenfalls ist hier eine Werkstatt für Kunsthandwerk zu finden.

Anfahrt/Verbindung Von Võru die A-2 in südliche Richtung bis zum Abzweig Vasteliina nehmen und dort links nach Meremäe abfahren. Nach Vasteliina ist der Weg nicht mehr geteert.

Estland
Karte siehe Umschlaginnenklappe vorne

▶ **Misso**: Weiteres Setu-Dorf, das administrativ schon zu Võru gehört. Der Ort ist umgeben von 17(!) Seen, was die Gegend attraktiv macht. Insbesondere am Wochenende sieht man stets eine Reihe von Aktivurlaubern.

Anfahrt/Verbindung Misso liegt an der A-7. Um von Võru nach Misso zu gelangen, die A-2 bis zum Knoten mit der A-7 nehmen.

▶ **Obinitsa**: In diesem winzigen Ort gibt es eine gut sortierte Touristeninformation, die über das Leben und die Kultur der Setu aufklärt. Auf Wunsch kann traditionelles Essen aus der Küche Setumaas bestellt werden. Ebenfalls lassen sich hier Aufführungen traditioneller Tänze und Gesänge organisieren, ✆ 67512.

Anfahrt/Verbindung Von Meremäe führt eine Schotterpiste nach 10 km nach Obinitsa. Von Põlva kommend über Võru fahren und die Straße Richtung Pskov nehmen.

▶ **Mikitamäe**: Gemütliches, kleines Dorf am Ufer des Pihkva Sees, einer Verlängerung des Peipsi Sees. Sehenswert ist das Denkmal zur 700-Jahresfeier des Ortes.

● *Übernachten* **Ploomi**, Dorf Karisilla, etwa 3 km südlich von Mikitamäe an der Straße 45 Richtung Värska gelegen. Zu vermieten sind 2 urige Blockhäuser à 2 Personen und 2 Betten im Haupthaus. ÜB ca. 14 €. ✆ 54376.

● *Anfahrt/Verbindung* Mikitamäe liegt an der Straße 45, die von Põlva nach Värska führt.

▶ **Värska**: Värska ist ein kleiner Hafenort am Ausläufer des Pihkva-Sees und gleichzeitig kulturelles Zentrum der Setu. Darüber hinaus kann das Dorf Mineralquellen sein eigen nennen, so dass Värska jedem, der estisches Mineralwasser trinkt, ein Begriff ist.

● *Information* Pikk 12, ✆ 64782, varska@visitestonia.com, www.hot.ee/varskainfo.

● *Übernachten* **Hirve**, Silla 2a. Schönes helles Holzhaus mit freundlichen Zimmern, direkt am Pihkajärv gelegen. ÜB 11 €. ✆ 76105 und 761110, hirvemae@hot.ee.

Värska Spa Hotel, 3 km entfernt von Värska, am Seeufer gelegen. Teilweise modernisierte Zimmer, Anwendungen mög-lich. EZ ca. 18 €, DZ ca. 37 €. ✆ 64666, ✆ 64693, vsanatoorium@hot.ee, www.hot.ee/vsanatoorium.

● *Sehenswertes* **Setu Farm**, 2 km südlich von Väskra gelegen. Hier bekommt man einen lebendigen Einblick in das Leben der Setu. Von Mai–September täglich von 11–16 Uhr geöffnet, in der übrigen Jahreszeit nach Vereinbarung, ✆ (79) 646788.

Ausflug zum Kloster Pečory (Russland)

Direkt hinter der russischen Grenze liegt die einst zu Estland gehörende Kleinstadt Pečory. Bekannt geworden ist die Stadt wegen ihres Männerklosters, das sich trotz des atheistischen Sowjetstaates bis hin zum heutigen Tag gehalten hat. Das in einem tiefen, schönen Tal gelegene Kloster nennt acht Kirchen sein eigen. Als die schönste gilt die *Uspenskaja-Kirche* aus dem Jahr 1473. Seit Mitte des 16. Jh. ist die Anlage von einer mächtigen Mauer umgeben, so dass das Kloster an eine gut befestigte Burg erinnert. Im Mittelalter lebten die Mönche in den von ihnen gegrabenen Sandsteinhöhlen. Später wurden sie erweitert, so dass unter dem Kloster viele unterirdische Tunnel verlaufen.

● *Einreise* Zur Einreise nach Russland wird ein Visum benötigt, das vor Reiseantritt im Heimatland beantragt werden muss. Wer mehrere Abstecher nach Russland plant, besorge sich ein Mehrfachvisum, da ein einfaches Visum mit dem Ausreisestempel automatisch seine Gültigkeit verliert.

Tartumaa (Dorpat)

Die Landschaft des Kreises Tartumaa mit der Hauptstadt Tartu ist sehr vielfältig. Im Norden hat er eine gemeinsame Grenze mit Jõgevama, im Westen und Osten grenzt er an den Võrtsjärv bzw. Peipsijärv, und im Süden reicht er bis an die Höhen von Otepää.

Wichtig war für den Landkreis von jeher der 100 km lange Fluss Emajõgi (Embach), der den Peipsijärv und den Võrtsjärv verbindet.

Eines Tages hatte sich der liebe Gott sehr über die Tiere geärgert, da sie nicht in der Lage waren, in Frieden miteinander zu leben. Ständig bekämpften sie einander und fraßen sich sogar gegenseitig auf. Um sie etwas abzulenken, befahl er ihnen, einen schönen Fluss zu graben. So begaben sich Hase und Fuchs daran, die Maße für das Flussbett auszurechnen, und der Maulwurf begann die ersten Furchen zu schaufeln. Der Dachs vertiefte mit seiner kräftigen Schnauze die Furchen des Maulwurfs. Auch der Wolf trug seinen Teil dazu bei, den Graben noch tiefer werden zu lassen, indem er wild in dem künftigen Flussbett scharrte. Der starke Bär schaffte schließlich die ganze Erde weg. Zufriedengestellt ließ der liebe Gott Wasser in das fertige Flussbett fließen, und der Emajõgi war geboren.

Tartu (Dorpat)   (ca. 115.000 Einwohner)

Die Hauptstadt Estlands ist zwar Tallinn, doch das geistige Zentrum liegt in Tartu. Schließlich befindet sich hier die älteste Universität Estlands. So ist es auch nicht verwunderlich, dass der Mittelpunkt des erwachenden Nationalbewusstseins im 19. Jh. hier in Tartu, am Ufer des Emajõgi, zu finden war.

Die Geschichte hat Tartu nie geschont. Die Bauten, die das heutige Stadtbild bestimmen, gehen nicht weiter als bis ins 18. und 19. Jh. zurück. Das wirtschaftlich blühende Tartu des Mittelalters wurde oft zerstört und dem Erdboden gleichgemacht. Beim Wiederaufbau der Stadt überwog der Klassizismus, so dass er heute das Stadtbild bestimmt. Am Ende des Rathausplatzes steht majestätisch das Rathaus, dessen Hauptportal von gewaltigen Säulen gestützt wird. Auch das Gebäude der Universität und die Rüütli tänav sind durchaus sehenswert und strahlen eine freundliche Atmosphäre aus. Hinter der Innenstadt erhebt sich groß der Domberg. Denkmäler berühmter Personen sind über ganz Tartu verteilt, meist von Künstlern, Dichtern oder Persönlichkeiten, die mit der Universität im Zusammenhang stehen.

Geschichte

Im Jahre 1030 erstmalig erwähnt, ist Tartu die älteste Stadt Estlands. Zu der Zeit, als noch kein fremdes Volk über die Esten herrschte, erbauten sie etwa im Jahr 550 n. Chr. die mächtige Bauernburg *Tarbatu*, die jahrhundertelang feindliche Überfälle erfolgreich abwehren konnte. 1030 jedoch gelang es dem *Großfürsten von Kiew*, die Burg zu erobern. Nach seinem Sieg gab er der Stadt seinen Namen, *Jurjew*. Im 13. Jh. versuchte der Deutsche Orden, die Stadt zu erobern, doch erfolgten zuvor heftige Schlachten mit den Esten, die sich wehrten und schließlich Russland um Hilfe baten. Der Kampf gegen die Deutschen war vergeblich. 1212/1213 brannten sie die Festung Tarbatu nieder und errichteten eine Ordensburg. Nicht weit davon entfernt erbauten sie eine Domkirche.

Am Fuße des Domberges entwickelte sich zu gleicher Zeit eine Stadt. Steinerne Häuser, bunte Märkte am Ufer des Emajõgi, der wichtigen Wasserstraße, durch die Tartu mit Pskow und Nowgorod verbunden war, ließen Tartu im Mittelalter zu einer blühenden Hansestadt werden. Zur Zeit des Livischen Krieges fiel die Stadt zunächst an Russland, später an Polen.

Die erste höhere Schule und somit den Grundstein für seine zukünftige geistige und kulturelle Bedeutung erhielt Tartu 1583. Als Tartu 1625 von den Schweden erobert wurde, begann für 79 Jahre die von vielen als gut gepriesene schwedische Zeit. Obgleich Eroberer, waren sie doch relativ demokratisch. So räumten sie auch der Landbevölkerung gewisse Rechte ein und ermöglichten Schulgründungen auf dem Land. Das bedeutendste Erbe der schwedischen Herrschaft aber war die Gründung der Universität im Jahre 1632.

Im Nordischen Krieg nahm Peter der Große 1710 die Stadt ein und machte sie dem Erdboden gleich. An die schönen steinernen Bauten des Mittelalters erinnern lediglich die Domkirche und die Jaani-Kirche. Gemäß eines Befehls Peters I. durfte im gesamten russischen Imperium lediglich in St. Petersburg Stein als Material für den Häuserbau verwendet werden. Die Stadt war durch die Kriege sehr verarmt und konnte erst 1730 mit dem Bau eines neuen Rathauses beginnen, dem auch der Wiederaufbau der nun hölzernen Stadt folgte. 1775 wurde Tartu durch einen Großbrand erneut zerstört (insgesamt soll die Stadt 55mal bis auf die Grundmauern abgebrannt sein). Daraufhin wurde das Gesetz erlassen, dass von nun an ausschließlich Stein als Baumaterial zugelassen sei. Doch woher die vielen Steine nehmen? Man fand eine Lösung: Jeder Bauer durfte nur dann die Stadtgrenze passieren, wenn er mindestens 16 kg Steine geladen hatte. Katharina II. half der Stadt mit einer Spende und finanzierte eine Brücke über den Emajõgi. Diese ist allerdings im Zweiten Weltkrieg gesprengt worden.

Mit der Wiedereröffnung der Universität im Jahre 1802 durch *Zar Alexander I.* – sie war 1788 von seinem Vater Zar Pawel aus Angst vor einer Studentenrevolution geschlossen worden – erfuhr Tartu einen neuen kulturellen Aufschwung. Im 19. Jh. entwickelte sich die Stadt zum Zentrum des erwachten estnischen Nationalbewusstseins. 1869 fand in Tartu auch das erste Sängerfest statt.

Im Zweiten Weltkrieg wurden viele Menschen von den Nazis und später von den Sowjets deportiert. Es war übrigens in Tartu, wo nach den Reformen Gorbatschows die ersten Stimmen für ein unabhängiges Estland laut wurden.

Bis 1989 war Tartu eine geschlossene Stadt, weil sich hier angeblich ein streng geheimer unterirdischer Militärflughafen der Roten Armee befand. Selbst die Bevölkerung war nicht darüber informiert, was genau sich in ihrer Stadt verbarg, und so sprachen sie stets von der "Geheimfabrik". Heute sprüht die Stadt vor Leben und Charme und sollte in keiner Estlandreise fehlen.

Blick auf Tartu

Information/Verbindungen/Verschiedenes

• *Postleitzahl* EE50003

• *Vorwahl* (2)7

• *Information* Raekoja plats 14, ✆/✉ 432141.

• *Anfahrt/Verbindungen*   **Pkw** – Tartu ist Knotenpunkt mehrerer Straßen. Sowohl die A-2 Võru-Tallinn als auch die A-3 Valga-Kohtla-Järve führen durch Tartu.

Bus – Verbindung mit jeder größeren Stadt Estlands, Busbahnhof ist in der Turu 2 zu finden.

Bahn – Züge über Tapa nach Tallinn, nach Rīga und nach Pskow, Bahnhof befindet sich in der Vaksali 6.

Flugzeug – Mehrmals die Woche startet eine kleine Maschine von und nach Tallinn. Ein einfacher Flug kostet um die 40 €. Der Flughafen befindet sich in Tõrvandi, der etwa 3 km außerhalb von Tartu Richtung Põlva liegt.

Schiff – Über den Emajõgi ist es möglich zur Insel Piirissaare im Peipsijärv hinüberzufahren. Es gibt allerdings keinen festen Fahrplan. Näheres in der Touristeninformation. Im Herbst fahren viele Menschen zu den Mooren und nach Piirissare hinaus, um Preiselbeeren zu sammeln, evtl. Mitfahrge-legenheit. Hafen, Turu 2, etwas außerhalb des Zentrums. Infos auch bei der Hafenverwaltung Soola 5, ✆ 340026, tartusadam@transcom.ee.

• *Verschiedenes*   **Geldwechsel**, Munga 16, Raekoja plats 14 und 16.

Post, Lai 29. Postfiliale in der Rüütli tänav.

Internetzugang, Struve 1, in der Universitätsbibliothek sowie im 13 Korrus und im Virtuaal (s. u.).

Poliklinik, Puusepa 8.

• *Sport*   **Fahrradclub**, **Velo**, Turu 8, ✆ 412649; **Velospets**, Riia 113, ✆ 380406, info@velospets.ee, www.velospets.ee.

Fahrradverleih, Laulupeo 19, ✆ 421731.

Bootsverleih, 8 Tiigi. ✆ 420811, matkatarbed@neti.ee.

Reiten, Reitstall Ihaste, Raeremmelga 1. ✆ 353390.

Eislaufen, Stadion Tamme, Tamme 1. ✆ 461062.

Klettern, eine Kletterwand befindet sich in der Ringtee 75. Voranmeldung erforderlich, ✆ 315500, morti@ut.ee.

Übernachten

• *Gehobenere Preisklasse* **Barclay (33)**, Üli-kooli 8. Komfortables Hotel im Herzen der Altstadt, schöne Zimmer, Service könnte besser sein. DZ ab 95 € inkl. Frühstück.

Draakon (25), Raekoja 4. Edles Hotel mit stilvoll ausgestatteten Räumen in Top-Lage. EZ ca. 65 €, DZ ab 100 €. ✆ 442045, ✆ 434540, tonyas@solo.delfi.ee,www.draakon.ee.

Pallas (39), Riia 4. Elegantes Hotel mit hochmodernen, teilweise extravaganten Zimmern und zuvorkommendem Service. EZ ca. 62 €, DZ ca. 78 €. ✆ 301200, ✆ 301201, pallas@pallas.ee. www.pallas.ee.

• *Mittlere Preisklasse* **Carolina (47)**, Kreutzwaldi 15. Gemütliches Hotel mit netter Atmosphäre. EZ ab 30 €, DZ ab 45 €. ✆ 422070, ✆ 422070, carolina@hot.ee, my.tele2.ee/intertrade.

Domina (3), Tammsaare 8. Teilweise renovierte Unterkunft in großem Wohnblock, etwas außerhalb vom Zentrum gelegen. DZ etwa 45 €. ✆ 422575 und 404969, ✆ 422575, info@dominahotel.ee, www.dominahotel.ee.

Ihaste (50), Pallase bulv. 25/27. Befindet sich in schönem Neubau, allerdings ein gutes Stück außerhalb des Zentrums. Ansprechende Zimmer, alle mit Bad; Restaurant, Sauna, Kegelbahn und Billard vorhanden. EZ ca. 45 €, DZ ca. 55 €. ✆ 331060, 331048, info@ihastehotell.ee, www.ihastehotell.ee.

Kantri (56), Riia 195. Freundliches Hotel mit Restaurant. Zimmer sind mit Holz- und Korbmöbeln ausgestattet, etwas außerhalb vom Zentrum. EZ ab 45 €, DZ ab 60 €. ✆ 383043 und 383044, ✆ 477213, kantri@server.ee, www.server.ee/kantri.

Oru Villa (8), Oru 1. Kleines Hotel in schönem, altem Haus, nahe beim Domberg gelegen. DZ ab 45 €. ✆ 422894 und 422894, info@oruvilla.ee, www.oruvilla.ee.

Park (32), Vallikraavi 23. Gutes Hotel in schöner, zentraler Lage am Schlosspark, mit Sauna. EZ ab 31 €, DZ ab 39 €. ✆ 427000, ✆ 427655, info@parkhotell.ee,www.parkhotell.ee.

Rehe (51), Võru 235. EZ ca. 27 €, DZ ca. 36 €. Komfortables, schönes Hotel, etwa 5 km vom Zentrum entfernt gelegen. ✆ 412234, ✆ 412355, rehehotell@hot.ee,www.hot.ee/rehehotell.

Tartu (35), Soola 3. Großes Hotel am Busbahnhof. Zimmer sind einfach, aber größtenteils mit WC, Sauna vorhanden. ÜB ab 30 €, DZ ab 50 €. ✆ 349447, ✆ 349476, tarhotel@hot.ee, www.hot.ee/hosteltartu.

Tallinn ㊼

Sängerfeld ★

F. Tuglase

Fr. R. Kreutzwald.

❸

Hiie

Taara

Taara pst.

Vaksali

⓯

Ⓜ **Museum fü Karl Ristiki**

Essen/Trinken
- ❹ Zavood
- ❺ Krooks
- ❻ Vanalinna Söögituba
- ❾ Pool Kuus & Arriba
- ❿ Pronto Pizzeria
- ⓫ Bagua
- ⓬ Tsink Plekk Pang
- ⓭ Nostalgia
- ⓲ Babylon Kebab
- ⓳ Central
- ⓴ Drakoon
- ㉑ Taverna
- ㉒ Neljasaste
- ㉓ Zum Zum
- ㉖ Vinotheque Püssirohu
- ㉗ Püssirohukelder
- ㉘ Werner
- ㉙ Nelja Koopa Pubi
- ㉚ Atlantis
- ㉝ Barclay
- ㉞ Mc Donald - Mc Drive
- ㊱ Ton Ban
- ㊳ Entri
- ㊵ Pappa Pizza
- ㊷ Kodka Kelder
- ㊸ Töö Juures
- ㊹ XS
- ㊺ Aleksandri
- ㊴ Lemuuria

Bahnhof

Vaksali

Cafés
- ❼ 13 Korrus
- ⓮ Virtuaal
- ⓱ Rotund
- ㉔ Illegard
- ㉛ Wilde
- ㊲ Teatrikohvik
- ㊻ Teist Kannu ㊻

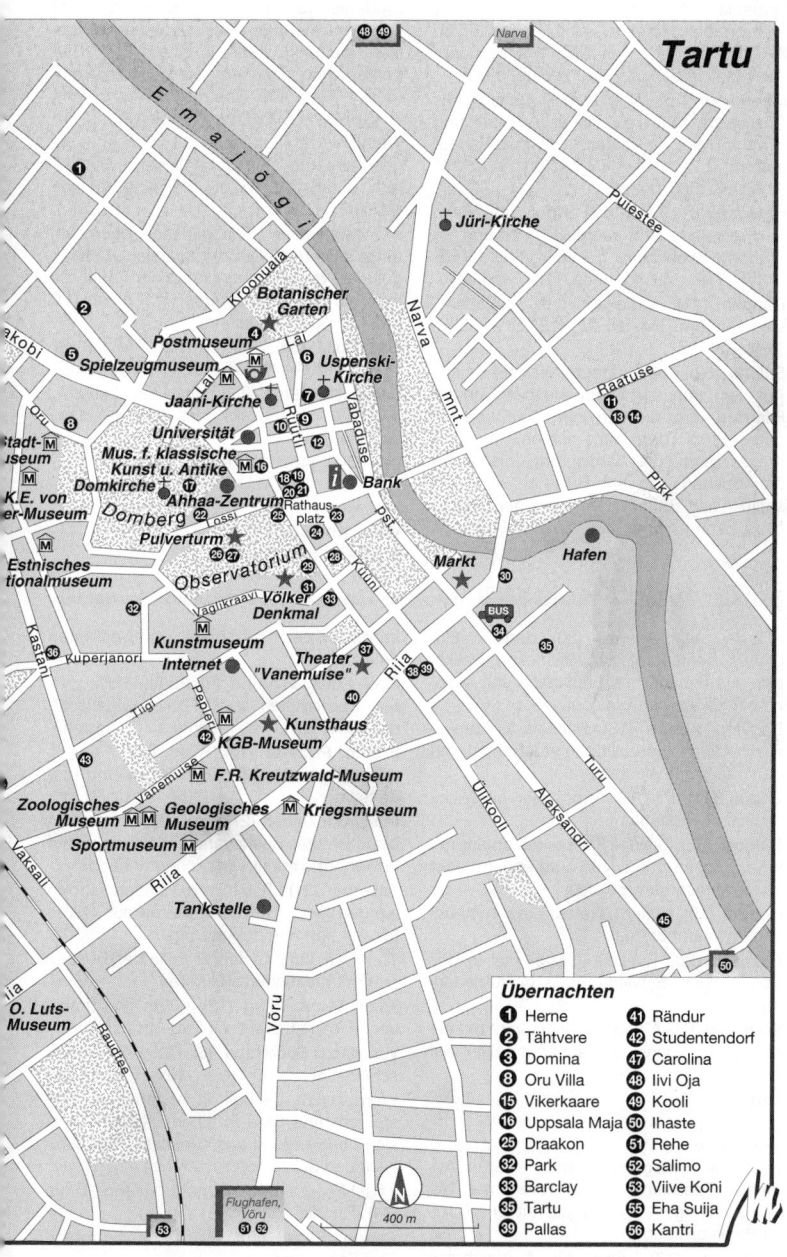

Tartu

Jüri-Kirche

Botanischer Garten
Postmuseum
Spielzeugmuseum
Uspenski-Kirche
Jaani-Kirche
Universität
Mus. f. klassische Kunst u. Antike
Domkirche
Ahhaa-Zentrum
stadt-museum
K.E. von er-Museum
Domberg
Pulverturm
Bank
Rathausplatz
Estnisches tionalmuseum
Observatorium
Markt
Hafen
Völker Denkmal
Kunstmuseum
Internet
BUS
Theater "Vanemuise"
Kunsthaus
KGB-Museum
F.R. Kreutzwald-Museum
Zoologisches Museum
Geologisches Museum
Kriegsmuseum
Sportmuseum
Tankstelle
O. Luts-Museum

Flughafen, Võru

400 m

Estland
Karte siehe Umschlaginnenklappe vorne

Übernachten

❶ Herne		㊶ Rändur	
❷ Tähtvere		㊷ Studentendorf	
❸ Domina		㊼ Carolina	
❽ Oru Villa		㊽ Iivi Oja	
⓯ Vikerkaare		㊾ Kooli	
⓰ Uppsala Maja		50 Ihaste	
㉕ Draakon		51 Rehe	
㉜ Park		52 Salimo	
㉝ Barclay		53 Viive Koni	
㉟ Tartu		55 Eha Suija	
㊴ Pallas		56 Kantri	

Uppsala Maja (16), Jaani 7. Kleines, komfortables Hotel mit sehr viel Flair. EZ ab 35 €, DZ ab 60 €. ✆ 361535, ◎ 361536, uppsala@online.ee, www.tartu.ee/uppsala.

Vikerkaare (15), Vikerkaare 40. Behagliches Gästehaus mit freundlicher Ausstrahlung etwa 15 Min. Fußmarsch von der Altstadt entfernt. EZ ca. 30 €, DZ ca. 35 €. ✆ 421190, ◎ 421192, tdc@hot.ee.

● _Preiswerte Unterkünfte_ **Kooli (49)**, Põllo 11. Preiswerte und saubere Unterkunft im Studentenwohnheim. ÜB etwa 14 €. ✆ 461471 und 400275, info@TTK17.edu.ee.

Rändur (41), Kuperjanovi 66. Einfaches, aber sauberes Hostel. DZ ab 27 €. ✆ 427190, ◎ 427275.

Salimo (52), Kopli 1. Liegt etwas außerhalb. Aus der Innenstadt kommend, geht von der Riia mnt. links die Võru mnt. ab. Diese ein gutes Stück geradeaus fahren, über die Kreuzung mit der Aardla mnt., bis rechts die Kopli tänav abgeht. Bus 4 bis zur Haltestelle Alasi. Befindet sich in einem Hochhaus, Zimmer ohne Bad. DZ ab 27 €.

Studentendorf (42), Pepleri 14. Während der Semesterferien von Juni–August besteht die Möglichkeit, in einem der 7 Studentenwohnheime der Stadt unterzukommen. ÜB ab 16 €. Sperrstunde ist 23 Uhr. ✆ 420337 und 427608, www.ut.ee/tyk.

Tähtvere (2), Laulupeo 19. Einfache Jugendherberge mit freundlichen Mitarbeitern. EZ ab 12 €, DZ ab 15 €. ✆ 421364 und 421708, ◎ 421364.

● _Privatquartiere_ Eine günstige Übernachtungsvariante stellen die zahlreichen Privatquartiere dar. Zimmer sind in der Regel als mit Bad. Pro Person werden im Schnitt 14 € inkl. Frühstück berechnet.

Eha Suija (55), Tamme mnt. 73a. ÜB ca. 14 €. ✆ 304080, ◎ 304079, eha.suija@mail.ee.

Herne (1), Herne 59. EZ ab 14 €, DZ ab 27 €. ✆ 441959, rek.saks@neti.ee,www.hot.ee/supilinn.

Iivi Oja (48), Vaikne 20. ÜB ca. 14 €. ✆ 401429, livi.Oja@mail.ee, www.hot.ee/iivimaja.

Viive Koni (53), Ouna 32. ÜB etwa 14 €. ✆ 381433.

Essen/Trinken (siehe Karte S. 550/551)

● _Restaurants_ **Atlantis (30)**, Narva 2. Elegantes Restaurant mit Glasdekor, Delikatem aus Estland und Frankreich und schönem Blick auf den Emajõgi.

Babylon Kebab (18), Raekoja 3. Attraktives Lokal mit Spezialitäten aus Nahost und Bauchtanz am Wochenende.

Bagua (11), Pikk 40. Atmosphärvolles, chinesisches Restaurant.

Barclay (33), Ülikooli 8. Hotelrestaurant mit gutem Essen und zuvorkommendem, aber etwas langsamem Service.

Central (19), Küüni 1. Nettes Lokal mit hübschem Innenhof.

Drakoon (20), Raekoja 2. Man sitzt in kleinen Nischen, Service und Essen zufriedenstellend.

Entri (38), Riia 4. Großes Restaurant mit europäischer Küche und schönem Blick auf die Stadt.

Lemuuria (54), Variku 8. Gemütliches Lokal mit gutem Essen und großem Kamin.

Neljasaste (22), Lossi 17. Populäres Restaurant, ausgestattet mit viel Grün. Attraktive Speiskarte mit extravaganter Namensgebung. Wie wär's mal mit einem Teller Bankkorruption?

Nostalgia (13), Pikk 40. Angenehmes

französisches Restaurant mit delikaten Kreationen.

Pool Kuus & Arriba (9), Rüütli 1. Hier werden Spezialitäten aus Mexiko aufgetischt, die allerdings etwas feuriger sein könnten.

Pronto Pizzeria (10), Rüütli 6 + Küütri 3. Günstige Adresse für gute Pizzas und große Salate.

Püssirohukelder (27), Lossi 28. Sehr schön eingerichtetes Restaurant im Keller des alten Pulverturms mit ausgezeichneter Küche.

Taverna (21), Raekoja 20. Widererwarten werden hier keine Spezialitäten aus Hellas serviert sondern delikate Pizzas.

Ton Ban (36), Kastani 8. Beliebtes Restaurant mit Kreationen aus Korea.

Tsink Plekk Pang (12), Küütri 10. Attraktives Chinarestaurant mit Pub-Atmosphäre.

Vanalinna Söögituba (6), Rüütli 23. Durchschnittliches, aber preiswertes Restaurant.

Werner (28), Ülikooli 11. Angenehmes Restaurant und Café in einem. Klientel setzt sich überwiegend aus Künstlern, Intellektuellen und Studenten zusammen.

● _Fast-Food_ **Mc Donald – Mc Drive (34)**, Turu 6a.

Pappa Pizza (40), Riia 7. Annehmbare Fast-Food-Pizza.

• *Kneipen/Bars* **Aleksandri (45)**, Aleksandri 42. Angenehmer Pub mit schöner Terrasse.

Kodka Kelder (42), Pepleri 14. Gut besuchte Kellerkneipe in einem der vielen Studentenwohnheime.

Krooks (5), Jakobi 34. Unkonventionelle Bar, in der öfters Rock- und Blueskonzerte stattfinden.

Nelja Koopa Pubi (29), Ülikooli 10. Originelle Kneipe mit extravagantem Interieur und überwiegend studentischem Publikum.

Töö Juures (43), Tiigi 14. Gutbesuchte Studentenkneipe.

Vinotheque Püssirohu (26), Lossi 28. Urgemütlicher Weinkeller mit einem Hauch von Nostalgie.

XS (44), Vaksali 21. Beliebter Nachtclub, gelegentlich mit Live-Musik, eher jüngeres Publikum.

Zavood (4), Lai 30. Populäre Kneipe im Industrie-Design, oft Live-Musik.

Zum Zum (23), Küüni 2. Uriger Pub mit überwiegend studentischem Klientel.

• *Cafés* **Illegard (24)**, Ülikooli 5. Schickes Künstlercafé in extravagant gestaltetem Keller, gespielt wird überwiegend Jazz.

13 Korrus (7), Rüütli 3. Internetcafé.

Rotund (17), Toomemägi. Behagliches Café auf dem Domberg, dass sich in einem achteckigen Gebäude aus der Mitte des 19. Jh. befindet.

Teatrikohvik (37), Vanemuise 6. Gemütliches Theatercafé, im Sommer mit Tischen draußen.

Teist Kannu (46), Suur Kaar 53. Nettes Sommercafé mit großer TV-Leinwand und Sportübertragungen.

Virtuaal (14), Pikk 40. Nettes Café mit Online-Anschluss, schöner sitzt es sich allerdings draußen.

Wilde (31), Vallikraavi 4. Reizvolles Literaturcafé und Buchgeschäft mit viel Flair als Hommage an Oscar und Eduard Wilde, die beide aus Bronze gegossen vor dem Café sitzen.

Sommercafés, rund um den Rathausplatz sind im Sommer Bierstände und Tische aufgestellt, von denen aus sich prima das Leben in Tartu beobachten lässt.

Einkaufen/Museen/Kultur

• *Einkaufen* **Juveel**, Raekoja plats 6/Ecke Rüütli tänav. Exklusiver Laden mit schönem Lederschmuck.

Mikkeli-Gallerie, Tähe 39. Hier gibt es hochwertige estnische Kunsthandwerksartikel zu kaufen.

Illegaard Galerie, Ülikooli 5. Zu sehen und zu verkaufen sind postmoderne Werke estnischer Künstler.

• *Museen* **Botanischer Garten** mit Gewächshaus, Lai 40. Geöffnet täglich von 10–17 Uhr.

K. E. von Baer-Museum, Veski 4. Der Baltendeutsche Karl Ernst von Baer (1792–1876) gilt als Gründer der modernen Embryologie und lehrte an der Tartuer Universität Naturwissenschaften. Die Ausstellung dokumentiert die Arbeit und die Forschungen von Baers, Mo–Fr von 9–16 Uhr geöffnet.

Kunstmuseum, befindet sich im *Schiefen Haus* von Tartu am Raekoja plats 18. Zu sehen sind alte und moderne Gemälde, überwiegend estnischer Maler. Geöffnet Mi–So von 11–18 Uhr.

Kunsthaus, Vanemuise 26. Wechselnde Ausstellungen zeitgenössischer Kunst. Geöffnet von 12–18 Uhr, Di geschlossen.

F. R. Kreutzwald-Museum, Vanemuise 42. Museum für Literatur, Mo–Do von 9–17, Fr von 9–16.30 Uhr geöffnet.

Kriegsmuseum, Riia 12. Zu sehen sind Waffen und historische Dokumente zum Thema Krieg. Geöffnet nach Vereinbarung, ☎ 314 161.

Museum für die Geschichte der Universität, Lossi 25 in der Ruine der alten Domkirche auf dem Domberg, Mi–So von 11–17 Uhr geöffnet.

Museum für klassische Kunst und Antike, Ülikooli 18, im Universitätsgebäude. Grandiose Nachbildungen antiker Skulpturen, Mo–Fr von 11–16.30 Uhr.

Geologiemuseum, Vanemuise 46. Über 70.000 Minerale und Fossilien kann das Museum sein eigenen nennen. Unter den 2500 ausgestellten Stücken, befinden sich auch Splitter verschiedener Meteoriten. Geöffnet Mi–So von 10–16 Uhr.

Museum für Karl Ristikivi, Hermanni 18. Zu sehen sind Dokumente und persönliche Gegenstände des Schriftstellers Karl Ristikivi (1912–1977). Die Ausstellung befindet sich in der Wohnung in der er lebte, bevor er nach Schweden emigrierte. Geöffnet Mo–Fr von 11–16 Uhr.

Postmuseum, Rüütli 15: Querschnitt durch die Geschichte der estnischen Post. Geöffnet Mi–So von 11–18 Uhr.

Ahhaa-Zentrum, Toomemägi. Ziel dieses von der Universität getragenen Museums ist es, den Besuchern die Naturwissenschaften näher zu bringen und ihnen ein *Aha-Erlebnis* zu bescheren. Wechselnde Ausstellungen und Vorführungen naturwissenschaftlicher Elemente. Öffnungszeiten nach Vereinbarung, ahhaa@ahhaa.ee, www.ahhaa.ee.

KGB, Riia 15b. Ergreifende Ausstellung, die über die Opfer des KGBs und seine Machenschaften informiert. Geöffnet Di–Sa von 11–16 Uhr

Oskar Luts-Museum, Riia 38. Der Schriftsteller Oskar Luts wird auch als der estnische Mark Twain bezeichnet. Er beschrieb mit viel Humor das Leben der Schuljungen. Wohl am bekanntesten ist sein Buch *Kevade* (Frühling) aus dem Jahre 1912. Geöffnet Mi–Sa von 11–17 Uhr, So 13–17 Uhr.

Spielzeug-Museum, Lai 1. Zu sehen sind über 1000 Puppen, Puppenhäuser, Spielzeug aus dem vorletzten Jahrhundert, u. v. m. Auch für Erwachsene von Interesse. Geöffnet Mi–So von 11–18 Uhr.

Sportmuseum, Rüütli 15. Dokumentation über die Geschichte des Sports vom 19. Jh. bis heute. Zu sehen sind auch alte Geräte aus dieser Zeit. Geöffnet Mi– So von 11–18 Uhr.

Stadtmuseum, Narva 23. Neben Exponaten zur Stadt Tartu sind auch alte Möbel aus dem 18. und 19. Jh. ausgestellt. Geöffnet Di–So von 11–18 Uhr.

Zoologisches Museum, Vanemuise 46. Zu sehen sind exotische Tierarten, geöffnet Mi–So von 10–16 Uhr.

● *Kultur/Unterhaltung* Am besten im Touristenbüro nach Veranstaltungsterminen fragen.

Vanemuine-Theater (großes Haus), Vanemuise 6. Hier finden verschiedenste Theateraufführungen statt. 1870 wurde hier das erste Theaterstück in estnischer Spache aufgeführt. Zu sehen war *Lydia Koidulas* Schauspiel *Der Vetter von Saaremaa*.

Väike Maja-Theater (*kleines Haus*), Vanemuise 45. Früher befand sich hier das deutsche Theater, heute werden überwiegend moderne Stücke auf die Bühne gebracht.

Konzerte werden im Großen Haus, in der Universitätsaula und in der Domkirche veranstaltet.

Sängerfest: Auch in Tartu werden alljährlich verschiedene Sängerfeste veranstaltet, die durchaus lohnenswert sind. Das erste Fest dieser Art fand in Tartu 1869 statt.

Sehenswertes

Universität von Tartu: Bauherr des von 1804–1809 errichteten Hauptgebäudes der Universität war *Johann Wilhelm Krause*. Sechs gewaltige Säulen zieren das Hauptportal des im klassizistischen Stil erbauten Gebäudes und verleihen ihm ein majestätisches Äußeres. Auch von innen ist die Universität sehenswert. Hervorzuheben ist die prachtvolle Aula mit ihrer hervorragenden Akustik. An der Universität, die sich über ganz Tartu verteilt, studieren etwa 5500 Studenten.

Gründer der Universität war *König Gustav-Adolph* von Schweden auf Initiative seines Lehrers *Johann Skytte*. Nach Beendigung seiner Ausbildung war der junge, aufgeschlossene schwedische König so zufrieden mit seinem Lehrer, dass er ihn adelte und zum Generalgouverneur eines Landkreises in Livland machte. Kaum dort angekommen, gründete Skytte in Tartu, wo er sich niedergelassen hatte, ein Gymnasium. Ein Jahr später bat er darum, die höhere Schule in eine Universität umwandeln zu dürfen. 1632 stimmte Gustav-Adolph dem Vorschlag Skyttes zu, und die Universität Tartu wurde als zweite schwedische Universität überhaupt, ins Leben gerufen.

1788 wurde sie von Zar Pawel aus Angst vor einer Studentenrevolte geschlossen, 1802 jedoch von seinem Sohn Alexander I. wiedereröffnet. Dass die Russen nun die neuen Stadtherren waren, zeichnete sich auch an der Universität ab. Dennoch bestanden die Studentenschaft und der Lehrkörper überwiegend aus Baltendeutschen, die in Tartu wie in so vielen Städten Estlands, Livlands und Kurlands, eine dünne Oberschicht bildeten. Esten gab es an der Universität nur wenige. Viele der Esten waren Leibeigene und durften ohne die Erlaubnis ihrer Gutsherren das Lehrangebot der Universität nicht wahrnehmen. Obwohl es 1819 zur Bauernbefreiung kam und sich von da an immer mehr Esten an der Universität einschrieben, wurde sie erst 1920 estnischsprachig.

Das Tartuer Studentenleben muss in vergangenen Zeiten schon einen gewissen Reiz gehabt haben, soll es doch damals in Tartu schon Langzeitstudenten gegeben haben ...

... Jaschka war ja nicht der einzige Student, der in Dorpat hängenblieb. Eigentümlichkeit dieser sonderbaren Universität war, dass die Zahl der Semester, die man hier studierte, meist im umgekehrten Verhältnis zum Studium selbst stand. Ja, in alten Zeiten soll es in Dorpat tatsächlich auch "ewige" Studenten gegeben haben, deren bemooste, längst ergraute Häupter bis an ihr Lebensende ein Farbdeckel zierte (ein Farbdeckel war eine Kopfbedeckung in den Farben Livlands, an der ein livländischer Student erkennbar war).

aus: Jaschka und Janne und andere baltische Erzählungen, von Siegfried von Vegesack, erschienen im Ullstein-Verlag

Wer hier studiert hat, so sagt man, der trage auf ewig den *Tartu Vaim* in seinem Kopfe, zu deutsch den *Geist Dorpats*.

Gustav-Adolph-Denkmal: Hinter dem Hauptgebäude der Universität steht ein Denkmal zu Ehren *Gustav-Adolphs* von Schweden. Zur Zeit der Sowjetunion wurde das Denkmal für den schwedischen König jedoch entfernt. Doch tauchte Gustav-Adolph jeden Winter aus Schnee geformt wieder auf. Mittlerweile ist das Denkmal wieder aufgestellt worden. Zu seiner Enthüllung reisten sogar *König Carl Gustav* und *Königin Sylvia* extra aus Schweden an.

Domberg: ". . . und auf dem Berg spielte Vanemuine, der Gott des Gesangs, so wunderschön und anmutig auf seiner Harfe, dass alle Kreaturen und Pflanzen von seinen Klängen wie verzaubert in seinen Bann gezogen wurden." Zu der Zeit, als die Esten noch ihre eigenen Natur- und Musengötter hatten, galt der Domberg als heilig.

Im 18. Jh. entstand dort eine Müllhalde. Erst durch Zar Pawel I. sollte der Domberg baulich in die Stadt integriert werden. Geplant war, hier Räume für die Universität zu schaffen und Wohnhäuser zu bauen. Diesem Vorhaben leistete der damalige Universitätsrektor *Parrot* erbitterten Widerstand. Er wollte den Domberg zu einem großen Park gestalten und setzte sich schließlich durch. Den Park, der zur Wiedereröffnung der Universität Anfang des 19. Jh. angelegt wurde, gibt es auch heute noch. Wenn man unter den alten Eichen spazieren geht, kann man rasch vergessen, dass Baumgeister und Musengötter längst der Vergangenheit angehören. Für einen Spaziergang durch den Dombergpark sollte man sich viel Zeit nehmen, denn man trifft dort neben der alten Domkirche und vielen Denkmälern auch auf einige

Estland

Karte siehe Umschlaginnenklappe vorne

Kultorte, die in den Traditionen des Tartuer Studentenlebens schon immer eine Rolle spielten.

Domkirche: Die Mauerreste der Domkirche sind neben denen der Jaani-Kirche die einzigen, die noch ans Mittelalter erinnern. Der Bau der Kirche erwies sich als schwierig, da die heidnischen Esten über lange Zeit hinweg des nachts die Anfänge des sakralen Baus zerstören. Angeblich haben sie erst damit aufgehört, als dem Teufel ein junges Mädchen geopfert wurde. Im 17. Jh. zerfiel die Kirche. Heute ist in ihr das Museum für die Geschichte der Universität Tartu untergebracht.

Observatorium, auf dem Domberg, oberhalb vom Pulverturm. Mitte des 19. Jh. war die Sternwarte von Tartu eine der berühmtesten und bedeutendsten der Welt. Vor dem Observatorium steht ein Denkmal des Astronom *Friedrich Georg Wilhelm Struve*.
Öffnungszeiten Mi–Mo von 11–16 Uhr.

Musumägi (Kussberg): Nicht weit von der Domkirche befindet sich eine kleine Erhebung. Seit jeher war diese Stelle ein Ort der Verliebten. Zu dem Hügel führt eine Brücke. Die Verliebten, die sie überschritten, seufzten vor Glück. Diejenigen aber, die die oder den Angebeteten nicht überzeugen konnten, seufzten, weil ihnen das Herz so weh tat. Deshalb wird diese Brücke *Seufzerbrücke* genannt. Unterhalb des Musumägi befindet sich eine künstliche Höhle. Einige Liebespaare, deren Liebe verboten war, nahmen sich dort das Leben.

Vor dem Kussberg steht der große, schattenspendende *Geheimnisbaum*. Im Frühjahr wehen in ihm viele Taschentücher, die alle einen Wunsch symbolisieren. Niemand außer dem Baum darf diesen Wunsch kennen, wenn er in Erfüllung gehen soll. Unter dem Baum sollen auch all die, die vom Liebeskummer gequält werden, nachdenken, was schuld an ihrem Unglück sei. Vielleicht hilft ihnen ja der Baum beim Finden der Lösung.

In der Nähe des geheimnistragenden Baumes liegt ein alter *Opferstein*. Heute wird er von den Studenten genutzt, die hier zu Mitternacht vor ihren Examen sämtliche Aufzeichnungen verbrennen und darauf hoffen, mit diesem Opfer die Prüfungen erfolgreich zu bestehen.

Erwähnenswert ist das Denkmal für *Kristjan Jaak Peterson* in der Nähe der Domkirche. Auf einem Steinsockel steht ein bäuerlich gekleideter, langhaariger Jüngling, der in der rechten Hand einen Wanderstab hält. Er hatte wahrlich eine lange Wanderung hinter sich. Zu Fuß legte er den langen Weg aus seiner Heimatstadt Rīga nach Tartu zurück, um hier studieren zu können.

Ein beeindruckendes Denkmal erinnert an *Karl Ernst von Baer*. Wie auf einem Thron sitzt der alte Wissenschaftler majestätisch auf einem Marmorsockel. Wenn die Biologen und Mediziner ihren Abschluss haben, ziehen sie auf den Domberg und "waschen Karl Ernst von Baer ganz gehörig den Kopf", indem sie sein Haupt mit Champagner begießen.

Engels- und Teufelsbrücke: Im Park befinden sich zwei Brücken, die die beiden Hügel des Dombergs miteinander verbinden. Die im klassizistischen Stil gebaute *Engelsbrücke* wurde von 1836 bis 1838 erbaut. Sie führt über die Lossi tänav. Der eigentliche Name der Brücke war schlicht *Englische Brücke*, woraus schließlich Engelsbrücke wurde. Als weisen Rat trägt die Brücke die lateinische Inschrift *Otium reficit vires*, was übersetzt *Ruhe erneuert Kraft* bedeutet.

Die *Teufelsbrücke* baute man 1913 zu Ehren Zar Alexanders I. Heute liefern sich die Studierenden von den Brücken alljährlich ein Wettsingen, wobei letztendlich die Lautstärke entscheidet. Der Damenchor steht dabei auf der Engelsbrücke und der Chor der Herren auf der Teufelsbrücke.

Im Tal der beiden Domhänge befindet sich das *Völkerdenkmal*, das gleichzeitig das älteste Denkmal Tartus ist. Hier sind die Überreste menschlicher Skelette bestattet worden, die man im Jahre 1806 beim Bau des Hauptgebäudes der Universität gefunden hatte.

Das "schiefe Haus von Tartu" in der Altstadt

Altstadt: Prachtstück der Altstadt ist der *Raekoja plats* (Rathausplatz) mit dem klassizistischen Rathaus, das von 1782-1789 erbaut wurde. Die Häuser um den Platz sind alle schön restauriert. Die meisten beherbergen Geschäfte. Es besteht die Gefahr, dass die Stadt im Laufe der Jahre sinken könnte, da sie auf moorigem Boden entstand. Das *schiefe Haus* mit der Nr. 16 ist ein Beweis dafür. Es gehörte im 19. Jh. *Frau Barclay de Tolly*.

Jaani-Kirche: Begibt man sich vom Raekoja plats in die Ülikooli tänav, gelangt man, an der Uni vorbei, in die Jaani tänav. Dort steht die Ruine der Jaani-Kirche, die neben den Resten der Domkirche ebenfalls noch aus dem Mittelalter stammt. Die Kirche, 1310 gebaut, war zur damaligen Zeit wegen ihrer Terrakotta sehr berühmt. Im Zweiten Weltkrieg wurde sie stark beschädigt, zur Zeit wird sie aber wieder restauriert. In der Stadtmitte befindet sich ein Denkmal, das dem Feldherren *M. B. Barclay de Tolly* gewidmet ist. Reste der alten Stadtmauer sind noch in der Lai tänav zu sehen.

Pulverturm: Er wurde am Rande des Dombergs Ende des 18. Jh. auf Befehl Katharinas II. errichtet. Die von ihr gespendete Brücke, die gegenüber vom Raekoja plats über den Emajõgi führt, galt als ein Wahrzeichen der Stadt, bis sie im Zweiten Weltkrieg gesprengt wurde. Am Ufer des Emajõgi, der auch als "Mutter der estnischen Flüsse" bezeichnet wird, steht ein Denkmal für *Friedrich Reinhold Kreutzwald*.

Umgebung von Tartu

▶ **Elva:** Der kleine Ort (ca. 6000 Einwohner) ist in eine herrliche Landschaft eingebettet, die sich aus sanften Hügeln, kleinen Seen und malerischen Flussläufen zusammensetzt. Von der Schönheit der Natur angezogen und inspiriert, wurde Elva ein Ort der Maler.

- *Postleitzahl* EE61507
- *Vorwahl* (2)7 (Tartu)
- *Information* Pikk 2, ✆/✆ 456141, elva@ kodu.ee, www.elva.ee.
- *Anfahrt/Verbindungen* **Pkw** – von Tartu die A-3 etwa 20 km südwestlich fahren. **Bus** – Verbindung mit Tartu.
- *Übernachten* **Waide**, Käo 2. Hübsches, modernes Hotel mit schönen Zimmern in Kiefernausstattung und Garten. Liegt etwa 2 km ausserhalb von Elva, Richtung Ranna. EZ 25 €, DZ 45 €. ✆ 30360, ✆ 303605, info@ waide.ee, www.waide.ee.
- *Essen* **Waide**, zum Hotel gehört ein gemütliches Restaurant.

Baar, Pikk 1. Einfaches Lokal, Essen akzeptabel.

- *Verschiedenes* **Geldwechsel**, in de Pikk tänav.
Post, Kärnri 6.
Internetzugang, neben dem Rathaus in der Kesk 32.
Poliklinik, Supelranna 21.
Museum von Tartumaa, Pikk 2. Dokumentation über die Geschichte und Gegenwart des Landkreises Tartumaas. Geöffnet von Di–So von 11–18 Uhr.
Fahrradclub, Puiestee St. 2, ✆ 56994.

▶ **Vehendi:** Der kleine Ort liegt im Kreis Rannu am Võrtsjärv, 43 km entfernt von Tartu. Nicht unmittelbar am Seeufer, aber ganz in der Nähe, befindet sich eine nette und gemütliche Pension in einem alten, restaurierten Bauernhaus, die Unterkunft für 23 Personen bietet. Schöne, gemütliche Zimmer, Sauna vorhanden. Im rustikalen Speisesaal kocht die Wirtin höchstpersönlich, Mahlzeiten müssen allerdings bestellt werden. Surfbretter und Boote zu leihen, am See kleiner Sandstrand. Ausritte können organisiert werden. Die Tochter des Hauses spricht Englisch. DZ ca. 40 € inkl. Frühstück.

- *Adresse* Tartumaa, Vehendi, Rannu Vald, Vehendi Motel, ✆/✆ (Vorwahl Tartu) 460580.
- *Anfahrt/Verbindungen* **Pkw** – in Elva rechts nach Rannu abfahren und dann links nach Vehendi. Von der Hauptstraße in Ve-

hendi geht an der Bushaltestelle der Weg zum Bauernhaus ab.
Bus – Linie Tartu-Elva fährt manchmal über Vehendi. Gelegentlich Busse aus Elva.

▶ **Kallaste:** Das kleine Fischerdorf liegt am Peipsijärv und setzt sich überwiegend aus russischen Einwohnern, zur Konfession der Altgläubigen gehörend, zusammen. Im Süden des Dorfes fällt die 8 m hohe rötliche Küste steil zum See hin ab. Diese Steilwand wird auch *Roter Berg* genannt.

- *Anfahrt/Verbindungen* **Pkw** – von Tartu ein ganz kurzes Stück die A-3 Richtung Kohtla-Järve nehmen. Etwa 5 km nach dem Dorf Kõrveküla kommt eine Kreuzung, an

der rechter Hand die Straße 43 nach Kallaste abgeht.
Bus – Verbindung mit Tartu.

▶ **Alatskivi:** Auf dem Weg von Tartu nach Kallaste kommt man durch Alatskivi (ca. 8 km südlich). In einem herrlichen Park mit dichten Sträuchern, alten Bäumen und grünen Teichen steht ein schönes Schloß. Es ist Ende des 19. Jh. nach den Plänen des *Gutsherrn von Nolcken* erbaut worden, der sich an einem venezianischen Vorbild orientierte.

Alatskivi ist auch das Geburtsdorf des Dichters *Juhan Liiv*. Seine Gedichte, in die er Teile seiner Biographie einfließen ließ, handeln überwiegend von der bitteren Lage unterdrückter Menschen. Ein Museum erinnert an ihn.

Übernachten **Hirveaia**, kleines gemütliches Privatquartier, das bis zu 6 Gäste aufnehmen kann. ÜB 22 €. ✆ (Vorwahl Tartu) 453837, hirveaia@hot.ee.

> Für die leicht hügelige Landschaft um Alatskivi ist *Kalevipoeg* verantwortlich. Die höchste Erhebung dieser Gegend war sein Bett. Doch um diesen Hügel der Ruhe zu bauen, musste der Riese Unmengen von Sand anschleppen. Während des Transportes rieselte viel Sand durch seine Hände, aus dem schließlich der Höhenzug bei Alatskivi entstanden ist.

▶ **Insel Piirissaar:** Inmitten des herrlichen Peipsi-Sees befindet sich die malerische Insel Piirissaar. Sie ist 7,7 qkm groß und liegt 10 km vom Festland entfernt. Die 105 Insulaner leben in 3 Dörfern – Piiri, Tooni und Saare. Die Insel besteht überwiegend aus Marschland. Nur 55 ha der Insel sind besiedelt. Die Bevölkerung lebt hauptsächlich vom Zwiebelanbau und vom Fischfang. Die meisten Einwohner Piirissaars sind russischer Nationalität, die zur Gruppe der Altgläubigen zählen. Sie sind während der Kirchenreformation im 16 Jh. aus Russland hierher geflohen. Die Landschaft der Insel steht unter Naturschutz. Viele verschiedene Vogel- und 6 Amphibienarten sind auf Piirissaar zu finden. Es besteht eine Übernachtungsmöglichkeit für 20 Leute auf der Insel. Darüber hinaus steht eine Zeltwiese zur Verfügung. Vor Ankunft sollte man mit der Touristeninformation in Tartu Kontakt aufnehmen. Auf der Insel gibt es einen Laden. Ein Restaurant ist nicht vorhanden, doch kann von den Einheimischen frischer Räucherfisch erstanden werden.

• *Anfahrt/Verbindungen* Überfahrt von Tartu über den Emajõgi und von Laaksaare. Um nach Laaksaare zu gelangen von Tartu die Straße 45 Richtung Räpina bis zum Abzweig nach Võnnu nehmen. Weiter geht es über Vonnu und Lääniste Richtung Meerapalu. Auf Schilder nach Lääniste achten. Straße z. T. sehr schlecht.

Jõgevamaa (Laisholm)

Typisch für diesen Landkreis sind Moränenlandschaften und die welligen Erhebungen, die das an sich flache Gebiet ein wenig auflockern. Im Süden grenzt Jõgevamaa an den Tartuer Landkreis und im Norden und Westen an Virumaa. Ost-Jõgevamaa liegt am Ufer des gigantischen Peipsi-Sees.

Christianisiert wurde das Gebiet von einem finnischstämmigen und einem lettischen Priester Anfang des 13. Jh. Ordensburgen entstanden in *Põltsamaa* und *Laiuse*. Im frühen Mittelalter gehörte Jõgevamaa zum Landkreis *Vaiga*, den man 1220 wegen anhaltender Machtkämpfe zwischen den deutschen und schwedischen Eroberern teilte. Die in Põltsama und in Laiuse entstandenen Ordensfestungen sind mittlerweile zerstört. Im Zuge des Nordischen Krieges fiel Jõgevamaa an Russland. Die Hauptstadt des Landkreises ist die Kleinstadt Jõgeva.

Jõgeva (Laisholm)   (ca. 7000 Einwohner)

Die Kleinstadt ist zwar der Hauptort Jõgevamaas, touristisch jedoch nicht weiter interessant. Attraktiver ist seine Umgebung.

Mit Fertigstellung der Eisenbahnstrecke Tallinn–Tartu Ende des 19. Jh. entstanden um den Bahnhof herum einige Läden und Schänken. Langsam entwickelte sich eine Siedlung, die später zum Marktflecken und schließlich zu einem Städtchen wurde. Anfang dieses Jahrhunderts entwickelte sich Jõgeva zum wirtschaftlichen und kulturellen Zentrum der Region Põhja-Tartu (Nord-Tartu). Das Stadtrecht besitzt der Ort erst seit 1938.

Zu Ehren der hier geborenen estnischen Dichterin *Betti Alver* (geb. 1906) findet in Jõgeva allherbstlich der *Tag der Poesie* statt.

Etwa 10 km nördlich von Jõgeva befindet sich die alte *Ordensruine* von Laiuse (14. Jh.).

● *Postleitzahl* EE48306

● *Vorwahl* (2)77

● *Information* Es gibt keine Touristeninformation. Auskünfte daher bei der Stadtverwaltung, Suur 3, ☎ 66330, www.jogevamv.ee.

● *Anfahrt/Verbindungen* **Pkw** – Das Städtchen liegt an der Verbindungsstraße 39 Tartu–Rakvere.

Bus – Verbindung mit Tartu, Busbahnhof, Kesk tänav/Ecke Pargi.

Bahn – Züge Richtung Tallinn und Tartu. Bahnhof in der Jaama tänav.

● *Übernachten* **Hämarik**, Linnumetsa tee 8. Einfache Unterkunft in äußerlich wenig ansprechendem Häuserblock. Von innen auch nicht spektakulär, aber mit freundlicher At-

mosphäre. DZ um die 30 €, ☎ 22565, jogeva@jpbi.ee.

● *Essen* **Karli Juures**, Suur 15a. Beliebte Gaststätte mit europäischen Gerichten.

Kesklinna, Suur 14. Schönes Restaurant mit guter Küche.

Löwen, Aia 3a. Nettes Wirtshaus mit gutbestückter Bar und akzeptabler Speisekarte.

● *Verschiedenes* **Geldwechsel**, Aia 1; Suur 14.

Post, Aia tänav.

Internetzugang, Lai 4, in der Bibliothek.

Poliklinik, Piiri 2.

Fahrradclub, Aia 40, ☎ 32487.

Tanken, an der Straße nach Tallinn.

Umgebung von Jõgeva

▶ **Endla:** Nordwestlich von Jõgeva in Richtung Rakvere lädt das wunderschöne Moor von Endla zum Wandern ein. Das Gebiet steht unter Naturschutz.

▶ **Paduvere:** In diesem Dorf ist ein Einblick in das bäuerliche Leben des 18. Jh. möglich. Das Museum ist von Mai bis September an den Wochenenden geöffnet und liegt etwa 10 km entfernt von Jõgeva in Richtung Tallinn.

▶ **Põltsamaa (Oberpahlen):** Der kleine Ort weist gerade mal 5500 Einwohner auf, doch bekannt ist er wegen seines Schlosses. Hier residierte einst der *König von Livland.* Ursprünglich wurde die Burg als Ordenssitz gebaut. Im Laufe der Geschichte stand sie abwechselnd unter schwedischer und unter russischer Herrschaft. *Iwan der Schreckliche* setzte 1573 den ihm treu ergebenen *Herzog Magnus von Holstein* ein, den er zum König Livlands machte. Das stolze Anwesen wanderte bis in dieses Jahrhundert durch viele Hände und landete schließlich auch im Besitz einer *Gräfin von Ungern-Sternberg*. Im Zweiten Weltkrieg wurde das Schloss zerstört.

● *Information* Lossi 1. ☎ 51390, ☏ 52490, www.poltamaa.ee.

● *Anfahrt/Verbindungen* **Pkw** – Der Ort liegt südwestlich von Jõgeva und ist auf geradem Weg über die von Jõgeva abgehende Landstraße 37 zu erreichen.

Bus – Verbindung mit Jõgeva, Tartu, Paide, Viljandi und Tallinn. Busbahnhof Kesk 1.

• *Übernachten* **Heleni**, Pajusi mnt 12. Freundliches Gästehaus in schönem Neubau, etwa 2 km vom Zentrum entfernt. ÜB ca. 22 €. ✆ 62720, 📠 62721, bueno@merit.ee.

• *Essen* **Rivaal**, Veski 1. Schönes Café mit Terrasse, unmittelbar am Ufer des Flusses Põltsamaa in wunderbarem Park gelegen. Speisekarte mit warmen Mahlzeiten.

• *Verschiedenes* **Geldwechsel**, Lossi 9.
Post, Silla 2.
Internetzugang, Veski 4, in der Bibliothek.
Apotheke, Lossi 9.

▸ **Palamuse**: Das kleine Dorf liegt zwischen Jõgeva und Kallaste. Im alten Schulhaus befindet sich das Museum für den Schriftsteller *Oskar Luts*. Schön ist auch die Kirche. Sie stammt aus dem 13. Jh. und wurde im 15. Jh. umgebaut. Außerdem gibt es eine Touristeninformation, ✆ 68520, 📠 68521, vald@palamuse.ee.

• *Übernachten* Im Dorf befindet sich eine sehr einfache, aber große **Jugendherberge**. ÜB ca. 10 €. ✆ 41247.

• *Essen* Für das leibliche Wohl sorgt die Bar **Lible Juures**, überwiegend Fastfood-Gerichte.

• *Verschiedenes* **Post**, Uus 2
Internetzugang, in der Bibliothek.

▸ **Pala**: Pala ist ein beschaulicher kleiner Ort nicht weit vom Ufer des Peipsi Sees entfernt. Im Umkreis des Ortes gibt es eine Reihe Übernachtungsmöglichkeiten, teilweise direkt am Seeufer. In der Bibliothek gibt es einen öffentlichen Internetzugang.

• *Übernachten* **Kadrina**, uriges Hostel in alter Meierei aus dem 18. Jh. Platz ist für 9 Gäste. ÜB 19 €. Die Mitarbeiter können beim Arrangieren von Wanderungen, Reit- und Bootstouren behilflich sein. ✆ 34560, pootsman@pootsman.ee, www.pootsman.ee.

• *Anfahrt/Verbindung* Von Pala die Straße nach Kodavere nehmen. Nach 5 km erreicht man Kadrina.

Pootsmani, schöner Campingplatz unmittelbar am Seeufer gelegen. Zum Platz gehört ein Laden und eine Bar. Hier können auch Boote ausgeliehen und Angeltouren arrangiert werden. Er gibt keine Hütten und keinen Zeltverleih. ✆ 34411, 📠 34567.

• *Anfahrt/Verbindung* Von Kadrina weiter bis Kodavere fahren, dort links die Küstenstraße nehmen, die nach ca. 2 km zum Campingplatz führt.

Ranna Ferienzentrum, im Dorf Ranna, direkt an Peipsisee gelegen. Hierbei handelt es sich um eine sehr schön gelegene aber äußerst einfache Unterkunft. Es gibt insgesamt 12 Betten, Matratzenlager und Platz zum Zelten. ÜB ca. 8 €. ✆ 34518.

Hansu, im Dorf Kodavere. Freundliches Privatquartier mit 5 DZ. ÜB 15 €. ✆ 452518.

• *Fahrradclub* kaum zu glauben, aber hier gibt es tatsächlich einen Radclub, ✆ 34679.

▸ **Mustvee**: Das verschlafene Fischerdorf mit seinen 2400 Einwohnern liegt an der Mündung des schmalen Flusses Mustvee in den Peipsijärv. Schon immer war das Ufer des riesigen Sees von Fischern besiedelt. Anfang des letzten Jahrhunderts flüchteten viele Russen über ihn nach Mustvee. Zum Baden ist Mustvee nicht sonderlich geeignet. Ein schöner Strand befindet sich jedoch in *Ranna*, gelegen zwischen Mustvee und Kallaste, und am Nordufer. Für Radler, die das Peipsijärv-Seeufer entlangfahren, bietet sich im Gasthaus von Mustvee eine schöne Möglichkeit zur Rast.

• *Anfahrt/Verbindungen* **Pkw** – von Tartu die A-3 Richtung Kohtla-Järve hochfahren. Zudem endet die von Jõgeva östlich abgehende Landstraße 35 in Mustvee.

Bus – Verbindung mit Jõgeva und Tartu, jedoch selten.

• *Essen/Verschiedenes* **Alex**, Tähe 6b. Mittelmäßiges Restaurant mit Billiardtischen.
Geldwechsel, Tartu 7.
Post, Tartu 26.
Internetzugang, Tartu 12, in der Bibliothek.
Apotheke, Tartu 29.

Estland
Karte siehe Umschlaginnenklappe vorne

Ida-Viirumaa (Ost-Wierland)

Der große Landkreis im Norden Ostestlands ist durch die Narva von Russland getrennt, grenzt im Norden an den finnischen Meerbusen und im Süden an den Peipsi-See. Die Hauptstadt ist Kohtla-Järve. Die Landschaft von Ida-Viirumaa ist teilweise wunderschön und bietet viele Möglichkeiten für einen unvergeßlichen Urlaub. Tief in den Wäldern leben noch Luchse und vereinzelt sogar Bären.

Doch hat sich gerade in Gebieten dieses Landkreises der Mensch auf's Übelste an der Natur versündigt. Im Norden von Ida-Viirumaa ist der Boden reich an Ölschiefer. Der abgebaute Ölschiefer wird als Heizmaterial für Kraftwerke verwendet. Bei diesem Vorgang werden Unmengen von Asche in die Luft geblasen. Ferner arbeitet in *Sillamäe* eine Uranfabrik, die lange Zeit ihren radioaktiven Abfall schlichtweg auf die städtische Müllhalde kippte, so dass das Gebiet um die Stadt nun radioaktiv verseucht ist. Es ist darüber hinaus nicht auszuschließen, dass auch die Ostsee bei Sillamäe verstrahlt ist.

Im 13. Jh. wurde das Gebiet von den Dänen erobert, die am Ufer der Narva starke Festungen erbauten. Als der livische Krieg ausbrach, fiel ein Teil des heutigen Landkreises an Russland. Die Gegend um Narva gehörte teilweise zu Schweden, wurde jedoch Anfang des 18. Jh. von den Russen zurückerobert. Die jüngere Geschichte Ida-Viirumaas ist vom Abbau des Ölschiefers geprägt. Seit 1916 wird Ölschiefer abgebaut. Durch den Aufbau der gewaltigen Industrie sind viele russische Arbeiter in den Landkreis gezogen. Heute bilden die Esten in den nordestnischen Städten eine Minderheit. Der Anteil der estnischen Bevölkerung in Kohtla-Järve beträgt zur Zeit 25 % und in Narva gerade mal 4 %.

Kohtla-Järve

(ca. 80.000 Einwohner)

Charakteristisch für die Stadt sind die Abbaugebiete des Ölschiefers und die Ölfabrik. Dazwischen liegen riesengroße Wohnheimkästen für die dort beschäftigten Arbeiter.

Durch den Ölschieferabbau und die Ölindustrie wächst Kohtla-Järve kontinuierlich, wodurch immer neue dieser erdrückenden Bauten entstehen. Die Atmosphäre der Stadt ist düster. Innerhalb von 75 Jahren wurde mit dem Abbau des Ölschiefers ein solcher Raubbau betrieben, dass die Ressourcen bei diesem Tempo in etwa 30 Jahren erschöpft sein werden. Die restaurierte Ordensfestung *Purtse*, die als Kulturhaus benutzt wird, ist recht interessant, doch ansonsten sollte man um Kohtla-Järve einen großen Bogen machen.

- *Postleitzahl* EE30322
- *Vorwahl* (2)33
- *Information* Am Ortseingang steht ein großer Stadtplan.
- *Anfahrt/Verbindung* **Pkw** – Kohtla-Järve liegt an der A-1 Tallinn-Narva. **Bus** –Verbindungen mit Tallinn, Rakvere, Narva, Johvi, Tartu und Kuremäe (Kloster). Busbahnhof in der Katse tänav. **Bahn** – Verbindungen nach Tallinn, Narva und Rakvere.
- *Übernachten* Alex, Kalevi 3. Neues modernes Hotel mit stilvoll ausgestatten Räumen. EZ ab 20 €, DZ ab 40 €. ✆ 96230.
- *Essen* Zum Hotel gehört eine abgedunkelte Bar. Das Restaurant ist in Vorbereitung.

● *Verschiedenes* **Museum**, Keskallee 19. Hier kann man sich einen Einblick in den Abbau des Ölschiefers verschaffen.
Internetzugang, Tuulsaari 22, unweit vom Hotel.

Umgebung von Kothla-Järve

▶ **Kurtna**: Das kleine Dorf hat eine umwerfend schöne Umgebung. An über 40 kleinen Seen, eingebettet in Heide- und Wacholderlandschaft, kann man die Natur genießen. Nicht weit von dieser reizvollen Gegend, die sich hervorragend zum Wandern eignet, liegt das hübsche *Nonnenkloster von Kuremäe* (Anfahrt/Verbindungen siehe Kuremäe).

▶ **Kloster von Kuremäe**: Schon von weitem ist das zwischen Wäldern und Mooren gelegene russisch-orthodoxe Nonnenkloster von Kuremäe zu sehen. Majestätisch steht es auf einem Hügel und erinnert mit seinen Zwiebeltürmen und gezackten Mauern an ein Märchenschloß aus alten Zeiten. Doch so alt ist das *Pühtise-Kloster* noch gar nicht. Es wurde im Zuge der Russifizierung 1891 gegründet. Im Kloster leben heute ca. 150

Das Kloster von Kuremäe

Nonnen aus allen Gegenden der ehemaligen UdSSR. Äbtissin ist seit 20 Jahren Schwester Warwara. Was die Nonnen zum Leben brauchen, beziehen sie ausschließlich aus eigener Herstellung. Sie bestellen die zum Kloster gehörigen Felder, backen hervorragendes Brot, unterhalten eine Imkerei, schneidern ihre schwarzen Gewänder und Hauben, bessern die Ikonen ihrer Kirche und Kapellen selbst aus, binden Bücher usw. Jede Schwester hat ihre feste Aufgabe. Die einzige Mahlzeit, die am Tag eingenommen wird, verzehrt jede Schwester allein in ihrer Klosterzelle. Damit ein wenig Geld in die Klosterkassen fließt, unterhalten die Nonnen ein kleines Gästehaus. Die Schwestern sind zwar freundlich, reden aber wenig. Die Zimmer des Gästehauses sind sehr hübsch und so ganz anders als in herkömmlichen Unterkünften. Blütenreine Bettwäsche, antike Möbel und goldgerahmte Ikonenabbildungen strahlen den Hauch einer anderen Welt aus.

Für die Nonnen ist es selbstverständlich, dass sie ihre Gäste auch bewirten. Geld verlangen sie nicht, doch wird eine angemessene Spende, die in den Opferstock der Kirche zu entrichten ist, dankbar entgegengenommen. Auf Wunsch kann man sich von einer der Schwestern durch die Klosteranlagen führen lassen und das dazugehörige Museum besichtigen. Doch man darf auch allein durch den hübschen Klostergarten spazieren, sollte sich aber ab 22 Uhr im Haus aufhalten. Von den Gästen wird erwartet, dass ihre Kleidung Schultern und Beine bedeckt. Frauen werden lieber in Röcken gesehen, und Frauen, die an der Messe teilnehmen wollen, sollten ein Tuch auf dem Kopf tragen.

Einige Meter vom Kloster entfernt sprudelt eine *heilige Quelle*, an der eine uralte knorrige Eiche steht. Im Schatten der Bäume stehen meist einige Nonnen, die dem Besucher das wohlschmeckende, klare Quellwasser zum Trinken anbieten. Überaus erfrischend ist ein Bad in dem eiskalten Wasser (an der Quelle steht ein kleines Badehäuschen), das, soll es Wirkung tragen, nicht abgetrocknet werden darf.

An Feiertagen pilgern Tausende von Gläubigen hierher. Das Kloster Kuremäe kommt einer Oase der Ruhe gleich.

● *Anfahrt/Verbindungen* **Pkw** – Bei Kohtla-Järve geht von der A-1 in südliche Richtung die Straße 33 Richtung Vasknarva ab. Die Straße 33 wird auf halber Strecke zur Straße 32 und führt über Kuremäe nach Vasknarva. Vom Peipsi-See kommend empfiehlt es sich, bei Kauksi auf die A-3 zu fahren und bei Jõuga rechts auf die Landstraße Richtung Kuremäe abzufahren. Nach 13 km endet diese Straße und trifft auf die Straßen 33 und 32, dort rechts halten bis zum Kloster. **Bus** – Von St. Petersburg fährt täglich gegen Mittag ein Bus über Narva nach Kuremäe. Vom Reisebüro Narva werden Exkursionen nach Kuremäe angeboten.

Richtung Peipsi-See (Peipsijärv)

▶ **Kauksi-Campingplatz**: Nicht weit entfernt vom Dorf Kauksi liegt mitten im Wald am Ufer des Peipsi-Sees ein schöner Campingplatz. Das Seewasser ist im Sommer angenehm warm. Leicht kommt das Gefühl auf, an der Meeresküste zu sein, denn steht man am herrlichen Sandstrand oder auf den Dünen und schaut quer über den See, sieht man außer den kreischenden Möwen nichts anderes als Wasser, soweit das Auge reicht.

● *Anfahrt/Verbindungen* **Pkw** – die A-3 südöstlich von Kohtla-Järve nehmen und diese Richtung Tartu geradeaus runterfahren. In Kauksi angekommen nicht ins Dorf reinfahren, sondern den rechts abgehenden Weg in den Wald nehmen. **Bus** – Die Linien Kohtla-Järve-Tartu und Narva-Tartu halten an der Hauptstraße bei Kauksi. ● *Übernachten* Geschlafen wird in kleinen Holzhütten. ÜB für 2 Personen ca. 10 €. Auf dem Platz gibt es ein Post- und Telegrafenamt, eine Bibliothek, einen TV-Saal, eine kleine, mittelprächtige söökla und einen Bootsverleih. ✆ 93817.

▶ **Uusküla**: Etwa 6 km vom Kauksi-Campingplatz entfernt liegt in Uusküla das *Ferienzentrum Uusküla*. Es besteht aus einem roten, wuchtigen Hauptgebäude und vielen Ferienhäusern. Die Zimmer im Haupthaus sind schön eingerichtet und geräumig. Die zweistöckigen, für fünf Personen konzipierten Häuser mit Kamin und Küche sind sehr gemütlich. Für Unterhaltung wird abends in Form von Tanz, Disko und Videofilmen ausreichend gesorgt. Darüber hinaus gibt es noch eine Bar und eine söökla.

● *Adresse* Ida-Virumaa, EE41001 Alajõe Vallavalitsus Uusküla, Pukebaas Uusküla, ✆ 93249. Um zum Sandstrand zu gelangen, müssen noch ein paar Meter über weichen Waldboden zurückgelegt werden. Am Strand gibt es Tret- und Ruderboote. Verschiedene Preiskategorien. ÜB ab 15 €. ● *Anfahrt/Verbindungen* **Pkw** – Fährt man am Kauksi-Camping vorbei, trifft man nach ca. 3 km auf eine Hauptstraße. An dieser

Ecke befindet sich ein **Lebensmittelladen.** In die Hauptstraße rechts reinfahren, bis man nach ca. 3 km Uusküla erreicht. Das Ferienzentrum liegt auf der linken Seite. Bus – ab und zu Verbindung mit Kauksi.

▸ **Remniku:** Weiterer behaglicher Ort direkt am Peipsi-See und an der Küstenstraße nach Vasknava gelegen. Eine schöne Übernachtungsmöglichkeit bietet das Feriendorf Suvi. Geschlafen wird in einem der hübschen Holzhäuschen. DZ je nach Hütte zwischen 30 und 50 €. ✆ 93259.

▸ **Vasknarva:** Das kleine Dorf liegt unweit der russischen Grenze am Nordufer des Peipsi-Sees und am Ufer der Narva, die genau hier entspringt. Auf seinem ganzen Weg zum Finnischen Meerbusen, wo er in die Ostsee mündet, bildet der Fluss eine natürliche Grenze zwischen Estland und Russland.

Von der 1349 erbauten *Ordensburg* in Vasknarva sind nur Mauerreste übrig geblieben. Fährt man in Kauksi von der Hauptstraße ab und nimmt die schmale Straße, die am Nordufer des Sees vorbeiführt, gelangt man direkt in das Dorf.

Am Finnischen Meerbusen entlang

Toila

(ca. 2000 Einwohner)

Wo der Pühajõgi in den Finnischen Meerbusen mündet, liegt der verschlafene Ort Toila. In Toila und Umgebung findet man bis zu 43 m hohe Steilküsten. Mitten im Dorf befindet sich ein romantischer Park. Er beginnt bei der Mere pst. und zieht sich an der Ranna tänav vorbei. Auf diesem Gebiet ist ein Campingplatz geplant. Anfang dieses Jahrhunderts ließ der reiche russische Kaufmann *Jelissejew* in Toila ein prachtvolles Schloß namens *Oru* erbauen. Im Zweiten Weltkrieg wurde es jedoch zerstört. In Toila befand sich auch der Sommersitz des estnischen Präsidenten *Konstantin Päts*.

Sehr schön ist der Strand von Toila. Gegenüber dem unübersehbaren, monumentalen Bau der Hals-Nasen-Ohren-Klinik führt ein steiler Weg, auf dem man sich an Drahtseilen entlanghangeln muss, hinunter zum Wasser. Der Strand besteht aus größeren Kieselsteinen und erinnert ein wenig an die Strände Griechenlands. Doch hier sollte man beim Baden die Nähe von Sillamäe (s. u.) bedenken.

● *Postleitzahl* EE41702
● *Vorwahl* (2)33
● *Anfahrt/Verbindungen* **Pkw** – Der Ort liegt auf der Mitte der Städte Kohtla-Järve und Sillamäe. Auf der A-1 auf Schilder achten.
Bus – spärliche Verbindung mit Jõhvi.
● *Übernachten* **Toila**, Ranna 12. Hierbei handelt es sich um die wuchtige Hals-Nasen-Ohren-Klinik, die auch an Touristen vermietet. Schön am Park gelegen, saubere Zimmer mit Bad, Schwimmbad und Sauna vorhanden. EZ ab 30 €, DZ ab 40 €. ✆ 25233, 69949, toilasanatoorium@hot.ee, www.toilasanatoorium.ee.

● *Essen* **Mia Mare**, Ranna 12. Restaurant des Sanatoriums. Essen o. k., schöne Terrasse mit Blick auf das Meer.
Fregatt, Pikk tänav 18. Beliebtes Restaurant mit annehmbarer Speisekarte.
● *Verschiedenes* **Geldwechsel**, Pikk 13.
Post, Pikk 4.
Poliklinik, Allika 6.
Museum, Pikk 58. Ausstellung über den russischen Dichter *Igor Sewerjanin* (1887-1941) und über die Umgebung.

Estland
Karte siehe Umschlaginnenklappe vorne

Wasserfall: Fährt man durch Toila die Küstenstraße weiter Richtung Westen, gelangt man zu einem mittelgroßen Wasserfall. Der kleine *Valaste-Bach* stürzt sich hier 20 m in die Tiefe. Der Wasserfall liegt zwischen Valaste und Otika. Am Wegesrand deutet nichts auf den Wasserfall hin. Das einzige Kennzeichen sind ausgetretene Trampelpfade. Den straßenförmig, grob aufgeschütteten Schotter noch als Straße zu bezeichnen, ist gewagt. Für Radler ist diese landschaftlich sehr schöne Strecke denkbar ungeeignet. Um wieder auf eine ausgebaute Straße zu gelangen (A-1), bei dem Schild Saka links fahren.

▶ **Lüganuse**: Das Dorf liegt im malerischen Tal des kleinen Flusses *Purtse-* westlich von Kohtla-Järve. An der östlichen Seite des Tals steht die Ruine der *Tarakalda-Festung*. Auf Grund archäologischer Funde, die hier gemacht wurden, weiß man, dass diese Burg bereits im 5. Jh. v. Chr. bewohnt war.

Narva   (ca. 87.000 Einwohner)

Unmittelbar an der russischen Grenze liegt Narva, am westlichen Ufer des gleichnamigen Flusses. Auch wenn die Stadt zu Estland gehört, ist sie doch ganz anders als die übrigen estnischen Städte.

96 % der Bevölkerung sind Russen, und sogar ein Lenindenkmal gibt es noch. Auch sind viele Aufschriften an den Geschäften und Straßenschildern in kyrillischen Buchstaben geschrieben. Auf der anderen Seite der Narva beginnt Russland. Die dort liegende Stadt *Iwangorod* war fast mit Narva zusammengewachsen. Hunderte von Menschen überquerten jeden Morgen die Brücke, um an ihren Arbeitsplatz zu gelangen. Doch seit der Unabhängigkeit ist der Gang über die Brücke nicht mehr ohne Vorzeigen des Passes möglich.

In Narva befinden sich zwei Wärmekraftwerke, die mit Ölschiefer beheizt werden und massenweise Asche ausstoßen. Zur Stadt gehört auch die *Krenholmer Manufaktur*, eine Textilfabrik und gleichzeitig der größte Betrieb Estlands.

Am Ufer der Narva steht die von den Dänen errichtete *Hermanns-Festung*, die 1213 erstmalig erwähnt wurde. Bis Ende des 16. Jh. diente sie als Ordensburg. Gleich gegenüber auf der andern Seite des Flusses erhebt sich die aus dem 15. Jh. stammende *Festung von Iwangorod* (estn. Jaanilinn). Verständlich, dass die Burgen von Narva und Iwangorod Schauplätze heftigster Kämpfe waren, die im Laufe der Geschichte hier ausgetragen wurden, denn wo sonst prallten die Interessen der abendländischen Kultur und die des Ostens so unmittelbar aufeinander?

1558 wurde die Stadt, die zeitweise auch unter der Herrschaft des Livländischen Ordens und Schwedens stand, von Russland erobert, gelangte aber wenig später wieder in die Hände der Schweden. Doch während des Nordischen Krieges, der in der Nähe von Narva ausbrach, nahmen die Russen die Stadt erneut ein.

Nach dem Zweiten Weltkrieg lagen 98 % der Häuser Narvas in Schutt und Asche und sind mittlerweile durch wuchtige Plattenbauten ersetzt worden. Das alte Rathaus ist eines der wenigen Gebäude, das den Krieg halbwegs überstanden hat. 1944 wurden auch die beiden Festungen zerstört, die später jedoch wieder aufgebaut worden sind.

- *Postleitzahl* EE20308.
- *Vorwahl* 2(35).
- *Information* Puškini 13. Geöffnet von Mo–Fr von 9–17 Uhr, Sa von 9–14 Uhr. ✆/℡ 60184 und 60186, info@narva.tourism.ee.
- *Anfahrt/Verbindungen* **Pkw** – Von Tallinn führt die A-1 auf geradem Weg nach Narva. Von Tartu die A-3 bis zur Kreuzung mit der A-1 entlangfahren und dann rechts halten.

Bus – relativ gute Verbindungen mit Tallinn, Tartu und Kohtla-Järve. Ein Bus täglich zum Kloster Kuremäe und mindestens 2 Busse am Tag nach St. Petersburg. Busbahnhof in der Vaksali 2.

Bahn – Züge nach Tallinn und nach St. Petersburg.

- *Übernachten* **Vanalinn (4)**, Koidula 6a. Gemütliches, altes Stadthaus, unmittelbar am Ufer der Narva gelegen. Einige Räume frisch renoviert. DZ 30–50 €. ✆/℡ 73253.

Narva (7), Puškini 6. Zimmer ohne Bad, aber annehmbar. Von einigen Zimmern Blick auf die Festung von Iwangorod. EZ ab 7 €, DZ ca.13 €, ✆ 22700.

Transit (13), Rahu 4a. Hotel wird hauptsächlich von Transitreisenden frequentiert. Verschiedene Kategorien. DZ 30–50 €, ÜB ab 15 €. ✆ 60104 und 60288.

Lell (12), Partisani 4. Sehr einfaches Hotel mit Jugendherbergsstandard. ÜB ca 10 €. ✆ 49009 und 73458.

- *Essen* **Anne-Mari (1)**, Lavretsovi 6. Wirkt etwas ungemütlich, von Einheimischen jedoch gelobt.

German Pub (6), Puškini 10. Schickes Kellerrestaurant/Bar mit gutem Essen und deutschem Bier.

Gulliver (2), Lavretsovi 7. Gemütlich ausgestattetes Restaurant mit zufriedenstellender Küche.

Magic Queen (9), Linda 4. Insbesondere bei Jugendlichen beliebtes Neoncafé, indem überwiegend Queen gespielt wird.

Narva (14), Tallinna 41. Serviert werden knusprige Pizzas.

McDonalds (11), Tallinna 37. Es scheint, dass ganz Narva hier essen geht, denn der Laden ist stets proppevoll.

Rondell (5), St. Petersburgi mnt. 2. Befindet sich in der Hermannsburg. Ausgezeichnete Kreationen. Ausstattung erinnert an die Ritterzeit. In einem überdachten Gang der Burg kann man im Sommer bei Kaffee und leckeren Teilchen herrlich sitzen und auf die Narva und nach Russland blicken. Da viele Gruppen hierher kommen, besser vorher reservieren, ✆ 32344.

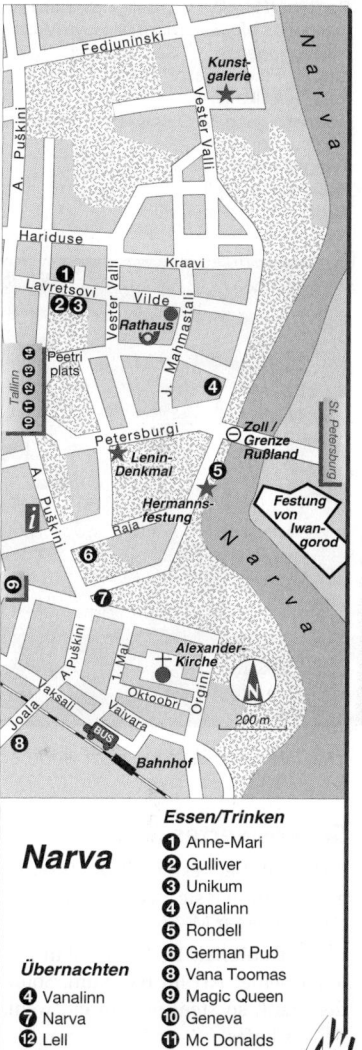

Narva

Essen/Trinken
❶ Anne-Mari
❷ Gulliver
❸ Unikum
❹ Vanalinn
❺ Rondell
❻ German Pub
❽ Vana Toomas
❾ Magic Queen
❿ Geneva
⓫ Mc Donalds
⓮ Narva

Übernachten
❹ Vanalinn
❼ Narva
⓬ Lell
⓭ Transit

Unikum (3), Lavretovi 8. Auf den Tisch kommen u. a. feurige Gerichte aus Ungarn.

Vanalinn (4), gehört zum Hotel. Romantische Atmosphäre, sehr gutes Essen.

Vana Toomas (8), Joala 3. Stillvolles, romantisches Restaurant mit edlen Kreationen.

Geneva (10), Võidu 2. Beliebtes Etablissement, mit Café, Bar, Disko und Live-Musik.

● *Verschiedenes*   **Geldwechsel**, Tallinn mnt. 28; Peteri väljak; Puškini 5.

Post, Tuleviku 10.

Internetzugang, 59 Elektrijaama, in der Bibliothek.

Telegrafenamt, Tuleviku 3.

Poliklinik, Haigla 9.

Taxistand, am Peteri väljak.

Tankstelle, Tallinna mnt. 55a, 24-Stunden-Service.

Bewachter Parkplatz, entlang der Tallinna mnt. befinden sich 3 solcher Plätze.

● *Veranstaltungen*   **Konzerte** werden im Sommer häufig im Burggarten abgehalten.

Tag der Kunst: Ende Mai findet im Innenhof der Burg eine Ausstellung von abstrakten Gemälden statt, begleitet von Kleinkunstprogramm und Musikeinlagen.

Die Hermannsfestung, am anderen Ufer die Burg von Iwangorod

Sehenswertes

Kunstgalerie, Vestervalli 21: Interessante Ausstellung alter Gemälde. Überwiegend stammen sie aus der Sammlung Lavretsovos.
Öffnungszeiten Mi–So von 10–18 Uhr.

Lenin-Denkmal: Dieses Denkmal ist unbedingt sehenswert, denn es ist das letzte seiner Art im Baltikum. Stand Lenin vor einiger Zeit noch im Zentrum der Stadt, so steht er nun ein wenig im "Abseits", nämlich in einer Ecke des Schlosshofes.

Narva-Museum, befindet sich hinter den dicken Mauern der Hermannsfestung. Anschauliche Dokumentation über die Geschichte Narvas.
Öffnungszeiten Mi–So von 10–18 Uhr.

Rathaus, Raekoja väljak 1: Interessant anzusehen ist Narvas Rathaus von 1668. Es ist ein Beispiel nordischer Barockarchitektur und wurde von dem Architekten *Georg Teuffel* entworfen. Im Zweiten Weltkrieg hat es stark gelitten, wurde jedoch nicht vollständig zerstört. In den sechziger Jahren wurde es wieder aufgebaut.

Umgebung von Narva

▶ **Narva-Jõesuu:** Der Badeort am Finnischen Meerbusen gehört administrativ zu Narva. Zahllose Menschen aus Narva und der ehemaligen Sowjetunion suchen hier Erholung. Der Strand ist recht schön, doch sollte die Nähe zu Sillamäe bedacht werden, obwohl viele Urlauber unbeschwert im Meer baden. Architektonisch bestimmen massive Ferienheimkomplexe das Bild.

* *Postleitzahl* EE29023
* *Vorwahl* (2)35
* *Information* An der Bushaltestelle steht ein großer Stadtplan.
* *Anfahrt/Verbindungen* **Pkw** – Eine Landstraße führt von Narva aus hierher.

Bus – Verbindung mit Narva. Haupthaltestelle befindet sich in der Babadus tänav, hinter dem kauplus (Laden).
* *Übernachten* **Arkadia**, Linda 15a. Angenehmes Gästehaus mit freundlichen, wenn auch etwas antiquierten Räumen. EZ 40 €, DZ 50 €. ✆ 77316, ✉ 77217, www.hot.ee/arkadija.

Narva-Jõesuu-Sanatorium, Aia 3. Wuchtiger Komplex. Zimmer mit Bad, teilweise ganz nett, teilweise etwas ungemütlich. Im Hotel können zahlreiche Anwendungen in Anspruch genommen werden. Verschiedene Zimmerkategorien, teilweise renoviert. ÜB ab 20 €, DZ 35–70 €. ✆ 77093, 77337, sanator@starline.ee.

Liivarand, Koidula 21. Und noch ein massives Ferienheim. Zimmer sehr einfach ausgestattet. ÜB ab 15 €, DZ 30 €, ✆ 77391, 77341, www.liivarand.ee.
* *Essen* **Lemmik**, Vadabuse 25. Gemütliches, schön gelegenes Lokal. Spezialität des Hauses ist Schaschlik.
* *Verschiedenes* **Geldwechsel**, Kojdu 14.

Post, Pargi 10.

Poliklinik/Apotheke, Kojdu 23.

Ausflug nach St. Petersburg

Mit dem Bus ist St. Petersburg in zweieinhalb Stunden von Narva aus zu erreichen. Wer einen Trip nach Russland plant, denke daran, das Visum bereits im Heimatland zu beantragen, da ein Visum anderweitig nicht erhältlich ist.

Die Busse fahren ab Narva gegen 10.45 und 19.15 Uhr und erreichen St. Petersburg gegen 15.20 und 23.50 Uhr. Von St. Petersburg zurück nach Narva geht es um 7 Uhr und um 17 Uhr. Ein einfache Fahrkarte kostet ca. 5 €, Hin- und Rückfahrt das Doppelte.

Wichtig: In St. Petersburg gilt Moskauer Zeit, also Uhren eine Stunde vorstellen. Nachfragen, von welchem Busbahnhof die Busse nach Estland abfahren, da dies häufig wechselt. Ist die Abfahrt nicht vom Ankunftsbahnhof, dann fährt man von Busbahnhof 2 ab, zu dem nur Trolleybusse fahren. Um die Metro zu benutzen, müssen vorher Jetons gekauft werden, die man vor Betreten der Rolltreppen an den Passierschranken einwirft. Jetons und U-Bahn-Pläne (meist nur auf russisch) gibt es an den Schaltern vor den Rolltreppen zur Metro.

Hinweis: Ein Touristenvisum ist vier Wochen gültig. Dem ausgefüllten Visaantrag muss neben dem Passbild auch das genaue Urlaubsziel beigefügt werden. Offiziell darf man sich nur in der näheren Umgebung des angegebenen Zielortes aufhalten. Es können jedoch fünf Städte angegeben werden.

▶ **Sillamäe:** Die Stadt am Finnischen Meerbusen, gelegen zwischen Kohtla-Järve und Narva, ist mit ihren rund 20.000 Einwohnern ein sehr junger, aus dem Boden gestampfter Ort. Esten wohnen hier so gut wie keine. Lange Zeit war der Bevölkerung nicht bekannt, was in Sillamäe vor sich ging. Jetzt wissen die Menschen, dass in ihrer Stadt eine Uranfabrik arbeitet, die ihren Müll lange ohne Bedenken auf die hiesige Abfallhalde kippte und somit den Boden in und um Sillamäe radioaktiv verseucht hat. Es wird gesagt, dass über lange Zeit hinweg radioaktive Stoffe aus der Uranfabrik ins Meer geflossen sind.

Lääne-Virumaa (West-Wierland)

Lääne-Viruma grenzt im Osten an Ida-Virumaa und im Westen an die Landkreise Harjumaa und Järvemaa. Im Norden Lääne-Virumaas liegt die flache Küste des Finnischen Meerbusens. An die überwiegend flache Landschaft des Landkreises schließen sich im Süden die leichten Erhebungen des Pandiivere-Höhenzuges an.

Als 1238 die Dänen vor der Küste Estlands lagen, eroberten sie auch Lääne-Virumaa. In *Rakvere*, der Hauptstadt des Landkreises, ließen sie eine Festung bauen. Die schon bestehenden Bauernburgen wurden zerstört. In *Toolse* errichtete der Deutsche Orden im 15. Jh. eine Festung zum Schutz gegen die Seeräuber. Heftige Schlachten fanden während der Zeit der Missionierung im Gebiet Lääne-Virumaa nicht statt. Doch der Livische Krieg (1558–1583) und der Nordische Krieg im 18. Jh. brachten viel Leid über die Region. Erholt hat sich das Gebiet erst wieder, als im 19. Jh. die Eisenbahnstrecke Tallinn-St. Petersburg gebaut wurde.

Rakvere (Wesenberg) (ca. 20.000 Einwohner)

Wo einst die Bauernburg Tarvanpää stand, erheben sich heute die Mauerreste der dänischen Ordensburg. Schon von weitem sind die majestätischen Ruinen auf dem Vallimägi-Hügel zu sehen.

Unterhalb der Festung entwickelte sich der Ort Rakvere. Erwähnt wurde er erstmalig 1226 und wurde im Jahre 1302 zur Stadt erhoben, womit Rakvere zu den ältesten Städten Estlands zählt.

Zentrum der Stadt bildet der Marktplatz. Obwohl es in Rakvere außer der Ruine nicht all zuviel zu sehen gibt, verleihen die bunten Holzhäuser der Stadt einen gewissen Charme. Rakvere ist für einen kurzen Besuch durchaus lohnenswert.

• *Postleitzahl* EE44306

• *Vorwahl* (2)32

• *Information* Laada 14, ✆ 42734, 📠 42734, rakvere@visitestonia.com.

• *Anfahrt/Verbindungen* **Pkw** – Rakvere liegt an der A-5, die kurz vor Rakvere von der A-1, die Tallinn und Narva verbindet, abgeht. Die A-5 führt weiter nach Paide.
Bus – Verbindung mit Tallinn, Tartu, Narva, Viljandi, Pärnu und mit St. Petersburg. Busbahnhof am Marktplatz.
Bahn – Züge Richtung Tallinn und St. Petersburg. Bahnhof in der Jaama tänav.

• *Übernachten* **Wesenbergh**, Tallinna 25. Schickes, modernisiertes Hotel mit hübschen Zimmern und sehr bemühtem Service, befindet sich unweit vom Marktplatz.

EZ ab 30 €, DZ ab 50 €. ✆ 23480, 📠 23524.

Theaterhostel, Kreutzwaldi 2a. Einfache, aber dennoch sehr stilvolle Unterkunft, die zum Theater gehört. ÜB um die 14 €. ✆ 95420 und 95434, rakvereteater@hot.ee, www.rakvereteater.ee.

• *Essen/Kneipen/Cafés* **Anglise Pubi**, befindet sich direkt neben dem Hotel Wesenbergh. Gemütlicher Pub mit kleiner, aber guter Speisekarte. Gelegentlich Karaokeabende.

Bar, Tallinna 28, gegenüber vom Hotel Wesenbergh. Beliebte Kellerkneipe, in der öfters Rock- und Bluesbands auftreten.

In Berlin, Lai 15. Schon im 19. Jh. stand der rote Backsteinbau an dieser Stelle und beherbergte ein Kneipe. Heute gibt es hier europäische Köstlichkeiten im historischen Ambiente.

Kurva Kodo, Tallinna 60. Urgemütliche Kneipe in altem Sandsteinhaus mit zünftiger Ausstattung. Es gibt keine große Auswahl an Gerichten, doch das was auf den Tisch kommt, ist o.k.

Kohvik, Tallinna 23, neben dem Hotel Wesenbergh. Kleines, minimalistisches Café mit freundlicher Ausstrahlung. Im Sommer Tische draußen.

Paradiis, Koidula 1. Attraktiver Nachtclub mit Disko über dem Einkaufszentrum.

Wesenbergh, zum Hotel gehörend. Gepflegtes Ambiente mit weiß-glänzendem Holzmobiliar und grünen Tischdecken, mitteleuropäische Küche, gutes Essen.

Sehenswertes

Bürger-Museum, Pikk 50: Zu sehen ist eine historische Dokumentation über das Leben in Rakvere.
Öffnungszeiten Mi–Sa von 11–17 Uhr.

Rakvere-Museum, Tallinna 3: Neben Exponaten zur Stadtgeschichte finden gelegentlich auch Ausstellungen moderner Malerei statt.
Öffnungszeiten Di–Sa von 11–17 Uhr.

Ruine: Die Ruine wird z. Zt. stückweise restauriert. Anhand ihrer gewaltigen Größe und dicken Mauern kann man sich noch sehr gut vorstellen, wie die Burg einmal ausgesehen haben muss. Im Sommer dient sie als Kulisse für Volks- und Sängerfeste. Der Blick von hier oben auf Rakvere ist sehr schön. Vom Zentrum in etwa 15 Min. zu Fuß zu erreichen oder mit Bus 3 bis Kreutzwald-Denkmal fahren.
Öffnungszeiten Mi–So von 11–17 Uhr, allerdings nur von Anfang Mai bis Ende September.

Umgebung von Rakvere

▶ **Tapa (Taps)**: Etwa 28 km von Rakvere entfernt liegt die Kleinstadt Tapa. Hier kreuzen sich die Bahnlinien Tallinn–St. Petersburg und Tapa–Tartu. Der Bahnhof befindet sich in der Jaama tänav. Obwohl Tapa mit seinen 11.000 Einwohnern eine gewisse Größe aufweisen kann, gibt es hier lediglich ein kleines Gästehaus, Pikk 51, ✆ 70760. Für das leibliche Wohl sorgt das Café Rosin, in dem man gut essen kann.

▶ **Kunda**: Lange Zeit war Kunda das Abbild einer Geisterstadt! In dem 5000-Seelen-Ort Kunda steht eine große Zementfabrik, die lange Zeit ohne Filter gearbeitet hat. Im Umkreis von mehreren Kilometern macht sich der Staub in der Luft bemerkbar. Kunda wirkte wie ausgestorben. Ob Häuser, Bäume oder Straßen – alles war grau. Die ewig geschlossenen Fenster hätten täglich geputzt werden müssen, um wenigstens etwas Licht in die Häuser zu lassen. Die Sonne war nur durch graue Schlieren sichtbar. Menschen sah man kaum auf der Straße. Durch längst fällige umwelttechnische Maßnahmen von Seiten der Zementfabrik ist das Leben in Kunda wieder erträglicher geworden. Bevor die Zementfabrik ihre Tore öffnete, muss Kunda eine sehr schöne Küstenstadt mit einem hübschen Gutshaus gewesen sein. Zuletzt war das Anwesen im Besitz der *Familie Schnakenburg* (ab 1816) und schließlich in dem der *Barone Girad de Soucanton* gewesen (ab 1851).

Im Zentrum der Stadt gibt es in der Kasemäe 7 ein im Sowjetstil ausgestattetes Gästehaus mit freundlichen Mitarbeitern. ÜB etwa 13 €. ✆ (Rakvere) 21271.

Estland
Karte siehe Umschlaginnenklappe vorne

▶ **Toolse (Tolsburg):** Man kombiniere einen menschenleeren Strand, flaches Wasser, viele kleine Findlinge und eine alte, verfallene Ordensfestung. Nicht zu vergessen die Bäume und Sträucher, die in der Burg wachsen und auf deren bröckeligen Mauern kreischende Möwen und Krähen hocken. Der Deutsche Orden ließ 1471 die Toolse-Burg deshalb bauen, weil es auf dem Meer von Seeräubern nur so wimmelte und das umliegende Land vor Beutezügen geschützt werden sollte. Mit anderen Worten: Toolse ist das Abbild wilder nordischer Romantik mit einem Hauch von Nostalgie. Zum Baden ist das Wasser weniger geeignet, da es voller Wasserpflanzen ist.

● *Anreise/Verbindungen* **Pkw** – Von Kunda geht eine Straße nach Toolse ab. Diese etwa 5 km geradeaus fahren. Gegenüber von einem mittelmäßigen Campingplatz geht es rechts nach Toolse.

Bus – Leuten ohne eigenem Fahrzeug ist von einem Besuch abzuraten. Die Verbindungen mit Rakvere sind äußerst selten und unregelmäßig. Teilweise fahren die Busse nur bis Kunda, wo man umsteigen oder zu Fuß weitergehen muss.

▶ **Karepa:** Zu einem sehr idyllischen, einsamen Strand gelangt man, wenn man von Toolse die Waldstraße ca. 5 km geradeaus weiterfährt. Schmale, bunte Fischerkähne liegen friedlich vor alten, kleinen Holzschuppen im Wasser. Die einzigen Geräusche kommen vom Rauschen der Meeresbrandung und von den Möwen und Krähen. Wandert man ein wenig am Strand entlang, finden sich auch Stellen zum Baden. Etwas störend ist ein ehemaliger sowjetischer Grenzwachturm.

● *Anfahrt/Verbindungen* **Pkw** – von Toolse die Straße etwa 5 km bis zur Ortschaft Karepa weiterfahren. Gegenüber von einem braungestrichenen Holzhaus, an das "Karepa" geschrieben ist, geht ein kleiner Waldweg ab. Zum Strand gelangt man,

wenn man dem Weg bis zum Ende folgt, an dem letzten Haus vorbei, bis der Weg am Wasser endet.

Bus – Leute ohne fahrbaren Untersatz trifft das gleiche Schicksal wie bei der Anreise nach Toolse.

Lahemaa-Nationalpark

Ganz im Norden Estlands ist der schöne und landschaftlich sehr vielfältige Lahemaa-Nationalpark (Rahvuspark) zu finden. Ein Teil des Reservats gehört gebietsmäßig zu Lääne-Virumaa, der andere zu Harjumaa. Der 1971 gegründete 85.000 Hektar große Park reicht im Osten bis an den Altja-Bach und im Westen bis an den Kahala-See. Im Norden begrenzt der Finnische Meerbusen das Naturschutzgebiet.

Die Küste ist sehr zerklüftet. Vier größere Landzungen mit ihren herrlichen Buchten sind charakteristisch für den Küstenstreifen des Parks. Davor erheben sich kleine, unbewohnte Inseln aus dem Meer, darunter auch das Eiland *Mohni*. Die hohen Kiefernwälder, die hier wachsen, und die weiten, von malerischen Steinzäunen begrenzten Felder machen die Gegend zu einem unvergesslichen Naturerlebnis.

Im Süden grenzt der Nationalpark an die A-1, sein südöstlichster Punkt reicht aber fast bis Tapa. Karstlandschaft und geheimnisvolle Hochmoore bestimmen das reizvolle und schöne Landschaftsbild in diesem Teil Lahemaas. Das Territorium des Nationalparks hat sich mit der Zeit zu einem Paradies der estnischen Tier- und Pflanzenwelt entwickelt. Stolz weist die Parkverwaltung auf über 200 nistende Vogelarten hin, zudem auf Elche, Braunbären, Luchse, Ner-

Gutshaus Palmse

ze u. a. Tiere, die in den dichten Wäldern Lahemaas leben. Aus Gründen des Naturschutzes sind der Öffentlichkeit nicht alle Gebiete des Reservats zugänglich. Autos sind nur auf den Hauptstraßen gestattet, und Wildcampen und Feuermachen sind strengstens untersagt. Empfehlenswert sind sachkundige Führungen durch den Park.

Wenn nicht anders erwähnt, gilt innerhalb des Nationalparks für alle Telefonangaben die Vorwahl von Rakvere (2)32.

• *Reisen im Nationalpark* Ohne eigenes Fahrzeug ist der Nationalpark äußerst schwierig zu bereisen, da so gut wie keine Busse fahren. Die Straßen sind, bleibt man auf den Hauptwegen, asphaltiert, so dass der Park auch gut per Fahrrad entdeckt werden kann. Im Informationszentrum in Palmse sind Fahrräder und Autos zu mieten. Vorherige Reservierung ist anzuraten. Das **Lahemaa-Informations-Zentrum** befindet sich in Palmse, größere Orte sind Võsu und Viitna.

• *Übernachten* Über den Park verteilt gibt es eine ganze Reihe von Übernachtungsmöglichkeiten. Dabei handelt es sich entweder um Zeltplätze (meist eigenes Zelt erforderlich), stets sehr schön am Wasser oder im Wald gelegen oder aber um Unterkünfte in kleinen Privatpensionen und auf Bauernhöfen. Die Zimmer in den Pensionen sind meistens ohne Bad, aber hübsch ausgestattet und sehr sauber. Verpflegung ist in der Regel möglich, muss aber vorher abgesprochen werden. Reservierungen, insbesondere zum Wochenende sind anzuraten. Das Aufschlagen eines Zelts kostet überall um die 4 bis 6 €. Auch wenn der Busverkehr spärlich ist, sind die meisten Orte wenigstens potentiell per Bus zu erreichen.

▶ **Viitna:** Die Ortschaft liegt unmittelbar an der A-1 Tallinn-Narva. Auf den ersten Blick wirkt Viitna nicht gerade einladend und scheint nur aus Straße zu bestehen, an der hie und da einige kleine Garküchen brutzeln, um die Reisenden mit Wegzehrung zu versorgen. Doch blickt man hinter die Kulissen, d. h. in den Wald südlich der Straße, so trifft man auf mehrere Seen und einen schönen Campingplatz. Hier ist auch ein Informationszentrum zu finden.

Estland
Karte siehe Umschlaginnenklappe vorne

• *Anfahrt/Verbindungen* **Pkw** – Der Ort Viitna liegt unmittelbar an der A-1. Hier ist auch der Eingang zum Camping ausgeschildert.

Bus – liegt auf der Strecke Tallinn–Narva. Ebenfalls einmal täglich Verbindung mit Võsu und Palmse.

• *Übernachten* **Camping (25)**, schöner Platz an einem kleinen See, inmitten eines Kiefernwaldes gelegen. Unterbringung in Blockhäusern. Die Zimmer sind klein und einfach, aber hübsch und sauber. ÜB ca. 11 €. ✆ 93651 und 34132.

Abkürzung zum Campingplatz: Von der Bushaltestelle Viitna ein kurzes Stück Richtung Tallinn laufen. Beim Schild *Kadrina* rechts rein. Nach etwa 100 bis 150 m geht links ein schmaler Waldweg ab, der zur Administration führt (ca. 10 Min.).

• *Essen* **Bistro**, unübersehbar in schönem Natursteinhaus an der Hauptstraße gelegen. Dunkles Lokal mit rustikalem Holzambiente, sehr gutem Essen und riesigen Portionen.

• *Verschiedenes* **Post**, im hellgrünen Haus an der Hauptstraße.

Apotheke, im dunkelgrünen Haus neben der Post.

Reiten und Kanufahrten, auch kombiniert über mehrere Tage möglich bei **Fluvius**, Dorf Kadapiku bei Kadrina, etwa 15 km südlich von Viitna gelegen. Pro Tag 25 €. ✆ 50161.

▸ **Vihula:** Dieser ca. 14 km östlich von Palmse befindliche Ort ist interessant wegen des nahe gelegenen Herrenhauses. Der prächtige Bau ist umgeben von einem majestätischem Park, in den ein malerischer, künstlicher See eingebettet ist. Bei Vihula gibt es auch eine Übernachtungsmöglichkeit.

• *Übernachten* **Kingu (20)**, gemütlicher Bauernhof mit rustikalen Zimmern und Platz für 6 Gäste. ÜB etwa 14 €. Auf dem Gelände besteht außerdem Kapazität für 50 Zelte. ✆ 92620, kingu@maaturism.ee, kingu.maaturism.ee. Kingu befndet sich etwa 1 km westlich vom Herrenhaus, unweit des künstlichen Sees.

Vainupea (26), Dorf Vainupea, ca. 6 km nördlich von Vihula am Meer gelegen. Schönes, großes Holzhaus mit freundlichen Zimmern in Kiefernausstattung. ÜB ca.

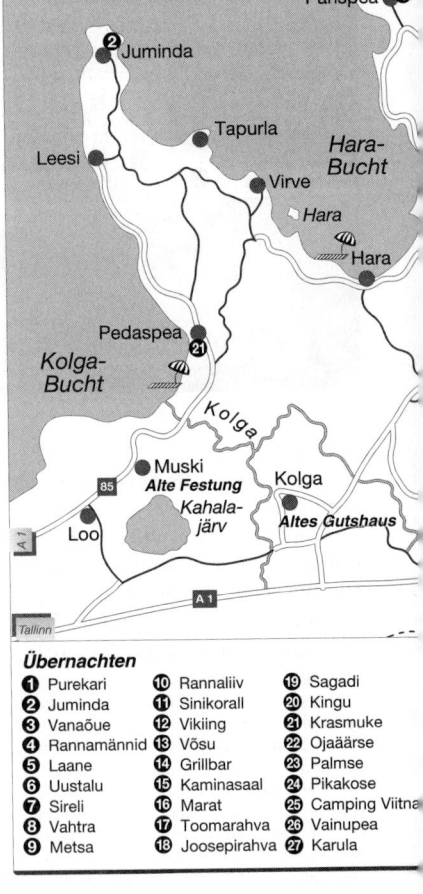

Übernachten

❶ Purekari	❿ Rannaliiv	⓳ Sagadi
❷ Juminda	⓫ Sinikorall	⓴ Kingu
❸ Vanaõue	⓬ Vikiing	㉑ Krasmuke
❹ Rannamännid	⓭ Võsu	㉒ Ojaäärse
❺ Laane	⓮ Grillbar	㉓ Palmse
❻ Uustalu	⓯ Kaminasaal	㉔ Pikakose
❼ Sireli	⓰ Marat	㉕ Camping Viitna
❽ Vahtra	⓱ Toomarahva	㉖ Vainupea
❾ Metsa	⓲ Joosepirahva	㉗ Karula

16 €. ✆ 22865, vainupea.pansionaat@mail.ee. Geöffnet von April–Oktober.

• *Essen* Mahlzeiten auf Bestellung in der Pension Kungu.

Karula (27), Dorf Karula, 5 km westlich von Vihula. Nicht weit vom Herrenhaus befindet sich ein historisches, altes Gebäude, das heute eine gemütliche Wirtschaft beherbergt.

• *Fest* In jedem ungeraden Jahr findet hier am ersten Wochenende im Juli ein buntes Folklorefest statt.

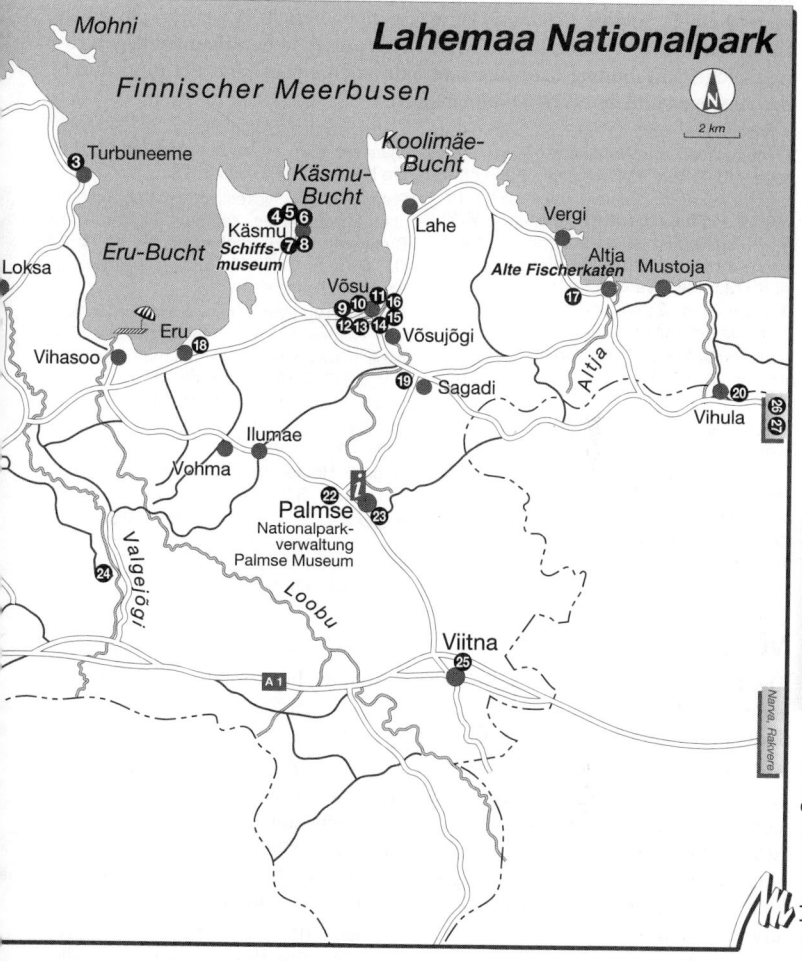

Estland
Karte siehe Umschlaginnenklappe vorne

▶ **Palmse**: Im 14. Jh. wurde auf Initiative eines Zisterzienserklosters, das dem Bistum Rīga unterstand, ein Gutshof im damaligen Dorf *Palmekas*, errichtet. Da das Gut zu weit von Rīga entfernt lag, tauschte das Kloster es gegen ein anderes Anwesen ein. Im 17. Jh. ging es in den Besitz des baltendeutschen Adelsgeschlechts *von Pahlen* über. Nicht viel später begannen umfangreiche Umbauarbeiten. Ende des 18. Jh. gehörten weit über zwanzig Bauten zu dem Gut, darunter Stallungen, Kornspeicher, Branntweinküche, Mühle und Kalkbrennerei, um nur einige zu nennen.

Das wunderbare, im Barockstil errichtete und exzellent restaurierte Wohnhaus kommt einem Schloss gleich und kann von innen besichtigt werden. Umgeben ist es von einem schönen Park. Zwischen den alten, hohen Bäumen liegen romantische, mit Entengrütze übersäte Schwanenteiche. Eine Führung durch das Anwesen und den Park ist lohnenswert.

• *Information* befindet sich auf dem Gut Palmse, links vom Wohnhaus gelegen. Material über den Nationalpark, Führungen durch den Park, Fahrradverleih. Sehr bemühte und freundliche Mitarbeiter, ℡ 45759. Von Mai–August ist die Information täglich von 9–19 Uhr geöffnet, während der übrigen Monate werktags von 9–16 Uhr. ℡ 34196 und 23640, 📧 93939, i-palmse@lahemaa.neti.ee, www.estpak.ee.

• *Anfahrt/Verbindungen*   **Pkw** – Palmse liegt an der Landstraße zwischen Võsu und Viitna.

Bus – Die Busverbindungen nach Palmse sind mehr als dürftig. Es gibt einen Bus zwischen Võsu–Viitna, doch er fährt nur jeden zweiten Tag. Busse von und nach Tallinn einmal täglich. Als Alternative bietet sich an, die 7 km von Viitna nach Palmse zu trampen.

• *Übernachten (siehe Karte S. 574/575)*
Ojaäärse (22), einfache Unterkunft für 13 € pro Nacht. ℡ 34108 und 34178.

Palmse (23), schickes Hotel mit schlichten, aber komfortablen Zimmern in der alten Brennerei des Herrenhauses. EZ ca. 45 €, DZ 60–65 €. ℡ 23656, info@phpalmse.ee, www.phpalmse.ee.

Sagadi (19), Dorf Sagadi, 6 km nordöstlich von Palmse Richtung Vihula gelegen. Behaglich ausgestattetes Hotel mit Liebe zum Detail. DZ 35–50 €. Oft finden hier Vorträge und Seminare statt. Zum Hotel gehört eine Driving Range. ℡ 58888, sagadi.hotell@rmk.ee.

Sagadi Hostel, gehört zum oben genannten Hotel. ÜB hier um die 14 €.

• *Essen*   Ein ausgezeichnetes Restaurant mit überwiegend deutscher Küche gehört zum Hotel Palmse. Auch im Hotel Sagadi kann man sehr gut essen.

Võsu

Der beliebte Ferienort an der Nordküste Estlands, liegt im Herzen des Nationalparks. Hohe Kiefern, bunte Holzhäuschen, weißer Sandstrand und würzige Luft sind die Pluspunkte, die Võsu aufzuweisen hat.

Es ist noch gar nicht lange her, dass Võsu ein Ort des Massentourismus war, doch die Zeiten sind ruhiger geworden. Heute ist Võsu ideal, um einen behaglichen Urlaub zu verbringen, aber dennoch nicht auf Bars, Restaurants und Wassersportangebote verzichten zu müssen. Seit 1870 ist Võsu ein Ferienort und war vor dem ersten Weltkrieg sehr beliebt bei der russischen Intelligenz aus St. Petersburg und Moskau. Im Winter ist Võsu so gut wie ausgestorben.

• *Postleitzahl* EE45501

• *Vorwahl* (2)32

• *Anfahrt/Verbindungen*   **Pkw** – In Vittna, das an der A-1 liegt, geht eine Landstraße über Palmse nach Võsu ab.

Bus – Verbindung mit Vittna, Rakvere und Tallinn, allerdings nur sehr spärlich.

• *Übernachten (siehe Karte S. 574/575)*
Marat (16), Vabaduse 3. Einfache, aber angenehme Herberge, etwa 300 m vom Meer entfernt. ÜB ca. 20 €. ℡ 38284.

Metsa (9), Metsa 5. Mittelgroßes Ferienheim mit Küchenbenutzung. Zimmer sehr einfach. ÜB 8 €. ℡ 38431 und 38363.

Rannaliiv (10), Aia 5. Modernes, mit Efeu überwuchertes Haus umgeben von schönem Garten, freundlicher Service. DZ ca. 45 €. ℡/📠 38456.

Sinikorall (11), Metsa 3, Võsu. Hübsche, in frischen Farben gestaltete Unterkunft. EZ ab 14 €, DZ ca. 20 €. ℡ 38455, www.sinikorall.ee. Nur von Mai–August geöffnet

Viiking (12), Karja 9. Freundliche Pension etwas außerhalb vom Dorfkern gelegen. EZ ab 20 €, DZ ca. 30 €. ℡ 38531, 📠 38521.

Võsu (13), Männi 1. Im Haus stehen 12 einfache Übernachtungsmöglichkeiten zur

Verfügung à 13 €. Im dazugehörigen Garten ist Platz für 40 Zelte. ☎ 38466, sagadi@ riigimets.ee, www.hot.ee/sagadi.

● _Essen_ **Grillbar (14)**, Mere 49. Kleines Lokal mit Sommerterrasse. Die Auswahl an Gerichten ist nicht sehr groß, doch dafür schmecken sie und sind preiswert.

Kaminasaal (15), Rakvere 13. Gemütliches Café, das auch eine Reihe von leckeren Speisen serviert.

● _Verschiedenes_ **Geldwechsel**, Mere 63a.
Post, Mere 63a.

▶ **Altja:** Wenn man von Võsu östlich die Küstenstraße entlangfährt, gelangt man an den schönen und einsamen Strand von Altja. Doch Altja hat noch mehr zu bieten. Das Dorf ist nämlich 400 Jahre alt und besteht aus den guterhaltenen hölzernen Fischerkaten und Schänken dieser Zeit. Einige dieser museumsreifen Häuschen sind sogar noch bewohnt.

Übernachten **Toomarahva (8;** _siehe Karte S. 574/575_**)**, uriger Bauernhof mit 4 Betten. ÜB ca. 22 €. Auf dem Gelände ist Platz für 30 Zelte. Mobil ☎ 5050850.

▶ **Käsmu:** Das hübsche, gemütliche Fischerdorf liegt etwa 6 km nordwestlich von Võsu auf der Käsmu-Halbinsel und an der nach ihr benannten Bucht. In Käsmu befindet sich ein kleines, liebevoll gestaltetes Schiffsmuseum. Über das Schiffsmuseum sind Ausflüge zur _Insel Mohni_ möglich. Unterkunft bieten folgende Pensionen _(siehe Karte S. 574/575)_:

Rannamännid (4), Neeme tee 31. Prachtvoller, weißer Neubau mit stilvoller, minimalistischer Ausstattung. EZ ca. 20 €, DZ ca. 35 €. ☎ 38329.

Laane (5), Laane tee 7. Angenehmes Privatquartier in schönem Haus mit Garten. ÜB um die 18 €. Mobil ☎ 5078904, laanepansion@ hot.ee, www.hot.ee/laanepansion.

Uustalu (6), Neeme tee 78a. Schöner Campingplatz mit Raum für 40 Zelte. Außerdem

8 Betten à 13 € zu vermieten. ☎ 52965.

Sireli (7), Nemme tee 19. Charmantes Holzhaus, das 6 Gäste aufnehmen kann, etwa 50 m vom Meer entfernt, Sauna, ÜB ca. 14 €, ☎ 38422.

Vahtra (8), Laane tee 9. Hübsche Holzhäuser für 4 und 2 Personen. Insgesamt können 8 Leute aufgenommen werden. ÜB ca. 15 €, ab dem 4. Tag Preisnachlass. ☎ 52917.

Im Nationalpark befinden sich eine Reihe von designierten Rastplätzen und Campingplätzen, eigenes Zelt erforderlich.

● _Eru_ **Joosepirahva (18)**, schöner, kleiner Rastplatz, nur 200 m vom Meer entfernt, an der Bucht von Eru gelegen.

● _Turbuneeme_ Vanaõue **(3)**, mittelgroßer Zeltplatz, nur ein Steinwurf vom Meer entfernt. 2,5 m nördlich liegt das Fischerdorf Viinistu.

● _Pärispea_ Hier befindet sich nur der Zeltplatz **Purekari (1)**, der auch nicht direkt am Meer liegt. Per Bus ist nur Pärispea zu erreichen, von dort sind es noch ca. 1,5 km zu Fuss. Wasser- und Lebensmittelvorräte mitbringen. Geeignet als Ausgangspunkt für eine Wanderung zum Kap von Purekari, dem nördlichsten Punkt Estlands.

● _Juminda_ großer Zeltplatz **(2)**, in der Wildnis der Juminda-Landzunge gelegen. Busse fahren nur bis ins ca. 4 km entfernte Dorf

Leesi. Die Straße von Leesi nach Juminda ist nicht asphaltiert. Wasser- und Lebensmittel nicht vergessen.

● _Pedaspea_ Zeltplatz **Krasmuke (21)**, unmittelbar an der Kolga-Bucht gelegen.

● _Muuksi_ Sehenswert ist hier eine alte Festung.

● _Kolga_ Eingebettet in eine malerische Landschaft, etwa 6 km vom Meer entfernt, liegt das Dorf Kolga. Hier ist ein altes, teilweise restauriertes Gutshaus zu sehen.

● _Pikakose_ Umgeben von nordischer Wildnis liegt unweit des Flüsschens Valgejõgi der kleine Zeltplatz **Pikakose (24)**. Zu erreichen vom 7 km entfernten Dorf Valgajõe, das an der Tallinn-Narva-Schnellstraße liegt, westlich von Viitna.

Estland Karte siehe Umschlaginnenklappe vorne

Järvemaa (Jerwen)

Geheimnisvolle Moore, riesige Wälder, klare Seen, weite, grüne Ebenen und Moränenlandschaften sind vorherrschend in dem im Norden Mittelestlands gelegenen Landkreis. Auch die Quellen des Flusses Pärnu, des längsten Stromes Estlands, sprudeln in Järvemaa.

Hauptstadt des Landkreises ist *Paide*. Touristisch ist Järvemaa zwar kaum erschlossen, doch bietet die wilde Landschaft die Voraussetzung für einen unvergeßlichen Urlaub in unberührter Natur.

Zu Beginn des 13. Jh. sicherte sich der Deutsche Orden die Gebiete Järvemaas, bis etwas später die Dänen ihre Ansprüche anmeldeten. Durch einen Friedensvertrag verblieb das Gebiet jedoch in der Hand der Deutschen. Die zahlreichen Kriege der Geschichte haben der Region sehr zugesetzt. Erholt hat sich Järvemaa erst im 19. Jh. mit dem Aufkommen des estnischen Nationalbewusstseins und dem Beginn der Industrialisierung.

Paide (Weißenstein) (ca. 12.000 Einwohner)

Auch hier erinnert eine Festung aus dem Jahr 1260 an die deutschen Eroberer. Da für den Bau von Burg und Stadt heller Stein verwendet wurde, gaben die Deutschen dem Ort den Namen Weißenstein.

Den Status einer Stadt erhielt Paide 1291. Von der Ordensburg sind heute nur noch Ruinen und der frisch restaurierte Turm "Langer Hermann" zu sehen. Paide ist ein freundliches Städtchen, und es lohnt sich durchaus, für einige Stunden hier zu verweilen. Das Leben der Kreisstadt spielt sich hauptsächlich um den Hauptplatz herum ab, der von frischgetünchten, farbenfrohen Häuschen umrahmt wird. Im Mittelpunkt des Platzes steht die hübsche Kirche.

• *Postleitzahl* EE72712

• *Vorwahl* (2)38

• *Information* Pärnu 6. ✆/✉ 50400, info@paide.tourism.ee, www.paide.ee (estnisch).

• *Anfahrt/Verbindungen* **Pkw** – Paide liegt ungefähr an der A-5 Rakvere-Pärnu.

Bus – Verbindung mit Tallinn, Tartu, Rakvere, Pärnu und Türi. Busbahnhof in der Jaama tänav.

• *Übernachten* **Kunninga**, Pärnu 6. Angenehmes, edles Hotel mit sehr schönen Zimmern und nettem Service. EZ ca. 40 €, DZ ab 50 €. ✆ 50882 und 50818, neli.kuningat@neti.ee.

Siesta RSP, Tallinna 60. Gemütliche, wenn auch einfache Herberge, nicht weit vom Zentrum entfernt. EZ ca. 13 €, DZ ca. 20 €. ✆ 51198.

Tõru, Pikk 42a. Freundliches, aber einfaches Hotel, nicht weit vom Hauptplatz gelegen. EZ ca. 21 €, DZ ca. 30 €, Suite ab 35 €. ✆ 50385, ✉ 51884.

• *Essen/Cafés* **Kaval-Ants**, Väike-Aia 20. Urige Kneipe mit viel Flair und langer Speisekarte.

Kuninga Kuldkroon, Pärnu 6, gehört zum gleichnamigen Hotel. Gutes Essen in edlem Ambiente.

Paide, am Rathausplatz 15. Großer Bau mit Dekor der Sowjet-Ära, Essen eher mittelmäßig.

Vallitorn-Cafe, gemütliches Lokal im kürzlich restauriertem Schlossturm.

• *Verschiedenes* **Geldwechsel**, Pärnu 3; Vainu 11.

Post, Pikk 2.

Internetzugang, Lai 33.

Telegrafenamt, Pärnu 67.

Poliklinik, Tigi 8.

Kanufahren, der Fluss Pärnu und vor allem der schnelle Fluss Jägala lassen sich am besten per Kanu entdecken. Bei Interesse an die Touristeninformation wenden.

Sehenswertes

Museum, Lembitu 5. Zu sehen ist eine ansprechende Ausstellung über die Geschichte von Paide, darunter eine nachgebildete Schuhmacherwerkstatt und eine alte Apotheke. Geöffnet Mi–So von 11–18 Uhr.

Skulpturenpark: Im Park beim Vallitorn sind eine Reihe imposanter Skulpturen und Plastiken zu bewundern. Die Zahl der Exponate wächst jährlich an. Jeden Sommer im Juli finden in Paide die sogenannten *Sandsteintage* statt. In diesen Tagen kommen viele Bildhauer in die Stadt und fertigen kunstvolle Plastiken aus Sandstein an, die anschließend über die Stadt verteilt aufgestellt werden. Der Grund für dieses Festival liegt im Namen der Stadt, denn Paide bedeutet auf deutsch Sandstein.

Vallitorn: Der Burgturm der Festung stammt ursrpünglich aus dem 13. Jh. wurde aber 1941 von der Roten Armee gesprengt. 1992 wurde der Turm vollständig restauriert und berherbergt heute ein kleines Kunstmuseum, in dem Werke zeitgenössischer estnischer Künstler zu bewundern sind. Ebenfalls beherbergt der Turm eine kleine Ausstellung mit archäologischen Exponanten aus der Umgebung von Paide. Auch wenn es anstrengend ist, die Stufen des 30 m hohen Turms zu bezwingen, so entschädigt die Aussicht von dort oben allemal. Der Turm ist Mi–So von 11–18 Uhr geöffnet.

Püha Risti Kirik: Mitten im Zentrum von Paide erhebt sich stolz die *Kirche des hl. Kreuzes.* Das neoklassizistische Gotteshaus wurde 1848 fertiggestellt, nachdem der ursprüngliche Bau 1767 den Flammen zum Opfer fiel. Interessant ist der neo-barocke Altar der Kirche. Geöffnet für Besucher nur in den Monaten Juni–August.

▶ **Koeru:** Kleines charmantes Dorf am Rande des Järvama-Landkreises. Sehenswert ist die Kirche des Ortes. Sie stammt aus dem späten 13. Jh. und ist Maria Magdalena geweiht. Ein weiteres historisches Gebäude ist die alte Poststation aus dem Jahre 1825. Sie beherbergt heute ein romantisches Lokal. Erwähnenswert ist auch das hiesige Herrenhaus *Ariküla.* Nicht weit von Koeru befindet sich der Väin-See, der zum Baden einlädt. Vor den Türen des Dorfes liegt das unberührte *Endla-Naturreservat.* Naturfreunde, aber auch Ornithologen werden hier ganz auf ihre Kosten kommen, da im Reservat eine Reihe seltener Vogelarten nisten. Hervorzuheben sind auch die malerischen Norra-Ostriku Quellen, die hier sprudeln und wovon die tiefste Quelle beinahe 5 m misst.

● *Information* Paide 16a. ✆/✉ 54327, helvi.kerem@mail.ee.

● *Anfahrt/Verbindung* Koero liegt ca. 20 km nordöstlich von Paide und ist über die Straße 25 zu erreichen.

● *Übernachten* **Käopesa,** Paide 1. Einladendes großes Holzhaus mit 3 Wohnungen und 3 Doppelzimmern. ÜB ab 16 €. ✆ 54302, enrico@online.ee.

Lubjaahju, im Dorf Ervita, ca. 4 km von Koeru nicht weit vom Väin-See entfernt, über Schotterpiste erreichbar. Charmante kleine Privatunterkunft mit Platz für 4 Leute. ÜB um die 13 €. ✆ 56627.

Metsanurga, im Dorf Sandhofi, etwa 2 km südöstlich von Koero entfernt. Romantisches Holzhaus sehr schön am Waldrand gelegen. 10 Plätze sind zu vergeben. ÜB um die 20 €. ✆ 54180, ✉ 54446.

● *Essen* Gutes Essen im historischen Ambiente in der alten Poststation.

• *Verschiedenes* **Heimatmuseum**, Paide 3. Ausstellung über Koeru und seine Umgebung

Festivals, jedes Jahr im Juli steigt am Ufer des Väin-Sees eine große Party. Das Sängerfest des Ortes findet alljährlich im Juni statt.

• *Sport/Freizeit* Sowohl die Touristeninformation, als auch die Gastfamilien organisieren Wanderungen und Kanutrips in diese einmalige Gegend. Insbesondere das Metsanurga hat sich ganz dem Ökotourismus verschrieben. Dort können auch Reittouren arrangiert werden.

Türi (Turgel)

(ca. 7000 Einwohner)

Türi ist eine behagliche und freundliche Kleinstadt. Zweimal jährlich lockt Türi tausende von Menschen an, nämlich dann, wenn hier der mannigfaltige und bunte Blumenmarkt stattfindet. Oft wird Türi deshalb auch als die grüne Gartenstadt bezeichnet. Tatsächlich sucht man hier die malerisch verwilderten Vorgärten vergeblich, sondern findet sorgfältig abgemähte Wiesen- und Rasenflächen. Der schöne See von Türi eignet sich zum Baden.

• *Postleitzahl* EE72213

• *Vorwahl* (2)38

• *Anfahrt/Verbindungen* **Pkw** – Das 12 km südlich von Paide gelegene Türi liegt an der A-5, die Rakvere und Pärnu miteinander verbindet.

Bus – Anschluss nach Paide, Pärnu und Tallinn. Busbahnhof in der Viljandi tänav, kurz nach Ecke/Jaama tänav.

Bahn – Züge Richtug Tallinn und Viljandi, der Bahnhof ist in der Jaama tänav zu finden.

• *Übernachten* **Allika**, Allika 4. Gemütliche Herberge mit freundlicher Atmosphäre direkt am Fluss Pärnu gelegen. ÜB etwa 14 €. ✆ 78100, allika.mm@neti.ee.

• *Essen* **Krahv Dracula**, Viljandi 7. Keine Sorge - der Name hat keinen Einfluss auf die Qualität der Speisen. Beliebte Adresse für ein gutes Dinner. Schön ist auch die dazugehörige Terrasse.

Kadri, Paide 10. Kleines Café für einen Stopp zwischendurch.

• *Verschiedenes* **Geldwechsel**, Viljandi 7 u. 9.

Post, Viljandi 1.

Internetzugang, Kohtu 2, in der Bibliothek.

Telegrafenamt, Viljandi 1a.

Poliklinik, Viljandi 4.

Tankstelle, an der Straße nach Viljandi.

Kanufahrten, es kann direkt hinter dem Gasthaus Allika losgehen.

Moorlandschaft von Kõrvemaa

Geheimnisvolle Moore und unberührte, dunkle Seen sind im äußersten Norden Järvemaas an der Grenze zum Läänemaa-Nationalpark zu finden. Diese wunderschöne Gegend, die zu ausgedehnten Wanderungen einlädt, beginnt nördlich der Orte *Lehtse* (Leetse) und *Jäneda* (Jendel). Sehenswert ist hier ein altes, im Jugendstil errichtetes Backsteinschloss. Fährt man die Straße von Jäneda geradeaus weiter, so gelangt man nach *Aegviidu*. In der Nähe, mitten im Wald an einem moorig riechenden See, befindet sich ein Ferienheim, das viel Ruhe verspricht. Dieses Haus gehört zu dem Ort Aegviidu, der schon unter die Verwaltung von Harjumaa fällt (siehe S. 462).

• *Anfahrt/Verbindungen* **Pkw** – Von der A-5 nach Paide Richtung Tapa geht zwischen den Orten Aravete und Ambla die Straße 13 nach Aegviidu ab. Auf dem Weg dorthin liegt Jäneda. Es gibt auch einen Weg, der von Tapa geradewegs ins westlich gelegene Jäneda führt, doch ist dieser größtenteils nicht asphaltiert.

Bahn – in Lehtse halten Züge nach Tallinn und nach Tapa.

Raplamaa (Rappel)

Es mag sicherlich auch schöne Ecken in Raplamaa geben, doch im Vergleich zu den Naturschönheiten anderer Landkreise führt das in Mittelestland liegende Raplamaa eher ein Schattendasein.

Raplamaa verfügt weder über Küstenstreifen wie seine Nachbarn Harjumaa, Läänemaa und Pärnumaa, noch über Höhenzüge und tiefe Täler. Allerdings grenzt es an die traumhafte Moorlandschaft von Kõrvemaa, von der ein kleiner Teil zu Raplamaa gehört.

Schon im 13. Jh., als das Gebiet unter der Herrschaft der Dänen lag, war Raplamaa eine landwirtschaftlich geprägte Region, in der es öfter zu Bauernaufständen kam. Viele Gutsbesitzer lebten hier, u. a. auch die Familie *Exküll*. Erstmalig erwähnt wurde das Gebiet 1241, als der dänische König eine Bestandsaufnahme seiner Besitztümer machte, wozu auch Raplamaa gehörte. Die Entwicklung des Landkreises ging langsam vonstatten. Auch der Bau der Eisenbahnlinie hat Raplamaa keine gravierenden Veränderungen gebracht. Große Städte hat es in dem Landkreis nie gegeben. Die Hauptstadt des Landkreises *Rapla* hat gerade mal um die 6500 Einwohner. Auch heute noch ist der Landkreis eine rein landwirtschaftliche Region.

- *Postleitzahl* EE79513
- *Vorwahl* (2)48
- *Information* Tallinna 14. ✆ 57349, ✉ 55672, rapla@visitestonia.com.
- *Anfahrt/Verbindung* **Pkw** – Mit Tallinn und Türi ist Rapla über die Straße 15 verbunden. **Bus** – Verbindungen mit Tallinn, Pärnu via Märjamaa, Türi, Paide und Haapsalu. Busbahnhof in der Tallinna mnt./Ecke Loo tänav. **Zug** – Rapla liegt an der Linie Tallinn/Viljandi. Bahnhof etwas außerhalb vom Zentrum am Ende der Jaama tänav.
- *Übernachten* **Jõe**, Jõe 31a. Gemütliches Holzhaus mit einladenden, rustikal ausgestatteten Zimmern und schönen Gemeinschaftsräumen. ÜB um die 14 €. ✆ 94600, lehar.adoma@neti.ee, www.joe.ee.

- *Essen* **Jõe**, behagliches, zum Gästehaus gehörendes Lokal
- **Kempi Kelder**, Hariduse 3. Gemütliche Kellerbar mit traditioneller estnischer Kost.
- *Verschiedenes* **Post**, Tallinna schräg gegenüber der Touristeninformation.
- **Bibliothek**, Lasteaia 5, Internetzugang geplant.
- **Sky-Diving**, Fallschirm- und Tandemsprünge über Rapla und Tallinn, ab 60 bzw. 120 €. Infos unter skidan@dropzone.ee, www.dropezone.ee.
- **Reiten**, in Kehtna, etwa 13 km südlich von Rapla an der Straße 15 Richtung Türi befindet sich ein Reitstall. ✆ 75 430.

▶ **Märjamaa:** Im Zentrum der Kleinstadt steht eine hübsche gotische Kirche. Sie entstand im 14. Jh. und wird als eine der schönsten gotischen Kirchen Estlands bezeichnet. In der sowjetischen Zeit diente sie als Lagerhalle für Getreide. Erst seit Anfang der neunziger Jahre gehört sie wieder den Gläubigen. Die Kirche hat keine feste Öffnungszeiten. Vor dem Bau befindet sich ein Denkmal für die Bürger aus Märjamaa und Umgebung, die von den Sowjets nach Sibirien deportiert worden sind.

Anfahrt/Verbindung Von Rapla die Straße 28 nehmen. Nach der Kreuzung mit der A 4 wird diese zur Straße 29, an der Märjamaa liegt. Die 29 führt weiter Richtung Haapsalu.

Estland
Karte siehe Umschlaginnenklappe vorne

Kleine Sprachhilfe

a/ą, b, c, č, d, e/ę/ė, f, g, h, i/ į, y, j, k, l, m, n, o, p, r, s, š, t, u/ų/ū, v, z, ž

– Die Vokale mit den Häckchen **ą, ę, į, ų** und die Buchstaben **ė, ū, y, o**, werden immer lang ausgesprochen.

– i nach einem Konsonant vor a, o, u, wird zu j.

ch= ch (Kno**ch**en)
c = z (Kon**z**ern)
č = tsch (Ma**tsch**e)
r = wird vorne im Mund gerollt
s = stimmloses s (Gla**s**)
š = sch (A**sch**e)
v = w (**W**agen)
z = stimmhaftes s (**s**ummen)
ž = stimmhaftes sch (Ga**g**e)

Vokale

a = mal lang, mal kurz gesprochen (Rast/Rat)
ą = lang (Fahne)
e = mal kurz, mal lang (Lämmer/ Hähne)
ė = lang (Hähne)
i = kurz (P**i**ckn**i**ck)
į = lang (Tiger)
y = kurz, wie i
o = offenes o (wie in Borsten); in Fremdwörtern kurz, wie in Post
u = kurz (Kuß)
ų = lang (Hut)
ū = lang (Hut)

Gebräuchliche Diphtonge (Doppellaute)

ai = ai (Mais)
au = au (Auto)
ei = ey (engl. they)
ie = ie (Sieger)
ui = ui, mit Betonung auf dem u
uo = uo, fast schon uoa, wird ganz vorne im Mund gesprochen.

LETTISCHES ALPHABET

a/ā, b, c, č, d, e/ē, f, ģ, ę, h, i/ī, j, k, ķ, l, ļ, m, n, ņ, o, p, r, s, š, t, u,/ū, v, z, ž

– Die **Betonung** der lettischen Wörter liegt in der Regel auf der ersten Silbe.
– Die **Vokale** (Selbstlaute), die mit einem Querstrich versehen sind, werden immer lang, die übrigen Vokale kurz ausgesprochen.
– **o** ist ein offener Laut und wird fast wie **uo** ausgesprochen.

Konsonanten (Mitlaute)

h = ch (la**ch**en)
c = z (Kon**z**ern)
č = tsch (Ma**tsch**e)
ģ = weich wie **gj** (Ma**gie**r)
ķ = weich wie **kj**
ļ = weich wie **lj** (Ita**lie**n)
ņ = weich wie **nj** (A**nj**a)
r = wird vorne im Mund gerollt
š = stimmloses sch (A**sch**e)
ž = stimmhaftes sch (Ga**g**e)

Gebräuchliche Diphtonge (Doppellaute)

au = wie im Deutschen
ai = wie im Deutschen
ei = ey (engl. they)
ui = wie im Deutschen
ie = i je

ESTNISCHES ALPHABET

a, b, (c), d, e, f, g, h, i, j, k, l, m, n, o, p, (q), r, s, š, z, ž, t, u, v, (w), õ, ä, ö, ü, (x), (y)

Im allgemeinen liegt die Betonung auf der ersten Silbe. Ausnahmen bilden die Fremdwörter.

Vokale

Einfache Vokale werden immer kurz gesprochen, Doppelvokale immer lang (**a** = G**a**st; **aa** = W**aa**ge). Es gibt auch eine Doppellautbildung von **ää, öö, üü**.

– **õ** = wird ganz vorne gesprochen, ähnlich wie ein sehr kurzes ui, entspricht dem russischen y.

– **õõ** = langes **õ**

– **a, e, i, o, u, ü, ö** werden in etwa wie im Deutschen gesprochen.

– **ä** wird kurz gesprochen, liegt zwischen dem deutschen ä und a.

Die im Estnischen vorkommenden Diphthonge (Doppellaute) werden alle auseinandergezogen und einzeln ausgesprochen: **ei** = e-i; **eu** = e-u; **ai** = a-i; **oi** = o-i; **au** = a-u

Konsonanten (Mitlaute)

Konsonanten (Mitlaute)

Die Konsonanten werden im allgemeinen so ausgesprochen wie sie geschrieben werden. Doppelkonsonanten werden in der Regel forcierter ausgesprochen als einfache Konsonanten.

- **š** = **sch** (Asche), **ž** = stimmhaftes **sch** (Gage); beide kommen nur in Fremdwörtern vor
- Ebenfalls nur in Fremdwörtern kommen **c**, **q**, **x**, **y** vor.
- **v** = wie das deutsche **w**
- **r** = wird vorne im Mund gerollt
- **rr** = wird stark gerollt
- **h** = schwacher Hauchlaut, wird aber immer ausgesprochen, auch nach einem Vokal (**H**anna, se**h**en), nach Vokalen fast wie **ch** (Fra**ch**t)
- **s** = stets stimmlos (Ta**ss**e)

Allgemeines

Deutsch	Estnisch	Lettisch	Litauisch
Ja	jah	jā	taip
Nein	ei	nē	ne
Danke	tänan	paldies	ačiū
Bitte	palun	lūdzu	prašom
Ich möchte	ma tahan	es gribu	aš noriu
Ich möchte	ma ei	es negribu	aš nenoriu
Nicht	taha		
Gestern	eile	yakar	vakar
Heute	täna	sodien	šiandien
Morgen	homme	rītdien	rytoj
Wo?	kus?	kur?	kur?
Wann?	millal?	kad?	kada?
Wieviel/e?	kui palju?	cik?	kiek?
Warum	miks	kāpēc?	kodėl?
Schön	ilus, kena	skaisti	gražus
Groß	suur	liels	didelis
Klein	väike	mazs	mažas
Viel	palju	daudz	daug
Wenig	vähe	maz	mažai

Es gibt/es gibt nicht	on ole/ ei ole	ir/ nav	yra/ nėra
Und	ja	un	ir
Oder	või	vai	arba
Wie spät ist es?	Mis kell praegu on	Cik ir pulkstenis	Kiek valandų

Anrede

Deutsch	Estnisch	Lettisch	Litauisch
Herr!	Härra!	Kungs!	Pone!
Frau!	Proua!	Kundze!	Ponia!
Damen und Herren	Daamid ja härrad!	Dāmas un kungi!	Ponios ir poniai!
Frau Meier	Proua Meier	Meiera kundze	Ponia Mejer!
Herr Meier	Härra Meier	Meiera kungs	Pone Mejeri

Zusammentreffen

Deutsch	Estnisch	Lettisch	Litauisch
Hallo	Tere	Sveicināti	Sveiki
Guten Morgen	Tere hommikust	Labrīt	Labas rytas
Guten Tag	Tere päevast	Labdien	Laba diena
Guten Abend	Tere õhtust	Labvakar	Labas vakaras
Gute Nacht	Head ööd	Ar labu nakti	Labanakt
Auf Wiedersehen	Head aega	Uz redzēšanos	Viso gero
Tschüß	Nägemiseni	Visu labu	Iki pasimatymo
Können Sie mir bitte helfen?	Kas te aitaksite mind palun?	Lūdzu, vai jūs man nepalīdzētu?	Gal galėtumėte man padėti?

An der Rezeption

In den einfachen Hotels muss man meistens seine Anmeldung selbst ausfüllen, die in der Regel in der jeweiligen Landessprache oder auf russisch vorgedruckt wird. Im allgemeinen sehen die Formulare so aus:

Deutsch	Estnisch	Lettisch	Litauisch
Familienname	Perekonnanimi	Uzvārds	Pavardė
Vorname	Eesnimi	Vārds	Vardas
Wohnadresse	Aadress	Dzīves vietas adrese	Gyvenamosios vietos adresas
Geburtsdatum	Sünniaeg	Dzimšanas gads, mēn., dat.	Gimimo metai/ mėnuo/diena
Geburtsort	Sünnikoht	Dzimšanas vieta	Gimimo vieta
Reisepassserie/-nummer	Pass seeria/Nr.	Pases sērija/Nr.	Paso serija/Nr.
ausgestellt in ...		izdota...	išduotas...
Unterschrift	alkiri	Paraksts	Parašas

Litauisch

Sprache

Darf ich mich vorstellen?	Leiskite prisistatyti
Ich komme aus ...	Aš esu iš ...
Sprechen Sie deutsch/englisch/ russisch?	Ar kalbate vokiškai/angliškai/rusiškai?
Welche Sprachen sprechen Sie?	Kokias kalbas jūs mokate?
Spricht hier irgendjemand deutsch/englisch/russisch?	Ar čia kas nors kalba vokiškai/angliškai/rusiškai?
Ich spreche kein Litauisch	Aš nekalbu lietuviškai
Ist es möglich, deutsch/englisch/russisch zu sprechen?	Ar galima kalbėti vokiškai/angliškai/rusiškai?
Bitte sprechen Sie langsam	Prašom kalbėti lėčiau
Können Sie das bitte wiederholen?	Prašom pakartoti dar kartą?
Ich verstehe nicht	Aš nesuprantu
Ich komme aus D/CH/A	Aš atvykau iš Vokietijos/Šveicarijos/Austrijos
Ich heiße ...	Mano vardas ...
Ich weiß (nicht)	Aš žinau (nežinau)
Entschuldigung	Atleiskite
Wie heißt das auf deutsch/ englisch/russisch?	Kaip tai vadinama vokiškai/angliškai/rusiškai?
Wir brauchen einen Dolmetscher	Mums reikia vertėjo

Unterwegs

Womit kommt man nach...	Kaip nuvažiuoti ...?
Bitte sagen Sie mir, wann ich aussteigen muss	Prašom pasakyti, kada man išlipti
Ich habe mich verirrt	Aš paklydau
Wo ist...?	Kur yra...?
Würden Sie diese Nachricht übersetzen?	Prašom išversti šį ušrašą?
Können Sie mir einen Gefallen tun?	Gal malonėtumėte padėti?
Würden Sie mir bitte...	Gal galėtumėte man...
... sagen...?	... pasakyti...?
... zeigen...?	... parodyti...?
Wie komme ich bitte zum...	Kaip galėčiau patekti į ...
... Hotel?	... viešbutį?
... ins Zentrum?	... centrą?
... zum Restaurant?	... restoraną?
... zum Flughafen?	... aerouostą?
... zum Hafen?	... uostą?
... zum Bahnhof?	... geležinkelio stotį?
... zum Busbahnhof?	autobusų stotį?
... zum (Kunst-)Museum?	(dailės) muziejų?
... zur Kirche?	... bažnyčią?
... zum (National-)Theater?	... (Nacionalinį) teatrą?
... zur Bank?	... banką?

Buchungsbüro	kasos
Informationsbüro	informacijos biuras
Toilette	tualetas
Könnten Sie mir bitte ein Taxi anhalten?	Prašom iškviesti man taksi
Können Sie mich bitte zum Flughafen bringen?	Atsiprašau, ar negalite mane nuvešti į aerouostą?
Bus-, Straßenbahn-, Trolleybus-Haltestelle	autobuso-, tramvajaus-, troleibuso stotelė
Taxistand	taksi stotelė
Linientaxi	maršrutinis taksi

Essen

Restaurant	restoranas	*Saft*	sultys
Café	kavinė	*Wein rot/weiß*	vynas raudonas/baltas
Kantine	valgykla		
Imbissstube	bufetas	*Mineralwasser*	mineralinis vanduo
Spezialitäten des Landes	nacionalinai patiekalai	*Bier*	alus
		Kaffee/mit Milch	kava/su pienu
Hauptgericht	mėsos patiekalai	*Tee*	arbata
Suppe	sriuba	*Eiscreme*	ledai
Fisch	žuvis	*Zucker*	cukrus
Fleisch	mėsa	*Salz*	druska
Gemüse	daržovės	*mit/ohne*	su/be
Brot	duona	*Speisekarte*	valgiaraštis
Butter	sviestas	*Ich hätte gerne die Speisekarte*	Prašom, valgiaraštį
Käse	sūris		
Honig	medus	*Ich möchte gerne bestellen*	Norečiau užsisa kyti
Obst	vaisai		
Nachtisch	saldumynai	*Die Rechnung, bitte*	Sąskaita, prašom
Getränke	gėrimai		

Übernachten

Hotel	viešbutis
Gibt es hier ein Hotel?	Ar yra čia viešbutis?
Haben Sie ein Zimmer frei?	Ar turite laisvą kambarį?
Wie komme ich zum Hotel?	Kaip galiu nuvykti į viešbutį?
Kann ich das Zimmer sehen?	Ar galiu apžiūrėti kambarį?
Gibt es eine Möglichkeit zum Frühstücken?	Ar yra galimybė papusryčiauti?
Ist das Zimmer mit Bad?	Ar kambarys su vonia?
Das gefällt mir/... nicht	Tai man patinka/nepatinka

Einkaufen

Markt	turgus	*Buchladen*	knygynas
Kaufhaus	universalinė parduotuvė	*Antiquariat*	antikvariatas
		Apotheke	vaistinė
Lebensmittelgeschäft	maisto prekės	*Optiker*	optika
		Friseur	kirpykla
Bäckerei	duonos parduotuvė	*Schuster*	Avalynės taisykla

Postamt	paštas	*Um wieviel Uhr*	Kada atidaromos/
Telefon	telefonas	*öffnen/ schließen*	uždaromos
Telegrafenamt	telegrafas	*die Geschäfte?*	parduotuvės?
Ich hätte gerne...	Ač norėčiau...	*Wo kann ich*	Kur aš galėčiau
Wieviel kostet das ?	Kiek kainuoja?	*Souvenirs kaufen?*	nusipirkti suvenyrų?
		billig/teuer	pigus/brangus

Rund ums Auto und Fahrrad

Parkplatz	automobilių stovėjimo aikštelė	*Unfall*	nelaimė
Wo gibt es einen bewachten Parkplatz?	Kur yra saugoma automobilių stovėjimo aikštelė?	*Wo ist die nächste Werkstatt?*	Kur yra artimiausia automobilių taisykla?
Wo gibt es bleifreies Benzin?	Kur yra besvinio benzino?	*Wo ist die nächste Fahrradreperatur?*	Kur yra Artimiausias dviračių taisymo punktas?
Benzin	benzinas	*Fahrrad*	dviratis
Diesel	dyzelinis kuras	*Gibt es Ersatzteile für einen ...?*	Ar turite atsarginių dalių ...?
Öl	tepalas		

Unterwegs

weit/nah	toli/arti	*See*	ežeras
rechts/links	į dešinę/į kairę	*Strand*	krantas
geradeaus	tiesiai	*Bucht*	žlanka
Distrikt	rajonas	*Bernstein*	gintaras
Vorstadt	priemiestis	*Küste*	pajūris
Straße	gatvė	*Meer*	jūra
Landstraße	kelias	*Wasserfall*	krioklys
Hauptstraße	prospektas	*Landzunge*	pusiasalis
Boulevard	bulvaras	*Insel*	sala
Schnellstraße	autostrada, plentas	*Dorf*	kaimas
Platz	aikštė	*Hafen*	uostas
Fluss	upė	*Burg*	pilis
Brücke	tiltas		

Hilfe/Krankheit

Ambulanz	greitoji pagalba
Erste-Hilfe-Station	medicinos punktas
Zahnarzt	dantų gydytojas
Krankenhaus	ligoninė
Bitte rufen Sie einen Arzt/die Ambulanz	Prašom pakviesti gydytoją/greitąįpą agalbą
Ist ein Arzt in der Nähe?	Ar čia yra kur nors gydytojas
Ich bin allergisch gegen...	Aš alergiškas...
Ich habe Schmerzen	Man skauda
Können Sie mir eine Quittung geben?	Ar galite man išrašyti kvitą?
Ich habe eine Krankenversicherung	Aš turiu sveikatos draudimą
Polizei	policija
Konsulat	konsulatas
Botschaft	pasiuntinybė

Geldwechsel / Zoll / Post / Internet

Wo ist die nächste Wechselstube?	Kur yra artimiausias valiutos keitimo punktas?
Wie steht der Kurs?	Koks yra keitimo kursas?
Bank	bankas
Geldwechsel	piniqų keitykla
Nehmen Sie Schecks/Kreditkarten?	Ar galiu panaudoti čekį/kredito kortelę?
Ich möchte gerne Euro/SFr./US$ wechseln	Norėčiau pakeisti Euro/Šveicarijos frankus/ Dolerius
... ein Telegramm aufgeben	Norėčiau Išsiųsti telegramą
... ein Telefonat nach D/CH/A anmelden	Norėčiau paskambinti telefonį Vokietija/ Šveicarija/Austriji
per Luftpost	oro paštu
Wo ist das nächste Internetpunkt?	Kur yra artimiausia interneto punktas?
Welche Artikel sind zollpflichtig?	Už kokius daiktus reikia mokėti muitą?
Wieviel Zoll muss ich bezahlen?	Kiek reikia mokėti muito?

Wochentage / Datum

Montag	pirmadienis	*Sonntag*	sekmadienis
Dienstag	antradienis	*Tag*	diena
Mittwoch	Trečiadienis	*Gestern*	vakar
Donnerstag	ketvirtadienis	*Morgen*	rytoj
Freitag	penktadienis	*Heute*	šiandien
Samstag	šeštadienis		

Zahlen

Eins	vienas	*Elf*	vienuolika	*Dreißig*	trisdešimt
Zwei	Du	*Zwölf*	dvylika	*Vierzig*	keturiasdešimt
Drei	trys	*Dreizehn*	trylika	*Fünfzig*	penkiasdešimt
Vier	keturi	*Vierzehn*	keturiolika	*Sechzig*	šešiasdešimt
Fünf	Penki	*Fünfzehn*	penkiolika	*Siebzig*	septyniasdešimt
Sechs	šeši	*Sechzehn*	šešiolika	*Achtzig*	Aštuoniasdeši
Sieben	septyni	*Siebzehn*	septyniolika		mt
Acht	aštuoni	*Achtzehn*	aštuoniolika	*Neunzig*	devyniasdešimt
Neun	devyni	*Neunzehn*	devyniolika	*Hundert*	šimtas
Zehn	dešimt	*Zwanzig*	dvidešimt		

Ordnungszahlen

Erster	pirmas	*Siebter*	septinas
Zweiter	antras	*Achter*	Aštuntas
Dritter	trečias	*Neunter*	devintas
Vierter	ketvirtas	*Zehnter*	Dešimtas
Fünfter	penktas	*Hundertster*	šimtasis
Sechster	šeštas		

Lettisch

Sprache

Darf ich mich vorstellen?	Atlaujiet man stādīties prieršā!
Ich komme aus ...	Es esmu no ...
Sprechen Sie deutsch/englisch/russisch?	Vai jūs runājat vāciski/angliski/krieviski?
Welche Sprachen sprechen Sie?	Kādas valodas jūs protat?
Spricht hier irgendjemand deutsch/ englisch/russisch?	Vai kāds šeit runā vačiski/angliski/krieviski?
Ich spreche kein lettisch	Es nerunāju latviski
Ist es möglich, deutsch/ englisch/russisch zu reden?	Vai ir iespējams runāt vāciski/angliski/ krieviski?
Bitte sprechen Sie langsam	Runājiet lēnāk, lūdzu
Können Sie das bitte wiederholen?	Lūdzu, atkārtojiet to vēlreiz?
Tut mit leid, ich habe Sie nicht verstanden	Piedodiet, es jūs nesapratu
Wie heißt das auf Deutsch/Englisch/ Russisch?	Kā to sauc vāciski/ angliski/krieviski?
Wir brauchen einen Dolmetscher	Mums ir vajadzīgs tulks

In der Stadt

Womit kommt man nach...	Ar ko var tikt uz..?
Bitte sagen Sie mir, wann ich aussteigen muss	Lūdzu, pasakiet, kad man jāizkāpj
Ich habe mich verirrt	Es esmu apmaldījies
Wo ist...?	Kur ir...?
Wo ist die nächste Tankstelle?	Kur ir tuvākā degvielas stacija?
Würden Sie diese Nachricht übersetzen?	Lūdzu, pārtulkojiet šo ziņojumu!
Können Sie mir einen Gefallen tun?	Vai jūs,varētu man izdarīt pakalpojumu?
Würden Sie mir bitte sagen...?/zeigen...?	Vai jūs, lūdzu, man nepateiktu...? /neparādītu...?
Buchungsbüro	kases
Informationsbüro	Izziņu birojs
Toiletten	tualete
Können Sie mir sagen, wie ich zum Hotel komme?	Vai jūs, lūdzu, man nepateiktu, kā noklūt uz viesnīcu?
... ins Zentrum?	... centru?
... zum Flughafen?	... zu lidostu?
... zum Hafen?	... uz ostu
... zum Bahnhof?	... uz dzelzscela staciju?
... zum Busbahnhof?	... uz autoostu
... zum (Kunst-)Museum?	... (mākslas) muzeju?
... zur Kirche?	... baznīcu?
... zum (National-) Theater?	... uz Nacionālo teātri?
... zur Bank?	... zu banku?
... zur Post?	... uz pastu?
Wo ist der nächste Internetpunkt?	Kur ir nākošais interneta pieejas punkts?
Könnten Sie mir bitte ein Taxi anhalten?	Lūdzu, izsauciet man taksometru!

Können Sie mich bitte zum Flughafen bringen? — Vai jūs neaizvestu mani uz lidostu, lūdzu?

Bus-, Straßenbahn-, Trolleybushaltestelle — autobusa-, tramvaja-, trolejbusa pietura

Essen

Restaurant	restorāns	*Milch*	piens
Café	kafejnīca	*Sahne*	krējums
Kantine	ēdnīca	*Saft*	sulas
Imbissstube	bufete	*Wein rot/weiß*	vīns sarkans/ balts
Spezialitäten des Landes	nacionlie ēdieni	*Mineralwasser*	Minerālūdens
		Bier	alus
Hauptgericht	siltie ēdieni	*Kaffee/mit Milch*	Kafija/ar pienu
Suppe	zupa	*Tee*	tēja
Fisch	zivis	*Eiscreme*	saldējums
Fleisch	gala	*Zucker*	cukurs
Gemüse	saknes	*Salz*	sāls
Brot	maize	*mit/ohne*	ar/bez
Butter	sviests	*Speisekarte*	ēdienkarte
Käse	siers	*Ich hätte gerne die Speisekarte*	Lūdzu, ēdienkarti
Honig	medus		
Obst	augli	*Danke, das reicht*	Pietiek, paldies
Nachtisch	saldie ēdieni	*Die Rechnung bitte*	Lūdzu, rēķinu
Getränke	dzērieni		

Übernachten

Hotel	viesnīca
Gibt es hier ein Hotel?	Vai šeit ir kāda viesnīca?
Haben Sie ein Zimmer frei?	Vai jums ir brīvs numurs?
Was kostet ein EZ?	Cik maksā numurs vienvietīgs?
... ein DZ?	... divvietīgs?
Kann ich das Zimmer sehen?	Vai varu apskatīt numuru?
Gibt es eine Möglichkeit zum Frühstücken?	Vai ir iespējams brokastot?
Ist das Zimmer mit Bad?	Vai numurs ir ar vannu?
Das gefällt mir/... nicht	Tas mani apmierina/Tas man neder

Einkaufen

Markt	Tirgus	*Postamt*	Pasts
Kaufhaus	Universālveikals	*Telefon*	Telefons
Lebensmittelgeschäft	pārtikas veikals	*Telegrafenamt*	telegrāfs
		Ich hätte gerne...	Es vēlētos...
Bäckerei	maizes veikals	*Wieviel kostet das ?*	Cik tas maksā?
Buchladen	grāmatu veikals	*Wann öffnen die Geschäfte?*	Kad atver/cikos atver veikalus?
Antiquariat	antikvariāts		
Apotheke	Aptieka	*Wo kann ich Souvenirs kaufen?*	Kur var nopirkt suvenīrus?
Optiker	Optika		
Friseur	Frizētava	*billig/teuer*	lēts/dārgs
Schuster	apavu labošana		

Rund ums Auto und Fahrrad

Parkplatz	auto stāvvieta	Wo ist die nächste Fahrradreparatur?	Kur es varu salabot savu velosipēdu?
Wo gibt es einen bewachten Parkplatz?	Kur ir apsargāta auto stāvvieta?	Fahrrad	divritenis
		Ich habe eine Panne	Man salūzusi mašīna
Wo gibt es bleifreies Benzin?	Kur var dabūt bezsvina benzīnu?	Gibt es Ersatzteile für einen ...?	Vai ir rezerves daļas priekš ...?
Benzin	Benzīns	Taxistand	taksometru stāvvieta
Diesel	dīzeldegviela		
Öl	mašīnella	Linientaxi	maršruta taksometri
Wo ist die nächste Werkstatt?	Kur ir nākošā darbnīca?		

Unterwegs

Distrikt	Rajons	See	ezers
Vorstadt	priekšpilsēta	Meer	jūra
Straße (Str.)	Iela	Strand	jūrmala
Landstraße	celš	Bernstein	dzintars
Hauptstraße	prospekts/galvenā iela	Küste	piekraste
		Wasserfall	ūdenskritums
Boulevard	bulvāris	Landzunge	pussala
Schnellstraße	Lielcelš/šoseja	Insel	sala
Platz	laukums	Dorf	ciems
Fluss	upe	Bucht	jūras līcis
Brücke	tilts	Hafen	osta
weit/nah	tālu/tuvu	Burg	pils
rechts/links/geradeaus	pa labi/pa kreisi/taisni		

Hilfe / Krankheit

Ambulanz	ātrā palīdzība
Erste Hilfe Station	medicīnas punkts
Zahnarzt	zobārsts
Krankenhaus	slimnīca
Bitte rufen Sie einen Arzt/die Ambulanz	Lūdzu, izsauciet ārstu/ātro palīdzību
Ist ein Arzt in der Nähe?	Vai šeit nav ārsts?
Ich bin allergisch gegen...	Man ir alerģija pret...
Ich habe Schmerzen	Man ir sāpes
Was kostet eine Behandlung?	Cik maksā ārsta apskate?
Können Sie mir eine Quittung geben?	Vai jūs variet man izrakstīt kvīti?
Ich habe eine Krankenversicherung	Mana veselība ir apdrošināta
Polizei	policija
Konsulat	konsulāts
Botschaft	vēstniecība

Zoll / Geldwechsel / Post

Wo ist die nächste Wechselstube?	Kur ir tuvākais valūtasapmaiņas punkts?
Wie steht der Kurs?	Kāds ir apmaiņas kurss?
Bank	banka
Geldwechsel	Valūtas apmaiņa
Ich möchte gerne...	Es labprāt vēlētos apmainīt...
... Euro/SFr./US$ wechseln	... Euro/Šveices frankus/dolārus
... ein Telegramm aufgeben	Es labprāt vēlētos nostūtīt telegrammu
... ein Telefonat nach D/CH/A anmelden	Es labprāt pieteiktu telefona sarunu ar Vāciju/Šveici/Austriju
Ferngespräch	Tālsaruna
Briefmarke	pastmarka
Welche Artikel sind zollpflichtig?	Kādi priekšmeti tiek muitoti?
Wieviel Zoll muss ich bezahlen?	Cik liela muita man jāmaksā?

Wochentage / Datum

Montag	pirmdiena	*Heute*	šodien
Dienstag	otrdiena	*morgen*	rītdien
Mittwoch	trešdiena	*gestern*	vakar
Donnerstag	ceturtdiena	*Tag*	diena
Freitag	piektdiena	*Woche*	nedēļa
Samstag	sestdiena	*Monat*	mēnesis
Sonntag	svētdiena	*Jahr*	gads

Zahlen

Eins	viens	*Elf*	vienpadsmit	*Dreißig*	trīsdesmit
Zwei	divi	*Zwölf*	divpadsmit	*Vierzig*	četrdesmit
Drei	trīs	*Dreizehn*	trīspadsmit	*Fünfzig*	piecdesmit
Vier	četri	*Vierzehn*	četrpadsmit	*Sechzig*	sešdesmit
Fünf	pieci	*Fünfzehn*	piecpadsmit	*Siebzig*	septiņdesmit
Sechs	seši	*Sechzehn*	sešpadsmit	*Achtzig*	astoņdesmit
Sieben	septiņi	*Siebzehn*	septiņpadsmit	*Neunzig*	deviņdesmit
Acht	astoņi	*Achtzehn*	astoņpadsmit	*Hundert*	simts
Neun	deviņi	*Neunzehn*	deviņpadsmit	*Tausend*	tūkstotis
Zehn	desmit	*Zwanzig*	divdesmit		

Ordnungszahlen

Erster	pirmais	*Siebter*	septītais
Zweiter	otrais	*Achter*	astotais
Dritter	trešais	*Neunter*	devītais
Vierter	ceturtais	*Zehnter*	desmitais
Fünfter	piektais	*Hundertster*	simtais
Sechster	sestais		

Estnisch

Sprache

Darf ich mich vorstellen?	Lubage mul end tutsuvstada?
Ich komme aus...	Ma olen...
Sprechen Sie deutsch/englisch/russisch?	Kas te räägite saksa/inglise/vene keelt
Welche Sprachen sprechen Sie?	Mis keeli te oskate?
Spricht hier irgendjemand deutsch/ englisch/russisch?	Kas keegi oskab siin saksa/inglise/vene keelt?
Ich spreche kein estnisch	Mina ei räägi eesti keelt
Ist es möglich, deutsch/ englisch/russisch zu reden?	Kas on voimalik rääkida saksa/inglise/vene keelt?
Bitte sprechen Sie langsam	Palun rääkige aeglaselt
Können Sie das bitte wiederholen?	Palun korrake seda veel?
Tut mit leid, ich habe Sie nicht verstanden	Vabandust, ma ei saanud aru
Wie heißt das auf deutsch/englisch/ russisch?	Kuidas see saksa/inglise/vene keeles on?
Wir brauchen einen Dolmetscher	Me vajame tõlki

In der Stadt

Womit kommt man nach...?	Mis liiklusvahendviib...?
Bitte sagen Sie mir, wann ich aussteigen muss	Öelge, palun, millal maha minna
Ich habe mich verirrt	Ma olen eksinud
Wo ist...?	Kus on...?
Wo ist die nächste Tankstelle?	Kus on lähim bensiinijaam?
Würden Sie diese Nachricht übersetzen?	Tõlkige see teade, palun?
Können Sie mir einen Gefallen tun?	Kas te võite mulle teene osutada?
Würden Sie mir bitte sagen/zeigen	Kas te ei ütleks mulle/näitaks mulle..?
Buchungsbüro	ettetellimisbüroo
Fahrkartenschalter	piletikassa
Informationsbüro	teadete büroo
Toilette	tualett, wc
Können Sie mir sagen, wie ich zum Hotel komme?	Kas te ütleksite, palun, kuidas minna hotelli?
... ins Zentrum?	... keskusesse?
... zur ... -straße?	... -tänavale?
... zum Flughafen?	... lennujaama?
... zum Hafen?	... sadamasse?
... zum Bahnhof?	... raudteejaama?
... zum Busbahnhof?	... bussijaama?
... zum Museum?	... muuseumi?
... zur Kirche?	... kirikusse?
... zum Theater?	... teatrisse?
... zum Schloss?	... lossi?
... Bank?	... panka?
... Postamt?	... postkontorisse?

Wo ist der nächste Internetpunkt?	Kus asub jargmine internetipunkt?
Könnten Sie mir bitte ein Taxi anhalten?	Palun, hankige mulle takso?
Können Sie mich bitte zum Flughafen bringen?	Kaas te viiksite mind lennujaama, palun?
Bus-, Straßenbahn-, Trolleybushaltestelle	bussi-, trammi-, trollipeatus
Linientaxi	marsruuttakso
Taxistand	taksopeatus

Essen

Restaurant	restoran	*Saft*	mahl
Café	kohvik	*Milch*	piim
Kantine	söökla	*Wein rot/weiß*	vein punane/valge
Imbissstube	einelaud	*süß/trocken*	magus/kuiv
Spezialitäten des Landes	rahvusroad	*Mineralwasser*	mineraalvesi
Frühstück	eine	*Bier*	õlu
Mittagessen	louna	*Kaffee mit Milch*	Kohvi/piimaga
Abendessen	ohtusöök	*saure Sahne*	hapukoor
Hauptgericht	praad	*Tee*	tee
Suppe	supp	*Eiskrem*	jäätis
Fisch	kala	*Zucker*	suhkur
Gemüse	köögiviljad	*Salz*	sool
Kartoffel	kartul	*mit/ohne*	koos/ilma
Brot	leib	*Speisekarte*	menüü
Butter	või	*Ich hätte gerne die Speisekarte*	Palun menüüd
Käse	juust	*Ich möchte gerne bestellen*	Mina soovin tellida
Fleisch	liha	*Danke, das reicht*	Aitab, tänan
Obst	puuviljad	*Die Rechnung, bitte*	Palun, arvet
Nachtisch	magusroad		
Getränke	joogid		

Übernachten

Hotel	hotell	*... DZ?*	... kaheses toas?
Gibt es hier ein Hotel?	Kas siin on hotelli?	*Kann ich das Zimmer sehen?*	Võin ma tuba näha?
Haben Sie ein Zimmer frei?	On teil vaba tuba?	*Gibt es eine Möglichkeit zum Frühstücken*	Kas on võimalik hommikust süüa?
Wie komme ich zum Hotel...?	Kuidas ma jõuan hotelli...?	*Ist das Zimmer mit Bad?*	Kas tuba on vanniga?
Was kostet eine Übernachtung im ...	Kui palju maksab ööbimine ...	*Das gefällt mir/ ...nicht*	See meeldib mulle/ ei meeldi mulle
... EZ?	... üheses toas?		

Einkaufen

Markt	turg	*Lebensmittel- geschäft*	toidupood
Souvenirladen	suveniirid	*Bäckerei*	leivapood
Zeitungskiosk	ajalehekiosk	*Buchladen*	raamatupood
Kaufhaus	kaubamaja		

Antiquariat	raamatuantikvariaat	Wieviel kostet das ?	Kui palju see maksab?
Apotheke	apteek		
Optiker	prillipood	Um wieviel Uhr	Mis kell kauplused
Friseur	juuksur	öffnen/ schließen	avatakse/ suletakse?
Schuster	kingaparandus	die Geschäfte?	
Postamt	postkontor	Wo kann ich	Kust saab osta
Telefon	telefon	Souvenirs kaufen?	meeneid/suveniire?
Telegrafenamt	telegraaf	billig/teuer	odav/kallis
Ich hätte gerne...	Ma tahaksin...		

Rund ums Auto und Fahrrad

Parkplatz	autoparkla	Bezirk	Maakond
Wo gibt es	Kus müüakse	Stadtteil	Linnaosa
bleifreies Benzin?	pliivaba bensiini?	Vorstadt/-ort	Eeslinn
Benzin	bensiin	Straße	Tänav
Diesel	diisel	Landstraße	Tee
Öl	õli	Hauptstraße	Puistee
Unfall	avarii	Schnellstraße	Maantee
Abschleppdienst	äraveoteenistus	Platz	Väljak
Wo ist die nächste	Kus asub lähim	Fluss	Jõgi
Werkstatt?	remonditöökoda?	Brücke	Sild
Fahrrad	jalgrattas	See	järv
Wo ist die nächste	Kus on võimalik	Strand	rand
Fahrradreparatur?	minu jalgratta	Bernstein	merevaik
	parandada?	Küste	rannik
Ich habe eine Panne	Mul on väike avarii	Wasserfall	juga
Gibt es hier einen	On siin valvega	Landzunge	poolsaar
bewachten Parkplatz	parklat?	Insel	saar
Gibt es Ersatzteile	On teil	Dorf	küla
für einen....?	tagavaraosi...?	Bucht	laht
weit/nah	kaugel/lähedal	Hafen	sadam
rechts/links/gerade-	paremale/vasakule/	Burg	linnus/kindlus
aus	otse		

Hilfe/Krankheit

Ambulanz	esmaabi
Erste-Hilfe-Station	esmaabipunkt
Zahnarzt	hambaarst
Krankenhaus	haigla
Bitte rufen Sie einen Arzt/Krankenwagen	palun, kutsuge arst/ kiirabi
Ist ein Arzt in der Nähe?	kas arst on siin lähedal?
Ich bin allergisch gegen...	Ma olen allergiline... vastu
Ich habe Schmerzen	Mul valutab
Was kostet eine Behandlung	Kui palju maksab arsti visiit?
Können Sie mir eine Quittung geben?	Kas te annaksite mulle kviitungi?
Ich habe eine Krankenversicherung	Mul on ravikindlustus
Polizei	politsei
Konsulat	konsulaat
Botschaft	saatkond

Zoll/Geldwechsel/Post

Wo ist die nächste Wechselstube?	Kus asub lähim rahavahetuspunkt?
Wie steht der Kurs?	Milline on kurss?
Bank	pank
Akzeptieren Sie Schecks/Kreditkarten?	Aktsepteerite te tšekke/krediitkaarte?
Ich möchte gerne...	Ma tahaksin vahetada...
... Euro/SFr./US$	Euro/Šveitsi Franki/
... wechseln	Ameerika Dollarit
... ein Telegramm aufgeben	Ma tahaksin saata telegrammi.
... ein Telefonat nach D/CH/A anmelden	Ma tahaksin tellida kõne Saksamaale/Šveitsi/Austriasse
Ferngespräch	kaugekõne
per Luftpost	lennupostiga
Briefmarke	kirjamark
Welche Artikel sind zollpflichtig?	Mis on tollitav kaup?
Wieviel Zoll muss ich bezahlen?	Kui palju pean ma maksma tolli?

Wochentage/Datum

Montag	esmaspäev	*heute*	täna
Dienstag	teisipäev	*morgen*	homme
Mittwoch	kolmapäev	*gestern*	eile
Donnerstag	neljapäev	*Tag*	päev
Freitag	reede	*Woche*	nädal
Samstag	laupäev	*Monat*	kuu
Sonntag	pühapäev	*Jahr*	aasta

Zahlen

eins	üks	*elf*	üksteist	*dreißig*	kolmkümmend
zwei	kaks	*zwölf*	kaksteist	*vierzig*	nelikümmend
drei	kolm	*dreizehn*	kolmteist	*fünfzig*	viiskümmend
vier	neli	*vierzehn*	neliteist	*sechzig*	kuuskümmend
fünf	viis	*fünfzehn*	viisteist	*siebzig*	seitsekümmend
sechs	kuus	*sechzehn*	kuusteist	*achtzig*	kaheksakümmend
sieben	seitse	*siebzehn*	seitseteist		
acht	kaheksa	*achtzehn*	kaheksateist	*neunzig*	üheksakümmend
neun	üheksa	*neunzehn*	üheksateist		
zehn	kümme	*zwanzig*	kakskümmend	*hundert*	sada

Ordnungszahlen

erster	esimene	*siebter*	seitsmes
zweiter	teine	*achter*	kahaksas
dritter	kolmas	*neunter*	üheksas
vierter	neljas	*zehnter*	kümmnes
fünfter	viies	*hundertster*	sajas
sechster	kuues		

Ortsnamen in Litauen

Šiauliai	*Schaulen*	Nida	*Nidden*	Smeltė	*Schmelz*
Šilutė	*Heydekrug*	Nimersėta	*Nimmersatt*	Smiltynė	*Sandkrug*
Giruliai	*Försteriei*	Palanga	*Polangen*	Tauragė	*Tauroggen*
Juodkrantė	*Schwarzort*	Panevėžys	*Ponwesisch*	Ventė	*Windenburg*
Jurbarkas	*Georgenburg*	Pervalka	*Perwelk*	Vilniaus	*Wilna (urspr. polnische Bezeichnung)*
Klaipėda	*Memel*	Priekulė	*Prökuls*		
Minija	*Mingen*	Rusnė	*Ruß*		

Ortsnamen in Lettland

Jelgava	*Mitau*	Cēsis	*Wenden*	Latgale	*Lettgalen*
Liepāja	*Libau*	Valmiera	*Wolmar*	Limbaži	*Lemsal*
Ventspils	*Windau*	Ainaži	*Hainasch*	Ludza	*Ludsen*
Grobiņa	*Grobin*	Burtnieki	*Burtneck*	Sabile	*Zabeln*
Kuldīga	*Goldingen*	Daugavpils	*Dünaburg*	Bauska	*Baukse*
Talsi	*Talsen*	Dundaga	*Dondangen*	Kandava	*Kandau*
Tukums	*Tuckum*	Jēkabpils	*Jakobsstadt*	Krāslava	*Kraslau*
Dobele	*Dobeln*	Ķemeri	*Kemmern*	Rēsekne	*Rositten*
Sigulda	*Segewold*	Kolga	*Kolk*		
Turaida	*Treyden*	Kurzeme	*Kurland*		

Ortsnamen in Estland

Abruka	*Abro-Insel*	Krabi	*Schönangern*	Tallinn	*Reval*
Aegna	*Wulf-Insel*	Muhu	*Mohn*	Tartu	*Dorpat*
Audru	*Audern*	Mustvee	*Tschorna*	Türi	*Turgel*
Häädemeeste	*Gutmannsbach*	Naissaar	*Nargen*	Vändra	*Fennern*
		Paide	*Weißenstein*	Vasteliina	*Neuhausen*
Haanja	*Hahnhof*	Paldiski	*Baltischport*	Viljandi	*Fellin*
Haapsalu	*Hapsal*	Pärnu	*Pernau*	Vormsi	*Worms*
Hiiumaa	*Dagö*	Peipsijärv	*Peipus-See*	Võrtsjärv	*Wirz-See*
Jõelähtme	*Jegelecht*	Põltsamaa	*Oberpahlen*	Valga	*Walka*
Jõgeva	*Laisholm*	Põlva	*Pölwe*	Toolse	*Tolsburg*
Karksi	*Karkus*	Prangli	*Wrangelshof*	Saaremaa	*Ösel*
Keila	*Kegel*	Rakvere	*Wesenberg*	Võro	*Werro*
Kernu	*Kirna*	Rõuge	*Range*	Virtsu	*Werder*
Kirbla	*Kirrefer*	Sangaste	*Sagnitz*		

Verlagsprogramm

Unsere Reisehandbücher im Überblick

Deutschland
- Allgäu
- Altmühltal
- Berlin & Umgebung
- Bodensee
- Franken
- Fränkische Schweiz
- Mainfranken
- *MM-City* Berlin
- Nürnberg, Fürth, Erlangen
- Oberbayerische Seen
- Ostseeküste – Holsteinische Schweiz
- Schwäbische Alb

Niederlande
- *MM-City* Amsterdam
- Niederlande
- Nordholland – Küste, Ijsselmeer, Amsterdam

Nord(west)europa
- England
- Südengland
- *MM-City* London
- Schottland
- Irland
- Island
- Norwegen
- Südnorwegen
- Südschweden

Osteuropa
- Baltische Länder
- Polen
- *MM-City* Prag
- Westböhmen & Bäderdreieck
- Ungarn

Balkan
- Mittel- und Süddalmatien
- Kroatische Inseln & Küste
- Nordkroatien – Kvarner Bucht
- Slowenien & Istrien

Griechenland
- Amorgos & Kleine Ostkykladen
- Athen & Attika
- Chalkidiki
- Griechenland
- Griechische Inseln
- Karpathos
- Korfu & Ionische Inseln
- Kos
- Kreta
- Kreta – der Osten
- Kreta – der Westen
- Kreta Infokarte
- Kykladen
- Lesbos
- Naxos
- Nord- u. Mittelgriechenland
- Paros/Antiparos
- Peloponnes
- Rhodos
- Samos
- Samos, Chios, Lesbos, Ikaria
- Santorini
- Skiathos, Skopelos, Alonnisos, Skyros – Nördl. Sporaden
- Thassos, Samothraki
- Zakynthos

Türkei
- *MM-City* Istanbul
- Türkei – Mittelmeerküste
- Türkei – Südküste
- Türkei – Westküste
- Türkische Riviera – Kappadokien

Frankreich
- Bretagne
- Côte d'Azur
- Elsass
- Haute-Provence
- Korsika
- Languedoc-Roussillon
- *MM-City* Paris
- Provence & Côte d'Azur
- Provence Infokarte
- Südfrankreich
- Südwestfrankreich

Italien
- Apulien
- Chianti – Florenz, Siena
- Dolomiten – Südtirol Ost
- Elba
- Gardasee
- Golf von Neapel
- Italien
- Italienische Riviera & Cinque Terre
- Kalabrien & Basilikata
- Liparische Inseln
- Marken
- Oberitalien
- Oberitalienische Seen
- *MM-City* Rom
- Rom/Latium
- Sardinien
- Sizilien
- Südtoscana
- Toscana
- Toscana Infokarte
- Umbrien
- *MM-City* Venedig
- Venetien & Friaul

Nordafrika u. Vorderer Orient
- Sinai & Rotes Meer
- Tunesien

Spanien
- Andalusien
- Costa Brava
- Costa de la Luz
- Ibiza
- Katalonien
- Madrid & Umgebung
- Mallorca
- Mallorca Infokarte
- Nordspanien
- Spanien

Kanarische Inseln
- Gomera
- Gran Canaria
- *MM-Touring* Gran Canaria
- Lanzarote
- La Palma
- *MM-Touring* La Palma
- Teneriffa
- *MM-Touring* Teneriffa

Portugal
- Algarve
- Azoren
- Madeira
- *MM-City* Lissabon
- Lissabon & Umgebung
- Portugal

Lateinamerika
- Dominikanische Republik
- Ecuador

Österreich
- *MM-City* Wien

Schweiz
- Tessin

Malta
- Malta, Gozo, Comino

Zypern
- Zypern

Aktuelle Informationen zu allen Reiseführern finden Sie im Internet unter www.michael-mueller-verlag.de

Gerne schicken wir Ihnen auch das aktuelle Verlagsprogramm zu.

Michael Müller Verlag GmbH, Gerberei 19, 91054 Erlangen, Tel. 0 91 31 / 81 28 08-0; Fax 0 91 31 / 20 75 41; E-Mail: mmv@michael-mueller-verlag.de

Sach- und Personenregister

Geographisches Register

Litauen   (S. 74-266)

Lettland

Estland